NTC's
New College
GREEK
and
ENGLISH
Dictionary

NTC's
New College
GREEK
and
ENGLISH
Dictionary

Compiled by
Paul Nathanail

Printed on recyclable paper

NTC Publishing Group
Lincolnwood, Illinois USA

1996 Printing

This edition first published in 1990 by NTC Publishing Group,
4255 West Touhy Avenue, Lincolnwood (Chicago), Illinois 60646-1975 U.S.A.
© 1985 by Paul Nathanail. All rights reserved.
No part of this book may be reproduced, stored in a retrieval
system, or transmitted in any form or by any means,
electronic, mechanical, photocopying, or otherwise,
without the prior permission of NTC Publishing Group.
Manufactured in the United States of America

6 7 8 9 0 QB 9 8 7 6 5 4 3

CONTENTS

IRREGULAR VERBS

PRESENT	PAST (ACTIVE)	PASSIVE	PAST (PASSIVE)	PAST PARTICIPLE	COMMON MEANING
ἀγαναχτῶ	ἀγανάχτησα	—	—	ἀγαναχτισμένος	be indignant
ἀγγέλλω	ἄγγειλα	ἀγγέλομαι	ἀγγέλθηκα	ἀγγελμένος	announce
ἀγρυπνῶ	ἀγρύπνησα	—	—	ἀγρυπνισμένος	be awake
ἀκουμπῶ	ἀκούμπησα	—	—	ἀκουμπισμένος	lean (against)
ἀκριβαίνω	ἀκρίβυνα	—	—	—	become more expensive
ἁμαρταίνω	ἁμάρτησα	—	—		sin
ἀναγγέλλω	ἀνάγγειλα	ἀναγγέλομαι	ἀναγγέλθηκα	ἀναγγελμένος	announce
ἀναιρῶ	ἀναίρεσα	ἀναιροῦμαι	ἀναιρέθηκα	ἀναιρεμένος	revoke
ἀνασαίνω	ἀνάσανα	—	—	—	breathe
ἀνασταίνω	ἀνάστησα	ἀνασταίνομαι	ἀναστήθηκα	ἀναστημένος	revive
ἀνατέλλω	ἀνάτειλα	—	—	—	rise (sun)
ἀνεβαίνω	ἀνέβηκα	—	—	ἀνεβασμένος	go up

ἀπαλαίνω or ἀπαλύνω	ἀπάλυνα	ἀπαλαίνομαι	ἀπαλύνθηκα	ἀπαλυμένος	soften
ἀποθαρρύνω	ἀποθάρρυνα	ἀποθαρρύνομαι	ἀποθαρρύνθηκα	ἀποθαρρημένος	discourage
ἀπολυμαίνω	ἀπολύμανα	ἀπολυμαίνομαι	ἀπολυμάνθηκα	ἀπολυμασμένος	disinfect
ἀπονέμω	ἀπόνειμα	ἀπονέμομαι	ἀπονεμήθηκα	ἀπονενειμένος	grant, award
ἀποσταίνω	ἀπόστασα	—	—	ἀποσταμένος	feel tired
ἀρέσω	ἄρεσα	—	—	—	be popular
ἀρκῶ	ἄρκεσα	ἀρκοῦμαι	ἀρκέστηκα	—	be enough
αὐξάνω	αὔξησα	αὐξάνομαι	αὐξήθηκα	αὐξημένος	increase
ἀφαιρῶ	ἀφαίρεσα	ἀφαιροῦμαι	ἀφαιρέθηκα	ἀφαιρημένος	subtract
ἀφήνω	ἄφησα	ἀφήνομαι	ἀφέθηκα	ἀφημένος	leave
βάζω	ἔβαλα	βάζομαι (rare)	βάλθηκα	βαλμένος	put
βαθαίνω	βάθυνα	—	—	—	deepen
βάλλω	ἔβαλα	βάλλομαι	βλήθηκα	βλημένος	fire, shoot
βαραίνω	βάρυνα	—	—	βαρεμένος	weigh down
βαρῶ	βάρεσα	—	—	βαρεμένος	strike
—	—	βαριέμαι	βαρέθηκα	—	be bored

PRESENT	PAST (ACTIVE)	PASSIVE	PAST (PASSIVE)	PAST PARTICIPLE	COMMON MEANING
βασκαίνω	βάσκανα	βασκαίνομαι	βασκάθηκα	βασκαμένος	cast an evil eye
βαστῶ	βάσταξα / βάστηξα	βαστιέμαι	βαστάχτηκα / βαστήχτηκα	βασταγμένος / βαστηγμένος	hold
βγάζω	ἔβγαλα	βγάζομαι (rare)	βγάλθηκα	βγαλμένος	take out (off)
βγαίνω	βγῆκα	—	—	βγαλμένος	go out
βλασταίνω	βλάστησα	—	—	βλαστημένος	grow
βλέπω	εἶδα	βλέπομαι	εἰδώθηκα	ἰδωμένος	see
βόσκω	βόσκησα	—	βοσκήθηκα	βοσκημένος	graze
βουβαίνω	βούβανα	βουβαίνομαι	βουβάθηκα	βουβαμένος	render dumb
βρέχω	ἔβρεξα	βρέχομαι	βράχηκα	βρεγμένος	wet
βρίσκω	βρῆκα	βρίσκομαι	βρέθηκα	—	find
βυζαίνω	βύζαξα	—	βυζάχτηκα	βυζαγμένος	suckle
γδέρνω	ἔγδαρα	γδέρνομαι	γδάρθηκα	γδαρμένος	flay
γελῶ	γέλασα	γελιέμαι	γελάστηκα	γελασμένος	laugh / be deceived
γέρνω	ἔγειρα	—	—	γερμένος	bend

γερνῶ	γέρασα	—	—	γερασμένος	grow old
γίνομαι	έγινα	—	—	γινωμένος	become
γλυκαίνω	γλύκανα	γλυκαίνομαι	γλυκάθηκα	γλυκαμένος	sweeten
	—	δέομαι	δεήθηκα	—	implore
δέρνω	έδειρα	δέρνομαι	δάρθηκα	δαρμένος	beat
διαβαίνω	διάβηκα	—	—	—	pass through
διαθλῶ	διάθλασα	διαθλῶμαι	διαθλάστηκα	διαθλασμένος	refract
διαιρῶ	διαίρεσα	διαιροῦμαι	διαιρέθηκα	διαιρεμένος	divide
	—	διαμαρτύρομαι	διαμαρτυρήθηκα	διαμαρτυρημένος	protest
διαρρέω	διέρρευσα	—	—	—	leak
διδάσκω	δίδαξα	διδάσκομαι	διδάχτηκα	διδαγμένος	teach
δίδω or δίνω	έδωσα	δίνομαι	δόθηκα	δοσμένος	give
διψῶ	δίψασα	—	—	διψασμένος	be thirsty
δρῶ	έδρασα	—	—	—	act
δυστυχῶ	δυστύχησα	—	—	δυστυχισμένος	be unhappy
ἐγκαθιστῶ	ἐγκατάστησα	ἐγκαθίσταμαι	ἐγκαταστάθηκα	ἐγκατασταθημένος	establish
εἶμαι	ἤμουν	—	—	—	be

PRESENT	PAST (ACTIVE)	PASSIVE	PAST (PASSIVE)	PAST PARTICIPLE	COMMON MEANING
εἶσαι					
εἶναι					
εἴμαστε					
εἶστε					
εἶναι					
ἐξαιρῶ	ἐξαίρεσα	ἐξαιροῦμαι	ἐξαιρέθηκα	ἐξαιρεμένος	except
ἐπαινῶ	ἐπαίνεσα	ἐπαινοῦμαι	ἐπαινέθηκα	παινεμένος	praise
ἐπιβάλλω	ἐπέβαλα	ἐπιβάλλομαι	ἐπιβλήθηκα	ἐπιβλημένος	impose
ἐπιβαρύνω	ἐπιβάρυνα	ἐπιβαρύνομαι	ἐπιβαρύν-θηκα	ἐπιβαρημένος	aggravate
ἐπιδρῶ	ἐπέδρασα	—	—	—	influence
ἔρχομαι	ἦρθα	—	—	—	come
εὐτυχῶ	εὐτύχησα	—	—	εὐτυχισμένος	be happy
		εὔχομαι	εὐχήθηκα	—	wish
ἔχω	εἶχα	—	—	—	have
ζεσταίνω	ζέστανα	ζεσταίνομαι	ζεστάθηκα	ζεσταμένος	warm
θαρρῶ	θάρρεψα	—	—	—	think
θέλω	θέλησα	—	—	θελημένος	wish

θερμαίνω	θέρμανα	θερμαίνομαι	θερμάνθηκα	θερμασμένος	heat
θέτω	ἔθεσα	–	–	–	put
καθαιρῶ	καθαίρεσα	καθαιροῦμαι	καθαιρέθηκα	καθαιρεμένος	depose
κάθομαι	κάθισα	–	–	καθισμένος	sit down
καθίζω	κάθισα	–	–	καθισμένος	seat (someone)
καίω	ἔκαψα	καίγομαι	κάηκα	καμένος	burn
καλῶ	κάλεσα	καλοῦμαι	κάλεστηκα	καλεσμένος	call
κάνω	ἔκανα or ἔκαμα	–	–	καμωμένος	make
καταγγέλλω	κατάγγειλα	καταγγέλομαι	καταγγέλθηκα	καταγγελμένος	denounce
καταλαβαίνω	κατάλαβα	–	–	–	understand
καταφρονῶ	καταφρόνεσα	καταφρονοῦμαι	καταφρονέθηκα	καταφρονεμένος	despise
κατεβαίνω	κατέβηκα	–	–	κατεβασμένος	descend
κερνῶ	κέρασα	κερνιέμαι	κεράστηκα	κερασμένος	treat
κλαίω	ἔκλαψα	κλαίγομαι	κλάφτηκα	κλαμένος	weep
		κοιμοῦμαι	κοιμήθηκα	κοιμισμένος	sleep
κονταίνω	κόντυνα	–	–	–	shorten
κουφαίνω	κούφανα	κουφαίνομαι	κουφάθηκα	κουφαμένος	deafen

PRESENT	PAST (ACTIVE)	PASSIVE	PAST (PASSIVE)	PAST PARTICIPLE	COMMON MEANING
κρεμῶ	κρέμασα	κρεμιέμαι or κρέμομαι	κρεμάστηκα	κρεμασμένος	hang
λαβαίνω	ἔλαβα	—	—	—	receive
λαχαίνω	ἔλαχα	—	—	—	befall
λέγω	εἶπα	λέγομαι	εἰπώθηκα	εἰπωμένος	say
λεπταίνω	λέπτυνα	λεπταίνομαι	λεπτύνθηκα	λεπτυσμένος	make thin
λευκαίνω	λεύκανα	λευκαίνομαι	λευκάνθηκα	λευκασμένος	whiten
λιπαίνω	λίπανα	λιπαίνομαι	λιπάνθηκα	λιπασμένος	lubricate
μαθαίνω	ἔμαθα	μαθαίνομαι	μαθεύτηκα	μαθημένος	learn
μακραίνω	μάκρυνα	—	—	—	lengthen
μαραίνω	μάρανα	μαραίνομαι	μαράθηκα	μαραμένος	wither
μεθῶ	μέθυσα	—	—	μεθυσμένος	get drunk
μένω	ἔμεινα	—	—	—	remain
μηνῶ	μήνυσα	—	μηνύθηκα	μηνυμένος	sue
μιαίνω	μίανα	μιαίνομαι	μιάνθηκα	μιασμένος	pollute
μικραίνω	μίκρυνα	—	—	—	lessen
μοιραίνω	μοίρανα	μοιραίνομαι	μοιράθηκα	μοιραμένος	bless (by the Fates)

μολύνω	μόλυνα	μολύνομαι	μολύνθηκα	μολυσμένος	infect
μπαίνω	μπῆκα	-	-	μπασμένος	enter
μπορῶ	μπόρεσα	-	-	-	can
μωραίνω	μώρανα	μωραίνομαι	μωράθηκα	μωραμένος	render stupid
-	-	ντρέπομαι	ντράπηκα	-	be ashamed
ξανθαίνω	ξάνθυνα	-	-	-	turn blond
ξεθυμαίνω	ξεθύμανα	-	-	ξεθυμασμένος	evaporate
ξεμωραίνω	ξεμώρανα	ξεμωραίνομαι	ξεμωράθηκα	ξεμωραμένος	dote
ξεραίνω	ξέρανα	ξεραίνομαι	ξεράθηκα	ξεραμένος	dry
ξεχνῶ	ξέχασα	ξεχνιέμαι	ξεχάστηκα	ξεχασμένος	forget
ξεψυχῶ	ξεψύχησα	-	-	ξεψυχισμένος	expire
ὀμορφαίνω	ὀμόρφυνα	-	-	-	embellish
παθαίνω	ἔπαθα	-	-	παθημένος	suffer
παινεύω	παίνεψα	παινεύομαι	παινεύτηκα	παινεμένος	praise
-	-	παθαίνομαι	πάθηκα	-	feel strongly
παίρνω	πῆρα	παίρνομαι	πάρθηκα	παρμένος	take
παραγγέλλω	παράγγειλα	-	παραγγέλθηκα	παραγγελμένος	order
παρασταίνω	παράστησα	παρασταίνομαι	παραστάθηκα	παραστημένος	perform
παχαίνω	πάχυνα	-	-	-	get fat

PRESENT	PAST (ACTIVE)	PASSIVE	PAST (PASSIVE)	PAST PARTICIPLE	COMMON MEANING
πάω (see πηγαίνω)					
πεθαίνω	πέθανα	—	—	πεθαμένος	die
πεινῶ	πείνασα	—	—	πεινασμένος	be hungry
περνῶ	πέρασα	περνιέμαι	περάστηκα	περασμένος	pass
πετυχαίνω	πέτυχα	—	—	πετυχημένος	succeed
πετῶ	πέταξα	πετιέμαι	πετάχτηκα	πεταμένος	throw
πέφτω	ἔπεσα	—	—	πεσμένος	fall
πηγαίνω	πῆγα	—	—	πηγεμένος	go
πικραίνω	πίκρανα	πικραίνομαι	πικράθηκα	πικραμένος	embitter
πίνω	ἤπια	—	πιώθηκα	πιωμένος	drink
πλανεύω	πλάνεψα	πλανεύομαι	πλανεύτηκα	πλανεμένος	seduce
πλανῶ	πλάνεσα	πλανιέμαι	πλανήθηκα	πλανημένος	mislead
πλαταίνω	πλάτυνα	—	—	—	widen
πλένω	ἔπλυνα	πλένομαι	πλύθηκα	πλυμένος	wash
πλέω	ἔπλευσα	—	—	—	sail
πληθαίνω	πλήθυνα	—	—	—	increase
πνέω	ἔπνευσα	—	—	—	blow
πονῶ	πόνεσα	—	—	πονεμένος	ache

πρέπει (only in the third person)	—	—	—	—	must
προβλέπω	πρόβλεψα or προεῖδα	—	—	—	foresee
πρόκειται (only in the third person)	—	—	—	—	be about to
ραίνω	έρανα	—	—	—	sprinkle
ρουφώ	ρούφηξα	ρουφιέμαι	ρουφήχτηκα	ρουφηγμένος	suck in
ρυπαίνω	ρύπανα	ρυπαίνομαι	ρυπάνθηκα	—	soil
σγουραίνω	σγούρυνα	—	—	—	curl
σέβομαι	—	σέβομαι	σεβάστηκα	—	respect
σέρνω	έσυρα	σέρνομαι	σύρθηκα	συρμένος	pull
σημαίνω	σήμανα	—	—	—	mean
σκληραίνω	σκλήρυνα	—	—	—	harden
σκουραίνω	σκούρυνα	—	—	—	make darker
σπω or σπάω or σπάζω	έσπασα	σπάζομαι	σπάστηκα	σπασμένος	break
σπέρνω	έσπειρα	σπέρνομαι	σπάρθηκα or σπάθηκα	σπαρμένος	sow
στέκομαι or στέκω	—	—	στάθηκα	—	stand

PRESENT	PAST (ACTIVE)	PASSIVE	PAST (PASSIVE)	PAST PARTICIPLE	COMMON MEANING
στέλλω or στέλνω	έστειλα	στέλνομαι	στάλθηκα	σταλμένος	send
στενοχωρῶ	στενοχώρησα or στενοχώ-ρεσα	στενοχω-ριέμαι	στενοχωρή-θηκα or στενοχωρέ-θηκα	στενοχωρη-μένος	trouble, sadden
στρέφω	έστρεψα	στρέφομαι	στράφηκα	στραμμένος	turn
στρίβω	έστριψα	στρίβομαι	στρίφτηκα	στριμμένος	turn
συγχωρῶ	συγχώρησα or συγχώρεσα	συγχωριέμαι	συγχωρήθηκα or συγχωρέ-θηκα	συγχωρη-μένος or συγχωρε-μένος	forgive
συμπεραίνω	συμπέρανα	—	—	—	conclude
συναιρῶ	συναίρεσα	συναιρούμαι	συναιρέθηκα	συναιρεμένος	contract
συνωμοτῶ	συνωμότησα	—	—	—	conspire
σφάλλω	έσφαλα	—	—	έσφαλμένος	make a mistake
σχολνῶ	σχόλασα	—	—	σχολασμένος	end (work)

σωπαίνω	σώπασα	—	—	—	remain silent
τείνω	ἔτεινα	—	—	—	rend
τελῶ	τέλεσα	τελοῦμαι	τελέστηκα	τελεσμένος	perform
τραβῶ	τράβηξα	τραβιέμαι	τραβήχτηκα	τραβηγμένος	pull
τρελαίνω	τρέλανα	τρελαίνομαι	τρελάθηκα	τρελαμμένος	drive mad
τρέπω	ἔτρεψα	τρέπομαι	τράπηκα	—	change into
τρέφω	ἔθρεψα	τρέφομαι	τράφηκα	θρεμμένος	feed
τρέχω	ἔτρεξα	—	—	—	run
τρώγω	ἔφαγα	τρώγομαι	φαγώθηκα	φαγωμένος	eat
τυχαίνω	ἔτυχα	—	—	—	happen
ὑγραίνω	ὕγρανα	ὑγραίνομαι	ὑγράνθηκα	—	moisten
ὑπόσχομαι	ὑποσχέθηκα	—	—	ὑποσχεμένος	promise
ὑφαίνω	ὕφανα	ὑφαίνομαι	ὑφάνθηκα	ὑφασμένος	weave
φαίνομαι	—	—	φάνηκα	—	appear
φαρδαίνω	φάρδυνα	—	—	—	widen
φεύγω	ἔφυγα	—	—	—	leave
φθείρω	ἔφθειρα	φθείρομαι	φθάρθηκα	φθαρμένος	spoil
φοβοῦμαι	—	—	φοβήθηκα	φοβισμένος	be frightened
φορῶ	φόρεσα	φοριέμαι	φορέθηκα	φορεμένος	wear
φταίω	ἔφταιξα	—	—	—	be guilty of
φτωχαίνω	φτώχυνα	—	—	—	become poor

PRESENT	PAST (ACTIVE)	PASSIVE	PAST (PASSIVE)	PAST PARTICIPLE	COMMON MEANING
φυραίνω	φύρανα	—	—	—	shrink
χαίρομαι	—	—	χάρηκα	—	be pleased
χοντραίνω or χονδραίνω	χόντρυνα	—	—	—	grow fat
χορταίνω	χόρτασα	—	—	χορτασμένος	be filled
ψέλνω or ψάλλω	έψαλα	—	—	ψαλμένος	chant
ψυχραίνω	ψύχρανα	ψυχραίνομαι	ψυχράθηκα	ψυχραμένος	cool

A

ἄ, exclamation denoting sorrow or surprise

ἀβαθής, 6λ. ἄβαθος

ἀβαθμολόγητος, unclassified, unmarked

ἄβαθος, shallow

ἄβακας (ὁ), abacus, slate

ἀβανιά (ἡ), slander

ἀβάρετος, unweary; unbeaten, unhurt

ἀβαρία (ἡ), average, damage/ γενική ~ general average

ἄβαρος, light, weightless

ἀβασάνιστος, untormented; unexamined, untested

ἀβασίλευτος, without a king/ ᾽Αβασίλευτη Δημοκρατία, Crownless Democracy / unset (sun)

ἀβάσιμος, groundless/ ἀβασιμότητα (ἡ), groundlessness

ἀβάσκαντος, not seen by the evil eye

ἀβάσταχτος, unbearable, intolerable

ἄβατος, inaccessible

ἀβατσίνωτος, not inoculated

ἄβαφος, uncoloured, unpainted, undyed

ἀβάφτιστος, not christened

ἀββαεῖο (τό), abbey

ἀββάς (ὁ), abbot

ἄβγαλτος, inexperienced

ἀβδέλλα (ἡ), leech

ἀβέβαιος, uncertain, doubtful/ ἀβεβαιότητα (ἡ), uncertainty, insecurity

ἀβεβαίωτος, unconfirmed, uncertified

ἀβεβήλωτος, unprofaned, inviolate

ἀβίαστα, unconstrainingly, freely/ ἀβίαστος, unconstrained

ἀβιογένεση (ἡ), abiogenesis

ἀβιταμίνωση (ἡ), vitamin deficiency

ἀβλαβής, harmless; unhurt/ σῶος καὶ ~, safe and sound

ἀβλεψία (ἡ), carelessness, error, oversight

ἀβοήθητος, helpless, unassisted

ἄβολος, uncomfortable

ἀβουλία (ἡ), lack of will, undecidedness/ ἄβουλος, undecided, hesitating

ἀβούλωτος, unsealed

ἀβρά, gently, delicately, courteously

ἄβραστος, unboiled

ἀβροδίαιτος, living in luxury; effeminate

ἀβρός, gentle, delicate, courteous/ ἀβρότητα (ἡ), gentleness, courteousness/ ἀβροφροσύνη (ἡ), politeness, compliment.

ἀβύζαχτος, unsuckled

ἀβυσσαλέος, abysmal, fathomless/ ἄβυσσος (ἡ) abyss

ἀγαθά (τά), goods; riches

ἀγαθιάρης, naive, simple-minded

ἀγαθοεργία (ἡ), charity, good deed/ ἀγαθοεργός, charitable, benevolent

ἀγαθοπιστία (ἡ), credulity/ ἀγαθόπιστος, credulous

ἀγαθός, good, kind; simple/ ἀγαθότητα (ἡ), kindness

ἀγάλια, gradually, gently

ἀγαλλίαση (ἡ), rejoicing, delight

ἄγαλμα (τό), statue/ ἀγαλματένιος, statuelike/ (fig.) very beautiful

ἀγαμία (ἡ), celibacy/ ἄγαμος, single, unmarried

ἀγανάκτηση (ἡ), indignation, anger/ ἀγανακτισμένος, indignant, angry/ ἀγανακτῶ, to be indignant

ἀγάπη (ἡ), indignation, anger/ ~ γιά τόν πλησίον, love for one's neighbour/ ~ μου! my darling!/ ~ μένα, lovingly, fondly/ ~τικιά (ἡ), mistress, sweetheart/ ~τικός (ὁ), lover, suitor/ ~τός, dear

ἀγαπῶ, to love, to be fond of/ τί ἀγαπᾶτε; what would you like?/ ὅπως ἀγαπᾶτε, as you like

ἄγαρμπος, ungraceful, awkward

ἀγαρνίριστος, untrimmed

ἀγγαρεία (ἡ), forced labour/ (fig.) unpleasant task

ἀγγεῖο (τό), vessel, vase, pot/ αἱμοφόρο ~, blood vessel/ αἰσχρό ~, rascal, knave

ἀγγειοπλάστης (ὁ), potter/ ἀγγειοπλαστική (ἡ), pottery

ἀγγελάκι (τό), cherub, little angel

ἀγγελία (ἡ), announcement, advertisement/ ~φόρος (ὁ), messenger

ἀγγελικός, angelic (al)/ (fig.) innocent looking

ἀγγέλλω, to announce, to declare/ ἄγγελμα (τό), announcement, notice
ἄγγελος (ὁ), angel
ἀγγελτήριο (τό), notice-card (marriage, funeral, etc)
ἀγγίζω, to touch
ἄγγιχτος, untouched, intact; brand new
ἀγγλικανός, Anglican
ἀγγλικός, English/ ἀγγλική (γλώσσα), or ἀγγλικά, English (language)/ Ἀγγλίδα, Englishwoman/ ἀγγλισμός, English idiom/ ἀγγλομανία, anglomania/ Ἄγγλος (ὁ), Englishman
ἀγγούρι (τό), cucumber
ἄγδαρτος, unflayed
ἀγελάδα (ἡ), cow
ἀγελαδοτροφία (ἡ), cow-rearing
ἀγέλαστος, sullen, morose
ἀγέλη (ἡ), flock, herd
ἀγέμιστος, unfilled, empty
ἀγένεια (ἡ), impoliteness, discourtesy
ἀγέννητος, unborn
ἀγέραστος, youthful
ἀγέρωχα, arrogantly, haughtily/ ἀγέρωχος, arrogant, haughty, proud
ἀγεφύρωτος, unbridged, unbridgeable
ἄγημα (τό), landing party
ἀγιάζι (τό), frosty wind
ἀγιάζω, to sanctify, to hallow/ ὁ σκοπός ἁγιάζει τά μέσα, the end justifies the means/ ἁγιασμός (ὁ), blessing of the water
ἀγιάτρευτος, incurable
ἀγίνωτος, unripe
ἁγιογραφία (ἡ), hagiography, painting of icons/ ἁγιογράφος (ὁ) painter of holy icons
ἁγιοκέρι (τό), church taper, church candle
ἀγιόκλημα (τό), honey-suckle
ἁγιορείτης (ὁ), monk from Mount Athos
ἅγιος (ὁ), saint; holy, sacred/ Ἁγία Γραφή, Holy Bible/ Ἅγιο Πνεῦμα, Holy Ghost/ Ἁγία Τράπεζα, the Altar/ τά ἅγια τῶν ἁγίων, holy of holies
ἁγιότητα (ἡ), holiness/ Ἡ Αὐτοῦ ~His Holiness
ἀγκάθι (τό), thorn, prick/ κάθομαι στ' ἀγκάθια, feel uncomfortable/ ἀγκαθωτός, thorny, prickly

ἀγκαλά, in spite of, nevertheless, although
ἀγκαλιά (ἡ), breast, bosom/ μέ ἀνοιχτή ~, with outstretched arms/ παίρνω ~, take into one's arms, embrace/ ἀγκαλιάζω, to embrace
ἀγκάλιασμα (τό), embracing
ἀγκίδα (ἡ), wood splinter
ἀγκινάρα (ἡ), artichoke
ἀγκίστρι (τό), fishing hook/ ἀγκιστρώνω, to hook/ (fig.) to lure, to tempt, to entice
ἀγκομαχητό (τό), gasping
ἀγκύλη (ἡ), joint, elbow; outside bracket/ ἀγκυλώνω, to sting, to prick/ ἀγκύλωση (ἡ), anchylosis / ἀγκυλωτός, crooked; thorny/ ~ σταυρός, the Swastika
ἄγκυρα (ἡ), anchor/ ρίχνω ~, to cast anchor/ σηκώνω ~, to weigh anchor, to sail/ ἀγκυροβόλι (τό), anchorage, mooring/ ἀγκυροβολῶ, to anchor, to moor
ἀγκωνάρι (τό), corner-stone
ἀγκώνας (ὁ), elbow
ἀγκωνή (ἡ), corner, cove
ἄγλυκος, sweetless, not sweet
ἀγναντεύω, to perceive
ἀγνάντια, opposite, on the other side
ἁγνεία (ἡ), chastity, purity/ ἁγνός, chaste, pure
ἁγνότητα (ἡ), purity, chastity, innocence
ἄγνοια (ἡ), ignorance/ ἀγνοῶ, to ignore
ἀγνώμονας, ungrateful, unthankful/ ἀγνωμοσύνη (ἡ), ingratitude, ungratefulness
ἀγνώριστος, unrecognizable
ἀγνωστοποίητος, unannounced, undeclared
ἄγνωστος, unknown
ἀγόγγυστα, uncomplainingly/ ἀγόγγυστος, uncomplaining
ἄγονος, barren, sterile, arid
ἀγορά (ἡ), market-place, market/ μαύρη ~ black market/ ἀγοράζω, to buy, to purchase/ ~ τοῖς μετρητοῖς, buy cash/ ~ μέ πίστωση, buy on credit/ ~ μέ δόσεις, hire purchase
ἀγοραῖος, of the market/ (fig.) vulgar
ἀγορανομία (ἡ), market inspection police
ἀγοραπωλησία (ἡ), transaction

ἀγοραστής (ὁ), buyer, purchaser/ *ἀγοραστικός*, purchasing/ *ἀγοραστική δύναμη*, purchasing power

ἀγόρευση (ἡ), oration, speech/ *ἀγορεύω*, to deliver a speech/ *ἀγορητής* (ὁ), orator, speaker

ἀγόρι (τό), boy

ἀγουρίδα (ἡ), sour grape

ἄγουρος, unripe, green/ (fig.) inexperienced, young lad.

ἀγράμματος, uneducated, illiterate/ *ἀγραμματοσύνη* (ἡ), illiteracy

ἄγραφος, unwritten

ἄγρια, wildly, fiercely, savagely/ *ἀγριάνθρωπος* (ὁ), rough (wild) person/ *ἀγριεύω*, to grow fierce, to be worked up

ἀγρίμι (τό), wild beast/ (fig.) unsociable person

ἀγριόγατος (ὁ), wild cat

ἀγριογούρουνο (τό), wild boar

ἀγριοκάτσικο (τό), wild goat

ἀγριοκοιτάζω, to cast a threatening look

ἀγριολούλουδο (τό), wild flower

ἄγριος, wild, fierce, savage/ *ἀγριότητα* (ἡ), wildness, fierceness, savageness

ἀγριότοπος (ὁς, wilderness

ἀγριόχοιρος (ὁ), wild boar

ἀγριωπός, sullen, grim, stern

ἀγροικία (ἡ), farm-house

ἀγροίκος, rude, impolite, rough

ἀγροικῶ, to listen to

ἀγρόκτημα (τό), farm

ἀγρονομία (ἡ), agronomy

ἀγρός (ὁ), field/ *ἀγρότης* (ὁ), peasant, farmer

ἀγροτικός, rural, rustic, agrarian

ἀγρυπνία (ἡ), wakefulness, vigilance/ *ἄγρυπνος*, wakeful, vigilant/ *ἀγρυπνῶ*, to keep awake, to be vigilant

ἀγυάλιστος, unpolished, unvarnished

ἀγυιόπαιδο (τό), urchin, street-boy

ἀγύμναστος, untrained/ (mil.) one who has not served in the army

ἀγύριστος, not coming back/ *δανεικά καί ἀγύριστα*, a loan not to be paid back/ *πήγαινε στόν ἀγύριστο!* go to hell!

ἀγυρτεία (ἡ), charlatanism, quackery/ *ἀγύρτης* (ὁ), charlatan

ἀγχίνοια (ἡ), sharp wit, cleverness

ἀγχιστεία (ἡ), relation by marriage

ἀγχόνη (ἡ), gallows

ἄγω, to lead, to guide

ἀγωγή (ἡ), education, bringing up/ (leg.) action, lawsuit/ *ἐγείρω ἀγωγή*, to bring an action against, to sue

ἀγωγιάτης (ὁ), horse (mule) driver

ἀγωγιμότητα (ἡ) conductivity

ἀγωγός (ὁ), pipe, conductor/ *ἀποστραγγιστικός* ~, drain

ἀγώνας (ὁ), struggle, fight, hard effort/ *Ὀλυμπιακοί ἀγῶνες*, Olympic Games

ἀγωνία (ἡ), anguish, agony/ ~ θανάτου, pangs of death

ἀγωνίζομαι, to struggle, to fight for

ἀγώνισμα (τό), combat; athletics event

ἀγωνιστής (ὁ), fighter, contender/ *ἀγωνιστικός*, struggling, fighting, contending

ἀγωνιῶ, to be in agony; to be anxious/ *ἀγωνιώδης*, anxious; full of anguish

ἀδαής, ignorant, inexperienced

ἀδαμάντινος, made of diamonds/ *ἀδαμαντοκόλλητος*, set with diamonds

ἀδαμαντοπωλεῖο (τό), jeweller's shop/ *ἀδαμαντοπώλης* (ὁ), jeweller

ἀδάμαστος, untamed, indomitable, invincible

ἀδαπάνητος, unspent/ *ἀδάπανος*, inexpensive

ἀδασκάλευτος, uninstructed

ἀδασμολόγητος, free

ἄδεια (ἡ), permission, licence, leave/ *ἔχω* ~, to be on leave/ *ποιητική* ~, poetic licence

ἀδειάζω, to empty, to evacuate/ *δέν* ~, I have no spare time, I am too busy/ *ἄδειος*, empty, vacant

ἀδέκαστος, impartial, incorruptible

ἀδελφή, (ἡ), sister; nurse; nun (sl.) homosexual/ *ἀδελφικός*, brotherly, sisterly, fraternal

ἀδελφοκτονία (ἡ), fratricide/ *ἀδελφοκτόνος* (ὁ), fratricide, killer of one's brother/ *ἀδελφοποίηση* (ἡ), fraternization

ἀδελφός (ὁ), brother/ *Ἐν Χριστῶ ἀδελφοί*, brethren in Christ/ *ἀδελφοσύνη* (ἡ), brotherhood/ *ἀδελφότητα* (ἡ), fraternity/ *ἀδελφώνω*, to reconcile

ἀδένας (ὁ), gland

ἄδεντρος, treeless

ἀδέξιος, clumsy, awkward/ ἀδεξιότητα (ἡ), clumsiness, awkwardness

ἀδέσμευτος, unbound, uncommitted; non-aligned

ἀδέσποτος, masterless; stray (animal)/ ἀδέσποτη φήμη, groundless rumour

ἄδετος, untied, unbound

ἄδηλος, doubtful, uncertain, unclear/ ἄδηλοι πόροι, invisible earnings

ἀδήλωτος, undeclared, unregistered

ἀδήμευτος, unconfiscated

ἀδημιούργητος, uncreated/ (fig.) with no stable career

ἀδημονία (ἡ), impatience, anxiety/ ἀδημονῶ, to be impatient, to worry

ἀδημοσίευτος, unpublished

Ἄδης (ὁ), underworld

ἀδηφαγία (ἡ), gluttony, voracity/ ἀδηφάγος, gluttonous, voracious; greedy

ἀδιάβαστος, unread; unprepared for an exam

ἀδιάβατος, impassable, impenetrable, untrodden

ἀδιάβλητος, unslandered, blameless

ἀδιάβροχο (τό), rain coat/ ἀδιάβροχος, waterproof

ἀδιαθεσία (ἡ), indisposition, mild illness/ ἀδιάθετος, indisposed/ (leg.) intestate/ ἀδιαθετῶ, to feel indisposed

ἀδιαίρετος, indivisible, undivided/ ἀδιαίρετο (τό), indivisibility

ἀδιάκοπος, uninterrupted, incessant, constant

ἀδιακρισία (ἡ), indiscretion/ ἀδιάκριτος, indiscreet, tactless/ ἀδιάκριτα, indiscreetly; indiscriminately

ἀδιάλειπτος, incessant

ἀδιάλεχτος, unselected, unchosen

ἀδιάλλακτος, implacable, uncompromising

ἀδιάλυτος, insoluble, undiluted; indissoluble (marriage)

ἀδιαμόρφωτος, shapeless

ἀδιανέμητος, undivided, undistributed

ἀδιανόητος, unthinkable, inconceivable

ἀδιαντροπιά (ἡ), shamelessness, impudence, cheek/ ἀδιάντροπος, shameless, impudent

ἀδιαπέραστος, impenetrable, impervious

ἀδιαπίστωτος, unconfirmed

ἀδιάπλαστος, shapeless, formless

ἀδιάπλευστος, unnavigable

ἀδιάπτωτος, undiminished; stable, firm

ἀδιάσειστος, unshaken, firm

ἀδιάσπαστος, inseparable, united

ἀδιατάραχτος, undisturbed, untroubled

ἀδιάτρητος, unperforated; bullet-proof

ἀδιατύπωτος, unformulated, undefined

ἀδιαφανής, opaque, not transparent

ἀδιαφέντευτος, unprotected

ἀδιάφθορος, incorruptible

ἀδιαφιλονίκητος, indisputable, unquestionable

ἀδιαφορία (ἡ), indifference/ ἀδιάφορος, indifferent/ ἀδιαφορῶ, to be indifferent, to ignore

ἀδιαχώρητος, impenetrable

ἀδιαχώριστος, inseparable

ἀδιάψευστος, reliable, uncontradictable

ἀδίδακτος, untaught, uneducated

ἀδιεκδίκητος, unclaimed

ἀδιέξοδο (τό), deadlock, impasse

ἀδιερεύνητος, unexamined, unexplored

ἄδικα, unfairly, unjustly, wrongly

ἀδικαιολόγητα, unjustifiably/ ἀδικαιολόγητος, unjustifiable, unjustified, unwarranted

ἀδίκημα (τό), offence

ἀδικία (ἡ), injustice, unfair treatment

ἄδικο (τό), injustice, wrong/ ἔχω ~, to be wrong, to be at fault/ ἄδικος, unjust, unfair/ ἀδικῶ, to wrong, to be unfair to

ἀδιοίκητος, ungoverned, ungovernable

ἀδιόρατος, imperceptible

ἀδιοργάνωτος, unorganized

ἀδιόρθωτος, incorrigible; uncorrected

ἀδίπλωτος, unfolded

ἀδίστακτα, unhesitatingly, unscrupulously/ ἀδίστακτος, unhesitating, unscrupulous

ἀδιύλιστος, unfiltered

ἀδόκητος, unexpected

ἀδοκίμαστος, untried, untested

ἄδολος, sincere, honest, pure

ἄδοξα, ingloriously/ ἄδοξος, inglorious

ἀδούλευτος, unwrought, raw

ἀδούλωτος, unsubdued, free

ἀδρά, stoutly/ πληρώνω ~, to pay generously

ἀδράνεια (ἡ), inactivity, inertia/ ἀδρανής, inactive, inert/ ἀδρανῶ, to remain inactive

ἀδράχνω, to seize, to grab

ἀδράχτι (τό), spindle

ἀδρός, stout, robust; abundant, rich

ἀδυναμία (ἡ), weakness; inability/ ἔχω ~, to have a soft spot for/ ἀδύναμος, weak, feeble, impotent

ἀδυνατίζω, to weaken; to slim/ ἀδυνάτισμα (τό), weakening; slimming/ ἀδύνατος, weak, feeble; slim/ εἶναι ἀδύνατο, it's impossible/ ἀδυνατῶ, to be unable to

ἀδυσώπητος, implacable, inexorable

ἄδυτο (τό), sanctuary, shrine

ἄδωρος, vain/ δῶρο ἄδωρο, useless gift

ἀειθαλής, evergreen/ (fig.) still young-looking

ἀεικίνητος, perpetually moving; restless

ἀείμνηστος, ever memorable

ἀέννaος, perpetual, everlasting

ἀεραγωγός (ὁ), airduct, windpipe

ἀεράκι (τό), breeze

ἀεράμυνα (ἡ), air defence

ἀεραντλία (ἡ), air pump

ἀέρας (ὁ), air, wind/ ἔχει ἀέρα, it's windy/ στόν ἀέρα, in vain/ ἔχει πάρει ἀέρα, he thinks too highly of himself, he is going too far

ἀεργία (ἡ), idleness/ ἄεργος, idle

ἀερίζω, to air, to ventilate / ἀέρινος, made of air/ (fig.) gentle, charming

ἀέριο (τό), gas/ δακρυγόνο ~, tear gas

ἀεριοπροωθούμενος, jet-propelled

ἀεριούχος, gaseous

ἀεριόφως (τό), gas light

ἀερισμός (ὁ), ventilation/ ἀεριστήρας (ὁ), fan, ventilator

ἀεροβατῶ, to day-dream

ἀεροδρόμιο (τό), airport

ἀεροδυναμική (ἡ), aerodynamics

ἀεροθάλαμος (ὁ), air chamber

ἀερόλιθος (ὁ), aerolite, meteorite

ἀερολιμένας (ὁ), airport

ἀερολογία (ἡ), frivolous chat

ἀερομαχία (ἡ), air battle/ ἀερομαχῶ, to take part in an air battle

ἀερόμετρο (τό), aerometer, air pressure gauge

ἀεροναυτική (ἡ), aeronautics

ἀεροπλάνο (τό), airplane/ βομβαρδιστικό ~, bomber/ καταδιωκτικό ~, fighter plane/ ἀεριωθούμενο ~, jet plane

ἀεροπλανοφόρο (τό), aircraft carrier

ἀερόπλοιο (τό), airship

ἀεροπορία (ἡ), aviation; airforce

ἀεροπορικός, relating to aviation/ ἀεροπορική ἐπιδρομή, air raid/ ἀεροπορική ἑταιρία, airline (company)/ ἀεροπορικό ταχυδρομεῖο, air mail

ἀεροπόρος (ὁ), airman, air pilot/ ἀεροσκάφος (τό) airplane, aircraft

ἀεροστατική (ἡ), aerostatics/ ἀερόστατο (τό), air balloon

ἀεροστεγής, airtight

ἀεροσυμπιεστής (ὁ), air compressor

ἀετός (ὁ), eagle/ (fig.) kite

ἀέτωμα (τό), gable, pediment

ἀζάρωτος, unwrinkled

ἀζευγάρωτος, uncoupled; untilled (field)

ἀζήλευτος, unenvied

ἀζημίωτος, unhurt, uninjured; with no material loss

ἀζήτητος, unclaimed

ἀζύγιστος, unweighed

ἄζυμος, unleavened

ἀζωγράφιστος, unpainted

ἄζωτο (τό), nitrogen/ ἀζωτοῦχος, nitrogenous

ἀηδία (ἡ), disgust/ ἀηδιάζω, to feel disgusted/ ἀηδιαστικός, disgusting, distasteful

ἀηδόνι (τό), nightingale

ἀήττητος, invincible

ἀθανασία (ἡ), immortality/ ἀθάνατος, immortal

ἄθαφτος, unburied

ἀθέατος, invisible

ἀθεϊσμός (ὁ), atheism/ ἀθεϊστής (ὁ), atheist

ἀθέλητα, unintentionally, unwillingly /ἀθέλητος, unintentional, unwilling

ἀθεμελίωτος, unfounded, groundless

ἀθέμιτος, illegal, unlawful / ~ συναγωνισμός, illegal competition

ἄθεος (ὁ), atheist

ἀθεράπευτος, incurable

ἀθέριστος, unmowed, unreaped

ἀθέτηση (ἡ), violation, breech / ἀθετῶ, to violate, to breech (agreement or promise)

ἀθεώρητος, unexamined / *ἀθεώρητο διαβατήριο,* passport with no proper visa

ἀθηναϊκός, relating to Athens, Athenian / *Ἀθηναῖος, Ἀθηναία,* Athenian (man, woman)

Ἀθίγγανος (ὁ), gipsy

ἄθικτος, intact, untouched

ἀθλητής (ὁ), athlete / *ἀθλητικός,* athletic, sportive

ἀθλητισμός (ὁ), sports / ~ *στίβου,* athletics

ἄθλιος, miserable, wretched / *ἀθλιότητα* (ή), misery, wretchedness

ἀθλοθετῶ, to establish a prize

ἆθλος (ὁ), feat, exploit / *οἱ ἆθλοι τοῦ Ἡρακλῆ,* the labours of Hercules

ἀθόλωτος, clear, limpid

ἀθόρυβα, quietly, noiselessly / *ἀθόρυβος,* quiet, noiseless

ἄθραυστος, unbreakable, shatterproof

ἀθρήνητος, unlamented

ἄθρησκος, irreligious, agnostic

ἀθροίζω, to add (up) / *ἄθροιση* (ή) addition

ἄθροισμα (τό), sum, total

ἀθρόος, numerous, abundant

ἀθρυμμάτιστος, unshattered, unbroken

ἀθυμία (ή), low spirits, gloom

ἄθυρμα (τό), toy, plaything

ἀθυροστομία (ή), foulmouthedness / *ἀθυρόστομος,* foulmouthed

ἀθῶος, innocent, not guilty / *ἀθωότητα* (ή), innocence/ *ἀθωώνω,* to acquit / *ἀθώωση* (ή), acquittal

αἴγαγρος (ὁ), chamois

αἰγιαλός (ὁ), coast, shore, beach

αἰγίδα (ή), aegis, patronage / *κάτω ἀπό τήν* ~, under the auspices

αἴγλη (ή), splendour, brightness / (fig.) fame

αἰγοβοσκός (ὁ), goatherd

Αἰγόκερως (ὁ), Capricorn

αἰγόκλημα (τό), honeysuckle

αἰγυπτιακός, Egyptian / *Αἰγύπτιος, Αἰγύπτια,* Egyptian (man, woman)

αἰδεσιμότατος (ὁ), reverend, venerable

αἰδημοσύνη (ή), bashfulness, modesty

αἰδοῖο (τό), genitals

αἰθάλη (ή), soot

αἰθέρας (ὁ), ether / *αἰθέριος,* ethereal

Αἰθίοπας, Αἰθιοπίδα, Ethiopian (man, woman) / *αἰθιοπικός,* Ethiopian

αἴθουσα (ή), chamber, hall / ~ *ἀναμονῆς,* waiting room

αἰθρία (ή), clear sky / *αἴθριος,* clear, fair

αἴλουρος (ὁ), wild cat

αἷμα (τό), blood / *μοῦ ἀνέβηκε τό* ~ *στό κεφάλι,* I saw red / *τό* ~ *νερό δέν γίνεται,* blood is thicker than water / *αἱματηρός,* bloody / *αἱματοβαμμένος,* blood-stained / *αἱματοκύλισμα* (τό), bloodshed, massacre/ *αἱματοχυσία* (ή), bloodshed; war / *αἱματουρία* (ή), (med.) haematuria / *αἱμοβόρος,* blood-thirsty / *αἱμοδότης* (ὁ), blood donor / *αἱμομιξία* (ή), incest/ *αἱμόπτυση* (ή), blood spitting / *αἱμορραγία* (ή), bleeding, haemorrhage / *αἱμορραγῶ,* to bleed / *αἱμορροΐδες* (οἱ), piles / *αἱμοσφαιρίνη* (ή), haemoglobin/ *αἱμοσφαίριο* (τό), blood globule (corpuscle) / *αἱμοφιλία* (ή), haemophilia / *αἱμοφόρος,* blood-bearing / *αἱμοφόρο ἀγγεῖο,* blood vessel / *αἱμόφυρτος,* bleeding, bloody/ *αἱμοχαρής,* blood-thirsty

αἴνιγμα (τό), riddle, enigma / *λύνω* ~, to solve a riddle / *αἰνιγματικός,* enigmatic, mysterious

αἶνος (ὁ), praise

αἵρεση (ή), heresy / *αἱρετικός,* heretic (al)

αἱρετός, elected, chosen

αἰσθάνομαι, to feel, to sense

αἴσθημα (τό), feeling, sentiment / ~*τίας* (ὁ), sentimentalist / ~*τικά,* sentimentally / ~*τικός,* sentimental / ~*τικότητα* (ή), sentimentality

αἴσθηση (ή), feeling, sensation, sense, sensibility / *χάνω τίς αἰσθήσεις μου,* to faint / *προκαλῶ* ~, to create a sensation

αἰσθησιακός, sensual, sensuous

αἰσθητήριο (τό), organ of sense (feeling)

αἰσθητική (ή), aesthetics / *αἰσθητικός,* aesthetical, sensitive / *αἰσθητικότητα* (ή), sensitivity, sensibility

αἰσθητός, perceptible

αἰσιοδοξία (ή), optimism / *αἰσιόδοξος,* optimist; optimistic / *αἰσιοδοξῶ,* to be optimistic αἴσιος, lucky, auspicious, fortunate / ~ οἰωνός, good omen

αἶσχος (τό), shame, infamy, dishonour

αἰσχρά, shamefully, indecently, dishonourably

αἰσχροκέρδεια (ή), immoral (unlawful) gain / αἰσχροκερδής, cupidity, profiteering

αἰσχρολογία (ή), foul (obscene) language / αἰσχρολόγος, foul-mouthed / αἰσχρολογῶ, to use obscene language

αἰσχρός, shameful, disgraceful, indecent / αἰσχρότητα (ή), shamefulness, indecency

αἰσχύνη (ή), shame

αἴτημα (τός, demand, claim, request

αἴτηση (ή), application, petition

αἰτία (ή), reason, cause / ἐξ' αἰτίας, on account of, because of

αἰτιατική (ή), accusative case

αἰτιατός, causal

αἴτιο (τό), cause, reason / τό ~ καί τό αἰτιατό, cause and effect

αἰτιολόγηση (ή), excuse, explanation

αἰτιολογία (ή), explanation / αἰτιολογικός, causative (gram); explanatory / αἰτιολογῶ, to state the causes, to explain the motives

αἴτιος (ὀ), responsible for, author of / αἰτιῶμαι, to accuse, to blame

αἰτῶ, to ask for, to demand, to request

αἴφνης, αἰφνίδια, suddenly / αἰφνιδιάζω, (ὀ), to take by surprise, to surprise / αἰφνιδιασμός (ὀ),, sudden appearance, unexpected attack / αἰφνιδιαστικός, αἰφνίδιος, sudden, unexpected, surprising

αἰχμαλωσία (ή), captivity / αἰχμαλωτίζω, to capture, to take prisoner / αἰχμαλωτισμός (ὀ), capture, taking of prisoners

αἰχμάλωτος (ὀ), prisoner, captive

αἰχμή (ή), point, edge, spear point / αἰχμηρός, sharp, pointed

αἰώνας (ὀ), century, age / στούς αἰῶνες τῶν αἰώνων, for ever and ever / αἰώνια, eternally, for ever / αἰώνιος, eternal, everlasting / αἰωνιότητα (ή), eternity

αἰωνόβιος, century-old; very old

αἰώρα (ή), hammock, see-saw / αἰωροῦμαι, to swing, to be suspended

ἀκαδημαϊκός, academic, member of an Academy / ἀκαδημία (ή), Academy / Παιδαγωγική ~, Teachers Training College

ἀκαθάριστος, dirty, unclean / ἀκαθάριστο εἰσόδημα, gross income

ἀκαθαρσία (ή), dirt, filth / ἀκάθαρτος, dirty, filthy, impure / ἀκάθαρτο πετρέλαιο, crude oil

ἀκάθεκτος, unrestrained, impetuous

ἀκάθιστος, unseated / ~ Ὕμνος, Hymn in praise of the Virgin (Orthodox Church)

ἀκαθόριστος, undetermined, undefined

ἄκαιρος, untimely, inopportune

ἀκακία (ή), acacia

ἄκακος, harmless, benevolent

ἀκαλαίσθητος, unrefined

ἀκάλεστος, uninvited

ἀκαλλιέργητος, uncultivated; uncultured

ἀκαλλώπιστος, unadorned

ἀκάλυπτος, uncovered, unsheltered, unprotected

ἀκαμάτης (ὀ), idler

ἀκάματος, tireless, hard working

ἄκαμπτος, unbending; inflexible, unyielding / ἀκαμψία (ή), inflexibility, stiffness

ἀκάνθινος, thorny, prickly / ~ στέφανος, crown of thorns / ἀκανθώδης, thorny / (fig.) very difficult

ἀκανόνιστος, irregular; unsettled

ἄκαπνος, smokeless

ἄκαρδα, heartlessly, pitilessly / ἄκαρδος, heartless, pitiless

ἀκαριαία, instantly, immediately / ἀκαριαῖος, instantaneous, immediate

ἄκαρπος, fruitless, vain

ἀκάρφωτος, unnailed

ἀκατάβλητος, indomitable, invincible

ἀκατάγραφος, unregistered

ἀκαταγώνιστος, invincible

ἀκατάδεχτος, disdainful, uncondescending, snobbish

ἀκαταδίκαστος, uncondemned, unconvicted

ἀκατάκριτος, irreproachable, blameless

ἀκαταλαβίστικος, incomprehensible

ἀκατάληπτα, incomprehensibly / ἀκατάληπτος, incomprehensible

ἀκατάλληλα, improperly / ἀκατάλληλος, improper, unsuitable / ἀκατάλληλη ταινία, certificate x film /
ἀκαταλληλότητα (ἡ), unsuitability
ἀκαταλόγιστος, irresponsible
ἀκατάλυτος, indestructible
ἀκαταμάχητος, irresistible, invincible
ἀκατανάλωτος, unconsumed
ἀκατανίκητος, 6λ. ἀκαταμάχητος
ἀκατανόητα, incomprehensibly / ἀκατανόητος, incomprehensible
ἀκατάπαυστα, incessantly, continually / ἀκατάπαυστος, incessant, continual, unremitting
ἀκαταπόνητος, indefatigable
ἀκατάρτιστος, not formed; uneducated
ἀκαταστάλαχτος, unsubsided / (fig.) confused, unsettled
ἀκαταστασία (ἡ), disorder, untidiness / ἀκατάστατα, untidily / ἀκατάστατος, untidy
ἀκατάσχετα, unrestrainably, impetuously / ἀκατάσχετος, unrestrained, impetuous; unconfiscated
ἀκατατόπιστος, uninformed, unorientated, unbriefed
ἀκατέβατος, not going down / ἀκατέβατη τιμή, fixed price
ἀκατέργαστος, unwrought, raw
ἀκατοίκητος, uninhabited
ἀκατονόμαστος, unnamed; unmentionable, unutterable
ἀκατόρθωτος, unattainable, impossible
ἄκαυτος, unburnt, incombustible
ἀκέραιος, whole, entire, integral / ἀκεραιότητα (ἡ), integrity
ἀκέφαλος, headless, acephalous
ἀκεφιά (ἡ), bad mood, low spirits
ἀκήδευτος, unburied
ἀκηλίδωτος, unstained, spotless
ἀκήρυχτος, unproclaimed, undeclared
ἀκίδα (ἡ), point, splinter / ἀκιδωτός, pointed, barbed
ἀκίνδυνα, securely, safely / ἀκίνδυνος, not dangerous, safe
ἀκινησία (ἡ), immobility / ἀκινητοποίηση (ἡ), immobilization / ἀκινητοποιῶ, to immobilize / ἀκίνητος, motionless, firm, still, immovable / ἀκίνητη περιουσία, real estate / ἀκινητῶ, to remain still
ἀκ(κ)ισμός (ὁ), affectation, coquetry
ἄκλαυτος, unlamented
ἀκλείδωτος, unlocked
ἀκληρονόμητος, uninherited / ἄκληρος, heirless / (fig.) unlucky
ἀκλήτευτος, unsummoned
ἀκλόνητα, steadily, firmly, resolutely / ἀκλόνητος, steady, firm, resolute
ἀκμάζω, to flourish, to thrive / ἀκμαῖος, flourishing, thriving
ἀκμή (ἡ), flourishing, prosperity / (tech.) point, edge / (skin) acne
ἄκμων (ὁ), anvil
ἀκοή (ἡ), hearing / ἐξ ἀκοῆς, by hearsay
ἀκοίμητος, wakeful, vigilant
ἀκοινώνητος, unsociable
ἀκολασία (ἡ), debauchery, intemperance / ἀκολασταίνω, to lead a life of debauchery / ἀκόλαστος, licentious, intemperate
ἀκολουθία (ἡ), escort / (eccl.) service, mass / ἀκόλουθος (ὁ), follower, attendant / μορφωτικός ~, cultural attaché/ στρατιωτικός ~ military attaché
ἀκολουθῶ, to follow, to come after
ἀκολούθως, afterwards
ἀκόμα, still, yet, also, / ὄχι ~, not yet / ~ μία φορά, once more / ἕνα χρόνο ~, one year longer / ~ καί ἄν, even if
ἀκομμάτιαστος, whole, undivided
ἀκομμάτιστος, impartial, above (political) parties
ἄκομψος, inelegant
ἀκόνι (τό), whetstone / ἀκονίζω, to whet, to sharpen / ~ τό μυαλό μου, to sharpen one's wits / ἀκόνισμα (τό), sharpening, whetting
ἀκόντιο (τό), javelin, dart / ἀκοντισμός (ὁ), javelin throwing / ἀκοντιστής (ὁ), javelin thrower
ἄκοπα, easily, effortlessly / ἄκοπος, easy, effortless
ἀκόρεστα, insatiably / ἀκόρεστος, insatiable
ἀκορντεόν (τό), accordion
ἀκοσκίνιστος, unsifted
ἀκοσμία (ἡ), indecency / ἄκοσμος, indecent, improper
ἄκου! listen! hark!

ἀκουαρέλα (ἡ), watercolour
ἄκουα φόρτε (τό), nitric acid
ἀκούμπισμα (τό), leaning / ἀκουμπιστήρι (τό), support, prop / ἀκουμπῶ, to lean against
ἀκούμπωτος, unbuttoned
ἀκούνητος, immovable, still
ἀκούομαι, to be heard
ἀκούραστος, untiring, indefatigable
ἀκούρδιστος, (clock) unwound / (mus.) untuned
ἀκούρευτος, unshorn; needing a haircut
ἀκούσια, unwillingly, involuntarily / ἀκούσιος, unwilling
ἄκουσμα (τό), hearing / ἀκουστά, from hearing
ἀκουστικά (τά), headphones, earphones / ἀκουστικό (τό), telephone receiver/ ἀκουστική (ἡ), acoustics / ἀκουστικός, acoustic, auditory/ ἀκουστικό νεῦρο, acoustic nerve / ἀκουστικότητα (ἡ), audibility
ἀκουστός, audible / (fig.) famous
ἀκούω, to hear, to listen / ἄκουσέ με, listen to me / μή τον ἀκοῦς, do not take any notice of him
ἀκράδαντα, firmly, steadfastly / ἀκράδαντος, firm, steadfast
ἀκραῖος, extreme / ἔχει ἀκραῖες ἰδέες, he is an extremist
ἀκραιφνής, sincere, genuine
ἀκράτεια (ἡ), incontinence, intemperance
ἀκράτητα, impetuously / ἀκράτητος, impetuous, unrestrained
ἄκρατος, pure (wine)
ἄκρη (ἡ), end, edge, extremity, tip / ὅτι βγάλει ἡ ~, come what may
ἀκριβά, dearly, expensively / θά τό πληρώσεις ~, you will regret it / ἀκριβαίνω, to become dearer (more expensive)
ἀκρίβεια (ἡ) precision, exactness; punctuality / (price) high price / ἐργαλεῖο ~ς, precision tool / ἀκριβής, precise, accurate, exact
ἀκριβοδίκαιος, righteous, fair
ἀκριβοθώρητος, seldom seen
ἀκριβολογία (ἡ), exactness, preciseness / ἀκριβολόγος, exact, precise / ἀκριβολογῶ, to be precise

ἀκριβοπληρώνω, to pay dearly / ἀκριβοπουλῶ, to sell dearly
ἀκριβός, dearest, beloved / (price) dear, expensive
ἀκριβῶς, exactly, precisely
ἀκρίδα (ἡ), locust, grasshopper
ἀκρισία (ἡ), lack of judgment
ἀκρίτας (ὁ), frontier man
ἀκριτομυθία (ἡ), indiscretion
ἄκρο (τό), extremity, end, edge / τά ἄκρα, limbs
ἀκροάζομαι, to listen / (med.) to auscult
ἀκρόαση (ἡ), hearing, listening; interview / (med.) auscultation
ἀκροατήριο (τό), audience
ἀκροατής (ὁ), listener
ἀκροβασία (ἡ), ΄ βλ. ἀκροβατισμός
ἀκροβάτης (ὁ), acrobat / ἀκροβατικός, acrobatic
ἀκροβατισμός (ὁ), acrobatism; risky act / ἀκροβατῶ, to be an acrobat
ἀκροβολισμός (ὁ), skirmishing / ἀκροβολιστής (ὁ), skirmisher
ἀκρογιαλιά (ἡ), seaside, coast, beach
ἀκρογωνιαῖος, corner (stone)
ἀκροδέκτης (ὁ), terminal
ἀκροποδητί, on tip-toe
ἀκρόπολη (ἡ), acropolis, citadel
ἀκροποταμιά (ἡ), riverside, riverbank
ἀκρόπρωρο (τό), figure-head
ἄκρος, extreme, excessive / ἄκρο ἄωτο, the utmost
ἀκροστοιχίδα (ἡ), acrostic
ἀκρότητα (ἡ), extremism, exaggeration
ἀκρωτηριάζω, to mutilate, to maim / ἀκρωτηριασμός (ὁ), mutilation; amputation
ἀκρωτήριο (τό), cape, promontory
ἀκταιωρός (ἧς, coaster
ἀκτή (ἡ), coast, shore
ἀκτήμονας (ὁ), landless peasant / ἀκτημοσύνη (ἡ), lack of land property
ἀκτίνα (ἡ), ray, beam / (circle) radius / (wheel) spoke / ὑπεριώδεις ἀκτίνες, ultraviolet rays
ἀκτίνιο (τό), (maths) radian / (chem.) actinium
ἀκτινοβολία (ἡ), radiation; brilliancy / ἀκτινοβόλος, radiant, brilliant / ἀκτινοβολῶ, to radiate, to shine

ἀκτινογραφία (ἡ), radiography/ ἀκτινοθεραπεία (ἡ), radiotherapy/ ἀκτινοσκόπηση (ἡ), radioscopy

ἀκτινωτός, radial

ἄκτιστος, unbuilt

ἀκτοπλοΐα (ἡ), coast navigation/ ἀκτοφύλακας (ὁ), coast-guard

ἀκυβερνησία (ἡ), lack of government/ ἀκυβέρνητος, ungoverned, unruled

ἀκύμαντος, calm, waveless

ἀκυνήγητος, unhunted

ἀκυρίευτος, unconquered

ἄκυρος, invalid, void, null/ ἀκυρότητα (ἡ), invalidity/ ἀκυρώνω, to cancel, to annul/ ἀκύρωση (ἡ), cancellation, annulment/ ἀκυρώσιμος, reversible, revocable/ ἀκυρωτικός, having powers to annul/ ἀκυρωτικό δικαστήριο, Court of Appeal

ἀκώλυτος, unhindered, unobstructed

ἀλαβάστρινος, made of alabaster/ (fig.) very white/ ἀλάβαστρο (τό), alabaster

ἀλάβωτος, unwounded, unhurt

ἀλάδωτος, not oiled

ἀλαζονεία (ἡ), haughtiness, arrogance/ ἀλαζονικός, haughty, arrogant

ἀλάθητος, infallible/ ἀλάθητο (τό), infallibility

ἀλαλαγμός (ὁ), wild cry/ ἀλαλάζω, to cry wildly

ἄλαλος, dumb, speechless

ἀλαμπικάριστος, dull, not clear

ἀλάνθαστος, unmistaken, unerring

ἀλανιάρης (ὁ), tramp

ἀλάργα, far away/ ἀλαργεύω, to go away

ἀλασκάριστος, unloosened

ἁλάτι (τό), salt/ ἁλατίζω, to salt, to season/ ἁλάτισμα (τό), salting, seasoning/ ἁλατισμένος, salted/ ἁλατοῦχος, saline, saliferous/ ἁλατωρυχεῖο (τό), salt mine

ἀλαφρόπετρα (ἡ), pumice stone

ἀλβανικός, Albanian/ Ἀλβανός, Ἀλβανίδα, Albanian (man, woman)

ἄλγεβρα (ἡ), algebra/ ἀλγεβρικός, algebraic

ἀλγεινός, painful, sorrowful

Ἀλγερῖνος, Ἀλγερίνα, Algerian (man, woman)/ ἀλγερινός, or ἀλγερίνικος, Algerian

ἄλγος (τό), pain, suffering

ἀλεηλάτητος, unlooted, unplundered

ἀλέθω, to grind

ἄλειμμα (τό), tallow/ ἀλείφω, to smear, to anoint

ἀλέκιαστος, spotless

ἀλεξανδρινός, alexandrine

ἀλεξικέραυνο (τό), lightning conductor

ἀλεξιπτωτιστής (ὁ), parachutist/ ἀλεξίπτωτο (τό), parachute

ἀλεξίπυρος, fireproof

ἀλεπού (ἡ), fox/ (fig.) sly person

ἀλέρωτος, clean, not soiled

ἄλεσμα (τό), grinding/ ἀλεστικά (τά), miller's fees

ἀλέτρι (τό), plough/ ἀλετρίζω, to plough

ἀλευθέρωτος, unliberated, unredeemed

ἀλεύρι (τό), flour/ ἀλευροβιομηχανία (ἡ), flour industry

ἀλευρόκολλα (ἡ), starch paste/ ἀλευρόμυλος (ὁ), flour mill/ ἀλευρώνω, to sprinkle with flour

ἀλήθεια (ἡ), truth/ ἀληθεύω, to be(come) true/ ἀληθινά, truly, really/ ἀληθινός, true, real/ ἀληθοφανής, truthlike, verisimilar

ἀλησμόνητος, unforgettable

ἀλητεία (ἡ), vagrancy/ ἀλητεύω, to roam, to wander/ ἀλήτης (ὁ), tramp, vagrant

ἀλίγδωτος, ungreased, not soiled

ἁλιεία (ἡ), fishing/ ἁλιευτικός, fishing/ ἁλιεύω, to fish

ἅλικος, scarlet

ἀλίμενος, harbourless

ἀλισβερίσι (τό), transaction, trading

ἀλισίβα (ἡ), lye

ἀλιτήριος, sly, cunning

ἀλκαλικός, alkaline, alkalic/ ἀλκαλικότητα (ἡ), alkalinity

ἀλκή (ἡ), vigour, strength, power

ἀλκοολικός, alcoholic/ ἀλκοολισμός (ὁ), alcoholism

ἀλκυόνα (ἡ), kingfisher, halcyon

ἀλλά, however, but

ἀλλαγή (ἡ), change, alteration/ ἀλλαγμένος, changed, altered

ἀλλάζω, to change, to alter/ ~ ρούχα, to change clothes/ ~ ζωή, to turn over a new leaf/ ~ σπίτι, to move (house)/ τότε ἀλλάζει, that's different

ἀλλαντικά (τά), sausages/ ἀλλαντοποιός

(ὁ), sausage-maker/ ἀλλαντοπώλης (ὁ), sausage-seller

ἀλλαξιά (ἡ), exchange/ (clothes) underwear

ἀλλαξοπιστία (ἡ), renegation, conversion/ ἀλλαξοπιστῶ, to be converted, to change one's religion

ἀλλεπάλληλα, successively, repeatedly/ ἀλλεπάλληλος, successive, repeated

ἀλληγορία (ἡ), allegory/ ἀλληγορικός, allegorical

ἀλληλεγγύη (ἡ), solidarity

ἀλληλένδετος, interlinked

ἀλληλεπίδραση (ἡ), mutual influence

ἀλληλοβοήθεια (ἡ), mutual assistance (aid)

ἀλληλογραφία (ἡ), correspondence/ ἀλληλογραφῶ, to correspond with

ἀλληλοσφαγή (ἡ), mutual slaughter

ἀλληλοφάγωμα (τό), permanent hate (enmity)

ἀλλόγλωσσος, speaking another language

ἀλλοδαπός (ὁ), foreigner, alien

ἀλλόδοξος, of a different creed

ἀλλοεθνής (ὁ), of a different nation

ἄλλοθι, alibi

ἀλλόθρησκος, of a different religion

ἀλλοιθωρίζω, to squint/ ἀλλοιθώρισμα (τό), squinting, strabism/ ἀλλοίθωρος (ὁ), squint-eyed

ἀλλοίμονο, alas

ἀλλοιώνω, to alter, to vary; to adulterate

ἀλλοιῶς, otherwise

ἀλλοίωση (ἡ), alteration, variation; adulteration

ἀλλοιώτικα, otherwise/ ἀλλοιώτικος, different

ἀλλόκοτα, strangely, oddly/ ἀλλόκοτος, strange, odd

ἀλλοπαρμένος, out of one's senses

ἀλλόπιστος, of a different religion

ἀλλοπρόσαλλος, fickle, unpredictable

ἄλλος, other, another/ ~ ἕνας, one more/ κανένας ~ , nobody else/ ~ τόσος, as much again/ αὐτό εἶναι ἄλλο, that's different/ μεταξύ ἄλλων, among others, inter alia

ἄλλοτε, formerly, once/ ἀλλοτινός, of the past

ἀλλοῦ, elsewhere

ἀλλοφροσύνη (ἡ), frenzy

ἀλλόφυλος, of another race, alien

ἅλμα (τό), jump, leap/ ~ εἰς μῆκος, long jump/ ~ εἰς ὕψος, high jump/ ~ τριπλοῦν, hop, step and jump/ ~ ἐπί κοντῶ, pole vault

ἅλμη (ἡ), brine, pickle

ἄλμπουρο (τό), mast

ἀλμυρίζω, to taste saltish/ ἁλμυρός, salty/ (fig.) expensive/ ἁλμυρότητα (ἡ), salinity

ἀλογάκι (τό), pony

ἀλογάριαστος, incalculable

ἀλογίσιος, equine

ἀλόγιστα, inconsiderately/ ἀλόγιστος, inconsiderate

ἄλογο (τό), horse/ ἀλογόμυγα (ἡ), horse-fly

ἀλόη (ἡ), aloe

ἀλοιφή (ἡ), ointment, salve

ἀλουμίνιο (τό), aluminium

ἄλουστος, unwashed, unbathed

ἀλουστράριστος, unvarnished

ἀλπακάς (ὁ), alpaca

ἀλπινιστής (ὁ), alpinist

ἄλσος (τό), grove, park

ἅλτης (ὁ), jumper

ἀλτρουισμός (ὁ), altruism/ ἀλτρουιστής (ὁ), altruist

ἀλύγιστος, inflexible, stiff; rigid

ἁλυκή (ἡ), salt-pit

ἀλύπητα, mercilessly, pitilessly/ ἀλύπητος, merciless, pitiless

ἁλυσίδα (ἡ), chain/ ἁλυσιδωτός, consecutive/ ἁλυσοδένω, to chain, to bind/ ἁλυσόδετος, chained

ἄλυτος, unsolved

ἀλύτρωτος, unredeemed

ἀλυχτῶ, to bark

ἄλυωτος, unmelted

ἄλφα (τό), alpha/ ἀλφαβητάριο (τό), spelling-book/ ἀλφαβητικά, in alphabetical order/ ἀλφαβητικός, alphabetic(al)/ ἀλφάβητο (τό), alphabet

ἀλφάδι (τό), plummet, plumb-line

ἀλχημεία (ἡ), alchemy/ ἀλχημιστής (ὁ), alchemist

ἁλώνι (τό), threshing floor/ ἁλωνίζω, to thresh/ ἁλωνιστικός, threshing/ ἁλωνιστική μηχανή, threshing machine

ἀλωπεκίαση (ή), fox's evil
ἄλωση (ή), capture, conquest
ἄμα, as soon as, when
ἀμαγείρευτος, uncooked
ἀμάδητος, unplucked
ἀμαζόνα (ή), amazon
ἀμάθεια (ή), ignorance, illiteracy/ *ἀμάθητος, ἄμαθος,* inexperienced/ *ἀμαθής,* ignorant, illiterate
ἀμάλγαμα (τό), amalgam
ἀμανάτι (τό), pawn
ἄμαξα (ή), carriage, coach/ *ἀμαξάς* (ό), coachman/ *ἀμάξι* (τό), 6λ. *ἄμαξα/ ἀμαξιτός,* suitable for carriages/ ~ *δρόμος,* carriage road/ *ἀμαξοστάσιο* (τό), coach house; garage
ἀμαξοστοιχία (ή), train
ἀμάξωμα (τό), chassis
ἀμάραντος, unfading/ (bot.) amaranth
ἀμαρταίνω, to sin/ *ἀμάρτημά* (τό), sin/ *προπατορικό ~ ,* original sin/ *θανάσιμο ~ ,* mortal sin
ἀμαρτία (ή), sin/ *εἶναι ~ ,* it's a pity
ἀμαρτωλός (ό), sinner
ἀμάσητος, unchewed
ἀμαυρώνω, to obscure, to darken/ *ἀμαύρωση* (ή), darkening, obscurity
ἄμαχος, unable to fight/ ~ *πληθυσμός,* civilians
ἀμβλύνοια (ή), dullness
ἄμβλωση (ή), abortion
ἀμβροσία (ή), ambrosia
ἄμβωνας (ό), pulpit
ἀμεθόδευτος, unmethodical
ἀμέθυστος, sober/ (precious stone) amethyst
ἀμείβω, to reward, to remunerate
ἀμείλικτος, implacable, unforgiving
ἀμείωτος, unreduced, undiminished
ἀμέλεια (ή), carelessness, negligence
ἀμελέτητος, unprepared; unstudied
ἀμελής, careless, negligent/ *ἀμελῶ,* to be careless
ἄμεμπτος, blameless, irreproachable, impeccable
ἀμερικανικός, American/ *'Αμερικάνος, 'Αμερικάνα,* American (man, woman)
ἀμέριμνα, heedlessly, carelessly/ *ἀμεριμνησία* (ή), heedlessness, carelessness/ *ἀμέριμνος,* heedless, carefree

ἀμέριστος, undivided, indivisible, whole
ἀμερόληπτα, impartially, fairly/ *ἀμερόληπτος,* impartial, fair/ *ἀμεροληψία* (ή), impartiality, fairness
ἀμέρωτος, untamed
ἄμεσα, directly; instantly/ *ἄμεσος,* direct, immediate/ ~ *φόρος,* direct tax/ *ἀμέσως,* immediately, at once
ἀμετάβατος, intransitive
ἀμεταβίβαστος, untransferable
ἀμετάβλητος, unchanged, unaltered, constant
ἀμετάγγιστος, intransfused
ἀμετάδοτος, incommunicable/ (med.) not contagious
ἀμετάθετος, firm, fixed
ἀμετακίνητος, firm, immovable
ἀμετάκλητα, irrevocably/ *ἀμετάκλητος,* irrevocable
ἀμετανόητος, unrepentant
ἀμετάφραστος, untranslatable
ἀμεταχείριστος, unused; brand new
ἀμέτοχος, non-participating
ἀμέτρητος, immeasurable, innumerable
ἄμετρος, excessive, vast, immense
ἀμήν, amen
ἀμηχανία (ή), embarrassment, confusion/ *ἀμήχανος,* embarrassed, confused
ἀμίαντος, asbestos
ἀμιγής, unmixed, pure
ἀμίλητος, silent, taciturn
ἄμιλλα (ή), competition, rivalry/ *ἀμιλλῶμαι,* to compete, to contend for
ἀμίμητος, inimitable, incomparable
ἄμισθος, without salary; honorary
ἀμμοκονία (ή), plaster, mortar
ἄμμος (ή), sand/ *ἀμμουδιά* (ή), sandy beach
ἀμμοχάλικο (τό), gravel sand
ἀμμωνία (ή), ammonia
ἀμνημόνευτος, unmentioned; immemorable/ *ἀπό ἀμνημονεύτων χρόνων,* from time immemorial
ἀμνησία (ή), amnesia
ἀμνησίκακος, forgiving, unresentful
ἀμνηστεύω, to grant amnesty/ *ἀμνηστεία* (ή), amnesty
ἀμοιβάδα (ή), amoeba
ἀμοιβαία, mutually/ *ἀμοιβαῖος,* mutual, reciprocal/ *ἀμοιβαιότητα* (ή), reciproci-

ty
ἀμοιβή (ἡ), remuneration, reward, salary
ἀμοίραστος, undivided, unshared
ἄμοιρος, unlucky, unfortunate
ἀμόλυντος, pure, unpolluted
ἀμολῶ, to loosen, to let free
ἀμόνι (τό), anvil
ἀμόνοιαστος, irreconciled, incompatible
ἄμορφος, shapeless, formless
ἀμόρφωτος, uneducated, illiterate
ἀμουνούχιστος, uncastrated
ἄμουσος, unrefined
ἀμούστακος, without a moustache/ (fig.)
  a young lad
ἀμπαλάρισμα (τό), packing/ *ἀμπαλάρω*,
  to pack
ἀμπάρα (ἡ), bolt, bar
ἀμπάρι (τό), hold (of a ship)
ἀμπάρωμα (τό), bolting/ *ἀμπαρώνω*, to
  bolt
ἀμπέλι (τό), vineyard/ *ἀμπελουργία* (ἡ),
  viniculture/ *ἀμπελουργός* (ἡ), vine-
  grower/ *ἀμπελόφυλλο* (τό), vine leaf/
  ἀμπελώνας (ὁ), βλ. *ἀμπέλι*
ἀμπέρ (τό), ampere/ *~όμετρο* (τό), ˙am-
  meter
ἀμπέχωνο (τό), military jacket
ἀμπογιάτιστος, unpainted
ἄμποτε, so may it be
ἀμπραγιάζ (τό), clutch
ἄμπωτη (ἡ), ebb
ἀμυαλιά (ἡ), foolishness / *ἄμυαλος*,
  foolish
ἀμυγδαλιά (ἡ), almond tree
ἀμυγδαλίτιδα (ἡ), tonsilitis
ἀμύγδαλο (τό), almond / *ἀμυγδαλωτό*
  (τό), almond cake
ἀμυδρός, faint, dim
ἀμύητος, uninitiated
ἀμύθητος, immense, fabulous/ *ἀμύθητα*
  πλούτη, immense wealth
ἄμυλο (τό), starch /*ἀμυλώδης*, starchy,
  farinaceous
ἄμυνα (ἡ), defence/*ἀμύνομαι*, to defend/
  ἀμυντικός, defensive
ἀμυχή (ἡ), scratch
ἄμφια (τά), priest's vestment
ἀμφιβάλλω, to doubt
ἀμφίβιο (τό), amphibian
ἀμφιβληστροειδής (ὁ), retina (of the eye)

ἀμφιβολία (ἡ), doubt, dubiousness/*ἀμφί-*
  βολος, doubtful
ἀμφίεση (ἡ), clothing, dressing
ἀμφιθέατρο (τό), amphitheatre
ἀμφιλογία (ἡ), ambiguity
ἀμφίπλευρος, bilateral
ἀμφίρροπος, uncertain, undecided
ἀμφισβήτηση (ἡ), dispute, controversy/
  ἀμφισβητήσιμος, doubtful, question-
  able/ *ἀμφισβητῶ*, to question, to
  dispute
ἀμφίστομος, double-edged
ἀμφιταλαντεύομαι, to waver, to hesitate
ἀμφορέας (ὁ), pitcher, jar
ἀμφότεροι, both
ἄμωμος, blameless, immaculate, pure
ἄν, if/*ἀκόμη καί ~*, even if / *~ καί*,
  though, in spite of
ἀνά, by, on/ *~ δύο*, two by two
ἀναβάθρα (ἡ), gangway
ἀναβάλλω, to postpone, to adjourn, to
  delay, to suspend
ἀναβαπτίζω, to rebaptize
ἀνάβαση (ἡ), ascent, climbing
ἀναβάτης (ὁ), rider
ἀναβατός, mountable
ἀναβιώνω, to revive / *ἀναβίωση* (ἡ), revi-
  val
ἀναβλάστηση (ἡ), regrowth, growing
  again
ἀναβλητικός, delaying, procrastinating
ἀναβλύζω, to spring, to bubble up/*ἀνά-*
  βλυση (ἡ), spring, bubbling up
ἀναβολέας (ὁ), stirrup
ἀναβολή (ἡ), delay, postponement
ἀναβρασμός (ὁ), agitation, excitement
ἀναβροχιά (ἡ), drought, rainless season
ἀναβρυτήρι (τό), spring, fountain
ἀνάβω, to light up/ *~ φωτιά*, to build
  (light) a fire
ἀναγαλλιάζω, to feel relieved
ἀναγγελία (ἡ), announcement, notifica-
  tion/*ἀναγγέλλω*, to announce, to notify
ἀναγελῶ, to mock, to laugh at
ἀναγέννηση (ἡ), renaissance, rebirth/
  ἀναγεννητικός, regenerating/*ἀναγεν-*
  νῶ, to regenerate, to revive
ἀναγκάζω, to compel, to oblige, to force/
  ἀναγκαίος, necessary, essential/
  ἀναγκαιότητα (ἡ), necessity/*ἀναγκα-*

στικά, necessarily; forcibly/ἀναγκαστι-κός, compulsory, obligatory, forced/ ἀνάγκη (ἡ), need, necessity; urgency/ κάνω τήν ~ φιλοτιμία, to make a virtue of necessity

ἀνάγλυφο (τό), sculpture in relief/ ἀνά-γλυφος, sculptured, carved

ἀναγνωρίζω, to acknowledge, to recognize, to admit/ἀναγνώριση (ἡ), recognition, acknowledginv ἀναγνωρισμένος, acknowledged, recognized, official

ἀνάγνωση (ἡ), reading/ ἀνάγνωσμα (τό), reading text/ ἀναγνωσματάριο (τό), reading-book/ἀναγνωστήριο (τό), reading room/ἀναγνώστης (ὁ), reader

ἀναγόρευση (ἡ), nomination, proclamation/ἀναγορεύω, to nominate, to proclaim

ἀναγούλα (ἡ), nausea; disgust/ ἀναγου-λιάζω, to feel sick (disgusted)

ἀναγραμματίζω, to anagrammatize/ ἀναγραμματισμός, anagram

ἀναγραφή (ἡ), record, entry / ἀναγρά-φω, to record

ἀνάγω, to refer / ἀναγωγή (ἡ), reference / (maths) reduction / (leg.) recourse

ἀνάγωγος, impolite, rude

ἀναδασμός (ὁ), redistribution of land

ἀναδάσωση (ἡ), reafforestation

ἀνάδειξη (ἡ), elevation, promotion/ ἀνα-δείχνω, to elevate, to promote

ἀναδεξιμιός (ὁ), godchild

ἀναδεύω, to stir, to mix

ἀναδημιουργία (ἡ), recreation/ ἀναδη-μιουργῶ, to recreate

ἀναδημοσίευση (ἡ), republication/ ἀνα-δημοσιεύω, to republish

ἀναδίδω, to emit, to give forth

ἀναδιοργανώνω, to reorganize / ἀνα-διοργάνωση (ἡ), reorganization

ἀναδιπλασιάζω, to redouble/ ἀναδιορ-γάνωση (ἡ), reorganization

ἀναδιπλώνω, to refold/ ἀναδίπλωση (ἡ), refolding/ (mil.) withdrawal, retreat

ἀναδίφηση (ἡ), research, study/ ἀναδι-φῶ, to research

ἀναδουλειά (ἡ), idleness

ἀνάδοχος (ὁ), godfather; sponsor, contractor

ἀναδρομή (ἡ), tracing back, retrospec-tion/ ἀναδρομικά, retroactively; retro-spectively/ ἀναδρομικός, retroactive, retrospective

ἀναδύομαι, to emerge, to rise up/ ἀνάδυ-ση (ἡ), emergence

ἀναζήτηση (ἡ), investigation, search/ ἀναζητῶ, to search, to look for

ἀναζῶ, to revive

ἀναζωογόνηση (ἡ), revival, reanimation/ ἀναζωογονῶ, to revive, to reanimate

ἀναζωπυρώνω, to rekindle/ ἀναζωπύρω-ση (ἡ), rekindling

ἀναθαρρεύω, to be encouraged; to dare

ἀνάθεμα (τό), anathema, curse/ ἀναθε-ματίζω, to curse/ (eccl.) to anathema-tize/ ἀναθεματισμένος, cursed

ἀνάθεση (ἡ), entrusting/ ἀναθέτω, to en-trust with

ἀναθεώρηση (ἡ), revision, review, re-examination/ ἀναθεωρητικός, revisio-nal/ ἀναθεωρῶ, to revise, to review

ἀνάθημα (τό), votive offering

ἀναθυμᾶμαι, ἀναθυμοῦμαι, to recollect, to recall

ἀναθυμίαση (ἡ), exhalation

ἀναίδεια (ἡ), impudence, audacity/ ἀναι-δής, impudent, cheeky

ἀναίμακτος, bloodless

ἀναιμία (ἡ), anaemia/ ἀναιμικός, anae-mic

ἀναίρεση (ἡ), refutation/ (leg.) appeal/ ἀναιρετικός, refuting, contradicting/ ἀναιρῶ, to refute, to revoke/ ~ τό λόγο μου, to go back on one's word

ἀναισθησία (ἡ), insensibility; apathy, cruelty/ ἀναισθητοποιῶ, to render in-sensible/ ἀναίσθητος, insensible; insen-sitive, indifferent

ἀναίσχυντος, shameless

ἀναίτια, without reason/ ἀναιτιολόγητος, unjustified, causeless/ ἀναίτιος, inno-cent

ἀνακάθομαι, to sit up

ἀνακαινίζω, to renew, to renovate/ ἀνα-καίνιση (ἡ), renewal, renovation, resto-ration

ἀνακαλύπτω, to discover, to reveal/ ἀνα-κάλυψη (ἡ), discovery, revelation

ἀνακαλῶ, to revoke, to recall

ἀνάκατα, pell-mell, mixed-up

ἀνακατάταξη (ἡ), reclassification
ἀνακατεύομαι, to mix with, to mingle; to feel sick/ ἀνακατεύω, to mix up, to stir; to confuse
ἀνάκατος, mixed, assorted/ ἀνακάτωμα (τό), mixture; confusion/ ἀνακατωμένος, mixed, entangled/ἀνακατώνω, ϐλ. ἀνακατεύω/ ἀνακατωσούρης (ὁ), agitator, troublemaker
ἀνακεφαλαιώνω, to recapitulate, to summarize/ ἀνακεφαλαίωση (ἡ), recapitulation, review
ἀνακήρυξη (ἡ), declaration, proclamation / ἀνακηρύσσω, to declare, to proclaim
ἀνακίνηση (ἡ), agitation, commotion/ ~ θέματος, rediscussion/ ἀνακινῶ, to excite; to represent, to rediscuss
ἀνακλαδίζομαι, to sit cross-legged
ἀνάκλαση (ἡ), refraction/ ἀνακλαστικός, refractory
ἀνάκληση (ἡ), revocation, recalling
ἀνακοινωθέν (τό), communiqué
ἀνακοινώνω, to announce, to proclaim/ ἀνακοίνωση (ἡ), announcement
ἀνακολουθία (ἡ), inconsistency, incoherence/ ἀνακόλουθος, inconsistent, incoherent
ἀνακοπή (ἡ), checking/ (leg.) appeal
ἀνακουφίζω, to relieve, to alleviate/ ἀνακούφιση (ἡ), relief, alleviation/ ἀνακουφιστικός, relieving
ἀνακρίβεια, (ἡ), inaccuracy/ ἀνακριϐής, inaccurate
ἀνακρίνω, to investigate/ ἀνάκριση (ἡ), investigation, inquiry/ ἀνακριτής (ὁ), examining magistrate, investigator/ ἀνακριτικός, investigatory, examining
ἀνάκρουσμα (τό), prelude
ἀνάκτηση (ἡ), recovery
ἀνακτοϐούλιο (τό), privy council
ἀνακτορικός, of the court, royal/ ἀνάκτορο (τό), palace
ἀνακτῶ, to recover, to reacquire
ἀνακύκληση (ἡ), rotation/ ἀνακυκλώνω, to rotate
ἀνακύπτω, to emerge, to occur
ἀνακωχή (ἡ), armistice, truce
ἀναλαμϐάνω, to take over, to undertake/ ~ ἀπό ἀρρώστια, to recover from an illness
ἀναλαμπή (ἡ), glare, flash
ἀνάλατος, unsalted
ἀνάλαφρος, light
ἀναλγησία (ἡ), insensibility, cruelty/ ἀνάλγητος, insensible, cruel
ἀνάλεκτα (τά), miscellany, selection
ἀναληθής, untrue
ἀνάληψη (ἡ), undertaking/ ~ καθηκόντων, assumption of duties/ (eccl.) ascension/ (money) withdrawal
ἀναλλοίωτος, unchanged, constant
ἀνάλογα, relatively, proportionately
ἀναλογία (ἡ), relation, proportion; ratio
ἀναλογίζομαι, to reflect, to remember, to consider
ἀναλογικός, proportional
ἀναλόγιο (τό), stand, podium
ἀνάλογος, proportionate, corresponding/ ἀναλογῶ, to correspond
ἀνάλυση (ἡ), analysis, explanation/ ἀναλυτικός, analytical, detailed/ ἀναλύω, to analyse/ (chem.) to dilute
ἀναλφαϐητισμός (ὁ), illiteracy/ ἀναλφάϐητος, illiterate
ἀναμάρτητος, sinless, impeccable
ἀναμασῶ, to ruminate/ (fig.) to repeat again and again
ἀναμένω, to wait, to expect
ἀνάμεσα, between, among
ἀναμεταξύ, between, among/ στό ~ , in the meantime
ἀναμέτρηση (ἡ), calculation/ (fig.) fight/ ἀναμετρῶ, to calculate, to estimate
ἀναμιγνύομαι, to meddle in; to interfere/ ἀνάμιξη (ἡ), meddling; interference
ἀναμίσθωση (ἡ), renewal of lease
ἀνάμικτος, mixed, assorted
ἄναμμα (τό), lighting, firing/ ἀναμμένος, lit, burning/ (fig.) very excited
ἀνάμνηση (ἡ), recollection/ ἀναμνηστικός, commemorative
ἀναμονή (ἡ), waiting, expectation
ἀναμορφώνω, to reform, to reshape/ ἀναμόρφωση (ἡ), reform, reshaping/ ἀναμορφωτής (ὁ), reformer
ἀναμόχλευση (ἡ), agitation, stirring (up)/ ἀναμοχλεύω, to stir, to agitate
ἀναμπουμπούλα (ἡ), confusion, turmoil
ἀναμφίϐολα, undoubtedly

αναμφισβήτητα, unquestionably, certainly / *αναμφισβήτητος*, unquestionable, certain

ανανάς (ό), pineapple

άνανδρα, cowardly/ *ανανδρία* (ή), cowardice/ *άνανδρος*, coward

ανανεώνω, to renew, to renovate/ *ανανέωση* (ή), renewal, renovation/ *ανανεωτικός*, innovating

αναντικατάστατος, irreplaceable

αναντίρρητα, incontrovertibly, undoubtedly/ *αναντίρρητος*, incontrovertible, indisputable

αναξιοπιστία (ή), unreliability/ *αναξιόπιστος*, unreliable

αναξιοπρέπεια (ή), lack of dignity/ *αναξιοπρεπής*, undignified, mean

ανάξιος, unworthy, undeserving/ *αναξιότητα* (ή), unworthiness

αναπαλλοτρίωτος, inalienable

αναπάντεχος, unexpected

αναπάντητος, unanswered

αναπαράγω, to reproduce/ *αναπαραγωγή* (ή), reproduction

αναπαριστάνω, to reproduce, to reenact/ *αναπαράσταση* (ή), reproduction, reenactment

ανάπαυλα (ή), interval, respite

αναπαύομαι, to rest, to relax/ *ανάπαυση* (ή), rest, relaxation/ *αναπαυτήριο* (τό), resting-place/ *αναπαυτικά*, comfortably/ *αναπαυτικός*, comfortable/ *αναπαύω*, to comfort, to ease

αναπέμπω, to offer/ ~ *δέηση*, to give thanks to God

αναπηδώ, to spring up, to rebound

αναπηρία (ή), crippledness/ *ανάπηρος*, crippled

αναπλάθω, to reshape, to remodel/ *ανάπλαση* (ή), reshaping, remodelling

αναπληρώνω, to replace, to substitute/ *αναπληρωματικός*, reserve, supplementary/ *αναπληρωτής* (ό), substitute

αναπνευστικός, respiratory, breathing/ *αναπνέω*, to breathe/ (fig.) to feel relieved/ *αναπνοή* (ή), breath, respiration/ *μοῦ κόπηκε ἡ* ~, be short of breath

ανάποδα, upside down, topsy-turvy/ *αναποδιά* (ή), adversity, mishap/ *αναποδο-*

γυρίζω, to overturn, to turn upside down/ *αναποδογύρισμα* (τό), overturning, reversing; upsetting/ *ανάποδος*, upside down/ (fig.) odd (person)

αναπόδραστος, inevitable, unavoidable

αναπόληση (ή), recollection/ *αναπολώ*, to recall, to recollect

αναπόσπαστος, inseparable, integral

αναποφάσιστος, wavering, hesitating

αναπόφευκτος, inevitable

αναπροσαρμογή (ή), readjustment

αναπτερώνω, to encourage/ *αναπτέρωση* (ή), encouragement; optimism/ ~ *τοῦ ηθικοῦ*, raising of morale

αναπτήρας (ό), lighter

αναπτυγμένος, developed; well-educated/ *ανάπτυξη* (ή), development; explanation/ *αναπτύσσω*, to develop; to explain

άναρθρος, inarticulate

αναρίθμητος, innumerable

άναριος, rare, infrequent

αναρμόδιος, incompetent/ *αναρμοδιότητα* (ή), incompetence

ανάρμοστος, improper, unfit; rude

ανάρπαστος, snatched up; bought up

ανα(ρ)ριχητικός, climbing/ *αναρριχητικό φυτό*, climbing plant

αναρ(ρ)όφηση (ή), absorption, suction/ *αναρροφητικός*, absorbing, sucking/ *αναρροφῶ*, to suck up

ανάρ(ρ)ηση (ή), ascension (to the throne)

αναρ(ρ)ιπίζω, to fan; to inflame

αναρ(ρ)ίχηση (ή), climbing, mounting/ *αναρριχῶμαι*, to climb up

ανάρ(ρ)ωση (ή), convalescence, recovery/ *αναρρωτήριο* (τό), convalescence home

ανάρτηση (ή), hanging up, suspending

αναρωτιέμαι, to wonder

αναρχία (ή), anarchy, unrest/ *αναρχικός*, anarchist

ανάσα (ή), breath/ *ανασαίνω*, to breathe

ανασηκώνω, to light up/ *ανασηκώνομαι*, to get up

ανασκάλεμα (τό), digging up/ *ανασκαλεύω*, to dig up

ανασκαφή (ή), excavation

ανάσκελα, lying on one's back, supine

ανασκευάζω, to refute, to disprove/ *ανα-*

σκευή (ή), refutation
ἀνασκιρτῶ, to spring up; to feel happy
ἀνασκολοπίζω, to impale
ἀνασκόπηση (ή), review/ *ἀνασκοπῶ,* to review
ἀνασκούμπωμα (τό), tucking up/ *ἀνασκουμπώνομαι,* to tuck up,/ (fig.) to get ready
ἀνασταίνω, to revive, to raise (from the dead)
ἀνασταλτικός, suspensive, checking
ἀνάσταση (ή), rising, reviving/ (eccl.) resurrection
ἀνάστατος, confused, upset/ *ἀναστατώνω,* to upset, to cause disorder/ *ἀναστάτωση* (ή), confusion, upheaval
ἀναστέλλω, to suspend, to hold back
ἀναστεναγμός (ὁ), sigh, groan/ *ἀναστενάζω,* to sigh
ἀναστηλώνω, to restore, to re-erect/ *ἀναστήλωση* (ή), restoration, re-erection
ἀνάστημα (τό), stature, height
ἀναστολέας (ὁ), (tech.) stopper, damper
ἀναστολή (ή), suspension, holding back
ἀναστρέφω, to invert, to reverse
ἄναστρος, starless
ἀνάστροφα, inversely, backwards/ *ἀναστροφή* (ή), inversion, reversal/ *ἀνάστροφος,* inverted, reverse
ἀνασυγκροτῶ, to re-establish/ *ἀνασυγκρότηση* (ή), re-establishment
ἀνασύνδεση (ή), rejoining/ *ἀνασυνδέω,* to rejoin
ἀνασύρω, to pull out (up)
ἀνασύσταση (ή), re-establishment, reformation
ἀνασφάλιστος, uninsured
ἀνάσχεση (ή), holding back
ἀνασχηματίζω, to reform, to remake/ *ἀνασχηματισμός* (ὁ), reformation, remaking/ ~ *κυβέρνησης,* cabinet reshuffle
ἀναταράζω, to stir up, to shake up
ἀνάταση (ή), lifting up (of the spirit)
ἀνατέλλω, to rise, to dawn, to appear
ἀνατέμνω, to dissect
ἀνατίμηση (ή), upward valuation/ *ἀνατιμῶ,* to raise the price
ἀνατινάζω, to blow up/ *ἀνατίναξη* (ή), blowing up

ἀνατοκίζω, to lend at compound interest/ *ἀνατοκισμός* (ὁ), compound interest
ἀνατολή (ή), east; dawn/ *Μέση* ~, Middle East/ *Ἄπω* ~, Far East/ *ἀνατολικά,* eastwards/ *ἀνατολικός,* eastern, easterly/ *ἀνατολίτης* (ὁ), levantine, oriental
ἀνατομία (ή), anatomy/ *ἀνατομικός,* anatomic(al)
ἀνατρεπτικός, subversive/ (leg.) refutatory
ἀνατρέπω, to subvert, to overthrow; to capsize, to overturn
ἀνατρέφω, to bring up, to breed
ἀνατρέχω, to run back; to recollect
ἀνατριχιάζω, to shudder, to shiver/ *ἀνατριχιαστικός,* shuddering; shivering/ *ἀνατριχίλα* (ή), shudder, shiver
ἀνατροπέας (ὁ), subverter; revolutionary/ *ἀνατροπή* (ή), subversion, overthrow, overturning/ (leg.) ~ *ἀπόφασης,* reversal of judgment
ἀνατροφή (ή), breeding, bringing up
ἀνατυπώνω, to reprint/ *ἀνατύπωση* (ή), reprinting
ἄναυδος, speechless, dumbfounded
ἄναυλος, freightless/ *φεύγω* ~, to leave in haste/ *ἀναύλωτος,* unchartered
ἀναφαίρετος, safeguarded
ἀναφέρομαι, to refer; to apply
ἀναφέρω, to mention, to report
ἀναφλέγομαι, to catch fire/ *ἀνάφλεξη* (ή), ignition/ (fig.) breaking out of war
ἀναφορά (ή), report; petition
ἀναφορικά, in relation to, regarding/ *ἀναφορικός,* relative, referring to/ *ἀναφορική ἀντωνυμία,* relative pronoun
ἀναφροδισία (ή), anaphrodisia
ἀναφυλλητό (τό), sobbing
ἀναφώνηση (ή), exclamation/ *ἀναφωνῶ,* to exclaim
ἀναχαιτίζω, to check, to restrain/ *ἀναχαίτηση* (ή), restraint
ἀναχρονισμός (ὁ), anachronism/ *ἀναχρονιστικός,* anachronistic, old-fashioned
ἀνάχωμα (τό), dam, dyke
ἀναχώρηση (ή), departure, leaving; sailing
ἀναχωρητήριο (τό), hermitage/ *ἀναχωρητής* (ὁ), hermit
ἀναχωρῶ, to leave, to depart

ἀναψηλάφηση (ἡ), revision/ (leg.) rehearing (of a trial)

ἀναψυκτικό (τό), refreshment

ἀναψυχή (ἡ), recreation

ἀνδραγάθημα (τό), or *ἀνδραγαθία* (ἡ), exploit, brave deed, feat/ *ἀνδραγαθῶ,* to act courageously

ἄνδρας (ὁ), man

ἀνδρεία (ἡ), bravery, valour

ἀνδρείκελο (τό), puppet

ἀνδρεῖος, brave, courageous

ἀνδριάντας (ὁ), statue

ἀνδρικός, manly/ *ἀνδρισμός* (ὁ), manly attitude

ἀνδρόγυνο (τό), married couple

ἀνδροπρεπής, manly, virile

ἀνεβάζω, to lift, to pull up/ (theat.) to put on stage

ἀνεβαίνω, to go up, to ascend/ *μοῦ ἀνέβηκε τό αἷμα στό κεφάλι,* I saw red

ἀνέβασμα (τό), climbing, lifting

ἀνεβοκατέβασμα (τό), going up and down

ἀνέγγιχτος, intact, untouched

ἀνέγερση (ἡ), erection, construction

ἀνεδαφικός, unrealistic

ἀνειδίκευτος, unspecialized

ἀνειλικρίνεια (ἡ), insincerity/ *ἀνειλικρινής,* insincere

ἀνείπωτος, unutterable/ (fig.) excessive

ἀνεκδήλωτος, unexpressed, hidden

ἀνεκδιήγητος, indescribable; ridiculous

ἀνέκδοτο (τό), anecdote/ ~s, unpublished

ἀνέκκλητος, irrevocable

ἀνεκμετάλλευτος, unexploited

ἀνεκπλήρωτος, unfulfilled

ἀνεκτέλεστος, unexecuted, unaccomplished

ἀνεκτικότητα (ἡ), tolerance/ *ἀνεκτικός,* tolerant

ἀνεκτίμητος, invaluable

ἀνεκτός, tolerable, bearable

ἀνέκφραστος, inexpressible; blank-faced

ἀνελέητος, pitiless, cruel

ἀνελεύθερος, illiberal, oppressive

ἀνέλιξη (ἡ), unfolding; development

ἀνέλκυση (ἡ), pulling up/ (ship) refloating

ἀνελκυστήρας (ὁ), lift

ἀνελκύω, to lift up, to draw up

ἀνελλιπής, complete, continuous

ἀνέλπιστος, unexpected

ἀνέμελος, carefree

ἀνέμη (ἡ), spinning wheel

ἀνεμίζω, to ventilate, to fan; to wave/ *ἀνέμισμα* (τό), ventilation, fanning; waving

ἀνεμιστήρας (ὁ), ventilator, fan

ἀνεμοβλογιά (ἡ), chicken-pox

ἀνεμόδαρτος, weatherbeaten

ἀνεμόμυλος (ὁ), windmill

ἄνεμος (ὁ), wind/ *οὔριος* ~, fair wind

ἀνεμόσκαλα (ἡ), rope ladder

ἀνεμοστρόβιλος (ὁ), whirlwind

ἀνεμπόδιστα, freely/ *ἀνεμπόδιστος,* free, unhindered

ἀνεμώνα (ἡ), anemone

ἀνένδοτος, unyielding

ἀνενόχλητος, undisturbed

ἀνέντιμος, dishonest

ἀνεξαίρετα, without exception/ *ἀνεξαίρετος,* not excepted

ἀνεξακρίβωτος, undetermined

ἀνεξάντλητος, inexhaustible

ἀνεξαρτησία (ἡ), independence/ *ἀνεξάρτητος,* independent

ἀνεξέλεγκτος, uncontrolled

ἀνεξερεύνητος, unexplored

ἀνεξήγητος, inexplicable

ἀνεξιθρησκεία (ἡ), religious tolerance/ *ἀνεξίθρησκος,* tolerant

ἀνεξικακία (ἡ), indulgence, toleration/ *ἀνεξίκακος,* indulgent, tolerant

ἀνεξίτηλος, unfading

ἀνεξιχνίαστος, inscrutable

ἀνέξοδος, cheap, not expensive

ἀνεξόφλητος, unpaid

ἀνεπαίσθητα, imperceptibly/ *ἀνεπαίσθητος,* imperceptible

ἀνεπανόρθωτα, irreparably/ *ἀνεπανόρθωτος,* irreparable

ἀνεπάντεχος, entirely unexpected

ἀνεπάρκεια (ἡ), inadequacy; inefficiency/ *ἀνεπαρκής,* inadequate; inefficient

ἀνέπαφος, intact, untouched

ἀνεπηρέαστος, unaffected, not influenced

ἀνεπίδεκτος, not susceptible to

ἀνεπιθύμητος, undesirable

ἀνεπίληπτος, irreproachable

ἀνεπίπλωτος, unfurnished
ἀνεπίσημα, unofficially/ *ἀνεπίσημος*, unofficial
ἀνεπίτευκτος, unattainable; unrealistic
ἀνεπιτήδευτος, unaffected, simple
ἀνεπιτυχής, unsuccessful
ἀνεπιφύλακτος, unreserved
ἀνεργία (ἡ), unemployment/ *ἄνεργος*, unemployed
ἀνερμάτιστος, unballasted/ (fig.) unsteady, unstable
ἀνερμήνευτος, uninterpreted, inexplicable
ἀνέρχομαι, to go up, to rise, to ascend
ἄνεση (ἡ), comfort, leisure
ἀνέσπερος, never setting
ἀνέτοιμος, unprepared
ἄνετος, comfortable
ἀνεύθυνα, irresponsibly/ *ἀνεύθυνος*, irresponsible
ἀνευλάβεια (ἡ), irreverence/ *ἀνευλαβής*, irreverent
ἀνεύρεση (ἡ) discovery, detection/ *ἀνεύρετος*, undiscovered
ἀνεύρυσμα (τό), (med.) aneurysm
ἀνεφάρμοστος, inapplicable
ἀνέφελος, cloudless
ἀνέφικτος, unattainable
ἀνεφοδιάζω, to supply/ *ἀνεφοδιασμός* (ὁ), supply
ἀνέχεια (ἡ), poverty
ἀνέχομαι, to tolerate, to bear
ἀνεψιά (ἡ), niece/ *ἀνεψιός* (ὁ), nephew
ἀνήθικος, immoral/ *ἀνηθικότητα* (ἡ), immorality
ἄνηθος (ὁ), anise
ἀνήκουστος, unheard of
ἀνήκω, to belong
ἀνηλεής, βλ. *ἀνελέητος*
ἀνήλιαγος, shady, without sun
ἀνήλικος, under age, minor/ *ἀνηλικότητα* (ἡ), minority
ἀνήμερα, the same day
ἀνήμερος, untamed, wild
ἀνήμπορος, indisposed
ἀνησυχαστικός, βλ. *ἀνησυχητικός*
ἀνησυχία (ἡ), restlessness, anxiety/ *ἀνησυχητικός*, alarming, disquieting/ *ἀνήσυχος*, restless, anxious/ *ἀνησυχῶ*, to be restless, to be anxious; to disturb, to annoy

ἀνηφορίζω, to climb, to ascend/ *ἀνηφορικός*, ascending, steep/ *ἀνήφορος* (ὁ), ascent, uphill road
ἀνθεκτικός, resistant, durable/ *ἀνθεκτικότητα* (ἡ), durability
ἀνθηρός, blooming, flowering; prosperous/ *ἀνθηρότητα* (ἡ), flourishing; prosperity/ *ἄνθηση* (ἡ), blooming; prosperity/ *ἀνθίζω*, to bloom/ *ἀνθισμένος*, in bloom
ἀνθοδέσμη (ἡ), bunch of flowers, bouquet
ἀνθοδοχεῖο (τό), flower pot
ἀνθοκομία (ἡ), floriculture/ *ἀνθοκόμος* (ὁ), floriculturist
ἀνθολογία (ἡ), anthology
ἀνθόνερο (τό), orange-flower water
ἀνθοπωλεῖο (τό), florist's shop/ *ἀνθοπώλης* (ὁ), florist
ἄνθος (τό), flower/ ~ τῆς κοινωνίας, high society/ *ἀνθόσπαρτος*, strewn with flowers/ βίος ~ happy life/ *ἀνθοστόλιστος*, adorned with flowers
ἀνθοφορία (ἡ), flowering
ἄνθρακας (ὁ), coal/ (chem.) carbon/ (med.) anthrax
ἀνθράκευση (ἡ), coaling, bunkering/ *ἀνθρακεύω*, to bunker
ἀνθρακικός, carbonic
ἀνθρακίτης (ὁ), anthracite
ἀνθρακοποιῶ, to carbonize
ἀνθρακοῦχος, carboniferous
ἀνθρακωρυχεῖο (τό), coalmine/ *ἀνθρακωρύχος* (ὁ), coalminer
ἀνθρωπάκος (ὁ), little man/ (fig.) unimportant person
ἀνθρωπιά (ἡ), humanitarianism, compassion
ἀνθρώπινος, human/ ἀνθρώπινο γένος, humanity
ἀνθρωπισμός (ὁ), humanitarianism/ *ἀνθρωπιστής* (ὁ), humanitarian
ἀνθρωποειδής, humanlike
ἀνθρωποθάλασσα (ἡ), crowd, multitude, large gathering
ἀνθρωποθυσία (ἡ), human sacrifice
ἀνθρωποκτονία (ἡ), homicide
ἀνθρωπολογία (ἡ), anthropology/ *ἀνθρωπολόγος* (ὁ), anthropologist/ ἀν-

θρωπομετρία (ἡ), anthropometry
ἀνθρωπόμορφος, humanlike
ἄνθρωπος (ὁ), human being, man
ἀνθρωπότητα (ἡ), humanity
ἀνθρωποφαγία (ἡ), cannibalism/ ἀνθρωποφάγος (ὁ), cannibal
ἀνθυγιεινός, unhealthy
ἀνθυπασπιστής (ὁ), adjutant
ἀνθυποβρυχιακός, anti-submarine
ἀνθυπολοχαγός (ὁ), second lieutenant
ἀνθυποπλοίαρχος (ὁ), navy lieutenant
ἀνθῶ, to flower, to bloom/ ἀνθώνας (ὁ), flower bed
ἀνία (ἡ), boredom, weariness/ ~ρός, boring, wearisome/ ~ρότητα (ἡ), boredom, weariness
ἀνίατος, incurable
ἀνίδεος, ignorant
ἀνίερος, unholy
ἀνικανοποίητος, unsatisfied
ἀνίκανος, unable, incapable; impotent/ ἀνικανότητα (ἡ), inability; impotence
ἀνίκητος, invincible
ἄνισα, unevenly, unequally
ἀνισορροπία, insanity, madnesss/ ἀνισόρροπος, insane, mad, crazy
ἄνισος, uneven, unequal/ ἀνισότητα (ἡ), inequality, unevenness
ἀνίσχυρος, powerless, weak
ἀνίχνευση (ἡ), tracking, tracing/ ἀνιχνευτής (ὁ), scout/ (tech.) detector/ ἀνιχνεύω, to track down
ἀνοδικός, ascending
ἄνοδος (ἡ), ascent; promotion/ (elec.) anode
ἀνοησία (ἡ), stupidity, foolishness/ ἀνοηταίνω, to act stupidly/ ἀνόητος, stupid, foolish
ἀνόθευτος, unadulterated, pure
ἄνοιγμα (τό), opening, gap; hole, orifice; span
ἀνοιγοκλείνω, to open and shut
ἀνοίγω, to open/ ~ τήν ὄρεξη, to whet the appetite/ ~ μπουκάλι, to uncork a bottle/ ~ συζήτηση, to start a conversation
ἀνοίκειος, improper, rude
ἀνοικοδόμηση (ἡ), rebuilding/ ἀνοικοδομῶ, to rebuild
ἀνοικοκύρευτος, untidy

ἀνοικονόμητος, unmanageable
ἀνοιξιάτικος, vernal, springlike
ἄνοιξη (ἡ), spring
ἀνοιχτά, openly, clearly; sincerely/ στά ~, off the coast
ἀνοιχτόκαρδος, open-hearted
ἀνοιχτομάτης (ὁ), shrewd
ἀνοιχτός, open/ (colour) light
ἀνοιχτοχέρης (ὁ), generous
ἀνομβρία (ἡ), drought
ἀνομία (ἡ), injustice, iniquity
ἀνομοιογένεια (ἡ), dissimilarity/ ἀνομοιγενής, dissimilar
ἀνόμοιος, dissimilar, different
ἄνομος, unlawful, unjust
ἀνοξείδωτος, stainless
ἀνόργανος, inorganic/ ἀνόργανη χημεία, inorganic chemistry
ἀνοργάνωτος, unorganized
ἀνορεξία (ἡ), lack of appetite/ ἀνόρεχτος, having no appetite
ἀνορθογραφία (ἡ), spelling mistake
ἀνορθώνω, to restore, to put right/ ἀνόρθωση (ἡ), restoration, re-establishment/ ἀνορθωτικός, restorative
ἀνόρυξη (ἡ), digging up, extraction
ἀνοσία (ἡ), immunity
ἀνόσιος, unholy/ ἀνοσιούργημα (τό), unholy act
ἀνοστιά (ἡ), tastelessness/ ἄνοστος, tasteless
ἀνουρία (ἡ), (med.) anuria
ἀνούσιος, tasteless
ἀνοχή (ἡ), tolerance, toleration/ (tech.) clearance/ οἶκος ἀνοχῆς, brothel
ἀνοχύρωτος, unfortified
ἀνταγωνίζομαι, to compete, to rival/ ἀνταγωνισμός (ὁ), rivalry, competition/ ἀνταγωνιστής (ὁ), competitor, adversary/ ἀνταγωνιστικός, competitive
ἀνταλλαγή (ἡ), exchange, interchange
ἀντάλλαγμα (τό), exchange
ἀνταλλακτικά (τά), spare parts/ ἀνταλλακτικός, exchanging/ ἀνταλλάξιμος, exchangeable/ ἀνταλλάσσω, to exchange
ἀντάμα, together
ἀνταμείβω, to reward, to recompense/ ἀνταμοιβή (ἡ), reward
ἀνταμώνω, to meet/ ἀντάμωση (ἡ), meeting/ καλή ~, au revoir

ἀντανάκλαση (ἡ), reflection/ ἀντανακλαστικός, reflecting/ ἀντανακλῶ, to reflect

ἀντάξιος, worthy of

ἀνταπαίτηση (ἡ), counter-claim

ἀνταπάντηση (ἡ), reply, retort

ἀνταπεργία (ἡ), lock-out

ἀνταποδίδω, to repay/ ~ τά ἴσα, tit for tat/ ἀνταπόδοση (ἡ), repayment, reward

ἀνταποκρίνομαι, to respond, to correspond/ ἀνταπόκριση (ἡ), correspondence/ ἀνταποκριτής (ὁ), correspondent

ἀνταρκτικός (ὁ), antarctic

ἀνταρσία (ἡ), rebellion, revolt, mutiny/ ἀντάρτης (ὁ), rebel, guerilla

ἀνταύγεια (ἡ), reflection

ἀντεγγύηση (ἡ), counter-guarantee

ἀντέγκληση (ἡ), recrimination

ἀντεθνικός, anti-national, unpatriotic

ἀντιεισαγγελέας (ὁ), deputy public prosecutor

ἀντεκδίκηση (ἡ), revenge, reprisal/ ἀντεκδικοῦμαι, to revenge, to retaliate

ἀντένδειξη (ἡ), counter-indication

ἀντενέργεια (ἡ), reaction

ἀντεπανάσταση (ἡ), counter-revolution

ἀντεπεξέρχομαι, to manage, to meet the requirements

ἀντεπίθεση (ἡ), counter-attack/ ἀντεπιτίθεμαι, to counter-attack

ἀντεραστής (ὁ), rival in love

ἀντέχω, to bear, to endure

ἀντηλιά (ἡ), reflected sunlight

ἀντήχηση (ἡ), echo, resonance/ ἀντηχῶ, to echo, to resound

ἀντί, instead of, in lieu of; opposite, against

ἀντιαεροπορικός, anti-aircraft

ἀντιαισθητικός, anti-aesthetic, ugly

ἀντιβαίνω, to be contrary to, to clash with

ἀντίβαρο (τό), balance weight, counterweight

ἀντιβασιλέας (ὁ), regent, viceroy/ ἀντιβασιλεία (ἡ), regency

ἀντιβασιλικός, anti-royalist

ἀντιγραφή (ἡ), copy, transcription/ ἀντίγραφο (τό), copy/ ἀκριβές ~, true copy/ ἀντιγράφω, to copy

ἀντιδημοκρατικός, anti-democratic

ἀντιδημοτικός, unpopular/ ἀντιδημοτικότητα (ἡ), unpopularity

ἀντιδιαστέλλω, to distinguish, to differentiate/ ἀντιδιαστολή (ἡ), differentiation

ἀντιδικία (ἡ), opposition in law/ ἀντίδικος, opponent in law/ ἀντιδικῶ, to oppose in law, to dispute

ἀντίδοτο (τό), antidote/ (tech.) inhibitor

ἀντίδραση (ἡ), reaction, opposition

ἀντιδραστήρας (ὁ), reactor

ἀντιδραστικός, reactionary

ἀντιδρῶ, to react, to oppose

ἀντίδωρο (τό), consecrated bread

ἀντιζηλία (ἡ), rivalry/ ἀντίζηλος (ὁ), rival

ἀντιθάλαμος (ὁ), waiting-room, antichamber

ἀντίθεος (ὁ), devil

ἀντίθεση (ἡ), contrast, opposition/ ἀντίθετα, on the contrary/ ἀντίθετος, contrary, opposite to

ἀντιθρησκευτικός, anti-religious, atheistic/ ἀντίθρησκος (ὁ), atheist

ἀντικαθρεφτίζω, to reflect

ἀντικανονικός, against regulations

ἀντικαταβολή (ἡ), reimbursement

ἀντικατασκοπεία (ἡ), counter-espionage

ἀντικατασταίνω, βλ. ἀντικαθιστῶ/ ἀντικατάσταση (ἡ), replacement, substitution/ ἀντικαταστάτης (ὁ), substitute

ἀντικατηγορία (ἡ), counter-accusation

ἀντικατοπτρισμός (ὁ), mirage

ἀντίκειμαι, to be opposed to, to disagree with

ἀντικειμενικά, objectively/ ἀντικειμενικός, objective; neutral/ ἀντικειμενικότητα (ἡ), objectivity

ἀντικείμενο (τό), object

ἀντικλείδι (τό), masterkey

ἀντίκλητος, attorney at law, lawyer

ἀντικοινοβουλευτικός, anti-parliamentary

ἀντικοινωνικός, anti-social

ἀντικομμουνιστικός, anti-communist

ἀντίκρουση (ἡ), refutation/ ἀντικρούω, to refute, to contradict

ἀντίκρυ, opposite, across (the street, etc.)

ἀντικρύζω, to face, to be opposite/ ἀντι-

κρυνός, opposite, facing/ *ἀντίκρυσμα* (τό), meeting/ (econ.) guarantee
ἀντίκτυπος (ὁ), resound/ (fig.) repercussion, consequence
ἀντικυβερνητικός, anti-government
ἀντικυκλώνας (ὁ), anti-cyclone
ἀντίλαλος (ὁ), echo/ *ἀντιλαλῶ*, to echo
ἀντιλαμβάνομαι, to understand, to perceive
ἀντιλέγω, to contradict, to oppose, to object
ἀντιληπτός, comprehensible
ἀντίληψη (ἡ), comprehension, perception
ἀντιλογία (ἡ), contradiction/ *ἀντίλογος* (ὁ), reply
ἀντιλόπη (ἡ), antelope
ἀντιμαγνητικός, anti-magnetic
ἀντιμάχομαι, to be opposed to, to fight against
ἀντιμετάθεση (ἡ), transposition/ *ἀντιμεταθέτω*, to transpose
ἀντιμετωπίζω, to face, to confront/ *ἀντιμετώπιση* (ἡ), opposition, confrontment/ *ἀντιμέτωπος*, opposing, confronting
ἀντιμιλῶ, to answer back
ἀντιμισθία (ἡ), wages, salary
ἀντιμόνιο (τό), antimony
ἀντιναύαρχος, rear-admiral
ἀντινομία (ἡ), contradiction between laws
ἀντίο, bye-bye
ἀντιπάθεια (ἡ), dislike, aversion/ *ἀντιπαθητικός*, repulsive, repugnant/ *ἀντιπαθῶ*, to dislike
ἀντιπαιδαγωγικός, anti-pedagogical
ἀντίπαλος (ὁ), adversary, opponent
ἀντιπαραβάλλω, to compare/ *ἀντιπαραβολή* (ἡ), comparison
ἀντιπαράθεση (ἡ), juxtaposition
ἀντιπαράσταση (ἡ), confrontation
ἀντιπαρέρχομαι, to pass by, to pay no attention
ἀντιπερισπασμός (ὁ), diversion, distraction
ἀντιπνευματικός, anti-spiritual, banal
ἀντίποδες (οἱ), antipodes
ἀντιποίηση (ἡ), encroachment
ἀντίποινα (τά), reprisals, retaliation

ἀντιπολιτεύομαι, to oppose/ *ἀντιπολίτευση* (ἡ), opposition
ἀντίπραξη (ἡ), reaction
ἀντιπρόεδρος (ὁ), vice-president
ἀντιπροσφέρω, to offer back
ἀντιπροσωπεία (ἡ), deputation, delegation/ *ἀντιπροσωπευτικός*, representative/ *ἀντιπροσωπεύω*, to represent
ἀντιπρόσωπος (ὁ), delegate, representative, deputy
ἀντιπρόταση (ἡ), counter-proposal/ *ἀντιπροτείνω*, to counter-propose
ἀντιπρύτανης (ὁ), vice-rector
ἀντιπτέραρχος (ὁ), air marshal
ἀντίρ(ρ)ηση (ἡ), objection
ἀντίρροπος, counter-balancing
ἀντισεισμικός, anti-seismic
ἀντισημιτισμός (ὁ), anti-semitism
ἀντισηπτικός, antiseptic
ἀντίσκηνο (τό), tent
ἀντισκωριακό (τό), anti-rust
ἀντισταθμίζω, to compensate, to balance/ *ἀντιστάθμισμα* (τό), counterpoise; compensation
ἀντίσταση (ἡ), resistance/ *ἀντιστέκομαι*, to resist
ἀντιστήριγμα (τό), buttress
ἀντίστιξη (ἡ), counterpoint
ἀντιστοιχία (ἡ), correlation/ (tech.) bearing/ *ἀντίστοιχος*, correlated, corresponding/ *ἀντιστοιχῶ*, to correspond, to correlate
ἀντιστρατεύομαι, to oppose
ἀντιστράτηγος (ὁ), lieutenant-general
ἀντιστρέφω, to reverse/ *ἀντίστροφα*, reversely, inversely, vice versa/ *ἀντιστροφή* (ἡ), inversion/ *ἀντίστροφος*, inverted, reverse
ἀντισυνταγματάρχης (ὁ), lieutenant colonel
ἀντισυνταγματικός, unconstitutional
ἀντισφαίριση (ἡ), tennis
ἀντισχέδιο (τό), counter-plan
ἀντιτάσσω, to object, to resist
ἀντιτείνω, to object, to oppose
ἀντιτίθεμαι, to oppose
ἀντίτιμο (τό), equivalent
ἀντιτορπιλικό (τό), destroyer
ἀντίτυπο (τό), copy (of a book)
ἀντίφαση (ἡ), contradiction/ *ἀντιφατι-*

κός, contradictory
ἀντιφεγγίζω, to reflect
ἀντιφρονῶ, to oppose someone's views
ἀντιφώνηση (ἡ), reply to a speech
ἀντίχειρας (ὁ), thumb
ἀντιχριστιανικός, anti-christian
ἀντίχριστος (ὁ), anti-christ, devil
ἄντληση (ἡ), pumping, drawing
ἀντλία (ἡ), pump/ *τροφοδοτική* ~, feed pump/ *ἀντλιοστάσιο* (τό), pump-room/ *ἀντλῶ,* to pump, to draw/ (fig.) to derive from
ἀντοχή (ἡ), endurance, resilience
ἄντρας, βλ. *ἄνδρας*
ἀντρειωμένος, brave, valiant
ἄντρο (τό), cave/ (fig.) den of criminals
ἀντρογυναίκα (ἡ), virago
ἀντωνυμία (ἡ), pronoun/ *ἀναφορική* ~, relative pronoun/ *αὐτοπαθής* ~, reflexive pronoun/ *δεικτική* ~, demonstrative pronoun/ *κτητική* ~, possessive pronoun/ *προσωπική* ~, personal pronoun
ἀνυδρία (ἡ), drought
ἀνυπακοή (ἡ), disobedience
ἀνύπαντρος, unmarried, single
ἀνύπαρκτος, non-existent/ *ἀνυπαρξία* (ἡ), non-existence
ἀνυπεράσπιστος, unprotected, undefended
ἀνυπέρβλητος, unsurpassed; insurmountable
ἀνυπερθέτως, without fail
ἀνυπόγραφος, unsigned
ἀνυπόκριτος, sincere
ἀνυπόληπτος, discredited/ *ἀνυποληψία* (ἡ), discredit
ἀνυπολόγιστος, incalculable; colossal
ἀνυπομονησία (ἡ), impatience/ *ἀνυπόμονος,* impatient/ *ἀνυπομονῶ,* to be impatient
ἀνύποπτος, unsuspecting
ἀνυπόστατος, groundless, unfounded, unreliable
ἀνυπότακτος, unsubdued, undisciplined/ (fig.) one who has evaded military service
ἀνυπόφορος, unbearable
ἄνυσμα (τό), vector
ἀνυψώνω, to raise, to lift/ *ἀνύψωση* (ἡ), raising, lifting, hoisting/ *ἀνυψωτήρας*

(ὁ), elevator, lift/ *ἀνυψωτικός,* lifting, hoisting
ἄνω, up, above, over/ ~ *κάτω,* in a mess/ ~ *ποταμῶν,* totally irrational, crazy
ἀνώ(γ)ι (τό), the upstairs floor
ἀνώδυνα, painlessly/ *ἀνώδυνος,* painless
ἀνώμαλα, irregularly, abnormally/ *ἀνωμαλία* (ἡ), irregularity, abnormality/ *ἀνώμαλος,* irregular, abnormal; uneven
ἀνώνυμα, anonymously/ *ἀνωνυμία* (ἡ), anonymity/ *ἀνώνυμος,* anonymous
ἀνώτατος, highest, supreme/ *ἀνώτερος,* higher, superior/ *οἱ ἀνώτεροι,* the superiors, the bosses
ἀνώφελος, useless; vain
ἀνώφλι (τό), lintel
ἄξαφνα, suddenly
ἀξεκαθάριστος, not clear, confused
ἄξενος, inhospitable
ἀξεπέραστος, unsurpassed; superior
ἄξεστος, rude
ἀξεφλούδιστος, unpeeled
ἀξέχαστος, unforgettable
ἀξεχώριστος, inseparable
ἀξία (ἡ), value, price; worth, merit
ἀξιαγάπητος, lovable, amiable
ἀξιέπαινος, praiseworthy
ἀξίζω, to deserve; to cost/ *δέν ἀξίζει τόν κόπο,* it's not worth the trouble
ἀξίνα (ἡ), axe, hatchet
ἀξιοδάκρυτος, deplorable
ἀξιοθαύμαστος, admirable, wonderful, amazing
ἀξιοθέατος, worth seeing/ *τά ἀξιοθέατα,* the sights
ἀξιοθρήνητος, deplorable, lamentable
ἀξιοκατάκριτος, reprehensible, blameworthy
ἀξιολάτρευτος, adorable, charming
ἀξιόλογος, notable, noteworthy
ἀξιολύπητος, pitiable
ἀξιόμαχος, fit for fighting, in fighting mood
ἀξιομνημόνευτος, memorable
ἀξιοπαρατήρητος, noteworthy
ἀξιοπερίεργος, strange, odd
ἀξιοπιστία (ἡ), reliability/ *ἀξιόπιστος,* reliable
ἀξιόποινος, punishable
ἀξιοποιῶ, to make use of, to render pro-

ductive

ἀξιοπρέπεια (ἡ), dignity/ *ἀξιοπρεπής*, dignified

ἄξιος, worthy, deserving

ἀξιοσέβαστος, venerable, respected

ἀξιοσημείωτος, noteworthy, remarkable

ἀξιότιμος, honourable

ἀξίωμα (τό), office, position/ (phil.) axiom, maxim

ἀξιωματικός (ὁ), officer (army)

ἀξιωματούχος (ὁ), official

ἀξιώνω, to demand, to ask/ *ἀξίωση* (ἡ), demand, claim

ἀξόδευτος, unspent

ἄξονας (ὁ), axis, spindle; shaft/ *ἀξονικός*, axial

ἀξόφλητος, unsettled, unpaid

ἀξύριστος, unshaven

ἄοκνος, indefatigable

ἀόματος, blind

ἄοπλος, unarmed

ἀόρατος, invisible

ἀόριστα, vaguely, indefinitely/ *ἀοριστία* (ἡ) or *ἀοριστολογία* (ἡ), vagueness/ *ἀόριστος*, vague, indefinite; past tense

ἀορτή (ἡ), aorta

ἄοσμος, odourless

ἀπαγγελία (ἡ), recitation/ *ἀπαγγέλλω*, to recite/ ~ *ἀπόφαση*, to pronounce a sentence

ἀπαγορευμένος, forbidden, prohibited/ *ἀπαγόρευση* (ἡ), prohibition/ *ἀπαγορευτικός*, forbidding, prohibitory, prohibitive/ *ἀπαγορεύω*, to forbid, to prohibit

ἀπαγχονίζω, to hang/ *ἀπαγχονισμός* (ὁ), hanging

ἀπάγω, to abduct, to kidnap/ *ἀπαγωγέας* (ὁ) abductor, kidnapper/ *ἀπαγωγή* (ἡ), abduction, kidnapping/ *ἑκούσια* ~, eloping

ἀπαθανατίζω, to immortalize

ἀπάθεια (ἡ), apathy, indifference/ *ἀπαθής*, apathetic, indifferent

ἀπαίδευτος, untaught; untroubled, carefree

ἀπαίσια, horribly, awfully

ἀπαισιοδοξία (ἡ), pessimism/ *ἀπαισιόδοξος*, pessimist/ *ἀπαίσιος*, horrible, awful

ἀπαίτηση (ἡ), claim, demand/ *ἀπαιτητικός*, demanding, exacting/ *ἀπαιτητός*, due, demandable/ *ἀπαιτῶ*, to demand, to exact

ἀπαλείφω, to wipe out/ *ἀπάλειψη* (ἡ), wiping out, erasing

ἀπαλλαγή (ἡ), deliverance; exemption/ *ἀπαλλακτικός*, liberating; discharging/ *ἀπαλλάσσομαι*, to get rid of

ἀπαλλάσσω, to deliver, to release; to exempt

ἀπαλλοτριώνω, to alienate, to estrange/ *ἀπαλλοτρίωση* (ἡ), alienation; distribution of land

ἀπαλός, soft, tender, smooth/ *ἀπαλότητα* (ἡ), tenderness, softness/ *ἀπαλύνω*, to soften

ἀπάνθισμα (τό), anthology, selection

ἀπανθρακώνω, to carbonize, to char

ἀπανθρωπιά (ἡ), brutality, cruelty/ *ἀπάνθρωπος*, brutal, cruel, inhuman

ἅπαντα (τά), complete works, omnibus edition

ἀπάντηση (ἡ), answer, reply

ἀπάντρευτος, unmarried, single

ἀπαντῶ, to answer, to reply; to meet

ἀπάνω, on, upon, over, up/ *ἀπανωτός*, successive

ἀπαξιώνω, to slight, to disregard

ἀπαράβατος, inviolate

ἀπαραβίαστος, inviolable/ *τό ἀπαραβίαστο*, inviolability

ἀπαράδεκτος, unacceptable

ἀπαραίτητος, necessary, essential, indispensable

ἀπαράλλακτος, similar, identical, alike

ἀπαράμιλλος, incomparable, peerless, matchless

ἀπαρασάλευτος, firm, unshaken

ἀπαράσκευος, unprepared

ἀπαρατήρητος, unnoticed

ἀπαρέμφατο (τό), infinitive

ἀπαρέσκεια (ἡ), dislike, displeasure

ἀπαρηγόρητος, inconsolable

ἀπαρίθμηση (ἡ), enumeration/ *ἀπαριθμῶ*, to enumerate

ἀπάρνηση (ἡ), renunciation/ *ἀπαρνιέμαι*, to renounce, to repudiate

ἀπάρση (ἡ), weighing anchor

ἀπαρτία (ἡ), quorum

ἀπαρτίζω, to constitute, to make up
ἄπαρτος, not taken; unconquered
ἀπαρχαιωμένος, obsolete, old-fashioned
ἀπαρχή (ἡ), outset, beginning
ἀπαστράπτω, to shine
ἀπασχόληση (ἡ), occupation/ ἀπασχο-
λοῦμαι, to be occupied, to be engaged/
εἶμαι πολύ ἀπασχολημένος, I am very
busy/ ἀπασχολῶ, to occupy, to engage
ἀπατεώνας (ὁ), deceiver, swindler
ἀπάτη (ἡ), deceit, fraud/ ~λός, fraudu-
lent, false
ἀπάτητος, untrodden; inaccessible
ἄπατος, bottomless
ἀπατῶ, to deceive, to cheat; to commit
adultery
ἀπαύγασμα (τό), result, conclusion
ἀπαυδῶ, to be exhausted, to get tired of
ἀπάχης (ὁ), tramp
ἄπαχος, thin
ἀπεγνωσμένα, desperately/ ἀπεγνωσμέ-
νος, desperate
ἀπειθάρχητος, undisciplined/ ἀπειθαρχία
(ἡ), lack of discipline
ἀπείθεια (ἡ), disobedience
ἀπεικονίζω, to represent/ ἀπεικόνιση
(ἡ), representation
ἀπειλή (ἡ), threat, menace/ ἀπειλητικά,
threateningly, menacingly/ ἀπειλητι-
κός, threatening, menacing/ ἀπειλῶ, to
threaten, to menace
ἀπειράριθμος, innumerable
ἀπείραχτος, unhurt, untouched
ἀπειρία (ἡ), inexperience
ἄπειρο (τό), infinity
ἄπειρος, infinite, vast; inexperienced
ἀπειροστός, infinitesimal
ἀπεκδύομαι, to divest oneself of
ἀπέλαση (ἡ), exile, banishment/ ἀπελαύ-
νω, to expel, to banish
ἀπελέκητος, unhewn/ (fig.) uncultured,
rude
ἀπελευθερώνω, to liberate, to free/ ἀπε-
λευθέρωση (ἡ), liberation/ ἀπελευθε-
ρωτής (ὁ), liberator, emancipator, deli-
verer/ ἀπελευθερωτικός, liberating
ἀπελπίζομαι, to despair/ ἀπελπίζω, to
drive to despair, to render desperate/
ἀπελπισία (ἡ), despair, hopelessness/
ἀπελπισμένος, desperate, hopeless/

ἀπελπιστικός, despairing, hopeless
ἀπέναντι, opposite; against
ἀπεναντίας, on the contrary
ἀπένταρος, penniless
ἀπεραντολογία (ἡ), endless talk
ἀπέραντος, vast, immense, endless
ἀπεργία (ἡ), strike/ ἀπεργός (ὁ), striker/
ἀπεργοσπάστης (ὁ), strike-breaker/
ἀπεργῶ, to strike
ἀπερίγραπτος, indescribable
ἀπεριόριστος, unlimited, boundless
ἀπεριποίητος, neglected
ἀπερίσκεπτος, thoughtless/ ἀπερισκεψία
(ἡ), thoughtlessness
ἀπερίσπαστος, undistracted
ἀπέριττος, simple, plain
ἀπέρχομαι, to leave, to go away
ἀπεσταγμένος, distilled
ἀπεσταλμένος (ὁ), envoy, delegate/ εἰδι-
κός ~, special envoy
ἀπευθύνομαι, to apply to, to address/
ἀπευθύνω, to address/ ~ ἔκκληση, to
launch an appeal
ἀπευθυσμένο (τό), rectum
ἀπεύχομαι, to wish against
ἀπεχθάνομαι, to detest, to hate/ ἀπέ-
χθεια (ἡ), repugnance, abomination,
hate
ἀπέχω, to be far away; to abstain
ἀπήγανος (ὁ), rue
ἀπηνής, pitiless
ἀπήχηση (ἡ), resonance/ (fig.) effect/
ἀπηχῶ, to resound; to reflect (ideas)
ἄπιαστος, uncaught
ἀπίδι (τό), pear/ ἀπιδιά (ἡ), pear-tree
ἀπίθανα, unlikely, improbably/ ἀπίθα-
νος, unlikely, improbable/ ἀπιθανότη-
τα (ἡ), improbability
ἀπιθώνω, to put down, to lay down
ἀπίστευτος, incredible
ἀπιστία (ἡ), infidelity, treachery; perfidy/
ἄπιστος, unfaithful, perfidious/ (eccl.)
infidel
ἁπλά, simply; merely
ἄπλα (ἡ), plenty of space
ἀπλανεῖς (οἱ), fixed stars
ἄπλαστος, unformed, shapeless
ἀπληροφόρητος, uninformed
ἀπλήρωτος, unpaid
ἀπλησίαστος, inaccessible

ἀπληστία (ἡ), greed; avidity/ ἄπληστος, greedy, insatiable

ἀπλοϊκά, simply, naively/ ἀπλοϊκός, simple, naive, ingenious/ ἀπλοϊκότητα (ἡ), naivety, simplicity

ἀπλοποίηση (ἡ), simplification/ ἀπλοποιῶ, to simplify

ἀπλός, simple; single/ ἀπλότητα (ἡ), simplicity

ἀπλούστατος, very simple/ ἀπλουστεύω, to make simple

ἀπλόχερα, generously/ ἀπλοχέρης, generous/ ἀπλοχεριά (ἡ), generosity

ἀπλοχωριά (ἡ), plenty of space

ἀπλυσιά (ἡ), uncleanliness/ ἄπλυτος, unclean, unwashed

ἄπλωμα (τό), spreading, extending/ ἀπλώνω, to spread, to extend/ ~ τά ρούχα, to put the washing on the line

ἀπλωτός, spread, extended

ἄπνοια (ἡ), calmness, still

ἀπό, from, by, since; through/ ~ τότε, since then/ ~ τώρα καί στό ἑξῆς, from now on

ἀποβάθρα (ἡ), wharf, pier; platform

ἀποβάλλω, to shed off, to cast away; to expel (from school)

ἀπόβαρο (τό), tare

ἀπόβαση (ἡ), landing, disembarkation/ ἀποβατικός, landing, disembarking/ ἀποβιβάζω, to land, to disembark/ ἀποβίβαση (ἡ), βλ. ἀπόβαση

ἀποβλακώνω, to dull the senses/ ἀποβλακώνομαι, to become dull (stupid)/ ἀποβλάκωση (ἡ), stupidity

ἀποβλέπω, to aim at

ἀπόβλητος, outcast, rejected

ἀποβολή (ἡ), sending away, expulsion/ (med.) miscarriage

ἀποβουτύρωση (ἡ), churning

ἀπόβρασμα (τό), refuse, social dregs

ἀπόβροχο (τό), the time after raining

ἀπόγειο (τό), highest point; apogee

ἀπογειώνομαι, to take off

ἀπόγευμα (τό), afternoon

ἀπογίνομαι, to overdo, to reach an extreme point

ἀπογκρεμίζω, to pull down completely

ἀπόγνωση (ἡ), despair, hopelessness

ἀπογοητευμένος, disappointed, disillusioned/ ἀπογοήτευση (ἡ), disappointment, disillusion/ ἀπογοητευτικός, disappointing, discouraging/ ἀπογοητεύω, to disappoint, to disillusion

ἀπόγονος (ὁ), descendant

ἀπογραφή (ἡ), inventory; census

ἀπόγραφο (τό), copy of a legal document

ἀπογυμνώνω, to strip, to unclothe/ ἀπογύμνωση (ἡ), stripping/ (fig.) revelation

ἀπόδειξη (ἡ), proof, evidence; receipt/ ἀποδεικνύω, to prove/ ἀποδεικτικός, proving, demonstrative/ ἀποδείχνω, βλ. ἀποδεικνύω

ἀποδεκατίζω, to destroy, to annihilate

ἀποδέκτης (ὁ), receiver; addressee; drawee

ἀποδεκτός, acceptable, admissible

ἀποδεσμεύω, to free, to let loose

ἀποδέχομαι, to accept, to receive; to approve

ἀποδημητικός, travelling, passing/ ἀποδημητικά πουλιά, birds of passage

ἀποδημία (ἡ), migration/ ἀποδημῶ, to migrate

ἀποδίδω, to give back; to attribute; to be profitable

ἀποδιοπομπαῖος, persecuted/ ~ τράγος, scapegoat

ἀποδιοργάνωση (ἡ), disorganization

ἀποδοκιμάζω, to disapprove/ ἀποδοκιμασία (ἡ), disapproval; disavowal/ ἀποδοκιμαστικός, disapproving

ἀπόδοση (ἡ), giving back; efficiency, output/ ἀποδοτικός, efficient

ἀποδοχή (ἡ), acceptance; approval/ ἀποδοχές, wages

ἀπόδραση (ἡ), escape

ἀποδύομαι, to undertake, to engage in

ἀποδυτήριο (τό), cloakroom

ἀποζημιώνω, to compensate/ ἀποζημίωση (ἡ), compensation, indemnity

ἀποζητῶ, to seek, to long for

ἀποθάρρυνση (ἡ), discouragement/ ἀποθαρρυντικός, discouraging, disappointing/ ἀποθαρρύνω, to discourage

ἀποθαυμάζω, to admire

ἀπόθεμα (τό), stock, deposit/ ἀποθεματικός, in reserve/ ἀποθεματικό κεφάλαιο, reserve funds

ἀποθεραπεία (ἡ), completion of a cure

ἀπόθεση (ἡ), laying down/ ἀποθέτω, to lay down

ἀποθεώνω, to deify/ ἀποθέωση (ἡ), deification, apotheosis

ἀποθηκάριος (ὁ), storeman/ ἀποθήκευση (ἡ), storage/ ἀποθηκεύω, to store/ ἀποθήκη (ἡ), storeroom, storehouse

ἀποθηριώνομαι, to become furious (aggressive)

ἀποθησαυρίζω, to treasure/ ἀποθησαύριση (ἡ), treasuring

ἀποθρασύνομαι, to become rude (cheeky)

ἀποικία (ἡ), colony, settlement/ ἀποικιακός, colonial/ ἀποικίζω, to colonize, to settle/ ἀποικιοκρατία (ἡ), colonialism/ ἀποικισμός (ὁ), colonization/ ἄποικος (ὁ), colonist

ἀποκαθήλωση (ἡ), unnailing/ (eccl.) the descent from the Cross

ἀποκαθίσταμαι, to be re-established (restored)/ ἀποκαθιστῶ, to re-establish, to restore; to compensate

ἀποκαλυπτήρια (τά), unveiling/ ἀποκαλυπτικός, revealing, disclosing/ ἀποκαλύπτω, to reveal, to disclose

ἀποκαλύπτομαι, to take off one's hat

ἀποκάλυψη (ἡ), revelation, disclosing

ἀποκαλῶ, to call, to name

ἀποκαμωμένος, exhausted/ ἀποκάνω, to be exhausted

ἀποκαρδιώνω, to dishearten, to discourage

ἀποκατάσταση (ἡ), re-establishment, rehabilitation; recovery

ἀποκάτω, underneath, below

ἀπόκεντρος, remote/ ἀποκεντρώνω, to decentralize/ ἀποκέντρωση (ἡ), decentralization/ ἀποκεντρωτικός, decentralizing

ἀποκεφαλίζω, to behead, to decapitate/ ἀποκεφάλιση (ἡ), or ἀποκεφαλισμός (ὁ), beheading, decapitation

ἀποκήρυξη (ἡ), proscription, disavowal/ ἀποκηρύσσω, to proscribe, to disavow

ἀποκλεισμός (ὁ), exclusion/ (mil.) blockade

ἀποκλειστικά, exclusively/ ἀποκλειστικός, exclusive

ἀποκλειστικότητα (ἡ), exclusiveness/

ἀποκλείω, to exclude, to eliminate

ἀπόκληρος (ὁ), disinherited/ (fig.) outcast/ ἀποκλήρωση (ἡ), disinheritance/ ἀποκληρώνω, to disinherit

ἀποκλίνω, to deviate, to diverge/ ἀπόκλιση (ἡ), deviation

ἀποκόβω, to cut off; to wean

ἀποκοιμίζω, to lull/ (fig.) to deceive/ ἀποκοιμοῦμαι, or ἀποκοιμιέμαι, to fall asleep

ἀποκολλῶ, to detach

ἀποκομίζω, to carry away; to form (impressions)/ κέρδος, to make a profit

ἀπόκομμα (τό), fragment; newspaper cutting

ἀποκοπή (ἡ), cutting off/ κατ' ἀποκοπή, at a fixed fee

ἀποκορύφωμα (τό), the highest point, climax

ἀπόκοσμος, recluse, lonely/ (fig.) mysterious

ἀποκοτιά (ἡ), daring, bold act

ἀποκούμπι (τό), refuge; support

ἀπόκρημνος, steep, craggy

ἀποκριά (ἡ), carnival

ἀποκρίνομαι, to answer, to reply/ ἀπόκριση (ἡ), answer, reply

ἀπόκρουση (ἡ), repulsion, driving back/ ἀποκρουστικός, repulsive, repugnant/ ἀποκρούω, to repeal, to drive back

ἀποκρύβω, to hide, to conceal

ἀποκρυπτογράφηση (ἡ), deciphering/ ἀποκρυπτογραφῶ, to decipher

ἀποκρυσταλλώνω, to crystallize/ ~ γνώμη, to form an opinion/ ἀποκρυστάλλωση (ἡ), crystallization

ἀπόκρυφος, secret, occult; apocryphal

ἀπόκρυψη (ἡ), hiding, concealment

ἀποκτήνωση (ἡ), degradation; acting like an animal

ἀπόκτηση (ἡ), acquisition/ ἀποκτῶ, to acquire, to obtain

ἀπολαβή (ἡ), gain, profit/ ἀπολαβές, wages, earnings

ἀπολαβαίνω, to enjoy; to earn/ ἀπολαυή, βλ. ἀπολαβή

ἀπόλαυση (ἡ), enjoyment, pleasure/ ἀπολαυστικός, enjoyable

ἀπολεπίζω, to descale, to peel

ἀπόληψη (ἡ), (money) withdrawal

ἀπολίθωμα (τό), fossil/ ἀπολιθώνω, to fossilize, to petrify/ ἀπολίθωση (ἡ), petrifaction
ἀπολίτιστος, uncivilized
ἀπολογητικός, apologetic(al)
ἀπολογία (ἡ), apology
ἀπολογισμός (ὁ), report, account
ἀπολογοῦμαι, to defend oneself, to plead
ἀπολυμαίνω, to disinfect/ ἀπολύμανση (ἡ), disinfection/ ἀπολυμαντικό (τό), disinfectant
ἀπόλυση (ἡ), release(; dismissal
ἀπολυταρχία (ἡ), absolutism, autocracy/ ἀπολυταρχικός, despotic, autocratic
ἀπολυτήριο (τό), graduation certificat
ἀπόλυτος, absolute
ἀπολυτρώνω, to redeem, to liberate/ ἀπολύτρωση (ἡ), redemption, liberation/ ἀπολυτρωτικός, redeeming, liberating
ἀπολύω, to release; to dismiss
ἀπομαγνητίζω, to demagnetize
ἀπομάκρυνση (ἡ), removal; going away/ ἀπομακρύνω, to remove
ἀπόμαχος (ὁ), veteran
ἀπομεινάρι (τό), remnant, remain
ἀπομένω, to remain, to be left over
ἀπόμερος, remote, outlying
ἀπομεσήμερο (τό), afternoon
ἀπομίμηση (ἡ), imitation/ ἀπομιμοῦμαι, to imitate
ἀπομνημονεύματα (τά), memoirs
ἀπομονώνω, to isolate/ ἀπομόνωση (ἡ), isolation
ἀπομύζηση (ἡ), suction, absorption/ ἀπομυζῶ, to suck, to absorb
ἄπονα, cruelly, pitilessly
ἀποναρκώνω, to benumb/ ἀπονάρκωση (ἡ), numbness
ἀπονεκρώνω, to deaden/ ἀπονέκρωση (ἡ), deadening
ἀπονέμω, to grant, to award, to bestow
ἀπονενοημένος, desperate
ἀπονήρευτος, guileless, innocent
ἀπονιά (ἡ), cruelty
ἀπονομή (ἡ), granting, conferring, award
ἄπονος, cruel, pitiless, merciless
ἀποξενώνω, to alienate/ ἀποξένωση (ἡ), alienation
ἀπόξεση (ἡ), scraping off

ἀποξηραίνω, to drain, to dry up/ ἀποξήρανση (ἡ), draining
ἀποπαίρνω, to scold, to reprimand
ἀπόπατος (ὁ), water-closet, lavatory
ἀπόπειρα (ἡ), attempt
ἀποπέμπω, to send away, to discharge, to throw out
ἀποπερατώνω, to complete, to finish/ ἀποπεράτωση (ἡ), completion
ἀποπλάνηση (ἡ), seduction/ ἀποπλανῶ, to seduce
ἀποπλένω, to wash off
ἀποπλέω, to set sail, to leave port
ἀποπληξία (ἡ), apoplexy
ἀποπληρωμή (ἡ), paying off/ ἀποπληρώνω, to pay off
ἀπόπλους (ὁ), sailing
ἀποπνέω, to exhale
ἀποποίηση (ἡ), refusal, rejection/ ἀποποιοῦμαι, to refuse, to reject
ἀποπομπή (ἡ), dismissal; throwing out
ἀπόρθητος, impregnable
ἀπορία (ἡ), wonder, perplexity; poverty
ἄπορος (ὁ), poor, pauper, needy
ἀπορ(ρ)έω, to flow out, to emanate
ἀπόρ(ρ)ητος, secret, confidential
ἀπορ(ρ)ιπτέος, unacceptable, rejectable/ ἀπορ(ρ)ίπτω, to reject, to decline/ ἀπόρ(ρ)ιψη (ἡ), refusal, rejection
ἀπόρ(ρ)οια (ἡ), result, consequence
ἀπορ(ρ)όφηση (ἡ), absorption/ ἀπορ(ρ)οφητήρας (ὁ), absorber/ ἀπορ(ρ)οφητικός, absorbing/ ἀπορ(ρ)οφῶ, to absorb
ἀπορῶ, to wonder, to be amazed
ἀποσαφηνίζω, to clarify
ἀπόσβεση (ἡ), extinguishing; paying off/ ἀποσβήνω, to extinguish; to pay off
ἀποσβολώνω, to confuse, to disconcert
ἀποσείω, to shake off, to relieve oneself
ἀποσιώπηση (ἡ), omission, hush-up/ ἀποσιωπῶ, to omit, to hush up
ἀποσκευές (οἱ), luggage
ἀποσκίρτηση (ἡ), defection/ ἀποσκιρτῶ, to defect
ἀποσκοπῶ, to aim at, to aspire
ἀποσκοράκιση (ἡ), repudiation
ἀποσόβηση (ἡ), averting/ ἀποσοβῶ, to avert
ἀπόσπαση (ἡ), tearing off, detaching

ἀπόσπασμα (τό), extract, fragment/ (mil.) detachment

ἀποσπερίτης (ὁ), evening star

ἀποσπῶ, to tear off, to detach

ἀπόσταγμα (τό), distilled liquid/ *ἀποστάζω*, to distil

ἀπόσταξη (ἡ), distillation

ἀποσταίνω, to feel tired

ἀπόσταση (ἡ), distance

ἀποστασία (ἡ), defection/ *ἀποστάτης* (ὁ), defector, renegade/ *ἀποστατῶ*, to defect

ἀποστειρώνω, to sterilize/ *ἀποστείρωση* (ἡ), sterilization

ἀποστέλλω, to send, to despatch

ἀποστέρηση (ἡ), deprivation/ *ἀποστερῶ*, to deprive

ἀποστέωση (ἡ), ossification

ἀποστηθίζω, to learn by heart/ *ἀποστήθιση* (ἡ), learning by heart

ἀπόστημα (τό), abscess

ἀποστολέας (ὁ), sender/ *ἀποστολή* (ἡ), sending; mission

ἀποστολικός, apostolic/ *ἀπόστολος* (ὁ), apostle, disciple

ἀποστομώνω, to silence; to outwit

ἀποστραγγίζω, to drain/ *ἀποστράγγιση* (ἡ), drainage

ἀποστρατεία (ἡ), retirement (from the army)/ *ἀποστράτευση* (ἡ), demobilization/ *ἀποστρατεύω*, to demobilize

ἀπόστρατος (ὁ), veteran

ἀποστρέφω, to turn away/ *ἀποστρέφομαι*, to detest, to abhor

ἀποστροφή (ἡ), aversion, abhorrence

ἀπόστροφος (ἡ), apostrophe

ἀποσυναρμολόγηση (ἡ), dismantling

ἀποσύνδεση (ἡ), disconnection, disengagement/ *ἀποσυνδέω*, to disconnect, to disengage

ἀποσύνθεση (ἡ), decomposition/ *ἀποσυνθέτω*, to decompose

ἀποσύρω, to withdraw, to pull back

ἀποσφραγίζω, to unseal/ *ἀποσφράγιση* (ἡ), unsealing

ἀπόσχιση (ἡ), separation

ἀπότακτος (ὁ), cashiered (officer)

ἀποταμίευση (ἡ), savings/ *ἀποταμιεύω*, to save

ἀποτάσσω, to eject; to renounce

ἀποτείνω, to address/ *ἀποτείνομαι*, to apply to

ἀποτελειώνω, to finish, to complete

ἀποτέλεσμα (τό), result, effect/ *ἀποτελεσματικός*, effective, effectual/ *ἀποτελεσματικότητα* (ἡ), effectiveness

ἀποτελμάτωση (ἡ), stagnation

ἀποτελῶ, to make up

ἀποτεφρώνω, to incinerate/ *ἀποτέφρωση* (ἡ), incineration

ἀποτίμηση (ἡ), evaluation/ *ἀποτιμῶ*, to evaluate

ἀποτινάζω, to shake off/ *ἀποτίναξη* (ἡ), shaking off

ἀποτολμῶ, to dare, to risk

ἀπότομα, suddenly, abruptly/ *ἀπότομος*, sudden, abrupt/ (hill) steep/ (person) rude, tactless

ἀποτραβιέμαι, to withdraw

ἀποτραχύνομαι, to overdo, to go too far

ἀποτρεπτικός, deterent, dissuasive/ *ἀποτρέπω*, to deter, to dissuade; to discourage

ἀποτρόπαιος, abominable, terrible

ἀποτροπή (ἡ), dissuasion, prevention

ἀποτροπιασμός (ὁ), disgust, aversion

ἀποτσίγαρο (τό), cigarette-end

ἀποτύπωμα (τό), print, imprint/ *ἀποτυπώνω*, to imprint, to stamp/ *ἀποτύπωση* (ἡ), imprinting, impression

ἀποτυχαίνω, to fail, to miss/ *ἀποτυχία* (ἡ), failure

ἀπούλητος, unsold

ἀπουσία (ἡ), absence/ *ἀπουσιάζω*, to be absent

ἀποφάγια (τά), food remains

ἀποφαίνομαι, to declare, to express a view

ἀπόφαση (ἡ), decision, resolution/ (leg.) sentence/ *ἀποφασίζω*, to decide, to determine; to decree

ἀποφασιστικά, decisively, resolutely/ *ἀποφασιστικός*, decisive, determined/ *ἀποφασιστικότητα* (ἡ), determination

ἀποφατικός, negative

ἀποφέρω, to yield, to bring in

ἀποφεύγω, to avoid

ἀπόφθεγμα (τό), maxim, apophthegm

ἀποφοίτηση (ἡ), graduation/ *ἀπόφοιτος* (ὁ), graduate/ *ἀποφοιτῶ*, to graduate

ἀποφορά (ἡ), stink, foul smell
ἀποφράζω, to obstruct/ ἀπόφραξη (ἡ), obstruction
ἀποφυγή (ἡ), avoidance
ἀποφυλακίζω, to set free, to release/ ἀποφυλάκιση (ἡ), release
ἀπόφυση (ἡ), protuberance, outgrowth
ἀποχαιρετῶ, to bid farewell/ ἀποχαιρετισμός (ὁ), farewell
ἀποχαλίνωση (ἡ), unbridling/ (fig.) exaggeration
ἀποχαύνωση (ἡ), languishness
ἀποχέτευση (ἡ), drainage/ ἀποχετεύω, to drain
ἀπόχη (ἡ), hunting net
ἀποχή (ἡ), abstention
ἀποχρεμπτικός, expectorant
ἀποχρωματίζω, to decolorize/ ἀποχρωματισμός (ὁ), decolorization
ἀπόχρωση (ἡ), shade, colour
ἀποχώρηση (ἡ), withdrawal; evacuation
ἀποχωρίζω, to sever, to separate/ ἀποχωρίζομαι, to part with/ ἀποχωρισμός (ὁ), parting, separation
ἀποχωρῶ, to withdraw, to retire
ἀπόψε, this evening, tonight
ἄποψη (ἡ), view, aspect
ἀποψίλωση (ἡ), depilation; deforestation
ἀπόψυξη (ἡ), decooling, defreezing
ἀπραγματοποίητος, impossible, unattainable
ἄπρακτος, unsuccessful/ ἀπραξία (ἡ), inaction, inertia
ἄπρεπα, indecently, improperly/ ἀπρέπεια (ἡ), indecency
ἀπρεπής, or ἄπρεπος, indecent, improper
Ἀπρίλιος (ὁ), April
ἀπρόβλεπτος, unexpected, unforeseen
ἀπροειδοποίητος, without warning
ἀπροετοίμαστος, unprepared
ἀπρόθυμα, reluctantly/ ἀπροθυμία (ἡ), reluctance; unwillingness/ ἀπρόθυμος, reluctant, unwilling
ἀπροίκιστος, with no dowry/ (fig.) with no merit/ ἄπροικος, with no dowry
ἀπροκατάληπτος, unprejudiced, unbiased
ἀπροκάλυπτος, undisguised, open, frank
ἀπρόκλητος, unprovoked

ἀπρομελέτητος, unpremeditated
ἀπρονοησία (ἡ), imprudence/ ἀπρονόητος, imprudent
ἀπρόοπτος, sudden, unexpected
ἀπροπόνητος, untrained
ἀπροσάρμοστος, misfitting
ἀπρόβλητος, unassailable, impregnable
ἀπροσγείωτος, not landed/ (fig.) romantic
ἀπροσδιόριστος, indefinite
ἀπροσδόκητα, suddenly, unexpectedly/ ἀπροσδόκητος, sudden, unexpected
ἀπρόσεκτος, careless/ ἀπροσεξία (ἡ), carelessness
ἀπρόσιτος, inaccessible
ἀπρόσκλητος, uninvited
ἀπρόσκοπτος, unobstructed, unhindered, unimpeded
ἀπρόσμενα, unexpectedly/ ἀπρόσμενος, unexpected
ἀπροσπέλαστος, inaccessible
ἀπροστάτευτος, unprotected
ἀπρόσφορος, inappropriate, unsuitable
ἀπρόσωπος, impersonal
ἀπροφύλακτος, undefended, unguarded
ἀπροχώρητο (τό), impasse, deadlock
ἄπταιστα, perfectly, fluently, ἄπταιστος, perfect, faultless
ἀπτόητος, fearless, brave
ἁπτός, tangible
ἀπύθμενος, bottomless
ἀπύρετος, feverless
ἀπώθηση (ἡ), repulsion/ ἀπωθητικός, repulsive/ ἀπωθῶ, to repeal
ἀπώλεια (ἡ), loss; bereavement
ἀπών (ὁ), ἀπούσα (ἡ), absent
ἀπώτατος, furthest, remotest/ ἀπώτερος, further/ (fig.) ulterior
ἄρα, therefore, so
ἄραβας (ὁ), Arab/ ἀραβικός, Arabic
ἀραβόσιτος (ὁ), maize
ἀραβούργημα (τό) arabesque
ἀράγιστος, uncracked
ἀράδα (ἡ), row, line/ ἀραδιάζω, to arrange (in lines)
ἀράζω, to anchor, to moor
ἀράθυμος, hot-tempered
ἀραιά, rarely; thinly/ ἀραιός, rare; thin/ ἀραιώνω, to thin out, to scatter
ἀρακάς (ὁ), green pea

ἀραμπάς (ὁ), cart
ἀραξοβόλι (τό), anchorage
ἀράπης (ὁ), negro
ἀράχνη (ἡ), spider/ ἱστός ἀράχνης, cobweb
ἀραχνοΰφαντος, finely woven
ἀρβύλα (ἡ), military shoe
ἀργά, late; slowly/ κάλλιο ~ παρά ποτέ, better late than never
ἀργαλειός, loom
ἀργία (ἡ), laziness; holiday
ἄργιλλος, clay
ἀργοκίνητος, slow-moving
ἀργομισθία (ἡ), sinecure
ἀργοναύτης (ὁ), Argonaut
ἀργοπορία (ἡ), delay; slowness/ ἀργοπορῶ, to delay; to go slow
ἀργός, unemployed; slow/ ἀργόσχολος, idle
ἀργυραμοιβός (ὁ), money-changer
ἄργυρος (ὁ), silver
ἀργυρός, silver, made of silver
ἀργῶ, to be on holiday; to be late
ἄρδευση (ἡ), irrigation/ ἀρδευτικός, irrigating/ ἀρδεύω, to irrigate
Ἄρειος Πάγος (ὁ), Supreme Court
ἀρέσκεια (ἡ), liking/ ἀρεστός, aggreeable/ ἀρέσω, to be liked , to be popular/ μοῦ ἀρέσει, to like
ἀρετή (ἡ), virtue; merit
ἀρθρίτιδα (ἡ), arthritis, gout
ἄρθρο (τό), article/ κύριο ~, leader, editorial
ἀρθρώνω, to articulate; to utter/ ἄρθρωση (ἡ), joint; articulation/ ἀρθρωτός, articulated
ἀρίδα (ἡ), leg
ἀρίθμηση (ἡ), enumeration/ ἀριθμητής (ὁ), numerator/ ἀριθμητικά (τά) numerals/ ἀριθμητική (ἡ) arithmetic/ ἀριθμητικός, arithmetical/ ἀριθμός (ὁ), number, figure/ ἄρτιος ~, even number/ περιττός ~, odd number/ ἀριθμῶ, to enumerate, to count, to number
ἄριστα, excellently, outstandingly
ἀριστεῖο (τό), medal, prize
ἀριστερά, to the left/ ἀριστερίζω, to have leftish ideas/ ἀριστερός, left
ἀριστερόστροφος, anticlockwise
ἀριστερόχερος, left-handed

ἀριστεύω, to distinguish oneself
ἀριστοκράτης (ὁ), aristocrat/ ἀριστοκρατία (ἡ), aristocracy, nobility/ ἀριστοκρατικός, aristocratic
ἄριστος, excellent, outstanding
ἀριστοτέχνης (ὁ), master, celebrity/ ἀριστοτεχνικός, masterly
ἀριστούργημα (τό), masterpiece/ ~τικός, masterly
ἀρκεῖ, or ἀρκετά, enough, that will do/ ἀρκετός, enough, sufficient
ἀρκούδα (ἡ), bear/ ἀρκουδάκι (τό), bear cub/ ἀρκουδίζω, to walk on all fours
ἀρκτικός, arctic
ἀρξοῦμαι, to be content, to be satisfied
ἄρκτος (ἡ), bear/ Μεγάλη ~, Ursa Major
ἀρκῶ, to be enough
ἀρλούμπα (ἡ), nonsense
ἅρμα (τό), chariot
ἁρμάδα (ἡ), fleet, armada
ἁρμαθιά (ἡ), bunch
ἅρματα (τά), weapons, arms
ἁρματηλάτης (ὁ), charioteer/ ἁρματοδρομία (ἡ), chariot-race
ἁρματωλός (ὁ), armed guerilla (during the Turkish occupation)
ἁρματώνω, to arm, to equip/ ἁρματωσιά (ἡ), equipment
ἄρμεγμα (τό), milking/ ἀρμέγω, to milk
ἄρμενα (τά), rigging/ ἀρμενίζω, to sail
ἁρμόδιος, competent, proper/ ἁρμοδιότητα (ἡ), competence
ἁρμόζω, to suit, to become
ἁρμονία (ἡ), harmony, concord/ ἁρμονικός, harmonious
ἁρμόνιο (τό), organ
ἁρμός (ὁ), joint, articulation
ἁρμοστής (ὁ), high commissioner
ἀρνάκι (τό), (little) lamb
ἄρνηση (ἡ), refusal, denial; negation
ἀρνησικυρία (ἡ), veto
ἀρνητικά, negatively/ ἀρνητικός, negative
ἀρνί (τό), sheep
ἀρνιέμαι, to deny, to reduse
ἄροτρο (τό), plough
ἀρουραῖος (ὁ), rat
ἅρπα (ἡ), harp
ἅρπαγας (ὁ), plunderer; snatcher
ἁρπάγη (ἡ), hook

ἀρπαγή (ἡ), snatching; abduction/ ἄρπαγμα (τό), snatching/ (fig.) quarrel/ ἀρπάζω, to snatch, to grab/ ἀρπακτικός, snatching, grabbing

ἀρραβώνας (ὁ), engagement/ (money) advance/ ἀρραβωνιάζομαι, to become engaged/ ἀρραβωνιάζω, to engage

ἀρραβωνιαστικά (ἡ), fiancée/ ἀρραβωνιαστικός (ὁ), fiancé

ἀρρενωπός, manly, manlike

ἄρρηκτος, inseparable

ἀρρυθμία (ἡ), lack of rhythm/ ἄρρυθμος, non-rhytmical

ἀρρωσταίνω, to fall sick/ ἀρρώστια (ἡ), sickness, illness/ ἀρρωστιάρης (ὁ), sickly/ ἄρρωστος (ὁ), sick, ill

ἀρσενικό (τό), arsenic

ἀρσενικοθήλυκος, hermaphrodite, androgynous

ἀρσενικός, male; masculine

ἀρσενοκοιτία (ἡ), sodomy

ἄρση (ἡ), lifting, removal/ ~ βαρῶν, weight lifting/ (mus) rise

ἀρτεσιανό (τό), artesian well

ἀρτηρία (ἡ), artery/ ~κός, arterial

ἀρτηριοσκλήρωση (ἡ), arteriosclerosis

ἀρτιμελής, able bodied

ἄρτιος, whole, entire/ ~ ἀριθμός, even number

ἀρτιότητα (ἡ), integrity, entirety

ἀρτισύστατος, newly established

ἀρτοκλασία (ἡ), blessing of the bread

ἀρτοποιείο (τό), bakery/ ἀρτοποιός (ὁ), baker/ ἀρτοπωλείο (τό), baker's shop/ ἄρτος (ὁ), bread

ἄρτυμα (τό), seasoning

ἀρυτίδωτος, unwrinkled

ἀρχάγγελος (ὁ), archangel

ἀρχαϊκός, archaic

ἀρχαιοδίφης (ὁ), antiquarian

ἀρχαιοκαπηλία (ἡ), antiquities smuggling/ ἀρχαιοκάπηλος (ὁ), antiquities smuggler

ἀρχαιολογία (ἡ), archaeology/ ἀρχαιολογικός, archaeological/ ἀρχαιολόγος (ὁ), archaeologist

ἀρχαῖος, ancient, antique/ ἀρχαιότητα (ἡ), antiquity; seniority

ἀρχαιρεσία (ἡ), election of officials

ἀρχάριος, beginner, inexperienced

ἀρχείο (τό), archives/ ~φύλακας (ὁ), archivist

ἀρχέτυπο (τό), archetype, original

ἀρχή (ἡ), beginning, outset; principle; authority

ἀρχηγείο (τό), headquarters/ ἀρχηγία (ἡ), leadership/ ἀρχηγός (ὁ), leader, chief

ἀρχιγραμματέας (ὁ), chief secretary

ἀρχίδι (τό), testicle

ἀρχιδιάκονος (ὁ), archdeacon

ἀρχιδικαστής (ὁ), chief justice

ἀρχιδούκας (ὁ), archduke/ ἀρχιδούκισσα (ἡ), archduchess

ἀρχιεπισκοπή (ἡ), archbishopric/ ἀρχιεπίσκοπος (ὁ), archbishop

ἀρχιερατικός, episcopal/ ἀρχιερέας (ὁ), prelate, bishop

ἀρχιεργάτης (ὁ), foreman

ἀρχιερωσύνη (ἡ), prelacy

ἀρχίζω, to begin, to start

ἀρχιθαλαμηπόλος (ὁ), chief steward, chief butler

ἀρχικός, initial, original, primary

ἀρχιληστής (ὁ), gang-leader

ἀρχιμάγειρος (ὁ), chef

ἀρχιμανδρίτης (ὁ), archimandrite

ἀρχιμηνιά (ἡ), first of the month

ἀρχιμηχανικός (ὁ), chief engineer

ἀρχιμουσικός (ὁ), conductor, bandmaster

ἀρχιπέλαγος (τό), archipelago

ἀρχιστράτηγος (ὁ), field marshal

ἀρχισυντάκτης (ὁ), editor in chief

ἀρχιτέκτονας (ὁ), architect/ ἀρχιτεκτονική (ἡ), architecture/ ἀρχιτεκτονικός, architectural

ἀρχιφύλακας (ὁ), chief guard

ἀρχιχρονιά (ἡ), new year's day

ἀρχομανία (ἡ), lust for power

ἄρχοντας (ὁ), nobleman, master/ ἀνώτατος ~, head of state/ ἀρχοντιά (ἡ), nobility/ ἀρχοντικό (τό), mansion/ ἀρχοντικός, noble, distinguished/ ἀρχόντισσα (ἡ), noble lady/ ἀρχοντολόι (τό), nobility, aristocracy

ἀρωγή (ἡ), assistance

ἄρωμα (τό), perfume, fragrance/ ~τίζω, to perfume; to flavour/ ~τικός, aromatic/ ~τοπωλείο (τό), perfumery

ἄς, let, may/ ~ γίνει, let it be so
ἀσαγήνευτος, uncharmed
ἀσάλευτος, firm, unshaken
ἄσαρκος, lean, bony
ἀσάφεια (ἡ), vagueness, obscurity/ ἀσαφής, vague, unclear
ἀσβέστης (ὁ), quicklime
ἀσβέστιο (τό), calcium
ἀσβεστόλιθος (ὁ), limestone
ἀσβεστόνερο (τό), limewater
ἀσβεστώνω, to whitwash
ἄσβηστος, inextinguishable, unquenchable
ἀσέβεια (ἡ), impiety, disrespect/ ἀσεβής, impious, disrespectful/ ἀσεβῶ, to commit an impiety, to be disrespectful
ἀσέλγεια (ἡ), lust, debauchery/ ἀσελγής, debauched, lustful
ἄσεληνος, moonless
ἄσεμνα, obscenely, indecently/ ἄσεμνος, obscene, indecent
ἀσετυλίνη (ἡ), acetylene
ἀσήκωτος, heavy
ἀσήμαντος, insignificant, trivial/ ἀσημαντότητα (ἡ), insignificance, triviality
ἀσήμι (τό), silver/ ~κά (τά), silverware
ἄσημος, βλ. ἀσήμαντος
ἀσημώνω, to silverplate
ἀσηψία (ἡ), asepsia
ἀσθένεια (ἡ), illness, sickness, disease/ ἀσθενής, ill, sick, patient/ ἀσθενικός, weak, sickly/ ἀσθενῶ, to be sick, to be ill
ἄσθμα (τό), asthma/ ἀσθμαίνω, to be short of breath, to gasp
Ἀσιάτης, Ἀσιάτισσα, Asian (man, woman)/ ἀσιατικός, asiatic
ἀσιτία (ἡ), famine
ἀσκανδάλιστος, unshocked
ἄσκαφτος, undug
ἄσκαυλος (ὁ), bagpipe
ἀσκέπαστος, uncovered
ἄσκηση (ἡ), exercise; training
ἀσκητεύω, to live ascetically/ ἀσκητής (ὁ), hermit, ascetic/ ἀσκητικός, ascetic/ ἀσκητισμός (ὁ), asceticism
ἀσκί (τό), skinbag
ἀσκλάβωτος, free
ἀσκόνιστος, dustless, free of dust
ἄσκοπα, aimlessly, in vain/ ἄσκοπος,
aimless, uselese, vain
ἀσκούπιστος, unswept
ἀσκούριαστος, not rusted, free of rust
ἀσκῶ, to exercise, to train/ ~ βία, to use violence/ ἀσκοῦμαι, to practise
ἄσμα (τό), song, chant
ἀσπάζομαι, to kiss, to embrace; to accept (a view)
ἀσπάλακας (ὁ), mole
ἄσπαρτος, uncultivated
ἀσπασμός (ὁ), kiss, embrace
ἄσπαστος, unbroken
ἀσπίδα (ἡ), shield/ (snake) asp
ἄσπιλος, immaculate, blameless; chaste, pure
ἀσπλαχνία (ἡ), cruelty, pitilessness/ ἄσπλαχνος, cruel, pitiless
ἄσπονδος, implacable, relentless
ἀσπόνδυλος, invertebrate
ἀσπούδαστος, illiterate, uneducated
ἀσπράδι (τό), white (spot)/ ~ τοῦ αὐγοῦ, the white of an egg
ἀσπρίζω, to whiten, to bleach; to turn white/ ἀσπρίλα (ἡ), whiteness/ ἄσπρισμα (τό), whitening
ἀσπρομάλλης (ὁ), white-haired
ἀσπροπρόσωπος, innocent, irreproachable
ἀσπρόρουχα (τά), linen
ἄσπρος, white/ ἀσπρουδερός, whitish
ἄσσος (ὁ), ace/ εἶναι ~, he (she) is first class
ἀστάθεια (ἡ), instability, infirmity/ ἀσταθής, unstable, infirm
ἀστάθμητος, immeasurable, inponderable
ἀστακός (ὁ), lobster
ἄστατος, unstable, fickle; changeable
ἀστέγαστος, roofless
ἀστειεύομαι, to joke, to jest/ ἀστεῖος, funny, humorous; derisory/ ἀστειότητα (ἡ), joke, jest
ἀστείρευτος, inexhaqetible; plenty
ἀστεϊσμός (ὁ), joke, jest
ἀστεράκι (τό), little star
ἀστερέωτος, unfixed, loose
ἀστέρι (τό), star
ἀστερίας (ὁ), starfish
ἀστερίσκος (ὁ), asterisk
ἀστερισμός (ὁ), constellation

ἀστεροσκοπεῖο (τό), observatory
ἀστεφάνωτος, not crowned/ (fig.) not married in church
ἀστήρικτος, unsupported, baseless
ἀστιγματισμός (ὁ), astigmatism
ἀστιγμάτιστος, unstained/ (fig.) not branded
ἀστικός, civil; urban/ ἀστικό δίκαιο, civil law/ ἀστική τάξη, middle class
ἀστοιχείωτος, ignorant, illiterate
ἀστόλιστος, unadorned
ἀστοργία (ἡ), cruelty, unkindness/ ἄστοργος, cruel, unkind
ἀστός (ὁ), bourgeoie, a member of the middle class
ἄστοχα, unsuccessfully, tactlessly
ἀστόχαστα, imprudently, thoughtlessly/ ἀστόχαστος, imprudent, thoughtless
ἀστοχία (ἡ), failure; tactlessness/ ἄστοχος, unsuccessful/ ἀστοχῶ, to fail, to miss
ἀστράγαλος (ὁ), ankle
ἀστράγγιστος, undrained
ἀστραπή (ἡ), lightning/ σάν ~, in a flash/ ἀστραπιαῖος, very fast/ ἀστραποβόλος, flashing, sparkling/ἀστραφτερός, shining, flashing/ ἀστράφτω, to shine, to glitter
ἀστρικός, stellar, sidereal
ἄστρο (τό), star
ἀστρολάβος (ὁ), astrolabe
ἀστρολογία (ἡ), astrology/ ἀστρολόγος (ὁ), astrologer
ἀστρονομία (ἡ), astronomy/ ἀστρονομικός, astronomic(al)
ἀστρονόμος (ὁ), astronomer
ἀστροπελέκι (τό), thunder
ἀστροφεγγιά (ἡ), starlight
ἀστυνομία (ἡ), police/ ἀστυνομικός (ὁ), policeman/ ~ σταθμός, police station/ ἀστυνόμος (ὁ), police captain
ἀστυφιλία (ἡ), urbanism
ἀστυφύλακας (ὁ), policeman
ἀσυγκίνητος, unmoved, cruel
ἀσυγκράτητος, uncontrollable, rushing
ἀσύγκριτα, incomparably/ ἀσύγκριτος, incomparable
ἀσυγχώρητος, inexcusable
ἀσυδοσία (ἡ), immunity
ἀσυλία (ἡ), inviolability; immunity from

prosecution
ἀσύλληπτος, uncaught; inconceivable
ἀσυλλόγιστα, thoughtlessly, impulsively/ ἀσυλλόγιστος, thoughtless, impulsive
ἄσυλο (τό), asylum, refuge
ἀσυμβίβαστος, irreconcilable, firm; incompatible
ἀσυμμετρία (ἡ), disproportion/ ἀσύμμετρος, disproportionate
ἀσυμπαθής, unpopular, disliked
ἀσυμπλήρωτος, incomplete
ἀσύμφορος, unprofitable
ἀσυμφωνία (ἡ), disagreement, discord
ἀσυναγώνιστος, incomparable
ἀσυναίσθητος, unconscious
ἀσυναρτησία (ἡ), incoherence/ ἀσυνάρτητος, incoherent
ἀσύνδετος, unconnected
ἀσυνειδησία (ἡ), unscrupulousness/ ἀσυνείδητος, unscrupulous
ἀσυνέπεια (ἡ), inconsistency/ ἀσυνεπής, inconsistent
ἀσύνετος, imprudent, unwise
ἀσυνέχιστος, discontinued
ἀσυνήθιστος, unaccustomed; unusual
ἀσυννέφιαστος, cloudless
ἀσυνόδευτος, unescorted
ἀσύντακτος, incongruous/ (mil.) undisciplined/ ἀσυνταξία (ἡ), incongruity/ (gram.) syntax mistake
ἀσυντόμευτος, unabridged
ἀσυντόνιστος, unco-ordinated
ἀσυρματιστής (ὁ), wireless operator/ ἀσύρματος (ὁ), wireless
ἀσύστατος, groundless, baseless
ἀσύστολος, shameless
ἀσφάλεια (ἡ), security, safety; insurance; mains/ ἀσφαλής, secure, safe/ ἀσφαλίζω, to insure/ ἀσφάλιση (ἡ), insurance/ κοινωνική ~, social security/ ἀσφαλιστικός, insuring/ ἀσφαλιστική δικλείδα, safety valve
ἀσφάλιστρο (τό), insurance premium
ἄσφαλτος (ἡ), asphalt, bitumen/ ἀσφαλτοῦχος, bituminous
ἄσφαχτος, unslaughtered
ἀσφόδελος (ὁ), asphodel
ἀσφράγιστος, unsealed
ἀσφυκτικός, suffocating/ ἀσφυκτιῶ, to be suffocated/ ἀσφυξία (ἡ), suffocation/

ἀσφυξιογόνος, asphyxiating

ἄσχετα, irrespectively of/ ἄσχετος, irrelevant

ἄσχημα, badly/ κάνω ~, to make a mistake/ ἀσχήμια (ἡ), ugliness/ ἀσχημία (ἡ), indecency/ ἀσχημίζω, to deform; to become ugly/ ἀσχημονῶ, to act indecently/ ἄσχημος, ugly/ ἀσχημοσύνη (ἡ), indecency

ἀσχολία (ἡ), occupation

ἀσχολίαστος, uncommented

ἀσχολοῦμαι, to occupy oneself with

ἀσωτεία (ἡ), prodigality/ ἄσωτος, prodigal

ἀσωφρόνιστος, incorrigible

ἀταίριαστος, unbecoming, unfit; dissimilar

ἀτακτοποίητος, unsettled

ἄτακτος, irregular, disorderly/ (child) naughty/ ἀτακτῶ, to misbehave, to be naughty/ ἀταξία (ἡ), disorder, confusion

ἀτάραχος, calm, serene/ ἀταραξία (ἡ), calmness, serenity

ἄταφος, unburied

ἄτεκνος, childless

ἀτέλεια (ἡ), imperfection, defect; exemption

ἀτελείωτος, unfinished; endless

ἀτελεύτητος, endless

ἀτελής, imperfect, defective

ἀτενίζω, to gaze, to stare

ἄτεχνος, artless

ἀτζαμής (ὁ), inexperienced person

ἀτημέλητος, neglected, uncared for

ἀτίθασος, untamed, unmanageable

ἀτιμάζω, to disgrace; to rape/ ἀτίμασμα (τό), disgrace; rape

ἀτίμητος, priceless, inestimable

ἀτιμία (ἡ), dishonesty, infamy/ ἄτιμος, dishonest, infamous

ἀτιμωρησία (ἡ), impunity/ ἀτιμώρητος, unpunished

ἀτίμωση (ἡ), disgrace/ ἀτιμωτικός, degrading

ἄτιτλος, untitled

ἀτλαντικός, atlantic/ Ἀτλαντικό Σύμφωνο, NATO

ἄτλαντας (ὁ), atlas

ἀτμάκατος (ἡ), steam-boat

ἀτμοκινητήρας (ὁ), steam-engine

ἀτμοκίνητος, steam-operated

ἀτμόλουτρο (τό), steam-bath

ἀτμόμετρο (τό), vaporimeter

ἀτμομηχανή (ἡ), locomotive

ἀτμοπλοῖα (ἡ), steam-navigation/ ἀτμόπλοιο (τό), steamship

ἀτμός (ὁ), steam, vapour/ ἀτμοστρόβιλος (ὁ), steam-turbine

ἀτμόσφαιρα (ἡ), atmosphere/ ἀτμοσφαιρικός, atmospheric

ἄτοκος, with no interest charged, interest-free

ἀτολμία (ἡ), timidity/ ἄτολμος, timid

ἀτομικισμός (ὁ), individualism

ἀτομικός, personal, individual/ (phys.) atomic/ ἀτομικότητα (ἡ), individuality/ (phys.) valency/ ἀτομιστής (ὁ), individualist/ ἄτομο (τό), individual/ (phys.) atom

ἄτονα, languidly, feebly/ ἀτονία (ἡ), languor, feebleness

ἀτόνιστος, unaccented; not emphasized

ἄτονος, languid, feeble/ (gram.) unaccented/ ἀτονῶ, to become feeble

ἄτοπος, improper, absurd

ἀτού (τό), trump card

ἀτόφιος, whole, entire; pure

ἄτρακτος (ἡ), shaft, spindle

ἀτράνταχτος, unshaken

ἀτραπός, (ἡ), path, track

ἄτριφτος, unrubbed; unworn

ἄτριχος, hairless

ἀτρόμητος, fearless

ἀτροφία (ἡ), atrophy/ ἀτροφικός, atrophied

ἀτρόχιστος, blunt, unsharpened

ἄτρωτος, invulnerable

ἀτσάκιστος, unfolded

ἀτσάλι (τό), steel

ἄτσαλος, foul-mouthed; awkward, clumsy

ἀτσίγγανος (ὁ), gipsy

ἀτύλιχτος, unwrapped

ἀτύπωτος, unprinted

ἀτύχημα (τό), mishap, accident

ἀτυχία (ἡ), misfortune, unlucky event/ ἄτυχος, unfortunate, unlucky/ ἀτυχῶ, to be unlucky

αὐγατίζω, to increase, to enlarge

αὐγερινός (ὁ), Lucifer, morning star

αὐγή (ἡ), dawn

αὐγό (τό), egg/ γεννῶ ~, to lay eggs/ κάθομαι στ' αὐγά μου, to keep quiet

αὐγοθήκη (ἡ), egg-cup

αὐγοτάραχο (τό), roe

Αὔγουστος (ὁ), August

αὐθάδεια (ἡ), impudence, cheek, impertinence/ αὐθάδης, impudent, impertinent, cheeky/ αὐθαδιάζω, to be impertinent, to be cheeky

αὐθαιρεσία (ἡ), arbitrary act/ αὐθαίρετος, arbitrary

αὐθέντης (ὁ), master, lord

αὐθεντία (ἡ), authority, expert/ αὐθεντικός, authentic, genuine/ αὐθεντικότητα (ἡ), authenticity

αὐθόρμητα, spontaneously/ αὐθόρμητος, spontaneous

αὐθύπαρκτος, self-existent/ αὐθυπαρξία (ἡ), self-existence

αὐθυποβάλλομαι, to be autosuggested/ αὐθυποβολή (ἡ), autosuggestion

αὐλαία (ἡ), stage curtain

αὐλάκι (τό), ditch, trench/ αὐλακώνω, to furrow, to plough/ αὐλάκωση (ἡ), furrowing

αὐλάρχης (ὁ), chamberlain

αὐλή (ἡ), yard/ (royal) court

αὐλικός (ὁ), courtier

αὐλοκόλακας (ὁ), court flatterer

ἄυλος, immaterial, ethereal

αὐλός, (ὁ), flute

αὐνανίζομαι, to masturbate/ αὐνανισμός (ὁ), masturbation

αὐξάνω, to grow, to increase/ αὔξηση (ἡ), growth, increase

αὐξομειώνω, to fluctuate/ αὐξομείωση (ἡ), fluctuation

ἀυπνία (ἡ), insomnia/ ἄυπνος, sleepless

αὔρα (ἡ), breeze

αὐριανός, of tomorrow; future/ αὔριο (τό), tomorrow

αὐστηρός, strict, severe/ αὐστηρότητα (ἡ), strictness, severity

Αὐστραλός, Αὐστραλέζα, Australian (man, woman)

Αὐστριακός, Αὐστριακιά, Austrian (man, woman)

αὐταπάρνηση (ἡ), altruism, self-denial

αὐταπάτη (ἡ), self-deception, illusion

αὐταπόδεικτος, self-evident

αὐταρέσκεια (ἡ), self-conceit, narcissism/ αὐτάρεσκος, self-conceited

αὐταρχικός, autocratic, authoritarian/ αὐταρχικότητα (ἡ), authoritarianism

αὐτασφάλιση (ἡ), self-insurance

αὐτεξούσιος, independent

αὐτεπάγγελτος, of one's own accord

αὐτεπίγνωση (ἡ), self-knowledge

αὐτή, she

αὐτήκοος, ~ μάρτυρας, ear witness

αὐτί (τό), ear/ τεντώνω τό ~ μου, to listen carefully/ μοῦ μπαίνουν ψύλλοι στ' αὐτιά, to suspect something

αὐτοβιογραφία (ἡ), autobiography

αὐτόβουλος, voluntary

αὐτόγραφο (τό), autograph

αὐτοδημιούργητος, self-made

αὐτοδιάθεση (ἡ), self-determination

αὐτοδίδακτος, self-taught

αὐτοδιοίκηση (ἡ), self-government

αὐτοέλεγχος (ὁ), self-control

αὐτοθυσία (ἡ), self-sacrifice

αὐτοκέφαλος, autonomous; autocephalous

αὐτοκινητιστής (ὁ), automobilist/ αὐτοκίνητο (τό), automobile, car

αὐτόκλητος, uninvited, self-appointed

αὐτοκράτειρα (ἡ), empress/ αὐτοκράτορας (ὁ), emperor/ αὐτοκρατορία (ἡ), empire/ αὐτοκρατορικός, imperial

αὐτοκτονία (ἡ), suicide/ αὐτοκτονῶ, to commit suicide

αὐτοκυβέρνηση (ἡ), self-government

αὐτοκυριαρχία (ἡ), self-control

αὐτοματισμός (ὁ), automatism/ αὐτόματος, automatic

αὐτομολία (ἡ), desertion, renegading

αὐτονόητος, self-evident

αὐτονομία (ἡ), autonomy/ αὐτόνομος, autonomous

αὐτοπαθής, reflexive

αὐτοπεποίθηση (ἡ), self-confidence

αὐτοπροσωπογραφία (ἡ), self-portrait

αὐτόπτης, ~ μάρτυρας, eye witness

αὐτός, he; this/ Αὐτοῦ Μεγαλειότητα, His Majesty

αὐτοσεβασμός (ὁ), self-respect

αὐτοσυντήρηση (ἡ), self-preservation

αὐτοσχεδιάζω, to improvise/ αὐτοσχε-

διασμός (ὁ), improvisation/ αὐτοσχέδιος, improvised
αὐτοτέλεια (ἡ), self-sufficiency
αὐτοῦ, there
αὐτουργός (ὁ), author; perpetrator/ ἠθικός ~, instigator
αὐτούσιος, the very same, identical
αὐτόφωρος, in the act, red-handed
αὐτοχειρία (ἡ), suicide
αὐτοψία (ἡ), post mortem, autopsy
αὐχένας (ὁ), neck/ αὐχενικός, cervical
ἀφάγωτος, uneaten/ (person) hungry
ἀφαίμαξη (ἡ), blood-letting
ἀφαίρεση (ἡ), deduction; subtraction/ ἀφαιρετέος, subtractable/ ἀφαιρῶ, to subtract, to take away/ ἀφαιριέμαι, to feel tired
ἀφαλός (ὁ), navel, umbilicus
ἀφανάτιστος, broadminded
ἀφάνεια (ἡ), obscurity; non-existence/ ἀφανής, obscure, unknown
ἀφανίζω, to destroy, to ruin/ ἀφανισμός (ὁ), destruction
ἀφάνταστος, unimaginable, unthinkable
ἄφαντος, vanished/ γίνομαι ~, to disappear
ἀφασία (ἡ), aphasia, unconsciousness
ἀφέγγαρος, moonless
ἀφέλεια (ἡ), simplicity, naivety/ἀφελής, simple, naive
ἀφεντιά (ἡ), lordship
ἀφεντικό (τό), employer, master
ἀφερέγγυος, insolvent
ἄφεση (ἡ), pardon
ἀφετηρία (ἡ), starting point, beginning/ ἀφέτης (ὁ), starter
ἄφευκτος, unavoidable, inevitable
ἀφέψημα (τό), decoction
ἀφή (ἡ), touch
ἀφήγημα (τό), narrative (story)/ ἀφηγηματικός, narrative, telling/ ἀφήγηση (ἡ), narration, account/ ἀφηγητής (ὁ), narrator/ ἀφηγοῦμαι, to narrate, to relate
ἀφηνιάζω, to bolt/ (fig.) to be enraged
ἀφήνω, to leave, to abandon
ἀφηρημάδα (ἡ), absent-mindedness/ ἀφηρημένος, absent-minded
ἀφθαρσία (ἡ), indestructibility/ ἄφθαρτος, indestructible

ἄφθαστος, unmatched, unrivalled
ἀφθονία (ἡ), abundance, profusion/ ἄφθονος, abundant, plentiful/ ἀφθονῶ, to abound
ἀφιέρωμα (τό), votive offering; special edition/ ἀφιερώνω, to dedicate/ ἀφιέρωση (ἡ), dedication
ἀφίλητος, unkissed
ἀφίλιωτος, irreconcilable
ἀφιλοκέρδεια (ἡ), disinterestedness/ ἀφιλοκερδής, δισιντερεστεδ
ἀφιλόξενος, inhospitable
ἀφιλότιμος, irresponsible; ungrateful
ἀφίμωτος, unmuzzled
ἄφιξη (ἡ), arrival
ἀφιόνι (τό), opium/ ἀφιονίζω, to give (someone) opium
ἄφλεκτος, incombustible
ἀφλογιστία, (ἡ), missing fire
ἀφοβία (ἡ), fearlessness/ ἄφοβος, fearless
ἀφοδευτήριο (τό), water closet
ἀφομοιώνω, to assimilate/ ἀφομοίωση (ἡ), assimilation
ἀφοπλίζω, to disarm; to dismantle/ ἀφοπλισμός (ὁ), disarmament
ἀφόρετος, unworn, new
ἀφόρητος, unbearable, intolerable
ἀφορίζω, to excommunicate/ ἀφορισμός (ὁ), excommunication
ἀφορμή (ἡ), reason, pretext, cause
ἀφορολόγητος, untaxed, duty free
ἀφόρτιστος, uncharged
ἀφορῶ, to concern, to relate to/ ὅσον ἀφορᾶ, as regards, in so far as
ἀφοσιώνομαι, to be devoted/ ἀφοσίωση (ἡ), devotion, dedication
ἀφότου, ever since
ἀφοῦ, since; after; when
ἀφουγκράζομαι, to listen carefully
ἀφράτος, plump
ἄφραχτος, fenceless
ἀφρίζω, to foam, to froth
ἀφρικανικός, African/ Ἀφρικανός Ἀφρικανίδα (Ἀφρικάνα), African (man, woman)
ἄφρισμα (τό), foaming, fothing
ἀφρόγαλα (τό), cream
ἀφροδισιακός, aphrodisiac, venereal
ἀφροντισιά (ἡ), recklessness, carelessness/ ἀφρόντιστος, reckless, careless

ἀφρός (ὁ), foam, froth/ (fig.) top quality
ἀφροσύνη (ή), foolishness
ἀφρούρητος, unguarded
ἄφτιαστος, not made up
ἄφτρα (ή), aphtha
ἀφυδάτωση (ή), dehydration
ἀφύλακτος, unprotected, unguarded
ἀφυπνίζω, to awake, to rouse/ ἀφύπνιση (ή), awakening
ἀφύσικος, unnatural
ἀφύτευτος, unplanted
ἄφωνος, dumb, speechless
ἀφώτιστος, dark, obscure/ (fig.) not baptized
ἄχ! oh!
ἀχάιδευτος, uncaressed; unspoilt (child)
ἀχαΐρευτος, hopeless, good for nothing
ἀχάλαστος, unspoilt, undestroyed/ (girl) virgin/ (money) unspent
ἀχαλίνωτος, unbridled, unrestrained
ἀχαμνά (τά), genitals
ἀχαμνός, lean, thin
ἀχανής, vast, immense
ἀχαριστία (ή), ingratitude/ ἀχάριστος, ungrateful, unthankful
ἄχαρος, ungraceful, unpleasant
ἀχάτης (ὁ), agate
ἀχειραφέτητος, unemancipated
ἀχειροτόνητος, unordained
ἀχθοφόρος, (ὁ), porter
ἀχινός (ὁ), sea-urchin
ἀχλάδι (τό), pear/ ἀχλαδιά (ή), pear-tree
ἄχνα (ή), breath/ δέν ἔβγαλε ~, he did not utter a word
ἀχνάρι (τό), trace
ἀχνίζω, to steam, to evaporate ἀχνιστός, steaming/ ἀχνός (ὁ), steam, vapour/ (adjective) pale
ἀχολογῶ, to echo, to resound
ἀχορήγητος, ungranted, unsupplied
ἀχόρταγος, insatiable
ἀχός (ὁ), echo, resounding
ἀχούρι (τό), stable
ἄχραντος, immaculate, pure
ἀχρείαστος, needless, unnecessary
ἀχρεῖος, wicked, nasty/ ἀχρειότητα (ή), wickedness, nastiness
ἀχρησιμοποίητος, unused
ἀχρηστία (ή), uselessness; disuse/ ἄχρηστος, useless; disused

ἀχρονολόγητος, undated
ἀχρωμάτιστος, uncoloured, unpainted
ἀχρωματοψία (ή), colour-blindness
ἄχτι (τό), grudge
ἀχτίδα, βλ. ἀκτίνα
ἄχυμος, juiceless
ἀχυρένιος, made of straw/ ἄχυρο (τό), straw/ ἀχυροκαλύβα (ή), straw-hut/ ἀχυροσκέπαστος, covered with straw, thatched/ ἀχυρόστρωμα (τό), straw-mattress/ ἀχυρώνας (ὁ), barn
ἀχώνευτος, indigestible/ (fig.) unpleasant
ἀχώριστος, inseparable
ἀψαλίδιστος, unclipped
ἄψαλτος, unsung
ἀψεγάδιαστος, blameless, immaculate
ἄψητος, unroasted, uncooked
ἀψήφιστα, unheedingly, not seriously/ ἀψήφιστος, unheeded, disregarded/ (law) not passed/ ἀψηφῶ, to disregard, to defy
ἀψίδα (ή), arch, arcade/ ἀψιδωτός, arched, vaulted
ἀψίθυμος, quick-tempered
ἀψίκορος, inconstant, fickle
ἀψιμαχία (ή), skirmish/ ἀψιμαχῶ, to skirmish
ἄψογος, blameless, irreproachable
ἀψύς, quick-tempered
ἀψυχολόγητος, psychologically wrong; unrealistic
ἄψυχος, lifeless
ἄωτο (τό), extreme, ultimate/ ἄκρο ~, the utmost

Β

βαβυλωνία (ή), confusion
βάγια (ή), nurse
βάγια (τά), palm-branches
βαγόνι (τό), wagon
βαδίζω, to walk, to march/ βάδισμα (τό), walking, marching

βαζελίνη (ἡ), vaseline
βάζο (τό), vase
βάζω, to put, to place/ ~ γνώση, to become wiser/ ~ τά δυνατά μου, to try one's best/ ~ μπρός, to start/ τά ~ μέ, to blame (someone)/ ~ νερό στό κρασί μου, to become moderate/ δέν τά ~ κάτω, not to give up/ ~ στοίχημα, to bet
βαθαίνω, to deepen/ βαθειά, deeply/ (sleep) soundly
βαθμιαῖος, gradual
βαθμίδα (ἡ), step; grade; degree; stage
βαθμολογία (ἡ), marks, grading/ βαθμολογῶ, to give marks, to grade/ βαθμός (ὁ), mark, grade degree; rank
βαθμοφόρος (ὁ), officer
βάθος (τό), depth; background/ μελετῶ σέ ~ , to study in depth/ κατά ~ , really
βαθουλός, hollow/ βαθούλωμα (τό), cavity
βαθουλώνω, to hollow
βάθρο (τό), pedestal, foundation
βαθυκόκκινος, scarlet
βαθύνοια (ἡ), deep thought
βαθύνω, βλ. βαθαίνω/ βάθυνση (ἡ), deepening
βαθύπλουτος, millionaire
βαθύς, deep, profound/ (colour) dark/ βαθειά σιωπή, dead silence
βαθυστόχαστος, wise, full of deep thoughts
βαθύτητα (ἡ), deepness, profoundness
βαθύφωνος, deep-voiced, bass
βάϊα (τά), palm-branches/ Κυριακή τῶν Βαΐων, Palm Sunday
βακαλάος (ὁ), cod
βάκιλλος (ὁ), bacterium, bacillus
βακτηρία (ἡ), cane, walking stick
βακτηρίδιο (τό), bacterium
βακτηριολογία (ἡ), bacteriology/ βακτηριολογικός, bacteriological/ βακτηριολόγος (ὁ), bacteriologist
βαλανίδι (τό), acorn/ βαλανιδιά (ἡ), oaktree
βαλάντιο (τό), purse
βαλάντωμα (τό), exhaustion/ βαλαντώνω, to be exhausted
βαλβίδα (ἡ), valve
βαλίτσα (ἡ), suitcase, bag
βάλλω, to throw, to cast; to fire

βάλς (τό), waltz
βάλσαμο (τό), balsam
βαλσάμωμα (τό), embalming, stuffing/ βαλσαμώνω, to embalm, to stuff, to mummify
βάλσιμο (τό), putting, placing
βάλτος (ὁ), swamp, marsh
βαλτός, set on purpose, encouraged by
βαλτότοπος (ὁ), marshland, fenland/ βαλτώνω, to get stuck in marshes/ (fig) to face a deadlock
βαμβακέλαιο (τό), cotton-oil
βαμβακερός, (made of) cotton
βαμβάκι (τό), cotton/ βαμβακιά (ἡ), cotton-tree
βαμβακόσπορος (ὁ), cotton-seed/ βαμβακουργεῖο (τό), cotton-mill/ βαμβακοφυτεία (ἡ), cotton plantation
βάμμα (τό), tint, tincture/ βαμμένος, painted, tinted
βάναυσα, rudely, roughly/ βάναυσος, rude, rough, vulgar/ βαναυσότητα (ἡ), rudeness, toughness, vulgarity
βανδαλισμός (ὁ), vandalism/ βάνδαλος (ὁ), vandal
βανίλλια (ἡ), vanilla
βαπόρι (τό), steamship/ γίνομαι ~ , to get very angry
βαποριά (ἡ), shipment
βαπτίζω, βλ. βαφτίζω
βαπτιστής (ὁ), baptist
βάραθρο (τό), abyss, chasm/ βαραθρώνω, throw into the abyss
βαραίνω, to weigh down; to trouble
βαράω, βλ. βαρῶ
βαρβαρίζω, to commit solecisms
βαρβαρισμός (ὁ), barbarism/ βάρβαρος (ὁ), barbarian; cruel person/ βαρβαρότητα (ἡ), barbarity, cruelty
βαρβάτος, robust
βαργεστίζω, to get bored/ βαργεστημένος, bored
βάρδια (ἡ), sentry, sentinel/ δουλειά μέ βάρδιες, work on a rotation basis, shift-work
βάρδος (ὁ), bard, singer
βαρειά (ἡ), βλ. βαριά
βαρέλα (ἡ), cask/ βαρελάς (ὁ), or βαρελοποιός (ὁ), cooper, barrel-maker/ βαρέλι (τό), barrel

βαρεμάρα (ή), boredom/ βαρετός, boring
βάρη (τά), weights/ (fig.) responsibilities
βαρηκοΐα (ή), dullness of hearing/ βαρήκοος, dull of hearing
βαριά (ή), heavy hammer
βαριακούω, to be hard of hearing
βαριαναστενάζω, to groan, to sigh deeply
βαρίδι (τό). counter-weight
βαριέμαι, to be bored
βάρκα (ή), boat/ βαρκάδα (ή), sailing/ βαρκάρης (ό), boatman
βαρομετρικός, barometric/ βαρόμετρο (τό), barometer
βάρος (τό), weight, load/ καθαρό ~ , net weight/ μικτό ~ , gross weight/ εἶναι σέ βάρος σου, it is not in your interest/ γίνομαι ~ , to become a burden to
βαρούλκο (τό), winch
βαρυγγομῶ, to curse, to be unhappy
βαρύθυμος, gloomy
βαρύνω, to weigh down; to depress/ ή γνώμη του βαρύνει, his opinion carries weight
βαρυποινίτης (ό), long-term prisoner
βαρύς, heavy, weighty/ βαρειά μυρωδιά, strong smell/ ~ χειμώνας, severe winter
βαρυσήμαντος, momentous, extremely important
βαρυστομαχιά (ή), indigestion
βαρύτητα (ή), gravity; importance/ κέντρο τῆς βαρύτητας, centre of gravity
βαρύτιμος, precious
βαρύτονος, baritone
βαρυχειμωνιά (ή), severe winter
βαρῶ, to strike, to beat, to hit
βαρῶνος (ό), baron
βασάλτης (ό), basalt
βασανίζω, to torment, to torture/ βασανίζομαι, to suffer, to worry/ βασανιστήριο (τό), torture, rack
βασανιστής (ό), torturer, tormentor/ βασανιστικός, tormenting, torturing
βάση (ή), base, foundation/ δίνω ~ , to trust, to rely on/ βασίζω, to base, to rely on/ βασίζομαι, to rely on/ βασικός, basic, essential
βασιλεία (ή), royalty, reign; monarchy/ ~ τῶν οὐρανῶν, kingdom of heaven/ βασίλειο (τό), kingdom
βασίλεμμα (τό), setting, sunset

βασιλεύω, to reign/ (sun) to set/ βασιλιάς (ό), king, monarch/ βασιλικός, royal, kingly; royalist/ (bot.) basil
βασιλίσκος (ό), basilisk
βασίλισσα (ή), queen
βασιλοκτονία (ή), regicide
βασιλόπαιδο (τό), royal prince
βασιλόπιττα (ή), new year's pie
βασιλοπούλα (ή), royal princess
βασιλόφρονας (ό), royalist
βάσιμα, positively/ βάσιμος, reliable, positive; solid/ βασιμότητα (ή) reliability; solidity
βασκαίνω, to bewitch, to cast an evil eye/ βασκανία (ή), evil eye/ βάσκανος, evil-eyed
βάσταγμα (τό), holding, support
βαστάζος (ό), carrier, porter
βαστάζω, to hold, to support
βαστῶ, to hold, to keep/ ~ κακία, to bear malice/ δέν ~ , I cannot bear it/ βαστιέμαι, to support (to control) oneself
βάτα (τά), wadding
βατόμουρο (τό), blackberry
βάτος (ή), bush
βατός, passable
βάτραχος (ό), frog, toad
βατσίνα (ή), vaccination
βαυκαλίζω, to lull; to arouse someone's hopes
βαφεῖο (τό), dye-works/ βαφέας or βαφιάς, dyer
βαφή (ή), paint; dye
βαφτίζω, to baptize, to christen/ βάφτιση (ή), christening
βάφω, to paint, to colour; to dye/ βάφομαι, to paint oneself, to make up/ βάψιμο (τό), painting, colouring; dyeing
βγάζω, to take out, to take off/ ~ χρήματα, to earn money/ ~ τό ψωμί μου, to earn a living/ ~ λόγο, to deliver a speech/ ~ ἀπό τή μέση, to get rid of/ ~ στή φόρα, to reveal/ ~ βιβλίο (ἐφημερίδα), to publish a book (newspaper)
βγαίνω, to go out, to come out/ ~ λάδι, to emerge unscathed/ δέν βγαίνει τίποτε, it is useless
βγάλσιμο (τό), taking out; dislocation
βδέλλα (ή), leech
βδελυγμία (ή), disgust, abomination/

βδελυρός, disgusting, abominable

βέβαια, certainly, of course/ βέβαιος, certain, sure, doubtless/ βεβαιότητα (ή), certainty/ βεβαιώνω, to assure, to confirm/ βεβαίως, βλ. βέβαια

βεβαίωση (ή), confirmation; certificate/ βεβαιωτικός, affirmative

βέβηλος, profane/ βεβηλώνω, to profane/ βεβήλωση (ή), profanity

βεβιασμένα, forcedly/ βεβιασμένος, forced; unnatural

βελάδα (ή), formal dress

βελάζω, to bleat/ βέλασμα (τό), bleating

βελέντζα (ή), woollen blanket

βεληνεκές (τό), range

βέλο (τό), veil

βελόνα (ή), sewing needle/ βελονάκι (τό), knitting needle/ βελόνι (τό), needle/ βελονοθήκη (ή), needle-case

βέλος (τό), arrow, dart

βελουδένιος, or βελούδινος, velvety/ βελούδο (τό), velvet

βελτιώνω, to improve, to ameliorate/ βελτιώνομαι, to improve oneself/ βελτίωση (ή), improvement

βενεδικτίνος (ό), Benedictine (monk)

βενετσιάνικος, Venetian/ Βενετσιάνος, Βενετσιάνα, Venetian (man, woman)

βενζινάκατος (ή), motorboat

βενζίνη (ή), benzine, petrol/ βενζινοκίνητος, motor-driven

βενζινόπλοιο (τό), motorboat

βενζόλη (ή), benzol

βεντάλια (ή), fan

βεντούζα (ή), cupping glass/ κολλῶ σάν ~, to become a nuisance

βέρα (ή), wedding ring

βεράντα (ή), veranda

βέργα (ή), stick, rod; bar; ramrod

βερεσέ (τό), credit

βερνίκι (τό), polish, varnish/ βερνίκωμα (τό), polishing, varnishing/ βερνικώνω, to polish, to varnish

βέρος, pure, genuine, real

βερυκοκκιά (ή), apricot-tree/ βερύκοκκο (τό), apricot

βεστιάριο (τό), wardrobe

βετεράνος (ό), veteran

βέτο (τό), veto

βήμα (τό), step, pace; tribune/ ἅγιο ~ , altar

βηματίζω, to step, to pace/ βηματισμός (ό), walking, pacing

βήξιμο (τό), coughing

βήχας (ό), cough/ βήχω, to cough

βία (ή), violence, force; haste, hurry/ μέ τήν ~ , by force

βιάζω, to force, to compel; to rape, to ravish/ βιάζομαι, to be in a hurry/ ὅποιος βιάζεται σκοντάφτει, haste makes waste

βίαια, violently, forcibly

βιαιοπραγία (ή), act of violence/ βιαιοπραγῶ, to commit violence

βίαιος, violent; strong/ βιαιότητα (ή), violence

βιασμός (ό), violation; rape/ βιαστής (ό), violator; rapist

βιαστικά, hastily, quickly/ βιαστικός, hasty, hurried; urgent/ βιασύνη (ή), haste, hurry

βιβλιάριο (τό), booklet/ (bank) passbook

βιβλικός, biblical

βιβλίο (τό), book

βιβλιογραφία (ή), bibliography

βιβλιοδεσία (ή), book-binding/ βιβλιοδετείο (τό), bookbinder's shop/ βιβλιοδέτης (ό), bookbinder

βιβλιοθηκάριος (ό), librarian/ βιβλιοθήκη (ή), library; bookcase/ βιβλιοθηκονομία (ή), librarianship

βιβλιοκάπηλος (ό), bookmonger

βιβλιοκρισία (ή), book review

βιβλιοπωλείο (τό), bookshop, bookstore/ βιβλιοπώλης (ό), bookseller

βιβλιοσυλλέκτης (ό), book-collector/ βιβλιόφιλος (ό), book-lover, bibliophile

βιβλιοχαρτοπωλείο (τό), stationery shop

βίβλος (ή), Bible

βίγλα (ή), sentry, watch-tower/ βιγλάτορας (ό), sentinel, sentry

βίδα (ή), screw/ μοῦ στρίβει ἡ ~ , to grow crazy

βιδέλο (τό), veal

βιδολόγος (ό), screwdriver

βίδωμα (τό), screwing/ βιδώνω, to screw

βίζιτα (ή), visit

βίλλα (ή), villa

βιογραφία (ή), biography/ βιογραφικός, biographic(al)

βιογράφος (ὁ), biographer

βιόλα (ἡ), (bot.) wallflower/ (mus.) alto violino

βιολέτα (ἡ), violet

βιολί (τό), violin, fiddle/ βιολιστής (ὁ), violinist, fiddler

βιολογία (ἡ), biology/ βιολογικός, biological

βιολόγος (ὁ), biologist

βιολοντσέλλο (τό), violoncello

βιομηχανία (ἡ), industry, manufacture/ βιομηχανικός, industrial/ βιομηχανοποίηση (ἡ), industrialization

βιομήχανος (ὁ), industrialist, manufacturer

βιοπαλαιστής (ὁ), one who earns his living

βιοπάλη (ἡ), or βιοπορισμός (ὁ), earning one's living

βίος (ὁ), life/ ~ καί πολιτεία, adventurous life

βιός (τό), property

βιοτέχνης (ὁ), craftsman/ βιοτεχνία (ἡ), handicraft

βιοτικός, of life/ βιοτικό ἐπίπεδο, standard of living

βιοχημεία (ἡ), biochemistry/ βιοχημικός (ὁ), biochemist

βιοψία (ἡ), biopsy

βιράρω, to heave up

βισμούθιο (τό), bismuth

βιταμίνη (ἡ), vitamin

βιτρίνα (ἡ), show-case, shop-window

βιτριόλι (τό), vitriol

βίτσα (ἡ), stick, cane

βίωμα (τό), experience/ βιώσιμος, viable

βιωτικός, βλ. βιοτικός

βλαβερά, harmfully/ βλαβερός, harmful/ βλαβερότητα (ἡ), harmfulness/ βλάβη, damage, harm, injury/ προξενῶ ~ , to cause harm (damage)

βλάκας (ὁ), idiot, stupid/ βλακεία (ἡ), stupidity, idiocy/ βλακώδης, idiotic, stupid

βλαπτικός, harmful, detrimental/ βλάπτω, to harm, to damage, to injure/ δέν βλάπτει, it doesn't matter

βλαστάνω, to grow, to spring up/ βλαστάρι (τό), sprout

βλαστήμια (ἡ), curse, insult/ βλάστημος (ὁ), blasphemous/ βλαστημῶ, to curse, to insult

βλάστηση (ἡ), vegetation

βλαστολόγημα (τό), pruning/ βλαστολογῶ, to prune

βλαστός (ὁ), sprout, shoot

βλάσφημος, βλ. βλάστημος

βλάχος (ὁ), Vlach/ (lig.) illiterate peasant

βλέμμα (τό), gaze, look, glance

βλέννα (ἡ), mucus

βλεννογόνος, mucous

βλεννόροια, gonorrhea

βλέπω, to see, to look, to behold/ τό ~ , I agree, I realize it/ ~ μέ καλό μάτι, to look upon favourably

βλεφαρίδα (ἡ), eyelash/ βλέφαρο (τό), eyelid

βλέψη (ἡ), intention, plan, prospect

βλῆμα (τό), missile, bullet/ βλητική (ἡ), ballistics

βλίτα (τά), notch-weeds

βλοσυρά, grimly, sternly/ βλοσυρός, grim, stern, glum/ βλοσυρότητα (ἡ), grimness, sternness

βόας (ὁ), boa constrictor

βογγητό (τό), groan, moan/ βογγῶ, to groan, to moan

βόδι (τό), ox, bull/ (fig.) rough person/ βοδινός, bovine/ βοδινό κρέας, beef

βοή (ἡ), cry, clamour; buzz

βοήθεια (ἡ), help, aid, assistance, relief/ βοήθημα (τό), relief, assistance/ βοηθητικός, helping, assisting/ (verb) auxiliary/ βοηθός (ὁ), assistant, helper/ βοηθῶ, to help, to assist, to aid, to support

βόθρος (ὁ), cesspool, pit

βοϊδάμαξα (ἡ), ox-cart

βολάν (τό), steering-wheel

βολβός (ὁ), bulb

βολετός, possible, attainable

βολεύω, to manage, to accommodate/ βολεύομαι, to settle down

βολή (ἡ), shot, blow; comfort, convenience

βόλι (τό), bullet

βολίδα (ἡ), fire-ball; sounding-line

βολιδοσκόπηση (ἡ), sounding/ βολιδοσκοπῶ, to sound

βολικά, conveniently/ βολικός, conve-

nient, accommodating
βόλτ (τό), volt
βόλτα (ἡ), walk, stroll/ πηγαίνω ~ , to go for a walk
βολτάζ (τό), voltage/ βολτόμετρο (τό), voltmeter
βόμβα (ἡ), bomb/ ἀτομική ~ , atomic bomb/ ὑδρογονική ~ , hydrogen bomb/ βομβαρδίζω, to bombard/ βομβαρδισμός (ὁ), bombardment
βομβαρδιστικό (τό), bomber
βομβητής (ὁ), buzzer
βόμβος (ὁ), buzz, humming
βόμβυκας (ὁ), silkworm
βομβῶ, to buzz, to hum
βόνασος (ὁ), bison
βορά (ἡ), prey
βόρβορος (ὁ), bog, sludge, mud/ βορβοροφάγος (ὁ), dredging machine
βορεινός, north, northern/ βορειοανατολικός, north (ern, erly)/ βορειοδυτικός, northwest (ern, erly)/ βόρειος, north, northern/ βόρειο σέλας, aurora borealis/ βοριάς (ὁ), north wind
βορικός, boric/ βορικό ὀξύ, boric acid/ βόριο (τό), boron
βορράς (ὁ), north
βοσκή (ἡ), pasture, grazing area/ βόσκηση (ἡ), grazing, feeding/ βοσκοπούλα (ἡ), young shepherd girl/ βοσκός (ὁ), shepherd, herdsman/ βοσκοτόπι (τό), meadow, pasture
βόσκω, to graze, to browse
βοτάνι (τό), herb, weed/ βοτανίζω, to weed
βοτανική (ἡ), botany/ βοτανικός, botanical/ βοτανολόγος (ὁ), botanist/ βότανο, βλ. βοτάνι
βότσαλο (τό), pebble
βουβαίνω, to render dumb; to silence/ βουβαίνομαι, to be silenced, to shut up
βουβάλι (τό), or βούβαλος (ὁ), buffalo
βουβαμάρα (ἡ), dumbness, muteness/ βουβός, dumb, mute
βουβώνας (ὁ), groin/ βουβωνικός, bubonic/ βουβωνική πανώλη, bubonic plague/ βουβωνοκήλη (ἡ), bubonocele
Βουδισμός (ὁ), Buddhism/ Βουδιστής (ὁ), Buddhist
βουητό (τό), buzz, humming/ βουίζω, to

buzz, to hum
βουκέντρα (ἡ), ox-goad
Βουκέφαλος or **Βουκεφάλας** (ὁ), Bucephalus
βούκινο (τό), trumpet, horn/ ἔγινε ~ , it became known
βουκολικός, bucolic, pastoral/ βουκόλος (ὁ), cowherd
βουλγαρικός, Bulgarian/ Βούλγαρος, Βουλγάρα, Bulgarian (man, woman)
βούλευμα (τό), order, decree/ ἀπαλλακτικό ~ , nolle prosequi/ παραπεμπτικό ~ , committal order
βουλευτής (ὁ), deputy, M.P./ βουλευτικός, parliamentary
βουλή (ἡ), will, volition/ (polit) parliament, chamber/ ~ τῶν Κοινοτήτων, House of Commons/ ~ τῶν Λόρδων, House of Lords
βούληση (ἡ), will, volition, wish
βούλιαγμα (τό), sinking/ (fig.) failure/ βουλιάζω, to sink, to be submerged
βουλιμία (ἡ), insatiable appetite
βουλκανίζω, to vulcanize/ βουλκανισμός (ὁ), vulranization
βούλλα (ἡ), stamp, seal
βουλλοκέρι (τό), sealing wax
βούλλωμα (τό), sealing/ (tooth) filling/ (bottle) tap/ βουλλώνω, to seal; to fill; to tap
βούνευρο (τό), whip
βουνήσιος, mountaineer, highlander
βουνό (τό), whip/ βουρδουλιά (ἡ), whipping, lashing
βοῦρκος (ὁ), mire, mud, slime/ (fig.) immorality
βουρκώνω, to be in tears
βουρλίζω, to drive (someone) crazy
βοῦρλο (τό), rush
βούρτσα (ἡ), brush/ βουρτσίζω, to brush/ βούρτσισμα (τό) brushing
βουστάσιο (τό), cowshed
βούτηγμα (τό), dipping, plunging, diving/ βουτηχτής (ὁ), diver
βουτιά (ἡ), dive, plunge
βουτσάς (ὁ), cooper
βούτυρο (τό), butter/ βουτυρώνω, to butter
βουτῶ, to dip, to plunge, to dive
βοῶ, to cry, to resound

βραβεῖο (τό), prize/ βράβευση (ἡ), prize award
βραβεύω, to award a prize
βράγχια (τά), gills
βραδάκι (τό), evening
βραδιάζει, it's getting dark/ βράδιασμα (τό), nightfall/ βραδινός, (of the) evening/ βράδυ (τό), evening
βραδύγλωσσος, stammerer
βραδυκίνητος, slow-moving
βραδύνοια (ἡ), dullness of the intellect
βραδυνός, βλ. βραδινός
βραδύνω, to go slow
βραδυπορία (ἡ), slow walk/ βραδυπορῶ, to walk slowly
βραδύς, slow, sluggish/ βραδύτητα (ἡ), slowness, sluggishness; dullness
βράζω, to boil/ (wine) to ferment/ (fig.) to be very angry
βρακί (τό), breeches
βράση (ἡ), or βράσιμο (τό), or βρασμός (ὁ), boiling
βραστήρας (ὁ), boiler/ βραστός, boiled
βραχέα (τά), ~ κύματα, short waves
βραχιόλι (τό), bracelet
βραχίονας (ὁ), arm, forearm/ (fig.) branch
βραχνάδα (ἡ), βλ. βράχνιασμα
βραχνάς (ὁ), nightmare
βραχνιάζω, to become hoarse/ βραχνός, hoarse
βράχος (ὁ), rock, cliff
βραχύβιος, short-lived
βραχυλογία (ἡ), brevity, conciseness/ βραχυλογῶ, to speak briefly
βραχύνω, to shorten, to abbreviate
βραχυπρόθεσμος, short-term
βραχύς, short, brief
βραχύσωμος, short (bodied)
βραχύτητα (ἡ), brevity, shortness
βραχώδης, rocky
βρέ, you there!
βρεγμένος, wet, damp, moist/ βρέξιμο (τό), moistening, wetting
βρεταννικός, British/ Βρεταννός, Βρεταννίδα, British (man, woman)
βρεφικός, infantile/ βρεφική ἡλικία, infancy
βρεφοκομείο (τό), infant hospital, foundling house

βρεφοκτονία (ἡ), infanticide
βρέφος (τό), infant, baby
βρέχω, to wet, to moisten/ βρέχει, it's raining/ ὅ,τι βρέξει ἅς κατεβάσει, come what may
βρίζα (ἡ), rye
βρίζω, to abuse, to offend/ βρισιά (ἡ), offence, abuse, insult
βρίσκω, to find, to discover/ ~ τό διάβολό μου, to get into trouble/ ἀπό τό Θεό νά τό βρεῖς! may God punish you!
βρογχικός, bronchial/ βρογχίτιδα (ἡ), bronchitis/ βρόγχοι (οἱ), bronchi
βρογχοκήλη (ἡ), goitre
βρογχοπνευμονία (ἡ), bronchial pneumonia
βροντερός, sonorous, thundering/ βροντή (ἡ), thunder/ (fig.) loud sound/ βρόντος (ὁ), loud sound, thud/ βροντοφωνῶ, to speak in a loud voice/ βροντῶ, to thunder
βροχερός, rainy/ βροχή (ἡ), rain
βρόχος (ὁ), loop, noose
βρυάζω, to abound with, to be full of
βρυγμός (ὁ), gnashing
βρυκόλακας (ὁ), ghost, vampire/ βρυκολακιάζω, to become a vampire
βρύο (τό), moss
βρύση (ἡ), fountain; water-tap
βρυχηθμός (ὁ), roaring/ βρυχῶμαι, to roar
βρῶμα (ἡ), dirt, filth/ (fig.) whore/ βρωμερός, filthy, foul, stinking/ βρωμερότητα (ἡ), foul act
βρώμη (ἡ), oats
βρωμιά (ἡ), filth, dirt/ βρωμίζω, to make dirty/ βρώμικος, dirty, filthy, foul
βρώμιο (τό), bromium
βρωμοδουλειά (ἡ), shady business
βρωμόπαιδο (τό), rogue; naughty child
βρωμόσκυλο (τό), dirty dog/ (fig.) scoundrel
βρωμῶ, to stink, to smell foul
βρώση (ἡ), food/ βρώσιμος, edible
βύζαγμα (τό), suckling/ βυζαίνω, to suckle/ βυζανιάρικο (τό), child at the breast
βυζαντινολογία (ἡ), Byzantine studies/ βυζαντινολόγος (ὁ), Byzantine scholar/ βυζαντινός (ὁ) Byzantine

βυζί (τό), breast
βυθίζω, to sink, to plunge, to dip/ *βυθί-ζομαι*, to submerge/ (fig.) to be absorbed/ *βύθιση* (ή), sinking, plunging/ *βύθισμα* (τό), draught
βυθοκόρος (ὁ), dredger
βυθομέτρηση (ή), sounding/ *βυθομετρῶ*, to take soundings
βυθός (ὁ), bottom, sea-bottom
βυρσοδεψεῖο (τό), tannery/ *βυρσοδέψης* (ὁ), tanner/
βυρσοδεψική (ή), tanning
βύσμα (τό), plug, stopper
βυσσινάδα (ή), sour cherry syrup
βυσσινί (τό), purple, crimson
βυσσινιά (ή), sour cherry tree/ *βύσσινο* (τό), sour cherry
βυσσοδομῶ, to plot against
βυτίο (τό), barrel, cask
βωβός, βλ. *βουβός*
βωλαράκι (τό), small lump
βωλοδέρνω, to break up lumps/ (fig.) to work hard
βωλοκόπος (ὁ), clod-crusher
βῶλος (ὁ), clod
βωμολοχία (ή), foul language/ *βωμολό-χος* (ὁ), foulmouthed, scurrilous/ *βω-μολοχῶ*, to use foul language
βωμός (ὁ), altar

Γ

γαβάθα (ή), basin, bowl
γαγγλιακός, gangliac/ *γάγγλιο* (τό), ganglion, gland
γάγγραινα (ή), gangrene
γάζα (ή), gauze
γαζί (τό), back-stitch/ *γαζώνω*, to back-stitch
γαία, βλ. *γῆ*
γαιάνθρακας (ὁ), coal
γαϊδάρα (ή), female ass/ *γάϊδαρος* (ὁ), ass, donkey/ *κατά φωνή καί* ~, talk of the devil

γαϊδουράγκαθο (τό), holly thistle
γαϊδουριά (ή), rudeness, indiscretion/ *γαϊδουρινός*, asinine/ (fig.) rude, indiscreet
γαϊδουρολάτης (ὁ), ass-driver
γαιοκτήμονας (ὁ), landowner, landholder
γάλα (τό), milk/ *καί τοῦ πουλιοῦ τό* ~, every possible luxury/ *μέλι* ~, very friendly
γαλάζιος, azure, blue
γαλαζοαίματος, of aristocratic (noble) blood
γαλαζόπετρα (ή), copper sulphate
γαλακτερός, milky
γαλακτοδοχεῖο (τό), milk-jug
γαλακτόζη (ή), lactose
γαλακτοκομεῖο (τό), dairy-farm
γαλακτομπούρεκο (τό), milk pie
γαλακτοπωλεῖο (τό), milk-shop/ *γαλα-κτοπώλης* (ὁ), milkman
γαλάκτωμα (τό), emulsion
γαλανόλευκος, white and blue/ *γαλανό-λευκη* (ή), the Greek flag
γαλανομάτης (ὁ), blue-eyed
γαλανός, azure, blue
γαλαντόμος (ὁ), generous, liberal
γαλαξίας (ὁ), galaxy
γαλαρία (ή), gallery
γαλατάς (ὁ), milkman
γαλβανίζω, to galvanize/ *γαλβανισμός* (ὁ), galvanism/ (fig.) enthusiasm/ *γαλ-βανόμετρο* (τό), galvanometer
γαλέρα (ή), galley
γαλέτα (ή), ship's biscuit, hard tack
γαληνεύω, to calm down/ *γαλήνη* (ή), calmness, serenity; peace of mind/ *γα-λήνιος*, calm, serene
γαληνότατος, most serene
γαλιάντρα (ή), calandra
γαλιφιά (ή), flattery
Γαλλίδα (ή), French woman/ *γαλλίζω*, to gallicize/ *γαλλικός*, French/ *γαλλισμός* (ὁ), gallicism/ *Γάλλος* (ὁ), Frenchman
γαλόνι (τό), gallon/ (mil.) stripe
γαλοπούλα (ή), turkey
γαλούχηση (ή), suckling; bringing up/ *γα-λουχῶ*, to suckle, to bring up
γαμήλιος, nuptial, bridal/ *γάμος* (ὁ), marriage, matrimony; wedding/ *πολιτικός*

~, civil marriage

γάμπα (ἡ), leg

γαμπρός (ὁ), bridegroom; son-in-law; brother-in-law

γαμψός, hooked, crooked

γανάδα (ἡ), verdigris; furred tongue/ *γανιάζω,* to be covered with verdigris; to get a furred tongue

γάντζος (ὁ), hook, crotchet/ *γάντζωμα* (τό), hooking/ *γαντζώνω,* to hook, to grab/ *γαντζωτός,* hooked

γάντι (τό), glove/ μέ τό ~, politely, tactfully

γάνωμα (τό), tinning/ *γανώνω,* to tin over/ *γανωτής* (ὁ), tinker

γαργάλημα (τό), or *γαργάλισμα* (τό), tickle/ *γαργαλίζω,* or γαργαλῶ, to tickle/ *γαργαλιστικός,* ticklish; provocative

γαργάρα (ἡ), gargle/ *γαργαρίζω,* to gargle

γάργαρος, limpid, clear

γαρδένια (ἡ), gardenia

γαρίδα (ἡ), shrimp, prawn

γαρμπής (ὁ), southwest wind

γαρνίρισμα (τό), trimming, dressing/ *γαρνίρω,* to trim, to garnish/ *γαρνιτούρα* (ἡ), trimming

γαρυφαλλιά (ἡ) carnation-tree/ *γαρύφαλλο* (τό), carnation; clove

γαστραλγία (ἡ), belly-ache/ *γαστρικός,* gastric/ *γαστρίτιδα* (ἡ), gastritis

γαστρονομία (ἡ), gastronomy/ *γαστρονομικός,* gastronomic

γάτα (ἡ), (she) cat/ *γάτος* (ὁ), tom-cat

γαυγίζω, to bark/ *γαύγισμα* (τό), barking

γδάρσιμο (τό), flaying, skinning/ *γδέρνω,* to flay, to skin

γδύνω, to undress, to strip/ *γδύνομαι,* to undress oneself, to strip/ *γδύσιμο* (τό), undressing, stripping/ *γδυτός,* naked, stripped

γεγονός (τό), event, fact/ *τετελεσμένο* ~, fait accompli

γειά (ἡ), health/ ἔχε ~, farewell/ ~ σου! good-bye hello

γεῖσο (τό), border, rim

γείτονας (ὁ), neighbour/ *γειτονεύω,* to border upon, to be next to/ *γειτονιά* (ἡ), neighbourhood, quarter/ *γειτονικός,* neighbouring, next to

γελαδάρης (ὁ), cowboy

γέλασμα (τό), fraud, deceit/ *γελασμένος,* deceived

γελαστός, smiling, laughing

γελέκο (τό), waistcoat

γελιέμαι, to be deceived

γέλιο (τό), laughter/ σκάω στά γέλια, to burst out laughing

γελοία, ridiculously

γελοιογραφία (ἡ), cartoon/ *γελοιογράφος* (ὁ), cartoonist

γελοιοποίηση (ἡ), ridicule/ *γελοιοποιῶ,* to ridicule/ *γελοῖος,* ridiculous/ *γελοιότητα* (ἡ), ridiculousness

γελῶ, to laugh; to deceive

γελωτοποιός (ὁ), clown, buffoon

γεμάτος, full; crowded; loaded (gun); plump/ στά γεμάτα, entirely/ *γεμίζω,* to fill; to load (a gun)/ *γέμιση* (ἡ), stuffing/ *γέμισμα* (τό), stuffing; loading/ *γεμιστός,* stuffed

γενάκι (τό), small beard

γενάρχης (ὁ), original ancestor

γενάτος, bearded

γενεά (ἡ), generation/ ~λογία (ἡ), family-tree

γενέθλια (τά), birthday, anniversary/ *γενέθλιος,* natal, native

γένεια (τά), or *γενειάδα* (ἡ), beard/ *γενειοφόρος,* bearded

γένεση (ἡ), creation, origin, beginning/ *γενεσιουργός,* creative

γενέτειρα (ἡ), native place

γενετήσιος, generative

γενετική (ἡ), genetics/ *γενετικός,* genetic

γένι (τό), βλ. *γένεια*

γενιά (ἡ), βλ. *γενεά*

γενικά, generally

γενίκευση (ἡ), generalization/ *γενικεύω,* to generalize

γενική (ἡ), genitive case

γενικός, general, global/ *γενικότητα* (ἡ), generality

γενίτσαρος (ὁ), janissary

γέννα (ἡ), birth; confinement

γενναία, bravely, valiantly

γενναιοδωρία (ἡ), generosity/ *γενναιόδωρος,* generous

γενναῖος, brave, valiant/ *γενναιότητα*

(ή), bravery
γενναιοφροσύνη (ή), magnanimity
γενναιοψυχία (ή), bravery
γέννημα (τό), offspring, creation
γέννηση (ή), birth
γεννητικός, generative/ γεννητικά ὄργανα, genitals
γεννήτρια (ή), generator
γεννιέμαι, to be born/ γεννοβολῶ, to procreate continually/ γεννῶ, to give birth
γένος (τό), breed, race/ (gram.) gender/ (woman) maiden name
γερά, securely, strongly
γεράκι (τό), hawk
γεράματα (τά), old age
γεράνι (τό), geranium
γερανός (ό), crane, winch/ (bird) crane
γερατιά (τά), βλ. γεράματα
γέρμα (τό), setting, sunset/ (fig.) decline
γερμανικός, German/ Γερμανός, Γερμανίδα, German (man, woman)
γέρνω, to bend, to lean
γερνῶ, to grow old
γέροντας (ό), old man/ γεροντικός, old, senile/ γερόντιο (τό), little old man/ γερόντισσα (ή), old woman/ γεροντοκομεῖο (τό), home for the old/ γεροντοκόρη (ή), old maid/ γεροντολογία (ή), geriatrics/ γεροντοπαλλήκαρο (τό), bachelor/ γέρος (ό), old man
γερός, strong, robust; healthy
γερουσία (ή), senate/ γερουσιαστής (ό), senator
γεῦμα (τό), lunch, dinner/ γευματίζω, to have lunch (dinner)
γεύομαι, to taste/ γεύση (ή), taste, flavour/ γευστικός, tasty
γέφυρα (ή), bridge/ γεφυροποιός (ό), bridge engineer/ γεφυρώνω, to bridge/ γεφύρωση (ή), bridging
γεωγραφία (ή), geography/ γεωγραφικός, geographic(al)/ γεωγράφος (ό), geographer
γεωδαισία (ή), land survey
γεωλογία (ή), geology/ γεωλογικός, geological/ γεωλόγος (ό), geologist
γεωμέτρης (ό), geometrician/ γεωμετρία (ή), geometry/ ἀναλυτική ~, analytical geometry/ γεωμετρικός, geometric(al)

γεωπονία (ή), agriculture/ γεωπονικός, agricultural/ γεωπόνος (ό), agriculturist
γεωργία (ή), agriculture, cultivation/ γεωργικός, agricultural/ γεωργός (ό), farmer
γεώτρηση (ή), earth-drilling/ γεωτρύπανο (τό), drill
γεωφυσική (ή), geophysics
γεωχημεία (ή), geochemistry
γῆ (ή), land, soil; earth/ κινῶ ~ καί οὐρανό, to try every possible method/ γήινος, terrestrial, earthly
γήπεδο (τό), ground, field; football field
γηραλέος (ό), aged, elderly (person)
γηροκομεῖο (τό), home for the old
γητεύω, to bewitch
γιά, for/ ~ τό Θεό, for God's sake
γιαγιά (ή), grandmother
γιακάς (ό), collar
γιαλός (ό), beach, shore
γιαούρτι (τό), yoghurt
γιασεμί (τό), jasmine
γιαταγάνι (τό), cutlass, long sword
γιατί, why; because
γιατρειά (ή), treatment, cure/ γιατρεύω, to heal, to cure/ γιατρικό (τό), medicine/ γιατρός (ό), doctor, physician
γιαχνί (τό), stew
γίγαντας (ό), giant/ γιγαντιαῖος, gigantic, huge, colossal/ γιγαντομαχία (ή), battle between giants/ γιγαντόσωμος, robust, giant-like
γίδα (ή), goat/ γιδοβοσκός (ό), goatherd/ γιδοτόμαρο (τό), goatskin
γιλέκο (τό), waistcoat
γινάτι (τό), βλ. πεῖσμα
γίνομαι, to become; to turn (grow) into; to take place/ τί γίνεσαι; how are you?/ ὅτι ἔγινε ἔγινε, let bygones be bygones/ δέν γίνεται, it's impossible/ μή γένοιτο! God forbid!
γινόμενο (τό), product
γιομάτος, βλ. γεμάτος
γιορτάζω, to celebrate/ γιορτή (ή), celebration, feast
γιουχαΐζω, to cry down with, to hoot, to jeer
γιρλάντα (ή), garland
γιώτ (τό), yacht
γκαβός, cross-eyed

γκάζι (τό), gas
γκαζόζα (ή), (effervescent) lemonade
γκάϊντα (ή), bagpipe
γκαρδιακός, hearty, close
γκαρίζω, to bray/ γκάρισμα (τό), braying
γκαρσόνι (τό), waiter
γκαρσονιέρα (ή), bachelor's flat
γκαστρώνω, to render pregnant/ γκαστρώνομαι, to become pregnant
γκάφα (ή), blunder
γκέμι (τό), rein, bridle
γκέτα (ή), gaiter
γκίνια (ή), bad luck
γκιώνης (ό), howlet
γκλίτσα (ή), crook, shepherd's stick
γκόλφ (τό), golf
γκουβερνάντα (ή), nurse, nanny
γκρεμίζω, to pull down, to demolish/ γκρέμισμα (τό), demolition
γκρεμός (ό), precipice
γκρίζος, grey
γκρίνια (ή), grumbling, whining/ γκρινιάζω, to grumble, to whine/ γκρινιάρης (ό), whiner, grumbler
γλάρος (ό), sea-gull
γλάστρα (ή), flower pot
γλαύκα (ή), owl/ κομίζω ~ εἰς 'Αθήνας, to carry coals to Newcastle
γλαυκός, blue, azure
γλαύκωμα (τό), glaucoma
γλαφυρά, gracefully, elegantly/ γλαφυρότητα (ή), grace, elegance/ γλαφυρός, graceful, elegant
γλείφω, to lick/ γλείψιμο (τό), licking
γλεντζές (ό), fun-loving/ γλέντι (τό), amusement, fun, mirth/ γλεντῶ, to amuse oneself
γλιστερός, slippery/ γλίστρημα (τό), slipping/ γλιστρῶ, to slip, to slide
γλίτσα, (ή), dirt, grease
γλόμπος (ό), bulb
γλουτός (ό), buttock
γλύκα (ή), sweetness/ γλυκά, sweetly, gently/ ~ (τά), cakes, sweets/ γλυκαίνω, to sweeten; to soothe/ (weather) to become milder
γλυκανάλατος, tasteless
γλυκάνισο (τό), aniseed
γλυκερίνη (ή), glycerine
γλυκερός, sweetish

γλύκισμα (τό), or γλυκό (τό), sweet, cake, candy
γλυκόζη (ή), glucose
γλυκοκοιτάζω, to look tenderly (lovingly) at
γλυκολέμονο (τό), sweet lemon
γλυκομίλητος, affable, gentle
γλυκοπατάτα (ή), sweet potato
γλυκόριζα (ή), liquorice
γλυκός, sweet/ γλυκούτσικος, sweetish/ γλυκήτητα (ή), sweetness
γλύπτης (ό), sculptor/ γλυπτική (ή), sculpture/ γλυπτικός, sculptural/ γλυπτός, sculpted
γλύτωμα (τό), or γλυτωμός (ό), salvation/ γλυτώνω, to save, to deliver, to rescue
γλυφάδα (ή), brackishness
γλύφανο (τό), or γλυφίδα (ή), chisel
γλυφός, brackish
γλύφω, to chisel, to carve
γλῶσσα (ή), tongue; language/ μητρική ~, mother tongue/ μάλλιασε ἡ ~ μου, I am tired of giving advice
γλωσσάριο (τό), glossary
γλωσσεύω (ή), to use rude language, to be impudent
γλωσσίδι (τό), bell-clapper
γλωσσικός, linguistic
γλωσσοδέτης (ό), ἔχει ~, he is tongue-tied
γλωσσολογία (ή), linguistics/ γλωσσολογικός, linguistic/ γλωσσολόγος (ό), linguist/ γλωσσομάθεια (ή), knowledge of many languages
γλωσσοτρώγω, to slander/ γλωσσοῦ (ή), chatterbox
γνάθος (ή), jaw-bone/ ἄνω ~, upper jaw/ κάτω ~, lower jaw
γνέθω, to spin/ γνέσιμο (τό), spinning
γνέφω, to nod/ γνέψιμο (τό), nodding
γνήσια, genuinely/ γνήσιος, genuine, pure; authentic; legitimate/ γνησιότητα (ή), genuinness; authenticity
γνωμάτευση (ή), opinion, counsel/ γνωματεύω, to give an opinion/ γνώμη (ή), opinion/ κοινή ~, public opinion
γνωμικό (τό), motto, saying
γνωμοδότηση (ή), 6λ. γνωμάτευση/ γνωμοδοτικός, consultative

γνώμονας (ὁ), rule; standard

γνωρίζω, to know, to be acquainted with/ γνωριμία (ἡ), acquaintance/ γνώριμος anquainted, known/ γνώρισμα (τό), characteristic, distinctive mark

γνώση (ἡ), knowledge, learning/ εἶμαι ἐν γνώσει, to be aware of/ γνώστης (ὁ), expert

γνωστικά, prudently/ γνωστικός, prudent, sensible

γνωστοποίηση (ἡ), notification, notice/ γνωστοποιῶ, to notify

γνωστός, known; an acquaintance

γογγύζω, to complain, to grumble

γογγύλι (τό), turnip

γοερά, mournfully/ γοερός, mournful

γόης (ὁ), enchanter/ γόησσα (ἡ), enchantress/ γοητεία (ἡ), enchantment, charm/ γοητευμένος, enchanted, charmed/ γοητευτικός, enchanting/ γοητεύω, to enchant, to fascinate

γόητρο (τό), prestige

γολέτα (ἡ), schooner

γόμα (ἡ), gum

γομάρι (τό), beast of burden/ (fig.) blockhead

γομολάστιχα (ἡ), rubber

γόμωση (ἡ), charge

γονατίζω, to kneel/ γονάτισμα (τό), kneeling/ (fig.) giving in/ γονατιστός, kneeling (down)/ γόνατο (τό), knee/ στά γόνατα, on one's lap

γόνδολα (ἡ), gondola/ γονδολιέρης (ὁ), gondolier

γονεῖς (οἱ), parents

γόνιμα, fruitfully/ γονιμοποίηση (ἡ), fertilization/ γονιμοποιῶ, to fertilize/ γόνιμος, fertile, fruitful, productive/ γονιμότητα (ἡ), fertility, productivity

γονιός (ὁ), parent

γονόκοκκος (ὁ), gonococcus

γόνος (ὁ), offspring, descendant

γόος (ὁ), lamentation

γόπα (ἡ), minnow; cigarette-end

γοργά, quickly, swiftly, fast

γοργόνα (ἡ), mermaid

γοργός, quick, swift, fast/ γοργοτάξιδος, swift-travelling/ γοργότητα (ἡ), swiftness

γορίλλας (ὁ), gorilla

γοτθικός, gothic

γούβα (ἡ), hollow

γουδί (τό), mortar/ γουδοχέρι (τό), pestle

γούνα (ἡ), fur/ γουναράς (ὁ), furrier

γουργουρητό (τό), rumbling/ γουργουρίζω, to rumble

γούρι (τό), good luck

γουρλομάτης (ὁ), goggle-eyed/ γουρλωμένος, wide-open

γούρνα (ἡ), basin

γουρούνα (ἡ), sow/ γουρούνι (τό), pig, swine, hog

γουρουνήσιος, swinish/ γουρουνόπουλο (τό), porkling

γουστάρω, to enjoy

γουστέρα (ἡ), lizard

γοῦστο (τό), taste/ γουστόζικος, pleasant

γουταπέρχα (ἡ), guttapercha

γοφός, (ὁ), hip, haunch

γραβιέρα (ἡ), gruyère (cheese)

γραῖγος (ὁ), northeasterly wind

γράμμα (τό), letter/ κατά ~, literally

γραμμάριο (τό), gram

γράμματα (τά), literature/ ἄνθρωπος τῶν γραμμάτων, man of letters

γραμματέας (ὁ), secretary/ γραμματεία (ἡ), secretariat

γραμματική (ἡ), grammar/ γραμματικός, grammatical

γραμματικός (ὁ), clerk

γραμμάτιο (τό), bond, bill

γραμματισμένος (ὁ), educated

γραμματοκιβώτιο (τό), letter-box

γραμματολογία (ἡ), history of literature

γραμματόσημο (τό), stamp, postage/ γραμματοσυλλέκτης (ὁ), stampcollector, philatelist

γραμματοφυλάκιο (τό), briefcase

γραμμένος, written

γραμμή (ἡ), line/ στή ~, in a row/ σιδηροδρομική ~, railway/ τό πλοῖο τῆς γραμμῆς, liner/ σέ γενικές γραμμές, broadly speaking/ πρώτης γραμμῆς, first (top) quality/ γραμμικός, linear

γραμμόφωνο (τό), gramophone

γραμμωτός, streaked, striped

γρανάζι (τό), gear

γρανίτης (ὁ), granite

γραπτά, in writing/ γραπτός, written/ τά γραπτά, examination papers γραπώνω, to seize

γρασίδι (τό), grass

γρατσουνίζω, to scratch/ γρατσούνισμα (τό), scratching

γραφέας (ὁ), clerk, scribe

γραφεῖο (τό), office; desk

γραφειοκράτης (ὁ), bureaucrat/ γραφειοκρατία (ἡ), bureaucracy/ γραφειοκρατικός, bureaucratic

γρασσαδόρος (ὁ), grease pressure gun/ γρασσάρισμα (τό), greasing

γραφή (ἡ), writing/ ῾Αγία ~, Bible, Scripture/ στό κάτω κάτω τῆς γραφῆς, after all/ γραφιάς (ὁ), clerk/ (fig.) poor writer/ γραφίδα (ἡ), anything to write with

γραφικός, (of) writing/ (maths) graphical/ (fig.) picturesque

γραφίτης (ὁ), graphite, black lead

γραφολογία (ἡ), graphology

γραφομηχανή (ἡ), typing machine, typewriter

γραπτό, to written/ εἶναι ~, it's destiny

γράφω, to write/ ~ στά παλιά μου τα παπούτσια, take no notice of/ ὅτι γράφει δέν ξεγράφει, there is no escape from fate/ γράψιμο (τό), writing

γρεναδιέρος (ὁ), grenadier

γρήγορα, quickly, fast/ γρηγοράδα, (ἡ), speed, swiftness/ γρήγορος, quick, fast

γρηγορῶ, to be vigilant

γριά (ἡ), old woman

γρίπος (ὁ), drag-net

γρίππη (ἡ), influenza

γρίφος (ὁ), riddle

γροθιά (ἡ), punch; fist

γρονθοκόπημα (τό), boxing/ γρονθοκοπῶ, to punch, to box

γρόσι (τό), piastre/ τά γρόσια, money

γρῦ (τό), nothing/ δέν καταλαβαίνω ~, I don't understand

γρυλλίζω, to grunt/ γρυλλισμός (ὁ), grunting

γρύλλος (ὁ), cricket/ (mech.) jack

γρυπός, hooked, crooked; aquiline

γρύπας (ὁ), griffin

γυαλάδα (ἡ), shining

γυαλάδικο (τό), glassware shop

γυαλί (τό), glass/ γυαλιά (τά), spectacles, glasses

γυαλίζω, to polish; to shine/ γυαλίζομαι, to look at oneself in the mirror

γυαλικά (τά), glassware/ γυάλινος, glassy, made of glass

γυάλισμα (τό), polishing, shining/ γυαλιστερός, shiny

γυαλόχαρτο (τό), sand-paper

γυάρδα (ἡ), yard

γυλιός (ὁ), knapsack

γυμνάζω, to train, to drill/ γυμνάσια (τά), military manoeuvres

γυμνασιάρχης (ὁ), headmaster/ γυμνάσιο (τό), secondary (high) school/ γυμνασιόπαιδο (τό), high school pupil

γύμνασμα (τό), exercise, drill

γυμναστήριο (τό), gymnasium

γυμναστής (ὁ), gymnastics teacher/ γυμναστική (ἡ), gymnastics, physical education/ γυμναστικός, gymnastic

γυμνητεύω, to remain naked/ γυμνιστής (ὁ), nudist

γυμνοπόδαρος, bare-footed/ γυμνός, naked, nude; bare

γυμνοσάλιαγκας (ὁ), slug

γυμνότητα (ἡ), nakedness, bareness/ γύμνωμα (τό), stripping/ γυμνώνω, to strip, to undress

γυναίκα (ἡ), woman; wife

γυναικάδελφη (ἡ), sister-in-law/ γυναικάδελφος (ὁ), brother-in-law

γυναικάρα (ἡ), virago

γυναικάς (ὁ), womanizer

γυναικεῖος, feminine, womanly/ γυναικεῖο φύλο, female sex

γυναικοκρατία (ἡ), gynaecocracy

γυναικολογία (ἡ), gynaecology/ γυναικολογικός, gynaecological/ γυναικολόγος (ὁ), gynaecologist

γυναικόπαιδα (τά), women and children

γυναικούλα (ἡ), little woman

γυναικωνίτης (ὁ), women's quarters, harem

γύναιο (τό), wench

γύπας (ὁ), vulture

γυρεύω, to ask for, to seek, to search

γύρη (ἡ), pollen

γυρίζω, to turn, to revolve; to return/ ἔχει γυρίσει τόν κόσμο, he has been all over the world/ γύρισμα (τό), turning, revolving; filming/ γυρισμός (ὁ), return

γυριστός, crooked

γυρνῶ, βλ. *γυρίζω*

γυρολόγος (ὁ), pedlar

γύρος (ὁ), turn, tour/ (hat) rim

γυροσκόπιο (τό), gyroscope

γυρτός, bent, leaning

γύρω, around

γυφτιά (ἡ), stinginess, meanness/ *γύφτικο* (τό), blacksmith's shop/ κάτι τρέχει στά γύφτικα, totally unimportant/ *γύφτικος,* relating to gipsies/ *γύφτος* (ὁ), *γύφτισσα* (ἡ), gipsy (man, woman)

γύψινος, plaster-made/ *γύψος* (ὁ), plaster/ *γύψωμα* (τό), plastering/ *γυψώνω,* to plaster

γωνία (ἡ), corner; angle/ *γωνιάζω,* to square/ *γωνιακός,* (of the) corner/ *γωνιόμετρο* (τό), goniometer/ *γωνιώδης,* angular

δά, indeed/ ἔλα ~! come now! ὄχι ~! don't say!

δάγγειος (ὁ), dandy-fever

δάγκαμα (τό), bite, sting/ *δαγκαματιά* (ἡ), bite mark/ *δαγκανιάρης,* biting/ *δαγκάνω,* or *δαγκώνω,* to bite, to sting

δαδί (τό), torch/ *δαδοῦχος* (ὁ), torchbearer/ *δαδοφορία* (ἡ), torchprocession

δαίδαλος (ὁ), labyrinth, maze

δαίμονας (ὁ), demon, evil spirit/ τί στό δαίμονα! what the dickens!

δαιμονίζω, to enrage, to make furious/ *δαιμονίζομαι,* to run furious

δαιμονικό (τό), ghost, evil spirit/ *δαιμονικός,* demoniac, devilish/ *δαιμόνιο* (τό), demon, evil spirit/ καλλιτεχνικό ~, genius, talent/ *δαιμόνιος,* very clever, inspired/ *δαιμονισμένος,* possessed/ *δαιμονιώδης,* devilish/ ~ θόρυβος, deafening noise/ *δαιμονολατρεία* (ἡ), demon-worship

δάκρυ (τό), tear/ χύνω δάκρυα, to shed tears/ ξεσπῶ σέ δάκρυα, to burst into tears/ *δακρύβρεκτος,* tearful/ *δακρυγόνος,* tear-producing/ δακρυγόνο ἀέριο, tear gas/ *δακρύζω,* to weep/ *δάκρυσμα*

(τό), weeping

δακτυλήθρα (ἡ), thimble

δακτυλιά (ἡ), βλ. *δαχτυλιά*

δακτυλιδένιος, ring-shaped/ (fig.) slender

δακτυλίδι (τό), ring/ *δακτυλιδόπετρα* (ἡ), gem

δακτυλικός, dactylic; digital

δακτύλιος (ὁ), collar, ring/ (med.) anus

δάκτυλο (τό), βλ. *δάχτυλο*

δακτυλογράφηση (ἡ), typing/ *δακτυλογράφος* (ὁ), typist/ *δακτυλογραφῶ,* to type

δάκτυλος (ὁ), inch/ (fig.) ξένος ~, foreign influence

δαμάζω, to tame, to subdue, to master

δαμαλίζω, to vaccinate

δαμάλι (τό), heifer

δαμαλισμός (ὁ), vaccination

δαμασκηνιά (ἡ), plum-tree/ *δαμάσκηνο* (τό), plum

δάμασμα (τό), taming, mastering/ *δαμαστής* (ὁ), tamer

δανδής (ὁ), dandy

δανείζω, to lend/ *δανείζομαι,* to borrow/ *δανεικός,* borrowed/ *δάνειο* (τό), loan/ συνάπτω ~, to contract a loan/ *δανεισμός* (ὁ), lending; borrowing/ *δανειστής* (ὁ), lender, creditor/ *δανειστικός,* lending

δανικός, or **δανέζικος,** Danish

Δανός (ὁ), Dane

δαντέλλα (ἡ), lace/ *δαντελλωτός,* lacy

δαπάνη (ἡ), cost, expenditure/ *δαπανηρά,* costly, expensively/ *δαπανηρός,* costly, expensive/ *δαπανῶ,* to spend

δάπεδο (τό), floor

δάρσιμο (τό), beating, flogging

δασαρχείο (τό), forest service/ *δασάρχης* (ὁ), forest inspector

δασεῖα (ἡ), (gram.) aspirate accent

δασικός, sylvan, relating to forests

δασκάλα (ἡ), schoolmistress/ *δασκαλεύω,* to teach, to instruct/ *δάσκαλος* (ὁ), schoolmaster

δασμολόγηση (ἡ), taxation/ *δασμολογικός,* fiscal/ *δασμολόγιο* (τό), tariff/ *δασμολογῶ,* to tax/ *δασμός* (ὁ), duty, tax

δασοκομία (ἡ), forestry/ *δασολόγος* (ὁ), forester/ *δάσος* (τό) forest, wood/ *δασότοπος* (ὁ), woodland/ *δασοφύλακας*

(ὁ), forest-guard
δασύς, thick, dense/ *δασύτριχος,* hairy
δασώδης, forested, wooded
δαυκί (τό), carrot
δαυλός (ὁ), torch
δαφνέλαιο (τό), laurel oil/ *δάφνη* (ἡ), laurel/ *δάφνινος,* (of) laurel/ *δάφνινο στεφάνι,* laurel crown/ *δαφνοστεφανωμένος,* laureate
δάχτυλο (τό), finger/ μεγάλο ~, thumb/ τό παίζω στά δάχτυλα, to have at one's fingertips/ μετριοῦνται στά δάχτυλα, there are very few
δεδομένο (τό), given, granted
δέηση (ἡ), prayer/ *δεητικός,* praying, suppliant
δεῖγμα (τό), sample, specimen; token/ ~ τοληψία (ἡ), sampling/ ~ τολόγιο (τό), list of samples
δείκτης (ὁ), pointer, indicator; forefinger/ *δεικτικός,* indicative/ δεικτική ἀντωνυμία, demonstrative pronoun
δειλά, timidly, cowardly
δείλι (τό), evening
δειλία (ἡ), timidity, cowardice/ *δειλιάζω,* to lose heart, to be frightened/ *δείλιασμα* (τό), cowardice
δειλινό (τό), evening
δειλός, cowardly, timid
δεῖνα (ὁ, ἡ, τό), a certain
δεινά, dreadfully, horribly/ *δεινό* (τό), or *δεινοπάθημα* (τό), suffering, hardship/ *δεινοπαθῶ,* to suffer/ *δεινός,* dreadful, horrible/ δεινός ρήτορας, excellent speaker/ *δεινότητα* (ἡ), violence; skill
δείξιμο (τό), demonstration
δεῖπνο (τό), supper, dinner/ Μυστικός Δεῖπνος, The Last Supper/ *δειπνῶ,* to have supper (dinner)
δεισιδαιμονία (ἡ), superstition
δείχνω, to show, to indicate
δέκα, ten/ *δεκάγωνο* (τό), decagon/ *δεκαδικός,* decimal/ *δεκαεννέα,* nineteen/ *δεκαέξι,* sixteen/ *δεκαεξαετής,* sixteen years old/ *δεκαεπτά,* seventeen/ *δεκαεπταετής,* seventeen years old/ *δεκαετηρίδα* (ἡ), tenth anniversary/ *δεκαετής,* ten years old/ *δεκαετία* (ἡ), decade
δεκάζω, to corrupt, to bribe
δεκαήμερο, ten days, decameron

δεκάλογος (ὁ), decalogue/ (rel.) the ten commandments
δεκανέας (ὁ), corporal
δεκανίκι (τό), crutch
δεκαοκταετής (ὁ), eighteen years old/ *δεκαοκτώ,* eighteen
δεκαπενθήμερο (τό), fortnight/ *δεκαπενθήμερος,* fortnightly
δεκαπενταετής (ὁ), fifteen years old/ *δεκαπέντε,* fifteen
δεκαπλασιάζω, to multiply tenfold/ *δεκαπλάσιος,* tenfold
δεκασμός (ὁ), bribe, corruption
δεκατέσσερα, fourteen/ *δεκατετραετής,* fourteen years old
δεκάτη (ἡ), tithe/ *δεκατίζω,* to tithe, to decimate
δέκατο (τό), one tenth/ *δέκατος,* tenth
δεκατρία, thirteen
Δεκέμβριος (ὁ), December
δέκτης (ὁ), receiver/ φορητός ~, portable receiver
δεκτικός, susceptible/ *δεκτικότητα* (ἡ), susceptibility
δεκτός, acceptable, admissible
δελεάζω, to entice, to tempt/ *δελεασμός* (ὁ), enticement, tempting/ *δελεαστικός,* enticing, tempting
δέλτα (τό), delta
δελτάριο (τό), card/ ταχυδρομικό ~, postcard
δελτίο (τό), bulletin/ ~ εἰδήσεων, news bulletin/ ~ ταυτότητας, identity card
δελφικός, delphic
δελφίνι (τό), dolphin
δελφῖνος (ὁ), Dauphin
δέμα (τό), package, parcel
δεμάτι (τό), sheaf, bundle/ *δεματιάζω,* to tie in sheaves
δέν, not, no/ ~ εἶναι ἔτσι; isn't it so?
δεντράκι (τό), bush, shrub
δέντρο (τό), tree/ ὀπωροφόρο ~, fruit-tree
δεντρογαλιά (ἡ), adder
δεντροκαλλιέργεια (ἡ), or **δεντροκομία** (ἡ), arboriculture
δεντρολίβανο (τό), rosemary
δεντροστοιχία (ἡ), alley
δεντροφυτεία (ἡ), tree plantation/ *δεντροφύτευση* (ἡ), tree-planting

δεντρύλλιο (τό), shrub

δένω, to tie, to fasten/ ~ τό τραῦμα, to bandage the wound/ λύνω καί ~, to be in complete control

δεξαμενή (ἡ), tank, reservoir

δεξιά, to the right/ ὁ Θεός νά τά φέρει ~, may God be on your side/ δεξιός, right

δεξιοτέχνης (ὁ), skilful, apt/ δεξιοτεχνία (ἡ), skill, aptitude/ δεξιότητα (ἡ), dexterity

δεξιώνομαι, to give a reception/ δεξίωση (ἡ), reception

δέομαι, to implore, to entreat

δέον (τό), necessary, due/ ἐν καιρῶ τῶ δέοντι, in due course/ δεόντως, duly

δέος (τό), awe, fear

δέρας (τό), χρυσόμαλλο ~, the golden fleece

δερβίσης (ὁ), dervish

δέρμα (τό), skin, hide; leather/ δερματέμπορος (ὁ), hide-dealer

δερματικός, of the skin/ δερμάτινος, made of leather/ δερματίτιδα (ἡ), or δερματοπάθεια (ἡ), dermatitis/ δερματολογία (ἡ), dermatology/ δερματολόγος (ὁ), dermatologist

δέρνω, to beat, to strike/ δέρνομαι, to be in despair

δέσιμο (τό), binding, fastening/ εἶναι γιά ~, he is crazy

δεσμά (τά), chains, bonds/ ἰσόβια ~, life imprisonment/ δέσμευση (ἡ), binding; engagement/ δεσμευτικός, binding; engaging/ δεσμεύω, to bind, to fetter/ δεσμεύομαι, to be bound/ δέσμη (ἡ), bundle, sheaf/ ~ φωτός, beam

δεσμίδα (ἡ), ream of paper

δέσμιος, prisoner, captive

δεσμός (ὁ), bond, tie, link; knot/ ἐρωτικός ~, love affair/ Γόρδιος ~, Gordian knot

δεσμοφύλακας (ὁ), jailer/ δεσμωτήριο (τό), jail, prison, gaol/ δεσμώτης (ὁ), prisoner

δεσπόζω, to dominate, to command

δέσποινα (ἡ), mistress, madam/ δεσποινίδα (ἡ), miss

δεσπότης (ὁ), master, ruler; bishop/ δεσποτικός, despotic, tyrannical/ δεσποτισμός (ὁ), despotism, tyranny

δετός, tied, fastened/ ἔβαλε δετούς καί λυμένους, he tried every possible means

Δευτέρα (ἡ), Monday

δευτερεύων, secondary/ δευτερεύουσα πρόταση, subordinate clause

δευτέρι (τό), βλ. δεφτέρι

δευτεροβάθμιος, of a second degree/ δευτεροβάθμια ἐξίσωση, quadratic equation

δευτερογενής, secondary

δευτεροετής, second year student, sophomore

δευτερόλεπτο (τό), a second

δευτερολογία (ἡ), rejoinder, reply/ δευτερολογῶ, to rejoin

δεύτερος, second/ δευτερότοκος, secondborn

δευτερώνω, to repeat, to renew

δεφτέρι (τό), account-book, notebook

δέχομαι, to accept, to agree; to receive

δήγμα (τό), βλ. δάγκαμα

δῆθεν, as if; so-called

δηκτικός, biting, sarcastic/ δηκτικότητα (ἡ), bitterness, sarcasm

δηλαδή, that is to say

δηλητηριάζω, to poison/ δηλητηρίαση (ἡ), poisoning/ δηλητήριο (τό), poison/ δηλητηριώδης, poisonous

δηλώνω, to declare, to state/ δήλωση (ἡ), declaration, statement/ δηλωτικός, declaratory

δημαγωγία (ἡ), demagogy/ δημαγωγικός, demagogic/ δημαγωγός (ὁ), demagogue

δημαρχεῖο (τό), city (town) hall/ δημαρχία (ἡ), mayorship; townhall/ δήμαρχος (ὁ), mayor

δημεγέρτης (ὁ), agitator/ δημεγερτικός, agitating, rebellious

δήμευση (ἡ), confiscation/ δημευτικός, confiscatory/ δημεύω, to confiscate

δημηγορία (ἡ), oration, speech/ δημηγορῶ, to speak in public

δημητριακά (τά), cereals

δήμιος (ὁ), hangman, executioner

δημιούργημα (τό), creature/ δημιουργία (ἡ), creation/ δημιουργικός, creative/ δημιουργός (ὁ), creator, author/ δημιουργῶ, to create

δημογέροντας (ὁ), elder

δημοδιδασκάλισσα (ἡ), elementary schoolmistress/ *δημοδιδάσκαλος* (ὁ), elementary schoolmaster

δημοκοπία (ἡ), demagogy/ *δημοκοπῶ*, to flatter the people

δημοκράτης (ὁ), democrat/ *δημοκρατία* (ἡ), democracy, republic/ *δημοκρατικά*, democratically/ *δημοκρατικός*, democratic, republican

δημοπρασία (ἡ), auction/ *δημοπρατήριο* (τό), auction hall

δῆμος (ὁ), borough; the public

δημοσιά (ἡ), public road

δημοσίευμα (τό), published text/ *δημοσίευση* (ἡ), publication/ *δημοσιεύω*, to publish/ (law) to promulgate

δημόσιο (τό), the state

δημοσιογραφία (ἡ), journalism/ *δημοσιογραφικός*, journalistic/ *δημοσιογράφος* (ὁ), journalist/ *δημοσιογραφῶ*, to work as a journalist

δημοσιολόγος (ὁ), publicist

δημοσιονομία (ἡ), financiering/ *δημοσιονόμος* (ὁ), financier

δημόσιος, public, common/ *δημοσιότητα* (ἡ), publicity

δημότης (ὁ), citizen, member of a borough

δημοτική (ἡ), demotic language

δημοτικός, municipal/ *δημοτικό σχολεῖο*, elementary school/ *δημοτικές ἐκλογές*, local elections/ *δημοτικό τραγούδι*, folk song

δημοτικότητα (ἡ), popularity

δημοτολόγιο (τό), borough register

δημοφιλής, popular

δημοψήφισμα (τό), plebiscite, referendum

δημώδης, popular, folk

διά, βλ. *γιά*

διάβα (τό), passage, passing by

διαβάζω, to read, to study

διαβαθμίζω, to grade/ *διαβάθμιση* (ἡ), grading

διαβαίνω, to pass through, to cross

διαβάλλω, to slander, to defame

διάβαση (ἡ), passage

διάβασμα (τό), reading, study/ *διαβασμένος*, educated, learned

διαβατάρικος, passing, fleeting

διαβατήριο (τό), passport

διαβάτης (ὁ), passer-by/ *διαβατικός*, transient

διαβατός, passable

διαβεβαιώνω, to assure, to affirm/ *διαβεβαίωση* (ἡ), assurance, affirmation/ *διαβεβαιωτικός*, affirmative

διάβημα (τό), proceeding; demarche

διαβήτης (ὁ), pair of compasses; diabetes/ *διαβητικός*, diabetic

διαβιβάζω, to transmit, to forward/ *διαβίβαση* (ἡ), transmission, forwarding

διαβίωση (ἡ), way of living

διαβλέπω, to perceive, to foresee/ (fig.) to see through

διαβόητος, notorious

διαβολάκι (τό), little devil/ (fig.) naughty child

διαβολάνθρωπος (ὁ), devilish man

διαβολέας (ὁ), slanderer

διαβολεμένος, devilish; cunning, crafty

διαβολή (ἡ), slander

διαβολιά (ἡ), trick, roguery

διαβολίζω, to enrage

διαβολικός, diabolic(al)

διαβολόκαιρος (ὁ), nasty weather

διάβολος (ὁ), devil, deuce/ νά πάρει ὁ ~! what the devil!/ πήγαινε στό διάβολο! go to hell!/ στοῦ διαβόλου τή μάννα, very far (away)

διαβουξολῶ, to lull with hopes

διαβούλιο (τό), council, deliberation

διαβρέχω, to soak

διάβρωση (ἡ), corrosion/ *διαβρωτικός*, corrosive

διαγγελέας (ὁ), messenger/ *διάγγελμα* (τό), message, address

διαγκωνίζομαι, to jostle

διάγνωση (ἡ), diagnosis/ *διαγνωστικός*, diagnostic

διάγραμμα (τό), diagram, outline

διαγραφή (ἡ), cancellation; drawing/ *διαγράφω*, to cancel; to draw out, to outline

διαγωγή (ἡ), conduct, behaviour

διαγώνια, diagonally

διαγωνίζομαι, to compete

διαγώνιος (ἡ), diagonal

διαγωνισμός (ὁ), test, examination

διαδέχομαι, to succeed

διαδηλώνω, to declare, to manifest/ *διαδήλωση* (ἡ), demonstration, manifestation/ *διαδηλωτής* (ὁ), demonstrator

διάδημα (τό), diadem, crown

διαδίδω, to spread, to disseminate/ ~ φήμη, to spread a rumour

διαδικασία (ἡ), proceedings

διάδικος (ὁ), litigant

διάδοση (ἡ), spreading/ (phys.) propagation/ *διαδοσίας* (ὁ), rumour-monger

διαδοχή (ἡ), succession/ *διαδοχικά,* successively/ *διαδοχικός,* successive/ *διάδοχος* (ὁ), successor; heir

διαδραματίζω, to play a part

διαδρομή (ἡ), course, ride, drive

διάδρομος (ὁ), corridor, passage

διάζευξη (ἡ), disjoining, separation/ *διαζευτικός,* disjunctive

διαζύγιο (τό), divorce

διάζωμα (τό), frieze, cornice

διαθερμία (ἡ), diathermy

διάθεση (ἡ), disposal; mood, disposition/ εἶμαι στήν ~ σας, I am at your disposal/ ἔχω καλές διαθέσεις ἀπέναντι, to have good intentions/ *διαθέσιμος,* available, disposable/ ~ χρόνος, free time/ *διαθεσιμότητα* (ἡ), availability/ σέ ~, in retirement

διαθέτης (ὁ), disposer/ *διαθέτω,* to dispose

διαθήκη (ἡ), testament, will/ Παλαιά ~, Old Testament/ Καινή ~, New Testament

διάθλαση (ἡ), refraction/ *διαθλαστικός,* refractive/ *διαθλῶ,* to refract

διαθρυλῶ, to trumpet, to blazon

διαίρεση (ἡ), division, distribution/ *διαιρετέος,* dividend/ *διαιρέτης* (ὁ), divisor/ *διαιρετός,* divisible/ *διαιρετότητα* (ἡ), divisibility/ *διαιρῶ,* to divide, to partition

διαισθάνομαι, to have a feeling (premonition)/ *διαίσθηση* (ἡ), foresight, premonition

δίαιτα (ἡ), diet

διαιτησία (ἡ), arbitration/ *διαιτητής* (ὁ), arbitrator; referee

διαιτητική (ἡ), dietetics/ *διαιτητικός,* dietetic/ *διαιτολόγιο* (τό), diet, diet-plan

διαιωνίζω, to perpetuate/ *διαιώνιση* (ἡ), perpetuation

διακαής, ardent, fervid, passionate

διακαινήσιμος, ἑβδομάδα τῆς διακαινησίμου, week after Easter

διακαίομαι, to be inflamed

διακανονίζω, to settle, to regulate/ *διακανονισμός* (ὁ), settlement

διακατέχω, to possess/ *διακατέχομαι,* to be possessed

διάκειμαι, to be disposed (towards)

διακεκαυμένος, torrid

διακεκριμένος, eminent, distinguished

διάκενο (τό), vacuum

διακήρυξη (ἡ), declaration, proclamation/ *διακηρύττω,* to declare, to proclaim

διακινδυνεύω, to risk

διακλαδίζομαι, to branch off/ *διακλάδωση* (ἡ), branching, ramification

διακοίνωση (ἡ), communication; diplomatic note

διακομιδή (ἡ), transportation, conveyance/ *διακομίζω,* to transport, to convey

διακονεύω, to beg, to ask for alms/ *διακονιά* (ἡ), begging

διακονία (ἡ), ministry, service

διακονιάρης (ὁ), beggar

διάκονος (ὁ), deacon

διακονῶ, to serve, to minister

διακοπή (ἡ), interruption, break, intermission/ ~ πληρωμῶν, suspension of payments/ ~ ρεύματος, power cut

διακόπτης (ὁ), switch/ ἀνοίγω τόν ~, turn on the switch/ κλείνω τόν ~, turn off the switch/ *διακόπτω,* to interrupt, to discontinue, to suspend

διακόρευση (ἡ), defloration/ *διακορεύω,* to deflower

διάκος (ὁ), *διάκονος*

διακόσια (ἡ), two hundred/ *διακοσιοστός,* two-hundredth

διακόσμηση (ἡ), decoration, trimming/ *διακοσμητής* (ὁ), decorator/ *διακοσμητικός,* decorative/ *διάκοσμος* (ὁ), decoration/ *διακοσμῶ,* to decorate

διακρίνω, to discern, to perceive/ *διακρίνομαι,* to be distinguished/ *διάκριση* (ἡ), distinction; discrimination/ τιμητική ~, award, honour/ φυλετικές διακρίσεις, racial discrimination/ διακριτικά, distinctively; tactfully, discreetly/ διακριτικός, tactful, discreet; discretionary/ διακριτικότητα (ή), tact, discretion

διακυβέρνηση (ή), government, rule/ διακυβερνώ, to govern, to rule

διακύβευση (ή), risk/ διακυβεύω, to risk

διακυμαίνω, to wave/ διακυμαίνομαι, to fluctuate/ διακύμανση (ή), fluctuation

διακωμώδηση (ή), ridicule/ διακωμωδώ, to ridicule, to mock

διαλαλητής (ό), public crier, herald/ διαλαλώ, to proclaim

διαλανθάνω, to slip away, to escape

διάλεγμα (τό), choice, selection/ διαλεγμένος, chosen, selected/ διαλέγω, to choose, to select

διάλειμμα (τό), interval, break, intermission

διαλείπων, intermittent

διάλειψη (ή), gap, fading

διαλεκτική (ή), dialectics/ διαλεκτικός, dialectic(al)

διάλεκτος (ή), dialect

διάλεξη (ή), lecture, talk

διαλευκαίνω, to elucidate/ διαλεύκανση (ή), elucidation

διαλεχτός, or **διαλεκτός,** select, chosen

διαλλαγή (ή), reconciliation/ διαλλακτικός, conciliatory, moderate/ διαλλακτικότητα (ή), conciliation, moderation

διαλογή (ή), counting of votes, scrutiny

διαλογίζομαι, to meditate, to reflect

διαλογικός, in dialogue form

διαλογισμός (ό), reflection, thought

διάλογος (ό), dialogue

διάλυμα (τό), solution

διάλυση (ή), dissolution; liquidation/ (chem.) solution/ διαλυτικός, dissolving; diluting/ διαλυτός, dissolvable; soluble/ διαλυτότητα (ή), solubility/ διαλύω, to dissolve; to disperse, to break up/ (chem.) to dilute

διαμαντένιος, adamantine/ διαμάντι (τό), diamond/ διαμαντικά (τά), jewellery/ διαμαντοκόλλητος, set with diamonds

διαμαρτύρηση (ή), protestation

διαμαρτυρία (ή), protest/ διαμαρτύρομαι, to protest

διαμαρτυρόμενος, protestant

διαμάχη (ή), dispute, conflict

διαμελίζω, to dismember, to cut up/ διαμελισμός (ό), dismemberment

διαμένω, to stay, to live, to reside

διαμέρισμα (τό), section, division; flat, apartment

διαμερισμός (ό), partition, distribution

διάμεσος, intermediate

διαμετακομίζω, to transport/ διαμετακόμιση (ή), transport

διαμέτρημα (τό), calibre, gauge

διάμετρος (ή), diameter

διαμηνύω, to send a message

διαμοιράζω, to distribute/ διαμοιρασμός (ό), distribution

διαμονή (ή), stay, residence

διαμορφώνω, to shape, to form/ διαμόρφωση (ή), shaping

διαμπερής, transversal

διαμφισβήτηση (ή), disputation, controversy/ διαμφισβητώ, to dispute, to contest

διανέμω, to distribute

διανθίζω, to decorate

διανόηση (ή), intellectuality/ διανοητικά, intellectually, mentally/ διανοητικός, intellectual/ διάνοια (ή), intellect

διανοίγω, to open through, to penetrate

διανομέας (ό), distributor/ ταχυδρομικός ~, postman/ διανομή (ή), distribution

διανοούμαι, to think/ (fig.) to intend/ διανοούμενος (ό), intellectual, man of letters

διάνος (ό), turkey

διανυκτέρευση (ή), sitting up, staying overnight/ διανυκτερεύω, to stay overnight

διάνυσμα (τό), vector

διανύω, to finish, to complete/ ~ απόσταση, to cover a distance

διαξιφίζομαι, to fence, to fight with a sword/ διαξιφισμός (ό), fencing/ (fig.) quarrel, argument

διαπαιδαγώγιση (ή), education, bringing up/ διαπαιδαγωγώ, to educate, to bring up

διαπαντός, for ever

διαπασῶν (τό), tuning fork/ στή ~, at the top of one's voice

διαπεραιώνω, to ferry across/ *διαπεραίωση* (ἡ), ferrying

διαπεραστικός, piercing, sharp

διαπερατός, permeable/ *διαπερατότητα* (ἡ), permeability

διαπερνῶ, to pierce, to penetrate

διαπήδηση (ἡ), osmosis

διαπιστευτήρια (τά), credentials

διαπιστώνω, to realize/ *διαπίστωση* (ἡ), realization

διάπλαση (ἡ), formation/ (fig.) bringing up/ *διαπλάσσω,* to form, to shape

διάπλατα, wide-open/ *διάπλατος,* wide-open

διαπλάτυνση (ἡ), widening, broadening/ *διαπλατύνω,* to widen, to broaden

διαπλέω, to sail across

διαπληκτίζομαι, to quarrel, to have a row/ *διαπληκτισμός* (ὁ), quarrel, row

διάπλους (ὁ), crossing, sailing across

διαπνέομαι, to feel, to be driven by

διαπόμπευση (ἡ), ridiculing/ *διαπομπεύω,* to ridicule

διαποτίζω, to impregnate, to saturate

διαπραγματεύομαι, to negotiate; to deal with/ *διαπραγμάτευση* (ἡ), negotiation

διάπραξη (ἡ), committing, performance/ *διαπράττω,* to commit, to perform/ ~ ἔγκλημα, to commit a crime

διαπρεπής, distinguished, prominent/ *διαπρέπω,* to distinguish oneself

διαπύηση (ἡ), suppuration

διάπυρος, red-hot/ (fig.) ardent/ *διαπύρωση* (ἡ), glow

διαρθρώνω, to articulate/ *διάρθρωση* (ἡ), articulation

διάρκεια (ἡ), duration, period/ κατά τήν ~, during/ *διαρκής,* permanent, lasting/ *διαρκῶ,* to last/ *διαρκῶς,* permanently, all the time

διαρπαγή (ἡ), plunder, looting, sacking/ *διαρπάζω,* to plunder, to loot, to sack

διαρ(ρ)έω, to leak

διαρρήδην, explicitly, definitely

διάρ(ρ)ηξη (ἡ), rupture; breaking in

διαρ(ρ)οή (ἡ), leakage

διάρ(ρ)οια (ἡ), diarrhoea

διαρυθμίζω, to arrange, to regulate/ *δια-*

ρύθμιση (ἡ), arrangement, regulating/ *διαρυθμιστής* (ὁ), regulator

διαρχία (ἡ), duality

διασάλευση (ἡ), disturbance, commotion/ *διασαλεύω,* to disturb, to cause a commotion

διασαφηνίζω, to elucidate, to clarify/ *διασάφηση* (ἡ), elucidation, clarification

διάσειση (ἡ), shake; concussion

διάσελο (τό), mountain-pass

διάσημα (τά), insignia

διάσημος, famous, illustrious/ *διασημότητα* (ἡ), fame; celebrity

διασίδι (τό), warp

διασκεδάζω, to enjoy, to amuse oneself/ *διασκέδαση* (ἡ), amusement, entertainment/ *διασκεδαστικός,* amusing, entertaining

διασκελιά (ἡ), 6λ. **δρασκελιά**

διασκέπτομαι, to confer, to deliberate

διασκευάζω, to arrange; to adapt/ *διασκευή* (ἡ), arrangement; adaptation (of a text)

διάσκεψη (ἡ), conference, meeting

διασκορπίζω, to disperse, to scatter/ *διασκόρπιση* (ἡ), dispersion, scattering

διασπαθίζω, to dissipate, to squander/ *διασπάθιση* (ἡ), dissipation, squandering

διάσπαση (ἡ), separation, breaking up/ (phys.) splitting, fission

διασπείρω, to spread, to disseminate/ *διασπορά* (ἡ), dispersion, dissemination/ οἱ Έλληνες τῆς διασποράς, Greeks living abroad

διασπῶ, to split, to break up

διασταλτικός, dilatory, dilating/ *διασταλτικότητα* (ἡ), dilatability/ *διασταλτός,* dilatable

διάσταση (ἡ), discord, disagreement/ (maths) dimension

διασταυρώνω, to cross/ *διασταύρωση* (ἡ), crossing, junction, intersection; cross-breeding

διαστέλλω, to expand, to dilate; to distinguish

διάστημα (τό), space, interval, period (of time)/ κατά διαστήματα, from time to time/ *διαστημικός,* spatial/ *διαστημό-*

πλοιο (τό), spaceship
διάστιξη (ή), tattooing
διάστιχο (τό), spacing
διαστολή (ή), expansion; distinction, differentiation
διαστρεβλώνω, to distort, to deform/ *διαστρέβλωση* (ή), distortion, deformation
διαστρέφω, to twist, to distort/ *διαστροφέας* (ό), perverter, corrupter/ *διαστροφή* (ή), perversion, corruption; distortion, misrepresentation
διασυρμός (ό), slander, defamation/ *διασύρω*, to slander, to defame
διασχίζω, to cross (through)
διασώζω, to save, to rescue; to preserve/ *διάσωση* (ή), rescue; preservation
διαταγή (ή), order, command/ *στίς διαταγές σας*, at your orders/ *μέχρι νεωτέρας διαταγής*, until further orders
διάταγμα (τό), decree, edict, order/ *βασιλικό ~*, royal decree/ *διατάζω*, to order, to command
διάταξη (ή), arrangement/ (mil.) order of battle/ (leg.) provision/ *ήμερήσια ~*, order of the day, agenda
διαταράζω, to disturb, to upset/ *διατάραξη* (ή), disturbance, disorder
διάταση (ή), distension
διατεθειμένος, willing, disposed
διατείνομαι, to contend, to maintain, to allege
διατελώ, to remain/ *~ ύμέτερος*, yours faithfully
διατέμνω, to intersect
διατήρηση (ή), preservation, keeping/ *διατηρῶ*, to preserve, to keep/ *~ ἐπιχείρηση*, to run a business
διατίμηση (ή), tariff, valuation/ *διατιμῶ*, to valuate
διατομή (ή), cross-section
διατονικός, diatonic
διατρανώνω, to demonstrate, to manifest/ *διατράνωση* (ή), demonstration, manifestation
διατρέφω, to support, to feed, to maintain
διατρέχω, to traverse, to run along/ *~ κίνδυνο*, to run a risk
διάτρηση (ή), perforation; drilling/ *διατρητικός*, drilling, boring/ *διάτρητος*,

pierced, perforated
διατριβή (ή), stay; treatise/ *διατρίβω*, to stay, to live, to dwell
διατροφή (ή), maintenance, support; alimony
διατρυπῶ, to pierce, to perforate
διάττων (ό), *~ ἀστέρας*, shooting star
διατυμπανίζω, to trumpet, to proclaim/ *διατυμπάνιση* (ή), trumpeting, proclamation
διατυπώνω, to state, to formulate/ *διατύπωση* (ή), formulation, stating, expression/ *διατυπώσεις* (οί), formalities
διαύγεια (ή), clarity, transparency; clearmindedness/ *διαυγής*, clear, transparent; clearminded
δίαυλος (ό), straits/ (arch.) groove
διαφαίνομαι, to appear through, to show
διαφάνεια (ή), transparency/ *διαφανής*, transparent, limpid
διαφεντεύω, to protect, to defend
διαφέρω, to differ
διαφεύγω, to escape, to slip away/ *μοῦ διαφεύγει*, I forget
διαφημίζω, to advertise/ *διαφήμιση* (ή), advertisement/ *διαφημιστής* (ό), advertiser/ *διαφημιστικός*, advertising
διαφθείρω, to corrupt, to seduce/ *διαφθορά* (ή), corruption, depravity/ *διαφθορεῖο* (τό), brothel/ *διαφθορέας* (ό), seducer
διαφιλονικῶ, to contest, to dispute
διαφορά (ή), difference; dispute
διαφορετικά, differently/ *διαφορετικός*, different
διαφορικός, differential/ *~ λογισμός*, differential calculus
διάφορο (τό), profit, interest
διαφοροποίηση (ή), differentiation/ *διαφοροποιῶ*, to differentiate/ *διάφορος*, different, diverse/ (pl.) various, several
διάφραγμα (τό), diaphragm
διαφυγή (ή), escape, flight
διαφύλαξη (ή), preservation, protection/ *διαφυλάσσω*, to preserve, to protect
διαφωνία (ή), disagreement, dissent/ *διαφωνῶ*, to disagree, to dissent
διαφωτίζω, to enlighten/ *διαφώτιση* (ή), enlightenment
διαχειμάζω, to spend the winter

διαχειρίζομαι, to manage, to administer/ *διαχείρηση* (ή), management, administration/ *διαχειριστής* (ό), manager, administrator/ *διαχειριστικός,* administrative

διαχέω, to diffuse/ *διάχυση* (ή), diffusion/ *διαχυτικός,* open-hearted/ *διαχυτικότητα* (ή), friendliness, open-heartedness/ *διάχυτος,* diffused

διαχωρίζω, to separate, to sever/ *διαχωρισμός* (ό), separation, division/ *διαχωριστικός,* separating

διαψεύδω, to deny; to contradict/ *διάψευση* (ή), denial; contradiction

δίδουλος, double-minded

διγαμία (ή), bigamy/ *δίγαμος,* bigamist

δίγνωμος, dubious; hesitant

δίδαγμα (τό), teaching, moral

διδακτήριο (τό), school building/ *διδακτική* (ή), didactics/ *διδακτικός,* didactic; instructive

διδάκτορας (ό), doctor, PhD/ *διδακτορία* (ή), doctorate/ *διδακτορικός,* doctoral

δίδακτρα (τά), school fees

διδασκαλείο (τό), Teachers' College

διδασκαλία (ή), teaching/ *διδάσκαλος* (ό), teacher, schoolmaster/ *διδάσκω,* to teach, to educate/ *διδαχή* (ή), teaching/ (theol.) preaching

δίδυμος (ό), twin/ (astrol.) Gemini

δίδω, to give, to grant, to offer, to yield/ ~ τό λόγο μου, to give one's word/ ~ ξύλο, to beat/ ~ τά παπούτσια στό χέρι, to dismiss, to sack/ ~ όρκο, to take an oath/ ~ μαθήματα, to teach/ ~ πίστη, to believe

διεγείρω, to excite, to urge, to stimulate/ *διέγερση* (ή), excitement, stimulation/ *διεγερτικός,* exciting, stimulating

διεθνής, international/ *διεθνισμός* (ό), internationalism/ *διεθνιστής* (ή), internationalist

διείσδυση (ή), penetration/ *διεισδύω,* to penetrate

διεκδίκηση (ή), claim, demand/ *διεκδικητής* (ό), claimant/ *διεκδικώ,* to claim

διεκπεραιώνω, to forward, to despatch/ *διεκπεραίωση* (ή), forwarding, despatch

διεκτραγωδώ, to relate disasters

διέλευση (ή), crossing, passing through

διελκυνστίνδα (ή), tug-of-war

διένεξη (ή), dispute, quarrel

διενεργώ, to operate, to carry out

διεξάγω, to carry out, to conduct/ *διεξαγωγή* (ή), carrying out, conducting

διεξέρχομαι, to go through, to peruse

διεξοδικά, extensively/ *διεξοδικός,* extensive, detailed

διέξοδος (ή), outlet; alternative

διέπω, to rule, to be governed by

διερεύνηση (ή), investigation, research/ *διερευνητής* (ό), investigator, researcher/ *διερευνητικός,* investigating, researching/ *διερευνώ,* to investigate, to research

διερμηνέας (ό), interpreter, translator/ *διερμηνεύω,* to interpret, to explain

διέρχομαι, to pass by

διερωτώμαι, to wonder

δίεση (ή), diesis

διεστραμμένος, perverted

διετής, diennial/ *διετία* (ή), two years

διευθέτηση (ή), arrangement, settlement/ *διευθετώ,* to arrange, to settle

διεύθυνση (ή), direction, management; address/ *διευθυντής* (ό), director, manager/ *διευθύνω,* to direct, to manage

διευκόλυνση (ή), facilitation/ *διευκολύνω,* to facilitate

διευκρίνηση (ή), elucidation, clarification/ *διευκρινίζω,* to elucidate, to clarify

διεφθαρμένος, corrupt, depraved

διήγημα (τό), short story/ *διηγηματογράφος* (ό), short story writer/ *διήγηση* (ή), narration/ *διηγούμαι,* to narrate

διήθηση (ή), filtering/ *διηθώ,* to filter

διημέρευση (ή), spending all day/ *διημερεύω,* to spend all day

διήμερος, lasting two days

διθυραμβικός, dithyrambic; full of praise/ *διθύραμβος* (ό), dithyramb; praise

δικάζω, to try, to judge

δίκαια, justly, rightly, fairly

δικαιοδοσία (ή), jurisdiction

δικαιοδόχος (ό), assignee

δικαιολογητικός, justificatory/ *δικαιολογία* (ή), justification, excuse/ *δικαιολο-*

γῶ, to justify/ δικαιολογοῦμαι, to find excuses, to justify oneself

δίκαιο (τό), right; law/ ἔχω ~, to be right/ ἄγραφο ~, common law/ ἀστικό ~, civil law/ ποινικό ~, penal law/ δικαιοπραξία (ἡ), legal deed/ δίκαιος, just, righteous/ δικαιοσύνη (ἡ), justice/ ἀπονέμω ~, to administer justice/ δικαιοῦμαι, to be entitled to/ δικαιοῦχος (ὁ), beneficiary

δικαίωμα (τό), right; tax

δικαιωματικά, lawfully/ δικαιωματικός, lawful

δικαιώνω, to justify/ δικαίωση (ἡ), justification, vindication

δικανικός, juridical

δίκανο (τό), double-barrelled gun

δικάσιμος, to be tried/ δικάσιμη μέρα, day of hearing

δικαστήριο (τό), tribunal, court/ δικαστής (ὁ), magistrate, judge/ δικαστικός, judicial, judiciary

δικέρατος, double-horned/ δικέφαλος, double-headed

δίκη (ἡ), lawsuit, trial, action/ Θεία ~, Divine justice

δικηγορία (ἡ), law practice/ δικηγορικός, relating to a lawyer/ δικηγόρος (ὁ), lawyer, solicitor, barrister/ δικηγορῶ, to practise law

δικλείδα (ἡ), value/ ἀσφαλιστική ~, safety valve

δικογραφία (ἡ), brief, case file/ δικόγραφο (τό), legal document

δικολάβος (ὁ), pettifogger

δικονομία (ἡ), procedure/ πολιτική ~, civil procedure

δίκοπος, double-edged

δίκρανο (τό), pitchfork

δικτάτορας (ὁ), dictator/ δικτατορία (ἡ), dictatorship/ δικτατορικός, dictatorial

δίκτυο (τό), network/ δικτυωτό (τό), lattice-work

δίκυκλο (τό), bicycle

δίλημμα (τό), dilemma

διλοχία (ἡ), double company

διμερής, bilateral

διμηνία (ἡ), two months

δίμιτο (τό), twill

διμοιρία (ἡ), platoon

δίνη (ἡ), whirlpool, eddy

δίνω, βλ. δίδω

διογκώνω, to swell/ διόγκωση (ἡ), swelling, tumour

διόδια (τά), toll-fees

διόδος (ἡ), passage

διοίκηση (ἡ), administration; command/ διοικητήριο (τό), government house/ διοικητής (ὁ), governor; commander/ διοικητικός, administrative/ διοικῶ, to administer, to govern

διόλου, not at all, not in the least/ ὅλως ~, entirely, fully

διομολογήσεις (οἱ), capitulations

διοξείδιο (τό), dioxide

δίοπος (ὁ), quartermaster

διόπτρα (ἡ), field binoculars

διορατικός, shrewd, penetrating/ διορατικότητα (ἡ), shrewdness

διοργανώνω, to organize/ διοργάνωση (ἡ), organization/ διοργανωτής (ὁ), organizer/ διοργανωτικός, organizing

διορθώνω, to correct, to repair, to restore/ δέν διορθώνεται, he is hopeless/ διόρθωση (ἡ), correction, repair/ τυπογραφική ~, proof reading/ διορθωτής (ὁ), restorer; proof reader/ διορθωτικός, corrective

διορία (ἡ), term (of time)

διορίζω, to appoint, to nominate/ διορισμός (ὁ), appointment, nomination

διόρυξη (ἡ), digging, excavation

διότι, for, because

διουρητικός, diuretic

διοχέτευση (ἡ), canalization/ διοχετεύω, to canalize

δίπατος, two-storeyed

δίπλα (ἡ), fold, plait, wrinkle

δίπλα, beside, next to/ διπλανός, neighbouring

διπλαρώνω, to approach alongside

διπλασιάζω, to double/ διπλασιασμός (ὁ), doubling/ διπλάσιος, double, twofold

διπλογραφία (ἡ), book-keeping

διπλός, double, twofold/ διπλότυπο (τό), duplicate

δίπλωμα (τό), certificate, diploma

διπλωμάτης (ὁ), diplomat/ διπλωματία (ἡ), diplomacy/ διπλωματικός, diplo-

matic
διπλωματοῦχος (ὁ), graduate
διπλώνω, to fold, to wrap up
δίποδο (τό), two-footed (animal)
δίπορτος, having two doors/ τό ἔχει δί-
πορτο, he has two strings to his bow
διπροσωπία (ἡ), duplicity/ διπρόσωπος,
double-faced
δισάκι (τό), saddle-bag
δισέγγονος (ὁ), great-grandson
δισεκατομμύριο (τό), billion/ δισεκατομ-
μυριοῦχος (ὁ), billionaire
δίσεκτος, leap (year)
δισκίο (τό), tablet
δισκοβολία (ἡ), discus throwing/ δισκο-
βόλος (ὁ), discus thrower
δισκοπότηρο (τό), chalice
δίσκος (ὁ), tray; disc; discus
δισταγμός (ὁ), hesitation, indecision/ δι-
στάζω, to hesitate/ διστακτικά, hesita-
tingly/ διστακτικός, hesitating
δίστηλος, double-columned
δίστιχο (τό), couplet
δίστομος, double-edged
δίστρατο (τό), forked road
διχιδής, forked, cloven
δίτροχος, two-wheeled
διττός, ὅλ. *διπλός*
διυλίζω, to filter, to refine/ διύλιση (ἡ),
filtering, refining/ διυλιστήριο (τό), re-
finery
διφθέρα (ἡ), parchment
διφθερίτιδα (ἡ), diphtheria
δίφθογγος (ἡ), diphthong
διφορούμενος, ambiguous
δίφρος (ὁ), chariot
διχάζω, to divide, to disunite
διχάλα (ἡ), pitchfork/ διχαλωτός, forked
διχασμός (ὁ), division, disunity
διχογνωμία (ἡ), dissent/ διχογνωμῶ, to
dissent
διχόνοια (ἡ), discord
διχοτόμηση (ἡ), bisection/ διχοτομῶ, to
bisect
δίχρωμος, two-coloured
δίχτυ (τό), net
δίχως, without/ ~ ἄλλο, without fail
δίψα (ἡ), thirst/ διψασμένος, thirsty/ δι-
ψῶ, to be thirsty
διωγμός (ὁ), persecution

διωδία (ἡ), duet
διώκτης (ὁ), persecutor/ διώκω, to perse-
cute/ δίωξη (ἡ), persecution
διώξιμο (τό), expulsion, driving out
δίωρο (τό), two hours
διώρυγα (ἡ), canal
διώχνω, to drive out, to send away
δόγης (ὁ), the doge
δόγμα (τό), doctrine, dogma/ δογματίζω,
to dogmatize/ δογματικός, dogmatic
δόκανο (τό), snare, trap
δοκάρι (τό), beam
δοκησίσοφος, conceited
δοκιμάζω, to try, to test; to taste; to ex-
perience/ δοκιμάζομαι, to suffer/ δοκι-
μασία (ἡ), test, trial; suffering/ δοκιμα-
στικός, testing/ δοκιμή (ἡ), test, experi-
ment, trial
δοκίμιο (τό), essay/ τυπογραφικό ~,
(printing) proof
δόκιμος, experienced/ (ὁ), apprentice;
cadet
δοκός (ἡ), beam
δολερός, sly, crafty, cunning/ δολιεύομαι,
to cheat, to deceive/ δόλιος, deceitful,
crafty/ δολιότητα (ἡ), deceit, fraudu-
lence
δολιχοκέφαλος, dolichocephalous
δολλάριο (τό), dollar
δολοπλοκία (ἡ), intrigue/ δολοπλόκος
(ὁ), intriguer
δόλος (ὁ), deceit, fraud
δολοφονία (ἡ), assassination, murder/
δολοφονικός, assassinous, murderous/
δολοφόνος (ὁ), assassin, murderer/ δο-
λοφονῶ, to assassinate, to murder
δόλωμα (τό), bait, enticement/ δολώνω,
to bait
δομή (ἡ), structure
δόνηση (ἡ), vibration/ σεισμική ~, earth-
quake
δόντι (τό), tooth/ κρατῶ μέ τά δόντια, to
keep with great difficulty/ τρίζω τά δόν-
τια, to take a tough attitude/ δοντιά (ἡ),
bite
δονῶ, to vibrate, to shake
δόξα (ἡ), glory, fame/ ~ τῶ Θεῶ, thank
God!/ δοξάζω, to glorify; to praise
δοξάρι (τό), bow, fiddlestick
δοξασία (ἡ), belief, doctrine

δοξαστικός, laudatory
δοξολογία (ή), hymn of praise
δόρυ (τό), spear, lance
δορυφόρος (ό), satellite; bodyguard
δόση (ή), dose; instalment
δοσίλογος (ό), Nazi collaborator
δοσοληψία (ή), transaction
δοτική (ή), dative case
δούκας (ό), duke/ δουκάτο (τό), duchy/ δούκισσα (ή), duchess
δουλεία (ή), slavery, bondage
δουλειά (ή), work, labour/ κοίτα τήν ~ σου, mind your own business/ τί ~ κάνεις; what do you do?
δούλεμα (τό), elaboration/ (fig.) mocking, pulling someone's leg
δουλεμπόριο (τό), slave-trade/ δουλέμπορος (ό), slave-dealer
δουλευτής (ό), hard worker
δουλεύω, to work, to labour
δουλικό (τό), servant-girl
δουλικός, servile/ δουλικότητα (ή), servility
δουλοπάροικος (ό), serf
δουλοπρέπεια (ή), servility/ δουλοπρεπής, servile
δοῦλος (ό), slave, servant/ δουλοφροσύνη (ή), servility
δοῦναι (τό), debit
δοχεῖο (τό), vase, pot
δραγάτης (ό), field-guard
δραγομάνος (ό), interpreter, dragoman
δρακόντειος, draconic
δράκος (ό), dragon, ogre
δράμα (τό), drama, play/ δραματικός, dramatic/ δραματογράφος (ό), playwright/ δραματολόγιο (τό), repertory/ δραματοποίηση (ή), dramatization/ δραματοποιῶ, to dramatize/ δραματουργός (ό), playwright
δραπέτευση (ή), escape, flight/ δραπετεύω, to escape, to run away/ δραπέτης (ό), fugitive
δράση (ή), activity
δρασκελιά (ή), stride, step
δραστήριος, energetic, active/ δραστηριότητα (ή), activity
δράστης (ό), author (of a crime)/ δραστικός, drastic
δραχμή (ή), drachma

δρεπάνι (τό), sickle
δρέπω, to pick, to harvest, to reap
δριμύς, severe, sharp, bitter/ δριμύτητα (ή), severity, sharpness, bitterness
δρομάδα (ή), dromedary
δρομέας (ό), runner
δρομολόγιο (τό), itinerary; timetable
δρομόμετρο (τό), log
δρόμος (ό), way, street, road/ (sport) race
δροσερός, cool, fresh/ δροσερότητα (ή), coolness, freshness/ δροσιά (ή), dew/ κάνει ~, it's cool/ δροσίζω, to refresh, to cool/ δροσιστικός, refreshing, cooling
δρυάδα (ή), wood-nymph, dryad
δρύινος, oaken
δρυμός (ό), wood, forest
δρῦς (ή), oak-tree
δρῶ, to act, to operate
δυάδα (ή), duo, duet/ δυαδικός, dual/ δυαδικότητα (ή), duality/ δυϊκός, dual number
δύναμη (ή), force, power, strength/ οί Μεγάλες Δυνάμεις, the Great Powers
δυναμική (ή), dynamics/ δυναμικό (τό), potential/ δυναμικός, dynamic, energetic
δυναμίτιδα (ή), dynamite
δυνάμωμα (τό), strengthening/ δυναμώνω, to strengthen, to invigorate/ δυναμωτικός, invigorating, strengthening
δυναστεία (ή), dynasty
δυνάστευση (ή), oppression/ δυναστεύω, to oppress/ δυνάστης (ό), oppressor, tyrant
δυνατά, strongly, vigorously; loudly/ δυνατός, strong, vigorous; loud/ δυνατότητα (ή), possibility
δυνητικός, potential
δύο, two/ καί οί ~, both
δυόσμος (ό), mint
δυσανάγνωστος, illegible
δυσαναλογία (ή), disproportion/ δυσανάλογος, disproportionate
δυσαναπλήρωτος, irreplaceable
δυσανασχετῶ, to grow indignant
δυσαρέσκεια (ή), discontent, displeasure/ δυσαρεστημένος, discontented, displeased
δυσάρεστος, unpleasant, disagreeable/

δυσαρεστῶ, to displease, to annoy, to offend

δυσαρμονία (ἡ), discord

δυσβάστακτος, unbearable; very heavy

δύσβατος, inaccessible

δυσδιάκριτος, indistinguishable

δυσεκπλήρωτος, hard to fulfil, unrealistic

δυσεντερία (ἡ), dysentery

δυσεξήγητος, inexplicable

δυσεπανόρθωτος, irremediable

δυσερμήνευτος, βλ. *δυσεξήγητος,*

δυσεύρετος, hard to find, rare

δύση (ἡ), west; sunset

δυσθυμία (ἡ), depression/ *δύσθυμος,* depressed

δύσκαμπτος, rigid, stiff/ *δυσκαμψία* (ἡ), rigidity, stiffness

δυσκίνητος, slow, sluggish

δυσκοίλιος, constipated/ *δυσκοιλιότητα* (ἡ), constipation

δύσκολα, with difficulty/ *δυσκολεύω,* to create difficulties/ *δυσκολεύομαι,* to find difficulties/ *δυσκολία* (ἡ), difficulty

δυσκολοεξήγητος, inexplicable

δυσκολονόητος, incomprehensible, hard to understand

δυσκολοπίστευτος, unbelievable

δύσκολος, hard, difficult/ δύσκολη ἐποχή, hard times/ δύσκολη θέση, embarrassing position

δυσμένεια (ἡ), disfavour/ *δυσμενής,* unfavourable

δυσμικός, westerly

δύσμοιρος, unfortunate, unlucky

δυσμορφία (ἡ), ugliness/ *δύσμορφος,* ugly

δυσοίωνος, inauspicious

δυσοσμία (ἡ), stink, bad odour/ *δύσοσμος,* stinking

δυσουρία (ἡ), dysury

δύσπεπτος, indigestible/ *δυσπεψία* (ἡ), indigestion

δυσπιστία (ἡ), distrust/ *δύσπιστος,* distrustful, incredulous/ *δυσπιστῶ,* to distrust

δύσπνοια (ἡ), difficulty in breathing

δυσπραγία (ἡ), adversity

δυσπρόσιτος, inaccessible

δυστοκία (ἡ), painful delivery

δυστροπία (ἡ), peevishness/ *δύστροπος,* peevish, ill-humoured/ *δυστροπῶ,* to be peevish

δυστύχημα (τό), accident, mishap/ *δυστυχής,* unhappy, unfortunate/ *δυστυχία* (ἡ), unhappiness, misfortune/ *δυστυχισμένος,* unhappy, miserable/ *δύστυχος,* unhappy/ *δυστυχῶ,* to be unhappy/ *δυστυχῶς,* unfortunately, unhappily

δυσφήμιση (ἡ), defamation, slander/ *δυσφημιστικός,* defamatory/ *δυσφημίζω,* to defame, to slander

δυσφορία (ἡ), uneasiness/ *δυσφορῶ,* to be uneasy

δυσχεραίνω, to cause difficulties/ *δυσχέρεια* (ἡ), difficulty/ *δυσχερής,* difficult, hard

δύσχρηστος, unusable, hard to use

δυσωδία (ἡ), stink

δύτης (ὁ), diver

δυτικός, western, westerly

δύω, to set, to sink/ (fig.) to decline

δυωδία (ἡ), duet

δώδεκα, twelve/ *δωδεκάγωνο* (τό), dodecagon

δωδεκάδα (ἡ), dozen/ *δωδεκαδάκτυλο* (τό), duodenum

δωδεκαετής, twelve years old/ *δωδέκατος,* twelfth

δῶμα (τό), terrace, rooftop

δωμάτιο (τό), room, chamber/ ἐνοικιάζεται ~, room to let

δωρεά (ἡ), gift, present; donation/ *δωρεάν,* gratis/ *δωρητής* (ὁ), donor, donator/ *δωρίζω,* to offer

δωρικός, Doric

δῶρο (τό), gift

δωροδοκία (ἡ), bribe/ *δωροδοκῶ,* to bribe

E

ἐάν, if, whether

ἐαρινός, vernal, spring/ ἐαρινή ἰσημερία, vernal equinox ἑαυτός (ὁ), self, oneself/ ἐκτός ἑαυτοῦ, beside oneself

ἑβδομάδα (ἡ), week/ Μεγάλη ~ , Holy week/ ἑβδομαδιαῖος, weekly

ἑβδομηκοστός, seventieth/ ἑβδομῆντα, seventy

ἑβδομηντάρης (ὁ), seventy years old/ ἕβδομος, seventh

ἔβενος (ὁ), ebony

ἑβίβα, cheers!

ἑβραϊκός, Jewish, Hebrew/ Ἑβραῖος (ὁ), Jew, Israelite/ Ἑβραϊσμός (ὁ), Hebraism

ἔγγαμος, married

ἐγγαστρίμυθος, ventriloquist

ἔγγειος, (of the) land, territorial

ἐγγίζω, to touch; to approach

ἐγγλέζικος, English

ἐγγονή (ἡ), grand-daughter/ ἐγγονός (ὁ), grandson

ἐγγράμματος, educated, literate

ἐγγραφή (ἡ), registration, entry; recording

ἔγγραφο (τό), document, deed/ ἔγγραφος, written

ἐγγράφω, to register, to enter/ (maths) to inscribe/ ἐγγράφομαι, to enrol

ἐγγύηση (ἡ), guarantee, security/ ἐγγυητής (ὁ), guarantor

ἐγγύς, near, close

ἐγγυῶμαι, to guarantee

ἔγερση (ἡ), rising, waking/ ἐγερτήριο (τό), alarm

ἐγερτήριος, rising

ἐγκάθειρκτος, imprisoned

ἐγκάθετος, clapper; stooge

ἐγκαθίδρυση (ἡ), establishment, creation/ ἐγκαθιδρύω, to estalish, to institute

ἐγκαθιστῶ, to establish; to install

ἐγκαίνια (τά), inauguration, opening/ ἐγκαινιάζω, to inaugurate

ἔγκαιρα, in time, opportunely/ ἔγκαιρος, timely, opportune

ἐγκαλῶ, to charge, to accuse; to challenge

ἐγκάρδια, heartily, cordially/ ἐγκάρδιος, hearty, cordial/ ~ φίλος, close friend/ ἐγκαρδιότητα (ἡ), heartiness, cordiali-ἐγκαρδιώνω, to encourage, to cheer up/ ἐγκαρδίωση (ἡ), encouragement

ἐγκάρσιος, transversal

ἐγκαρτέρηση (ἡ), perseverance

ἔγκατα (τά), depths

ἐγκαταλείπω, to leave, to abandon/ ἐγκατάλειψη (ἡ), abandonment, giving up

ἐγκατασταίνω, 6λ. ἐγκαθιστῶ

ἐγκατάσταση (ἡ), establishment, installation

ἔγκαυμα (τό), burn, scald

ἔγκειται, it lies

ἐγκεφαλικός, cerebral/ ἐγκεφαλίτιδα (ἡ), encephalitis

ἐγκεφαλονωτιαῖος, cerebrospinal/ ἐγκέφαλος (ὁ), brain

ἔγκλειστος, imprisoned

ἔγκλημα (τό), crime/ ἐγκληματίας (ὁ), criminal

ἐγκληματικός, criminal/ ἐγκληματικότητα (ἡ), criminality, ill-doing/ ἐγκληματολογία (ἡ), criminology

ἐγκληματῶ, to commit a crime

ἔγκληση (ἡ), charge, accusation

ἐγκλιματίζω, to acclimatize/ ἐγκλιματίζομαι, to become used to/ ἐγκλιματισμός (ὁ), acclimatization

ἔγκλιση (ἡ), (gram.) mood

ἐγκλωβίζω, to isolate, to encircle

ἐγκόλπιο (τό), talisman, manual

ἐγκολπώνομαι, to adopt, to accept

ἐγκοπή (ἡ), incision

ἐγκόσμιος, worldly

ἐγκράτεια (ἡ), temperance, moderation/ ἐγκρατής, temperate, moderate

ἐγκρίνω, to accept, to approve/ ἔγκριση (ἡ), approval

ἔγκριτος, eminent, distinguished

ἐγκύκλιος (ἡ), circular letter

ἐγκυκλοπαίδεια (ἡ), encyclopaedia/ ἐγκυκλοπαιδικές γνώσεις, general knowledge

ἐγκυμονῶ, to be pregnant/ (fig.) to involve/ ἐγκυμοσύνη (ἡ), pregnancy/ ἔγκυος, pregnant

ἔγκυρος, valid/ ἐγκυρότητα (ἡ), validity

ἐγκωμιάζω, to praise/ ἐγκωμιαστικός, praising, laudatory/ ἐγκώμιο (τό), praise, eulogy

ἔγνοια (ἡ), concern, anxiety

ἐγρήγορση (ἡ), vigilance

ἐγχείρημα (τό), enterprise

ἐγχείρηση (ἡ), operation
ἐγχειρίδιο (τό), manual; dagger
ἐγχειρίζω, to operate; to deliver by hand/ ἐγχείριση (ἡ), βλ. ἐγχείρηση
ἔγχρωμος, coloured
ἐγχώριος, local, native
ἐγώ, I/ ἐγωισμός (ὁ), egoism/ ἐγωιστής (ὁ), egoist, selfish/ ἐγωιστικός, egoistic, selfish
ἐγωκεντρικός, egocentric
ἐδαφιαῖος, down to the ground/ ἐδαφικός, territorial
ἐδάφιο (τό), passage, paragraph
ἔδαφος (τό), ground, soil/ χάνω ~ , to lose ground
Ἐδέμ (ἡ), Eden
ἔδεσμα (τό), dish, meal
ἕδρα (ἡ), chair, seat; teacher's desk
ἑδραιώνω, to consolidate, to strengthen/ ἑδραίωση (ἡ), consolidation, strengthening
ἕδρανο (τό), bench
ἑδρεύω, to have one's headquarters
ἐδῶ, here/ ~ καί πολύ καιρό, long ago/ ἀπ' ~ καί πέρα, from now on/ ~ κοντά, close by/ ὡς ~ , up to here; so far
ἐδωδιμοπωλεῖο (τό), grocery/ ἐδώδιμος, edible
ἐδώλιο (τό), bench; dock
ἐθελοδουλεία (ἡ), servility
ἐθελοθυσία (ἡ), self-sacrifice
ἐθελοντής (ὁ), volunteer/ ἐθελοντικός, voluntary
ἐθελούσιος, willing
ἐθίζω, to accustom/ ἐθίζομαι, to be accustomed, to become addicted
ἔθιμο (τό), custom
ἐθιμοτυπία (ἡ), etiquette
ἐθνάρχης (ὁ), national leader, ethnarch
ἐθνεγερσία (ἡ), national revolution
ἐθνικισμός (ὁ), nationalism/ ἐθνικιστής (ὁ), nationalist
ἐθνικοποίηση (ἡ), nationalization/ ἐθνικοποιῶ, to nationalize
ἐθνικός, national/ ἐθνικότητα (ἡ), nationality
ἐθνογραφία (ἡ), ethnography/ ἐθνογραφικός, ethnographic(al)
ἐθνολογία (ἡ), ethnology/ ἐθνολογικός, ethnologic(al)

ἐθνομάρτυρας (ὁ), national hero
ἔθνος (τό), nation
ἐθνοσυνέλευση (ἡ), national assembly
ἐθνότητα (ἡ), nation
ἐθνοφρουρά (ἡ), national guard, militia/ ἐθνοφρουρός (ὁ), militia-man, national guard
εἰδεμή, otherwise, or else
εἰδεχθής, ghastly, hideous
εἰδήμων, expert, specialist
εἴδηση (ἡ), news, information
εἰδίκευση (ἡ), specialization/ εἰδικεύομαι, to specialize
εἰδικός, special, specific; specialist/ ~ βάρος, specific gravity
εἰδικότητα (ἡ), specialty
εἰδοποίηση (ἡ), notice, notification/ εἰδοποιῶ, to notify
εἶδος (τό), kind, sort
εἰδυλλιακός, idyllic/ εἰδύλλιο (τό), idyll
εἰδωλολατρεία (ἡ), paganism, idolatry/ εἰδωλολάτρης (ὁ), pagan, heathen/ εἴδωλο (τό), idol
εἰκάζω, to suppose, to guess/ εἰκασία (ἡ), guess
εἰκαστικός, conjectural/ εἰκαστικές τέχνες, fine arts
εἰκόνα (ἡ), picture; icon/ εἰκονίζω, to represent, to depict
εἰκονικός, fictitions/ εἰκονικότητα (ἡ) fictitiousness
εἰκόνισμα (τό), (sacred) icon
εἰκονογραφημένος, illustrated/ εἰκονογράφηση (ἡ), illustration
εἰκονογραφία (ἡ), illustration, iconography/ εἰκονογράφος (ὁ), illustrator/ εἰκονογραφῶ, to illustrate
εἰκονοκλάστης (ὁ), iconoclast/ εἰκονοκλαστικός, iconoclastic
εἰκονολατρεία (ἡ), icon worshipping/ εἰκονολάτρης (ὁ), icon worshipper
εἰκονομάχος (ὁ), βλ. εἰκονοκλάστης
εἰκονοστάσιο (τό), icon stand
εἰκοσαετηρίδα (ἡ), twentieth anniversary/ εἰκοσαπλάσιος, twenty-fold/ εἴκοσι, twenty/ εἰκοσιτετράωρο (τό), twenty-four hours/ εἰκοστός, twentieth
εἰλικρινά, frankly, sincerely/ εἰλικρίνεια (ἡ), frankness, sincerity/ εἰλικρινής, frank, sincere

είλωτας (ό), slave, helot

είμαι, to be, to exist/ πῶς είσαι; how are you?/ είναι ἀνάγκη, it is essential/ είναι καιρός, it is time to/ ~ στό κέφι, to be drunk/ ~ τῆς γνώμης, to believe

είμαρμένη (ἡ), fate, destiny

εἰρήνευση (ἡ), pacification/ εἰρηνευτικός, pacifyng

εἰρηνεύω, to pacify, to appease/ εἰρήνη (ἡ), peace/ συνθήκη εἰρήνης, peace treaty/ εἰρηνικά, peacefully/ εἰρηνικός, peaceful, pacific/ εἰρηνιστής (ὁ), pacifist

εἰρηνοδικεῖο (τό), court of a justice of peace/ εἰρηνοδίκης (ὁ), justice of peace

εἰρκτή (ἡ), prison, gaol

εἰρμός (ὁ), concatenation

εἴρων (ὁ), scoffer, mocker/ εἰρωνεία (ἡ), scoffing, mockery, irony

εἰρωνεύομαι, to scoff, to mock/ εἰρωνικά, ironically, mockingly/ εἰρωνικός, ironical, mocking

εἰς, to, at, into/ ~ ὑγείαν, to your health!

εἰσαγγελέας (ὁ), public prosecutor/ εἰσαγγελία (ἡ), public prosecutor's office

εἰσάγω, to introduce, to bring in; to import/ εἰσαγωγέας (ὁ), importer/ εἰσαγωγή (ἡ), introduction; import

εἰσαγωγικά (τά), quotations, inverted commas

εἰσαγωγικός, introductory/ ~ δασμός, import duty

εἰσακούω, to listen to, to accept

εἰσβάλλω, to invade/ εἰσβολή (ἡ), invasion

εἰσδοχή (ἡ), entry

εἰσδύω, to intrude, to penetrate

εἰσέρχομαι, to enter, to go in

εἰσήγηση (ἡ), introduction, suggestion/ εἰσηγητής (ὁ), introducer; spokesman/ εἰσηγητικός, introductory/

εἰσηγοῦμαι, to suggest

εἰσιτήριο (τό), ticket/ ~ διαρκείας, season ticket

εἰσκομίζω, to bring in

εἰσόδημα (τό), income/ φόρος εἰσοδήματος, income tax/ καθαρό ~ , net income/ εἰσοδηματίας (ὁ), person with a private income

εἴσοδος (ἡ), entrance; admission/ ἀπαγο-
ρεύεται ἡ ~ , no entry/ δικαίωμα εἰσόδου, admission free

εἰσορμῶ, to rush in

εἰσπρακτέος, due/ εἰσπράκτορας (ὁ), collector/ (bus) conductor/ εἴσπραξη (ἡ), collection/ εἰσπράττω, to collect, to cash in

εἰσρέω, to flow in/ εἰσροή (ἡ), influx

εἰσφέρω, to contribute/ εἰσφορά (ἡ), contribution

εἰσχωρῶ, to enter, to intrude

εἴτε, either/ ~ ... ~ , either ... or

ἕκαστος, each, every

ἑκατέρωθεν, on both sides

ἑκατό, hundred/ τοῖς ~ , per cent

ἑκατόμβη (ἡ), hecatomb/ (fig.) bloody event

ἑκατομμύριο (τό), million/ ~ στός, millionth

ἑκατομμυριοῦχος (ὁ), millionaire

ἑκατοντάδα (ἡ), a hundred/ ἑκατονταετηρίδα (ἡ), hundredth anniversary/ ἑκατονταετής, a hundred years old; lasting a hundred years/ ἑκατονταετία (ἡ), century/ ἑκατονταπλασιάζω, to multiply by a hundred/ ἑκατονταπλάσιος, hundred-fold

ἑκατόνταρχος (ὁ), centurion

ἑκατοστό (τό), one hundredth/ ~ μετρο (τό), centimetre

ἑκατοστός, hundredth

ἐκβάθυνση (ἡ), deepening/ ἐκβαθύνω, to deepen

ἐκβάλλω, to flow into

ἔκβαση (ἡ), outcome, result

ἐκβιάζω, to blackmail/ ἐκβιασμός (ὁ), blackmailing, extortion/ ἐκβιαστής (ὁ), blackmailer, extortioner

ἐκβιομηχάνιση (ἡ), or ἐκβιομηχανισμός (ὁ), industrialization

ἐκβολή (ἡ), ejection; river mouth

ἐκβράζω, to cast on shore/ ἔκβρασμα (τό), refuse, outcast

ἐκβραχισμός (ὁ), rock-cutting

ἐκγυμνάζω, to train, to drill/ ἐκγύμναση (ἡ), training

ἔκδηλος, evident, manifest, obvious/ ἐκδηλώνω, to manifest, to show/ ἐκδήλωση (ἡ), manifestation/ ἐκδηλωτικός, declaratory, open ἐκδίδω, to publish, to issue/ (banking) to draw/ (criminal) to extradite

ἐκδικάζω, to judge, to try/ ἐκδίκαση (ἡ), trial

ἐκδίκηση (ἡ), revenge, vengeance/ ἐκδικητής (ὁ), avenger

ἐκδικητικά, revengefully/ ἐκδικητικός, avenging, revengeful/ ἐκδικοῦμαι, to avenge, to take revenge

ἐκδιώκω, to drive out, to expel/ ἐκδίωξη (ἡ), driving out,

ἐκδορά (ἡ), skinning, flaying

ἔκδοση (ἡ), publication, edition, issue; extradition (of criminals)/ ἐκδότης (ὁ), editor, publisher/ (banking) drawer

ἐκδοτικός, publishing, editorial/ ~ οἶκος, publishing house

ἔκδοτος, given to

ἐκδούλευση (ἡ), service

ἐκδοχή (ἡ), meaning; aspect

ἐκδρομέας (ὁ), excursionist/ ἐκδρομή (ἡ), excursion

ἐκεῖ, there/ ~ δά, right there/ ~ πέρα, over there/ ~ θεν, from there on

ἐκεῖνος, that

ἐκεχειρία (ἡ), truce, armistice

ἔκζεμα (τό), eczema

ἔκθαμβος, dazzled, stupefied/ ἐκθαμβωτικός, dazzling, stupefying

ἐκθειάζω, to praise excessively

ἔκθεμα (τό), exhibit

ἔκθεση (ἡ), exhibition, show, fair; report/ ἐκθέτης (ὁ), exhibitor/ (maths) exponent

ἔκθετος, exposed, helpless/ (child) foundling

ἐκθέτω, to exhibit, to expose; to report/ ~ ὑποψηφιότητα, to run for election/ ~ σέ κίνδυνο, to put at risk

ἔκθλιψη (ἡ), pressing out, squeezing out

ἐκθρονίζω, to dethrone/ ἐκθρόνιση (ἡ), dethronement

ἔκθυμος, ardent, zealous

ἐκκαθαρίζω, to clear; to liquidate/ ἐκκαθάριση (ἡ), clearing; liquidation; purge/ ἐκκαθαριστής (ὁ), liquidator

ἐκκεντρικός, eccentric/ ἐκκεντρικότητα (ἡ), eccentricity

ἐκκενώνω, to evacuate, to empty/ ἐκκένωση (ἡ), evacuation, emptying/ (elec.) discharge

ἐκκίνηση (ἡ), starting

ἔκκληση (ἡ), appeal

ἐκκλησία (ἡ), church/ ἐκκλησιάζομαι, to attend church

ἐκκλησίασμα (τό), congregation/ ἐκκλησιασμός (ὁ), church attendance/ ἐκκλησιαστικός, ecclesiastic(al)

ἐκκοκισμός (ὁ), ginning/ ἐκκοκιστήριο (τό), cotton mill

ἐκκολαπτήριο (τό), incubator/ ἐκκολάπτω, to hatch/ ἐκκόλαψη (ἡ), hatching, incubation

ἐκκρεμές (τό), pendulum

ἐκκρεμής, pending, in suspense/ ἐκκρεμότητα (ἡ), suspense, uncertainty/ ἐκκρεμῶ, to be pending

ἐκκρίνω, to secrete/ ἔκκριση (ἡ), secretion

ἐκκωφαντικός, deafening

ἐκλαΐκευση (ἡ), popularization/ ἐκλαϊκευτικός, popularizing

ἐκλαϊκεύω, to popularize

ἐκλαμβάνω, to misinterpret, to form the wrong impression

ἐκλαμπρότητα (ἡ), splendour, eminence

ἐκλέγω, to choose, to select, to elect

ἐκλειπτικός, ecliptic

ἐκλείπω, to vanish, to disappear

ἔκλειψη (ἡ), disappearance; eclipse/ μερική ~ , partial eclipse/ ὁλική ~ , total eclipse

ἐκλεκτικός, selective, eclectic/ ἐκλεκτικότητα (ἡ), selectivity

ἐκλέκτορας (ὁ), elector

ἐκλεκτός, select, picked, excellent

ἐκλέξιμος, eligible

ἐκλεπτύνω, to make thinner/ ἐκλεπτυσμένος, civilized, refined

ἐκλιπάρηση (ἡ), beseeching, imploring/ ἐκλιπαρῶ, to beseech, to implore

ἐκλογέας (ὁ), voter, elector/ ἐκλογή (ἡ), selection, option; election/ ἀναπληρωματική ~ , by-election

ἐκλογικός, electoral

ἔκλυση (ἡ), relaxation, laxity/ ~ ἠθῶν, immorality, debauchery/ ἔκλυτος, debauched, immoral

ἐκμαγεῖο (τό), mould, cast

ἐκμάθηση (ἡ), learning

ἐκμεταλλεύομαι, to exploit, to take advantage of/ ἐκμετάλλευση (ἡ), exploitation/ ἐκμεταλλεύσιμος, exploitable/ ἐκμεταλλευτής (ὁ), exploiter/ ἐκμεταλλευτικός, exploiting

ἐκμηδενίζω, to annihilate/ ἐκμηδένιση (ἡ), annihilation

ἐκμισθώνω, to lease/ ἐκμίσθωση (ἡ), lease/ ἐκμισθωτής (ὁ), lessee

ἐκμυζῶ, to suck out

ἐκμυστηρεύομαι, to confess/ ἐκμυστήρευση (ἡ), confession

ἐκνευρίζω, to enervate/ ἐκνευρισμός (ὁ), nervousness, excitement/ ἐκνευριστικός, annoying

ἔκνομος, unlawful, illegal

ἐκούσια, willingly, voluntarily/ ἐκούσιος, willing, voluntary

ἐκπαίδευση (ἡ), education, instruction/ ἐκπαιδευτήριο (τό), (educational) institution/ ἐκπαιδευτής (ὁ), trainer, instructor

ἐκπαιδευτικός, educational/ (ὁ), teacher, instructor

ἐκπαιδεύω, to educate, to instruct

ἐκπαρθένευση (ἡ), defloration/ ἐκπαρθενεύω, to deflower

ἐκπατρίζομαι, to emigrate, to expatriate/ ἐκπατρισμός (ὁ), emigration, expatriation

ἐκπέμπω, to emit; to transmit, to broadcast

ἐκπεσμός (ὁ), decay, decline

ἐκπληκτικά, surprisingly, amazingly/ ἐκπληκτικός, surprising, amazing/ ἔκπληκτος, surprise, amazed/ ἔκπληξη (ἡ), surprise, amazement

ἐκπληρώνω, to astonish, to surprise

ἐκπνέω, to expire/ ἐκπνοή (ἡ), expiration

ἐκποίηση (ἡ), sale, disposal/ ἐκποιῶ, to sell, to dispose of

ἐκπολιτίζω, to civilize/ ἐκπολιτισμός (ὁ), civilization

ἐκπολιτιστικός, civilizing

ἐκπομπή (ἡ), emission; transmission, broadcasting

ἐκπόνηση (ἡ), elaboration/ ~ σχεδίου, planning/ ἐκπονῶ, to elaborate, to plan

ἐκπορεύομαι, to emanate, to originate/ ἐκπόρευση (ἡ), emanation

ἐκπόρθηση (ἡ), conquest, capture/ ἐκπορθῶ, to conquer, to capture

ἐκπορνεύω, to prostitute

ἐκπρόθεσμος, overdue

ἐκπροσώπηση (ἡ), representation, delegation/ ἐκπρόσωπος (ὁ), representative, delegate/ ἐκπροσωπῶ, to represent

ἔκπτωση (ἡ), decline; forfeiture; discount/ ἔκπτωτος, forfeited; deposed (king)

ἐκπυρσοκρότηση (ἡ), detonation/ ἐκπυρσοκροτῶ, to detonate

ἐκπωματίζω, to uncork

ἐκρύγνυμαι, to explode, to burst; to break out/ ἐκρηκτικός, explosive/ ἔκρηξη (ἡ), explosion, burst; outbreak (of war); eruption (of a volcano)

ἐκριζώνω, to eradicate, to uproot/ ἐκρίζωση (ἡ), uprooting

ἐκροή (ἡ), outflow, discharge

ἔκρυθμος, irregular

ἐκσκαφέας (ὁ), excavator/ ἐκσκαφή (ἡ), excavation

ἐκσπερματίζω, to ejaculate/ ἐκσπερμάτωση (ἡ), ejaculation

ἔκσταση (ἡ), ecstasy, rapture/ ἐκστατικός, ecstatic

ἐκστομίζω, to utter

ἐκστρατεία (ἡ), campaign, expedition/ ἐκστρατεύω, to campaign, to go on an expedition

ἐκσφενδονίζω, to hurl, to cast/ ἐκσφενδόνιση (ἡ), hurling, casting

ἔκτακτος, extraordinary/ (fig.) excellent

ἑκτάριο (τό), hectare

ἔκταση (ἡ), area, space/ (fig.) degree

ἐκταφή (ἡ), exhumation

ἐκτεθειμένος, exposed, open to

ἐκτείνω, to extend, to stretch out

ἐκτέλεση (ἡ), performance, accomplishment; execution/ ἐκτελεστής (ὁ), executor/ ἐκτελεστικός, executive/ ἐκτελεστική ἐξουσία, executive (power)/ ἐκτελῶ, to execute, to perform

ἐκτελωνίζω, to clear through customs/ ἐκτελωνισμός (ὁ), customs clearance

ἐκτίμηση (ἡ), esteem, respect; evaluation/ ἐκτιμητής (ὁ), assessor, valuator/ ἐκτιμῶ, to respect, to appreciate; to

value
ἐκτομή (ἡ), cutting out, cutting off
ἐκτόνωση (ἡ), detonation/ (fig.) cooling-off
ἐκτόξευση (ἡ), shooting, launching/ *ἐκτοξεύω*, to shoot, to launch
ἐκτοπίζω, to displace, to remove/ *ἐκτόπιση* (ἡ), displacing, removing
ἐκτόπισμα (τό), displacement
ἐκτόπλασμα (τό), ectoplasm
ἔκτος, sixth
ἐκτός, except, but ~ *ἐάν*, unless/ ~ *τούτου*, in addition to/ ~ *συναγωνισμοῦ*, unbeatable
ἐκτραχηλίζομαι, to run wild, to overdo/ *ἐκτραχηλισμός* (ὁ), overdoing, cheek
ἐκτραχύνω, to aggravate
ἐκτρέπω, to deviate, to deflect
ἐκτρέφω, to rear
ἐκτροπή (ἡ), deflection, deviation
ἔκτροπο (τό), improper act
ἐκτροχιάζω, to derail/ *ἐκτροχιάζομαι*, to be derailed/ (fig.) to act improperly/ *ἐκτροχιασμός* (ὁ), derailment
ἔκτρωμα (τό), abortive child/ (fig.) monstrosity, something very ugly
ἔκτρωση (ἡ), abortion
ἐκτυπώνω, to print/ *ἐκτύπωση* (ἡ), printing
ἐκτυφλωτικός, blinding, dazzling
ἔκφανση (ἡ), manifestation
ἐκφαυλισμός (ὁ), degradation
ἐκφέρω, to utter, to say/ ~ *γνώμη*, to express a view
ἐκφοβίζω, to intimidate, to frighten/ *ἐκφοβισμός* (ὁ), intimidation
ἐκφράζω, to express, to declare/ *ἔκφραση* (ἡ), expression
ἐκφραστικά, expressively/ *ἐκφραστικός*, expressive/ *ἐκφραστικότητα* (ἡ), expressiveness
ἐκφυλίζομαι, to degenerate/ *ἐκφυλισμός* (ὁ), degeneration
ἔκφυλος, corrupted, debauched
ἐκφώνηση (ἡ), reading out/ ~ *λόγου*, delivery of a speech/ *ἐκφωνητής* (ὁ), speaker, newscaster/ *ἐκφωνῶ*, to read out/ ~ *λόγο*, to deliver a speech
ἐκχειλίζω, to overflow
ἐκχερσώνω, to clear land/ *ἐκχέρσωση* (ἡ),

land clearing
ἐκχυδαΐζω, to vulgarize/ *ἐκχυδαϊσμός* (ὁ), vulgarization
ἐκχύλισμα (τό), extract
ἐκχώρηση (ἡ), cession, concession/ *ἐκχωρῶ*, to cede
ἔλα, come
ἔλαιο (τό), βλ. *λάδι*
ἐλαιογραφία (ἡ), oil-painting
ἐλαιόδεντρο (τό), olive-tree
ἐλαιόλαδο (τό), olive-oil/ *ἐλαιοτριβεῖο* (τό), olive-press
ἐλαιώνας (ὁ), olive-grove
ἔλασμα (τό), metal-plate
ἐλαστικό (τό), rubber/ ~ ς, elastic; flexible/ ~ *τητα* (ἡ), flexibility, elasticity
ἐλατήριο (τό), spring (fig.) motive
ἔλατο (τό), fir-tree
ἐλάττωμα (τό), fault, defect; vice/ *ἐλαττωματικός*, faulty, defective, out of order/ *ἐλαττωματικότητα* (ἡ), defectiveness
ἐλαττώνω, to reduce, to diminish, to lessen/ *ἐλάττωση* (ἡ), decrease, reduction
ἐλαφάκι (τό), fawn/ *ἐλάφι* (τό), deer, buck, stag/ ~ *ἐλαφίνα* (ἡ), doe
ἐλαφρά, lightly, gently, slightly/ *ἐλαφραίνω*, to become lighter
ἐλαφρόμυαλος, unwise, frivolous
ἐλαφρόπετρα (ἡ), pumice stone
ἐλαφροπόδαρος, light-footed
ἐλαφρός, light, nimble, slight/ ~ *χειμώνας*, mild winter/ *ἐλαφρότητα* (ἡ), lightness; frivolity
ἐλαφρούτσικος, rather light; rather stupid/ *ἐλάφρυνση* (ἡ), alleviation/ *ἐλαφρυντικός*, alleviating, extenuating
ἐλάφρωμα (τό), relief, easing/ *ἐλαφρώνω*, to relieve, to alleviate, to ease
ἐλάχιστος, least, slightest
ἐλβετικός, Swiss/ *Ἐλβετός, Ἐλβετίδα*, Swiss (man, woman)
ἐλεγειακός, elegiac/ *ἐλεγεῖο* (τό), elegy
ἐλεγκτής (ὁ), inspector, controller/ *ἐλεγκτικός*, controlling
ἔλεγχος (ὁ), control, inspection/ (school) report/ *ἐλέγχω*, to control, to check; to test
ἐλεεινολογῶ, to pity/ (fig.) to speak unfavourably/ *ἐλεεινός*, pitiful, wretched,

miserable/ ~ χαρακτήρας, awful character/ ἐλεεινότητα (ή), misery; awful conduct

ἐλεήμονας (ὁ), charitable, merciful/ ἐλεημοσύνη (ή), charity, alms

ἔλεος (τό), mercy, pity

ἐλεύθερα, freely/ ἐλευθερία (ή), freedom, liberty/ ~ τοῦ λόγου, freedom of speech/ ἐλευθεριάζω, to be liberal/ ἐλευθέριος, liberal/ γυναίκα ἐλευθερίων ἠθῶν, prostitute/ ἐλευθεροκοινωνία (ή), free intercourse/ ἐλεύθερος, free, independent; unmarried/ ~ στίχος, blank verse/ ἐλευθερόστομος, foulmouthed/ ἐλευθεροτυπία (ή), freedom of press/ ἐλευθερώνω, to free, to liberate/ ἐλευθέρωση (ή), liberation, deliverance/ ἐλευθερωτής (ὁ), liberator, redeemer

ἔλευση (ή), advent

ἐλέφαντας (ὁ), or **ἐλέφας** (ὁ), elephant/ ἐλεφαντίαση (ή), elephantiasis/ ἐλεφαντόδοντο (τό), ivory

ἐλεῶ, to have pity upon, to be merciful

ἐληά (ή), or **ἐλιά** (ή), olive/ (skin) mole

ἐλιγμός (ὁ), manoeuvre

ἕλικας (ὁ), propeller/ (bot.) tendril/ ἑλικοειδής, spiral

ἑλικόπτερο (τό), helicopter

ἐλιξήριο (τό), elixir, cordial

ἐλίσσομαι, to wind/ (fig.) to be flexible

ἕλκηθρο (τό), sledge

ἕλκος (τό), ulcer

ἑλκυστικός, attractive, charming/ ἑλκυστικότητα (ή) charm, attractiveness/ ἑλκύω, to attract, to charm

ἕλκω, to attract; to haul, to pull

ἕλκωση (ή), ulceration

ἑλλανοδίκης (ὁ), member of a sports jury

ἔλλειμα (τό), deficit (in a budget)/ ἐλλειματίας (ὁ), defaulter

ἐλλειπτικά, elliptically/ ἐλλειπτικός, elliptic

ἔλλειψη (ή), lack, deficiency

Ἕλληνας, Ἑλληνίδα, Greek (man, woman)/ ἑλληνικός, Greek, Hellenic/ ἀρχαία ἑλληνικά, Ancient Greek/ νέα ἑλληνικά Modern Greek/ Ἑλληνισμός (ὁ), Hellenism/ ἑλληνιστής (ὁ), Hellenist/ ἑλληνιστικός, Hellenistic/ ἑλληνο-

μαθής, knowing Greek/ ἑλληνοπρεπής, worthy of a Greek

ἑλληνορωμαϊκός, Greco-roman

ἑλλιμενισμός (ὁ), mooring, anchoring

ἐλλιπής, deficient, incomplete

ἐλλοχεύω, to lie in ambush .

ἕλξη (ή), attraction; pull/ ~ τῆς γῆς, gravitation

ἑλονοσία (ή), malaria

ἕλος (τό), marsh, swamp

ἐλπίδα (ή), hope/ ἐλπίζω, to hope

ἑλώδης, marshy, swampy/ ~ πυρετός, malaria

ἐμβαδόν (τό), area

ἐμβάζω, to remit

ἐμβάθυνση (ή), deep study/ ἐμβαθύνω, to study deeply

ἐμβάλλω, to put in, to cause

ἔμβασμα (τό), remittance

ἐμβατήριο (τό), military march

ἔμβλημα (τό), emblem, motto

ἐμβολή (ή), embolism

ἐμβολιάζω, to vaccinate, to inoculate/ ἐμβολιασμός (ὁ), vaccination, inoculation

ἐμβόλιμος, intercalary

ἐμβόλιο (τό), vaccine

ἔμβολο (τό), piston, ramrod

ἐμβρίθεια (ή), seriousness, deep involvement/ ἐμβριθής, serious, profound

ἐμβρόντητος, amazed, dumbfounded

ἐμβρυακός, foetal/ ἔμβρυο (τό), foetus, embryo

ἐμβύθιση (ή), immersion

ἐμετικός, emetic/ (lig.) disgusting/ ἐμετός (ὁ), vomiting

ἐμίρης (ὁ), emir

ἐμμένω, to persist, to remain firm

ἔμμεσα, indirectly/ ἔμμεσος, indirect

ἔμμετρος, in verse

ἐμμηνόρροια (ή), or **ἔμμηνα** (τά), menstruation

ἔμμισθος, salaried

ἐμμονή (ή), persistence/ ἔμμονος, persistent

ἔμπα, get in/ (τό), entrance

ἐμπάθεια (ή), animosity, bitterness/ ἐμπαθής, bitter, passionate

ἐμπαιγμός (ὁ), mockery, scorn/ ἐμπαίζω, to mock, to scorn/ ἐμπαικτικός, mocking, scornful

ἐμπεδώνω, to consolidate, to stabilize/ *ἐμπέδωση (ἡ)*, consolidation
ἐμπειρία (ἡ), experience, skill/ *ἐμπειρικός*, empirical, practical/ ~ *γιατρός*, quack/ *ἐμπειρισμός (ὁ)*, empiricism
ἐμπειρογνώμονας (ὁ), expert, specialist
ἐμπειροπόλεμος, experienced in war
ἔμπειρος, experienced, expert
ἐμπερικλείω, to include, to contain
ἐμπεριστατωμένα, in detail, in full/ *ἐμπεριστατωμένος*, detailed, full
ἐμπιστεύομαι, to trust, to rely on/ *ἐμπιστευτικά*, confidentially
ἐμπιστευτικός, confidential/ *ἔμπιστος*, loyal, reliable/ *ἐμπιστοσύνη (ἡ)*, confidence, trust
ἔμπλαστρο (τό), plaster
ἐμπλέκω, to entangle, to involve/ *ἐμπλοκή (ἡ)*, entanglement/ (tech.) gear
ἐμπλουτίζω, to enrich/ *ἐμπλουτισμός (ὁ)*, enrichment
ἔμπνευση (ἡ), inspiration/ *ἐμπνευσμένος*, inspired
ἐμπνέω, to inspire
ἐμποδίζω, to prevent, to hinder/ *ἐμπόδιο (τό)*, obstacle, hindrance/ *δρόμος μετ' ἐμποδίων*, hurdle race
ἐμπόλεμος, belligerent
ἐμπόρευμα (τό), goods, merchandise/ *ἐμπορεύομαι*, to trade, to deal/ *ἐμπορεύσιμος*, negotiable/ *ἐμπορικός*, commercial, mercantile/ *ἐμπορικό ἐπιμελητήριο*, chamber of commerce/ *ἐμπορικό κατάστημα*, (department) store/ *ἐμπόριο (τό)*, trade, commerce/ *ἐμποροδικεῖο (τό)*, commercial tribunal
ἐμποροπανήγυρη (ἡ), fair/ *ἔμπορος (ὁ)*, merchant, trader/ *ἐμποροϋπάλληλος (ὁ)*, shop assistant
ἐμποτίζω, to impregnate, to soak in
ἐμπράγματος, real, substantial, actual
ἔμπρακτα, in fact/ *ἔμπρακτος*, actual, factual, real
ἐμπρησμός (ὁ), burning, arson/ *ἐμπρηστής (ὁ)*, incendiary/ *ἐμπρηστικός*, incendiary/ (fig.) rousing
ἐμπρόθεσμα, in time/ *ἐμπρόθεσμος*, in time
ἐμπρός, forward, in front of, ahead/ *βάζω* , to start/ *ἀπ' ἐδῶ καί* ~ , from now

on/ *τό ρολόι πηγαίνει* ~ , the clock is fast
ἐμπρόσθιος, βλ. *μπροστινός*
ἐμπροσθογεμής, muzzle-loaded
ἐμπροσθοφυλακή vanguard
ἔμπυο (τό), βλ. *πύον*
ἐμπύρετος, feverish
ἐμφαίνω, to show, to indicate/*ἐμφανής*, evident, apparent, obvious
ἐμφανίζω, to present, to show; to develop (a photo)/ *ἐμφανίζομαι*, to appear/ *ἐμφάνιση (ἡ)*, appearance; development (of a photo)
ἐμφα(ν)τικός, emphatic/ *ἔμφαση (ἡ)*, emphasis, stress
ἐμφιαλώνω, to bottle
ἐμφιλοχωρῶ, to slip in
ἐμφορούμαι, to be animated by
ἔμφραγμα (τό), blockage/ *ἔμφραξη (ἡ)*, obstruction
ἐμφύλιος, civil/ ~ *πόλεμος*, civil war
ἐμφύσημα (τό), breathing in/ (med.) emphysema/ *ἐμφυσῶ*, to breathe in
ἐμφύτευση (ἡ), implanting/ *ἐμφυτεύω*, to implant
ἔμφυτος, innate, intuitive
ἔμψυχος, animate, alive/ *ἐμψυχώνω*, to encourage/ *ἐμψύχωση (ἡ)*, encouragement
ἐν, in, within/ ~ *γνώσει*, aware of/ ~ *ὀλίγοις*, in short/ ~ *ὄψει*, in view/ ~ *τάξει*, allright/ ~ *τούτοις*, in spite of
ἐναγκαλίζομαι, to embrace/ *ἐναγκαλισμός (ὁ)*, embrace
ἐναγόμενος, defendant/ *ἐνάγω*, to sue/ *ἐνάγων*, plaintiff
ἐναγώνιος, anxious
ἐναέριος, aerial
ἐναίσιμος, ~ *διατριβή*, PhD thesis
ἐναλλαγή (ἡ), alternation, interchange/ *ἐναλλακτικός*, alternating/ *ἐναλλασσόμενο ρεῦμα*, alternating current
ἐνανθρώπιση (ἡ), incarnation
ἔναντι, against; on account
ἐναντίον, contrary to, against/ *ἐνάντιος*, contrary, opposed to/ *ἐναντιότητα (ἡ)*, opposition/ *ἐναντιώνομαι*, to oppose, to be against/ *ἐναντίωση (ἡ)*, opposition
ἐναποθέτω, to deposit
ἐναποθηκεύω, to store

ἐναπομένω, to remain
ἐνάργεια (ἡ), clarity, lucidity/ ἐναργής, clear, lucid
ἐνάρετος, virtuous
ἔναρθρος, articulate
ἐναρκτήριος, inaugural
ἐναρμονίζω, to harmonize/ ἐναρμόνιση (ἡ), harmonization
ἐναρμονισμένος, harmonized
ἔναρξη (ἡ), opening, inauguration
ἕνας, μία, ἕνα, one/ ~ κι' ~ , the best
ἐνάσκηση (ἡ), exercise/ ἐνασκῶ, to exercise
ἔναστρος, starry
ἐνασχόληση (ἡ), occupation
ἐνατένιση (ἡ), gazing, staring
ἔνατος, ninth
ἔναυσμα (τό), fuel, tinder/ (fig.) cause
ἔνδεια (ἡ), poverty
ἐνδεικτικό (τό), certificate, diploma
ἐνδεικτικός, indicative/ ἔνδειξη (ἡ), indication, evidence, token/ reading (on a meter)
ἔνδεκα, eleven/ ἐνδέκατος, eleventh
ἐνδελεχής, assiduous
ἐνδέχεται, maybe, it is probable
ἐνδεχόμενο (τό), probability, eventuality/ ~ ς, probable, possible
ἐνδημικός, endemic
ἐνδιαίτημα (τό), residence, dwelling
ἐνδιάμεσος, intermediate
ἐνδιαφερόμενος, interested/ ἐνδιαφέρω, to interest/ δέν μέ ἐνδιαφέρει, I am not interested/ ἐνδιαφέρομαι, to be interested in/ ἐνδιαφέρον (τό), interest/ ἐνδιαφέρων, interesting/ σέ ἐνδιαφέρουσα κατάσταση, pregnant
ἐνδίδω, to yield, to succumb
ἔνδικος, legal, judicial
ἐνδοιασμός (ὁ), hesitation, doubt
ἐνδοκρινής, ~ ἀδένας, gland of internal secretion
ἐνδόμυχος, innermost
ἔνδοξα, gloriously/ ἔνδοξος, glorious, famous, celebrated/ ἐνδοξότητα (ἡ), gloriousness, celebrity
ἐνδότερα (τά), the interior
ἐνδοτικός, yielding, docile/ ἐνδοτικότητα (ἡ), yielding, extreme moderation
ἐνδοχώρα (ἡ), hinterland

ἔνδυμα (τό), dress, garment/ ἐνδυμασία (ἡ), suit, costume/ ἐθνική ~ , national costume
ἐνδυναμώνω, to strengthen
ἐνέδρα (ἡ), ambush/ στήνω ~ , or ἐνεδρεύω, lie in ambush
ἐνενηκοστός, ninetieth/ ἐνενήντα, ninety
ἐνεός, dumbfounded
ἐνέργεια (ἡ), action, energy, activity/ (phys.) power/ βάζω σέ ~ , to put into effect
ἐνεργητικό (τό), assets/ ἐνεργητικός, active, energetic/ (gram.) ἐνεργητική φωνή, active voice/ ἐνεργητικότητα (ἡ), activity, energy/ ἐνεργός, active/ ἐνεργῶ, to act, to operate
ἔνεση (ἡ), injection
ἐνεστώτας (ὁ), present tense
ἐνετικός, Venetian/ Ἐνετός (ὁ), Venetian
ἐνέχομαι, to be implicated
ἐνεχυριάζω, to pawn, to pledge/ ἐνέχυρο (τό), pawn, pledge/ ~ δανειστήριο (τό), pawnbroker's shop/ ~ δανειστής (ὁ), pawnbroker
ἔνζυμο (τό), enzyme
ἐνηλικιώνομαι, to come of age/ ἐνηλικίωση (ἡ), coming of age, majority/ ἐνήλικος, major, of age
ἐνήμερος, aware of, informed/ ἐνημερώνω, to inform, to brief/ (account.) to bring up to date
ἐνθάρρυνση (ἡ), encouragement/ ἐνθαρρυντικός, encouraging/ ἐνθαρρύνω, to encourage
ἔνθεος, God-inspired
ἔνθερμα, ardently/ ἔνθερμος, ardent
ἐνθουσιάζω, to instill enthusiasm/ ἐνθουσιάζομαι, to be enthusiastic, to be delighted/ ἐνθουσιασμός (ὁ), enthusiasm, delight
ἐνθουσιώδης, ardent, enthusiastic
ἐνθρονίζω, to enthrone/ ἐνθρόνιση (ἡ), enthroning
ἐνθύμηση (ἡ), recollection/ ἐνθύμιο (τό), souvenir
ἐνθυμοῦμαι, to recall, to recollect
ἐνιαῖος, united
ἐνικός (ὁ), singular (number)
ἐνίοτε, sometimes, occasionally

ἐνίσχυση (ἡ), reinforcement/ (phys.) amplification/ ἐνισχυτής (ὁ), amplifier/ ἐνισχυτικός, reinforcing/ ἐνισχύω, to reinforce/ (phys.) to amplify

ἐννέα, nine/ ἐννεακόσιοι, nine hundred/ ἐννεαπλάσιος, nine-fold

ἔννοια (ἡ), meaning, sense, idea

ἔννομος, legal, lawful/ ἔννομη τάξη, public order

ἐννοῶ, to understand; to mean/ ἐννοεῖται, it is obvious

ἐνοικιάζω, to let, to rent/ ἐνοικίαση (ἡ), letting, hiring/ ἐνοικιαστήριο (τό), to let notice/ ἐνοικιαστής (ὁ), tenant/ ἐνοίκιο (τό), rent/ ἐνοικιοστάσιο (τό), moratorium on rents/ ἔνοικος (ὁ), lodger

ἔνοπλος, armed

ἐνοποιημένος, unified/ ἐνοποίηση (ἡ), unification

ἐνοποιῶ, to unify

ἐνόραση (ἡ), introspection

ἐνόργανος, instrumental

ἐνορία (ἡ), parish/ ἐνοριακός, parochial/ ἐνορίτης (ὁ), parishioner

ἔνορκος (ὁ), under oath/ἔνορκοι (οἱ), jury

ἐνορχήστρωση (ἡ), orchestration

ἐνότητα (ἡ), unity

ἐνοφθαλμισμός (ὁ), ingrafting

ἐνοχή (ἡ), guilt

ἐνόχληση (ἡ), trouble, inconvenience/ ἐνοχλητικός, troublesome, inconvenient/ ἐνοχλῶ, to trouble, to bother, to inconvenience

ἐνοχοποίηση (ἡ), incrimination/ ἐνοχοποιητικός, incriminating/ ἐνοχοποιῶ, to incriminate/ ἔνοχος (ὁ), guilty

ἐνσαρκώνω, to incarnate/ ἐνσάρκωση (ἡ), incarnation

ἔνσημο (τό), stamp

ἐνσκήπτω, to fall upon, to attack

ἐνσταλάζω, to instil, to infuse

ἔνσταση (ἡ), (leg.) objection

ἐνστερνίζομαι, to adopt, to accept

ἔνστικτο (τό), instinct/ ἐνστικτώδης, instinctive

ἐνσυνείδητα, consciously/ ἐνσυνείδητος, conscious

ἐνσωματώνω, to incorporate, to include/

ἐνσωμάτωση (ἡ), incorporation

ἔνταλμα (τό), writ, warrant, order/ ~ πληρωμῆς, pay order

ἔνταξη (ἡ), placing; joining in

ἔνταση (ἡ), tension, strain; intensity/ ἐντάσσω, to place

ἐντατικός, intensive

ἐνταφιάζω, to bury, to entomb/ ἐνταφιασμός (ὁ), burial

ἐντείνω, to strain, to intensify

ἐντέλεια (ἡ), perfection

ἐντελῶς, entirely, completely, totally

ἐντερικός, intestinal/ ἔντερο (τό), intestine

ἐντευκτήριο (τό), meeting-place, club

ἔντεχνα, skilfully/ ἔντεχνος, skilful

ἔντιμα, honestly, honourably/ ἔντιμος, honest/ ἐντιμότητα (ἡ), honesty/ ἡ ~ σας, Your Honour

ἐντοιχίζω, to immure

ἔντοκος, yielding interest

ἐντολέας (ὁ), assignor/ ἐντολή (ἡ), order, mandate/ ἐντολοδόχος (ὁ), assignee

ἐντομή (ἡ), incision

ἔντομο (τό), insect/ ~ κτόνο (τό), insecticide/ ~ λογία (ἡ), entomology/ ~ λόγος (ὁ), entomologist

ἔντονα, sharply, intensely/ ἔντονος, sharp, intense

ἐντοπίζω, to locate

ἐντόπιος, 6λ. ντόπιος

ἐντοπισμός (ὁ), or ἐντόπιση (ἡ), localization; pinning-down

ἐντός, in, within/ ~ 6ολῆς, within range

ἐντόσθια (τά), guts, entrails

ἐντριβή (ἡ), rubbing; massage

ἔντρομος, frightened, terrified

ἐντροπία (ἡ), entropy

ἐντρύφημα (τό), indulging, enjoyment/ ἐντρυφῶ, to indulge in

ἔντυπο (τό), printed matter/ ἔντυπος, printed

ἐντυπώνομαι, to be impressed

ἐντύπωση (ἡ), impression, sensation/ κάνω ~ , to make an impression/ ἐντυπωσιακός, impressive

ἐνυδρεῖο (τό), aquarium

ἐνυπάρχω, to exist within

ἐνυπόγραφος, signed

ἐνυπόθηκος, mortgaged/ ~ δανειστής,

mortgagee/ ~ ὀφειλέτης, mortgager
ἐνῶ, while, whilst
ἐνωμοτία (ἡ), squad
ἐνώνω, to join, to unite
ἐνώπιον, in front of, in the presence of
ἐνωρίς, early
ἕνωση (ἡ), union; association; juncture/ ἑνωτικός, joining, uniting/ (ὁ), unionist
ἐξαγγελία (ἡ), proclamation, declaration/ ἐξαγγέλω, to proclaim, to declare
ἐξαγνίζω, to purify/ ἐξαγνισμός (ὁ), purification
ἐξαγόμενο (τό), result, product
ἐξαγορά (ἡ), redemption, ransom/ ~ τῆς συνείδησης, bribery/ ἐξαγοράζω, to buy off, to ransom
ἐξαγριώνω, to infuriate/ ἐξαγριώνομαι, to be enraged
ἐξάγω, to pull out; to export/ ~ συμπέρασμα, to draw conclusions/ ἐξαγωγέας (ὁ), exporter/ ἐξαγωγή (ἡ), export; extraction
ἐξαγωγικός, (of) export/ ἐξαγώγιμος, exportable
ἐξάγωνο (τό), hexagon/ ~ ς, hexagonal/ ἑξάδα (ἡ), group of six
ἐξάδελφος (ὁ), cousin
ἐξαερίζω, to ventilate/ ἐξαερισμός (ὁ), ventilation
ἐξαεριστήρας (ὁ), ventilator
ἐξαερώνω, to gasify/ ἐξαέρωση (ἡ), gasification
ἐξαετής, six years old/ ἑξαετία (ἡ), six years
ἐξαίρεση (ἡ), exception; exemption
ἐξαίρετα, perfectly, admirably/ ἐξαιρετικά, exceptionally, not as a rule/ ἐξαιρετικός, exceptional/ ἐξαίρετος, excellent, brilliant
ἐξαιρῶ, to except, to exempt/ ἐξαιροῦμαι, to be exempted
ἐξαίσια, splendidly, perfectly/ ἐξαίσιος, splendid, perfect
ἐξακολούθηση (ἡ), continuation, sequel/ ἐξακολουθητικά, continually/ ἐξακολουθητικός, continual, incessant/ ἐξακολουθῶ, to continue
ἐξακοντίζω, to cast, to fling/ ἐξακοντισμός (ὁ), casting
ἐξακόσιοι, six hundred/ ἐξακοσιοστός,

sixhundredth
ἐξακριβώνω, to verify, to check/ ἐξακρίβωση (ἡ), verification
ἐξαλείφω, to wipe out, to strike out/ ἐξάλειψη (ἡ), wiping out/ (fig.) extermination
ἔξαλλος, beside oneself, extremely angry
ἐξάμβλωμα (τό), abortive child/ (fig.) something very ugly
ἐξάμετρο (τό), hexameter
ἐξαμηνία (ἡ), semester
ἐξαναγκάζω, to force, to compel/ ἐξαναγκασμός (ὁ), compulsion/ ἐξαναγκαστικός, compelling
ἐξανδραποδίζω, to enslave/ ἐξανδραποδισμός (ὁ), enslaving
ἐξανεμίζω, to disperse, to scatter
ἐξάνθημα (τό), rash, pimple
ἐξανθράκωση (ἡ), decarbonization
ἐξανθρωπίζω, to humanize/ ἐξανθρωπισμός (ὁ), humanization
ἐξάντληση (ἡ), exhaustion/ ἐξαντλητικός, exhausting
ἐξαντλῶ, to exhaust, to waste/ ἐξαντλοῦμαι, to be exhausted
ἐξάπαντος, certainly, of course
ἐξαπάτηση (ἡ), deceit/ ἐξαπατῶ, to deceive
ἐξαπλάσιος, six-fold
ἐξάπλευρος, six-sided
ἐξαπλώνω, to stretch, to extend/ ἐξάπλωση (ἡ), extension, stretching out
ἐξαπολύω, to let loose
ἐξαποστέλλω, to despatch/ (fig.) to send away, to discharge
ἐξάπτω, to excite, to rouse/ ἐξάπτομαι, to get excited
ἐξαργυρώνω, to convert/ ἐξαργύρωση (ἡ), conversion (of money)
ἐξαρθρώνω, to dislocate/ ἐξάρθρωση (ἡ), dislocation
ἐξαρθρωτικός, dislocating
ἔξαρση (ἡ), exaltation
ἐξάρτημα (τό), accessory, equipment
ἐξάρτηση (ἡ), dependence/ (mil.) equipment/ ἐξαρτῶ, to suspend from/ (fig.) to depend (upon)
ἐξαρχία (ἡ), exarchate/ ἔξαρχος (ὁ), exarch, legate
ἐξασθενίζω, to weaken/ ἐξασθένιση (ἡ),

weakening; fading/ ἐξασθενῶ, to get weak; to fade (out)

ἐξάσκηση (ἡ), exercise, training/ ἐξασκῶ, to exercise, to train/ ~ ἐπάγγελμα, to practise a profession

ἐξασφαλίζω, to secure/ ἐξασφάλιση (ἡ), securing, safeguarding/ ἐξασφαλιστικός, securing

ἐξατμίζω, to evaporate/ ἐξάτμιση (ἡ), evaporation

ἐξαϋλώνω, to take out of the material state

ἐξαφανίζω, to cause to disappear/ ἐξαφανίζομαι, to disappear, to vanish/ ἐξαφάνιση (ἡ), disappearance

ἔξαφνα, suddenly

ἐξαχρειώνομαι, to be corrupted/ ἐξαχρειωμένος, corrupt(ed)/ ἐξαχρείωση (ἡ), corruption, depravity

ἐξάψαλμος (ὁ), six psalms/ (fig.) reprimand

ἔξαψη (ἡ), excitement

ἐξεγείρω, to rouse, to stir up/ ἐξέγερση (ἡ), rousing, revolt

ἐξέδρα (ἡ), platform

ἐξεικόνιση (ἡ), depiction

ἐξελιγμένος, developed/ ἐξελικτικός, evolutionary

ἐξέλιξη (ἡ), evolution, development/ ἐξελίσσομαι, to evolve, to develop

ἐξέλκωση (ἡ), ulceration

ἐξελληνίζω, to hellenize/ ἐξελληνισμός (ὁ), hellenization

ἐξεπίτηδες, intentionally

ἐξερεθίζω, to irritate, to annoy

ἐξερεύνηση (ἡ), exploration/ ἐξερευνητής (ὁ), explorer

ἐξερευνητικός, exploring/ ἐξερευνῶ, to explore

ἐξέρχομαι, to go out

ἐξετάζω, to examine, to test, to probe/ ἐξέταση (ἡ), examination, test/ ἐξεταστής (ὁ), examiner/ ἐξεταστικός, examining/ ἐξέταστρα (τά), examination fees

ἐξευγενίζω, to refine, to polish/ ἐξευγενισμός (ὁ), refinement

ἐξευμενίζω, to appease/ ἐξευμενισμός (ὁ), appeasement

ἐξεύρεση (ἡ), finding out/ ἐξευρίσκω, to find out

ἐξευρωπαΐζω, to europeanize

ἐξευτελίζω, to degrade, to humiliate/ ἐξευτελισμός (ὁ), degradation, humiliation/ ἐξευτελιστικός, degrading, humiliating

ἐξέχω, to protrude; to be prominent/ ~ ν, prominent, outstanding/ ἐξέχουσα προσωπικότητα, prominent personality

ἕξη, or ἕξι, six/ στίς ~ , at six o'clock

ἐξήγηση (ἡ), explanation/ ἐξηγητικός, explanatory

ἐξηγῶ, to explain/ ἐξηγοῦμαι, to explain one's attitude

ἐξηκοστός, sixtieth

ἐξηλεκτρισμός (ὁ), electrification

ἐξημερώνω, to tame, to calm/ ἐξημέρωση (ἡ), taming

ἑξήντα, sixty

ἑξηνταβελόνης (ὁ) miser

ἑξῆς, as follows/ καί οὕτω καθ' ~ , and so on/ στό ~ , in future, from now on

ἐξιδανίκευση (ἡ), idealization/ ἐξιδανικεύω, to idealize

ἐξιλασμός (ὁ), expiation/ ἐξιλαστήριος, expiatory

ἐξιλεώνω, to expiate/ ἐξιλέωση (ἡ), expiation

ἐξίσου, equally

ἐξιστόρηση (ἡ), narration/ ἐξιστορῶ, to narrate

ἐξισώνω, to equalize, to balance/ ἐξίσωση (ἡ), equation

ἐξιχνιάζω, to track down/ ἐξιχνίαση (ἡ), tracking

ἐξοβελίζω, to reject/ ἐξοβελισμός (ὁ), rejection

ἐξόγκωμα (τό), swelling/ ἐξογκώνω, to swell/ (fig.) to exaggerate/ ἐξόγκωση (ἡ), swelling/ (fig.) exaggeration

ἔξοδο (τό), expense/ τά ἔξοδα, expenses

ἔξοδος (ἡ), exit, outlet/ ~ κινδύνου, emergency exit

ἐξοικειώνομαι, to become accustomed/ ἐξοικείωση (ἡ), familiarity

ἐξοικονομῶ, to save

ἐξολόθρευση (ἡ), extermination, annihilation/ ἐξολοθρευτής (ὁ), exterminator/ ἐξολοθρεύω, to exterminate, to annihilate ἐξομάλυνση (ἡ), smoothing/ ἐξομαλύνω, to smooth down

ἐξομοιώνω, to equate/ ἐξομοίωση (ἡ), equating

ἐξομολόγηση (ἡ), confession/ ἐξομολογητής (ὁ), confessor/ ἐξομολογούμενος (ὁ), penitent/ ἐξομολογῶ, to hear a confession/ ἐξομολογοῦμαι, to confess

ἐξοντώνω, to exterminate/ἐξόντωση (ἡ), extermination

ἐξονυχίζω, to scrutinize/ ἐξονύχιση (ἡ), scrutiny

ἐξοπλίζω, to arm; to equip/ ἐξοπλισμός (ὁ), arming; equipment

ἐξοργίζω, to enrage, to irritate

ἐξορία (ἡ), exile, banishment/ ἐξορίζω, to banish

ἐξόριστος, exiled, banished

ἐξορκίζω, to exorcise/ ἐξορκισμός (ὁ), exorcism

ἐξόρμηση (ἡ), sally, attack/ ἐξορμῶ, to dash, to attack

ἐξόρυξη (ἡ), digging-out

ἐξοστρακίζω, to banish/ ἐξοστρακισμός (ὁ), banishment

ἐξουδετερώνω, to neutralize/ ἐξουδετέρωση (ἡ), neutralization

ἐξουθενώνω, to render helpless/ ἐξουθένωση (ἡ), helplessness

ἐξουσία (ἡ), authority, government, power/ νομοθετική ~ , legislative power/ ἐξουσιάζω, to rule, to have authority over/ ἐξουσιαστής (ὁ), ruler

ἐξουσιοδότηση (ἡ), authorization/ ἐξουσιοδοτῶ, to authorize

ἐξόφθαλμος, apparent, self-evident

ἐξόφληση (ἡ), final payment (settlement)/ ἐξοφλητέος, payable/ ἐξοφλῶ, to pay off, to settle

ἔξοχα, splendidly

ἐξοχή (ἡ), countryside/ κατ' ἐξοχήν, above all/ ἐξοχικός, rural

ἔξοχος, splendid, excellent/ ἐξοχότητα (ἡ), excellency, eminence/ Ἐξοχότατε! Your Excellency!

ἐξπρεσσιονισμός (ὁ), expressionism

ἐξτρεμισμός (ὁ), extremism/ ἐξτρεμιστής (ὁ), extremist

ἐξυβρίζω, to insult/ ἐξύβριση (ἡ), insult, abuse

ἐξυγιαίνω, to render healthy/ ἐξυγίανση (ἡ), cleaning up, healthy condition

ἐξύμνηση (ἡ), praise/ ἐξυμνῶ, to praise

ἐξυπηρέτηση (ἡ), service, assistance/ ἐξυπηρετικός, serving, helpful/ ἐξυπηρετῶ, to serve, to assist

ἐξυπνάδα (ἡ), cleverness, intelligence/ ἔξυπνος, clever, intelligent

ἐξυφαίνω, ~ συνομωσία, to plot, to conspire

ἐξυψώνω, to exalt, to raise/ ἐξύψωση (ἡ), exaltation

ἔξω, out, outside/ ~ ἀπό τά δόντια, outspoken/ μαθαίνω ἀπ' ἔξω, to learn by heart/ πέφτω ~ , to make a mistake/ μιά κι' ~ , all at once/ ~ φρενῶν, angry, beside oneself

ἐξώγαμο (τό), illegitimate child, bastard/ ~ ς, extramarital

ἐξώδικος, extrajudicial

ἐξώθηση (ἡ), impulse, urge, incitement

ἐξώθυρα (ἡ), gate

ἐξωθῶ, to urge, to incite

ἐξωκκλήσι (τό), country church

ἔξωμος, low-necked

ἐξωμότης (ὁ), renegade

ἐξώπορτα (ἡ), gate

ἐξωραΐζω, to embellish/ ἐξωραϊσμός (ὁ), embellishment/ ἐξωραϊστικός, embellishing

ἔξωση (ἡ), eviction

ἐξώστης (ὁ), balcony

ἐξωτερίκευση (ἡ), manifestation, expression/ ἐξωτερικεύω, to manifest, to express

ἐξωτερικό (τό), the outside; abroad, foreign lands/ ~ ς, external, outer

ἐξωτικό (τό), βλ. ξωτικό

ἐξωτικός, exotic

ἐξωφρενικός, absurd, nonsensical/ ἐξωφρενισμός (ὁ), absurdity

ἐξώφυλλο (τό), (book) cover

ἑορτάζω, to celebrate/ ἑορτή (ἡ), celebration, feast

ἐπαγγελία (ἡ), promise/ γῆ τῆς ~ ς, the Promised Land/ ἐπαγγέλομαι, to promise; to practise (a profession)

ἐπάγγελμα (τό), profession, occupation/ ἐπαγγελματίας (ὁ), professional/ ἐπαγγελματικός, professional ἐπαγρύπνηση (ἡ), vigilance/ ἐπαγρυπνῶ, to be vigilant

ἐπαγωγή (ἡ), induction/ ἐπαγωγικός, inductive

ἐπαγωγός, attractive

ἔπαθλο (τό), prize

ἐπαινετικός, praising/ ἐπαινετός, praiseworthy, laudable/ ἔπαινος (ὁ), praise/ ἐπαινῶ, to praise

ἐπαίσχυντος, shameful, disgraceful

ἐπαιτεία (ἡ), begging/ ἐπαίτης (ὁ), beggar/ ἐπαιτῶ, to beg

ἐπακολούθημα (τό), consequence, effect/ ἐπακολουθῶ, to result, to follow

ἔπακρο (τό), extreme

ἐπάκτιος, coastal

ἐπάλειψη (ἡ), smearing

ἐπαλήθευση (ἡ), verification/ ἐπαληθεύω, to verify

ἐπάλληλος, successive

ἔπαλξη (ἡ), rampart

ἐπαμφοτερίζω, to waver, to be indecisive

ἐπανακτῶ, to recover, to regain

ἐπαναλαμβάνω, to repeat, to resume/ ἐπαναληπτικός, repeating/ ἐπανάληψη (ἡ), repetition, resumption

ἐπαναπαύομαι, to rely on

ἐπανάσταση (ἡ), revolution, rebellion/ ἐπαναστάτης (ὁ), revolutionist/ ἐπαναστατικός, revolutionary/ ἐπαναστατῶ, to revolt, to rebel

ἐπανασύνδεση (ἡ), reconnection/ ἐπανασυνδέω, to reconnect, to join again

ἐπαναφέρω, to reestablish, to bring back/ ἐπαναφορά (ἡ), reestablishment

ἐπανδρώνω, to man; to equip

ἐπανειλημμένα, repeatedly

ἐπανέρχομαι, to return

ἐπανεκδίδω, to republish/ ἐπανέκδοση (ἡ), republication

ἐπανίδρυση (ἡ), reestablishment/ ἐπανιδρύω, to reestablish

ἐπάνοδος (ἡ), return

ἐπανορθώνω, to restore/ ἐπανόρθωση (ἡ), restoration, redress/ ἐπανορθωτικός, redressing

ἐπάνω, on, above, over/ τό παίρνω ~ μου, to become boastful/ ~ κάτω, more or less/ ἀπό ~ ὡς κάτω, from top to bottom

ἐπανωφόρι (τό), overcoat

ἐπάξιος, worthy

ἐπάρατος, accursed

ἐπάργυρος, silver-plated

ἐπάρκεια (ἡ), adequacy/ ἐπαρκής, adequate, enough/ ἐπαρκῶ, to be adequate

ἔπαρση (ἡ), pride, arrogance; (flag) hoisting

ἐπαρχία (ἡ), province, district/ ἐπαρχιακός, provincial/ ἐπαρχιώτης (ὁ), villager, coming from the country

ἔπαυλη (ἡ), villa

ἐπαυξάνω, to increase, to augment/ ἐπαύξηση (ἡ), increase

ἐπαφή (ἡ), touch, contact

ἐπαχθής, burdensome, onerous

ἐπείγομαι, to be in a hurry/ ἐπείγων, urgent

ἐπειδή, because, since

ἐπεισοδιακός, casual, incidental/ ἐπεισόδιο (τό), incident

ἔπειτα, then, after (wards)

ἐπέκταση (ἡ), extension, expansion/ ἐπεκτείνω, to extend, to expand

ἐπέλαση (ἡ), attack, assault

ἐπεμβαίνω, to interfere/ ἐπέμβαση (ἡ), interference

ἐπένδυση (ἡ), lining; investment/ ἐπενδύω, to line; to invest

ἐπενεργῶ, to influence

ἐπεξεργάζομαι, to work out/ ἐπεξεργασία (ἡ), elaboration

ἐπεξηγηματικός, explanatory/ ἐπεξήγηση (ἡ), explanation

ἐπεξηγῶ, to explain

ἐπέρχομαι, to happen; to befall

ἐπέτειος (ἡ), anniversary

ἐπετηρίδα (ἡ), year-book

ἐπευφημία (ἡ), cheering/ ἐπευφημῶ, to cheer

ἐπηρεάζω, to influence, to affect/ ἐπηρεασμός (ὁ), or ἐπήρεια (ἡ), influence, effect

ἐπί, on; for, during; over/ ~ πολύ καιρό, over a long period

ἐπίατρος (ὁ), surgeon-major

ἐπιβαίνω, to climb on; to go on board

ἐπιβάλλω, to impose, to inflict/ ~ φόρους, to levy taxes

ἐπιβάρυνση (ἡ), aggravation; burden/

ἐπιβαρυντικός, aggravating; burdensome/ ἐπιβαρύνω, to aggravate; to charge

ἐπιβάτης (ὁ), passenger/ ἐπιβατικός, (of the) passenger/ ἐπιβατικό πλοῖο, passenger ship

ἐπιβεβαιώνω, to confirm/ ἐπιβεβαίωση (ἡ), confirmation

ἐπιβεβαιωτικός, confirmatory

ἐπιβήτορας (ὁ), stallion/ (fig.) womanizer

ἐπιβιβάζω, to embark/ ἐπιβίβαση (ἡ), embarkation

ἐπιβιώνω, to survive/ ἐπιβίωση (ἡ), survival

ἐπιβλαβής, harmful

ἐπιβλέπω, to supervise/ ἐπίβλεψη (ἡ), supervision

ἐπιβλητικός, impressive, imposing

ἐπιβολή (ἡ), imposition

ἐπιβουλεύομαι, to conspire, to blot against/ ἐπιβουλή (ἡ), plot, conspiracy

ἐπιβράβευση (ἡ), prize award/ ἐπιβραβεύω, to award a prize

ἐπιβράδυνση (ἡ), slowing down/ ἐπιβραδύνω, to slow down

ἐπιγαμία (ἡ), intermarriage

ἐπίγειος, earthly

ἐπίγνωση (ἡ), knowledge, awareness

ἐπιγονατίδα (ἡ), patella

ἐπίγονος (ὁ), descendant

ἐπίγραμμα (τό), epigram/ ~ τικός, epigrammatic

ἐπιγραφή (ἡ), inscription/ ἐπιγράφω, to inscribe

ἐπιδαψιλεύω, to bestow upon

ἐπιδεικνύω, to exhibit, to show/ ἐπιδεικτικός, showy

ἐπιδεινώνω, to worsen, to deteriorate/ ἐπιδείνωση (ἡ), worsening, deterioration

ἐπίδειξη (ἡ), show, demonstration

ἐπιδεκτικός, susceptible

ἐπιδένω, to bandage

ἐπιδέξιος, skilful, adroit/ ἐπιδεξιότητα (ἡ), skill, adroitness

ἐπιδερμίδα (ἡ), skin

ἐπίδεση (ἡ), bandaging/ ἐπίδεσμος (ὁ), bandage

ἐπιδέχομαι, to be susceptible to

ἐπιδημία (ἡ), epidemic

ἐπιδίδω, to deliver, to hand

ἐπιδικάζω, to adjudge/ ἐπιδίκαση (ἡ), adjudication

ἐπίδικος, disputed

ἐπιδιορθώνω, to repair, to mend/ ἐπιδιόρθωση (ἡ), repair, mending

ἐπιδιώκω, to pursue, to aspire/ ἐπιδίωξη (ἡ), pursuit, aspiration

ἐπιδοκιμάζω, to approve; to applaud/ ἐπιδοκιμασία (ἡ), approval; applause

ἐπίδομα (τό), allowance

ἐπίδοξος, (heir) presumptive

ἐπιδόρπιο (τό), dessert

ἐπίδοση (ἡ), delivery; (sport) record

ἐπιδοτήριο (τό), notification writ

ἐπίδραση (ἡ), influence, effect

ἐπιδρομέας (ὁ), invader, raider/ ἐπιδρομή (ἡ), invasion; raid

ἐπιδρῶ, to influence, to affect

ἐπιείκια (ἡ), lenience, mercy, clemency/ ἐπιεικής, lenient, merciful

ἐπίζηλος, enviable

ἐπιζήμιος, harmful

ἐπιζήτηση (ἡ), pursuit, aspiration/ ἐπιζητῶ, to pursue, to aspire

ἐπιζῶ, to survive

ἐπιζωοτία (ἡ), epizootic disease

ἐπιθαλάμιος, nuptial

ἐπιθανάτιος, mortal

ἐπίθεμα (τό), (med.) compress/ (gram.) suffix

ἐπίθεση (ἡ), attack, assault/ ἐπιθετικά, aggressively, offensively/ ἐπιθετικός, aggressive/ ἐπιθετικότητα (ἡ), aggressiveness

ἐπίθετο (τό), adjective; surname

ἐπιθεώρηση (ἡ), inspection, survey, review/ ἐπιθεωρητής (ὁ), inspector/ ἐπιθεωρῶ, to inspect, to survey

ἐπιθυμητός, desirable/ ἐπιθυμία (ἡ), desire, wish; lust/ ἐπιθυμῶ, to desire, to wish

ἐπίκαιρος, opportune; current/ ἐπικαιρότητα (ἡ), opportuneness; current events

ἐπικαλοῦμαι, to invoke, to appeal to

ἐπικαλύπτω, to wrap, to cover/ ἐπικάλυψη (ἡ), covering, overlapping

ἐπικαρπία (ἡ), usufruct/ ἐπικαρπωτής (ὁ), usufructuary/ ἐπικαρπώνομαι, to have the usufruct

ἐπίκειται, it is imminent, it is about to happen

ἐπίκεντρο (τό), the epicentre/ (fig.) the main point

ἐπικερδής, profitable

ἐπικεφαλίδα (ἡ), headline

ἐπικήδειος, funeral/ (ὁ), funeral speech

ἐπικήρυξη (ἡ), putting a price on someone's head

ἐπικίνδυνος, dangerous, risky, perilous

ἐπίκληση (ἡ), invocation

ἐπικλινής, sloping, inclined

ἐπικοινωνία (ἡ), intercourse, communication/ *ἐπικοινωνῶ,* to communicate

ἐπικόλληση (ἡ), sticking, affixing/ *ἐπικολλῶ,* to stick, to affix

ἐπικός, epic

ἐπικούρειος, epicurean

ἐπικουρία (ἡ), help, assistance/ *ἐπικουρικός,* auxiliary

ἐπικράτεια (ἡ), state, national territory

ἐπικράτηση (ἡ), predominance/ *ἐπικρατῶ,* to predominate

ἐπικρίνω, to blame, to criticize/ *ἐπίκριση* (ἡ), criticism, blame/ *ἐπικριτής* (ὁ), unfavourable critic

ἐπικρότηση (ἡ), approval; agreement/ *ἐπικροτῶ,* to approve; to agree with

ἐπίκτητος, acquired

ἐπικυριαρχία (ἡ), suzerainty

ἐπικυρώνω, to ratify, to confirm/ *ἐπικύρωση* (ἡ), ratification, confirmation

ἐπιλαμβάνομαι, to undertake

ἐπιλέγω, to select

ἐπίλεκτος, select, first-class

ἐπιληπτικός, epileptic/*ἐπιληψία* (ἡ), epilepsy

ἐπιλήψιμος, reproachable

ἐπιλογή (ἡ), selection, choice

ἐπίλογος (ὁ), epilogue

ἐπίλοιπος, remaining

ἐπιλοχίας (ὁ), sergeant major

ἐπιλόχιος, (med) ~ *πυρετός,* puerperal fever

ἐπίλυση (ἡ), solution/ *ἐπιλύω,* to solve

ἐπίμαχος, disputed

ἐπιμέλεια (ἡ), care/ *ἐπιμελής,* careful, diligent

ἐπιμελητήριο (τό), society, union/ *ἐμπορικό* ~ , chamber of commerce/ *ἐπιμε-*

λητής (ὁ), steward/ (school) prefect

ἐπίμεμπτος, reproachable

ἐπιμένω, to insist, to persist

ἐπιμερίζω, to distribute, to apportion

ἐπίμετρο (τό), addition

ἐπιμήκης, oblong/ *ἐπιμήκυνση* (ἡ), elongation

ἐπιμηκύνω, to elongate

ἐπιμιξία (ἡ), mixing

ἐπιμίσθιο (τό), additional pay, allowance

ἐπιμνημόσυνος, commemorative/ *ἐπιμνημόσυνη δέηση,* requiem

ἐπιμονή (ἡ), persistence/ *ἐπίμονος,* persistent, obstinate

ἐπίμοχθος, laborious, tiring

ἐπιμύθιο (τό), (the) moral

ἐπίνειο (τό), port, haven

ἐπινικέλωση (ἡ), nickel-plating

ἐπινίκιος, victorious

ἐπινόηση (ἡ), invention/ *ἐπινοητικός,* inventive, ingenious/ *ἐπινοητικότητα* (ἡ), inventiveness/ *ἐπινοῶ,* to invent

ἐπίορκος, perjurer

ἐπιούσιος, daily (bread)

ἐπίπεδο (τό), plane/ ~ ς, flat, level

ἐπίπλαστος, artificial, feigned

ἐπιπλέον, in addition

ἐπιπλέω, to float

ἐπίπληξη (ἡ), reproach, rebuke/ *ἐπιπλήττω,* to reproach, to rebuke

ἐπιπλοκή (ἡ), complication

ἔπιπλο (τό), piece of furniture/ *ἐπιπλοποιός* (ὁ), furniture-maker

ἐπιπλώνω, to furnish/ *ἐπίπλωση* (ἡ), furniture

ἐπιπόλαια, superficially/ *ἐπιπόλαιος,* superficial, frivolous/ *ἐπιπολαιότητα* (ἡ), superficiality, frivolity

ἐπίπτωση (ἡ), repercussion, effect

ἐπιρρεπής, inclined

ἐπίρ(ρ)ημα (τό), adverb

ἐπιρ(ρ)ίπτω, to cast upon

ἐπιρροή (ἡ), influence, effect

ἐπισείω, to brandish

ἐπισημαίνω, to single out, to mark

ἐπίσημα, solemnly, officially

ἐπισήμανση (ἡ), marking, singling out

ἐπισημοποιῶ, to make official/ *ἐπίσημος,* official; authentic/ *ἐπισημότητα* (ἡ), authenticity; formality ἐπίσης, also, too, in addition to, as well

ἐπισιτισμός (ὁ), food supply

ἐπισκεπτήριο (τό), visiting card

ἐπισκέπτης (ὁ), visitor/ ἐπισκέπτομαι, to visit

ἐπισκευάζω, to repair, to mend/ ἐπισκευή (ἡ), repair, mending

ἐπίσκεψη (ἡ), visit

ἐπισκιάζω, to overshadow; to outshine/ ἐπισκίαση (ἡ), overshadowing

ἐπισκοπή (ἡ), diocese, bishopric

ἐπισκόπηση (ἡ), review

ἐπισκοπικός, episcopal/ ἐπίσκοπος (ὁ), bishop

ἐπισκοπῶ, to review, to examine, to oversee

ἐπισπεύδω, to hurry, to hasten; to accelerate/ ἐπίσπευση (ἡ), hastening; acceleration

ἐπισταμένα, carefully, attentively

ἐπιστασία (ἡ), supervision, care/ ἐπιστάτης (ὁ), superintendent/ ἐπιστατῶ, to supervise

ἐπιστεγάζω, to cover/ ἐπιστέγασμα (τό), covering, sheltering/ (fig.) the final touch

ἐπιστήθιος, very close

ἐπιστήμη (ἡ), science/ ἐπιστήμονας (ὁ), scientist

ἐπιστημονικός, scientific

ἐπιστητό (τό), knowledge

ἐπιστολή (ἡ), letter/ (eccl.) epistle/ συστημένη ~ , registered letter/ ἐπιστολογραφία (ἡ), letter-writing/ ἐπιστολογράφος (ὁ), letter-writer

ἐπιστόμιο (τό), muzzle, mouthpiece

ἐπιστράτευση (ἡ), mobilization/ ἐπιστρατεύω, to mobilize

ἐπιστρέφω, to return/ ἐπιστροφή (ἡ), return

ἐπίστρωμα (τό), covering/ ἐπιστρώνω, to cover over

ἐπιστύλιο (τό), pillar, top, architrave

ἐπισυνάπτω, to attach; to enclose

ἐπισύρω, to attract, to draw (the attention)

ἐπισφαλής, unsafe, precarious, risky

ἐπισφραγίζω, to confirm/ ἐπισφράγιση (ἡ), confirmation

ἐπίσχεση (ἡ), suppression, retention

ἐπισωρεύω, to amass, to pile up

ἐπιταγή (ἡ), order; draft/ ταχυδρομική ~, postal order

ἐπιτακτικός, imperative

ἐπίταξη (ἡ), requisition

ἐπίταση (ἡ), intensification

ἐπιτάσσω, to order; to requisition

ἐπιτάφιος, sepulchral, funerary

ἐπιτάχυνση (ἡ), hastening; acceleration/ ἐπιταχύνω, to hasten; to accelerate

ἐπιτείνω, to intensify

ἐπιτελάρχης (ὁ), chief of staff/ ἐπιτελεῖο (τό), staff

ἐπιτελῶ, to carry out, to perform

ἐπιτετραμμένος (ὁ), chargé d'affaires

ἐπίτευγμα (τό), accomplishment

ἐπιτήδειος, clever, cunning/ ἐπιτηδειότητα (ἡ), cleverness, aptitude

ἐπίτηδες, intentionally

ἐπιτήδευμα (τό), profession

ἐπιτηδευμένος, affected/ ἐπιτήδευση (ἡ), affectation

ἐπιτήρηση (ἡ), supervision/ ἐπιτηρητής (ὁ), supervisor, overseer/ ἐπιτηρῶ, to supervise

ἐπιτίθεμαι, to attack, to assault

ἐπιτίμηση (ἡ), reprimand, reproach/ ἐπιτιμητικός, reprimanding, reproaching

ἐπίτιμος, honorary

ἐπιτιμῶ, to reprimand, to reproach

ἐπιτόκιο (τό), interest rate

ἐπιτομή (ἡ), abridgment, summary/ ἐπίτομος, abridged

ἐπιτόπιος, local

ἐπιτραπέζιος, on the table/ ἐπιτραπέζιο κρασί, table wine

ἐπιτρέπω, to allow, to permit

ἐπιτροπεία (ἡ), administration; management/ ἐπιτροπεύω, to administer; to act as a guardian/ ἐπιτροπή (ἡ), committee, commission

ἐπίτροπος (ὁ), commissioner; guardian

ἐπιτυγχάνω, to suceed, to achieve

ἐπιτύμβιο (τό), tombstone/ ~ , sepulchral

ἐπιτυχημένος, or ἐπιτυχής, successful/ ἐπιτυχία (ἡ), success

ἐπιφάνεια (ἡ), level, surface

ἐπιφανής, distinguished, eminent

'Επιφάνεια (τά), Epiphany

ἐπίφαση (ἡ), semblance

ἐπιφέρω, to cause
ἐπίφοβος, frightening, alarming
ἐπιφοίτηση (ἡ), divine inspiration/ ἐπιφοιτῶ, to inspire from above
ἐπιφορτίζω, to commission/ ἐπιφορτισμένος, commissioned
ἐπιφυλακτικός, reserved, cautious/ ἐπιφυλακτικότητα (ἡ), reserve, caution/ ἐπιφύλαξη (ἡ), reservation/ ἐπιφυλάσσω, to reserve
ἐπιφυλλίδα (ἡ), serial story
ἐπιφώνημα (τό), exclamation, interjection
ἐπιχαίρω, to rejoice
ἐπιχείρημα (τό), argument/ ἐπιχειρηματίας (ὁ), businessman, industrialist/ ἐπιχειρηματικός, enterprising/ ἐπιχειρηματολογία (ἡ), business, enterprise/ ἐπιχειρῶ, to undertake, to attempt
ἐπιχορήγηση (ἡ), subsidy, grant/ ἐπιχορηγῶ, to subsidize
ἐπίχρισμα (τό), varnish
ἐπίχρυσος, gilded, gold-plated/ ἐπιχρυσώνω, to gild, to gold-plate/ ἐπιχρύσωση (ἡ), gilding, gold-plating
ἐπιχωματώνω, to embank/ ἐπιχωμάτωση (ἡ), embankment
ἐπιψηφίζω, to vote for, to pass/ ἐπιψήφιση (ἡ), passing (of a law)
ἐποικισμός (ὁ), settlement/ ἐποικίζω, to settle, to colonize
ἐποικοδομητικός, edifying, positive
ἔποικος (ὁ), settler, colonist/ ἐποικῶ, to settle, to colonize
ἑπόμενος, next, following/ ἑπομένως, therefore
ἐπονείδιστος, disgraceful, shameful
ἐπονομάζω, to name
ἐποποιία (ἡ), epopee, campaign
ἐποπτεία (ἡ), supervision, inspection/ ἐπόπτης (ὁ), supervisor/ ἐποπτικός, supervising
ἔπος (τό), epic poem
ἐπουλώνω, to heal, to cure/ ἐπούλωση (ἡ), healing
ἐπουράνιος, heavenly, celestial
ἐπουσιώδης, immaterial, unimportant
ἐποφθαλμιῶ, to desire
ἐποχή (ἡ), period, time; season
ἔποψη (ἡ), point of view

ἑπτά, seven/ ~ γωνο (τό), heptagon/ γωνος, heptagonal
ἑπταετής, seven years old/ ἑπτακόσιοι, seven hundred/ ἑπτακοσιοστός, seven-hundredth/ ἑπταπλάσιος, sevenfold
Ἑπτάνησα (τά), the Ionian Islands
ἑπτάψυχος, robust, indestructible
ἐπωδός (ἡ), refrain
ἐπώδυνος, painful
ἐπωμίδα (ἡ), epaulet
ἐπωνυμία (ἡ), name/ ἐμπορική ~ , firm/ ἐπώνυμο (τό), surname
ἐπωφελής, profitable, advantageous/ ἐπωφελοῦμαι, to take advantage of
ἐράνισμα (τό), selection, anthology/ ἐρανιστής (ὁ), compiler
ἔρανος (ὁ), money collection
ἐρασιτέχνης (ὁ), amateur
ἐράσμιος, lovable, amiable
ἐραστής (ὁ), lover
ἐργάζομαι, to work
ἐργαλεῖο (τό), instrument, tool; equipment
ἐργασία (ἡ), work, labour; occupation, job/ δέν βρίσκω ~ , I cannot find a job/ ἐργάσιμος, working day
ἐργαστήριο (τό), laboratory, workshop
ἐργάτης (ὁ), worker, labourer/ ἐργατικός, (of) labour; industrious/ ἐργατικό κόμμα, Labour Party/ ἐργατική τάξη, working classes/ ἐργατικότητα (ἡ), industry, hard working
ἐργένης (ὁ), bachelor, single
ἔργο (τό), work; achievement/ θεατρικό ~ , play/ κινηματογραφικό ~ , film/ δημόσια ἔργα, public works/ καταδικάζομαι σέ καταναγκαστικά ἔργα, to be sentenced to forced labour
ἐργοδηγός (ὁ), foreman/ ἐργοδότης (ὁ), employer
ἐργολαβία (ἡ), contracting/ ἐργολάβος (ὁ), or ἐργολήπτης (ὁ), contractor
ἐργοστασιάρχης (ὁ), industrialist/ ἐργοστάσιο (τό), factory
ἐργόχειρο (τό), embroidery
ἔρεβος (τός), darkness
ἐρεθίζω, to irritate, to excite/ ἐρεθισμός (ὁ), irritation, excitement/ ἐρεθιστικός, irritating/ ἐρεθιστικότητα (ἡ), irritability

ἐρείπιο (τό), ruin, remain/ ἐρειπώνω, to ruin

ἔρεισμα (τό), support, prop

ἔρευνα (ἡ), search; research; inquiry/ ἐρευνητής (ὁ), researcher, scholar/ ἐρευνητικός, searching, inquiring, investigating/ ἐρευνῶ, to search; to research; to investigate

ἐρήμην, by default, in absentia

ἐρημητήριο (τό), hermitage/ ἐρημιά (ἡ), desert, wilderness/ ἐρημικός, deserted, solitary/ ἐρημίτης (ὁ), hermit, monk

ἐρημοδικία (ἡ), trial in absentia

ἐρημοκκλήσι (τό), deserted chapel

ἐρημονήσι (τό), desert island

ἔρημος (ἡ), desert, wilderness

ἔρημος, deserted, abandoned; lonely/ ἐρημώνω, to devastate, to lay waste/ ἐρήμωση (ἡ), devastation

ἔριδα (ἡ), dispute, quarrel/ ἐρίζω, to dispute, to quarrel

ἐρινύες (οἱ), the furies

ἐριουργία (ἡ), wool-manufacture

ἐριστικός, quarrelsome

ἐρίτιμος, respected

ἐρίφιο (τό), kid

ἔρμα (τό), ballast

ἔρμαιο (τό), prey

ἑρμαφρόδιτος, hermaphrodite

ἑρμηνεία (ἡ), interpretation/ ἑρμηνευτής (ὁ), interpreter/ (fig.) actor

ἑρμηνευτικός, explanatory/ ἑρμηνεύω, to interpret

ἑρμητικά, hermetically/ ἑρμητικός, hermetical

ἑρμίνα (ἡ), hermin

ἑρπετό (τό), reptile

ἕρπω, to creep

ἐρύθημα (τό), blush/ (med.) erythema

ἐρυθρόδερμος (ὁ), Red Indian

ἐρυθρός, red

ἔρχομαι, to come, to arrive/ ~ στά χέρια, to come to blows/ μοῦ ἔρχεται νά, I feel like/ μοῦ ἦρθε στό νοῦ, it came to my mind/ καλῶς ἦρθες, welcome

ἐρχόμενος, coming; next, following/ ἐρχομός (ὁ), arrival

ἐρωμένη (ἡ), mistress/ ἐρωμένος (ὁ), lover

ἔρωτας (ὁ), love/ κάνω ~ , to make love

ἐρωταπόκριση (ἡ), question and answer

ἐρωτευμένος, in love/ ἐρωτεύομαι, to fall in love

ἐρώτημα (τό), question/ ~ τικό (τό), question mark/ ~ τικός, interrogative/ ἐρώτηση (ἡ), question

ἐρωτικά, amorously/ ἐρωτικός, amorous/ ἐρωτική σχέση, love affair/ ἐρωτόληπτος, permanently in love/ ἐρωτοτροπία (ἡ), flirtation/ ἐρωτοτροπῶ, to flirt/ ἐρωτοχτυπημένος, in love

ἐρωτῶ, to ask, to question

ἐσμός (ὁ), swarm

ἐσοδεία (ἡ), harvest, crop

ἔσοδο (τό), income, revenue

ἑσπέρα (ἡ), evening/ ἑσπερίδα (ἡ), evening reception

ἑσπεριδοειδῆ (τά), citrus fruit

ἑσπερινός (ὁ), vespers

ἑσπερινός, evening

ἐσπευσμένα, hurriedly/ ἐσπευσμένος, hurried, hasty

ἐσταυρωμένος (ὁ), crucifix

ἑστία (ἡ), hearth, fireside/ ~ φωτός, focus/ ἑστιάδα (ἡ), vestal

ἑστιάτορας (ὁ), restaurant owner/ ἑστιατόριο (τό), restaurant

ἔστω, let it be so

ἐσύ, you

ἐσχάρα (ἡ), grill

ἐσχατολογία (ἡ), eschatology

ἔσχατος, last, utmost, extreme/ ~ κίνδυνος, gravest danger/ ἐσχάτη προδοσία, high treason

ἐσώκλειστος, enclosed/ (student) boarder/ ἐσωκλείω, to enclose

ἐσώρουχα (τά), underwear

ἐσωτερικό (τό), the interior/ ἐσωτερικός, interior/ στό ἐσωτερικό, inland

ἑταίρα (ἡ) concubine

ἑταιρία (ἡ), company, society/ ἑταιρικός, of a company/ ἑταῖρος (ὁ), partner, associate

ἑτεροβαρής, unilateral

ἑτερογενής, heterogeneous

ἑτεροδικία (ἡ), extraterritoriality

ἑτερόδοξος, heterodox

ἑτεροθαλής, ~ ἀδελφός, half-brother

ἑτερόφθαλμος, one-eyed

ἑτήσιος, annual

ἐτικέττα (ἡ), label; etiquette
ἑτοιμάζω, to prepare, to get ready/ ἑτοιμασία (ἡ), preparation
ἑτοιμοθάνατος, dying, moribund
ἑτοιμόλογος (ὁ), witty
ἑτοιμοπαράδοτος, ready to deliver
ἑτοιμοπόλεμος, on war footing
ἑτοιμόρροπος, crumbling
ἕτοιμος, ready, prepared/ ἑτοιμότητα (ἡ), readiness/ ~ πνεύματος, presence of mind
ἔτος (τό), year/ πόσων ἐτῶν εἶσαι; how old are you?/ πρό πολλῶν ἐτῶν, many years ago
ἔτσι, so, thus/ ~ κι' ~ , so and so
ἐτυμηγορία (ἡ), verdict, sentence
ἐτυμολογία (ἡ), etymology, word-derivation/ ἐτυμολογικός, etymological
εὐαγγελικός, evangelical/ εὐαγγέλιο (τό), gospel
εὐαγγελισμός (ὁ), annunciation/ εὐαγγελιστής (ὁ), evangelist
εὐαγής, pious, holy
εὐάερος, well-ventilated
εὐαισθησία (ἡ), sensitivity/ εὐαίσθητος, sensitive
εὐανάγνωστος, legible
εὐαρέσκεια (ἡ), satisfaction
εὐάρεστος, pleasant, agreeable/ εὐαρεστοῦμαι, to be kind enough to
εὖγε! bravo! well done
εὐγένεια (ἡ), polite, courteous
εὔγευστος, tasty
εὐγλωττία (ἡ), eloquence/ εὔγλωττος, eloquent
εὐγνωμονῶ, to be grateful/ εὐγνωμοσύνη (ἡ), gratitude, thankfulness/ εὐγνώμων, grateful, thankful
εὐδαιμονία (ἡ), happiness, bliss; prosperity/ εὐδαίμων, happy
εὐδία (ἡ), fine weather
εὐδιαθεσία (ἡ), good temper/ εὐδιάθετος, good-tempered
εὐδιάκριτος, distinct, clearly seen
εὐδιάλυτος, soluble
εὐδοκία (ἡ), good will
εὐδοκίμηση (ἡ), prosperity, success/ εὐδοκιμῶ, to prosper, to succeed
εὔελπις (ὁ), promising/ (fig.) student at the Military Academy

εὐελπιστῶ, to be hopeful
εὐεξία (ἡ), well being, good health
εὐεργεσία (ἡ), benefaction, kindness/ εὐεργέτης (ὁ), benefactor/ εὐεργετικός, beneficial/ εὐεργετῶ, to help, to be kind
εὐερέθιστος, irritable, touchy, excitable
εὐζωία (ἡ), prosperity
εὐήθεια (ἡ), stupidity
εὐήλιος, sunny
εὐημερία (ἡ), prosperity, happiness/ εὐημερῶ, to prosper
εὔηχος, melodious
εὐθανασία (ἡ), euthanasia
εὐθεία (ἡ), straight line
εὔθετος, proper, suitable
εὔθικτος, irritable, touchy/ εὐθιξία (ἡ), irritability
εὔθραυστος, fragile
εὐθυβολία (ἡ), marksmanship
εὐθυγραμμίζω, to straighten/ εὐθυγράμμιση (ἡ), straightening
εὐθύγραμμος, rectilinear
εὐθυκρισία (ἡ), sound judgment
εὐθυμία (ἡ), cheerfulness, good humour
εὐθυμογράφημα (τό), humorous story/ εὐθυμογράφος (ὁ), humorous writer/ εὐθυμολογῶ, to tell jokes
εὔθυμος, merry, cheerful/ εὐθυμῶ, to be cheerful
εὐθύνη (ἡ), responsibility/ εὐθύνομαι, to be responsible
εὐθύς, straight, direct; honest/ (ad.) ~ ἀμέσως, at once, immediately/ εὐθύτητα (ἡ), rectitude; honesty
εὐκαιρία (ἡ), opportunity
εὔκαιρος, convenient; available/ εὐκαιρῶ, to have spare time
εὐκάλυπτος (ὁ), eucalyptus
εὔκαμπτος, flexible/ εὐκαμψία (ἡ), flexibility
εὐκατάστατος, prosperous
εὐκαταφρόνητος, despicable, contemptible
εὐκινησία (ἡ), agility/ εὐκίνητος, agile
εὐκοιλιότητα (ἡ), diarrhoea
εὔκολα, easily/ εὐκολία (ἡ), facility, convenience/ εὔκολος, easy/ εὐκολύνω, to facilitate
εὐκοσμία (ἡ), decency
εὔκρατος, mild

εὐκρινής, distinct, clear
εὐκτική (ἡ), optative mood
εὐλάβεια (ἡ), piety, devotion/ εὐλαβής, pious, religious
εὐληπτος, intelligible
εὐλογημένος, blessed/ εὐλογητός, praised/ εὐλογία (ἡ), blessing
εὐλογιά (ἡ), smallpox
εὐλογος, reasonable, fair
εὐλογῶ, to bless
εὐλυγισία (ἡ), flexibility/ εὐλύγιστος, flexible
εὐμάρεια (ἡ), prosperity, wealth
εὐμένεια (ἡ), favour/ εὐμενής, favourable
εὐμετάβλητος, changeable, fickle, unsettled
εὐμετακίνητος, removable, portable
εὐμετάπειστος, convincible
εὐμεταχείριστος, manageable
εὐνόητος, comprehensible; understandable
εὔνοια (ἡ), favour/ εὐνοϊκός, favourable
εὐνομία (ἡ), good administration
εὐνοούμενος, favourite
εὐνουχίζω, to castrate/ εὐνουχισμός (ὁ), castration/
εὐνοῦχος (ὁ), eunuch
εὐνοῶ, to favour
εὐόδωση (ἡ), success, happy completion
εὐοίωνος, auspicious
εὔοσμος, fragrant
εὐπάθεια (ἡ), sensitiveness/ εὐπαθής, sensitive, delicate
εὐπαρουσίαστος, well-looking, smart
εὐπατρίδης (ὁ), gentleman, aristocrat
εὐπειθής, obedient
εὔπεπτος, digestible/ εὐπεψία (ἡ), digestiveness
εὐπιστία (ἡ), credulity/ εὔπιστος, credulous
εὔπλαστος, malleable
εὐποιία (ἡ), benevolent act
εὐπορία (ἡ), prosperity, wealth/ εὔπορος, rich, wealthy, prosperous/ εὐπορῶ, to be wealthy
εὐπρέπεια (ἡ), decency, dignity/ εὐπρεπής, decent, dignified/ εὐπρεπίζω, to decorate/ εὐπρεπισμός (ὁ), decoration, adornment
εὐπρόσβλητος, susceptible; assailable

εὐπροσηγορία (ἡ), affability/ εὐπροσήγορος, affable
εὐπρόσιτος, accessible
εὐπρόσωπος, presentable; satisfactory
εὕρεση (ἡ), discovery, finding
εὑρεσιτεχνία (ἡ), invention/ δίπλωμα ~ς, patent
εὑρετήριο (τό), index
εὕρημα (τό), lucky find/ (arch.) finding/ εὑρίσκω, βλ. βρίσκω
εὖρος (τό), width, breadth/ (phys.) amplitude
εὐρυθμία (ἡ), harmony/ εὔρυθμος, harmonious
εὐρύνση (ἡ), widening, broadening/ εὐρύνω, to widen, to broaden/ εὐρύτητα (ἡ), width, extent
εὐρυχωρία (ἡς, spaciousness/ εὐρύχωρος, spacious
Εὐρωπαῖος, Εὐρωπαία, European (man, woman)/ εὐρωπαϊκός, European
εὐρωστία (ἡ), vigour/ εὔρωστος, vigorous
εὐσαρκία (ἡ), plumpness/ εὔσαρκος, plump
εὐσέβεια (ἡ), piety/ εὐσεβής, pious
εὐσπλαχνία (ἡ), compassion, mercy/ εὐσπλαχνίζομαι, to show pity (compassion)/ εὐσπλαχνικός, merciful, compassionate
εὐστάθεια (ἡ), stability, firmness/ εὐσταθής, stable, firm, constant
εὔστοχος, proper, right on the mark
εὐστροφία (ἡ), conscientiousness/ εὐσυνείδητος, conscientious
εὔσχημος, plausible; indirect
εὔσωμος, corpulent
εὐταξία (ἡ), good order
εὐτέλεια (ἡ), baseness; cheapness/ εὐτελής, base; inexpensive
εὐτολμία (ἡ), courage, boldness
εὐτράπελος, lively, comic, merry
εὐτύχημα (τό), lucky event/ εὐτυχής, or εὐτυχισμένος, happy/ εὐτυχία (ἡ), happiness, welfare/ εὐτυχῶ, to be happy/ εὐτυχῶς, fortunately, luckily
εὐυπόληπτος, reputable, respectable
εὐφάνταστος, imaginative, fanciful
εὐφημισμός (ὁ), euphemism
εὔφημος, flattering, praising/ εὔφημη μνεία, praise

εὔφλεκτος, inflammable
εὐφορία (ἡ), fertility/ εὔφορος, fertile
εὐφράδεια (ἡ), eloquence
εὐφραίνω, to keep glad/ εὐφραίνομαι, to rejoice
εὐφυής, clever, intelligent/ εὐφυΐα (ἡ), cleverness, wit/ εὐφυολογία (ἡ), or εὐφυολόγημα (τό), joke, witticism/ εὐφυολόγος (ὁ), witty person/ εὐφυολογῶ, to tell jokes
εὐφωνία (ἡ), euphony/ εὐφωνικός, euphonic
εὐχαριστήριος, thanking
εὐχαρίστηση (ἡ), pleasure
εὐχαριστία (ἡ), thanksgiving/ πολλές εὐχαριστίες, many thanks/ εὐχάριστος, pleasant εὐχαριστῶ, to please, to satisfy; to thank
εὐχαριστιέμαι, to be pleased, to rejoice
εὐχέλαιο (τό), holy unction
εὐχέρεια (ἡ), ease, facility/ εὐχερής, easy
εὐχετήριος, wishing/ εὐχή (ἡ), wish, vow; blessing
εὐχολόγιο (τό), prayer book/ εὔχομαι, to wish
εὔχρηστος, handy, manageable
εὐψυχία (ἡ), courage, boldness/ εὔψυχος, brave, bold
εὐωδία (ἡ), fragrance, aroma/ εὐωδιάζω, to smell sweetly
εὐωχία (ἡ), banquet, feast
ἐφάμιλλος, equal
ἐφάπτομαι, to touch/ ἐφαπτομένη (ἡ), tangent
ἐφαρμογή (ἡ), application/ (tech.) mounting/ ἐφαρμόζω, to apply/ (tech.) to mount/ ἐφαρμοστής (ὁ), mounter, fitter
ἐφεδρεία (ἡ), reserve/ ἔφεδρος (ὁ), reservist
ἐφεκτικός, reserved, cautious/ ἐφεκτικότητα (ἡ), reservedness, caution
ἐφεξῆς, from now on, in future
ἔφεση (ἡ), tendency, inclination/ (fig.) appeal/ ἐφεσιβάλλω, to lodge an appeal/ ἐφέσιμος, appealable
ἐφέστιος, domestic, (of the) home
ἐφετεινός, of this year
ἐφετεῖο (τό) court of appeal/ ἐφέτης (ὁ), court of appeal judge
ἐφέτος, this year

ἐφεύρεση (ἡς, invention/ ἐφευρέτης (ὁ), inventor
ἐφευρετικός, inventive/ ἐφευρετικότητα (ἡ), inventiveness/ ἐφευρίσκω, to invent
ἐφηβεία (ἡ), puberty/ ἐφηβικός, of puberty/ ἔφηβος (ὁ), adolescent, teenager
ἐφημερεύω, to be on duty/ (eccl.) to officiate
ἐφημερία (ἡ), curacy
ἐφημερίδα (ἡ), newspaper/ ἐφημεριδοπώλης (ὁ), newspaper seller
ἐφημέριος (ὁ), curate
ἐφήμερος, transient, temporary
ἐφησυχάζω, to rely upon
ἐφιάλτης (ὁ), nightmare/ ἐφιαλτικός, nightmarish
ἐφίδρωση (ἡ), perspiration
ἐφικτός, attainable
ἔφιππος, mounted; equestrian
ἐφιστῶ, to draw; to call upon
ἐφοδιάζω, to supply, to provide/ ἐφοδιασμός (ὁ), provision, supplying
ἐφόδιο (τό), supply/ ἐφοδιοπομπή (ἡ), convoy
ἔφοδος (ἡ), assault, attack
ἐφοπλιστής (ὁς, shipowner
ἐφορεία (ἡ), supervisory committee/ οἰκονομική ~ , tax office
ἐφόρμηση (ἡ), attack, assault/ ἐφορμῶ, to attack
ἔφορος (ὁ), supervisor, inspector, keeper
ἐφτά, βλ. ἑπτά
ἐχέγγυο (τό), guarantee
ἐχεμύθεια (ἡ), discretion/ ἐχέμυθος, discreet
ἐχεφροσύνη (ἡ), prudence
ἔχθρα (ἡ), hate, enmity/ ἐχθρεύομαι, to hate, to feel an enemy of/ ἐχθρικός, hostile, unfriendly/ ἐχθροπραξία (ἡ), hostility/ ἐχθρός (ὁ), enemy, foe/ ἐχθρότητα (ἡ), enmity, animosity
ἔχιδνα (ἡ), viper
ἐχινόκοκκος (ὁ), echinococcus
ἔχω, to have, to hold, to possess/ ~ δίκηο (δίκαιο), to be right/ ~ το νοῦ μου, to be careful/ τά ~ καλά μέ, to be on good terms/ δέν ~ ἰδέα, to be unaware/ ἔχει ὁ Θεός! God will provide!/ τί ἔχεις; what's the matter with you?

ἐωθινός, of the morning
ἐψές, last night
ἕως, till, until, up to/ ~ πότε πιά; when will it end at last?
ἐωσφόρος (ὁ), Lucifer, Satan/ (astr.) morning star

Z

ζαβολιά (ἡ), trick/ ~ /ρης (ὁ), trickster
ζαβομάρα (ἡ), stupidity/ ζαβός, stupid, silly
ζαγάρι (τό), hound/ (fig.) mean person
ζακέτα (ἡ), jacket
ζαλάδα (ἡ), or ζάλη (ἡ), dizziness/ ζαλίζω, to confuse, to make dizzy/ ζαλίζομαι, to feel dizzy/ ζάλισμα (τό), dizziness/ ζαλισμένος, dizzy
ζάπλουτος, millionaire
ζάρα (ἡ), βλ. ζαρωματιά
ζάρι (τό), dice
ζαρκάδι (τό), roe
ζάρωμα (τό), wrinkling, shrinking/ ζαρωματιά (ἡ), wrinkle, crease, fold/ ζαρώνω, to wrinkle, to crease/ (fig.) to be afraid
ζαφείρι (τό), sapphire
ζαφορά (ἡ), saffron
ζαχαρένιος, sugary/ ζάχαρη (ἡ), sugar/ ζαχαριέρα (ἡ), sugar-bowl
ζαχαροκάλαμο (τό), sugar-cane
ζαχαροπλαστεῖο (τό), confectionery shop/ ζαχαροπλάστης (ὁ), confectioner/ ζαχαροπλαστική (ἡ), confectionery
ζαχαρώνω, to sweeten/ ζαχαρωτό (τό), sweetmeat
ζέβρα (ἡ), zebra
ζελατίνα (ἡ), gelatine
ζεματίζω, to scald/ ζεμάτισμα (τό), scalding/ ζεματιστός, scalding, boiling
ζεμπίλι (τό), basket
ζενίθ (τό), zenith
ζερβοχέρης, left-handed
ζέση (ἡ), zeal, eagerness

ζεστά, warmly/ τό παίρνω στά ~, to take the matter eagerly/ ζεσταίνομαι, to feel warm/ ζεσταίνω, to warm/ ζέσταμα (τό), heating, warming/ ζεστασιά (ἡ), warmth; friendliness/ ζέστη (ἡ), heat/ κάνει ~, it's hot/ ζεστός, warm/ ζεστούτσικος, warmish
ζευγάρι (τό), pair, couple/ (animals) team/ ζευγαρίζω, to plough/ ζευγάρωμα (τό), matching, mating; ploughing/ ζευγαρώνω, to match, to pair/ ζευγαρωτός, coupled
ζευγάς (ὁ), or ζευγολάτης (ὁ), ploughman
ζεῦγος (τό), βλ. ζευγάρι
ζευζέκης (ὁ), odd (difficult) person
ζεύξη (ἡ), harnessing, yoking/ (tech.) coupling/ ζεύω, to yoke
ζέφυρος (ὁ), westerly wind
ζήλεια (ἡ), jealousy, envy/ ζηλευτός, enviable/ ζηλεύω, to be jealous, to envy/ ζηλιάρης, jealous
ζῆλος (ὁ), zeal, eagerness
ζηλοτυπία (ἡ), jealousy
ζηλόφθονος, envious
ζηλωτής (ὁ), zealot
ζημία (ἡ), damage, loss/ ζημιώνω, to cause damage (loss)
ζήτημα (τό), matter, question, subject/ δημιουργῶ ~, to cause trouble
ζήτηση (ἡ), demand
ζητιανεύω, to beg/ ζητιανιά (ἡ), begging/ ζητιάνος (ὁ), beggar
ζητῶ, to ask for, to look for, to seek/ ~ συγγνώμη, I beg your pardon/ ~ σέ γάμο, to propose (marriage)
ζήτω! hurray! long life!/ ζητωκραυγάζω, to cheer/ ζητωκραυγή (ἡ), cheering
ζιζάνιο (τό), weed/ (fig.) a nuisance/ σπέρνω ζιζάνια, to sow discord
ζόρι (τό), force, compulsion/ μέ τό ~, by force
ζουζούνι (τό), tiny animal, animalcule
ζουλῶ, to squeeze, to press, to crush
ζουμερός, juicy, succulent/ ζουμί (τό), juice
ζουμπούλι (τό), hyacinth
ζουπῶ, βλ. ζουλῶ
ζουρλαίνω, to drive mad/ ζουρλομανδύας (ὁ), straitjacket

ζοφερός, gloomy, dark/ *ζόφος* (ὁ), darkness, gloom
ζοχάδες (οἱ), haemorrhoids, piles
ζυγαριά (ἡ), pair of scales/ *ζύγι* (τό), weight/ *ζυγίζω,* to weigh/ *ζύγισμα* (τό), weighing
ζυγός (ὁ), yoke
ζυγός, double/ ~ *ἀριθμός,* even number
ζυγώνω, to approach
ζυθοποιεῖο (τό), brewery/ *ζυθοποιός* (ὁ), brewer
ζυθοπωλεῖο (τό), bar, pub/ *ζυθοπώλης* (ὁ), publican/ *ζῦθος* (ὁ), beer, ale
ζυμάρι (τό), dough/ *ζυμαρικό* (τό), pastry/ *ζύμη* (ἡ), leaven, dough/ *ζύμωμα* (τό), kneading/ *ζυμώνω,* to knead/ *ζύμωση* (ἡ), fermentation
ζῶ, to live, to exist
ζωάριο (τό), small animal
ζωγραφιά (ἡ), painting, picture/ *ζωγραφίζω,* to paint, to draw/ *ζωγραφική* (ἡ), drawing, painting/ *ζωγραφικός,* painting/ *ζωγραφικό ἔργο,* work of art/ *ζωγραφιστός,* painted/ *ζωγράφος* (ὁ), painter
ζωδιακός, zodiacal/ ~ *κύκλος,* the Zodiac/ *ζώδιο* (τό), sign of the Zodiac
ζωέμπορος (ὁ), cattle-dealer
ζωή (ἡ), life/ *γεμάτος* ~, lively
ζωηρεύω, to become animated/ *ζωηρός,* lively, animated; heated/ *ζωηρό παιδί,* naughty child/ *ζωηρότητα* (ἡ), liveliness
ζωικός, vital
ζωμός (ὁ), broth, soup
ζώνη (ἡ), belt, zone
ζωντανεύω, to revive/ *ζωντανός,* alive
ζωντοχήρα (ἡ), divorcee (woman)/ *ζωντοχῆρος* (ὁ), divorcee (man)
ζώνω, to encircle
ζῶο (τό), animal, beast
ζωογόνηση (ἡ), enlivenment/ *ζωογόνος,* enlivening, life-giving/ *ζωογονῶ,* to enliven
ζωοδότης (ὁ), life-giver
ζωοκλέφτης (ὁ), cattle-thief/ *ζωοκλοπή* (ἡ), cattle-stealing
ζωοκτονία (ἡ), cattle-killing
ζωολογία (ἡ), zoology/ *ζωολογικός,* zoological/ ~ *κῆπος,* zoo/ *ζωολόγος* (ὁ), zoologist

ζωοπανήγυρη (ἡ), cattle fair
ζωοποιός, life-giving
ζωοτροφή (ἡ), victuals, food supplies
ζωόφιλος, animal-lover
ζωπύρωση (ἡ), kindling
ζώσιμο (τό), encircling, girding
ζωτικός, vital/ *ζωτικότητα* (ἡ), vitality
ζωύφιο (τό), animalcule; vermin
ζωφόρος (ἡ), frieze
ζωώδης, brutal, beastly

Η

ἡ, the (feminine)
ἤ, or, either...or...
ἤβη (ἡ), puberty
ἡγεμόνας (ὁ), sovereign/ *ἡγεμονεύω,* to reign, to rule/ *ἡγεμονία* (ἡ), reign, rule; hegemony/ *ἡγεμονικός,* majestic, princely
ἡγεσία (ἡ), leadership/ *ἡγέτης* (ὁ), leader, head/ *ἡγοῦμαι,* to lead, to be at the head of
ἡγουμένη (ἡ), abbess, prioress/ *ἡγούμενος* (ὁ), abbot
ἡδονή (ἡ), delight, pleasure/ *ἡδονίζομαι,* to feel delight/ *ἡδονικός,* delightful/ *ἡδονισμός* (ὁ), hedonism/ *ἡδονιστής* (ὁ), hedonist
ἡδυπάθεια (ἡ), voluptuousness/ *ἡδυπαθής,* voluptuous
ἡδύτητα (ἡ), sweetness
ἠθική (ἡ), morality, ethics/ *ἠθικολόγος* (ὁ), moralist/ *ἠθικολογῶ,* to moralize
ἠθικό (τό), morale
ἠθικός, moral/ *ἠθικότητα* (ἡ), morality
ἠθοποιία (ἡ), acting/ *ἠθοποιός* (ὁ), actor
ἦθος (τό), character
ἠλεκτρίζω, to electrify/ *ἠλεκτρικός,* electric(al)/ *ἠλέκτριση* (ἡ), or *ἠλέκτρισμα* (τό), electrification/ *ἠλεκτρισμός* (ὁ), electricity

ἤλεκτρο (τό), amber
ἠλεκτρογεννήτρια (ή), generator
ἠλεκτρόδιο (τό), electrode
ἠλεκτροκινητήρας (ό), electric motor
ἠλεκτρολογία (ή), electrology/ ἠλεκτρολόγος (ό), electrician
ἠλεκτρόλυση (ή), electrolysis
ἠλεκτρομαγνήτης (ή), electromagnet/ ἠλεκτρομαγνητικός, electromagnetic
ἠλεκτρονικός, electronic
ἠλεκτρόνιο (τό), electron
ἠλεκτροπληξία (ή), electrocution
ἠλεκτροτεχνίτης (ό), electrician
ἡλιακός, solar/ ἡλιακό ρολόϊ, sundial/ ἡλιακό σύστημα, solar system
ἡλίαση (ή), sunstroke
ἠλίθιος, stupid, idiotic, foolish/ ἠλιθιότητα (ή), stupidity
ἡλικία (ή), age/ στό ἄνθος τῆς ~ ς, in the prime of life/ ἡλικιωμένος, aged, old/ ἡλικιώνομαι, to come of age
ἡλιοβασίλεμα (τό), sunset
ἡλιοθεραπεία (ή), sunbathing
ἡλιοκαμμένος, tanned
ἡλιόλουστος, sunny/ ἡλιόλουτρο (τό), sunbathing
ἥλιον (τό), helium
ἥλιος (ό), sun/ (bot.) δλ. ἡλιοτρόπιο/ ἡλιοστάσιο (τό), solstice/ ἡλιοτρόπιο (τό), sunflower
ἡμεδαπός (ό), native, compatriot
ἡμέρα (ή), day
ἡμερεύω, to tame, to subdue
ἡμερήσιος, daily/ ἡμερήσια διάταξη, agenda
ἡμεροδείκτης (ό), calendar
ἡμερολόγιο (τό), calendar; diary
ἡμερομηνία (ή), date
ἡμερομίσθιο (τό), day's wages
ἥμερος, tame, mild; domesticated/ ἡμέρωμα (τό), taming/ ἡμερώνω, to tame, to domesticate
ἡμιάγριος, semi-savage
ἡμιαυτόματος, semi-automatic
ἡμιβάρβαρος, semi-barbarous
ἡμίγυμνος, semi-naked
ἡμεπίσημος, semi-official
ἡμίθεος (ό), demi-god
ἡμικρανία (ή), migraine
ἡμικυκλικός, semi-circular/ ἡμικύκλιο

(τό), semi-circle
ἡμιμάθεια (ή), inadequate education/ ἡμιμαθής, semi-educated
ἡμιονηγός (ό), muleteer/ ἡμίονος (ό), mule
ἡμιπεριφέρεια (ή), semi-circumference
ἡμιπληγία (ή), palsy/ ἡμίπληκτος, palsied
ἡμίρευστος, semi-fluid
ἡμισέληνος (ή), crescent
ἡμισφαίριο (τό), hemisphere
ἡμιτελής, incomplete/ ἡμιτελικός, semi-final
ἡμίτονο (τό), (mus.) semitone/ (maths) sine
ἡνία (τά), reins, bridle/ ἡνίοχος (ό), charioteer
ἡνωμένος, or ἐνωμένος, united/ Ἡνωμένες Πολιτεῖες, United States/ Ἡνωμένο Βασίλειο, United Kingdom
ἧπαρ (τό), liver/ ἡπατίτιδα (ή), hepatitis
ἤπειρος (ή), continent/ Ἠπειρώτης, Ἠπειρώτισσα, Epirote (man, woman)/ ἠπειρωτικός, continental
ἤπιος, mild, gentle, meek/ ἠπιότητα (ή), mildness, meekness
ἡράκλειος, herculean, very strong
ἤρεμα, calmly/ ἠρεμία (ή), calmness, tranquillity/ ἤρεμος, calm, tranquil/ ἠρεμῶ, to be calm
ἥρωας (ό), hero/ ἡρωΐδα (ή), heroine/ ἡρωικά, heroically/ ἡρωικός, heroic
ἡρωΐνη (ή), heroin
ἡρωισμός (ό), heroism/ ἡρῶο (τό), war monument
ἥσυχα, quietly/ ἡσυχάζω, to quieten; to rest ἡσυχία (ή), calmness, stillness/ μέ τήν ~ μου, at one's own convenience/ ἥσυχος, quiet, still/ ἄφησέ με ἥσυχο, let me alone
ἡττοπάθεια (ή), defeatism/ ἡττοπαθής, defeatist/ ἡττῶμαι, to be defeated
ἡφαίστειο (τό), volcano/ ~γενής, volcanic
ἠχηρός, resounding/ (fig.) pompous/ ἠχηρότητα (ή), resonance, sonority/ ἠχητικός, sonorous/ ἠχητικό κύμα, sound wave/ ἦχος (ό), sound/ φράγμα ἤχου, sound barrier
ἠχώ (ή), echo/ ἠχῶ, to echo, to resound

θά, will, shall/ ~ ἤθελα, I would like to
θάβω, to bury
θαλαμηγός (ἡ), yacht
θαλαμηπόλος (ὁ), steward, valet
θαλαμίσκος (ὁ), cabin/ *θάλαμος* (ὁ), chamber/ *σκοτεινός* ~, camera obscura
θάλασσα (ἡ), sea/ *ἀνοιχτή* ~, high seas/ *τά ἔκανα* ~, I made a mess/ *θαλασσινός* (ὁ), marine, maritime, seaman/ *θαλάσσιος,* of the sea
θαλασσογραφία (ἡ), seascape/ *θαλασσογράφος* (ὁ), seascape painter
θαλασσοδαρμένος, sea-tossed
θαλασσοκράτορας (ὁ), ruler of the waves/ *θαλασσομάχος* (ὁ) sea-fighter, sea-warrior
θαλασσοπλοῖα (ἡ), navigation
θαλασσοπόρος (ὁ), navigator
θαλασσοπούλι (τό), sea-bird
θαλασσοταραχή (ἡ), tempest
θαλάσσωμα (τό), mess/ *θαλασσώνω,* to make a mess
θαλερός, blooming, flourishing/ *θαλερότητα* (ἡ), bloom, flourish/ *θάλλω,* to bloom, to flourish
θαλπωρή (ἡ), warmth, comfort
θάμβος (τό), dazzling
θαμμένος, buried
θάμνος (ὁ), bush, shrub
θαμπάδα (ἡ), dimness, dullness/ *θαμπώνω,* to dim; to astonish
θαμώνας (ὁ), customer
θανάσιμα, mortally, fatally/ *θανάσιμος,* mortal, deadly/ *θανατηφόρος,* fatal/ *θανατηφόρο τραύμα,* fatal wound/ *θανατικό* (τό), plague/ *θανατικός,* deadly, capital/ *θανατική ποινή,* capital punishment
θάνατος (ὁ), death/ *θανατώνω,* to kill/ *θανάτωση* (ἡ) killing, execution
θαρραλέα, boldly, daringly/ *θαρραλέος,* bold, daring
θάρρος (τό), courage, boldness/ *παίρνω τό* ~, to take the liberty

θαρρῶ, to think, to believe
θαῦμα (τό), miracle, wonder/ *θαυμάζω,* to admire, to wonder/ *θαυμάσιος,* wonderful, marvellous/ *θαυμασμός* (ὁ), admiration, wonder/ *θαυμαστής* (ὁ), admirer/ *θαυμαστικό* (τό), exclamation mark/ *θαυμαστός,* wonderful, admirable
θαυματοποιός (ὁ), conjurer
θαυματουργός, miraculous/ *θαυματουργῶ,* to work miracles
θάψιμο (τό), burying
θεά (ἡ), goddess
θέα (ἡ), view, panorama
θέαμα (τό), spectacle, sight/ *θεαματικός,* spectacular
θεάνθρωπος (ὁ), theanthrope (Christ)
θεάρεστος, pleasing to God
θεατής (ὁ), spectator
θεατός, visible
θεατρικός, theatrical/ (fig.) pompous/ *θεατρινισμός* (ὁ), acting; pomposity/ *θεατρίνος* (ὁ), actor/ *θέατρο* (τό), theatre/ *θεατρόφιλος,* theatre fan/ *θεατρώνης* (ὁ), theatre owner
θεία (ἡ), aunt
θεῖα (τά), the sacred (holy)
θειάφι (τό), sulphur/ *θειαφίζω,* sprinkle with sulphur/ *θειάφισμα* (τό), sprinkling with sulphur/ *θειικός,* sulphuric
θεϊκός, sacred, divine/ (fig.) perfect/ *θεῖο* (τό), divinity
θεῖος (ὁ), uncle
θειοῦχος, sulphurous
θεϊσμός (ὁ), deism/ *θεϊστής,* deist
θέλγητρο (τό), charm, attraction/ *θέλγω,* to charm, to attract
θέλημα (τό), wish, will; errand/ ~τικά, voluntarily, willingly/ ~τικός, voluntary, willing/ *θέληση* (ἡ), will, volition/ *καλή* ~, good will/ *μέ τή* ~ *μου,* with my consent
θελκτικός, charming
θέλω, to wish, to desire/ *θέλει δουλειά,* he is asking for a job/ *ὅτι θέλει ἄς γίνει!* come what may!
θέμα (τό), subject, question, matter/ *δέν ὑπάρχει* ~, there is no problem
θεματοφύλακας (ὁ), guardian
θεμελιακός, fundamental/ *θεμέλιο* (τό),

foundation/ ~ ς, fundamental/ ~ ς λίθος, cornerstone/ *θεμελιώδης*, basic/ *θεμελιώνω*, to found, to establish/ *θεμελίωση* (ή), foundation, establishment/ *θεμελιωτής* (ό), founder

θέμιδα (ή), themis; justice

θεμιτός, lawful

θεογνωσία (ή), knowledge of God

θεογονία (ή), birth of God, creation

θεόγυμνος, stark naked

θεόκλειστος, hermetically closed

θεοκρατία (ή), theocracy/ *θεοκρατικός*, theocratic

θεολογία (ή), theology/ *θεολογικός*, theological/ *θεολόγος* (ό), theologian

θεομηνία (ή), calamity, disaster

θεομήτωρ (ή), Virgin Mary

θεομπαίχτης (ό), impious, irreverent

θεόπεμπτος, sent by God

θεόπνευστος, God-inspired

θεοποίηση (ή), deification/ *θεοποιῶ*, to deify

θεόρατος, huge, enormous

θεός (ό), God/ γιά ὄνομα τοῦ θεοῦ! for God's sake!/ ὁ ~ νά δώσει/ God grant it!/ ~ φυλάξοι! God forbid!/ ὁ ~ μαζί σου, God be with you/ μά τό θεό! by God!/ ἔχει ὁ ~ ! God is great!

θεοσέβεια (ή), piety/ *θεοσεβής*, pious

θεοσκότεινος, pitch dark

θεοσοφία (ή), theosophy/ *θεοσοφιστής* (ό), theosophist

θεόστραβος, totally blind

θεότητα (ή), deity

Θεοτόκος (ή), Virgin Mary

θεότρελλος, stark mad

Θεοφάνεια (τά), Epiphany

θεοφοβούμενος, pious, religious, god-fearing

θεραπεία (ή), cure, treatment, remedy/ *θεραπεύσιμος*, curable/ *θεραπευτήριο* (τό), sanatorium/ *θεραπευτικός*, curative, therapeutic/ *θεραπεύω*, to cure, to treat

θέρετρο (τό), summer resort

θεριεύω, to grow strong

θερίζω, to reap, to harvest

θερινός, (of the) summer

θερισμός (ό), reaping, harvest/ *θεριστής* (ό), reaper, harvester/ *θεριστικός*, rea-

ping/ *θεριστική μηχανή*, harvester (machine)

θερμαίνω, to heat, to warm/ *θέρμανση* (ή), heating, warming/ *κεντρική ~*, central heating/ *θερμαντικός*, warming, heating

θερμαστής (ό), stoker

θερμάστρα (ή), stove

θέρμη (ή), fervour, zeal

θερμίδα (ή), calory/ *θερμικός*, thermal, calorific

θερμόαιμος, hot-blooded, excitable

θερμοδυναμική (ή), thermodynamics/ *θερμοηλεκτρισμός* (ό), thermoelectricity

θερμοκήπιο (τό), greenhouse

θερμοκρασία (ή), temperatüre

θερμόμετρο (τό), thermometer/ *θερμομετρῶ*, to take the temperature

θερμοπαρακαλῶ, to beseech, to implore

θερμός, hot, warm/ (fig.) cordial

θερμοσίφωνας (ό), immersion heater

θερμότητα (ή), warmth, heat/ (fig.) cordiality

θέρος (τό), summer

θέση (ή), place, position; condition, situation; room, space/ *κοινωνική ~*, social status/ εἶμαι σέ ~, to be able to

θεσμοθέτης (ό), legislator/ *θεσμοθετῶ*, to legislate

θεσμός (ό), institution

θεσπέσια, perfectly, magnificently/ *θεσπέσιος*, perfect, magnificent

θεσπίζω, to decree, to ordain/ *θέσπισμα* (τό), decree

θετικός, positive, certain/ *θετικότητα* (ή), positiveness

θετός, adopted

θέτω, to put, to set/ ~ ἐρώτηση, to ask a question/ ~ ὡς ἀρχή, to set in principle

θεωρεῖο (τό), theatre box

θεώρημα (τό), theorem

θεώρηση (ή), visa

θεωρητικός, theoretical/ *θεωρία* (ή), theory

θεωρῶ, to consider, to regard/ (passport) to endorse

θηκάρι (τό), sheath

θήκη (ή), case, holder

θηλάζω, to suckle/ *θήλασμα* (τό), suckl-

ing/ θηλαστικό (τό), mammal/ θήλα-
στρο (τό), feeding-bottle
θηλειά (ἡ), noose, loop
θηλή (ἡ), nipple
θηλυκός, female, feminine
θηλυκώνω, to buckle
θηλυπρέπεια (ἡ), effemination/ θηλυπρε-
πής, effeminate
θημωνιά (ἡ), stack
θήρα (ἡ), hunting/ ~μα (τό), game/ θη-
ρεύω, to hunt
θηρίο (τό), beast/ ~δαμαστής (ὁ), beast-
tamer/ ~τροφεῖο (τό), menagerie/
~τρόφος (ὁ), beast-trainer
θηριώδης, fierce/ θηριωδία (ἡ), brutality,
ferocity
θησαυρίζω, to hoard, to treasure/ θησαύ-
ριση (ἡ), hoarding, treasuring/ θησαυ-
ρός (ὁ), treasure
θησαυροφύλακας (ὁ), treasurer/ Λόρδος
~, Chancellor of the Exchequer/ θη-
σαυροφυλάκιο (τό), treasury
θητεία (ἡ), term (of office)
θιασάρχης (ὁ), leading actor/ θίασος (ὁ),
troop of actors
θιασώτης (ὁ), partisan, follower
θίγω, to touch; to offend
θλάση (ἡ), fracture
θλιβερά, sadly/ θλιβερός, sad/ θλίβω, to
sadden/ θλίβομαι, to feel sorry/ θλιμμέ-
νος, sad/ θλίψη (ἡ), sadness
θνησιμότητα (ἡ), mortality/ θνητός, mor-
tal
θολά, dimly
θόλος (ὁ), cupola, dome
θολός, dim, dull/ θολότητα (ἡ), dimness/
θολώνω, to dim
θολωτός, vaulted
θορυβοποιός (ὁ), troublemaker/ θόρυβος
(ὁ), noise/ (fig.) publicity/ θορυβῶ, to
make a noise/ θορυβοῦμαι, to feel
uneasy/ θορυβώδης, noisy
θούριος (ὁ), war-march
θρανίο (τό), bench, desk
θράσος (τό), cheek, audacity/ θρασύδει-
λος, coward, bully/ θρασύς, cheeky, au-
dacious/ θρασύτητα (ἡ), cheek
θραύση (ἡ), smashing/ (fig.) great suc-
cess/ θραῦσμα (τό), fragment/ θραύω,
to smash, to break

θρέμμα (τό), offspring/ θρεμμένος, fat-
tened θρεπτικός, nutritious/ θρεπτικό-
τητα (ἡ), nutritiousness
θρέφω, to feed/ θρέψιμο (τό), feeding
θρηνητικός, mournful/ θρῆνος (ὁ), la-
ment, dirge, wailing/ θρηνῶ, to lament/
θρηνωδία (ἡ), lamentation
θρησκεία (ἡ), religion/ θρήσκευμα (τό),
creed, faith/ θρησκευτικός, religious/
θρησκόληπτος, religious fanatic/ θρη-
σκοληψία (ἡ), religious fanaticism/
θρῆσκος, religious
θριαμβευτής, triumphant/ θριαμβευτι-
κός, triumphal/ θριαμβεύω, to triumph/
θρίαμβος (ὁ), triumph
θρόμβος (ὁ), clot/ θρόμβωση (ἡ), coagu-
lation
θρονιάζω, to enthrone/ θρονιάζομαι, to
feel comfortable/ θρόνος (ὁ), throne
θρόισμα (τό), rustling/ θροῶ, to rustle
θρυαλλίδα (ἡ), wick
θρυλικός, brave, heroic/ θρύλος (ὁ),
legend
θρυμματίζω, to smash/ θρύψαλο (τό),
fragment
θυγατέρα (ἡ), daughter
θύελλα (ἡ), storm, tempest/ θυελλώδης,
stormy, tempestuous
θυλάκιο (τό), pocket/ θυλακώνω, to
pocket
θύμα (τό), victim
θυμάρι (τό), thyme
θυμηδία (ἡ), hilarity, merriment
θυμίαμα (τό), incense/ θυμιατίζω, to in-
cense/ θυμιάτισμα (τό), incensing/ θυ-
μιατό (τό), censer
θυμίζω, to remind
θυμός (ὁ), anger, rage/ θυμοσοφία (ἡ),
peasant wit/ θυμώνω, to get angry, to be
enraged
θύρα (ἡ), gate, door
θυρεοειδής, thyroid/ ~ ἀδένας, thyroid
gland
θυρεός (ὁ), coat of arms
θυρίδα (ἡ), pigeon-hole
θυρωρεῖο (τό), porter's cabin/ θυρωρός
(ὁ), porter
θυσανωτός, tufty
θυσία (ἡ), sacrifice/ θυσιάζω, to sacrifice/
θυσιαστήριο (τό), altar/ θύτης (ὁ), sac-

rificer
θῶκος (ὁ), seat
θωπεία (ἡ), caress/ θωπεύω, to caress
θώρακας (ὁ), chest/ (mil.) armour/ θωρα-κίζω, to put on an armour/ θωρακικός, pectoral/ θωρηκτό (τό), battleship
θωριά (ἡ), appearance/ θωρῶ, to look, to see

Ι

ἰαγουάρος (ὁ), jaguar
ἰαματικός, healing/ ἰαματικά λουτρά, spa
ἴαμβος (ὁ), iambus
Ἰανουάριος (ὁ), January
Ἰάπωνας, Ἰαπωνέζα, Japanese (man, woman)/ ἰαπωνικός, Japanese
ἴαση (ἡ), cure, healing
ἴασπις (ὁ), jasper
ἰατρεῖο (τό), doctor's office/ ἰατρική (ἡ), medicine/ ἰατρικός, medical/ ἰατροδι-καστής (ὁ), coroner
ἰατρός (ὁ), βλ. **γιατρός**
ἰαχή (ἡ), clamour
ἰδανικό (τό), ideal/ ~s, perfect, ideal
ἰδέα (ἡ), idea, thought, notion; opinion/ ἔχω καλή (κακή) ἰδέα γιά, to think well (badly) of/ ἰδεάζω to implant an idea/ ἰδεαλισμός (ὁ), idealism/ ἰδεαλιστής (ὁ), idealist/ ἰδεολογία (ἡ), ideology/ ἰδεολογικός, ideological/ ἰδεολόγος (ὁ), ideologue/ ἰδεώδης, βλ. ἰδανικός
ἰδιαίτερα, specially, particularly/ ἰδιαίτε-ρος, special, particular; private/ ἰδιαιτέ-ρα (ἡ), private (woman) secretary
ἰδιόγραφος, autograph
ἰδιοκτησία (ἡ), property/ ἀκίνητη ~, real estate/ ἰδιοκτήτης (ὁ), owner/ ἰδιόκτη-τος, privately owned
ἰδιομορφία (ἡ), oddity/ ἰδιόμορφος, odd, quaint
ἰδιοποίηση (ἡ), appropriation; usurpa-tion/ ἰδιοποιοῦμαι, to appropriate; to usurp

ἰδιορρυθμία (ἡ), peculiarity/ ἰδιόρρυθ-μος, peculiar
ἴδιος, same, similar/ ὁ ~, oneself/ μέ τά ἴδια μου τά μάτια, with my own eyes
ἰδιοσυγκρασία (ἡ), temperament
ἰδιοτέλεια (ἡ), selfishness, self-interest/ ἰδιοτελής, selfish, self-interested
ἰδιότητα (ἡ), property, quality/ (leg.) ca-pacity
ἰδιοτροπία (ἡ), whim, caprice/ ἰδιότρο-πος, whimsical, capricious
ἰδιότυπος, odd, quaint, unusual
ἰδιοφυής, talented, genius/ ἰδιοφυΐα (ἡ), talent, genius
ἰδιόχειρος, in one's own handwriting
ἰδίωμα (τό), habit; dialect/ ἰδιωματικός, idiomatic/ ἰδιωματισμός (ὁ), idiom
ἰδιωτεύω, to live in retirement/ ἰδιώτης (ὁ), individual, private citizen/ ἰδιωτι-κός, private
ἰδού! here you are!
ἰδροκοπῶ, to sweat/ (fig.) to work hard/ ἰδροκόπημα (τό), sweating
ἴδρυμα (τό), foundation/ ἴδρυση (ἡ), founding, establishment/ ἰδρυτής (ὁ), founder/ ἰδρυτικός, founding/ ἰδρύω, to found, to establish
ἵδρωμα (τό), perspiration, sweating/ ἱδρώνω, to perspire, to sweat/ ἱδρώτας (ὁ), perspiration, sweat
ἱεραποστολή (ἡ), mission/ ἱεραπόστολος (ὁ), missionary
ἱεράρχης (ὁ), prelate, bishop/ ἱεραρχία (ἡ), prelacy; hierarchy/ ἱεραρχικός, hierarchical
ἱερατεῖο (τό), clergy, priests/ ἱερατικός, priestly
ἱερέας (ὁ), priest, clergyman/ ἱέρεια (ἡ), priestess
ἱερεμιάδα (ἡ), jeremiad
ἱερογλυφικός, hieroglyphic(al)/ ἱερογλυ-φικά (τά), hieroglyphics
ἱεροδιδασκαλεῖο (τό), theological school (seminary)
ἱεροδικαστής (ὁ), religious judge
ἱερόδουλος (ἡ), whore, prostitute
ἱεροεξεταστής (ὁ), inquisitor
ἱεροκήρυκας (ὁ), preacher
ἱερομόναχος (ὁ), monk
ἱερό (τό), sanctuary/ ἱεροπραξία (ἡ), reli-

gious service/ Ἱερός, holy, sacred/ Ἱερά Ἐξέταση, Holy Inquisition/ Ἱερά Σύνοδος, Holy Synod/ (med.) ἱερόν ὀστοῦν, sacrum

ἱεροσπουδαστήριο (τό), seminary/ ἱεροσπουδαστής (ὁ), seminarist

ἱεροσυλία (ἡ), sacrilege/ ἱερόσυλος, sacrilegious

ἱεροτελεστία (ἡ), 6λ. ἱεροπραξία

ἱερότητα (ἡ), sanctity, holiness

ἱερουργία (ἡ), officiating at a mass/ ἱερουργῶ, to officiate at a mass

ἱεροφάντης (ὁ), initiated

ἱεροψάλτης (ὁ), (church) chanter

ἱερωσύνη (ἡ), priesthood

ἵζημα (τό), sediment

Ἰησουίτης (ὁ), Jesuit

Ἰησοῦς Χριστός, Jesus Christ

ἰθαγένεια (ἡ), nationality/ ἰθαγενής (ὁ), native

ἱκανοποιημένος, satisfied/ ἱκανοποίηση (ἡ), satisfaction; pleasure/ ἱκανοποιητικός, satisfactory/ ἱκανοποιῶ, to satisfy/ ἱκανοποιοῦμαι, to be satisfied/ ἱκανός, able, capable/ ἱκανότητα (ἡ), ability, capability

ἱκεσία (ἡ), supplication/ ἱκετευτικός, supplicant, beseeching/ ἱκετεύω, to beseech, to implore/ ἱκέτης (ὁ), suppliant

ἰκμάδα (ἡ), sap, juice

ἰκρίωμα (τό), scaffold

ἵκτερος (ὁ), jaundice

ἱλαρά (ἡ), measles

ἱλαρός, cheerful, gay, joyful/ ἱλαρότητα (ἡ), cheerfulness, gaiety/ ἱλαροτραγωδία (ἡ), tragicomedy/ (fig.) ridicule/ ἱλαρύνω, to cheer up, to gladden

ἵλαρχος (ὁ), cavalry captain/ ἴλη (ἡ), cavalry squadron

ἵλιγγος (ὁ), vertigo, giddiness

ἱμάντας (ὁ), belt, strap

ἱμάτιο (τό), garment/ ἱματιοθήκη (ἡ), or ἱματιοφυλάκιο (τό), wardrobe, vestiary/ ἱματισμός (ὁ), clothing

ἱμπεριαλισμός (ὁ), imperialism/ ἱμπεριαλιστής (ὁ), imperialist

ἱμπρεσσάριος (ὁ), impresario

ἱμπρεσσιονισμός (ὁ), impressionism/ ἱμπρεσσιονιστής (ὁ), impressionist

ἵνα (ἡ), fibre

ἵνδαλμα (τό), fancy, object of adoration

ἰνδιάνος (ὁ), turkey/ I~, Red Indian

ἰνδικός, Indian/ Ἰνδός, Ἰνδή, Indian (man, woman)

ἰνιακός, occipital/ ἰνίο (τό), occiput

ἰνκόγνιτο, incognito

ἰνσουλίνη (ἡ), insulin

ἰνστιτοῦτο (τό), institute

ἰντερμέδιο (τό), intermezzo

ἴντσα (ἡ), inch

ἰνφλουένζα (ἡ), influenza

ἰνώδης, fibrous

ἰξός (ὁ), glue

ἰόν (τό), (elec.) ion

ἰός (ὁ), virus

ἰουδαϊκός, Judaic, Jewish/ Ἰουδαῖος (ὁ), Jew/ Ἰουδαϊσμός (ὁ), Judaism

Ἰούλιος (ὁ), July

Ἰούνιος (ὁ), June

ἱππασία (ἡ), horse-riding/ ἱππέας (ὁ), rider/ ἱππεύω, to ride/ ἱππικό (τό), cavalry

ἱπποδρομία (ἡ), horse-race/ ἱπποδρόμιο (τό), race-course

ἱπποδύναμη (ἡ), horsepower

ἱππόκαμπος (ὁ), seahorse

ἱπποκόμος (ὁ), groom

ἱπποπόταμος (ὁ), hippopotamus

ἵππος (ὁ), horse/ ἱπποσκευή (ἡ), harness

ἱππότης (ὁ), knight/ ἱπποτικός, chivalrous/ ἱπποτισμός (ὁ), chivalry

ἱπποτροφεῖο (τό), stud/ ἱπποφορβή (ἡ), fodder

ἴριδα (ἡ), rainbow; iris (in the eye)/ ἰριδίζω, to be iridescent/ ἰριδισμός (ὁ), iridescence

ἰρλανδικός, Irish/ Ἰρλανδός, Ἰρλανδή, Irish (man, woman)

ἴσαλος (ἡ), waterline

ἰσάξιος, equivalent

ἰσάριθμος, equal in number

ἰσημερία (ἡ), equinox

ἰσημερινός (ὁ), equator

ἰσθμός (ὁ), isthmus

ἴσια, straight/ ἴσιος, straight: level/ (fig.) honest/ ἰσιώνω, to straighten

ἴσκα (ἡ), tinder

ἰσκιώνω, to shade/ ἴσκιος (ὁ), shade

ἰσοβάθμιος, of the same degree (rank)

ἰσόβαρος, equiponderant, of equal weight

ἰσόβιος, lifelong/ ἰσόβια δεσμά, life imprisonment/ ἰσοβιότητα (ἡ), permanency/ ἰσοβίτης (ὁ), sentenced to life imprisonment

ἰσόγειο (τό), ground floor/ ~ς, on ground level

ἰσογώνιος, equiangular

ἰσοδύναμος, equivalent/ ἰσοδυναμῶ, to be equivalent to

ἰσοζυγίζω, to balance/ ἰσοζύγιο (τό), balance, equilibrium

ἰσολογισμός (ὁ), balance-sheet

ἰσομετρία (ἡ), commensurability/ ἰσόμετρος, commensurate

ἰσομοιρία (ἡ), equal distribution (share)

ἰσονομία (ἡ), equality before the law

ἰσοπαλία (ἡ), draw/ ἰσόπαλος, equal

ἰσοπεδώνω, to level/ ἰσοπέδωση (ἡ), levelling

ἰσόπλευρος, equilateral

ἰσοπολιτεία (ἡ), equality of rights

ἰσορροπία (ἡ), balance, equilibrium/ ἰσορροπῶ, to balance

ἴσος, equal

ἰσοσκελής, isosceles

ἰσοσταθμίζω, to poise, to balance

ἰσότητα (ἡ), equality

ἰσοτιμία (ἡ), equivalence/ ἰσότιμος, equivalent

ἰσότοπο (τό), isotope

ἰσοφαρίζω, to come out equal

ἰσοψηφία (ἡ), tie (in voting)

ἰσπανικός, Spanish/ Ἰσπανός, Ἰσπανίδα, Spaniard (man, woman)

Ἰσραηλίτης (ὁ), Israelite, Jew/ ἰσραηλιτικός, Jewish

ἰστίο (τό), sail/ ἰστιοδρομία (ἡ), sailing race

ἰστιοφόρο (τό), sailing boat

ἰστολογία (ἡ), histology

ἰστορία (ἡ), history; story, tale/ ἔχω ἰστορίες, to be in trouble/ ἰστορικό (τό), account report

ἰστορικός, historical/ (ὁ), historian/ ἰστοριοδίφης (ὁ), history scholar/ ἰστορῶ, to relate, to narrate

ἰστός (ὁ), tissue; mast; web

ἰσχιακός, sciatical/ ἰσχιαλγία (ἡ), sciatica/ ἰσχίο (τό), hip

ἰσχνός, thin, lean; weak, poor/ ἰσχνότητα (ἡ), thinness; weakness

ἰσχυρίζομαι, to maintain, to claim/ ἰσχυρισμός (ὁ), claim, allegation

ἰσχυρογνωμοσύνη (ἡ), obstinacy, stubbornness/ ἰσχυρογνώμονας (ὁ), obstinate, stubborn

ἰσχυροποίηση (ἡ), strengthening/ ἰσχυρός, strong, powerful, mighty, robust/ ἰσχύω, to be valid

ἴσως, maybe, perhaps

Ἰταλός, Ἰταλίδα, Italian (man, woman)/ ἰταλικός, Italian

ἰταμός, impudent/ ἰταμότητα (ἡ), impudence

ἰτιά (ἡ), willow-tree

ἰχθυέλαιο (τό), fish oil

ἰχθυολογία (ἡ), ichthyology

ἰχθυοπωλεῖο (τό), fish-shop/ ἰχθυοπώλης (ὁ), fishmonger

ἰχθυόσαυρος (ὁ), ichthyosaurus

ἰχθυοτροφεῖο (τό), fish-farm

ἰχνηλατῶ, to trace, to track

ἰχνογράφημα (τό), drawing/ ἰχνογραφία (ἡ), drawing, sketching/ ἰχνογραφῶ, to draw, to sketch

ἴχνος (τό), trace, track, print

ἰωβιλαῖο (τό), jubilee

ἰώδιο (τό), iodine

ἰωνικός, ionic

Κ

κάβα (ἡ), cellar

καβαλ(λ)άρης (ὁ), rider, horseman/ καβαλ(λ)αρία (ἡ), cavalcade

καβαλ(λ)ιέρος (ὁ), girl's escort

καβαλ(λ)έτο (τό), easel

καβαλίκεμμα (τό), riding/ καβαλικεύω, to ride

καβαλ(λ)ίνα (ἡ), dung

καβατζάρω, to sail round

κάβος (ὁ), cape, promontory

καβούκι (τό), carapace/ μπαίνω στό ~

μου, to withdraw
κάβουρας (ὁ), or **καβούρι** (τό), crab
καβουρδίζω, to roast, to brown/ *καβούρ-δισμα* (τό) roasting/ *καβουρδιστήρι* (τό), roasting - pan/ *καβουρδιστός*, roasted, brown
καγκελάριος (ὁ), chancellor
κάγκελο (τό), railing, bar/ *καγκελωτός*, railed
καγκουρώ (ἡ), kangaroo
καγχάζω, to laugh loudly/ *καγχασμός* (ὁ), loud laugh
καδένα (ἡ), chain
κάδος (ὁ), pail, bucket
κάδρο (τό), picture frame
καδρόνι (τό), beam
καζαμίας (ὁ), calendar, almanac
καζάνι (τό), boiler
καζαντίζω, or *καζαντῶ,* to become wealthy
καζίνο (τό), casino
καημός (ὁ), longing
καθαγιάζω, to consecrate/ *καθαγιασμός* (ὁ), consecration
καθαίρεση (ἡ), deposition/ *καθαιρῶ,* to depose
καθαρά, clearly, distinctly
καθαρεύουσα (ἡ), purist language
καθαρίζω, to clean, to clear, to purge/ *καθαριότητα* (ἡ), cleanliness/ *καθάρισμα* (τό), clearing, peeling/ (slang) killing/ *καθαριστήριο* (τό), cleaner's shop
κάθαρμα (τό), refuse/ (fig.) rascal, criminal
καθαρογράφω, to make a fair copy
καθαρός, clean, clear, pure, purified/ *καθαρό εἰσόδημα,* net income/ *καθαρή ἀλήθεια,* plain truth
κάθαρση (ἡ), purification
καθάρσιο (τό), purgative
καθαρτήριο (τό), purgatory/ *καθαρτήριος,* purifying
καθαρτικός, purgative
καθαυτό, really, genuinely
κάθε, each, every/ *~ ἄλλο,* far from it/ *~ λίγο καί λιγάκι,* every now and then
καθέδρα (ἡ), seat, residence
καθεδρικός, *~ ναός,* cathedral
κάθειρξη (ἡ), imprisonment
καθέκαστα (τά), details

καθέλκυση (ἡ), launching/ *καθελκύω,* to launch
καθένας, καθεμιά, καθένα, everybody, each one
καθεξῆς, *καί οὕτω ~,* and so on
καθεστώς (τό), regime, status quo
κάθετα, perpendicularly, vertically
καθετή (ἡ), fishing - line
καθετηριασμός (ὁ), catheterization
κάθετος, perpendicular, vertical
καθηγεσία (ἡ), professorship/ *καθηγητής* (ὁ), professor
καθῆκον (τό), duty
καθηλώνω, to nail down, to immobilize
καθημερινά, every day, daily/ *καθημερινός,* daily
καθησυχάζω, to calm, to appease/ *καθησύχαση* (ἡ), calming, appeasement/ *καθησυχαστικός,* soothing, reassuring
κάθιδρος, perspiring, sweating
καθιερωμένος, established/ *καθιερώνω,* to establish/ *καθιέρωση* (ἡ), establishment
καθίζηση (ἡ), landslip, depression
καθίζω, to seat (someone) down; to run aground
καθίκι (τό), chamberpot
καθισιό (τό), idleness
κάθισμα (τό), seat, chair/ *καθιστικός,* sedentary/ *καθιστός,* seated
καθιστῶ, to render, to make/ *καθίσταμαι,* to become
καθοδηγητής (ὁ), leader, guide/ *καθοδηγῶ,* to lead, to guide
κάθοδος (ἡ), descent/ (phys.) cathode
καθολικεύω, to generalize
καθολικισμός (ὁ), Catholicism/ *καθολικός,* catholic/ *Καθολική Ἐκκλησία,* Roman Catholic Church
καθολικότητα (ἡ), universality
καθόλου, not at all
κάθομαι, to sit down; to reside/ *~ στά αὐγά μου,* to keep quiet/ *~ στά καρφιά,* to be on edge
καθορίζω, to determine/ *καθορισμός* (ὁ), determination
καθρέφτης (ὁ), mirror/ *καθρεφτίζω,* to mirror, to reflect
καθυποτάσσω, to subdue
καθυστέρηση (ἡ), delay/ *καθυστερῶ,* to

delay, to defer
καθώς, as, just as, like
καί, and, too/ ~ ἄλλος, another one/ ἀκόμη ~, even, as well as/ ~ οἱ δύο, both
καΐκι (τό), caique
καϊμάκι (τό), cream
Καινή Διαθήκη (ἡ), New Testament
καινοτομία (ἡ), innovation/ καινοτομῶ, to innovate
καινούργιος, new, fresh
καινοφανής, novel, newly presented
καιρικός, atmospheric, of the weather
καίριος, critical, crucial
καιρός (ὁ), time; weather/ δέν ἔχω καιρό, I am too busy/ μιά φορά κι' ἕνα καιρό, once upon a time/ πρό καιροῦ, some time ago/ ἀπό καιροῦ εἰς καιρόν, from time to time
καιροσκοπία (ἡ), opportunism/ καιροσκόπος (ὁ), opportunist
καιροφυλακτῶ, to lurk
Καίσαρας (ὁ), Caesar/ καισαρικός, caesarian
καίω, to burn, to set fire/ μ' ἔκαψες! you've destroyed me!
κακά, badly
κακαβιά (ἡ), fish soup
κακάο (τό), cocoa
κακεντρέχεια (ἡ), maliciousness, wickedness/ κακεντρεχής, malicious, wicked
κακία (ἡ), wickedness, ill - will/ κρατῶ ~, to bear a grudge/ κακίζω, to blame, to reproach/ κάκιστος, worst
κακιωμένος, angry, sulky/ κακιώνω, to be sulky
κακκαρίζω, to cackle/ κακκάρισμα (τό), cackling
κακκαρώνω, to freeze/ τά ~, to die
κακό (τό), mischief, evil/ μεγάλο ~, calamity
κακαναθρεμένος, ill-bred, rude
κακοβουλία (ἡ), malevolence/ κακόβουλος, malevolent
κακογλωσσιά (ἡ), slander/ κακόγλωσσος, slanderous
κακόγνωμος, ill-natured
κακογραφία (ἡ), scribbling/ κακογράφος (ὁ), scribbler/ κακογράφω, to scribble
κακοδαιμονία (ἡ), misfortune
κακοδιάθετος, indisposed, ill

κακοδικία (ἡ), miscarriage of justice
κακοδιοίκηση (ἡ), misrule/ κακοδιοικῶ, to misrule
κακοήθεια (ἡ), dishonesty/ κακοήθης, dishonest/ (med) malignant
κακόηχος, dissonant
κακοθελητής (ὁ), ill-wisher
κακοκαιρία (ἡ), bad weather, storm
κακοκαμωμένος, deformed/ (fig.) ugly
κακοκαρδίζω, to sadden, to grieve/ κακοκαρδισμένος, sad, grieved
κακοκεφαλιά (ἡ), stubbornness/ κακοκέφαλος, stubborn
κακολογία (ἡ), slander/ κακολογῶ, to slander
κακομαθαίνω, to spoil (a child)/ κακομαθημένος, spoilt
κακομεταχειρίζομαι, to mistreat, to misuse/ κακομεταχείριση (ἡ), misuse, ill-treatment
κακομοίρης (ὁ), or **κακόμοιρος** (ὁ), miserable/ κακομοιριά (ἡ), misery
κακοντυμένος, badly dressed
κακοπαθαίνω, to suffer hardship/ κακοπάθεια (ἡ), hardship
κακοπέραση (ἡ), miserable life/ κακοπερνῶ, to lead a miserable life
κακοπιστία (ἡ), perfidy/ κακόπιστος, perfidious
κακοπληρώνω, to pay poor wages/ κακοπληρωτής (ὁ), bad payer
κακοποίηση (ἡ), ill-treatment/ κακοποιός (ὁ), criminal, evildoer/ κακοποιῶ, to ill-treat
κακορίζικος, unlucky
κακός, bad, mischievous/ κακιά γλώσσα, evil tongue, gossip/ τοῦ κάκου, in vain
κακοσμία (ἡ), foul smell
κακοστομαχιά (ἡ), indigestion/ κακοστομαχιάζω, to suffer from indigestion
κακοσυνηθίζω, to get into bad habits
κακοτεχνία (ἡ), poor workmanship/ κακότεχνος, poorly made
κακότητα (ἡ), wickedness
κακοτοπιά (ἡ), uneven ground / (fig.) slippery situation
κακότροπος, impolite, rude
κακοτυχία (ἡ), bad luck/ κακότυχος, unfortunate
κακούργημα (τό), crime/ κακουργοδι-

κεῖο (τό), criminal court/ *κακοῦργος* (ὁ), criminal, villain

κακουχία (ἡ), hardship

κακοφαίνομαι, μοῦ κακοφαίνεται, to be displeased/ *κακοφανισμός* (ὁ), displeasure

κακοφημία (ἡ), ill fame/ *κακόφημος,* ill-famed, disreputable

κακοφορεμένος, badly dressed

κακοφορμίζω, to become malignant

κακοφτιαγμένος, badly formed

κακοφωνία (ἡ), discordance/ *κακόφωνος,* discordant

κακοψημένος, badly cooked

κάκτος (ὁ), cactus

κάκωση (ἡ), ill-treatment

καλά, well, fine/ γίνομαι ~, to recover/ ~ νά πάθω, it serves me right/ τά πᾶμε ~, to be on good terms/ πολύ ~, fine, excellently

καλάθι (τό), basket/ *καλαθοποιός* (ὁ), basket maker

καλαθόσφαιρα (ἡ), basketball

καλάι (τό), pewter

καλαισθησία (ἡ), good taste/ *καλαίσθητος,* elegant

καλαμαράς (ὁ), writer, intellectual

καλαμάρι (τό), inkpot, squid

καλάμι (τό), reed/ *καλαμιά* (ἡ), reedbush

καλαμπόκι (τό), maize

καλαμπούρι (τό), joke, pun

καλαπόδι (τό), shoelast

καλαφάτης (ὁ), caulker/ *καλαφατίζω,* to caulk

καλαφάτισμα (τό), caulking

καλβινισμός (ὁ), calvinism/ *καλβινιστής* (ὁ), calvinist

καλειδοσκόπιο (τό), kaleidoscope

κάλεσμα (τό), invitation/ *καλεσμένος,* invited

καλημέρα (ἡ), good morning/ *καλημερίζω,* to bid good morning

καληνύχτα (ἡ), good night/ *καληνυχτίζω,* to bid good night

καλησπέρα (ἡ), good evening/ *καλησπερίζω,* to bid good evening

κάλιο (τό), potassium/ καυστικό ~, caustic potash

καλιακούδα (ἡ), blackbird

καλιγώνω, to shoe (a horse)/ *καλιγωτής* (ὁ), farrier

καλλίγραμμος, well-shaped, smart

καλλιγραφία (ἡ), calligraphy

καλλιέπεια (ἡ), elegant speech/ *καλλιεπής,* eloquent

καλλιέργεια (ἡ), cultivation, tillage; culture/ *καλλιεργήσιμος,* arable/ *καλλιεργητής* (ὁ), cultivator, tiller/ *καλλιεργῶ,* to cultivate, to till

καλλικάντζαρος (ὁ), elf

καλλιμάρμαρος, made of marble

κάλλιο, better/ ~ ἀργά παρά ποτέ, better late than never

κάλλιστα, very well

καλλιστεῖα (τά), beauty competition

κάλλιστος, best, excellent

καλλίτερα βλ. *καλύτερα*

καλλιτέρευση (ἡ), improvement/ *καλλιτερεύω,* to improve

καλλίτερος, βλ. *καλύτερος*

καλλιτέχνημα (τό), work of art/ *καλλιτέχνης* (ὁ), artist/ *καλλιτεχνία* (ἡ), (fine) arts/ *καλλιτεχνικός,* artistic(al)

καλλίφωνος, sweet-voiced

καλλονή (ἡ), beauty

κάλλος (τό), beauty, attractiveness

καλλυντικά (τά), cosmetics

καλλωπίζω, to embellish/ *καλλωπισμός* (ὁ), embellishment, beautification/ *καλλωπισμός,* embellishing

καλντερίμι (τό), paved street

καλό (τό), good, welfare/ στό ~! farewell!/ δέν εἶναι στά καλά του, he is crazy/ κάνω τό ~ to be kind

καλοαναθρεμμένος, well-bred, polite

καλοβλέπω, to look upon favourably

καλόβολος, accommodating, obliging

καλοβρασμένος, well-boiled

καλογερεύω, to take vows/ *καλογερική* (ἡ), monastic life/ *καλογερικός,* monastic/ *καλόγερος* (ὁ), monk, friar/ (med.) carbuncle

καλόγνωμος, good-natured

καλόγρια (ἡ), nun

καλοδέχομαι, to welcome

καλοδουλεμένος, well-wrought, elaborate

καλοζῶ, to live in clover

καλοθελητής (ὁ), well-wisher/ (fig.) insin-

cere friend
καλοθρεμμένος, well-fed, plump
καλοκάγαθος, benevolent, kind hearted
καλοκαίρι (τό), summer/ *καλοκαιρία* (ή), fine weather/ *καλοκαιρινός,* (of the) summer
καλοκαμωμένος, well-built
καλοκαρδίζω, to gladden, to satisfy/ *καλόκαρδος,* good hearted
καλοκοιτάζω, to covet, to desire
καλομαθαίνω, to be spoilt/ *καλομαθημένος,* spoilt, used to a comfortable life
καλομεταχειρίζομαι, to treat well/ *καλομεταχείριση* (ή), good treatment
καλομίλητος, soft-spoken, courteous
καλοπέραση (ή), comfort/ *καλοπερνῶ,* to live comfortably
καλοπιάνω, to flatter/ *καλόπιασμα* (τό), flattery
καλόπιστα, in good faith/ *καλόπιστος,* good-willed
καλοπληρωμένος, well-paid/ *καλοπληρώνω,* to pay well
καλοπροαίρετος, well-disposed
καλοριφέρ (τό), central heating
καλοραμμένος, well-sewn
καλορίζικος, lucky, fortunate
κάλος (ό), (skin) corn
καλός, good, kind; favourable, fair/ μιά καί καλή, once and for all/ εἶμαι στίς καλές μου, to be in a good mood/ ὁ ~ μου, my sweetheart, my beloved
καλοσυνεύω, to calm down; to clear up
καλοσυνηθίζω, to get used to an easy life
καλοτρώγω, to eat well
καλοτυχία (ή), good luck/ *καλότυχος,* lucky
καλούδια (τά), goodies
καλούπι (τό), mould/ *καλουπώνω,* to mould
καλούτσικα, rather well/ *καλούτσικος,* goodish, so so
καλοφαγάς (ό), gourmet
καλοφορεμένος, well-dressed
καλοψήνω, to toast well
καλόψυχος, good-natured, kind hearted
καλπάζω, to gallop
καλπάκι (τό), furred cap
καλπασμός (ό), gallop
κάλπη (ή), ballot box

κάλπης (ό), swindler
κάλπικος, false, counterfeit
καλπονοθεία (ή), ballot rigging
κάλτσα (ή), stocking, sock/ *καλτσοδέτα* (ή), garter
καλύβα (ή), hut
κάλυκας (ό), (bot.) calyx/ (mil.) cartridge
κάλυμα (τό), cover
καλυμαύχι (τό), the hat of an orthodox priest
καλύπτω, to cover
καλύτερα, better, rather/ *καλυτερεύω,* to improve, to make better/ *καλύτερος,* better
κάλυψη (ή), covering, coverage
κάλφας (ό), apprentice
καλῶ, to call; to name / (leg.) to summon/ (fig.) to invite
καλώδιο (τό), cable, wire
καλῶς, well, all right
καλωσορίζω, to welcome
καλωσύνη (ή), kindness, goodness
κάμα (ή), dagger
καμάκι (τό), harpoon/ *καμάκωμα* (τό), harpooning/ *καμακώνω,* to harpoon
κάμαρα (ή), room, chamber
καμάρα, (ή), vault, arch
καμάρι (τό), pride
καμαριέρα (ή), housemaid/ *καμαριέρης* (ό), manservant
καμαρίνι (τό), dressing-room
καμαρότος (ό), butler, steward
καμαρώνω, to take pride in/ *καμαρωτός,* proud, arrogant
κάματος (ό), fatigue, toil
καμβάς (ό), canvas
καμέλια (ή), camelia
καμήλα (ή), camel/ *καμηλιέρης* (ό), camel-driver
καμηλοπάρδαλη (ή), giraffe
καμινάδα (ή), chimney
καμινέτο (τό), spirit-lamp
καμίνι (τό), kiln, furnace
καμιόνι (τό), truck, van
καμ(μ)ιά (ή), none (feminine)
καμουφλάρισμα (τό), camouflage/ *καμουφλάρω,* to camouflage
καμπάνα (ή), (church) bell/ *καμπαναριό* (τό), belfry, church-tower/ *καμπανιστός,* sonorous

καμπαρέ (τό), nightclub, cabaret
καμπαρντίνα (ή), gabardine
καμπή (ή), bend, turning, curve/ κρίσιμη ~ , crucial phase
κάμπια (ή), caterpillar
καμπίνα (ή), cabin; berth
κάμπος (ὁ), plain, lowland
κάμποσος, some, enough/ κάμποσοι, several
καμποτίνος (ὁ), quack
καμπούρα (ή), hump/ καμπούρης (ὁ), hunchback/ καμπουριάζω, to be hunchback
κάμπτω, to curve, to bend/ κάμπτομαι, to yield, to give in
καμπύλη (ή), curve/ καμπύλος, curved/ καμπυλότητα (ή), curvature/ καμπυλώνω, to curve, to bend
καμφορά (ή), camphor/ καμφορέλαιο (τό), camphor-oil
κάμψη (ή), bending/ (fig.) decrease
κάμωμα (τό), doing, making/ (fig.) coquetry
καμώνομαι, to pretend
κανάγιας (ὁ), rascal
κανακάρης (ὁ), pet, spoilt child/ κανακεύω, to pet, to spoil
κανάλι (τό), canal
καναπές (ὁ), sofa
καναρίνι (τό), canary (bird)
κανάτα (ή), or **κανάτι** (τό), jug, pot/ κανατάς (ὁ), potter
κανείς, καμμιά, κανένα, none, nobody, nothing/ μέ ζήτησε ~; has anyone called for me?/ καμιά δεκαριά, some ten, about ten
κανέλα (ή), cinnamon
κανένας (ὁ), nobody
κανιά (τά), (thin) legs
κάνιστρο (τό), basket
κανναβάτσο (τό), canvas/ καννάβι (τό), hemp/ κανναβόσχοινο (τό), hemp rope
κανναβούρι (τό), bird-feed
κάννη (ή), barrel (of a gun)
καννίβαλος (ὁ), cannibal
κανονάρχης (ὁ), choirmaster/ κανοναρχῶ, to direct a choir
κανόνας (ὁ), rule, regulation; ruler; religious hymn/ κατά κανόνα, as a rule
κανόνι (τό), cannon/ κανονιά (ή), cannon firing/ κανονιέρης (ὁ), gunner
κανονίζω, to regulate, to adjust/ κανονικός, regular, normal/ κανονικό δίκαιο, canon law/ κανονικότητα (ή), regularity
κανονιοβολισμός (ὁ), cannonade/ κανονιοβολῶ, to cannonade, to bombard
κανονισμός (ὁ), rules, regulations
κανονοστοιχία (ή), (artillery) battery
κάνουλα (ή), tap, faucet
καντάδα (ή), serenade
καντάρι (τό), hundredweight
καντηλέρι (τό), candlestick
καντήλι (τό), nightlamp
καντίνα (ή), canteen
κάντιο (τό), sugar candy
κάνω, to do, to make, to carry out/ ~ δῶρο, to give a gift/ ~ καλό, to do good/ ~ λεφτά, to make money/ ~ πανιά, to set sail/ κάνει κρύο (ζέστη), it's cold (warm)/ κάνει νά...; may I...?
κάπα (ή), cloak, cape
καπάκι (τό), cover, lid/ καπακώνω, to cover
καπάρο (τό), advance/ καπαρώνω, to pay an advance
καπάτσος, able
καπελάδικο (τό), hat-shop
κάπελας (ὁ), publican
καπελάς (ὁ), milliner/ καπελλιέρα (ή), hat-box/ καπέλλο (τό), hat, bonnet/ καπελλώνω, to put a hat/ (fig.) to cover up
καπετάνιος (ὁ), captain; chief
καπηλεία (ή), exploitation/ καπηλεύομαι, to exploit
καπηλιό (τό), tavern, pub
κάπηλος (ὁ), exploiter
καπίστρι (τό), bridle/ καπιστρώνω, to bridle
καπιταλισμός (ὁ), capitalism/ καπιταλιστής (ὁ), capitalist
καπλαμάς (ὁ), veneer/ καπλαντίζω, to veneer
καπναποθήκη (ή), tobacco storeroom/ καπνεμπόριο (τό), tobacco trade/ καπνέμπορος (ὁ), tobacco dealer/ καπνεργάτης (ὁ), tobacco worker/ καπνεργοστάσιο (τό), tobacco factory
καπνίζω, to smoke; to fumigate/ ἔτσι μοῦ κάπνισε, I felt like it/ κάπνισμα (τό), smoking; fumigation/ καπνιστήριο

(τό), smoking room/ **καπνιστής** (ό), smoker/ **καπνιστός**, smoked
καπνοβιομηχανία (ή), tobacco manufacturing (industry)
καπνογόνος, smoke-producing
καπνοδόχος (ή), chimney
καπνοπαραγωγός (ό), tobacco producer/ **καπνοπώλης** (ό), tobacconist/ **καπνός** (ό), tobacco; smoke/ γίνομαι ~ , to disappear/ **καπνοσακκούλα** (ή), tobacco pouch/ **καπνοσύριγγα** (ή), smoking pipe
κάποιος, someone, certain
καπόνι (τό), capon
καπότα (ή), cloak
κάποτε, once, sometime
κάπου, somewhere/ ~ - ~ , occasionally/ εἶναι ~ εἴκοσι, they're about twenty
καπούλια (τά), rump
καπουτσίνος (ό), Capuchin
καπρίτσιο (τό), whim, caprice
κάπρος (ό), boar
κάπως, somehow, somewhat
κάρα (ή), skull
καραβάνα (ή), mess-tin
καραβάνι (τό), caravan
καραβιά (ή), shipload
καραβίδα (ή), crawfish
καραβοκύρης (ό), sea captain, skipper
καραβόπανο (τό), canvas
καραβόσχοινο (τό), canvas rope
καραβοτσακίζομαι, to be shipwrecked/ *καραβοτσακισμένος*, shipwrecked
καραγκιόζης (ό), figure of the shadow theatre/ *καραγκιοζιλίκι* (τό), clownish behaviour
καραδοκώ, to watch out for
καρακάξα (ή), magpie
καραμέλα (ή), caramel
καραμούζα (ή), reed-pipe
καραμπίνα (ή), carabine
καραμπογιά (ή), black paint
καραντίνα (ή), carantine
καραούλι (τό), sentry
καράτι (τό), carat
καρατόμηση (ή), beheading/ *καρατομῶ*, to behead
καράφα (ή), carafe
καρβέλι (τό), loaf
καρβουνιάρης (ό), coalman/ *κάρβουνο*

(τό), coal/ κάθομαι στά κάρβουνα, to be on edge
κάργα, full to the brim/ *καργάρω*, to fill to the brim
κάρδαμο (τό), cress/ *καρδαμώνω*, to get strong
καρδάρα (ή), churn
καρδερίνα (ή), goldfinch
καρδιά (ή), heart/ ἔχω ~ , to be brave/ ἔχει χρυσή ~ , he has a heart of gold/ *καρδιακός*, cardiac/ (ό), suffering of a heart disease
καρδινάλιος (ό), cardinal
καρδιοχτύπι (τό), heartbeat/ *καρδιοχτυπῶ*, to be anxious
καρέκλα (ή), chair/ *καρεκλοποιός* (ό), chair-maker
καρίκωμα (τό), darning/ *καρικώνω*, to darn
καρίνα (ή), keel
καριοφίλι (τό), long musket
καρκινικός, cancerous
καρκινοβατῶ, to walk like a crab/ (fig.) to progress slowly
καρκίνος (ό), cancer/ Τροπικός τοῦ Καρκίνου, Tropic of Cancer/ *καρκίνωμα* (τό), carcinoma
καρμανιόλα (ή), guillotine
καρναβάλι (τό), carnival
καρνέ (τό), notebook
καρότο (τό), carot
καρότσα (ή), or **καρότσι** (τό), carriage
καρούλι (τό), reel
καρπαζιά (ή), blow/ *καρπαζώνω*, to give blows
καρπερός, fruitful/ *καρπίζω*, to bear fruit/ *καρπός* (ό), fruit; wrist
καρπούζι (τό), watermelon
καρποφορία (ή), fructification/ *καρποφόρος*, fructiferous/ (fig.) effective/ *καρποφορῶ*, to bear fruit/ *καρπώνομαι*, to derive profit
κάρ(ρ)ο (τό), cart
κάρτα (ή), card
καρτέρι (τό), ambush
καρτερία (ή), endurance, patience/ *καρτερικός*, enduring, patient/ *καρτερικότητα* (ή), endurance
καρτερῶ, to expect
καρύδα (ή), coconut

καρυδένιος, (of) walnut wood/ *καρύδι* (τό), walnut; Adam's apple/ *καρυδιά* (ή), walnut tree/ κάθε καρυδιᾶς καρύδι, all sorts of people/ *καρυδόλαδο* (τό), walnut oil/ *καρυδότσουφλο* (τό), walnut shell

καρύκευμα (τό), seasoning/ *καρυκεύω,* to season

καρυοθραύστης (ό), nutcracker

καρφί (τό), nail/ δέν μοῦ καίγεται ~ , I don't give a damn/ γυαλιά καρφιά, total mess

καρφίτσα (ή), pin; broach/ *καρφιτσώνω,* to pin

κάρφωμα (τό), nailing/ *καρφώνω,* to nail, to peg; to fix/ *καρφωτός,* nailed

καρχαρίας (ό), shark

καρωτίδα (ή), carotid

κάσα (ή), case, box; coffin; safe

κασέλα (ή), chest, trunk

κασίδα (ή), scurf/ *κασιδιάρης* (ό), scurf-headed

κασκέτο (τό), cap

κασόνι (τό), case, wooden box

κασσίτερος (ό), pewter/ *κασσιτερώνω,* to pewter

κάστα (ή), caste

καστανάς (ό), chestnut-seller/ *καστανιά* (ή), chestnut-tree/ *κάστανο* (τό), chestnut/ δέν χαρίζω κάστανα, to be very strict

καστανός, brown

κάστορας (ό), beaver

καστόρι (τό), felt/ *καστόρινος,* (made of) felt

κάστρο (τό), castle

κατά, upon; towards; against; about/ ~ γράμμα, in detail/ ~ λέξη, verbatim/ ~ κράτος, entirely/ ~ τύχη, by chance

κατάβαθα, deep down

καταβάλλω, to overthrow, to overcome; to pay

καταβαραθρώνω, to destroy completely

κατάβαση (ή), descent

καταβόθρα (ή), sewer, drain

καταβολάδα (ή), (bot.) layer

καταβολή (ή), payment

κατάβρεγμα (τό), sprinkling/ *καταβρέχω,* to sprinkle

καταβροχθίζω, to devour

καταβυθίζω, to sink/ *καταβύθιση* (ή), sinking

καταγγελία (ή), denunciation/ *καταγγέλλω,* to denounce

καταγέλαστος, ridiculous

καταγῆς, on the ground

καταγίνομαι, to be engaged in, to deal with

κάταγμα (τό), fracture

καταγοητεύω, to enchant, to charm

κατάγομαι, to descend from

καταγραφή (ή), registration, recording/ *καταγράφω,* to register, to record

καταγωγή (ή), descent, origin

καταγώγιο (τό), disreputable establishment, den

καταδεκτικός, condescending/ *καταδέχομαι,* to condescend

καταδίδω, to denounce

καταδικάζω, to condemn/ *καταδικαστικός,* condemning/ *καταδίκη* (ή), sentence/ *κατάδικος* (ό), convict

καταδιωκτικό (τό), fighter (plane)/ ~ ς, persecuting/ *καταδιώκω,* to persecute/ *καταδίωξη* (ή), pursuit, persecution

κατάδοση (ή), denunciation/ *καταδότης* (ό), informer

καταδρομή (ή), raid/ *καταδρομικό* (τό), cruiser/ ~ς, raiding

καταδυνάστευση (ή), oppression/ *καταδυναστεύω,* to oppress

κατάδυση (ή), diving/ *καταδύομαι,* to dive, to plunge

καταζήτηση (ή), search/ *καταζητῶ,* to search for

κατάθεση (ή), (bank) deposit/ (leg.) evidence/ *καταθέτω,* to deposit; to give evidence

καταθλιπτικός, depressive/ *κατάθλιψη* (ή), depression

καταιγίδα (ή), storm

καταιγισμός (ό), constant firing, barrage

καταισχύνη (ή), shame, disgrace

κατακάθι (τό), sediment, dregs/ *κατακαθίζω,* to subside, to precipitate

κατακαίω, to burn to ashes

κατάκαρδα, deeply/ τό παίρνω ~ , to be deeply offended

κατακεραυνώνω, to silence

κατακερματίζω, to cut to pieces

κατακέφαλα, right on the head/ κατακεφαλιά (ή), blow on the head

κατακλέβω, to plunder, to steal everything

κατακλείδα (ή), conclusion, final paragraph

κατάκλειστος, completely shut

κατακλίνομαι, to go to bed/ κατάκλιση (ή), going to bed

κατακλύζω, to flood

κατακλυσμιαίος, diluvial, torrential/ κατακλυσμός (ό), deluge, flood

κατάκοιτος, bedridden

κατακόκκινος, flushed

κατακόμβη (ή), catacomb

κατακομματιάζω, to cut to pieces

κατάκοπος, exhausted

κατακόρυφα, perpendicularly/ κατακόρυφος, upright, perpendicular

κατακουρασμένος, exhausted, worn out

κατακράτηση (ή), illegal detention/ κατακρατώ, to detain illegally

κατακραυγή (ή), outcry

κατακρεουργώ, to butcher

κατακρίνω, to criticize, to blame/ κατάκριση (ή), criticism, blame

κατάκτηση (ή), conquest/ κατακτητής (ό), conqueror/ κατακτητικός, conquering/ κατακτώ, to conquer

κατακυρώνω, to grant/ κατακύρωση (ή), granting

καταλαβαίνω, to comprehend, to understand

καταλαμβάνω, to occupy, to seize

κατάλευκος, snow-white

καταλήγω, to result, to lead to / κατάληξη (ή), result, ending

καταληπτός, comprehensible, understandable

κατάληψη (ή), occupation

καταληψία (ή), catalepsy

κατάλληλα, appropriately, suitably/ κατάλληλος, appropriate, suitable/ καταλληλότητα (ή), suitability

καταλογίζω, to attribute, to charge with

κατάλογος (ό), list, catalogue/ ἐκλογικός ~ , register of voters/ τηλεφωνικός ~ , telephone directory

κατάλοιπο (τό), residue, remnant

κατάλυμα (τό), lodging, dwelling

καταλυπημένος, very sad

κατάλυση (ή), abolition, overthrow/ καταλύτης (ό), (chem.) catalyst/ καταλυτής (ό), overthrower, destroyer/ καταλύω, to abolish, to overthrow

καταμαγεύω, to enchant, to charm

καταμαρτυρώ, to bear witness against; to blame

κατάματα, straight in the eyes

κατάμαυρος, pitch-black

καταμερίζω, to apportion/ καταμερισμός (ό), apportionment

καταμεσήμερα, at high noon

καταμεσής, right in the middle

κατάμεστος, crowded

καταμέτρηση (ή), measuring/ καταμετρώ, to measure, to gauge

κατάμονος, all alone, desolate

κατάμουτρα, to one's face

καταναγκασμός (ό), compulsion/ καταναγκαστικός, enforced, compulsory/ καταναγκαστικά ἔργα, forced labour

καταναλώνω, to consume/ κατανάλωση (ή), consumption/ καταναλωτής (ό), consumer/ καταναλωτικός, consuming

κατανέμω, to distribute, to apportion, to allot

κατανικώ, to overcome, to subdue

κατανόηση (ή), comprehension, understanding/ κατανοητός, comprehensible, understandable

κατανομή (ή), distribution, sharing out

κατανοώ, to comprehend, to understand

κατάντια (ή), sorry state (outcome)/ καταντώ, to be reduced to

κατανυκτικός, emotional/ κατάνυξη (ή), deep emotion

καταξεσχίζω, to tear to shreds

καταξιώνω, to consider worthy, to acknowledge

καταξοδεύω, to squander, to spend thoughtlessly

καταπακτή (ή), trapdoor

καταπάνω, straight upon (against)

καταπάτηση (ή), violation, transgression/ καταπατώ, to violate, to transgress/ ~ ὑπόσχεση, to break a promise

κατάπαυση (ή), cessation/ καταπαύω, to cease

καταπέλτης (ό), catapult

καταπέτασμα (τό), curtain/ τρώγω τό ~ , to overeat
καταπέφτω, to fall down; to decline
καταπιάνομαι, to undertake
καταπιέζω, to oppress, to tyrannize/ *καταπίεση* (ή), oppression, tyranny/ *καταπιεστικός,* oppressive, tyrannical
καταπίνω, to swallow
κατάπλασμα (τό), poultice
καταπλέω, to sail into harbour
καταπληκτικά, amazingly, astonishingly/ *καταπληκτικός,* amazing, astonishing/ *κατάπληκτος,* amazed, astonished/ *κατάπληξη* (ή), amazement, astonishment/
καταπλήσσω, to amaze, to astonish
καταπλουτίζω, to become very rich
καταπνίγω, to suppress/ *κατάπνιξη* (ή), suppression
καταπολεμώ, to fight against
καταπόνηση (ή), exhaustion
καταποντίζω, to sink/ *καταποντισμός* (ό), sinking
καταπονώ, to exhaust, to tire out
καταπότι (τό), pill
καταπραϋντικός, soothing, calming; sedative/ *καταπραΰνω,* to soothe, to calm down
κατάπτυστος, disgraceful, contemptible
κατάπτωση (ή), downfall, decline
κατάρα (ή), curse/ *καταραμένος,* accursed
κατάργηση (ή), abolition/ *καταργῶ,* to abolish
καταριέμαι, to curse
καταρ(ρ)άκτης (ό), waterfall/ (med.) cataract/ *καταρρακτώδης,* torrential
κατάρ(ρ)ευση (ή), downfall; crumbling/ *καταρρέω,* to fall; to crumble
καταρ(ρ)ίπτω, to throw (bring) down/ *κατάρριψη* (ή), throwing down
καταρ(ρ)οή (ή), (med.) cataract
κατάρτι (τό), mast
καταρτίζω, to arrange; to educate/ *καταρτισμός* (ό), arrangement, preparation
κατάσαρκα, next to the flesh
κατάσβεση (ή), extinction/ *κατασβεστήρας* (ό), extinguisher
κατασιγάζω, to silence/ *κατασίγαση* (ή),

silencing
κατασκευάζω, to construct, to erect/ *κατασκεύασμα* (τό), construction/ *κατασκευαστής* (ό), constructor
κατασκευή (ή), making, construction
κατασκηνώνω, to camp/ *κατασκήνωση* (ή), camping
κατασκοπεία (ή), espionage/ *κατασκοπεύω,* to spy (on)
κατάσκοπος (ό), spy
κατασκότεινος, pitch-dark
κατασκοτώνω, to kill/ (fig.) to beat hard/ *κατασκοτώνομαι,* to be tired out
κατασπαράζω, to tear to pieces
κατάσπαρτος, sown all over/ (fig.) full of
κατασπαταλῶ, to squander, to waste
κάτασπρος, snow-white
καταστάλαγμα (τό), sediment, settlement/*κατασταλάζω,* to filter, to strain; to settle down
κατασταλτικός, repressive
κατάσταση (ή), condition, situation
καταστατικό (τό), statute, constitution/ ~ ς, statutory, constitutional
καταστέλλω, to repress, to put down
κατάστημα (τό), shop, store/ ~τάρχης (ό), shopkeeper
κατάστιχο (τό), register, ledger
καταστολή (ή), repression
καταστρατηγῶ, to violate, to transgress
καταστρεπτικός, disastrous, destructive/ *καταστρέφω,* to destroy/ *καταστροφέας* (ό), destroyer, wrecker/ *καταστροφή* (ή), destruction, catastrophe
κατάστρωμα (τό), deck
καταστρώνω, to draw up, to lay down/ *κατάστρωση* (ή), drawing up
κατασφάζω, to massacre
κατάσχεση (ή), confiscation, seizure/ *κατασχέτω* or *κατάσχω,* to confiscate, to seize
κατάταξη (ή), arrangement, enrolment/ *κατατάσσω,* to arrange, to classify
κατατάσσομαι, to enlist, to enrol
κατάτμηση (ή), fragmentation, breaking up
κατατομή (ή), profile
κατατόπια (τά), parts, corners/ ξέρω τά ~ , I know my way about
κατατοπίζω, to explain, to brief

κατατρεγμένος, persecuted/ *κατατρεγμός* (ό), persecution/ *κατατρέχω*, to persecute

κατατρίβω, to wear out

κατατρομάζω, to frighten, to scare

κατατροπώνω, to rout, to defeat/*κατατρόπωση* (ή), utter defeat

κατατρώγω, to devour, to eat up/ (phys.) to corrode

καταυγάζω, to illuminate

καταυλισμός (ό), camp

καταφανής, obvious, evident, plain/ *κατάφαση* (ή), affirmation/ *καταφάσκω*, to affirm, to consent

καταφέρνω, to manage, to carry out; to persuade

καταφεύγω, to seek refuge; to resort to

καταφθάνω, to reach; to arrive

καταφορά (ή), animosity, hate

κατάφορτος, overloaded

καταφρόνηση (ή), despise, scorn/ *καταφρονώ*, to despise, to consider, to consider inferior

καταφυγή (ή), refuse, recourse/ *καταφύγιο* (τό), refuge, shelter

κατάφυτος, wooded

κατάφωρος, obvious, undisguised

κατάφωτος, brightly illuminated

κατάχαμα, on the ground

καταχθόνιος, infernal; devious

καταχνιά (ή), mist, haze

καταχραστής (ό), embezzler

καταχρεωμένος, having many debts/ *καταχρεώνομαι*, to run into debts

κατάχρηση (ή), abuse, excess; embezzlement/ *καταχρηστικός*, abusive/ *καταχρώμαι*, to abuse

καταχωνιάζω, to hide (somewhere) deep

καταχωρίζω, to insert, to enter, to publish/ *καταχώριση* (ή), insertion, entry

καταψηφίζω, to vote against/ *καταψήφιση* (ή), voting against

κατάψυξη (ή), refrigeration/ *καταψύχω*, to refrigerate

κατεβάζω, to take down, to lower/ ~ *τά μάτια*, to be shy

κατεβαίνω, to descend, to come down/ *κατέβασμα* (τό), descent

κατεδαφίζω, to demolish/ *κατεδάφιση* (ή), demolition

κατεπείγων, urgent

κατεργάζομαι, to elaborate

κατεργάρης (ό), rogue, rascal/ *κατεργαριά* (ή), roguery

κατεργασία (ή), elaboration/ *κατεργασμένος*, wrought

κάτεργο (τό), prison, labour camp

κατέρχομαι, to go down

κατεστραμ(μ)ένος, destroyed

κατεύθυνση (ή), direction/ *κατευθυντήριος*, directing/ *κατευθύνω*, to direct/ *κατευθύνομαι*, to proceed towards

κατευνάζω, to appease, to allay/ *κατευνασμός* (ό), appeasement, calming/ *κατευναστικός*, appeasing, soothing

κατευοδώνω, to bid goodbye/ *κατευόδωση* (ή), seeing (someone) off

κατέχω, to occupy, to hold, to have/ ~ *μιά γλώσσα (δουλειά)*, to master a language (job)

κατεψυγμένος, frigid, frozen

κατηγόρημα (τό), (gram.) predicate/ ~ *τικός*, categorical, definite, positive

κατηγορητήριο (τό), indictment, charges/ *κατηγορία* (ή), accusation, charge; category/ *κατήγορος* (ό), accuser, complainant/ *δημόσιος* ~ , public prosecutor

κατηγορούμενο (τό), (gram.) complement

κατηγορούμενος (ό), accused, defendant/ *κατηγορώ*, to accuse, to charge

κατηφοριά (ή), slope/ *κατηφορίζω*, to descend, to go downhill/ *κατηφορικός*, downhill/ *κατήφορος* (ό), slope

κατήχηση (ή), catechism/ *κατηχητής* (ό), catechizer

κατηχητικός, catechizing/ *κατηχητικό σχολείο*, Sunday school/ *κατηχώ*, to catechize, to initiate

κάτι, something, some

κατισχύω, to prevail

κατοικήσιμος, habitable

κατοικία (ή), home, dwelling/ *μόνιμη* ~ residence/ *κατοικίδιος*, domestic(ated)/ *κάτοικος* (ό), inhabitant, resident/ *κατοικώ*, to live, to inhabit

κατονομάζω, to specify by name

κατόπι, afterwards, next/ ~ *νός*, the next

κατόπτευση (ή) reconnaissance/ *κατο-*

πτεύω, to reconnoitre

κατοπτρίζω, to reflect/ κατοπτρισμός (ὁ), reflection, mirage/ κάτοπτρο (τό), mirror

κατόρθωμα (τό), achievement, feat/ κατορθώνω, to achieve/ κατορθωτός, practicable, feasible

κατούρημα (τό), urinating, pissing/ κατουρῶ, to urinate, to pass water

κατοχή (ἡ), occupation, possession/ κάτοχος (ὁ), occupant, possessor

κατοχυρώνω, to consolidate/ κατοχύρωση (ἡ), consolidation

κάτοψη (ἡ), cross-section

κατρακύλισμα (τό), rolling down/ κατρακυλῶ, to roll down

κατράμι (τό), tar, pitch/ κατραμώνω, to tar

κατσαβίδι (τό), screw-driver

κατσάδα (ἡ), scolding/ κατσαδιάζω, to scold

κατσαρίδα (ἡ), cockroach

κατσαρόλα (ἡ), saucepan

κατσαρός, curly/ κατσαρώνω, to curl

κατσιάζω, to pine away/ κατσιασμένος, pined, weak

κατσίβελος (ὁ), gipsy

κατσίκα (ἡ), she-goat/ κατσικάκι (τό), kid

κατσούλα (ἡ), hood

κατσούφης (ὁ), frowning/ κατσουφιάζω, to frown/ κατσούφιασμα (τό), frowning

κάτω, down, downstairs/ ~ ἀπό, under; less/ ἀπό ~ , beneath/ βάζω ~ , to defeat/ στό ~ , after all, in the last resort/ ἄνω ~ , in a mess

κατώγι (τό), basement, cellar

κατώτατος, lowest, most inferior/ κατωτερότητα (ἡ), inferiority/ σύμπλεγμα ~ς, inferiority complex

κατώφλι (τό), threshold

κάτωχρος, very pale

καυγαδίζω, to quarrel, to wrangle/ καυγάς (ὁ), quarrel, row/ καυγατζής (ὁ), wrangler, brawler

καύκαλο (τό), skull; crust

καϋμένος, poor fellow

καύση (ἡ), burning, combustion/ καύσιμος, combustible/ καύσιμη ὕλη, fuel/ καυσόξυλα (τά), firewood

καυστικός, caustic/ (fig.) biting, bitter/ καυτερός, scorching

καυτηριάζω, to cauterise/ καυτηριασμός (ὁ), cauterization

καυτός, burning, hot

καύχημα (τό), pride, boast/ καυχησιάρης (ὁ), boaster, braggart/ καυχησιολογία (ἡ), boasting, bragging/ καυχιέμαι, to boast, to brag

καφάσι (τό), basket/ καφασωτό (τό), lattice-work

καφεΐνη (ἡ), caffeine/ καφεκοπτεῖο (τό), coffee-mill

καφενεῖο (τό), café, coffee house/ καφές (ὁ), coffee/ φτιάχνω καφέ, to make coffee/ καφετζής (ὁ), café owner

καφετής, brown

καφετιέρα(ἡ), coffee-pot

καφωδεῖο (τό), music hall

καχεκτικός, sickly

καχεξία (ἡ), debility, sickly disposition

καχύποπτος, suspicious

κάψα (ἡ), extreme heat

καψαλίζω, to singe/ καψάλισμα (τό), singe

καψερός, poor fellow

κάψιμο (τό), burning, scald

κάψουλα (ἡ), capsule

κέδρινος, (made of) cedar (wood)/ κέδρος (ὁ), cedar

κεῖμαι, to lie, to be situated

κείμενο (τό), text

κειμήλιο (τό), heirloom

κείτομαι, to lie

κελάδημα (τό), singing (of birds), twittering/ κελαδῶ, to sing, to twitter

κελαρίζω, to babble/ κελάρισμα (τό), babbling

κελεπούρι (τό) bargain

κελευστής (ὁ), boatswain

κελί (τό), cell

κελλάρι (τό), cellar

κέλυφος (τό), shell, husk

κεμέρι (τό), purse

κενόδοξος, self-conceited, self-important

κενό (τό), vacuum/ ~ς, vacant, empty

κενοτάφιο (τό), cenotaph

κενότητα (ἡ), emptiness; frivolity

κένταυρος (ὁ), centaur

κέντημα (τό), embroidery/ κεντητός, em-

broidered
κεντιά (ή), pricking/ *κεντρί* (τό), sting/ *κεντρίζω*, to prick, to sting/ (fig.) to urge
κεντρικός, central
κέντρισμα (τό), pricking/ (fig.) urge
κέντρο (τό), centre/ *κοσμικό ~* , tavern
κεντρομόλος, centripetal/ *κεντρόφυγος,* centrifugal
κεντώ, to embroider; to prick
κενώνω, to empty/ *κένωση* (ή), emptying, evacuation
κεραία (ή), antenna/ (print.) dash/ μέχρι *~ ς,* to the minutest detail
κεραμείο (τό), or **κεραμιδάδικο** (τό), tiles yard
κεραμίδα (ή), large tile/ τοῦ ἦρθε ~ , he was surprised
κεραμίδι (τό), tile
κεραμική (ή), ceramics/ *κεραμικός,* ceramic
κερασένιος, cherrylike/ *κεράσι* (τό), cherry
κερασιά (ή), cherry-tree
κέρασμα (τό), treat
κερατάς (ό), cuckold
κερατίζω, to butt (with the horns)/ *κέρατο* (τό), horn
κερατοειδής, hornlike/ (med.) ~ *χιτώνας,* cornea
κερατώνω, to commit adultery, to deceive one's spouse
κεραυνοβόλος, sudden, instant/ ~ *ἔρωτας,* mad love/ *κεραυνοβολῶ,* to strike with thunder; to silence
κεραυνός (ό), thunder
κέρβερος (ό), Cerberus/ (fig.) an efficient guard
κερδίζω, to win, to gain; to earn/ *κέρδος* (τό), gain, profit, earnings
κερδοσκοπία (ή), speculation/*κερδοσκοπικός,* speculative/ *κερδοσκόπος* (ό), speculator/ *κερδοσκοπῶ,* to speculate
κερί (τό), wax; candle/ *κέρινος,* waxen
κερκίδα (ή), (stadium) stand
κέρμα (τό), coin
κερματίζω, to break into pieces/ *κερματισμός* (ό), shattering, breaking into pieces
κερνώ, to treat

κερόχαρτο (τό), waxpaper
κέρωμα (τό), waxing/ (fig.) turning pale/ *κερώνω,* to wax/ (fig.) to turn pale
κεσάτι (τό), business stagnation
κεσές (ό), bowl
κεφάλαιο (τό), chapter/ (econ.) capital
κεφαλαῖο (τό), capital letter
κεφαλαιοκράτης (ό), capitalist/ *κεφαλαιοκρατία* (ή), capitalism/ *κεφαλαιοκρατικός,* capitalist(ic)
κεφαλαιοποίηση (ή), capitalization/ *κεφαλαιοποιῶ,* to capitalize
κεφαλαιοῦχος (ό), capitalist, investor
κεφαλαιώδης, principal, main, substantial
κεφαλαλγία (ή), 6λ. *πονοκέφαλος*
κεφαλάρι (τό), fountainhead
κεφάλας (ό), having a large head
κεφάλι (τό), head/ ἀγύριστο ~ , stubborn/ 6άζω τό ~ μου στό σακκί, to run a risk
κεφαλίδα (ή), heading
κεφαλικός, capital/ ~ φόρος, head tax
κεφαλόβρυσο (τό), source
κεφαλόδεσμος (ό), headband
κεφαλόπονος (ό), 6λ. *πονοκέφαλος*
κέφαλος (ό), mullet
κεφαλοτύρι (τό), kind of cheese
κεφαλοχώρι (τό), main village
κεφάτος, merry/ *κέφι* (τό), good mood/ (δέν) ἔχω ~ , to be in a good (bad) mood
κεφτές (ό), meatball
κεχρί (τό), millet
κεχριμπάρι (τό), amber
κηδεία (ή), funeral
κηδεμόνας (ό), guardian, tutor/ *κηδεμονεύω,* to act as a guardian
κηδεμονία (ή), guardianship
κηδεύω, to bury
κηλεπίδεσμος (ό), hernia-truss/ *κήλη* (ή), hernia
κηλίδα (ή), stain, spot/ *κηλιδώνω,* to stain/ *κηλίδωση* (ή), staining, soiling/ *κηλιδωμένος,* stained
κηπευτική (ή), gardening/ *κῆπος* (ό), garden/ *κηπουρική* (ή), horticulture/ *κηπουρός* (ό), gardener
κηρήθρα (ή), honeycomb
κηροπήγιο (τό), candlestick

κηροπλαστική (ἡ), chandlering
κηροστάτης (ἡ), βλ. κηροπήγιο
κήρυγμα (τό), preaching, sermon
κήρυκας (ὁ), herald
κήρυξη (ἡ), proclamation, declaration/ κηρύττω, to proclaim, to declare
κήτος (τό), sea mammal; whale
κηφήνας (ὁ), drone (bee)/ (fig.) lazy person
κιαλάρω, to look through binoculars/ (fig.) to spot
κιάλια (τά), binoculars, field-glasses
κιβδηλεία (ἡ), forgery, counterfeiting/ κιβδηλοποιός (ὁ), forger/ κίβδηλος, forged, counterfeited
κιβούρι (τό), tomb
κιβώτιο (τό), box, trunk
κιβωτός (ἡ), case, ark/ ~ τοῦ Νῶε, Noah's ark
κιγκλίδωμα (τό), balustrade, railings/ κιγκλιδωτός, railed
κιθάρα (ἡ), guitar/ κιθαριστής (ὁ), guitarist
κιλλίβαντας (ὁ), gun-carriage
κιλό (τό), kilo
κιλοβάτ (τό), kilowatt
κιμάς (ὁ), minced meat
κιμωλία (ἡ), chalk
κινάβαρι (τό), cinnabar
κίναιδος (ὁ), homosexual
κινδυνεύω, to be in danger/ κίνδυνος (ὁ), danger
κινέζικος, Chinese/ Κινέζος, Κινέζα, Chinese (man, woman)
κίνημα (τό), movement; coup d' état, mutiny/ ~τίας (ὁ), mutineer
κινηματογράφηση (ἡ), filming, shooting/ κινηματογραφικός, (of the) film/ ~ ἀστέρας, filmstar/ κινηματογραφιστής (ὁ), film producer/ κινηματογράφος (ὁ), cinema, movie industry/ κινηματογραφῶ, to film
κίνηση (ἡ), motion, movement/ τροχαία ~, traffic
κινητήρας (ὁ), motor
κινητικός, kinetic, moving
κινητοποίηση (ἡ), mobilization/ κινητοποιῶ, to mobilize
κινητός, movable/ κινητή περιουσία, real estate

κίνητρο (τό), motive
κινίνο (τό), quinine
κινῶ, to move, to set in motion/ ~ ἀγωγή, to sue/ ~ τήν προσοχή, to attract attention
κιόλας, already
κιονόκρανο (τό), column-top, capital/ κιονοστοιχία (ἡ), colonnade
κιόσκι (τό), kiosk, pavilion
κιούπι (τό), jar
κίρρωση (ἡ), (med.) cirrhosis
κιρσός (ὁ), varicose vein
κίσσα (ἡ), magpie
κισσός (ὁ), ivy
κιτρινάδα (ἡ), yellow colour; paleness/ κιτρινιάρης, pale/ κιτρινίζω, to turn yellow/ κίτρινος, yellow/ κιτρινωπός, yellowish
κίτρο (τό), citron
κίχλα (ἡ), thrush
κίονας (ὁ), column, pillar
κλαγγή (ἡ), clang, din
κλαδάκι (τό), small branch, twig/ κλάδεμ-(μ)α (τό), pruning, loping/ κλαδευτήρι (τό), pruning-knife/ κλαδεύω, to prune, to lop/ κλαδί (τό), branch, bough
κλάδος (ὁ), branch; subdivision/ κλαδωτός, branched
κλαίω, to weep, to cry/ κλαίγομαι, to complain, to grumble/ κλάμμα (τό), weeping, crying
κλάρα (ἡ), long branch/ κλαρί (τό), small branch/ βγαίνω στό ~, (men) to become a guerilla/ (women) to become a prostitute
κλαρινέτο (τό), clarinet
κλάση (ἡ), age group
κλασικισμός (ὁ), classicism/ κλασικιστής (ὁ), classicist/ κλασικός, classic(al)
κλάσμα (τό), fraction/ ~τικός, fractional
κλαυθμός (ὁ), lamentation, wailing
κλάψα (ἡ), complaining/ κλαψιάρης (ὁ), grumbler, complainer/ κλάψιμο (τό), weeping
κλέβω, to steal, to rob
κλειδαράς (ὁ), keymaker/ κλειδαριά (ἡ), keylock
κλειδαρότρυπα (ἡ), keyhole/ κλειδί (τό), key/ (fig.) critical means/ κλειδοκράτορας (ὁ), keykeeper/ κλειδοκύμβαλο

(τό), piano/ κλειδοῦχος (ὁ), keykeeper/ κλείδωμα (τό), locking/ κλειδωνιά (ἡ), lock/ κλειδώνω, to lock/ κλείδωση (ἡ), joint, articulation

κλεινός, famous, illustrious

κλείνω, to close, to shut/ ~ μέσα, to imprison/ ~ το ἠλεκτρικό, to switch off/ ἡ πληγή ἔκλεισε, the wound has healed/ ~ τά μάτια, to pretend not to notice/ κλείσιμο (τό), closing

κλεισούρα (ἡ), mountain-pass/ μυρίζει ~, it's stuffy

κλειστός, closed, shut

κλειτορίδα (ἡ), clitoris

κλεμμένος, stolen

κλεπταποδόχος (ὁ), receiver of stolen articles

κλεπτομανής, kleptomaniac/ κλεπτομανία (ἡ), kleptomania

κλεφτά, secretly

κλέφτης (ὁ), thief, pickpocket

κλεφτοπόλεμος (ὁ), guerilla warfare

κλεφτοφάναρο (τό), lantern

κλεψιά (ἡ), theft, robbery

κλεψιγαμία (ἡ), adultery/ κλεψίγαμος, (ὁ), bastard

κλεψύδρα (ἡ), waterclock

κλῆμα (τό), vine(tree)/ κληματαριά (ἡ), vine arbour/ κληματόφυλλο (τό), vine-leaf

κληρικός, clerical/ (ὁ), clergyman, priest

κληροδότημα (τό), bequest/ κληροδότης (ὁ), legator

κληροδοτῶ, to bequeath/ κληροδόχος (ὁ), legatee

κληρονομία (ἡ), heritage, inheritance/ κληρονομικός, hereditary/ κληρονομικότητα (ἡ), heredity/ κληρονόμος (ὁ), heir/ κληρονομῶ, to inherit

κλῆρος (ὁ), lot; share/ (eccl.) the clergy/ κληρώνω, to draw lots/ κλήρωση (ἡ), drawing lots/ κληρωτίδα (ἡ), lottery-drum/ κληρωτός (ὁ), drawn by lot/ (mil.) conscript

κλήση (ἡ), calling/ (leg.) summons/ κλήτευση (ἡ), summoning

κλητεύω, to summon/ κλητήρας (ὁ), bailiff

κλητική (ἡ), vocative case

κλητός, called upon, summoned

κλίβανος (ὁ), furnace

κλίκα (ἡ), clique

κλίμα (τό), climate

κλίμακα (ἡ), staircase, ladder; gamut; climax/ κλιμακώνω, to go by degrees/ κλιμακωτός, graded

κλιματικός, climatic/ κλιματολογία (ἡ), climatology

κλίνη (ἡ), bed/ κλινήρης, bedridden

κλινική (ἡ), clinic, private hospital/ κλινικός, clinical

κλινοσκεπάσματα (τά), bedcovers

κλίνω, to bend, to be inclined to/ (gram.) to decline, to conjugate

κλισέ (τό), cliché

κλίση (ἡ), inclination, tendency; slope

κλίτος (τό), nave

κλοιός (ὁ), encirclement

κλονίζω, to shake; to undermine/ κλονίζομαι, to stagger, to waver/ κλονισμός (ὁ), shock

κλοπή (ἡ), theft, robbery/ κλοπιμαῖος, stolen

κλουβί (τό), cage

κλούβιος, addled

κλυδωνίζομαι, to be tossed/ κλυδωνισμός (ὁ), tossing

κλύσμα (τό), enema

κλώθω, to spin

κλωνάρι (τό), branch

κλώσιμο (τό), spinning

κλώσσα (ἡ), brooding hen/ κλώσσημα (τό), incubation/ κλωσσομηχανή (ἡ), incubator/ κλωσσόπουλο (τό), chicken/ κλωσσῶ, to brood

κλωστή (ἡ), string, thread/ κρέμομαι από μιά ~, to be in grave danger, to be in a touch and go position

κλωστική (ἡ), spinning/ κλωστοϋφαντουργεῖο (τό), textile mill

κλωτσιά (ἡ), kick/ κλωτσῶ, to kick

κνήμη (ἡ), leg

κνίσσα (ἡ), smell of roasting meat

κνώδαλο (τό), animal/ (fig.) stupid person

κοάζω, to croak

κοβάλτιο (τό), cobalt

κόβω, to cut, to carve/ ~ δέντρα, to fell trees/ ~ δρόμο, to use a shortcut/ ~ τόν δρόμο, to block the way/ μοῦ κόπηκε τό αἷμα, I was scared/ δέν τοῦ κόβει, he is

an idiot
κογκρέσσο (τό), congress
κόγχη (ἡ), βλ. **κώχη**
κόθορνος (ὁ), buskin
κοιλάδα (ἡ), valley
κοιλαίνω, to hollow out
κοιλαράς (ὁ), big-bellied/ *κοιλιά* (ἡ), belly, womb/ *κοιλιακός*, abdominal/ *κοιλιόδουλος* (ὁ), glutton
κοιλόπονος (ὁ), bellyache/ *κοιλοπονῶ*, to be in labour
κοῖλος, hollow, concave/ *κοιλότητα* (ἡ), hollow, cavity
κοίμηση (ἡ), dormition/ Κ ~ τῆς Παναγίας, the Assumption of the Virgin
κοιμητήριο (τό), cemetery
κοιμίζω, to put to sleep/ *κοιμισμένος*, sleepy/ (fig.) lazy/ *κοιμοῦμαι*, to sleep
κοινό (τό), the public
κοινόβιο (τό), convent
κοινοβουλευτικός, parliamentary/ *κοινοβουλευτισμός* (ὁ), parliamentary system/ *κοινοβούλιο* (τό), parliament
κοινοκτημοσύνη (ἡ), common ownership
κοινολογῶ, to divulge/ *κοινοποίηση* (ἡ), communication, notification/ *κοινοποιῶ*, to communicate, to notify
κοινοπραξία (ἡ), association, partnership
κοινός, common, public; ordinary/ ~ νοῦς, common sense/ κοινή γνώμη, public opinion
κοινότητα (ἡ), community/ *κοινοτικός*, communal
κοινοτοπία (ἡ), platitude
κοινωνία (ἡ), society/ θεία Κ ~, Holy Communion/ Κ ~ τῶν Ἐθνῶν, League of Nations
κοινωνικός, social, sociable/ *κοινωνικότητα* (ἡ), sociability/ *κοινωνιολογία* (ἡ), sociology/ *κοινωνιολόγος* (ὁ), sociologist/ *κοινωνῶ*, to participate, to partake/ (eccl.) to receive Holy Communion
κοινωφελής, (of) public welfare
κοιτάζω, to see, to look/ ~ τήν δουλειά μου, to mind one's own business/ *κοίταγμα* (τό), look
κοίτασμα (τό), layer, (geological) stratum
κοίτη (ἡ), (river) bed
κοιτίδα (ἡ), cradle/ (fig.) origin

κοιτώνας (ὁ), bedroom
κοκαΐνη (ἡ), cocaine
κοκκαλάκι (τό), small bone/ *κοκκαλιάρης* (ὁ), bony
κόκκαλο (τό), bone/ ἀφήνω τά κόκκαλά μου, to die/ πετσί καί ~, very skinny/ *κοκκαλώνω*, to stiffen, to harden
κοκκινάδα (ἡ), blush/ *κοκκινάδι* (τό), lipstick, rouge/ *κοκκινίζω*, to flash; to blush/ *κοκκίνισμα* (τό), reddening, blushing
κοκκινογούλι (τό), beetroot
κοκκινολαίμης (ὁ), robin
κοκκινομάλλης (ὁ), red-haired
κοκκινόξυλο (τό), redwood
κόκκινος, red/ *κοκκινωπός*, reddish
κόκκορας (ὁ), cock, rooster/ *κοκκορεύομαι*, to boast
κοκκορόμυαλος, silly, frivolous
κόκκος (ὁ), grain
κοκκύτης (ὁ), whooping cough
κοκτέιλ (τό), cocktail
κολάζω, to punish/ *κολάζομαι*, to sin, to be tempted
κόλακας (ὁ), flatterer/ *κολακεία* (ἡ), flattery/ *κολακευτικός*, flattering/ *κολακεύω*, to flatter
κόλαση (ἡ), hell/ *κολάσιμος*, punishable/ *κολασμένος*, damned/ *κολασμός* (ὁ), punishment
κόλαφος (ὁ), slap
κολεός (ὁ), vagina
κολιός (ὁ), mackerel
κόλλα (ἡ), glue; sheet of paper
κολλαρίζω, to starch/ *κολλαριστός*, starched
κολλάρο (τό), collar
κολλέγιο (τό), college
κολλεκτίβα (ἡ), collective farm/ *κολλεκτιβισμός* (ὁ), collectivism
κόλλημα (τό), sticking, pasting/ *κόλληση* (ἡ), glue, paste/ *κολλητά*, next to/ *κολλητικός*, (med.) contagious/ *κολλητικότητα* (ἡ), contagiousness/ *κολλητός*, stuck, glued to/ (fig.) inseparable
κολλιτσίδα (ἡ), goosegrass/ (fig.) persistent person
κόλλυβα (τά), boiled wheat
κολλύριο (τό), eye lotion
κολλῶ, to stick, to glue/ ~ ἀρρώστεια, to

catch a disease/ ~ σέ, to become a nuisance/ κολλώδης, sticky

κολοβός, maimed, mutilated/ κολόβωμα (τό), mutilation, maiming/ κολοβώνω, to maim, to mutilate

κολοκύθα (ἡ), pumpkin

κολοκύθι (τό), courgette, marrow

κολόνα (ἡ), pillar, column

κολοκυθόσπορος (ὁ), pumpkin-seed

κολοσσιαῖος, huge, colossal/ κολοσσός (ὁ), colossus

κόλουρος, truncated

κολοφώνας (ὁ), peak, climax

κολοφώνιο (τό), colophony

κολπίσκος (ὁ), small gulf, small bay

κόλπο (τό), trick

κόλπος (ὁ), bay, gulf; bosom

κολυμβήθρα (ἡ), font

κολυμβητής (ὁ), swimmer/ κολυμβητικός, swimming/ κολύμπι (τό), swimming/ κολυμπῶ, to swim

κομβιοδόχη (ἡ), buttonhole

κόμβος, (ὁ), knot

κόμη (ἡ), hair

κόμης (ὁ), earl/ κόμησσα (ἡ), countess/ κομητεία (ἡ), county

κομήτης (ὁ), comet

κομίζω, to carry/ κομιστής (ὁ), carrier, bearer/ κόμιστρα (τά), porterage

κομιτάτο (τό), committee

κόμμα (τό), party, political faction; comma

κομμάρα (ἡ), lassitude, muscular relaxation

κομματάρχης (ὁ), party leader

κομμάτι (τό), piece, fragment/ (ad.) a little/ κομματιάζω, to cut to pieces/ κομμάτιασμα (τό), fragmentation/ κομματιαστός, fragmented

κομματίζομαι, to take sides/ κομματικός, (of the) party/ κομματισμός (ὁ), factionalism

κόμμι (τό), gum, rubber

κομμουνισμός (ὁ), communism/ κομμουνιστής (ὁ), communist/ κομμουνιστικός, communist(ic)

κόμμωση (ἡ), coiffure/ κομμωτήριο (τό), hairdresser's saloon/ κομμωτής (ὁ), κομμώτρια (ἡ), hairdresser (man, woman)

κομπάζω, to boast, to brag/ κομπασμός (ὁ), boasting, bragging/ κομπαστικός, boastful

κομπιάζω, to hesitate/ κόμπιασμα (τό), hesitation

κομπογιαννίτης (ὁ), quack, charlatan

κομπόδεμα (τό), savings

κομπολόι (τό), string of beads

κομπορρημονῶ, βλ. κομπάζω

κόμπος (ὁ), knot

κομπόστα (ἡ), stewed fruit

κόμπρα (ἡ), cobra

κομπρέσσα (ἡ), compress

κομψευόμενος, dandy/ κομψός, elegant, smart/ κομψοτέχνημα (τό), work of art/ κομψότητα (ἡ), elegance, smartness

κονδυλοφόρος (ὁ), penholder

κονιάκ (τό), brandy, cognac

κονίαμα (τό), plastering

κονιορτοποίηση (ἡ), pulverization/ κονιορτοποιῶ, to pulverize

κονίστρα (ἡ), arena

κονκλάβιο (τό), conclave

κονσέρβα (ἡ), canned food

κονσέρτο (τό), concert

κοντά, near, close by; almost

κονταίνω, to shorten

κοντάκι (τό), (gun) butt-end

κοντάκιο (τό), Greek church hymn

κοντανασαίνω, to be out of breath

κοντάρι (τό), pike; flagmast

κόντες, κοντέσσα, βλ. κόμης, κόμησσα

κοντεύω, to approach/ κοντήτερα, nearer/ κοντήτερος, shorter, smaller/ κοντινός, neighbouring/ ὁ πιό ~, the nearest/ κοντοζυγώνω, to come close, to approach

κοντολογίς, in brief, in short

κοντοπίθαρος, short and plump

κοντός, short

κοντοστέκομαι, to hesitate, to be undecided

κοντούλης, rather short

κοντόφθαλμος, short-sighted/ (fig.) biased

κοντόχοντρος, stumpy

κόντρα, against

κοντραμπάντο (τό), smuggling

κοντράτο (τό), contract

κοντύλι (τό), pencil/ (econ.) item, fund

κοπάδι (τό), flock, herd/ *κοπαδιαστά*, in groups; massively
κοπάζω, to subside
κοπανίζω, to pound/ *κοπάνισμα* (τό), pounding/ *κοπανιστήρι* (τό), pestle/ *κόπανος* (ὁ), brake
κοπέλ(λ)α (ἡ), girl
κοπετός (ὁ), lament
κοπή (ἡ), cut
κόπια (ἡ), copy
κοπιάζω, to tire oneself/ *κοπιάστε!* please come in!/ *κοπιαστικός,* tiring, exhausting
κόπιτσα (ἡ), clasp
κοπιώδης, tiring, toilsome
κόπος (ὁ), toil, fatigue
κόπρανα (τά), faeces
κοπριά (ἡ),manure, dung/ *κοπρίζω,* to manure/ *κόπρισμα* (τό), manuring/ *κοπρίτης* (ὁ), scum/ *κόπρος* (ἡ), dung/ *κοπροσκυλιάζω,* to roam idly/ *κοπρόσκυλο* (τό), dirty dog/ (fig.) rascal, villain
κόπωση (ἡ), fatigue
κόρα (ἡ), breadcrust
κόρακας (ὁ), crow, raven
κορακοζώητος, very old
κοραλένιος, (of) coral/ *κοράλι* (τό), coral
κοράνιο (τό), Koran
κορβανάς (ὁ), purse
κορβέτα (ἡ), corvette
κορδέλα (ἡ), ribbon
κορδόνι (τό), cord
κόρδωμα (τό), strutting/ *κορδώνομαι,* to strut
κορεσμός (ὁ), saturation
κόρη (ἡ), girl, daughter/(anat.) pupil of the eye
κορινθιακός, Corinthian
κοριός (ὁ), bug
κορίτσι (τό), (young) girl
κορμί (τό), body/ *χαμένο ~,* layabout
κορμός (ὁ), trunk/ *κορμοστασιά* (ἡ), stature
κορνιαχτός (ὁ), dust
κορνίζα (ἡ), frame
κοροϊδεύω, to mock, to laugh at/ *κοροϊδία* (ἡ), mockery, derision/ *κορόιδο* (τό), laughing stock
κορομηλιά (ἡ), plum-tree/ *κορόμηλο* (τό), plum

κόρος (ὁ), βλ. *κορεσμός*
κορτάρω, to flirt, to court
κορυδαλός (ὁ), lark
κορυφαῖος, chief, most important, leading/ *κορυφή* (ἡ), summit/ (fig.) specialist/ *κορυφογραμμή* (ἡ), crest, ridge/ *κορύφωμα* (τό), culmination/ *κορυφώνομαι,* to culminate/ *κορφοβούνι* (τό), mountaintop
κορφολόγημα (τό), selecting/ *κορφολογῶ,* to select
κόρφος (ὁ), bosom
κορώνα (ἡ), highest point, the ultimate
κορώνω, to get mad
κοσκινίζω, to sift/ *κοσκίνισμα* (τό), sifting/ (fig.) selecting/ *κόσκινο* (τό), sieve
κόσμημα (τό), jewel, ornament/ *~τοθήκη* (ἡ), jewel-box/ *~τοπώλης* (ὁ), jeweller
κοσμητικός, cosmetic, ornamental
κοσμήτορας (ὁ), dean
κοσμικός (ὁ), worldly, secular; sociable/ *κοσμικότητα* (ἡ), sociability
κόσμιος, decent/ *κοσμιότητα* (ἡ), decency
κοσμογονία (ἡ), cosmogony; creation
κοσμογυρισμένος, keen traveller
κοσμοκράτορας (ὁ), ruler of the universe/ *κοσμοκρατορία* (ἡ), universal rule
κοσμοπολίτης (ὁ), cosmopolitan
κοσμοπλημμύρα (ἡ), large crowd, multitude
κοσμοπολιτισμός (ὁ), cosmopolitan attitude
κόσμος (ὁ), people, world/ *πολύς ~,* crowd/ *χάλασε ὁ ~,* there was a commotion/ *δέν χάλασε ὁ ~,* it doesn't really matter/ *κοσμοσωτήριος,* salutary/ *κοσμοχαλασιά* (ἡ), uproar, commotion
κοσμῶ, to adorn
κοστίζω, to cost/ *κοστολόγιο* (τό), price-list/ *κόστος* (τό) cost
κοστούμι (τό), suit
κότα (ἡ), hen
κότερο (τό), yacht
κοτέτσι (τό), henhouse
κοτολέτα (ἡ), cutlet
κοτρόνι (τό), boulder
κοτσάνι (τό), stalk

κοτσίδα (ἡ), pigtail
κότσυφας (ὁ), blackbird
κουβάλημα (τό), carrying/ κουβαλητής (ὁ), carrier/ κουβαλῶ, to carry
κουβάρι (τό), ball of thread/ κουβαριάζω, to wind up, to contract/ κουβάριασμα (τό), winding into a ball/ κουβαρίστρα (ἡ), spool, bobbin
κουβάς (ὁ), bucket, pail
κουβέντα (ἡ), conversation, talk/ κουβεντιάζω, to talk
κουβέρτα (ἡ), blanket/ (mar.) deck
κουβούκλιο (τό), canopy
κουδούνι (τό), bell/ κουδουνίζω, to ring, to jingle/ κουδούνισμα (τό), ringing/ κουδουνίστρα (ἡ), rattle
κουζίνα (ἡ), kitchen
κουζουλός, foolish
κουκί (τό), bean
κουκίδα (ἡ), dot
κούκλα (ἡ), doll
κοῦκος (ὁ), cuckoo/κοστίζει ὁ ~ ἀηδόνι, it costs a fortune
κουκουβάγια (ἡ), owl
κουκούλα (ἡ), hood/ κουκούλι (τό), cocoon/ κουκούλωμα (τό), hooding/ (fig.) hushing up/ κουκουλώνω, to (cover with a) hood
κουκουνάρι (τό), pine-fruit
κουκούτσι (τό), pip, stone/ ἔχει μυαλό ~, he is silly
κουλαίνω, to cripple/ κουλός, crippled, maimed
κουλούρα (ἡ), or κουλούρι (τό), roll/ κουλουριάζω, to coil, to roll up/ κουλούριασμα (τό), coiling
κουλοχέρης (ὁ), one-handed
κουμαντάρω, to rule, to manage/ κουμάντο (τό), rule, management
κουμαριά (ἡ), arbutus-tree/ κούμαρο (τό), arbutus
κουμάσι (τό), rascal
κουμπάρα (ἡ), godmother
κουμπαράς (ὁ), money-box
κουμπάρος (ὁ), godfather
κουμπί (τό), button; switch/ κουμπότρυπα (ἡ), buttonhole
κουμπούρα (ἡ), or κουμπούρι (τό), pistol
κουμπούρας (ὁ), illiterate person
κούμπωμα (τό), buttoning/ κουμπώνω, to button (up)

κουνάβι (τό), marten
κουνέλι (τό), rabbit
κούνημα (τό), movement; nod
κούνια (ἡ), swing, cradle
κουνιάδα (ἡ), sister-in-law/ κουνιάδος (ὁ), brother-in-law
κουνιέμαι, to move/ κουνιστός, rocking
κουνούπι (τό), mosquito
κουνουπίδι (τό), cauliflower
κουνουπιέρα (ἡ), mosquito-net
κουνῶ, to move
κούπα (ἡ), cup/ (cards) heart
κουπαστή (ἡ), gunwale
κουπί (τό), oar
κουπόνι (τό), coupon
κούρα (ἡ), cure
κουράγιο (τό), courage
κουράζω, to tire
κουραμάνα (ἡ), army bread
κουράρω, to nurse, to administer a cure
κούραση (ἡ), fatigue/ κουρασμένος, tired/ κουραστικός, tiring, exhausting
κουρδίζω, to wind, to tune/ κούρδισμα (τό), tuning, winding/ κουρδιστήρι (τό), tuning-key
κουρέας (ὁ), barber/ κουρεῖο (τό), barber shop
κουρέλι (τό), rag, shred/ κουρελιάζω, to tear to shreds/ κουρελιάρης (ὁ), tattered
κούρεμα (τό), haircut/ κουρεύω, to cut the hair; to shear
κουρνιάζω, to perch/ (fig.) to shelter
κουρούνα (ἡ), crow
κουροφέξαλα (τά), nonsense, fiddlesticks
κουρσάρικος, (of a) pirate/ κουρσάρος (ὁ), pirate, corsair/ κούρσεμα (τό), plunder/ κουρσεύω, to plunder
κουρτίνα (ἡ), curtain
κουσούρι (τό), defect
κουστωδία (ἡ), guard
κουτάβι (τό), puppy
κουτάλα (ἡ), ladle/ κουταλάκι (τό), teaspoon/ κουτάλι (τό), spoon/ κουταλιά (ἡ), spoonful
κουταμάρα (ἡ), foolishness
κούτελο (τό), forehead
κουτεντές (ὁ), silly person
κουτί (τό), box

κουτοπονηρία (ή), cunningness/ *κουτοπόνηρος*, cunning, sly/ *κουτός*, foolish, stupid
κουτουλιά (ή), butting/ *κουτουλῶ*, to butt
κουτουράδα (ή), unwise act
κουτουρού, at random, aimlessly
κουτρουβάλα (ή), somersault/ *κουτρουβαλῶ*, to fall head first
κουτσαίνω, to limp/ *κούτσαμα* (τό), limping
κουτσοδόντης (ό), gap-toothed
κουτσομπόλης (ό), gossiper/ *κουτσομπολιό* (τό), gossip
κουτσομύτης (ό), snub-nosed
κουτσοπίνω, to sip
κουτσός, lame
κουτσούβελα (τά), brats
κουτσουλιά (ή), dung/ *κουτσουλῶ*, to dung
κουτσουρεύω, to curtail
κούτσουρο (τό), log/ (fig.) ignorant person
κουτσοχέρης, one-armed
κουφαίνω, to deafen
κουφάλα (ή), cavity, hollow
κουφαμάρα (ή), deafness
κουφάρι (τό), carcass
κουφέτο (τό), sugar-coated almond (in Greek weddings)
κουφιοκέφαλος, scatterbrained
κούφιος, hollow
κουφόβραση (ή), sultry weather
κουφοξυλιά (ή), elder tree
κοῦφος, frivolous
κουφός, deaf
κουφότητα (ή), frivolity
κούφωμα (τό), cavity; window (door) frame
κοφίνι (τό), hamper.
κοφτά, pointedly/ *κοφτερός*, pointed
κοχλάζω, to bubble
κοχλίας (ό), screw/ *κοχλιοστρόφιο* (τό), spanner/ *κοχλιώνω*, to screw
κοχύλι (τό), shell
κόψη (ή), edge
κοψιά (ή), notch
κοψίδι (τό), slice
κόψιμο (τό), cut/ (fig.) bellyache
κοψομεσιάζομαι, to be physically exhausted

κραγιόν (τό), lipstick
κραδαίνω, to brandish
κραδασμός (ό), vibration
κράζω, to call, to cry out
κραιπάλη (ή), debauchery
κράμα (τό), alloy; blend
κρανιά (ή), cornel-tree
κρανιακός, cranial/ *κρανίο* (τό), skull
κράνος (τό), helmet
κράξιμο (τό), calling out
κρασάς (ό), wine-merchant
κράση (ή), temperament/ ἔχει γερή ~, he is resistant to disease
κρασί (τό), wine/ *κρασοβάρελο* (τό), wine cask/ *κρασοπατέρας* (ό), drunkard/ *κρασοπότηρο* (τό), wineglass
κράσπεδο (τό), hem, border; pavement edge
κραταιός, mighty
κράτημα (τό), keeping, holding
κρατήρας (ό), crater
κράτηση (ή), detention/ *κρατητήριο* (τό), prison
κρατικός, (of the) state/ *κράτος* (τό), state
κρατούμενος, detained, imprisoned
κρατῶ, to hold, to possess; to detain/ ~ τά γέλια, to keep from laughing/ ~ μυστικό, to keep a secret/ *κρατιέμαι*, to hold (control) oneself
κραυγάζω, to shout/ *κραυγή* (ή), shout
κράχτης (ό), crier
κρέας (τό), meat, flesh/ *κρεατόμυγα* (ή), meat-fly/ *κρεατόπιττα* (ή), meatpie/ *κρεατοφάγος*, carnivorous
κρεβ(β)άτι (τό), bed/ εἶμαι στό ~ , to be ill
κρεβ(β)ατίνα (ή), vine-arbour
κρεαβ(β)ατοκάμαρα (ή), bedroom/ *κρεβ(β)ατώνομαι*, to fall sick
κρέμα (ή), cream
κρεμάλα (ή), gallows/ *κρέμασμα* (τό), hanging/ *κρεμασμένος*, hanged/ *κρεμαστάρι* (τό), pendant/ *κρεμαστός*, hanging, suspended/ *κρεμάστρα* (ή), hanger
κρεματόριο (τό), crematorium
κρεμμύδι (τό), onion
κρέμομαι, to be suspended/ *κρεμῶ*, to hang, to suspend

κρεοπωλεῖο (τό), butcher's shop/ κρεοπώλης (ό) butcher
κρεοφαγία (ή), meat-eating/ κρεοφάγος (ό), βλ. κρεατοφάγος
κρεπάρω, to burst
κρήνη (ή), fountain
κρηπίδα (ή), foundation/ κρηπίδωμα (τό), substructure/ κρηπιδώνω, to form a base
κρησφύγετο (τό), refuge, hiding-place
κριάρι (τό), ram
κριθαράκι (τό), sty
κριθαρένιος, (made of) barley/ κριθάρι (τό), barley/ κριθαρόνερο (τό), barley-water
κρίκος (ό), link, ring
κρίμα (τό), sin, offence/ τί ~ !what a pity!
κρινολίνο (τό), crinoline
κρίνος (ό), lily
κρίνω, to judge, to think, to consider/ κρίση (ή), judgment/ (med.) crisis, fit
κρισάρα (ή), sieve
κρίσιμος, critical, crucial/ κρισιμότητα (ή), seriousness
κριτήριο (τό), criterion, standard
κριτής (ό), judge
κριτική (ή), criticism; review/κριτικός, (ό), critical critic
κριτσανίζω, to crackle
κροκάδι (τό), βλ. κρόκος
κροκόδειλος (ό), crocodile
κρόκος (ό), yolk/ (bot.) crocus
κρομμύδι (τό), βλ. κρεμμύδι
κρονόληρος (ό), dotard
κρόσσι (τό), tassel
κροταλίας (ό), rattlesnake/ κροταλίζω, to rattle/ κροτάλισμα (τό), rattling/ κρόταλο (τό), rattle
κροταφικός, temporal/ κρόταφος (ό), temple
κροτίδα (ή), cracker
κρότος (ό), noise, din/ κροτῶ, to clatter, to make a noise
κρουνηδόν, abundantly
κρουνός (ό), spring, faucet, tap
κρούση (ή), knocking/ κάνω ~ , to drop a hint
κρούσμα (τό), (med.) case
κρούστα (ή), crust
κρουστός, compact, tight/ τά κρουστά,

percussion instruments/ κρούω, to strike
κρυάδα (ή), chill, shiver
κρύβω, to conceal, to hide
κρύο (τό), cold weather/ κάνει ~ , it's cold/ κρυολόγημα (τό), (med.) cold/ κρυολογῶ, to catch cold/ κρύος, cold, chilly; indifferent
κρύπτη (ή), hiding-place; crypt
κρυπτογαμία (ή), cryptogamy
κρυπτογράφημα (τό), coded text
κρυσταλλικός, crystalline/ κρύσταλλο (τό), crystal/ κρυσταλλώνω, to crystallize/ κρυστάλλωση (ή), crystallization
κρυφά, secretly/ κρυφακούω, to listen stealthily/ κρυφοβλέπω, to look stealthily/ κρυφομιλῶ, to whisper/ κρυφός, secret, latent/ κρυφτούλι (τό), hide and seek/ κρύψιμο (τό), concealing, hiding/ κρυψίνοια (ή), secretiveness/ κρυψώνας (ό), hiding-place
κρύωμα (τό), cold/ κρυωμένος, suffering from a cold/ κρυώνω, to feel cold
κρώζω, to croak/ κρώξιμο (τό), croaking
κτενίζω, to comb
κτῆμα (τό), estate, property/ ~ τίας (ό), landowner, farmer/ ~ τικός, (of the) land/ ~ τολόγιο (τό), land registry/ ~ τομεσίτης (ό), estate agent
κτηνιατρική (ή), veterinary medicine/ κτηνιατρικός, veterinary/ κτηνίατρος (ό), veterinary surgeon
κτηνοβασία (ή), (sexual) bestiality
κτῆνος (τό), beast, brute; cattle/ κτηνοτροφία (ή), cattle-breeding/ κτηνοτρόφος (ό), cattle-breeder
κτηνώδης, brutal, beastly/ κτηνωδία (ή), bestiality
κτήση (ή), possession/ κτητικός, possessive/ κτητική ἀντωνυμία, possessive pronoun/ κτήτορας (ό), owner, holder
κτίζω, to build, to erect/ κτίριο (τό), building/ κτίσμα (τό), edifice/ (theol.) creature
κτυπῶ, βλ. χτυπῶ
κυάνιο (τό), cyanide
κυανόλευκος, white and blue/ ή ~, the Greek flag
κυανός, blue, azure
κυάνωση (ή), cyanosis

κυβερνείο (τό), government house/ **κυβέρνηση** (ή), government, cabinet/ **κυβερνήτης** (ό), governor/ (ship) captain/ **κυβερνητικός**, governmental/ **κυβερνώ**, to govern, to rule

κυβικός, cubic(al)/ **κυβισμός** (ό), cubism/ **κυβιστικός**, cubistic/ **κυβοειδής**, cubiform/ **κύβος** (ό), cube/ ό ~ ἐρρίφθη, the die is cast

κυδώνι (τό), quince/ **κυδωνιά** (ή), quince-tree

κύηση (ή), pregnancy

κυκεώνας (ό), mess, confusion

κυκλάμινο (τό), cyclamen

κυκλικά, in circles/ **κυκλικός**, circular/ **κύκλος** (ό), circle, cycle

κυκλοφορία (ή), circulation/ **κυκλοφορώ**, to circulate

κύκλωμα (τό), circuit

κυκλώνας (ό), cyclone

κυκλώνω, to encircle, to surround

κυκλώπειος, cyclopean

κύκλωση (ή), encirclement/ **κυκλωτικός**, encircling

κύκνειος, swanlike/ **κύκνειο ἄσμα**, swan song/ **κύκνος** (ό), swan

κυλικείο (τό), buffet

κυλινδρικός, cylindrical/ **κύλινδρος** (ό), cylinder

κύλισμα (τό), rolling/ **κυλιστός**, rolling/ **κυλώ**, roll

κύμα (τό), wave

κυμαίνομαι, to fluctuate; to hesitate/ **κύμανση** (ή), fluctuation

κυματίζω, to wave, to undulate/ **κυματισμός** (ό), waving/ **κυματιστός**, undulating

κυματοθραύστης (ό), breakwater

κυματώδης, stormy, rough

κύμβαλο (τό), cymbal

κύμινο (τό), cumin

κυνηγετικός, (of) hunting/ ~ σκύλος, hound/ **κυνήγημα** (τό), chase, pursuit/ **κυνήγι** (τό), hunting; game/ **κυνηγός** (ό), hunter/ **κυνηγώ**, to hunt

κυνικά, cynically/ **κυνικός**, cynical/ **κυνισμός** (ό), cynicism

κυοφορία (ή), pregnancy/ **κυοφορώ**, to be pregnant

κυπαρισσένιος, made of cypress wood/ (fig.) tall and slim/ **κυπαρίσσι** (τό), cypress-tree

κύπελλο (τό), goblet, cup

κεντρί (τό), sting

κυπριακός, Cypriot/ **Κύπριος** (ό), Cypriot

κυρά (ή), madam, lady, mistress

κύρης (ό), father

κυρία (ή), madam, Mrs.

κυριακάτικος, (of) Sunday/ **Κυριακή** (ή), Sunday

κυριαρχία (ή), sovereignty/ **κυριαρχικός**, sovereign/ **κυρίαρχος** (ό), ruler/ **κυριαρχώ**, to rule, to dominate

κυρίευση (ή), conquest/ **κυριεύω**, to conquer

κυριολεκτικά, literally/ **κυριολεκτικός**, literal/ **κυριολεξία** (ή), literal sense

κύριος, main, principal/ κύριο ἄρθρο, (newspaper) leader/ κύρια πρόταση, main clause

κύριος (ό), gentleman, Mr.

κυριότητα (ή), ownership

κυρίως, mainly, principally

κύρος (τό), authority, prestige

κυρτός, crooked, curved, convex/ **κυρτότητα** (ή), curve, bend/ **κύρτωμα** (τό), curvature/ **κυρτώνω**, to curve

κυρώνω, to ratify/ **κύρωση** (ή), ratification; sanction

κύστη (ή), cyst, bladder/ **κυστίτιδα** (ή), cystitis

κύτος (τό), hold of a ship

κυττάζω, βλ. **κοιτάζω**

κυτταρίνη (ή), cellulose/ **κύτταρο** (τό), cell

κύφωση (ή), humpback

κυψέλη (ή), beehive

κώδικας (ό), code, codex/ **κωδίκελλος** (ό), codicil/ **κωδικοποίηση** (ή), codification/ **κωδικοποιώ**, to codify

κωδωνοκρουσία (ή), bell-ringing/ **κωδωνοκρούστης** (ή), bell-ringer/ **κωδωνοστάσιο** (τό), belfry, steeple

κῶλος (ό), posterior, backside, anus

κωλοφωτιά (ή), glow-worm

κώλυμα (τό), impediment/ **κωλυσιεργία** (ή), obstruction/ **κωλυσιεργώ**, to obstruct/ **κωλύω**, to impede, to hinder

κωλώνω, to be bogged down; to recoil

κῶμα (τό), (med.) coma
κωμειδύλλιο (τό), operetta
κωμικός, comical, funny/ (ό), comedian/ *κωμικοτραγικός,* tragi -comic(al)
κωμόπολη (ή), small town
κωμωδία (ή), comedy
κώνειο (τό), hemlock
κωνικός, conical/ *κῶνος* (ό), cone/ *κωνοφόρος,* coniferous
κωπηλασία (ή), rowing/ *κωπηλάτης* (ό), rower/ *κωπηλατῶ,* to row
κωφάλαλος, deaf and dumb/ *κωφεύω,* to turn a deaf ear to/ *κώφωση* (ή), deafness
κώχη (ή), corner, nook

Λ

λάβα (ή), lava
λαβαίνω, to receive
λάβαρο (τό), banner
λαβεῖν (τό), (econ.) δοῦναι καί ~, debit and credit
λαβή (ή), hilt, handle/ δίνω ~, to give rise to
λαβίδα (ή), pincers
λάβρα (ή), excessive heat
λαβράκι (τό), seawolf/ (journ.) scoop
λάβρος, impetuous, aggressive
λαβύρινθος (ό), labyrinth
λαβωματιά (ή), wound/ *λαβώνω,* to wound
λαγάνα (ή), shortbread
λαγαρίζω, to purify/ *λαγάρισμα* (τό), purification/ *λαγαρός,* clear, limpid
λαγήνι (τό), pitcher
λαγκάδι (τό), gorge
λαγνεία (ή), lewdness/ *λάγνος,* lewd
λαγοκοιμοῦμαι, to doze
λαγός (ό), hare/ τάζω λαγούς μέ πετραχήλια, to make excessive promises/ *λαγουδάκι* (τό), young hare/ (fig.) bunny-girl

λαγούμι (τό), subterranean tunnel
λαγοῦτο (τό), lute
λαγῶνες (οί), loins
λαγωνικό (τό), greyhound
λαδάδικο (τό), oil-shop/ *λαδάς* (ό), oil-merchant
λαδερός, oily/ *λάδι* (τό), oil/ βγαίνω ~, to be acquitted/ *λαδιά* (ή), oil-stain/ (fig.) fraud
λαδικό (τό), gossiper
λαδομπογιά (ή), oil-paint
λάδωμα (τό), oiling/ (fig.) bribing/ *λαδωμένος,* oiled/ *λαδώνω,* to oil
λαθεύω, to make a mistake/ *λάθος* (τό), mistake, error/ κάνω (ἔχω) ~, to be wrong/ *τυπογραφικό* ~, misprint/ κατά ~, by mistake
λάθρα, secretly
λαθραῖος, illegal; secret/ *λαθρεμπόριο* (τό), smuggling, contraband/ *λαθρέμπορος* (ό), smuggler
λαθροθήρας (ό), poacher/ *λαθροθηρία* (ή), poaching
λαθρομετανάστης (ό), illegal immigrant/ *λαθροχειρία* (ή), juggling
λαΐδη (ή), lady
λαϊκός, popular/ (eccl.) secular/ *λαϊκότητα* (ή), working class attitude
λαίλαψ (ή), hurricane
λαιμά (τά), throat
λαιμαργία (ή), gluttony/ *λαίμαργος,* gluttonous
λαιμητόμος (ή), guillotine
λαιμοδέτης (ό), necktie
λαιμός (ό), neck, throat/ παίρνω στό λαιμό μου, to cause a misfortune
λακέρδα (ή), tunny-fish
λακές (ό), footman
λακίζω, to flee
λάκκος (ό), pit
λακτίζω, to kick/ *λάκτισμα* (τό), kick
λακωνικά, laconically/ *λακωνικός,* laconic, brief/ *λακωνισμός* (ό), laconism
λάλημα (τό), prattle; crowing/ *λαλιά* (ή), speech, voice/ *λαλούμενα* (τά), musical instruments/ *λαλῶ,* to speak; to crow
λάμα (ή), (knife) blade
λαμαρίνα (ή), sheet iron
λαμβάνω, to take, to receive/ ~ μέτρα, to take measures/, ~ τήν τιμή, to have the

honour
λάμια (ή), ogress
λάμνω, to row
λάμπα (ή), lamp
λαμπάδα (ή), taper, large candle/ *λαμπαδηφορία* (ή), torch procession/ *λαμπαδηφόρος* (ό), torchbearer/ *λαμπαδιάζω,* to burn like a torch
λαμπεράδα (ή), luminosity/ *λαμπερός,* luminous
λαμπικάρισμα (τό), distilling/ *λαμπικάρω,* to distil
λαμποκοπῶ, to shine, to glitter
λαμπρά, splendidly/ *Λαμπρή* (ή), Easter/ *λαμπρός,* bright, brilliant/ *λαμπρότητα* (ή), brightness, splendour/ *λαμπρύνω,* to do honour
λαμπτήρας (ό), lamp
λαμπυρίζω, to shine, to glitter
λάμπω, to shine/ ~ *ἀπό χαρά,* to be delighted/ *λάμψη* (ή), splendour, brilliancy
λαναρίζω, to card/ *λανάρισμα* (τό), carding
λανθάνων, latent
λανθασμένος, mistaken, wrong, incorrect
λανολίνη (ή), lanoline
λάξευση (ή), stonecutting, hewing/ *λαξευτής* (ό), stonecutter, hewer/ *λαξευτός,* cut, hewn/ *λαξεύω,* to cut (hew) stone
λαογραφία (ή), folklore/ *λαογράφος* (ό), folklore researcher
λαοκρατία (ή), mob rule/ *λαομίσητος,* hated by the people
λαοπλάνος (ό), demagogue/ *λαοπρόβλητος,* elected by the people/ *λαός* (ό), (the) people/ *λαοφιλής,* popular
λαπαροτομία (ή), laparotomy
λαπάς (ό), pap/ (fig.) spineless person
λαρδί (τό), lard
λάρυγγας (ό), or *λαρύγγι* (τό), larynx, windpipe/ *λαρυγγίζω,* to trill/ *λαρυγγισμός,* trill/ *λαρυγγίτιδα* (ή), laryngitis/ *λαρυγγοτομία* (ή), laryngotomy/ *λαρυγγόφωνος,* guttural
λασκάρω, to slacken, to loosen
λασπερός, muddy/ *λάσπη* (ή), mud/ τό κόβω ~, to run away/ *λασπώνω,* to cover with mud

λαστιχένιος, made of rubber/ *λάστιχο* (τό), rubber
λατινικός, Latin/ *λατινιστής* (ό), Latinist
λατομείο (τό), quarry/ *λατόμος* (ό), quarryman/ *λατομῶ,* to quarry
λάτρα (ή), care
λατρεία (ή), worship, adoration/ *λατρευτικός,* worshipping/ *λατρευτός,* adorable/ *λατρεύω,* to adore, to worship/ *λάτρης* (ό), worshipper
λαφυραγωγία (ή), plundering, pillage/ *λαφυραγωγός* (ό), plunderer/ *λαφυραγωγῶ,* to plunder/ *λάφυρο* (τό), booty, loot
λαχαίνω, to befall, to happen, to occur
λαχαναγορά (ή), vegetable market
λαχανιάζω, to gasp, to pant/ *λαχάνιασμα* (τό), gasping, panting
λαχανικό (τό), vegetable
λάχανο (τό), cabbage/ *λαχανόκηπος* (ό), kitchen garden
λαχείο (τό), or *λαχνός* (ό), lottery
λαχτάρα (ή), desire, longing/ *λαχταριστός,* desirable/ *λαχταρῶ,* to long for
λέαινα (ή), lioness
λεβάντα (ή), lavender
λεβάντες (ό), east wind
λεβέντης (ό), brave young man/ *λεβεντιά* (ή), elegant stature
λεβητοποιός (ό), brazier
λεβίθα (ή), tape worm
λεγάμενος, the person in question/ (slang) lover
λεγεώνα (ή), legion/ *λεγεωνάριος* (ό), legionary
λέγω, to say, to tell/ *πῶς σέ λένε;* what's your name?/ *λές;* do you think so?/ *λέγομαι,* to be named (called)/ *λέγεται,* it is said.
λεηλασία (ή), pillage, looting/ *λεηλατῶ,* to pillage, to loot/ *λεία* (ή), loot, booty
λειαίνω, to smooth, to level/ *λείανση* (ή), smoothing
λειμώνας (ό), meadow
λείος, smooth, level, even
λείπω, to be absent, to be missing; to lack/ *λίγο ἔλειψε,* nearly/ *μοῦ λείπει,* to miss (somebody)
λειρί (τό), (cock's) comb
λειτούργημα (τό), function, office

λειτουργία (ή), function, operation; mass/ λειτουργικός, liturgical; functional/ λειτουργός (ὁ), functionary; clergyman/ λειτουργῶ, to function, to operate; to officiate

λειχήνα (ή), (bot.) lichen / (med.) herpes

λειψανδρία (ή), lack of men

λείψανο (τό), remains; relics

λειψός, incomplete, lacking

λειψυδρία (ή), water shortage

λεκάνη (ή), basin

λεκανοπέδιο (τό), (geog.) basin

λεκές (ὁ), stain/ λεκιάζω, to stain

λεκτικό (τό), diction; vocabulary

λέλεκας (ὁ), or λελέκι (τό), stork

λεμβοδρομία (ή), boatrace/ λέμβος (ή), boat/ λεμβοῦχος (ὁ), boatman

λεμονάδα (ή), lemonade/ λεμόνι (τό), lemon/ λεμονιά (ή), lemon-tree/ λεμονοστίφτης (ὁ), lemon-squeezer

λεμφατικός, lymphatic/ λεμφοκύτταρο (τό), lymphocyte/ λέμφος (τό), lymph

λέξη (ή), word/ ~ πρός ~, word for word, verbatim

λεξικό (τό), dictionary/ λεξικογραφία (ή), lexicography/ λεξικογράφος (ὁ), lexicographer

λεξιλόγιο (τό), vocabulary, glossary

λεοντάρι (τό), lion/ λεοντή (ή), lion's skin

λεοντόκαρδος, lionhearted

λεοπάρδαλη (ή), leopard

λέπι (τό), scale

λεπίδα (ή), blade

λέπρα (ή), leprosy/ λεπροκομεῖο (τό), leper-house/ λεπρός, leper

λεπτά, thinly; delicately/ λεπταίνω, to make thin

λεπτεπίλεπτος, refined; sickly

λεπτό (τό), minute/ ~ δείκτης (ὁ), minute-hand

λεπτοκαμωμένος, slender, delicate

λεπτολογία (ή), scrutiny/ λεπτολόγος (ὁ), scrutinizer, careful examiner/ λεπτολογῶ, to scrutinize

λεπτομέρεια (ή), detail/ λεπτομερής, detailed

λεπτός, thin, fine, delicate; polite, good-mannered/ ~ωμος, slender-built/ λεπτότητα (ή), thinness; tact, politeness

λεπτοΰφαντος, finely woven

λεπτοφυής, delicate

λέρα (ή), filth, dirt/ (fig.) rascal/ λερός, filthy, dirty/ λέρωμα (τό), filthiness, soiling/ λερωμένος, soiled, dirty/ λερώνω, to soil, to stain

λέσχη, (ή), club

λεύγα (ή), league

λεύκα (ή), poplar-tree

λευκαίνω, to whiten, to bleach/ λεύκανση (ή), whitening, bleaching/

λευκαντικός, bleaching

λευκοκύτταρο (τό), leukocyte

λευκοπύρωση (ή), incandescence, white heat

λευκός, white/ λευκή ψῆφος, abstention

λευκοσίδηρος (ὁ), tin-plate

λευκότητα (ή), whiteness

λευκόχρυσος (ὁ), platinum

λεύκωμα (τό), album/ (med.) albumen

λευτεριά (ή), liberty, freedom

λευχαιμία (ή), leukaemia

λεφτά (τά), money

λεχώνα (ή), woman in childbirth

λέων (ὁ), ϐλ. λεοντάρι

λεωφορεῖο (τό), bus

λεωφόρος (ή), avenue

λήγουσα (ή), final syllable

λήγω, to finish, to end; to expire; to be due

λήθαργος (ὁ), lethargy

λήθη (ή), oblivion

λήκυθος (ή), scent-flask

λημέρι (τό), hiding-place, haunt/ λημεριάζω, to use as a haunt

λῆμμα (τό), entry

λήξη (ή), end(ing), termination

ληξιαρχεῖο (τό), registrar's office/ ληξίαρχος (ὁ), registrar

ληξιπρόθεσμος, due

λησμονιά (ή), oblivion, forgetfulness/ λησμονῶ, to forget/ λησμονιέμαι, to be absorbed in/ λησμοσύνη (ή), ϐλ. λησμονιά

λησταρχεῖο (τό), gangsters' headquarters/ λήσταρχος (ὁ), gangster chief/ ληστεία (ή), robbery/ ληστεύω, to rob/ ληστής (ὁ), robber, brigand/ ληστοσυμμορία (ή), gang, band of brigands/ ληστρικός, of brigands

λήψη (ή), taking, receipt

λιάζω, to expose to the sun/ *λιάζομαι,* to bask, to sunbathe/ *λιακάδα* (ή), sunshine

λιανίζω, to chop up, to mince/ *λιανικός,* (at) retail/ *λιάνισμα* (τό), chopping, mincing/ *λιανοπωλητής* (ό), retaildealer/ *λιανός,* thin, slim

λιανοτράγουδο (τό), folk couplet

λιάσιμο (τό), sunning, sunbathing

λιβάδι (τό), meadow

λιβάνι (τό), incense/ *λιβανίζω,* to incense/ *λιβάνισμα* (τό), incensing/ (fig.) flattery/ *λιβανιστήρι* (τό), censer

λίβας (ό), hot wind

λιβελλογράφημα (τό), libel/ *λιβελλογραφικός,* libellous, defamatory/ *λιβελλογράφος* (ό), libeller/ *λίβελλος* (ό), libel

λιγάκι, very little, a bit

λίγδα (ή), dirt, grease/ *λιγδιάζω,* to grease/ *λιγδιάρης* (ό), filthy, dirty, greasy

λιγνεύω, to grow thin

λιγνίτης (ό), lignite

λιγνός, thin, lean, slim

λίγο, a little

λιγοθυμία (ή), βλ. *λιποθυμία*

λίγος, little, some/ ~τεύω, to reduce/ ~τός, limited, scarce

λιγούρα (ή), swooning/ (fig.) hunger/ *λιγουρεύομαι,* to desire (strongly)

λιγοψυχία (ή), βλ. *λιποψυχία*

λίγωμα (τό), swooning/ *λιγωμένος,* hungry/ *λιγώνω,* to eat excessively/ *λιγώνομαι,* to swoon

λιθάνθρακας (ό), pitcoal

λιθαράκι (τό), pebble/ *λιθάρι* (τό), stone, rock/ *λίθινος,* (made of) stone/ Λίθινη Ἐποχή, Stone Age

λιθοβόλημα (τό), stoning, pelting/ *λιθοβολῶ,* to stone

λιθογραφείο (τό), lithographic studio/ *λιθογραφία* (ή), lithography/ *λιθογράφος* (ό), lithographer

λιθοδομή (ή), stonemasonry/ *λιθόκτιστος,* stonebuilt

λιθοξόος (ό), stonecutter

λίθος (ό), stone/ *θεμέλιος* ~, foundation stone/ *υδία* ~, touchstone

λιθοστρώνω, to pave/ *λιθόστρωτο* (τό), pavement

λιθοτομία (ή), stonecutting/ *λιθοτόμος* (ό), stonecutter

λικνίζω, to lull, to rock/ *λίκνο* (τό), cradle

λίμα (ή), hunger/ (tech.) file/ (fig.) chatterbox/ *λιμαδόρος* (ό), file-worker

λιμάζω, to starve

λιμάνι (τό), port, harbour

λιμάρισμα (τό), filing/ *λιμάρω,* to file

λίμασμα (τό), starvation/ *λιμασμένος,* starved/ (fig.) glutton

λιμεναρχείο (τό), harbourmaster's office/ *λιμενάρχης* (ό), harbourmaster/ *λιμενικός,* (of the) harbour/ *λιμενοφύλακας* (ό), harbour-guard

λιμνάζω, to stagnate/ *λίμνασμα* (τό), stagnation

λίμνη (ή), lake/ *λιμνοθάλασσα* (ή), lagoon/ *λιμνούλα* (ή), pond

λιμοκοντόρος (ό), dandy

λιμοκτονία (ή), starvation, famine/ *λιμοκτονῶ,* to starve, to famish/ *λιμός* (ό), famine

λιμουζίνα (ή), limousine

λιμπίζομαι, to covet, to desire

λιμπρέτο (τό), libretto

λινάρι (τό), flax/ *λιναρόσπορος* (ό), linseed/ *λινέλαιο* (τό), linseed oil

λινό (τό), linen/ ~ s, (of) linen

λινοτυπία (ή), linotype

λιοντάρι (τό), βλ. *λεοντάρι*

λιοπύρι (τό), heat wave, great heat

λιπαίνω, to lubricate/ *λίπανση* (ή), lubrication, greasing/ *λιπαντικό* (τό), lubricant

λιπαρός, greasy, fat/ *λιπαρότητα* (ή), greasiness

λίπασμα (τό), fertilizer

λιποθυμία (ή), fainting/ *λιπόθυμος,* fainted/ *λιποθυμῶ,* to faint

λίπος (τό), grease, fat

λιπόσαρκος, lean

λιποτάκτης (ό), deserter/ *λιποτακτῶ,* to desert/ *λιποταξία* (ή), desertion

λιποψυχία (ή), swooning/ (fig.) discouragement/ *λιποψυχῶ,* to swoon

λίρα (ή), pound

λίστα (ή), list

λιτανεία (ή), litany, procession

λιτός, frugal, simple/ *λιτότητα* (ή), frugality

λίτρα (ή), pound, litre

λιχνίζω, to winnow/ *λίχνισμα* (τό), winnowing

λιχουδεύομαι, to covet/ *λιχούδης* (ό), gluttonous, having a sweet tooth/ *λιχουδιά* (ή), delicacy

λοβός (ό), lobe

λογαριάζω, to calculate, to reckon; to intend/ *λογαριασμός* (ό), calculation, account, bill/ *τρεχούμενος* ~, current account/ *έναντι λογαριασμού*, on account

λογάριθμος (ό), logarithm

λόγγος (ό), thicket

λογῆς, *κάθε* ~, of all sorts

λόγια (τά), words, talk/ *χάνω τά* ~ *μου*, to speak in vain

λογιάζω, to consider

λογίζομαι, to regard (consider) oneself

λογικά, reasonably/ *λογικεύομαι*, to be reasonable/ *λογική* (ή), logic/ *λογικό* (τό), reason/ *χάνω τά λογικά μου*, to lose one's wits/ *λογικός*, reasonable, rational

λόγιος (ό), learned person; man of letters

λογισμός (ό), thought, reasoning/ (maths.) *διαφορικός* ~, differential calculus

λογιστήριο (τό), accountant's office/ *λογιστής* (ό), accountant, book keeper/ *λογιστική* (ή), accountancy, bookkeeping

λογιώτατος (ό), most learned

λογοδιάρροια (ή), chatter

λογοδοσία (ή), report/ *λογοδοτῶ*, to report on

λογοκλοπή (ή), plagiarism

λογοκοπία (ή), demagogy/ *λογοκόπος* (ό), demagogue

λογοκρίνω, to censor/ *λογοκρισία* (ή), censorship/ *λογοκριτής* (ό), censor

λογομαχία (ή), dispute, quarrel/ *λογομαχῶ*, to dispute, to argue

λογοπαίγνιο (τό), pun

λόγος (ό), speech; reason, cause; ratio/ *βγάζω λόγο*, to deliver a speech/ *δίνω τό λόγο μου*, to give a promise/ *ζητῶ τό λόγο*, to ask for an explanation/ *χωρίς λόγο*, with no reason/ *έμμετρος* ~, poetry/ *πεζός* ~, prose/ *λόγου χάριν*, for

example/ *τοῦ λόγου μου*, myself/ *τά μέρη τοῦ λόγου*, the parts of speech

λογοτέχνης (ό), literary writer/ *λογοτεχνία* (ή), literature/ *λογοτεχνικός*, literary

λογοφέρνω, to quarrel, to have a row

λογύδριο (τό), short speech

λόγχη (ή), lance, pike/ *λογχίζω*, to pierce with a lance/ *λογχοφόρος* (ό), lancer

λοιδορία (ή), reproach/ *λοιδορῶ*, to reproach

λοιμοκαθαρτήριο (τό), quarantine/ *λοιμός* (ό), plague/ *λοιμώδης*, pestilential, contagious

λοιπόν, well, so

λοιπός, remaining, rest/ *καί τά λοιπά*, (κτλ.) and so on, etc.

λοίσθια (τά), last breath/ *πνέω τά* ~, to be on the verge of death

λόξα (ή), whim, fancy

λοξά, obliquely, sideways/ *λοξεύω*, to deviate/ *λοξοδρομιά* (ή), deviation/ *λοξοδρομῶ*, to deviate/ *λοξός*, oblique, slanted/ (fig.) mad

λόξυγκας (ό), hiccup

λόρδα (ή), hunger

λόρδος (ό), lord

λοστός (ό), metal bar

λοστρόμος (ό), boatswain

λοταρία (ή), lottery

λούζω, to bathe

Λουθηρανός (ό), Lutheran

λουκάνικο (τό), sausage

λουκέτο (τό), padlock

λούκι (τό), pipe, gutter

λουκούμι (τό), Turkish delight

λουλάκι (τό), indigo

λουλούδι (τό), flower/ *λουλουδιάζω*, to blossom/ *λουλουδισμένος*, in bloom

λούπινο (τό), lupine

λουρί (τό), strap, belt/ ~*δα* (ή), strip

λούσιμο (τό), bathing

λοῦσο (τό), decoration, ornament

λουστράρισμα (τό), polishing/ *λουστράρω*, to polish

λουστρίνι (τό), leather shoe

λοῦστρο (τό), lustre, varnish/ ~*ς* (ό), shoeboy, shoeblack

λουτήρας (ό), bathtub

λουτρό (τό), bath, bathroom/ *μένω στά*

κρύα τοῦ λουτροῦ, to be left in the lurch/ *λουτροθεραπεία* (ή), bathing treatment/ *λουτρόπολη* (ή), spa
λούτσα (ή), *γίνομαι* ~, to be soaked
λουφάζω, to withdraw; to remain silent
λουφές (ό), salary, wages
λοφίο (τό), crest
λοφίσκος (ό), hillock/ *λόφος* (ό), hill/ *λοφώδης,* hilly
λοχαγός (ό), captain
λοχίας (ό), sergeant
λόχμη (ή), thicket
λόχος (ό), (mil.) company
λυγαριά (ή), osier
λυγερός, slim, elegant
λυγίζω, to bend, to fold; to yield/ *λύγισμα* (τό), bending, folding/ *λυγιστός,* bent, curved
λυγμός (ό), sob
λύκαινα (ή), she-wolf/ *λυκανθρωπία* (ή), lycanthropy
λυκαυγές (τό), twilight, daybreak
λυκειάρχης (ό), head of a lyceum/ *λύκειο* (τό), lyceum
λυκόπουλο (τό), wolfcub/ *λύκος* (ό), wolf/ (gun) cock/ *λυκοφιλία* (ή), false friendship
λυκόφως (τό), dusk, twilight
λυμαίνομαι, to ravage, to prey upon
λυντσάρισμα (τό), lynching/ *λυντσάρω,* to lynch
λύνω, to untie, to unbind, to loosen/ ~ *πρόβλημα,* to solve a problem/ ~ *τήν σιωπή,* to break one's silence
λύπη (ή), grief, sorrow/ ~*μένος,* sad, sorry/ ~*ρός,* distressing, sad/ ~*τερός,* mournful/ *λυπῶ,* to grieve, to sadden/ *λυποῦμαι,* to be sorry, to regret
λύρα (ή), lyre
λυρικός, lyrical/ *λυρισμός* (ό), lyricism
λύση (ή), solution/ ~ *τῆς διαφορᾶς,* settlement of a dispute
λύσιμο (τό), untying
λύσσα (ή), rabies, rage/ (fig.) ferocity/ *λυσσάζω,* to rage, to be infuriated/ *λυσσαλέος,* frantic/ *λυσσώδης,* fierce
λυτός, untied, loose/ *βάζω λυτούς καί δεμένους,* to try everything possible
λύτρα (τά), ransom/ *λυτρώνω,* to deliver, to redeem/ *λύτρωση* (ή), delivery, re-demption/ *λυτρωτής* (ό), deliverer, redeemer
λυχνάρι (τό), or *λύχνος* (ό), lamp
λυώνω, to melt, to fuse; to dissolve; to wither/ *λυώσιμο* (τό), melting, fusion
λωλαίνω, to drive mad/ *λωλός,* mad, unbalanced
λωποδυσία (ή), stealing, theft/ *λωποδύτης* (ό), thief, pickpocket
λωρίδα (ή), βλ. *λουρίδα*
λῶρος (ό), cord/ *ὀμφάλιος* ~, umbilical cord
λωτός (ό), lotus/ *λωτοφάγος* (ό), lotus-eater

M

μά, ~*τό Θεό!* by God!
μαβής, dark blue
μαγαζί (τό), shop, store
μαγαρίζω, to dirty; to desecrate / *μαγάρισμα* (τό), soiling, dirtying; desecration
μαγγανεία (ή), enchantment, magic / *μαγγανευτής* (ό), magician, enchanter
μαγγάνιο (τό), manganese
μάγγανο (τό), mangle, press
μαγγανοπήγαδο (τό), pump-well / (fig.) routine
μαγγώνω, to grip, to seize
μαγεία (ή), magic, sorcery, witchcraft
μαγειρείο (τό), kitchen; galley / *μαγείρεμα* (τό), cooking / *μαγειρευτός,* cooked / *μαγειρεύω,* to cook / (fig.) to machinate / *μαγειρική* (ή), cooking, cookery / *μαγείρισσα* (ή), woman-cook / *μάγειρος* (ό), cook
μάγεμα (τό), enchantment, charm / *μαγευτικός,* enchanting, charming / *μαγεύω,* to enchant / *μάγια* (τά), witchcraft, sorcery
μαγιά (ή), yeast
μαγιάτικος, (of) May
μαγικός, magical, enchanting
μαγιό (τό), bathing-suit
μαγιονέζα (ή), mayonnaise

μάγισσα (ἡ) witch
μαγκάλι (τό), brazier
μάγκας (ὁ), street-boy
μαγκούρα (ἡ), thick stick
μαγκούφης (ὁ), lonely person
μαγνάδι (τό), veil
μαγνησία (ἡ), magnesia
μαγνήσιο (τό), magnesium
μαγνήτης (ὁ), magnet / μαγνητίζω, to magnetize / (fig). to attract / μαγνητικός, magnetic / μαγνητισμός (ὁ), magnetism / μαγνητόφωνο (τό), tape recorder
μάγος (ὁ), magician, wizard /οἱ τρεῖς Μάγοι, the three Wise Men
μαγουλήθρα (ἡ), or μαγουλάδες (οἱ), mumps
μάγουλο (τό), cheek
μαδέρι (τό), plank, wooden support
μάδημα (τό), plucking, depilation / μαδῶ, to pluck
μαεστρία (ἡ), dexterity, skill
μαέστρος (ὁ), (musical) conductor
μάζα (ἡ), mass
μάζεμα (τό), collecting, gathering / μαζεύω, to collect, to gather / ~ λουλούδια, to pick flowers / ~ γραμματόσημα, to collect stamps / μαζεύομαι, to recoil, to contract, to withdraw
μαζί, together, with / οἱ δύο ~, both
μαζικός, massive, (of the) mass / μαζική παραγωγή, mass production
μαθαίνω, to learn, to be told of, to hear of, to become accustomed to
μάθημα (τό), lesson
μαθηματικά (τά), mathematics/ μαθηματικός (ὁ), mathematical/ (ὁ), mathematician
μαθημένος, accustomed, used to
μάθηση (ἡ), learning, studying
μαθητεία (ἡ), apprenticeship, study/ μαθητευόμενος, apprentice/ μαθητεύω, to be an apprentice
μαθητής (ὁ), student; disciple/ μαθήτρια (ἡ), schoolgirl
μαία (ἡ), βλ. μαμμή
μαίανδρος (ὁ), meander
μαιευτήρας (ὁ), obstetrician/ μαιευτήριο (τό), maternity hospital/ μαιευτική (ἡ), midwifery

μαϊμού (ἡ), ape, monkey/ ~δίζω, to mimic
μαινάδα (ἡ), maenad/ μαίνομαι, to be furious
μαϊντανός (ὁ), parsley
Μάιος (ὁ), May
μαΐστρος (ὁ), northwesterly wind
μακάρι, may (it be)
μακαρίζω, to bless, to deem happy/ μακάριος, happy, blessed/ μακαριότητα (ἡ), bliss, happiness/ ἡ αὐτοῦ ~, His Beatitude
μακαρίτης (ὁ), late, deceased
μακαρόνι (ὁ), macaroni
μακεδονικός, Macedonian/ Μακεδόνας, Μακεδόνισσα, Macedonian (man, woman)
μακελλάρης (ὁ), butcher/ μακελλιό (τό), slaughter
μακραίνω, to lengthen
μακρηγορία (ἡ), lengthy speech/ μακρηγορῶ, to talk extensively
μακρινός, distant, remote
μακρόβιος, very old/ μακροβιότητα (ἡ), longevity
μακροβούτι (τό), diving
μακροθυμία (ἡ), forbearance/ μακρόθυμος, forbearing
μακροπόδαρος, long-legged
μακροπρόθεσμος, long-term
μάκρος (τό), length
μακροσκελής, long; detailed
μακρουλός, oblong
μακροχέρης, long-armed
μακροχρόνιος, of long standing
μακρυά, far
μακρύς, long
μαλαγανιά (ἡ), flattery
μαλάζω, to massage
μαλακά, softly, gently
μαλακία (ἡ), masturbation
μαλάκιο (τό) mollusk
μαλακός, soft; mild/ μαλακότητα (ἡ), softness
μαλάκτης (ὁ), masseur
μαλακτικός, softening; emollient
μαλάκυνση (ἡ), softening of the brain
μαλάκωμα (τό), softening/ μαλακώνω, to soften; to become milder
μάλαμα (τό), gold/ ~τένιος, golden

μάλαξη (ή), softening; massage
μαλαχίτης (ό), malachite
μαλθακός, delicate, effeminate/ μαλθακότητα (ή), delicate disposition, effeminacy
μάλιστα, certainly, indeed
μαλλί (τό), wool, fleece
μαλλιά (τά), hair
μαλλιάζω, to be covered with hair/ μάλλιασε ή γλῶσσα μου, I have tried hard to convince/ μαλλιαρός, hairy; woolly
μάλλινος, woollen
μαλλιοτραβιέμαι, to pull one's hair/ (fig.) to quarrel
μάλλον, rather
μάλωμα (τό), scolding, reprimand/ μαλώνω, to scold, to reprimand
μαμά (ή), mummy, mother
μάμμη (ή), grandmother
μαμμή (ή), midwife
μαμούθ (τό), mammoth
μάνα (ή), mother
μανάβης (ό), greengrocer/ μανάβικο (τό), greengrocer's shop
μανδαρίνος (ό), mandarin
μανδύας (ό), cloak
μανία (ή), rage, fury; mania/ μανιάζω, to be furious, to be enraged/ μανιακός, maniac
μανιβέλα (ή), lever
μανιχέτι (τό), cuff
μανίκι (τό), sleeve
μανιτάρι (τό), mushroom
μανιφέστο (τό), manifesto
μανιώδης, raging; keen
μάννα (ή), βλ. μάνα
μανόμετρο (τό), pressure-gauge
μανουάλι (τό), church candlestick
μανούβρα (ή), manoeuvre/ μανουβράρω, to manoeuvre
μάνταλο (τό), bolt, latch/ μανταλώνω, to bolt, to latch
μανταρίνι (τό), tangerine
μαντάρισμα (τό), darning/ μαντάρω, to darn
μαντάτο (τό), news/ ~φόρος (ό), messenger
μαντεία (ή), soothsaying/ μαντείο (τό), oracle/ μάντεμα (τό), prediction; guess
μαντέμι (τό), cast iron

μαντεύω, to foretell; to guess
μαντζουράνα (ή), marjoram
μαντήλι (τό), handkerchief
μάντης (ό), soothsayer/ μαντική (ή), soothsaying/ μαντικός, prophetic
μαντολίνο (τό), mandoline
μάντρα (ή), pen, fold/ μαντρόσκυλο (τό), watchdog/ μαντρώνω, to keep in a pen
μαξιλάρι (τό), cushion, pillow/ μαξιλαροθήκη (ή), pillowcase
μαόνι (τό), mahogany
μαούνα (ή), barge/ μαουνιέρης (ό), bargemaster
μάπας (ό), stupid person
μαραγκός (ό), carpenter/ μαραγκοσύνη (ή), carpentry
μαράζι (τό), anxiety, suffering/ μαραζώνω, to fade; to suffer
μάραθο (τό), fennel
μαραίνω, to wither
μαρασμός (ό), affliction, withering
μαραφέτι (τό), small tool, gadget
μαργαρίνη (ή), margerine
μαργαρίτα (ή), daisy
μαργαριταρένιος, (made of) pearl/ μαργαριτάρι (τό), pearl/ μαργαριτοφόρο όστρακο, pearl oyster
μαργιολιά (ή), cunningness, craftiness/ μαργιόλος, cunning, crafty
μαρίδα (ή), small fish, whitebait/ (fig.) group of youngsters
μαρινάτος, pickled
μαριονέτα (ή), puppet
μάρκα (ή), (trade) mark/ μαρκάρω, to mark
μαρκησία (ή), marchioness/ μαρκήσιος (ό), marquis
μάρκο (τό), (currency) mark
μαρμαράς (ό), marble-cutter/ μαρμαρένιος, (of) marble/ μάρμαρο (τό), marble
μαρμαρυγή (ή), sparkle, flash
μαρμαρυγία (ή), mica
μαρμάρωμα (τό), stupefaction/ μαρμαρώνω, to be stupefied
μαρμελάδα (ή), marmalade
μαρξισμός (ό), Marxism
Μαροκινός, Μαροκινή, Moroccan (man, woman)
μαρούλι (τό), lettuce

μαρτιάτιχος, of March/ *Μάρτιος* (ὁ), March

μάρτυρας (ὁ), witness/ (eccl.) martyr/ *μαρτυρία* (ἡ), evidence, testimony/ *μαρτυριάρης* (ὁ), sneak/ *μαρτυρικός*, testimonial / (eccl.) of a martyr/ *μαρτύριο* (τό), torture/ (eccl.) martyrdom/ *μαρτυρῶ*, to testify; to suffer

μασέλα (ἡ), jaw; false teeth

μάσημα (τό), chewing

μασιά (ἡ), tongs

μάσκα (ἡ), mask

μασκαραλίκι (τό), mean action

μασκαράς (ὁ), masquerader/ (fig.) rascal/ *μασκαράτα* (ἡ), masked ball/ *μασκάρεμα* (τό), wearing of a carnival dress/ *μασκαρεύομαι*, to disguise oneself

μασόνος (ὁ), freemason

μασουλίζω, to chew gently

μασούρι (τό), pipe, tube

μαστάρι (τό), udder

μάστιγα (ἡ), scourge, calamity

μαστίγιο (τό), whip/ *μαστίγωμα* (τό), or *μαστίγωση* (ἡ), whipping/ *μαστιγώνω*, to whip

μαστίζω, to scourge

μαστίχα (ἡ), mastic; chewing-gum

μάστορας (ὁ), master workman / (fig.) expert/ *μαστορεύω*, to repair/ *μαστοριά* (ἡ), skill

μαστός (ὁ), breast; udder/ *μαστοφόρος*, mammiferous

μαστροπεία (ἡ), procuring, pandering/ *μαστρωπός* (ὁ), procurer, pander

μασχάλη (ἡ), armpit

μασῶ, to chew

μάταια, in vain

ματαιοδοξία (ἡ), vanity/ *ματαιόδοξος*, vain

ματαιολογία (ἡ), vain talk/ *ματαιολογῶ*, to talk in vain

ματαιοπονία (ἡ), vain effort/ *ματαιοπονῶ*, to try in vain

μάταιος, vain, futile/ *ματαιότητα* (ἡ), futility, vanity/ *ματαιώνω*, to cancel/ *ματαίωση* (ἡ), cancellation

ματεριαλισμός (ὁ), materialism

μάτι (τό), eye/ *κακό ~*, evil eye/ *κάνω γλυκά μάτια*, to flint/ *αὐγά μάτια*, poached eggs/ *κλείνω τό ~*, to wink/ *γιά τά μάτια*, for appearances' sake

ματιά (ἡ), glance

ματιάζω, to influence through the evil eye/ *μάτιασμα* (τό), influence of the evil eye

ματογιάλια (τά), spectacles

ματόκλαδο (τό), or **ματοτσίνορο** (τό), eyelash/ *ματόφρυδο* (τό), eyebrow/ *ματόφυλλο* (τό), eyelid

μάτσο (τό), bunch

ματσούκι (τό), club, stick

μάτωμα (τό), bleeding/ *ματώνω*, to bleed

μαυλίζω, to corrupt, to prostitute/ *μαυλίστρα* (ἡ), procuress

μαυράδα (ἡ), blackness/ *μαυράδι* (τό), black spot/ *μαυριδερός*, blackish/ *μαυρίζω*, to blacken; to tan/ *μαυρίλα* (ἡ) darkness, gloom/ ' *μαύρισμα* (τό), blackening; tan/ *μαυρομάλλης*, black-haired/ *μαυρομάνικος*, blackhandled/ *μαυρομάτης*, blackeyed/ *μαυροπίνακας* (ὁ), blackboard

μαῦρος, black/ *κάνω μαῦρο στό ξύλο*; to give a beating/ *μαύρα δάκρυα*, bitter tears/ *μαυροφορεμένος*, dressed in black/ *μαυροφορῶ*, to dress in black; to be in mourning

μαυσωλεῖο (τό), mausoleum

μαχαίρα (ἡ), long knife/ *μαχαίρι* (τό), knife/ *τό ~ ἔφτασε στό κόκκαλο*, that's the limit!/ *μαχαιριά* (ἡ), stab

μαχαιροβγάλτης (ὁ), cut-throat

μαχαιροπήρουνα (τά), cutlery

μαχαίρωμα (τό), stabbing/ *μαχαιρώνω*, to stab

μαχαλάς (ὁ), neighbourhood, quarter

μάχη (ἡ), battle, fight/ *~τής* (ὁ), fighter/ *~τικός*, fighting, militant/ *μάχιμος*, fit to fight/ *μάχομαι*, to fight, to struggle

μέ, with, by/ *~μιᾶς*, at once/ *~ τά πόδια*, on foot/ *~ τό χέρι*, handmade

μεγαθήριο (τό), huge beast/ (fig.) huge building

μεγαθυμία (ἡ), magnanimity/ *μεγάθυμος*, magnanimous

μεγαλαυχία (ἡ), boasting

μεγαλεῖο (τό), grandeur

μεγαλειότατος (ὁ), His Majesty

μεγαλέμπορος (ὁ), wholesale merchant

μεγαλεπίβολος, enterprising

μεγαλοδύναμος, almighty

μεγαλοδωρία (ἡ), generosity/ μεγαλόδω-
ρος, generous

μεγαλοκτηματίας (ὁ), great landowner

μεγαλομανής, megalomaniac/ μεγαλομα-
νία (ἡ), megalomania/ μεγαλοπιάνο-
μαι, to assume airs

μεγαλοποίηση (ἡ), exaggeration/ μεγα-
λοποιῶ, to exaggerate

μεγαλοπρέπεια (ἡ), magnificence/ μεγα-
λοπρεπής, magnificent

μεγάλος, big, great/ (fig.) famous/ Μεγά-
λη Παρασκευή, Good Friday

μεγαλόσταυρος (ὁ), Great Cross (decora-
tion)

μεγαλόστομος, boastful, pompous

μεγαλόσχημος, important person, V.I.P.

μεγαλόσωμος, stout, corpulent

μεγαλούργημα (τό), great achievement/
μεγαλουργῶ, to achieve great feats

μεγαλούτσικος, biggish; rather old

μεγαλοφροσύνη (ἡ), magnanimity

μεγαλοφυής, talented/ μεγαλοφυΐα (ἡ),
genius

μεγαλοψυχία (ἡ), magnanimity/ μεγαλό-
ψυχος, magnanimous

μεγαλύνω, to exalt

μεγαλύτερος, bigger, larger; older/ μεγά-
λωμα (τό), increase; bringing up/ μεγα-
λώνω, to extend, to grow bigger; to
bring up/ μεγαλοσύνη (ἡ), grandeur.

μέγαρο (τό), mansion

μέγας (ὁ), βλ. μεγάλος

μεγάφωνο (τό), loudspeaker

μέγγενη (ἡ), (tech.) vice

μέγεθος (τό), size, magnitude

μεγέθυνση (ἡ), enlargement/ μεγεθυντι-
κός, enlarging

μεγεθύνω, to enlarge

μεγιστάνας (ὁ), grandee

μέγιστος, greatest, largest

μεδούλι (τό), (bone) marrow

μεζές (ὁ), snack/ παίρνω στόν μεζέ, to
make fun of

μεθάνιο (τό), methane

μεθαύριο (τό), the day after tomorrow

μεθερμηνεύω, to interpret

μέθη (ἡ), βλ. μεθύσι

μεθοδικός, methodical/ μεθοδικότητα
(ἡ), methodical attitude

μεθοδιστής (ὁ), methodist

μέθοδος (ἡ), method, way, process

μεθοκοπῶ, to get drunk

μεθοριακός, (of the) frontier/ μεθόριος
(ἡ), frontier

μεθυλένιο (τό), methylenium

μεθύσι (τό), drunkenness/ μεθυσμένος,
drunk/ μεθύστακας (ὁ), drunkard/ με-
θυστικός, intoxicating/ (fig.) charming/
μεθῶ, to get drunk

μειδίαμα (τό), smile/ μειδιῶ, to smile

μειλίχια, softly, meekly/ μειλίχιος, meek/
μειλιχιότητα (ἡ), meekness

μειοδοσία (ἡ), lowest bid/ μειοδότης (ὁ),
lowest bidder

μεῖον, minus

μειονέκτημα (τό), drawback, disadvan-
tage/ μειονεκτικός, disadvantageous/
μειονεκτικότητα (ἡ), inferiority, infe-
rior position/ μειονεκτῶ, to be at a
disadvantage

μειονότητα (ἡ), minority/ μειοψηφία (ἡ),
minority of votes/ μειοψηφῶ, to be in a
minority

μειράκιο (τό), lad

μειώνω, to reduce, to decrease/ (fig.) to
insult/ μείωση (ἡ), decrease, reduction/
(fig.) insult/ μειωτικός, insulting

μελαγχολία (ἡ), melancholy, gloom/ με-
λαγχολικός, melancholic, gloomy/ με-
λαγχολῶ, to be gloomy

μελάνι (τό), ink/ μελανιά (ἡ), ink-blot

μελανιάζω, to stain with ink/ (fig.) to
grow livid

μελανοδοχεῖο (τό), inkpot

μελανός, dark, black

μελανώνω, to stain with ink

μελάσσα (ἡ), molass

μελάτος, honeylike/ αὐγά μελάτα, soft-
boiled eggs

μελαχροινός, or μελαψός, dark-skinned

μέλει, μέ ~, to care, to mind

μελένιος, (of) honey/ (fig.) sweet

μελέτη (ἡ), study/ ~μα (τό), essay,
treatise

μελετηρός, studious/ μελετῶ, to study, to
investigate

μέλημα (τό), care

μέλι (τό), honey

μελίγγι (τό), (anat.) temple

μέλισσα (ἡ), bee/ *μελισσοκομεῖο* (τό), apiary/ *μελισσοκομία* (ἡ), bee-culture/ *μελισσοκόμος* (ὁ), or *μελισσουργός* (ὁ), apiarist

μελιτζάνα (ἡ), eggplant, aubergine

μελλοθάνατος, sentenced to death

μέλλον (τό), future/ *~τικός*, (of the) future

μελλόνυμφος (ὁ), engaged

μέλλω, to be going to

μέλλων, future/ (ὁ), future tense

μελόδραμα (τό), opera, melodrama/ *~τικός*, melodramatic

μελόπιττα (ἡ), honeypie

μελοποιός (ὁ), composer/ *μελοποιῶ*, to put to music

μέλος (τό), member; limb/ (mus) tune

μελτέμι (τό), etesian wind

μελωδία (ἡ), melody/ *μελωδικός*, melodic *μελωδός* (ὁ), singer, chanter

μεμβράνη (ἡ), membrane

μεμονωμένος, isolated

μέμφομαι, to blame

μεμψιμοιρία (ἡ), grumbling/ *μεμψιμοιρῶ*, to grumble

μένα, me/ *γιά ~*, for me, for my sake

μενεξές (ὁ), violet

μένος (τό), rage, fury

μέντα (ἡ), mint, peppermint

μέντιουμ (τό), medium

μένω, to remain, to stay/ *~ πίσω*, to fall back

Μεξικάνος, Μεξικάνα, Mexican (man, woman)

μέρα (ἡ), day, daylight

μεράκι (τό), strong desire

μεραρχία (ἡ), (mil.) division

μερεμέτι (τό), repair/ *μερεμετίζω*, to repair

μερί (τό), loins

μεριά (ἡ), side

μερίδα (ἡ), portion/ *μερίδιο* (τό), share

μερικεύω, to particularize

μερικός, partial/ *μερικά*, some

μέριμνα (ἡ), care/ *μεριμνῶ*, to care

μέρισμα (τό), dividend

μερμήγκι (τό), ant

μεροδούλι (τό), one day's work/ *μεροκαματιάρης* (ὁ), worker paid by the day/ *μεροκάματο* (τό), day's wages

μεροληπτικός, partial, biased/ *μεροληπτῶ*, to be partial/ *μεροληψία* (ἡ), partiality

μερόνυχτο (τό), twenty-four hours

μέρος (τό), part, share; place; water-closet/ *παίρνω τό ~*, to take sides with, to support/ *βάζω κατά ~*, to put aside/ *τά μέρη τοῦ λόγου*, parts of speech

μερσίνα (ἡ), myrtle

μερτικό (τό), share, lot

μερώνω, βλ. *ἡμερώνω*.

μέσα, inside, within/ *βάζω ~*, to imprison

μέσα (τά), means, ways

μεσάζω, to intervene, to mediate

μεσαῖος, middle

μεσαίωνας (ὁ), middle ages/ *μεσαιωνικός*, medieval

μεσάνυχτα (τά), midnight

μεσεγγύηση (ἡ), sequestration/ *μεσεγγυοῦχος* (ὁ), sequestrator

μέση (ἡ), middle; waist/ *ἀφήνω στή ~*, leave incomplete

μεσήλικας (ὁ), βλ. *μεσόκοπος*

μεσημβρία (ἡ), midday, noon; south/ *μεσημβρινός*, southern/ (ὁ), meridian

μεσημέρι (τό), midday, noon/ *μέρα ~*, in broad daylight

μεσίστιος, half-mast

μεσιτεία (ἡ), mediation, brokerage/ *μεσιτεύω*, to mediate, to act as a broker/ *μεσίτης* (ὁ), broker, estate agent/ *μεσιτικά* (τά), broker's (estate agent's) fees

μέσο (τό), middle

μεσοβασιλεία (ἡ), interregnum

μεσογειακός, (of the) Mediterranean/ *μεσόγειος*, inland

μεσόκοπος (ὁ), middle-aged

μεσολάβηση (ἡ), intervention/ *μεσολαβῶ*, to intervene

μεσοπλεύριος, intercostal

μεσόπορτα (ἡ), inside door

μέσος, middle/ *~ ὅρος*, average

μεσοστρατίς, halfway

μεσοτοιχία (ἡ), party wall

μεσουράνημα (τό), culmination, zenith/ *μεσουρανῶ*, to reach the zenith (highest point)

μεσοφόρι (τό), petticoat

μεσόφωνος (ὁ), tenor

Μεσσίας (ὁ), Messiah

μεστός, full of/ *μεστώνω,* to mature, to ripen

μετά, after, then/ ~ *6ίας,* hardly/ ~ *χαράς,* with pleasure

μεταβαίνω, to go, to travel to

μεταβάλλω, to alter, to change

μετάβαση (ή), going, travelling/ *μεταβατικός,* transitional, transitive

μεταβιβάζω, to transfer; to transmit/ *μεταβίβαση* (ή), transfer, transmission/ *μεταβιβάσιμος,* transferable

μεταβλητός, changeable/ *μεταβολή* (ή), alteration, change

μεταβολισμός (ὁ), metabolism

μεταγγίζω, to transfuse/ *μετάγγιση* (ή), transfusion

μεταγενέστερος, subsequent, later

μεταγλωττίζω, to translate/ *μεταγλώττιση* (ή), translation

μεταγραφή (ή), transcription/ *μεταγράφω,* to transcribe

μεταγωγή (ή), transport/ *μεταγωγικός,* transporting

μεταδίδω, to communicate; to broadcast/ *μετάδοση* (ή), communication, transmission/ *μεταδόσιμος,* transmittable, communicable/ *μεταδοτικός,* contagious

μετάθεση (ή), transfer/ *μεταθετός,* transferable/ *μεταθέτω,* to transfer

μεταίχμιο (τό), borderline

μετακάρπιο (τό), metacarpus

μετακίνηση (ή), removal/ *μετακινῶ,* to remove

μετάκληση (ή), repeal

μετακομίζω, to move (house)/ *μετακόμιση* (ή), moving (house)

μεταλαμβάνω, to receive the Holy Communion/ *μετάληψη* (ή), Holy Communion

μεταλλαγή (ή), change, conversion/ *μεταλλάζω,* to change, to convert

μεταλλείο (τό), mine/ *~λογία* (ή), mineralogy/ *~λόγος* (ὁ,) mineralogist/ *μετάλλευμα* (τό), ore/ *μεταλλευτικός,* mining

μετάλλιο (τό), medal

μεταλλικός, metallic/ *μέταλλο* (τό), metal

μεταλουργία (ή), metallurgy/ *μεταλλουργός* (ὁ), metallurgist/ *μεταλλωρύχος*

(ὁ), miner

μεταμέλεια (ή), repentance/ *μεταμελοῦμαι,* to repent

μεταμορφώνω, to transform, to transfigure/ *μεταμόρφωση* (ή), transformation, metamorphosis

μεταμόσχευση (ή), transplant (ation)/ *μεταμοσχεύω,* to transplant

μεταμφιέζω, to disguise/ *μεταμφίεση* (ή), disguise; masquerade/ *μεταμφιεσμένος,* disguised

μετανάστευση (ή), emigration/ *μεταναστεύω,* to emigrate/ *μετανάστης* (ὁ), emigrant

μετάνοια (ή), penitence; prostration/ *μετανοιώνω,* to have second thoughts/ *μετανοῶ,* to repent

μεταξένιος, (of) silk, silky/ *μετάξι* (τό), silk

μεταξοσκώληκας (ὁ), silkworm

μεταξουργείο (τό), silk-mill/ *μεταξούφαντος,* silkwoven

μεταξύ, between, among/ *στό* ~, in the meantime

μεταξωτός, silken, silky

μεταπείθω, to dissuade/ *μεταπείθομαι,* to be persuaded to change one's mind

μεταπηδῶ, to change sides

μεταπίπτω, to change into

μετάπλαση (ή), remodelling/ *μεταπλάθω,* to remodel

μεταποίηση (ή), alteration/ *μεταποιῶ,* to alter

μεταπολεμικός, post-war

μεταπολίτευση (ή), political change (reform)

μεταπράτης (ὁ), pedlar

μετάπτωση (ή), change of mood

μεταπώληση (ή), resale/ *μεταπωλῶ,* to resell

μεταρ(ρ)υθμίζω, to reform/ *μεταρ(ρ)ύθμιση* (ή) reformation, reform/ *μεταρ(ρ)υθμιστής* (ὁ), reformer

μεταρσιώνω, to exalt/ *μεταρσίωση* (ή), exaltation

μετασκευάζω, to remodel/ *μετασκευή* (ή), remodelling

μετασταθμευση (ή), moving quarters/ *μετασταθμεύω,* to move quarters

μετάσταση (ή), shift/ (med.) metastasis

μεταστρέφω, to change direction/ μεταστροφή (ή), change of direction

μετασχηματίζω, to transform, to remodel/ μετασχηματισμός (ό), transformation/ μετασχηματιστής (ό), transformer

μετατάρσιο (τό), metatarsus

μετατοπίζω, to transpose/ μετατοπίζομαι, to change place/ μετατόπιση (ή), transposition

μετατρέπω, to convert, to alter/ μετατροπή (ή), conversion, alteration

μεταφέρω, to transport, to carry/ μεταφορά (ή), transport, carrying; metaphor/ μεταφορέας (ό), carrier/ μεταφορικά (τά), transport fees/ μεταφορικός, transporting; metaphorical

μεταφράζω, to translate/ μετάφραση (ή), translation/ μεταφραστής (ό), translator/ μεταφραστικός, translating

μεταφυσική (ή), metaphysics/ μεταφυσικός, metaphysical

μεταφύτευση (ή), transplant/ μεταφυτεύω, to transplant

μεταχειρίζομαι, to use; to treat/ μεταχείριση (ή), use; treatment/ μεταχειρισμένος, used, second-hand

μετεμψύχωση (ή), or μετενσάρκωση (ή), transmigration

μετέπειτα, afterwards

μετερίζι (τό), bulwark

μετέρχομαι, to practise, to employ (method)

μετέχω, to take part

μετεωρίζομαι, to be suspended/ μετεωρισμός (ό), suspension (in the air)

μετεωρίτης (ό), meteorite/ μετέωρο (τό), meteor

μετεωρολογία (ή), meteorology/ μετεωρολογικός, meteorological/ μετεωρολογικό δελτίο, weather bulletin/ μετεωρολόγος (ό), meteorologist, weatherman

μετέωρος, suspended in the air/ (fig.) wavering, undecided

μετοικεσία (ή), migration/ μετοίκηση (ή), change of residence/ μέτοικος (ό), resident alien/ μετοικῶ, to change residence

μετονομάζω, to change the name/ μετονομασία (ή), change of name

μετόπη (ή), metope

μετουσιώνω, to transubstantiate/ μετουσίωση (ή), transubstantiation

μετοχέτευση (ή), draining/ μετοχετεύω, to drain

μετοχή (ή), share/ (gram.) participle/ μετοχικός, of a share/ (gram.) participial/ μέτοχος (ό), shareholder

μέτρημα (τό), couting, measuring/ μετρημένος, counted, measured/ (fig.) prudent/ μέτρηση (ή), counting, measuring

μετρητά (τά), cash

μετρητής (ό), counter, indicator/ μετρητός, counted/ τοῖς μετρητοῖς, in cash

μέτρια, moderately, so-so/ μετριάζω, to moderate/ μετριασμός (ό), moderation

μετρική (ή), prosody/ μετρικός, metric

μετριοπάθεια (ή), moderation/ μετριοπαθής, moderate

μέτριος, fair, mediocre/ μετριότητα (ή), mediocrity

μετριοφροσύνη (ή), modesty/ μετριόφρων, modest

μέτρο (τό), measure; metre/ μέτρα καί σταθμά, weights and measures/ λαμβάνω μέτρα, to take measures/ μετρῶ, to measure, to count

μετωπικός, frontal/ μέτωπο (τό), front; forehead

μεφιστοφελικός, diabolical

μέχρι, until, till

μή, not, don't/ ~ γένοιτο! God forbid!

μηδαμινός, insignificant, worthless/ μηδαμινότητα (ή), insignificance, worthlessness

μηδέν (τό), zero, nought, nothing/ μηδενίζω, to nullify; to mark with a zero/ μηδενικό (τό), δλ. μηδέν/ μηδενισμός (ό), nihilism/ μηδενιστής (ό), nihilist/ μηδενιστικός, nihilistic

μήκος (τό), length/ γεωγραφικό ~, longitude/ κατά ~, lengthwise, along

μήκυνση (ή), lengthening; extension/ μηκύνω, to lengthen

μηλιά (ή), appletree

μηλίγγι (τό), δλ. μελλίγγι

μηλίτης (ό), cider

μήλο (τό), apple/ ~ τῆς ἔριδας, apple of discord/ ~ τοῦ 'Αδάμ, Adam's apple/ (anat.) cheekbone

μηλόπιττα (ή), applepie
μήνας (ό), month/ μηνιαῖος, monthly/ μηνιάτικο (τό) monthly salary
μηνιγγίτιδα (ή), meningitis
μηνίσκος (ό), meniscus
μήνυμα (τό), message
μήνυση (ή), complaint/ μηνυτής (ό), complainant, plaintiff
μηνύω, to sue, to bring a charge against
μηνώ, to send a message
μήπως, lest
μηριαῖος, femoral/ μηριαῖο ὀστό, thighbone/ μηρός (ό), thigh
μηρυκάζω, to ruminate/ μηρυκασμός (ό), rumination/ μηρυκαστικός, ruminating
μήτε, ~...~, neither... nor
μητέρα (ή), mother
μήτρα (ή), uterus
μητρικά, motherly/ μητρικός, maternal, motherly/ μητροκτονία (ή), matricide/ μητροκτόνος (ό), matricide (person)/ μητρομανής (ή), nymphomaniac/ μητρομανία (ή), nymphomania
μητρόπολη (ή), metropolis; cathedral/ μητροπολίτης (ό), metropolitan/ μητροπολιτικός, metropolitan
μητρότητα (ή), maternity
μητρυιά (ή), stepmother/ μητρυιός (ό), stepfather
μητρώο (τό), register
μηχανέλαιο (τό), engine oil
μηχανεύομαι, to machinate, to intrigue
μηχανή (ή), engine, machine; locomotive; camera
μηχάνημα (τό), machinery, apparatus
μηχανικά, mechanically
μηχανική (ή), mechanics, engineering/ μηχανικός, mechanical/ μηχανισμός (ό), mechanism/ μηχανοδηγός (ό), engine driver/ μηχανοκίνητος, engine-driven/ (mil.) motorized/ μηχανολογία (ή), mechanical engineering/ μηχανολόγος (ό), mechanical engineer/ μηχανοποιεῖο (τό), engine works/ μηχανοποίηση (ή), mechanization/ μηχανοποίητος, mechanized, machine-made
μηχανορραφία (ή), machination, intrigue/ μηχανορράφος (ό), machinator, intriguer/ μηχανορραφῶ, to intrigue
μηχανοστάσιο (τό), engine-room/ μηχανουργεῖο (τό), machine works/ μηχανουργός (ό), mechanic
μία (ή), one
μιαίνω, to pollute, to contaminate/ μίανση (ή), pollution, contamination/ μιαρός, dirty, impure, vile/ μιαρότητα (ή), impurity, vileness/ μίασμα (τό), infection, impurity
μιγάδας (ό), mulatto, half-breed
μίγδην, mixedly/ φύρδην ~, pell-mell
μίγμα (τό), blend, mixture
μιζέρια (ή), stinginess, meanness/ μίζερος, stingy
μικραίνω, to lessen, to reduce, to decrease
μικρέμπορος (ό), retail dealer
μικροαστός (ό), petty bourgeois
μικρόβιο (τό), microbe/ μικροβιοκτόνος, bacteriocidal/ μικροβιολογία (ή), microbiology/ μικροβιολόγος (ό), microbiologist
μικρογραφία (ή), miniature/ μικρογράφος (ό), miniaturist
μικροδουλειά (ή), trivial business
μικροέξοδα (τά), petty expenses
μικροκαμωμένος, short-built/ (fig.) smart
μικροκλοπή (ή), petty theft
μικρόκοσμος (ό), microcosm
μικρόνοια (ή), narrow mindedness
μικροοργανισμός (ό), microorganism
μικροπράγμα (τό), trifle
μικροπρέπεια (ή), meanness, shabbiness/ μικροπρεπής, mean, shabby
μικρός, little, small; young; low/ ~ ἄνθρωπος, mean person
μικροσκοπικός, microscopic/ μικροσκόπιο (τό), microscope
μικρότητα (ή), meanness
μικρούτσικος, smallish
μικρόφωνο (τό), microphone
μικροψυχία (ή), pusillanimity/ μικρόψυχος, pusillanimous
μικτός, mixed, assorted
μίλημα (τό), speech, speaking, talking
μίλι (τό), mile
μιλιά (ή), speech, utterance
μιλιταρισμός (ό), militarism/ μιλιταριστής (ό), militarist
μιλῶ, to speak, to talk
μίμηση (ή), imitation/ μιμητής (ό), imita-

tor/ *μιμητικός*, imitative/ *μιμική* (ἡ), mimicry

μιμόζα (ἡ), mimose

μίμος (ὁ), mimic/ *μιμοῦμαι*, to imitate, to ape

μιναρές (ὁ), minaret

μίνι, minimum

μινιατούρα (ἡ), miniature

μίνιο (τό), minium

μισαλλοδοξία (ἡ), intolerance/ *μισαλλόδοξος*, intolerant

μισάνθρωπος (ὁ), misanthropist

μισανοίγω, to open slightly/ *μισάνοιχτος*, half-open

μισέλληνας (ὁ), hater of Greece and the Greeks

μισερός, crippled/ *μισερώνω*, to cripple

μισεύω, to leave, to go away

μισητός, hated

μίσθαρνος, mercenary

μισθοδοσία (ἡ), payment of wages/ *μισθοδοτῶ*, to pay wages/ *μισθολόγιο* (τό), payroll/ *μισθός* (ὁ), salary, pay/ *μισθοφόρος* (ὁ), mercenary

μίσθωμα (τό), rent/ *μισθώνω*, to rent, to charter/ *μίσθωση* (ἡ), lease, hiring/ *μισθωτήριο* (τό), lease contract/ *μισθωτής* (ὁ), tenant, lessee/ *μισθωτός*, salaried, hired

μισογεμάτος, half-full

μισογινωμένος, half-ripe

μισόγυμνος half-naked

μισογύνης misogynist

μισοδρομίς, halfway

μισοκαλόκαιρο (τό), midsummer

μισόκλειστος, half-closed, half-shut/ *μισοκλείνω*, to half close/ ~ *τό μάτι*, to wink/ ~ *τά μάτια*, to blink

μισοκοιμοῦμαι, to doze off

μισοπεθαμένος, half-dead (fig.) exhausted

μίσος (τό), hate, hatred/ *ἄσπονδο* ~, mortal hate

μισός, half

μισοστρατίς, βλ. *μισοδρομίς*

μισοτελειώνω, to leave unfinished

μισοτιμῆς, (at) half price

μισότρελλος, almost crazy

μισοφέγγαρο (τό), crescent, halfmoon

μισοφόρι (τό), petticoat

μισοψημένος, underdone

μιστρί (τό), trowel

μίσχος (ὁ), stalk

μισῶ, to hate

μίτος (ὁ), yarn/ (fig.) clue

μίτρα (ἡ), mitre

μνεία (ἡ), mention

μνῆμα (τό), tomb, grave

μνημεῖο (τό), monument, memorial/ *μνημειώδης*, monumental

μνήμη (ἡ), memory, recollection/ *εἰς* ~ *ν*, in memory/ *μνημόνευση* (ἡ), mention/ *μνημονεύω*, to mention/ *μνημονικό* (τό), memory/ *μνημόσυνο* (τό), requiem

μνησικακία (ἡ), grudge, resentment/ *μνησίκακος*, resentful, vindictive/ *μνησικακῶ*, to bear a grudge, to resent

μνηστεία (ἡ), engagement/ *μνηστεύω*, to engage/ *μνηστή* (ἡ), fiancée/ *μνηστήρας* (ὁ), fiancé/ (fig.) pretender

μόδα (ἡ), fashion

μοδίστρα (ἡ), dressmaker, seamstress

μοιάζω, to resemble, to look like; to take after

μοίρα (ἡ), destiny, fate/ (fig.) squadron/ (maths) degree/ *οἱ τρεῖς μοῖρες*, the three Fates

μοιράζω, to distribute, to share/ (cards) to deal/ *μοιράζομαι*, to share with

μοιραῖος, fatal

μοίραρχος (ὁ), gendarmery captain/ (nav.) squadron commander

μοιρασιά (ἡ), or *μοίρασμα* (τό), distribution, sharing/ (cards) dealing

μοιρογνωμόνιο (τό), protractor

μοιρολατρεία (ἡ), fatalism/ *μοιρολάτρης* (ὁ), fatalist/ *μοιρολατρικός*, fatalistic

μοιρολόγι (τό), lament, dirge/ *μοιρολογίστρα* (ἡ), hired mourner/ *μοιρολογῶ*, to lament

μοιχαλίδα (ἡ), adulteress/ *μοιχεία* (ἡ), adultery/ *μοιχεύω*, to commit adultery/ *μοιχός* (ὁ), adulterer

μολαταῦτα, in spite of, nevertheless

μόλεμα (τό), infection, pollution/ *μολεύω*, to infect, to pollute

μόλις, barely, as soon as, just as/ ~ *καί μετά βίας*, with great difficulty, just about

μολονότι, though, although
μολοσσός (ὁ), bulldog
μολόχα (ἡ), mallow
μολύβδινος, leaden/ *μόλυβδος* (ὁ), lead/ *μολυβδοσωλήνας* (ὁ), leadpipe/ *μολυβδοῦχός,* plumbiferous/ *μολυβδώνω,* to cover with lead/ *μολύβδωση* (ἡ), leading/ *μολυβένιος,* 6λ. *μολύβδινος/ μολύβι* (τό), lead/ pencil
μόλυνση (ἡ), infection, pollution, contagion/ *μολύνω,* to infect, to contaminate/ *μόλυσμα* (τό), infection, contamination/ *μολυσματικός,* infectious, contagious/ *μολυσμένος,* infected, polluted
μομφή (ἡ), reproach, blame/ *πρόταση μομφῆς,* motion of censure
μονά, singly/ ~ - *ζυγά,* odd or even
μονάδα (ἡ), unit/ *μοναδικός,* unique/ *μοναδικότητα* (ἡ) uniqueness
μονάζω, to live as a monk
μονάκριβος, the only one
μοναξιά (ἡ), solitude
μονάρχης (ὁ), monarch/ *μοναρχία* (ἡ), monarchy/ *μοναρχικός,* monarchical, royal
μοναστήρι (τό), monastery, convent, nunnery/ *μοναστηριακός,* monasterial/ *μοναστικός,* monastic
μονάχα, only
μοναχή (ἡ), nun
μοναχικά, solitarily/ *μοναχικός,* solitary, lonely
μοναχογιός (ὁ), the only son/ *μοναχοκόρη* (ἡ), the only daughter/ *μοναχοπαίδι* (τό), the only child
μοναχός, alone, only/ (ὁ), monk, friar
μονέδα (ἡ), money
μονή (ἡ), monastery, convent
μονήρης, isolated, solitary
μόνιμα, permanently/ *μονιμοποίηση* (ἡ), permanency/ *μονιμοποιῶ,* to render permanent/ *μόνιμος,* permanent, standing/ *μονιμότητα* (ἡ), permanence
μόνιππο (τό), single-horse carriage
μόνο, only, just, merely
μονογαμία (ἡ), monogamy
μονογενής, the only child
μονόγραμμα (τό), monogram
μονογραφή (ἡ), initials
μονογραφία (ἡ), essay, treatise

μονογράφω, to initial
μονοετής, lasting one year
μονόζυγο (τό), horizontal bar
μονοθεϊσμός (ὁ), monotheism/ *μονοθεϊστής* (ὁ), monotheist
μονοιάζω, to make up with/ *μόνοιασμα* (τό), concord
μονοκατοικία (ἡ), private house
μονόκερως (ὁ), unicorn
μονοκόμματος, made of one piece, massive
μονοκονδυλιά (ἡ), one stroke of the pen
μονοκοπανιᾶς, all at once
μονοκοτυλήδονος, monocotyledonous
μονοκούκκι, unanimously
μονολεκτικά, in one word/ *μονολεκτικός,* made of one word
μονολιθικός, monolithic/ *μονόλιθος* (ὁ), monolith
μονόλογος (ὁ), monologue/ *μονολογῶ,* to talk to oneself
μονομανής, monomaniac/ *μονομανία* (ἡ), monomania
μονομαχία (ἡ), duel/ *μονομάχος* (ὁ), gladiator/ *μονομαχῶ,* to fight a duel
μονομέρεια (ἡ), one-sidedness/ *μονομερής,* one sided
μονομιᾶς, at a stroke, all at once
μονοξείδιο (τό), monoxide
μονόξυλο (τό), canoe
μονοπάτι (τό), path
μονόπλευρος, one sided/ (maths) unilateral
μονοπόδαρος, one-legged
μονόπρακτος, one act (play)
μονοπωλιακός, (of a) monopoly/ *μονοπώλιο* (τό), monopoly/ *μονοπωλῶ,* to monopolize
μονόροφος, consisting of a single floor, one-storeyed
μονορρούφι, at a gulp
μόνος, alone, by oneself/ *μονός,* single/ ~ *ἀριθμός,* odd number
μονοσύλλαβος, monosyllabic
μονοτονία (ἡ), monotony/ *μονότονος,* monotonous
μονοτυπία (ἡ), monotype
μονοφασικός, single phased
μονόφθαλμος, one-eyed
μονοφυσίτης (ὁ), monophysite

μονόχνωτος, loner
μονόχρωμος, one-coloured, monochrome
μοντέλο (τό), model
μοντερνίζω, to modernize/ μοντερνισμός (ό), modernism
μοντέρνος, modern
μονωδία (ή), solo
μονώνω, to insulate/ μόνωση (ή), insulation/ μονωτήρας (ό), insulator
μοργανατικός, morganatic
μοριακός, molecular
μόριο (τό), molecule/ τά γεννητικά μόρια, genitals/ τό ἀνδρικό ~, penis
μορμολύκειο (τό), bugbear
μόρτης (ό), hooligan
μορφάζω, to make faces/ μορφασμός (ό), grimace
μορφή (ή), figure, form, shape
μορφίνη (ή), morphine/ μορφινομανής, morphine addict/ μορφινομανία (ή), addiction to morphine
μορφολογία (ή), morphology
μορφωμένος, educated, cultured/ μορφώνω, to educate, to instruct/ ~ γνώμη, to form an opinion/ μόρφωση (ή), education, culture/ μορφωτικός. cultural
μόστρα (ή), showcase
μοσχαρήσιο (κρέας), veal/ μοσχάρι (τό), calf
μοσχάτος, muscatel
μόσχευμα (τό), scion
μοσχοβόλημα (τό), fragrance, delicious smell/ μοσχοβολῶ, to smell deliciously
μοσχοκαρυδιά (ή), nutmeg-tree/ μοσχοκάρυδο (τό), nutmeg
μοσχοκάρφι (τό), clove
μοσχολίβανο (τό), frankincense
μοσχομυρίζω, to smell good
μοσχοπουλῶ, to sell at a good price
μόσχος (ό), βλ. μοσχάρι
μοτοσυκλέτα (ή), motorcycle
μουγγαμάρα (ή), dumbness/ μουγγός, dumb
μουγγρητό (τό), bellowing/ μουγγρίζω, to bellow; to moan/ μούγγρισμα (τό), βλ. μουγγρητό
μουδιάζω, to be numb/ μούδιασμα (τό), numbness
μουλαράς (ό), muleteer/ μουλάρι (τό), mule

μουλιάζω, to soak
μοῦλος, (ό), bastard
μουλωχτός, silent, reserved
μούμια (ή), mummy
μουνουχίζω, to castrate/ μουνούχισμα (τό), castration/ μουνοῦχος (ό), eunuch
μουντάρω, to attack, to rush upon
μουντζαλώνω, to blot, to stain/ μουντζούρα (ή), stain, blot/ μουντζουρώνω, to stain, to blot, to blacken
μουτζώνω, to insult by opening the fingers
μουντός, dim, dark
μούργα (ή), dregs
μοῦργος (ό), bulldog/ (fig.) churlish person
μούρη (ή), snout/ (fig.) face
μουριά (ή), mulberry-tree
μουρλαίνω, to drive mad/ μούρλια (ή), madness, folly/ μουρλός, mad, crazy
μουρμούρα (ή), grumbling, complaint/ μουρμούρης (ό), grumbler/ μουρμουρίζω, to murmur, to grumble
μουνταρεύω, to dirty, to soil/ (fig.) to womanize/ μουντάρης (ό), dirty person/ (fig.) womanizer/ μουνταριά (ή), womanizing
μοῦρο (τό), mulberry
μουρούνα (ή), codfish/ μουρουνόλαδο (τό), codliver-oil
μουρόφυλλο (τό), mulberry leaf
μούσα (ή), Muse
μουσαμάς (ό), oilcloth
μουσαφίρης (ό), guest
μουσείο (τό), museum
μουσελίνα (ή), muslin
μουσική (ή), music/ μουσικός, musical/ (ό), musician/ μουσικοσυνθέτης (ό), composer/ μουσικότητα (ή), harmony
μούσκεμμα (τό), soaking/ τά κάνω ~, to make a mess of
μουσκέτο (τό), musket
μουσκεύω, to soak
μουσμουλιά (ή), loquat-tree/ μούσμουλο (τό), loquat
μουσούδα (ή), or μουσούδι (τό), snout, face
μουσουλμάνος (ό), Moslem
μουσουργός (ό), composer
μουστακαλής (ό), someone with a mou-

stache/ μουστάκι (τό), moustache
μουσταλευριά (ή), must-jelly
μουστάρδα (ή), mustard
μοῦστος (ό), must
μοῦτρο (τό), face/ εἶναι ~, he is a rascal/ κάνω μούτρα, to be angry
μοῦτσος (ό), cabin-boy
μουτσούνα (ή), face, mask
μούχλα (ή), mould/ μουχλιάζω, to become mouldy
μούχρωμα (τό), twilight
μοχθηρία (ή), wickedness/ μοχθηρός, wicked
μόχθος (ό), fatigue, hard work/ μοχθῶ, to toil, to work hard
μοχλός (ό), lever
μπαγιατεύω, to grow stale/ μπαγιάτικος, stale
μπαγιονέτα (ή), bayonet
μπαγκέτα (ή), conductor's stick, baguette
μπάγκος (ό), bench
μπάζα (τά), debris
μπάζω, to put in/ μπάζει, there is a draught
μπαινοβγαίνω, to go in and out
μπαίνω, to enter, to go in
μπαϊράκι (τό), flag, standard
μπακάλης (ό), grocer
μπακαλιάρος (ό), codfish
μπακάλικο (τό), grocery
μπακίρι (τό), copper
μπάλα (ή), ball
μπαλάντζα (ή), pair of scales
μπαλαρίνα (ή), ballet-dancer
μπαλκόνι (τό), balcony
μπαλλέτο (τό), ballet
μπαλλόνι (τό), balloon
μπαλτάς (ό), hatchet
μπάλωμα (τό), patch/ μπαλωματής (ό), cobbler/ μπαλώνω, to patch, to darn
μπαμπάκι (τό), 6λ. *βαμβάκι*
μπαμπάς (ό), daddy, papa
μπαμπέσης (ό), dishonest person/ μπαμπεσιά (ή), dishonesty
μπαμπούλας (ό), bugbear
μπανάνα (ή), banana/ μπανανιά (ή), banana-tree
μπανιερό (τό), bathing-suit
μπάνιο (τό), bath
μπάντα (ή), side/ ἀφήνω στήν ~, to set

aside/ (mus.) music band
μπαοῦλο (τό), truck
μπαρκάρισμα (τό), embarkation/ μπαρκάρω, to embark
μπάρμπας (ό), uncle/ μπαρμπέρης (ό), hairdresser, barber
μπαρμπούνι (τό), red mullet
μπαρούτι (τό), gunpowder
μπάρα (ή), bolt, bar
μπάσταρδος (ό), bastard
μπαστούνι (τό), stick / (cards) clubs
μπαταρία (ή), battery
μπατζανάκης (ό), brother-in-law
μπάτης (ό), sea breeze
μπατσίζω, to slap/ μπάτσος (ό), slap
μπαχαρικό (τό), spice
μπεκάτσα (ή), woodcock
μπεκιάρης (ό), bachelor
μπεκρής (ό), drunkard
μπελαλίδικος, troublesome, irritating/ μπελάς (ό), trouble, irritation
μπέρδεμα (τό), confusion/ μπερδεύω, to confuse/ μπερδεψιά (ή), confusion, mix-up
μπερμπάντης (ό), sly person
μπερντές (ό), curtain
μπέρτα (ή), cloak
μπετόν (τό), concrete
μπήγω, to thrust, to drive in/ ~ φωνή, to scream/ ~ τά γέλια, to burst into laughter
μπιζέλι (τό), pea
μπίλια (ή), marble, small ball
μπιλιάρδο (τό), billiards
μπιλιέτο (τό), note; visiting card; ticket
μπιμπίκι (τό), small pimple
μπισκότο (τό), biscuit
μπιφτέκι (τό), beefsteak
μπλέ, blue
μπλέκω to be entangled/ μπλέξιμο (τό), entanglement
μπλοκάρω, to blockade/ μπλόκος (ό), blockade
μπλούζα (ή), blouse
μπλόφα (ή), bluff/ μπλοφάρω, to bluff
μπογιά (ή), paint, dye
μπόγιας (ό), hangman
μπογιατζής (ό), painter/ μπογιατίζω, to paint, to decorate
μπόγος (ό), bundle

μπόι (τό), stature, size
μπόλι (τό), vaccine/ μπολιάζω, to vaccinate; to graft/ μπόλιασμα (τό), vaccination; grafting
μπόλικος, abundant
μπολσεβικισμός (ὁ), bolshevism/ μπολσεβίκος (ὁ), bolshevik
μπόμπα (ἡ), bomb
μπομπότα (ἡ), corn pudding
μποναμάς (ὁ), gilt
μπόξάς (ὁ), shawl
μπόρα (ἡ), storm
μπορῶ, to be able to/ μπορεῖ, maybe
μπόσικος, loose
μποστάνι (τό), vegetable garden
μπότα (ἡ), boots
μποτίλια (ἡ), bottle/ μποτιλιάρω, to bottle
μπουγάδα (ἡ), family washing
μπουζούκι (τό), bouzouki
μπούκα (ἡ), opening, hole; muzzle
μπουκάλα (ἡ), large bottle/ μπουκάλι (τό), bottle
μπουκαπόρτα (ἡ), trapdoor
μπουκάρω, to rush in, to come in
μπουκέτο (τό), bouquet, bunch
μπουκιά (ἡ), mouthful
μπούκλα (ἡ), curl
μποϋκοτάζ (τό), boycott/ μποϋκοτάρω, to boycott
μπούκωμα (τό), gorging; filling up/ μπουκώνω, to gorge, to stuff
μπουλούκι (τό), troop, group, band
μπουμπούκι (τό), band
μπουμπουνητό (τό), thundering/ μπουμπουνίζω, to thunder
μπουνάτσα (ἡ), calm sea
μπουνιά (ἡ), punch
μπούνια (τά), scuppers/ ὡς τά ~, full up
μπουνταλάς (ὁ), stupid and lazy person
μπουντρούμι (τό), prison cell
μπουρίνι (τό), gust of wind
μπουρλότο (τό), fireship/ γίνομαι ~, to grow indignant
μπουρμπουλήθρα (ἡ), bubble
μπουρνούζι (τό), bathgown
μπούσουλας (ὁ), compass
μπουσουλίζω, to walk on all fours
μποῦστος (ὁ), bust; corsage
μπούτι (τό), thigh

μποῦφος (ὁ), hornowl/ (fig.) simpleton
μπουχτίζω, to be fed up with, to have enough of
μπράτσο (τό), arm
μπριζόλα (ἡ), steak, chop
μπρίκι (τό), coffee-pot
μπροστά, in front of/ μπροστινός, front
μπρούμυτα, in a prone position
μπρούντζινος, made of bronze/ μπροῦντζος (ὁ), bronze
μπροῦσκο (κρασί), dry wine
μπύρα (ἡ), beer/ ~ρία (ἡ), pub, beer-house
μυαλό (τό), brain, sense/ χάνω τά μυαλά μου, to lose one's wits/ μυαλωμένος, wise, sensible
μύγα, (ἡ), fly
μυγδαλιά (ἡ) βλ. ἀμυγδαλιά
μυγιάγγιχτος, sensitive, touchy
μύδι (τό), mussel
μυδραλλιοβόλο (τό), machine-gun
μυελίτιδα (ἡ), myelitis/ μυελός (ὁ), marrow
μυημένος, initiated/ μύηση (ἡ), initiation
μύθευμα (τό), tale
μυθικός, mythical
μυθιστόρημα (τό), novel/ μυθιστορηματικός, fictitious/ μυθιστοριογράφος (ὁ), novelist
μυθολογία (ἡ), mythology/ μυθολογικός, mythological/ μῦθος (ὁ), myth, fable/ μυθώδης, fabulous
μυῖγα (ἡ), βλ. μύγα
μυϊκός, muscular
μυκηθμός (ὁ), bellowing
μυκηναϊκός, Mycenaean
μύκης (ὁ), fungus
μυκτηρίζω, to sneer
μυλόπετρα (ἡ), millstone
μύλος (ὁ), mill/ μυλωνάς (ὁ), miller
μύξα (ἡ), snot
μυοκάρδιο (τό), myocardium/ μυοκαρδίτιδα (ἡ), myocarditis
μυρεψός (ὁ), perfumer
μυριάδα (ἡ), myriad, ten thousand/ (fig.) many
μυρίζω, to smell, to scent/ (fig.) μυρίζομαι, to suspect
μύριοι, ten thousand/ (fig.) a very large number

μύρισμα (τό), smelling
μυρμήγκι (τό), ant/ μυρμηγκιάζω, to itch
    μυρμηγκοφάγος (ὁ), anteater/ μυρμηγ-
    κοφωλιά (ἡ), anthill
μύρο (τό), myrrh/ μυροβόλος, fragrant/
    μυροπωλεῖο (τό), perfumery/ μυροπώ-
    λης (ὁ), perfumer/ μυροφόρος, myrrh
    bearing
μυρτιά (ἡ), myrtle
μυρωδάτος, aromatic, fragrant
μυρωδιά (ἡ), smell, odour, fragrance/ μυ-
    ρωδικό (τό), perfume
μύρωμα (τό), anointing/ μυρώνω, to
    anoint
μύς (ὁ), muscle
μυσαρός, disgusting, abominable/ μυσα-
    ρότητα (ἡ), abomination
μυσταγωγία (ἡ), initiation/ μυσταγωγός
    (ὁ), initiator
μυστήριο (τό), mystery, sacrament/ μυ-
    στηριώδης, mysterious
μύστης (ὁ), initiated
μυστικισμός, mysticism/ μυστικιστής (ὁ),
    mystic/ μυστικιστικός, mystical
μυστικό (τό), secret/ ~s, secret, hidden/
    ~ Δεῖπνος, Last Supper
μυστικοσυμβούλιο (τό), privy council
μυστικότητα (ἡ), secrecy
μυστρί (τό), trowel
μυτερός, pointed, sharp
μύτη (ἡ), nose; snout; beak/ χώνω τήν ~
    μου, to interfere
μύχιος, innermost/ μυχός (ὁ), (geog.)
    creek
μυῶ, to initiate
μυωπία (ἡ), shortsightedness/ μύωπας
    (ὁ), shortsighted
μωαμεθανός (ὁ), Moslem
μῶλος (ὁ), jetty
μωλωπίζω, to bruise/ μωλωπισμός (ὁ),
    bruise
μωραίνω, to render stupid/ μωραίνομαι,
    to become stupid/ μωρία (ἡ), stupidity
μωρό, (τό), baby, infant
μωρολογία (ἡ), prattle, nonsense/ μωρο-
    λογῶ, to prattle
μωροπιστία (ἡ), credulity/ μωρόπιστος,
    credulous/ μωρός, silly, foolish, stupid
μωσαϊκό (τό), mosaic/ ~s, of Moses/ ~
    νόμος, law of Moses/ (ὁ), mosaic-lawyer

N

νά, to, in order to, so as to/ ~ δοῦμε! we
    shall see/ ~ το! there it is!
ναδίρ (τό), nadir
νάζι (τό), affectation/ ναζιάρης (ὁ), af-
    fected person
ναί, yes
ναϊάδα (ἡ), Naiad, water nymph
νάμα (τό), spring
νάνι (τό), sleep
νάνος (ὁ), dwarf
νανουρίζω, to lull/ νανούρισμα (τό), lul-
    laby
ναός (ὁ), temple
ναργιλές (ὁ), bubble-bubble, hookah
νάρθηκας (ὁ), narthex
νάρκη (ἡ), drowsiness/ (mil.) mine
ναρκισσεύομαι, to admire oneself/ ναρ-
    κισσισμός (ὁ), narcissism/ νάρκισσος
    (ὁ), narcissus
ναρκοθέτηση (ἡ), mine-laying
ναρκώνω, to benumb; to drug/ νάρκωση
    (ἡ), drowsiness; narcosis/ ναρκωτικό
    (τό), narcotic, drug/ ~ς, benumbing
νάτριο (τό), sodium/ ἀνθρακικό ~, car-
    bonate of soda
ναυάγιο (τό), wreck, shipwreck/ ναυαγός
    (ὁ), shipwrecked
ναυαγοσωστικός, salving/ ναυαγοσωστι-
    κή λέμβος, lifeboat
ναυαγῶ, to be shipwrecked/ (fig.) to fail
ναυαρχεῖο (τό), admiralty/ ναυαρχίδα
    (ἡ), flagship
ναύαρχος (ὁ), admiral/ ναυαρχῶ, to com-
    mand the fleet
ναύκληρος (ὁ), boatswain
ναυλομεσίτης (ὁ), shipbroker/ ναῦλος
    (ὁ), freight; passage fare/ ναυλοσύμφω-
    νο (τό), bill of freight
ναυλοχῶ, to lie in harbour
ναύλωμα (τό), or ναύλωση (ἡ), charte-
    ring/ ναυλώνω, to charter/ ναυλωτής
    (ὁ), charterer
ναυμαχία (ἡ), naval battle/ ναυμαχῶ, to
    fight at sea
ναυπηγείο (τό), shipyard/ ναυπήγηση

(ή), shipbuilding

ναυπηγική (ή), naval architecture/ *ναυπηγός* (ό), shipbuilder/ *ναυπηγῶ*, to build ships

ναυσιπλοΐα (ή), navigation

ναύσταθμος (ό), naval station

ναύτης (ό), sailor, seaman

ναυτία (ή), seasickness

ναυτικό (τό), navy/ *εμπορικό* ~, mercantile marine/ ~ς, maritime, naval/ (ό), seaman, sailor/ *ναυτιλία* (ή), navigation/ *ναυτιλιακός*, navigational/ *ναυτίλος* (ό), navigator/ *ναυτοδάνειο* (τό), ship loan/ *ναυτοδικείο* (τό), admiralty court/ *ναυτολογία* (ή), recruiting of seamen/ *ναυτολογῶ*, to recruit seamen/ *ναυτόπουλο* (τό), young sailor

νάφθα (ή), naphtha/ ~*λίνη* (ή), naphthalene

νέα (τά), news

νεάζω, to act as a young person

νεανίας (ό), young man/ *νεάνιδα* (ή), young girl/ *νεανικά*, youthfully/ *νεανικός*, youthful/ *νεανικότητα* (ή), youthfulness/ *νεαρός*, young, juvenile

νέγρικος, of the Negroes/ *νέγρος* (ό), Negro

νειάτα (τά), youth

νέκρα (ή), stagnation; complete silence

νεκρανάσταση (ή) rising from the dead

νεκρικός, funeral; deathly

νεκροθάφτης (ό), grave-digger/ *νεκροκεφαλή* (ή), skull

νεκροκρέββατο (τό), coffin, bier/ *νεκρολογία* (ή), obituary/ *νεκρομαντεία* (ή), necromancy/ *νεκρόπολη* (ή), necropolis, cemetery/ *νεκροπομπός* (ό), undertaker

νεκρός (ό), dead, lifeless, inanimate/ *νεκροστολίζω*, to lay out the dead/ *νεκροταφείο* (τό), cemetery, graveyard/ *νεκρότητα* (ή), deadness/ *νεκροτομείο* (τό), morgue/ *νεκροφάνεια* (ή), apparent death

νεκροφόρα (ή), hearse/ *νεκροψία* (ή), autopsy, post mortem examination/ *νεκρώνω*, to deaden/ *νέκρωση* (ή), deadening/ *νεκρώσιμος*, funeral

νέκταρ (τό), nectar

νέμεση (ή), nemesis

νέμομαι, to enjoy, to reap the profit

νεογέννητος, newly born/ *νεογνό* (τό), newborn child

νεόδμητος, βλ. *νεόκτιστος*

νεοελληνικός, modern Greek

νεόκτιστος, newly built

νεολαία (ή), youth

νέον (τό), (chem.) neon

νεόνυμφος, newly wed

νεοπλατωνισμός (ό), neoplatonism

νεόπλουτος, nouveau riche

νέος, new, young, modern

νεοσσός (ό), newly hatched bird/ (fig.) beginner

νεοσύλλεκτος, recruit

νεότευκτος, newly constructed

νεότητα (ή), youth; young age

νεοφερμένος, newcomer

νεοφώτιστος, newly baptized/ (fig.) new convert

νεποτισμός (ό), nepotism

νεράιδα (ή), fairy

νεράντζι (τό), bitter orange/ *νεραντζιά* (ή), bitter orange tree

νερό (τό), water/ *κάνω μιά τρύπα στό* ~, to beat the air/ ~*βραστος*, boiled in water/ (fig.) inactive/ ~*κουβαλητής* (ό), water carrier/ ~*μπογιά* (ή), watercolour/ *νερόμυλος* (ό), watermill/ *νεροποντή* (ή), shower/ *νερουλάς* (ό), βλ. *νεροκουβαλητής*

νερουλιάζω, to become watery/ *νερούλιασμα* (τό), waterishness; insipidity/ *νερουλός*, watery

νερόφιδο (τό), or **νεροφίδα** (ή), water-snake

νεροχύτης (ό), kitchen sink

νερώνω, to water (down)

νετάρω, to clear up

νέτος, net

νεῦμα (τό), wink, nod

νευραλγία (ή), neuralgia/ *νευραλγικός*, neuralgic/ (fig.) crucial

νευρασθένεια (ή), nervous disease/ *νευρασθενικός*, suffering of a nervous disease/ *νευριάζω*, to get nervous/ *νευρικά*, nervously/ *νευρικός*, nervous/ *νευρικότητα* (ή), nervousness/ *νευρίτιδα* (ή), neuritis

νεῦρο (τό), nerve/ *ἔχω νεύρα*, to be nervous/ ~καβαλίκεμα (τό), cramp/ ~λογία (ἡ), neurology/ ~λογικός, neurological/ ~λόγος (ὁ), neurologist/ ~πάθεια (ἡ), neuropathy/ ~παθής, suffering of neuropathy/ ~παθολογία (ἡ), neuropathology

νευρόσπαστο (τό), puppet

νευρώδης, sinewy, muscular/ νεύρωση (ἡ), neurosis/ νευρωτικός, neurotic

νεύω, to nod

νεφέλη (ἡ), cloud/ νεφελώδης, cloudy

νεφρίτης (ὁ), jade

νεφρίτιδα (ἡ), inflammation of the kidneys/ νεφρό (τό), kidney/ νεφρόλιθος (ὁ), stone in the kidneys

νέφτι (τό), turpentine

νέφωση (ἡ), nebulosity

νεωκόρος (ὁ), sexton

νεώριο (τό), shipyard

νεωτερίζω, to innovate/ νεωτερισμός (ὁ), innovation, novelty/ νεωτεριστής (ὁ), innovator/ νεωτεριστικός, innovating

νεώτερος, younger; more modern

νῆμα (τό), yarn, thread/ ~ τοειδής, threadlike/ ~τουργεῖο (τό), spinning-mill/ ~τουργός (τό), spinner

νηνεμία (ἡ), calmness, stillness (in the weather)

νηογνώμων (ὁ), shipping register/ νηολόγιο (τό), mercantile marine register

νηοπομπή (ἡ), (ship) convoy

νηοψία (ἡ), ship inspection

νηπιαγωγεῖο (τό), kindergarten/ νηπιαγωγός (ὁ), kindergarten teacher/ νηπιακός, infantile/ νήπιο (τό), infant

νηρηίδα (ἡ), sea-nymph

νησί (τό), island/ νησιώτης (ὁ), islander/ νησιωτικός, insular

νηστεία (ἡ), fast/ νηστεύω, to fast

νηστικός, hungry

νηφάλιος, sober; calm/ νηφαλιότητα (ἡ), soberness; calmness, coolness

νιαουρίζω, to mew/ νιαούρισμα (τό), mewing

νικέλιο (τό), nickel/ νικελωμένος, nickel-plated

νίκη (ἡ), victory/ ~τήριος, victorious/ ~τής (ὁ), victor, winner/ ~φόρος, victorious

νικοτίνη (ἡ), nicotine

νικῶ, to defeat, to win, to overcome

νιόπαντρος, ὅλ. νεόνυμφος

νιπτήρας (ὁ), wash-basin/ νίπτω, to wash/ ~ τάς χείρας, to wash one's hands of

νιτρικός, nitric/ νίτρο (τό), nitre

νιτρογλυκερίνη (ἡ), nitroglycerine

νιφάδα (ἡ), snowflake

νίψιμο (τό), washing

Νοέμβριος (ὁ), November

νοερά, mentally/ νοερός, mental, spiritual

νόημα (τό), meaning, sense/ κάνω ~, to nod

νοημοσύνη (ἡ), intelligence/ νοήμων, intelligent

νόηση (ἡ), intellect/ νοητός, intelligible, comprehensible

νοθεία (ἡ), illegitimacy; adulteration/ νόθευση (ἡ), adulteration, falsification/ νοθευτής (ὁ), falsifier/ νοθεύω, to adulterate, to falsify/ νόθος (ὁ), illegitimate child

νοιάζω, δέν μέ νοιάζει, I don't care/ νοιάζομαι, to mind, to care

νοικιάρης (ὁ), tenant/ νοίκι (τό), rent/ νοικιάζω, to rent/ νοίκιασμα (τό), renting

νοικοκυρά (ἡ), housewife/ νοικοκυρεύω, to keep a house/ νοικοκύρης (ὁ), householder/ νοικοκυριό (τό), housework, housekeeping

νοιώθω, to feel, to understand

νομαδικά, like a nomad/ νομαδικός, nomadic

νομαρχεῖο (τό), prefecture building/ νομάρχης (ὁ), nomarch, prefect, governor/ νομαρχία (ἡ), office of a nomarch

νομάδας (ὁ), nomad

νομάτοι (οἱ), people, individuals

νομέας (ὁ), usufructuary/ νομή (ἡ), usufruct; pasture

νομίζω, to think, to believe, to consider

νομική (ἡ), law/ νομικός, legal/ (ὁ), lawyer

νόμιμα, legally/ νομιμοποίηση (ἡ), legitimization/ νομιμοποιῶ, to legitimize/ νόμιμος, legal, lawful/ νομιμότητα (ἡ), legality

νομιμοφροσύνη (ἡ), loyalty

νόμισμα (τό), coin, currency/ ~τική (ἡ), numismatics/ ~τικός, monetary/

~τοκοπεῖο (τό), mint/ ~τοκόπος (ὁ), minter/ ~τολογία (ἡ), numismatology/ ~τολόγος (ὁ), numismatologist
νομοδιδάσκαλος (ὁ), teacher of law
νομοθεσία (ἡ), legislation/ νομοθέτημα (τό), law, act, statute/ νομοθέτης (ὁ), legislator/ νομοθετικός, legislative/ νομοθετῶ, to legislate
νομολογία (ἡ), jurisprudence/ νομομαθής, jurist
νόμος (ὁ), law/ ἄγραφος ~, common law
νομός (ὁ), prefecture, department
νομοσχέδιο (τό), bill
νομοταγής, law abiding
νόνα (ἡ), grandmother/ νονά (ἡ), godmother
νορμανδικός, Norman
νορβηγός, Norwegian/ Νορβηγός, Νορβηγίδα, Norwegian (man, woman)
νοσηλεία (ἡ), nursing/ νοσηλευτήριο (τό), hospital/ νοσηλεύω, to nurse/ νοσήλια (τά), hospital fees
νόσημα (τό), disease, illness/ νοσηρός, unhealthy, unwholesome/ νοσηρότητα (ἡ), unhealthiness/ νοσογόνος, morbiferous
νοσοκομεῖο (τό), hospital/ νοσοκόμος (ὁ, ἡ), nurse
νόσος (ἡ), disease, sickness
νοσταλγία (ἡ), homesickness/ νοσταλγικός, nostalgic/ νοσταλγός (ὁ), homesick/ νοσταλγῶ, to be homesick
νόστιμα, nicely, prettily/ νοστιμάδα (ἡ), grace; taste, flavour/ νοστιμεύω, to become pretty (tasty)/ νοστιμεύομαι, to be fond of/ νοστιμιά (ἡ), taste, flavour/ νοστιμίζω, to season/ νόστιμος, nice, pretty; tasty
νοσῶ, to be sick
νότα (ἡ), note
νοτερός, damp, humid
νοτιάς (ὁ), south wind
νοτίζω, to damp, to moisten
νοτιοανατολικός, southeastern, southeasterly/ νοτιοδυτικός, southwestern, southwesterly/ νότιος, southerly
νοτισμένος, damp, humid
νότος (ὁ), the south
νουβέλα (ἡ), short novel
νουθεσία (ἡ), advice, admonition/ νουθε-

τῶ, to admonish
νούλα (ἡ), zero, nil
νούμερο (τό), number/ (fig.) ridiculous person
νουνά (ἡ), godmother/ νουνός (ὁ), godfather
νούντσιος (ὁ), nuncio
νοῦς (ὁ), mind, intellect/ κοινός ~, common sense/ ἔχω τό νοῦ μου, to be on the look out/ κοντά στό νοῦ κι' ἡ γνώση, that goes without saying
νούφαρο (τό), water-lily
νταής (ὁ), bully
ντάμα (ἡ), female escort/ (cards) queen
νταμάρι (τό), quarry
νταντά (ἡ), nursery maid/ νταντεύω, to nurse
νταραβέρι (τό), transaction
ντέφι (τό), tambourine
ντιβάνι (τό), sofa
ντοκουμέντο (τό), document
ντομάτα (ἡ), tomato/ ντοματιά (ἡ), tomato plant
ντόμπρος, straightforward, honest
ντόπιος, native
ντουβάρι (τό), wall
ντουζίνα (ἡ), dozen
ντουλάπα (ἡ), or **ντουλάπι** (τό), cupboard
ντοῦρος, inflexible, stiff
ντούς (τό), shower
ντουφέκι (τό). 6λ. **τουφέκι**
ντρέπομαι, to be ashamed (shy)/ ντροπαλός, shy, bashful/ ντροπή (ἡ), shame, bashfulness/ ντροπιάζω, to disgrace
ντύμα (τό), cover
ντύνω, to dress, to clothe/ ντύσιμο (τό), dressing, clothing
νύκτα (ἡ), 6λ. **νύχτα**
νυκτόβιος, nocturnal
νυκτοφύλακας (ὁ), night-watchman
νυμφεύω, to wed, to marry
νύμφη (ἡ), nymph/ (zool.) larva
νυμφομανής, nymphomaniac/ νυμφομανία (ἡ), nymphomania
νυμφώνας (ὁ), bridal chamber
νύξη (ἡ), hint
νύστα (ἡ), drowsiness/ νυστάζω, to feel drowsy/ νυσταλέος, sleepy
νυστέρι (τό), lancet

νύφη (ἡ), bride; sister-in-law; daughter-in-law/ *νυφικός*, nuptial, bridal
νυφίτσα (ἡ), weasel
νυχθημερόν, night and day
νύχι (τό), nail, claw/ *νυχιά* (ἡ), scratch
νύχτα (ἡ), night/ *νυχτέρι* (τό), night-duty/ *νυχτερινός*, nocturnal/ *νυχτερινό κέν-τρο*, night club
νυχτικό (τό), nightgown
νυχτώνει, it is getting dark
νωθρός, sluggish/ *νωθρότητα* (ἡ), sluggishness
νωπός, fresh; recent/ *νωπότητα* (ἡ), freshness
νωρίς, early
νῶτα (τά), the back
νωτιαῖος, dorsal, of the back/ ~ *μυελός*, spinal cord
νωχέλεια (ἡ), languidness/ *νωχελής*, or *νωχελικός*, languid/ *νωχελικά*, languidly

Ξ

ξαγρυπνῶ, to stay awake
ξαίνω, to unweave
ξακουσμένος, or *ξακουστός*, famous, celebrated
ξακρίζω, to edge
ξαλαφρώνω, to get rid of a burden; to feel relieved
ξαλμυρίζω, to unsalt
ξανά, again, once more
ξαναβάζω, to put back
ξαναβγάζω, to take out again/ *ξαναβγαί-νω*, to go out again
ξαναβλέπω, to see again, to resee
ξαναβράζω, to boil again
ξαναβρίσκω, to find again
ξανάβω, to get excited
ξαναγεμίζω, to refill/ (gun) to reload
ξαναγίνομαι, to become again

ξαναγοράζω, to repurchase
ξαναγράφω, to rewrite
ξαναγυρίζω, to return
ξαναδιαβάζω, to reread
ξαναδίνω, to give back, to return
ξαναέρχομαι, to come again
ξαναζεσταίνω, to reheat/ *ξαναζεσταμέ-νος*, reheated
ξαναζυγίζω, to reweigh
ξαναζῶ, to relive
ξαναζωντανεύω, to bring back to life
ξαναθυμίζω, to remind/ *ξαναθυμοῦμαι*, to recall, to remember
ξανακάθομαι, to resit
ξανακαλῶ, to reinvite/ to redial (telephone)
ξανακάνω, to repeat
ξανακερδίζω, to win again, to win back
ξανακλείνω, to close again
ξανακοιμᾶμαι, to sleep again
ξανακουμπώνω, to rebutton
ξανακτίζω, to rebuild
ξανακύλισμα (τό), relapse/ *ξανακυλῶ*, to roll again/ (fig.) to suffer a relapse
ξαναλέγω, to say again
ξαναλυώνω, to remelt
ξαναμαθαίνω, to learn again, to be re-educated
ξαναμασῶ, to ruminate
ξαναμετρῶ, to recount; to measure again
ξαναμιλῶ, to speak again
ξαναμοιράζω, to redistribute
ξαναμωραίνομαι, to dote, to become childish/ *ξαναμώραμα* (τό), dotage
ξανανιώνω, to feel young again
ξανανθίζω, to rebloom
ξανανοίγω, to reopen
ξαναπαθαίνω, to suffer again
ξαναπαίρνω, to retake
ξαναπαντρεύω, to marry someone again/ *ξαναπαντρεύομαι*, to remarry
ξαναπατῶ, to set foot again, to come back
ξαναπερνῶ, to pass by again
ξαναπηγαίνω, to go again
ξαναπιάνω, to catch again/ (bot.) to take root again
ξαναρίχνω, to throw again
ξαναρ(ρ)ωσταίνω, to fall ill again
ξαναρχίζω, to restart

ξανάρχομαι, to come again
ξαναρωτῶ, to ask again
ξανασαίνω, to take breath
ξανασηκώνω, to lift again
ξανασκάβω, to redig
ξανασκεπάζω, to cover again
ξανασμίγω, to meet again
ξανάστροφα, inside out, in the reverse
ξανατρώγω, to eat again
ξανατυπώνω, to reprint
ξαναφαίνομαι, to reappear
ξαναφορτώνω, to reload
ξαναφυτεύω, to replant/ ξαναφυτρώνω, to shoot up again
ξαναχύνω, to repour; to remould
ξαναψήνω, to recook
ξαναψηφίζω, to vote again
ξανθαίνω, to turn blond/ ξανθή (ἡ), blonde (woman)/ ξανθομάλλης (ὁ), fair-haired/ ξανθός, fair, blond/ ξανθωπός, yellowish, fairish
ξανοίγω, to render lighter (in colour)/ ξανοίγομαι, to speak one's mind; to overspend
ξαντό (τό), lint
ξάπλωμα (τό), lying down/ ξαπλώνω, to spread out, to lay/ ξαπλώνομαι, to lie down
ξαποσταίνω, to rest
ξαρματώνω, to disarm/ ξαρμάτωτος, disarmed
ξάρτι (τό), (ship) shroud
ξασπρίζω, to bleach/ ξάσπρισμα (τό), bleaching
ξάστερα, clearly
ξαστεριά (ἡ), starry sky/ ξάστερος, unclouded, starry/ ξαστερώνω, to clear up
ξαφνιάζω, to surprise, to startle/ ξάφνιασμα (τό), surprise, astonishment/ ξαφνικά, suddenly/ ξαφνικός, unexpected, sudden/ ξάφνου, suddenly
ξαφρίζω, to skim/ (fig.) to steal
ξεβάφω, to fade
ξεβγάζω, to rinse
ξεβίδωμα (τό), unscrewing/ ξεβιδώνω, to unscrew
ξεβοτανίζω, to weed out
ξεβούλωμα (τό), unblocking; uncorking/ ξεβουλώνω, to unblock; to uncork
ξεβρακώνω, to unbreech/ ξεβράκωτος,

with no breeches on
ξεβρωμίζω, to clean
ξεγαντζώνω, to unhook
ξέγδαρμα (τό), flaying; scratch/ ξεγδέρνω, to flay
ξεγελῶ, to cheat, to deceive
ξεγλίστρημα (τό), slip/ ξεγλιστρῶ, to slip/ (fig.) to escape
ξεγνέθω, to unspin
ξεγοφιάζομαι, to dislocate one's hip
ξεγράφω, to strike out; to consider lost
ξεγύμνωμα (τό), undressing/ ξεγυμνώνω, to undress
ξεδιάλεγμα (τό), selection/ ξεδιαλέγω, to select
ξεδιαλύνω, to explain, to clear up, to clarify
ξεδιάντροπος, shameless
ξεδίπλωμα (τό), unfolding/ ξεδιπλώνω, to unfold
ξεδιψῶ, to quench one's thirst
ξεδοντιάζω, to pull out the teeth/ ξεδοντιάρης (ἡ), toothless
ξεζεύω, to unyoke
ξεζουμίζω, to squeeze out/ ξεζούμισμα (τό), squeezing out
ξεζώνω, to ungird
ξεθάβω, to disinter; to disclose
ξεθαρρεύω, to take courage, to be encouraged
ξεθεμελιώνω, to uproot
ξεθέωμα (τό), exhaustion/ ξεθεώνω, to tire someone out
ξεθηλυκώνω, to unbuckle
ξεθόλωμα (τό), clearing/ ξεθολώνω, to clear up
ξεθυμαίνω, to evaporate/ (fig.) to calm down/ ξεθύμασμα (τό), evaporation; calming down/ ξεθυμασμένος, evaporated
ξεθυμώνω, to calm down
ξεθωριάζω, to fade/ ξεθωριασμένος, faded, discoloured
ξεκαβαλικεύω, to dismount
ξεκαθαρίζω, to clear up/ ξεκαθάρισμα (τό), clearing up
ξεκαλοκαιριάζω, to spend the summer
ξεκαλτσώνομαι, to take off one's socks/ ξεκάλτσωτος, barefoot
ξεκάνω, to get rid of, to liquidate

ξεκαπιστρώνω, to unhalter/ ξεκαπίστρω-τος, unhaltered

ξεκαρδίζομαι, to burst out laughing

ξεκαρφώνω, to un-nail/ ξεκάρφωτος, un-nailed

ξεκινώ, to start; to set in motion

ξεκλειδώνω, to unlock/ ξεκλείδωτος, un-locked

ξεκληρίζω, to exterminate/ ξεκλήρισμα (τό), extermination

ξεκόβω, to break off; to take one's own way

ξεκοιλιάζω, to disembowel

ξεκοκκαλίζω, to nibble/ (fig.) to waste one's money

ξεκόλλημα (τό), ungluing, unsticking/ ξε-κολλώ, to unglue, to unstick

ξεκομμένος, isolated, secluded

ξεκουμπίζομαι, to leave

ξεκουμπώνω, to unbutton/ ξεκούμπωτος, unbuttoned

ξεκουράζω, to refresh, to relieve/ ξεκου-ράζομαι, to take a rest/ ξεκούραση (ή), rest

ξεκουρδίζω, to unwind/ ξεκούρδιστος, unwound

ξεκουτιαίνω, to dote/ ξεκουτιασμένος, dotard

ξεκουφαίνω, to deafen

ξεκρέμασμα (τό), unhanging/ ξεκρεμώ, to unhang

ξελαρυγγιάζομαι, to grow hoarse with shouting

ξελασπώνω, to scrape off the mud; to get out of trouble

ξελαφρώνω, βλ. ξαλαφρώνω

ξελέγω, to break one's word

ξελεκιάζω, to take off the stains

ξελιγδιάζω, to remove grease (dirt)

ξελογιάζω, to seduce/ ξελογιασμένος, se-duced

ξεμαδώ, to pluck

ξεμαθαίνω, to unlearn; to discontinue a habit

ξεμακραίνω, to move away

ξεμαλλιάζω, to dishevel

ξεμανταλώνω, to unbolt

ξεμέθυστος, sober/ ξεμεθώ, to get sober

ξεμοναχιάζω, to talk to someone private-ly

ξεμουδιάζω, to recover from numbness

ξεμπαρκάρισμα (τό), disembarking/ ξε-μπαρκάρω, to disembark

ξεμπέρδεμα (τό), disentanglement/ (fig.) killing/ ξεμπερδεύω, to disentangle/ (fig.) to get rid of

ξεμυαλίζω, to infatuate

ξεμυγιαστήρι (τό), fly-flap

ξεμυτίζω, to appear, to peep

ξεμωραίνομαι, to dote/ ξεμωραμένος, dotard

ξεναγός (ό), guide/ ξεναγώ, to guide, to show the sights

ξενητειά (ή), foreign lands/ ξενητεμένος (ό), expatriate/ ξενητεύομαι, to leave one's own country

ξενίζω, to offer hospitality; to astonish

ξενικός, foreign, alien

ξενόγλωσσος, speaking a foreign tongue

ξενοδοχείο (τό), hotel/ ξενοδόχος (ό), hotelkeeper

ξενοίκιαστος, vacant, unlet

ξενομανία (ή), xenomania

ξένον (τό), (chem.) xenon

ξένος (ό), alien; stranger; guest

ξεντύνω, to undress

ξενυστάζω, to shake off sleep

ξενυχιάζω, to pull off the nails

ξενύχτι (τό), sitting up all night/ ξενυχτώ, to sit up all night

ξενώνας (ό), guesthouse

ξεπαγιάζω, to freeze/ ξεπάγιασμα (τό), freezing

ξεπάγωμα (τό), thawing/ ξεπαγώνω, to thaw, to unfreeze

ξεπαρθενεύω, to deflower

ξεπάστρεμα (τό), extermination/ ξεπα-στρεύω, to exterminate

ξεπάτωμα (τό), utter exhaustion/ ξεπα-τώνω, to tire out

ξεπεζεύω, to dismount

ξεπερνώ, to surpass, to go over the limit

ξεπεσμός (ό), decline

ξεπετώ, to fly off

ξεπέφτω, to decline

ξεπηδώ, to jump out of, to emerge

ξεπλεκος, dishevelled/ ξεπλέκω, to dishe-vel; to untwist

ξεπλένω, to rinse

ξεπληρώνω, to pay off/ (fig.) to avenge

ξέπλυμα (τό), dishwater
ξεποδαριάζω, to tire out/ *ξεποδαριάζομαι,* to be exhausted (of walking)
ξεπορτίζω, to slip away; to elope
ξεπούλημα (τό), selling off/ *ξεπουλῶ,* to sell off
ξεπουπουλιάζω, to plume
ξεπροβοδῶ, to see off
ξέρα (ἡ), sandbank
ξερά, dryly/ *ξεραΐλα* (ἡ), drought/ *ξεραίνω,* to dry
ξερακιανός, thin, bony
ξέρασμα (τό), vomiting/ *ξερνῶ,* to vomit
ξερίζωμα (τό), uprooting/ *ξεριζώνω,* to uproot
ξεροβόρι (τό), dry north wind
ξεροκέφαλος, blockhead
ξεροκόμματο (τό), a stale piece of bread/ (fig.) very low wages
ξερονήσι (τό), desert island
ξεροπήγαδο (τό), dry well
ξεροπόταμος (ὁ), dry riverbed
ξερός, dry
ξεροψήνω, to grill/ *ξεροψήνομαι,* to get loafed
ξέρω, to know, to be aware of
ξεσήκωμα (τό), rousing, uprising; copying/ *ξεσηκώνω,* to rouse; to copy
ξεσκάω, to feel relieved
ξεσκεπάζω, to uncover; to reveal/ *ξεσκεπάζω,* uncovering; disclosure/ *ξέσκεπος,* uncovered
ξεσκίζω, to tear (up)
ξεσκλάβωμα (τό), liberation/ *ξεσκλαβώνω,* to liberate
ξεσκολίζω, to finish school/ *ξεσκολισμένος,* graduate/ (fig.) sly
ξεσκονίζω, to dust/ *ξεσκόνισμα* (τό), dusting/ *ξεσκονιστήρι* (τό), duster
ξεσκουριάζω, to derust, to descale/ *ξεσκούριασμα* (τό), derusting, descaling
ξεσκούφωτος, bareheaded
ξεσπάθωμα (τό), unsheathing, drawing of the sword/ *ξεσπαθώνω,* to draw the sword/ (fig.) to declare oneself in favour of a cause
ξεσπιτώνω, to dislodge
ξεσπῶ, to burst out
ξεστομίζω, to utter
ξεστραβώνω, to straighten; to open the

eyes/ (fig.) to inform
ξεστρατίζω, to go astray
ξεστρώνω, to unmake (the bed); to clear the table
ξεσυνηθίζω, to get out of a habit
ξεσφίγγω, to loosen
ξεσφραγίζω, to unseal
ξεσχίζω, to tear up/ *ξεσχισμένος,* tattered, torn
ξετινάζω, to shake/ (fig.) to take someone's money
ξετρελλαίνω, to drive crazy
ξετρυπώνω, to come out of a hole; to discover
ξετσιπώνομαι, to become shameless/ *ξετσιπωσιά* (ἡ), shamelessness, impudence/ *ξετσίπωτος,* shameless, impudent
ξετύλιγμα (τό), unrolling, unwrapping/ *ξετυλίγω,* to unroll, to unwrap
ξεύρω, 6λ. *ξέρω*
ξεφάντωμα (τό), feasting/ *ξεφαντώνω,* to feast
ξεφασκιώνω, to unswaddle
ξεφεύγω, to slip away
ξεφλουδίζω, to peel/ *ξεφλούδισμα* (τό), peeling
ξεφόρτωμα (τό), unloading/ *ξεφορτώνω,* to unload/ *ξεφορτώνομαι,* to get rid of/ *ξεφόρτωτος,* unloaded
ξεφουρνίζω, to take out of the oven/ (fig.) to utter (nonsense)
ξεφούσκωμα (τό), deflating/ *ξεφουσκώνω,* to deflate
ξέφραγος, unfenced; uncontrolled/ *ξεφράζω,* to clear obstructions
ξεφτέρι (τό), clever, smart
ξεφτίζω, to ravel/ *ξέφτισμα* (τό), ravelling
ξεφυλλίζω, to turn the pages/ *ξεφύλλισμα* (τό), turning the pages
ξεφυσῶ, to blow out
ξεφύτρωμα (τό), sprouting/ *ξεφυτρώνω,* to sprout
ξεφωνητό (τό), scream, cry/ *ξεφωνίζω,* to scream
ξεχαρβάλωμα (τό), dismembering/ *ξεχαρβαλωμένος,* dismembered/ *ξεχαρβαλώνω,* to dismember
ξεχασιάρης, forgetful/ *ξεχασμένος,* forgotten/ *περασμένα ξεχασμένα,* let by-

gones be bygones

ξέχειλα, to the brim/ **ξεχειλίζω,** to overflow/ **ξεχείλισμα** (τό), overflowing/ **ξέχειλος,** brimful

ξεχειμωνιάζω, to spend the winter/ **ξεχειμώνιασμα** (τό), wintering

ξεχνώ, to forget/ **ξεχνιέμαι,** to be absorbed in

ξεχρεώνω, to pay off debts

ξεχύνομαι, to pour (flow) out

ξεχώνω, to dig up, to unearth

ξεχωρίζω, to separate; to distinguish/ **ξεχώρισμα** (τό), separation, sorting/ **ξεχωριστά,** separately/ **ξεχωριστός,** separate; distinguished, exceptional

ξεψαχνίζω, to eat the best part of the meat/ (fig.) to scrutinize

ξεψειριάζω, to clean from lice, to delouse

ξεψύχισμα (τό), death, expiring/ **ξεψυχῶ,** to expire, to die

ξήλωμα (τό), unstitching/ **ξηλώνω,** to, unstitch

ξημέρωμα (τό), daybreak, dawn/ **ξημερώνει,** the day is breaking/ **ξημερώνομαι,** to remain awake all night

ξηρά (ἡ), land

ξηρασία (ἡ), drought

ξηρός, βλ. **ξερός**

ξιδάτος, pickled/ **ξίδι** (τό), vinegar

ξινάρι (τό), hatchet

ξιππάζομαι, to grow arrogant/ **ξιππασιά** (ἡ), arrogance/ **ξιππασμένος,** arrogant

ξιφασκία (ἡ), fencing

ξιφίας (ὁ), swordfish

ξιφολόγχη (ἡ), bayonet

ξιφομαχία (ἡ), fencing/ **ξιφομάχος** (ὁ), swordsman, fencer/ **ξιφομαχῶ,** to fence/ **ξίφος** (τό), sword/ **ξιφουλκῶ,** to draw one's sword

ξόανο (τό), wooden statue/ (fig.) silly person

ξόβεργα (ἡ), limetwig

ξοδεύω, to spend; to consume

ξόδι (τό), funeral procession

ξομπλιάζω, to embroider

ξύγκι (τό), fat, lard

ξύδι (τό), βλ. **ξίδι**

ξυλάνθρακας (ὁ), charcoal

ξυλαποθήκη (ἡ), timberyard/ **ξυλεία** (ἡ), timber/ **ξυλέμπορος** (ὁ), timber-

merchant/ **ξυλεύομαι,** to cut wood/ **ξυλιά** (ἡ), beating/ **ξυλιάζω,** to stiffen/ **ξυλίζω,** to beat, to hit/ **ξύλινος,** wooden/ **ξύλισμα** (τό), beating

ξύλο (τό), wood/ **δίνω** ~, to beat/ **ξυλογλύπτης** (ὁ), woodcarver/ **ξυλογλυπτική** (ἡ), woodcarving/ **ξυλογραφία** (ἡ), wood-engraving/ **ξυλογράφος** (ὁ), wood-engraver

ξυλοκάρβουνο (τό), charcoal

ξυλοκέρατο (τό), carob-bean

ξυλοκόπημα (τό), beating

ξυλοκόπος (ὁ), woodcutter

ξυλοκοπῶ, to beat, to give a thrashing

ξυλόκοττα (ἡ), woodcock

ξυλοκρέββατο (τό), wooden bed; bier

ξυλοπόδαρο (τό), stilt

ξυλοσχίστης (ὁ), woodsplitter/ (fig.) worthless (inefficient) person

ξυλοτρύπανο (τό), auger

ξυλουργείο (τό), carpenter's shop/ **ξυλουργική** (ἡ), carpentry/ **ξυλουργός** (ὁ), carpenter

ξυλοφάγος (ὁ), woodpecker/ (tech.) rasp

ξυλοφορτώνω, to beat

ξυλόφωνο (τό), xylophone

ξυνίζω, to turn sour/ ~ **τά μοῦτρα,** to show disapproval/ **ξυνίλα** (ἡ), sourness, acidity

ξυνόγαλα (τό), curdled milk

ξυνόμηλο (τό), sour apple

ξυνός, sour, acid/ **ξυνούτσικος,** rather sour

ξύνω, to scrape; to scratch; to sharpen/ **ξύνομαι,** to scratch oneself

ξύπνημα (τό), awakening/ **ξυπνητήρι** (τό), alarm clock/ **ξυπνητός,** awake/ **ξύπνιος,** awake/ (fig.) clever/ **ξυπνῶ,** to wake up, to rouse

ξυπόλυτος, barefooted

ξυράφι (τό), razor

ξυρίζω, to shave/ **ξύρισμα** (τό), shaving

ξύσιμο (τό), scraping; scratching

ξυστά, superficially; at a tangent

ξυστός, grated

ξύστρα (ἡ), scraper; currycomb; sharpener/ **ξυστρίζω,** to curry

ξώπετσα, superficially

ξώπορτα (ἡ), gate

ξωτικό (τό), fairy

O

ὁ, the (masculine singular)
ὄαση (ἡ), oasis
ὀβελίας (ὁ), lamb on the spit
ὀβελίσκος (ὁ), obelisk
ὀβίδα (ἡ), shell, bomb/ ὀβιδοβόλο (τό), howitzer
ὀβολός (ὁ), mite, obol
ὀγδοηκοστός, eightieth/ ὀγδόντα, eighty/ ὀγδοντάρης (ὁ), octogenarian/ ὄγδοος, eighth
ὀγκανίζω, to bray
ὀγκόλιθος (ὁ), massive stone
ὀγκομετρία (ἡ), volumetry/ὀγκομετρικός, volumetric
ὄγκος (ὁ), volume; mass/ (med.) tumour/ ὀγκώδης, massive, bulky
ὀδαλίσκη (ἡ), odalisque
ὀδεύω, to march, to go on
ὁδηγητής (ὁ), leader, guide
ὁδηγία (ἡ), instruction, guidance/ ὁδηγός (ὁ), guide; driver/ (book) guidebook/ ὁδηγῶ, to guide; to drive; to lead to
ὁδογέφυρα (ἡ), viaduct
ὁδοδείκτης (ὁ), milestone
ὁδοιπορία (ἡ), march, walk/ ὁδοιπορικό (τό), itinerary/ ὁδοιπορικά, travel expenses/ ὁδοιπόρος (ὁ), traveller (on foot)/ ὁδοιπορῶ, to travel
ὁδοκαθαριστής (ὁ), streetsweeper
ὀδοντάγρα (ἡ), dentist's forceps/ ὀδονταλγία (ἡ), toothache/ ὀδοντιατρεῖο (τό), dentist's office
ὀδοντιατρική (ἡ), dentistry/ ὀδοντίατρος (ὁ), dentist/ ὀδοντικός, dental/ ὀδοντίνη (ἡ), dentine/ ὀδοντόβουρτσα (ἡ), toothbrush/ ὀδοντογλυφίδα (ἡ), toothpick/ ὀδοντόπαστα (ἡ), toothpaste/ ὀδοντόπονος (ὁ), toothache/ ὀδοντοστοιχία (ἡ), denture/ ὀδοντοφυΐα (ἡ), teething/ ὀδοντόφωνος, (gram.) dental/ ὀδοντωτός, toothed
ὁδοποιία (ἡ), road-making/ ὁδοποιός (ὁ), road engineer
ὁδός (ἡ), road, street, way
ὁδόστρωμα (τό), road-surface
ὁδοστρωτήρας (ὁ), steamroller
ὀδόφραγμα (τό), barricade
ὀδύνη (ἡ), suffering, grief, pain/ ὀδυνηρός, painful
ὀδυρμός (ὁ), lamentation/ ὀδύρομαι, to lament
ὄζον (τό), ozone
ὄζω, to stink
ὀθόνη (ἡ), (film) screen
ὀθωμανικός, ottoman
οἱ, the (plural)
οἴδημα (τό), swelling
οἰηματίας (ὁ), self-conceited person/ οἴηση (ἡ), self-conceit
οἰκειοθελής, voluntary
οἰκειοποίηση (ἡ), appropriation/ οἰκειοποιοῦμαι, to appropriate
οἰκεῖος, intimate/ οἰκειότητα (ἡ), intimacy
οἴκημα (τό), building, dwelling
οἰκία (ἡ), house, dwelling/ οἰκιακός, domestic
οἰκίζω, to settle/ οἰκιστής (ὁ), settler/ οἰκισμός (ὁ), settlement
οἰκογένεια (ἡ), family/ οἰκογενειακός, of the family/ οἰκογενειάρχης (ὁ), father of the family/ οἰκοδέσποινα (ἡ), mistress of the house/ οἰκοδεσπότης (ὁ), houseowner; host
οἰκοδομή (ἡ), building, edifice/ οἰκοδόμημα (τό), structure, building/ οἰκοδόμηση (ἡ), construction/ οἰκοδομήσιμος, fit for building/ οἰκοδόμος (ὁ), builder/ οἰκοδομῶ, to build, to erect
οἰκοκυρική (ἡ), housekeeping
οἰκονομία (ἡ), economics, economy; saving/ οἰκονομικός, financial, economic/ οἰκονομολογία (ἡ), economics/ οἰκονομολογικός, financial/ οἰκονομολόγος (ὁ), economist/ οἰκονόμος, thrifty/ (ὁ), steward/ οἰκονομῶ, to economize
οἰκόπεδο (τό), building plot/ οἰκοπεδοῦχος (ὁ), plot-owner/ οἰκοπεδοφάγος (ὁ), land speculator
οἶκος (ὁ), house/ ἐμπορικός ~, firm/ ἐκδοτικός ~, publishing house
οἰκόσημο (τό), coat of arms
οἰκοσκευή (ἡ), household furniture
οἰκοτροφεῖο (τό), boarding school/ οἰκότροφος (ὁ), boarder

οικουμένη (ἡ), universe/ οἰκουμενικός, universal, ecumenical/ ~ Πατριάρχης, the Patriarch of Constantinople
οικουρῶ, to be confined to one's home (bed)
οικτείρω, to pity/ οἰκτιρμός (ὁ), compassion, pity
οἶκτος (ὁ), pity, compassion, mercy
οικτρός, wretched, pitiful/ οἰκτρότητα (ἡ), wretchedness
οιμωγή (ἡ), wailing
οινοπαραγωγή (ἡ), wine production/ οἰνοπαραγωγός (ὁ), wine producer
οινόπνευμα (τό), alcohol, spirit/ ~τοποιείο (τό), distillery/ ~τοπωλείο (τό), pub/ ~τώδης, alcoholic/ οἰνοπνευματώδη ποτά, alcoholic drinks
οινοποιία (ἡ), wine manufacture/ οἰνοποιός (ὁ), wine manufacturer/ οἰνοποσία (ἡ), wine drinking/ οἰνοπωλείο (τό), tavern
οἶνος (ὁ), wine/ οἰνοχόος (ὁ), cupbearer
οιοσδήποτε, οιαδήποτε, οιοδήποτε, whoever, whichever, whatever
οισοφάγος, (ὁ), oesophagus
οιστρηλατῶ, to spur on, to inspire
οἶστρος (ὁ), inspiration
οιωνός (ὁ), omen, augury/ οἰωνοσκοπία (ἡ), soothsaying/ οἰωνοσκόπος (ὁ), soothsayer
οκά (ἡ), oke
οκλαδόν, crosslegged
οκνεύω, to be lazy/ ὀκνηρία (ἡ), laziness/ ὀκνηρός, lazy, idle/ ὀκνός, sluggish
οκτάβα (ἡ), octave
οκταγωνικός, octagonal/ ὀκτάγωνο (τό), octagon/ ὀκταετής (ὁ), eight years old/ ὀκταετία (ἡ), eight years/ ὀκταήμερο (τό), eight days, week/ ὀκτακόσια, eight hundred/ ὀκταμελής, eight-member/ ὀκταπλασιάζω, to multiply by eight/ ὀκταπλάσιος, eightfold
οκταπόδι (τό), 6λ. χταπόδι
οκτάστιχο (τό), eight-verse stanza
οκτάωρος, lasting eight hours
οκτώ, eight
Οκτώβριος (ὁ), October
ολάκερος, whole, entire
ολάνοιχτος, wide open
ολέθριος, disastrous, catastrophic/ ὄλε-

θρος (ὁ), disaster, catastrophe
ολιγάνθρωπος, thinly inhabited/ ὀλιγάριθμος, not numerous
ολιγάρκεια (ἡ), frugality/ ὀλιγαρκής, frugal
ολιγαρχία (ἡ), oligarchy/ ὀλιγαρχικός, oligarchical
ολιγοδάπανος, inexpensive
ολιγοήμερος, lasting a few days
ολιγόλογος, laconic
ολιγοπιστία (ἡ), incredulity/ ὀλιγόπιστος, incredulous
ολίγος, 6λ. λίγος
ολιγοστεύω, 6λ. λιγοστεύω
ολιγοφαγία (ἡ), moderation in eating/ ὀλιγόφαγος, moderate eater
ολιγωρία (ἡ), negligence
ολιγώτερος, less
ολικός, total, whole/ ὀλικότητα (ἡ), totality
ολισθαίνω, to slip, to slide/ ὀλίσθημα (τό), slip/ (fig.) blunder/ ὀλισθηρός, slippery
Ολλανδός, Ολλανδέζα, Dutch (man, woman)
ολμοβόλο (τό), howitzer/ ὄλμος (ὁ), mortar
ολόγεμος, full/ ὀλόγεμο φεγγάρι, full moon
ολόγυμνος, stark naked
ολόγυρα, all round
ολοένα, all the time, incessantly
ολοζώντανος, quite alive/ (fig.) very lively
ολοήμερος, lasting all day
ολόιδιος, exactly the same
ολόισια, straight ahead/ ὀλόισιος, perfectly straight
ολοκάθαρος, spotlessly clean
ολοκαίνουργιος, brand new
ολοκαύτωμα (τό), holocaust
ολοκληρία (ἡ), entirety, integrity/ καθ' ὀλοκληρίαν, totally, entirely/ ὀλόκληρος, entire, whole
ολοκλήρωμα (τό), (maths) integral/ ὀλοκληρώνω, to complete, to finish/ ὀλοκλήρωση (ἡ), completion/ ὀλοκληρωτικός, totalitarian, total/ ~λογισμός, integral calculus
ολόλαμπρος, bright, shining

ὁλόλευκος, quite white
ὁλολυγμός (ὁ), bewailing/ ὀλολύζω, to bewail
ὁλόμαλλος, (of) pure wool
ὁλόμαυρος, pitch-black
ὁλομέλεια (ἡ), plenum
ὁλομέταξος, all silk
ὁλομόναχος, all alone
ὁλονυκτία (ἡ), vigil
ὁλόρθα, straight/ ὁλόρθος, upright
ὅλος, whole, entire/ ~ ὁ κόσμος, everybody
ὁλοστρόγγυλος, completely round
ὁλοσχερής, total, whole
ὁλόσωμος, full length, from head to toe
ὁλοταχῶς, at full speed
ὁλότελα, altogether, entirely
ὁλότητα (ἡ), totality
ὁλοῦθε, from all sides, from everywhere
ὁλοφάνερος, obvious, manifest
ὁλοφυρμός (ὁ), lamentation/ ὀλοφύρομαι, to lament
ὁλόχαρος, delighted
ὁλοχρονίς, all the year round
ὁλόχρυσος, made of pure gold
ὁλόψυχα, wholeheartedly/ ὁλόψυχος, wholehearted
ὀλυμπιάδα (ἡ), Olympiad/ ὀλυμπιακός, Olympic/ ὀλυμπιακοί Ἀγῶνες, Olympic Games/ ὀλυμπιονίκης (ὁ), winner at the Olympic Games
ὁμάδα (ἡ), team, group/ ὁμαδικός, collective
ὅμαιμος, of the same blood
ὁμαλά, regularly, normally/ ὁμαλός, normal, regular; even/ ὁμαλές συνθῆκες, normal conditions/ ὁμαλότητα (ἡ), normality; smoothness/ ὁμαλύνω, to normalize; to smooth
ὀμελέτα (ἡ), omelette
ὁμήγυρη (ἡ), assembly, meeting
ὁμήλικος, of the same age
ὁμηρικός, homeric
ὅμηρος (ὁ), hostage
ὁμιλητής (ὁ), speaker, lecturer/ ὁμιλητικός, talkative/ ὁμιλητικότητα (ἡ), talkativeness/ ὁμιλία (ἡ), talk, speech, lecture
ὅμιλος (ὁ), party, group; club
ὁμιλῶ, to talk, to speak

ὁμίχλη (ἡ), fog, mist/ ὁμιχλώδης, foggy, misty
ὁμοβάθμιος, of the same degree (grade)
ὁμοβροντία (ἡ), salvo
ὁμογάλακτος, foster brother/ sister
ὁμογένεια (ἡ), members of the same nation; expatriate Greeks/ ὁμογενής (ὁ), of the same nation, fellow-countryman, expatriate Greek
ὁμόγλωσσος, of the same tongue
ὁμογνωμία (ἡ), unanimity/ ὁμόγνωμος, unanimous
ὁμοδοξία (ἡ), common creed/ ὁμόδοξος, of the same creed
ὁμοεθνής, fellow-countryman
ὁμοειδής, similar, of the same kind
ὁμόθρησκος, coreligionist
ὁμόθυμα, unanimously/ ὁμόθυμος, unanimous
ὅμοια, equally
ὁμοιάζω, βλ. μοιάζω
ὁμοιόβαθμος, of the same degree (grade, rank)
ὁμοιογένεια (ἡ), homogeneity/ ὁμοιογενής, homogeneous
ὁμοιοκατάληκτος, rhyming/ ὁμοιοκατάληξία (ἡ), rhyme
ὁμοιόμορφα, uniformly/ ὁμοιομορφία (ἡ), uniformity/ ὁμοιόμορφος, uniform
ὁμοιοπαθής, fellow-sufferer
ὁμοιοπαθητική (ἡ), homeopathy/ ὁμοιοπαθητικός, homeopathic
ὅμοιος, similar, alike/ ὁμοιότητα (ἡ), similarity
ὁμοίωμα (τό), image
ὁμοιωματικά (τά), ditto sign
ὁμοίωση (ἡ), similarity, likeness/ κατ᾽ εἰκόνα καί ~, in one's own image
ὁμόκεντρος, concentric
ὁμολογητής (ὁ), confessor
ὁμολογία (ἡ), admission, confession/ (econ.) bond
ὁμολογιοῦχος (ὁ), bondholder, stockholder/ ὁμόλογο (τό), promissory note
ὁμολογῶ, to admit, to confess
ὁμομήτριος, of the same mother
ὁμόνοια (ἡ), concord, harmony/ ὁμονοῶ, to agree with
ὁμοούσιος, consubstantial
ὁμοπάτριος, of the same father

ὁμόρρυθμος, of the same rhythm/ ὁμόρρυθμη ἑταιρία, unlimited company

ὄμορφα, nicely, beautifully/ ὁμορφαίνω, to embellish, to beautify/ ὀμορφιά (ἡ), beauty/ ὀμορφονιός (ὁ), dandy, conceited person/ ὄμορφος, beautiful, pretty

ὁμοσπονδία (ἡ), federation/ ὁμοσπονδιακός, federal/ ὁμόσπονδος, federated

ὁμότεχνος, fellow artist (craftsman)

ὁμοτιμία (ἡ), peerage, equality in honour/ ὁμότιμος, peer

ὁμοτράπεζος, codiner

ὁμοῦ, together

ὁμόφυλος, of the same race; of the same sex

ὁμοφυλοφιλία (ἡ), homosexuality/ ὁμοφυλόφιλος, homosexual

ὁμόφωνα, unanimously/ ὁμοφωνία (ἡ), unanimity/ ὁμόφωνος, unanimous

ὀμπρέλα (ἡ), umbrella

ὀμφάλιος, umbilical/ ~ λῶρος, umbilical cord/ ὀμφαλοκήλη (ἡ), umbilical hernia/ ὀμφαλός (ὁ), navel, umbilicus

ὁμωνυμία (ἡ), homonymy/ ὁμώνυμος, homonymous

ὅμως, but, though, however, nevertheless

ὄν (τό), creature, being

ὀνειδίζω, to reproach, to blame/ ὀνειδισμός (ὁ), reproach, blame/ ὀνειδιστικός, reproaching, offensive/ ὄνειδος (τό), disgrace, shame

ὀνειρεύομαι, to dream/ ὄνειρο (τό), dream/ ὀνειροκρίτης (ὁ), dreambook/ ὀνειροπόλημα (τό), daydreaming/ ὀνειροπόλος (ὁ), dreamer, visionary/ ὀνειροπολῶ, to daydream

ὀνείρωξη (ἡ), (med.) nocturnal emission

ὀνηλάτης (ὁ), ass-driver

ὄνομα (τό), name/ κύριο ~, proper name/ βαπτιστικό ~, christian name/ γιά ~ τοῦ Θεοῦ! for God's sake/ ψιλῷ ὀνόματι, in name only/ ὀνομάζω, to name; to appoint/ ὀνομασία (ἡ), name, appelation/ ὀνομαστικά, nominally/ ὀνομαστική (ἡ), (gram.) nominative/ ὀνομαστικός, nominal/ ὀνομαστός, famous, celebrated/ ὀνοματεπώνυμο (τό), full name

ὀνοματοθεσία (ἡ), nomenclature

ὀνοματοποιία (ἡ), onomatopoeia

ὄνος (ὁ), donkey, ass

ὀντολογία (ἡ), ontology/ ὀντολογικός, ontological

ὀντότητα (ἡ), essence

ὄντως, really, indeed

ὀξαποδῶ (ὁ), devil

ὀξεία (ἡ), (gram.) acute accent

ὀξείδιο (τό), oxide/ ὀξειδώνω, to oxidize/ ὀξείδωση (ἡ), oxidation; corrosion

ὀξύ (τό), acid

ὀξυγόνο (τό), oxygen/ ~κόλληση (ἡ), oxygen-welding

ὀξυγώνιος, acute-angled

ὀξυδέρκεια (ἡ), sharpsightedness/ ὀξυδερκής, sharpsighted

ὀξυζενέ (τό), oxygenated water

ὀξύθυμος, quicktempered

ὀξύμωρο (τό), oxymoron

ὀξύνοια (ἡ), acuteness, sharpwittedness

ὀξύνω, to sharpen

ὀξύρυγχος (ὁ), sturgeon

ὀξύς, acid; sharp; acute/ ὀξύτητα (ἡ), sharpness; acidity, pungency/ ὀξύφωνος, shrill-voiced

ὀπαδός (ὁ), follower, partisan

ὀπάλι (τό), opal

ὄπερα (ἡ), opera, melodrama/ ὀπερέτα (ἡ), operetta

ὀπή (ἡ), hole, orifice

ὄπιο (τό), opium/ ~μανής (ὁ), opium addict

ὀπίσθιος, back, posterior/ τά ὀπίσθια, backside, posterior

ὀπισθοβουλία (ἡ), ulterior motive/ ὀπισθόβουλος, crafty

ὀπισθογεμής, breechloading

ὀπισθογράφηση (ἡ), endorsement/ ὀπισθογραφῶ, to endorse

ὀπισθοδρόμηση (ἡ), retrogressive, old fashioned/ ὀπισθοδρομῶ, to regress, to retreat

ὀπισθοφυλακή (ἡ), rearguard

ὀπισθοχώρηση (ἡ), retreat, withdrawal/ ὀπισθοχωρῶ, to retreat, to withdraw

ὁπλαρχηγός (ὁ), chieftain

ὁπλασκία (ἡ), fencing

ὁπλή (ἡ), hoof

ὁπλίζω, to arm; to load/ ὁπλισμός (ὁ), armament; loading

ὁπλιταγωγό (τό), troopship

ὁπλίτης (ὁ), (armed) soldier/ ὅπλο (τό),

gun, weapon/ ὁπλοθήκη (ἡ), arms depot

ὁπλομαχία (ἡ), fencing/ ὁπλομάχος (ὁ), fencer

ὁπλοποιεῖο (τό), arms factory/ ὁπλοποιός (ὁ), gunsmith

ὁπλοστάσιο (τό), arsenal/ ὁπλοφορία (ἡ), carrying arms/ ὁπλοφόρος (ὁ), armed man/ ὁπλοφορῶ, to carry arms

ὅποιος, whoever

ὁποιοσδήποτε, ὁποιαδήποτε, ὁποιοδήποτε, whoever, whichever, whatever, anybody, anything

ὁπόταν, when, whereby

ὁπότε, whenever

ὅπου, where, wherever/ ~δήποτε, anywhere, wherever

ὀπτασία (ἡ), vision

ὀπτική (ἡ), optics/ ὀπτικός, optical/ (ὁ), optician

ὀπτιμιστής (ὁ), optimist/ ὀπτιμιστικός, optimistic

ὀπωρικό (τό), fruit/ ὀπωροπωλεῖο (τό), fruitstore/ ὀπωροπώλης (ὁ), fruitseller/ ὀπωροφόρος, fruitbearing

ὅπως, as, just as; like/ ~ -~, somehow

ὁπωσδήποτε, anyway; definitely

ὀραγγουτάγγος (ὁ), orangoutang

ὅραμα (τό), vision, apparition/ ὀραματίζομαι, to see visions/ ὁραματισμός, (ὁ), vision/ ὁραματιστής (ὁ), visionary

ὅραση (ἡ), sight

ὀρατόριο (τό), oratorio

ὀρατός, visible/ ὀρατότητα (ἡ), visibility

ὀργανικός, organic/ (mus.) instrumental

ὀργανισμός (ὁ), organism; organization; regulations

ὄργανο (τό), organ, instrument/ ~ τοῦ κράτους, state agent/ (tech.) tool

ὀργανοπαίκτης (ὁ), organist

ὀργανώνω, to organize/ ὀργάνωση (ἡ), organization/ ὀργανωτής (ὁ), organizer/ ὀργανωτικός, organizing

ὀργασμός (ὁ), orgasm

ὀργή (ἡ), anger, wrath/ νά πάρει ἡ ~! damn it!

ὀργιάζω, to take part in an orgy

ὀργίζω, to anger/ ὀργίζομαι, to get angry/ ὀργίλος, wrathful

ὄργιο (τό), orgy

ὀργυιά (ἡ), fathom

ὄργωμα (τό), ploughing, tilling/ ὀργώνω, to plough, to till

ὀρδή (ἡ), horde

ὀρέγομαι, to desire

ὀρειβασία (ἡ), mountaineering/ ὀρειβάτης (ὁ), mountaineer/ ὀρειβατικός, (of) mountaineering

ὀρειχάλκινος, brazen/ ὀρείχαλκος (ὁ), bronze

ὀρεκτικό (τό), appetizer/ ~s, appetizing/ ὄρεξη (ἡ), appetite; wish, desire, keenness

ὀρεσίβιος, mountain-dweller

ὀρθά, correctly, accurately/ ~ κοφτά, frankly/ ~νοιχτος, wide open

ὄρθια, (ad) erect, upright/ ὄρθιος, erect, upright, standing up

ὀρθογραφία (ἡ), orthography/ ὀρθογραφικός, orthographic/ ὀρθογράφος (ὁ), accurate speller

ὀρθογώνιο (τό), rectangle/ ~s, rectangular

ὀρθοδοξία (ἡ), orthodoxy/ ὀρθόδοξος, orthodox

ὀρθολογισμός (ὁ), rationalism/ ὀρθολογιστής (ὁ), rationalist/ ὀρθολογιστικός, rationalistic

ὀρθοπεδική (ἡ), orthopaedics/ ὀρθοπεδικός, orthopaedic

ὀρθοποδῶ, to stand up; to prosper

ὀρθός, straight, upright; correct/ ὀρθή γωνία, right angle/ (med.) ὀρθό ἔντερο, rectum

ὀρθοστασία (ἡ), standing up

ὀρθοστάτης (ὁ), pilaster

ὀρθότητα (ἡ), accuracy

ὀρθοφρονῶ, to have the right ideas

ὀρθοφωνία (ἡ), correct diction

ὄρθρος (ὁ), dawn/ (eccl.) matins

ὀρθώνω, to raise, to erect/ ~ τό ἀνάστημα, to stand up to ΄

ὀριζόντια, horizontally/ ὀριζόντιος, horizontal/ ὀριζοντιώνω, to place horizontally / ὀριζοντιώνομαι, to lie down

ὀρίζω to limit; to define; to order/ ~ τιμή, to fix a price/ ὀρίστε! come in please!

ὀρίζων (ὁ), or ὀρίζοντας (ὁ), horizon

ὄριο (τό), limit, boundary; extent/ ὑπερβαίνω τά ὄρια, to go too far

ὁρισμένος, certain, definite

ὁρισμός (ὁ), definition; command

ὁριστική (ἡ), (gram.) indicative/ *ὁριστικός,* definite, decisive/ *ὁριστικό ἄρθρο,* definite article

ὁρκίζω, to swear in/ *ὁρκίζομαι,* to swear/ *ὅρκος* (ὁ), oath, vow/ *τηρῶ τόν ὅρκο,* to keep an oath/ *παραβαίνω τόν ὅρκο,* to break an oath/ *ὁρκωμοσία* (ἡ), swearing in/ *ὁρκωτός,* sworn

ὁρμαθός (ὁ), cluster, bunch

ὁρμέμφυτο (τό), instinct/ ~s, instinctive

ὁρμή (ἡ), violence, impetus, ardour, lack of restraint

ὁρμήνεια (ἡ), advice

ὁρμητικά, violently, impetuously/ *ὁρμητικός,* violent, impetuous, ardent/ *ὁρμητικότητα* (ἡ), violence, impetuosity

ὁρμόνη (ἡ), hormone

ὅρμος (ὁ), anchorage

ὁρμῶ, to dash, to rush

ὄρνιθα (ἡ), hen, fowl/ *ὀρνιθολογία* (ἡ), ornithology/ *ὀρνιθολογικός,* ornithological/ *ὀρνιθολόγος* (ὁ), ornithologist /*ὀρνιθοσκαλίσματα* (τά), scribbling

ὀρνιθοτροφεῖο (τό), poultry farm

ὄρνιο (τό), vulture

ὁροθεσία (ἡ), or *ὁροθέτηση* (ἡ), delimitation, demarcation, fixing of boundary/ *ὁροθετικός,* delimiting/ *ὁροθετική γραμμή,* demarcation line/ *ὁροθετῶ,* to fix the boundary

ὁρολογία (ἡ), terminology

ὀροπέδιο (τό), plateau

ὄρος (τό), mountain

ὅρος (ὁ), term; clause, condition/ *μέσος* ~, average/ *ἄνευ ὅρων,* unconditionally

ὀροσειρά (ἡ), mountain range

ὁρόσημο (τό), landmark

ὀροφή (ἡ), ceiling

ὄροφος (ὁ), floor, storey

ὀρός (ὁ), serum

ὀρτανσία (ἡ), hydrangea

ὄρτσα, (naut.) luff/ *ὀρτσάρω,* to luff

ὀρτύκι (τό), quail

ὄρυγμα (τό), ditch, trench

ὀρυζοφυτεία (ἡ), ricefield/ *ὀρυζώνας* (ὁ), rice plantation

ὀρυκτέλαιο (τό), mineral oil/ *ὀρυκτό* (τό), mineral/ *ὀρυκτολογία* (ἡ), minera-

logy/ *ὀρυκτολόγος* (ὁ), mineralogist/ *ὀρυκτός,* mineral

ὀρυμαγδός (ὁ), din

ὄρυξη (ἡ), excavation, digging

ὀρυχεῖο (τό), mine

ὀρφανεύω, to become an orphan/ *ὀρφάνια* (ἡ), orphanhood/ *ὀρφανός,* orphan/ *ὀρφανοτροφεῖο* (τό), orphanage

ὄρχεις (οἱ), testicles

ὄρχηση (ἡ), dancing

ὀρχήστρα (ἡ), orchestra, band

ὁσάκις, whenever

ὁσιομάρτυρας (ὁ), holy martyr/ *ὅσιος,* holy, saintly/ *δέν ἔχω ἱερό καί ὅσιο,* to be totally unscrupulous/ *ὁσιότητα* (ἡ), saintliness, holiness

ὀσμή (ἡ), smell, odour

ὄσμωση (ἡ), osmosis

ὅσο, as far as/ ~ τό δυνατό, as far as possible/ ~s, as much as, as large as

ὄσπρια (τά), pulses

ὀστεαλγία η), boneache/ *ὀστέινος,* bony/ *ὀστεολογία* (ἡ), osteology/ *ὀστεολόγος* (ὁ), osteologist/ *ὀστεομυελίτιδα* (ἡ), osteomyelitis/ *ὀστεοποίηση* (ἡ), ossification/ *ὀστεοποιῶ,* to ossify/ *ὀστεοφυλάκιο* (τό), charnel house/ *ὀστεώδης,* bony

ὄστια (ἡ), (eccl.) host

ὀστό (τό), bone

ὀστρακιά (ἡ), scarlet fever

ὀστρακίζω, to ostracize

ὀστρακόδερμο (τό), crustacean

ὄστρακο (τό), shell

ὄστρια (ἡ), south wind

ὀσφραίνομαι, to smell/ (fig.) to suspect/ *ὄσφρηση* (ἡ), smell, scent

ὀσφυαλγία (ἡ), lumbago/ *ὀσφυικός,* of the loins/ *ὀσφύς* (ἡ), loins, haunches

ὄσχεο (τό), scrotum

ὅταν, when

ὅτι, that/ ὅ,τι, whatever

Οὕγγρος, or *Οὕγγαρέζος, Οὕγγαρέζα,* Hungarian (man, woman)

οὐγγιά (ἡ), ounce

οὔγια (ἡ), selvage

οὐδέποτε, never

οὐδετερόνιο (τό), neutron

οὐδετεροποίηση (ἡ), neutralization

οὐδέτερος, neutral/ (gram.) neuter/ οὐδε-

τερότητα (ή), neutrality
ούζο (τό), ouzo
ουίσκυ (τό), whisky
ούλαμός (ό), platoon; squad
ουλή (ή), scar
ουλίτιδα (ή), gingivitis/ ούλο (τό), gum
ούμανισμός (ό), humanism/ ούμανιστής (ό), humanist
ουρά (ή), tail/ χώνω τήν ~ μου, to interfere
ουραγός (ό), the last in a row (group)
ουραιμία (ή), uraemia
ουραίο (τό), rifle breech
ουράνιο (τό), uranium
ουράνιος, heavenly, celestial/ ουράνιο τόξο, rainbow
ουρανίσκος (ό), palate/ ουρανισκόφωνος, palatal
ουρανοκατέβατος, godsent/ (fig.) unexpectedly good
ουρανομήκης, reaching heaven/ ~ ζητωκραυγή, loud cheering
ουρανοξύστης, (ό), skyscraper
ουρανόπεμπτος, βλ. ουρανοκατέβατος
ουρανός (ό), sky, heaven
ουρήθρα (ή), urethra
ούρηση (ή), urination, pissing/ ουρητήριο (τό), lavatory, W.C./ ουρία (ή), urea/ ουρικός, uric
ούριος, favourable, fair (wind)
ουρλιάζω, to howl/ ουρλιασμα (τό), or ουρλιαχτό (τό), howling
ούρα (τά), urine/ ουροδοχείο (τό), chamberpot/ ουροδόχος κύστη, bladder/ ουρώ, to urinate
ούσαρος (ό), hussar
ουσία (ή), substance, essence; taste/ στήν ~, essentially, in fact/ χωρίς ~, meaningless/ ουσιαστικά, essentially/ ουσιαστικό (τό), noun/ ουσιαστικός, essential, main/ ουσιώδης, principal, main
ούτε, nor/ ~ ... ~, neither... nor
ουτιδανός, insignificant, worthless
ουτοπία (ή), utopia/ ουτοπικός, utopical/ ουτοπιστής (ή), utopian.
ούτως, thus, so/ ~ ή άλλως, somehow/ ~ ώστε, so that/ ούτω καθ' εξής, and so forth
οφειλέτης (ό), debtor/ οφειλή (ή), debt
οφειλήματα (τά), (eccl.) sins, trespasses

οφειλόμενος, due
οφείλω, to owe
όφελος (τό), gain, pofit, advantage
οφθαλμαπάτη (ή), optical illusion
οφθαλμία (ή), ophthalmia
οφθαλμιατρείο (στό), eye hospital/ οφθαλμίατρος (ό), oculist/ οφθαλμικός, ophthalmic/ οφθαλμολογία (ή), ophthalmology/ οφθαλμοπάθεια (ή), eye-disease/ οφθαλμόπονος (ό), eye-ache
οφθαλμοπορνεία(ή), lustful look
οφθαλμός (ό), eye/ (bot.) bud/ οφθαλμοφανής, evident, obvious
οφίκιο (τό), office, title
οφιοειδής, serpentine/ όφις (ό), serpent, snake
οφίτης (ό), ophite
όχεντρα (ή), βλ. οχιά
οχεταγωγός (ό), drainer/ οχετός (ό), drain, sewer
όχημα (τό), vehicle
όχθη (ή), (river) bank
όχι, no, not/ ~ δά! don't say!
οχιά (ή), viper, adder
οχλαγωγία (ή), tumult, uproar
σκληρός, troublesome, annoying/ οχληρότητα (ή), annoyance/ όχληση (ή), (leg.) summoning
οχλοβοή (ή), βλ. οχλαγωγία
οχλοκρατία (ή), mob rule/ όχλος (ό), mob
οχούμαι, to drive on a vehicle
οχυρό (τό), fort/ ~s, fortified/ οχύρωμα (τό), fortification/ οχυρωματικός, fortifying/ οχυρώνω, to fortify/ οχύρωση (ή), fortification
όψη (ή), look, appearance, face/ εκ πρώτης όψεως, at first sight/ λαμβάνω υπ' ~, to take into consideration
οψιμάθεια (ή), recently acquired knowledge
όψιμος, late, tardy

Π

παγάνα (ή), trap, snare
παγανισμός (ό), paganism/ παγανιστής,

(ὁ), pagan

παγερός, frosty, icy/ παγερότητα (ἡ), frostiness/ (fig.) unfriendly attitude/ παγετός (ὁ), frost/ παγετώνας (ὁ), glacier

παγίδα (ἡ), trap, snare/ παγίδευση (ἡ), ensnaring, trapping/ παγιδεύω, to trap, to ensnare

πάγιος, firm, fixed, stable/ παγιώνω, to stabilize, to consolidate/ παγίωση (ἡ), consolidation

παγκάρι (τό), warden's pew

πάγκος (ὁ), bench

παγκόσμια, universally/ παγκόσμιος, universal/ ~ πόλεμος, world war

πάγκρεας (τό), pancreas

παγόβουνο (το) iceberg

παγόδα (ἡ), pagoda

παγοδρομία (ἡ), skating/ παγοδρόμος (ὁ), skater/ παγοδρομῶ, to skate

παγοθραυστικό (τό), icebreaker

παγοπέδιλο (τό), skate

πάγος (ὁ), ice

παγούρι (τό), flask, waterbottle

πάγωμα (τό), freezing/ παγωμένος, frozen

παγώνι (τό), peacock

παγωνιά (ἡ), frost/ παγωνιέρα (ἡ), icebox/ παγώνω, to freeze/ ~ ἀπό φόβο, to be scared stiff

παγωτό (τό), ice cream

παζάρεμα (τό), bargaining/ παζαρεύω, to bargain/ παζάρι (τό), marketplace

παθαίνω, to suffer, to be afflicted by/ τί ἔπαθες; what is the matter?/ παθαίνομαι, to feel strongly about

πάθημα (τό), suffering, misfortune

πάθηση (ἡ), disease, complaint

παθητικά, passively/ παθητικό (τό), (econ.) liabilities/ παθητικός, passive/ παθητικότητα (ἡ), passiveness

παθιάζομαι, to feel strongly/ παθιασμένος, fanatic

παθογόνος, pathogenic

παθολογία (ἡ), general medicine/ παθολογικός, pathological/ παθολόγος (ὁ), general practitioner

πάθος (τό), passion

παθός (ὁ), sufferer

παιάνας (ὁ), paean/ παιανίζω, to play music

παιγνίδι (τό), δλ. **παιχνίδι**

παιγνιόχαρτο (τό) playing card

παιδαγωγική (ἡ), pedagogy/ παιδαγωγικός, pedagogical/ παιδαγωγός, (ὁ), pedagogue, teacher

παϊδάκι (τό), cutlet, chop

παιδάκι (τό), little child

παιδαριώδης, childish

παιδεία (ἡ), education, instruction/ Ὑπουργεῖο Παιδείας, Ministry of Education

παιδεμός (ὁ), suffering, trouble

παιδεραστής (ὁ), sodomite/ παιδεραστία (ἡ), sodomy

παίδευση (ἡ), education

παιδεύω, to trouble; to torment/ παιδεύομαι, to try hard

παῖδι (τό), rib

παιδί (τό), child

παιδιά (τά), game

παιδιακίσιος, childish/ παιδιαρίζω, to act childishly/ παιδιαρίσματα (τά), childish behaviour

παιδίατρος (ὁ), paediatrician

παιδικός, infantile

παιδοκομεῖο (τό), foundling hospital

παιδοκτονία (ἡ), infanticide/ παιδοκτόνος (ὁ), (person) infanticide

παιδομάζωμα (τό), forced recruitment of Christian children (by the Turks)

παιδομάνι (τό), crowd of children

παιδονόμος (ὁ), school usher

παιδοποιία (ἡ), procreation

παίζω, to play; to act/ ~ στά δάχτυλα, to know very well/ δέν ~, I am not kidding/ παίκτης (ὁ), player; gambler

παινεύω, to praise

παίξιμο (τό), playing; acting

παίρνω, to take, to receive, to get/ ~ ἀπό πίσω, to follow/ ~ στό λαιμό μου, to be responsible for someone's misfortune /~ φωτιά, to catch fire

παιγνίδι (τό), play, game; toy/ παιχνιδιάρης (ὁ), playful (person)

πακετάρω, to pack/ πακέτο (τό), package, parcel

παλαβομάρα (ἡ), foolishness, stupidity/ παλαβός, foolish, stupid/ παλαβώνω, to go mad

παλαιά, long ago

παλαίμαχος (ό), veteran
παλαιοβιβλιοπωλεῖο (τό), second-hand bookstore
παλαιογραφία (ή), palaeography
παλαιοντολογία (ή), palaeontology
παλαιοπωλεῖο (τό), second-hand shop/ παλαιοπώλης (ό), dealer in second-hand articles
παλαιός, old; ancient; obsolete
παλαιστής (ό), wrestler/ παλαιστικός, wrestling/ παλαίστρα (ή), wrestling ring
παλαμάκια (τά), applauding
παλαμάρι (τό), cable
παλάμη (ή), palm (of the hand)
παλαμίδα (ή), tunny fish
παλάντζα (ή), scales
παλάτι (τό), palace
παλεύω, to struggle; to wrestle/ πάλη (ή), struggle; wrestling
παληός, 6λ. παλαιός
παλιανθρωπιά (ή), villainy, meanness/ παλιάνθρωπος (ό), villain, rogue
παλιάτσος (ό), buffoon
παλιγγενεσία (ή), regeneration
παλικάρι (τό), 6λ. παλληκάρι
παλινδρόμηση (ή), reciprocative movement/ παλινδρομικός, reciprocative/ παλινδρομῶ, to move reciprocatively
παλινορθώνω, to restore, to reinstate/ παλινόρθωση (ή), restoration
παλινόστηση (ή), repatriation/ παλινοστῶ, to go back home
παλινωδία (ή), recantation/ παλινωδῶ, to recant
παλιογυναίκα (ή), nasty woman; prostitute
παλιόπαιδο (τό), street-boy
παλιός, 6λ. παλαιός
παλιόσπιτο (τό), old house; brothel
παλιόχαρτο (τό), waste paper; worthless document
παλιώνω, to become old
παλλαϊκός, of all the people, universal
παλλακίδα (ή), concubine
παλληκαράς (ό), bully
παλληκάρι (τό), brave man; young man/ παλληκαριά (ή), courage, bravery/ παλληκαρίσιος, courageous, brave
πάλλω, to vibrate, to beat/ παλμικός, vibrating, beating/ παλμός, (ό), vibra-

tion, beating.
παλούκι (τό), peg, stake/ τοῦ σχοινιοῦ καί τοῦ παλουκιοῦ, criminal/ παλούκωμα (τό), impalement/ παλουκώνω, to impale
παλτό (τό), overcoat
παμμέγιστος, huge, enormous
παμπάλαιος, very old
πάμπλουτος, very rich
πάμπολλοι (οί), numerous, a multitude of
παμπόνηρος, very cunning
πάμπτωχος, very poor
παμφάγος, omnivorous
πάμφθηνος, very cheap
παμψηφεί, unanimously/ παμψηφία (ή), unanimity (of votes)
πᾶν (τό), the whole, everything/ κάνω τό ~, to try one's very best
πανάγαθος, omnibenevolent
Παναγία (ή), Virgin Mary
πανάγιος, most holy/ παναγιότητα (ή), holiness/ ή Αὐτοῦ ~, His Holiness
πανάθλιος, most miserable
πανάκεια (ή), panacea
πανάρχαιος, very ancient
πανάχραντος, immaculate
πανδαιμόνιο (τό), pandemonium
πανδαισία (ή), banquet
πάνδεινα (τά), great calamities (hardships)
πάνδημος, public, universal
πανδοχέας (ό), innkeeper/ πανδοχεῖο (τό), inn
πανελλήνιο (τό), the Greeks/ ~ς, panhellenic
πανένδοξος, most glorious
πανεπιστημιακός, of a university, academic/ πανεπιστήμιο (τό), university
πανέρημος, deserted
πανέρι (τό), basket
πανευτυχής, blissful, very happy
πανηγύρι (τό), festival, feast/ πανηγυρίζω, to celebrate/ πανηγυρικά, triumphantly/ πανηγυρικός, triumphal/ (ό), encomium/ πανηγυρισμός (ό), celebration
πανθεϊσμός (ό), pantheism/ πανθεϊστής (ό), pantheist
πάνθεο (τό), pantheon
πάνθηρας (ό), panther

πανί (τό), cloth, stuff; sail/ ἀνοίγω πανιά, to set sail/ εἶμαι ~ μέ ~, to be penniless

πανιάζω, to turn pale

πανικά (τά), linen

πανικόβλητος, panic-stricken/ *πανικός* (ό), panic

πάνινος, made of cloth

πανίσχυρος, all mighty

παννυχίδα (ή), night feast

πανόμοιος, exactly alike

πανομοιότυπο (τό), facsimile/ ~ς, exactly similar

πανοπλία (ή), full armour/ *πάνοπλος,* fully armed

πανόραμα (τό), panorama/ *πανοραμικός,* panoramic

πανοσιότητα (ή), ή Αὐτοῦ ~, His Grace

πανούκλα (ή), plague

πανουργία (ή), cunningness/ *πανοῦργος,* cunning, sly

πανσέληνος (ή), full moon

πανσές (ό), pansy

πάνσοφος, very wise

πανσπερμία (ή), people of all nations

πανστρατιά (ή), mobilization of the entire army

πάντα, always, ever/ γιά ~, for ever

πανταχούσα (ή), long letter (of reprimand)

παντελής, total, complete/ *παντελῶς,* completely

παντελόνι (τό), trousers

παντέρημος, forsaken, totally abandoned

παντεσπάνι (τό), sponge-cake

παντζάρι (τό), beetroot

παντζούρι (τό), window shutters

παντιέρα (ή), flag

παντογνώστης (ό), omniscient

παντοδυναμία (ή), omnipotence/ *παντοδύναμος,* omnipotent

παντοειδής, of every kind

παντοκράτορας (ό), the Omnipotent

παντομίμα (ή), pantomime

παντοπωλείο (τό), grocery/ *παντοπώλης* (ό), grocer

πάντοτε, always/ *παντοτινός,* everlasting, perpetual

παντοῦ, everywhere

παντόφλα (ή), slipper

παντρειά (ή), marriage/ *παντρεύω,* to

marry/ *παντρεύομαι,* to get married

πάντως, anyway, at any rate

πανύψηλος, very tall (high)

πανωλεθρία (ή), disaster, extermination

πανώλη (ή), 6λ. *πανούκλα*

πανωφόρι (τό), overcoat

παξιμάδι (τό), biscuit/ (tech.) nut

παπαγαλίζω, to prattle/ *παπαγάλος* (ό), parrot

παπαδιά (ή), priest's wife

παπαδίστικος, priestly/ *παπαδοκρατία* (ή), rule by the clergy

παπάκι (τό), duckling

παπαρούνα (ή), poppy

παπάς (ό), priest, clergyman

Πάπας (ό), Pope

πάπια (ή), duck

παπικός, papal/ *παπισμός* (ό), papism/ *παπιστής* (ό), papist

πάπλωμα (τό), bedcover, quilt/ ~τάς (ό), quiltmaker

παπουτσής (ό), shoemaker/ *παπούτσι* (τό), shoe/ *παπουτσίδικο* (τό), shoeshop/ *παπουτσώνω,* to supply with shoes

πάππος (ό), grandfather

πάπυρος (ό), papyrus

παπωσύνη (ή), papacy

παρά, by, from, but, except, rather/ μέρα ~ μέρα, every other day/ πέντε ~ τέταρτο, a quarter to five/ ~ λίγο, almost/ ~πολύ, too much

παραβάζω, to put too much

παραβαίνω, to transgress, to break

παραβάλλω, to compare

παραβάν (τό), screen

παράβαση (ή), violation, breach/ *παραβάτης* (ό), violator, transgressor, trespasser

παραβγαίνω, to compete

παραβιάζω, to violate, to trespass/ *παραβίαση* (ή), violation

παραβλάπτω, to wrong

παραβλέπω, to overlook/ *παράβλεψη* (ή), overlooking, oversight

παραβολή (ή), comparison/ (eccl.) parable

παράβολο (τό), deposit

παραγάδι (τό), fishing-net

παραγγελία (ή), command, order/ *πα-*

ραγγελιοδότης (ὁ), consigner/ παραγγελιοδόχος (ὁ), agent, firm representative
παράγγελμα (τό), direction, instruction
παραγγέλλω, to order; to send a message
παραγεμίζω, to overfill; to stuff/ παραγέμισμα (τό), stuffing/ παραγεμιστός, stuffed
παραγερνῶ, to grow too old
παραγίνομαι, to overdo, to go too far
παραγιός (ὁ), apprentice
παράγκα (ἡ), shed, hut
παραγκωνίζω, to neglect, to ignore/ παραγκωνισμός (ὁ), neglecting, ignoring
παραγνωρίζω, to disregard/ παραγνώριση (ἡ), disregard
παραγραφή (ἡ), (leg.) prescription
παράγραφος (ἡ), paragraph
παραγράφω, (leg.) to prescribe
παράγω, to produce/ παραγωγή (ἡ), production; derivation/ παραγωγικά, productively/ παραγωγικός, productive/ παραγωγικότητα (ἡ), productivity/ παράγωγος, derivative
παραγωγός (ὁ), producer
παράγων (ὁ), or παράγοντας (ὁ), factor
παράδειγμα (τό), example/ παραδείγματος χάριν, for example/ παραδειγματίζω, to exemplify/ παραδειγματικός, exemplary/ παραδειγματισμός (ὁ), exemplary punishment
παραδείσιος, (of) paradise, paradisaic/ παράδεισος (ὁ), paradise
παραδεκτός, acceptable
παραδέρνω, to strive
παραδέχομαι, to admit, to accept
παραδίδω, to deliver; to teach/ παραδίνομαι, to surrender, to give oneself up
παράδοξα, strangely
παραδοξολογία (ἡ), eccentric talk/ παραδοξολόγος (ὁ), eccentric (in speech)/ παραδοξολογῶ, to make eccentric statements
παράδοξος, curious, strange, odd
παραδόπιστος, miser, fond of money
παράδοση (ἡ), delivery; surrender; tradition/ παραδοσιακός, traditional
παραδοτέος, to be delivered
παραδουλεύτρα (ἡ), (woman) servant
παραδουλεύω, to overwork

παραδοχή (ἡ), acceptance
παραδρομή (ἡ), oversight, omission
παραέξω, beyond, further
παραζάλη (ἡ), confusion/ παραζαλισμένος, confused
παραθαλάσσιος, (on the) seaside, littoral
παραθερίζω, to spend the summer/ παραθερισμός (ὁ), spending the summer
παράθεση (ἡ), quotation; listing; comparison/ παραθετικός, comparative/ παραθέτω, to compare ~ ἀπόσπασμα, to quote (a text)/ ~ φαγητό, to offer dinner
παράθυρο (τό), window/ παραθυρόφυλλο (τό), window-shutter
παραίνεση (ἡ), admonition, exhortation/ παραινετικός, admonitory, exhortative
παραίσθηση (ἡ), hallucination
παραίτηση (ἡ), resignation; abdication; renunciation/ παραιτοῦμαι, to resign; to abdicate
παρακάθομαι, to sit beside; to join for dinner
παράκαιρα, at the wrong time/ παράκαιρος, untimely
παρακαλεστά, entreatingly/ παρακαλεστός, entreating
παρακάλια (τά), entreaties/ παρακαλῶ, to beseech, to beg
παρακάμπτω, to evade, to by-pass/ παράκαμψη (ἡ), evasion; diversion (road)
παρακάνω, to overdo
παρακαταθήκη (ἡ), deposit, stock
παρακατιανός, inferior
παρακάτω, lower down
παρακεῖ, further
παρακείμενος (ὁ), (gram.) present perfect
παρακέντηση (ἡ), puncture/ παρακεντῶ, to puncture
παρακινδυνεύω, to risk
παρακίνηση (ἡ), exhortation, instigation/ παρακινητής (ὁ), instigator/ παρακινῶ, to exhort, to instigate
παρακλάδι (τό), branch
παράκληση (ἡ), request; prayer/ παρακλητικός, beseeching, entreating
παρακμάζω, to decline/ παρακμή (ἡ), decline
παρακοιμάμαι, to oversleep

παρακολούθηση (ή), observance; attendance/ παρακολουθῶ, to observe; to attend

παρακόρη (ή), adopted daughter

παρακουράζομαι, to get very tired

παρακούω, to disobey; to mishear

παρακράτηση (ή), deduction/ παρακρατῶ, to deduct

παράκρουση (ή), madness, insanity

παράκτιος, coastal

παρακώλυση (ή), obstruction/ παρακωλύω, to obstruct

παραλαβή (ή), receipt/ παραλαμβάνω, to receive

παραλείπω, to omit/ παράλειψη (ή), omission

παραλέω, to exaggerate

παραλήγουσα (ή), penultimate syllable

παραλήπτης (ὁ), receiver, addressee

παραλήρημα (τό), delirium/ παραληρῶ, to be delirious

παραλής (ὁ), rich, wealthy person

παραλία (ή), coast, beach/ παραλιακός, coastal

παραλίγο, nearly, almost

παράλιος, coastal

παραλλαγή (ή), alteration; variation/ παραλλάζω, to vary

παράλλαξη (ή), (astr.) parallax

παράλληλα, in parallel/ παραλληλίζω, to compare/ παραλληλισμός (ὁ), comparison/ παραλληλόγραμμο (τό), parallelogram/ παράλληλος, parallel

παράλογα, unreasonably/ παραλογίζομαι, to become unreasonable/ παραλογισμός (ὁ), absurdity/ παράλογος, unreasonable, absurd

παραλυμένος, debauched/ παραλυσία (ή), debauchery

παράλυση (ή), paralysis/ παραλυτικός, paralytic/ παράλυτος (ὁ), paralysed/ παραλύω, to paralyse

παραμάγειρος (ὁ), apprentice cook

παραμάνα (ή), nurse; safety pin

παραμεθόριος, near the border

παραμέληση (ή), negligence/ παραμελῶ, to neglect

παραμένω, to remain

παράμερα, out of the way/ παραμερίζω, to put aside, to remove/ παράμερος, remote

παραμέσα, further in

παράμεσος, ring-finger

παραμικρός, the least

παραμιλητό (τό), delirium/ παραμιλῶ, to be delirious

παραμονεύω, to lay in ambush; to spy on

παραμονή (ή), stay; eve

παραμορφωμένος, deformed/ παραμορφώνω, to deform/ παραμόρφωση (ή), deformation/ παραμορφωτικός, deforming

παραμπαίνω, to penetrate too deeply into/ (fig.) to annoy

παραμυθένιος, fairylike/ παραμύθι (τό), tale

παρανάλωμα (τό), that which is consumed/ ~ τοῦ πυρός, prey of the fire

παρανόηση (ή), misunderstanding

παράνοια (ή), insanity, madness

παρανομία (ή), illegality/ παράνομος, illegal/ παρανομῶ, to act unlawfully

παρανοῶ, to misunderstand

παράνυμφος (ὁ, ή), bridesman, bridesmaid

παρανυχίδα (ή), hangnail

παράξενα, strangely/ παραξενεύομαι, to be astonished, to be amazed/ παραξενιά (ή), eccentricity, whim/ παράξενος, strange, eccentric

παραξηλώνω, to overdo

παραπαίω, to stagger

παραπάνω, more, in excess

παραπάτημα (τό), slip, false step/ παραπατῶ, to slip

παραπείθω, to mislead/ παραπειστικός, misleading

παραπέμπω, to refer

παραπέρα, beyond, further

παραπεταμένος, neglected

παραπέτασμα (τό), curtain/ σιδηροῦν ~, Iron Curtain

παραπετῶ, to neglect

παράπηγμα (τό), shed

παραπίνω, to overdrink

παραπλάνηση (ή), deceit/ παραπλανητικός, deceitful, misleading/ παραπλανῶ, to deceive, to mislead

παραπλεύρως, alongside, next to

παραπλέω, to sail alongside

παραπληρωματικός, complementary
παραπλήσιος, similar
παραποίηση (ή), forgery, falsification/ *παραποιώ*, to forge, to falsify
παραπομπή (ή), reference/ (leg.) committal
παραπονετικός, plaintive/ *παραπονιάρης* (ὁ), grumbler/ *παράπονο* (τό), grumbling, grievance/ *παραπονοῦμαι*, to grumble, to complain
παραποτάμιος, riverside
παραπόταμος (ὁ), tributary
παράπτωμα (τό), fault, minor sin
παράρτημα (τό), supplement, appendix/ (bank etc.) branch
παράσημο (τό), medal, decoration/ ~*φορία* (ή), medal-award/ ~*φορῶ*, to decorate
παρασιτικός, parasitic/ *παράσιτο* (τό), parasite; atmospheric interference
παρασιώπηση (ή), omission/ *παρασιωπῶ*, to omit
παρασκευάζω, to prepare/ *παρασκεύασμα* (τό), preparation/ *παρασκευαστικός*, preparatory
παρασκευή (ή), preparation/ *Π~*, Friday/ Μεγάλη ~, Good Friday
παρασκήνια (τά), side-scene/ ~*κός*, behind the scenes
παρασπονδία (ή), breaking faith with
παρασταίνω, to perform; to imitate/ *παράσταση* (ή), performance/ *κάνω παραστάσεις*, to protest
παραστάτης (ὁ), assistant, helper/ *παραστατικός*, representative
παραστέκω, to help, to assist
παράστημα (τό), appearance
παραστράτημα (τό), losing one's step/ (fig.) immoral act/ *παραστρατημένος*, licentious/ *παραστρατῶ*, to stray; to lead an immoral life
παρασύνθημα (τό), password
παρασύρω, to carry away
παράταιρος, ill-matched
παράταξη (ή), procession; array, lining up
παράταση (ή), extension, prolongation
παρατάσσω, to line up; to array
παρατατικός (ὁ), imperfect tense
παρατείνω, to extend, to prolong

παρατήρηση (ή), observation; remark/ *παρατηρητήριο* (τό), watchtower; observatory/ *παρατηρητής* (ὁ), observer/ *παρατηρητικός*, observing/ *παρατηρητικότητα* (ή), careful observation/ *παρατηρῶ*, to observe; to remark
παράτολμα, rashly/ *παράτολμος*, rash, risky
παράτονος, discordant
παρατράγουδο (τό), improper act
παρατρώγω, to overeat
παρατσούκλι (τό), nickname
παρατυπία (ή), irregularity/ *παράτυπος*, irregular
πάραυτα, instantly
παραφέρομαι, to get excited
παραφθορά (ή), corruption (of a word etc.)
παραφίνη (ή), paraffin
παραφορά (ή), fury, fierceness/ *παράφορος*, furious, fierce
παραφορτωμένος, overloaded/ *παραφορτώνω*, to overload
παράφραση (ή), paraphrase
παραφρονῶ, to go crazy/ *παραφροσύνη* (ή), insanity, madness/ *παράφρων*, or *παράφρονας* (ὁ), mad, insane
παραφυάδα (ή), scion, shoot
παραφυλάγω, to spy (on)
παραφωνία (ή), dissonance/ *παράφωνος*, dissonant
παραχαράζω, to forge, to counterfeit/ *παραχαράκτης* (ὁ), forger, counterfeiter/ *παραχάραξη* (ή), forgery
παραχειμάζω, to spend the winter/ *παραχείμασμα* (τό), wintering
παραχρῆμα, immediately
παραχώνω, to bury, to hide
παραχώρηση (ή), concession/ *παραχωρητήριο* (τό), concession certificate/ *παραχωρῶ*, to cede, to grant
παρδαλός, spotted, multicoloured
παρέα (ή), group, company
παρεγκεφαλίδα (ή), cerebellum
πάρεδρος (ὁ), member of a court
παρειά (ή), cheek
παρείσακτος, intruding
παρεισφρύω, to intrude, to slip in
παρέκβαση (ή), digression
παρέκει, further on

παρεκκλήσι (τό), chapel
παρεκλίνω, to diverge, to deviate/ παρέκλιση (ή), divergence, deviation
παρεκτός, except, unless
παρεκτρέπομαι, to swerve/ (fig.) to behave badly/ παρεκτροπή (ή), swerving/ (fig.) bad behaviour
παρέλαση (ή), parade, procession/ παρελαύνω, to march
παρέλευση (ή), lapse (of time)
παρελθόν (τό), past
παρέλκυση (ή), deferment; protraction/ παρελκύω, to defer; to protract
παρέλκω, to put off (unnecessarily)
παρεμβαίνω, to intervene, to interfere
παρεμβάλλω, to interpolate, to insert
παρέμβαση (ή), intervention
παρεμβολή (ή), interpolation, insertion
παρεμπιπτόντως, by the way
παρεμποδίζω, to obstruct/ παρεμπόδιση (ή), obstruction
παρεμφερής, similar
παρένθεση (ή), parenthesis, bracket/ παρενθετικός, interpolatory/ παρενθέτω, to insert
παρενόχληση (ή), trouble, nuisance/ παρενοχλῶ, to harass, to trouble
παρεξήγηση (ή), misunderstanding/ παρεξηγῶ, to misunderstand
παρεπιδημῶ, to sojourn, to stay temporarily
πάρεργο (τό), secondary occupation
παρερμηνεία (ή), misinterpretation/ παρερμηνεύω, to misinterpret
παρέρχομαι, to elapse
παρευθύς, immediately, instantly
παρευρίσκομαι, to attend
παρέχω, to furnish, to supply
παρηγορητής (ό), comforter/ παρηγορητικός, comforting, consoling/ παρηγοριά (ή), comfort, consolation/ παρηγορῶ, to comfort, to console
παρήχηση (ή), alliteration
παρθένα (ή), virgin, maiden/ ~γωγείο (τό), girls' school/ παρθενία (ή), virginity/ παρθενικός, virginal/ Παρθένος (ή), the Virgin Mary
Παρθενώνας (ό), the Parthenon
παρίας (ό), outcast
Παρισινός, Παρισινή or Παριζιάνος,

Παριζιάνα, Parisian (man, woman)
παρίσταμαι, to attend
παριστάνω, to portray, to perform
παρκέτο (τό), parquet
πάρκο (τό), park
παροδικός, temporary, transient
πάροδος (ή), sidestreet
παροικία (ή), colony, community/ πάροικος (ό), resident alien/ παροικῶ, to live in a foreign land
παροιμία (ή), proverb
παρόμοια, similarly, likewise/ παρομοιάζω, to liken, to consider similar/ παρόμοιος, similar/ παρομοίωση (ή), simile
παρόν (τό), present
παρονομαστής (ό), denominator
παροξυσμός (ό), paroxysm, fit
παροπλίζω, to disarm/ παροπλισμός (ό), disarmament
παρόραμα (τό), error, misprint
παρόρμηση (ή), urge, impulsion/ παρορμῶ, to urge
παρότρυνση (ή), exhortation, urge/ παροτρύνω, to exhort, to urge
παρουσία (ή), presence/ δευτέρα ~, Doomsday/ παρουσιάζω, to present; to show/ παρουσιάζομαι, to appear/ παρουσίαση (ή), presentation/ παρουσιάσιμος, presentable/ παρουσιαστικό (τό), appearance
παροχέτευση (ή), drainage/ παροχετεύω, to drain
παροχή (ή), granting; supply
παρόχθιος, riparian
παρρησία (ή), frankness, outspokenness
παρτέρι (τό), (grass) lawn
παρτίδα (ή), game
παρυφή (ή), fringe
παρωδία (ή), parody/ παρωδῶ, to parody
παρών, παρούσα, παρόν, present
παρωπίδα (ή), blinker
πάρωρα, too late
παρωτίτιδα (ή), mumps
πᾶς, πᾶσα, πᾶν, everybody, everyone, everything
πασάλειμμα (τό), daubing/ (fig.) hasty work/ πασαλείφω, to daub/ (fig.) to do something inefficiently
πασάς (ό), pasha
πασίγνωστος, well-known

πασίδηλος, evident, manifest
πασκίζω, to strive
πασπαλίζω, to powder/ πασπάλισμα (τό), powdering
πασπάτεμα (τό), touching/ πασπατεύω, to touch
πάσσαλος (ὁ), pole, post/ πασσαλώνω, to set poles
πάστα (ἡ), pastry, sweet cake
παστάδα (ἡ), bridal chamber
παστεριωμένος, pasteurized/ παστεριώνω, to pasteurize
παστίλια (ἡ), lozenge
παστός, salted
παστουρμάς (ὁ), salted meat
πάστρα (ἡ), cleanliness/ πάστρεμα (τό), cleaning/ παστρεύω, to clean/ παστρικά, cleanly/ παστρικός, clean
πάστωμα (τό), salting, curing/ παστωμένος, salted, cured/ παστώνω, to salt, to cure
Πάσχα (τό), Easter/ πασχαλιάτικος, of Easter
πασχίζω, 6λ. πασκίζω
πάσχω, to suffer, to be afflicted with
πάταγος (ὁ), clatter, loud noise/ κάνω ~, be very succesful
παταγώδης, noisy
πατάτα (ἡ), potato
πατέντα (ἡ), patent
πατέρας (ὁ), father
πατερίτσα (ἡ), crutch
πατήκωμα (τό), compressing/ πατηκώνω, to compress
πάτημα (τό), step; pressing/ 6ρίσκω ~, to find a pretext/ πατημασιά (ἡ), footprint
πατήρ (ὁ), 6λ. πατέρας
πατητήρι (τό), wine press
πατητός, pressed, compressed
πατινάρω, to skate/ πατήνι (τό), skate
πατιρντί (τό), fuss, chaos
πατόκορφα, from top to bottom
πάτος (ὁ), bottom
πατούσα (ἡ), sole (of the foot)
πατριά (ἡ), tribe, clan
πατριαρχεῖο (τό), patriarchate/ πατριάρχης (ὁ), patriarch/ πατριαρχικός, patriarchal
πατρίδα (ἡ), fatherland, home country/ πατριδοκαπηλία (ἡ), false patriotism

πατρικά, fatherly, paternally/ πατρικός, fatherly, paternal
πατριώτης (ὁ), patriot/ πατριωτικός, patriotic/ πατριωτισμός (ὁ), patriotism
πατρογονικός, (ὁ), ancestral
πατροκτονία (ἡ), patricide/ πατροκτόνος (ὁ), patricide (person)
πατροπαράδοτος, traditional
πατρότητα (ἡ), paternity
πατρυιός (ὁ), stepfather
πάτρωνας (ὁ), patron
πατρώνυμο (τό), father's name
πατρῷος, paternal
πατσαβούρα (ἡ), rag/ (fig.) slut
πατσάς (ὁ), tripe
πατῶ, to step on, to set foot on/ τόν πάτησε τό αὐτοκίνητο, he was run over by a car
πάτωμα (τό), floor/ πατώνω, to touch the bottom
παύλα (ἡ), dash/ τελεία καί ~, that's it, that's the end
παύση (ἡ), pause, break
παυσίπονο (τό), painkiller
παύω, to cease, to stop, to discontinue; to dismiss
παφλάζω, to bubble up/ παφλασμός (ὁ), bubbling up
παχαίνω, to get fat; to fatten
πάχνη (ἡ), haze
παχνί (τό), manger
πάχος (τό), fat; fatness; thickness/ παχουλός, rather fat, plump/ παχύδερμος, thick-skinned/ (fig.) insensible
παχυλός, gross/ ~ μισθός, high salary/ παχυλότητα (ἡ), grossness
παχύς, fat; thick/ παχυσαρκία (ἡ), fatness
πάω, to go
πεδιάδα (ἡ), plain, lowland
πεδικλώνω, to shackle
πέδιλο (τό), sandal
πεδινός, flat, level/ πεδινή πυροβολαρχία, field battery
πεδίο, field/ ~ μάχης, battlefield
πέζεμα (τό), dismounting/ πεζεύω, to dismount
πεζικό (τό), infantry
πεζογραφία (ἡ), prose/ πεζογράφος (ὁ), prose-writer
πεζοδρόμιο (τό), pavement/ πεζοδρόμος

(ὀ), courier

πεζολογία (ἡ), prosaic text

πεζοπορία (ἡ), journey on foot/ *πεζοπό- ρος* (ὀ), walker, marcher/ *πεζοπορῶ,* to walk, to march/ *πεζός,* on foot; in prose; prosaic/ *πεζότητα* (ἡ), platitude

πεζούλι (τό), stonebench

πεθαίνω, to die/ ~ *γιά,* to long for

πεθερά (ἡ), mother-in-law/ *πεθερός* (ὀ), father-in-law

πειθαναγκάζω, to force, to constrain/ *πειθαναγκασμός* (ὀ), constraint

πειθαρχείο (τό), detention room/ *πειθαρ- χία* (ἡ), discipline/ *πειθαρχικός,* disci- plinary/ *πειθαρχῶ,* to be disciplined

πειθήνιος, obedient, docile

πείθω, to persuade, to convince/ *πειθώ* (ἡ), persuasion

πείνα (ἡ), hunger, famine/ ~*λέος,* famished/ ~*σμένος,* hungry/ *πεινῶ,* to be hungry

πείρα (ἡ), experience

πείραγμα (τό), teasing/ *πειράζω,* to an- noy, to disturb; to tempt/ *δέν πειράζει,* it does not matter/ *πειράζομαι,* to be offended/ *πειρακτικός,* offensive, an- noying

πείραμα (τό), test, experiment/ ~*τί- ζομαι,* to experiment/ ~*τικά,* experi- mentally/ ~*τικός,* experimental/ ~*τισμός* (ὀ), eoperimentation

πειρασμός (ὀ), temptation

πειρατεία (ἡ), piracy/ *πειρατής* (ὀ), pir- ate/ *πειρατικός,* piratical

πειραχτήρι (τό), teaser

πείσμα (τό), obstinacy, spite/ ~*τάρης,* obstinate, headstrong/ ~*τικά,* obstin- ately/ ~*τικός,* obstinate, spiteful/ ~*τώδης,* stubborn/ *πεισμάτωμα* (τό), obstinacy/ *πεισματώνω,* to get obstin- ate/ *πείσμων, βλ. πεισματάρης/ πει- σμώνω,* to get obstinate

πειστήριο (τό), evidence, proof

πειστικά, convincingly, persuasively/ *πει- στικός,* convincing/ *πειστικότητα* (ἡ), persuasiveness

πελαγοδρομῶ, to sail out/ (fig.) to be con- fused

πέλαγος (τό), sea/ *πελαγώνω,* to be at a loss

πελαργός (ὀ), stork

πελατεία (ἡ), clientèle, customers/ *πελά- της* (ὀ), customer

πελεκάνος (ὀ), pelican

πελέκημα (τό), chipping with the adze/ *πελεκητός,* chipped, hewn/ *πελεκούδι* (τό), chip/ *θά καεῖ τό ~,* there will be a great party

πέλεκυς (ὀ), axe, hatchet/ *πελεκῶ,* to axe; to hew

πελιδνός, livid/ *πελιδνότητα* (ἡ), lividness

πέλμα (τό), sole (of the foot)

πελώριος, huge, enormous

Πέμπτη (ἡ), Thursday

πέμπτος, fifth

πέμπω, to send

πενήντα, fifty/ *πενηντάρα* (ἡ), fifty-year - old woman/ *πενηντάρης* (ὀ), fifty-year - old man/ *πενηνταριά* (ἡ), about fifty

πενθήμερος, lasting five days

πένθιμα, mournfully/ *πένθιμος,* mourn- ful, funeral/ *πένθος* (τό), mourning/ *πενθῶ,* to be in mourning

πενία (ἡ), poverty

πενικιλλίνη (ἡ), penicillin

πενιχρός, poor, meagre/ *πενιχρότητα* (ἡ), poverty

πέν(ν)α (ἡ), pen; penny/ *πεννιά* (ἡ), stroke of the pen

πεντάγραμμο (τό), pentagon/ ~*ς,* penta- gonal

πεντάδραχμο (τό), five drachma coin

πενταετής, five years old; lasting five years/ *πενταετία* (ἡ), a period of five years

πένταθλο (τό), pentathlon

πεντακάθαρος, spotlessly clean

πεντακόσιοι, five hundred

πεντάλφα (ἡ), star of David

πενταμελής, consisting of five members

πεντάμορφος, extremely beautiful

πενταπλασιάζω, to increase five times/ *πενταπλάσιος,* five times as much/ *πεν- ταπλός,* fivefold

πεντάρφανος, orphan

πεντύλλαβος, five-syllabled

πεντάτομος, (made up) of five volumes

πεντάωρος, lasting five hours

πέντε, five

πεντηκονταετηρίδα (ἡ), fiftieth anniversary/ *Πεντηκοστή* (ή), Pentecost/ *πεντηκοστός*, fiftieth

πεντοξείδιο (τό), pentoxide

πεπαιδευμένος, learned

πέπλο (τό), veil

πεποίθηση (ή), strong belief

πεπόνι (τό), melon/ *πεπονόσπορος* (ό), melon seed

πεπρωμένο (τό), fate, destiny

πεπτικός, digestive, peptic/ ~ σωλήνας, alimentary canal

πέρα, beyond, further/ ~γιά ~, completely, entirely/ πιό ~, further than/ ἐκεῖ ~, over there

περαίνω, to complete, to finish

πέραμα (τό), ford

πέρασμα (τό), passing, crossing/ *περασμένος*, past, bygone/ *περαστικός*, transient

περατώνω, to complete, to finish/ *περάτωση* (ή), completion

περβάζι (τό), frame (window, door etc.)

περγαμηνή (ή), parchment

πέρδικα (ή), partridge/ *περδίκι* (τό), young partidge/ γίνομαι ~, to recover fully

περηφάνεια (ή), pride/ *περήφανος*, proud

περί, about, concerning

περιαυτολογία (ή), bragging, boasting/ *περιαυτολογῶ*, to brag, to boast

περιβάλλον (τό), environment/ *περιβάλλω*, to surround

περίβλεπτος, conspicuous

περίβλημα (τό), wrapper, cover

περιβόητος, notorious

περιβολάρης (ό), gardener

περιβολή (ή), garment, attire

περιβόλι (τό), garden

περίβολος (ό), enclosure

περιβραχιόνιο (τό), armband

περιβρέχω, to wash on all sides, to encircle with water

περιγεγραμμένος, circumscribed

περίγειο (τό), perigee

περιγελῶ, to laugh at, to mock/ *περίγελως* (ό), laughing stock

περιγιάλι (τό), seashore

περίγραμμα (τό), outline

περιγραφή (ή), description/ *περιγραφι-*

κός, descriptive/ *περιγράφω*, to describe/ (maths) to circumscribe

περιδεής, timorous

περιδέραιο (τό), necklace

περιδιαβάζω, to stroll/ *περιδιάβαση* (ή), stroll

περίδρομος (ό), excess

περιεκτικός, comprehensive/ *περιεκτικότητα* (ή), comprehensiveness

περιέλιξη (ή), winding/ *περιελίσσω*, to wind

περίεργα, curiously/ *περιεργάζομαι*, to stare at/ *περιέργεια* (ή), curiosity/ *περίεργος*, curious

περιέρχομαι, ~ στήν κυριότητα, to devolve

περιεχόμενα (τά), contents/ *περιεχόμενος*, included, contained/ *περιέχω*, to contain, to include

περιζήτητος, greatly desired, in great demand

περίζωμα (τό), girdle, belt/ *περιζώνω*, to encircle

περιήγηση (ή), tour/ *περιηγητής* (ό), tourist, traveller/ *περιηγοῦμαι*, to tour

περιήλιον (τό), perihelion

περιθάλπω, to treat, to take care of/ *περίθαλψη* (ή), care

περιθώριο (τό), margin

περιΐπταμαι, to hover

περικάλυμμα (τό), wrapper/ *περικαλύπτω*, to wrap, to envelop/ *περικάλυψη* (ή), wrapping, envelopment

περικάρδιο (τό), pericardium

περικεφαλαία (ή), helmet

περικλείω, to enclose

περικνημίδα (ή), garter

περίκομψος, very elegant (smart)

περικοπή (ή), reduction; fragment, quotation/ *περικόπτω*, to reduce, to curtail

περικόχλιο (τό), screwnut

περικυκλώνω, to surround/ *περικύκλωση* (ή), surrounding

περιλαίμιο (τό), collar

περιλάλητος, renowned, famous

περιλαμβάνω, to include, to contain

περίλαμπρος, brilliant

περιληπτικά, briefly, concisely/ *περιληπτικός*, concise, brief/ *περίληψη* (ή), summary, synopsis περιλούω, or *περιλούζω,* to cover all over

περίλυπος, very sad

περιμαζεύω, to gather

περιμένω, to wait, to expect

περίμετρος (ή), perimeter, circumference

περίνοια (ή), sagacity

περιοδεία (ή), tour, trip/ *περιοδεύω,* to tour

περιοδικά, periodically/ *περιοδικό (τό),* magazine/ *περιοδικός,* periodical/ *περίοδος (ή),* period; season/ (woman) menstrual period/ (parl.) session

περίοικος (ό), neighbour

περίοπτος, conspicuous

περιορίζω, to limit, to confine, to restrict/ *περιορισμός (ό),* limitation, restriction/ *περιοριστικός,* restrictive

περιουσία (ή), property, estate

περιούσιος, chosen

περιοχή (ή), area, district

περιπάθεια (ή), passion/ *περιπαθής,* passionate

περίπαιγμα (τό), mockery/ *περιπαίζω,* to laugh at, to mock/ *περιπαικτικός,* mocking

περιπατητής (ό), walker/ *περιπατητικός,* peripatetic

περίπατος (ό), walk, stroll

περιπέτεια (ή), adventure/ *περιπετειώδης,* adventurous

περιπλάνηση (ή), roaming, roving/ *περιπλανῶμαι,* to roam, to rove, to wander

περιπλέκω, to complicate; to entangle; to implicate

περιπλέω, to circumnavigate

περιπλοκάδα (ή), creeper

περιπλοκή (ή), complication/ *περίπλοκος,* complicated

περιπνευμονία (ή), pneumonia

περιπόθητος, extremely desirable

περιποίηση (ή), good care, looking after/ *περιποιητικός,* obliging, courteous/ *περιποιῶ,* to cause/ *περιποιοῦμαι,* to take care of, to look after

περιπολία (ή), or *περίπολος (ή),* patrol/ *περιπολῶ,* to patrol

περίπου, about, approximately

περίπτερο (τό), pavilion

περίπτυξη (ή), embrace

περίπτωση (ή), case

περιρ(ρ)έω, to flow round

περισκελίδα (ή), trousers

περίσκεψη (ή), prudence, caution

περισκόπιο (τό), periscope/ *περισκοπῶ,* to observe around

περισπασμός (ό), distraction, diversion

περισπούδαστος, well prepared, carefully thought out

περισπωμένη (ή), circumflex accent

περίσσεια (ή), abundance, excess/ *περίσσευμα (τό),* surplus/ *περισσεύω,* to be in excess of

περισσότερος, more

περίσταση (ή), circumstance, condition

περιστατικό (τό), incident

περιστεριώνας (ό), pigeonhouse/ *περιστέρι (τό),* pigeon, dove

περιστοιχίζω, to stand beside

περιστολή (ή), reduction, limitation

περιστόμιο (τό), rim

περιστρέφω, to twirl, to spin/ *περιστροφή (ή),* rotation/ *περιστροφικός,* rotatory, revolving

περίστροφο (τό), revolver

περιστύλιο (τό), circular colonnade

περισυλλέγω, to pick, to collect/ *περισυλλογή (ή),* gathering, collection/ (fig.) mental concentration

περισφίγγω, to clasp, to tighten/ *περίσφιξη (ή),* clasping

περισώζω, to rescue, to save

περιτειχίζω, to build a wall all round/ *περιτείχιση (ή),* walling

περιτέμνω, to circumcise/ *περιτομή (ή),* circumcision

περιτόναιο (τό), peritoneum/ *περιτονίτιδα (ή),* peritonitis

περιτρέχω, to run about

περιτριγυρίζω, to roam; to surround/ *περιτριγυρισμένος,* surrounded

περίτρομος, terrified

περιττεύω, to be superfluous

περιττολογία (ή), idle talk/ *περιττολογῶ,* to chatter/ *περιττός,* superfluous, unnecessary/ ~ ἀριθμός, odd number

περίττωμα (τό), excrement

περιτύλιγμα (τό), wrapping/ *περιτυλίγω,* to wrap up

περιυβρίζω, to insult

περιφανής, outstanding, glorious

περιφέρεια (ἡ), district; circumference/ *περιφερειακός*, provincial/ *περιφερικός*, circular

περιφέρω, to carry round/ *περιφέρομαι*, to roam, to wander

περίφημα, splendidly, admirably/ *περίφημος*, renowned, famous; splendid

περίφοβος, terrified

περιφορά (ἡ), rotation/ (eccl.) procession

περίφρακτος, fenced/ *περίφραξη* (ἡ), fencing, enclosure

περίφραση (ἡ), periphrasis

περιφράζω, to enclose

περιφραστικός, periphrastic

περιφρόνηση (ἡ), contempt, disdain/ *περιφρονητικά*, contemptuously/ *περιφρονητικός*, contemptuous/ *περιφρονῶ*, to despise, to feel contempt

περιφρούρηση (ἡ), safeguarding/ *περιφρουρῶ*, to safeguard

περιχαρακώνω, to entrench

περιχαρής, delighted

περιχύνω, to pour over

περίχωρα (τά), suburbs, outskirts

περιώνυμος, famous, celebrated

περιωπή (ἡ), eminence, importance

περιωρισμένος, or *περιορισμένος*, limited

πέρκα (ἡ), perch (fish)

περνῶ, to pass, to cross, to go through/ *πέρασα πολλά*, I have suffered a lot/ *μοῦ πέρασε ἀπό τό μυαλό*, it occurred to me/ ~ *τήν κλωστή*, to thread a needle

περόνη (ἡ), fibula

περονιάζω, to fork/ *τό κρύο περονιάζει*, to feel chilly through and through

περουζές (ὁ), turquoise

περούκα (ἡ), wig

περπατῶ, to walk

Πέρσης, *Περσίδα*, Persian (man, woman)/ *περσικός*, Persian

πέρυσι, last year/ *περυσινός*, of last year

πεσιμισμός (ὁ), pessimism/ *πεσιμιστής* (ὁ), pessimist

πέσιμο (τό), fall

πεσκέσι (τό), gift

πέστροφα (ἡ), trout

πέταγμα (τό), flying

πεταλίδα (ἡ), limpet

πέταλο (τό), horseshoe/ (bot.) petal/ τι-

νάζω τά πέταλα, to kick the bucket

πεταλούδα (ἡ), butterfly

πετάλωμα (τό), shoeing/ *πεταλώνω*, to shoe (horse)/ *πεταλωτής* (ὁ), farrier

πέταμα (τό), throwing away/ *πεταμένος*, thrown away

πεταρίζω, to fly unsteadily

πεταχτός, joyful, merry

πετεινάρι (τό), young cock

πετεινόμυαλος, frivolous

πετεινός (ὁ), cock

πετονιά (ἡ), fishing line

πετούμενος, flying/ *πετούμενα* (τά), birds

πέτρα (ἡ), stone, rock/ *πετραδάκι* (τό), pebble/ *πετράδι* (τό), precious stone

πετραχήλι (τό), (eccl.) stole

πετρελαιαγωγός (ὁ), petrol-pipe/ *πετρέλαιο* (τό), oil, petroleum/ *πετρελαιοπαραγωγός* (ὁ), petrol-producing/ *πετρελαιοπηγή* (ἡ), petrol- (oil-) well/ *πετρελαιοφόρο* (τό), tanker

πετριά (ἡ), blow with a stone/ (fig.) whim

πέτρινος, stony

πετροβόλημα (τό), stoning/ *πετροβολῶ*, to stone

πετροκάρβουνο (τό), pitcoal

πετρολογία (ἡ), petrology

πετροπόλεμος (ὁ), stone fight

πετρότοπος (ὁ), rocky terrain

πετροχελίδονο (τό), martin

πετρόψαρο (τό), rockfish

πετρώδης, stony, rocky/ *πέτρωμα* (τό), rock layer/ *πετρώνω*, to petrify

πέτσα (ἡ), skin, hide

πετσέτα (ἡ), napkin, towel/ *πετσετοθήκη* (ἡ), napkin-holder

πετσί (τό), skin, hide; leather/ ~ *καί κόκκαλο*, skinny/ *πέτσινος*, (of) leather

πετσοκόβω, to cut to pieces/ (fig.) slaughter/ *πετσοκόβω* (τό), cutting to pieces/ (fig.) slaughter

πετσώνω, to cover with leather

πετυχαίνω, to succeed

πετῶ, to fly; to throw, to discard/ *πετιέμαι*, to spring up

πεῦκο (τό), pine

πέφτω, to fall; to go down/ ~ *ἔξω*, to miscalculate

πέψη (ἡ), digestion

πηγαδίσιος, of the well/ *πηγάδι* (τό), well

πηγάζω, to spring from, to originate

πηγαιμός (ὁ), going

πηγαινοέρχομαι, to come and go

πηγαίνω, to go; to depart/ πῶς (τά) πᾶς; how are you getting along?/ πᾶμε! let's go/ δέν μοῦ πάει! it does not suit me

πηγαῖος, original

Πήγασος (ὁ), Pegasus

πηγή (ἡ), source, spring

πηγούνι (τό), chin

πηδάλιο (τό), helm, rudder/ πηδαλιοῦχος (ὁ), helmsman/ πηδαλιουχούμενο (τό), airship/ πηδαλιουχῶ, to steer

πήδημα (τό), jump, leap/ πηδηχτός, jumping, hopping/ πηδῶ, to jump, to leap, to hop/ ~ μιά λέξη, to omit a word

πήζω, to curdle, to thicken

πηλαλῶ, to run at full speed

πηλίκιο (τό), military cap

πηλίκον (τό), quotient

πήλινο (τό), earthen pot/ ~ς, earthen, of clay/ πηλοπλάστης (ὁ), potter/ πηλοπλαστική (ἡ), pottery/ πηλός (ὁ), clay/ πηλοφόρι (τό), hod

πηνίο (τό), spindle, bobbin

πήξιμο (τό), or **πήξη** (ἡ), coagulation

πηρούνι (τό), fork

πηχτή (ἡ), gelatine, jelly/ πηχτός, clotted; thick

πήχυς (ὁ), cubit

πιανίστας (ὁ), pianist/ πιάνο (τό), piano

πιάνω, to catch, to grasp, to seize; to arrest/ ~ κουβέντα, to enter into conversation/ πιάνομαι, to be caught; to be paralysed/ πιάσιμο (τό), catching; paralysis; arrest; handle/ πιασμένος, caught; paralysed

πιατάκι (τό), small plate/ πιατέλα (ἡ), dish/ πιατικά (τά), crockery/ πιάτο (τό), plate

πιγκουίνος (ὁ), penguin

πίδακας (ὁ), water jet

πιέζω, to press, to squeeze

πιερότος (ὁ), pierrot

πίεση (ἡ), pressure/ πιεστήριο (τό), printing press/ πιεστής (ὁ), pressman/ πιεστικός, oppressive

πιέτα (ἡ), fold

πιθαμή (ἡ), span

πιθανολογία (ἡ), conjecture/ πιθανολο-

γῶ, to consider probable/ πιθανός, probable, likely/ πιθανότητα (ἡ), probability, likelihood

πιθαράς (ὁ), potter/ πιθάρι (τό), pot, jar

πιθηκάνθρωπος (ὁ), apeman/ πιθηκίζω, to ape, to mimic/ πιθηκισμός (ὁ), aping, mimicry/ πιθηκοειδής, apelike/ πίθηκος (ὁ), ape, monkey

πίθος (ὁ), jar

πίκα (ἡ), spite/ πικάρω, to spite

πίκρα (ἡ), bitterness, sorrow/ πικράδα (ἡ), bitter taste/ πικραίνω, to embitter/ πικραμένος, embittered

πικραμύγδαλο (τό), bitter almond

πικρία (ἡ), bitterness, grief, disappointment/ πικρίζω, to taste bitter/ πικρόγλυκος, bitter-sweet/ πικρόγλωσσος, sarcastic

πικροδάφνη (ἡ), oleander

πικρός, bitter; harsh, rough/ πικρούτσικος, bitterish/ πικρόχολος, peevish

πιλατεύω, to trouble, to annoy, to torment

πιλάφι (τό), rice dish

πιλοποιός (ὁ), hatter/ πίλος (ὁ), hat

πιλότος (ὁ), pilot

πίνα (ἡ), wing shell

πίνακας (ὁ), table; list; blackboard; painting

πινακίδα (ἡ), tablet, sign; licence plate

πινάκιο (τό), small plate; small board/ (leg.) list of lawsuits

πινακοθήκη (ἡ), picture gallery

πινελιά (ἡ), stroke with the brush/ πινέλο (τό), brush

πίνω, to drink

πιό, more

πιοτό (τό), drink

πίπα (ἡ), smoking pipe

πιπεράτος, peppered/ (fig.) slightly obscene

πιπέρι (τό), pepper/ πιπεριά (ἡ), peppertree

πιπερόρριζα (ἡ), ginger root

πιπερώνω, to pepper

πιπιλίζω, to suck/ πιπίλισμα (τό), sucking

πιρούνι (τό), βλ. **πηρούνι**

πισθάγκωνα, with elbows on the back

πισίνα (ἡ), swimming pool

πισινός, posterior, back/ τά πισινά, backside

πισοβελονιά (ή), backstitch

πίσσα (ή), tar, pitch/ πισσάσφαλτος (ή), bitumen/ πισσώνω, to cover with tar

πίστα (ή), dancing-ring

πιστά, faithfully

πιστευτός, believable, credible/ πιστεύω, to believe/ ~ (τό), (eccl.) the Creed/ πίστη (ή), faith, belief/ μέ καλή ~, in good faith/ ϐγάζω τήν ~, to exhaust (someone)

πιστοδότηση (ή), (econ.) credit

πιστόλι (τό), pistol/ πιστολιά (ή), pistol shot/ πιστολίζω, to shoot with a pistol

πίστομα, lying on one's face

πιστοποίηση (ή), certification/ πιστοποιητικό (τό), certificate/ πιστοποιῶ, to certify

πιστός, faithful, true/ (eccl.) believer/ πιστότητα (ή), faithfulness/ (tech.) fidelity

πιστώνω, to credit/ πίστωση (ή), credit/ πιστωτής (ό), creditor/ πιστωτικός, crediting

πίσω, back/ μένω ~, to fall back/ μπρός- ~, backwards and forwards/ πισώπλατα, from the back/ (fig.) treacherously

πίτ(τ)α (ή), pie, cake

πιτσιλίζω, to splash/ πιτσίλισμα (τό), splashing

πιτσιρίκος (ό), young boy

πιτσούνι (τό), young dove/ (fig.) a pretty young girl

πιτυρίδα (ή), dandruff

πιωμένος, drunk

πλάγια, sidewise/ (fig.) indirectly

πλαγιά, mountainside

πλαγιάζω, to lie down/ πλάγιασμα (τό), lying down/ πλαγιαστός, in a horizontal or oblique position

πλαγίαυλος (ό), flute

πλάγιος, transverse/ (fig.) indirect

πλαδαρός, flabby/ πλαδαρότητα (ή), flabbiness

πλάθω, to knead; to shape

πλάι, next to, beside/ πλαϊνός, next, lateral

πλαίσιο (τό), frame/ πλαισιώνω, to frame

πλάκα (ή) slate, slab/ σπάω ~, to have a nice time

πλακομύτης, (ό), snubnosed

πλακοστρώνω, to pave/ πλακόστρωση (ή), paving/ πλακόστρωτος, paved

πλάκωμα (τό), pressure/ πλακώνω, to press, to crush

πλάκωση (ή), depression, melancholy

πλακωτός, flat, compressed

πλανεύω, to seduce, to charm

πλάνη (ή), error, fault/ (tech.) plane/ δικαστική ~, miscarriage of justice

πλανήτης (ό), planet

πλανίζω, to plane

πλανόδιος, roving/ ~ ἔμπορος, pedlar

πλάνος, deceiver, seducer

πλάνταγμα (τό), vexation/ πλαντάζω, to be vexed

πλανῶ, to mislead, to deceive

πλάση (ή), creation, universe

πλάσιμο (τό), formation

πλάσμα (τό), creature/ (leg.) legal fiction/ πλασματικός, fictitious

πλάστης (ό), creator

πλάστιγγα (ή), pair of scales

πλαστικά, plastically/ πλαστική (ή), plastic art/ πλαστικός, plastic/ πλαστικότητα (ή), plasticity

πλαστογραφία (ή), forgery/ πλαστογράφος (ό), forger/ πλαστογραφῶ, to forge

πλαστοπροσωπία (ή), impersonation/ πλαστοπροσωπῶ, to impersonate

πλαστός, false, counterfeit, forged/ πλαστότητα (ή), falsification, forgery

πλαστουργός (ό), creator, maker

πλαταγίζω, to clack/ πλατάγισμα (τό), clacking

πλαταίνω, to widen, to broaden

πλάτανος (ό), plane-tree

πλατεία (ή), square

πλάτη (ή), shoulder/ κάνω πλάτες, to assist

πλατιά, widely, broadly/ φαρδειά ~, at full length

πλατιάζω, to be verbose/ πλατιασμός (ό), verbosity

πλατίνα (ή), platinum

πλάτος (τό), width, breadth/ γεωγραφικό ~, latitude

πλατύγυρος, broad-brimmed

πλάτυνση (ή), widening, broadening/

πλατύνω, to widen, to broaden
πλατυπόδαρος, flatfooted/ πλατυποδία
(ἡ), flatfootedness
πλατύς, wide, broad
πλατύσκαλο (τό), (stairs) landing
πλατύφυλλος, broadleaved
πλατωνικός, platonic
πλέγμα (τό), network
πλειάδες (οἱ), pleiades
πλειοδοσία (ἡ), auction/ πλειοδότης (ὁ),
higher bidder/ πλειοδοτῶ, to outbid
πλειονότητα (ἡ), majority, plurality
πλειοψηφία (ἡ), majority/ ἀπόλυτη ~,
absolute majority/ πλειοψηφῶ, to get
the majority
πλειστηριασμός (ὁ), auction sale/ πλει-
στηριαστής (ὁ), auctioneer
πλεκτάνη (ἡ), ruse, plot
πλεκτήριο (τό), knitting factory/ πλέκτης
(ὁ), knitter/ πλεκτός, knitted/ πλέκω, to
knit/ ~ τό ἐγκώμιο, to praise, to eulo-
gize
πλεμόνι (τό), lung
πλένω, to wash
πλεξίδα (ἡ), plait/ πλέξιμο (τό), knitting
πλέον, any more, any longer/ ἐπί ~,
moreover
πλεονάζω, to be too much/ πλεόνασμα
(τό), surplus/ πλεονασμός (ὁ), unneces-
sary word, pleonasm
πλεονέκτημα (τό), advantage, merit/
πλεονέκτης (τό), greedy person/ πλεο-
νεκτικά, advantageously/ πλεονεκτι-
κός, advantageous/ πλεονεκτῶ, to ex-
cel/ πλεονεξία (ἡ), greediness
πλευρά (ἡ), side, rib; aspect
πλευρίζω, to come alongside/ (naut.) to
land
πλευρικός, lateral
πλευρίτιδα (ἡ), pleurisy/ πλευριτώνομαι,
to get pleurisy
πλευρό (τό), side, rib/ (mil.) flank/ στέκο-
μαι στό ~, to stand by, to assist/ πλευ-
ροκοπῶ, to attack on the flanks
πλεύση (ἡ), sailing/ πλεύσιμος, navigable
πλέω, to sail, to navigate
πληβεῖος (ὁ), plebeian
πληγή (ἡ), wound/ (fig.) scourge
πλήγμα (τό), blow
πληγούρι (τό), gruel

πλήγωμα (τό), wounding/ πληγωμένος,
wounded/ πληγώνω, to wound, to hurt/
(fig.) to insult
πληθαίνω, to increase, to multiply
πλῆθος (τό), multitude, crowd; plenty, a
lot
πληθυντικός (ὁ), plural
πληθυσμός (ὁ), population
πληθώρα (ἡ), abundance, profusion/ πλη-
θωρικός, plethoric/ πληθωρισμός (ὁ),
(econ.) inflation
πληκτικός, dull, boring
πλῆκτρο (τό), (piano) key
πλημμελειοδικεῖο (τό), police court/
πλημμέλημα (τό), fault, error; misde-
meanour/ πλημμελής, defective
πλημμύρα (ἡ), flood/ (fig.) abundance/
πλημμυρίδα (ἡ), tide/ πλημμυρίζω, to
flood/ πλημμύρισμα (τό), flooding,
overflowing/ πλημμυροπαθής, flood
victim
πλήν, minus
πλήξη (ἡ), boredom
πληρεξούσιο (τό), power of attorney/ ~ς,
proxy; deputy/ πληρεξουσιότητα (ἡ),
power of attorney
πληρέστατα, fully, entirely/ πληρέστα-
τος, most full, entire/ πλήρης, full, com-
plete; outright/ πληρότητα (ἡ), fullness
πληροφορία (ἡ), information, news/ πλη-
ροφοριοδότης (ὁ), informer/ πληροφο-
ρῶ, to inform
πλήρωμα (τό), crew/ ~ τοῦ χρόνου, the
right time
πληρωμένος, paid/ πληρωμή (ἡ), pay-
ment/ πληρώνω, to pay
πλήρωση (ἡ), completion
πληρωτέος, due, payable/ πληρωτής (ὁ),
payer
πλησιάζω, to approach, to go near/ πλη-
σίασμα (τό), approaching, drawing
near/ πλησιέστερος, closer, nearer/ ~
συγγενής, next of kin/ πλησίον, near,
close by/ (ὁ), fellow human being/ ἀγά-
πα τόν ~ σου ὡς ἑαυτόν, love thy
neighbour as thyself
πλησίστιος, with all sails hoisted
πλησμονή (ἡ), abundance
πλήττω, to strike; to feel bored
πλιάτσικο (τό), booty/ πλιατσικολογῶ, to

plunder
πλινθόκτιστος, built with bricks/ *πλίνθος* (ἡ), brick
πλοηγός (ὁ), pilot
πλοιάριο (τό), boat, small vessel
πλοίαρχος (ὁ), sea-captain
πλοῖο (τό), ship, vessel, craft/ *πολεμικό* ~, battleship/ ~*κτήτης* (ὁ), shipowner
πλοκάμι (τό), braid; tentacle
πλοκή (ἡ), plot
πλουμίδι (τό), embroidery, ornament/ *πλουμίζω,* to embroider, to adorn/ *πλουμιστός,* embroidered, adorned
πλουσιοπάροχος, rich, generous, copious
πλούσιος, rich, wealthy
πλουταίνω, to become rich/ *πλούτη* (τά), riches/ *πλουτίζω,* to enrich/ *πλουτισμός* (ὁ), enrichment/ *πλουτοκράτης* (ἡ), plutocrat/ *πλουτοκρατία* (ἡ), plutocracy/ *πλουτοκρατικός,* plutocratic/ *πλοῦτος* (ὁ), wealth, riches
πλύμα (τό), suds/ *πλυντήριο* (τό), laundry; washing machine/ *πλύντρια* (ἡ), 6λ. *πλύστρα/ πλύσιμο* (τό), washing/ *πλυσταριό* (τό), wash-house/ *πλυστικά* (τά), laundry money/ *πλύστρα* (ἡ), washer woman
πλώιμος, navigable
πλώρη (ἡ), bow, prow
πλωτάρχης (ὁ), corvette captain
πλωτός, navigable; floating
πνεῦμα (τό), spirit, mind, intellect/ Ἅγιο ~, Holy Ghost/ *πνευματικά,* spiritually/ *πνευματικός,* spiritual, intellectual/ *πνευματικότητα* (ἡ), spirituality
πνευματισμός (ὁ), spiritualism/ *πνευματιστής* (ὁ), spiritualist
πνευματώδης, witty, clever
πνεύμονας (ὁ), lung/ *πνευμονία* (ἡ), pneumonia/ *πνευμονικός,* pulmonary
πνευστός, blown/ πνευστό ὄργανο, wind instrument
πνέω, to blow/ ~ μένεα, to be in a rage/ ~ τά λοίσθια, to be on the verge of death
πνιγηρός, suffocating, choky
πνιγμός (ὁ), drowning, choking/ *πνίγω,* to drown; to strangle/ *πνίγομαι,* to be drowned/ ~ στή δουλειά, to be terribly busy/ *πνίξιμο* (τό), drowning; suffocation

πνοή (ἡ), breath; puff
πόα (ἡ), herb
ποδάγρα (ἡ), gout
ποδάρι (τό), foot/ *ποδαρικό,* augury/ *ποδαρίλα* (ἡ), bad odour of the feet
ποδηγεσία (ἡ), guidance/ *ποδηγετῶ,* to guide
ποδηλασία (ἡ), cycling/ *ποδηλάτης* (ὁ), cyclist/ *ποδήλατο* (τό), bicycle/ *ποδηλατοδρομία* (ἡ), bicycle race/ *ποδηλατῶ,* to cycle
ποδήρης, reaching (down) to the feet
πόδι (τό), foot; paw; claw/ εἶμαι στό ~, to be working (with little sleep)/ μέ τά πόδια, on foot
ποδιά (ἡ), apron
ποδίζω, to veer
ποδοβολητό (τό), tramping of feet
ποδόγυρος (ὁ), edge (of a dress)
ποδοκίνητος, driven by the feet
ποδοκροτῶ, to stamp the feet
ποδόλουτρο (τό), footbath
ποδοπατῶ, to trample
ποδοσφαιρικός, (of) football/ ~ ἀγῶνας, football match/ *ποδοσφαιριστής* (ὁ), footballer/ *ποδόσφαιρο* (τό), football
πόζα (ἡ), pose
ποθητός, desirable/ *πόθος* (ὁ), desire, wish/ *ποθῶ,* to desire, to long for
ποίημα (τό), poem/ *ποίηση* (ἡ), poetry/ *ποιητής* (ὁ), poet/ *ποιητικός,* poetic/ ποιητική ἄδεια, poetic licence/ *ποιήτρια* (ἡ), poetess
ποικιλία (ἡ), variety/ *ποικίλλω,* to vary/ *ποικιλόμορφος,* diversified/ *ποικίλος,* varied, diverse/ *ποικιλότροπος,* varied, diverse/ *ποικιλόχρωμος,* multicoloured, of various colours
ποιμαίνω, to tend a flock/ (eccl.) to guide/ *ποιμαντικός,* pastoral/ *ποιμαντορία* (ἡ), pastorship/ *ποιμαντορικός,* pastoral/ *ποιμενάρχης* (ὁ), prelate, bishop/ *ποιμένας* (ὁ), shepherd; prelate/ *ποιμενικός,* bucolic, pastoral/ *ποιμήν* (ὁ), 6λ. *ποιμένας/ποίμνη* (ἡ), or *ποίμνιο* (τό), flock
ποινή (ἡ), penalty, punishment/ θανατική ~, capital punishment
ποινικολόγος (ὁ), criminologist/ *ποινικός,* penal/ ~ κώδικας, penal code

ποιόν (τό), quality, character, nature
ποιός or ποιός, who, which
ποιότητα (ἡ), quality/ ποιοτικά, qualitatively/ ποιοτικός, qualitative
πολέμαρχος (ὁ), military commander
πολεμικός, martial; military
πολέμιος (ὁ), enemy, foe
πολεμιστής (ὁ), warrior, fighter/ πολεμίστρα (ἡ), loophole
πόλεμος (ὁ), war/ ἐμφύλιος ~, civil war/ παγκόσμιος ~, world war/ πολεμοφόδια (τά), ammunition/ πολεμῶ, to fight
πολεοδομία (ἡ), town-planning
πόλη (ἡ), town, city
πολικός, polar
πολικότητα (ἡ), polarity
πολιομυελίτιδα (ἡ), poliomyelitis
πολιορκητής (ὁ), besieger/ πολιορκητικός, besieging/ πολιορκία (ἡ), siege/ κατάσταση ~ς, state of siege/ πολιορκῶ, to besiege
πολιοῦχος (ὁ), patron saint
πολιτεία (ἡ), state; government
πολιτειολόγος (ὁ), constitutional expert
πολίτευμα (τό), constitution, form of government
πολιτεύομαι, to be a politician/ πολιτευτής (ὁ), politician
πολίτης (ὁ), citizen; civilian
πολιτική (ἡ), politics; policy
πολιτικολογία (ἡ), talking politics/ πολιτικολογῶ, to talk politics
πολιτικός, political, civil/ ~ μηχανικός, civil engineer/ πολιτικά δικαιώματα, civil rights
πολιτισμένος, civilized/ πολιτισμός (ὁ), civilization
πολιτιστικός, cultural
πολιτογράφηση (ἡ), naturalization/ πολιτογραφῶ, to naturalize
πολιτοφύλακας (ὁ), civil guard/ πολιτοφυλακή (ἡ), civil guard, militia
πολίχνη (ἡ), small town
πολλά, many
πολλαπλασιάζω, to multiply/ πολλαπλασιασμός (ὁ), multiplication/ πολλαπλασιαστέος, multiplicant/ πολλαπλασιαστής (ὁ), multiplier/ πολλαπλάσιος, multiple, manifold/ πολλαπλός, multiple

πόλος (ὁ), pole
πολτός (ὁ), pulp
πολύ, much
πολυανδρία (ἡ), polyandry
πολυάνθρωπος, populous, densely populated
πολυάριθμος, numerous
πολυάσχολος, very busy
πολυβόλο, (τό) cannon
πολυγαμία, (ἡ), polygamy/ πολύγαμος, polygamous
πολύγλωσσος, polyglot
πολύγραφος (ὁ), polygraph, copying machine
πολυγράφος, prolific writer
πολυγραφῶ, to reproduce by copying machine
πολύγωνο (τό), polygon/ ~ς, polygonal
πολυδαίδαλος, very complicated, complex
πολυδάπανος, very expensive
πολύεδρο (τό), polyhedron/ ~ς, polyhedral
πολυειδής, varied, diverse
πολυέλαιος (ὁ), chandelier
πολυέξοδος, very expensive, costly; prodigal
πολυετής, lasting for many years/ πολυετία (ἡ), long period of time
πολυεύσπλαχνος, all-merciful
πολυζήτητος, much sought after, desirable
πολυζωία (ἡ), longevity
πολυήμερος, lasting for several days
πολυθεΐα (ἡ), polytheism/ πολυθεϊστής (ὁ), polytheist
πολυθρήνητος, much lamented
πολυθρόνα (ἡ), armchair
πολυθρύλητος, celebrated
πολυκαιρία (ἡ), long lapse of time
πολυκέφαλος, many headed, polycephalous
πολύκλαυστος, much lamented
πολυκλινική (ἡ), clinic
πολύκροτος, celebrated
πολυκύμαντος, stormy
πολυλογάς (ὁ), chatterer/ πολυλογία (ἡ), verbosity, chattering/ πολυλογῶ, to chatter
πολυμάθεια (ἡ), erudition/ πολυμαθής,

erudite
πολυμελής, multimembered
πολυμήχανος, crafty, artful, cunning
πολύμορφος, multiform
πολύμοχθος, tiring, laborious
πολύξερος, learned
πολυπαθής, or **πολύπαθος,** having undergone great suffering
πολύπειρος, very experienced
πολύπλευρος, multisided
πολυπληθής, crowded; numerous
πολύπλοκος, complicated, complex
πολυπόθητος, much desired
πολυποίκιλος, varied
πολυπραγμονώ, to be meddlesome/ *πολυπραγμοσύνη* (ἡ), meddling (with)/ *πολυπράγμων,* meddlesome
πολύπτυχος, multifolded
πολύς, πολλή, πολύ, many, much
πολυσαρκία (ἡ), obesity/ *πολύσαρκος,* fat
πολυσέβαστος, most respected
πολυσέλιδος, containing many pages
πολυσήμαντος, significant
πολύσπαστο (τό), pulley
πολυσύλλαβος, polysyllabic
πολυσύνθετος, complex; of many talents
πολυτάραχος, turbulent
πολύτεκνος, having many children
πολυτέλεια (ἡ), luxury/ *πολυτελής,* luxurious
πολυτεχνεῖο (τό), technical university
πολυτεχνίτης (ὁ), skilled in many arts/ ~ καί ἐρημοσπίτης, a jack of all trades
πολύτιμος, precious, valuable
πολύτομος, many-volumed
πολυτρίχι (τό), (bot.) Venus hair
πολύτροπος, ingenious
πολυτρώγω, to eat excessively/ *πολυφαγία* (ἡ), gluttony, overeating/ *πολυφάγος,* gluttonous
πολύφερνος, richly dowered/ πολύφερνη νύφη, rich young lady
πολύφυλλος, many-leaved
πολυφωνία (ἡ), polyphony/ *πολύφωνος,* polyphonic
πολύφωτο (τό), chandelier
πολύχορδος, multistringed
πολυχρόνιο (τό), special royal hymn (chanted in church)

πολυχρωμία (ἡ), multicolouredness/ *πολύχρωμος,* multicoloured
πολυψήφιος, ~ ἀριθμός, multidigital number
πολυώνυμο (τό), (maths) polynomial/ ~ς, having several names
πολύωρος, lasting for many hours
Πολωνός, Πολωνέζα, Pole (man, woman)
πολώνω, to polarize/ *πόλωση* (ἡ), polarization/ *πολωτικός,* polarizing
πομάδα (ἡ), pomade
πόμολο (τό), knob, handle
πόμπευση (ἡ), or **πόμπεμα** (τό), public ridicule/ *πομπεύω,* to ridicule
πομπή (ἡ), procession, parade
πομπός (ὁ), transmitter
πομπώδης, pompous
πονεμένος, aching, sore
πονετικός, compassionate
πόνημα (τό), work, study
πονηράδα (ἡ), slyness, cunning/ *πονηρεύομαι,* to be suspicious/ *πονηρία* (ἡ), slyness, cunning/ *πονηρός,* sly, crafty
πονόδοντος (ὁ), toothache
πονοκέφαλος (ὁ), headache/ *πονοκεφαλιάζω,* to puzzle one's brain
πονόλαιμος (ὁ), sore throat
πονόμματος (ὁ), sore eye
πόνος (ὁ), pain, ache
πονόψυχος, compassionate
ποντάρω, to stake
ποντίκι (τό), or **ποντικός** (ὁ), mouse, rat/ *ποντικοπαγίδα* (ἡ), mousetrap/ *ποντικοφαγωμένος,* eaten by mice/ *ποντικοφωλιά* (ἡ), mousehole
ποντοπορία (ἡ), navigation/ *ποντοπόρος* (ὁ), seafarer/ *ποντοπορῶ,* to navigate
πόντος (ὁ), sea; stitch; centimetre; point, mark
πονῶ, to ache, to suffer
πορδή (ἡ), fart
πορεία (ἡ), march; course/ (mil.) φύλλο πορείας, marching orders/ *πορεύομαι,* to march; to go towards
πόρθηση (ἡ), plundering, pillaging/ *πορθητής* (ὁ), plunderer, pillager
πορθμέας (ὁ), ferryman/ *πορθμεῖα* (τά), ferry-fare/ *πορθμεῖο* (τό), ferryboat
πορθμός (ὁ), channel, strait

πορθῶ, to plunder; to conquer

πορίζομαι, to acquire

πόρισμα (τό), conclusion, deduction; corollary

πορισμός (ό), acquisition

πορνεία (ἡ), prostitution/ πορνεῖο (τό), brothel/ πορνεύω, to prostitute/ πόρνη (ἡ), prostitute, whore/ πορνοβοσκός (ό), brothel keeper/ πορνογραφία (ἡ), pornography/ πορνογραφικός, pornographic

πόρνος (ό), fornicator; brothel customer

πόρος (ό), ford/ (skin) pore/ (econ.) means, source of income

πόρπη (ἡ), buckle

πορσελάνη (ἡ), china, porcelain

πόρτα (ἡ), door

πορτογαλικός, Portuguese/ Πορτογάλος, Πορτογάλα, Portuguese (man, woman)

πορτοκαλάδα (ἡ), orangeade, orange-juice/ πορτοκαλεώνας (ό), orange grove/ πορτοκάλι (τό), orange/ πορτοκαλιά (ἡ), orange-tree

πορτοφόλι (τό), wallet

πορτραῖτο (τό), portrait

πορφύρα (ἡ), purple/ πορφυρίτης (ό), porphyry/ πορφυρός, purple (colour)

πορώδης, porous

πόσιμος, drinkable

ποσό (τό), sum, amount

πόσος, how much, how big (large)

ποσοστό (τό), percentage

ποσότητα (ἡ), quantity/ ποσοτικά, quantitatively/ ποσοτικός, quantitative

ποταμάκι (τό), stream, brook/ ποταμήσιος, or ποτάμιος, of the river/ ποτάμι (τό), river/ ποταμόπλοιο (τό), river-boat/ ποταμός (ό), river

ποταπός, mean, base/ ποταπότητα (ἡ), meanness, baseness

ποτάσσα (ἡ), potash

πότε, when/ ὡς ~; until when?/ ~-~, from time to time

ποτέ, never, ever/ κάλλιο ἀργά παρά ~, better late than never

ποτήρι (τό), glass

πότης (ό), drinker

ποτίζω, to water, to irrigate/ πότισμα (τό), watering, irrigation/ ποτιστήρι (τό), watering-can/ ποτιστικός, irriga-ting

ποτό (τό), drink; liquor/ ποτοποιεῖο (τό), liquor factory/ ποτοπωλεῖο (τό), bar

πού, who, which, that

ποῦ, where/ ἀπό ~ ὡς ~, since when?

πουγγί (τό), purse

πούδρα (ἡ), (face) powder/ πουδράρω, to powder

πουθενά, nowhere

πουκαμίσα (ἡ), long shirt/ πουκάμισο (τό), shirt

πουλάκι (τό), little bird

πουλάρι (τό), colt

πουλερικά (τά), poultry

πούλημα (τό), sale

πουλί (τό), bird, fowl

πούλια (ἡ), pleiades

πουλῶ, to sell

πουνέντες (ό), west wind

πουντιάζω, to catch cold

πουπουλένιος, feathery/ πούπουλο (τό), feather

πουρές (ό), mash

πουριτανισμός (ό), puritanism/ πουριτανός (ό), puritan

πουρνάρι (τό), holly

πουρνό (τό), dawn, daybreak

ποῦρο (τό), cigar

πούσι (τό), mist

πούστης (ό), homosexual

πουτάνα (ἡ), prostitute, whore

πουτίγγα (ἡ), pudding

πρᾶγμα (τό), thing, object/ αὐτό εἶναι ἄλλο ~, this is another matter/ τά πράγματα δέν πᾶνε καλά, things are not going well/ εἶμαι στά πράγματα, to be in power

πραγματεία (ἡ), essay

πραγματεύομαι, to deal with (a subject)

πράγματι, really, in fact

πραγματικός, real, true

πραγματικότητα (ἡ), reality

πραγματιστής (ό), realist

πραγματογνώμονας (ό), expert, connoisseur/ πραγματογνωμοσύνη (ἡ), valuation, survey

πραγματοποίηση (ἡ), realization/ πραγματοποιήσιμος, feasible/ πραγματοποιῶ, to realize, to accomplish/ πραγμάτωση (ἡ), realization, achievement

πρακτικά (τά), minutes
πρακτική (ή), practice
πρακτικό (τό), official written report
πρακτικός, practical
πράκτορας (ὁ), agent/ πρακτορεῖο (τό), agency
πραμάτεια (ή), goods, merchandise/ πραματευτής (ὁ), tradesman
πράξη (ή), action, deed/ (leg. & theat.) act
πραξικόπημα (τό), coup d'état
πράος, mild, meek/ πραότητα (ή), mildness, meekness
πρασιά (ή), lawn
πρασινάδα (ή), grass, lawn/ πρασινίζω, to turn green/ πρασίνισμα (τό), greening
πράσινος, green/ πρασινωπός, greenish
πράσο (τό), leek
πρατήριο (τό), sale room
πράττω, to do, to perform
πράυνση (ή), appeasement, soothing/ πραυντικός, appeasing, soothing/ πραΰνω, to appease, to soothe
πρεβάζι (τό), window-frame
πρέζα (ή), pinch/ (fig.) use of drugs
πρελούντιο (τό), prelude
πρεμιέρα (ή), première, opening night
πρέπει, must, should
πρέπον (τό), decency, fitness/ πρέπων, decent, fit
πρεσβεία (ή), embassy/ πρέσβειρα (ή), ambassadress/ πρεσβευτής (ὁ), ambassador/ πρεσβευτικός, ambassadorial
πρεσβεύω, to believe (in)
πρέσβυς (ὁ), ambassador
πρεσβυτεριανός (ὁ), presbyterian
πρεσβυτέριο (τό), vicarage
πρεσβύτερος, older/ (eccl.) priest
πρεσβύωπας (ὁ), long-sighted/ πρεσβυωπία (ή), presbyopia, long-sightedness/ πρεσβυωπικός, presbyopic
πρέσσα (ή), press/ πρεσσάρω, to press
πρέφα (ή), a kind of card game/ τό πῆρε ~, he found out about it
πρήζω, to swell/ (fig.) to bother
πρηνής, prone
πρήξιμο (τό), swelling, tumour/ πρήσκω, to swell/ πρησμένος, swollen
πριαπισμός (ὁ), priapism

πρίγκηπας (ὁ), prince/ πριγκηπάτο (τό), principality/ πριγκηπικός, princely/ πριγκήπισσα (ή), princess/ πριγκηπόπουλο (τό), young prince
πρίν, before, formerly; ago/ ~ τῆς ὥρας, prematurely
πριόνι (τό), saw/ πριονίδι (τό), sawdust/ πριονίζω, to saw/ πριόνισμα (τό), sawing/ πριονιστήρι (τό), sawmill/ πριονωτός, jagged
πρίσμα (τό), prism/ ~τικός, prismatic
πρό, before/ ~ Χριστοῦ, B.C./ ~ μεσημβρίας, a.m.
προαγγελία (ή), announcement/ προάγγελος (ὁ), herald/ προαγγέλω, to announce/ προάγγελμα (τό), announcement
προαγορά (ή), prepurchase/ ~ζω, to prepurchase
προάγω, to promote/ ~γή (ή), promotion
προαγωγός (ὁ), pimp
προαίρεση (ή), will, intention
προαιρετικά, optionally/ προαιρετικός, optional
προαιρούμαι, to wish
προαισθάνομαι, to forebode/ προαίσθημα (τό), foreboding
προαιώνιος, very ancient
προαλείφομαι, to prepare for
προάλλες, τίς ~, the other day
προαναγγελία (ή), preannouncement/ προαναγγέλλω, to preannounce
προανακρίνω, to carry out preliminary investigations/ προανάκριση (ή), preliminary investigation
προανάκρουσμα (τό), (mus.) prelude, overture
προαναφέρω, to mention beforehand/ προαναφερόμενος, the above-mentioned
προαπαίτηση (ή), requirement
προαποφασίζω, to predetermine, to decide beforehand
προασπίζω, to protect, to defend/ προάσπιση (ή), protection, defence/ προασπιστής (ὁ), protector, defender
προάστειο (τό), suburb
προαύλιο (τό), courtyard
πρόβα (ή), rehearsal/ (clothes) fitting
προβαδίζω, to march in front/ προβάδι-

σμα (τό), the right of preceding (someone)

προβαίνω, to proceed/ ~ σέ δήλωση, to issue a declaration

προβάλλω, to appear; to project/ ~ τό ἐπιχείρημα, to put the argument

προβάρω, to try on

προβατάκι (τό), lamb/ προβατίλα (ή), smell of sheep/ προβατίνα (ή), ewe/ πρόβατο (τό), sheep

προβειά (ή), sheepskin

πρόβειος, of a sheep/ πρόβειο κρέας, mutton

προβιβάζω, to promote/ προβιβασμός (ό), promotion

προβλεπτικός, provident/ προβλεπτικότητα (ή), foresight, providence/ πρόβλεψη (ή), forecast, prediction/ (leg.) provision/ προβλέπω, to predict

πρόβλημα (τό), problem; question/ ~τικός, problematic, uncertain

προβολέας (ό), spotlight/ (car) headlight/ (cinema) projector

προβολή (ή), projection

προβοσκίδα (ή), trunk, proboscis

προγαμιαῖος, prenuptial

προγεγραμμένος, proscribed

προγενέστερα, previously/ προγενέστερος, previous

πρόγευμα (τό), breakfast/ προγευματίζω, to have breakfast

προγκῶ, to make fun of

πρόγνωση (ή), prediction, forecast

προγονή (ή), stepdaughter/ προγόνι (τό), stepchild

προγονικός, ancestral

προγονοπληξία (ή), overadmiration of ancestors

πρόγονος (ό), ancestor

προγονός (ό), stepson

πρόγραμμα (τό), schedule, programme/ ~τικός, of a programme/ προγραμματικές δηλώσεις, policy statement

προγραφή (ή), proscription/ προγράφω, to proscribe

προγυμνάζω, to prepare (someone) for/ προγυμνάζομαι, to train, to prepare oneself/ προγύμναση (ή), training

πρόδηλος, manifest, obvious

προδιαγραφή (ή), specification/ προδια-

γράφω, to specify

προδιάθεση (ή), predisposition/ προδιαθέτω, to predispose

προδιάσκεψη (ή), preliminary conference

προδίδω, to betray

προδικάζω, to prejudge

πρόδομος (ό), vestibule

προδοσία (ή), treason/ ἐσχάτη ~, high treason/ προδότης (ό), traitor/ προδοτικός, treacherous

πρόδρομος (ό), forerunner/ (eccl.) the Baptist

προεδρεῖο (τό), presidium/ προεδρεύω, to preside/ προεδρία (ή), presidency/ προεδρικός, presidential/ πρόεδρος (ό), president

προειδοποίηση (ή), notice, warning/ προειδοποιῶ, to warn, to give notice

προεικάζω, to anticipate

προεισαγωγή (ή), introduction/ προεισαγωγικά, introductorily/ προεισαγωγικός, introductory

προεκβολή (ή), protuberance

προεκλογικός, pre-electoral/ προεκλογική περιοδεία, electoral campaign

προέκταση (ή), extension/ προεκτείνω, to extend

προέλαση (ή), advance/ προελαύνω, to advance

προέλευση (ή), origin

προεξάρχω, to be the head, to lead

προεξετάζω, to pre-examine/ προεξέταση (ή), preliminary examination

προεξέχω, to project

προεξόφληση (ή), προεξοφλητικός, discounting/ προεξοφλῶ, to discount

προεξοχή (ή), protuberance

προεόρτια (τά), eve of a feast

προεργασία (ή), preliminary work

προέρχομαι, to originate, to come from

προεστός (ό), notable, dignitary

προετοιμάζω, to prepare/ προετοιμασία (ή), preparation

προέχω, to surpass, to excel

πρόζα (ή) prose

προζύμι (τό), leaven

προηγούμαι, to precede, to go before

προηγούμενα, previously/ προηγούμενος, previous/ δέν ὑπάρχει προηγούμενο, there is no precedent

προθάλαμος (ὁ), antechamber
πρόθεμα (τό), prefix
προθερμαίνω, to preheat/ *προθέρμανση* (ἡ), preheating/ *προθερμαντήρας* (ὁ), preheater
πρόθεση (ἡ), intention, purpose/ (gram) preposition
προθεσμία (ἡ), term
προθήκη (ἡ), shopwindow
πρόθυμα, willingly, readily/ *προθυμία* (ἡ), willingness, eager/ *προθυμοποιοῦμαι*, to be eager to
πρόθυμος, willing, eager
προϊδεάζω, to create a prejudice
προίκα (ἡ), dowry, dower/ *προικίζω*, to endow/ *προικοδότης* (ὁ), endower/ *προικοδότηση* (ἡ), endowment/ *προικοδοτῶ*, to endow/ *προικοθήρας* (ὁ), dowry-hunter/ *προικοθηρία* (ἡ) dowry-hunting/ *προικοσύμφωνο* (τό), marriage-contract/ *προικῶος*, of a dowry
προϊόν (τό), product
προΐσταμαι, to be in charge/ *προϊστάμενος* (ὁ) chief, director, boss
προϊστορικός, prehistoric
πρόκα (ἡ), nail
προκάλυμμα (τό), screen/ *προκαλύπτω*, to screen, to protect/ *προκάλυψη* (ἡ), defence
προκαλῶ, to provoke, to cause; to tempt
προκάνω, to overtake, to reach
προκαταβάλλω, to pay in advance/ *προκαταβολή* (ἡ), advance, deposit/ *προκαταβολικά*, in advance/ *προκαταβολικός*, given in advance
προκαταλαμβάνω, to preoccupy; to prejudice/ *προκατάληψη* (ἡ), preoccupation; prejudice
προκαταρκτικά, preliminarily/ *προκαταρκτικός*, preliminary
προκατειλημμένος, prejudiced
προκάτοχος (ὁ), predecessor
πρόκειται, it is about
προκείμενο (ὁ), the subject (matter) in question
προκήρυξη (ἡ), proclamation/ *προκηρύσσω*, to proclaim
πρόκληση (ἡ), provocation; temptation/ *προκλητικά*, provocatively/ *προκλητικός*, provocative; tempting

προκόβω, to progress, to improve
προκοίλι (τό), pot belly
προκομμένος, diligent, progressive/ *προκοπή* (ἡ), improvement, progress
προκριματικός, preliminary/ (sport) *προκριματικοί ἀγῶνες*, heats
προκρίνω, to prefer/ *προκρίνομαι*, (sport) to enter the finals
πρόκριτος (ὁ), notable
προκυμαία (ἡ), pier, quay, seafront
προκύπτω, to result (from)
προλαβαίνω, to prevent
προλαλήσας (ὁ), the previous speaker
προλαμβάνω, βλ. *προλαβαίνω*
προλεγόμενα (τά), preface, prologue
προλέγω, to predict, to foretell
προλειαίνω, to smooth down/ (fig.) to prepare
προλεταριάτο (τό), proletariat/ *προλετάριος* (ὁ), proletarian
προληπτικά, preventively/ *προληπτικός*, preventive; superstitious/ *προληπτικότητα* (ἡ), superstitiousness
πρόληψη (ἡ), prevention; superstition
προλογίζω, to preface/ *πρόλογος* (ὁ), preface, prologue
προμάντεμα (τό), prophecy; presentiment/ *προμαντεύω*, to prophesy, to predict
πρόμαχος to champion, defender/ *προμαχῶ*, to champion to defend/ *προμαχώνας* (ὁ), bastion, rampart
προμελέτη (ἡ), preliminary study; premeditation/ *προμελετημένος*, premeditated/ *προμελετῶ*, to premeditate
προμετωπίδα (ἡ), frontispiece
προμήθεια (ἡ), supply; commission/ *προμηθευτής* (ὁ), supplier/ *προμηθευτικός*, furnishing/ *προμηθεύω*, to supply, to furnish
προμήκης, oblong
προμήνυμα (τό), omen, portent/ *προμηνύω*, to foretell
πρόναος (ὁ), portico, vestibule
προνοητικός, provident/ *προνοητικότητα* (ἡ), providence
πρόνοια (ἡ), provision, foresight/ Θεία ~, divine providence
προνόμιο (τό), privilege, prerogative/ *προνομιοῦχος*, privileged

προνοώ, to provide for
προξενείο (τό), consulate
προξενεύω, to negotiate a match/ *προξενητής* (ό), matchmaker/ *προξενήτρα* (ή), female matchmaker
προξενικός, consular
προξενιό (τό), matchmaking
πρόξενος (ό), consul
προξενώ, to create, to cause
προοδευτικά, progressively/ *προοδευτικός*, progressive/ *προοδευτικότητα* (ή), progressiveness/ *προοδεύω*, to progress, to improve/ *πρόοδος* (ή), progress/ (maths) progression
προοιμιακός, preliminary/ *προοίμιο* (τό), preface, preamble
προοιωνίζομαι, to forebode
προοπτική (ή), perspective
προορίζω, to predestine/ *προορισμός* (ό), predestination
προπαγάνδα (ή), propaganda/ *προπαγανδίζω*, to propagandize
προπαίδεια (ή), multiplication tables/ *προπαιδευτικός*, preparatory
προπαντός, above all
προπάπος (ό), great-grandfather
προπαραλήγουσα (ή), antepenultimate syllable
προπαραμονή (ή), the day before the eve
προπαρασκευάζω, to prepare beforehand/ *προπαρασκευαστής* (ό), preparer/ *προπαρασκευαστικός*, preparative
προπαρασκευή (ή), preparation
προπαρελθών, last but one
προπάτορες (οί), forefathers, ancestors/ *προπατορικός*, ancestral/ *προπατορικό αμάρτημα*, original sin
προπέμπω, to see off
προπερασμένος, before last
πρόπερσι, the year before last
προπέτεια (ή), impudence, impertinence/ *προπέτης*, impudent, impertinent
προπηλακίζω, to insult, to outrage/ *προπηλακισμός* (ό), insult, outrage
προπίνω, to drink to one's health, to toast
πρόπλασμα (τό), cast
προπληρωμή (ή), payment in advance/ *προπληρώνω*, to pay in advance/ *προπληρωτέος*, payable in advance
πρόποδες (οί), foot of a mountain

προπομπή (ή), seeing off/ *προπομπός* (ό), forerunner
προπόνηση (ή), coaching, training/ *προπονητής* (ό), coach, trainer/ *προπονώ*, to train, to coach
προπορεύομαι, to lead the way
πρόποση (ή), toast
πρόπτωση (ή), (med.) prolapsus
προπύλαια (τά), porch; propyleum
προπύργιο (τό), bastion, bulwark
προπώληση (ή), advance sale/ *προπωλώ*, to sell in advance
πρός, to, towards/ ~ Θεοῦ! for God's sake!/ ~ τό παρόν, for the time being
προσαγόρευση (ή), address/ *προσαγορεύω*, to address
προσάγω, to present (leg.) to take to court/ *προσαγωγή* (ή), presentation/ (leg.) taking to court
προσάναμμα (τό), fuel, tinder
προσανατολίζω, to orientate/ *προσανατολισμός* (ό) orientation
προσάπτω, to attribute
προσάραξη (ή), running aground/ *προσαράζω*, to run aground
προσαρμογή (ή), adaptation, adjustment/ *προσαρμόζω*, to adapt, to adjust/ *προσαρμοστικός*, adaptable
προσάρτημα (τό), appendix
προσάρτηση (ή), annexation/ *προσαρτώ*, to annex
προσαυξάνω, to augment/ *προσαύξηση* (ή), augmentation
προσβάλλω, to offend, to insult; to attack/ (leg.) to dispute/ *προσβάλλομαι*, to be offended
πρόσβαση (ή), access
προσβλέπω, to look at/ (fig.) to expect
προσβλητικός, offensive, insulting/ *προσβολή* (ή), offence, insult
προσγειώνομαι, to land/ (fig.) to become realistic/ *προσγείωση* (ή), landing
πρόσδεση (ή), fastening/ (naut.) mooring
προσδίδω, to give the impression
προσδιορίζω, to determine, to define/ *προσδιορισμός* (ό), determination, definition/ *προσδιοριστικός* determinative
προσδοκία (ή), expectation, anticipation/ *προσδοκώ*, to expect, to anticipate

προσεγγίζω, to approach/ (naut.) to moor/ *προσέγγιση* (ή), approach/ (naut.) mooring

προσεκτικά, carefully, cautiously/ *προσεκτικός*, careful, cautious

προσέλευση (ή), arrival

προσελκύω, to attract

προσεπικυρώνω, to ratify, to confirm/ *προσεπικύρωση* (ή), ratification, confirmation

προσέρχομαι, to arrive

προσεταιρίζομαι, to win over/ *προσεταιρισμός* (ό), winning over

προσέτι, in addition to, besides

προσευχή (ή), prayer/ *~τάριο* (τό), prayer-book; private chapel/ *προσεύχομαι*, to pray

προσεχής, next

προσέχω, to be careful, to pay attention, to take care

προσεχώς, shortly

προσηγορία (ή), appellation/ *προσηγορικός*, appellative

προσήκων, proper, fit

προσήλιο (τό), sunny place

προσηλυτίζω, to convert/ *προσηλυτισμός* (ό), conversion, proselytism/ *προσηλυτιστής* (ό), proselytiser/ *προσήλυτος* (ό), convert

προσηλώνω, to fix, to pin/ *προσηλώνομαι*, to be absorbed in/ *προσήλωση* (ή), great attention

προσήνεια (ή), amiability

προσήνεμος, windward

προσηνής, amiable

προσθαλάσσωση (ή), alighting

προσθαφαίρεση (ή), addition and subtraction/ *προσθαφαιρώ*, to add and subtract

πρόσθεση (ή), addition/ *πρόσθετα*, additionally/ *πρόσθετος*, additional/ *προσθέτω*, to add/ *προσθήκη* (ή),

προσιδιάζω, to be appropriate to

προσιτός, accessible

πρόσκαιρα, provisionally, temporarily/ *πρόσκαιρος*, provisional, temporary

προσκαλώ, to invite

προσκέφαλο (τό), pillow, cushion/ *~ θήκη* (ή), pillowcase

προσκήνιο (τό), the front of the stage/

(fig.) in the public eye

πρόσκληση (ή), invitation/ *προσκλητήριο* (τό), invitation card

προσκόλληση (ή), attachment; sticking/ *προσκολλώ*, to attach, to stick

προσκομιδή (ή), (eccl.) oblation/ *προσκομίζω*, to bring, to present

πρόσκομμα (τό), hindrance, impediment

προσκοπισμός (ό), scouting/ *πρόσκοπος* (ό), scout

προσκόπτω, to stumble

προσκόρυση (ή), stumbling/ *προσκορύω*, to knock against

προσκύνημα (τό), shrine/ *πηγαίνω σέ ~*, to go on a pilgrimage/ *προσκύνηση* (ή), worship

προσκυνητής (ό), pilgrim/ *προσκυνώ*, to worship

προσλαλιά (ή), address, short speech

προσλαμβάνω, to engage, to hire/ *πρόσληψη* (ή), hiring, engaging

προσμένω, to wait, to expect

πρόσμιξη (ή), mixing

προσμονή (ή), waiting, expectation

πρόσοδος (ή), revenue, income/ *προσοδοφόρος*, profitable, remunerative

προσοικειώνω, to make familiar/ *προσοικειώνομαι*, to adapt oneself to/ *προσοικείωση* (ή), familiarity

προσομοιάζω, to resemble

προσόν (τό), qualification

προσορμίζομαι, to moor/ *προσόρμιση* (ή), mooring

προσοχή (ή), attention, care

πρόσοψη (ή), facade

προσόψιο (τό), towel

προσπάθεια (ή), effort, attempt/ *προσπαθώ*, to attempt, to try

προσπάπος (ό), great-grandfather

προσπελάζω, to approach/ *προσπέλαση* (ή), approach, access

προσπερνώ, to pass by; to surpass

προσποίηση (ή), pretence/ *προσποιητός*, affected, pretending/ *προσποιούμαι*, to pretend, to feign

προσπορίζω, to procure

προσταγή (ή), command, order/ *προστάζω*, to order, to command/ *προστακτική* (ή), imperative/ *προστακτικός*, commanding

προστασία, (ἡ), protection/ ὑπό τήν ~, under the patronage/ *προστατευτικός,* protective, patronizing

προστατευτισμός (ὁ), protectionism/ *προστατευόμενος,* protégé/ *προστατεύω,* to protect/ *προστάτης* (ὁ), protector

πρόστεγο (τό), covered veranda/ (naut.) forecastle

πρόστιμο (τό), fine

προστρέχω, to seek shelter (help)

προστριβή (ἡ), friction, dispute

προστυχεύω, to become vulgar/ *προστυχιά* (ἡ), vulgarity, meanness/ *πρόστυχος,* vulgar, mean

προσύμφωνο (τό), preliminary agreement

προσυπογραφή (ἡ), countersignature/ *προσυπογράφω,* to countersign

προσφάγι (τό), snack

πρόσφατα, recently/ *πρόσφατος,* recent

προσφέρω, to offer, to give/ *προσφέρομαι,* to be willing, to volunteer

προσφεύγω, to seek refuge

προσφιλής, dear, beloved

προσφορά (ἡ), offer, gift/ (econ.) supply/ (in an auction) bid, tender

πρόσφορο (τό), consecrated bread

πρόσφορος, proper, suitable

πρόσφυγας (ὁ), refugee

προσφυγή (ἡ), recourse

προσφυής, convenient, suitable

πρόσφυμα (τό), suffix

πρόσφυση (ἡ), adhesion

προσφώνηση (ἡ), address/ *προσφωνῶ,* to address

πρόσχαρος, cheerful, gay

προσχεδιάζω, to premeditate

πρόσχημα (τό), pretext, excuse/ σώζω τά προσχήματα, to save appearances

προσχώρηση (ἡ), adherence, accession/ *προσχωρῶ,* to adhere, to accede

πρόσχωση (ἡ), alluvium

προσωδία (ἡ), prosody

προσωνυμία (ἡ), surname

προσωπάκι (τό), small pretty face

προσωπάρχης (ὁ), staff manager

προσωπεῖο (τό), or **προσωπίδα** (ἡ), mask/ *προσωπιδοφόρος* (ὁ), masked

προσωπικά, personally

προσωπικό (τό), personnel, staff

προσωπικός, personal/ προσωπική κράτηση, arrest

προσωπικότητα (ἡ), personality

πρόσωπο (τό), face, countenance; person/ (theat.) character/ νομικό ~, corporation, foundation/ σπουδαῖο ~, V.I.P., famous person/ μέ τόν ἱδρῶτα τοῦ προσώπου, by the sweat of one's brow

προσωπογραφία (ἡ), portrait/ *προσωπογράφος* (ὁ), portrait-painter

προσωποκράτηση (ἡ), imprisonment for debt

προσωποληψία (ἡ), favouritism, partiality

προσωποποίηση (ἡ), personification/ *προσωποποιῶ,* to personify

προσωρινά, temporarily, provisionally/ *προσωρινός,* temporary, provisional/ *προσωρινότητα* (ἡ), temporariness

πρόταση (ἡ), proposal/ (parl.) motion/ (gram.) sentence

προτάσσω, to place first

προτείνω, to propose, to suggest, to recommend

προτεκτοράτο (τό), protectorate

προτελευταῖος, last but one

προτεραία (ἡ), the previous day

προτεραιότητα (ἡ), priority, precedence

προτέρημα (τό), quality, advantage

πρότερος, precious, former/ ἐκ τῶν προτέρων, in advance

προτεστάντης (ὁ), protestant/ *προτεσταντισμός* (ὁ), protestantism

προτήτερα, previously, before

προτίθεμαι, to intend

προτίμηση (ἡ), preference/ *προτιμότερος,* preferable/

προτιμῶ, to prefer

προτομή (ἡ), bust

προτοῦ, previously, before

προτρεπτικός, exhortative/ *προτρέπω,* to exhort, to urge, to incite

προτρέχω, to outrun; to rush in front

προτροπή (ἡ), exhortation, urge, incitement

πρότυπο (τό), model

πρότυπος, standard, normal

προΰντζος (ὁ), βλ. **μπροῦντζος**

προϋπάντηση (ή), welcome/ προϋπαντώ, to welcome

προϋπαρξη (ή), pre-existence/ προϋπάρχω, to pre-exist

προϋπόθεση (ή), presupposition/ προϋποθέτω, to presuppose

προϋπολογισμός (ό), budget, estimate

προύχοντας (ό), notable

προφανής, evident, manifest

πρόφαση (ή), pretext, excuse/ προφασίζομαι, to use as a pretext

προσφέρω, to pronounce

προφητεία (ή), prophecy, prediction/ προφητεύω, to prophesy, to predict/ προφήτης (ό), prophet/ προφητικός, prophetic

προφορά (ή), pronunciation/ προφορικά, orally/

προφορικός, oral, verbal

προφταίνω, to overtake, to arrive in time/ δέν πρόφτασα τό λεωφορείο, I missed the bus

προφυλακή (ή), vanguard

προφυλακίζω, to remand in custody/ προφυλάκιση (ή), detention pending trial

προφυλακτικός, preventive/ (med.) prophylactic/ προφύλαξη (ή), precaution/ (med.) prophylaxis

προφυλάσσω, to preserve, to protect

πρόχειρα, off hand/ προχειρολογώ, to speak off hand/

πρόχειρος, improvised, off hand/ ~ ύπολογισμός, rough estimate

προχθές, the day before yesterday

προχρονολογώ, to antedate

πρόχωμα (τό), dike

προχωρώ, to advance, to progress

προψές, the night before last

προώθηση (ή), advancing/ (tech.) propulsion/ προωθώ, to push forward/ προωστικός, propelling

πρυμναίος, of the stern/ πρύμνη (ή), stern, aft/

πρυμνήσια (τά), moorings

πρυτανεία (ή), rectorship/ πρυτανεύω, to be a rector/ (fig.) to prevail/ πρύτανης (ό), rector

πρώην, ex, former

πρωθιεράρχης (ό), primate

πρωθιερέας (ό), headpriest

πρωθυπουργία (ή), premiership/ πρωθυπουργός (ό), premier, prime minister

πρωθύστερος, inverted

πρωί, morning

πρώιμα, prematurely/ πρώιμος, premature/ πρωιμότητα (ή), prematurity/ πρωινός, (of the) morning

πρωκτός (ό), backside, buttocks/ (med.) anus

πρώρα (ή), prow, bow/ πρωραίος, of the bow

πρώτα, first, at first/ ~ ό Θεός! God willing!

πρωταγωνιστής (ό), leading actor/ πρωταγωνίστρια (ή), leading actress/ πρωταγωνιστώ, to play the leading part

πρωτάθλημα (τό), champion ship/ πρωταθλητής (ό), champion

πρωταίτιος, main cause, the chief perpetrator

πρωτάκουστος, unprecedented, unheard of

πρωταπριλιά (ή), first of April, all fools' day

πρωτάρης (ό), beginner

πρωταρχίζω, to do (something) for the first time

πρωταρχικός, essential

πρωτεία (τά), priority, precedence

πρωτεξάδελφος (ό), first cousin

πρωτεργάτης (ό), pioneer

πρωτεύουσα (ή), capital

πρωτεύω, to be first

πρωτήτερα, βλ. προτήτερα

πρωτινός, old

πρώτιστος, foremost

πρωτοβάθμιος, of the first degree

πρωτόβγαλτος, novice, beginner

πρωτοβλέπω, to see for the first time

πρωτοβουλία (ή), initiative

πρωτοβρόχια (τά), the first (autumn) rainfall

πρωτογενής, primary

πρωτόγονος, primitive

πρωτοδικείο (τό), court of first instance/ πρωτοδίκης (ό), judge in a court of first instance

πρωτοετής, first year student

πρωτόζωα (τά), protozoa

πρωτοκαθεδρία (ἡ), precedence
πρωτόκλητος, first called/ (eccl.) St Andrew
πρωτόκλιτος, (gram.) of the first declension
πρωτοκολλητής (ὁ), recorder
πρωτόκολλο (τό), record, protocol
πρωτόλειο (τό), first work of an author
πρωτομαγιά (ἡ), first of May
πρωτομάστορας (ὁ), head workman
πρωτομηνιά (ἡ), first of the month
πρῶτον, at first
πρωτοπαίρνω, to take for the first time
πρωτοπαλλήκαρο (τό), champion
πρωτόπαππας (ὁ), headpriest
πρωτόπειρος, inexperienced
πρωτόπλασμα (τό), protoplasm
πρωτόπλαστος, first created/ οἱ πρωτόπλαστοι, Adam and Eve
πρωτοπορία (ἡ), vanguard/ πρωτοπόρος (ὁ), pioneer
πρωτοπυγμάχος (ὁ), boxing champion
πρῶτος, first, main, leading/ πρώτη γραμμή, front line
πρωτοστάτης (ὁ), leader/ πρωτοστατῶ, to lead; to play an important role
πρωτοτάξιδος, making the first voyage
πρωτοτόκια (τά), birthright/ πρωτότοκος, first born
πρωτοτυπία (ἡ), originality/ πρωτότυπος, original
πρωτοφανής, unprecedented
πρωτοχρονιά (ἡ), New Year's Day
πρωτοψάλτης (ὁ), chief chanter
πρωτύτερα, previously/ πρωτύτερος, previous
πταίσμα (τό), fault, error; offence/ ~ τοδικεῖο (τό), police-court/ πταισματοδίκης (ὁ), judge at a police-court
πταίω, βλ. φταίω
πτέρνα (ἡ), βλ. φτέρνα
πτερό (τό), βλ. φτερό
πτέρυγα (ἡ), wing; aisle
πτερύγιο (τό), fin/ (tech.) blade
πτέρωμα (τό), plumage
πτερωτή (ἡ), paddle-wheel
πτερωτός, winged
πτηνό (τό), bird, fowl/ ~ τροφεῖο (τό), aviary/ ~ τροφία (ἡ), bird-breeding/ ~ τρόφος (ὁ), bird-breeder

πτήση (ἡ), flight
πτητικός, volatile/ πτητικότητα (ἡ), volatility
πτοῶ, to scare, to terrify/ πτοοῦμαι, to be terrified
πτύελο (τό), sputum/ ~ δοχεῖο (ὁ), spittoon
πτύσσω, to fold/ πτυχή (ἡ), fold, crease
πτυχίο (τό), diploma/ πτυχιοῦχος (ὁ), graduate
πτῶμα (τό), corpse
πτώση (ἡ), downfall
πτωχά, poorly/ πτωχαίνω, to become poor/ πτώχευση (ἡ), bankruptcy/ πτωχικός, poor, shabby/ πτωχοκομεῖο (τό), poorhouse/ πτωχός, poor, pauper
πυγμαῖος, pygmy
πυγμαχία (ἡ), boxing/ πυγμάχος (ὁ), boxer
πυγμαχῶ, to box/ πυγμή (ἡ), fist
πυγολαμπίδα (ἡ), glow-worm
πυθάρι (τό), jar, jug
Πυθία (ἡ), Pythia, oracle
πυθμένας (ὁ), bottom
πυκνά, densely, thickly/ πυκνόμετρο (τό), densimeter
πυκνός, dense, thick/ πυκνοκατοικημένος, densely populated/ πυκνότητα (ἡ), density, thickness/ πυκνώνω, to thicken, to condense πύκνωση (ἡ), thickening, condensation/ πυκνωτής (ὁ), condenser/ πυκνωτικός, condensing
πύλη (ἡ), gate
πυλώνας (ὁ), portal, gateway
πυλωρός (ὁ), (med.) pylorus
πυξίδα (ἡ), compass
πύον (τό), pus/ πυόρροια (ἡ), suppuration/ πυορροῶ, to suppurate
πῦρ (τό), fire/ (eccl.) ~ τό ἐξώτερον! hell fire
πύρα (ἡ), intense heat
πυρά (ἡ), pyre
πυράγρα (ἡ), pair of tongs
πυρακτωμένος, incandescent/ πυρακτώνω, to incandesce
πυράκτωση (ἡ), incandescence
πυραμίδα (ἡ), pyramid
πύραυλος (ὁ), rocket
πυργίσκος (ὁ), turret
πυργοδέσποινα (ἡ), lady of the manor/

πυργοδεσπότης (ὁ), lord of the manor/ πυργοποιία (ἡ), tower-building
πύργος (ὁ), tower, castle/ πυργοφύλακας (ὁ), tower-guard/
πυργωτός, turretted
πυρέσσω, to be feverish/ πυρετός (ὁ), fever/ πυρετώδης, feverish; overactive
πυρήνας (ὁ), nucleus, core, centre/ πυρηνικός, nuclear/ πυρηνική φυσική, nuclear physics
πυρίμαχος, fireproof
πύρινος, fiery, flaming
πυρίτης (ὁ), pyrites
πυρίτιδα (ἡ), gunpowder/ πυριτιδαποθήκη (ἡ), powder storehouse/ πυριτιδοποιεῖο (τό), powder mill
πυριτικός, silicic/ πυρίτιο (τό), silicon
πυρίφλεκτος, flaming, blazing
πυρκαγιά (ἡ), fire
πυροβολαρχία (ἡ), artillery battery/ πυροβολεῖο (τό), cannon position/ πυροβόλημα (τό), shooting, firing/ πυροβολητής (ὁ), gunner/ πυροβολικό (τό), gun, cannon/ πυροβολῶ, to shoot, to fire
πυρογενής, (geol.) igneous
πυροδότηση (ἡ), ignition/ πυροδοτῶ, to ignite, to fire
πυρολαβίδα (ἡ), fire-tongs
πυρολατρεία (ἡ), fire-worship/ πυρολάτρης (ὁ), fire-worshipper
πυρόλιθος (ὁ), flintstone
πυρολουσίτης (ὁ), pyrolusite
πυρομαχικά (τά), ammunition
πυρός, heated
πυροσβέστης (ὁ), fireman/ πυροσβεστικός, (of a) fireman/ πυροσβεστική ὑπηρεσία, fire brigade/ πυροσβεστική ἀντλία, fire engine
πυροστιά (ἡ), trivet
πυροτέχνημα (τό), firework/ πυροτεχνία (ἡ), pyrotechnics
πυρότουβλο (τό), firebrick
πυρπόληση (ἡ), burning/ πυρπολητής (ὁ), arsonist/
πυρπολικό (τό), fireship/ πυρπολῶ, to burn down
πυρρός, russet, red/ πυρρότριχος, red-haired
πυρσός (ὁ), torch, beacon

πύρωμα (τό), heating/ πυρώνω, to heat, to warm
πυτιά (ἡ), cheese rennet
πυώδης, purulent
πωγωνάτος, bearded
πώληση (ἡ), sale/ χονδρική ~, wholesale/ λιανική ~, retail/ πωλητήριο (τό), bill of sale/ πωλητής (ὁ), salesman/ πωλήτρια (ἡ), saleswoman/ πωλῶ, βλ. πουλῶ.
πῶμα (τό), cork, stopper, plug/ πωματίζω, to cork, to plug
πωρόλιθος (ὁ), porous stone
πωρωμένος, insensible/ πώρωση (ἡ), insensibility
πώς, that
πῶς, how? in what manner?/ ~ εἶσαι; how are you? ~ σοῦ κατέβηκε; how did it occur to you?/ ~ σοῦ φαίνεται; how do you like it?

Ρ

ραβασάκι (τό), love-note, valentine
ραββίνος (ὁ), rabbi
ραβδί (τό), cane, stick/ ~ζω, to beat with a stick/ ~σμός (ὁ), flogging
ράβδος (ἡ), stick, cane, rod/ ποιμαντορική ~, pastoral staff/ ραβδοῦχος (ὁ), staffbearer
ράβδωση (ἡ), groove, fluting/ ραβδωτός, grooved, fluted
ράβω, to sew, to stitch
ραγάδα (ἡ), fissure, crack
ραγδαία, vehemently; at a very quick pace/ ραγδαῖος, very quick; vehement
ραγιαδισμός (ὁ), slavish attitude/ ραγιάς (ὁ), a Christian subject of the sultan/ (fig.) slave
ραγίζω, to crack, to break/ ράγισμα (τό), crack, fissure
ραδιενέργεια (ἡ), radioactivity/ ραδιενεργός, radioactive
ραδίκι (τό), dandelion

ράδιο (τό), radium; radio set/ ~γράφημα (τό), radiogram/ ~θεραπεία (ή), radiotherapy/ ~λογία (ή), radiology/ ~ πομπός (ό), transmitter/ ~σταθμός (ό), broadcasting station/ ~τηλεπικοινωνία (ή), radiocommunication

ραδιουργία (ή), intrigue, machination/ ραδιοῦργος (ό), intriguer, machinator/ ραδιουργῶ, to intrigue

ραδιοφωνία (ή), broadcasting/ ραδιόφωνο (τό), radio set

ράθυμα, indolently/ ραθυμία (ή), indolence/ ράθυμος, indolent

ραίνω, to sprinkle

ρακένδυτος, ragged

ρακή (ή), eau de vie/ ρακοπότηρο (τό), eau de vie glass

ράκος (τό), rag, tatter/ ρακοσυλλέκτης (ό), ragman

ράμμα (τό), thread

ραμφίζω, to peck/ ραμφισμός (ό), pecking/ ράμφος (τό), beak

ρανίδα (ή), drop

ραντίζω, to sprinkle/ ράντισμα (τό), sprinkling/ ραντιστήρι (τό), sprinkler

ραπάνι (τό), radish

ραπίζω, to slap, to smack/ ράπισμα (τό), slap, smack

ράπτης (ό), tailor/ ραπτικά (τά), sewing fees/ ραπτική (ή), tailor's trade/ ραπτομηχανή (ή), sewing machine

ράπτω, βλ. ράβω

ράσο (τό), gown, cassock/ ~φόρος (ό), clergyman

ράσπα (ή), rasp

ράτσα (ή), race

ραφείο (τό), tailor's shop

ραφή (ή), seam, stitch

ράφι (τό), shelf

ραφινάρισμα (τό), refining/ ραφινάρω, to refine

ράφτης (ό), tailor

ραχάτι (τό), leisure

ράχη (ή), back, spine; ridge

ραχίτιδα (ή), rickets/ ραχιτικός, rickety

ραχοκοκκαλιά (ή), backbone

ράψιμο (τό), sewing, stitching

ραψωδία (ή), rhapsody/ ραψωδός (ό), bard

ρεαλισμός (ό), realism/ ρεαλιστής (ό),

realist/ ρεαλιστικός, realistic

ρεβίθι (τό), chickpea

ρέγγα (ή), herring

ρεγουλάρισμα (τό), adjustment/ ρεγουλάρω, to adjust

ρεδιγκότα (ή), riding coat

ρεζέρβα (ή), spare part

ρεζές (ό), hinge

ρεζιλεύω, to ridiculize/ ρεζίλης (ό), ridiculous, imprudent/ ρεζιλίκι (τό), ridicule

ρείθρο (τό), sidewalk edge

ρεκλάμα (ή), advertisement/ ρεκλαμάρω, to advertise

ρεκόρ (τό), record

ρέκτης (ό), overactive person

ρέμα (τό), stream

ρεμάλι (τό), good for nothing

ρεματιά (ή), ravine

ρεμβάζω, to muse/ ρεμβασμός (ό), or ρέμβη (ή), musing, reverie/ ρεμβώδης, musing, dreamy

ρεμούλα (ή), plundering

ρεμπελεύω, to lead a dissolute life/ ρεμπελιό (τό), dissoluteness/ ρέμπελος (ό), disorderly

ρεοστάτης (ό), reostat

ρεπάνι (τό), βλ. ραπάνι

ρεπερτόριο (τό), repertoire

ρέπω, to tend, to be inclined towards

ρεσιτάλ (τό), recital

ρέστα (τά), change

ρετσέτα (ή), prescription

ρετσίνα (ή), resined wine/ ρετσίνι (τό), resin

ρετσινιά (ή), slander

ρετσινόλαδο (τό), castor-oil

ρεύομαι, to belch

ρεῦμα τό, current/ (air) draught

ρευματικός, rheumatic/ ρευματισμός (ό), rheumatism

ρευματοδέκτης (ό), plug/ ρευματοδότης (ό), socket

ρευστό (τό), fluid, liquid/ (fig.) money/ ρευστοποίηση (ή), liquefaction/ ρευστοποιῶ, to liquefy/ ρευστός, fluid, liquid/ (fig.) unstable/ ρευστότητα (ή), fluidity/ (fig.) instability

ρεύω, to decline, to decay

ρεφενές (ό), sharing expenses

ρέψιμο (τό), belching
ρέω, to flow
ρήγας (ὁ), king/ ρήγισσα (ἡ), queen
ρήγμα (τό), fissure, gap, crack
ρήμα (τό), verb
ρήμαγμα (τό), destruction, devastation/ ρημάδι (τό), ruin/ ρημάζω, to destroy, to devastate
ρηματικός, verbal
ρήξη (ἡ), breach/ (fig.) row, quarrel
ρηξικέλευθος, pioneering
ρήση (ἡ), saying
ρητίνη (ἡ), resin/ ρητινοῦχος, resinous
ρητό (τό), saying, maxim
ρήτορας (ὁ), speaker, orator/ ρητορεία (ἡ), eloquence, rhetoric/ ρητορεύω, to make an oration/ ρητορική (ἡ), oratory, rhetoric ρητορικός, rhetorical
ρητός, fixed, definite, express
ρήτρα (ἡ), clause/ ποινική ~, penal clause
ρηχός, shallow/ (fig.) superficial
ρίγα (ἡ), stripe, line
ρίγανη (ἡ), oregano/ κολοκύθια μέ τή ~, nonsense
ρίγος (τό), shiver, shudder/ ριγῶ, to shiver, to shudder
ριγώνω, to draw lines/ ριγωτός, striped
ρίζα (ἡ), root/ τετραγωνική ~, square root
ριζάλευρο (τό), riceflour
ριζίδιο (τό), rootlet
ριζικά, radically, entirely
ριζικό (τό), fate, destiny
ριζοβολῶ, to take root
ριζόγαλο (τό), rice pudding
ριζοσπαστικός, radical/ ριζοσπαστισμός (ὁ), radicalism
ριζοτομία (ἡ), eradication
ρίζωμα (τό), establishing roots; consolidation/ ριζωμένος, rooted/ ριζώνω, to take root
ρικνός, shrivelled
ρίμα (ἡ), rhyme
ρίνη (ἡ), (tech.) file; also βλ. λίμα/ ρινίζω, to file
ρινικός, nasal
ρίνισμα (τό), filing
ρινόκερος (ὁ), rhinoceros
ρινορ(ρ)αγία (ἡ), nose bleeding

ρίξιμο (τό), casting, throwing
ριπή (ἡ), gust, blast, casting/ ἐν ριπῇ ὀφθαλμοῦ, in the twinkling of an eye
ριπίδιο (τό), small fan/ ριπίζω, to fan
ρίχνω, to cast, to throw, to hurl/ ~ μιά ματιά, to have a look/ τό ~ ἔξω, to enjoy oneself
ριψοκινδυνεύω, to run a risk/ ριψοκίνδυνος, risky, daring
ροβολῶ, to rush downhill
ρόγα (ἡ), grape/ (anat.) nipple
ρόγχος (ὁ), wheezing
ρόδα (ἡ), wheel
ροδακινιά (ἡ), peach-tree/ ροδάκινο (τό), peach
ροδαλός, rosy
ροδάνι (τό), spinning-wheel/ ἡ γλῶσσα του πηγαίνει ~, he is so talkative
ροδέλαιο (τό), rose-oil
ρόδι (τό), pomegranate/ ροδιά (ἡ), pomegranate-tree
ροδίζω, to become rosy/ ρόδινος, rosy
ρόδο (τό), rose
ροδοδάφνη (ἡ), oleander
ροδόδεντρο (τό), rhododendron
ροδοκόκκινος, ruddy
ροδόσταγμα (τό), rosewater
ροδώνας (ὁ), rose garden
ροζέτα (ἡ), rosetta
ροζιάρικος, knotty/ ρόζος (ὁ), knot
ροή (ἡ), flow
ρόκα (ἡ), (bot.) distaff
ροκάνα (ἡ), rattle
ροκανίδια (τά), wood shavings
ροκανίζω, to gnaw/ (fig.) to spend (fortune)/ ροκάνισμα (τό), planing, gnawing
ρολόϊ (τό), watch, clock
ρόλος (ὁ), role, part
ρομβοειδής, rhomboid/ ρόμβος (ὁ), rhombus
ρόμπα (ἡ), dressing-gown
ρομφαία (ἡ), large sword
ρόπαλο (τό), club, cudgel/ ροπαλοφόρος (ὁ), club bearer
ροπή (ἡ), tendency, inclination/ (mech.) moment
ρόπτρο (τό), knocker
ρουθούνι (τό), nostril/ δέν ἔμεινε ~, they were all destroyed/ ρουθουνίζω, to

puff/ ρονθούνισμα (τό), puffing
ρουκέτα (ή), rocket
ρουμάνι (τό), wood
ρουμανικός, Rumanian/ Ρουμάνος, Ρουμάνα, Rumanian (man, woman)
ρούμι (τό), rum
ρουμπίνι (τό), ruby
ροῦς (ό), course, flow
ρουσφέτι (τό), favourable treatment
ρουτίνα (ή), routine
ρούφηγμα (τό), sucking, absorbing/ ρουφηξιά (ή), sip
ρουφιάνος (ό), pimp, procurer
ρουφῶ, to suck in, to absorb
ρουχισμός (ό), clothing, garments/ ροῦχα (τά), clothes
ρόφημα (τό), pottage
ροχαλητό (τό), snoring/ ροχαλίζω, to snore/ ροχάλισμα (τό), snore
ρυάκι (τό), brook, stream
ρύγχος (τό), muzzle, snout
ρυζάλευρο (τό), 6λ. ριζάλευρο
ρύζι (τό), rice
ρυζόγαλο (τό), 6λ. ριζόγαλο
ρυθμιζόμενος, adjustable/ ρυθμίζω, to adjust, to regulate; to settle
ρυθμικά, rhythmically/ ρυθμικός, rhythmical
ρύθμιση (ή), adjustment, regulation; settlement/ ρυθμιστής (ό), regulator/ ρυθμιστικός, adjusting, regulating
ρυθμός (ό), rhythm; style
ρύμη (ή), impetus, force/ ἐν τῇ ρύμῃ τοῦ λόγου, in the course of one's speech
ρυμοτομία (ή), street-planning
ρυμούλκηση (ή), towing/ ρυμουλκό (τό), tugboat, towboat/ ρυμουλκῶ, to tow, to tug
ρυπαίνω, to soil, to dirt/ ρύπανση (ή), soiling, polluting/ ρυπαρός, soiled, dirty/ ρυπαρότητα (ή), dirtiness, filth
ρύση (ή), flow/ ἔμμηνη ~, (med.) period
ρυτίδα (ή), wrinkle/ ρυτιδωμένος, wrinkled/ ρυτιδώνω, to wrinkle
ρωγμή (ή), fissure, crack, rift
ρωμαίικος, modern Greek
ρωμαϊκός, Roman/ Ρωμαῖος, Ρωμαία, Roman (man, woman)
ρωμαλέος, robust, mighty/ ρωμαλεότητα (ή), robustness, might

ρωμαντικός, romantic/ ρωμαντισμός (ό), romanticism
ρώμη (ή), vigour, strength
ρωμιός (ό), modern Greek/ ρωμιοσύνη (ή), the Modern Greeks
ρωσικός, Russian/ Ρῶσος, Ρωσίδα, Russian (man, woman)
ρώτημα (τό), question/ δέ θέλει ~, it is obvious/ ρωτῶ, to ask

Σ

σάβανο (τό), shroud/ σαβάνωμα (τό), shrouding/ σαβανώνω, to shroud
σαββατιάτικος, relating to Saturday/ Σάββατο (τό), Saturday/ σαββατόβραδο (τό), Saturday evening/σαββατοκύριακο (τό), weekend
σαβούρα (ή), ballast/ (fig.) refuse/ σαβούρωμα (τό), ballasting/ σαβουρώνω, to ballast
σαγανάκι (τό), small frying-pan
σαγήνευμα (τό), allurement/ σαγηνευτής (ό), allurer/ σαγηνευτικός, alluring/ σαγηνεύω, to allure/ σαγήνη (ή), allurement
σαγόνι (τό), jaw, chin/ σαγονιά (ή), a box on the chin
σαγρές (ό), shagreen
σαδισμός (ό), sadism/ σαδιστής (ό), sadist/ σαδιστικός, sadistic
σαθρά, in a rotten way/ σαθρός, rotten, decaying/ σαθρότητα (ή), rottenness, decay
σαΐτα (ή), arrow; shuttle/ σαϊτεύω, to shoot an arrow/ σαϊτιά (ή), arrow-shot
σακάτεμα (τό), crippling, maiming/ σακατεύω, to cripple/ σακάτης (ό), cripple
σάκκα (ή), bag, satchel
σακκάκι (τό), jacket
σακκί (τό), sack
σακκίδιο (τό), small bag
σακκοράφα (ή), sackneedle
σάκκος (ό), sack, bag/ ταχυδρομικός ~,

mailbag/ *σακκούλα* (ἡ), paperbag
σαχχαρίνη (ἡ), saccharine
σάλα (ἡ), drawing-room, hall
σαλαμάνδρα (ἡ), salamander
σαλάμι (τό), salami
σαλαμούρα (ἡ), brine
σαλάτα (ἡ), salad/ (fig.) confusion
σαλβάρι (τό), wide trousers
σάλεμα (τό), stirring, shaking
σαλεύω, to stir, to shake/ *σαλεύει ὁ νοῦς,* it drives me crazy
σάλι (τό), shawl
σάλιαγκας (ὁ), βλ. *σαλιγκάρι*
σαλιάζω, to salivate/ *σαλιάρα* (ἡ), baby's bib/ *σαλιάρης* (ὁ), babbler/ *σαλιαρίζω,* to babble, to prate/ *σαλιάρισμα* (τό), babbling, prating
σαλιγκάρι (τό), snail
σάλιο (τό), saliva/ *μοῦ τρέχουν τά σάλια,* my mouth waters/ *σάλιωμα* (τό), saliva - smearing/ *σαλιώνω,* to smear with saliva
σαλόνι (τό), drawing-room
σάλος (τό), tumult, commotion
σαλπάρισμα (τό), weighing the anchor/ *σαλπάρω,* to weigh anchor
σάλπιγγα (ἡ), trumpet/ (med.) salpinx/ *σαλπιγκτής* (ὁ), bugler, trumpeter/ *σαλπίζω,* to trumpet/ *σάλπισμα* (τό), trumpeting
σαλταδόρος (ὁ), agile jumper/ (fig.) crook/ *σαλτάρω,* to leap, to jump/ *σαλτιμπάγκος* (ὁ), acrobat/ *σάλτο* (τό), leap, jump
σάλτσα (ἡ), sauce, gravy
σαμαράς (ὁ), packsaddleman/ *σαμάρι* (τό), saddle/ *σαμαρώνω,* to saddle
σαματάς (ὁ), fuss, disturbance
σαμιαμίδι (τό), lizard/ (fig.) a tiny fellow
σαμπάνια (ἡ), champagne
σαμποτάζ (τό), sabotage
σαμπρέλα (ἡ), inner tube
σάν, like, as; when; if/ ~ νά, as if
σανατόριο (τό), sanatorium
σανδάλι (τό), or **σάνδαλο** (τό), sandal
σανίδα (ἡ), plank, board/ *σανιδένιο,* wooden/ *σανίδωμα* (τό), wooden floor/ *σανιδώνω,* to board
σανός (ὁ), fodder
σανσκριτικός, Sanskrit

σάντουιτς (τό), sandwich
σαξόφωνο (τό), saxophone
σαπίζω, to rot, to decay/ *σαπίλα* (ἡ), rottenness, decay/ *σάπιος,* rotten, decayed/ *σάπισμα* (τό), putrefaction
σαπουνάδα (ἡ), lather/ *σαπουνάς* (ὁ), soap-manufacturer/ *σαπούνι* (τό), soap/ *σαπουνίζω,* to soap/ *σαπούνισμα* (τό), soaping/ *σαπουνόνερο* (τό), suds/ *σαπουνόφουσκα* (ἡ), (soap) bubble
σαπρός, rotten/ *σαπρότητα* (ἡ), βλ. *σαπίλα*
σαπρόφυτα (τά), saprophytes
σαπφείρινος, sapphirine/ *σάπφειρος* (ὁ), sapphire
σαπωνοποιεῖο (τό), soap-factory/ *σαπωνοποιία* (ἡ), soapmaking/ *σαπωνοποιός* (ὁ), soap-manufacturer
σαραβαλιάζω, to ruin, to destroy/ *σαράβαλο* (τό), ruin
σαράκι (τό), moth/ (fig.) a permanent source of sadness
σαρακοστή (ἡ), Lent/ *σαρακοστιανός,* lenten
σαρακοφαγωμένος, motheaten
σαράντα, forty/ *σαραντάμερο* (τό), forty days
σαρανταποδαρούσα (ἡ), centipede
σαραντάρης (ὁ), forty years old/ *σαρανταριά,* about forty/ *σαρανταρίζω,* to reach the age of forty/ *σαραντίζω,* to complete a period of forty days
σαράτσης (ὁ) saddlemaker
σαράφης (ὁ), moneychanger
σαρδέλα (ἡ), sardine
σαρδόνιος, sardonic
σαρίκι (τό), turban
σάρκα (ἡ), flesh
σαρκάζω, to be sarcastic/ *σαρκασμός* (ὁ), sarcasm/ *σαρκαστής* (ὁ), sarcastic person/ *σαρκαστικά,* sarcastically/ *σαρκαστικός,* sarcastic
σαρκικά, carnally/ *σαρκικός,* carnal
σαρκίο (τό), body
σαρκοβόρος, or **σαρκοφάγος,** carnivorous
σαρκοφάγος (ἡ), sarcophagus
σαρκώδης, fleshy
σάρκωμα (τό), sarcoma, growth
σάρπα (ἡ), scarf

σάρωμα (τό), sweeping/ σαρώνω, to sweep

σαστίζω, to be astonished/ σάστισμα (τό), astonishment

σατανάς (ὁ), satan, devil/ σατανικά, satanically/ σατανικός, satanical

σατραπεία (ἡ), satrapy/ σατράπης (ὁ), satrap/ (fig.) despot/ σατραπικός, despotic

σάτυρα (ἡ), satire/ σατυρίζω, to satirize/ σατυρικά, satirically/ σατυρικός, satirical/ σάτυρος (ὁ), satyr

σαύρα (ἡ), lizard/ σαυροειδῆ (τά), saurians

σαφήνεια (ἡ), lucidity/ σαφηνίζω, to elucidate, to clarify/ σαφής, lucid, clear

σαχλαμάρα (ἡ), nonsense, rubbish/ σαχλαμαρίζω, to talk nonsense/ σαχλός, dull

σβάρνα (ἡ), harrow/ παίρνω ~, to overturn

σβελτάδα (ἡ), nimbleness/ σβέλτος, nimble

σβερκιά (ἡ), slap on the the back of the neck/ σβέρκος (ὁ), back of the neck

σβήνω, to extinguish, to put out/ (elec.) to switch off/ (thirst) to quench/ (board) to rub out/ σβήσιμο (τό), extinguishing; switching off; erasing/ σβηστήρας (ὁ), rubber, eraser/ σβηστός, extinguished; switched off

σβουνιά (ἡ), manure

σβούρα (ἡ), (spinning) top

σβύνω, βλ. σβήνω

σβῶλος (ὁ), clod, lump of earth

σγουραίνω, to curl/ σγουρόμαλλος, curly-haired/ σγουρός, curly/ σγούρωμα (τό), curling

σέ, in, within, to/ ~ λίγο, in a while, shortly/ ~ βάθος, in depth

σέβας (τό), respect, esteem, regard/ τά σέβη μου, my regards/ σεβάσμιος, venerable/ σεβασμιώτατος (ὁ), most reverend/ σεβασμός (ὁ), respect/ σεβαστός, respectable, venerable/ σέβομαι, to respect

σειρά (ἡ), row, line; rank; series/ ἀλφαβητική ~, alphabetical order/ ~ μου, my turn/ μέ τή ~, one by one/ δέν εἶναι τῆς σειρᾶς μας, he (she) is not of our class

σειρήνα (ἡ), mermaid/ (tech.) siren, alarm bell

σειρῆτι (τό), ribbon

Σείριος (ὁ), Dog-star

σεισμικός, seismic/ σεισμογράφος (ὁ), seismograph/ σεισμολογία (ἡ), seismology/ σεισμολόγος (ὁ), seismologist/ σεισμόμετρο (τό), seismometer/ σεισμοπαθής, earthquake victim/ σεισμός (ὁ), earthquake

σεῖστρο (τό), tambourine

σείω, to shake, to toss

σελαγίζω, to glitter/ σελάγισμα (τό), glittering

σέλας (τό), brilliancy/ βόρειο ~, aurora borealis

σελάχι (τό), cartridge-belt

σελήνη (ἡ), moon

σεληνιάζομαι, to be epileptic

σεληνιακός, lunar

σεληνιασμός (ὁ), epilepsy

σεληνόφως (τό), moonlight/ σεληνοφώτιστος, moonlit

σελίδα (ἡ), page/ σελιδοποίηση (ἡ), paging

σελίνι (τό), shilling

σέλινο (τό), celery

σέλλα (ἡ), saddle/ σελλώνω, to saddle

σεμινάριο (τό), seminary; seminar

σεμνά, modestly, respectfully/ σεμνοπρέπεια (ἡ), decency, modesty/ σεμνοπρεπής, decent, modest/ σεμνός, modest/ σεμνότητα (ἡ), modesty, decency/ σεμνοτυφία (ἡ), prudishness/ σεμνότυφος, prudish

σεμνύνομαι, to be proud of

σεντέφι (τό), mother of pearl

σεντόνι (τό), (bed) sheet

σεντούκι (τό), trunk, chest

σεξουαλικός, sexual/ σεξουαλισμός (ὁ), sexualism

σέπαλο (τό), sepal

Σεπτέμβριος (ὁ), September

σεπτός, venerable

σεράϊ (τό), seraglio

σεραφείμ (τό), seraph, angel

σερβικός, or σέρβικος, Serbian

σερβίρισμα (τό), serving/ σερβίρω, to serve/ σερβιτόρος (ὁ), waiter/ σερβί-

τσιο (τό), cover
Σέρβος, Σέρβα, Serbian (man, woman)
σεργιάνι (τό), promenade/ *σεργιανίζω,* to take a walk
σερενάδα (ἡ), or *σερενάτα* (ἡ), serenade
σερνικός, male
σέρνω, to pull, to draw
σέρρα (ἡ), greenhouse
σεσημασμένος, wanted by the police
σέσουλα (ἡ), scoop
σηκός (ὁ), nave
σήκωμα (τό), rising; pulling up/ *σηκώνω,* to lift, to raise/ ~ ἄγκυρα, to weigh anchor/ ~ χρήματα, to withdraw money/ δέν σηκώνει ἄλλο, that's the limit, there is no room for further negotiation
σηκώτι (τό), liver
σηκωτός, carried, lifted
σῆμα (τό), sign, mark, signal/ ἐμπορικό ~, trademark
σημάδεμα (τό), marking/ *σημαδεμένος,* marked; crippled/ *σημαδεύω,* to mark; to take aim/ *σημάδι* (τό), sign, mark; aim, target
σημαδούρα (ἡ), buoy
σημαία (ἡ), flag, banner
σημαίνω, to mean, to signify; to ring/ σημαίνει μεσημέρι, it is striking noon
σημαιοστολίζω, to bedeck with flags/ *σημαιοστολισμός* (ὁ), bedecking with flags/ *σημαιοστόλιστος,* bedecked with flags
σημαιοφόρος (ὁ), standard bearer/ (naut.) midshipman
σήμανση (ἡ), stamping; specifying
σημαντικά, significantly, considerably/ *σημαντικός,* significant, considerable/ *σημαντικότητα* (ἡ), significance, importance
σήμαντρο (τό), bell
σημασία (ἡ), meaning, significance/ δέν ἔχει ~, it is not important
σηματογράφος (ὁ), semaphore
σημεῖο (τό), sign, mark/ σημεία καί τέρατα, unusual (extraordinary) events
σημείωμα (τό), note, memorandum/ ~τάριο (τό), notebook
σημειωμένος, marked/ *σημειώνω,* to note, to mark/ *σημείωση* (ἡ), note/ *σημειωτέος,* worthy/ σημειωτέον ὅτι, nota

bene/ *σημειωτός,* marked; slow but steady
σήμερα, today/ ~ ὀκτώ, in a week/ *σημερινός,* of today; contemporary, modern
σημίτης (ὁ), semite/ *σημιτικός,* semitic
σημύδα (ἡ), birch-tree
σηπτικός, septic
σήραγγα (ἡ), tunnel
σηροτροφεῖο (τό), silkworm nursery/ *σηροτροφία* (ἡ), sericulture/ *σηροτρόφος* (ὁ), sericulturist
σησάμι (τό), sesame
σηψαιμία (ἡ), septicaemia
σήψη (ἡ), decay
σθεναρός, vigorous, strong/ *σθεναρότητα* (ἡ), vigour, strength/ *σθένος* (τό), courage
σιαγώνα (ἡ), jaw/ ἄνω ~, upper jaw/ κάτω ~, lower jaw
σιάζω, to arrange, to adjust/ *σιάξιμο* (τό), arranging, adjusting/ *σιάχνω,* to arrange, to fix
σιβηρικός, Siberian
σιβυλλικός, enigmatic
σιγά, slowly, softly/ ~ ~, little by little
σιγάζω, to silence
σιγαλιά (ἡ), serenity, peace
σιγανός, quiet/ (voice) low
σιγαρέτο (τό), cigarette/ *σιγαροθήκη* (ἡ), cigarette-case
σιγαστήρας (τό), muffler
σιγή (ἡ), silence
σιγοβράζω, to simmer
σίγουρα, surely, certainly, undoubtedly/ *σιγουράρω,* to make sure/ *σιγουριά* (ἡ), surety/ *σίγουρος,* sure, certain
σιγῶ, to keep silent
σιδεράδικο (τό), blacksmith's shop/ *σιδεράς* (ὁ), blacksmith/ *σιδερένιος,* made of iron/ *σιδερικό* (τό), iron object, ironware/
σίδερο (τό), iron/ εἶναι γιά τά σίδερα, he (she) is crazy
σιδέρωμα (τό), ironing/ *σιδερώνω,* to iron/ *σιδερωτής* (ὁ), ironer
σιδηροβιομηχανία (ἡ), ironworks
σιδηροδέσμιος, chained
σιδηρόδετος, ironbound
σιδηροδρομικός, (of the) railway/ σιδηροδρομική γραμμή, railway (track)/ σι-

δηρόδρομος (ὁ) railway
σιδηρόκολλα (ἡ), solder
σιδηρομεταλλουργία (ἡ), iron metal-works
σιδηρονικέλιο (τό), ferronickel
σιδηροπαγής, iron reinforced/ σιδηροπαγές κονίαμα, reinforced concrete
σιδηροπώλης (ὁ), ironmonger
σιδηροτροχιά (ἡ), railway track
σιδηρουργεῖο (τό), blacksmith's shop/ σιδηρουργός (ὁ), blacksmith
σίκαλη (ἡ), rye
σιλουέτα (ἡ), silhouette
σιμά, near
σιμιγδάλι (τό), semolina
σιμός, σιμή μύτη, snub nose
σίμωμα (τό), closeness
σιμώνω, to come close, to approach
σινάπι (τό), mustard/ σιναπισμός (ὁ), mustard plaster/ σιναπόσπορος (ὁ), mustard-seed
σινιάλο (τό), signal
σινικός, Chinese/ σινική μελάνη, Chinese ink
σιντριβάνι (τό), βλ. συντριβάνι
σιρόκος (ὁ), southeasterly wind
σιρόπι (τό), syrup
σιταγορά (ἡ), wheat-market/ σιταποθήκη (ἡ), granary/ σιταρένιος, wheaten/ σιτάρι (τό), wheat
σιτάρκεια (ἡ), wheat sufficiency/ σιτεμπόριο (τό), corn trade/ σιτέμπορος (ὁ), corn (wheat) dealer
σιτευτός, fattened/ σιτεύω, to fatten
σιτηρά (τά), cereals
σιτηρέσιο (τό), ration
σιτίζω, to nourish/ σίτιση (ἡ), nourishing/ σιτιστής (ὁ), quartermaster
σιτοβολώνας (ὁ), granary
σιτοδεία (ἡ), famine
σιτοπαραγωγή (ἡ), wheat production/ σιτοπαραγωγός (ὁ), wheat producer/ σιτοπώλης (ὁ), wheat-dealer
σίτος (ὁ), βλ. σιτάρι
σίφουνας (ὁ), whirlwind
σίφων (ὁ), siphon
σιχαίνομαι, to detest, to loathe/ σίχαμα (τό), object of disgust/ σιχαμένος, disgusting, abominable/ σιχασιά (ἡ), disgust

Σιωνισμός (ὁ), Zionism
σιωπή (ἡ), silence/ ~λός, silent/ ~ρός, implicit, tacit
σιωπητήριο (τό), (mil.) silence trumpeting
σιωπῶ, to be silent
σκάβω, to dig
σκάγια (τά), small shot
σκάζω, to burst, to crack/ ~ στά γέλια, to burst out laughing/ τό ~, to beat it
σκαθάρι (τό), beetle
σκαιός, rude, impolite, vulgar/ σκαιότητα (ἡ), rudeness, vulgarity
σκάκι (τό), chess/ σκακιέρα (ἡ), chessboard/ σκακιστής (ὁ), chessplayer
σκάλα (ἡ), ladder, staircase; harbour, anchorage
σκαλάθυρμα (τό), a short book
σκαλεύω, to stir up
σκαληνός, (maths) unequal
σκαλί (τό), step, stair
σκαλίζω, to dig up; to engrave/ σκάλισμα (τό), digging; engraving/ σκαλιστήρι (τό), spade, hoe/ σκαλιστός, carved
σκαλοπάτι (τό), step, stair
σκάλωμα (τό), hitch, obstacle/ σκαλώνω, to find difficulty
σκαλωσιά (ἡ), scaffolding
σκάμμα (τό), pit, dug up area
σκαμνί (τό), stool
σκαμπάζω, to comprehend
σκαμπανεβάζω, to go up and down
σκαμπίλι (τό), slap/ σκαμπιλίζω, to slap
σκανδάλη (ἡ), trigger
σκανδαλιάρης (ὁ), intriguing; naughty/ σκανδαλίζω, to scandalize/ σκάνδαλο (τό), scandal/ σκανδαλοθήρας (ὁ), scandal-hunter/ σκανδαλοποιός (ὁ), scandalmonger, intriguer/ σκανδαλώδης, scandalous
σκαντζόχοιρος (ὁ), hedgehog, porcupine
σκαπανέας (ὁ), digger; pioneer
σκαπάνη (ἡ), pickaxe
σκαπουλάρω, to escape, to save oneself
σκάρα (ἡ), grate, grill
σκαραβαῖος (ὁ), scarab
σκαρί (τό), (naut.) ship/ (body) make, shape/ ἔχω στά σκαριά, to plan
σκαρίφημα (τό), outline
σκαρλατίνα (ἡ), scarlet fever

σκάρος (ὁ), sheep grazing

σκάρτος, unfit, unsuitable

σκαρφάλωμα (τό), climbing/ σκαρφαλώνω, to climb

σκαρφίζομαι, to get an idea

σκαρώνω, to make, to manage

σκάσε! shut up!

σκασίλα (ἡ), sorrow, uneasiness/ ἔχω μιά ~! who cares!/ σκάσιμο (τό), burst, crack/ (fig.) escape/ σκασμός (ὁ), bursting/ ~ ! shut up!/ σκαστός, absent without permission

σκατά (τά), excrement/ σκατώνω, to dirty/ (fig.) to make a mess

σκάφανδρο (τό), diving suit

σκαφέας (ὁ), βλ. σκαφτιάς

σκάφη (ἡ), trough

σκάφος (τό), vessel, ship

σκαφτιάς (ὁ), digger

σκάφτω, to dig/ σκάψιμο (τό), digging

σκάω, to burst; to explode

σκεβρός, warped, bent/ σκέβρωμα (τό), warping, bending/ σκεβρώνω, to warp, to bend

σκελέα (ἡ), underwear

σκέλεθρο (τό), skeleton

σκελετός (ὁ), skeleton/ (fig.) outline/ σκελετώδης, skeleton-like, very thin

σκελίδα (ἡ), clove

σκέλος (τό), leg

σκεπάζω, to cover, to veil

σκεπάρνι (τό), adze

σκέπασμα (τό), cover; lid; blanket/ σκεπαστός, covered/ σκέπαστρο (τό), cover, roof/ σκέπη (ἡ), protection, patronage/ σκεπή (ἡ), roof

σκεπτικισμός (ὁ), scepticism/ σκεπτικιστής (ὁ), scepticist

σκεπτικό (τό), (leg.) the grounds for a court sentence

σκεπτικός, thoughtful/ σκέπτομαι, to think, to reflect

σκέρτσο (τό), gesticulation; coquetishness/ σκερτσόζος, coquetish

σκέτος, simple; neat/ (coffee) unsweetened/ νέτα σκέτα, frankly, openly

σκευαγωγός (ὁ), βλ. σκευοφόρος

σκευασία (ἡ), preparation (of a chemical substance etc.)

σκευοθήκη (ἡ), cupboard

σκεῦος (τό), vessel, utensil

σκευοφόρος (ἡ), luggage wagon

σκευοφύλακας (ὁ), storekeeper/ (eccl.) sexton/ σκευοφυλάκιο (τό), storeroom/ (eccl.) sacristy

σκευωρία (ἡ), intrigue/ σκευωρῶ, to intrigue

σκέψη (ἡ), thought, reflection

σκηνή (ἡ), tent/ (theat.) stage/ (in a play) scene/ στήνω ~, to pitch a tent/ κάνω ~, to quarrel

σκηνικά (τά), (theat.) sets

σκηνικός, scenic

σκηνογραφία (ἡ), scenery, sets/ σκηνογράφος (ὁ), director of sets/ σκηνογραφῶ, to make stage sets

σκηνοθεσία (ἡ), stage direction/ σκηνοθέτης (ὁ), stage director/ σκηνοθετῶ, to direct a play

σκηνοπηγία (ἡ), tent pitching

σκηνοποιός (ὁ), tentmaker

σκήνωμα (τό), (eccl.) remains of a saint

σκῆπτρο (τό), sceptre/ σκηπτροῦχος (ὁ), sceptre-bearer

σκήτη (ἡ), hermitage

σκί (τό), ski

σκιά (ἡ), shade, shadow/ στή ~, in the shade

σκιαγράφημα (τό), outline, sketch/ σκιαγραφία (ἡ), brief essay on a subject/ σκιαγραφῶ, to outline

σκιάζω, to overshadow, to shade/ σκιάζομαι, to be frightened

σκιαμαχία (ἡ), shadow boxing

σκιάχτρο (τό), scarecrow

σκιερός, shady, shadowy

σκίζα (ἡ), woodsplinter

σκίουρος (ὁ), squirrel

σκιόφως (τό), twilight

σκίρτημα (τό), leaping, thrill/ σκιρτῶ, to leap, to be thrilled

σκίτσο (τό), sketch/ ~γράφος (ὁ), sketch drawer

σκιώδης, shadowy/ ~ κυβέρνηση, shadow cabinet

σκλάβα (ἡ), female slave/ σκλαβιά (ἡ), slavery, captivity/ σκλάβος (ὁ) slave/ σκλάβωμα (τό), enslavement/ σκλαβώνω, to enslave

σκλήθρα (ἡ), splinter

σκληραγωγία (ἡ), strict discipline/ *σκληραγωγῶ*, to follow (enforce) a strict discipline

σκληράδα (ἡ), hardness

σκληραίνω, to harden

σκληρόκαρδος, cruel

σκληρός, hard, tough; cruel/ *σκληρότητα* (ἡ), hardness, toughness; cruelty/ *σκληροτράχηλος*, stiffnecked/ (fig.) obstinate/ *σκλήρυνση* (ἡ), stiffening, hardening

σκλήρωση (ἡ), (med.) sclerosis

σκνίπα (ἡ), gnat

σκοινί (τό), rope, cord/ *τοῦ σκοινιοῦ καί τοῦ παλουκιοῦ*, immoral person

σκολάζω, to end one's work (shift)/ *τόν σκόλασαν*, he was fired

σκολιός, crooked, winding/ *σκολιότητα* (ἡ), crookedness

σκόνη (ἡ), dust, powder/ *σκονίζω*, to fill with dust

σκόνταμα (τό), stumbling/ *σκοντάφτω*, to stumble

σκόπελος (ὁ), reef, rock/ (fig.) obstruction, difficulty

σκόπευση (ἡ), taking aim/ *σκοπευτήριο* (τό), shooting field/ *σκοπευτής* (ὁ), marksman/ *ἐλεύθερος* ~, skirmisher/ *σκοπευτικός*, shooting/ *σκοπεύω*, to aim at, to take aim/ (fig.) to intend

σκοπιά (ἡ), watchtower

σκόπιμα, intentionally/ *σκόπιμος*, intentional, expedient/ *σκοπιμότητα* (ἡ), expedience

σκοποβολή (ἡ), target practice

σκοπός (ὁ), aim, purpose; guard, sentinel/ (mus.) tune

σκορβοῦτο (τό), scurvy

σκορδαλιά (ἡ), garlic sauce/ *σκόρδο* (τό), garlic/ *πλεξίδα σκόρδου*, string of garlic

σκόρος (ὁ), moth

σκορπίζω, to scatter, to spread/ *σκόρπιος*, scattered

σκορπιός (ὁ), scorpion

σκόρπισμα (τό), scattering, dispersal

σκοτάδι (τό) darkness, dark/ *σκοτεινά*, darkly, obscurely/ *σκοτεινιάζω*, to darken, to obscure/ *σκοτείνιασμα* (τό), darkening/ *σκοτεινός*, dark, dim

σκοτίζω, to trouble, to disturb/ *σκοτίζομαι*, to worry, to bother

σκότιος, dark/ ~ *ἄνθρωπος*, shady character

σκοτοδίνη (ἡ), giddiness, dizziness

σκότος (τό), darkness

σκοτούρα (ἡ), trouble

σκότωμα (τό), murder, killing/ (fig.) hard work/ *σκοτωμός* (ὁ), killing, massacre/ *γίνεται* ~, there's a crowd/ *σκοτώνω*, to kill, to murder/ ~ *στό ξύλο*, to beat hard/ *σκοτώνομαι*, to be killed/ (fig.) to work very hard

σκούζω, to scream, to shout

σκουλαρίκι (τό), earring

σκουλήκι (τό), worm, vermin/ *σκουληκιάζω*, to be full of worms/ *σκουληκοφαγωμένος*, worm-eaten

σκουμπρί (τό), mackerel

σκούνα (ἡ), schooner

σκουντούφλημα (τό), stumbling, tripping/ *σκουντούφλης* (ὁ), sullen, frowning/ *σκουντουφλῶ*, to stumble

σκουντῶ, to push

σκούξιμο (τό), screaming, shouting

σκούπα (ἡ), broom

σκουπιδαριό (τό), heap of rubbish/ *σκουπίδι* (τό), refuse, rubbish/ *σκουπιδιάρης* (ὁ), streetsweeper, dustman

σκουπίζω, to sweep; to wipe, to clean/ *σκούπισμα* (τό), sweeping/ *σκουπόξυλο* (τό), broomstick

σκουραίνω, to make darker

σκουριά (ἡ), rust/ *σκουριάζω*, to get rusty/ *σκούριασμα* (τό), rusting/ *σκουριασμένος*, rusty/ (fig.) old fashioned

σκοῦρος, dark, dark-coloured/ *τά βρίσκω σκούρα*, to encounter difficulties

σκουτάρι (τό), shield

σκουτέλα (ἡ), bowl

σκούφια (ἡ), bonnet

σκρόφα (ἡ), sow/ (fig.) whore

σκύβαλο (τό), refuse, waste

σκύβω, to stoop, to bend

σκυθρωπά, sulkily, gloomily/ *σκυθρωπιάζω*, to look sullen/ *σκυθρωπός*, sullen, sulky/ *σκυθρωπότητα* (ἡ), sullenness, sulkiness

σκύλα (ἡ), bitch/ (fig.) cruel woman/ *σκυλάκι* (τό), puppy

σκύλευση (ἡ), plunder/ *σκυλεύω*, to plun-

der
σκυλήσιος, canine, doggy/ *σκυλί* (τό), dog
σκυλιάζω, to grow indignant/ *σκύλιασμα* (τό), rage, indignation
σκυλοβρίζω, to insult
σκυλόδοντο (τό), dog-tooth
σκυλολόι (τό), dog pack/ (fig.) mob
σκυλοπνίχτης (ὁ), old unreliable ship
σκύλος (ὁ), dog/ *γίνομαι* ~, to grow indignant
σκυλόχορτο (τό), meadow saffron
σκυλόψαρο (τό), shark
σκυμμένος, stooping, bent
σκύμνος (ὁ), cub
σκυρόδεμα (τό), concrete/ *σκυρόστρωση* (ἡ), macadamization
σκυταλοδρομία (ἡ), relay race
σκυφτά, with the head down/ *σκυφτός,* stooping, bent/ *σκύψιμο* (τό), stooping, bending
σκωληκοειδής, wormlike, verminlike/ (med) ~ *ἀπόφυση,* appendix/ *σκωληκοειδίτιδα* (ἡ), appendicitis
σκῶμμα (τό), jeer, derision/ *σκώπτης* (ὁ), jeerer, mocker/ *σκωπτικός,* jeering, mocking/ *σκώπτω,* to jeer, to mock
σκωρίαση (ἡ), rusting, corrosion
σκῶρος (ὁ), moth/ *σκωροφαγωμένος,* motheaten
σκωτικός, βλ. *σκωτσέζικος/ Σκῶτος* (ὁ), Scotsman/ *σκωτσέζικος,* Scotish, Scoth/ *Σκωτσέζος, Σκωτσέζα,* Scot (man, woman)
σλαβικός, Slav/ *Σλάβος, Σλάβα,* Slav (man, woman)
σλέπι (τό), sloop
σμάλτο (τό), enamel/ *σμαλτωμένος,* enamelled/ *σμαλτώνω,* to enamel
σμαραγδένιος, emerald-green/ *σμαράγδι* (τό), emerald
σμάρι (τὸ), swarm/ (fig.) crowd
σμηναγός (ὁ), squadron leader/ *σμηνίτης* (ὁ), airman/ *σμῆνος* (τό), squadron
σμίγω, to join; to meet
σμίκρυνση (ἡ), diminution/ *σμικρύνω,* to diminish
σμίλευση ἡ), chiselling, chipping/ *σμιλευτός,* chipped, carved/ *σμιλεύω,* to chisel, to carve/ *σμίλη* (ἡ), chisel

σμίξιμο (τό), joining; meeting
σμπάρο (τό), shot/ μ' ἕνα ~ δυό τρυγόνια, two birds with one stone
σμύριδα (ἡ), emery
σμύρνα (ἡ), myrrh
σοβαρά, seriously/ *σοβαρεύομαι,* to become serious/ *σοβαρός,* serious/ *σοβαρότητα* (ἡ), seriousness/ *σοβαροφανής,* pompous, self-important
σοβάς (ὁ), plaster/ *σοβάτισμα* (τό), plastering/ *σοβατζής* (ὁ), plasterer
σόδα (ἡ), soda, soda-water
σοδιά (ἡ), crop
σοδομία (ἡ), sodomy/ *σοδομίτης* (ὁ), sodomite
σόι (τό), race, family origin
σοκάκι (τό), lane, narrow street
σοκάρω, to shock
σοκολάτα (ἡ), chocolate
σόλα (ἡ), sole/ *σολιάζω,* to fit a sole
σολοικισμός (ὁ), solecism/ *σόλοικος,* faulty
σολομός (ὁ), salmon
σολομωνική (ἡ), book of magic
σόμπα (ἡ), stove
σορός (ἡ), bier
σοσιαλισμός (ὁ), socialism/ *σοσιαλιστής* (ὁ), socialist
σουβάς (ὁ), βλ. *σοβάς*
σούβλα (ἡ), spit
σουβλερός, sharp, acute, piercing
σουβλί (τό), owl/ *σουβλιά* (ἡ), prick
σουβλίζω, to put on a spit/ *σούβλισμα* (τό), spitting/ *σουβλιστός,* spitted
σουγιάς (ὁ), penknife
σουηδικός, Swedish/ *Σουηδός, Σουηδέζα,* Swede (man, woman)
σουλατσαδόρος (ὁ), idler, lazy person/ *σουλατσάρω,* to wander about/ *σουλάτσο* (τό), wandering, walking about
σουλτανίνα (ἡ), sultana
σουλτάνος, Sultan
σούμα (ἡ), total, sum
σουμάδα (ἡ), bitter almond juice
σούπα (ἡ), soup
σουπιά (ἡ), cuttlefish
σουπιέρα (ἡ), soup-bowl
σούρα (ἡ), fold, crease/ (fig.) drunkenness
σουραύλι (τό), reed-pipe

σούρνω, 6λ. σέρνω
σούρουπο τό), nightfall/ *σουρούπωμα* (τό), dusk, nightfall/ *σουρουπώνει*, it is getting dark
σούρωμα (τό), filtering; wrinkling/ *σουρώνω*, to filter; to wrinkle/ (fig.) to get drunk/ *σουρωτήρι* (τό), filter, strainer
σουσάμι (τό), sesame/ *σουσαμόλαδο* (τό), sesame-oil
σουσουράδα (ή), wagtail/ (fig.) temptress
σούσουρο (τό), stir, scandal
σούστα (ή), spring; horse cart
σούτ! hush!
σούφρα (ή), fold, plait/ *σούφρωμα* (τό), folding/ (fig.) stealing/ *σουφρώνω*, to fold/ (fig.) to steal/ *σουφρωτός*, folded, plaited
σοφά, wisely
σοφάς (ό), sofa
σοφία (ή), wisdom, learning
σοφίζομαι, to devise, to invent/ *σόφισμα* (τό), sophism/ *σοφιστεία* (ή), sophistry/ *σοφιστής* (ό), sophist/ *σοφιστικός*, sophisticated
σοφίτα (ή), attic
σοφολογιώτατος (ό), most learned
σοφός, wise
σοφράς (ό), low table
σπαγγοραμένος, miser, stingy
σπάγγος (ό), string
σπαζοκεφαλιά (ή), puzzle/ (fig.) insoluble problem
σπάζω, 6λ. σπάω
σπάθα (ή), sabre
σπαθάτος, tall and slim
σπαθί (τό), sword/ (cards) spades/ *σπαθιά* (ή), sword-blow/ *σπαθίζω*, to strike with a sword/ *σπαθιστής* (ό), fencer/ *σπαθοφόρος* (ό), sword-bearer
σπάλα (ή), shoulderblade
σπανάκι (τό), spinach/ *σπανακόπιτα* (ή), spinach-pie
σπάνια, seldom, scarcely/ *σπανίζω*, to become scarce/ *σπάνιος*, scarce, rare/ *σπανιότητα* (ή), scarcity
σπανός, beardless man
σπαράγγι (τό), asparagus
σπαραγμός (ό), anguish, agony/ *σπαράζω*, to wriggle, to writhe/ *σπαρακτικός*, rending, painful/ *σπαραξικάρδιος*, heartbreaking

σπαράσσω, to tear to pieces
σπάραχνα (τά), gills
σπάργανα (τά), baby-clothes/ *σπαργανώνω*, to swaddle
σπαρμένος, sown
σπάρος (ό), sargus
σπάρσιμο (τό), sowing/ *σπαρτά* (τά), grain, crop
σπαρταρίζω, 6λ. σπαρταρώ/ *σπαρτάρισμα* (τό), wriggling, writhing/ *σπαρταριστός*, lively; very comic/ *σπαρταρώ*, to wriggle/ ~ *ἀπό τά γέλια*, to die of laughter
σπάσιμο (τό), breaking, fracture/ *σπασμένος*, broken, fractured
σπασμός (ό), spasm, convulsion/ *σπασμωδικός*, spasmodic
σπατάλη (ή), waste, squander/ *σπάταλος*, wasteful, squanderer/ *σπαταλῶ*, to waste, to squander
σπάτουλα (ή), spatula
σπάω, to break, to smash/ ~ *κέφι*, to enjoy oneself
σπείρα (ή), gang, clique
σπειρί (τό), grain/ (med.) pimple/ *σπειριάρης* (ό), pimple-faced
σπειροειδής, spiral
σπείρω, 6λ. σπέρνω
σπέρμα (τό), sperm; seed; germ/ *σπερματικός*, spermatic/ *σπερματογόνος*, spermatogenous/ *σπερματόζωο* (τό), spermatozoon
σπερμολογία (ή), gossip, rumour spreading/ *σπερμολόγος* (ό), gossip, rumour-monger/ *σπερμολογῶ*, to gossip, to spread rumours
σπέρνω, to sow/ ~ *ζιζάνια*, to cause trouble
σπεύδω, to hasten, to hurry
σπήλαιο (τό), cave, grotto/ *σπηλαιώδης*, cavernous/ *σπηλιά* (ή), cave
σπηρούνι (τό), spur/ *σπηρουνιά* (ή), spurring/ *σπηρουνίζω*, to spur
σπίθα (ή), spark
σπιθαμή (ή), span/ *σπιθαμιαῖος*, dwarfish
σπιθίζω, to sparkle
σπιθούρι (τό), small pimple
σπιλώνω, to stain, to blemish/ ~ *τήν ὑπόληψη*, to slander

σπινθήρας (ό), sparkle/ σπινθηρίζω, to sparkle/ σπινθηρισμός (ό), or σπινθηροβόλημα (τό), or σπινθηροβολία (ή), sparkling, flashing/ σπινθηροβόλος, sparkling, glittering/ σπινθηροβόλο πνεῦμα, outstanding wit/ σπινθηροβολῶ, to sparkle

σπίνος (ό), finch

σπιοῦνος (ό), spy

σπίρτο (ό), match/ (fig.) alcohol

σπιτάκι (τό), little house/ σπίτι (τό), house, dwelling/ πηγαίνω ~, to go home/ σπιτικό (τό), household/ σπιτικός, domestic; homemade

σπιτονοικοκυρά (ή), landlady/ σπιτονοικοκύρης (ό), landlord

σπιτωμένη (ή), kept woman, mistress

σπιτώνω, to offer lodging

σπλάχνα (τά), bowels

σπλαχνίζομαι, to be merciful/ σπλαχνικός, merciful

σπλήν (ό), melancholy

σπλήνα (ή), spleen

σπληνάντερο (τό), large intestine

σπογγαλιέας (ό), spongefisher/ σπογγαλιεία (ή), spongefishing/ σπόγγος (ό), βλ. σφουγγάρι/ σπογγώδης, spongy

σποδός (ή), ashes

σπονδή (ή), libation

σπονδυλικός, vertebral/ σπονδυλική στήλη, backbone, spine/ σπόνδυλος (ό), vertebra; (column) drum/ σπονδυλωτός, vertebrated

σπόρ (τά), sports, games

σπορά (ή), sowing

σποραδικός, sparse, sporadic

σπορέας (ό), sower/ σπόριασμα (τό), seeding/ σπόρος (ό), seed, germ

σπουδάζω, to study

σπουδαῖος, important, famous/ σπουδαιότητα (ή), importance; seriousness/ σπουδαιοφανής, important-looking

σπούδασμα (τό), studying/ σπουδασμένος, educated, learned/ σπουδαστήριο (τό), studyroom/ σπουδαστής (ό), student/ σπουδαστικός, of the students/ σπουδή (ή), study, learning; haste, speed

σπουργίτης (ό), sparrow

σπρωξιά (ή), or σπρώξιμο (τό), push

thrust/ σπρώχνω, to push, to thrust

σπυρί (τό), βλ. σπειρί

σπῶ, βλ. σπάω

στάγδην, drop by drop

σταγόνα (ή), drop/ σταγονίδιο (τό), droplet/ σταγονόμετρο (τό), dropper

στάδιο (τό), stadium

σταδιοδρομία (ή), career/ σταδιοδρομῶ, to make a career

στάζω, to drip, to trickle; to leak/ μή στάξει καί μή βρέξει, satisfying every whim

σταθερά, firmly/ σταθεροποίηση (ή), stabilization/ σταθεροποιῶ, to stabilize/ σταθερός, firm, stable, steady/ σταθερότητα (ή), stability, firmness

σταθμά (τά), weights/ δύο μέτρα καί δύο ~, double standards

σταθμάρχης (ό), stationmaster

στάθμευση (ή), stopping/ σταθμεύω, to stop

στάθμη (ή), level/ νῆμα τῆς στάθμης, plumb-line

σταθμίζω, to weigh, to balance/ στάθμιση (ή), weighing

σταθμός (ό), station

στάλα (ή), or σταλαγματιά (ή), drop

σταλαγμίτης (ό), stalagmite

σταλάζω, to drip

σταλαχτίτης (ό), stalactite

σταλιά (ή), drop/ μιά ~, a bit

σταμάτημα (τό), halting, stopping/ σταματῶ, to halt, to stop

στάμνα (ή), or σταμνί (τό), jug, pitcher

στάμπα (ή), stamp, seal/ σταμπάρω, to stamp, to seal

στά␣ (ή), sheepfold

στανιό (τό), force/ μέ τό ~, by force

σταράτος, brown/ (talk) clear, straightforward

στάρι (τό), wheat

στάση (ή), mutiny, riot; attitude; bus stop

στασιάζω, to rebel, to rise up/ στασιαστής (ό), mutineer, rebel/ στασιαστικός, rebellious, riotous

στασίδι (τό), pew

στάσιμος, stationary, stagnant/ στασιμότητα (ή), stagnation, lack of movement (activity)

στατήρας (ό), hundredweight

στατικός, static

στατιστική (ἡ), statistics/ στατιστικός, statistical

σταυλάρχης (ὁ), master of the stables/ σταυλίζω, to keep in a stable/ σταυλίτης (ὁ), stableman/ σταῦλος (ὁ), stable

σταυραδελφός (ὁ), bosom friend

σταυραετός (ὁ), golden eagle

σταχυολόγηση (ἡ), selection, anthology/ σταχυολογῶ, to select

στέαρ (τό), suet, fat

στεατίτης (ὁ), steatite

στεγάζω, to cover; to offer accommodation

στεγανός, (air) airtight/ (water) waterproof

στέγαση (ἡ), sheltering, housing/ στέγασμα (τό) shelter, shed/ στεγαστικός, housing/ στέγαστρο (τό), shed/ στέγη (ἡ), roof/ (fig.) home

στεγνά, dryly/ στεγνός, dry/ στεγνότητα (ἡ), dryness/ στέγνωμα (τό), drying/ στεγνώνω, to dry/ στεγνωτήριο (τό), drying machine

στειλιάρι (τό), handle

στεῖρος, barren, sterile/ στειρότητα (ἡ), barrenness, sterility/ στείρωση (ἡ), sterilization

στέκα (ἡ), billiard cue

στεκάμενος, stagnant

στέκομαι, to stand

στέλεχος (τό), stem/ (person) official

στέλλω, or στέλνω, to send

στέμμα (τό), crown

στενά, tightly, closely/ (τά), straits

στεναγμός (ὁ), sigh, groan/ στενάζω, to sigh, to groan

στένεμα (τό), tightening; shrinking/ στενεύω, to tighten, to make narrower/ στενό (τό), narrow pass, narrow street

στενογραφία (ἡ), shorthand/ στενογράφος (ὁ), stenographer/ στενογραφῶ, to take down in shorthand

στενοκεφαλιά (ἡ), narrowmindedness/ στενοκέφαλος, narrowminded

στενόμακρος, oblong

στενός, narrow; close/ ~ φίλος, intimate friend/ στενότητα (ἡ), narrowness; closeness

στενοχωρημένος, sad, distressed, gloomy/ στενοχώρια (ἡ), sadness, distress;

financial difficulty/ στενόχωρος, inconvenient; troublesome/ στενοχωρῶ, to trouble, to annoy

στεντόρειος, stentorian, very loud

στένωμα (τό), or στένωση (ἡ), (med.) stricture

στενωπός (ἡ), narrow pass

στέππα (ἡ), steppe

στέργω, to consent, to accept

στερεά, firmly, solidly/ (ἡ), ~ Ἑλλάδα, central mainland Greece

στερεομετρία (ἡ), stereometry

στερεοποιημένος, solidified/ στερεοποίηση (ἡ), solidification/ στερεοποιῶ, to solidify

στερεός, solid, firm

στερεοσκόπιο (τό), stereoscope

στερεότητα (ἡ), solidity, firmness, durability

στερεότυπα, invariably/ στερεότυπος, invariable

στερεύω, to dry up; to become barren

στερέωμα (τό), fixing/ (astr.) firmament/ στερεώνω, to fix, to secure/ στερέωση (ἡ), fixing, securing

στέρηση (ἡ), deprivation; want, poverty

στεριά (ἡ), land

στεριώνω, to be consolidated

στερλίνα (ἡ), pound sterling

στέρνα (ἡ), cistern

στέρνο (τό), chest

στερνοπαίδι (τό), the youngest child

στερνός, last

στέρξιμο (τό), consent, agreement

στέρφος, barren, sterile

στερῶ, to deprive of, to take away/ στεροῦμαι, to be deprived of

στεφάνη (ἡ), brim

στεφάνι (τό), ring; wreath

στεφανιαῖος, coronary

στέφανος, crown, garland/ ἀκάνθινος ~, crown of thorns

στεφάνωμα (τό), crowning/ (fig.) marriage/ στεφανώνω, or στέφω, to crown/ (fig.) to marry/ στεφανώνομαι, to get married

στέψη (ἡ), coronation

στηθάγχη (ἡ), angina

στηθαῖο (τό), parapet

στηθικός, pectoral

στηθόδεσμος (ὁ), corset
στηθόπονος (ὁ), chest-pain
στῆθος (τό), chest, breast
στηθοσκόπηση (ἡ), auscultation/ στηθο-
σκόπιο (τό), stethoscope/ στηθοσκοπῶ,
to auscultate
στήλη (ἡ), pillar, column
στηλίτευση (ἡ), stigmatization/ στηλι-
τεύω, to stigmatize
στήλωμα (τό), propping/ στηλώνω, to
prop; to fix (one's eyes)
στημόνι (τό), warp
στήμωνας (ὁ), (bot.) stamen
στήνω, to erect, to set up, to put up/ ~
ἐνέδρα, to lay an ambush
στήριγμα (τό), support, prop/ στηρίζω,
to support, to prop/ στηρίζομαι, to
lean; to rely on/ στήριξη (ἡ), supporting
στήσιμο (τό), setting up; preparation/
στητός, upright
στιβάδα (ἡ), pile, heap
στιβαρά, vigorously, strongly/ στιβαρός,
vigorous, robust/ στιβαρότητα (ἡ), vi-
gour, robustness
στίβος (ὁ), track, racecourse/ ἀθλητισμός
στίβου, athletics
στίγμα (τό), stain, spot; blemish/ ~τίζω,
to stigmatize, to brand/ ~τισμένος, stig-
matized, branded/ ~τισμός (ὁ), stigma-
tizing, branding
στιγμή (ἡ), instant, moment/ στή ~, in-
stantly/ ἀπό ~ σέ ~, any moment/ στιγ-
μιαῖος, instantaneous
στιγμιότυπο (τό), snapshot
στίλβω, to glitter, to glow/ στίλβωμα (τό),
βλ. στίλβωση/ στιλβώνω, to polish, to
varnish/ στίλβωση (ἡ), polishing, var-
nishing/ στιλβωτήριο (τό), shoe-shining
shop/ στιλβωτής (ὁ), polisher; shoe-
black
στιλέτο (τό), dagger
στιλπνός, glossy, brilliant/ στιλπνότητα
(ἡ), glossiness, brilliancy
στίξη (ἡ), punctuation
στίφος (τό), swarm, horde
στιχογράφος (ὁ), verse-writer
στιχομυθία (ἡ), dialogue
στιχοπλόκος (ὁ), inferior poet
στίχος (ὁ), line, file; verse/ στιχούργημα
(τό), text written in verse/ στιχουργία

(ἡ), versification/ στιχουργός (ὁ), versi-
ficator/ στιχουργῶ, to write verses
στοά (ἡ), arcade, gallery/ μασωνική ~,
masonic lodge
στοίβα (ἡ), pile, heap/ ~γμα (τό), piling,
stowing/ ~γμένος, piled/ στοιβάζω, to
pile up, to heap up
στοιχεῖο (τό), element/ (typ.) print, type/
(elec.) cell
στοιχειό (τό), ghost, spirit
στοιχειοθεσία (ἡ), typesetting/ στοιχειο-
θέτης (ὁ), typesetter/ στοιχειοθετῶ, to
typeset
στοιχειώδης, elementary, basic
στοιχειωμένος, haunted
στοίχημα (τό), bet, wager/ ~τίζω, to bet
στοιχίζω, to cost, to be worth
στοῖχος (ὁ), line, row
στοκάρω, to putty/ στόκος (ὁ), putty
στόλαρχος (ὁ), fleet commander
στολή (ἡ), dress, uniform/ ἐθνική ~, na-
tional costume
στολίδι (τό), ornament, decoration/ στο-
λίζω, to trim, to adorn, to embellish/
στολίζομαι, to dress up smartly
στολίσκος (ὁ), flotilla
στόλισμα (τό), adornment, decoration/
στολισμένος, adorned, decorated/ στο-
λισμός (ὁ), decoration
στόλος (ὁ), fleet
στόμα (τό), mouth/ (mil.) muzzle/ ἐν στό-
ματι μαχαίρας, put to the sword/ στο-
ματικός, of the mouth; verbal
στοματίτιδα (ἡ), (med.) inflammation of
the mouth
στομάχι (τό), stomach/ στομαχιάζω, to
suffer from indigestion/ στομαχι-
κός, stomachical/ στομαχόπονος (ὁ),
stomachache
στόμιο (τό), mouth; muzzle; outflow
στόμφος (ὁ), pomposity, bombast/ στομ-
φώδης, pompous
στόμωμα (τό), tempering/ στομώνω, to
temper
στοργή (ἡ), affection, tenderness/ στοργι-
κός, affectionate
στουμπίζω, to crush, to pound/ στούμπι-
σμα (τό), crushing
στουπί (τό), oakum, tow/ εἶναι ~, he
(she) is drunk

στουπόχαρτο (τό), blotting-paper

στούπωμα (τό), corking, plugging/ στουπώνω, to cork, to plug

στουρνάρι (τό), flint

στόφα (ἡ), brocade/ εἶναι ἀπό ~, it is of good quality

στοχάζομαι, to consider, to reflect/ στοχασμός (ὁ), meditation, reflection/ στοχαστικός, thoughtful

στόχαστρο (τό), gunsight

στόχος (ὁ), aim, target

στραβά, crookedly; blindly/ κουτσά ~, just about, so so/ στά ~, blindly, without examining

στραβίζω, to squint/ στραβισμός (ὁ), squinting

στραβοκάνης (ὁ), bandy-legged

στραβοκοιτάζω, to look askance at

στραβολαίμης (ὁ), stiffnecked

στραβομάρα (ἡ), blindness/ (fig.) blunder, error

στραβομουτσουνιάζω, to look displeased

στραβόξυλο (τό), peevish

στραβοπάτημα (τό), false step/ (fig.) mistake

στραβός, crooked; false; blind/ στράβωμα (τό), crookedness; blindness/ στραβώνω, to twist, to bend; to blind

στραγάλι (τό), roasted chickpea

στραγγαλίζω, to strangle/ στραγγαλισμός (ὁ), strangling, strangulation/ στραγγαλιστής (ὁ), strangler

στραγγίζω, to strain, to drain/ στράγγισμα (τό), straining, draining/ στραγγιστήρι (τό), strainer

στραμπούληγμα (τό), sprain, dislocation/ στραμπουλίζω, to sprain, to dislocate

στραπατσάρω, to maltreat/ στραπάτσο (τό), maltreatment

στράτα (ἡ), way, road

στρατάρχης (ὁ), field-marshal

στράτευμα (τό), troops, army/ στρατεύομαι, to join the army/ στρατεύσιμος, subject to military service

στρατηγείο (τό), military headquarters

στρατήγημα (τό), stratagem, ruse, trick

στρατηγία (ἡ), generalship

στρατηγική (ἡ), military tactics/ στρατηγικός, strategic

στρατηγός (ὁ), general/ στρατηγῶ, to command an army/ στρατηλάτης (ὁ), commander in chief

στρατί (τό), path

στρατιά (ἡ), army

στρατιώτης (ὁ), soldier/ στρατιωτικά, militarily/ φορῶ ~, to wear military uniform/ στρατιωτικός, of the army, military/ ~ νόμος, martial law/ ὑπουργεῖο στρατιωτικῶν, Ministry of War (Defence)

στρατοδικεῖο (τό), court-martial/ στρατοδίκης (ὁ), military judge

στρατοκρατία (ἡ), military government

στρατολογία (ἡ), recruiting/ στρατολογῶ, to recruit

στρατοπέδευση (ἡ), encampment/ στρατοπεδεύω, to camp, to encamp/ στρατόπεδο (τό), camp

στρατός (ὁ), army

στρατόσφαιρα (ἡ), stratosphere

στρατόχαρτο (τό), wrapping paper

στρατώνας (ὁ) barracks/ στρατωνισμός (ὁ), quartering in barracks

στρεβλά, crookedly/ στρεβλός, crooked, deformed/ στρεβλότητα (ἡ), crookedness/ στρεβλώνω, to twist, to warp/ στρέβλωση (ἡ), twisting

στρείδι (τό), oyster

στρέμμα (τό), acre

στρεπτόκοκκος (ὁ), streptococcus

στρέφω, to turn, to revolve/ στρέφομαι, to turn towards/ στρέψη (ἡ), turn/ (tech.) torsion

στρεψοδικία (ἡ), chicanery/ στρεψόδικος, chicaner, quibbler/ στρεψοδικῶ, to chicane, to quibble

στρίβω, to turn, to twist/ τό, to beat it

στρίγγλα (ἡ), shrew/ (fig.) wicked woman

στριγγλιά (ἡ), shriek, shrill voice/ στριγγλίζω, to shriek, to scream

στρίμωγμα (τό), squeezing/ στριμώχνω, to squeeze

στριφνός, peevish, difficult/ στριφνότητα (ἡ), peevishness

στριφογυρίζω, to twirl

στρίφωμα (τό), hemming/ στριφώνω, to hem

στρίψιμο (τό), twisting

στροβιλίζομαι, to whirl/ στροβιλισμός (ὁ), or στροβίλισμα (τό), whirling

στροβιλογεννήτρια (ή), turbogenerator
στρόβιλος (ό), whirlwind; whirlpool/ (tech.) turbine
στρογγύλεμα (τό), rounding/ στρογγυλεύω, to make round/ στρογγυλοκάθομαι, to sit at ease/ στρογγυλοπρόσωπος, roundfaced/ στρογγυλός, round, spherical/ στρογγυλότητα (ή), roundness/ στρογγυλούτσικος, roundish
στρόντιο (τό), strontium
στρούγγα (ή), sheepfold
στρουθοκάμηλος (ή), ostrich
στρουμπουλός, plump
στρόφαλος (ό), crank
στροφείο (τό), rotor
στροφή (ή), turning, revolution/ (poetry) stanza
στρόφιγγα (ή), tap
στρυχνίνη (ή), strychnine
στρώμα (τό), mattress/ (geol.) layer/ στρωματάς (ό), mattress-maker
στρωμνή (ή), mattress
στρώνω, to spread/ (bed) to make/ (table) to lay the table/ στρώνομαι, to stretch oneself/ ~ στή δουλειά, to work steadily
στρωσίδι (τό), bed-cover
στρώσιμο (τό), spreading; making (the bed); paving (the road)
στρωτός, stretched/ (fig.) even, normal
στυγερός, abominable, horrible/ στυγερότητα (ή), abomination, horror
στυγνός, grim, sullen/ στυγνότητα (ή), grimness, sullenness
στυλό (τό), fountainpen
στυλοβάτης (ό), pedestal/ (fig.) main person
στυλογράφος (ό), 6λ. στυλό
στύλος (ό), pillar, column
στύλωμα (τό), supporting, propping/ στυλώνω, to support, to prop
στυπόχαρτο (τό), blotting-paper
στυπτικός, styptic/ στυπτικότητα (ή), stypticity
στύση (ή), erection
στυφίζω, to taste sour/ στυφός, sour
στύφω, to squeeze
στύψη (ή), allum
στύψιμο (τό), squeezing
στωικισμός (ό), stoicism/ στωικός, stoic/

στωικότητα (ή), stoicism
σύ, you
συβαρίτης (ό), sybarite, effeminate/ συβαριτισμός (ό), effeminacy
σύγγαμπρος ό), brother-in-law
συγγένεια (ή), blood-relation, kinship/ συγγενεύω, to be related with/ συγγενής, relative/ (ό), relative, kinsman, kin/ συγγενικός, relative, similar/ συγγενολόϊ (τό), kinsfolk
συγγνώμη (ή), forgiveness, pardon
συγγνωστός, pardonable
σύγγραμμα (τό), book, manual
συγγραφέας (ό), author, writer/ συγγραφή (ή), writing (of books)/ συγγραφικός, of an author/ συγγραφικά δικαιώματα, royalties/ συγγράφω, to write (a book)
συγκαίομαι, to have an inflammation
σύγκαιρα, at the right time
συγκαλά (τά), mental equilibrium/ δέν είναι στά ~ του, he is mad
συγκαλύπτω, to cover, to conceal/ συγκάλυψη (ή), covering, concealing
συγκαλῶ, to call together, to convoke
συγκαμμένος, inflamed
συγκατάβαση (ή), condescension/ συγκαταβατικός, condescending
συγκατάθεση (ή), consent
συγκαταλέγω, to include
συγκατάνευση (ή), assent/ συγκατανεύω, to assent
συγκατηγορούμενος (ό), accomplice
συγκατοίκηση (ή), cohabitation/ συγκάτοικος (ό), cohabitant/ συγκατοικῶ, to cohabit
συγκεκριμένα, concretely, precisely/ συγκεκριμένος, concrete, precise
συγκεντρωμένος, concentrated, gathered/ συγκεντρώνω, to gather, to assemble/ συγκέντρωση (ή), concentration, assembly/ συγκεντρωτικός, centralizing
συγκερασμός (ό), mixing
συγκεφαλαιώνω, to recapitulate/ συγκεφαλαίωση (ή), recapitulation
συγκεχυμένα, confusedly/ συγκεχυμένος, confused
συγκηδεμονία (ή), joint guardianship
συγκινημένος, touched/ συγκίνηση (ή),

emotion, sentimentality/ *συγκινητικός*, moving, sentimental/ *συγκινῶ*, to move, to touch

συγκληρονομία (ἡ), joint inheritance

σύγκληση (ἡ), meeting, calling an assembly

σύγκλητος (ἡ), Roman senate; university council

συγκλίνω, to converge

συγκλονίζω, to shock, to shake/ *συγκλονισμός* (ὁ), shock, violent shake

συγκοινωνία (ἡ), communication, transport/ *συγκοινωνιακός*, relating to transport/ *συγκοινωνῶ*, to communicate

συγκόλληση (ἡ), sticking; welding/ *συγκολλητής* (ὁ), welder/ *συγκολλῶ*, to stick, to weld

συγκομιδή (ἡ), harvest

συγκοπή (ἡ), abbreviation/ (med.) heart failure/ *συγκόπτω*, to abbreviate

συγκράτηση (ἡ), restraint/ *συγκρατῶ*, to restrain, to hold back/ *συγκρατοῦμαι*, or *συγκρατιέμαι*, to control oneself

συγκρίνω, to compare/ *σύγκριση* (ἡ), comparison/ *συγκριτικά*, comparatively/ *συγκριτικός*, comparative

συγκρότημα (τό), group; building block

συγκρότηση (ἡ), composition, formation/ *συγκροτῶ*, to form, to constitute

σύγκρουση (ἡ), clash, collision; conflict/ *συγκρούω*, to strike/ *συγκρούομαι*, to clash, to collide

σύγκρυο (τό), shivering

συγκυρία (ἡ), coincidence

συγκύριος (ὁ), joint owner

συγυρίζω, to put in order, to arrange/ *συγύρισμα* (τό), putting in order/ *συγυρισμένος*, neat, well arranged

συγχαίρω, to congratulate/ *συγχαρητήρια* (τά), congratulations/ *συγχαρητήριος*, congratulatory

συγχέω, to confuse

συγχορδία (ἡ), tune, accord

συγχρονίζω, to bring up to date; to synchronize/ *συγχρονισμός* (ὁ), modernization; synchronization

σύγχρονος, contemporary

συγχρωτίζομαι, to come in contact/ *συγχρωτισμός* (ὁ), contact, mixing with

συγχύζω, to annoy, to vex/ *συγχύζομαι*,

to be annoyed/ *σύγχυση* (ἡ), confusion; annoyance

συγχώνευση (ἡ), fusion, merging/ *συγχωνεύω*, to join together, to merge

συγχωρεμένος, forgiven; deceased/ *συγχώρηση* (ἡ), forgiveness, pardon/ *συγχωρητέος*, pardonable

συγχωριανός, (ὁ), fellow-villager

συγχωροχάρτι (τό), indulgence

συγχωρῶ, to forgive, to pardon, to absolve

συζευκτικός, conjunctive/ *σύζευξη* (ἡ), yoking/ (tech.) coupling

σηζήτηση (ἡ), debate, discussion/ *συζητήσιμος*, debatable/ *συζητητής* (ὁ), debater/ *συζητῶ*, to debate, to discuss

συζυγία (ἡ), (gram.) conjugation

συζυγικός, matrimonial/ *σύζυγος* (ὁ), husband/ (ἡ), wife

συζῶ, to live together

συκάμινο (τό), mulberry/ *συκαμνιά* (ἡ), mulberry-tree

συκιά (ἡ), fig-tree/ *σύκο* (τό), fig

συκομουριά (ἡ), sycamore-tree

συκοφάντης (ὁ), slanderer, defamer/ *συκοφαντία* (ἡ), slander, defamation/ *συκοφαντικός*, defamatory, slanderous/ *συκοφαντῶ*, to slander, to defame

συκώτι (τό), liver

σύληση (ἡ), plunder/ *συλητής* (ὁ), plunderer

συλλαβή (ἡ), syllable/ *συλλαβίζω*, to spell/ *συλλαβικός*, syllabic/ *συλλαβισμός* (ὁ), spelling

συλλαλητήριο (τό), demonstration

συλλαμβάνω, to catch, to arrest; to conceive/ ~ ἐπ' αὐτοφόρω, to catch redhanded

συλλέγω, to collect, to gather/ *συλλέκτης* (ὁ), collector

σύλληψη (ἡ), capture, arrest; conception

συλλογή (ἡ), collection

συλλογίζομαι, to think, to meditate

συλλογικά, collectively/ *συλλογικός*, collective thought; reasoning/ *συλλογιστικός*, thinking

σύλλογος (ὁ), association, society, union

συλλυπητήρια (τά), condolence/ *συλλυποῦμαι*, to sympathize with

συλφίδα (ἡ), sylphide/ (fig.) elegant wo-

man
συμβαδίζω, to walk together
συμβαίνω, to happen, to occur/ τί συμ-βαίνει; what's going on?
συμβαλλόμενος, (leg.) contracting party
συμβάλλω, to contribute/ *συμβάλλομαι,* to enter an agreement
συμβάν (τό), event, incident
σύμβαση (ή), treaty, agreement, contract
συμβασιλέας (ό), co-reigning monarch/ *συμβασιλεύω,* to co-reign
συμβατικά, conventionally/ *συμβατικός,* conventional
συμβατικότητα (ή), conventionalism
συμβία (ή), wife
συμβιβάζω, to reconcile/ *συμβιβάζομαι,* to come to terms with/ *συμβιβασμός* (ό), compromise, settlement/ *συμβιβα-στικός,* conciliatory
συμβιῶ, to live together/ *συμβίωση* (ή), living together
συμβόλαιο (τό), contract
συμβολαιογραφείο (τό), notary's office/ *συμβολαιογράφος* (ό), notary public
συμβολή (ή), contribution; juncture
συμβολίζω, to symbolize/ *συμβολικά,* symbolically/ *συμβολικός,* symbolic/ *συμβολισμός* (ό), symbolism/ *συμβολι-στής* (ό), symbolist/ *σύμβολο* (τό), symbol/ ~ τῆς Πίστεως, the Creed
συμβουλάτορας (ό), counsellor/ *συμβου-λευτικός,* consultative, advisory/ *συμ-βουλεύω,* to counsel, to advise/ *συμ-βουλεύομαι,* to seek advice/ *συμβουλή* (ή), counsel, advice/ *συμβούλιο* (τό), council, board/ Ὑπουργικό ~, Cabi-net/ διοικητικό ~, Board of Directors/ *σύμβουλος,* counsellor, councillor
συμμάζεμα (τό), tidying up; collecting/ *συμμαζεμένος,* modest, decent/ *συμ-μαζεύω,* to collect, to put in order/ *συμμαζεύομαι,* to shrink/ (fig.) to be-have oneself
συμμαθητής (ό), schoolmate
συμμαχία (ή), alliance/ *συμμαχικός,* al-lied/ *σύμμαχος* (ό), ally/ *συμμαχῶ,* to become an ally with
συμμερίζομαι, to share with
συμμετέχω, to participate, to take part/ *συμμετοχή* (ή), participation

συμμετρία (ή), symmetry/ *συμμετρικός,* symmetrical
συμμιγής (ό), (maths) ~ ἀριθμός, com-plex number
σύμμικτος, mixed, assorted/ *σύμμιξη* (ή), mixture
συμμορία (ή), gang/ *συμμορίτης* (ό), gangster
συμμορφώνω, to make someone comply/ *συμμορφώνομαι,* to comply with; to behave oneself/ *συμμόρφωση* (ή), con-formity
συμπαγής, compact, solid
συμπάθεια (ή), sympathy; affection
συμπάθειο (τό), forgiveness, pardon/ μέ τό ~, with your permission
συμπαθητικός, sympathetic; tender/ *συμπαθῶ,* to feel sympathy; to show af-fection
συμπαιγνία (ή), collusion
συμπαίκτης (ό), playmate
σύμπαν (τό), universe
συμπαραλαβαίνω, or *συμπαραλαμβά-νω,* to take along
συμπαράσταση (ή), assistance, solidari-ty/ *συμπαραστάτης* (ό), helper, assi-stant/ *συμπαραστατῶ,* to help, to stand by
συμπαρασύρω, to drag along
σύμπας, whole, all
συμπάσχω, to sympathize with
συμπατριώτης (ό), fellow-countryman
συμπεθερεύω, to become related through marriage/ *συμπέθερος* (ό), fel-low father-in-law
συμπεραίνω, to conclude/ *συμπέρασμα* (τό), conclusion, deduction/ *συμπερα-σματικός,* conclusive
συμπεριλαμβάνω, to contain, to include
συμπεριφέρομαι, to behave/ *συμπεριφο-ρά* (ή), behaviour
σύμπηξη (ή), establishment, founding
συμπιέζω, to compress/ *συμπίεση* (ή), compression/ *συμπιεσμένος,* compres-sed/ *συμπιεστής* (ό), compressor/ *συμ-πιεστός,* compressible
συμπίπτω, to coincide
σύμπλεγμα (τό), cluster
συμπλέκτης (ό), (car) clutch/ *συμπλεκτι-κός,* interlacing, interweaving/ *συμπλέ-*

κω, to interweave/ *συμπλέκομαι*, to come to blows

συμπλέω, to sail together

συμπλήρωμα (τό), supplement, complement/ *συμπληρωματικός,* supplementary/ *συμπληρώνω,* to supplement/ *συμπλήρωση* (ή), completion

συμπλοκή (ή), row, conflict

σύμπνοια (ή), harmony, concord

συμπολεμιστής (ό), fellow-fighter/ *συμπολεμώ,* to fight together

συμπολιτεία (ή), confederacy

συμπολιτεύομαι, to belong to the government party/ *συμπολιτευόμενος* (ό), member of the government party/ *συμπολίτευση* (ή), government party

συμπολίτης (ό), fellow-citizen

συμπονετικός, compassionate/ *συμπόνοια* (ή), sympathy, compassion/ *συμπονώ,* to sympathize with

συμπορεύομαι, to march together/ (fig.) to share someone's views

συμπόσιο (τό), banquet, symposium

συμποσούμαι, to amount to

συμπότης (ό), fellow-drinker

σύμπραξη (ή), collaboration, co-operation/ *συμπράττω,* to collaborate

συμπρόεδρος (ό), joint-chairman

σύμπτυξη (ή), abbreviation; folding up/ *συμπτύσσω,* to abbreviate; to fold up

σύμπτωμα (τό), symptom

συμπτωματικά, accidentally/ *συμπτωματικός,* accidental, coincidental/ *σύμπτωση* (ή), coincidence

συμπυκνωμένος, condensed/ *συμπυκνώνω,* to condense/ *συμπύκνωση* (ή), condensation, compression/ *συμπυκνωτής* (ό), condenser

συμφέρει, it is worth it, it pays/ *συμφέρον* (τό), interest, benefit/ *συμφέρων,* profitable

συμφιλιώνω, to reconcile/ *συμφιλιώνομαι,* to be reconciled with/ *συμφιλίωση* (ή), reconciliation

συμφοιτητής (ό), fellow-student

συμφορά (ή), misfortune, disaster, catastrophe

συμφόρηση (ή), (med.) congestion

σύμφορος, advantageous

συμφυής, innate, inherent

συμφυρμός (ό), jumble, confusion/ *συμφύρομαι,* to jumble

σύμφυση (ή), (med.) adhesion

σύμφυτος, βλ. *συμφυής*

σύμφωνα, according to

συμφωνητικό (τό), contract, deed

συμφωνία (ή), agreement/ (mus.) symphony/ *συμφωνικός,* symphonic

σύμφωνο (τό), pact/ (gram.) consonant

σύμφωνος, in agreement with, consistent/ *συμφωνώ,* to agree, to accept

συμψηφίζω, to offset/ *συμψηφισμός* (ό), offset

σύν, together, with; plus/ ~ γυναιξί καί τέκνοις, with the whole family/ ~ τῶ χρόνω, in due course

συναγελάζομαι, to have bad company

συναγερμός (ό), rally, assembly/ (mil.) alarm

συνάγω, to conclude

συναγωγή (ή), synagogue

συναγωνίζομαι, to compete/ *συναγωνισμός* (ό), competition, contest/ *συναγωνιστής* (ό), fellow-in-arms

συναδελφικός, comradely/ *συνάδελφος* (ό), colleague, workmate

συνάδω, to fit with, to agree with

συνάζω, to gather, to collect

συναθροίζω, to assemble/ *συνάθροιση* (ή), assembly, meeting

συναίνεση (ή), approval, consent/ *συναινώ,* to consent

συναίρεση (ή), (gram.) contraction/ *συναιρώ,* to contract

συναισθάνομαι, to be conscious of/ *συναίσθημα* (τό), feeling, sensation/ *συναισθηματικός,* sentimental

συναισθηματικότητα (ή), sentimentality

συναίσθηση (ή), consciousness

συνακόλουθος, consequent

συναλλαγή (ή), transaction, deal/ *συνάλλαγμα* (τό), currency/ *συναλλαγματική* (ή), bill of exchange/ *συναλλακτικός,* transactory/ *συναλλάσσομαι,* to have dealings with

συνάμα, simultaneously

συναναστρέφομαι, to associate with/ *συναναστροφή* (ή), association, being friendly with

συνάνθρωπος (ό), fellow-man

συνάντηση (ή), meeting/ συναντώ, to meet, to come across

συναξάρι (τό), book with the lives of saints/~ στής (ό), writer of saints' lives

σύναξη (ή), assembly, gathering

συναπάντημα (τό), meeting/ συναπαντώ, to meet

συναπαρτίζω, to make up, to be part of

συναποστέλλω, to send with

συναποφασίζω, to decide in common

συναπτός, consecutive

συνάπτω, to join, to unite/ ~ γάμο, to get married/ ~ εἰρήνη, to conclude peace/ ~ ἐρωτικές σχέσεις, to have an affair

συναριθμώ, to include in one's computations

συναρμόζω, to fit together, to join

συναρμολόγηση (ή), fitting together/ συναρμολογώ, to fit/ (tech.) to assemble

συναρπάζω, to captivate, to thrill

συνάρτηση (ή), connection/ (maths) function/ συναρτώ, to connect, to attach

συνασπίζω, to unite/ συνασπίζομαι, to join a coalition/ συνασπισμός (ό), coalition

συναυλία (ή), concert

συναυτουργός (ό), accomplice, accessory

συνάφεια (ή), contact, connection/ συναφής, related

συνάχι (τό), catarrh, cold/ συναχωμένος, suffering of a cold/ συναχώνομαι, to catch cold

συνδαιτυμώνας (ό), fellow-diner

συνδαυλίζω, to poke/ (fig.) to excite

σύνδεση (ή), joining, connection/ σύνδεσμος (ό), tie, bond; association, union/ (gram.) conjunction/ συνδετήρας (ό), fastener, clip/ συνδετικός, uniting, connecting

συνδέω, to bind, to connect/ (tech.) to couple/ συνδέομαι, to be connected

συνδημότης (ό), fellow-citizen

συνδιαλέγομαι, to talk with/ συνδιάλεξη (ή), talk, conversation

συνδιαλλαγή (ή), reconciliation/ συνδιαλλακτικός, conciliatory

συνδιασκέπτομαι, to confer, to discuss/ συνδιάσκεψη (ή), conference

συνδικαλισμός (ό), trade-unionism/ συνδικαλιστής (ό), trade-unionist/ συνδι-

κάτο (τό), trade union

συνδιοικώ, to administer jointly

συνδρομή (ή), assistance, aid; subscription/ συνδρομητής (ό), subscriber

συνδυάζω, to combine/ συνδυασμός (ό), combination

συνεγγυητής (ό), joint-guarantor

συνεδρία (ή), sitting, session/ συνεδριάζω, to sit, to meet, to confer/ συνεδρίαση (ή), sitting, session/ συνέδριο (τό), congress, conference/ σύνεδρος (ό), member of a congress (council)

συνείδηση (ή), conscience/ ἔχω ~, to be aware of/ τύψεις συνείδησης, remorses/ συνειδητός, aware

συνειρμός (ό), coherence

συνεισφέρω, to contribute/ συνεισφορά (ή), contribution

συνέκδημος (ό), prayerbook

συνεκλείπω, to disappear simultaneously

συνεκτικός, cohesive, compact/ συνεκτικότητα (ή), cohesion, compactness

συνέλευση (ή), assembly, meeting

συνεννόηση (ή), understanding, agreement/ συνεννοοῦμαι, to reach an understanding

συνενοχή (ή), complicity/ συνένοχος (ό), accomplice

συνέντευξη (ή), interview, appointment

συνενώνω, to join, to unite/ συνένωση (ή), joining, union

συνεορτάζω, to co-celebrate

συνεπάγομαι, to involve

συνέπεια (ή), consequence; consistency/ κατά ~, consequently/ συνεπής, consistent

συνεπιβάτης (ό), fellow-passenger

συνεπίτροπος (ό), joint-guardian

συνεπιφέρω, to cause; to imply

συνεπτυγμένος, brief, concise

συνεπῶς, consequently

συνεργάζομαι, to co-operate, to collaborate/ συνεργασία (ή), co-operation, collaboration/ συνεργάτης (ό), collaborator; contributor

συνέργεια (ή), complicity

συνεργείο (τό), working group; workshop

σύνεργο (τό), tool, instrument

συνεργός (ό), accomplice, accessory/ συνεργώ, to concur, to contribute

συνερίζομαι, to take seriously
συνέρχομαι, to hold a meeting; to recover consience
σύνεση (ή), wisdom, prudence
συνεσταλμένα, shyly, reservedly/ συνεσταλμένος, shy, reserved, timid
συνεστίαση (ή), dinner
συνεταιρίζομαι, to form a society/ συνεταιρικά, in partnership/ συνεταιρικός, associated/ συνεταιρισμός (ό), association, partnership/ συνέταιρος (ό), associate, partner
συνετίζω, to bring to one's senses/ συνετισμός (ό), bringing to one's senses
συνευθύνομαι, to be jointly responsible
συνεύρεση (ή), sexual intercourse, sleeping together/ συνευρίσκομαι, to have sexual intercourse with
συνεφαπτομένη (ή), (maths) cotangent
συνεφέρνω, to make someone recover his senses
συνέχεια (ή), continuation/ έπεται ~, there is more to follow/ συνεχής, continual, continuous/ συνεχίζω, to continue, to go on
συνεχόμενος, adjoining
συνέχω, to keep together
συνεχῶς, continually, continuously
συνηγορία (ή), pleading, advocating/ συνήγορος (ό), defence lawyer/ συνηγορῶ, to plead, to defend
συνήθεια (ή), habit, custom/ συνήθης, όλ. συνηθισμένος/ συνηθίζω, to be used to/ συνηθισμένος, usual, customary/ συνήθως, usually
συνημίτονο (τό), (maths) cosine
συνημμένος, enclosed
συνηρημένος, (gram.) contracted
συνήχηση (ή), consonance
σύνθεση (ή), composition
συνθετήριο (τό), (printing) compositor's board
συνθέτης (ό), composer
συνθετικός, synthetic/ σύνθετος, compound, complex/ συνθέτω, to compose
συνθήκη (ή), treaty, convention/ τέτοιες συνθῆκες, such circumstances
συνθηκολόγηση (ή), capitulation/ συνθηκολογῶ, to capitulate
σύνθημα (τό), sign, signal; password/

συνθηματικός, in signals
συνθλίβω, to squeeze, to compress/ σύνθλιψη (ή), squeezing, compression
συνιδιοκτήτης (ό), co-owner
συνίζηση (ή), (gram.) vowel fusion
συνίσταμαι, to be composed of
συνισταμένη (ή), (phys.) component
συνιστῶ, to establish, to form; to recommend
συννεφιά (ή), cloudy weather/ ~ζω, to become cloudy/ συννέφιασμα (τό), gathering of clouds/ συννεφιασμένος, cloudy, overcast/ σύννεφο (τό), cloud
συνοδεύω, to escort, to accompany/ συνοδία (ή), escort; retinue/ (mus.) accompaniment
συνοδικός, synodical/ (ό), member of the Synod
συνοδοιπόρος (ό), fellow traveller/ συνοδοιπορῶ, to travel together
συνοδός (ό), attendant; chaperon
σύνοδος (ή), meeting, session/ (eccl.) synod
συνοικείωση (ή), familiarization
συνοικέσιο (τό), (marriage) match
συνοίκηση (ή), cohabitation
συνοικία (ή), (town) quarter/ συνοικιακός, in a quarter, away from the centre of town
συνοικίζω, to settle, to colonize/ συνοικισμός (ό), settlement
σύνοικος (ό), inmate; flatmate/ συνοικῶ, to live together
συνολικά, entirely, wholly, totally/ συνολικός, entire, whole, total/ σύνολο (τό), whole, total
συνομίληκος, of the same age
συνομιλητής (ό), fellow-talker/ συνομιλία (ή), talk, discussion/ συνομιλῶ, to converse, to talk
συνομολόγηση (ή), conclusion (of an agreement)/ συνομολογία (ή), agreement, treaty/ συνομολογῶ, to agree
συνομοσπονδία (ή), confederation
συνομοταξία (ή), (zool.) family
συνονθύλευμα (τό), odds and ends/ (fig.) riff-raff
συνονόματος, namesake
συνοπτικός, concise, brief/ συνοπτικότητα (ή), conciseness

συνορεύω, to border on/ *συνοριακός,* next to the border/ *σύνορο* (τό), border, frontier

συνουσία (ή), sexual intercourse/ *συνουσιάζομαι,* to have sexual intercourse

συνοφρυώνομαι, to frown; to be displeased/ *συνοφρύωση* (ή), frowning

συνοχή (ή), cohesion

σύνοψη (ή), summary, synopsis/ *συνοψίζω,* to summarize, to sum up

συνταγή (ή), prescription

σύνταγμα (τό), constitution/ (mil.) regiment

συνταγματάρχης (ό), colonel

συνταγματικός, constitutional/ *συνταγματικότητα* (ή), constitutional legality

συνταιριάζω, to match together

συντάκτης (ό), writer, editor

συντακτικό (τό), syntax

συντακτικός, constituent

σύνταξη (ή), editing; pension; syntax

συνταξιδεύω, to travel together/ *συνταξιδιώτης* (ό), fellow-traveller

συνταξιοδοτώ, to grant a pension/ *συνταξιούχος* (ό), pensioner

συνταράζω, to shock; to disturb, to agitate

συντάσσω, to draw up, to compose/ *συντάσσομαι,* to side with

συνταυτίζω, to identify/ *συνταύτιση* (ή), identification

συντείνω, to contribute, to play a part in

σύντεχνος (ό), godfather (Cretan dialect)

συντέλεια (ή), end/ ή ~ τοῦ κόσμου, doomsday

συντελεστής (ό), contributor/ (maths) coefficient/ *συντελεστικός,* contributive, conducive/ *συντελῶ,* to contribute, to conduce

συντέμνω, to shorten, to abridge

συντεταγμένη (ή), (maths) axis/ *συντεταγμένος,* orderly

συντετριμμένος, broken/ (fig.) very sad

συντεχνία (ή), trade union

σύντηξη (ή), (tech.) simultaneous melting

συντήρηση (ή), preservation, maintenance/ *συντηρητικά,* conservatively/ *συντηρητικός,* conservative/ *συντηρητικό κόμμα,* Conservative party/ *συντηρητισμός* (ό), conservatism

συντηρώ, to preserve, to maintain

σύντομα, briefly; shortly, soon/ *συντόμευση* (ή), shortening, abridgment/ *συντομεύω,* to shorten, to abridge/ *συντομία* (ή), brevity/ *συντομογραφία* (ή), abbreviation/ *σύντομος,* brief, short

συντονίζω, to co-ordinate/ *συντονισμός* (ό), co-ordination/ *συντονιστής* (ό), co-ordinator

σύντονος, intense, strenuous

συντοπίτης (ό), fellow countryman

συντρέχω, to help, to assist

συντριβάνι (τό), fountain

συντριβή (ή), crushing/ (fig.) deep sorrow/ *συντρίβω,* to crush, to shatter/ *συντρίμι* (τό), fragment

συντριπτικός, crushing/ *συντριπτική πλειοψηφία,* overwhelming majority

συντροφεύω, to keep company/ *συντροφιά* (ή), company, group of friends/ *συντροφία* (ή), partnership/ καί ~, and Co./ *συντροφικά,* in common/ *συντροφικός,* comradely/ *σύντροφος* (ό), comrade, companion

συντρώγω, to eat together

συντυχαίνω, to come across

συνύπαρξη (ή), coexistence/ *συνυπάρχω,* to coexist

συνυπεύθυνος, jointly responsible

συνυπηρετώ, to serve together

συνυπογράφω, to countersign

συνυπολογίζω, to include in one's computations

συνυποσχετικό (τό), (leg.) agreement

συνυφαίνω, to weave together; to combine

συνωθώ, to push/ *συνωθοῦμαι,* to jam

συνωμοσία (ή), conspiracy, plot/ *συνωμότης* (ό), conspirator/ *συνωμοτικός,* conspiratorial/ *συνωμοτῶ,* to conspire, to plot

συνωνυμία (ή), the same name/ *συνώνυμος,* synonymous

συνωστίζομαι, to crowd/ *συνωστισμός* (ό), crowd

σύξυλος, entire, whole/ μένω ~, to be amazed

σύριγγα (ή), syringe

συρίγγιο (τό), fistula

συριγμός (ό), hissing

Σύριος, Συρία, Syrian (man, woman)
σύρμα (τό), wire/ *συρμάτινος*, made of wire
συρματόπλεγμα (τό), barbed wire, meshed wire
συρμός fashion/ *σιδηροδρομικός* ~, railway
σύρραξη (ή), clash, fight
συρραφή (ή), stitching together/ (fig.) compilation
συρρέω, to flow together/ (fig.) to assemble
σύρριζα, from the roots
συρροή (ή), influx
σύρσιμο (τό), dragging; creeping
συρτά, draggingly
συρτάρι (τό), drawer
σύρτη (ή), quicksand
σύρτης (ό), bolt
συρτός, dragging
συρφετός (ό), mob, riff-raff
σύρω, βλ. *σέρνω*
συσκέπτομαι, to confer
συσκευάζω, to pack/ *συσκευασία* (ή), packing
συσκευή (ή), apparatus
σύσκεψη (ή), conference
συσκοτίζω, to darken, to obscure/ *συσκότιση* (ή), darkening/ (fig.) concealing
σύσπαση (ή), contraction
συσπειρώνω, to wind/ *συσπειρώνομαι,* to curl, to coil up/ *συσπείρωση* (ή), curling, coiling
συσπώ, to contract
συσσίτιο (τό), common meal
συσσωματώνω, to incorporate/ *σύσσωμος,* in unison
συσσώρευση (ή), accumulation/ *συσσωρευτής* (ό), accumulator/ *συσσωρεύω,* to accumulate
συστάδα (ή), cluster
συστάδην, μάχη ἐκ τοῦ ~, fight at close quarters
συσταίνω, to recommend
συσταλτικός, contractile
σύσταση (ή), formation, establishment; recommendation
συστατικά (τά), ingredients/ *συστατικός,* constituent; recommending/ *συστατική* ἐπιστολή, letter of recommendation

συστεγάζω, to place under the same roof
συστέλλω, to contract, to shrink
σύστημα (τό), system/ πολιτικό ~, regime/ *συστηματικά,* systematically/ *συστηματικός,* systematic/ *συστηματοποίηση* (ή), systematization/ *συστηματοποιώ,* to systematize
συστήνω, to recommend; to introduce
συστοιχία (ή), row, line/ (elec.) battery
σύστοιχος, corresponding
συστολή (ή), contraction; modesty, bashfulness
συστρέφω, to twist, to twirl/ *συστροφή* (ή), twisting, twirling
συσφίγγω, to tighten, to bring closer/ *σύσφιξη* (ή), tightening, bringing closer
συσχετίζω, to correlate/ *συσχέτιση* (ή), or *συσχετισμός* (ό), correlation
σύφιλη (ή), syphilis/ *συφιλιδικός,* syphilitic
συφοριασμένος, miserable, pitiful
συχαρίκια (τά), congratulations
συχνά, often, frequently/ ~ζω, to frequent
συχνοπηγαίνω, to visit often
συχνός, frequent/ *συχνότητα* (ή), frequency
συχνουρία (ή), frequent passing of water
συχωρεμένος, pardoned/ (fig.) deceased/ *συχωρώ,* βλ. *συγχωρώ*
σύψυχος, with all one's heart
σφαγέας (ό), butcher, slaughterer/ *σφαγείο* (τό), slaughter house/ *σφαγή* (ή), slaughter, massacre/ *σφαγιάζω,* to slaughter, to massacre/ *σφαγιασμός* (ό), slaughter, massacre/ *σφαγιαστής* (ό), βλ. *σφαγέας*/ *σφάγιο* (τό), slaughtered animal/ (fig.) victim/ *σφαγίτιδα* (ή), (med.) ~ φλέβα, jugular vein
σφαδάζω, to wriggle, to writhe/ *σφαδασμός* (ό), wriggling, convulsion
σφάζω, to massacre, to slaughter
σφαίρα (ή), sphere, ball; globe; bullet/ *σφαιρίδιο* (τό), small ball/ *σφαιρικά,* spherically/ *σφαιρικός,* spherical, global/ *σφαιρικότητα* (ή), sphericity, globality
σφαιριστήριο (τό), billiard-room/ *σφαιριστής* (ό), billiard player
σφαιροβολία (ή), (athl.) putting the shot

σφαιρωτός, βλ. *σφαιρικός*

σφαλάγγι (τό), large spider

σφαλερά, mistakenly, erroneously/ *σφαλερός*, mistaken, erroneous/ *σφαλερότητα* (ή), fallaciousness

σφαλίζω, to close, to shut/ *σφάλισμα* (τό), closing, shutting/ *σφαλιστός*, closed, shut

σφάλλω, to make a mistake/ *σφάλμα* (τό), mistake, error

σφαλνῶ, βλ. *σφαλίζω*

σφάξιμο (τό), slaughtering

σφάχτης (ό), acute pain

σφαχτό (τό), animal to be slaughtered

σφενδόνα (ή), or **σφεντόνα** (ή), sling/ *σφενδονίζω*, to sling, to hurl

σφετερίζομαι, to usurp/ *σφετερισμός* (ό), usurpation, appropriation/ *σφετεριστής* (ό), usurper

σφήκα (ή), hornet/ *σφηκοφωλιά* (ή), hornets' nest

σφήνα (ή), wedge/ *σφηνοειδής*, wedge-like/ ~ *γραφή*, cuneiform script/ *σφηνώνω*, to wedge

σφίγγα (ή), sphinx

σφίγγω, to press, to tighten/ ~ *στήν ἀγκαλιά*, to embrace/ *σφίγγομαι*, to be pressed; to try very hard/ *σφίξιμο* (τό), tightening, squeezing/ *σφιχτά*, tightly, fast/ *σφιχταγκάλιασμα* (τό), close warm embrace/ *σφιχτός*, tight, pressed/ (fig.) stingy

σφόδρα, extremely

σφοδρά, violently, strongly/ *σφοδρός*, violent, strong/ *σφοδρότητα* (ή), violence, great strength

σφοντύλι (τό), blow

σφουγγαράδικο (τό), sponge fishingboat/ *σφουγγαράς* (ό), spongefisher/ *σφουγγάρι* (τό), sponge

σφουγγαρίζω, to scrub the floor/ *σφουγγάρισμα* (τό), scrubbing the floor/ *σφουγγαρόπανο* (τό), scrubbing-cloth

σφουγγίζω, to sponge (dry)

σφραγίδα (ή), stamp, seal/ *σφραγιδοφύλακας* (ό), keeper of the seal/ *Λόρδος* ~, Lord Privy Seal/ *σφραγίζω*, to seal/ *σφράγιση* (ή), or *σφράγισμα* (τό), sealing, stamping/ *σφραγιστός*, sealed

σφρίγος (τό), vigour, vitality/ *σφριγῶ*, to be vigorous

σφυγμομέτρηση (ή), feeling the pulse/ (fig.) taking a poll/ *σφυγμομετρῶ*, to feel the pulse/ (fig.) to take a poll/ *σφυγμός* (ό), pulse, pulse beating/ *τοῦ βρίσκω τόν σφυγμό*, to discover someone's weak points

σφύζω, to throb, to be very active/ ~ *ἀπό ζωή*, to be full of life

σφύξη (ή), pulse

σφύρα (ή), hammer/ *σφυρηλασία* (ή), hammering/ *σφυρήλατος*, forged/ *σφυρηλατῶ*, to forge/ *σφυρί* (τό), hammer, mallet

σφύριγμα (τό), whistling/ *σφυρίζω*, to whistle/ *σφυρίχτρα* (ή), whistle

σφυρά (τά), ankles

σφυροκόπημα (τό), hammering, forging/ *σφυροκοπῶ*, to hammer

σχάζω, (phys.) to split/ *σχάση* (ή), split, fission

σχεδία (ή), raft

σχεδιάγραμμα (τό), sketch, outline/ *σχεδιαγράφημα* (τό), drawing/ *σχεδιάζω*, to draw, to sketch/ (fig.) to intend/ *σχεδίασμα* (τό), sketch, drawing/ *σχεδιαστής* (ό), designer/ *σχέδιο* (τό), outline/ (fig.) plan, intention

σχεδόν, almost, nearly

σχέση (ή), relation, connection; acquaintance/ *σχετίζω*, to associate, to relate/ *σχετίζομαι*, to be acquainted with/ *σχετικά*, regarding/ *σχετικός*, relative to

σχῆμα (τό), shape, form, figure/ (book) size/ ~ *λόγου*, figure of speech/ ~*τίζω*, to shape, to form/ ~*τισμός* (ό), shaping, formation

σχίζα (ή), splinter

σχιζοφρένεια (ή), (med.) schizophrenia/ *σχιζοφρενής*, schizophrenic

σχίζω, to tear, to split

σχίνος (ό), βλ. *σχοῖνος*

σχίσιμο (τό), tearing, split

σχίσμα (τό), division/ (eccl.) schism/ *σχισματικός*, schismatic

σχισμή (ή), cleft, fissure, crack

σχιστόλιθος (ό), slate

σχιστός, cleft

σχοινάκι (τό), small rope/ *κάνω* ~, to skip

σχοινάς (ὁ), ropemaker/ σχοινί (τό), rope, cord

σχοινοβασία (ἡ), ropedancing, acrobatics/ σχοινοβάτης (ὁ), ropedancer, acrobat/ σχοινοβατῶ, to walk on a rope

σχοῖνος (ὁ), (bot.) rush

σχοινοτενής, lengthy, verbose

σχολάζω, to complete one's shift; to finish class

σχολάρχης (ὁ), headmaster

σχόλασμα (τό), dismissal; end of classes

σχολαστικός, pedantic/ σχολαστικότητα (ἡ), pedantry

σχολεῖο (τό), school/ δέν ἔχω ~, to have no classes, to be on holiday/ σχολή (ἡ), higher school, university faculty

σχόλη (ἡ), holiday

σχολιάζω, to comment/ σχολιαστής (ὁ), commentator

σχολικός, scholastic, of the school

σχόλιο (τό), comment

σχολνῶ, or σχολῶ, to end work, to stop working

σώβρακο (τό), underpants

σώζω, to save, to rescue/ σώζομαι, to save oneself/ μοῦ σώθηκε, to run out of

σωθικά (τά), intestines, entrails

σωληνάριο (τό), small tube; test tube

σωλήνας (ὁ), tube, pipe/ πεπτικός ~, alimentary canal/ σωληνοειδής, tubular

σῶμα (τό), body/ (mil.) corps

σωματεῖο (τό), union, association

σωματεμπορία (ἡ), slave trade; procuring/ σωματέμπορος (ὁ), slavedealer; procurer

σωματικά, bodily/ σωματικός, corporal, bodily

σωμάτιο (τό), corpuscle

σωματολογία (ἡ), somatology

σωματοφύλακας (ὁ), bodyguard (person)/ σωματοφυλακή (ἡ), bodyguard

σωματώδης, corpulent

σώνω, to save, to rescue/ καλά καί σώνει, at all costs, come what may/ σώνομαι, to be saved; to run out of

σῶος, safe, intact/ ~ καί ἀβλαβής, safe and sound

σωπαίνω, to remain silent

σωρεία (ἡ), a great deal, a lot

σωρείτης (ὁ), (cloud) cumulus

σώρευση (ἡ), accumulation, piling/ σωρεύω, to pile up, to accumulate

σωριάζω, to pile up/ σωριάζομαι, to collapse, to fall down

σωρός (ὁ), heap, pile/ ἕνα σωρό, a lot

σωσίβιο (τό), lifebelt

σωστά, exactly, correctly/ σωστός, correct, exact, right; whole

σωτήρας (ὁ), saviour, deliverer/ σωτηρία (ἡ), salvation, rescue, delivery/ σωτήριος, salutary

σωφρονίζω, to bring one to one's senses/ σωφρονισμός (ὁ), reform, correction/ σωφρονιστήριο (τό), reformatory, prison for minors/ σωφρονιστικός, reformatory, corrective

σωφροσύνη (ἡ), wisdom, prudence/ σώφρων, wise, prudent

T

τά, the (neuter plural)

ταβάνι (τό), ceiling

ταβατούρι (τό), uproar

ταβέρνα (ἡ), tavern, public-house/ ταβερνιάρης (ὁ), tavernkeeper, publican

τάβλα (ἡ), low table/ ~ στό μεθύσι, dead drunk

τάβλι (τό), backgammon

ταγάρι (τό), sack, bag

ταγγάδα (ἡ), rancidness/ ταγγός, rancid

ταγή (ἡ), fodder, feed/ ταγίζω, to feed/ τάγισμα (τό), feeding/ (fig.) bribe

τάγμα (τό), battalion/ (eccl.) religious order/ ~τάρχης (ὁ), major

τάδε, such and such

τάζω, to make a vow

ταΐζω, βλ. ταγίζω

ταινία (ἡ), ribbon, band, tape/ (cinema) film/ (med.) tape worm

ταίρι (τό), match, the other half/ (fig.) spouse/ ταιριάζω, to match, to fit/ ταί-

ριασμα (τό), matching, fitting/ *ταιρια-στός*, fit, becoming
τάκος (ὁ), stump, block
τακούνι (τό), heel
τακτικά, regularly
τακτική (ἡ), tactics
τακτικός, regular, ordinary; punctual/ (maths) ~ *ἀριθμός*, ordinal number
τακτοποίηση (ἡ), arrangement/ *τακτο-ποιῶ*, to arrange, to put in order
τακτός, determined, fixed
ταλαιπωρία (ἡ), trouble, hardship/ *τα-λαίπωρος*, unfortunate, wretched/ *τα-λαιπωρῶ*, to trouble
ταλανίζω, to annoy/ *ταλάνισμα* (τό), annoyance
ταλαντεύομαι, to oscillate; to hesitate/ *ταλάντευση* (ἡ), oscillation; hesitation
τάλαντο (τό), talent
ταλάντωση (ἡ), 6λ. *ταλάντευση*
ταλέντο (τό), talent, genius
τάληρο (τό), five drachmas
τάμα (τό), offering, vow
ταμεῖο (τό), cashier's office, bursar's office/ *ταμιακός*, fiscal/ *ταμίας* (ὁ), cashier, treasurer
ταμιευτήριο (τό), savings bánk
ταμπακιέρα (ἡ), snuffbox/ *ταμπάκο* (τό), or *ταμπάκος* (ὁ), tobacco, snuff
ταμπλάς (ὁ), (med.) stroke
ταμπουράς (ὁ), tambourine
ταμπούρι (τό), trench, fortification
ταμπούρλο (τό), drum
ταμπουρώνομαι, to entrench oneself
τανάλια (ἡ), forceps, tongs
τανίνη (ἡ), tannin
τάνκ (τό), (mil.) tank
τανύζω, to spread, to stretch/ *τάννσμα* (τό), stretching, spreading
τάξη (ἡ), order, rank, class/ *ἀνώτερη* ~, high society/ *ἐργατική* ~, working class/ *ἐν τάξει*, all right
ταξί (τό), taxi, cab
ταξιάρχης (ὁ), archangel
ταξιαρχία (ἡ), brigade/ *ταξίαρχος* (ὁ), brigadier
ταξιδεύω, to travel/ *ταξίδι* (τό), travel, voyage, trip/ *ταξιδιώτης* (ὁ), traveller, passenger
ταξιθέτης (ὁ), usher

τάξιμο (τό), 6λ. *τάμα*
ταξινόμηση (ἡ), classification/ *ταξινόμος* (ὁ), classifier/ *ταξινομῶ*, to classify
τάπα (ἡ), stopper, cork/ *γίνομαι* ~, to get drunk
ταπεινά, humbly, modestly/ *ταπεινός*, humble, modest; mean, vile, base/ *ταπεινοσύνη* (ἡ), humbleness, modesty/ *ταπεινότητα* (ἡ), servility; baseness/ *ταπεινοφροσύνη* (ἡ), humility, modesty/ *ταπεινόφρων*, humble, modest/ *ταπεινώνω* to humiliate, to degrade/ *ταπείνωση* (ἡ), humiliation, degradation/ *ταπεινωτικός*, humiliating, degrading
ταπέτο (τό), mat, small carpet
ταπετσαρία (ἡ), upholstery/ *ταπετσιέρης* (ὁ), upholsterer
ταπητουργία (ἡ), carpet making/ *ταπη-τουργεῖο* (τό), carpet factory/ *ταπη-τουργός* (ὁ), carpet maker
ταπιόκα (ἡ), tapioca
ταπώνω, to plug, to cork
τάρα (ἡ), tare
τάραγμα (τό), shaking, disturbance/ *τα-ράζω*, to shake, to disturb/ *ταράζομαι*, to feel shaken, to get upset
ταραμάς (ὁ), roe paté
τάρανδος (ὁ), reindeer
ταραξίας (ὁ), agitator, troublemaker
ταράτσα (ἡ), terrace, flat roof
ταραχή (ἡ), trouble, disturbance/ *ταρα-χοποιός* (ὁ), agitator/ *ταραχώδης*, disorderly, stormy
ταρίχευση (ἡ), embalming; stuffing/ *ταρι-χευτής* (ὁ), embalmer/ *ταριχεύω*, to embalm
ταρσανάς (ὁ), shipyard
ταρσός (ὁ), (anat.) tarsus
τασάκι (τό), ashtray
τάση (ἡ), tendency, inclination/ (elec.) voltage
τάσι (τό), goblet
τάσσω, to place, to put
ταυρομαχία (ἡ), bullfight/ *ταυρομάχος* (ὁ), bullfighter
ταῦρος (ὁ), bull
ταυτάριθμος, bearing the same number
ταυτίζω, to identify/ *ταύτιση* (ἡ), identification
ταυτολογία (ἡ), tautology

ταυτόσημος, synonymous

ταυτότητα (ή), identity/ δελτίο ταυτότητας, identity card

ταυτόχρονα, simultaneously/ ταυτόχρονος, simultaneous

ταυτώνυμος, bearing the same name

ταφή (ή), burial/ τάφος (ό), grave, tomb/ Πανάγιος Τ~, the Holy Sepulchre

τάφρος (ή), trench, ditch

ταφτάς (ό), taffeta

τάχιστα, most quickly

ταχύ (τό), early in the morning

ταχυδακτυλουργία (ή), jugglery/ ταχυδακτυλουργικός, juggling/ ταχυδακτυλουργός (ό), juggler

ταχυδρομείο (τό), post, mail; post office/ ταχυδρόμηση (ή), posting, mailing/ ταχυδρομικά (τά), postage/ ταχυδρομικός, postal/ ~ διανομέας, postman/ ταχυδρομική ἐπιταγή, postal order/ ταχυδρόμος (ό), postman/ ταχυδρομῶ, to post, to mail

ταχύμετρο (τό), speed indicator, speedometer

ταχύνω, to hurry, to hasten

ταχυπιεστήριο (τό), printing press

ταχύπλοος, fast-sailing

ταχεία (ή), express train

ταχύς, quick, fast, swift/ ταχύτητα (ή), speed, velocity

ταψί (τό), baking-dish

τέζα, fully stretched/ πέφτω ~, to fall unconscious/ τεζάρω, to stretch fully

τέθριππο (τό), four-horse chariot

τείνω, to tend, to be inclined to; to stretch out

τειχίζω, to enclose within a wall/ τεῖχος (τό), (city) wall

τεθλασμένος, broken, not straight

τεθωρακισμένος, armoured

τεκμήριο (τό), token, indication/ τεκμηριώνω, to prove

τέκνο (τό), child/ τεκνοποίηση (ή), procreation/ τεκνοποιῶ, to procreate

τεκταίνω, to machinate, to intrigue

τεκτονικός, masonic/ τεκτονισμός (ό), free masonry/ τέκτων (ό), freemason

τελάλης (ό), public crier

τελάρο (τό), frame

τέλεια, perfectly

τελεία (ή), full-stop, period/ ἄνω ~, semicolon

τελειοποίηση (ή), perfection τελειοποιήσιμος, improvable/ τελειοποιῶ, to perfect

τέλειος, perfect, complete/ τελειότητα (ή), perfection

τελειόφοιτος, graduate

τελείωμα (τό), or τελειωμός (ό), end, finish/ τελειώνω, to end, to finish/ τελείωση (ή) completion

τελειωτικά, finally, definitively/ τελειωτικός, final, definitive

τέλεση (ή), accomplishment

τελεσίγραφο (τό), ultimatum

τελεσίδικος, final/ (leg.) last instance

τελεσφόρος, effective/ τελεσφορῶ, to be effective

τελετάρχης (ό), master of ceremonies/ τελετή (ή), ceremony/ τελετουργία (ή), solemnization

τελευταία, finally; recently/ τελευταῖος, final, last

τελευτή (ή) death/ τελευτῶ, to die

τελεύω, to finish, to end

τέλη (τά), duties, tax

τέλι (τό), wire

τελικά, finally/ τελικός, final, ultimate

τέλμα (τό), marsh, swamp/ τελμάτωση (ή), stagnation

τέλος (τό), end, termination/ ~ πάντων, after all/ ἐπί τέλους, at last

τελῶ, to perform

τελωνείο (τό), customs-house/ τελώνης (ό) or τελωνιακός (ό), customs officer

τελώνιο (τό), ghost

τελωνοφύλακας (ό), customs-guard

τεμαχίζω, to cut to pieces/ τεμάχιο (τό), piece, fragment

τέμενος (τό), mosque

τέμνουσα (ή), (maths) secant

τέμνω, to cut

τεμπέλης (ό), idler, lazy person/ τεμπελιά (ή), idleness, laziness/ τεμπελιάζω, to be idle (lazy)/ τεμπελόσκυλο (τό), lazy person

τέμπλο (τό), icon stand

τέναγος (τό), swamp, bog

τενεχεδένιος, made of tin/ τενεκές (ό), tin/ τενεκετζής (ό), tinsmith

τενόρος (ὁ), tenor
τέντα (ἡ), tent
τέντζερης (ὁ), boiler
τέντωμα (τό), stretching/ τεντώνω, to stretch
τένων (ὁ), (med.) tendon
τέρας (τό), monster
τεράστιος, huge, enormous, vast
τερατολογία (ἡ), unbelievable story/ τερατολόγος (ὁ), teller of extravagant stories/ τερατολογῶ, to tell extravagant stories
τερατόμορφος, monstrous-looking/ τερατούργημα (τό), monstrosity/ τερατώδης, monstrous
τερεβινθίνη (ἡ), turpentine
τερετίζω, to twitter/ τερέτισμα (τό), twittering
τερηδόνα (ἡ), tooth-decay
τέρμα (τό), end, limit/ (sporty) goal/ τερματίζω, to end, to finish
τερματοφύλακας (ὁ), goalkeeper
τερπνά, pleasantly, charmingly/ τερπνός, pleasant, charming/ τερπνότητα (ἡ), pleasantness/ τέρπω, to please/ τέρψη (ἡ), pleasure
τεσσαρακονθήμερο (τό), period of forty days
τεσσαρακονταετής, lasting for forty years/ τεσσαρακοστή (ἡ), 6λ. σαρακοστή/ τεσσαρακοστός, fortieth
τέσσερα, four
τεταμένος, tense
τέτανος (ὁ), tetanus
τεταρταῖος, (med.) ~ πυρετός, quartan fever
Τετάρτη (ἡ), Wednesday
τέταρτο (τό), quarter
τεταρτογενής, quarternary
τέταρτος, fourth
τετελεσμένος, accomplished, completed/ (gram.) perfect
τέτοιος, such
τετράγλωσσος, quadrilingual
τετραγωνίδιο (τό), quadrat, small square
τετραγωνίζω, to square/ τετραγωνικός, square/ τετραγωνική ῥίζα, square root/ τετραγωνισμός (ὁ), squaring/ τετράγωνο (τό), square/ τετράγωνος, square, four-cornered

τετράδιο (τό), copybook
τετράδιπλος, quadruple
τετραετής, four years old/ τετραετία (ἡ), period of four years/ τετραήμερος, lasting four days
τετρακόσια, four hundred/ τά ἔχει ~, he (she) is a person of sound judgment/ τετρακοσιοστός, four hundredth
τετραμελής, consisting of four members
τετράπαχος, plump, extremely fat
τετραπέρατος, very shrewd
τετραπλασιάζω, to quadruple/ τετραπλασιασμός (ὁ), quadrupling/ τετραπλάσιος, quadruple
τετράπλευρο (τό), quadrilateral/ τετράπλευρος, four-sided
τετράποδο (τό), quadruped
τετράρχης (ὁ), tetrarch
τετράστηλος, four-columned
τετράστιχο (τό), quatrain
τετρασύλλαβος, tetrasyllabic
τετράτομος, in four volumes
τετραφωνία (ἡ), quartet
τετράχορδος, four-stringed
τετράχρονος, four year old child
τεῦτλο (τό), beet
τεῦχος (τό), issue (of a publication)
τέφρα (ἡ), ashes/ τεφροδοχεῖο (τό), ashtray/ τεφροδόχος (ἡ), cinerary
τεφρός, ash-coloured
τεφτέρι (τό), account book
τέχνασμα (τό), craft, trick
τέχνη (ἡ), art, craft, trade; skill/ καλές τέχνες, fine arts
τεχνητά, artificially/ τεχνητός, artificial
τεχνική (ἡ), technique/ τεχνικός, technical
τεχνίτης (ὁ), craftsman
τεχνοκρίτης (ὁ), art critic
τεχνολογία (ἡ), technology/ (gram.) analysis/ τεχνολογικός, technological
τεχνοτροπία (ἡ), technique, style
τέως, ex, former
τζάκι (τό), fireplace/ εἶναι ἀπό ~, he (she) is an aristocrat
τζάμι (τό), glass
τζαμί (τό), mosque
τζάμπα, gratis, free
τζαναμπέτης (ὁ), quarrelsome
τζελατίνα (ἡ), gelatine

τζερεμές (ὁ), unjust penalty, unfair consequence

τζίτζικας (ὁ), cicada

τζίτζιφο (τό), jujube

τζίρος (ὁ), business, money receipts

τζίφος (ὁ), zero

τζίφρα (ἡ), initialling

τήβενος (ἡ), toga, university gown

τηγανήτα (ἡ), pancake/ *τηγανητός*, fried/ *τηγάνι* (τό), frying-pan/ *τηγανίζω*, to fry/ *τηγάνισμα* (τό), frying

τήκω, (phys.) to melt

τηλαυγής, far shining

τηλεβόας (ὁ), megaphone

τηλεβόλο (τό), cannon, gun

τηλεγραφείο (τό), telegraph office/ *τηλεγράφημα* (τό), telegram/ *τηλεγραφητής* (ὁ), telegraphist/ *τηλεγραφία* (ἡ), telegraphy/ *τηλεγραφικός*, telegraphic/ (fig.) very brief/ *τηλέγραφος* (ὁ), telegraph/ *τηλεγραφῶ*, to send a cable

τηλέμετρο (τό), telemeter

τηλεόραση (ἡ), television

τηλεπάθεια (ἡ), telepathy/ *τηλεπαθητικός*, telepathic

τηλεπικοινωνία (ἡ), telecommunication

τηλεσκοπικός, telescopic/ *τηλεσκόπιο* (τό), telescope

τηλέτυπο (τό), telex

τηλεφωνητής (ὁ), telephonist/ *τηλεφωνικός*, telephonic/ ~ *κατάλογος*, telephone book/ *τηλέφωνο* (τό), telephone/ *τηλεφωνῶ*, to telephone

τηλεφωτογραφία (ἡ), telephotography

τήξη (ἡ), melting

τήρηση (ἡ), observance, keeping/ *τηρητής* (ὁ), observer, keeper/ *τηρῶ*, to observe, to abide by, to keep

τί, what/ ~ εἶπες; what did you say?/ ~ κάνεις; how are you?

τιάρα (ἡ), tiara

τίγκα, full up

τίγρη (ἡ), tiger

τιθάσευση (ἡ), taming/ *τιθασεύω*, to tame

τίκτω, to bear, to give birth to

τιμαλφής, precious, valuable

τιμάριθμος (ὁ), cost of living

τιμάριο (τό), fief, feud/ *τιμαριοῦχος* (ὁ), holder of a fief

τιμή (ἡ), honour; price, value/ *πεδίο τιμῆς*, field of honour/ *στήν* ~ *μου*, upon my word

τίμημα (τό), price, cost

τιμημένος, honoured

τιμητικός, honorary

τίμια, honesty, honourably/ *τίμιος*, honest, honourable/ *τιμιότητα* (ἡ), honesty

τιμοκατάλογος (ὁ), pricelist

τιμολόγιο (τό), invoice

τιμόνι (τό), helm/ *τιμονιέρης* (ὁ), helmsman

τιμῶ, to honour, to respect

τιμωρημένος, punished/ *τιμωρία* (ἡ), punishment, penalty/ *τιμωρός*, avenger/ *τιμωρῶ*, to punish

τίναγμα (τό), shaking, tossing/ *τινάζω*, to shake, to toss/ ~ *στόν ἀέρα*, to blow up/ *τά τινάζω*, to die

τίποτε, nothing, anything/ *γιά τό* ~, for nothing/ *τιποτένιος*, insignificant, worthless

τιράντες (οἱ), suspenders

τιτάνας (ὁ), titan

τιτάνιο (τό), titanium

τιτάνιος, titanic

τιτανομαχία (ἡ), battle of giants; important battle

τίτλος (ὁ), title; headline/ *τιτλοῦχος* (ὁ), high official/ *τιτλοφορῶ*, to give a title

τμῆμα (τό), section; department/ (maths) segment/ *τμηματάρχης* (ὁ), head of a department/ *τμηματικά*, gradually, in sections/ *τμηματικός*, gradual, fragmentary

τό, the (neuter)

τοιχογραφία (ἡ), wallpainting

τοιχοκόλληση (ἡ), bill sticking/ *τοιχοκολλῶ*, to stick up posters

τοῖχος (ὁ), wall

τοίχωμα (τό), inner wall

τοκετός (ὁ), childbirth

τοκίζω, to lend money for interest/ *τοκισμός* (ὁ), lending money for interest/ *τοκιστής* (ὁ), moneylender

τοκογλυφία (ἡ), usury/ *τοκογλύφος* (ὁ), usurer

τοκομερίδιο (τό), dividend

τόκος (ὁ), interest

τόλμη (ἡ), boldness, courage/ *τόλμημα* (τό), bold (daring) deed/ *τολμηρός*, bold, courageous/ *τολμῶ*, to dare, to be bold enough to

τομάρι (τό), skin, hide/ (fig.) rascal

τομάτα (ἡ), tomato

τομέας (ὁ), (maths) sector/ (fig.) field, speciality

τομή (ἡ), cut; incision

τομίδιο (τό), small volume/ *τόμος* (ὁ), volume

τονίζω, to accent; to emphasize/ *τονισμός* (ὁ), accentuation/ (mus.) stress

τόννος (ὁ), ton/ (fish) tuna

τόνος (ὁ), accent; tone

τονώνω, to strengthen, to fortify/ *τόνωση* (ἡ), strengthening, fortifying/ *τονωτικός*, tonic

τοξεύω, to shoot with a bow

τοξικολογία (ἡ), toxicology/ *τοξικολογικός*, toxicological/ *τοξικολόγος* (ὁ), toxicologist

τοξικομανής (ὁ), drug-addict/ *τοξικομανία* (ἡ), drug-addiction

τοξικός (ὁ), toxic/ *τοξικότητα* (ἡ), toxicity

τοξίνη (ἡ), toxine

τόξο (τό), bow, arch; vault; arc/ οὐράνιο ~, rainbow/ *τοξοειδής*, arched/ *τοξότης* (ὁ), archer/ (astr.) Sagittarius

τοπάζι (τό), topaz

τόπι (τό), ball; roll of cloth

τοπικισμός (ὁ), provincialism

τοπικός, local

τοπιογραφία (ἡ), landscape painting/ *τοπιογράφος* (ὁ), landscape painter

τοπίο (τό), landscape

τοπογραφία (ἡ), topography/ *τοπογράφος* (ὁ), topographer

τοποθεσία (ἡ), site, spot

τοποθέτηση (ἡ), placing, putting/ *τοποθετῶ*, to place, to put

τόπος (ὁ), place, spot/ ἐκτός τόπου, out of place/ ἐπί τόπου, on the spot/ ἀφήνω στόν τόπο, to kill instantly

τοποτηρητής (ὁ), locum tenens

τορβάς (ὁ), sack

τορνευτός, turned on the lathe/ (fig.) elegant/ *τορνεύω*, to turn on the lathe/ *τόρνος* (ὁ), lathe

τορπίλλη (ἡ), torpedo/ *τορπιλλίζω*, to torpedo/ *τορπιλλισμός* (ὁ), torpedoing/ *τορπιλλοβόλο* (τό), torpedo-boat

τόσος, so much, so big/ τόσο τό καλύτερο, so much the better

τότε, then

τουαλέτα (ἡ), toilet; dressing table

τοῦβλο (τό), brick/ (fig.) stupid fellow

τουλάχιστον, at least

τούλι (τό), tulle

τουλίπα (ἡ), tulip

τουλούμι (τό), goatskin flask

τουλπάνι (τό), fine transparent cloth

τούμπα (ἡ), somersault

τούμπανο (τό), drum

τουρισμός (ὁ), tourism/ *τουρίστας* (ὁ), tourist

τουρκεύω, to be converted to Mohamedanism

τουρκικός, or **τούρκικος**, Turkish/ *τουρκοκρατία* (ἡ), period of Turkish rule/ *Τοῦρκος, Τουρκάλα*, Turk(ish) (man, woman)

τουρλώνω, to round, to bulge/ *τουρλωτός*, rounded, bulging

τουρσί (τό), pickle

τούρτα (ἡ), cake

τουρτουρίζω, to shiver/ *τουρτούρισμα* (τό), shivering

τοῦτος, this one

τούφα (ἡ), tuft

τουφέκι (τό), rifle/ *τουφεκιά* (ἡ), gunshot, rifleshot/ *τουφεκίζω*, to shoot; to execute/ *τουφεκισμός* (ὁ), execution

τουφεξής (ὁ), gunsmith

τράβηγμα (τό), pull, dragging

τραβηχτική (ἡ), (banking) draft

τραβηχτός, drawn

τραβῶ, to pull, to drag; to suffer/ ~ τά μαλλιά μου, to tear one's hair

τραγανίζω, to crunch/ *τραγάνισμα* (τό), crunching/ *τραγανός*, crisp

τραγελαφικός, ridiculous/ *τραγέλαφος* (ὁ), ridiculous sight, monstrosity

τραγικά, tragically/ *τραγικός*, tragic

τραγίλα (ἡ), goat smell/ *τράγος* (ὁ), hegoat/ ἀποδιοπομπαῖος ~, scapegoat

τραγούδι (τό), song/ *τραγουδιστής* (ὁ), singer/ *τραγουδιστός*, sung/ *τραγουδῶ*, to sing

τραγωδία (ή), tragedy/ *τραγωδός* (ὁ, ή), tragedian
τράκα (ή), firecracker/ (fig.) fraud
τρακάρισμα (τό), collision/ *τρακάρω*, to collide with
τρακτέρ (τό), tractor
τράμ (τό), tram, streetcar
τραμουντάνα (ή), north wind
τραμπάλα (ή), see-saw
τραμπούκος (ὁ), bully
τρανός, grand/ *μεγάλος καί* ~, prominent person
τράνταγμα (τό), shaking/ *τραντάζω*, to shake
τράπεζα (ή), (econ.) bank/ *ἁγία* ~, altar
τραπεζαρία (ή), dining room
τραπέζι (τό), table/ *δίνω* ~, to give a dinner party/ *στρώνω τό* ~, to set the table
τραπέζιο (τό), trapezium
τραπεζίτης (ὁ), banker, financier; molar tooth/ *τραπεζι(τι)κός*, banking/ ~ *ὑπάλληλος*, bank clerk
τραπεζογραμμάτιο (τό), banknote
τραπεζομάντηλο (τό), tablecloth
τραπεζώνω, to give dinner to
τράπουλα (ή), pack of cards
τράτα (ή), dragnet
τρατάρω, to treat
τραυλίζω, to stammer/ *τραύλισμα* (τό), stammering/ *τραυλός*, stammerer
τραῦμα (τό), wound/ ~*τίας* (ὁ), wounded/ ~*τίζω*, to wound, to hurt/ ~*τικός*, wounding, traumatic/ ~*τισμός* (ὁ), wounding
τραχεία (ή), trachea/ *τραχειοτομία* (ή), tracheotomy
τραχηλιά (ή), shirt-collar
τράχηλος (ὁ), neck
τραχύνω, to roughen/ *τραχύς*, rough, harsh; rugged/ *τραχύτητα* (ή), roughness, harshness
τράχωμα (τό), trachoma
τρεῖς, τρία, three
τρεκλίζω, to stagger/ *τρέκλισμα* (τό), staggering
τρέλ(λ)α (ή), madness, folly, insanity/ *εἶμαι* ~, to look very pretty/ *τρελ(λ)ά*, madly, insanely/ *τρελ(λ)αίνω*, to drive mad/ *τρελ(λ)αίνομαι*, to go mad/ (fig.) to be very fond of/ *τρελ(λ)οκομεῖο* (τό),

madhouse, asylum/ *τρελ(λ)ός*, mad, crazy, insane
τρεμάμενος, shaking/ *τρεμούλα* (ή), tremor, quiver/ *τρεμουλιάζω*, to tremble, to quiver/ *τρεμούλιασμα* (τό), trembling/ *τρεμουλιαστός*, quivering, shaking/ *τρέμω*, to tremble, to shake
τρέξιμο (τό), running; flowing, leaking
τρέπω, to change into; to turn towards/ ~ *σέ φυγή*, to put to flight
τρέφω, to feed
τρεχάλα (ή), at full speed/ *τρεχάματα* (τά), excessive activity/ (fig.) troubls
τρεχαντήρι (τό), small ship
τρεχάτος, fast, running/ *τρεχούμενος*, running, current/ ~ *λογαριασμός*, current account/ *τρέχω*, to run; to flow, to leak/ (tears) to stream down/ *τί τρέχει;* what's going on?/ *τρέχων*, running, current/ *στίς εἴκοσι τρέχοντος*, on the twentieth instant
τρῆμα (τό), (med.) orifice, opening
τρία, three/ *τριάδα* (ή), triad/ ʾΑγία Τ~, Holy Trinity/ *τριαδικός*, triadic
τρίαινα (ή), trident
τριακονταετής, thirty years old; lasting thirty years/ *τριακονταετία* (ή), thirty years
τριακόσιοι, τριακόσιες, τριακόσια, three hundred
τριακοσιοστός, three hundredth
τριακοστός, thirtieth
τριανδρία (ή), triumvirate
τριάντα, thirty/ *τριαντάρης* (ὁ), about thirty years old
τριανταφυλλένιος, or **τριανταφυλλής**, rosy, pink
τριανταφυλλιά (ή), rosebush/ *τριαντάφυλλο* (τό), rose
τριανταφυλλόνερο (τό), rosewater
τριβέλι (τό), drill, borer/ *τριβελίζω*, to drill, to bore/ *τριβέλισμα* (τό), drilling, boring
τριβή (ή), rubbing, friction
τρίβολος (ὁ), thistle
τρίβω, to rub; to polish; to grate; to wear out/ *τρίβομαι*, to rub against
τρίγλυφο (τό), triglyph
τρίγλωσσος, trilingual
τριγμός (ὁ), *βλ. τρίξιμο*

τριγυρίζω, to roam, to stroll around/ *τριγύρισμα* (τό), roaming/ *τριγύρω*, around

τριγωνίζω, to triangulate/ *τριγωνικός*, triangular/ *τρίγωνο* (τό), triangle

τριγωνομετρία (ή), trigonometry

τριδιάστατος, three-dimensional

τρίδιπλος, threefold

τρίδυμα (τά), triplets

τριετής, triennial; three years old/ *τριετία* (ή), three year period

τριζόνι (τό), cricket

τρίζω, to crack, to creak/ *τοῦ ἔτριξα τά δόντια*, I gave him a piece of my mind

τριήμερος, lasting three days

τριήρης, trireme

τρικαντό (τό), cocked hat

τρικέρι (τό), three-branched candlestick

τρικέφαλος, triple-headed

τρικλίζω, βλ. *τρεκλίζω*

τρικλοποδιά (ή), tripping

τρικούβερτος, three-decked/ (fig.) imposing, grand

τρικυμία (ή), tempest, storm/ *τρικυμιώδης*, stormy, tempestuous

τριλογία (ή), trilogy

τριμελής, consisting of three members

τριμερής, tripartite

τριμηνία (ή), trimester, three months/ *τριμηνιαῖος*, quarterly

τρίμμα (τό), morsel, chip

τρίμορφος, triform

τρίξιμο (τό), creaking

τριόροφο (τό), three-storeyed building

τριπλασιάζω, to treble/ *τριπλασιασμός* (ό), trebling

τριπλάσιος threefold

τρίπλευρος, trilateral

τριπλός, threefold

τριπλότυπο (τό), triplicate

τριποδίζω, to trot/ *τριποδισμός* (ό), trotting

τρίποδο (τό), tripod

τρίπρακτος, consisting of three acts

τρίπτυχο (τό), triptych/~ ς, threefold

τρισάγιο (τό), (eccl.) Te Deum

τρισάθλιος, most pitiful

τρισέγγονος (ό), great grandson

τρισκατάρατος (ό), the Devil

τρισμέγιστος, huge, colossal

τρίστηλο (τό), three-columned article/ ~ ς, three-columned

τρίστιχο (τό), triplet

τρίστρατο (τό), fork (in the road)

τρισύλλαβος, trisyllabic

τρισυπόστατος, (eccl.) having three hypostases

τριτανακοπή (ή), (leg.) stay of execution

τριτεγγυητής (ό), guarantor

τριτεύω, to come third; to be third on a list of priorities

Τρίτη (ή), Tuesday/ Μεγάλη ~, Holy Tuesday

τριτοβάθμιος, of the third degree

τριτογενής, tertiary

τριτοετής, (of the) third year

τρίτομος, in three volumes

τρίτος, third

τρίφτης (ό), grater/ *τριφτός*, grated

τριφύλλι (τό), clover/ *τρίφυλλος*, trifoliate

τριφωνία (ή), trio

τρίχα (ή), hair/ στήν ~, impeccable/ παρά ~, almost

τριχιά (ή), rope

τρίχινος, made of hair

τριχοειδής, capillary/ *τριχοειδές ἀγγεῖο*, capillary vessel

τρίχορδος, three-stringed

τριχοτόμηση (ή), trisection/ *τριχοτομῶ*, to trisect

τριχοφάγος (ό), (med.) alopecy

τριχοφυΐα (ή), hair growth

τρίχρωμος, tricoloured

τρίχωμα (τό), fleece/ *τριχωτός*, hairy

τρίψιμο (τό), rubbing; pounding

τριώδιο (τό), carnival period

τριώνυμο (τό), (maths) trinomial

τρίωρος, lasting three hours

τριώροφος, three-storeyed

τρόμαγμα (τό), fright/ *τρομαγμένος*, frightened, scared/ *τρομάζω*, to frighten/ *τρομακτικός*, frightening, scaring/ *τρομάρα* (ή), fright, fear/ *τρομερός*, frightful, terrible, horrible/ εἶναι ~, he is astonishing (great)

τρομοκράτης (ό), terrorist/ *τρομοκράτηση* (ή), terrorization/ *τρομοκρατία* (ή), terrorism/ *τρομοκρατῶ*, to terrorize

τρόμος (ό), terror, fright/ (med.) tremor

τρόμπα (ἡ), pump/ *τρομπάρισμα* (τό), pumping/ *τρομπάρω*, to pump

τρομπέτα (ἡ), trumpet

τρομπόνι (τό), trombone

τρόπαιο (τό), trophy/ *τροπαιοῦχος*, triumphant

τροπάριο (τό), church hymn

τροπή (ἡ), turn, direction/ *τά πράγματα πῆραν ἄλλη ~*, circumstances have changed

τροπικός, tropical/ (ὁ), Tropic/ *~ τοῦ Αἰγόκερω*, Tropic of Capricorn/ *~ τοῦ Καρκίνου*, Tropic of Cancer

τροπολογία (ἡ), modification, amendment

τροποποίηση (ἡ), change, amendment/ *τροποποιῶ*, to change, to amend

τρόπος (ὁ), way, manner/ *μέ τρόπο*, tactfully/ *μέ κάθε τρόπο*, by every means/ *καλοί (κακοί) τρόποι*, good (bad) manners

τρούλ(λ)ος (ὁ), dome, cupola/ *τρουλ(λ)ωτός;* domed

τροφαντός, fattened

τροφεῖα (τά), boarding fees

τροφή (ἡ), food, nourishment/ *τρόφιμα* (τά), provisions, foodstuffs

τρόφιμος, boarder

τροφοδοσία (ἡ), catering, supplying/ *τροφοδότης* (ὁ), caterer, supplier/ *τροφοδοτῶ*, to cater for, to supply

τροφός (ἡ), nurse

τροχάδην, quickly, at a quick pace

τροχαῖος, of the wheels/ *τροχαία κίνηση*, traffic

τροχαλία (ἡ), pulley

τροχιά (ἡ), orbit, course

τροχίζω, to sharpen, to whet/ *~ τό μυαλό*, to exercise one's brain/ *τρόχισμα* (τό), sharpening, whetting

τροχοπέδη (ἡ), brake

τροχός (ὁ), wheel; grindstone, whetstone

τροχοφόρο (τό), vehicle

τρυγητής (ὁ), vintager/ *τρυγητός* (ὁ), vintage

τρυγικός, tartaric/ *τρυγικό ὀξύ*, tartaric acid

τρυγόνι (τό), turtle-dove

τρύγος (ὁ), βλ. *τρυγητός/ τρυγῶ*, to gather grapes

τρύπα (ἡ), hole/ *κάνω μιά ~ στό νερό*, to beat the air

τρυπάνι (τό), drill, auger/ *τρυπανίζω*, to drill, to pierce/ *τρυπανισμός* (ὁ), perforation/ *τρύπανο* (τό), drill

τρύπημα (τό), puncture, perforation/ *τρυπητήρι* (τό), awl, drill, perforator

τρυπητό (τό), strainer

τρυπητός, perforated, pierced/ *τρύπιος*, punctured

τρυποκάρυδο (τό), titmouse

τρυπῶ, to pierce, to prick

τρύπωμα (τό), stitching; hiding/ *τρυπώνω*, to stitch; to hide; to intrude

τρυφερά, tenderly, affectionately/ *τρυφερός*, tender, affectionate/ *τρυφερότητα* (ἡ), tenderness, affection

τρυφή (ἡ), luxury/ *~ λός*, effeminate, sensual/ *~ λότητα* (ἡ), effeminacy, sensuality

τρώγλη (ἡ), slum building

τρωγλοδύτης (ὁ), cave-dweller

τρωγοπίνω, to feast

τρώγω, to eat, to consume/ *~ ξύλο*, to get a beating/ *μέ τρώει*, it is itching/ *τρώγομαι*, to be uneasy, to worry/ *~ μέ*, quarrel

τρωικός, Trojan

τρωκτικός, rodent

τρωτός, vulnerable

τσαγκαράδικο (τό), shoemaker's shop/ *τσαγκάρης* (ὁ), shoemaker

τσαγκός, βλ. *ταγκός*

τσάι (τό), tea

τσακάλι (τό), jackal

τσακίζω, to smash, to shatter/ *~ στό ξύλο*, to give a good beating

τσάκιση (ἡ), fold, crease/ *τσάκισμα* (τό), folding; breaking/ *τσακιστός*, broken

τσακίστρα (ἡ), coquette

τσακμάκι (τό), lighter/ *τσακμακόπετρα* (ἡ), flint

τσάκωμα (τό), catching, seizing; quarrel/ *τσακώνω*, to catch, to seize/ *τσακώνομαι*, to quarrel

τσαλαβουτῶ, to dabble

τσαλάκωμα (τό), crumpling/ *τσαλακωμένος*, crumpled, wrinkled/ *τσαλακώνω*, to crumple

τσαλαπάτημα (τό), trampling/ *τσαλαπα-*

τῷ, to trample
τσαλαπετεινός (ὁ), hoopoe
τσάμπα, gratis, free
τσαμπί (τό), bunch, cluster
τσαμπουνίζω, or **τσαμπουνῶ,** to whimper
τσανακογλύφτης (ὁ), parasite
τσάντα (ἡ), bag
τσαντήρι (τό), tent
τσάπα (ἡ), pickaxe
τσαπατσούλης (ὁ), disorganized person
τσαπίζω, to hoe
τσαρλατάνος (ὁ), charlatan, quack
τσάρος (ὁ), Tsar
τσατσάρα (ἡ), comb
τσεβδίζω, to stutter/ *τσέβδισμα* (τό), stuttering/ *τσεβδός,* stutterer
τσεκούρι (τό), axe, hatchet/ *τσεκουριά* (ἡ), blow with an axe/ *τσεκούρωμα* (τό), axing, cutting/ (fig.) reducing/ *τσεκουρώνω,* to axe, to cut down
τσέλιγκας (ὁ), head shepherd
τσεμπέρι (τό), kerchief
τσέπη (ἡ), pocket/ *τσεπώνω,* to pocket
τσεχοσλοβακικός, Czechoslovakian/ *Τσεχοσλοβάκος, Τσεχοσλοβάκα,* Czechoslovak (man, woman)
τσιγαρίζω, to brown, to roast
τσιγάρο (τό), cigarette/ ~ *θήκη* (ἡ), cigarette-case
τσιγγάνος (ὁ), gipsy
τσιγγέλι (τό), hook
τσιγγουνεύομαι, to be stingy/ *τσιγγούνης* (ὁ), miser, stingy person/ *τσιγγουνιά* (ἡ), meanness
τσιγκογραφία (ἡ), zincography
τσίγκος (ὁ), zinc
τσίκνα (ἡ), smell of roasting meat/ *τσικνίζω,* to scorch/ *τσικνισμένος,* overburnt
τσικνοπέμπτη (ἡ), Shrove Thursday
τσιλιπουρδῶ, to act irresponsibly
τσιμέντο (τό), cement
τσιμουδιά (ἡ), silence
τσίμπημα (τό), pinch, prick/ (insect) sting
τσιμπίδα (ἡ), tongs, forceps
τσίμπλα (ἡ), gum of the eye/ *τσιμπλιάρης* (ὁ), one with gum in one's eyes
τσιμπούκι (τό), (smoking) pipe
τσιμπούρι (τό), tick/ (fig.) a nuisance
τσιμπούσι (τό), banquet, feast

τσιμπῶ, to pinch, to sting
τσίνουρο (τό), eyelash
τσίπα (ἡ), shame, decency
τσιράκι (τό), apprentice/ (fig.) follower
τσιρίζω, to shriek
τσιριμόνια (ἡ), ceremony; politeness
τσίρκο (τό), circus
τσίρος (ὁ), dried mackerel/ (fig.) very slim person
τσίτι (τό), oil cotton cloth
τσίτσιδος, stark naked
τσιτώνω, to stretch
τσιφλίκι (τό), large estate
τσίχλα (ἡ), thrash
τσόκαρο (τό), wooden shoe
τσοπάνης (ὁ), or **τσοπάνος** (ὁ), shepherd/ *τσοπανόσκυλο* (τό), sheepdog
τσότρα (ἡ), gourd bottle
τσουβάλι (τό), sack
τσουγκράνα (ἡ), rake
τσουγκρίζω, to clink glasses/ *τά* ~, to fall out with/ *τσούγκρισμα* (τό), clinking
τσούζω, to smart
τσουκάλα (ἡ), or **τσουκάλι** (τό), pot/ *τσουκαλάς* (ὁ), potmaker
τσουκνίδα (ἡ), nettle
τσούλα (ἡ), whore
τσουλούφι (τό), hair curl
τσούξιμο (τό), smarting
τσουράπι (τό), woollen stocking
τσουρέκι (τό), bun
τσοῦρμο (τό), crowd/ (naut.) crew
τσουρουφλίζω, to scorch, to burn/ *τσουρούφλισμα* (τό), scorching, burning
τσουχτερός, smarting/ (fig.) harsh
τσούχτρα (ἡ), nettle
τσόφλι (τό), shell, husk
τσόχα (ἡ), felt
τύλιγμα (τό), wrapping/ *τυλίγω,* to wrap
τυλώνω, to overfill
τύμβος (ὁ), tomb, memorial
τυμβωρυχία (ἡ), grave-robbing/ *τυμβωρύχος* (ὁ), grave-robber
τυμπανιστής (ὁ), drummer/ *τύμπανο* (τό), drum/ (ear) tympanum/ *τυμπανοκρουσία* (ἡ), drum beating/ *τυμπανόξυλο* (τό), drumstick
τυπικό (τό), ritual/ ~ ς, formal, conventional/ ~ τητα (ἡ), formal behaviour
τυπογραφείο (τό), printing-shop/ *τυπο-*

γραφία (ἡ), printing art/ τυπογραφικός, printing/ τυπογραφικό λάθος, printing error/ τυπογράφος (ὁ), printer
τυπολατρεία (ἡ), typolatry
τύπος (ὁ), formality; the press; character
τύπωμα (τό), printing/ τυπωμένος, printed/ τυπώνω, to print
τυρανία (ἡ), tyranny/ τυρανικός, tyrannical, oppressive/ τυρανισμένος, tormented, illtreated/ τυρανοκτόνος (ὁ), tyrannicide/ τύρανος, tyrant/ τυρανῶ, to tyrannize; to torture
τυρβάζω, to be worried, to occupy oneself with
τυρί (τό), cheese/ τυρόγαλο (τό), buttermilk/ τυροκομεῖο (τό), cheese-dairy/ τυροκομία (ἡ), cheesemaking/ τυροκόμος (ὁ), cheesemaker/ τυρόπιττα (ἡ), cheesepie/ τυροπωλεῖο (τό), cheeseshop/v τυροφάγος, cheese-eater
τυφλόμηγα (ἡ), blindman's buff
τυφλοπόντικας (ὁ), mole
τυφλός, blind
τυφλοσύρτης (ὁ), guidebook
τυφλώνω, to blind/ τυφλώνομαι, to become blind/ τύφλωση (ἡ), blindness, blinding
τυφοειδής (ὁ), typhoid/ τύφος (ὁ), typhus
τυφώνας (ὁ), typhoon, tornado
τυχαία, accidentally/, τυχαίνω, to happen, to chance/ τυχαῖος, accidental, casual
τυχερός, lucky, fortunate
τύχη (ἡ), luck, fate
τυχοδιώκτης (ὁ), adventurer/ τυχοδιωκτικός, adventurous
τύψη (ἡ), remorse
τώρα, now/ τωρινός, present, contemporary

Υ

ὕαινα (ἡ), hyena
ὑάκινθος (ὁ), hyacinth

ὑαλικά (τά), ϐλ. γυαλικά/ ὑάλινος, ϐλ. γυάλινος
ὑαλογραφία (ἡ), glass painting
ὑαλοπωλεῖο (τό), glassware shop
ὑαλουργεῖο (τό), glassworks
ὑϐρεολόγιο (τό), a series of insults/ ὑϐρίζω, ϐλ. ϐρίζω/ ὑϐριστής (ὁ), abuser, insulter/ ὑϐριστικός, abusive, offensive
ὑγεία (ἡ), health/ ὑγειονομεῖο (τό), health service/ ὑγειονομικός, sanitary/ ὑγειονόμος (ὁ), health inspector/ ὑγιαίνω, to be healthy/ ὑγιεινή (ἡ), hygiene/ ὑγιεινός, healthy, salubrious/ ὑγιής, healthy/ σῶος καί ~, safe and sound
ὑγραίνω, to moisten, to dampen/ ὕγρανση (ἡ), moistening, dampening/ ὑγρασία (ἡ), moisture, dampness
ὑγρό (τό), liquid
ὑγρόμετρο (τό), hydrometer
ὑγροποίηση (ἡ), liquefaction/ ὑγροποιῶ, to liquefy
ὑγρός, wet, moist, damp/ ὑγρόν πῦρ, Greek fire
ὑγροσκοπικός, hydroscopic/ ὑγροσκόπιο (τό), hydroscope
ὑδαταγωγός (ὁ), aqueduct
ὑδατάνθρακας (ὁ), carbohydrate
ὑδαταποθήκη (ἡ), reservoir
ὑδάτινος, aqueous
ὑδατογραφία (ἡ), watercolour
ὑδατοστεγής, waterproof
ὑδατόσφαιρα (ἡ), water polo
ὑδατοφράκτης (ὁ), water-dam
ὕδρα (ἡ), hydra
ὑδραγωγεῖο (τό), aqueduct, reservoir
ὑδραντλία (ἡ), water-pump
ὑδράργυρος (ὁ), mercury
ὑδρατμός (ὁ) vapour
ὑδραυλική (ἡ), hydraulics/ ὑδραυλικός (ὁ), plumber
ὑδρεύομαι, to draw water/ ὕδρευση (ἡ), water supply
ὑδρία (ἡ), ewer, jug/ νεκρική ~, urn
ὑδροϐιολογία (ἡ), hydrobiology
ὑδρόϐιος, aquatic
ὑδρόγειος (ἡ), globe
ὑδρογονάνθρακας (ὁ), hydrocarbon
ὑδρογόνο (τό), hydrogen
ὑδρογονοϐόμϐα (ἡ), hydrogen bomb
ὑδρογραφία (ἡ), hydrography/ ὑδρογρα-

φικός, hydrographic
ὑδροδείκτης (ὁ), water-gauge
ὑδροηλεκτρικός, hydroelectric
ὑδροθειικός, hydrosulphuric/ ὑδροθειικό ὀξύ, hydrosulphuric acid
ὑδρόθειο (τό), hydrogen sulphide
ὑδροθεραπεία (ἡ), water-cure/ ὑδροθεραπευτήριο (τό), spa
ὑδροκέφαλος, hydrocephalous
ὑδροκήλη (ἡ), (med.) hydrocele
ὑδροκυάνιο (τό), prussic acid
ὑδρολόγος (ὁ), hydrologist
ὑδρόλυση (ἡ), hydrolysis
ὑδρομαντεία (ἡ), hydromancy
ὑδρόμελι (τό), mead
ὑδρομετρικός, hydrometric/ ὑδρόμετρο (τό), hydrometer
ὑδρόμηλος (ὁ), watermill
ὑδροξείδιο (τό), hydroxide
ὑδροπλάνο, seaplane
ὑδροποσία (ἡ), water drinking
ὑδορροή (ἡ), gutter
ὑδροστάθμη (ἡ), water- level ὑδροστάθμιση (ἡ), water-levelling
ὑδροστατική (ἡ), hydrostatics/ ὑδροστατικός, hydrostatic
ὑδροσωλήνας (ὁ), waterpipe
ὑδρόφιλος, hydrophile
ὑδροφοβία (ἡ), rabies
ὑδροφόρος, waterbearing
ὑδροφράκτης (ὁ), floodgate
ὑδροχλωρικός, hydrochloric/ ὑδροχλωρικό ὀξύ, hydrochloric acid
ὑδροχόη (ἡ), waterduct
ὑδροχόος (ὁ), water jug/ (astron.) Aquarius
ὑδρόχρωμα (τό), watercolour
ὑδρωπικία (ἡ), dropsy
ὕδωρ (τό), water
υἱικός, filial
υἱοθεσία (ἡ), adoption/ υἱοθετημένος, adopted/ υἱοθετῶ, to adopt
υἱός (ὁ), son/ ἄσωτος ~, prodigal son
ὕλη (ἡ), matter, substance/ πρώτη ~, raw material
ὑλικό (τό), materials/ ~ς, material
ὑλισμός (ὁ), materialism/ ὑλιστής (ὁ), materialist/ ὑλιστικός, materialistic
ὑλοποίηση (ἡ), materialization/ ὑλοποιῶ, to materialize

ὑλοτομία (ἡ), woodcutting/ ὑλοτόμος (ὁ), woodcutter, feller/ ὑλοτομῶ, to cut wood
ὑμέναιος (ὁ), wedlock
ὑμένας (ὁ), membrane/ παρθενικός ~, hymen
ὑμέτερος, yours
ὕμνηση (ἡ), praising, glorification/ ὑμνητής (ὁ), praiser
ὑμνογραφία (ἡ), hymnography/ ὑμνογράφος (ὁ), hymn composer
ὑμνολογία (ἡ), hymn singing; praising/ ὑμνολογῶ, to praise, to eulogize
ὕμνος (ὁ), hymn/ ἐθνικός ~, national anthem
ὑμνῶ, to sing hymns; to praise
ὑμνωδία (ἡ), hymn chanting
ὑπάγομαι, to belong to, to serve under
ὑπαγόρευση (ἡ), dictation/ ὑπαγορεύω, to dictate
ὑπαγωγή (ἡ), subjection
ὑπαίθριος, open-air/ ὕπαιθρο (τό), the open-air
ὑπαινιγμός (ὁ), hint, allusion/ ὑπαινίσσομαι, to hint, to allude to, to suggest
ὑπαίτιος, responsible, culpable/ ὑπαιτιότητα (ἡ), responsibility, culpability
ὑπακοή (ἡ), obedience/ ὑπάκουος, obedient
ὑπακούω, to obey
ὑπαλληλία (ἡ), staff, employees/ ὑπαλληλικός, of the staff, of the employees/ ὑπάλληλος (ὁ), employee, clerk/ ἀνώτερος ~, official
ὑπαναχωρῶ, to go back on
ὑπαξιωματικός (ὁ), non-commissioned officer
ὑπαρκτός, real, existing/ ὕπαρξη (ἡ), existence
ὑπαρχή (ἡ), origin, the very beginning
ὑπαρχηγός, (ὁ), deputy leader
ὑπάρχοντα (τά), belongings, property
ὕπαρχος, (ὁ), (navy) vice-commandant
ὑπάρχω, to exist
ὑπασπιστής (ὁ), aide-de-camp
ὑπαστυνόμος (ὁ), police inspector
ὕπατος, highest, supreme/ (ὁ), roman consul
ὑπέδαφος (τό), subsoil
ὑπεισέρχομαι, to slip in, to enter in be-

tween
ὑπεκφυγή (ἡ), evasion
ὑπενθυμίζω, to remind/ ὑπενθύμιση (ἡ), reminder
ὑπενοικιάζω, to sublet/ ὑπενοικίαση (ἡ), sublease
ὑπεξαίρεση (ἡ), stealing, pilfering/ ὑπεξαιρῶ, to steal, to pilfer
ὑπέρ, for, in favour of/ τά ~ καί τά κατά, the pros and cons
ὑπεραγαπῶ, to be exceedingly fond of, to love warmly
ὑπεραιμία (ἡ), excess of blood
ὑπερακοντίζω, to excel, to surpass
ὑπεράνθρωπος, superhuman/ (ὁ), superman
ὑπεράξιος, most worthy, very efficient
ὑπεράριθμος, supernumerary
ὑπερασπίζω, to defend, to protect/ ὑπεράσπιση (ἡ), defence, protection/ μάρτυρας ~ς, witness for the defence/ ὑπερασπιστής (ὁ), defender, protector
ὑπεραστικός, suburban
ὑπερατλαντικός, transatlantic
ὑπεραυξάνω, to increase excessively/ ὑπεραύξηση (ἡ), excessive increase
ὑπεράφθονος, superabundant
ὑπερβαίνω, to exceed, to surpass
ὑπερβάλλω, to exaggerate
ὑπέρβαση (ἡ), excess
ὑπερβέβαιος, very sure, overconfident
ὑπερβολή (ἡ), exaggeration/ (maths) hyperbole/ ὑπερβολικός, excessive
ὑπέργειινς, superterrestrial, overground
ὑπέργηρος, too old
ὑπερδιέγερση (ἡ), overexcitement
ὑπερεκχειλίζω, to overflow
ὑπερένταση (ἡ), overstrain
ὑπερευαισθησία (ἡ), supersensitivity/ ὑπερευαίσθητος, supersensitive
ὑπερευχαριστῶ, to be very thankful/ ὑπερευχαριστιέμαι, to be extremely satisfied
ὑπερέχω, to be superior to, to excel
ὑπερήλικας (ὁ), too old
ὑπερημερία (ἡ), delay in payment/ ὑπερήμερος, overdue
ὑπερηφάνεια (ἡ), pride, self-esteem/ ὑπερηφανεύομαι, to be proud of/ ὑπερήφανος, proud

ὑπερηχητικός, supersonic
ὑπερθεματίζω, to outbid
ὑπερθερμαίνω, to overheat
ὑπερθετικός, superlative
ὑπερθρασύνομαι, to become too cheeky
ὑπέρθυρο (τό), lintel
ὑπερίπταμαι, to fly over
ὑπερίσχυση (ἡ), predominance/ ὑπερισχύω, to predominate
ὑπεριώδης, ultraviolet
ὑπερκείμενος, overlooking
ὑπερκέραση (ἡ), outflanking
ὑπερκόπωση (ἡ), overfatigue
ὑπερκορεσμός (ὁ), supersaturation
ὑπέρλαμπρος, splendid, shining
ὑπερμάχομαι, to defend/ ὑπέρμαχος (ὁ), defender, champion
ὑπερμεγέθης, immense, too big
ὑπέρμετρα, excessively, exceedingly/ ὑπέρμετρος, excessive, exceeding
ὑπερμετρωπία (ἡ), hypermetropia
ὑπερμήκης, too long
ὑπερνίκηση (ἡ), overcoming/ ὑπερνικῶ, to overcome
ὑπέρογκος, huge, excessive
ὑπεροξείδιο (τό), peroxide
ὑπεροπλία (ἡ), superiority in arms
ὑπερόπτης (ὁ), arrogant, haughty/ ὑπεροπτικός, arrogant, haughty
ὑπερούσιος, (eccl.) supersubstantial
ὑπεροχή (ἡ), superiority, supremacy
ὑπέροχος, excellent, magnificent
ὑπεροψία (ἡ), arrogance, haughtiness
ὑπερπαραγωγή (ἡ), overproduction
ὑπερπέραν (τό), the other world, life after death
ὑπερπηδῶ, to overcome
ὑπερπληθυσμός (ὁ), overpopulation
ὑπερπλήρωση (ἡ), overfilling
ὑπέρπλουτος, excessively rich
ὑπερπόντιος, overseas
ὑπερρεαλισμός (ὁ), surrealism
ὑπερσιτισμός (ὁ), overfeeding
ὑπερσυντέλικος (ὁ), past perfect
ὑπέρταση (ἡ), high blood pressure
ὑπέρτατος, supreme, highest
ὑπερτέλειος, matchless, impeccable
ὑπερτέρηση (ἡ), overcoming, surpassing/ ὑπέρτερος, superior, stronger/ ὑπερτερῶ, to be superior to, to be stronger

ὑπερτίμηση (ἡ), rise in prices; overestimation/ *ὑπερτιμῶ*, to raise the prices; to

ὑπερτροφία (ἡ), overfeeding/ *ὑπερτροφικός*, overfed

ὑπέρυθρος, reddish

ὑπερύψηλος, extremely high (tall)/ *ὑπερυψώνω*, to rise very high

ὑπερφαλαγγίζω, to outflank/ *ὑπερφαλάγγιση* (ἡ), outflanking

ὑπερφίαλος, haughty, abusive

ὑπερφορολογῶ, to overtax

ὑπερφορτίζω, to overcharge

ὑπερφορτώνω, to overload

ὑπερφυσικός, supernatural

ὑπερχειλίζω, βλ. *ὑπερεκχειλίζω*

ὑπερωκεάνειο (τό), ocean liner

ὑπερῶο (τό), (theat.) gallery

ὑπερωρία (ἡ), overtime

ὑπερωριμάζω, to over-ripen/ *ὑπερώριμος*, over-ripe

ὑπεύθυνος, responsible, accountable to

ὑπέχω, to be liable to

ὑπήκοος (ὁ), subject, citizen/ *ὑπηκοότητα* (ἡ), citizenship, nationality

ὑπήνεμος, sheltered from the wind

ὑπηρεσία (ἡ), service, function; department/ *ὑπηρεσιακός*, of the service

ὑπηρέτης (ὁ), servant/ *ὑπηρέτρια* (ἡ), maid-servant

ὑπηρετῶ, to serve, to attend to

ὑπίλαρχος (ὁ), lieutenant in the cavalry

ὑπναλέος, sleepy, drowsy/ *ὑπναράς* (ὁ), sleepyhead, fond of sleeping/ *ὑπνηλία* (ἡ), sleepiness, drowsiness

ὑπνοβασία (ἡ), sleepwalking, somnambulism/ *ὑπνοβάτης* (ὁ), sleepwalker, somnambulist

ὕπνος (ὁ), sleep

ὑπνωτήριο (τό), dormitory

ὑπνωτίζω, to hypnotize/ *ὑπνωτισμός* (ὁ), hypnotism

ὑπνωτιστής (ὁ), hypnotist

ὑπό, under, below/ ~ τόν ὅρο (τήν προϋπόθεση), on condition

ὑπόβαθρο (τό), base, pedestal

ὑποβάλλω, to submit; to subject to

ὑποβαστάζω, to support, to hold up

ὑποβιβάζω, to demote, to reduce/ *ὑποβιβασμός* (ὁ), demotion

ὑποβλέπω, to undermine; to covet

ὑποβλητικός, impressive

ὑποβοηθῶ, to assist, to help

ὑποβολέας (ὁ), (theat.) prompter

ὑποβολή (ἡ), suggestion, autosuggestion

ὑποβολιμαῖος, faked, deceptive

ὑποβόσκω, to underlie; to smoulder

ὑποβρύχιο (τό), submarine/ ~ς, under water

ὑπογάστριο (τό), abdomen

ὑπογεγραμμένος, signed/ (ὁ), the undersigned

ὑπόγειο (τό), basement, cellar/ ~ς, under ground, subterranean/ ~ σιδηρόδρομος, subway, underground, tube

ὑπογραμμίζω, to underline/ *ὑπογράμμιση* (ἡ), underlining

ὑπογραφή (ἡ), signature/ *ὑπογράφω*, to sign

ὑποδαυλίζω, to kindle; to incite/ *ὑποδαύλιση* (ἡ), kindling; incitement

ὑποδεέστερος, inferior

ὑπόδειγμα (τό), model, pattern/ ~τικός, exemplary

ὑποδεικνύω, to suggest/ *ὑπόδειξη* (ἡ), suggestion

ὑποδέχομαι, to welcome

ὑποδηλώνω, to hint, to insinuate/ *ὑποδήλωση* (ἡ), hint, insinuation

ὑπόδημα (τό), shoe/ *ὑποδηματοποιός* (ὁ), shoemaker

ὑποδιαίρεση (ἡ), subdivision/ *ὑποδιαιρῶ*, to subdivide

ὑποδιευθυντής (ὁ), assistant director/ *ὑποδιεύθυνση* (ἡ), assistant directorship

ὑπόδικος (ὁ), accused

ὑποδιοίκηση (ἡ), deputy governorship/ *ὑποδιοικητής* (ὁ); deputy governor

ὑποδομή (ἡ), substructure

ὑποδόριος, subcutaneous

ὑπόδουλος, enslaved/ *ὑποδουλώνω*, to enslave, to subjugate/ *ὑποδούλωση* (ἡ), enslavement, subjugation

ὑποδοχή (ἡ), welcome, reception

ὑποδύομαι, to play the part of

ὑποζύγιο (τό), beast of burden

ὑποθάλπω, to foster, to incite

ὑποθερμία (ἡ), hypothermia

ὑπόθεση (ἡ), subject, affair, matter supposition/ (leg.) case/ (theat.) plot/ ὑπο-

θετικός, hypothetical/ (gram.) conditional

ὑπόθετο (τό), suppository

ὑποθέτω, to suppose, to assume, to think

ὑποθήκευση (ἡ), mortgaging/ *ὑποθηκεύω,* to mortgage/ *ὑποθήκη* (ἡ), mortgage/ *ὑποθηκοφύλακας* (ὁ), mortgages registrar/ *ὑποθηκοφυλακεῖο* (τό), mortgages registry

ὑποκαθιστῶ, to substitute

ὑποκάμισο (τό), βλ. *πουκάμισο*

ὑποκατάσταση (ἡ), substitution/ *ὑποκατάστατος,* substituted

ὑποκατάστημα (τό), branch, subsidiary office

ὑπόκειμαι, to be liable to, to be subjected to

ὑποκειμενικά, subjectively/ *ὑποκειμενικός,* subjective/

ὑποκειμενικότητα (ἡ), subjectiveness/ *ὑποκείμενο* (τό), subject/ (fig.) rascal

ὑποκελευστής (ὁ), (naut.) petty officer

ὑποκίνηση (ἡ), incitement, instigation/ *ὑποκινητής* (ὁ), inciter, instigator/ *ὑποκινῶ,* to incite, to instigate

ὑποκλέβω, or **ὑποκλέπτω,** to pilfer; to cheat

ὑποκλίνομαι, to bow/ *ὑπόκλιση* (ἡ), bow, curtsey

ὑποκλυσμός (ὁ), enema

ὑποκόμης (ἡ), viscount/ *ὑποκόμησσα* (ἡ), viscountess

ὑποκόπανος (ὁ), butt-end

ὑπόκοσμος (ὁ), underworld

ὑποκοριστικός, diminutive

ὑποκρίνομαι, to pretend, to feign/ *ὑποκρισία* (ἡ), feigning, hypocrisy/ *ὑποκριτής* (ὁ), hypocrite; actor/ *ὑποκριτικός,* hypocritical

ὑπόκρουση (ἡ), accompaniment

ὑποκρύπτω, to conceal

ὑποκυβερνήτης (ὁ), first mate

ὑποκύπτω, to succumb, to yield

ὑπόκωφα, dully/ *ὑπόκωφος,* dull (in sound)

ὑπολανθάνω, to be latent

ὑπόλειμμα (τό), remainder

ὑπολείπομαι, to fall short of

ὑπόλευκος, whitish

ὑπολήπτομαι, to respect, to esteem/ *ὑπό-*

ληψη (ἡ), respect, esteem

ὑπολογίζω, to calculate, to estimate/ *ὑπολογισμός* (ὁ), alculation, estimate, reckoning

ὑπόλογος, (ὁ), accountable to

ὑπόλοιπο (τό), remainder, rest/ (account.) balance/ ~ς, remaining

ὑπολοχαγός (ὁ), first lieutenant

ὑπομένω, to endure, to bear, to be patient

ὑπομισθώνω, to sublet from/ *ὑπομίσθωση* (ἡ), subletting from

ὑπόμνημα (τό), memorandum/ ~τισμός (ὁ), annotation

ὑπόμνηση (ἡ), reminder

ὑπομοίραρχος (ὁ), gendarmery lieutenant

ὑπομονή (ἡ), patience/ *ὑπομονετικά,* patiently

ὑπομονετικός, patient

ὑπομόχλιο (τό), fulcrum

ὑποναύαρχος (ὁ), vice-admiral

ὑπόνοια (ἡ), suspicion

ὑπονόμευση (ἡ), undermining/ *ὑπονομευτής* (ὁ), underminer/ *ὑπονομευτικός,* undermining/ *ὑπονομεύω,* to undermine

ὑπόνομος (ὁ), sewer

ὑπονοούμενο (τό), hint/ ~ς, understood, implied/ *ὑπονοῶ,* to imply

ὑποπίπτω, to fall into, to lapse into/ ~ στήν ἀντίληψη, to be noticed by

ὑποπλοίαρχος (ὁ), first mate

ὑποπόδιο (τό), footstool/ (fig.) person who is completely controlled

ὑποπρακτορεῖο (τό), subagency

ὑποπροξενεῖο (τό), vice-consulate/ *ὑποπρόξενος* (ὁ), vice-consul

ὑποπτεύομαι, to suspect, to mistrust/ *ὕποπτος,* suspect

ὑποσημειώνω, to annotate/ *ὑποσημείωση* (ἡ), footnote

ὑποσιτίζω, to undernourish/ *ὑποσιτίζομαι,* to suffer from malnutrition

ὑποσιτισμός (ὁ), malnutrition

ὑποσκάπτω, to undermine

ὑποσκελίζω, to supplant/ *ὑποσκέλιση* (ἡ), or *ὑποσκελισμός* (ὁ), supplanting

ὑποστάθμη (ἡ), sediment, dregs/ ἄνθρωπος τελευταίας ~ς, a member of the

underworld
ὑπόσταση (ἡ), substance
ὑποστατικό (τό), estate
ὑπόστεγο (τό), shed
ὑποστέλλω, to lower
ὑποστήριγμα (τό), support/ *ὑποστηρίζω,* to support, to back/ *ὑποστήριξη* (ἡ), support, backing
ὑποστολή (ἡ), lowering/ (flag.) furling
ὑποστράτηγος (ὁ), major general
ὑπόστρωμα (τό), substratum
ὑποστυλώνω, to prop with pillars/ *ὑποστύλωση* (ἡ), propping with pillars
ὑπόσχεση (ἡ), promise, commitment/ *ὑποσχετικός,* promissory, promising/ *ὑπόσχομαι,* to promise
ὑποταγή (ἡ), submission, subjection
ὑποτακτική (ἡ), (gram.) subjunctive
ὑποτακτικός (ὁ), inferior (in rank)
ὑποτάσσω, to subdue, to subordinate
ὑποτείνουσα (ἡ), (maths) hypotenuse
ὑποτέλεια (ἡ), subjection, submission/ φόρος ~ς, tribute/ *ὑποτελής,* subject; vassal
ὑποτελωνείο (τό), second class customs office
ὑποτίμηση (ἡ), underrating; devaluation/ *ὑποτιμῶ,* to underrate; to devalue
ὑποτροπή (ἡ), (med. & leg.) relapse
ὑποτροφία (ἡ), scholarship/ *ὑπότροφος* (ὁ), scholarship holder
ὑποτυπώδης, elementary
ὕπουλα, treacherously/ *ὕπουλος,* treacherous, perfidious/ *ὑπουλότητα* (ἡ), perfidy, duplicity
ὑπουργείο (τό), ministry, department/ ~ 'Εμπορίου, Board of Trade/ ~ 'Εξωτερικῶν, Foreign Office/ (Amer.) State Department/ ~ 'Εσωτερικῶν, Home Office/ ~ Ναυτικῶν, Admiralty/ ~ Οἰκονομικῶν, Exchequer/ ~ Παιδείας, Ministry of Education/ ~ Στρατιωτικῶν, War Office
ὑπούργημα (τό), office, post
ὑπουργικός, ministerial/ *ὑπουργικό συμβούλιο,* the Cabinet/ *ὑπουργός,* minister, secretary of state/ ~ 'Εμπορίου, President of the Board of Trade/ ~ 'Εξωτερικῶν, Foreign Minister (Secretary)/ ~ 'Εσωτερικῶν, Home Secreta-

ry/ ~ Ναυτικῶν, First Lord of the Admiralty/ ~ Οἰκονομικῶν, Chancellor of the Exchequer/ ~ Παιδείας, Secretary of State for Education/ ~ Στρατιωτικῶν, Secretary of War
ὑποφαινόμενος (ὁ), the undersigned
ὑποφερτός, bearable, tolerable/ *ὑποφέρω,* to bear, to suffer
ὑποφώσκω, to start shining
ὑποχείριος, subordinate
ὑποχθόνιος, infernal
ὑποχονδρία (ἡ), hypochondria/ *ὑποχονδριακός,* hypochondriac
ὑποχρεώνω, to oblige, to compel/ *ὑποχρέωση* (ἡ), obligation, commitment/ *ὑποχρεωτικός,* obligatory, compulsory
ὑποχώρηση (ἡ), retreat/ *ὑποχωρῶ,* to retreat
ὑποψήφιος (ὁ), candidate/ *ὑποψηφιότητα* (ἡ), candidature
ὑποψία (ἡ), suspicion/ *ὑποψιάζομαι,* to suspect
ὕπτιος, lying on the back/ *ὕπτια κολύμβηση,* back stroke
ὕσκα (ἡ), βλ. *ἴσκα*
ὕστατος, ultimate, final
ὕστερα, after, later
ὑστέρημα (τό), shortage
ὑστερία (ἡ), hysterics/ *ὑστερικός,* hysterical
ὑστερισμός, (ὁ), hysterics
ὑστεροβουλία (ἡ), afterthought
ὑστερόγραφο (τό), postscript
ὕστερος, ulterior/ ἐκ τῶν ὑστέρων, a posteriori
ὑστεροφημία (ἡ), posthumous fame
ὑστερῶ, to be wanting
ὑστερότερα, later
ὑφάδι (τό), wool/ *ὑφαίνω,* to weave, to spin
ὑφάλμυρος, brackish
ὑφαλοκρηπίδα (ἡ), continental shelf/ *ὕφαλος* (ὁ), reef
ὕφανση (ἡ), weaving/ *ὑφαντήριο* (τό), weaving-mill
ὑφαντής (ὁ), weaver/ *ὑφαντός,* woven/ *ὑφαντουργείο* (τό), textile factory/ *ὑφαντουργία* (ἡ), weaving/ *ὑφαντουργός* (ὁ), weaver
ὑφαρπαγή (ἡ), snatching/ *ὑφαρπάζω,* to

snatch
ὕφασμα (τό), cloth, material/ ~τοπώλης (ὁ), draper
ὕφεση (ἡ), diminution/ (meteor.) depression/ (polit.) détente
ὑφηγεσία (ἡ), lectureship/ ὑφηγητής (ὁ), lecturer
ὑφήλιος (ἡ), the world
ὑφίσταμαι, to exist; to undergo
ὕφος (τό), style, air
ὑφυπουργός (ὁ), undersecretary of state
ὑψηλά, high, aloft/ ὑψηλός, high, tall, lofty/ ὑψηλότατος, highest/ ὑψηλότητα (ἡ), Highness/ ἡ Αὐτοῦ ~, His (Her) Highness
ὑψηλοφροσύνη (ἡ), self-conceit
ὑψικάμινος (ἡ), blast furnace
ὕψιστος, highest/ (ὁ), God
ὑψίφωνος, soprano
ὑψομετρικός, altitudinal/ ὑψόμετρο (τό), altitude
ὕψος (τό), height, altitude/ ὕψωμα (τό), elevation, hill, upland/ ὑψώνω, to lift, to elevate, to raise/ ὕψωση (ἡ), lifting, raising/ (flag.) hoisting

Φ

φάβα (ἡ), chickpea
φαβορίτες (οἱ), whiskers
φαγάνα (ἡ), dredger
φαγάς (ὁ), glutton
φαγητό (τό), or **φαγί** (τό), meal, food
φαγοπότι (τό), feasting, banqueting
φαγούρα (ἡ), itching
φάγωμα (τό), eating
φαγωμάρα (ἡ), quarrel, discord/ φαγώνομαι, to quarrel
φαγώσιμος, edible
φαεινός, bright, brilliant/ φαεινή ἰδέα, bright idea/ φαεινότητα (ἡ), brightness, brilliancy
φαιδρά, cheerfully, gaily/ φαιδρός, cheerful, gay; comic/ φαιδρότητα (ἡ),

cheerfulness, gaiety/ φαιδρύνω, to cheer up
φαινικός, carbolic/ φαινικό ὀξύ, carbolic acid
φαίνομαι, to appear, to seem/ φαίνεται ὅτι, it seems
φαινομενικά, apparently/ φαινομενικός, apparent, seeming/ φαινομενικότητα (ἡ), appearance, semblance
φαινόμενο (τό), phenomenon
φάκα (ἡ), mousetrap
φάκελλος (ὁ), envelope; file/ φακελλώνω, to put in an envelope; to open a file
φακή (ἡ), lentil
φακίδα (ἡ), freckle
φακιόλι (τό), kerchief
φακός (ὁ), lense
φάλαγγα (ἡ), row; phalanx
φαλάγγι (τό), tarantula/ παίρνω ~, to put to flight
φάλαινα (ἡ), whale/ φαλαινοθήρας (ὁ), whaler
φαλάκρα (ἡ), baldness/ φαλακρός, bald
φάλαρα (τά), harness
φαλιρίζω, or **φαλίρω,** to go bankrupt
φαλτσέτα (ἡ), shoemaker's knife
φάλτσο (τό), false note
φαμελίτης (ὁ), head of the family/ φαμελιά (ἡ), or φαμίλια (ἡ), family
φάμπρικα (ἡ), factory
φανάρι (τό), lantern
φαναρτζής (ὁ), tinker
φανατίζω, to fanaticize/ φανατικά, fanatically/ φανατικός, fanatic/ φανατισμός (ὁ), fanaticism
φανέλα (ἡ), flannel
φανερά, evidently, manifestly/ φανερός, evident, clear, obvious/ φανέρωμα (τό), βλ. φανέρωση/ φανερώνω, to manifest, to disclose, to reveal/ φανέρωση (ἡ), manifestation
φανοποιός (ὁ), βλ. **φαναρτζής**
φανός (ὁ), βλ. **φανάρι**
φαντάζομαι, to imagine
φαντάζω, to create a sensation
φάνταρος (ὁ), soldier
φαντασία (ἡ), fancy, imagination/ φαντασιοκόπος (ὁ), dreamer, visionary/ φαντασιόπληκτος (ὁ), fanciful, illusionist/ φαντασιοπληξία (ἡ), fancy, illusion/

φαντασίωση, (ή), vision, illusion
φάντασμα (τό), ghost
φαντασμαγορία (ή), bright and colourful sight
φαντασμένος, vain, self-conceited
φανταστικός, imaginary
φανταχτερός, showy
φάντης (ό), (cards) knave
φανφαρονισμός (ό), boasting, bragging/ *φανφαρόνος* (ό), boaster
φάπα (ή), cuff
φάρα (ή), race, family, clan
φαράγγι (τό), ravine, gorge
φαράσι (τό), dustpan
φάρδαιμα (τό), widening/ *φαρδαίνω,* to widen
φαρδίνι (τό), farthing
φαρδομάνικο (τό), wide-sleeved garment
φάρδος (τό), width, breadth/ *φαρδύς,* wide, broad
φαρέτρα (ή), quiver
φαρισαίος (ό), pharisee/ (fig.) hypocrite/ *φαρισαϊσμός* (ό), hypocrisy
φαρμακείο (τό), pharmacy
φαρμακερός, poisonous, venomous
φαρμακευτική (ή), pharmaceutics/ *φαρμακευτικός,* pharmaceutical
φαρμάκι (τό), poison, venom
φάρμακο (τό), drug, medicine/ *~λογία* (ή), pharmacology
φαρμακομύτης (ό), bitter (bilious) person
φαρμακοποιός (ό), druggist, pharmacist, chemist
φαρμάκωμα (τό), poisoning/ *φαρμακώνω,* to poison
φάρος (ό), lighthouse
φάρσα (ή), farce
φαρσί, fluently
φαρύγγι (τό), pharynx/ *φαρυγγίτιδα* (ή), pharyngitis
φασαρία (ή), trouble, fuss, noise/ κάνω ~, to cause disorder
φάση (ή), phase, stage
φασιανός (ό), pheasant
φασκέλωμα (τό), splaying of the five fingers/ *φασκελώνω,* to splay the five fingers (rude gesture)
φασκιά (ή), swaddle/ *φασκιώνω,* to swaddle

φασκόμηλο (τό), sage
φάσκω, to say/ ~ καί ἀντιφάσκω, to be inconsistent in one's statements
φάσμα (τό), (phys.) spectrum/ *φασματοσκόπιο* (τό), spectroscope
φασόλι (τό), bean
φάτνη (ή), manger
φάτνωμα (τό), panel
φατρία (ή), faction, clique/ *φατριάζω,* to join a faction/ *φατριαστικός,* factionary
φαυλεπίφαυλος, depraved
φαυλοκρατία (ή), corrupt rule/ *φαῦλος,* corrupt, vile/ ~ κύκλος, vicious circle/ *φαυλότητα* (ή), corruption, depravity
φαφλατάς (ό), babbler
Φεβρουάριος (ό), February
φεγγάρι (τό), moon
φεγγίτης (ό), skylight
φεγγοβολώ, to shine, to glitter/ *φέγγος* (τό), glitter, shining/ *φέγγω,* to shine
φείδι βλ. *φίδι*
φείδομαι, to spare, to save/ *φειδώ* (ή), thrift, frugality/ *φειδωλεύομαι,* to be thrifty *φειδωλός,* thrifty, frugal
φελί (τό), slice
φελλός (ό), cork
φεμινισμός (ό), feminism/ *φεμινίστρια* (ή), feminist
φενάκη (ή), wig/ (fig.) deceit/ *φενακίζω,* to deceive
φέξιμο (τό), lighting
φεουδάρχης (ό), feudal lord/ *φεουδαρχία* (ή), feudalism/ *φέουδο* (τό), feud, fief
φερέγγυος, solvent/ *φερεγγυότητα* (ή), solvency
φέρελπις (ό), promising (young man)
φέρετρο (τό), coffin/ *φερετροποιός* (ό), coffinmaker
φερέφωνο (τό), mouthpiece
φερμένος, brought/ *φέρνω,* to bring, to carry/ ~ ἀντίρρηση, to argue, to contradict
φέρνομαι, or **φέρομαι,** to behave/ *φέρσιμο* (τό), behaviour
φερώνυμος, named after
φέτα (ή), slice; white cheese
φετιχισμός (ό), fetishism
φέτος, this year
φευγάλα (ή), escape, flight/ *φευγατίζω,* to help one escape/ *φευγάτος,* gone,

fled/ φευγιό (τό), flight, escape/ φεύγω, to leave, to go away

φήμη (ή), fame, reputation; rumour/ φημίζομαι, to be famous/ φημισμένος, famous, renowned

φθάνω, to arrive, to reach/ φθάνει! it's enough!

φθαρτός, perishable

φθάσιμο (τό), arrival

φθείρω, to spoil, to damage

φθηνός, φλ. φτηνός

φθινοπωρινός, autumnal

φθίνω, to decay, to wither

φθίση (ή), tuberculosis, consumption/ φθισιατρείο (τό), tuberculosis sanatorium/ φθισικός, consumptive

φθόγγος (ό), sound

φθονερά, enviously/ φθονερός, envious/ φθόνος (ό), envy/ φθονώ, to be envious of

φθορά (ή), decay, damage

φθόριο (τό), fluor

φθοροποιός, destructive, damaging

φιάλη (ή), bottle/ φιαλίδιο (τό), small bottle

φιγούρα (ή), figure, form

φιγουράρω, to appear

φιδές (ό), noodles

φίδι (τό), snake, serpent/ βγάζω τό ~ ἀπό τήν τρύπα, to bring trouble upon oneself/ φιδοβότανο (τό), snakeroot

φιλάδελφος, fraternal

φίλαθλος, sports fan

φιλαλήθεια (ή), truthfulness/ φιλαλήθης, truthful

φιλαλληλία (ή), altruism

φιλαναγνώστης, great reader

φιλανθής, fond of flowers

φιλανθρωπία (ή), charity/ φιλανθρωπικός, charitable/ φιλάνθρωπος (ό), philanthropist

φιλαργυρία (ή), stinginess, avarice/ φιλάργυρος, stingy, miserly

φιλαρέσκα, coquettishly/ φιλαρέσκεια (ή), coquetry, affectation/ φιλάρεσκος, coquettish

φιλάρετος, virtuous

φιλαρμονική (ή), band, philharmonic

φιλαρχία (ή), power-lust/ φίλαρχος, ambitious

φιλάσθενος, sickly

φιλαυτία (ή), selfishness

φιλειρηνικός, peaceloving/ φιλειρηνισμός (ό), pacifism

φιλελευθερισμός (ό), liberalism/ φιλελεύθερος, liberal

φιλέλληνας (ό), philhellene/ φιλελληνισμός (ό), philhellenism

φιλενάδα (ή), woman friend; mistress

φίλεργος, industrious

φιλέρημος, ascetic

φιλέτο (τό), fillet

φιλεύσπλαχνος, merciful

φιλεύω, to treat

φίλη (ή), βλ. φιλενάδα

φιληδονία (ή), sensuality/ φιλήδονος, sensual

φίλημα (τό), kissing

φιλήσυχος, peaceful

φιλί (τό), kiss

φιλία (ή), friendship/ φιλικά, friendly/ φιλικός, friendly, amicable

φιλίωμα (τό), reconciliation/ φιλιώνω, to be reconciled

φίλντισι (τό), ivory

φιλοβασιλικός, royalist

φιλογενής, patriotic

φιλοδίκαιος, righteous, just

φιλόδοξα, ambitiously/ φιλοδοξία (ή), ambition/ φιλόδοξος, ambitious/ φιλοδοξῶ, to aspire to

φιλοδώρημα (τό), tip, gratuity/ φιλοδωρῶ, to tip

φιλοθεάμων (ό), fond of spectacles

φιλόθρησκος, religious

φιλοκαλία (ή), good taste

φιλοκατήγορος (ό), slanderous

φιλολογία (ή), study of literature/ φιλολογικός, literary/ φιλόλογος (ό), literary scholar

φιλομάθεια (ή), love of learning/ φιλομαθής, studious

φιλόμουσος (ό), fond of the arts

φιλονικία (ή), quarrel, dispute/ φιλόνικος, quarrelsome/ φιλονικῶ, to quarrel

φιλόνομος, law-abiding

φιλοξενία (ή), hospitality/ φιλόξενος, hospitable/ φιλοξενῶ, to offer hospitality

φιλοπατρία (ή), patriotism

φιλοπερίεργος, inquisitive

φιλοπόλεμος, warlike

φιλοπονία (ή), diligence, industry/ φιλόπονος, diligent, industrious

φιλοπραγμοσύνη (ή), inquisitiveness

φιλοπρόοδος, progressive

φιλοπρωτία (ή), love of self-projection

φιλόπτωχος, charitable

φίλος (ό), friend; lover/ πιστός ~, true friend/ στενός ~, close friend

φιλοσοφία (ή), philosophy/ φιλοσοφικά, philosophically/ φιλοσοφικός, philosophical/ φιλόσοφος (ό), philosopher/ φιλοσοφῶ, to philosophize

φιλοστοργία (ή), affection, care/ φιλόστοργος, loving, caring

φιλοτελισμός (ό), philatelism/ φιλοτελιστής (ό), philatelist

φιλοτέχνημα (τό), work of art/ φιλότεχνος, art lover/ φιλοτεχνῶ, to produce a work of art

φιλοτιμία (ή), self-respect/ φιλότιμος, hardworking, zealous

φιλοφρόνηση (ή), courtesy, politeness/ φιλοφρονητικός, courteous, polite/ φιλοφροσύνη (ή), βλ. φιλοφρόνηση

φιλοχρηματία (ή), love of money/ φιλοχρήματος, fond of money

φίλτατος, dearest

φιλτράρω, to filter/ φίλτρο (τό), filter, strain

φιλύποπτος, suspicious

φιλύρα (ή), limetree

φιλῶ, to kiss

φιμώνω, to gag, to muzzle/ φίμωση (ή), gagging, muzzling/ φίμωτρο (τό), gag, muzzle

φινλανδικός, Finnish/ Φινλανδός, Φινλανδέζα, Finn (man, woman)

φιντάνι (τό), new shoot/ (fig.) young girl

φιόγκος (ό), bow, knot

φιορίνι (τό), florin

φίρμα (ή), firm

φιστίκι (τό), pistachio/ φιστικιά (ή), pistachio-tree

φιτίλι (τό), βλ. φυτίλι

φλαμουριά (ή), linden-tree

φλάμπουρο (τό), flag, emblem

φλάουτο (τό), flute

φλάσκα (ή), flask

φλέβα (ή), vein/ φλεβικός, venal/ φλεβίτιδα (ή), varicose veins/ φλεβοτομία (ή), bloodletting

φλέγμα (τό), mucus/ (fig.) coolness/ φλεγματικός, cool, phlegmatic.

φλεγμονή (ή), inflammation

φλέγω, to inflame/ φλέγομαι, to be inflamed/ ~ ἀπό τήν ἐπιθυμία, to feel a strong desire

φληναφῶ, to talk nonsense

φλόγα (ή), flame

φλογέρα (ή), (mus.) pipe

φλογερός, flaming/ (fig.) very keen/ φλογίζω, to inflame

φλογοβόλο (τό), flamethrower

φλόγωση (ή), inflammation

φλοιός (ό), peel, crust

φλοῖσβος (ό), murmur of the waves

φλοκάτη (ή), sheepskin cloak (blanket)

φλόκος (ό), (naut.) staysail

φλομώνω, to fill with smoke/ (fig.) to grow tired of

φλούδα (ή), peel, skin

φλουρί (τό), gold coin

φλυαρία (ή), chatter, babbling/ φλύαρος, chatterbox, babbler/ φλυαρῶ, to chatter, to babble

φλυτζάνι (τό), cup

φλωρί (τό), gold coin.

φλῶρος (ό), greenfinch

φοβέρα (ή), threat, menace/ φοβερά, terribly, awfully/ φοβερίζω, to threaten/ φοβέρισμα (τό), threatening/ φοβερός, frightful, terrible

φόβητρο (τό), bugbear

φοβητσιάρης (ό), coward

φοβίζω, to frighten/ φοβισμένος, frightened, scared/ φόβος (ό), fright, fear/ φοβοῦμαι, to be frightened

φόδρα (ή), lining/ φοδράρω, to line

φοίνικας (ό), palm/ (myth.) phoenix/ φοινικιά (ή), palm-tree

φοίτηση (ή), (school) attendance/ φοιτητής (ό), student/ φοιτητικός, of the students/ φοιτῶ, to attend (a school)

φόλα (ή), poison (for dogs)

φονεύω, to kill, to murder/ φονιάς (ό), killer, murderer/ φονικό (τό), βλ. φόνος/ φονικός, murderous, killing/ φόνος (ό), murder, assassination

φόρα (ἡ), spring; impulse/ βγάζω στή ~, to reveal

φορά (ἡ), direction; tendency/ καμμιά ~, sometimes/ μιά ~, once/ μιά ~ κι' ἕνα καιρό, once upon a time

φοράδα (ἡ), mare

φορβή (ἡ), fodder

φορεῖο (τό), stretcher, litter

φόρεμα (τό), dress, garment/ φορεμένος, worn

φορεσιά (ἡ), suit; national costume

φορητός, portable

φόρμα (ἡ), form/ σέ ~, (sports), in form

φόρμιγγα (ἡ), (mus.) pipe

φορολογήσιμος, taxable/ φορολογία (ἡ), taxation/ φορολογικός, of the taxation/ φορολογούμενος, taxpayer/ φορολογῶ, to tax

φόρος (ὁ), tax/ ~ εἰσοδήματος, income tax/ δημοτικός ~, rates

φορτηγίδα (ἡ), barge

φορτηγό (τό), cargo-ship; truck

φορτίζω, to load, to charge

φορτικός, burdensome; annoying/ φορτικότητα (ἡ), insistence; annoyance

φορτίο (τό), load, freight, burden/ φόρτιση (ἡ), (elec.) charge/ φόρτος (ὁ), load

φορτσάρω, to force

φόρτωμα (τό), loading, burden/ γίνομαι ~, to become a burden to/ φορτώνω, to load, to burden/ φορτώνομαι, to assume, to take over/ φόρτωση (ἡ), lading, shipment/ φορτωτής (ὁ), docker, loader/ φορτωτική (ἡ), bill of lading

φορῶ, to wear, to put on

φουγάρο (τό), chimney

φουκαράς (ὁ), wretched, unlucky

φούμαρα (τά), pomp

φουμάρω, to smoke

φοῦμο (τό), lamp black

φούντα (ἡ), tassel

φουντάρω, to sink

φουντούκι (τό), hazelnut

φούντωμα (τό), blazing/ φουντώνω, to blaze

φουντωτός, tufty

φούρια (ἡ), haste, excessive activity

φούρκα (ἡ), anger, wrath, rage

φουρκέτα (ἡ), hairpin

φουρκίζω, to enrage, to offend/ φούρκισμα (τό), anger, rage; forking/ φουρκισμένος, angry, enraged

φούρναρης (ὁ), baker/ φουρνάρικο (τό), bakery

φουρνέλλο (τό), mine

φουρνιά (ἡ), batch

φουρνίζω, to put in the oven/ φούρνισμα (τό), putting in the oven/ φουρνόξυλο (τό), poker/ φοῦρνος (ὁ), oven, kiln

φουρτούνα (ἡ), tempest, storm

φουσάτο (τό), army

φούσκα (ἡ), bubble; bladder

φουσκάλα (ἡ), blister

φουσκί (τό), dung

φουσκοδεντριά (ἡ), budding time

φουσκοθαλασσιά (ἡ), surge

φουσκομάγουλος, chubby

φούσκωμα (τό), puffing, swelling/ φουσκωμένος, puffed, swollen/ φουσκώνω to puff up, to swell/ φουσκωτός, puffed

φούστα (ἡ), skirt

φουστανέλα (ἡ), (Greek) kilt

φουστάνι (τό), dress

φούχτα (ἡ), palm of the hand; handful/ φουχτιάζω, or φουχτώνω, to grasp

φραγγέλιο (τό), whip, lash

φραγή (ἡ), fence, hedge

φραγκόκοτα (ἡ), guineahen

φραγκοκρατία (ἡ), period of Frankish domination

φραγκόπαπας (ὁ), Roman Catholic priest

φραγκοσυκιά (ἡ), Indian fig-tree/ φραγκόσυκο (τό), Indian fig

φράγμα (τό), barrier; dam/ φραγμός (ὁ), barrier; obstacle/ φράζω, to bar, to block/ φράκτης (ὁ), or φράχτης (ὁ), fence

φραντζόλα (ἡ), loaf of bread

φράξιμο (τό), fencing; obstruction

φράουλα (ἡ), strawberry/ φραουλιά (ἡ), strawberry bush

φράπα (ἡ), grapefruit

φρασεολογία (ἡ), phraseology

φράση (ἡ), phrase, sentence

φράσσω, to enclose

φραστικός, phraseological

φρεγάδα (ἡ), frigate

φρένα (τά), brakes

φρεναπάτη (ἡ), illusion

φρενήρης, frantic

φρενιάζω, to be furious/ φρένιασμα (τό), fury, frenzy

φρενίτιδα (ή), frenzy

φρενοβλάβεια (ή), insanity, madness/ φρενοβλαβής, insane, mad/ φρενοκομείο (τό), madhouse, lunatic asylum/ φρενολόγος (ό), phrenologist/ φρενοπάθεια (ή), mental disease/ φρενοπαθής, mentally sick

φρεσκάδα (ή), freshness/ φρεσκάρω, to freshen, to refresh/ φρέσκος, fresh

φρικαλέος, dreadful, horrible/ φρικαλεότητα (ή), horridness, bestiality/ φρίκη (ή), horror, shudder/ φρικίαση (ή), shuddering/ φρικιῶ, to shudder/ φρικτός, horrible, awful

φρόκαλο (τό), broom; refuse

φρόνημα (τό), feeling, sentiment, conviction

φρονηματίζω, to make someone see reason/ φρονηματισμός (ό), becoming reasonable

φρόνηση (ή), wisdom, prudence

φρόνιμα, wisely/ κάθομαι ~, to behave oneself/ φρονιμάδα (ή), wisdom/ φρονιμεύω, to reform oneself.

φρονιμίτης (ό), wisdom tooth

φρόνιμος, wise, sensible

φροντίδα (ή), care/ φροντίζω, to take care of

φροντιστήριο (τό), seminar

φροντιστής (ό), steward; caretaker

φρονῶ, to believe

φρουρά (ή), guard, garrison/ φρουραρχεῖο (τό), garrison headquarters/ φρούραρχος (ό), garrison commander/ φρούρηση (ή), guarding/ φρούριο (τό), castle, fortress/ φρουρός (ό), guard, sentry/ φρουρῶ, to guard

φροῦτο (τό), fruit

φρύγανα (τά), brushwood

φρυγανιά (ή), toast

φρύδι (τό), eyebrow

φταίξιμο (τό), mistake; culpability/ φταίω, to make a mistake, to be guilty

φτάνω, to reach, to arrive/ φτάνει! it's enough

φτενός, slim, thin

φτέρη (ή), fern

φτέρνα (ή), heel

φτερνίζομαι, to sneeze/ φτέρνισμα (τό), sneezing

φτερό (τό), feather; wing; duster/ φτερουγίζω, to flutter

φτηνός, cheap

φτιάνω, to make, to construct; to repair

φτιασιδώνω, to put on make-up

φτουρῶ, to last

φτυάρι (τό), shovel/ φτυαριά (ή), shovelful/ φτυαρίζω, to shovel

φτύνω, to spit/ φτύσιμο (τό), spitting

φτωχαίνω, to become poor/ φτώχια (ή), poverty, misery/ φτωχός, poor.

φυγάδας (ό), fugitive; refugee/ φυγάδευση (ή), escape; illegal export/ φυγαδεύω, to send away illegally/ φυγή, (ή), flight, escape/ τρέπω σέ ~, to put to flight

φυγοδικία (ή), (leg.) default/ φυγόδικος (ό), outlaw, defaulter/ φυγοδικῶ, not to appear before a court

φυγόκεντρος, centrifugal

φυγομαχία (ή), desertion

φυγοπονία (ή), laziness/ φυγόπονος (ό), lazy

φυγόστρατος (ό), army defaulter

φύλαγμα (τό), keeping, guarding/ φυλάγω, to keep, to guard

φύλακας (ό), guard

φυλακή (ή), prison, jail/ φυλακίζω, to imprison, to detain/ φυλάκιση (ή), imprisonment, detention/ φυλακισμένος, prisoner

φύλαξη (ή), keeping, guarding

φύλαρχος (ό), tribal chief

φυλαχτό (τό), amulet, talisman

φυλετικός, tribal; racial

φυλή (ή), race; tribe

φυλλάδα (ή), trivial book

φυλλάδιο (τό), pamphlet

φύλλο (τό), leaf; sheet; newspaper

φυλλοκάρδια (τά), the bottom of one's heart

φυλλομέτρημα (τό), running through a book/ φυλλομετρῶ, to run through a book

φυλλοξήρα (ή), phylloxera

φυλλορροῶ, to shed the leaves

φύλλωμα (τό), foliage

φύλο (τό), sex/ τό ὡραῖο ~, the fair sex

φυματικός, consumptive, victim of tuberculosis/ *φυμάτιο* (τό), tubercle/ *φυματίωση* (ἡ), tuberculosis, consumption

φυντάνι (τό), δλ. *φιντάνι*

φύομαι, to grow

φύρα (ἡ), tare, shrinkage/ *φυραίνω,* to shrink, to lose weight

φύραμα (τό), mixture, sort

φύρδην, ~ μίγδην, pell-mell

φυσαλίδα (ἡ), bubble

φυσαρμόνικα (ἡ), harmonica

φυσέκι (τό), cartridge

φυσερό (τό), bellows

φύση (ἡ), nature; temperament

φύσημα (τό), blowing

φυσίγγιο (τό), δλ. *φυσέκι/ φυσιγγιοθήκη* (ἡ), cartridge-box

φυσικά, naturally, of course

φυσική (ἡ), physics

φυσικό (τό), temperament, mentality/ ~ς, natural, normal/ (ὁ), physicist/ ~τητα (ἡ), unaffectedness, genuineness

φυσιογνωμία (ἡ), face, countenance

φυσιογνωσία (ἡ), natural science

φυσιοδίφης (ὁ), naturalist

φυσιολογία (ἡ), physiology

φυσιολογικά, normally/ *φυσιολογικός,* normal

φυσιολόγος, (ὁ), physiologist

φυσῶ, to blow

φυτεία (ἡ), plantation/ *φύτεμα* (τό), planting/ *φυτευτός,* planted, implanted/ *φυτεύω,* to plant

φυτικός, vegetative

φυτίλι (τό), wick

φυτό (τό), plant

φυτοζωῶ, to vegetate, to live in squalor

φυτοκομία (ἡ), horticulture

φυτολογία (ἡ), botany/ *φυτολόγος* (ὁ), botanist

φυτοφαγία (ἡ), vegetarianism/ *φυτοφάγος* (ὁ), vegetarian

φύτρα (ἡ), sprout/ (fig.) origin/ *φύτρο* (τό), sperm

φύτρωμα (τό), growing, germinating fl *φυτρώνω,* to grow, to germinate

φυτώριο (τό), plant nursery

φώκια (ἡ), seal

φωλιά (ἡ), nest, den, burrow/ (fig.) haunt/ ~ζω, to nest, to nestle

φώναγμα (τό), shouting, crying/ *φωνάζω,* to shout, to cry/ *φωνακλάς* (ὁ), brawler/ *φωνασκῶ,* to create a commotion/ *φωναχτά,* loudly/ *φωναχτός,* loud

φωνή (ἡ), voice/ δυνατή ~, loud voice/ ἔχω καλή ~, to sing well/ (gram.) ἐνεργητική ~, active voice/ παθητική ~, passive voice

φωνῆεν (τό), vowel

φωνητικός, vocal, phonetic

φωνογράφος (ὁ), gramophone

φωνοληψία (ἡ), voice recording

φωρατής (ὁ), detector

φῶς (τό), light/ ἀνάβω τό ~, to switch on/ σβύνω τό ~, to switch off/ φέρνω σέ ~, to reveal

φωστήρας (ὁ), genius

φωσφορίζω, to phosphoresce/ *φωσφορισμός* (ὁ), phosphorescence/ *φωσφόρος* (ὁ), phosphorus/ *φωσφορούχος,* phosphoric

φώτα (τά), learning/ *Φῶτα* (τά), Epiphany

φωταγώγηση (ἡ), illumination

φωταγωγός (ὁ), light window

φωταέριο (τό), gas light

φωταψία (ἡ), illumination

φωτεινός, luminous, brilliant, lucid/ *φωτερός,* well-lit

φωτιά (ἡ), fire/ δάζω ~, to set fire

φωτίζω, to illuminate; to enlighten/ *φώτιση* (ἡ), enlightening, inspiration/ *φωτισμός* (ὁ), lighting

φωτοβόλος, beaming

φωτογραφείο (τό), photographic studio/ *φωτογράφηση* (ἡ), photographing/ *φωτογραφία* (ἡ), photography/ *φωτογραφίζω,* to photograph/ *φωτογραφικός,* photographic/ *φωτογράφος* (ὁ), photographer

φωτοδότης (ὁ), light-giver

φωτοηλεκτρικός, photoelectric

φωτομετρία (ἡ), photometry/ *φωτόμετρο* (τό), photometer

φωτοσκίαση (ἡ), penumbra

φωτοστέφανο (τό), or **φωτοστέφανος** (ὁ), halo

φωτοτυπία (ἡ), photostatic copy

φωτοχημεία (ἡ), photochemistry

φωτοχυσία (ἡ), bright illumination

X

χαβιάρι (τό), caviar
χάβρα (ή), synagogue
χάδι (τό), caress
χαζεύω, to gape, to stare at
χάζι (τό), enjoyment
χαζομάρα (ή), silliness, stupidity/ χαζός, silly, stupid
χάϊδεμα (τό), caressing, patting/ χαϊδεμέ-νος, favourite; spoilt/ χαϊδευτικός, endearing/ χαϊδεύω, to caress
χαϊμαλί (τό), amulet, talisman
χαιρέκακα, malevolently/ χαιρεκακία (ή), malevolence / χαιρέκακος, malevolent
χαιρετίζω, to greet, to salute/ χαιρέτισμα (τό), greeting/ χαιρετίσματα, regards, compliments
χαιρετισμός (ό), salute/ (eccl.) hymn to the Virgin/ χαιρετῶ, to greet
χαίρομαι, to be pleased, to rejoice
χαίτη (ή), mane
χαλάζι (τό), hail
χαλαζίας (ό), quartz
χαλαρός, loose, slack/ χαλαρότητα (ή), laxity, slackness/ χαλάρωμα (τό), loosening, slackening/ χαλαρώνω, to loosen, to slacken/ χαλάρωση (ή), relaxing
χάλασμα (τό), ruin
χαλασμός (ό), destruction/ ~ κόσμου, great noise, great fuss/ χαλαστής (ό), ruiner
χαλάστρα (ή), ~, to cause a failure
χαλεπός, painful, difficult
χαλί (τό), carpet
χάλι (τό), mess, sorry state
χαλίκι (τό), pebble, shingle/ χαλικοστρώ-νω, to lay with gravel/ χαλικόστρωση (ή), gravel - laying
χαλιναγώγηση (ή), bridling; controlling/ χαλιναγωγῶ, to bridle, to control/ χαλι-νάρια (τά), or χαλινός (ό), reins
χαλκάς (ό), ring, link
χαλκένερος, indefatigable
χαλκεύω, to forge/ (fig.) to fabricate
χαλκιάς (ό), coppersmith

χάλκινος, (of) copper
χαλκογραφία (ή), copper engraving/ χαλ-κογράφος (ό), engraver
χαλκοπυρίτης (ό), yellow copper
χαλκός (ό), copper
χαλκοτυπία (ή), copper - printing
χαλκουργεῖο (τό), copper foundry/ χαλ-κουργός (ό), coppersmith
χαλκόχρωμος, copper coloured
χάλκωμα (τό), copper utensil/ ~τάς (ό), brazier, copper smith
χαλκωρυχεῖο (τό), coppermine
χαλνῶ, or χαλῶ, to destroy, to demolish τά χαλάσαμε, we are on bad terms
χάλυβας (ό), steel/ χυτός ~, cast steel/ χαλύβδινος, steely/ χαλυβδώνω, to steel/ (fig.) to strengthen
χαμαιλέοντας (ό), chameleon
χαμαιτυπεῖο (τό), brothel
χαμάλης (ό), porter
χαμένος, lost (fig.) worthless
χαμέρπεια (ή), baseness, meanness/ χα-μερπής, base, mean
χαμηλοβλεπούσα (ή), shy girl
χαμηλός, base, mean, low/ χαμηλόφω-νος, low voiced/ χαμήλωμα (τό), lowering/ χαμηλώνω, to lower
χαμίνι (τό), streetboy
χαμόγελο (τό), smile/ χαμογελῶ, to smile
χαμόδεντρο (τό), shrub
χαμοκέλλα (ή), low building
χαμόκλαδα (τά), brushwood
χαμομήλι (τό), chamomile
χυμός (ό), loss; disaster
χάμουρα (τά), harness
χαμπάρι (τό), news, information/ παίρνω ~, to realize
χάμω, on the floor
χάνι (τό), inn
χαντάκι (τό), ditch
χαντακωμένος, ruined, destroyed/ χαντα-κώνω, to ruin, to destroy
χαντζάρα (ή), wide sword
χάντρα (ή), bead
χάνω, to lose, to miss
χάος (τό), chaos
χάπι (τό), pill
χαρά (ή), joy, delight, pleasure/ μιά ~, in perfect condition
χάραγμα (τό), engraving/ ~ τιά (ή), cleft

χαράδρα (ή), ravine
χαράζω, to engrave/ χαράζει, it is dawn
χάρακας (ό), ruler
χαρακτήρας (ό), character, temperament / γραφικός ~, handwriting
χαρακτηρίζω, to characterize/ χαρακτηρισμός (ό), characterization
χαρακτηριστικό (τό), feature/ χαρακτηριστικός, characteristic
χαράκτης (ό), engraver
χαράκωμα (τό), trench
χαρακώνω, to draw lines/ (mil.) to entrench/ χαρακωτός, striped
χαραμάδα (ή), crack, cleft
χαραμίζω, to waste, to sacrifice
χάραξη (ή), engraving, tracing
χαράσσω, βλ. χαράζω
χαράτσι (τό), tax/ χαρατσώνω, to tax
χαραυγή (ή), daybreak
χάρβαλο (τό), ruined building
χαρέμι (τό), harem
χάρη (ή), favour; grace/ γιά ~ μου, for my sake
χαριεντίζομαι, to jest/ χαριεντισμός (ό), jest, joking
χαρίζω, to offer, to give/ χαρίζομαι, to be partial
χάρισμα (τό), talent; gift/ χαριστικός, generous; to be partial
χαριτόβρυτος, graceful, charming
χαριτολογία (ή), witticism/ χαριτολόγος (ό), witty
χαριτωμένος, charming
χάρμα (τό), delight
χαρμάνι (τό), blend
χαρμόσυνα, cheerfully/ χαρμόσυνος, cheerful
χαροπαλεύω, to be on the verge of death
χαροποιώ, to cheer up, to give good news
χάρος (ό), death
χαρούμενος, pleased, happy
χαρταετός (ό), kite
χαρτεμπόριο (τό), paper trade
χαρτζιλίκι (τό), pocket money
χάρτης (ό), map; charter
χαρτί (τό), paper; certificate, diploma/ χαρτιά (τά), documents; playing cards/ χάρτινος, of paper
χαρτογράφηση (ή), mapdrawing
χαρτόδετος, paperback

χαρτοθήκη (ή), paperholder
χαρτομαντεία (ή), fortune-telling by cards/ χαρτομάντης (ό), fortune-teller
χαρτόνι (τό), cardboard
χαρτονόμισμα (τό), banknote
χαρτοπαίκτης (ό), card gambler/ χαρτοπαικτικός, gambling/ χαρτοπαίζω, to gamble at cards/ χαρτοπαιξία (ή), card gambling
χαρτοποιία (ή), paper manufacturing
χαρτοπωλείο (τό), stationery
χαρτόσημο (τό), duty stamp
χαρτοφύλακας (ό), briefcase
χαρτοφυλάκιο (τό), portfolio/ (fig.) ministry
χαρωπός, merry, cheerful
χασάπης (ό), butcher/ χασάπικο (τό), butcher's shop
χασές (ό), cotton cloth
χάση (ή), waning/ στή ~ καί στή φέξη, very seldom
χασίς (τό), hashish
χάσιμο (τό), loss
χάσκω, to stare
χάσμα (τό), gap, chasm
χασμουριέμαι, to yawn/ χασμουρητό (τό), yawning
χασομέρης (ό), idler/ χασομέρι (τό), idling, loafing
χασομερώ, to waste time, to hang around
χασούρα (ή), loss
χαστούκι (τό), slap, blow/ χαστουκίζω, to slap
χατζής (ό), pilgrim to the Holy Land
χαυλιόδοντο (τό), tusk
χαῦνος, languid, indolent/ χαυνώνω, to render someone indolent/ χαύνωση (ή), languidity
χάφτω, to gulp/ (fig.) to believe a lie
χαχανίζω, to laugh loudly/ χάχανο (τό), loud laugh
χάχας (ό), silly person
χαψιά (ή), mouthful
χαώδης, chaotic
χέζω, to have a stool/ χέζομαι, (fig.) to be scared
χεῖλος (τό), lip; brink
χειμαδιό (τό), winter quarters
χειμάζω, to spend the winter/ (fig.) to trouble/ χειμάζομαι, to be in trouble

χείμαρρος (ό), torrent/ χειμαρρώδης, torrential

χειμερινός, wintry

χειμώνας (ό), winter/ χειμωνιάτικος, βλ. χειμερινός

χειραγωγώ, to guide by the hand

χειράμαξα (ή), wheelbarrow

χειραφέτηση (ή), emancipation/ χειραφετώ, to emancipate

χειραψία (ή), handshake

χειρίζομαι, to handle, to manage/ χειρισμός (ό), handling, managing/ χειριστής (ό), operator

χείριστος, the worst

χειροβομβίδα (ή), hand-grenade

χειρόγραφο (τό), manuscript/ ~ ς, handwritten

χειροδικία (ή), highhandedness

χειροδύναμος, physically strong

χειροκίνητος, hand-driven

χειροκρότημα (τό), clapping, applause/ χειροκροτώ, to clap, to applaud

χειρολαβή (ή), handle

χειρομαντεία (ή), palmistry/ χειρομάντης (ό), palmister

χειρονομία (ή), gesture/ χειρονομώ, to gesticulate

χειροπέδες (οί), handcuffs

χειροπιαστός, tangible

χειροποίητος, handmade

χειρότερα, worse/ χειροτέρευση (ή), worsening, deterioration/ χειροτερεύω, to deteriorate/ χειρότερος, worse

χειροτέχνημα (τό), handcraft/ χειροτέχνης (ό), handicraftsman/ χειροτεχνία (ή), handicraft

χειροτονημένος, ordained/ χειροτονία (ή), ordination/ χειροτονώ, to ordain

χειρουργείο (τό), operating theatre/ χειρουργική (ή), surgery/ χειρουργικός, surgical/ χειρούργος (ό), surgeon/ χειρουργώ, to operate

χειροφίλημα (τό), handkissing

χέλι (τό), eel

χελιδόνι (τό), swallow/ χελιδονόψαρο (τό), flying fish

χελώνα (ή), turtle, tortoise

χέρι (τό), hand; coat of paint/ εἶναι στό ~ μου, it is in my power/ ἔρχομαι στά χέρια, to come to blows

χεριά (ή), handful

χεροδύναμος, robust

χερουβείμ (τό), cherub

χερούλι (τό), handle

χερσαίος, of the land

χερσόνησος (ή), peninsula

χέρσος, barren, fallow

χηλή (ή), hoof

χημεία (ή), chemistry/ χημεῖο (τό), chemical laboratory/ χημικά, chemically/ χημικός, chemical/ (ό), chemist

χήνα (ή), goose/ χηνοβοσκός (ό), goosekeeper

χήρα (ή), widow/ χηρεία (ή), widowhood; vacant post/ χηρεύω, to become a widow (er); to be vacant/ χῆρος (ό), widower

χθές, yesterday/ χθεσινός, of yesterday

χθόνιος, infernal

χιαστί, crosswise

Χιλιανός, Χιλιανή, Chilean (man, woman)

χίλια, thousand/ χιλιάρικο (τό), a thousand drachma banknote/ χιλιαστής (ό), millenarian/ χιλιετηρίδα (ή), millennium

χιλιόγραμμο (τό), kilo

χιλιόμετρο (τό), kilometre

χιλιοστόμετρο (τό), millimetre

χιλιοστός, thousandth

χιλιόχρονος, thousand years old

χίμαιρα (ή), chimera, utopia/ χιμαιρικός, chimeric, utopian

χιονάτος, snow-white/ χιόνι (τό), snow/ χιονιάς (ό), snow - weather/ χιονίζω, to snow/ χιονίστρα (ή), chilblain/ χιονοθύελλα (ή), snowstorm/ χιονόνερο (τό), sleet/ χιονοσκέπαστος, or χιονοσκεπής, snowclad, snowcovered/ χιονοστιβάδα (ή), avalanche

χιούμορ (τό), humour/ ~ίστας (ό), humourist/ ~ιστικός, humorous

χιτώνας (ό), gown, tunic

χλαίνη (ή), cloak

χλαμύδα (ή), mantle

χλευάζω, to sneer, to jeer/ χλευασμός (ό), sneering, jeering/ χλευαστής (ό), jeerer, mocker/ χλεύη (ή), βλ. χλευασμός

χλιαρά, cooly, lukewarmly/ χλιαρός, te-

pid, lukewarm/ χλιαρότητα (ή), tepidity, lukewarmth
χλιδή (ή), luxury
χλιμιντρίζω, to neigh/ χλιμίντρισμα (τό), neighing
χλοερός, grassy/ χλοερότητα (ή), greenness/ χλόη (ή), grass
χλωμάδα (ή), paleness/ χλωμιάζω, to grow pale/ χλωμός, pale
χλωρίδα (ή), chlora
χλωρικός, chlorie/ χλώριο (τό), chlorine/ χλωριούχος, chloride
χλωρός, fresh/ χλωρότητα (ή), freshness
χλωροφόρμιο (τό), chloroform
χλωροφύλλη (ή), chlorophyll
χλώρωση (ή), green sickness
χνάρι (τό), model, pattern
χνούδι (τό), fluff/ χνουδωτός, fluffy
χνώτο (τό), breath
χοάνη (ή), funnel
χόβολη (ή), embers
χοιρίδιο (τό), suckling/ χοιρινό (τό), pork/ χοιροβοσκός (ό), swineherd/ χοιρομέρι (τό), ham/ χοῖρος (ό), pig, swine
χολέρα (ή), cholera
χολερικός, choleric
χολή (ή), bile, gall/ ἔσπασε ή ~ μου, I was terrified/ χοληδόχος, (med.) ~ κύστη, gallbladder
χολιάζω, to get angry/ χόλιασμα (τό), anger
χολολιθίαση (ή), gallstone disease/ χολόλιθος (ό), gallstone
χολοσκάω, to be annoyed, to worry
χολοστερίνη (ή), cholesterine
χονδραίνω, to grow fat
χονδράνθρωπος (ό), vulgar (rude) person
χονδρικά, wholesale/ χονδρικός wholesale
χονδρογυναίκα (ή), virago
χονδροδουλειά (ή), rough (hard) work/ χονδροδουλεμένος, roughly worked
χονδροειδής, rough, coarse
χονδροκαμωμένος, rudely made; heavily built
χονδροκέφαλος, thick headed
χονδροκομμένος, thickly cut/ (fig.) vulgar/ χονδροκοπιά (ή), vulgarity
χονδρόπετσος, thickskinned
χονδρός, thick, fat; rude, vulgar

χόνδρος (ό), cartilage
χοντρός, 6λ. χονδρός
χορδή (ή), string; chord
χορευτής (ό), dancer/ χορευτικός, dancing/ χορεύτρια (ή), ballerina/ χορεύω, to dance
χορήγηση (ή), granting/ χορηγός (ό), donor
χορηγῶ, to grant, to provide
χορικός, choral
χοροδιδασκαλεῖο (τό), dancing school/ χοροδιδάσκαλος (ό), dancing teacher
χοροεσπερίδα (ή), ball, party
χοροπήδημα (τό), leaping, jumping up and down/ χοροπηδῶ, to leap, to jump up and down
χορός (ό), dance, ball; chorus/ σέρνω τό χορό, to lead the dance
χορταίνω, to be filled; to be satisified
χορταράκι (τό), short grass/ χορτάρι (τό), grass, turf/ χορταριάζω, to be covered with grass
χορταρικά (τά), vegetables, greens
χορταστικός, satisfying, satiating/ χορτάτος, satisfied, satiated
χόρτο (τό), grass
χορτοφαγία (ή), vegetarianism; feeding on grass/ χορτοφάγος (ό), vegetarian; herbivorous
χορωδία (ή), chorus
χουζουρεύω, to remain idle/ χουζούρι (τό), idleness, leisure
χουλιάρα (ή), large spoon/ χουλιάρι (τό), spoon
χουρμαδιά (ή), palmtree/ χουρμάς (ό), date
χοχλάδι (τό), pebble
χοχλακίζω, to bubble
χράμι (τό), woven cover
χρεία (ή), need/ χρειάζομαι, to need, to want/ χρειαζούμενος, necessary
χρεμετίζω, 6λ. χλιμιντρίζω
χρέος (τό), debt, obligation/ ἐκτελῶ χρέη, to act for
χρεώγραφο (τό), bond, security
χρεωκοπία (ή), bankruptcy/ χρεωκοπῶ, to go bankrupt
χρεωλύσιο (τό), sinking fund
χρεώνω, to debit/ χρέωση (ή), debit/ χρεωστάσιο (τό), moratorium/ χρεώ-

στης (ὁ), debtor/ χρεωστῶ, βλ. χρωστῶ/ χρεωφειλέτης (ὁ), debtor
χρήζω, to require
χρῆμα (τό), money
χρηματίζω, to serve as/ χρηματίζομαι, to accept bribes
χρηματικός, monetary
χρηματισμός (ὁ), accepting bribes
χρηματιστήριο (τό), stock exchange/ χρηματιστής (ὁ), stockbroker/ χρηματιστικός, of the stock exchange
χρηματοκιβώτιο (τό), safe
χρήση (ἡ), use
χρησικτησία (ἡ), ownership through long use
χρησιμεύω, to serve, to be of use
χρησιμοποίηση (ἡ), use, utilization/ χρησιμοποιῶ, to use, to utilize
χρήσιμος, useful/ χρησιμότητα (ἡ), usefulness
χρησμοδότης (ὁ), soothsayer/ χρησμοδοτῶ, to deliver an oracle/ χρησμός (ὁ), oracle
χρήστης (ὁ), user
χρηστός, virtuous, honest/ χρηστότητα (ἡ), virtue, honesty
χρίσμα (τό), unction/ (fig.) approval, sanction
Χριστιανικός, Christian/ χριστιανισμός (ὁ), Christianity/ χριστιανός, Christian/ χριστιανοσύνη (ἡ), Christendom/ Χριστός (ὁ), Christ/ πρό Χριστοῦ (π.Χ.) B. C./ μετά Χριστόν (μ.Χ.) A. D.
Χριστούγεννα (τά), Christmas
χριστόψωμο (τό), Christmas cake
χροιά (ἡ), complexion
χρονιά (ἡ), year
χρονίζω, to last longer, to be protracted
χρονικό (τό), chronicle/ ~γράφος (ὁ), chronicler
χρονικός, temporal
χρόνιος, chronic
χρονογραφία (ἡ), chronography/ χρονογραφικός, chronographic/ χρονογράφος (ὁ), journalist
χρονολογία (ἡ), chronology/ χρονολογικά, chronologically/ χρονολογικός, chronological/ χρονολογῶ, to date
χρονόμετρο (τό), stopwatch/ χρονομετρῶ, to time

χρόνος (ὁ), time; year; tense/ τοῦ χρόνου, next year/ καί τοῦ χρόνου, many happy returns of the day
χρονοτριβή (ἡ), delay, time wasting/ χρονοτριβῶ, to waste time
χρυσαετός (ὁ), golden eagle
χρυσαλλίδα (ἡ), pupa
χρυσάνθεμο (τό), chrysanthemum
χρυσαφένιος, golden/ χρυσάφι (τό), gold
χρυσή (ἡ), jaundice
χρυσίζω, to shine like gold
χρυσικός (ὁ), goldsmith
χρυσόβουλο (τό), golden bull (seal)
χρυσόδετος, (book) giltbound
χρυσοθήρας (ὁ), goldhunter/ χρυσοθηρία (ἡ), goldrush
χρυσοκάνθαρος (ὁ), gold bug/ (fig.) millionaire
χρυσοκέντητος, gold embroidered
χρυσομάλλης goldenhaired/ Χρυσόμαλλο Δέρας, the Golden Fleece
χρυσόμυγα (ἡ), maybeetle
χρυσοποίκιλτος, inlaid with gold
χρυσός, golden
χρυσόστομος, golden-mouthed/ (fig.) eloquent
χρυσούφαντος, interwoven with gold
χρυσοφόρος, auriferous
χρυσοχοείο (τό), jeweller's shop/ χρυσοχόος (ὁ), jeweller
χρυσόψαρο (τό), goldfish
χρυσώνω, to gild
χρυσωρυχείο (τό), goldmine
χρῶμα (τό), colour; paint; dye/ χρωματίζω, to colour; to paint; to dye/ χρωμάτισμα (τό), colouring; painting/ χρωματισμός (ὁ), colour/ χρωματισμός, coloured, painted/ χρωματοπώλης (ὁ), dealer in paints
χρώμιο (τό), chromium
χρωστήρας (ὁ), painting brush
χρωστῶ, to owe
χταπόδι (τό), octopus
χτένα (ἡ), comb/ χτένι (τό), small comb/ χτενίζω, to comb
χτίζω, to build
χτικιάζω, to contract tuberculosis/ χτικιάρης (ὁ), consumptive/ χτικιό (τό), tuberculosis, consumption
χτυπῶ, to beat; to knock

χυδαιολογία (ή), indecent language/ χυδαιολογῶ, to use indecent language/ χυδαῖος, indecent, vulgar/ χυδαιότητα (ή), indecency, vulgarity

χυλός (ὁ), pap/ χυλώνω, to turn into pap

χύμα, in an unpacked state

χυμός (ὁ), juice, sap/ χυμώδης, juicy

χύνω, to pour, to spill; to cast/ χύσιμο (τό), pouring, spilling, shedding; casting/ χυτήριο (τό), foundry/ χυτός, cast/ χυτοσίδηρος (ὁ), cast-iron

χύτρα (ή), kettle, saucepan

χωλαίνω, to limp/ (fig.) to be wanting/ χωλός (ὁ), lame, limping/ χωλότητα (ή), lameness

χῶμα (τό), earth, clay/ χωματένιος, or χωμάτινος, earthen / χωματίλα (ή), earthy smell

χώνευση (ή), digestion/ (metal) fusion/ χωνευτήριο (τό), melting pot/ χωνευτικός, digestive/ χωνευτός, founded, integral/ χωνεύω, to digest/ (fig.) to like

χωνί (τό), funnel

χώνω, to thrust in; to hide/ χώνομαι, to intrude

χώρα (ή), country, land

χωρατατζής (ὁ), jester, joker/ χωράτεμα (τό), jesting, joking/ χωρατεύω, to joke, to make fun/ χωρατό (τό), joke

χωράφι (τό), field

χωρεπίσκοπος (ὁ), suffragan bishop

χωρητικότητα (ή), capacity

χώρια, separately, individually

χωριανός (ὁ), fellow-villager

χωριάτης (ὁ), peasant, villager/ χωριατιά (ή), rudeness, vulgarity/ χωριάτισσα (ή), peasant-woman/ χωριατοπούλα (ή), peasant-girl/ χωριατόπουλο (τό), peasant-boy

χωρίζω, to divide, to separate; to take a divorce

χωριό (τό), village

χωρίο (τό), extract, passage

χωρίς, without/ ~ ἄλλο, without fail

χώρισμα (τό), partition, division/ χωρισμένος, divided, separate; divorced/ χωρισμός (ὁ), parting, separation/ χωριστά, separately/ χωριστός, separate

χωρίστρα (ή), hair-parting

χωροδεσπότης (ὁ), squire, landowner

χωρομετρία (ή), land-survey

χῶρος (ὁ), space, room

χωροφύλακας (ὁ), gendarme/ χωροφυλακή (ή), gendarmerie

χωρῶ, to contain/ δέ χωρεῖ συζήτηση, there is no question

χώσιμο (τό), thrusting/ χωστός, thrust in

Ψ

ψάθα (ή), straw-mat/ ψαθάκι (τό), straw-hat/ ψάθινος, made of straw/ ψαθώνω, to thatch

ψαλίδα (ή), pair of shears/ ψαλίδι (τό), pair of scissors/ ψαλιδιά (ή), cut/ ψαλιδίζω, to clip/ ψαλίδισμα (τό), clipping/ ψαλιδιστός, clipped/ ψαλιδωτός, dovetailed

ψάλλω, to chant/ ψαλμός (ὁ), psalm/ ψαλμωδία (ή), chanting/ ψαλμωδός (ὁ), psalmist/ ψάλσιμο (τό), chanting/ ψαλτήριο (τό), psalmbook/ ψάλτης (τό), chanter/ ψαλτική (ή), art of chanting

ψαμμίαση (ή), psammiasis

ψάξιμο (τό), searching

ψαραγορά (ή), fishmarket/ ψαράς (ὁ), fisherman, fishmonger/ ψάρεμα (τό), fishing/ ψαρεύω, to fish/ ψάρι (τό), fish/ ψαροκάϊκο (τό), fishingboat/ ψαροκόκκαλο (τό), fishbone

ψαρόκολλα (ή), fishglue/ ψαρόλαδο (τό), fishoil

ψαρομάλλης (ὁ), greyhaired

ψαρόνι (τό), starling

ψαροπούλι (τό), kingfisher

ψαρός, grey, greyhaired

ψαρόσουπα (ή), fish-soup

ψαροφάγος (ὁ), fisheater

ψαύση (ή), touching/ ψαύω, to touch

ψαχνό (τό), lean meat

ψάχνω, to search, to look for

ψεγάδι (τό), defect

ψέγω, to blame

ψείρα (ή), louse/ ψειριάζω, to get lousy/ ψειριάρης (ό), lousy person/ ψειρίζω, to clear of lice

ψεκάζω, to sprinkle/ ψεκασμός (ό), sprinkling/ ψεκαστήρας (ό), sprinkler

ψελλίζω, to stammer, to stutter/ ψέλλισμα (τό), stammering

ψέλνω, βλ. ψάλλω

ψέμμα (τό), lie

ψευδαίσθηση (ή), illusion

ψευδάργυρος (ό), zinc

ψευδής, false, untrue/ ψευδολόγος (ό), storyteller, liar/ ψευδολογῶ, to spread lies/ ψεύδομαι, to lie

ψευδομάρτυρας (ό), false witness/ ψευδομαρτυρία (ή), false testimony/ ψευδομαρτυρῶ, to give false testimony

ψευδοπροφήτης (ό), false prophet

ψευδορκία (ή), perjury/ ψευδορκῶ, to commit perjury

ψεῦδος (τό), lie

ψευδώνυμο (τό), pseudonym

ψεύτης (ό), liar/ ψευτιά (ή), lie

ψευτίζω, to let the quality fall

ψεύτικος, false; artificial

ψευτογιατρός (ό), charlatan

ψήγματα (τά), filings

ψηλά, high up

ψηλάφηση (ή), touching/ ψηλαφητός, tangible

ψηλαφῶ, to touch

ψηλομύτης (ό), arrogant, conceited

ψηλός, high, tall

ψήλωμα (τό), elevation; growing taller

ψηλώνω, to grow taller

ψημένος, baked, cooked/ ψήνω, to bake, to roast/o ψήσιμο (τό), baking, roasting/ ψητό (τό), roasted meat/ ψητός, roasted

ψηφίδα (ή), pebble

ψηφιδωτό (τό), mosaic

ψηφίζω, to vote

ψηφίο (τό), letter

ψήφιση (ή), voting, passing (of a law)

ψήφισμα (τό), resolution

ψηφοδέλτιο (τό), voting ticket/ ψηφοθήρας (ό), solicitor of votes/ ψηφολέκτης (ό), scrutineer/ ψῆφος (ή), vote; franchise/ ψηφοφορία (ή), voting/ ψηφοφόρος (ό), elector

ψιθυρίζω, to whisper/ ψιθύρισμα (τό), whispering

ψιθυριστής (ό), whisperer; rumourmonger

ψιλά (τά), small change

ψιλικά (τά), haberdashery/ ψιλικατζής (ό), haberdasher

ψιλοδουλειά (ή), fine work

ψιλοκομμένος, finely cut

ψιλολογῶ, to scrutinize

ψιλός, fine, thin/ ψιλῷ ὀνόματι, nominally

ψιττακίζω, to imitate/ ψιττακός (ό), parrot

ψίχα (ή), the inside of the bread

ψιχάλα (ή), drizzle/ ψιχαλίζει, it is drizzling

ψίχουλο (τό), crumb

ψόγος (ό), blame

ψοφίμι (τό), carcass/ ψόφιος, dead/ ~ ἀπό κούραση, dead tired/ ψοφοδεής, cowardly/ ψοφῶ, to die

ψυγεῖο (τό), icebox, refrigerator

ψυκτικός, cooling

ψύλλος (ό), flea/ γιά ψύλλου πήδημα, for nothing/ μπαίνουν ψύλλοι στ' αὐτιά μου, to suspect

ψύξη (ή), refrigeration, cooling

ψυχαγωγία (ή), recreation/ ψυχαγωγῶ, to amuse

ψυχανάλυση (ή), psychoanalysis

ψυχή (ή), soul/ οὔτε ~, nobody

ψυχιατρεῖο (τό), madhouse/ ψυχιατρική (ή), psychiatry/

ψυχιατρικός, psychiatric/ ψυχίατρος (ό), psychiatrist

ψυχικό (τό), charitable act

ψυχικός, psychical

ψυχογιός (ό), adopted son

ψυχοθεραπεία (ή), psychotherapy

ψυχοκόρη (ή), adopted daughter

ψυχολογία (ή), psychology/ ψυχολογικός, psychological

ψυχολόγος (ό), psychologist

ψυχομαχητό (τό), death agony

ψυχοπάθεια (ή), mental illness/ ψυχοπαθής, mentally ill

ψυχοπαίδι (τό), adopted child

ψυχορραγῶ, to be dying

ψύχος (τό), cold, chilly weather

Ψυχοσάββατο (τό), All Souls' day

ψύχρα (ἡ), chilly weather/ κάνει ~, it is chilly

ψυχρά, coolly; indifferently

ψυχραιμία (ἡ), coolness/ ψύχραιμος, coldblooded, cool

ψυχραίνω, to cool/ ψυχραίνομαι, to become angry

ψυχρολουσία (ἡ), cold shower

ψυχρός, cold, frigid; indifferent/ ψυχρότητα (ἡ), coolness; indifference/ ψύχω, to freeze

ψύχωση (ἡ), psychosis

ψωμάκι (τό), bun/ ψωμάς (ὁ), baker/ ψωμί (τό), bread, loaf/ κερδίζω τό ~ μου, to earn one's living

ψωμοζητῶ, to beg

ψωμοθήκη (ἡ), breadcase

ψώνια (τά), shopping/ ψωνίζω, to shop/ ψώνισμα (τό), shopping, purchase

ψώρα (ἡ), scabies/ ψωραλέος, scaddy/ ψωριάζω, to become scaddy/ ψωριάρης (ὁ), suffering of scabies/ (fig.) in rags/ ψωρίαση (ἡ), (med.) psoriasis

ψωροπερηφάνεια (ἡ), misplaced pride/ ψωροπερήφανος, unreasonably proud

Ω

ὤ! oh!

ὠάριο (τό), (med.) ovum

ὠδεῖο (τό), conservatory/ ὠδή (ἡ), ode/ ὠδική (ἡ), art of singing/ ὠδικός, singing

ὤθηση (ἡ), push, thrust/ ὠθῶ, to push, to thrust

ὠκεάνειος, oceanic/ ὠκεανός (ὁ), ocean

ὠμά, crudely

ὠμοπλάτη (ἡ), shoulderblade/ ὦμος (ὁ), shoulder

ὠμός, raw, uncooked; crude/ ὠμότητα (ἡ), crudeness; atrocity

ὠοειδής, oval

ὠοθήκη (ἡ), ovary

ὠοτοκία (ἡ), laying of eggs/ ὠοτοκῶ, to lay eggs

ὥρα (ἡ), hour, time/ τί ~ εἶναι; what time is it?/ ~ καλή! farewell!/ εἶμαι στήν ~ μου, to be punctual/ ἀπό ~ σέ ~, any minute now/ δέν βλέπω τήν ~, to be anxious to/ πάνω στήν ~, just in time

ὡραία, nicely, perfectly/ ὡραῖος, beautiful, pretty, handsome/ ὡραιότητα (ἡ), beauty

ὡράριο (τό), working hours

ὡριαῖος, lasting one hour

ὥριμα, maturely/ ὡριμάζω, to ripen, to mature/ ὡρίμανση (ἡ), ripening, maturing/ ὥριμος, ripe, mature/ ὡριμότητα (ἡ), maturity

ὡρισμένος, βλ. ὁρισμένος

ὡροδείκτης (ὁ), hour-hand/ ὡρολογάς (ὁ), watch (clock) maker/ ὡρολόγιο (τό), βλ. ρολόγι/ ὡρολογοποιεῖο (τό), watch (clock) factory

ὡροσκόπιο (τό), horoscope

ὠρύομαι, to howl, to shout

ὡς, as, like; until

ὡσαννά, hosannah

ὥστε, so that

ὠτακουστής (ὁ), eavesdropper

ὠτίτιδα (ἡ), inflammation of the ear

ὠτολόγος (ὁ), ear specialist

ὠφέλεια (ἡ), benefit, advantage/ ὠφέλημο (τό), advantage, profit/ ὠφέλιμος, useful, beneficial/ ὠφελιμότητα (ἡ), usefulness/ ὠφελῶ, to do good

ὤχρα (ἡ), ochre

ὠχρίαση (ἡ), paleness/ ὠχριῶ, to turn pale; to fade/ ὠχρός, pale/ ὠχρότητα (ἡ), paleness

ΓΕΩΓΡΑΦΙΚΑ ΟΝΟΜΑΤΑ

’Αβάνα (ἡ), Havana
’Αβησσυνία (ἡ), Abyssinia
’Αγγλία (ἡ), England
Ἄδανα (τά), Adana
Ἄδεν (τό), Aden
’Αδριανούπολη (ἡ), Edirne
’Αδριατική (ἡ), Adriatic Sea
’Αζόρες (οἱ), the Azores
’Αζοφική (ἡ), Sea of Azof
’Αθήνα (ἡ), Athens
Ἄθως (ὁ), Mount Athos
Αἰγαῖο (τό), Aegean
Αἴγινα (ἡ), Aigina
Αἴγυπτος (ἡ), Egypt
Αἰθιοπία (ἡ), Ethiopia
Αἰτωλία (ἡ), Aetolia
’Ακαρνανία (ἡ), Acarnania
’Αλάσκα (ἡ), Alaska
’Αλβανία (ἡ), Albania
’Αλγερία (ἡ), Algeria/ ’Αλγέριο (τό),
  Algiers
’Αλεξάνδρεια (ἡ), Alexandria
Ἄλπεις (οἱ), Alps
’Αλσατία (ἡ), Alsace
’Αμαζόνιος (ὁ), Amazon
’Αμβέρσα (ἡ), Antwerp
’Αμβοῦργο (τό), Hamburg
’Αμερική (ἡ), America
’Αμμόχωστος (ἡ), Famagusta
Ἄνδεις (οἱ), Andes
Ἄνδρος (ἡ), Andros
’Αντίλλες (οἱ), Antilles
’Αντιόχεια (ἡ), Antioch
’Αραβία (ἡ), Arabia
’Αραράτ (τό), Ararat
’Αργεντινή (ἡ), Argentina
Ἄργος (τό), Argos
’Αρκαδία (ἡ), Arcadia
’Αρμενία (ἡ), Armenia
’Ασία (ἡ), Asia
’Ατλαντικός (ὁ), Atlantic
’Αττική (ἡ), Attica
Αὐστραλία (ἡ), Australia
Αὐστρία (ἡ), Austria
’Αφρική (ἡ), Africa
’Αχαῖα (ἡ), Achaia

Βαγδάτη (ἡ), Baghdad
Βαλκάνια (τά), Balkans
Βαλτική (ἡ), Baltic
Βαρκελώνη (ἡ), Barcelona
Βάρνα (ἡ), Varna
Βαρσοβία (ἡ), Warsaw
Βασιλεία (ἡ), Basle
Βατερλώ (τό), Waterloo
Βατικανό (τό), Vatican
Βαυαρία (ἡ), Bavaria
Βεγγάλη (ἡ), Bengal
Βεζούβιος (ὁ), Vesuvius
Βέλγιο (τό), Belgium
Βελιγράδι (τό), Belgrade
Βενεζουέλα (ἡ), Venezuela
Βενετία (ἡ), Venice
Βερμοῦδες (οἱ), Bermuda
Βέρνη (ἡ), Berne
Βερολίνο (τό), Berlin
Βερσαλλίες (οἱ), Versailles
Βηθλεέμ (ἡ), Bethlehem
Βηρυττός (ἡ), Beirut
Βιέννη (ἡ), Vienna
Βιρμανία (ἡ), Burma
Βλαχία (ἡ), Wallachia
Βοημία (ἡ), Bohemia
Βοιωτία (ἡ), Boeotia
Βόλγας (ὁ), Volga
Βολιβία (ἡ), Bolivia
Βόλος (ὁ), Volos
Βόρειος Πόλος (ὁ), North Pole
Βοσνία (ἡ), Bosnia
Βόσπορος (ὁ), Bosphorus
Βοστώνη (ἡ), Boston
Βουδαπέστη (ἡ), Budapest
Βουκουρέστι (τό), Bucharest
Βουλγαρία (ἡ), Bulgaria
Βραζιλία (ἡ), Brazil
Βρετάννη (ἡ), Brittany
Βρεταννία (ἡ), Britain
Βρυξέλλες (οἱ), Brussels
Βυζάντιο (τό), Byzantium

Γάγγης (ὁ), Ganges
Γαλιλαία (ἡ), Galilee
Γαλλία (ἡ), France

Γενεύη (ἡ), Geneva
Γένοβα (ἡ), Genoa
Γερμανία (ἡ), Germany
Γεωργία (ἡ), Georgia
Γιβραλτάρ (τό), Gibraltar
Γλασκώβη (ἡ), Glasgow
Γουατεμάλα (ἡ), Guatemala
Γουινέα (ἡ), Guinea
Γροιλανδία (ἡ), Greenland

Δαλματία (ἡ), Dalmatia
Δαμασκός (ἡ), Damascus
Δανία (ἡ), Denmark
Δαρδανέλλια (τά), Dardanelles
Δελφοί (οἱ), Delphi
Δῆλος (ἡ), Delos
Δουβλίνο (τό), Dublin
Δούναβης (ὁ), Danube
Δωδεκάνησα (τά), Dodecanese
Δωδώνη (ἡ), Dodona

Ἔβρος (ὁ), Ebro
Ἐδιμβοῦργο (τό), Edinburgh
Εἰρηνικός (ὁ), Pacific
Ἑλβετία (ἡ), Switzerland
Ἐλευσίνα (ἡ), Eleusis
Ἑλικώνας (ὁ), Helicon
Ἑλλάδα (ἡ), Greece
Ἐπίδαυρος (ἡ), Epidaurus
Ἑπτάνησα (τά), or Ἑπτάνησος (ἡ),
   Ionian Islands
Ἐσθονία (ἡ), Esthonia
Εὔβοια (ἡ), Euboea
Εὐρώπη (ἡ), Europe
Εὐφράτης (ὁ), Euphrates
Ἔφεσος (ἡ), Ephesus

Ζάκυνθος (ἡ), Zante
Ζανζιβάρη (ἡ), Zanzibar
Ζηλανδία (ἡ), Zealand
Ζυρίχη (ἡ), Zurich

Ἡνωμένες Πολιτεῖες (οἱ), United States
Ἤπειρος (ἡ), Epirus
Ἡράκλειο (τό), Herakleion

Θάσος (ἡ), Thasos
Θερμοπύλες (οἱ), Thermopylae
Θεσσαλία (ἡ), Thessaly
Θεσσαλονίκη (ἡ), Thessaloniki, Salonica

Θῆβες (οἱ), Thebes
Θήρα (ἡ), Thera, Santorini
Θιβέτ (τό), Tibet
Θράκη (ἡ), Thrace

Ἰάβα (ἡ), Java
Ἰαπωνία (ἡ), Japan
Ἰεριχώ (ἡ), Jericho
Ἰερουσαλήμ (ἡ), Jerusalem
Ἰθάκη (ἡ), Ithaca
Ἱμαλάια (τά), Himalayas
Ἰνδία (ἡ), India
Ἰνδονησία (ἡ), Indonesia
Ἰόνιο (τό), Ionian Sea
Ἰορδάνης (ὁ), Jordan
Ἰρλανδία (ἡ), Ireland
Ἰσημερινός (ὁ), Equator
Ἰσλανδία (ἡ), Iceland
Ἰσπανία (ἡ), Spain
Ἰταλία (ἡ), Italy
Ἰωάννινα (τά), Yannina

Κάιρο (τό), Cairo
Καλαβρία (ἡ), Calabria
Καλαί (τό), Calais
Καλαμάτα (ἡ), Kalamata
Καλιφόρνια (ἡ), California
Καλκούτα (ἡ), Calcutta
Καλλίπολη (ἡ), Callipolis
Καναδάς (ὁ), Canada
Κάννες (οἱ), Cannes
Καππαδοκία (ἡ), Cappadocia
Καρπάθια (τά), Carpathian Mountains
Κασπία (ἡ), Caspian Sea
Κάτω Χῶρες (οἱ), Netherlands
Καύκασος (ὁ), Caucasus
Κέρκυρα (ἡ), Corfu
Κεϋλάνη (ἡ), Ceylon
Κεφαλληνία (ἡ), Cephalonia
Κίεβο (τό), Kiev
Κίνα (ἡ), China
Κολομβία (ἡ), Colombia
Κολωνία (ἡ), Cologne
Κονγκό (τό), Congo
Κοπεγχάγη (ἡ), Copenhagen
Κορέα (ἡ), Korea
Κόρινθος (ἡ), Corinth
Κορσική (ἡ), Corsica
Κούβα (ἡ), Cuba
Κουρδιστάν (τό), Kurdistan

Κρακοβία (ἡ), Cracow
Κρήτη (ἡ), Crete
Κριμαία (ἡ), Crimaea
Κροατία (ἡ), Croatia
Κυκλάδες (οἱ), Cyclades
Κύπρος (ἡ), Cyprus
Κωνσταντινούπολη (ἡ), Constantinople, Istanbul

Λακωνία (ἡ), Laconia
Λαπωνία (ἡ), Lapland
Λάρισα (ἡ), Larissa
Λειψία (ἡ), Leipzig
Λεμεσός (ἡ), Limassol
Λένινγκραντ (τό), Leningrad
Λέσβος (ἡ), Lesbos
Λευκάδα (ἡ), Leucas (Leukas)
Λευκωσία (ἡ), Nicosia
Λῆμνος (ἡ), Lemnos
Λίβανος (ὁ), Lebanon
Λιβύη (ἡ), Libya
Λισσαβώνα (ἡ), Lisbon
Λονδίνο (τό), London
Λουξεμβοῦργο (τό), Luxembourg

Μαδαγασκάρη (ἡ), Madagascar
Μαδρίτη (ἡ), Madrid
Μακεδονία (ἡ), Macedonia
Μάλτα (ἡ), Malta
Μαραθώνας (ὁ), Marathon
Μαρόκο (τό), Morocco
Μασσαλία (ἡ), Marseilles
Μαυροβούνι(ο) (τό), Montenegro
Μέκκα (ἡ), Mecca
Μεξικό (τό), Mexico
Μεσόγειος (ἡ), Mediterranean
Μεσολόγγι (τό), Missolonghi
Μῆλος (ἡ), Melos
Μιλάνο (τό), Milan
Μισσισσιπῆς (ὁ), Mississippi
Μογγολία (ἡ), Mongolia
Μολδαβία (ἡ), Moldavia
Μονακό (τό), Monaco
Μόναχο (τό), Munich
Μοραβία (ἡ), Moravia
Μόσχα (ἡ), Moscow
Μυκῆνες (οἱ), Mycenae
Μυτιλήνη (ἡ), Mytilene

Ναζαρέτ (ἡ), Nazareth

Νάξος (ἡ), Naxos
Ναύπλιο (τό), Nauplia
Νεάπολη (ἡ), Naples
Νέα Ζηλανδία (ἡ), New Zealand
Νέα Ὑόρκη (ἡ), New York
Νεῖλος (ὁ), Nile
Νιαγάρας (ὁ), Niagara
Νιγηρία (ἡ), Nigeria
Νίκαια (ἡ), Nice
Νορβηγία (ἡ), Norway
Νορμανδία (ἡ), Normandy
Νυρεμβέργη (ἡ), Nuremberg

Ξάνθη (ἡ), Xanthe

Ὀδησσός (ἡ), Odessa
Ὀλλανδία (ἡ), Holland
Ὀλυμπία (ἡ), Olympia
Ὄλυμπος (ὁ), Olympus
Ὀξφόρδη (ἡ), Oxford
Οὐαλία (ἡ), Wales
Οὐάσιγκτων (ἡ), Washington
Οὑγγαρία (ἡ), Hungary
Οὐκρανία (ἡ), Ukraine
Οὐράλια (τά), Ural Mountains

Παλαιστίνη (ἡ), Palestine
Παλέρμο (τό), Palermo
Παναμάς (ὁ), Panama
Παραγουάη (ἡ), Paraguay
Παρίσι (τό), Paris
Παρνασσός (ὁ), Parnassus
Πάρνηθα (ἡ), Parnes
Πάρος (ἡ), Paros
Πάτμος (ἡ), Patmos
Πάτρα (ἡ), Patras
Πάφος (ἡ), Paphos
Πειραιάς (ὁ), Piraeus
Πεκίνο (τό), Peking
Πελοπόννησος (ἡ), Peloponnese
Περουβία (ἡ), Peru
Περσία (ἡ), Persia
Πηνειός (ὁ), Peneios
Πίνδος (ἡ), Pindus
Πολωνία (ἡ), Poland
Πομπηία (ἡ), Pompeii
Πορτογαλία (ἡ), Portugal
Πράγα (ἡ), Prague
Πρωσσία (ἡ), Prussia
Πύλος (ἡ), Pylos, Navarino

Πυρηναῖα (τά), Pyrenees

Ραβέννα (ἡ), Ravenna
Ρῆνος (ὁ), Rhine
Ρίο 'Ιανέιρο (τό), Rio de Janeiro
Ρόδος (ἡ), Rhodes
Ρουμανία (ἡ), Romania
Ρώμη (ἡ), Rome
Ρωσσία (ἡ), Russia

Σαβοΐα (ἡ), Savoy
Σαλαμίνα (ἡ), Salamis
Σαμοθράκη (ἡ), Samothrace
Σαγκάη (ἡ), Shanghai
Σαξωνία (ἡ), Saxony
Σαρδηνία (ἡ), Sardinia
Σεούλ (ἡ), Seoul
Σεϋχέλλες (οἱ), Seychelles
Σηκουάνας (ὁ), Seine
Σιβηρία (ἡ), Siberia
Σικάγο (τό), Chicago
Σικελία (ἡ), Sicily
Σινά (τό), Sinai
Σκανδιναβία (ἡ), Scandinavia
Σκωτία (ἡ), Scotland
Σμύρνη (ἡ), Smyrna, Izmir
Σουδάν (τό), Sudan
Σουηδία (ἡ), Sweden
Σόφια (ἡ), Sofia
Σπάρτη (ἡ), Sparta
Στοκχόλμη (ἡ), Stockholm
Στρασβοῦργο (τό), Strasburg
Συρακοῦσες (οἱ), Syracuse
Συρία (ἡ), Syria

Ταγγέρη (ἡ), Tangiers
Τάμεσης (ὁ), Thames

Ταΰγετος (ὁ), Taygetus
Τέμπη (τά), Tempe
Τέξας (τό), Texas
Τεργέστη (ἡ), Trieste
Τεχεράνη (ἡ), Teheran
Τῆνος (ἡ), Tenos
Τίγρης (ὁ), Tigris
Τόκιο (τό), Tokyo
Τοσκάνη (ἡ), Tuscany
Τουρίνο (τό), Turin
Τουρκεστάν (τό), Turkestan
Τουρκία (ἡ), Turkey
Τρίπολη (ἡ), Tripoli
Τροία (ἡ), Troy
Τυνησία (ἡ), Tunisia/ Τύνιδα (ἡ), Tunis
Τυρόλο (τό), Tyrol

Ύδρα (ἡ), Hydra
Ύεμένη (ἡ), Yemen
Ύμηττός (ὁ), Hymettus
Ύόρκη (ἡ), York

Φάληρο (τό), Phaleron
Φιλαδέλφεια (ἡ), Philadelphia
Φιλιππίνες (οἱ), Philippines
Φινλανδία (ἡ), Finland
Φλωρεντία (ἡ), Florence
Φλώριδα (ἡ), Florida
Φραγκφούρτη (ἡ), Frankfurt

Χάγη (ἡ), Hague
Χαλκίδα (ἡ), Chalkis
Χανιά (τά), Chanea
Χιλή (ἡ), Chile
Χίος (ἡ), Chios

'Ωκεανία (ἡ), Oceania

English-Greek

A

A, an, ind. art. ἕνας, μία, ἕνα, κάποιος
aback, ad. πίσω/*taken* ~, ξαφνιάζομαι
abacus, n. ἄβακας (ὁ)
abaft, ad. στήν πρύμη
abandon, v.t. ἐγκαταλείπω, παραμελῶ/ ~ *a child,* ἀφήνω ἔκθετο/ ~ *oneself,* ἐγκαταλείπομαι, ἐγκαταλείπω κάθε προσπάθεια/ ~*ed,* p.p. & a. ἐγκαταλειμμένος/ ~*ment,* n. ἐγκατάλειψη (ἡ)
abase, v.t. κατεβάζω, χαμηλώνω, ἐξευτελίζω, ὑποτιμῶ, ταπεινώνω/ ~*ment,* n. ἐξευτελισμός (ὁ), ταπείνωση (ἡ)
abate, v.t. καταρρίπτω, γκρεμίζω, μειώνω τόν ζῆλο, μετριάζω, ἀμβλύνω/ ~*ment,* n. ἐλάττωση (ἡ), χαλάρωση (ἡ), μετριασμός (ὁ), ὕφεση (ἡ)
abattoir, n. σφαγεῖο (τό)
abbess, n. ἡγουμένη (ἡ)
abbey, n. ἀββαεῖο (τό), μονή (ἡ)
abbot, n. ἡγούμενος (ὁ), ἀββάς (ὁ)
abbreviate, v.t. συντομεύω, βραχύνω, περικόπτω/ *abbreviation,* n. συντόμευση (ἡ), σύντμηση (ἡ)
abdicate, v.t. παραιτοῦμαι ἀπό θρόνο (ἀξίωμα, δικαίωμα)/ *abdication,* n. παραίτηση (ἡ), ἐγκατάλειψη θρόνου (ἀξιώματος)
abdomen, n. κοιλιά, ὑπογάστριο/ *abdominal,* a. κοιλιακός
abduct, v.t. ἀπάγω, κάνω ἀπαγωγή/ ~*ion,* n. ἀπαγωγή (ἡ), ἀποπλάνηση ἀνήλικου/ ~ *or,* n. ἀπαγωγέας (ὁ), ἀποπλανητής (ἀνήλικου)
abed, ad. κρεβατωμένος, κλινήρης
aberrance, n. παρέκκλιση (ἡ), λοξοδρόμιση (ἡ)
aberration, n. παρέκλιση (ἡ), ἐκτροπή (ἡ), ἀπόκλιση (ἡ)
abet, v.t. ὑποκινῶ, ἐξωθῶ, κεντρίζω, γίνομαι συνένοχος/ ~*ment,* n. ὑποκίνηση (ἡ), ἐξώθηση (ἡ), συνενοχή σέ ἔγκλημα
abeyance, n. ἀναβολή (ἡ), ἀναστολή (ἡ), ἐκκρεμότητα (ἡ)
abhor, v.t. ἀπεχθάνομαι, ἀποστρέφομαι,

σιχαίνομαι/ ~*rence,* n. ἀπέχθεια (ἡ), ἀποστροφή (ἡ)/ ~*rent,* a. ἀποκρουστικός, ἀποτρόπαιος, ἀηδιαστικός
abide, v.i. συμφωνῶ, ἐπιμένω, προσχωρῶ/ ~ *by,* μένω πιστός/ v.t. ἀντέχω, ὑποφέρω, προσδοκῶ/ *abiding,* a. μόνιμος, διαρκής, ἀμετάβλητος, σταθερός
ability, n. ἱκανότητα (ἡ), δυνατότητα (ἡ), ἐπιδεξιότητα (ἡ)
abiosis, n. ἀβίωση (ἡ)/ *abiotic,* a. ἀβιοτικός
abject, a. ἀπαίσιος, ἀξιοθρήνητος/ ~*ion,* n. ἀπέχθεια (ἡ), ἀθλιότητα (ἡ)
abjuration, n. ἀπάρνηση (ἡ), ἀποκήρυξη (ἡ), ἔνορκη παραίτηση ἀπό δικαίωμα/ *abjure,* v.t. ἀποκηρύσσω, ἀπαρνιέμαι, παραιτοῦμαι ἔνορκα ἀπό δικαίωμα
ablaze, a. & ad. φλεγόμενος, λαμπερός/ *to set* ~, βάζω φωτιά
able, a. ἱκανός, κατάλληλος, ἐπιδέξιος/ *be* ~, εἶμαι ἱκανός/ ~ *bodied,* a. ρωμαλέος, ἀρτιμελής, γερός/ *ably,* ad. ἐπιδέξια
ablution, n. νήψιμο (τό), πλύσιμο (τό), ἐξαγνισμός (ὁ)
abnegation, n. αὐταπάρνηση (ἡ)
abnormal, a. ἀνώμαλος, ἀντικανονικός
aboard, ad. πάνω σέ πλοῖο ἤ ἄλλο μέσο ταξιδιοῦ/ *to go* ~, ἐπιβιβάζομαι
abode, n. διαμονή (ἡ), κατοικία (ἡ)
abolish, v.t. καταργῶ, ἀκυρώνω, διαγράφω/ *abolition,* n. κατάργηση (ἡ), ἀκύρωση (ἡ), διαγραφή (ἡ)
abominable, a. ἀποτρόπαιος, ἀπαίσιος, βδελυρός/ *abominate,* a. βδελυρός, σιχαμερός/ *abomination,* n. ἀποστροφή (ἡ), σιχαμάρα (ἡ), βδελυγμία (ἡ)
aboriginal, a. ἰθαγενής, πρωτόγονος/ *aborigines,* n. ἰθαγενεῖς (οἱ) (κυρίως τῆς Αὐστραλίας)
abort, v.i. ἀποβάλλομαι, ἀπορρίπτομαι, ματαιώνομαι/ ~ *ion,* n. ἔκτρωση (ἡ), ἄμβλωση (ἡ)/ ~ *ive,* a. ἐκτρωματικός, ἀποτυχημένος
abound, v.i. ἀφθονῶ, εἶμαι γεμάτος ἀπό
about, pr. & ad. γύρω, περί, γιά, περίπου/ *be* ~ *to,* εἶμαι ἕτοιμος νά/ *there is nobody* ~, δέν ὑπάρχει κανείς τριγύρω/ *what* ~, τί γίνεται μέ;
above, pr. & ad. πάνω ἀπό, πιό πάνω,

πιό ψηλά ἀπό/ *from* ~, ἀπό ψηλά/ ~ *all*, κυρίως/ ~ *suspicion*, ἀνώτερος ἀπό κάθε ὑποψία

abrade, v.t. φθείρω, γδέρνω, ἀποξύνω, λειαίνω/ *abrasion*, n. τριβή (ἡ), φθορά (ἡ)/ *abrasive*, a. ἀποκολλητικός, ἀποξεστικός/ (fig.) δηκτικός

abreast, ad. παράπλευρα, πλάι/ *keep* ~ *of*, πορεύομαι παράλληλα, συμβαδίζω

abridge, v.t. συντομεύω, περικόπτω, συντέμνω/ *abridged edition*, συντομευμένη ἔκδοση/ ~*ment*, n. συντόμευση (ἡ), σύντμηση (ἡ)

abroad, ad. στό ἐξωτερικό, σέ ταξίδι/ *from* ~, ἀπό τό ἐξωτερικό

abrogate, v.t. ἀκυρώνω, καταργῶ/ *abrogation*, n. ἀκύρωση (ἡ), κατάργηση (ἡ)

abrupt, a. ἀπότομος, τραχύς, βίαιος, αἰφνίδιος/ ~*ness*, n βιαιότητα (ἡ), τραχύτητα (ἡ)

abscess, n. ἀπόστημα (τό)

abscond, v.i. φυγοδικῶ, δραπετεύω

absence, n. ἀπουσία (ἡ), ἀπομάκρυνση (ἡ)/ ,*bsent*, a. ἀπών/ *absent minded*, a. ἀφηρημένος

absinth, n. ἀψιθιά (ἡ), ἀψέντι (τό)

absolute, a. ἀπόλυτος, ἀπεριόριστος, ἀπολυταρχικός/ ~*ly*, ad. ἀπόλυτα

absolution, n. ἄφεση ἁμαρτιῶν, συγχώρεση (ἡ)

absolutism, n. ἀπολυταρχία (ἡ)

absolve, v.t. ἀθωώνω, συγχωρῶ, ἀπαλλάσσω

absorb, v.t. ἀπορροφῶ/ *absorbent* & *absorbing*, a. ἀπορροφητικός/ *absorption*, n. ἀπορρόφηση (ἡ)

abstain, v.i. ἀπέχω, ἀποφεύγω/ *abstention*, n. ἀποχή (ἡ)

abstinence, n. ἀποχή (ἡ), ἐγκράτεια (ἡ)/ *abstinent*, a. ἐγκρατής

abstract, a. ἀφηρημένος, θεωρητικός/ n. περίληψη (ἡ), ἀπόσπασμα (τό), κατάσταση (ἔγγραφη)/ ~*ed*, a. ἀφηρημένος, ὀνειροπόλος, σκεπτικός/ ~*ion*, n. ἀφηρημένη ἔννοια

abstruse, a. ἀσφαλής, δυσνόητος

absurd, a. παράλογος, ἄτοπος, γελοῖος/ ~*ity*, n. παραλογισμός (ὁ), μωρία (ἡ)

abundance, n. ἀφθονία (ἡ), πληθώρα (ἡ)/ *abundant*, a. ἄφθονος, πλούσιος, εὔφορος

abuse, n. κατάχρηση (ἡ), προσβολή (ἡ)/ v.t. κάνω κατάχρηση, ἐπωφελοῦμαι ἀπό/ *abusive*, a. καταχρηστικός, ὑβριστικός, προσβλητικός

abut, v.i. γειτονεύω, ἐφάπτομαι, καταλήγω

abysmal, a. ἀχανής, ἀπύθμενος, ἀδυσσαλέος/ *abyss*, n. ἄδυσσος (ἡ)

acacia, n. ἀκακία (ἡ)

academic, a. ἀκαδημαϊκός, πανεπιστημιακός/ ~*ian*, n. ἀκαδημαϊκός (μέλος ἀκαδημίας)

academy, n. ἀκαδημία (ἡ)

accede, v.i. φθάνω, προάγομαι, προσχωρῶ, ἀποδέχομαι

accelerate, v.t. & i. ἐπιταχύνω, ἐπισπεύδω/ *acceleration*, n. ἐπιτάχυνση (ἡ), ἐπίσπευση (ἡ)/ *accelerator*, n. ἐπιταχυντής (ὁ)

accent, n. τόνος (ὁ), προφορά (ἡ)/ *accentuate*, v.t. τονίζω, ὑπογραμμίζω, ἐπιτείνω/ *accentuation*, n. ὑπογράμμιση (ἡ), τονισμός (ὁ), ἔνταση (ἡ)

accept, v.t. δέχομαι, ἀποδέχομαι, παραδέχομαι/ ~*able*, a. ἀποδεκτός, παραδεκτός/ ~*ance*, n. ἀποδοχή (ἡ), παραδοχή (ἡ)/ ~*ed*, a. δεκτός, ἀποδεκτός, παραδεκτός

access, n. εἴσοδος (ἡ), πρόσβαση (ἡ), προσέγγιση (ἡ)/ ~*ible*, a. προσιτός, εὐκολοπλησίαστος/ ~*ion*, n. εἰσδοχή (ἡ), εἴσοδος (ἡ), μπάσιμο (τό), ἄνοδος (ἡ) (στό θρόνο)/ ~*ories*, n. συμπληρώματα (τά), ἐξαρτήματα (τά)/ ~*ory*, a. συνένοχος, συνεργός

accident, n. περιστατικό (τό), ἀτύχημα (τό), τυχαῖο γεγονός/ ~*al*, a. τυχαῖος, συμπτωματικός/ ~*ally*, ad. τυχαία, συμπτωματικά

acclaim, v.t. ζητωκραυγάζω, ἐπευφημῶ/ *acclamation*, n. ζητωκραυγή (ἡ), ἐπευφημία (ἡ)

acclimatization, n. ἐγκλιματισμός (ὁ), ἐξοικείωση (ἡ)/ *acclimatize*, v.t. & i. ἐγκλιματίζομαι, ἐξοικειώνομαι

acclivity, n. ἀνηφοριά (ἡ), ἀνήφορος (ὁ)

accolade, n. ἐναγκαλισμός (ὁ), ἀγκάλιασμα (τό)

accommodate, v.t. διευθετῶ, προσαρμό-

ζω, βολεύω/ *accommodating*, a. ἐξυπη-
ρετικός, συγκαταβατικός, συμβιβαστι-
κός/ *accommodation*, n. διευθέτηση
(ἡ), προσαρμογή (ἡ)/ *sleeping accom-
modation*, n. στέγαση (ἡ), δωμάτιο γιά
νοίκιασμα
accompaniment, n. συνοδεία (ἡ)/ *accom-
panist*, n. συνοδός (ὁ), ἀκομπανιατέρ
(ὁ)
accompany, v.t. συνοδεύω, συντροφεύω,
ἀκομπανιάρω
accomplice, n. συνένοχος (ὁ), συνεργός
(ὁ)
accomplish, v.t. πραγματοποιῶ, κατορ-
θώνω, ἐκτελῶ, ὁλοκληρώνω/ ~*ed*, a.
πλήρης, ὁλοκληρωμένος, τέλειος/ ~
ment, n. πραγματοποίηση (ἡ), ὁλοκλή-
ρωση (ἡ), ἀποπεράτωση (ἡ)
accord, n. συμφωνία (ἡ), συγκατάθεση
(ἡ), ἁρμονία (ἡ), συγχορδία (ἡ)/ v.i.
συμφωνῶ, δίνω τήν συγκατάθεσή μου/
~*ance*, n. συμφωνία (ἡ) / *in* ~*ance
with*, σύμφωνα μέ/ ~*ing to*, σύμφωνα
μέ/ ~*ingly*, ad. σύμφωνα, συνεπῶς
accordion, n. φυσαρμόνικα (ἡ), ἀκορ-
ντεόν (τό)
accost, v.t. πλησιάζω, πλευρίζω, διπλα-
ρώνω
account, n. λογαριασμός (ὁ), ἀπολογι-
σμός (ὁ), ἀφήγηση (ἡ)/ *current* ~, τρε-
χούμενος λογαριασμός/ *settle an* ~, κα-
νονίζω λογαριασμό/ *take into* ~, παίρ-
νω ὑπόψη/ *on no* ~, σέ καμία περίπτω-
ση
accountancy, n. λογιστική (ἡ)/ *accoun-
tant*, λογιστής (ὁ)
accoutrement, n. ἐφόδιο (τό), ἐξοπλισμός
(ὁ)
accredit, v.t. ἐμπιστεύομαι, πιστοποιῶ/
~*ed*, p.p. & a. ἐξουσιοδοτημένος/ ~
ambassador, διαπιστευμένος πρεσβευ-
τής
accretion, n. ὀργανική αὔξηση (ἡ), προ-
σαύξηση (ἡ)
accrue, v.i. προέρχομαι, πηγάζω, προκύ-
πτω
accumulate, v.t. συσσωρεύω, μαζεύω,
συναθροίζω, συλλέγω
accumulation, n. συσσώρευση (ἡ)/ *accu-
mulator*, n. συσσωρευτής (ὁ)

accuracy, n. ἀκρίβεια (ἡ)/ *accurate*, a.
ἀκριβής, σωστός, ὀρθός
accursed, a. καταραμένος, μισητός
accusation, n. κατηγορία (ἡ) / *accusative*,
n. αἰτιατική (πτώση)
accuse, v.t. κατηγορῶ/ ~*d*, a. κατηγο-
ρούμενος/ ~*r*, n. κατήγορος (ὁ), μηνυ-
τής (ὁ)
accustom, v.t. συνηθίζω, ἐξοικειώνω/ ~
ed, / p.p. & a. συνηθισμένος
ace, n. ἄσσος (ὁ)
acerbity, n. δριμύτητα (ἡ), τραχύτητα
(ἡ), ὀξύτητα (ἡ)
acetylene, n. ἀσετυλίνη (ἡ)
ache, n. πόνος (ὁ)/ v.i. πονῶ/ *head*~, πο-
νοκέφαλος (ὁ)/ *tooth*~, πονόδοντος (ὁ)
achieve, v.t. κατορθώνω, πραγματοποιῶ/
~*ment*, n. πραγματοποίηση (ἡ), κα-
τόρθωμα (τό)
acid, a. ὀξύς, ξινός/ n. ὀξύ/ *acidity*, n.
ὀξύτητα (ἡ)
acknowledge, v.t. ἀναγνωρίζω, παραδέ-
χομαι/ ~ *ment*, n. ἀναγνώριση (ἡ), βε-
βαίωση (ἡ), παραδοχή (ἡ)
acme, n. ἀκμή (ἡ), ἀποκορύφωση (ἡ)
acne, n. ἀκμή (ἡ), σπυράκια νεότητας
(τά)
acolyte, n. παπαδοπαίδι (τό)
acorn, n. βαλανίδι (τό)
acoustic, a. ἀκουστικός/ ~*s*, n. ἀκουστι-
κή (ἡ)
acquaint, v.t. γνωρίζω, γνωστοποιῶ/ ~
oneself with, πληροφοροῦμαι, κατατο-
πίζομαι/ *be* ~*ed with*, γνωρίζομαι μέ/
~*ance*, n. γνωριμία (ἡ)
acquiesce, v.i. δίνω τήν συγκατάθεσή
μου, ἐνδίδω/ ~*nce*, n. συγκατάθεση
(ἡ), συναίνεση (ἡ)/ ~*nt*, a. ἐνδοτικός,
συγκαταβατικός, ὑποχωρητικός
acquire, v.t. ἀποκτῶ/ ~*ment*, n. ἀπόκτη-
ση (ἡ)/ *acquisition*, n. ἀπόκτηση (ἡ)/ *ac-
quisitive*, a. πλεονέκτης
acquit, v.t. ἀθωώνω, ἀπαλλάσσω/ ~*tal*,
n. ἀθώωση (ἡ), ἀπαλλαγή (ἡ)/ ~*tance*,
n. ἐξοφλητική ἀπόδειξη
acre, n. ἄκρ (περίπου 4 στρέμματα)
acrid, a. στυφός, καυστικός/ ~*ity*, n. στυ-
φότητα (ἡ)
acrimonious, a. πικρός, πικρόχολος, δη-
κτικός/ *acrimony*, n. πίκρα (ἡ), μνησι-

κακία (ἡ)
acrobat, n. ἀκροβάτης (ὁ)/ ~ic, a. ἀκρο-
βατικός/ ~ics, n. ἀκροβασία (ἡ)
across, ad. ἐγκάρσια, σταυρωτά, κατά
πλάτος/ to go ~, διαβαίνω, διασχίζω/
~ the street, ἀπέναντι
acrostic, n. ἀκροστιχίδα (ἡ)
act, n. πράξη (ἡ), ἐνέργεια (ἡ)/ ~ of Par-
liament, νομοθεσία, νόμος/ ~s of the
Apostles, Πράξεις τῶν Ἀποστόλων/ in
the very ~, ἐπ' αὐτοφώρω/ ~ing, a.
ἀναπληρωματικός, ἀναπληρωτής
act, v.i. ἐνεργῶ, κάνω/ ~ for, ἀντιπροσω-
πεύω, ἐκπροσωπῶ/ (theatre) παίζω
action, n. δράση (ἡ), πράξη (ἡ), ἐνέργεια
(ἡ)/ (leg.) ἀγωγή/ to enter an ~, κινῶ
ἀγωγή/ ~able, a. ἐναγώγιμος
activate, v.t. βάζω σέ κίνηση (ἐνέργεια)
active, a. δραστήριος, ἐνεργητικός, ζωη-
ρός/ ~ imagination, ζωηρή φαντασία
activity, n. δραστηριότητα (ἡ), ἐνεργητι-
κότητα (ἡ)
actor, n. ἠθοποιός (ὁ)/ actress, n. ἠθο-
ποιός (ἡ)
actual a. ἀληθινός, πραγματικός, ἐπίκαι-
ρος/ ~ity, n. πραγματικότητα (ἡ), ἐπι-
καιρότητα (ἡ)/ ~ly, ad. πράγματι
actuary, n. ἀσφαλιστής (ὁ)
actuate, v.t. κινῶ, ὠθῶ
acumen, n. ὀξύνεια (ἡ), ἐξυπνάδα (ἡ),
εὐφυΐα (ἡ)
acute, a. μυτερός, ὀξύς/ ~ angle, ὀξεία
γωνία/ ~ness, n. ὀξύτητα (ἡ), δριμύτη-
τα (ἡ)
adage, n. παροιμία (ἡ), γνωμικό (τό)
adamant, a. σκληρός, ἀδιάλλακτος
Adam's apple, τό μῆλο τοῦ Ἀδάμ, καρύ-
δι (τό)
adapt, v.t. προσαρμόζω/ ~ability, n. προ-
σαρμοστικότητα (ἡ)/ ~able, a. προ-
σαρμοστικός, εὐπροσάρμοστος/ ~
ation, n. προσαρμογή (ἡ)/ ~er (elec.)
μετασχηματιστής (ὁ)
add, v.t. προσθέτω/ ~ up, ἀθροίζω
addendum, n. προσθήκη (ἡ), παράρτημα
(τό)
adder, n. ὀχιά (ἡ)
addict, n. ἐθισμένος/ drug ~, ναρκομα-
νής/ ~ed, a. ἐπιρρεπής/ ~ion, n. ἐθι-
σμός (ὁ), ἕξη (ἡ)

addition, n. προσθήκη (ἡ), πρόσθεση (ἡ)/
in ~ to, ἐπιπλέον/ ~al, a. πρόσθετος
addled, a. κλούβιος, κενός/ addle-headed,
a. κουφιοκέφαλος
address, n. διεύθυνση (ἡ)/ v.t. ἀπευθύνω/
~ to, ἀπευθύνομαι/ ~ee, n. παραλή-
πτης (ὁ)/ address an audience, ἐκφωνῶ
λόγο
adduce, v.t. προσάγω, παρουσιάζω
adduction, n. προσαγωγή (ἡ)
adenoids, n. ἀδένες (οἱ)
adept, a. ἔμπειρος, πεπειραμένος/ ~ness,
n. ἐμπειρία (ἡ)
adequacy, n. ἐπάρκεια (ἡ)/ adequate, a.
ἐπαρκής, ἀρκετός
adhere, v.i. ἐπιμένω, προσχωρῶ/ ~nce,
n. ἐπιμονή (ἡ), προσχώρηση (ἡ), προσ-
κόλληση (ἡ)/ ~nt, a. ὀπαδός
adhesion, n. συγκόλληση (ἡ), προσκόλλη-
ση (ἡ)/ adhesive, a. κολλητικό/ ~ pla-
ster, ἔμπλαστρο/ self-~, αὐτοκόλλητο
adipose, a. γεμάτος λίπος
adjacent, a. γειτονικός, διπλανός
adjective, n. ἐπίθετο (τό)
adjoin, v.t. συνορεύω, γειτονεύω/ ~ing,
a. γειτονικός, πλαϊνός, συνεχόμενος
adjourn, v.t. ἀναβάλλω, ἀναστέλλω συ-
νεδρίαση/ ~ment, n. ἀναβολή (ἡ), ἀνα-
στολή (ἡ)
adjudicate, v.t. ἐπιδικάζω, κατακυρώνω,
ἀπονέμω/ adjudicator, n. κριτής (ὁ),
διαιτητής (ὁ)
adjunct, a. παρεπόμενος, συμπληρωματι-
κός, πρόσθετος/ ~ion, n. συμπλήρωση
(ἡ), προσθήκη (ἡ)
adjure, v.t. ὁρκίζω, ἐξορκίζω
adjust, v.t. προσαρμόζω, κανονίζω, ρυθ-
μίζω, τακτοποιῶ/ ~able, a. εὐκολο-
προσάρμοστος/ ~ment, n. ρύθμιση (ἡ),
τακτοποίηση (ἡ), προσαρμογή (ἡ)
adjutant, n. ὑπασπιστής (ὁ)
administer, v.t. διευθύνω, διαχειρίζομαι/
~ justice, ἀπονέμω δικαιοσύνη/ ~ an
oath, πραγματοποιῶ ὁρκομωσία/ ~ a
drug, χορηγῶ φάρμακο
administration, n. διαχείριση (ἡ), διοίκη-
ση (ἡ)/ administrative, a. διοικητικός,
διαχειριστικός/ administrator, n. διοι-
κητής (ὁ), διαχειριστής (ὁ)
admirable, a. θαυμάσιος, ἀξιοθαύμαστος

admiral, n. ναύαρχος (ὁ)/ *rear* ~, ἀντιναύαρχος/ *vice* ~, ὑποναύαρχος
Admiralty, n. Ναυαρχεῖο (τό)/ *First Lord of the* ~, ὑπουργός Ναυτικῶν
admiration, n. θαυμασμός (ὁ)
admire, v.t. θαυμάζω/ ~*r*, n. θαυμαστής (ὁ)
admissible, a. παραδεκτός, ἀποδεκτός, δεκτός/ *admission*, n. παραδοχή (ἡ), ἀποδοχή (ἡ)/ ~ *of guilt*, ὁμολογία
admit, v.t. παραδέχομαι, εἰσάγω, ἐπιτρέπω τήν εἴσοδο/ ~*tance*, n. παραδοχή (ἡ), εἴσοδος (ἡ)/ ~*tedly*, ad. πράγματι
admix, v.t. ἀνακατεύω/ ~*ture*, n. μῖγμα (τό), μίξη (ἡ), ἀνακάτεμα (τό)
admonish, v.t. νουθετῶ, προειδοποιῶ, συμβουλεύω
admonition, n. νουθεσία (ἡ), συμβουλή (ἡ)
ado, n. φασαρία (ἡ)/ *Much ~ about Nothing*, πολύ κακό γιά τό τίποτε
adolescence, n. ἥβη (ἡ), ἐφηβική ἡλικία/ *adolescent*, n. ἔφηβος (ὁ)
adopt, v.t. υἱοθετῶ, παραδέχομαι/ ~*ion*, n. υἱοθεσία (ἡ), παραδοχή (ἡ)/ ~*ed child*, θετό παιδί
adorable, a. λατρευτός, ἀξιολάτρευτος/ *adoration*, n. λατρεία (ἡ)
adore, v.t. λατρεύω, προσκυνῶ
adorn, v.t. στολίζω, ἐξωραΐζω/ ~*ment*, n. στολισμός (ὁ), στόλισμα (τό)
adrenalin, n. ἀδρεναλίνη (ἡ)
adrift, ad. ἔρμαιο, στή διάθεση τῶν κυμάτων
aroit, a. ἐπιδέξιος, ἱκανός
adulate, v.t. κολακεύω/ *adulation*, n. κολακεία (ἡ)/ *adulator*, n. κόλακας (ὁ)/ *adulatory*, a. κολακευτικός
adult, a. & n. ἐνήλικος
adulterate, v.t. νοθεύω, ψευτίζω, διαφθείρω/ *adulteration*, n. νόθευση (ἡ), ψεύτισμα (τό)
adulterer, n. μοιχός/ *adulteress*, n. μοιχαλίδα (ἡ)/ *adultery*, n. μοιχεία (ἡ)
adumbrate, v.t. σκιαγραφῶ
advance, v.t. & i. προχωρῶ, προάγω/ n. πρόοδος (ἡ), προβιβασμός (ὁ)/ (money) προκαταβολή (ἡ) / ~ *guard*, ἐμπροσθοφυλακή/ *in advance*, προκαταβολικά/ ~*ment*, n. προαγωγή (ἡ),

πρόοδος (ἡ)
advantage, n. πλεονέκτημα (τό), προτέρημα (τό), ὄφελος (τό), ὑπεροχή (ἡ)/ *take* ~, ἐπωφελοῦμαι / *gain* ~, ὑπερέχω, ὑπερτερῶ/ ~*ous*, a. ἐπωφελής, πλεονεκτικός
advent, n. ἔλευση, ἄφιξη/ (eccl.) νηστεία πρίν ἀπό τά Χριστούγεννα
adventitious, a. τυχαῖος
adventure, n. περιπέτεια (ἡ), τόλμημα (τό)/ v.t. τολμῶ, ἐπιχειρῶ, διακινδυνεύω/ ~*r*, n. τυχοδιώκτης (ὁ)/ *adventurous*, a. περιπετειώδης, τολμηρός, ριψοκίνδυνος
adverb, n. ἐπίρρημα (τό)/ ~*ial*, a. ἐπιρρηματικός
adversary, n. ἀντίπαλος (ὁ), ἀνταγωνιστής (ὁ)/ *adverse*, a. ἐνάντιος, ἀντίθετος/ *adversity*, ἀναποδιά (ἡ), ἀτυχία (ἡ)
advertise, v.t. διαφημίζω, ἀγγέλλω, δημοσιεύω/ ~*ment*, n. διαφήμιση (ἡ), ρεκλάμα (ἡ), ἀγγελία (ἡ)/ ~*r*, n. διαφημιστής (ὁ)/ *advertising*, n. διαφήμιση (ἡ), δημοσιότητα (ἡ)
advice, n. συμβουλή (ἡ), εἰδοποίηση (ἡ)
advisable, a. σκόπιμος, φρόνιμος
advise, v.t. συμβουλεύω, εἰδοποιῶ/ ~*dly*, ad. σκόπιμα, ἐπίτηδες/ ~*r*, n. σύμβουλος (ὁ)
advisory, a. συμβουλευτικός
advocacy, n. συνηγορία (ἡ)
advocate, v.t. συνηγορῶ/ n. συνήγορος (ὁ)
adze, n. σκεπάρνι (τό)
Aegean, n. Αἰγαῖο (τό)
aegis, n. αἰγίδα (ἡ)
aerate, v.t. ἀερίζω/ *aerated*, a. ἀεριοῦχος/ *aeration*, n. ἀερισμός (ὁ)
aerial, a. ἀέριος/ n. (elec.) κεραία (ἡ)
aerify, v.t. ἐξαερίζω
aerolite, n. ἀερόλιθος (ὁ)
aerobatics, n. ἀκροβασίες μέ ἀεροπλάνο
aerodrome, n. ἀεροδρόμιο (τό)
aerodynamic, a. ἀεροδυναμικός/ ~*s*, n. ἀεροδυναμική (ἡ)
aeronautics, n. ἀεροναυτική (ἡ)
aeroplane, n. ἀεροπλάνο (τό)
aerostatics, n. ἀεροστατική (ἡ)
aesthete, n. ἐστέτ (ὁ)

aesthetic, a. αἰσθητικός/ ~s, n. αἰσθητική (ἡ)

afar, ad. ἀπό μακριά

affable, a. εὐπροσήγορος, προσηνής

affair, n. ὑπόθεση (ἡ)/ love ~, ἐρωτικός δεσμός

affect, v.t. ἐπηρεάζω, ἐπιδρῶ, προσποιοῦμαι/ ~ion, n. προσποίηση (ἡ), ἀκκισμός (ὁ) ~ed, a. προσποιητός

affection, n. στοργή (ἡ)/ (med.) νόσος (ἡ), πάθηση (ἡ)/ ~ ate, a. στοργικός

affiance, n. ἀρραβῶνες (οἱ)

affidavit, n. ἔνορκη γραπτή μαρτυρία, κατάθεση (ἡ)

affiliate, v.t. συνδέω συγγενικά, υἱοθετῶ/ (com.) παίρνω συνεταίρους/ affiliation, n. προσεταιρισμός (ὁ), υἱοθέτηση (ἡ)

affinity, n. τάση γιά ἔνωση, ἕλξη (ἡ)

affirm, v.t. βεβαιώνω, ἐπιβεβαιώνω, ἐπικυρώνω/ ~ation, n. βεβαίωση (ἡ), ἐπικύρωση (ἡ)/ ~ative, a. ἐπιβεβαιωτικός, καταφατικός

affix, v.t. ἐπισυνάπτω/ (seal) σφραγίζω/ n. πρόσφυμα (τό)

afflict, v.t. θλίβω, στενοχωρῶ, βασανίζω/ ~ ion, n. θλίψη (ἡ), λύπη (ἡ) the ~ s of old age, ἀσθένειες τῶν γηρατειῶν

affluence, n. ἀφθονία (ἡ)/ affluent, a. ἄφθονος, πλούσιος/ n. παραπόταμος (ὁ)

afford, v.t. παρέχω, χορηγῶ/ I cannot ~ it, δέν ἔχω τίς δυνατότητες νά τό κάμω

afforest, v.t. ἀναδασώνω/ ~ation, n. ἀναδάσωση (ἡ)

affray, n. φιλονικία (ἡ), καβγάς (ὁ), διαπληκτισμός (ὁ)

affront, n. προσβολή (ἡ)/ v.t. προσβάλλω, βρίζω

afield, ad. στήν ἐξοχή

aflame, ad. στίς φλόγες

afloat, ad. στήν ἐπιφάνεια/ to stay ~, ἐπιπλέω

afoot, ad. στό πόδι, ἐπί ποδός

afore, ad. πρίν, προηγούμενα/ ~ mentioned, a. προμνημονευθείς/ ~ thought, a. ἐκ προμελέτης

afraid, a. φοβισμένος/ be ~ of, φοβοῦμαι

afresh, ad. ξανά, ἀπό τήν ἀρχή

aft, ad. πρός τήν πρύμνη

after, ad. μετά, ὕστερα, κατόπι/ ~ all,

στό κάτω κάτω/ take ~, μοιάζω/ what are you ~, τί ἐπιδιώκεις; τί ζητᾶς;

aftereffect, n. συνέπεια (ἡ), ἀντίκτυπος (ὁ)

afterlife, n. μέλλουσα ζωή (ἡ)

aftermath, n. ἐπακόλουθο (τό)

afternoon, n. ἀπόγευμα (τό)

afterthought, n. ὑστεροβουλία (ἡ)

afterwards, ad. μετά, ἀργότερα

again, ad. πάλι, ξανά/ never ~, ποτέ πιά/ ~ and ~, ξανά καί ξανά

against, ad. ἐναντίον, κατά/ lean ~, ἀκουμπῶ/ run ~, ἀντιμετωπίζω ἐκλογικά

agate, n. ἀχάτης (ὁ)

age, n. ἡλικία (ἡ), ἐποχή (ἡ)/ old ~, γεράματα/ come of ~, ἐνηλικιώνομαι/ under ~, ἀνήλικος/ Stone ~, Λίθινη ἐποχή/ Middle ~s, Μεσαίωνας/ v.i. γερνῶ/ ~d, a. ἡλικιωμένος, γερασμένος

agency, n. πρακτορεῖο (τό), μεσολάβηση (ἡ)/ through your ~, μέ τήν μεσολάβησή σας

agenda, n. πινάκιο ὑποθέσεων, θέματα γιά συζήτηση, ἡμερήσια διάταξη

agent, n. πράκτορας (ὁ), ὄργανο (τό)/ estate ~, κτηματομεσίτης (ὁ)/ (chem.) παράγων (ὁ)

agglomerate, v.t. συσσωρεύω/ agglomeration, n. συσσώρευση (ἡ)

agglutinate, v.t. προσκολλῶ/ agglutination, n. προσκόλληση (ἡ)

aggrandize, v.t. μεγαλώνω, μεγεθύνω/ aggrandizement, n. μεγάλωμα (τό), μεγέθυνση (ἡ)

aggravate, v.t. χειροτερεύω, ἐπιδεινώνω, ἐρεθίζω/ aggravation, n. ἐπιδείνωση (ἡ), ἐπιβάρυνση (ἡ), ἐρεθισμός (ὁ)

aggregate, n. ἄθροισμα (τό), σύνολο (τό)/ v.t. συναθροίζω/ v.i. ἀνέρχομαι, συμποσοῦμαι/ aggregation, n. ἄθροιση (ἡ), ὁλότητα (ἡ), συνάθροιση (ἡ)

aggression, n. ἐπίθεση (ἡ)/ aggressive, a. ἐπιθετικός/ aggressiveness, n. ἐπιθετικότητα (ἡ)/ aggressor, n. ἐπιδρομέας (ὁ), ἐπιτιθέμενος (ὁ)

aggrieve, v.t. λυπῶ, στενοχωρῶ, θλίβω, ἀδικῶ

aghast, a. κατάπληκτος

agile, a. εὐκίνητος, εὔστροφος/ agility, n.

εὐκινησία (ἡ), εὐστροφία (ἡ)
agitate, v.t. ταράσσω, προκαλῶ ἀναταραχή/ *agitation*, n. ταραχή (ἡ)/ *agitator*, n. ταραξίας (ὁ), ταραχοποιός (ὁ)
aglow, a. λαμπερός, φωτισμένος
agnostic, n. ἀγνωστικιστής (ὁ)/ ~*ism*, n. ἀγνωστικισμός (ὁ)
ago, ad. πρίν ἀπό/ *long* ~, πρίν ἀπό πολύ καιρό
agog, a. ἀνυπόμονος, βιαστικός
agonize, v.t. προξενῶ πόνο, βασανίζω/ v.i. ἀγωνιῶ, βασανίζομαι/ *agonizing*, a. ἀγωνιώδης, βασανιστικός/ *agony*, n. ἀγωνία (ἡ)
agrarian, a. ἀγροτικός
agree, v.t. & i. συμφωνῶ, δέχομαι, συμβιβάζομαι/ *it* ~*s with me*, ὠφελεῖ στήν ὑγεία μου/ ~*able*, a. σύμφωνος, εὐχάριστος, εὐάρεστος/ ~*ment*, n. συμφωνία (ἡ)
agricultural, a. γεωργικός/ *agriculture*, n. γεωργία (ἡ), γεωπονία (ἡ)/ *agriculturist*, n. γεωπόνος (ὁ)
agronomy, n. ἀγρονομία (ἡ)
aground, ad. στήν ξηρά, στήν ξέρα/ *run* ~, ἐξωκείλω
ague, n. ρίγος (τό)
ahead, ad. κατευθείαν, ἐμπρός/ ~ *of time*, πρίν τῆς ὥρας του/ *get* ~ *of*, προπορεύομαι
aid, n. βοήθεια (ἡ)/ v.t. βοηθῶ
aide-de-camp, n. ὑπασπιστής (ὁ)
aigrette, n. λοφίο (τό)
ail, v.t. στενοχωρῶ/ v.i. πονῶ, ὑποφέρω, πάσχω/ ~*ing*, a. πάσχων/ ~*ment*, n. πόνος (ὁ), ἀρρώστια (ἡ), νόσος (ἡ)
aim, n. σκοπός (ὁ), στόχος (ὁ), πρόθεση (ἡ)/ v.t. σκοπεύω, σημαδεύω/ ~*less*, a. ἄσκοπος
air, n. ἀέρας (ὁ)/ (mus.) σκοπός (ὁ), μελωδία (ἡ)/ v.t. ἀερίζω/ ~*borne*, a. στόν ἀέρα/ ~ *conditioning*, n. κλιματισμός/ ~*craft*, n. ἀεροσκάφος (τό)/ ~*field*, n. ἀερολιμένας, ἀεροδρόμιο/ ~*line*, n. ἀεροπορική ἑταιρία/ ~*liner*, n. μεγάλο ἐπιβατικό ἀεροπλάνο/ ~*mail*, ἀεροπορικό ταχυδρομεῖο/ ~*man*, n. ἀεροπόρος (ὁ)/ ~*pocket*, n. κενό ἀέρος/ ~ *port*, n. ἀερολιμένας (ὁ)/ ~*pump*, n. ἀεραντλία (ἡ) ~*ship*, n. ἀερόστατο/ ~

tight, a. ἀεροστεγής/ ~*y*, a. εὐάερος, ἐλαφρός
aisle, n. πτέρυγα (ναοῦ ἤ κτιρίου) (ἡ)
ajar, ad. μισάνοιχτος
akin, a. συγγενής
alabaster, n. ἀλάβαστρο (τό)
alacrity, n. ζωηρότητα (ἡ), εὐθυμία (ἡ), προθυμία (ἡ)
alarm, n. κραυγή κινδύνου (ἡ), συναγερμός (ὁ)/ v.t. ἀναστατώνω, τρομάζω/ *raise the* ~, δίνω τό σῆμα τοῦ κινδύνου/ ~ *clock*, n. ξυπνητήρι (τό)/ ~*ing*, a. ἀνησυχητικός, ἐπικίνδυνος/ ~*ist*, n. διαδοσίας (ὁ)
alas, ad. ἀλίμονο
albatross, n. ἀλμπατρός (τό)
albeit, ad. μολονότι, παρ᾽ ὅλα αὐτά
albino, n. λευκίας (ὁ)
album, n. ἀλμπούμ (τό), λεύκωμα (τό)
albumen, n. ἀσπράδι (τό)/ (med.) λεύκωμα (τό)
alchemist, n. ἀλχημιστής (ὁ)/ *alchemy*, n. ἀλχημεία (ἡ)
alcohol, n. οἰνόπνευμα (τό), ἀλκοόλ (τό)/ ~*ic*, a. ἀλκοολικός/ ~*ism*, n. ἀλκοολισμός (ὁ)
alcove, n. γωνιά δωματίου, μικρό δωμάτιο
alder, n. κλήθρα (ἡ)
alderman, n. δημοτικός σύμβουλος
ale, n. μπύρα (ἡ), ζύθος (ὁ)/ ~ *house*, n. μπυραρία (ἡ)
alert, a. ἄγρυπνος, δραστήριος, γοργός/ *be on the* ~, εἶμαι σέ ἐπιφυλακή
algebra, n. ἄλγεβρα (ἡ)/ ~*ic*, a. ἀλγεβρικός
Algerian, n. & a. ἀλγερινός
alias, n. ἑτερωνυμία (ἡ)/ ad. μέ ἄλλο ὄνομα
alibi, n. ἄλλοθι (τό)
alien, n. & a. ἀλλοδαπός (ὁ)/ ~*ate*, v.t. ἀποξενώνω, ἀλλοτριώνω/ ~*ation*, n. ἀποξένωση (ἡ), ἀλλοτρίωση (ἡ)
alight, v.i. κατεβαίνω, ξεκαβαλικεύω, προσγειώνομαι
align, v.t. εὐθυγραμμῶ/ v.i. εὐθυγραμμίζομαι/ ~*ment*, n. εὐθυγράμμιση (ἡ)/ *non-aligned countries*, ἀδέσμευτες χῶρες (οἱ)
alike, a. ὅμοιος/ ad. ὅμοια

aliment, n. τροφή (ή), τρόφιμα (τά)/ ~ary, a. θρεπτικός/ ~ation, n. διατροφή (ή)

alimony, n. ἐπίδομα διατροφῆς (τό), διατροφή (ή)

alive, a. ζωντανός, ζωηρός/ be ~ to, συναισθάνομαι

alkali, n. ἀλκάλιο (τό)/ ~ne, a. ἀλκαλικός

all, a. ὅλος/ ~ the year round, ὅλο τό χρόνο/ ~ the better, τόσο τό καλύτερο/ ~ the same, παρ' ὅλα αὐτά/ ~ right, ἐντάξει/ after ~, στό κάτω κάτω/ at ~n καθόλου/ in ~, συνολικά/ ~ over, παντοῦ/ ~ over the world, σέ ὅλο τόν κόσμο/ ~ around, τριγύρω/ ~ at once, ἀμέσως

allay, v.t. κατευνάζω, καλμάρω, καταπραΰνω

allegation, n. ἰσχυρισμός (ὁ)/ allege, v.t. ἰσχυρίζομαι/ allegedly, ad. λέγεται ὅτι

allegiance, n. πίστη (ή), ὑποταγή (ή)

allegorical, a. ἀλληγορικός/ allegory, n. ἀλληγορία (ή)

allergic, a. ἀλλεργικός/ allergy, n. ἀλλεργία (ή)

alleviate, v.t. ἀνακουφίζω, ἐλαφρώνω, μαλακώνω/ alleviation, n. ἀνακούφιση (ή), ξαλάφρωμα (τό), μαλάκωμα (τό)

alley, n. δρομάκι (τό), σοκάκι (τό)

alliance, n. συμμαχία (ή)/ allied, a. συμμαχικός/ ally, n. σύμμαχος (ὁ)

alligator, n. ἀλλιγάτορας (ὁ), κροκόδειλος τῆς 'Αμερικῆς

allocate, v.t. χορηγῶ, διανέμω/ allocation, n. χορήγηση (ή)

allocution, n. προσφώνηση (ή)

allot, v.t. ἀπονέμω, διανέμω, παραχωρῶ/ ~ment, n. ἀπονομή, παραχώρηση γῆς

allow, v.t. ἐπιτρέπω, ἀφήνω, ἀνέχομαι/ ~ for, προβλέπω/ ~ance, n. ἐπίδομα (τό), παροχή (ή)/ family allowance, οἰκογενειακό ἐπίδομα/ travelling allowance, ἐπίδομα ταξιδιοῦ

alloy, n. κράμα μεταλλικό (τό)/ v.t. ἀνακατεύω

allude, v.i. ὑπαινίσσομαι, ἀναφέρομαι

allure, v.t. θέλγω, δελεάζω, σαγηνεύω/ ~ment, n. δελεασμός (ὁ), σαγήνη (ή)/ alluring, a. δελεαστικός, σαγηνευτικός

allusion, n. ὑπαινιγμός (ὁ)/ allusive, a. ὑπαινικτικός

alluvial, a. προσχωματικός/ alluvium, n. πρόσχωση (ή)

ally, n. σύμμαχος (ὁ, ή)

almanac, n. ἡμερολόγιο (τό), ἐπετηρίδα (ή)

almighty, a. παντοδύναμος

almond, n. ἀμύγδαλο (τό)/ ~ oil, n. ἀμυγδαλέλαιο (τό)/ ~ tree, n. ἀμυγδαλιά (ή)

almost, ad. σχεδόν

alms, n. ἐλεημοσύνη (ή)/ ~ house, n. πτωχοκομεῖο (τό)

aloe, n. ἀλόη (ή)

aloft, ad. ψηλά, στά ὕψη

alone, a. μόνος/ let ~, ἀφήνω ἥσυχο

along, ad. κατά μῆκος/ all ~, ὅλο τό διάστημα/ come ~, ἔλα πᾶμε!/ ~side, ad. δίπλα, παραπλεύρως

aloof, a. μακρινός, χωριστός/ ad. χωριστά/ stand ~, κρατῶ ἐπιφυλακτική στάση/ ~ ness, n. ἐπιφυλακτικότητα (ή)

aloud, ad. μεγαλόφωνα, δυνατά

alphabet, n. ἀλφάβητο (τό)/ ~ical, a. ἀλφαβητικός

alpine, a. ἀλπικός/ alpinist, n. ἀλπινιστής (ὁ)

already, ad. κιόλας, ἤδη

also, ad. ἐπίσης

altar, n. βωμός (ὁ), θυσιαστήριο (τό)/ High ~, 'Αγία Τράπεζα

alter, v.t. μεταβάλλω, μετατρέπω, ἀλλάζω/ ~ation, n. μεταβολή (ή), μετατροπή (ή), ἀλλοίωση (ή)

altercate, v.i. λογομαχῶ, τσακώνομαι/ altercation, n. λογομαχία (ή)

alternate, a. ἐναλλασσόμενος/ on ~ days, μέρα παρά μέρα/ v.t. ἐναλλάσσω/ v.i. ἐναλλάσσομαι/ alternation, n. ἐναλλαγή (ή)

alternating, a. ἐναλλασσόμενος, ἐναλλακτικός/ (elec.) ~ current, ἐναλλασσόμενο ρεῦμα

alternative, n. ἐναλλακτική λύση (ή)

although, ad. μολονότι, ἄν καί, καίτοι

altitude, n. ὑψόμετρο (τό)

altogether, ad. ἐντελῶς, τελείως

altruism, n. ἀλτρουισμός (ὁ)/ altruist, n. ἀλτρουιστής (ὁ)

alum, n. στύψη (ή)
aluminium, n. ἀλουμίνιο (τό), ἀργίλλιο (τό)
always, ad. πάντοτε
amalgam, n. ἀμάλγαμα (τό)/ ~ate, v.t. συγχωνεύω/ ~ation, n. συγχώνευση (ή)
amanuensis, n. γραφέας (ὁ)
amass, v.t. συσσωρεύω
amateur, n. ἐρασιτέχνης (ὁ, ή)/ ~ish, a. ἐρασιτεχνικός
amatory, a. ἐρωτιάρης, γυναικάς
amaze, v.t. θαμπώνω, καταπλήσσω/ ~ment, n. κατάπληξη (ή)/ amazing, a. ἐκπληκτικός, καταπληκτικός
Amazon, n. Ἀμαζόνα (ή)
ambassador, n. πρεσβευτής/ ~ial, a. πρεσβευτικός/ ambassadress, n. πρέσβειρα (ή), πρεσβευτίνα (ή)
amber, n. ἤλεκτρο (τό), κεχριμπάρι (τό)
ambidextrous, a. ἀμφιδέξιος
ambiguity, n. ἀμφιλογία (ή), διφορούμενο (τό)/ ambiguous, a. διφορούμενος
ambit, n. περίμετρος (ή), ὅρια (τά)
ambition, n. φιλοδοξία (ή)/ ambitious, a. φιλόδοξος
amble, v.i. τροχάζω, τριποδίζω
ambrosia, n. ἀμβροσία (ή)
ambulance, n. φορεῖο (τό), νοσοκομειακό (τό)
ambuscade & ambush, n. ἐνέδρα (ή), παγάνα (ή)/ v.t. ἐνεδρεύω, στήνω καρτέρι
ameliorate, v.t. βελτιώνω, καλυτερεύω/ amelioration, n. βελτίωση, καλυτέρευση
amen, ἀμήν
amenable, a. ὑπόλογος, ὑποκείμενος
amend, v.t. τροποποιῶ, διορθώνω/ ~ment, n. τροποποίηση (ή)/ ~s, n. ἀποζημίωση (ή)/ make ~s, ἀποζημιώνω
amenity, n. ἀβρότητα (ή), διευκόλυνση (ή)
American, a. ἀμερικανικός/ n. Ἀμερικανός (ὁ)
amethyst, n. ἀμέθυστος (ὁ)
amiability, n. φιλοφροσύνη (ή), φιλικότητα (ή)/ amiable, a. ἀγαπητός
amicable, a. φιλικός
amid(st), pr. μεταξύ, ἀνάμεσα
amiss, ad. ἐσφαλμένα, ἄπρεπα
amity, n. φιλία (ή), ἁρμονία (ή)

ammonia, n. ἀμμωνία (ή)
ammunition, n. πολεμοφόδια (τά)
amnesia, n. ἀμνησία (ή)
amnesty, n. ἀμνηστία (ή)
among(st), pr. μεταξύ, ἀνάμεσα
amorous, a. ἐρωτόληπτος, ἐρωτικός
amorphous, a. ἄμορφος
amortization, n. χρεωλυσία (ή)/ amortize, v.t. ἐξοφλῶ χρεωλυτικά
amount, n. ποσό (τό), ποσότητα (ή)/ v.i. συμποσοῦμαι
ampere, n. ἀμπέρ (τό)
amphibia, n. ἀμφίβια (τά)/ ~n, ἀμφίβιος
amphitheatre, n. ἀμφιθέατρο (τό)
ample, a. ἄφθονος, ἐπαρκής
amplification, n. διεύρυνση (ή), ἐπέκταση (ή)/ amplifier, n. (elec.) ἐνισχυτής (ὁ)
amplify, v.t. διευρύνω, ἐπεκτείνω/ amplitude, n. εὐρύτητα (ή)
amputate, v.t. ἀκρωτηριάζω, ἀποκόπτω/ amputation, n. ἀκρωτηριασμός (ὁ), ἀποκοπή (ή)
amulet, n. φυλαχτό (τό)
amuse, v.t. διασκεδάζω, τέρπω/ ~ment, n. διασκέδαση (ή), τέρψη (ή)/ amusing, a. διασκεδαστικός, τερπνός
an, indef. art. ἕνας, μία, ἕνα
anachronism, n. ἀναχρονισμός (ὁ)/ anachronistic, a. ἀναχρονιστικός
anaesthetic, n. ἀναισθητικό (τό)/ anaesthetist, n. (med.) ἀναισθητικός (ὁ)
anagram, n. ἀνάγραμμα (τό)
analgesic, n. παυσίπονο (τό)
analogical, a. ἀναλογικός/ analogous, a. ἀνάλογος/ analogy, n. ἀναλογία (ή)
analyse, v.t. ἀναλύω/ analysis, n. ἀνάλυση (ή)/ analyst, n. ἀναλυτής (ὁ)/ analytical, a. ἀναλυτικός
anarchic(al), a. ἀναρχικός/ anarchist, n. ἀναρχικός (ὁ)/ anarchy, n. ἀναρχία (ή)
anathema, n. ἀνάθεμα (τό)/ ~tize, v.t. ἀναθεματίζω, ἀφορίζω
anatomical, a. ἀνατομικός/ anatomy, n. ἀνατομία (ή)
ancestor, n. πρόγονος (ὁ)/ ancestral, a. προγονικός/ ancestry, n. προπάτορες (οἱ)
anchor, n. ἄγκυρα (ή)/ v.t. ἀγκυροβολῶ/ ~age, n. ἀγκυροβόλι (τό), ὅρμος (ὁ)
anchorite, n. ἀναχωρητής (ὁ), ἐρημίτης

(ὁ)
anchovy, n. παστοσαρδέλα (ἡ), χαψί (τό)
ancient, a. ἀρχαῖος, παλαιός
and, c. καί
anecdote, n. ἀνέκδοτο (τό)
anemia, n. ἀναιμία (ἡ)
anemone, n. ἀνεμώνη (ἡ)
anew, ad. ξανά, ἀπό τήν ἀρχή
angel, n. ἄγγελος (ὁ)/ ~ ic, a. ἀγγελικός
anger, n. ὀργή (ἡ), θυμός (ὁ)
angle, n. γωνία (ἡ)/ acute ~, ὀξεία γωνία/ obtuse ~, ἀμβλεία γωνία/ right ~, ὀρθή γωνία
angler, n. ψαράς μέ πετονιά/ angling, n. ψάρεμα μέ πετονιά
anglican, a. & n. ἀγγλικανός (ὁ)
Anglomania, n. ἀγγλομανία (ἡ)/ anglophile, n. ἀγγλόφιλος (ὁ)/ Anglo-Saxon, n. Ἀγγλοσάξονας (ὁ)/ a. ἀγγλοσαξονικός
angrily, ad. ὀργισμένα, θυμωμένα/ angry, a. ὀργισμένος, θυμωμένος
anguish, n. ἀγωνία (ἡ), ὀδύνη (ἡ)
angular, a. γωνιώδης
aniline, n. ἀνιλίνη (ἡ)
animal, n. ζῶο (τό)/ a. ζωϊκός
animate, v.t. ἐμψυχώνω, ζωογονῶ/ a. ἔμψυχος/ ~ d, a. ζωντανός/ ~ d cartoons, κινούμενα σκίτσα/ animation, n. ζωντάνεμα (τό), ζωηρότητα (ἡ)
animosity, n. ἐχθρότητα (ἡ), μίσος (τό)
animus, n. ἐχθρότητα (ἡ)/, ψυχή (ἡ)
anise, n. γλυκάνισο (τό)/ ~ ed, n. σπόρος γλυκάνισου (ὁ)
ankle, n. ἀστράγαλος (ὁ)
annalist, n. χρονικογράφος (ὁ)/ annals, n. χρονικά (τά)
annex, n. παράρτημα (τό)/ v.t. προσαρτῶ/ ~ ation, n. προσάρτηση (ἡ)
annihilate, v.t. ἐκμηδενίζω/ annihilation, n. ἐκμηδένιση (ἡ)
anniversary, n. ἐπέτειος (ἡ)
annotate, v.t. σχολιάζω/ annotation, n. σχολιασμός (ὁ)/ annotator, n. σχολιαστής (ὁ)
announce, v.t. ἀναγγέλλω, ἀνακοινώνω/ ~ment, n. ἀναγγελία (ἡ), ἀνακοίνωση (ἡ)/ ~r, n. ἐκφωνητής (ὁ)
annoy, v.t. ἐνοχλῶ/ ~ance, n. ἐνόχληση (ἡ)/ ~ing, a. ἐνοχλητικός

annual, a. ἐτήσιος
annuity, n. ἐτήσια καταβολή, ἐτήσια σύνταξη
annul, v.t. ἀκυρώνω, διαλύω, καταργῶ/ ~ment, n. ἀκύρωση (ἡ), διάλυση (ἡ), κατάργηση (ἡ)
Annunciation, n. Εὐαγγελισμός (ὁ)
anode, n. ἀνόδιο (τό)
anodyne, a. ἀνώδυνος/ n. παυσίπονο (τό)
anoint, v.t. χρίω, μυρώνω/ ~ed, a. χρισμένος, μυρωμένος
anomalous, a. ἀνώμαλος/ anomaly, n. ἀνωμαλία (ἡ)
anon, ed. εὐθύς, ἀμέσως/ ever and ~, πότε πότε
anonymous, a. ἀνώνυμος
another, a. ἄλλος/ one ~, ὁ ἔνας τόν ἄλλο
answer, n. ἀπάντηση (ἡ)/ v.t. ἀπαντῶ, ἀποκρίνομαι/ ~ the door, ἀνοίγω τήν πόρτα/ ~ for, ἐγγυῶμαι/ ~ back, ἀπαντῶ μέ θράσος/ ~able, a. ὑπόλογος
ant, n. μυρμήγκι (τό)
antagonism, n. ἀνταγωνισμός (ὁ)/ antagonist, n. ἀνταγωνιστής (ὁ)/ antagonize, v.t. ἀνταγωνίζομαι
antarctic, a. ἀνταρκτικός/ n. Ἀνταρκτική (ἡ)
antecedent, a. προηγούμενος/ n. (maths) πρῶτος ὅρος ἀναλογίας
antechamber, n. προθάλαμος (ὁ)
antedate, v.t. προχρονολογῶ, προηγοῦμαι
antediluvian, a. προκατακλυσμιαῖος
antelope, n. ἀντιλόπη (ἡ)
ante meridiem, a.m. ad. πρό μεσημβρίας
antenna, n. κεραία ἐντόμου
antenuptial, a. προγαμιαῖος
anterior, a. προηγούμενος, προγενέστερος
anteroom, n. προθάλαμος (ὁ)
anthem, n. ὕμνος (ὁ)/ national ~, ἐθνικός ὕμνος
anthology, n. ἀνθολογία (ἡ)
anthracite, n. ἀνθρακίτης (ὁ)
anthrax, n. ἄνθρακας (ὁ)
anthropology, n. ἀνθρωπολογία (ἡ)
antiaircraft, a. ἀντιαεροπορικός/ ~ gun, ἀντιαεροπορικό πυροβόλο
antibiotic, n. ἀντιβιοτικό (τό)
Antichrist, n. Ἀντίχριστος (ὁ)

anticipate, v.t. προλαβαίνω, προβλέπω, προσδοκῶ/ anticipation, n. πρόληψη (ή), πρόβλεψη (ή), προσδοκία (ή)
anticlimax, n. ἀντικλίμακα (ή)
antics, n. γελοῖες κινήσεις
anticonstitutional, a. ἀντισυνταγματικός
antidote, n. ἀντίδοτο (τό)
antifreeze, n. ἀντιπηκτικό (τό)
antimony, n. ἀντιμόνιο (τό)
antipathetic, a. ἀντιπαθητικός/ antipathy, n. ἀντιπάθεια (ή)
antipodes, n. ἀντίποδες (οί)
antiquarian, n. ἀρχαιοδίφης (ό)
antiquary, n. ἀρχαιοδίφης (ό)/ antiquated, a. ἀπαρχαιωμένος/ antique, a. ἀρχαῖος/ n. ἀντίκα (ή)/ antiquity, n. ἀρχαιότητα (ή)
antisemite, n. ἀντισημίτης (ό)/ antisemitic, a. ἀντισημιτικός/ antisemitism, n. ἀντισημιτισμός (ό)
antiseptic, a. ἀντισηπτικός
antisocial, a. ἀντικοινωνικός
antisubmarine, a. ἀνθυποβρυχιακός
antitank, a. ἀντιαρματικός
antithesis, n. ἀντίθεση (ή)
antitoxic, a. ἀντιτοξικός
antler, n. κλαδί κέρατος
anus, n. πρωκτός (ό), κῶλος (ό)
anvil, n. ἄκμονας (ό), ἀμόνι (τό)
anxiety, n. ἀνησυχία (ή), φόβος (ό)/ anxious, a. ἀνήσυχος, ἀνυπόμονος/ be ~, εἶμαι ἀνήσυχος
any, a. ὁποιοσδήποτε, καθένας/ have you ~ money, ἔχεις καθόλου χρήματα;/ are you ~ better, εἶσαι καλύτερα;
anybody, anyone, pr. καθένας
anyhow, ad. ὁπωσδήποτε, πάντως
anything, pr. ὁτιδήποτε/ ~ but, ὅλα ἐκτός αὐτό
anyway, ad. πάντως, σέ κάθε περίπτωση
anywhere, ad. ὁπουδήποτε
aorta, n. ἀορτή (ή)
apace, ad. γρήγορα, μέ γοργό ρυθμό
apart, ad. χωριστά/ ~ from, ἐκτός ἀπό/ take ~, χωρίζω
apartheid, n. φυλετικός διαχωρισμός
apartment, n. διαμέρισμα (τό)
apathetic, a. ἀπαθής/ apathy, n. ἀπάθεια (ή)
ape, n. πίθηκος (ό)/ v.t. πιθηκίζω

aperient, n. καθαρκτικό (τό)
aperture, n. ἄνοιγμα (τό), τρύπα (ή)
apex, n. κορυφή (ή), αἰχμή (ή)
aphorism, n. ἀφορισμός (ό)
apiary, n. μελισσώνας (ό)/ apiculture, n. μελισσοκομία (ή)
apiece, ad. μέ τό κομμάτι
Apocrypha, n. ἀπόκρυφα εὐαγγέλια (τά)/ ~ l, a. ἀπόκρυφος
apogee, n. ἀπώγειο (τό)
apologetic, a. ἀπολογητικός/ apologize, v.i. ζητῶ συγγνώμη
apologist, n. ἀπολογητής (ό)/ apology, n. ἀπολογία, αἴτηση συγγνώμης
apoplectic, a. ἀποπληκτικός/ apoplexy, n. ἀποπληξία (ή)
apostasy, n. ἀποστασία (ή)/ apostate, n. ἀποστάτης (ό)/ apostatize, v.i. ἀποστατῶ
apostle, n. ἀπόστολος (ό)/ apostolic, a. ἀποστολικός
apostrophe, n. ἀποστροφή (ή), ἀπόστροφος (ή)
apothecary, n. φαρμακοποιός (ό)
apotheosis, n. ἀποθέωση (ή)
appal, v.t. τρομάζω, φοβίζω/ ~ling, a. φοβερός, φρικτός
apparatus, n. συσκευή (ή)
apparel, n. ἱματισμός (ό), ἔνδυση (ή), ἐξάρτηση (ή)
apparent, a. φανερός, προφανής/ ~ly, ad. προφανῶς, κατά τά φαινόμενα
apparition, n. ὀπτασία (ή)
appeal, n. ἔκκληση (ή)/ court of ~, ἐφετεῖο/ v.i. ἀπευθύνω ἔκκληση, ὑποβάλλω ἔφεση
appear, v.i. ἐμφανίζομαι, φαίνομαι, παρουσιάζομαι/ ~ance, n. ἐμφάνιση (ή)/ pleasing ~ance, εὐχάριστο παρουσιαστικό
appease, v.t. κατευνάζω, καταπραΰνω/ ~ment, n. κατευνασμός (ό)
appellant, n. ἐφεσιβάλλων, ἐκεῖνος πού ὑποβάλει ἔφεση/ appellation, n. προσωνυμία (ή), ὀνομασία (ή)
append, v.t. προσαρτῶ/ ~ a signature, ἐπιθέτω ὑπογραφή/ ~age, n. προσάρτημα (τό)/ ~icitis, n. (med.) σκωληκοειδίτιδα (ή)/ ~ix, n. παράρτημα (τό), (med.) σκωληκοειδής ἀπόφυση

(ή)
appertain, v.i. ἀνήκω, ἀναφέρομαι
appetite, n. ὄρεξη (ή)/ *appetizer*, n. ὀρεκτικό (τό)/ *appetizing*, a. ὀρεκτικός
applaud, v.t. χειροκροτῶ, ἐπιδοκιμάζω, ἐπευφημῶ/ *applause*, n. χειροκρότημα (τό), ἐπιδοκιμασία (ή), ἐπευφημία (ή)
apple, n. μῆλο (τό)/ ~ *of the eye*, κόρη τοῦ ματιοῦ/ ~ *cart*, χειράμαξα (ή)/ ~ *tree*, μηλιά (ή)
application, n. ἐφαρμογή (ή), μέσο (τό)/ *applicable*, a. ἐφαρμόσιμος/ *applicant*, n. αἰτητής (ὁ), ὑποψήφιος (ὁ)/ *application*, n. ἐφαρμογή (ή), αἴτηση (ή)/ ~ *form*, ἔντυπο αἰτήσεως
apply, v.t. ἀπευθύνομαι, κάνω αἴτηση/ ~ *a method*, ἐφαρμόζω μέθοδο/ ~ *oneself to*, ἀπασχολοῦμαι/ *applied*, a. ἐφαρμοσμένος
appoint, v.t. διορίζω, τοποθετῶ/ ~*ment*, n. διορισμός (ὁ), συνάντηση (ή), ραντεβού (τό)
apportion, v.t. διανέμω/ ~ *ment*, n. διανομή (ή)
apposite, a. ἁρμόδιος, κατάλληλος/ *apposition*, n. παράθεση (ή)
appraise, v.t. ἀποτιμῶ/ *appraisal*, n. ἀποτίμηση (ή)/ *appraiser*, n. ἐκτιμητής (ὁ)
appreciable, a. αἰσθητός/ *appreciate*, v.t. ἐκτιμῶ/ *appreciation*, n. ἐκτίμηση (ή)/ *appreciative*, a. ἐγκωμιαστικός
apprehend, v.t. συλλαμβάνω, κατανοῶ, φοβοῦμαι/ *apprehension*, n. σύλληψη (ή), κατανόηση (ή)/ *apprehensive*, a. ἀνήσυχος, δειλός
apprentice, n. μαθητευόμενος (ὁ)/ ~*ship*, n. μαθήτευση (ή)
apprise, v.t. πληροφορῶ, γνωστοποιῶ
approach, v.t. πλησιάζω, προσεγγίζω/ n. πλησίασμα (τό), προσέγγιση (ή)
approachable, a. προσιτός
approbation, n. ἐπιδοκιμασία (ή), ἔγκριση (ή)
appropriate, a. κατάλληλος/ v.t. οἰκειοποιοῦμαι/ *appropriation*, n. οἰκειοποίηση (ή)
approval, n. ἔγκριση (ή) ἐπιδοκιμασία (ή)/ *approve*, v.t. ἐγκρίνω, ἐπιδοκιμάζω/ ~*d school*, σχολή γιά προβληματικά παιδιά

approximate, a. παραπλήσιος/ v.i. προσεγγίζω, ὑπολογίζω περίπου/ ~*ly*, ad. περίπου/ *approximation*, n. προσέγγιση (ή)
apricot, n. βερύκοκκο (τό)
April, n. Ἀπρίλιος (ὁ)/ ~ *fool*, Πρωταπριλιάτικο ψέμα
apron, n. ποδιά (ή)
apropos, ad. μέ τήν εὐκαιρία
apse, n. θόλος (ὁ)
apt, a. κατάλληλος, ἁρμόδιος, ἱκανός/ ~*itude*, n. καταλληλότητα (ή), ἱκανότητα (ή), ἁρμοδιότητα (ή)
aqua fortis, n. νιτρικό ὀξύ (τό)
aquarium, n. ἐνυδρεῖο (τό)
Aquarius, n. Ὑδροχόος (ὁ)
aquatic, a. ὑδρόβιος
aqueduct, n. ὑδραγωγεῖο (τό)
aqueous, a. ὑδατώδης
aquiline, a. ἀετήσιος
Arab, n. Ἄραβας (ὁ)/ a. ἀραβικός/ *arabesque*, h. ἀραβούργημα (τό)/ *Arabian*, a. ἀραβικός/ *Arabic* (language), n. Ἀραβική (ή), Ἀραβικά (τά)
arable, a. καλλιεργήσιμος
arbiter, n. διαιτητής (ὁ)
arbitrary, a. αὐθαίρετος/ *arbitrariness*, n. αὐθαιρεσία (ή)
arbitrate, v.t. ἀποφασίζω διαιτητικά/ *arbitration*, n. διαιτησία (ή)/ *arbitrator*, n. διαιτητής (ὁ)
arbour, n. δενδροστοιχία (ή)
arc, n. τόξο (τό), ἁψίδα (ή), καμάρα (ή)/ ~ *lamp*, λυχνία βολταϊκοῦ τόξου
arcade, n. στοά (ή), θολωτός διάδρομος (ὁ)
arch, n. ἁψίδα (ή), καμάρα (ή), τόξο (τό)/ v.t. κτίζω τοξοτά/ a. πρῶτος, ἐπικεφαλῆς
archaeological, a. ἀρχαιολογικός/ *archaeologist*, n. ἀρχαιολόγος (ὁ)/ *archaeology*, n. ἀρχαιολογία (ή)
archaic, a. ἀρχαϊκός/ *archaism*, n. ἀρχαϊσμός (ὁ)
archangel, n. ἀρχάγγελος (ὁ)
archbishop, n. ἀρχιεπίσκοπος (ὁ)/ ~*ric*, n. ἀρχιεπισκοπή (ή)
archdeacon, n. ἀρχιδιάκονος (ὁ)
archduchess, n. ἀρχιδούκισσα (ή)/ *archduke*, n. ἀρχιδούκας (ὁ)

arched, a. τοξωτός, θολωτός
archer, n. τοξότης (ὁ)/ ~y, n. τοξευτική (ἡ)
archetype, n. ἀρχέτυπο (τό)
archipelago, n. ἀρχιπέλαγος (τό)
architect, n. ἀρχιτέκτονας (ὁ)/ ~ural, a. ἀρχιτεκτονικός/ ~ure, n. ἀρχιτεκτονική (ἡ)
archives, n. pl. ἀρχεῖα (τά)
archway, n. θολωτή εἴσοδος (ἡ)
Arctic, a. ἀρκτικός/ n. Ἀρκτική (ἡ)
ardent, a. ἔνθερμος, φλογερός/ ardour, n. θέρμη (ἡ), πάθος (τό)
arduous, a. δύσκολος, τραχύς
area, n. ἔκταση (ἡ), ἐπιφάνεια (ἡ), ἐμβαδόν (τό)
arena, n. κονίστρα (ἡ), παλαίστρα (ἡ)
Areopagus, n. Ἄρειος Πάγος (ὁ)
argue, v.t. συζητῶ, ἐλέγχω/ v.i. πραγματεύομαι/ argument, n. συζήτηση (ἡ), ἐπιχείρημα (τό)/ ~ation, n. συζήτηση (ἡ), ἐπιχειρηματολογία (ἡ)/ ~ative, a. ἐπιχειρηματολογικός, ἀποδεικτικός
arid, a. ξηρός, ἄνυδρος/ ~ity, n. ξηρασία (ἡ), ἀνυδρία (ἡ)
aright, ad. σωστά
arise, v.i. σηκώνομαι/ ~ from, προκύπτω, προέρχομαι
aristocracy, n. ἀριστοκρατία (ἡ)/ aristocrat, n. ἀριστοκράτης (ὁ)/ aristocratic, a. ἀριστοκρατικός
arithmetic, n. ἀριθμητική (ἡ)/ ~al, a. ἀριθμητικός/ ~ian, n. μαθηματικός (ὁ)
ark, n. κιβωτός (ἡ)/ Noah's ~, κιβωτός τοῦ Νῶε
arm, n. βραχίονας (ὁ)/ (mil.) ὅπλο (τό)/ v.t. & i. ὁπλίζω, ὁπλίζομαι/ ~chair, n. πολυθρόνα (ἡ)/ ~pit, n. μασχάλη (ἡ)/ ~s, n. pl. ὅπλα (τά), ἀγκαλιά (ἡ)/ with open ~, μέ ἀνοιχτές ἀγκάλες
armada, n. ἀρμάδα (ἡ)
armament, n. ἐξοπλισμός (ὁ)
armistice, n. ἐκεχειρία (ἡ)
armour, n. πανοπλία (ἡ), θώρακας (ὁ), θωράκιση (ἡ)/ ~ed, a. τεθωρακισμένος/ ~er, n. ὁπλοποιός (ὁ)/ ~y, n. ὁπλοστάσιο (τό)
army, n. στρατός (ὁ)/ join the ~, στρατεύομαι, κατατάσσομαι στό στρατό
aroma, n. ἄρωμα (τό)/ ~ tic, a. ἀρωματικός

around, pr. & ad. γύρω, τριγύρω/ ~ the corner, μόλις στρίψεις τήν γωνία/ walk ~, κάνω βόλτες/ ~ here, ἐδῶ γύρω
arouse, v.t. ἐξεγείρω, ἐρεθίζω
arraign, v.t. ἐγκαλῶ, κλητεύω, κατηγορῶ/ ~ ment, n. κλήση (ἡ), ἔγκληση (ἡ)
arrange, v.t. τακτοποιῶ, ρυθμίζω, διευθετῶ/ ~ment, n. τακτοποίηση (ἡ), ρύθμιση (ἡ), διευθέτηση (ἡ)/ (mus.), διασκευή (ἡ)
arrant, a. περιβόητος, διαβόητος
array, n. σειρά (ἡ), παράταξη (ἡ), στολή (ἡ)/ v.t. παρατάσσω, στολίζω
arrears, n.pl. καθυστερούμενα (τά)/ be in ~, καθυστερῶ ἐνοίκια ἤ πληρωμές
arrest, v.t. συλλαμβάνω, κρατῶ, σταματῶ/ n. σύλληψη (ἡ), κράτηση (ἡ)
arrival, n. ἄφιξη (ἡ), φτάσιμο (τό)/ new ~, νεοφερμένος/ arrive, v.i. φθάνω, καταφθάνω
arrivist, n. ἀρριβίστας (ὁ)
arrogance, n. ἀλαζονεία (ἡ), ἔπαρση (ἡ)/ arrogant, a. ἀλαζόνας, ἀλαζονικός/ arrogate, v.t. ἀπαιτῶ, σφετερίζομαι
arrow, n. βέλος (τό)
arsenal, n. ὁπλοστάσιο (τό)
arsenic, n. ἀρσενικό (τό)/ ~al, a. ἀρσενικοῦχος
arson, n. ἐμπρησμός (ὁ)
art, n. τέχνη (ἡ), ἐπιτηδειότητα (ἡ)/ fine ~s, καλές τέχνες/ Faculty of ~s, Φιλοσοφική Σχολή/ ~ critic, n. τεχνοκριτικός (ὁ, ἡ)
arterial, a. ἀρτηριακός/ ~ road, κύριος δρόμος/ artery, n. ἀρτηρία (ἡ)
artesian well, ἀρτεσιανό πηγάδι
artful, a. πονηρός, πανοῦργος
arthritic, a. ἀρθριτικός/ arthritis, n. ἀρθρίτιδα (ἡ)
artichoke, n. ἀγκινάρα (ἡ)
article n. ἄρθρο (τό)/ definite ~, ὁριστικό ἄρθρο/ indefinite ~, ἀόριστο ἄρθρο/ ~s of association, ἐσωτερικός κανονισμός/ v.t. τοποθετῶ
articulate, a. ἔναρθρος/ v.t. προφέρω καθαρά, ἀρθρώνω/ ~d, a. ἀρθρωτός, σπονδυλωτός/ articulation, n. ἄρθρωση (ἡ)
artifice, n. τέχνασμα (τό), πανουργία (ἡ)/

~r, n. τεχνίτης (ὁ)
artificial, a. τεχνητός, ψεύτικος
artillery, n. πυροβολικό (τό)/ ~ man, n. πυροβολητής (ὁ)
artisan, n. τεχνίτης (ὁ), χειροτέχνης (ὁ)
artist, n. καλλιτέχνης (ὁ)/ ~ic, a. καλλιτεχνικός
artless, a. ἄτεχνος, κακότεχνος
as, ad. ὅπως, ὡς, καθώς/ ~ far ~, ὅσον ἀφορᾶ/ ~ far ~ I know, ἀπ' ὅσο ξέρω/ ~ for me, ὅσο γιά μένα/ ~ good ~, τόσο καλό ὅσο/ ~ if, σάν νά/ ~ you like, ὅπως σᾶς ἀρέσει, ὅπως θέλετε/ ~ well, ἐπίσης
asbestos, n. ἀμίαντος (ὁ), ἄσβεστος (ὁ)
ascend, v.t. & i. ἀνεβαίνω, ἀνέρχομαι/ ~ancy, ~ency, ἄνοδος (ἡ), ἐπικράτηση (ἡ), ὑπεροχή (ἡ)/ ~ant, ~ent, a. ἀνερχόμενος/ n. ἄνοδος (ἡ)/ his star is in the ~, τό ἄστρο του ἀνεβαίνει/ ascension, n. ἀνάβαση (ἡ)/ (rel.) 'Ανάληψη (ἡ)
ascent, n. ἀνάβαση (ἡ), ἀνύψωση (ἡ)
ascertain, v.t. ἐπιβεβαιώνω, ἐξακριβώνω
ascetic, a. ἀσκητικός/ n. ἀσκητής (ὁ)/ ~ism, n. ἀσκητισμός (ὁ)
ascribe, v.t. ἀποδίδω, προσάπτω
aseptic, a. ἀσηπτικός
ash, n. στάχτη (ἡ), τέφρα (ἡ)/ (tree) μελία/ ~tray, n. σταχτοδοχεῖο (τό)/ ~ Wednesday, Τετάρτη τῶν Τεφρῶν
ashamed, a. ντροπιασμένος
ashen, a. μέλινος/ (fig.) κάτωχρος
ashes, n. pl. τέφρα νεκροῦ, σποδός (ἡ)
ashore, ad. στήν παραλία, στήν ξηρά/ run ~, ἐξωκείλω
Asiatic, a. ἀσιατικός/ n. 'Ασιάτης (ὁ)
aside, ad. κατά μέρος/ set ~, βάζω κατά μέρος, παραμερίζω/ stand ~, ἀποτραβιέμαι, παραμερίζω
asinine, a. γαϊδουρινός/ (fig.) ἀνόητος
ask, v.t. ἐρωτῶ, ζητῶ, ἀπαιτῶ/ ~ after, ζητῶ πληροφορίες/ ~ a question, ὑποβάλλω ἐρώτημα
askance, ad. λοξά, μέ τήν ἄκρη τοῦ ματιοῦ
askew, ad. πλάγια, στραβά
aslant, ad. πλάγια, λοξά
asleep, a. κοιμισμένος/ fall ~, ἀποκοιμιέμαι/ be fast ~, κοιμοῦμαι βαθιά
asp, n. (zool.) ἀσπίδα (ἡ)

asparagus, n. σπαράγγι (τό)
aspect, n. ἄποψη (ἡ), ὄψη (ἡ), ἐμφάνιση (ἡ), παρουσιαστικό (τό)
aspen, n. λεύκα (ἡ)
asperity, n. τραχύτητα (ἡ), δριμύτητα (ἡ)
asperse, v.t. κακολογῶ, δυσφημῶ, σπιλώνω/ (rel.) ῥαντίζω
aspersion, n. κακολογία (ἡ), δυσφήμηση (ἡ), συκοφαντία (ἡ)/ (rel.) ῥάντισμα μέ ἁγιασμό
asphalt, n. ἄσφαλτος (ἡ)
asphyxia, n. ἀσφυξία (ἡ)/ ~te, v.t. πνίγω/ ~tion, n. πνιγμός (ὁ), θάνατος ἀπό ἀσφυξία
aspirant, n. ὑποψήφιος (ὁ), μνηστήρας (ὁ)/ a. ἐπίδοξος, φιλόδοξος
aspirate, v.t. δασύνω/ (med.) ἀναρροφῶ
aspiration, n. φιλοδοξία (ἡ), ἐπιθυμία (ἡ)/ med.) ἀναρρόφηση/ aspire to, φιλοδοξῶ, ἀποβλέπω
aspirin, n. ἀσπιρίνη (ἡ)
ass, n. γάιδαρος (ὁ)/ (fig.) ἀνόητος, ἠλίθιος, βλάκας
assail, v.t. προσβάλλω, ἐπιτίθεμαι/ ~ant, n. ἐπιτιθέμενος (ὁ)
assassin, n. δολοφόνος (ὁ), φονιάς (ὁ)/ ~ate, v.t. δολοφονῶ/ ~ation, n. δολοφονία (ἡ)
assault, n. ἐπίθεση (ἡ), ἔφοδος (ἡ)/ v.t. ἐπιτίθεμαι, κακοποιῶ
assay, n. δοκιμή (ἡ), ἀνάλυση (ἡ)/ v.t. δοκιμάζω, ἀναλύω
assemblage, n. ἄθροιση (ἡ), συνάθροιση (ἡ)/ (mech.) συναρμολόγηση (ἡ)
assemble, v.t. συναθροίζω, μαζεύω, συγκεντρώνω/ (mech.) συναρμολογῶ/ assembly, n. συνάθροιση (ἡ), συγκέντρωση (ἡ), συνέλευση (ἡ)
assent, n. συγκατάθεση (ἡ), συναίνεση (ἡ), ἀποδοχή (ἡ)/ v.i. συγκατατίθεμαι, συναινῶ, ἀποδέχομαι
assert, v.t. ἰσχυρίζομαι, βεβαιώνω, διεκδικῶ, ὑποστηρίζω/ ~ oneself, ἐπιβάλλομαι/ ~ion, n. ἰσχυρισμός (ὁ), βεβαίωση (ἡ), διεκδίκηση (ἡ)
assess, v.t. ἐκτιμῶ, ὑπολογίζω/ ~ment, n. ἐκτίμηση (ἡ), ὑπολογισμός (ὁ)/ ~or, n. ἐκτιμητής (ὁ)
asset, n. περιουσιακό στοιχεῖο (τό), προσόν (τό)/ ~s, ἐνεργητικό (τό)/ ~s and

liabilities, ἐνεργητικό καί παθητικό
asseverate, v.t. διαβεβαιώνω
assiduity, n. ἐπιμέλεια (ἡ), προσήλωση
(ἡ)/ *assiduous,* a. ἐπιμελής, προσηλω-
μένος
assign, v.t. προσδιορίζω, ἀναθέτω/ ~
ation, n. μυστική συνάντηση/ (leg.), ἐκ-
χώρηση (ἡ), μεταβίβαση περιουσίας/ ~
ee, n. ἐντολοδόχος (ὁ) ~*ment,* n. ἀνά-
θεση (ἡ), κατανομή (ἡ)/ (leg.) μεταβί-
βαση (ἡ)
assimilate, v.t. ἀφομοιώνω, συγχωνεύω/
assimilation, n. ἀφομοίωση (ἡ), συγχώ-
νευση (ἡ)
assist, v.t. βοηθῶ, παραστέκομαι/ ~*ance,*
n. βοήθεια (ἡ), συνδρομή (ἡ), ἐνίσχυση
(ἡ)/ ~*ant,* n. βοηθός (ὁ), ἀναπληρωτής
(ὁ)
assizes, n.pl. ὁρκωτό δικαστήριο (τό)
associate, n. σύντροφος (ὁ), συνεργάτης
(ὁ), συνεταῖρος (ὁ)/ ~ *member,* πρόσε-
δρο μέλος/ v.t. συνδέω, συνδυάζω/ v.i.
~ *with,* συνεργάζομαι, συναναστρέφο-
μαι/ *association,* n. σύνδεσμος (ὁ), σω-
ματεῖο (τό), ἕνωση (ἡ), συνεταιρισμός
(ὁ)/ ~ *of ideas,* συνειρμός ἰδεῶν
assonance, n. παρήχηση (ἡ)
assort, v.t. ταξινομῶ, συνταιριάζω, συν-
δυάζω/ ~*ed,* a. ἀνάμικτος, διαφόρων
εἰδῶν/ ~*ment,* n. ταξινόμηση (ἡ), συν-
δυασμός (ὁ)
assuage, v.t. κατευνάζω, καταπραΰνω
assume, v.t. ὑποθέτω, παραδέχομαι,
θεωρῶ δεδομένο/ ~ *duties,* ἀναλαμβά-
νω καθήκοντα/ ~*d,* a. ὑποθετικός,
προσποιητός/ ~*d name,* ψευδώνυμο/
assumption, n. ὑπόθεση (ἡ)/ ~ *of du-
ties,* ἀνάληψη καθηκόντων/ (rel.)
Ἀνάληψη (ἡ)
assurance, n. διαβεβαίωση (ἡ), ἐγγύηση
(ἡ)/ *assure,* v.t. διαβεβαιώνω, ἐξασφα-
λίζω/ ~*d,* a. βέβαιος, ἐξασφαλισμένος/
~*d with a company,* ἀσφαλισμένος/ ~
dly, ad. βέβαια, ἀσφαλῶς
asterisk, n. ἀστερίσκος (ὁ)
astern, ad. στήν πρύμνη, ὄπισθεν
asthma, n. ἄσθμα (τό)/ ~*tic,* a. ἀσθματι-
κός
astigmatism, n. ἀστιγματισμός (ὁ)
astir, ad. σέ κίνηση, στό πόδι

astonish, v.t. ἐκπλήσσω, καταπλήσσω/
~*ing,* a. ἐκπληκτικός, καταπληκτικός/
~*ment,* n. ἔκπληξη (ἡ), κατάπληξη (ἡ)
astound, v.t. καταπλήσσω/ ~*ing,* a. κατα-
πληκτικός
astrakhan, n. ἀστρακάν (τό)
astray, ad. ἔξω ἀπό τήν εὐθεία/ *go* ~, πα-
ραστρατῶ/ *lead* ~, παρασύρω
astride, ad. καβάλα, διάσκελα
astringency, n. στυφάδα (ἡ), τραχύτητα
(ἡ)/ *astringent,* a. στυφός, τραχύς
astrologer, n. ἀστρολόγος (ὁ)/ *astrology,*
n. ἀστρολογία (ἡ)
astronaut, n. ἀστροναύτης (ὁ)/ ~*ics,* n.
ἀστροναυτική (ἡ)
astronomer, n. ἀστρονόμος (ὁ)/ *astrono-
mic(al),* a. ἀστρονομικός/ *astronomy,*
n. ἀστρονομία (ἡ)
astute, a. ὀξυδερκής, πονηρός, πανοῦρ-
γος/ ~*ness,* n. ὀξυδέρκεια (ἡ), πονηριά
(ἡ), πανουργία (ἡ)
asunder, ad. χωριστά, σέ κομμάτια/ *tear*
~, κομματιάζω
asylum, n. ἄσυλο (τό)/ (mental) φρενοκο-
μεῖο (τό), τρελοκομεῖο (τό)
at, pr. στό, εἰς, κατά, διά, πρός/ ~ *all,*
καθόλου/ ~ *best,* στήν καλύτερη περί-
πτωση/ ~ *dinner,* στό τραπέζι/ ~ *first,*
στήν ἀρχή/ ~ *a gallop,* μέ καλπασμό/ ~
a high price, ἀκριβά, σέ ἀκριβή τιμή/ ~
home, στό σπίτι/ ~ *last,* ἐπιτέλους/ ~
least, τουλάχιστον/ ~ *night,* τήν νύχτα/
~ *once,* ἀμέσως/ ~ *one,* σέ ἀπόλυτη
συμφωνία/ ~ *present,* πρός τό παρόν/
~ *work,* στή δουλειά
atheism, n. ἀθεϊσμός (ὁ), ἀθεΐα (ἡ)/ *a-
theist,* n. ἀθεϊστής (ὁ), ἄθεος (ὁ)/ *athei-
stic,* a. ἀθεϊστικός
athirst, a. διψασμένος
athlete, n. ἀθλητής (ὁ)/ *athletic,* a. ἀθλη-
τικός/ *athletics,* n. pl. ἀθλητισμός στί-
βου (ὁ)
athwart, ad. ἐγκάρσια, κατά πλάτος
atlas, n. ἄτλαντας (ὁ), ἄτλας (ὁ)
atmosphere, n. ἀτμόσφαιρα (ἡ)/ *atmo-
spheric,* a. ἀτμοσφαιρικός/ *atmosphe-
rics,* n. pl. ἀτμοσφαιρικά παράσιτα
(τά)
atom, n. ἄτομο (τό)/ ~*ic,* a. ἀτομικός
atone, v.i. ἐξιλεώνομαι/ ~*ment,* n. ἐξιλα-

σμός (ὁ)

atonic, a. ἄτονος

atrocious, a. ἄγριος, στυγερός, ἀπάνθρωπος/ *atrocity*, n. ἀγριότητα (ἡ), ἀπανθρωπία (ἡ), φρικαλεότητα (ἡ)

atrophy, n. ἀτροφία (ἡ)

attach, v.t. συνδέω, προσκολλῶ, προσαρτῶ/ ~ *oneself to*, προσκολλῶμαι/ ~ *é*, n. ἀκόλουθος πρεσβείας/ ~*é case*, δερμάτινος χαρτοφύλακας/ ~*ment*, n. σύνδεση (ἡ), σύνδεσμος (ὁ), προσάρτημα (τό)/ (*to a person*) προσήλωση (ἡ), ἀφοσίωση (ἡ)

attack, n. ἐπίθεση (ἡ), ἔφοδος (ἡ)/ (med.) κρίση (ἡ), προσβολή (ἡ)/ v.t. ἐπιτίθεμαι, προσβάλλω/ (a subject) πέφτω μέ τά μοῦτρα

attain, v.t. κατορθώνω, πραγματοποιῶ, ἀποκτῶ/ ~*able*, a. ἐφικτός/ ~*ment*, n. πραγματοποίηση (ἡ), ἀπόκτηση (ἡ), ἐπίτευξη (ἡ)

attempt, v.t. & i ἐπιχειρῶ, προσπαθῶ, κάνω ἀπόπειρα/ n. ἀπόπειρα (ἡ), προσπάθεια (ἡ)

attend, v.t. & i προσέχω, φροντίζω/ (lectures) παρακολουθῶ μαθήματα (παραδόσεις)/ ~ *to*, συνοδεύω, περιποιοῦμαι, ἀσχολοῦμαι/ ~*ance*, n. περιποίηση (ἡ), παρακολούθηση (ἡ), ἐξυπηρέτηση (ἡ)/ (lectures) παρακολούθηση (ἡ)/ ~*ant*, n. ἀκόλουθος (ὁ), συνοδός (ὁ), ὑπηρέτης (ὁ)

attention, n. προσοχή (ἡ), φροντίδα (ἡ)/ *pay* ~, προσέχω/ *attentive*, a. προσεκτικός, περιποιητικός/ ~*ness*, n. περιποίηση (ἡ)

attenuate, v.t. ἐλαττώνω, μετριάζω, ἐλαφρώνω/ *attenuation*, n. ἐλάττωση (ἡ), μετριασμός (ὁ), ἐλάφρυνση (ἡ)

attest, v.t. ἐπιβεβαιώνω, πιστοποιῶ/ ~*ed certificate*, ἐπικυρωμένο πιστοποιητικό/ ~*ation*, n. ἐπιβεβαίωση (ἡ), πιστοποίηση (ἡ), ἐπικύρωση (ἡ)

attic, n. σοφίτα (ἡ)

attire, n. ἐνδυμασία (ἡ), στολή (ἡ)/ v.t. ντύνω, στολίζω

attitude, n. στάση (ἡ), τρόπος (ὁ)

attorney, n. ἀντιπρόσωπος (ὁ), πληρεξούσιος (ὁ)/ ~ *general*, εἰσαγγελέας/ *power of* ~, πληρεξουσιότητα

attract, v.t. προσελκύω, θέλγω, προκαλῶ/ ~*ion*, n. ἔλξη (ἡ), θέλγητρο (τό)/ ~*ive*, a. ἑλκυστικός

attribute, n. ἰδιότητα (ἡ), χαρακτηριστικό (τό)/ (gram.) κατηγορούμενο (τό)/ v.t. ἀποδίδω, ἀπονέμω/ *attribution*, n. ἀπόδοση (ἡ), ἀπονομή (ἡ)

attrition, n. τριβή (ἡ), φθορά (ἡ)/ *war of* ~, πόλεμος φθορᾶς

attune, v.t. κουρδίζω, τονίζω

auburn, a. καστανόξανθος

auction, n. δημοπρασία (ἡ), πλειστηριασμός (ὁ)/ v.t. βγάζω σέ πλειστηριασμό/ ~*eer*, n. πλειστηριαστής (ὁ)

audacious, a. τολμηρός, θρασύς/ *audacity*, n. τόλμη (ἡ), θρασύτητα (ἡ)

audibility, n. ἀκουστικότητα (ἡ)/ *audible*, a. ἀκουστός

audience, n. ἀκροατήριο (τό)/ *grant an* ~, παραχωρῶ ἀκρόαση

audit, n. ἔλεγχος λογαριασμῶν/ v.t. ἐλέγχω λογαριασμούς/ ~*or*, n. ἐλεγκτής λογαριασμῶν (ὁ)

audition, n. δοκιμή καλλιτέχνη (ἡ)/ *auditorium*, n. αἴθουσα ἀκροατηρίου (ἡ)

auger, n. τρυπάνι (τό)

aught, n. κάτι, τίποτε (τό)/ *for* ~ *I know*, ἀπ' ὅσα ξέρω

augment, v.t. αὐξάνω/ v.i. αὐξάνομαι/ ~*ation*, n. αὔξηση (ἡ), ἐπαύξηση (ἡ)

augur, n. μάντης (ὁ), οἰωνοσκόπος (ὁ)/ v.t. μαντεύω/ ~*y*, n. μαντεία (ἡ), οἰωνοσκοπία (ἡ)

august, a. σεβαστός, σεπτός/ (month) Αὔγουστος (ὁ)

aunt, n. θεία (ἡ)/ ~*ie*, n. θείτσα (ἡ)

aureole, n. φωτοστέφανος (ὁ)

auricular, a. ὠτικός, τοῦ αὐτιοῦ

aurora, n. αὐγή (ἡ)/ ~ *borealis*, βόρειο σέλας (τό)

auspices, n.pl. προστασία (ἡ), αἰγίδα (ἡ)/ *under the* ~, ὑπό τήν αἰγίδα/ *auspicious*, a. αἴσιος, εὐοίωνος

austere, a. αὐστηρός/ *austerity*, n. αὐστηρότητα (ἡ)

Australian, n. Αὐστραλός (ὁ)/ a. αὐστραλικός, αὐστραλέζικος

Austrian, n. Αὐστριακός (ὁ)/ a. αὐστριακός

authentic, a. αὐθεντικός, γνήσιος/ ~*ate*,

v.t. ἐπικυρώνω, ἐπισημοποιῶ/ ~ity, n. αὐθεντικότητα (ἡ), γνησιότητα (ἡ)

author, n. συγγραφέας (ὁ)/ δράστης (ὁ), πρωταίτιος (ὁ)/ ~ess, n. συγγραφέας (ἡ)

authoritative, a. ἐπίσημος, αὐθεντικός/ *authority,* n. ἐξουσία (ἡ), ἀρχή (ἡ)/ *the authorities,* οἱ ἀρχές/ *authorization,* n. ἄδεια (ἡ), ἐξουσιοδότηση (ἡ)/ *authorize,* v.t. ἐξουσιοδοτῶ, ἐπιτρέπω

autobiography, n. αὐτοβιογραφία (ἡ)

autocracy, n. ἀπόλυτη κυριαρχία/ *autocrat,* n. ἀπόλυτος κύριος, κυρίαρχος (ὁ)/ ~ic, a. αὐταρχικός, ἀπολυταρχικός

autograph, n. αὐτόγραφο (τό)

automatic, a. αὐτόματος/ *automaton,* n. αὐτόματο (τό)

automobile, n. αὐτοκίνητο (τό)

autonomous, a. αὐτόνομος/ *autonomy,* n. αὐτονομία (ἡ)

autopsy, n. αὐτοψία (ἡ)

autumn, n. φθινόπωρο (τό)/ ~al, a. φθινοπωρινός

auxiliary, a. βοηθητικός, ἐπικουρικός/ n. βοηθός (ὁ)

avail, n. ὄφελος (τό)/ *to no* ~, ἀνώφελο, μάταιο/ v.i. ὠφελῶ/ ~ *oneself of,* ἐπωφελοῦμαι ἀπό/ ~able, a. διαθέσιμος, ἐπωφελής/ *he is not* ~able, εἶναι ἀπασχολημένος

avalanche, n. χιονοστιβάδα (ἡ)

avarice, n. φιλαργυρία (ἡ)/ *avaricious,* a. φιλάργυρος

avenge, v.t. παίρνω ἐκδίκηση/ ~ *oneself,* ἐκδικοῦμαι/ ~r, n. ἐκδικητής (ὁ)

avenue, n. λεωφόρος (ἡ)

aver, v.t. διαβεβαιώνω

average, a. μέσος, μέτριος/ n. μέσος ὅρος (ὁ)/ *on* ~, κατά μέσο ὅρο/ (shipping) ἀβαρία/ v.t. ὑπολογίζω κατά μέσο ὅρο

averse, a. ἀντίθετος, ἐνάντιος/ *be* ~ *to,* εἶμαι ἀντίθετος/ *aversion,* n. ἀποστροφή (ἡ), ἀπέχθεια (ἡ)

avert, v.t. ἀποτρέπω, ἀποσοβῶ/ (eyes) ἀποστρέφω

aviary, n. πτηνοτροφεῖο (τό)

aviation, n. ἀεροπορία (ἡ)/ *aviator,* n. ἀεροπόρος (ὁ)

avid, a. ἄπληστος/ ~ity, n. ἀπληστία (ἡ)

avocation, n. ἐνασχόληση (ἡ)

avoid, v.t. ἀποφεύγω/ ~able, a. κάτι πού μπορεῖ νά ἀποφευχθεῖ/ ~ance, n. ἀποφυγή (ἡ)

avow, v.t. ὁμολογῶ, παραδέχομαι/ ~al, n. ὁμολογία (ἡ)/ ~ed, p.p. & a. ὁμολογημένος, ἐπιβεβαιωμένος/ ~edly, ad. ὁμολογουμένως, ὁπωσδήποτε

await, v.t. περιμένω, ἀναμένω

awake, a. ξύπνιος, ἄγρυπνος/ v.t. & i. ξυπνῶ/ ~n, v.t. ἀφυπνίζω/ ~ning, n. ἀφύπνιση (ἡ), ξύπνημα (τό)

award, n. ἀπονομή (ἡ)/ (leg.) ἐπιδίκαση (ἡ)/ v.t. ἀπονέμω, ἐπιδικάζω

aware, a. ἐνήμερος/ *be* ~ *of,* γνωρίζω

awash, a. πλημμυρισμένος/ ad. ἐπιπλέοντας

away, ad. μακριά/ *go* ~, φεύγω/ *take* ~, ἀφαιρῶ, παίρνω/ *throw* ~, πετῶ/ *right* ~, ἀμέσως

awe, n. φόβος (ὁ), δέος (τό)/ ~ *inspiring,* ἐπιβλητικός/ ~ *stricken,* τρομοκρατημένος/ *awful,* a. τρομερός, φοβερός

awhile, ad. γιά λίγο

awkward, a. ἀδέξιος/ ~ *situation,* δύσκολη (ἐνοχλητική) κατάσταση/ ~ *ness,* n. ἀδεξιότητα (ἡ)

awl, n. σουβλί (τό)

awning, n. σκηνή (ἡ), τέντα (ἡ), στέγασμα (τό)

awry, a. στραβός, λοξός

axe, n. τσεκούρι (τό), πέλεκας (ὁ)/ v.t. πελεκῶ, πελεκίζω

axiom, n. ἀξίωμα (τό), ἀπόφθεγμα (τό)/ ~atic, a. ἀξιωματικός, ἀποφθεγματικός

axis, n. ἄξονας (ὁ)

axle, n. ἄξονας (ὁ), ἀξόνι (τό)

ay, int. ναί/ (naut.) μάλιστα καπετάνιε

aye, ad. πάντοτε

azalea, n. ἀζαλέα (ἡ)

azimuth, n. ἀζιμούθιο (τό)

azure, a. γαλάζιος/ n. γαλάζιο χρῶμα (τό)

B

babble, n. φλυαρία (ἡ), μωρολογία (ἡ)/ (water) κελάρυσμα (τό)/ v.i. φλυαρῶ, μωρολογῶ/ (water) κελαρύζω/ ~ r, n. φλύαρος (ὁ)
babel, n. βαβέλ (ἡ)
baboon, n. κυνοκέφαλος (ὁ)
baby, n. μωρό (τό), νήπιο (τό), βρέφος (τό) ~hood, n. βρεφική ἡλικία (ἡ)/ ~ish, a. μωρουδίστικος
Bacchanalian, a. βακχικός, ὀργιαστικός
bachelor, n. ἐργένης (ὁ), ἄγαμος (ὁ)/ (university) πτυχιοῦχος (ὁ, ἡ)/ old ~, γεροντοπαλίκαρο (τό)
bacillus, n. βάκιλλος (ὁ)
back, n. νῶτα (τά), ῥάχη (ἡ), πλάτη (ἡ)/ (football) ὀπισθοφύλακας (ὁ)/ ~ of the stage, βάθος τῆς σκηνῆς/ with the ~ to the wall, μέ τήν πλάτη στόν τοῖχο/ a. ὀπίσθιος, πισινός/ ad. πίσω/ v.t. ὑποστηρίζω, ἐνισχύω/ v.i. τραβιέμαι/ ~ down, ὑποχωρῶ/ ~ out, ἀποσύρομαι, ἀποχωρῶ
backbite, v.t. κακολογῶ/ ~r, n. κακολόγος (ὁ)/ backbiting, n. κακολογία (ἡ)
backbone, n. ῥαχοκοκαλιά (ἡ), σπονδυλική στήλη (ἡ)
backer, n. ὑποστηρικτής (ὁ)
backgammon, n. τάβλι (τό)
background, n. βάθος (τό)/ stay in the ~, μένω στό παρασκήνιο
backside, n. πισινά (τά), ὀπίσθια (τά)
backslide, v.i. ἀποστατῶ
backstage, n. παρασκήνιο (τό)
backward, a. καθυστερημένος, νωθρός/ ~ (s), ad. πρός τά πίσω/ ~ness, n. καθυστέρηση (ἡ), ὀπισθοδρομικότητα (ἡ)
backwash, n. στροβιλισμός νεροῦ (ὁ)
backwater, n. ἀντίθετο ῥεῦμα/ (in a town) ἀπόκεντρο (τό)
bacon, n. μπαίηκον (τό), παστό χοιρινό (τό)
bacterium, n. βακτήριο (τό), βακτηρίδιο (τό)
bad, a. κακός/ (pain) δυνατός/ (mistake)

σοβαρός/ from ~ to worse, ἀπό τό κακό στό χειρότερο
badge, n. σῆμα (τό), γνώρισμα (τό)
badger, n. τρόχος (ὁ)/ v.t. ἐνοχλῶ, πιλατεύω
badly, ad. κακά, ἄσχημα/ ~ wounded, βαριά τραυματισμένος
badness, n. κακία (ἡ), μοχθηρία (ἡ)
baffle, v.t. ἀπατῶ, παραπλανῶ, ματαιώνω/ ~d, p.p. & a. ζαλισμένος
bag, n. σάκος (ὁ), βαλίτσα (ἡ)/ ~ and baggage, μέ ὅλα τά ὑπάρχοντα/ v.t. βάζω σέ σάκο, σακουλιάζω
bagatelle, n. ἀσήμαντο πράγμα (τό)
baggage, n. ἀποσκευές (οἱ)
baggy, a. φουσκωτός, πολύ φαρδύς
bagpipe, n. γκάιδα (ἡ), ἄσκαυλος (ὁ)/ ~r, n. ἀσκαυλητής (ὁ)
bail, n. ἐγγύηση γιά προσωρινή ἀπόλυση/ v.t. ἐγγυῶμαι, καταθέτω ἐγγύηση/ (water) ἀντλῶ/ ~ out, ἐλευθερώνω κάποιον πληρώνοντας ἐγγύηση
bailiff, n. δικαστικός κλητήρας (ὁ)
bait, n. δόλωμα (τό)/ swallow the ~, τήν παθαίνω/ v.t. δολώνω, παρασύρω
bake, v.t. ψήνω/ v.i. ξεροψήνομαι/ ~ house, n. φοῦρνος/ ~r, n. φούρναρης (ὁ), ἀρτοποιός (ὁ)/ ~ry, n. φουρνάρικο (τό), ἀρτοποιεῖο (τό)/ baking, n. ψήσιμο (τό), φουρνιά (ἡ)
balance, n. ζυγαριά (ἡ), πλάστιγγα (ἡ), ἰσορροπία (ἡ)/ (account) ὑπόλοιπο λογαριασμοῦ/ v.t. ἰσοσκελίζω, ἰσορροπῶ/ v.i. ἀμφιταλαντεύομαι/ ~ sheet, ἰσολογισμός
balcony, n. μπαλκόνι (τό), ἐξώστης (ὁ)
bald, a. φαλακρός, ξερός, γυμνός
balderdash, n. φλυαρίες (οἱ), ἀρλοῦμπες (οἱ)
baldness, n. φαλακρότητα (ἡ), γυμνότητα (ἡ)
bale, n. δέμα (τό)/ v.t. ~ out, πέφτω μέ ἀλεξίπτωτο
baleful, a. ἀπαίσιος, ὀλέθριος
balk, n. ἐμπόδιο (τό), ματαίωση (ἡ)/ (in fields) διαχωριστικός φράχτης/ v.t. ματαιώνω, σταματῶ
ball, n. σφαίρα (ἡ)/ (sport) μπάλα (ἡ)/ (dance) χορός (ὁ)/ ~ of thread, κουβάρι
ballad, n. μπαλάντα (ἡ), ἐπικό ποίημα

(τό)
ballast, n. σαβούρα (ή), ἔρμα (τό)
ball-bearing, n. σφαιρικός τριβέας (ό)
ballet, n. μπαλέτο (τό)/ ~ *girl*, χορεύτρια μπαλέτου
ballistics, n. pl. βαλιστική (ή)
balloon, n. μπαλόνι (τό), ἀερόστατο (τό)/ v.t. φουσκώνω/ ~*ist*, n. ἀεροναύτης (ό)
ballot, n. ψῆφος (ή)/ ~ *box*, κάλπη (ή)/ ~ *paper*, ψηφοδέλτιο (τό)/ v.t. ψηφίζω
balm, n. βάλσαμο (τό)/ (fig.) ἀνακούφιση (ή)/ ~*y*, a. βαλσαμώδης/ (met.) ἀνακουφιστικός, πραϋντικός
balsam, n. v. balm
baluster, n. στύλος κιγκλιδώματος (ό)/ *balustrade*, n. κιγκλίδωμα (τό)
bamboo, n. μπαμπού (τό)
bamboozle, v.t. παγιδεύω, ἐξαπατῶ
ban, n. ἀπαγόρευση (ή), σταμάτημα (τό)/ v.t. ἀπαγορεύω
banal, a. κοινός, χυδαῖος/ ~*ity*, n. χυδαιότητα (ή)
banana, n. μπανάνα (ή)
band, n. δεσμός (ό), ὅμιλος (ό)/ (strip) ταινία (ή), λωρίδα (ή)/ (mus.) ὀρχήστρα (ή), συγκρότημα (τό)/ v.t. ἐπιδένω/ ~ *together*, συνδέω, συνενώνω
bandage, n. ἐπίδεσμος (ό)
bandit, n. ληστής (ό)
bandoleer, n. φυσιγγιοθήκη (ή)
bandy, v.t. ἀνταλλάσσω/ ~ *words*, ἀνταλλάσσω βρισιές/ ~ *legged*, a. στραβοπόδης
bane, n. ὄλεθρος (ό), καταστροφή (ή), μάστιγα (ή)/ ~*ful*, a. ὀλέθριος
bang, n. βίαιο χτύπημα/ v.t. χτυπῶ βίαια/ (the door) κλείνω τήν πόρτα μέ πάταγο
bangle, n. βραχιόλι (τό)
banish, v.t. ἐξορίζω, διώχνω/ ~*ment*, n. ἐξορία (ή)
banister, n. κιγκλίδωμα (τό)
banjo, n. μπάντζο (τό), εἶδος κιθάρας
bank, n. τράπεζα (ή)/ (river) ὄχθη (ή)/ v.t. ἔχω λογαριασμό σέ τράπεζα/ ~ *up*, ὑψώνω ἀνάχωμα/ ~ *on*, στηρίζομαι, βασίζομαι/ ~ *book*, n. βιβλιάριο τραπέζας/ ~*er*, n. τραπεζίτης (ό)/ ~*ing*, n. τραπεζιτικές ἐργασίες/ ~*note*, n. χαρτονόμισμα (τό)
bankrupt, a. χρεωκοπημένος/ n. χρεωκόπος (ό)/ *go* ~, χρεωκοπῶ, πτωχεύω/ ~*cy*, n. χρεωκοπία (ή), πτώχευση (ή)
banner, n. σημαία (ή), λάβαρο (τό)
banns, n. pl. προαναγγελία γάμου (ή)
banquet, n. συμπόσιο (τό), τραπέζι (τό), γλέντι (τό)
banter, n. εἰρωνεία (ή), πείραγμα (τό)/ v.t. εἰρωνεύομαι, πειράζω
baptism, n. βάπτισμα (τό), βαφτίσια (τά)/ ~*al*, a. βαπτιστικός/ *baptistry*, n. βαπτιστήριο (τό)/ *baptize*, v.t. βαπτίζω
bar, n. ράβδος (ή), μοχλός (ό), ἐμπόδιο (τό)/ (pub) μπάρ (τό), ποτοπωλεῖο (τό)/ (leg.) δικηγορικό σῶμα/ ~ *of chocolate (soap)*, κομμάτι σοκολάτα (σαπούνι)/ v.t. ἐμποδίζω, ἀπαγορεύω, ἀποκλείω/ (the door) συρτώνω τήν πόρτα
barb, n. ἀγκίδα (ή)/ ~*ed wire*, συρματόπλεγμα
barbarian, n. & a. βάρβαρος (ό)/ *barbaric*, a. βαρβαρικός/ *barbarism*, n. βαρβαρισμός (ό)/ *barbarous*, a. βάρβαρος, ἀπάνθρωπος, σκληρός
barber, n. κουρέας (ό)/ ~ *'s shop*, κουρεῖο
bard, n. ραψωδός (ό), βάρδος (ό)
bare, a. γυμνός, ἀκάλυπτος, ξεσκέπαστος/ v.t. γυμνώνω/ ~ *majority*, μικρή πλειοψηφία/ ~ *faced*, a. ξεδιάντροπος, ἀναιδής/ ~ *footed*, a. ξυπόλυτος/ ~ *headed*, a. ξεκαπέλωτος, ἀσκεπής/ ~*ly*, ad. μόλις, δύσκολα/ ~*ness*, n. γύμνια (ή), γυμνότητα (ή)
bargain, n. παζάρευμα (τό), εὐκαιρία (ή)/ *strike a* ~, κλείνω συμφωνία/ *real* ~, πραγματική εὐκαιρία/ v.i. παζαρεύω, διαπραγματεύομαι
barge, n. φορτηγίδα (ή), μαούνα (ή)/ ~*e*, n. μαουνιέρης (ό)
baritone, n. βαρύτονος (ό)
bark, n. (tree) φλοιός (ό)/ (dog) γάβγισμα (τό)/ (boat) βάρκα (ή)/ v.t. γαβγίζω
barley, n. κριθάρι (τό)
barm, n. μαγιά μπίρας (ή)
barmaid, n. σερβιτόρα σέ μπάρ, γκαρσόνα (ή)/ *barman*, n. μπάρμαν (ό), σερβιτόρος σέ μπάρ
barn, n. σιταποθήκη (ή)

barnacle, n. ἀγριόχηνα (ἡ)
barometer, n. βαρόμετρο (τό)
baron, n. βαρῶνος (ὁ)/ ~ess, n. βαρώνη (ἡ)/ ~et, n. βαρωνέτος (ὁ)/ ~ial, a. βαρωνικός/ ~y, n. βαρωνία (ἡ)
baroque, a. σέ στύλ μπαρόκ/ n. μπαρόκ (τό)
barrack(s), n. στρατώνας (ὁ), στρατόπεδο (τό)/ v.t. γιουχαΐζω, ἀποδοκιμάζω
barrel, n. βαρέλι (τό), κύλινδρος (ὁ)/ (gun) κάνη (ἡ)/ double ~led gun, δίκανο ὅπλο/ (mech.) τύμπανο (τό)
barren, a. ἄγονος, στεῖρος/ ~ness, n. στειρότητα (ἡ), ἀγονία (ἡ)
barricade, n. ὁδόφραγμα (τό)/ v.t. φράζω, κλείνω τό δρόμο
barrier, n. φραγμός (ὁ), ἐμπόδιο (τό)
barring, pr. ἐκτός ἐάν
barrister, n. δικηγόρος ἀνώτερων δικαστηρίων
barrow, n. χειράμαξα (ἡ)/ v. tumulus
barter, n. ἀνταλλαγή ἐμπορευμάτων (ἡ)/ v.t. ἀνταλλάσσω ἐμπορεύματα
barytone, n.v. baritone
basalt, n. βασάλτης (ὁ)
base, n. βάση (ἡ), στήριγμα (τό), θεμέλιο (τό)/ a. ταπεινός, εὐτελής/ (coin) κίβδηλος, κάλπικος/ v.t. βασίζω, στηρίζω, θεμελιώνω/ ~ oneself on, στηρίζομαι, βασίζομαι
baseless, a. ἀβάσιμος
basement, n. ὑπόγειο (τό)
baseness, n. εὐτέλεια (ἡ), χαμέρπεια (ἡ), ἀγένεια (ἡ)
bashful, a. ντροπαλός, συνεσταλμένος, δειλός/ ~ness, n. ντροπαλοσύνη (ἡ), συστολή (ἡ), δειλία (ἡ)
basic, a. βασικός
basilica, n. βασιλική (ἡ)
basilisk, n. βασιλίσκος (ὁ)
basin, n. λεκάνη (ἡ), νιπτήρας (ὁ) / (geol.) λεκανοπέδιο (τό)
basis, n. βάση (ἡ), θεμέλιο (τό)
bask, v.i. λιάζομαι
basket, n. καλάθι (τό)/ ~ ball, n. καλαθόσφαιρα (ἡ)/ ~ful, n. καλαθιά (ἡ), περιεχόμενο καλαθιοῦ/ ~ry, n. καλαθοποιία (ἡ)
Basque, a. βασκικός/ n. Βάσκος (ὁ)
bas-relief, n. ἀνάγλυφο (τό)

bass, n. βαθύφωνος (ὁ), μπάσος (ὁ)/ (fish) πέρκα (ἡ)
bastard, a. & n. νόθος (ὁ), μπάσταρδος (ὁ)/ (met.) παλιάνθρωπος (ὁ), ἀφιλότιμος (ὁ)/ ~ize, v.t. νοθεύω, μπασταρδεύω/ ~y, n. νοθογένεια (ἡ)
baste, v.t. τρυπώνω/ (meat) λιπαίνω, ἀλείφω μέ λίπος
bastion, n. ἔπαλξη (ἡ), προμαχώνας (ὁ)
bat, n. (zool.) νυχτερίδα (ἡ)/ (sport) ρακέτα τοῦ κρίκετ/ ρόπαλο (τό), κόπανος (ὁ)/ v.i. παίζω κρίκετ/ (eyes) βλεφαρίζω/ not to ~ an eyelid, δέν μοῦ καίγεται καρφί
batch, n. δέσμη (ἡ), φουρνιά (ἡ), παρτίδα (ἡ)
bate, v.t. & i. μειώνω, περιορίζω, κόβω/ with bated breath, μέ κομμένη τήν ἀνάσα
bath, n. λουτρό (τό), μπάνιο (τό), λουτήρας (ὁ)/ take a ~, κάνω μπάνιο/ ~house, n. δημόσιο λουτρό/ ~robe, μπουρνούζι (τό)/ ~tub, μπανιέρα (ἡ)/ ~e, v.t. λούζω, πλένω/ v.i. λούζομαι, πλένομαι/ ~er, n. λουόμενος (ὁ)/ ~ing, n. θαλάσσιο μπάνιο (τό), κολύμπι (τό)
bathos, n. ἀντικλίμακα (ἡ), πτώση ἀπό τό ὑπέροχο στό γελοῖο
bathroom, n. λουτρό (τό), μπάνιο (τό)
baton, n. ράβδος (ἡ), ρόπαλο (τό)/ (mus.) μπαγκέτα (ἡ)/ (breed) φραντζόλα (ἡ)
battalion, n. τάγμα (τό)
batten, n. σανίδα (ἡ)/ v.t. σανιδώνω, ξυλοστρώνω/ ~ing, n. σανίδωμα (τό), ξυλόστρωση (ἡ)/ v.i. τρώγω ἄπληστα
batter, n. ζυμάρι (τό)/ v.t. χτυπῶ, σφυροκοπῶ/ ~ing ram, n. κριός (ὁ), πολιορκητική μηχανή (ἡ)
battery, n. (leg.) ἄδικη ἐπίθεση (ἡ), βιαιοπραγία (ἡ)/ (mil.), πυροβολαρχία (ἡ)/ (elec.) συσσωρευτής (ὁ), μπαταρία (ἡ)
battle, n. μάχη (ἡ), ἀγώνας (ὁ)/ ~field, πεδίο μάχης (τό)/ ~ship, πολεμικό πλοῖο (σκάφος) (τό)/ v.t. & i. πολεμῶ, ἀγωνίζομαι
battlement, n. ὀχυρό μέ ἐπάλξεις (τό)
bauble, n. μπιχλιμπίδι (τό), παιχνίδι (τό)
bawdy, a. αἰσχρός, ἄσεμνος, χυδαῖος/ ~ house, πορνεῖο
bawl, v.i. κραυγάζω, σκούζω/ n. κραυγή

(ή), σκούξιμο (τό)

bay, n. κόλπος (ό), ὅρμος (ό)/ (bot.) δάφνη (ή)/ (horse) ροῦσσος (ό), ντορής (ό)/ (dog) γάβγισμα (τό), ὑλακή (ή)/ *keep at* ~, κρατῶ σέ ἀπόσταση/ *sick* ~, θάλαμος νοσοκομείου/ ~ *window,* ἐξώστεγο παράθυρο/ v.i. γαβγίζω, ὑλακτῶ

bayonet, n. ξιφολόγχη (ή)

bazaar, n. παζάρι (τό), ἀγορά (ή)

be, v.i. εἶμαι, ὑπάρχω, ζῶ/ *how are you?* πῶς εἶσαι;/ *where are you? πο*ῦ εἶσαι;/ *are you often in town?* ἔρχεσαι συχνά στήν πόλη;/ *how much is it?* πόσο ἔχει;/ *to* ~ *about to,* πρόκειται νά/ ~ *off,* φεύγω/ ~ *out,* λείπω, ἀπουσιάζω

beach, n. παραλία (ή), ἀκτή (ή), ἀκρογιαλιά (ή), ἀκροθαλασσιά (ή)/ *sandy* ~, ἀμμουδιά, πλάζ/ v.t. προσαράζω, βγάζω στή στεριά/ ~*head,* n. προγεφύρωμα (τό)

beacon, n. πυρσός (ό), φάρος (ό), φανάρι (τό)

bead, n. χάντρα (ή)/ *string of* ~*s,* κολλιέ, κομπολόι

beadle, n. κήρυκας (ό), ἀρχικλητήρας (ό)

beagle, n. λαγωνικό (τό)

beak, n. ράμφος (τό), μύτη (ή)/ (ship) ἔμβολο (τό)

beaker, n. κύπελλο (τό), κούπα (ή)

beam, n. δοκάρι (τό)/ (light) ἀκτίνα (ή), δέσμη ἀκτίνων (ή)/ (naut.) ζυγός (ό)/ (scales) φάλαγγα (ή), ζυγός (ό)/ v.t. & i. ἀκτινοβολῶ, λάμπω, ἐκπέμπω/ ~*ing,* a. λαμπερός, ἀκτινοβόλος.

bean, n. φασόλι (τό)/ *spill the* ~*s,* ἀποκαλύπτω μυστικό, τά ξερνῶ

bear, n. ἀρκούδα (ή)/ *Great* ~, Μεγάλη Ἄρκτος (ή)/ *Little* ~, Μικρή Ἄρκτος (ή)/ v.t. & i. φέρω, βαστῶ, μεταφέρω/ (fruit) καρπίζω/ (child) γεννῶ/ ~ *down,* συντρίβω/ ~ *down on,* πλησιάζω γρήγορα/ ~ *a grudge,* τρέφω μνησικακία/ ~ *with,* ἀνέχομαι/ ~*able,* a. ὑποφερτός, ἀνεκτός

beard, n. γένια (τά), γενειάδα (ή)/ ~*ed,* a. γενειοφόρος/ ~*less,* a. ἀγένειος, ἀμούστακος

bearer, n. κομιστής (ό), φορέας (ό), βαστάζος (ό)

bearing, n. συμπεριφορά (ή), στάση (ή),

διαγωγή (ή)/ (maths) ἀντιστοιχία (ή)/ (mech.) τριβέας (ό), κουζινέτο (τό)/ (arch.) ὑποστήριγμα (τό)/ *lose one's* ~*s,* χάνω τόν προσανατολισμό μου/ *take one's* ~*s,* βρίσκω τόν προσανατολισμό μου/ (fruit) καρποφορία (ή)/ (children) τεκνοποιία (ή), γέννηση (ή)

bearskin, n. ἀρκουδοτόμαρο (τό)

beast, n. ζῶο (τό), θηρίο (τό)/ (fig.) κτῆνος (τό)/ ~*ly,* a. κτηνώδης, ἀπαίσιος, φοβερός

beat, n. χτύπημα (τό)/ (mus.) ρυθμός (ό)/ (heart) παλμός (ό)/ v.t. & i. χτυπῶ, δέρνω, ξυλοκοπῶ/ (win) νικῶ, ὑπερέχω, ξεπερνῶ/ ~ *the air,* ματαιοπονῶ/ ~ *about the bush,* ἀποφεύγω νά ἔρθω στό θέμα/ ~ *back,* ἀποκρούω/ ~ *the retreat,* σημαίνω ὑποχώρηση/ ~*en track,* γνωστή πορεία

beatific, a. μακάριος/ *beatify,* v.t. μακαρίζω.

beating, n. ξυλοκόπημα (τό), δαρμός (ό)/ (heart) παλμός (ό), σφυγμός (ό)

beatitude, n. μακαριότητα (ή), μακαρισμός (ό)

beau, n. δανδής (ό), μορφονιός (ό), λιμοκοντόρος (ό)

beautician, n. αἰσθητικός (ό, ή)

beautiful, a. ὡραῖος, ὄμορφος/ *beautify,* v.t. καλλωπίζω, ὀμορφαίνω/ *beauty,* n. ὀμορφιά (ή), καλλονή (ή)/ ~ *parlour,* ἰνστιτοῦτο καλλονῆς/ ~ *spot,* ἀξιοθέατο, γραφικό τοπίο

beaver, n. κάστορας (ό)

becalm, v.t. & i. καθησυχάζω, κατευνάζω/ (naut.) ἀπαγγιάζω/ ~*ed,* p.p. & a. ἀπαγγιασμένο, ἀκινητοποιημένο

because, c. ἐπειδή, διότι/ ~ *of,* ἕνεκα, ἐξαιτίας

beck, n. νόημα (τό), νεῦμα (τό)/ ~ *on,* v.t. κάνω νόημα, νεύω, γνέφω

become, v.i. γίνομαι, ἀποβαίνω, καταλήγω,/ *what has* ~ *of you?* τί ἀπόγινες;/ *this hat* ~*s you,* αὐτό τό καπέλο σοῦ πηγαίνει/ *becoming,* a. ταιριαστός, κατάλληλος

bed, n. κρεβάτι (τό), κλίνη (ή)/ (grass) πρασιά (ή), παρτέρι (τό)/ (sea) πυθμένας (ό)/ (river) κοίτη (ή)/ (geol.) στρῶμα (τό), κοίτασμα (τό)/ *make the* ~, στρώνω/ go to ~, πηγαίνω νά κοιμηθῶ/ go to ~ with, συνουσιάζομαι, κάνω ἔρωτα μέ/ ~ of roses, ἄνεση, χλιδή/ ~ridden, κλινήρης/ ~room, ὑπνοδωμάτιο/ ~time, ὥρα γιά δεῖπνο/ ~ding, n. κλινοσκεπάσματα (τά)/ (geol.) στρωματοποίηση (ἡ)

bedeck, v.t. στολίζω

bedevil, v.t. δαιμονίζω, ἐξοργίζω

bedew, v.t. ραίνω, δροσίζω, ραντίζω

bedfellow, n. ὁμόκλινος (ὁ)/ (fig.) σύντροφος (ὁ)

bedlam, n. φρενοκομεῖο (τό)/ (fig.) φασαρία (ἡ)

bedraggle, v.t. λασπώνω, κουρελιάζω/ ~d, a. λασπωμένος, κουρελιασμένος.

bed-sitter, n. διαμέρισμα ἑνός δωματίου

bee, n. μέλισσα (ἡ) / ~hive, n. κυψέλη (ἡ)/ ~ keeping, n. μελισσοκομία (ἡ)/ have a ~ in one's bonnet, ἔχω ἔμμονη ἰδέα, ἔχω λόξα

beech, n. ὀξιά (ἡ)

beef, n. βοδινό κρέας (τό), βοδινό (τό)/ ~ steak, μπριζόλα βοδινή (ἡ)

beer, n. μπύρα (ἡ)/ ~house, μπυραρία (ἡ)

beet, n. παντζάρι (τό), κοκκινογούλι (τό)

beetle, n. σκαθάρι (τό)/ (tech.) βαριά (ἡ)

beetroot, n. παντζάρι (τό), κοκκινογούλι (τό)

befall, v.i. συμβαίνω, μοῦ τυχαίνει

befit, v.t. ἁρμόζω, ταιριάζω/ ~ting, a. κατάλληλος, ταιριαστός

before, ad. & pr. πρίν, προηγούμενα, μπροστά/ ~ long, σύντομα/ long ~, πρίν πολύ καιρό/ appear ~, ἐμφανίζομαι μπροστά (ἐνώπιον)/ the day ~ yesterday, προχθές/ ~ hand, ad. ἐκ τῶν προτέρων/ ~ his time, πρίν τῆς ὥρας του, πρόωρα

befriend, v.t. φέρομαι φιλικά, εὐνοῶ, · ὑποστηρίζω

beg, v.t. & i. ζητῶ, παρακαλῶ, ζητιανεύω/ ~ pardon, ζητῶ συγγνώμη

beget, v.t. γεννῶ, παράγω/ (fig.) προκαλῶ

beggar, n. ζητιάνος (ὁ), ἐπαίτης (ὁ)/ v.t. καταστρέφω, ἀναγκάζω κάποιον νά ζητιανέψει/ ~ description, ἀπερίγραπτος/ ~liness, n. ζητιανιά (ἡ), ἐπαιτία

(ἡ)/ ~ly, a. πενιχρός, ἄθλιος/ ~y, n. ζητιανιά (ἡ), ἐπαιτία (ἡ), ἀθλιότητα (ἡ)

begin, v.t. & i. ἀρχίζω/ to ~ with, κατ' ἀρχήν/ ~ner, n. ἀρχάριος (ὁ)/ ~ning, n. ἀρχή (ἡ), ἔναρξη (ἡ)

begone, int. φύγε, τράβα

begrime, v.t. μολύνω, βρωμίζω

begrudge, v.t. κάνω κάτι χωρίς ὄρεξη/ (fig.) φθονῶ

beguile, v.t. ἀπατῶ, ξεγελῶ, γοητεύω/ ~ the time, περνῶ τήν ὥρα

behalf, n. χάρη (ἡ), ὠφέλεια (ἡ)/ on ~ of, ἐκ μέρους, ἐν ὀνόματι

behave, v.i. συμπεριφέρομαι/ ~ yourself! κάτσε φρόνιμα

behaviour, n. συμπεριφορά (ἡ)

behead, v.t. ἀποκεφαλίζω/ ~ing, n. ἀποκεφαλισμός (ὁ)

behest, n. διαταγή (ἡ), προσταγή (ἡ)

behind, ad. pr. πίσω, ὄπισθεν/ leave ~, ξεχνῶ/ ~ the scenes, στά παρασκήνια/ ~ time, ἀργά, καθυστερημένα/ ~ the times, ξεπερασμένος, καθυστερημένος, ὀπισθοδρομικός

behold, v.t. παρατηρῶ, βλέπω/ ~en, a. ὀφειλέτης/ ~er, n. παρατηρητής (ὁ), θεατής (ὁ)

behoof, n. ὄφελος (τό), κέρδος (τό)

being, n. ὄν (ὁ), ὑπάρχων (ὁ), ὕπαρξη (ἡ)/ Supreme ~, Ὑπέρτατο ὄν (τό)/ a. ὑπαρκτός/ for the time ~, πρός τό παρόν

belabour, v.t. πολυλογῶ/ (beat) ξυλοκοπῶ

belated, a. καθυστερημένος, ἀργοπορημένος

belch, n. ρέψιμο (τό)/ v.i. ρέβομαι/ (volcano) ξερνῶ

beleaguer, v.t. πολιορκῶ

belfry, n. καμπαναριό (τό), κωδωνοστάσιο (τό)

Belgian, n. Βέλγος (ὁ)/ a. βελγικός

belie, v.t. διαψεύδω

belief, n. πίστη (ἡ), πεποίθηση (ἡ)/ believable, a. πιστευτός.

believe, v.t. πιστεύω, φρονῶ/ ~r, n. πιστός (ὁ), ὀπαδός (ὁ)

belittle, v.t. ἐλαττώνω, ὑποβιβάζω

bell, n. κουδούνι (τό), καμπάνα (ἡ)/ the

~ rings, τό κουδούνι σημαίνει/ ~ ringer, n. κωδωνοκρούστης (ὁ)/ ~ tower, n. κωδωνοστάσιο (τό), καμπαναριό (τό)
belladonna, n. μπελλαντόνα (ἡ), μανικός στρύχνος (ὁ)
belle, n. καλλονή (ἡ)
bellicose, a. φιλοπόλεμος
belligerent, a. ἐμπόλεμος/ **belligerency,** n. ἐμπόλεμη κατάσταση (ἡ)
bellow, n.i. μουγκανίζω/ ~s, n. pl. φυσερό (τό)
belly, n. κοιλιά (ἡ), γαστέρα (ἡ) ~band, n. κοιλεπίδεσμος (ὁ)/ ~ful, n. μέ γεμάτη τήν κοιλιά/ I've had a ~ of your nonsense, χόρτασα μέ τίς ἀνοησίες σου
belong, v.i. ἀνήκω, ὑπάγομαι/ ~ings, n. pl. πράγματα (τά), ὑπάρχοντα (τά)
beloved, a. ἀγαπητός, προσφιλής
below, ad. & pr. κάτω, ἀποκάτω, ὑπό
belt, n. ζώνη (ἡ), ζωνάρι (τό), ζωστήρας (ὁ)/ hit below the ~, κάνω ζαβολιά/ v.t. ζώνω, περιζώνω
bemoan, v.t. θρηνῶ
bench, n. θρανίο (τό), πάγκος (ὁ)/ (leg.) ἕδρα (ἡ)
bend, n. καμπή (ἡ), κλίση (ἡ)/ v.t. κάμπτω, λυγίζω/ v.i. σκύβω, κάμπτομαι, κυρτώνω
beneath, ad. & pr. ἀπό κάτω, χαμηλότερα/ ~ notice, ἀνάξιος προσοχῆς
benediction, n. εὐλογία (ἡ)
benefaction, n. ἀγαθοεργία (ἡ), εὐεργεσία (ἡ)/ benefactor, n. εὐεργέτης (ὁ)
benefice, n. κέρδος (τό), προνόμιο (τό)/ ~nce, n. ἀγαθοεργία (ἡ)/ ~nt, a. εὐεργετικός, ἀγαθοεργός
beneficial, a. ὠφέλιμος, εὐεργετικός/ beneficiary, n. δικαιοῦχος (ὁ), εὐεργετούμενος (ὁ)
benefit, n. ὄφελος (τό), κέρδος (τό), ἐπίδομα (τό)/ (theat.) εἰδική παράσταση/ ~ society, ἀλληλοβοηθητική ἑταιρία/ v.t. βοηθῶ, ὠφελῶ/ v.i. ὠφελοῦμαι, ἐπωφελοῦμαι
benevolence, n. φιλανθρωπία (ἡ), ἀγαθοεργία (ἡ)/ benevolent, a. φιλανθρωπικός, ἀγαθοεργός
benighted, a. νυχτωμένος/ (fig.) ἀμαθής
benign, a. καλοκάγαθος/ (climate) ἤπιος/ (med.) καλοήθης

benison, n. εὐλογία (ἡ)
bent, n. κλίση (ἡ), τάση (ἡ), ῥοπή (ἡ)/ a. κυρτός
benumb, v.t. μουδιάζω, νεκρώνω
benzine, n. βενζίνη (ἡ)
benzoin, n. βενζόη (ἡ)
bequeath, v.t. κληροδοτῶ/ bequest, n. κληροδότημα (τό)
bereave, v.t. ἀποστερῶ/ the ~d, πενθοῦντες συγγενεῖς/ ~ment, n. ἀποστέρηση (ἡ), πένθος (τό)
beret, n. μπερές (ὁ), σκοῦφος (ὁ)
berry, n. μοῦρο (τό)
berth, n. καμπίνα πλοίου (ἡ), κουχέττα (ἡ)/ (harbour) ἀραξοβόλι (τό), μόλος (ὁ)/ give a wide ~ to, κρατῶ ἀπόσταση ἀσφαλείας/ v.t. ἀράζω, πλευρίζω
beryl, n. βήρυλος (ὁ)
beseech, v.t. ἱκετεύω, ἐκλιπαρῶ
beset, v.t. περικυκλώνω, περιστοιχίζω/ ~ with dangers, περιστοιχισμένος ἀπό κινδύνους
beside, pr. δίπλα, κοντά, παραπλεύρως/ ~ the point, ἄσχετα, ἀνεξάρτητα ἀπό/ ~ oneself, ἐκτός ἑαυτοῦ/ ~s, ad. ἐξάλλου
besiege, v.t. πολιορκῶ/ ~r, n. πολιορκητής (ὁ)
besmear, v.t. βρωμίζω, μολύνω
besot, v.t. ἀπομωραίνω/ ~ed. a. ἀποβλακωμένος
bespatter, v.t. πιτσιλίζω
bespeak, v.t. προστάζω, παραγγέλνω/ (reveal) φανερώνω, δείχνω
besprinkle, v.t. ῥαντίζω
best, a. καλύτερος, ἄριστος/ ~ man, κουμπάρος (ὁ), παράνυμφος (ὁ)/ ~ seller, βιβλίο μέ τήν καλύτερη κυκλοφορία/ to the ~ of my knowledge, ἀπ' ὅσο γνωρίζω/ n. τό καλύτερο μέρος/ at best, στήν καλύτερη περίπτωση/ all the ~, μέ τίς καλύτερες εὐχές/ try one's ~, κάνω ὅ,τι μπορῶ/ ad. καλύτερα
bestial, a. κτηνώδης/ ~ity, n. κτηνωδία (ἡ)
bestir, v.i. ἀνακινῶ, ταράζομαι
bestow, v.t. ἀπονέμω, χορηγῶ, ἐπιδαψιλεύω/ ~al, n. ἀπονομή (ἡ), χορήγηση (ἡ)
bestride, v.t. διασκελίζω

bet, n. στοίχημα (τό)/ v.i. στοιχηματίζω
betake (oneself) v.i. καταφεύγω
bethink (oneself) v.i. στοχάζομαι, ἀναπολῶ
betide, v.t. συμβαίνω/ *whatever may* ~, ὅ,τι καί νά συμβεῖ
betimes, ad. ἐνωρίς, ἔγκαιρα
betoken, v.t. προμηνύω, προαναγγέλλω
betray, v.t. προδίδω, ἀποκαλύπτω/ ~*al*, n. προδοσία (ἡ)/ ~*er*, n. προδότης (ὁ)
betroth, v.t. ἀρραβωνιάζω, μνηστεύω/ ~*al*, n. ἀρραβώνας (ὁ), μνηστεία (ἡ)/ ~*ed*, a. ἀρραβωνιασμένος, μνηστευμένος
better, a. καλύτερος, ἀνώτερος/ *the* ~ *part*, τό μεγαλύτερο μέρος/ *be* ~ *off*, εἶμαι σέ καλύτερη οἰκονομική κατάσταση/ ad. καλύτερα/ *all the* ~, τόσο τό καλύτερο/ *get the* ~ *of*, ἐπιβάλλομαι/ v.t. καλυτερεύω, βελτιώνω/ ~ *ment*, n. καλυτέρευση (ἡ), βελτίωση (ἡ)
between, ad. & pr. μεταξύ, ἀνάμεσα/ ~ *you and me*, μεταξύ μας/ *few and far* ~, πολύ ἀραιά (σπάνια)
bevel, n. γωνιόμετρο (τό), ἀλφάδι (τό)/ v.t. κόβω λοξά
beverage, n. ποτό (τό)
bevy, n. (birds) σμῆνος (τό)/ (girls) πλῆθος κοριτσιῶν, κοριτσομάνι (τό)
bewail, v.t. θρηνῶ
beware, v.i. προσέχω/ ~ *of the dog*, ὁ σκύλος δαγκώνει!/ ~ *of*, πρόσεχε, φυλάξου!
bewilder, v.t. συγχύζω, ζαλίζω/ ~*ment*, n. σύγχυση (ἡ), ἀμηχανία (ἡ)
bewitch, v.t. μαγεύω, γοητεύω/ (through evil eye) ματιάζω, βασκαίνω/ ~*ing*, n. μάγεμα (τό), γοητεία (ἡ), μάτιασμα (τό), βασκανία (ἡ)
beyond, ad. & pr. πιό πέρα, κεῖθε, ἐκεῖ κάτω/ *this is* ~ *me*, αὐτό δέν τό καταλαβαίνω/ n. ὑπερπέραν (τό), μετά θάνατον ζωή (ἡ)
bias, n. προκατάληψη (ἡ), παρέκλιση (ἡ)/ v.t. προκαταλαμβάνω, προδιαθέτω/ ~*ed*, a. προκατειλημμένος, μεροληπτικός
bib, v.t. συχνοπίνω/ n. σαλιάρα (ἡ)
Bible, n. Βίβλος (ἡ)/ *biblical*, a. βιβλικός
bibliography, n. βιβλιογραφία (ἡ)

bibliophile, a. βιβλιόφιλος
bibulous, a. πότης, μπεκρής
biceps, n. (med.) δισχιδής μύς (ὁ)
bicker, v.i. φιλονικῶ, φυγομαχῶ
bicycle, n. ποδήλατο (τό)/ *bicyclist*, n. ποδηλάτης (ὁ)
bid, v.t. διατάζω, προσκαλῶ/ (auction) πλειοδοτῶ/ n. πλειοδοσία (ἡ), πλειστηριασμός (ὁ)/ *make a* ~, κάνω προσφορά/ ~ *farewell*, ἀποχαιρετῶ/ ~ *welcome*, καλωσορίζω/ ~*ding*, n. πρόσκληση (ἡ), προσταγή (ἡ), πλειοδοσία (ἡ)
bide, v.i. ὑπομένω, περιμένω τήν κατάλληλη στιγμή
biennial, a. διετής, κάθε διετία
bier, n. φορεῖο (τό), φέρετρο (τό)
bifurcated, a. διχαλωτός/ *bifurcation*, n. διχάλα (ἡ), διακλάδωση (ἡ)
big, a. μεγάλος, μεγαλόσωμος, ὀγκώδης/ *talk* ~, καυχιέμαι
bigamist, n. δίγαμος (ὁ)/ *bigamy*, n. διγαμία (ἡ)
bight, n. ὁρμίσκος (ὁ), μικρός κόλπος (ὁ)
bigot, n. φανατικός, στενοκέφαλος/ ~*ry*, n. φανατισμός (ὁ), στενοκεφαλιά (ἡ)
bigwig, n. προσωπικότητα (ἡ), σημαντικό πρόσωπο (τό)
bilateral, a. διμερής
bilberry, n. βατόμουρο (τό)
bile, n. χολή (ἡ)/ ~*stone*, χολόλιθος/ *bilious*, a. χολερικός
bilge, n. κύτος (τό), ἀμπάρι (τό)/ ~ *water*, νερά στ' ἀμπάρι/ (fig.) ἀνοησίες (οἱ)
bilingual, a. δίγλωσσος
bilk, v.t. ἐξαπατῶ
bill, n. λογαριασμός (ὁ), τιμολόγιο (τό)/ (parl.) νομοσχέδιο (τό)/ (theat.) πρόγραμμα παράστασης/ (bird) ῥάμφος (τό)/ ~ *of exchange*, συναλλαγματική/ ~ *of health*, πιστοποιητικό ὑγείας (τό)/ ~ *of lading*, φορτωτική (ἡ)/ ~*poster*, n. τοιχοκολλητής (ὁ)/ *ten pound* ~, χαρτονόμισμα δέκα λιρῶν/ v.t. & i. χρεώνω, κάνω τόν λογαριασμό
billet, n. δελτίο καταυλισμοῦ (τό)/ v.t. στρατωνίζω
billiard(s), n. μπιλιάρδο (τό), σφαιριστήριο (τό)/ ~ *ball*, μπάλα μπιλιάρδου (ἡ)/

~ *room*, αἴθουσα σφαιριστηρίου (ἡ)
billion, n. δισεκατομμύριο (τό)
billow, n. μεγάλο κύμα (τό)/ v.i. κυματίζω/ ~*y*, a. κυματώδης
billy, n. χύτρα (ἡ)/ ~ *goat*, n. τράγος (ὁ)
bin, n. κιβώτιο (τό), δοχεῖο (τό)/ *dust* ~, τενεκές σκουπιδιῶν
binary, a. δυαδικός
bind, v.t. ἑνώνω, συνδέω, δένω/ *bound by one's word*, δεσμεύομαι ἀπό τήν ὑπόσχεσή μου/ *be bound to*, εἶμαι ὑποχρεωμένος/ ~*er*, n. βιβλιοδέτης (ὁ)/ ~ *ing*, n. δέσιμο (τό), βιβλιοδεσία (ἡ)
binnacle, n. θήκη πυξίδας (ἡ)
binoculars, n. pl. διόπτρα (ἡ), κυάλια (τά)
biographer, n. βιογράφος (ὁ)/ *biographical*, a. βιογραφικός/ *biography*, n. βιογραφία (ἡ)
biological, a. βιολογικός/ *biologist*, n. βιολόγος (ὁ)/ *biology*, n. βιολογία (ἡ)
biped, n. δίποδο (τό)
biplane, n. διπλάνο (τό)
birch, n. σημύδα (ἡ)/ v.t. ραβδίζω/ ~*ing*, n. ραβδισμός (ὁ)
bird, n. πουλί (τό), πτηνό (τό)/ ~*'s eye view*, κάτοψη/ ~ *of passage*, ἀποδημητικό πουλί/ ~ *lime*, n. ξόβεργα (ἡ)/ ~*watcher*, παρατηρητής πουλιῶν
birth, n. γέννηση (ἡ)/ ~ *certificate*, πιστοποιητικό γέννησης/ ~ *control*, ἔλεγχος γεννήσεων/ ~*day*, n. γενέθλια (τά)/ ~ *place*, n. γενέθλιος τόπος (ὁ)/ ~*right*, n. πρωτοτόκια (τά)/ ~ *rate*, n. γεννητικότητα (ἡ)
biscuit, n. μπισκότο (τό)
bisect, v.t. διχοτομῶ
bishop, n. ἐπίσκοπος (ὁ), δεσπότης (ὁ)/ ~*ric*, n. ἐπισκοπή (ἡ)
bismuth, n. βισμούθιο (τό)
bison, n. βόνασος (ὁ)
bit, n. κομματάκι (τό), λίγο/ (horse) χαλινάρι (τό)/ *a little* ~, λιγάκι/ *not a* ~, καθόλου/ ~ *by* ~, λίγο-λίγο
bitch, n. σκύλα (ἡ)
bite, n. δαγκωματιά (ἡ), δάγκωμα (τό)/ *have a* ~, τρώγω μιά μπουκιά/ v.t. δαγκώνω/ (fish) τσιμπῶ/ *biting*, a. δηκτικός/ ~ *wind*, διαπεραστικός κρύος ἄνεμος

bitter, a. πικρός/ (met.) δηκτικός, δριμύς/ ~ *enemy*, ἄσπονδος ἐχθρός/ ~*ness*, n. πικρία (ἡ), δηκτικότητα (ἡ), μνησικακία (ἡ)
bittern, n. ἐρωδιός (ὁ)
bitumen, n. ἄσφαλτος (ἡ), πίσσα (ἡ), κατράμι (τό)/ *bituminous*, a. ἀσφαλτώδης
bivouac, n. καταυλισμός (ὁ), κατασκήνωση (ἡ)/ v.i. κατασκηνώνω
bizarre, a. παράδοξος, ἀλλόκοτος
blab, v.t.& i. φλυαρῶ, διαδίδω
black, a. μαῦρος, μελανός/ ~*berry*, n. βατόμουρο (τό)/ ~*bird*, n. μαυροπούλι (τό), κοτσύφι (τό)/ ~*board*, n. μαυροπίνακας (ὁ)/ ~*guard*, n. παλιάνθρωπος (ὁ)/ ~*leg*, n. ἀπεργοσπάστης (ὁ)/ ~*list*, n. μαῦρος πίνακας (ὁ), κατάλογος ἀνεπιθύμητων (ὁ)/ ~*mail*, v.t. ἐκβιάζω/ n. ἐκβιασμός (ὁ)/ ~*market*, μαύρη ἀγορά (ἡ)/ ~*sheep*, ἀνάξιο μέλος οἰκογένειας/ v.t. μαυρίζω
blacken, v.t. μαυρίζω/ ~*ing*, n. μαύρισμα (τό)
blacking, n. λουστράρισμα (τό)
blackish, a. μαυριδερός/ *blackness*, n. μαυρίλα (ἡ)
blackout, n. συσκότιση (ἡ)
bladder, n. κύστη (ἡ), φούσκα (ἡ)
blade, n. λεπίδα (ἡ), λάμα (ἡ)/ (grass) μακρύ φύλλο
blame, n. κατηγορία (ἡ), ψόγος (ὁ), μομφή (ἡ)/ *take the* ~, ἀναλαμβάνω τήν εὐθύνη/ v.t. κατηγορῶ, ψέγω, μέμφομαι/ *he is to* ~, αὐτός φταίει/ ~*less*, ἄψογος/ ~ *worthy*, a. ἀξιοκατάκριτος
blanch, v.t. λευκαίνω, ἀσπρίζω/ v.i. γίνομαι ὠχρός
bland, a. ἤπιος, πράος, ἤμερος/ ~*ish*, v.t. χαϊδεύω, θωπεύω, κολακεύω/ ~*ishment*, n. χάδι (τό), θωπεία (ἡ), κολακεία (ἡ)
blank, a. κενός, λευκός, ἄγραφος/ ~ *cartridge*, ἄσφαιρη βολή/ ~ *cheque*, ἐπιταγή ἐν λευκῶ/ ~ *verse*, ἐλεύθερος στίχος/ n. κενό (τό)/ *draw a* ~, ἀποτυχαίνω
blanket, n. κουβέρτα (ἡ), πάπλωμα (τό), σκέπασμα (τό)
blare, v.i. ὀρύομαι, σαλπίζω/ n. διαπεραστική κραυγή (ἡ), σάλπισμα (τό)
blaspheme, v.i. βλαστημῶ/ *blasphemous*,

a. βλάστημος/ *blasphemy*, n. βλαστήμια (ή), βλασφημία (ή)

blast, n. (wind) φύσημα (τό)/ (bomb) ἔκρηξη (ή)/ ~ *furnace*, ὑψικάμινος (ή)/ v.t. κατακαίω, ἀνατινάσσω, καταστρέφω/ ~*ing*, n. ἔκρηξη (ή), ἀνατίναξη (ή)

blatant, a. ὁλοφάνερος κατάφωρος

blaze, n. φλόγα (ή), ἀνάφλεξη (ή)/ v.i. φλέγομαι, φεγγοβολῶ/ ~ *up*, ἀναφλέγομαι/ v.t. διαδίδω, δυσφημῶ/ ~ *a trail*, ἀνοίγω τό δρόμο, εἶμαι πρωτοπόρος

blazer, n. ζακέτα (ή), σακάκι (τό)

blazon, v.t. διακοσμῶ, διαλαλῶ/ ~*ry*, n. διακόσμηση οἰκοσήμων (ή)

bleach, n. λευκαντικό (τό)/ v.t. λευκαίνω/ ~*er*, n. λευκαντής (ὁ)/ ~*ing*, n. λεύκανση (ή)

bleak, a. ἔρημος, ἀνεμοδαρμένος, ψυχρός, μελαγχολικός

bleary, a. τσιμπλιασμένος

bleat, n. βέλασμα (τό)/ v.i. βελάζω

bleed, v.i. αἱμορραγῶ, ματώνω/ *my heart* ~*s*, ἡ καρδιά μου ματώνει/ v.t. κάνω ἀφαίμαξη, φλεβοτομῶ/ ~*ing*, n. αἱμορραγία (ή), ἀφαίμαξη (ή)/ a. ματωμένος

blemish, n. κηλίδα (ή), στίγμα (τό), ἐλάττωμα (τό)/ v.t. κηλιδώνω, χαλῶ

blend, n. μίγμα (τό)/ v.t. ἀνακατεύω, συγχωνεύω/ v.i. συγχωνεύομαι

bless, v.t. εὐλογῶ/ ~*ed*, a. εὐλογημένος, μακάριος/ ~*edness*, n. ἁγιότητα (ή), μακαριότητα (ή)/ ~*ing*, n. εὐλογία (ή)

blight, n. καταστροφή φυτῶν (ή), ἐρυσίβη (ή)/ v.t. φθείρω, ἀφανίζω, μαραίνω

blind, a. τυφλός/ ~ *alley*, ἀδιέξοδος δρόμος/ ~ *man's buff*, τυφλόμυγα/ n. παραθυρόφυλλο (τό)/ *Venetian* ~*s*, παντζούρια (τά)/ v.t. τυφλώνω/ ~*fold*, a. μέ δεμένα τά μάτια/ v.t. δένω τά μάτια/ ~*ly*, ad. τυφλά/ ~*ness*, n. τυφλότητα (ή)

blink, v.t. & i. μισοκλείνω τά μάτια, τρεμοσβήνω/ ~ *the facts*, κλείνω τά μάτια στήν ἀλήθεια/ ~*ers*, n. pl. παρωπίδες (οἱ)

bliss, n. εὐτυχία (ή), μακαριότητα (ή)/ ~*ful*, a. εὐτυχισμένος, μακάριος

blister, n. φουσκάλα (ή)/ v.i. βγάζω φουσκάλες, φουσκαλιάζω

blithe, a. εὔθυμος, χαρούμενος, φαιδρός

blizzard, n. χιονοστρόβιλος (ὁ)

bloat, v.t. φουσκώνω, πρήζω/ *become* ~*ed*, πρήζομαι/ n. καπνιστή ρέγγα (ή)

blob, n. φυσαλίδα (ή)

bloc, n. μπλόκ (τό), συγκρότημα (τό)

block, n. μεγάλο κομμάτι/ (obstacle) ἐμπόδιο (τό)/ (naut.) τροχαλία (ή)/ (printing) κλισέ (τό)/ ~ *of buildings*, τετράγωνο (τό)/ ~ *of flats*, πολυκατοικία (ή)/ ~ *letters*, κεφαλαῖα γράμματα/ v.t. ἐμποδίζω

blockade, n. ἀποκλεισμός/ v.t. ἀποκλείω

blockage, n. ἐμπόδιο (τό), φράξιμο (τό)

blockhead, n. χοντροκέφαλος (ὁ)

blond, a. ξανθός/ ~*e*, a. ξανθιά

blood, n. αἷμα (τό)/ *in cold* ~, ἐν ψυχρῶ/ ~*hound*, n. ἰχνηλάτης σκύλος/ ~ *letting*, ἀφαίμαξη (ή)/ ~ *poisoning*, δηλητηρίαση τοῦ αἵματος/ ~ *pressure*, πίεση τοῦ αἵματος/ ~*shed*, n. αἱματοχυσία (ή)/ ~*shot*, a. κατακόκκινος/ ~ *thirsty*, a. αἱμοδιψής, αἱμοβόρος/ ~ *transfusion*, μετάγγιση αἵματος/ ~ *vessel*, αἱμοφόρο ἀγγεῖο/ ~*less*, a. ἀναίμακτος/ ~*y*, a. αἱματηρός, αἱμόφυρτος

bloom, n. ἄνθος (τό), ἄνθηση (ή)/ (met.) ἀκμή (ή)/ v.i. ἀνθίζω, ἀκμάζω/ ~*ing*, a. ἀνθισμένος.

blossom, n. ἄνθος (τό)/ v.i. ἀνθίζω

blot, n. κηλίδα (ή)/ v.t. κηλιδώνω, στεγνώνω τό μελάνι/ ~*ting*, a. ἀπορροφητικός/ ~*ting paper*, στυπόχαρτο

blotch, n. ἐξάνθημα (τό)

blouse, n. μπλούζα (ή)

blow, n. χτύπημα (τό)/ (wind) φύσημα (τό)/ *in one* ~, μεμιᾶς/ *come to* ~*s*, ἐρχόμαστε στά χέρια/ *take a* ~, δέχομαι χτύπημα/ ~*hole*, n. ἀεριστήρας (ὁ)/ ~*lamp*, n. λάμπα ἀερίου (ή)/ v.t. φυσῶ/ ~ *one's nose*, φυσῶ τήν μύτη μου/ ~ *one's own trumpet*, περιαυτολογῶ, διαφημίζομαι/ ~ *up*, ἀνατινάζω/ ~ *out*, σβήνω/ ~ *one's brains*, τινάζω τά μυαλά μου

blubber, n. λίπος φάλαινας (τό)/ v.i. κλαψουρίζω

bludgeon, n. ρόπαλο (τό)/ v.t. χτυπῶ μέ ρόπαλο

blue, a. μπλέ, γαλάζιος/ ~ *bell*, n. ὑάκιν-

θος (ὁ)/ ~beard, n. κυανοπώγων (ὁ)/
~bottle, n. κρεατόμυγα (ἡ)/ ~eyed, a.
γαλανομάτης/ ~print, n. μπλέ (γαλά-
ζιο) χρῶμα (τό)/ out of the ~, ξαφνικά,
χωρίς προειδοποίηση/ v.t. χρωματίζω
μπλέ
bluff, a. παχουλός, ἀπότομος/ n. μπλόφα
(ἡ)/ (geol.) ἀπότομη ἀκτή (ἡ)/ v.i.
μπλοφάρω
bluish, a. γαλαζωπός
blunder, n. σφάλμα (τό), γκάφα (ἡ)/ v.i.
κάνω γκάφα
blunderbuss, n. τρομπόνι (τό)
blunt, a. ἀμβλύς, τραχύς/ v.t. ἀμβλύνω,
στομώνω/ ~ly, ad. ἀπότομα/ ~ness, n.
ἀμβλύτητα (ἡ), τραχύτητα (ἡ)
blur, n. λεκές (ὁ), κηλίδα (ἡ)/ v.t. λεκιά-
ζω, κηλιδώνω, συγχύζω/ (sight, etc.)
θαμπώνω
blurt, v.t. μιλῶ ἀπερίσκεπτα
blush, n. κοκκίνισμα (τό), ἐρύθημα (τό)/
v.i. κοκκινίζω, ἐρυθριῶ
bluster, n. ὁρμή (ἡ), μανία (ἡ)/ v.i. φυσῶ
μέ μανία/ (fig.) κομπάζω, καυχιέμαι/
~er, n. καυχηματίας (ὁ)
boa, n. βόας (ὁ)
boar, n. κάπρος (ὁ), ἀγριογούρουνο (τό)
board, n. σανίδα (ἡ)/ (company) συμβού-
λιο (τό)/ notice ~, πίνακας ἀνακοινώ-
σεων/ on ~, πάνω σέ πλοῖο/ ~ of
Trade, Ὑπουργεῖο Ἐμπορίου/ ~ and
lodging, τροφή καί διαμονή/ v.t. σανι-
δώνω/ (a vehicle) ἐπιβιβάζομαι/ ~
with, διαμένω μέ/ ~er, n. οἰκότροφος
(ὁ)/ ~ ing school, οἰκοτροφεῖο (τό)
boast, n. καύχηση (ἡ)/ v.t. καυχιέμαι,
ὑπερηφανεύομαι/ ~er, n. καυχηματίας
(ὁ)/ ~ing, a. κομπαστικός
boat, n. βάρκα (ἡ), λέμβος (ἡ), πλοιάριο
(τό)/ ~hook, γάντζος (ὁ)/ ~ house, n.
νεώσοικος (ὁ)/ ~man, n. βαρκάρης (ὁ)/
~ing, n. βαρκάδα (ἡ), λεμβουχία (ἡ)
bob, n. χοροπήδημα (τό)/ (curtsy) ὑπό-
κλιση (ἡ)/ (hair) κόψιμο μαλλιῶν (τό)/
v.i. χοροπηδῶ, ταλαντεύομαι/ v.t. κό-
βω τά μαλλιά κοντά
bobbin, n. πηνίο (τό), μπομπίνα (ἡ)
bobsleigh, n. ἔλκηθρο (τό)
bode, v.t. προμαντεύω, προοιωνίζομαι/
n. οἰωνός (ὁ)

bodice, n. στηθόδεσμος (ὁ), σουτιέν (τό)
bodiless, a. ἀσώματος/ bodily, a. σωματι-
κός, ὑλικός/ ad. ὑλικά
bodkin, n. σακοράφα (ἡ)
body, n. σῶμα (τό)/ in a ~, ὁλόκληρο,
ὅλο μαζί/ ~guard, n. σωματοφυλακή
(ἡ), σωματοφύλακας (ὁ)/ ~work, n.
σκελετός (ὁ)
bog, n. ἕλος (τό), βάλτος (ὁ)/ get ~ ged
down, ἀποτελματώνομαι
bogey, n. φόβητρο (τό), μπαμπούλας (ὁ)
boggle, v.i. ἐμποδίζομαι, ὑποχωρῶ/ the
mind ~s, τό μυαλό σταματάει
boggy, a. ἑλώδης, βαλτώδης
bogus, a. ψεύτικος, κάλπικος
boil, n. βράσιμο (τό)/ (med.) σπυρί (τό)/
bring to the ~, φθάνω στό βράσιμο/ v.t.
βράζω, μαγειρεύω/ ~ away, ἐξατμίζο-
μαι/ it ~s down to, ἡ οὐσία εἶναι ὅτι/
~ed, a. βρασμένος, βραστός/ ~er, n.
καζάνι (τό), λέβητας (ὁ)/ ~ er house,
λεβητοστάσιο/ ~ing, n. βράσιμο (τό)/
~ing point, σημεῖο βρασμοῦ/ (fig.) κρί-
σιμο σημεῖο (τό)
boisterous, a. θορυβώδης
bold, a. τολμηρός, ἄφοβος/ ~ faced, a.
ἀναιδής, θρασύς/ make ~, ἀποτολμῶ,
παίρνω τό θάρρος/ ~ness, n. τόλμη (ἡ),
θράσος (τό)
bole, n. κορμός (ὁ)
bolster, n. προσκέφαλο (τό), μαξιλάρι
(τό)/ v.t. ὑποστηρίζω, ἐνθαρρύνω
bolt, n. σύρτης (ὁ), μάνταλο (τό)/ (thun-
der) ἀστροπελέκι (τό)/ v.t. συρτώνω,
μανταλώνω/ (eat) καταβροχθίζω/ v.i.
ἀφηνιάζω, φεύγω ὁρμητικά/ ~ upright,
a. ὁλόρθος
bomb, n. βόμβα (ἡ)/ atomic ~, ἀτομική
βόμβα/ time ~, ὡρολογιακή βόμβα/ ~
carrier, βομβαρδιστικό ἀεροπλάνο
(τό)/ ~shell, ὁβίδα (ἡ)/ ~ shelter, ὑπό-
γειο καταφύγιο/ v.t. βομβαρδίζω, ρί-
χνω βόμβες/ ~ard, v.t. βομβαρδίζω/
~ardment, n. βομβαρδισμός (ὁ)
bombast, n. στόμφος (ὁ)/ ~ic, a. στομφώ-
δης
bomber, n. βομβαρδιστικό ἀεροπλάνο
(τό)/ bombing, n. βομβαρδισμός (ὁ)
bona fide, a. καλόπιστος/ n. καλή πίστη
(ἡ)

bond, n. δεσμός (ὁ)/ (fin.) ὁμολογία (ἡ)/ v.t. συνδέω, δεσμεύω/ ~ed goods, ἐμπορεύματα σέ διαμετακόμιση/ ~ed warehouse, ἀποθήκη ἐμπορευμάτων σέ διαμετακόμιση

bondage, n. δουλεία (ἡ)

bondholder, n. ὁμολογιοῦχος (ὁ)

bondsman, n. ἐγγυητής (ὁ)

bone, n. κόκαλο (τό)/ ~ of contention, ἀμφισβητούμενο/ v.t. ξεκοκαλίζω/ ~less, a. χωρίς κόκαλα

bonfire, n. πυρά (ἡ)

bonnet, n. σκοῦφος (ὁ), σκούφια (ἡ)/ (car) καπό (τό)

bonny, a. κομψός, χαριτωμένος

bonus, n. δῶρο (τό), ἔκτακτη ἀμοιβή (ἡ), βραβεῖο (τό)

booby, n. ἀνόητος ἄνθρωπος/ ~trap, βόμβα-παγίδα (ἡ)

book, n. βιβλίο (τό)/ ~binder, n. βιβλιοδέτης (ὁ)/ ~case, n. βιβλιοθήκη (ἡ)/ ~keeper, n. λογιστής (ὁ)/ ~keeping, n. λογιστική (ἡ)/ ~maker, n. αὐτός πού στοιχηματίζει στόν ἱππόδρομο/ ~seller, n. βιβλιοπώλης (ὁ), ~shelf, n. ράφι βιβλιοθήκης (τό)/ ~worm, n. βιβλιοφάγος (ὁ)

book, v.t. προκρατῶ, κλείνω θέση/ ~ing, n. καταχώρηση (ἡ), κλείσιμο θέσης (τό)/ ~ clerk, ὑπάλληλος γιά τήν κράτηση θέσεων/ ~ office, θυρίδα (ἡ)

booklet, n. βιβλιαράκι (τό), φυλλάδιο (τό)

boom, n. ξαφνική ἐπιτυχία, ἀκμή (ἡ)/ (naut.) ζεῦγμα (τό)/ (noise) βοή (ἡ)/ v.i. βροντῶ/ business is ~ing, οἱ δουλειές πάνε περίφημα

boomerang, n. μπούμερανγκ (τό)

boon, n. εὔνοια (ἡ), χάρη (ἡ), εὐεργέτημα (τό)/ ~ companion, εὔθυμος σύντροφος

boor, n. χωριάτης (ὁ), ἀγροῖκος (ὁ)/ ~ish, a. ἄξεστος

boost, n. ὤθηση (ἡ)/ v.t. ὠθῶ, προβάλλω, ἐνισχύω

boot, n. ὑπόδημα (τό), μπότα (ἡ)/ (car) πίσω μέρος αὐτοκινήτου/ v.t. κλωτσῶ/ ~ black, n. λοῦστρος (ὁ)/ ~ed, a. παπουτσωμένος/ ~ee, n. πέδιλο (τό)

booth, n. παράπηγμα (τό), περίπτερο (τό)

bootless, a. ἀνώφελος, ἄχρηστος

booty, n. λάφυρο (τό)

booze, n. ποτό (τό)/ v.i. πίνω, μπεκρουλιάζω

boracic, a. βορικός/ borax, n. βόραξ (ὁ), χρυσόκολλα (ἡ)

border, n. ἄκρο (τό), σύνορο (τό), ὅριο (τό)/ ~land, n. συνοριακή περιοχή/ ~line, n. συνοριακή γραμμή (ἡ), ὁροθετική γραμμή/ ~line case, ἀμφισβητούμενη περίπτωση/ v.t. γειτονεύω, περιορίζω/ ~ on, πλησιάζω, μοιάζω

bore, n. τρύπα (ἡ), ὀπή (ἡ), ἄνοιγμα (τό)/ (tech.) διαμέτρημα (τό)/ he is a ~, εἶναι βαρετός/ v.t. ἀνοίγω τρύπα/ be ~d, βαριέμαι/ ~dom, n. ἀνία (ἡ), βαρεμάρα (ἡ)/ ~r, n. τρύπανο (τό), τρυπητήρι (τό)

boric, a. βορικός/ ~ acid, βορικό ὀξύ (τό)

boring, a ἀνιαρός/ ~ machine, διατρητική μηχανή (ἡ)

born, p.p. & a. γεννημένος

borne, p.p. φορητός, μεταφερτός

borough, n. δῆμος (ὁ)

borrow, v.t. δανείζομαι

bosh, n. μωρολογία (ἡ)

bosom, n. στῆθος (τό)/ ~ friend, ἐπιστήθιος φίλος (ὁ)

boss, n. ἐργοδότης (ὁ), ἀφεντικό (τό), διευθυντής (ὁ)/ (tech.) ἐξόγκωμα (τό)/ (naut.) ἄξονας (ὁ)/ v.t. διευθύνω, ὁδηγῶ, κάνω τό ἀφεντικό/ ~y, a. αὐταρχικός

botanic(al), a. βοτανικός/ botanist, n. βοτανολόγος (ὁ)/ botanize, v.i. μελετῶ βοτανική/ botany, n. βοτανική (ἡ)

botch, n. μπάλωμα (τό), ἄτεχνη δουλειά/ v.t. μπαλώνω/ ~ up, ἐπισκευάζω ἄτεχνα/ ~er, n. μπαλωματής (ὁ)

both, a & pn. ἀμφότεροι/ ~ of us, καί οἱ δυό μας

bother, n. ἐνόχληση (ἡ), μπελάς (ὁ), σκοτούρα (ἡ)/ v.t. ἐνοχλῶ, πειράζω, στενοχωρῶ/ don't ~ me, μή μ' ἐνοχλεῖς/ ἄφησέ με ἤσυχο

bottle, n. μπουκάλι (τό), φιάλη (ἡ)/ ~ feeding, γάλα μέ τό μπιμπερό/ v.t. μποτιλιάρω, ἐμφιαλώνω/ ~neck, n. παρεμπόδιση (ἡ)

bottom, n. πυθμένας (ὁ), δυθός (ὁ), πάτος (ὁ), δάθος (τό)/ (body) πισινός (ὁ)/ *from the ~ of my heart,* μέ ὅλη μου τήν καρδιά/ a. τελευταῖος/ ~*less,* a. ἀπύθμενος
boudoir, n. μπουντουάρ (τό)
bough, n. κλωνάρι (τό)
boulder, n. μεγάλη στρογγυλή πέτρα (ἡ)
bounce, n. ἀναπήδημα (τό)/ v.i. ἀναπηδῶ/ (cheque) ἐπιστρέφω ἐπιταγή γιατί δέν ἔχει ἀντίκρυσμα
bound, n. πήδημα (τό), ὅριο (τό)/ *out of* ~*s,* ἀπαγορεύεται ἡ εἴσοδος/ a. ὑποχρεωμένος, προωρισμένος/ *be ~ for,* κατευθύνομαι πρός/ v.t. πηδῶ/ v.i. περιορίζομαι/ ~*ary,* σύνορο (τό)
bounden, a. ὑπόχρεος
boundless, a. ἀπέραντος, ἀπεριόριστος
bounteous, bountiful, a. πλουσιοπάροχος, γενναιόδωρος/ *bounty,* n. γενναιοδωρία (ἡ)/ (govern.) κρατική ἐπιχορήγηση
bouquet, n. ἀνθοδέσμη (ἡ), μπουκέτο (τό)
bourgeois, n. ἀστός (ὁ)
bout, n. περίοδος ἔντονης δραστηριότητας/ (med.) κρίση (ἡ), προσβολή (ἡ), παροξυσμός (ὁ)
bovine, a. βοδινός
bow, n. ὑπόκλιση (ἡ)/ v.i. ὑποκλίνομαι/ *~ one's head,* σκύβω τό κεφάλι
bow, n. τόξο (τό)/ (violin) δοξάρι (τό)/ (ship) πλώρη (ἡ)/ ~*legged,* a. στραβοπόδης
bowels, n. pl. ἐντόσθια (τά), ἔντερα (τά)
bower, n. συστάδα δέντρων (ἡ)
bowl, n. λεκάνη (ἡ), γαβάθα (ἡ)/ v.i. παίζω μέ σφαίρα/ *~ ing,* n. παιχνίδι μέ σφαίρα, μπώλινγκ (τό)
bowman, n. τοξότης (ὁ)
bowsprit, n. πρόβολος (ὁ), πομπρέσσο (τό)
box, n. κουτί (τό), κιβώτιο (τό)/ (theat.) θεωρεῖο (τό)/ *~ office success,* ἐπιτυχία θεατρικοῦ ἔργου/ *ballot ~,* κάλπη/ ~*wood,* κουτί ἀπό πύξο/ v.t. δίνω μπουνιές, πυγμαχῶ/ ~*er,* n. πυγμάχος (ὁ)/ ~*ing match,* πυγμαχικός ἀγώνας/ *~ ing gloves,* γάντια πυγμαχίας
boy, n. ἀγόρι (τό), παιδί (τό)

boycott, n. ἀποκλεισμός (ὁ), μποϋκοτάρισμα (τό)
boyhood, n. παιδική ἡλικία (ἡ)/ *boyish,* a. παιδικός, ἀγορίστικος
brace, n. δεσμός (ὁ), λουρί (τό), κορδόνι (τό)/ (pair) ζευγάρι (τό)/ ~*s,* n. pl. τιράντες (οἱ)
bracelet, n. βραχιόλι (τό)
bracken, n. φτέρη (ἡ)
bracket, n. (tech.) ὑποστήριγμα (τό), βραχίονας στήριξης (ὁ)/ (print.) παρένθεση (ἡ), ἀγκύλη (ἡ)/ v.t. βάζω σέ παρένθεση/ *~ together,* συνδέω, βάζω μαζί
brackish, a. γλυφός
brad, n. ἀκέφαλο καρφί (τό)/ ~*awl,* n. σουβλί (τό), τρυπητήρι (τό)
brag, n. καύχηση (ἡ), κομπασμός (ὁ), φούμαρα (τά)/ v.i. κομπάζω, καυχιέμαι/ ~*gadocio,* n. καυχησιάρης (ὁ)/ *~ gart,* n. καυχησιάρης (ὁ), φανφαρόνος (ὁ)
braid, v.t. πλέκω, δένω/ (hair) κάνω κοτσίδα/ n. πλεξούδα (ἡ)/ (hair) κοτσίδα (ἡ)
brain, n. ἐγκέφαλος (ὁ), μυαλό (τό)/ ~*drain,* μετανάστευση ἐγκεφάλων/ *~ fever,* ἐγκεφαλονωτιαία μηνιγγίτιδα/ *~ washing,* πλύση ἐγκεφάλου/ *~ wave,* φαεινή ἰδέα, ξαφνική ἔμπνευση
brainless, a. ἄμυαλος/ *brainy,* a. μυαλωμένος, διανοούμενος
braise, v.t. σιγοψήνω
brake, n. φρένο (τό), τροχοπέδη (ἡ)/ v.t. φρενάρω/ (bot.) χαμόκλαδα (τά)/ (flax) κόπανος (ὁ)/ ~*sman,* n. χειριστής φρένων (ὁ)
bramble, n. βατομουριά (ἡ)
bran, n. πίτουρο (τό)
branch, n. (tree) κλαδί (τό), κλαρί (τό)/ (subdivision) κλάδος (ὁ), (bank etc) ὑποκατάστημα (τό), παράρτημα (τό)/ (road) διακλάδωση (ἡ)/ (river) βραχίονας (ὁ)/ v.i. διακλαδίζομαι, βγάζω κλαδιά/ *~ off,* ἀποχωρίζομαι/ *~ out,* ἐπεκτείνομαι
branchia, n. pl. βράγχια (τά)
brand, n. δαυλός (ὁ), σφραγίδα (ἡ)/ (trade) ἐμπορικό σῆμα (τό), μάρκα (ἡ)/ *~ new,* ὁλοκαίνουριος/ v.t. σφραγίζω,

σημαδεύω/ it is ~ ed on my memory, ἔχει ἐντυπωθεῖ στήν μνήμη μου/ ~ed, a. σφραγισμένος, σημαδεμένος

brandish, v.t. κραδαίνω, ἐπισείω

brandy, n. κονιάκ (τό), μπράντυ (τό)

brash, a. ἀπερίσκεπτος, παράτολμος

brass, n. ὀρείχαλκος (ὁ), μπροῦντζος (ὁ)/ top ~, ἀνώτερα στελέχη/ ~ band, ὀρχήστρα πνευστῶν

brassière, n. στηθόδεσμος (ὁ), σουτιέν (τό)

brat, n. παλιόπαιδο (τό), βρωμόπαιδο (τό)

bravado, n. ψευτοπαλικαριά (ἡ), νταηλίκι (τό)

brave, a. γενναῖος, θαρραλέος/ v.t. ἀψηφῶ, ἀντιμετωπίζω μέ θάρρος/ ~ry, n. γενναιότητα (ἡ), ἀνδρεία (ἡ), παλικαριά (ἡ)

bravo, int. μπράβο

brawl, n. καβγάς (ὁ), συμπλοκή (ἡ), φασαρία (ἡ)/ v.i. καβγαδίζω, διαπληκτίζομαι/ ~er, n. καβγατζής (ὁ), θορυβοποιός (ὁ)

brawn, n. δύναμη (ἡ)/ ~y, a. εὔρωστος, γεροδεμένος

bray, n. γκάρισμα (τό)/ (fig.) φωνασκία (ἡ)/ v.i. γκαρίζω, οὐρλιάζω

brazen, a. ὀρειχάλκινος, μπρούντζινος/ ~ faced, χαλκοπρόσωπος, ἀδιάντροπος

brazier, n. χαλκωματάς (ὁ)

Brazilian, a. βραζιλιακός/ n. Βραζιλιανός (ὁ)

breach, n. (relations) ρήξη (ἡ), διακοπή (ἡ)/ (law) παράβαση (ἡ)/ ~ of promise, ἀθέτηση (ἡ)/ ~ of the peace, διατάραξη ἡσυχίας

bread, n. ψωμί (τό)/ daily ~, ἐπιούσιος/ ~ winner, ἐκεῖνος πού συντηρεῖ τήν οἰκογένεια

breadth, n. φάρδος (τό), πλάτος (τό), εὐρύτητα (ἡ)

break, n. σπάσιμο (τό), ρωγμή (ἡ), θλάση (ἡ)/ lunch ~, μεσημεριανή διακοπή ἐργασίας, διάλειμμα, ἀνάπαυλα/ ~ of day, αὐγή, ξημέρωμα/ v.t. σπάζω, σπάω, συντρίβω, θρυμματίζω, κομματιάζω/ (law) παραβιάζω/ (relations) διακόπτω/ (record) καταρρίπτω/ (pro-

mise) ἀθετῶ/ ~ the news, ἀναγγέλλω/ v.i. συντρίβομαι, ραγίζω/ ~ away, ἀποχωρῶ, ἀποσκιρτῶ/ ~ down, χαλῶ, παθαίνω βλάβη/ (nervous) παθαίνω νευρικό κλονισμό/ ~ off, διακόπτω, διαλύω/ ~ out, ἐκδηλώνομαι, ξεσπῶ/ ~through, βρίσκω διέξοδο, ἀνοίγω δρόμο/ ~ up, διαλύω/ ~able, a. εὔθραυστος/ ~age, n. σπάσιμο (τό), ράγισμα (τό)/ ~down, n. σταμάτημα (τό), μηχανική βλάβη (ἡ)/ (nervous) νευρικός κλονισμός (ὁ)

breaker, n. μεγάλο κύμα/ (ice) παγοθραυστικό (τό)

breakfast, n. πρωινό (τό), πρόγευμα (τό)/ v.i. παίρνω πρωινό, προγευματίζω

breakneck, a. ἐπικίνδυνος, ἰλιγγιώδης

breakthrough, n. διέξοδος (ἡ), καινοτομία (ἡ)

breakwater, n. κυματοθραύστης (ὁ)

breast, n. στῆθος (τό), θώρακας (ὁ), στέρνο (τό)

breath, n. ἀναπνοή (ἡ), ἀνάσα (ἡ), πνοή (ἡ)/ be out of ~, λαχανιάζω/ take ~, παίρνω ἀναπνοή/ ~e, v.i. ἀναπνέω, ὑπάρχω/ v.t. φυσῶ/ ~ing, n. ἀνάσα (ἡ), ἀναπνοή (ἡ)/ ~ing space, διάλειμμα, ἀνάπαυλα/ ~less, a. ξέπνοος, λαχανιασμένος/ (dead) ἄψυχος, ξεψυχισμένος

breech, n. ὀπίσθια (τά)/ (mil.) πυγαῖο (τό), οὐραῖο (τό)/ ~es, n. pl. βρακί (τό), παντελόνι (τό)

breed, n. γενιά (ἡ), ράτσα (ἡ)/ v.t. γεννῶ, ἀνατρέφω/ v.i. πολλαπλασιάζομαι, ἀναπαράγομαι/ ~er, n. (cattle) κτηνοτρόφος (ὁ)/ (tech.) πηρηνικός ἀντιδραστήρας (ὁ)/ ~ing, n. ἀναπαραγωγή (ἡ), πολλαπλασιασμός (ὁ)/ (cattle) ἐκτροφή ζώων/ good ~ing, καλή ἀνατροφή, καλοί τρόποι

breeze, n. αὔρα (ἡ), ἀεράκι (τό), μπάτης (ὁ)/ ~y, a. εὐάρεστος/ (person) ζωηρός, κεφάτος

brethren, n. pl. ἀδελφοί (οἱ), ἀδέλφια (τά)

brevity, n. συντομία (ἡ), βραχύτητα (ἡ), βραχυλογία (ἡ)

brew, n. ρόφημα (τό), ποτό (τό), μπύρα (ἡ)/ v.t. βράζω, παρασκευάζω, ἀνακατεύω/ v.i. προετοιμάζομαι/ (storm)

προμηνύομαι/ ~er, n. ζυθοποιός (ὁ), ποτοποιός (ὁ)/ ~ery, n. ζυθοποιεῖο (τό), ποτοποιεῖο (τό)
briar, n. ρείκι (τό)
bribe, n. δωροδοκία (ἡ)/ v.t. δωροδοκῶ/ ~ry, n. δωροδοκία (ἡ), ἐξαγορά (ἡ)
brick, n. τοῦβλο (τό), πλίνθος (ὁ)/ (person) ἐντάξει ἄνθρωπος/ ~layer, n. πλινθοκτίστης (ὁ), ἐργάτης τούβλων/ ~work, n. πλινθοδομή (ἡ), κτίσιμο μέ τοῦβλα/ ~yard, n. πλινθοποιεῖο (τό), φοῦρνος τούβλων (ὁ)
bridal, a. γαμήλιος, νυφικός/ bride, n. νύφη (ἡ)/ bridegroom, n. γαμπρός (ὁ)/ bridesmaid, n. παράνυφη (ἡ)
bridge, n. γέφυρα (ἡ), γεφύρι (τό)/ (cards) μπρίτζ (τό)/ v.t. γεφυρώνω, συνδέω/ ~head, n. προγεφύρωμα (τό)
bridle, n. χαλινάρι (τό), γκέμια (τά)/ ~ path, μουλαρόδρομος/ v.t. χαλιναγωγῶ, συγκρατῶ, δαμάζω
brief, n. δικογραφία (ἡ), περίληψη (ἡ)/ accept a ~, ἀναλαμβάνω ὑπόθεση/ a. σύντομος, συνοπτικός, βραχύς/ in ~, σύντομα, μέ λίγα λόγια/ v.t. ἐνημερώνω, δίνω ὁδηγίες/ ~case, n. χαρτοφύλακας (ὁ)/ ~ing, n. ἐνημέρωση (ἡ)/ ~ly, ad. σύντομα, συνοπτικά
brig, n. μπρίκι (τό)
brigade, n. ταξιαρχία (ἡ)/ fire ~, σῶμα πυροσβεστικῆς
brigadier, n. ταξίαρχος (ὁ)
brigand, n. ληστής (ὁ)/ ~age, n. ληστεία (ἡ)
brigantine, n. (naut.) μπρατσέρα (ἡ)
bright, a. λαμπρός, φωτεινός, ἀστραφτερός, λαμπερός/ (person) ἔξυπνος/ ~en, v.t. φωτίζω, λαμπρύνω, ζωηρεύω/ v.i. φωτίζομαι, ἀστράφτω, λάμπω/ ~ly, ad. ζωηρά, λαμπερά, φωτεινά/ ~ness, n. λαμπρότητα (ἡ), φωτεινότητα (ἡ), λάμψη (ἡ)/ (in a person) ἐξυπνάδα (ἡ)
brilliancy, n. λαμπρότητα (ἡ), λάμψη (ἡ)/ brilliant, a. λαμπρός, φωτεινότατος/ (mind) σπινθηροβόλος
brim, n. (cup or cliff) χεῖλος (τό), ἄκρη (ἡ)/ (hat) γύρος (ὁ)/ ~ful, a. ξέχειλος, ὑπερπλήρης, γεμάτος
brimstone, n. θειάφι (τό)
brine, n. ἅλμη (ἡ), σαλαμούρα (ἡ)

bring, v.t. φέρνω/ ~ about, προκαλῶ, προξενῶ/ ~ back, ἐπαναφέρω/ ~ down, ἀνατρέπω, καταρρίπτω/ (price) ρίχνω, μειώνω τήν τιμή/ ~ forth, παράγω, γεννῶ/ ~ forward, παρουσιάζω/ (date) ἐπισπεύδω/ ~ in (income) ἀποφέρω/ (arrest) συλλαμβάνω/ ~ on, ἐπιφέρω, προξενῶ/ ~ out, ἀποκαλύπτω/ ~ round, συνεφέρνω/ ~ to a close, τερματίζω, ὁλοκληρώνω/ ~ to light, ἀποκαλύπτω/ ~ up (child) ἀνατρέφω/ (a subject) φέρνω θέμα σέ συζήτηση
brink, n. χεῖλος (τό)
brisk, a. γοργός, ζωηρός, βιαστικός
briskness, n. γοργότητα (ἡ), ζωηράδα (ἡ)
bristle, n. σκληρή τρίχα (ἡ)/ v.i. μοῦ σηκώνονται οἱ τρίχες/ ~ with difficulties, εἶμαι γεμάτος δυσκολίες/ bristly, a. ἀγκαθωτός, σκληρός
British, a. βρετανικός/ n. Βρετανός (ὁ)
brittle, a. εὔθραυστος
broach, n. τρυπάνι (τό), σουβλί (τό), περόνη (ἡ)/ v.t. ἀνοίγω τρύπα, τρυπῶ/ ~ an idea, ρίχνω μιά ἰδέα, ἀνοίγω συζήτηση
broad, a. φαρδύς, πλατύς, εὐρύς/ in ~ daylight, μέρα μεσημέρι/ ~cast, n. ἐκπομπή (ἡ), μετάδοση (ἡ)/ v.t. ἐκπέμπω, μεταδίδω/ ~caster, n. ἐκφωνητής (ὁ)/ ~minded, a. μέ εὐρεῖες ἀντιλήψεις, ἀνεκτικός, προοδευτικός/ ~minded, a. φαρδύπλατος/ ~side, n. πλευρά πλοίου (ἡ)/ be on ~ (naut.) πλευριστά
broaden, v.t. & i. εὐρύνω, πλαταίνω/ broadly, ad. πλατιά, γενικά, σέ γενικές γραμμές/ ~ speaking, καθαρά καί ξάστερα
brocade, n. ὕφασμα μπροκάρ (τό)
brochure, n. φυλλάδιο (τό), διαφημιστικό (τό), μπροσούρα (ἡ)
broke, a. ἀπένταρος
broken, p.p. & a. σπασμένος, κομματιασμένος, συντριμμένος/ ~ hearted, ἀπελπισμένος, περίλυπος, ἀπαρηγόρητος
broker, n. μεσίτης (ὁ), πράκτορας (ὁ)/ ~age, n. μεσιτεία (ἡ), μεσιτικά (τά)
bromide, n. βρωμίδιο (τό)/ bromine, n. βρώμιο (τό)
bronchial, a. βρογχικός/ bronchitis, n.

βρογχίτιδα (ή)/ bronchus, n. βρόγχος
(ό)
bronze, n. μπρούντζος (ό), ὀρείχαλκος
(ό)/ B~ Age, Ἐποχή τοῦ Χαλκοῦ/ a.
μπρούντζινος, ὀρειχάλκινος/ v.t. ἐπι-
χαλκώνω/ v.i. μαυρίζω, ἀποκτῶ
μπρούντζινο χρῶμα
brooch, n. γυναικεία καρφίτσα (ή), πόρ-
πη (ή)
brood, n. γέννα (ή), γένος (τό)/ v.i. κλω-
σῶ, ἐπωάζω/ (fig.) μελαγχολῶ/ ~y, a.
μελαγχολικός/ ~y hen, κλώσα
brook, n. ρυάκι (τό), ποταμάκι (τό)/ v.t.
ἀνέχομαι, ὑπομένω
broom, n. σκούπα (ή)/ (bot.) ἀμμόχορτο
(τό)/ ~stick, n. σκουπόξυλο (τό)
broth, n. ζωμός κρέατος (ό)
brothel, n. πορνεῖο (τό), οἶκος ἀνοχῆς
(ό), μπορδέλο (τό)
brother, n. ἀδελφός (ό)/ ~ in arms, συνά-
δελφος ἐν ὅπλοις/ ~ in law, γαμπρός,
κουνιάδος/ ~hood, ἀδελφοσύνη, ἀδελ-
φότητα/ ~ly, a. αδελφικός/ ad. ἀδελφι-
κά
brougham, n. κλειστή ἄμαξα (ή)
brow, n. φρύδι (τό), μέτωπο (τό)/ (cliff)
ἄκρη (ή)/ ~beat, v.t. φοβερίζω
brown, a. καστανός, καφετής, σκοῦρος/
(bread, sugar) μαῦρος/ v.t. τσιγαρίζω/
v.i. μαυρίζω, σκουραίνω/ ~ish, a.
σκουρωπός, μελαψός
browse, n. νεαρός βλαστός (ό)/ v.t. & i.
βόσκω/ (books) φυλλομετρῶ
bruise, n. μωλωπισμός (ό)/ v.t. μωλωπί-
ζω
brunette, n. μελαχρινή (ή), μελαψή (ή)
brunt, n. ὀρμή (ή), φόρα (ή)
brush, n. βούρτσα (ή), βούρτσισμα (τό)/
~wood, n. χαμόκλαδα (τά)/ v.t. βουρ-
τσίζω/ (shoes) γυαλίζω/ ~ away,
ἀγνοῶ, παραμερίζω/ ~ up, βελτιώνω
τίς γνώσεις μου
brutal, a. κτηνώδης/ ~ity, n. κτηνωδία
(ή), σκληρότητα (ή)/ ~ize, v.t. & i.
ἀποκτηνώνω
brute, n. κτῆνος (τό)/ brutish, a. κτηνώ-
δης, ἀπάνθρωπος
bubble, n. φούσκα (ή), μπουρμπουλήθρα
(ή)/ v.i. παφλάζω, κοχλάζω/ ~ over,
ξεχειλίζω

buccaneer, n. πειρατής (ό)
buck, n. ἀρσενικό ἐλάφι ἤ ἄλλο ζῶο (τό)/
(person) κομψευόμενος/ ~shot, χοντρά
σκάγια/ ~skin, δέρμα ἀγριοκάτσικου/
v.i. ἀναπηδῶ
bucket, n. κουβάς (ό), κάδος (ό)/ kick the
~, τά τινάζω, τινάζω τά πέταλα
buckle, n. κόπιτσα (ή), πόρπη (ή)/ (hair)
μπούκλα (ή)/ v.t. κουμπώνω, θηλυκώ-
νω/ v.i. λυγίζω, κάμπτομαι, στρεβλώ-
νομαι/ ~r, n. μικρή ἀσπίδα (ή)
buckram, n. κανναβόπανο (τό)
buckwheat, n. σίκαλη (ή)
bucolic, a. βουκολικός
bud, n. βλαστός (ό), μπουμπούκι (τό)/
v.i. βλασταίνω, μπουμπουκιάζω
Buddhism, n. Βουδισμός (ό)/ Buddhist, n.
Βουδιστής (ό)/ a. βουδιστικός
budge, v.i. σαλεύω, μετακινοῦμαι, ἀλλά-
ζω θέση/ v.t. μετακινῶ
budget, n. προϋπολογισμός (ό)/ v.t.
προϋπολογίζω
buffalo, n. βουβάλι (τό), βούβαλος (ό),
βόνασος (ό)
buffer, n. προφυλακτικό (τό), ἀπο-
κρουστήρας (ό), ἀμορτισέρ (τό)/ ~ sta-
te, οὐδέτερο κράτος ἀνάμεσα σέ δύο
ἀντίπαλα κράτη
buffet, n. μπουφές (ό), κυλικεῖο (τό)
buffoon, n. γελωτοποιός (ό), παλιάτσος
(ό)/ ~ery, n. γελωτοποιία (ή)
bug, n. κοριός (ό), ἔντομο (τό)/ (tech.)
μικρόφωνο (κρυφό) (τό)
bugbear, n. φόβητρο (τό)
bugle, n. σάλπιγκα (ή)/ ~r, n. σαλπιγ-
κτής (ό)
build, v.t. κτίζω, οἰκοδομῶ/ ~ up, ἀνα-
πτύσσω/ well built, καλοδεμένος, γερο-
δεμένος/ ~er, n. κτίστης (ό), οἰκοδό-
μος (ό)/ ~ing, n. κτίριο (τό), οἰκοδόμη-
μα (τό)/ ~ing ground, οἰκοδομήσιμο
οἰκόπεδο/ ~ing society, στεγαστική
ἑταιρία
bulb, n. (bot.) βολβός (ό)/ (elec.) ἠλε-
κτρική λάμπα (ή), λαμπτήρας (ό)/
~ous, a. βολβώδης
bulge, n. ἐξόγκωμα (τό), κύρτωμα (τό)/
v.i. ἐξογκώνομαι, προεξέχω
bulk, n. ὄγκος (ό), μάζα (ή), ποσότητα
(ή)/ sell in ~, πουλῶ χονδρικά/ ~head,

n. διαχώρισμα (τό)/ ~y, a. ὀγκώδης
bull, n. ταῦρος (ὁ)/ (Papal.) βούλα (ἡ)/ ~ *calf,* n. μοσχάρι (τό), μόσχος (ὁ) ~*dog,* n. μπουλντόκ (τό)/ ~*fight,* n. ταυρομαχία (ἡ)/ ~'*s eye,* κέντρο σκοπευτικοῦ δίσκου
bullet, n. σφαίρα (ἡ)/ ~*proof,* ἀλεξίσφαιρος
bulletin, n. δελτίο (τό)/ *news* ~, δελτίο εἰδήσεων
bullion, n. ὄγκος χρυσοῦ (ἀσημιοῦ) (ὁ)
bullock, n. μικρός ταῦρος (ὁ)
bully, n. ψευτοπαλικαράς (ὁ), νταής (ὁ), θρασύδειλος (ὁ)/ v.t. ἐκφοβίζω, κάνω τόν παλικαρά
bulwark, n. προπύργιο (τό), ὀχύρωμα (τό)/ (ship) παραπέτο (τό)
bumble-bee, n. κηφήνας (ὁ)
bump, n. χτύπημα (τό)/ v.t. & i. χτυπῶ, προσκρούω/ ~*er,* n. προφυλακτήρας (ὁ)
bumpkin, n. ἀγροῖκος (ὁ), χωριάτης (ὁ)
bumptious, a. ἀλαζονικός, φαντασμένος
bun, n. γλυκό ψωμάκι (τό)/ (hair) κότσος (ὁ)
bunch, n. δεσμίδα (ἡ), μάτσο (τό)/ (grapes) τσαμπί (τό)/ (keys) ἀρμαθιά (ἡ)/ v.t. δένω σέ δεμάτια, ἀρμαθιάζω/ v.i. συνωστίζομαι
bundle, n. δέμα (τό), μπόγος (ὁ)/ *a* ~ *of nerves,* μέ τεντωμένα τά νεύρα/ v.t. περιτυλίγω, συσκευάζω/ ~ *someone off,* ἀπαλλάσσομαι
bung, n. πῶμα (τό), τάπα (ἡ)/ v.t. φράζω
bungalow, n. μονόροφο σπιτάκι (τό)
bungle, n. ἄτεχνη ἐργασία/ v.t. ἐργάζομαι ἄτεχνα/ ~*r,* n. ἀδέξιος τεχνίτης (ἐργάτης)
bunion, n. κάλος (ὁ)
bunk, n. κουχέτα ναύτη (ἡ)
bunker, n. καρβουναποθήκη (ἡ)/ (mil.) καταφύγιο (τό)
buoy, n. σημαδούρα (ἡ)/ v.t. κρατῶ στήν ἐπιφάνεια/ ~ *up,* ὑποστηρίζω, ὑποβαστάζω/ ~*ancy,* n. ζωηρότητα (ἡ), φαιδρότητα (ἡ)/ ~*ant,* a. ζωηρός, ἐλαφρός
burden, n. βάρος (τό), φορτίο (τό)/ v.t. ἐπιβαρύνω, φορτώνω/ ~*some,* a. φορτικός, ἐπαχθής
burdock, n. τρίβολος (ὁ)

bureau, n. γραφεῖο (τό), ὑπηρεσία (ἡ)/ ~*cracy,* n. γραφειοκρατία (ἡ)/ ~*crat,* n. γραφειοκράτης (ὁ)/ ~*cratic,* a. γραφειοκρατικός
burglar, n. διαρρήκτης (ὁ)/ ~*y,* n. διάρρηξη (ἡ)/ *burgle,* v.t. κάνω διάρρηξη
Burgundy, n. κρασί Βουργουνδίας (τό)
burial, n. ταφή (ἡ), θάψιμο (τό)/ ~ *ground,* νεκροταφεῖο (τό)/ ~ *service,* νεκρώσιμη ἀκολουθία (ἡ)
burlesque, n. παρωδία (ἡ)/ v.t. παρωδῶ
burly, a. παχύς
burn, n. κάψιμο (τό)/ v.t. καίω/ v.i. καίγομαι, φλέγομαι/ ~ *down,* κατακαίω, πυρπολῶ/ ~*one's fingers,* τήν παθαίνω/ ~*er,* n. καυστήρας (ὁ)/ ~ *ing,* n. κάψιμο (τό)/ a. καυστικός, καυτερός
burnish, v.t. γυαλίζω, στιλβώνω, λουστράρω/ ~*er,* n. στιλβωτής (ὁ), λουστραδόρος (ὁ)/ ~*ing,* n. στίλβωση (ἡ)
burnt, p.p. & a. καμένος/ ~ *offering,* ὁλοκαύτωμα (τό)
burrow, n. ὑπόγεια τρύπα (ἡ)/ v.i. τρυπώνω, φωλιάζω
bursar, n. ταμίας (ὁ), οἰκονόμος (ὁ)/ ~*y,* n. ταμεῖο (τό)
burst, n. ἔκρηξη (ἡ), ξέσπασμα (τό)/ v.t. παραβιάζω/ v.i. ξεσπῶ/ ~ *into bloom,* ἀνθίζω, μπουμπουκιάζω/ ~ *into tears,* ξεσπῶ σέ δάκρυα/ ~ *into the room,* εἰσβάλλω στό δωμάτιο/ ~ *open,* ἀνοίγω διάπλατα/ ~ *into laughter,* σκάζω στά γέλια/ ~ *with envy,* σκάω ἀπό ζήλια
bury, v.t. θάβω, παραχώνω/ ~ *one's face in one's hands,* σκεπάζω τό πρόσωπο μέ τίς παλάμες/ ~ *oneself in books,* βυθίζομαι στήν μελέτη
bus, n. λεωφορεῖο (τό)/ *miss the* ~, χάνω τό λεωφορεῖο
bush, n. θάμνος (ὁ)/ (tech.) ἀντιτριβικός σωλήνας (ὁ)
bushel, n. μόδιο (τό)
bushy, a. θαμνώδης/ (beard) πυκνή γενειάδα/ (tail) φουντωτή οὐρά
business, n. ἐργασία (ἡ), ἀσχολία (ἡ), δουλειά (ἡ), ἐπιχείρηση (ἡ)/ *on* ~, γιά δουλειά/ *big* ~, μεγαλοεπιχειρήσεις/ ~ *hours,* ὧρες ἐργασίας/ *mind your own* ~, μήν ἀνακατεύεσαι, κάνε τή δουλειά

σου/ ~like, a. θετικός, πρακτικός/ ~man, n. ἐπιχειρηματίας (ὁ)
buskin, n. πέδιλο (τό)
bust, n. προτομή (ή)
bustle, n. φασαρία (ή), θόρυβος (ὁ), ταραχή (ή)/ v.i. κάνω φασαρία, προκαλῶ ταραχή
busy, a. ἀπασχολημένος, πολυάσχολος/ ~body, n. πολυπράγμων (ὁ)
but, c. ἀλλά, ὅμως/ all ~ one, ὅλοι ἐκτός ἀπό ἕνα/ anything ~, ὁτιδήποτε ἐκτός ἀπό/ ~ a moment ago, μέχρι πρίν λίγο
butcher, n. κρεοπώλης (ὁ), χασάπης (ὁ)/ v.t. σφάζω, κρεουργῶ/ ~y, n. σφαγή (ή), μακελιό (τό)
butler, n. οἰκονόμος (ὁ)/ wine ~, οἰνοχόος (ὁ)
butt, n. ἄκρο (τό)/ (gun) ὑποκόπανος (ὁ)/ (head) κουτούλημα (τό)/ v.t. & i. κουτουλῶ/ ~ in, διακόπτω, παρεμβαίνω
butter, n. βούτυρο (τό)/ v.t. βουτυρώνω
butterfly, n. πεταλούδα (ή)
buttock(s), n. γλουτός (ὁ), πισινός (ὁ)
button, n. κουμπί (τό)/ (elec.) διακόπτης (ὁ)/ ~hole, n. κουμπότρυπα (ή)/ v.t. κουμπώνω
buttress, n. ἀντιστήριγμα (τό)/ v.t. ἀντιστηρίζω
buxom, a. παχουλός, εὔσωμος
buy, v.t. ἀγοράζω/ ~ off, ἐξαγοράζω/ ~ up, προαγοράζω ὅλη τήν ποσότητα/ ~er, n. ἀγοραστής (ὁ)/ ~ing, n. ἀγορά (ή), ἀγόρασμα (τό)
buzz, n. βόμβος (ὁ), βοή (ή), βούισμα (τό)/ v.i. βουίζω, βομβῶ
buzzard, n. γεράκι (τό)
by, pr. & ad. ἀπό, κοντά, πρός, σέ/ ~ air (mail), ἀεροπορικῶς/ ~ and large, σέ γενικές γραμμές/ ~ law, σύμφωνα μέ τό νόμο/ ~ no means, σέ καμιά περίπτωση/ ~ tomorrow, μέχρι αὔριο/ ~ then, ἕως τότε/ ~ the way, μιά καί τό 'φερε ή κουβέντα
byelection, n. ἀναπληρωματική ἐκλογή (ή)
bygone, a. περασμένος/ let ~s be ~s, περασμένα ξεχασμένα
by-law, n. τοπικός νόμος (ὁ), τοπικός κανονισμός (ὁ)
by-pass, n. δρόμος προσπελάσεως (ὁ)

by-product, n. ὑποπροϊόν (τό), παράγωγο (τό)
bystander, n. θεατής (ὁ)
byway, n. δευτερεύων δρόμος (ὁ)
byword, n. παροιμία (ή), ρητό (τό)/ become a ~, γίνομαι γνωστός σάν, γίνομαι ταυτόσημος μέ
Byzantine, n. & a. Βυζαντινός (ὁ)

C

cab, n. ἄμαξα (ή), ταξί (τό)/ ~driver, ἀμαξάς (ὁ), ταξιτζής (ὁ)
cabal, n. μυστική ὀργάνωση (ή), πολιτική σκευωρία/ ~istic, a. καβαλιστικός
cabaret, n. καμπαρέ (τό), μουσικό θέαμα (τό)
cabbage, n. λάχανο (τό)/ head of ~, μυαλό ἀπό ἄχυρο
cabin, καμπίνα (ή), θάλαμος (ὁ)/ ~ boy, καμαρότος (ὁ)
cabinet, n. (govern) ὑπουργικό συμβούλιο (τό)/ (furniture) ἑρμάρι (τό)/ (room) ἰδιαίτερο δωμάτιο/ ~ maker, ἐπιπλοποιός (ὁ)/ ~ work, λεπτουργική (ή)
cable, n. καλώδιο (τό), παλαμάρι (τό)/ (telegram) τηλεγράφημα (τό)/ v.t. τηλεγραφῶ
cabriolet, n. μόνιππο (τό)
cache, n. κρύπτη (ή)
cackle, n. κακάρισμα (τό)/ v.i. κακαρίζω/ ~r, n. φλύαρος (ὁ)
cactus, n. κάκτος (ὁ)
cad, n. παλιάνθρωπος (ὁ)
cadaver, n. πτώμα (τό)/ ~ous, a. πτωματώδης, σκελετωμένος
caddy, n. τενεκεδένιο κουτί τσαγιού
cadence, n. ρυθμός (ὁ)/ (mus.) καντέντσα (ή)
cadet, n. εὔελπης (ὁ), δόκιμος (ὁ)
café, n. καφενεῖο (τό)/ caffeine, n. καφεΐνη (ή)

cage, n. κλουβί (τό)/ v.t. ἐγκλωβίζω/ ~y, a. ἐπιφυλακτικός

cajole, v.t. δελεάζω, κολακεύω/ ~r, n. κόλακας (ὁ)/ ~ry, n. κολακεία (ἡ)

cake, n. γλύκισμα (τό), κέικ (τό)/ (soap etc.) κομμάτι (τό)

calamitous, a. ὀλέθριος, καταστροφικός/ calamity, n. ὄλεθρος (ὁ), συμφορά (ἡ), πανωλεθρία (ἡ)

calcareous, a. ἀσβεστολιθικός/ calcine, v.t. ἀσβεστοποιῶ/ calcium, n. ἀσβέστιο (τό)

calculable, a. μετρήσιμος, ὑπολογίσιμος/ calculate, v.t. ὑπολογίζω, λογαριάζω, ἐκτιμῶ/ calculated, a. ὑπολογισμένος, σκόπιμος/ calculation, n. ὑπολογισμός (ὁ), λογαριασμός (ὁ)/ calculator, n. ὑπολογιστική μηχανή (ἡ)/ calculus, n. (med.) πέτρα (ἡ)/ (maths) λογισμός (ὁ)

calendar, n. ἡμερολόγιο (τό), ἡμεροδείκτης (ὁ)

calf, n. μοσχάρι (τό)/ (leg) γάμπα (ἡ), ἄντζα (ἡ)/ ~skin, n. δέρμα μόσχου, βιδέλο (τό)

calibrate, v.t. διαβαθμίζω, διαμετρῶ/ calibration, n. διαβάθμιση (ἡ), διακρίβωση (ἡ), βαθμονόμηση (ἡ)/ calibre, n. διαμέτρημα (τό)/ (for a person) σημασία, ἀξία

calico, n. βαμβακερό ὕφασμα (τό), κάμποτο (τό)

caliph, n. χαλίφης (ὁ)/ ~ate, n. χαλιφάτο (τό)

call, n. φωνή (ἡ), κραυγή (ἡ)/ (telephone) κλήση (ἡ)/ (visit) ἐπίσκεψη (ἡ)/ on ~, στήν ἄμεση διάθεση/ v.t.&i. καλῶ, φωνάζω, ὀνομάζω/ (telephone) τηλεφωνῶ/ (visit) ἐπισκέπτομαι/ (meeting) συγκαλῶ/ ~ back, φωνάζω πίσω/ ~ for, ζητῶ/ ~ for someone, περνῶ νά πάρω κάποιον ἀπό τό σπίτι του/ ~ in (fin.) ἀπαιτῶ ἐξόφληση/ ~ off, ματαιώνω, ἀκυρώνω/ ~ over, διαβάζω τόν κατάλογο, κάνω προσκλητήριο/ ~ up, καλῶ στά ὅπλα/ ~er, n. ἐπισκέπτης (ὁ)/ ~ing, n. ἐπάγγελμα (τό), ἀπασχόληση (ἡ), ἀποστολή (ἡ)/ inner ~ing, θεία ἐπιταγή (ἡ), ἐσωτερική παρόρμηση (ἡ)

callous, a. ροζιασμένος, γεμάτος κάλους/ (met.) ἀναίσθητος, ἀσυγκίνητος/

~ness, n. ἀναισθησία (ἡ), σκληρότητα (ἡ)

callow, a. χωρίς φτερά

calm, n. ἠρεμία (ἡ), γαλήνη (ἡ), ἡσυχία (ἡ)/ a. ἤρεμος, γαλήνιος, ἥσυχος/ v.t. ἠρεμῶ, γαληνεύω, καλμάρω/ ~ly, ad. ἤρεμα, ἥσυχα, ψύχραιμα/ ~ness, n. ἠρεμία (ἡ), γαλήνη (ἡ), ἡσυχία (ἡ)

calorie, n. θερμίδα (ἡ)/ calorific, a. θερμογόνος

calumniate, v.t. συκοφαντῶ, κακολογῶ, διαβάλλω/ calumny, n. συκοφαντία (ἡ), κακολογία (ἡ), διαβολή (ἡ)

Calvary, n. Γολγοθάς (ὁ)

calve, v.i. γεννῶ

Calvinism, n. Καλβινισμός (ὁ)/ Calvinist, n. Καλβινιστής (ὁ)

calyx, n. κάλυκας (ὁ)

cam, n. ἔκκεντρο (τό), δόντι (τό)

cambric, n. καμπραί (τό), μπατίστα (ἡ)

camel, n. καμήλα (ἡ)

camelia, n. καμέλια (ἡ)

cameo, n. καμέα (ἡ)

camera, n. φωτογραφική μηχανή (ἡ), μηχανή λήψης (ἡ), κάμερα (ἡ)/ ~man, ὀπερατέρ (ὁ)/ ~ obscura, σκοτεινός θάλαμος (ὁ)

camomile, n. χαμομήλι (τό)

camouflage, n. καμουφλάρισμα (τό), καμουφλάζ (τό), ἀπόκρυψη (ἡ)/ v.t.&i. καμουφλάρω, ἀποκρύπτω

camp, n. στρατόπεδο (τό), κατασκήνωση (ἡ), καταυλισμός (ὁ)/ ~ bed, n. κρεβάτι ἐκστρατείας (τό)/ v.i. κατασκηνώνω, στρατοπεδεύω

campaign, n. ἐκστρατεία (ἡ)/ v.i. ἐκστρατεύω/ ~er, n. ἀγωνιστής (ὁ)/ old ~er, παλαίμαχος (ὁ), βετεράνος (ὁ)

campanile, n. καμπαναριό (τό), κωδωνοστάσιο (τό)/ campanula, n. καμπανούλα (ἡ), καμπανάκι (τό)

camphor, n. καμφορά (ἡ)

can, n. δοχεῖο (τό), τενεκές (ὁ), κονσερβοκούτι (τό)/ oil ~, λαδωτήρι (τό)/ carry the ~, πληρώνω τήν νύφη/ v.t. κονσερβοποιῶ/ ~ned, a. κονσερβαρισμένος

can, v. aux. μπορῶ, ἔχω τήν δυνατότητα

Canadian, n. Καναδός (ὁ)/ a. καναδικός

canal, n. διώρυγα (ἡ), κανάλι (τό)/

~ization, διοχέτευση (ή)/ (med.) δια-
σωλήνωση (ή)/ ~ize, v.t. κατασκευάζω
διώρυγες, ἀρδεύω
canary, n. καναρίνι (τό)
cancel, v.t. ἀκυρώνω, καταργῶ, ματαιώ-
νω, διαγράφω/ ~ation, n. ἀκύρωση
(ή), κατάργηση (ή), ματαίωση (ή), δια-
γραφή (ή)
cancer, n. καρκίνος (ὁ)/ ~ous, a. καρκι-
νώδης, καρκινωματώδης
candelabrum, n. καντηλέρι (τό), κηροπή-
γιο (τό), μανουάλι (τό)
candescent, a. πυρακτωμένος
candid, a. εἰλικρινής, ἀμερόληπτος
candidate, n. ὑποψήφιος (ὁ)/ *candidature,*
n. ὑποψηφιότητα (ή)
candied, a. ζαχαρωμένος, γκλασέ
candle, n. κερί (τό)/ ~stick, n. κηροπήγιο
(τό)
candour, n. εἰλικρίνεια (ή), εὐθύτητα (ή)
candy, n. ζαχαρωτό τό/ ~floss, n. μαλλί
τῆς γριᾶς (τό)
cane, n. καλάμι (τό), μπαστούνι (τό),
βέργα (ή)/ v.t. ραβδίζω
canine, a. σκυλίσιος/ ~ tooth, σκυλόδον-
το (τό)
canister, n. μεταλλικό κουτί (τό)
canker, n. ἕλκος (τό), πληγή (ή)/ ~
worm, n. σαράκι (τό)/ κάμπια (ή)/
v.t.&i. κατατρώγω
cannabis, n. κάνναβις (ή), χασίς (τό)
cannibal, n. καννίβαλος (ὁ), ἀνθρωπο-
φάγος (ὁ)/ ~ism, n. καννιβαλισμός (ὁ),
ἀνθρωποφαγία (ή)
cannon, n. πυροβόλο (τό), κανόνι (τό)/ ~
ball, μπάλα, (ή) ὀβίδα (ή)/ ~fodder,
τροφή γιά τά κανόνια/ ~shot, βολή κα-
νονιοῦ
cannonade, n. κανονιοβολισμός (ὁ)/ v.t.
κανονιοβολῶ
canny, a. ἐπιφυλακτικός, συνετός, προ-
σεκτικός
canoe, n. κανό (τό), μονόξυλο (τό)
canon, n. (eccl.) κανόνας (ὁ), ἱερός κανό-
νας (ὁ)/~ ical, a. κανονικός/ ~ization,
n. ἁγιοποίηση (ή), ἀνακήρυξη σέ ἅγιο/
~ize, v.t. ἁγιοποιῶ, ἀνακηρύσσω σέ
ἅγιο
canopy, n. κουβούκλιο (τό), ὑπόστεγο
(τό), μαρκίζα (ή)

cant, n. κλίση (ή), πλάγιασμα (τό)/ v.t.
κλίνω, γέρνω
cantankerous, a. ἐριστικός, καβγατζής,
δύστροπος
cantata, n. καντάτα (ή)
canteen, n. καντίνα (ή)
canter, n. τριποδισμός (ὁ)/ v.i. τριποδίζω
canticle, n. ὕμνος ἀπό τήν Παλαιά Δια-
θήκη
canton, n. καντόνι (τό)
canvas, n. καμβάς (ὁ), κανναβάτσο (τό)
canvass, v.t. ἐξετάζω, ἐρευνῶ/ (elect.)
ψηφοθηρῶ/ ~er, n. ψηφοθήρας (ὁ)/
~ing, n. ψηφοθηρία (ή)
canyon, n. φαράγγι (τό)
cap, n. κασκέτο (τό), σκοῦφος (ὁ), τρα-
γιάσκα (ή), πηλίκιο (τό)/ (tech.) κά-
λυμμα (τό), πῶμα (τό)/ set one's ~ at,
κάνω τά γλυκά μάτια/ v.t. καλύπτω,
σκεπάζω, σφραγίζω
capability, n. ἱκανότητα (ή), ἐπιδεξιότη-
τα (ή)/ *capable,* a. ἱκανός, ἄξιος/ ~ of,
ἱκανός νά
capacious, a. εὐρύχωρος, ἐκτεταμένος/
capacitate, v.t. ἐξουσιοδοτῶ/ *capacity,*
n. ἱκανότητα (ή), ἰδιότητα (ή)/ (phys.)
χωρητικότητα (ή)
caparison, n. στολίδι (τό)/ (horse) φάλα-
ρα ἀλόγου (τά)/ v.t. στολίζω μέ φάλα-
ρα
cape, n. κάπα (ή), μπέρτα (ή)/ (geog.)
ἀκρωτήριο (τό)
caper, n. χοροπήδημα (τό)/ v.i. χοροπη-
δῶ
capillary, n. τριχοειδές ἀγγείο (τό)/ a.
τριχοειδής
capital, n. (arch.) κιονόκρανο (τό)/
(geog.) πρωτεύουσα (ή)/ (fin.) κεφά-
λαιο (τό)/ a. κύριος, κεφαλαιώδης/ ~
letter, κεφαλαῖο γράμμα/ ~ punish-
ment, θανατική καταδίκη
capitalism, n. καπιταλισμός (ὁ)/ *capita-
list,* n. καπιταλιστής (ὁ)
capitalistic, a. καπιταλιστικός/ *capitalize,*
v.t. κεφαλαιοποιῶ, ἐκμεταλλεύομαι
capitulate, v.t. συνθηκολογῶ/ *capitula-
tion,* n. συνθηκολόγηση (ή)
capon, n. καπόνι (τό)
caprice, n. καπρίτσιο (τό), παραξενιά
(ή), πεῖσμα (τό)/ *capricious,* a. καπρι-

τσιόζος, πεισματάρης

capsize, v.t.&i. ἀναποδογυρίζω, ἀνατρέπω

capstan, n. μποτσεργάτης (ὁ)

capsule, n. κάψουλα (ἡ)

captain, n. ἀρχηγός (ὁ), ἡγέτης (ὁ)/ (mil.) λοχαγός (ὁ)/ (sea) πλοίαρχος (ὁ), καπετάνιος (ὁ), κυβερνήτης (ὁ)/ (sport) ἀρχηγός ὁμάδας (ὁ)

caption, n. (newspaper) τίτλος (ὁ), ἐπικεφαλίδα (ἡ)/ (photo) λεζάντα (ἡ)/ (film) ὑπότιτλος (ὁ)

captious, a. φιλοκατήγορος, ἐπικριτικός

captivate, v.t. σαγηνεύω, θέλγω, γοητεύω/ captivation, n. σαγήνη (ἡ), θέλγητρο (τό), γοητεία (ἡ)/ captive, n. αἰχμάλωτος (ὁ), δέσμιος (ὁ), σκλαβωμένος (ὁ)/ captivity, n. αἰχμαλωσία (ἡ), capture, n. σύλληψη (ἡ), συλλαμβάνω, αἰχμαλωτίζω

Capuchin, n. Καπουτσίνος (ὁ)

car, n. αὐτοκίνητο (τό), ὄχημα (τό)/ ~ park, χῶρος στάθμευσης (ὁ), πάρκινγκ (τό)

caramel, n. καραμέλα (ἡ)

caravan, n. τροχόσπιτο (τό)/ (desert) καραβάνι (τό)

carbolic, a. φαινικός, καρβολικός/ ~ acid, φαινικό ὀξύ (τό)

carbon, n. ἄνθρακας (ὁ)/ ~ dioxide, διοξείδιο τοῦ ἄνθρακα (τό)/ ~paper, καρμπόν (τό)/ ~ic, a. ἀνθρακικός/ ~iferous, a. ἀνθρακοφόρος, λιθανθρακοφόρος/ ~ize, v.t. ἀπανθρακώνω

carbuncle, n. γρανάτης (ὁ)/ (med.) ἄνθρακας (ὁ)

carburettor, n. ἐξαερωτήρας (ὁ), καρμπυρατέρ (τό)

carcass, n. κουφάρι (τό), πτῶμα ζώου (τό)

card, n. κάρτα (ἡ), δελτίο (τό)/ post ~, δελτάριο (τό), κάρτ ποστάλ (ἡ)/ playing ~s, τράπουλα/ ~board, n. χαρτόνι (τό)/ v.t. ξαίνω, λαναρίζω

cardigan, n. πλεχτή ζακέτα (ἡ), κάρντιγκαν (τό)

cardinal, n. καρδινάλιος (ὁ)/ a. κύριος, βασικός, θεμελιώδης/ ~ numbers, ἀπόλυτα ἀριθμητικά/ ~ points, τά τέσσερα σημεῖα τοῦ ὁρίζοντα

care, n. φροντίδα (ἡ), μέριμνα (ἡ), περιποίηση (ἡ), προσοχή (ἡ)/ medical ~, ἰατρική περίθαλψη/ take ~, πρόσεχε, φυλάξου!/ take ~ of, περιποιοῦμαι, φροντίζω/ v.i. φροντίζω, νοιάζομαι, ἐνδιαφέρομαι/ I don't ~, δέν μέ νοιάζει

career, n. καριέρα (ἡ), σταδιοδρομία (ἡ)/ v.i. ὁρμῶ, κινοῦμαι ὁλοταχῶς

carefree, a. ξέγνοιαστος, ἀνέμελος

careful, a. προσεκτικός, προσεγμένος/ ~ness, n. προσεκτικότητα (ἡ), προσοχή (ἡ)

careless, a. ἀπρόσεκτος, ἀπερίσκεπτος, ἀμελής/ ~ness, n. ἀπροσεξία (ἡ), ἀπερισκεψία (ἡ)

caress, n. χάδι (τό), θωπεία (ἡ)/ v.t. χαϊδεύω, θωπεύω

caretaker, n. ἐπιστάτης (ὁ), θυρωρός (ὁ)

cargo, n. φορτίο (τό)/ ~ship, φορτηγό (τό)

caricature, n. γελοιογραφία (ἡ), καρικατούρα (ἡ)/ v.t. γελοιογραφῶ/ caricaturist, n. γελοιογράφος (ὁ)

carmine, n. καρμίνιο (τό)

carnage, n. σφαγή (ἡ), μακελειό (τό)

carnal, a. σαρκικός, σωματικός, αἰσθησιακός/ ~ity, n. λαγνεία (ἡ), φιληδονία (ἡ)

carnation, n. γαρύφαλλο (τό)

carnival, n. ἀποκριά (ἡ), καρναβάλι (τό)

carnivora, n.pl. σαρκοφάγα (τά)/ carnivorous, a. σαρκοφάγος, κρεοφάγος

carol(s), n. κάλαντα (τά)

carotid, n. καρωτίδα (ἡ)

carousal, n. γλέντι (τό), ξεφάντωμα (τό), κρασοπότι (τό)/ carouse, n. γλέντι (τό), κρασοπότι (τό)

carp, n. κυπρίνος (ὁ)/ v.i. ψέγω, ἀποπαίρνω, κατσαδιάζω/ ~ing, n. ψόγος (ὁ), κατσάδα (ἡ), γκρίνια (ἡ)

carpal, a. καρπιαῖος

carpenter, n. μαραγκός (ὁ), ξυλουργός (ὁ)/ v.i. κάνω μαραγκοδουλειές/ carpentry, n. μαραγκοσύνη (ἡ), ξυλουργική (ἡ)

carpet, n. χαλί (τό), ταπέτο (τό)/ v.t. στρώνω μέ χαλί

carriage, n. μεταφορά (ἡ)/ (vehicle) ἅμαξα (ἡ), ὄχημα (τό)/ (railway) βαγόνι (τό)/ (of a proposal) ἔγκριση (ἡ)/ gun

~, κιλλίβαντας πυροβόλου/ ~ free, δωρεάν μεταφορά/ ~ paid, μέ τά μεταφορικά πληρωμένα

carrier, n. μεταφορέας (ὁ)/ (med.) φορέας (ὁ)/ ~ bag, τσάντα γιά τά ψώνια/ luggage ~, ἀχθοφόρος/ ~ pigeon, ταχυδρομικό περιστέρι

carrion, n. ψοφίμι (τό)

carrot, n. καρότο (τό)

carry, v.t. μεταφέρω, φέρω, βαστῶ/ ~ a proposal, ἐγκρίνω πρόταση/ ~ away, παρασύρω/ be carried away, ἐνθουσιάζομαι/ ~ forward, μεταφέρω στήν ἑπόμενη στήλη/ ~ off, κάνω ἀπαγωγή/ ~ on, συνεχίζω/ ~ out, ἐκτελῶ, ἐφαρμόζω/ ~ the day, θριαμβεύω/ ~ weight, ἀσκῶ μεγάλη ἐπιρροή

cart, n. κάρο (τό), καροτσάκι (τό)/ ~ horse, ἄλογο κάρου/ ~ age, n. μεταφορά μέ κάρο, ἀγώγι (τό)

cartilage, n. χόνδρος (ὁ), τραγανό (τό)

cartoon, n. γελοιογραφία (ἡ), σκίτσο (τό)/ ~ ist, n. γελοιογράφος (ὁ), σκιτσογράφος (ὁ)

cartridge, n. φυσίγγιο (τό), φυσέκι (τό)/ ~ belt, φυσεκλίκι (τό)/ ~ case, φυσιγγιοθήκη (ἡ)

carve, v.t. λαξεύω, σκαλίζω/ (meat) κόβω, τεμαχίζω/ ~ up, κομματιάζω/ carving, n. σκάλισμα (τό), γλυπτό (τό), ξυλόγλυπτο (τό)

cascade, n. καταρράκτης (ὁ), ὑδατόπτωση (ἡ)

case, n. περίπτωση (ἡ), ζήτημα (τό)/ (leg.) ὑπόθεση (ἡ), δίκη (ἡ)/ (med.) κρούσμα (τό)/ (gram.) πτώση (ἡ)/ (box) κουτί (τό), κιβώτιο (τό), θήκη (ἡ)/ in ~, σέ περίπτωση πού/ in any ~, σέ κάθε περίπτωση, ὁπωσδήποτε/ lower ~, μικρά γράμματα/ upper ~, κεφαλαῖα γράμματα/ v.t. περικλείω, περιβάλλω, ἐπενδύω

case-hardened, a. ἀναίσθητος, πορωμένος

casemate, n. πυροβολεῖο (τό)

casement, n. παράθυρο (τό)

cash, n. μετρητά (τά), ρευστό χρῆμα (τό)/ ~ book, βιβλίο ταμείου/ in ~, τοῖς μετρητοῖς/ out of ~, ἀπένταρος/ ~ on delivery, πληρωτέο ἅμα τῇ παραδόσει/

v.t. εἰσπράττω, ἐξαργυρώνω/ ~ ier, n. ταμίας (ὁ)

cashmere, n. κασμήρι (τό)

casing, n. περίβλημα (τό), ἐπένδυση (ἡ), ἀμπαλάρισμα (τό)

cask, n. βαρέλι (τό), κάδος (ὁ)

casket, n. κασετίνα (ἡ)/ (for the dead) φέρετρο (τό)

casque, n. κάσκα (ἡ)

casserole, n. φαγητό κατσαρόλας (τό)

cassock, n. ράσο (τό)

cast, n. ρίξιμο (τό), βολή (ἡ)/ (mould) μήτρα (ἡ), καλούπι (τό)/ (theat.) διανομή θιάσου/ ~ of features, ἰδιαίτερο χαρακτηριστικό/ ~ in the eye, ἀλοιθώρισμα/ v.t. ρίχνω, πετῶ, ἀποβάλλω, βγάζω/ (mould) καλουπώνω/ ~ about, ἀναζητῶ, ψάχνω νά βρῶ/ ~ a glance, ρίχνω μιά ματιά/ ~ a vote, ψηφίζω, ρίχνω τήν ψῆφο μου/ ~ ashore, βγαίνω στήν στεριά, ἐξωκείλω/ ~ lots, ρίχνω κλῆρο/ ~ off, πετάω, ἀπορρίπτω/ ~ out, ἀποκηρύσσω, ἐκδιώκω, ἀποβάλλω/ ~ the net, ρίχνω τά δίχτυα/ ~ up, ὑπολογίζω/ a. χυτός/ ~ iron, χυτοσίδηρος

castaway, n. ναυαγός (ὁ)/ (fig.) ἀπόβλητος (ὁ)

caste, n. κάστα (ἡ), κοινωνική τάξη (ἡ)

castellated, a. πυργωτός

castigate, v.t. τιμωρῶ, ἐπιπλήττω/ (text) ἀναθεωρῶ/ castigation, n. τιμωρία (ἡ), αὐστηρή ἐπίπληξη (ἡ)/ (text) ἀναθεώρηση (ἡ)

casting, n. ρίξιμο (τό), χύσιμο (τό), καλούπωμα (τό)/ (theat.) διανομή ρόλων (ἡ)/ ~ vote, ἀποφασιστική ψῆφος (ἡ)

castle, n. φρούριο (τό), κάστρο (τό), πύργος (ὁ)

castor, n. (zool.) κάστορας (ὁ)/ (furniture) ρόδα (ἡ), καρούλι (τό)/ ~ oil, ρετσινόλαδο (τό)

castrate, v.t. εὐνουχίζω, μουνουχίζω/ castration, n. εὐνουχισμός (ὁ), μουνούχισμα (τό)

casual, a. τυχαῖος, συμπτωματικός/ (talk) ἐπιφανειακός, πρόχειρος/ (clothes) ἀνεπίσημος/ (labourer) ἔκτακτος, προσωρινός/ ~ ty, n. θύμα (τό)/ ~ ty list, πίνακας ἀπωλειῶν/ ~ ty ward, θάλαμος ἀτυχημάτων

casuist, n. σοφιστής (ὁ), στρεψόδικος (ὁ)/ ~ical, a. σοφιστικός/ ~ry, n. σοφιστεία (ἡ), στρεψοδικία (ἡ)
cat, n. γάτος (ὁ), γάτα (ἡ)
cataclysm, n. κατακλυσμός (ὁ)/ ~ic, a. ραγδαῖος, βίαιος
catacombs, n.pl. κατακόμβες (οἱ)
catalepsy, n. καταληψία (ἡ)/ cataleptic, a. καταληπτικός
catalogue, n. κατάλογος (ὁ)/ v.t. καταχωρῶ σέ κατάλογο
catalyst, n. καταλύτης (ὁ)
catapult, n. καταπέλτης (ὁ)
cataract, n. καταρράκτης (ὁ)
catarrh, n. κατάρρους (ὁ), συνάχι (τό)
catastrophe, n. καταστροφή (ἡ), συμφορά (ἡ)/ catastrophic, a. καταστροφικός, ὀλέθριος
catcall, n. σφύριγμα ἀποδοκιμασίας (τό)
catch, n. πιάσιμο (τό), σύλληψη (ἡ)/ (door) μάνταλο (τό), μπετούγια (ἡ)/ (fish) ψαριά (ἡ)/ there's a ~ in it, κάτι ὕποπτο συμβαίνει, κάποιο λάκκο ἔχει ἡ φάβα/ v.t.& i. πιάνω, συλλαμβάνω, ἀρπάζω/ (disease) κολλῶ/ (train) προφταίνω/ ~ breath, κόβεται ἡ ἀναπνοή μου/ ~ fire, πιάνω φωτιά/ ~ hold of, πιάνομαι ἀπό/ ~ on, πετυχαίνω/ ~ the eye, γίνομαι ἀντιληπτός/ ~ up, προφταίνω/ ~ing, a. (med.) μεταδοτικός, κολλητικός/ (charming) ἑλκυστικός, συμπαθητικός/ ~y, a. (question) πονηρός/ (tune) εὐκολοθύμητος
catechism, n. κατήχηση (ἡ)/ catechize, v.t. κατηχῶ
categorical, a. κατηγορηματικός, ἀπόλυτος/ category, n. κατηγορία (ἡ)
cater, v.i. τροφοδοτῶ, φροντίζω/ ~er, n. τροφοδότης (ὁ), προμηθευτής (ὁ)
caterpillar, n. κάμπια (ἡ)/ ~ tractor, τρακτέρ μέ ἑρπύστρια
caterwaul, v.i. νιαουρίζω/ ~ing, n. νιαούρισμα (τό)
catgu, n. ἐντεροχορδή (ἡ)
catharsis, n. κάθαρση (ἡ), καθαρμός (ὁ), ἐξαγνισμός (ὁ)
cathedral, n. καθεδρικός ναός (ὁ), μητρόπολη (ἡ)
cathode, n. κάθοδος (ἡ)
catholic, a. καθολικός, γενικός/ n. Καθο-

λικός (ὁ)/ ~ism, n. Καθολικισμός (ὁ)
cattle, n. κτήνη (τά), ζωντανά (τά)/ ~raiser, κτηνοτρόφος (ὁ)/ ~raising, κτηνοτροφία (ἡ)
caucus, n. διαβούλιο (τό)
cauldron, n. καζάνι (τό), λέβητας (ὁ), χύτρα (ἡ)
cauliflower, n. κουνουπίδι (τό)
caulk, v.t. καλαφατίζω
causal, a. αἰτιώδης/ causative, a. αἰτιολογικός/ cause, n. αἰτία (ἡ), αἴτιο (τό), δικαιολογία (ἡ), λόγος (ὁ)/ v.t. προκαλῶ, γίνομαι αἰτία, προξενῶ/ causeless, a. ἀναίτιος, ἀδικαιολόγητος
causeway, n. ὑπερυψωμένο μονοπάτι (τό)
caustic, a. καυστικός/ (fig.) σαρκαστικός
cauterize, v.t. καυτηριάζω/ cautery, n. καυτηριασμός (ὁ)
caution, n. προσοχή (ἡ), ἐπιφυλακτικότητα (ἡ)/ (warning) προειδοποίηση (ἡ)/ v.t. προειδοποιῶ, κάνω σύσταση/ cautious, a. προσεκτικός, ἐπιφυλακτικός
cavalcade, n. καβαλαρία (ἡ), ἔφιππη πομπή (ἡ)
cavalier, n. ἱππότης (ὁ), ἱππέας (ὁ)
cavalry, n. ἱππικό (τό)
cave, n. σπήλαιο (τό), σπηλιά (ἡ)/ ~ dweller, κάτοικος σπηλαίων (ὁ), τρωγλοδύτης (ὁ)/ v.t. ἀνασκάβω/ ~ in, γκρεμίζομαι
cavern, n. σπηλιά (ἡ), ἄντρο (τό)/ (med.) σπήλαιο (τό)/ ~ous, a. σπηλαιώδης, ὑπόκωφος, κούφιος
caviare, n. χαβιάρι (τό)
cavil, n. μικρολογία (ἡ), μικροψόγος (ὁ)/ v.i. μικρολογῶ, μικροψέγω
cavity, n. κούφωμα (τό), κοιλότητα (ἡ), κοίλωμα (τό)
caw, n. κράξιμο (τό)/ v.i. κρώζω
cease, v.t.& i. παύω, σταματῶ, διακόπτω/ ~ fire! παύσατε πῦρ!/ ~ less, a. ἀδιάκοπος, ἀσταμάτητος, ἀκατάπαυστος/ ~lessly, ad. ἀδιάκοπα, ἀσταμάτητα, ἀκατάπαυστα
cedar, n. κέδρος (ὁ)
cede, v.t. ἐκχωρῶ, μεταβιβάζω/ (in an argument) παραδέχομαι
ceiling, n. ταβάνι (τό), ὀροφή (ἡ)/ (fig.) ἀνώτατο ὅριο (τό)

celebrant, n. ἱερέας πού ἱερουργεῖ/ celebrate, v.t. γιορτάζω, πανηγυρίζω, τιμῶ/ celebrated, a. διάσημος, περίφημος, ὀνομαστός/ celebration, n. γιορτή (ἡ), τελετή (ἡ)/ (eccl.) τέλεση θείας λειτουργίας/ celebrity, n. διασημότητα (ἡ), προσωπικότητα (ἡ)

celerity, n. ταχύτητα (ἡ)

celery, n. σέλινο (τό)

celestial, a. οὐράνιος

celibacy, n. ἀγαμία (ἡ)/celibate, a. ἄγαμος, ἐργένης

cell, n. κελί (τό)/ (of an organization) πυρήνας/ (biol.) κύτταρο (τό)/ (elec.) στοιχεῖο (τό)

cellar, n. κελάρι (τό), κατώγι (τό)/ wine ~, κάβα (ἡ)

cellist, n. βιολοντσελίστας (ὁ)/ cello, n. βιολοντσέλο (τό)

cellular, a. κυτταρικός, πορώδης

celluloid, n. σελλουλόιντ (τό)

Celt, n. Κέλτης (ὁ)/ ~ic, a. κελτικός

cement, n. τσιμέντο (τό)/ v.t. τσιμεντάρω/ (fig.) ἐνώνω, παγιώνω, σταθεροποιῶ

cemetery, n. κοιμητήριο (τό), νεκροταφεῖο (τό)

cenotaph, n. κενοτάφιο (τό)

cense, v.t. θυμιατίζω, λιβανίζω/ ~r, n. θυμιατό (τό), λιβανιστήρι (τό)

censor, n. λογοκριτής (ὁ)/ v.t. λογοκρίνω/ ~ious, a. ἐπικριτικός, ἐπιτιμητικός/ ~ship, n. λογοκρισία (ἡ)/ censure, n. μομφή (ἡ), ἀποδοκιμασία (ἡ)/ v.t. μέμφομαι, ἀποδοκιμάζω

cent, n. σέντ (τό)/ per ~, τοῖς ἑκατό

centenarian, n. αἰωνόβιος (ὁ)/ centenary, n. ἑκατονταετηρίδα (ἡ)/ centennial, a. ἑκατονταετής

centigrade, a. ἑκατοντάβαθμος/ ~ thermometer, θερμόμετρο Κελσίου

centimetre, n. ἑκατοστό (τό), ἑκατοστόμετρο (τό)

centipede, n. σαρανταποδαρούσα (ἡ)

central, a. κεντρικός/ ~ heating, κεντρική θέρμανση (ἡ), καλοριφέρ (τό)/ ~ization, n. συγκεντρωτισμός (ὁ)/ ~ize, v.t. συγκεντρώνω, ὑπάγω σέ κεντρική ἐξουσία/ centre, n. κέντρο (τό)/ v.t. φέρνω στό κέντρο, κεντράρω/ centrifugal, a. φυγόκεντρος/ centripetal, a.

κεντρομόλος

century, n. αἰώνας (ὁ)

ceramic, a. κεραμικός, κεραμευτικός/ ~s, n. κεραμική (ἡ), ἀγγειοπλαστική (ἡ)

cereal, a. δημητριακός/ ~s, n. δημητριακά (τά), σιτηρά (τά)

cerebral, a. ἐγκεφαλικός

ceremonial, a. ἐθιμοτυπικός, τελετουργικός/ n. ἐθιμοτυπία (ἡ), τυπικό (τό)/ ~ly, ad. ἐθιμοτυπικά, τελετουργικά/ ceremonious, a. τυπικός, ἐπίσημος/ ceremony, n. τελετή (ἡ)/ Master of Ceremonies, τελετάρχης (ὁ)

certain, a. βέβαιος, σίγουρος, ἀναμφίβολος/a ~ person, κάποιος/ for ~, σίγουρα, βέβαια/ μακε ~, βεβαιώνομαι/ ~ly, ad. βεβαίως, ὁπωσδήποτε, σίγουρα/ ~ty, n. βεβαιότητα (ἡ), σιγουριά (ἡ), ἀσφάλεια (ἡ)

certificate, n. πιστοποιητικό (τό), βεβαίωση (ἡ)/ (school) δίπλωμα (τό), πτυχίο (τό)/ certify, v.t. πιστοποιῶ, βεβαιώνω, ἐπικυρώνω

cessation, n. κατάπαυση (ἡ), διακοπή (ἡ), σταμάτημα (τό)

cession, n. ἐκχώρηση (ἡ)

cesspool, n. βόθρος (ὁ)

chafe, v.t. θερμαίνω, γδέρνω, ἐρεθίζω, ξεφτίζω/ v.i. γδέρνομαι, ἐρεθίζομαι

chaff, n. ἄχυρο (τό), ἀνεμίδι (τό), σκύβαλο (τό)/ (fig.) πείραγμα (τό)/ v.t. πειράζω, κοροϊδεύω

chaffinch, n. σπίνος (ὁ)

chagrin, n. στενοχώρια (ἡ), πικρία (ἡ), ἀπογοήτευση (ἡ)

chain, n. ἁλυσίδα (ἡ), καδένα (ἡ)/ ~ reaction, ἁλυσιδωτή ἀντίδραση (ἡ)/ ~ of stores, ἁλυσίδα καταστημάτων/ v.t. ἁλυσοδένω

chair, n. καρέκλα (ἡ)/ (university) ἕδρα (ἡ)/ take the ~, προεδρεύω σέ συνεδρίαση/ ~man, n. πρόεδρος (ὁ) ~manship, n. προεδρία (ἡ)

chalice, n. δισκοπότηρο (τό)

chalk, n. κιμωλία (ἡ)/ v.t. σημειώνω μέ κιμωλία/ ~y, a. (geol.) κρητιδικός

challenge, n. πρόκληση (ἡ), ἀμφισβήτηση (ἡ)/ v.t. προκαλῶ, ἀμφισβητῶ, διεκδικῶ/ (of sentry) ζητῶ τό σύνθημα/ ~r, n. διεκδικητής (ὁ)

chalybeate, a. σιδηροῦχος
chamber, n. δωμάτιο (τό), κάμαρα (ἡ), αἴθουσα (ἡ)/ (tech.) φατνίο (τό)/ ~ *of Commerce*, Ἐμπορικό Ἐπιμελητήριο (τό)/ ~*maid*, n. καμαριέρα (ἡ)/ ~*pot*, n. δοχεῖο νυκτός (τό)
chameleon, n. χαμαιλέοντας (ὁ)
chamois, n. ἀγριοκάτσικο (τό), αἴγαγρος (ὁ)/ ~ *leather*, σαμουά
champ, v.t. μασουλίζω/ ~ *at the bit*, ἀνυπομονῶ
champagne, n. σαμπάνια (ἡ), καμπανίτης (ὁ)
champion, n. πρωταθλητής (ὁ), πρόμαχος (ὁ)/ v.t. προασπίζω, ὑποστηρίζω/ ~ *ship*, n. πρωτάθλημα (τό), προάσπιση (ἡ)
chance, n. εὐκαιρία (ἡ), τύχη (ἡ)/ *by* ~, τυχαία/ *take one's* ~, δοκιμάζω τήν τύχη μου/ *stand a* ~, ἔχω πιθανότητες/ a. τυχαῖος, συμπτωματικός/ v.i. συμβαίνω, τυχαίνω/ ~ *upon*, συναντῶ τυχαία
chancel, n. ἱερό (τό)
chancellery, n. καγκελαρία (ἡ)/ *chancellor*, n. καγκελάριος (ὁ), ἀρχιγραμματέας (ὁ)/ ~ *of the Exchequer*, Ὑπουργός Οἰκονομικῶν
chancery, n. ἀνώτατο δικαστήριο (τό)
chandelier, n. κηροπήγιο (τό), πολυέλαιος (ὁ)
change, n. ἀλλαγή (ἡ), μεταβολή (ἡ)/ *small* ~, ρέστα, ψιλά/ *for a* ~, γιά ποικιλία/ v.t. ἀλλάζω, μεταβάλλω/ ~ *colour*, ἀλλάζω χρῶμα/ ~ *hands*, πηγαίνω σέ ἄλλο ἰδιοκτήτη/ ~ *one's mind*, ἀλλάζω γνώμη/ ~ *one's tune*, γίνομαι ταπεινός/ ~*able*, a. εὐμετάβλητος, ἄστατος/ ~ *ableness*, n. ἀστάθεια (ἡ)/ ~*less*, a. ἀμετάβλητος, σταθερός
channel, n. κανάλι (τό), πορθμός (ὁ)/ *English* ~, Μάγχη (ἡ)/ (telev.) δίαυλος (ὁ), κανάλι (τό)/ v.i. διοχετεύω, αὐλακώνω
chant, n. ψαλμωδία (ἡ), ψάλσιμο (τό)/ v.t. ψάλλω
chaos, n. χάος (τό)/ *chaotic*, a. χαοτικός, χαώδης
chap, n. ράγισμα (τό), ρωγμή (ἡ), σκάσιμο (τό)/ (person) κάποιος, σύντροφος/ *my dear* ~, φίλε μου/ v.i. ραγίζω, σκάζω

chapel, n. παρεκκλήσι (τό)
chaperon, n. συνοδός (ὁ)/ v.t. συνοδεύω
chaplain, n. ἱερέας (ὁ), ἐφημέριος (ὁ)
chapter, n. κεφάλαιο (τό)
char, v.t. ἀποτεφρώνω, ἀπανθρακώνω/ v.i. ἐργάζομαι σάν καθαρίστρια
character, n. χαρακτήρας (ὁ)/ (printing) στοιχεῖο (τό), γράμμα (τό)/ (theat.) πρόσωπο ἔργου/ (testimonial) πιστοποιητικό καλῆς διαγωγῆς/ ~*actor*, χαρατερίστας (ὁ)/ ~*istic*, a. χαρακτηριστικός/ ~ *istics*, n. pl. χαρακτηριστικά (τά)/ ~*ize*, v.t. χαρακτηρίζω
charade, n. γελοιότητα (ἡ), φάρσα (ἡ)
charcoal, n. ξυλάνθρακας (ὁ)/ ~ *drawing*, σχέδιο μέ κάρβουνο
charge, n. βάρος (τό), φορτίο (τό), δαπάνη (ἡ)/ *free of* ~, δωρεάν/ (mil.) ἔφοδος (ἡ), ἐπίθεση (ἡ)/ (rockets) γόμωση (ἡ)/ (leg.) κατηγορία (ἡ)/ *take* ~ *of*, ἀναλαμβάνω τήν διεύθυνση (εὐθύνη)/ *be in* ~, διευθύνω, εἶμαι ὑπεύθυνος/ v.t. ἐπιφορτίζω, ἐπιβαρύνω, ἀναθέτω/ (leg.) κατηγορῶ/ (weapon) γεμίζω, φορτίζω/ ~ *an account*, χρεώνω λογαριασμό/ ~*able*, a. καταλογιστός
chargé d'affaires, ἐπιτετραμένος (ὁ)
chariot, n. ἅρμα (τό)/ ~*eer*, n. ἁρματηλάτης (ὁ), ἡνίοχος (ὁ)
charitable, a. φιλάνθρωπος, ἐλεήμων/ ~ *organization*, φιλανθρωπικό σωματεῖο/ *charity*, n. φιλανθρωπία (ἡ), ἀγαθοεργία (ἡ), ἐλεημοσύνη (ἡ)/ ~ *ball*, φιλανθρωπικός χορός (ὁ)
charlatan, n. ἀγύρτης (ὁ), τσαρλατάνος (ὁ)
charm, n. γοητεία (ἡ), θέλγητρο (τό), μαγεία (ἡ)/ ~*s*, n. pl. φυλαχτό (τό)/ ~*er*, n. γόης (ὁ), μάγος (ὁ)/ ~*ing*, a. γοητευτικός, θελκτικός, μαγευτικός
charnel house, ὀστεοφυλάκιο (τό)
chart, n. ναυτικός χάρτης (ὁ)/ v.t. χαρτογραφῶ
charter, n. συνταγματικός χάρτης (ὁ)/ (ship, plane) ναύλωση (ἡ)/ v.t. ναυλώνω/ ~ *er*, n. ναυλωτής (ὁ)
charwoman, n. καθαρίστρια (ἡ)
chary, a. φειδωλός, προσεκτικός
chase, n. κυνήγι (τό), καταδίωξη (ἡ)/ v.t.

κυνηγῶ, καταδιώκω

chasm, n. χάσμα (τό), κενό (τό)

chassis, n. σκελετός αὐτοκινήτου (ὁ), σασσί (τό)

chaste, a. ἁγνός, παρθενικός

chasten, v.t. παιδεύω, ἐξαγνίζω

chastise, v.t. παιδεύω, τιμωρῶ/ ~ment, n. τιμωρία (ἡ), παιδεμός (ὁ)

chastity, n. ἁγνότητα (ἡ), παρθενικότητα (ἡ)/ ~ belt, ζώνη ἁγνότητας

chasuble, n. ἄμφια (τά)

chat, n. κουβεντούλα (ἡ), συνομιλία (ἡ)/ v.i. κουβεντιάζω, συνομιλῶ

chattels, n. pl. ὑπάρχοντα (τά), κινητή περιουσία (ἡ)

chatter, n. φλυαρία (ἡ), πολυλογία (ἡ)/ v.i. φλυαρῶ, πολυλογῶ/ ~ box, n. φλύαρος (ὁ), πολυλογάς (ὁ)/ chatty, a. ὁμιλητικός, φλύαρος

chauffeur, n. ὁδηγός (ὁ), σοφέρ (ὁ)

chauvinism, n. σωβινισμός (ὁ)/ chauvinist, n. σωβινιστής (ὁ)

cheap, a. φθηνός, φτηνός, πρόστυχος/ ~en, v.t. φτηναίνω/ v.i. γίνομαι πρόστυχος/ ~ness, n. φτήνια (ἡ), προστυχιά (ἡ)

cheat, n. ἀπατεώνας (ὁ), κατεργάρης (ὁ)/ v.t. ἀπατῶ, ἐξαπατῶ/ ~ing, n. ἀπατεωνιά (ἡ), ἐξαπάτηση (ἡ), κατεργαριά (ἡ)

check, n. ἐμπόδιο (τό), ἀναχαίτιση (ἡ), συγκράτηση (ἡ)/ (fin.) ἔλεγχος (ὁ)/ (chess) τσέκ/ ~cloth, ὕφασμα καρρώ/ v.t. ἐμποδίζω, ἀναχαιτίζω, συγκρατῶ/ (fin.) ἐλέγχω/ ~ing, n. ἀναχαίτιση (ἡ), παρεμπόδιση (ἡ), ἔλεγχος (ὁ)

cheek, n. ἀναίδεια (ἡ), θρασύτητα (ἡ)/ (of the face) μάγουλο (τό)/ ~bones, n. pl. μῆλα (τά)/ ~y, a. θρασύς, ἀναιδής

cheep, n. τιτίβισμα (τό)/ v.i. τιτιβίζω

cheer, n. χαρά (ἡ), εὐθυμία (ἡ), ἐπευφημία (ἡ)/ good ~, γλέντι/ v.t. εὐθυμῶ, ἐπευφημῶ/ ~ up, δίνω κουράγιο/ ~ful, a. χαρούμενος, εὔθυμος, εὐδιάθετος/ ~fulness, n. εὐθυμία (ἡ), εὐδιαθεσία (ἡ)/ ~io, int. γειά σου/ ~less, a. μελαγχολικός, κακοδιάθετος

cheese, n. τυρί (τό)/ ~ cake, n. τυρόπιτα (ἡ) ~ monger, n. τυρέμπορος (ὁ)/ ~ paring, n. τσιγκουνιά (ἡ)

chemical, n. χημικό προϊόν (τό)/ a. χημι-

κός

chemise, n. γυναικεῖο πουκάμισο (τό), μπλούζα (ἡ)

chemist, n. χημικός (ὁ), φαρμακοποιός (ὁ)/ ~'s shop, φαρμακεῖο (τό)/ ~ry, n. χημεία (ἡ)

cheque, n. ἐπιταγή (ἡ), τσέκ (τό)/ ~book, βιβλίο ἐπιταγῶν (τό)

chequer, v.t. σχεδιάζω μέ πολύχρωμα τετράγωνα/ ~ed, a. χωρισμένος σέ τετράγωνα

cherish, v.t. περιποιοῦμαι, ἀγαπῶ/ ~ a memory, θυμοῦμαι μέ ἀγάπη/ (hopes) βαυκαλίζομαι μέ ἐλπίδες

cherry, n. κεράσι (τό)/ ~stone, κουκούτσι κερασιοῦ

cherub, n. χερουβίμ (τό)/ ~ic, a. χερουβικός, ἀγγελικός

chess, n. σκάκι (τό)/ ~board, n. σκακιέρα (ἡ)/ ~player, σκακιστής (ὁ)

chest, n. μπαοῦλο (τό), κασέλα (ἡ), κιβώτιο (τό)/ (anat.) στῆθος (τό)/ ~ of drawers, κομμό

chestnut, n. κάστανο (τό)/ ~tree, καστανιά (ἡ)/ a. καστανός

chevron, n. γαλόνι (τό), σαρδέλα (ἡ)

chew, v.t. μασῶ/ ~ing, n. μάσημα (τό)/ ~ing gum, μαστίχα (ἡ), τσίκλα (ἡ)

chic, a. κομψός, σίκ

chicane, n. στρεψοδικία (ἡ)/ v.t. στρεψοδικῶ/ ~ry, n. στρεψοδικία (ἡ), σοφιστεία (ἡ)

chick, n. νεοσσός (ὁ)/ ~en, n. κοτόπουλο (τό)/ ~enhearted, a. δειλός/ ~enpox, n. ἀνεμοβλογιά (ἡ)

chide, v.t. μαλώνω, κατσαδιάζω

chief, n. ἀρχηγός (ὁ), ἡγέτης (ὁ)/ (tribe) φύλαρχος (ὁ)/ ~ of staff, ἀρχηγός τοῦ ἐπιτελείου/ commander in ~, ἀρχιστράτηγος/ a. κύριος, βασικός/ ~ ly, ad. κυρίως, πρό πάντων, πάνω ἀπ' ὅλα/ ~tain, n. ὁπλαρχηγός (ὁ)

chilblain, n. χιονίστρα (ἡ)

child, n. παιδί (τό), τέκνο (τό)/ be with ~, εἶμαι ἔγκυος/ ~ bearing, n. κυοφορία (ἡ)/ ~birth, n. τοκετός (ὁ)/ ~hood, n. παιδική ἡλικία (ἡ)/ ~ish, a. παιδιάστικος, παιδαριώδης/ ~ishness, n. παιδαριῶδες (τό)/ ~less, a. ἄτεκνος/ ~like, a. ἀφελής/ ~ murder, n. παιδοκτονία (ἡ)

Chilean, n. Χιλιανός (ὁ)/ a. χιλιανός
chill, n. κρύο (τό), ψύχρα (ἡ), ρίγος (τό)/ catch a ~, κρυολογῶ/ v.t. κρυώνω, παγώνω/ ~iness, n. ψυχρότητα (ἡ), παγωμάρα (ἡ)/ ~y, a. παγερός, κρυερός
chime, n. μελωδία (ἡ), ρυθμική κωδωνοκρουσία (ἡ)/ v.i. κουδουνίζω ρυθμικά/ ~ in, μπαίνω στήν κουβέντα, παρεμβάλλομαι στήν συζήτηση
chimera, n. χίμαιρα (ἡ)/ chimerical, a. χιμαιρικός
chimney, n. καπνοδόχος (ἡ), φουγάρο (τό), τζάκι (τό)/ ~ sweep, καπνοδοχοκαθαριστής
chimpanzee, n. χιμπατζής (ὁ)
chin, n. πηγούνι (τό)
china, n. πορσελάνη (ἡ)/ ~ware, n. σκεύη ἀπό προσελάνη (τά)
Chinese, n. Κινέζος (ὁ)/ a. κινεζικός
chink, n. χαραμάδα (ἡ), σχισμή (ἡ), ρωγμή (ἡ)/ (noise) ἦχος μετάλλου/ v.t. (coins) βροντῶ χρήματα/ v.i. ραγίζω
chintz, n. τσίτι (τό)
chip, n. κομμάτι (τό), θραύσμα (τό)/ ~s, n. pl. πατατάκια (τά)/ v.t.& i. πελεκῶ, ἀποκόβω/ (cards) βάζω μίζα
chiropodist, n. ποδίατρος (ὁ)/ chiropody, n. ποδιατρική (ἡ)
chirp, n. κελάδισμα (τό), τερέτισμα (τό)/ v.i. κελαηδῶ, τερετίζω
chisel, n. σμίλη (ἡ)/ v.t. σμιλεύω/ ~ing, n. σμίλευση (ἡ)
chit, n. βρέφος (τό)/ (note) σημειωματάκι (τό)/ ~ of a girl, παλιοκόριτσο (τό)
chit-chat, n. φλυαρίες (οἱ)
chivalrous, a. ἱπποτικός, εὐγενικός/ chivalry, n. ἱπποτισμός (ὁ)
chlorate, n. χλωρικό ἁλάτι (τό)/ chloride, n. χλωριοῦχο ἀσβέστιο/ chlorinate, v.t. χλωριώνω/ chlorine, n. χλώριο (τό)/ chloroform, n. χλωροφόρμιο (τό)
chock, n. σφήνα (ἡ)/ ~ful, a. ὑπεργεμάτος, ὑπερπλήρης
chocolate, n. σοκολάτα (ἡ)
choice, n. ἐπιλογή (ἡ), ἐκλογή (ἡ), προτίμηση (ἡ) a. ἐκλεκτός
choir, n. χορωδία (ἡ)/ ~master, n. διευθυντής χορωδίας (ὁ)
choke, v.t. πνίγω, στραγγαλίζω/ (tech.) φράζω/ v.i. πνίγομαι

cholera, n. χολέρα (ἡ)/ choleric, a. χολερικός
choose, v.t. διαλέγω, ἐπιλέγω, προτιμῶ
chop, n. χτύπημα (τό)/ (meat) μπριζόλα (ἡ)/ (waves) παφλασμός (ὁ)/ v.t. λιανίζω, τεμαχίζω/ ~ and change, ἀλλάζω συχνά γνώμη/ ~per, n. κοπίδι (τό)/ ~ping, n. διαμελισμός (ὁ), τεμαχισμός (ὁ)/ ~py, a. ταραγμένος, τρικυμισμένος
choral, a. χορικός, ὠδικός/ ~ society, χορωδία (ἡ)
chord, n. χορδή (ἡ)
chorister, n. μέλος χορωδίας (τό)/ chorus, n. χορός (ὁ), χορωδία (ἡ)/ in ~, ὅλοι μαζί, ἐν χορῷ
Christ, n. Χριστός (ὁ)/ ~en, v.t. βαφτίζω/ ~endom, n. Χριστιανωσύνη (ἡ)/ ~ening, n. βάφτιση (ἡ)/ ~ ian, n. χριστιανός (ὁ)/ a. χριστιανικός/ ~ name, βαφτιστικό ὄνομα, πρῶτο ὄνομα/ ~ianity, n. χριστιανισμός (ὁ)/ ~ianize, v.t. ἐκχριστιανίζω
Christmas, n. Χριστούγεννα (τά)/ Father ~, Ἅγιος Βασίλης/ Merry ~! Καλά Χριστούγεννα!/ ~ carols, κάλαντα/ ~ Eve, παραμονή Χριστουγέννων/ ~ tree, χριστουγεννιάτικο δέντρο
chromatic, a. χρωματικός/ ~ scale (mus.) χρωματική κλίμακα
chromium, n. χρώμιο (τό)/ ~ plated, ἐπιχρωμιωμένος
chronic, a. χρόνιος
chronicle, n. χρονικό (τό), χρονογραφία (ἡ)/ v.t. χρονογραφῶ/ ~r, n. χρονογράφος (ὁ)
chronological, a. χρονολογικός/ chronology, n. χρονολογία (ἡ)
chronometer, n. χρονόμετρο (τό)
chrysalis, n. χρυσαλλίδα (ἡ)
chubby, a. κοντόχοντρος
chuck, n. κλωγμός (ὁ) (tech.) σφιγκτήρας (ὁ)/ v.t. κλώζω/ ~ away, (opportunity) χάνω, μοῦ ξεφεύγει (εὐκαιρία)/ ~ out, διώχνω/ ~ under the chin, χαϊδεύω τό πηγούνι/ ~ up, ἐγκαταλείπω
chuckle, n. καγχασμός (ὁ)/ v.i. καγχάζω
chum, n. σύντροφος (ὁ), φίλος (ὁ)
chump, n. χοντρό κομμάτι
chunk, n. ἀρκετή ποσότητα

church, n. ἐκκλησία (ἡ)/ ~ of England, Ἀγγλικανική Ἐκκλησία/ ~man, n. ἱερωμένος (ὁ)/ ~warden, n. ἐπίτροπος ἐκκλησίας (ὁ)/ ~yard, n. αὐλόγυρος (ὁ)

churl, n. ἀγροῖκος (ὁ), χωριάτης (ὁ)/ ~ish, a. βάναυσος

churn, n. γαβάθα γιά βούτυρο/ v.t. χτυπῶ βούτυρο/ (sea) ἀναταράζω/ ~ out, παράγω μεγάλη ποσότητα

chute, n. κατηφορικός ἀγωγός (ὁ)

cider, n. μηλίτης (ὁ)

cigar, n. ποῦρο (τό)

cigarette, n. τσιγάρο (τό)/ ~ case, ταμπακιέρα (ἡ)/ ~ end, γόπα (ἡ), ἀποτσίγαρο (τό)/ ~ holder, πίπα (ἡ)/ ~ lighter, ἀναπτήρας (ὁ)

cinder, n. τέφρα (ἡ), στάχτη (ἡ)/ Cinderella, n. σταχτοπούτα (ἡ)

cinema, n. κινηματογράφος (ὁ), σινεμά (τό)

cinerary, a. τεφρώδης/ ~ urn, τεφροδόχη (ἡ)

cinnabar, n. κιννάβαρι (τό)

cinnamon, n. κανέλλα (ἡ)

cipher, n. μηδενικό (τό)/ (fig.) ἀσήμαντος ἄνθρωπος/ (code) κρυπτογράφημα (τό)/ (monogram) μονόγραμμα (τό)/ v.t. κρυπτογραφῶ

circle, n. κύκλος (ὁ), περιστροφή (ἡ)/ (theat.) πλατεία (ἡ)/ v.t. περικυκλώνω, περιτριγυρίζω

circuit, n. περίμετρος (ἡ), περιοχή (ἡ), περιφέρεια (ἡ)/ (elec.) κύκλωμα (τό)/ ~ous, a. περιφερειακός/ circular, a. κυκλικός/ ~ road, περιφερειακός δρόμος/ n. ἐγκύκλιος (ἡ)/ circulate, v.t & i. κυκλοφορῶ/ circulatory, a. κυκλοφοριακός/ circulation, n. κυκλοφορία (ἡ)

circumcise, v.t. περιτέμνω/ circumcision, n. περιτομή (ἡ)

circumference, n. περιφέρεια (ἡ)

circumflex, n. περισπωμένη (ἡ)

circumlocution, n. περίφραση (ἡ)

circumnavigate, v.t. περιπλέω/ circumnavigation, n. περίπλους (ὁ)

circumscribe, v.t. περιγράφω/ circumscription, n. περιγραφή (ἡ)

circumspect, a. προσεκτικός, περίσκεπτος/ ~ion, n. περίσκεψη (ἡ)

circumstance, n. περίσταση (ἡ), συμβάν (τό)/ ~s, n. pl. περιστάσεις (οἱ), συνθῆκες (οἱ)/ circumstantial, a. συμπτωματικός, τυχαῖος/ ~ evidence, ἐνδείξεις

circumvent, v.t. ὑπερφαλαγγίζω

circus, n. ἱπποδρόμιο (τό), τσίρκο (τό)

cistern, n. στέρνα (ἡ), δεξαμενή (ἡ)

citadel, n. ἀκρόπολη (ἡ)

citation, n. ἀναφορά σέ κείμενο συγγραφέα/ (leg.) κλήτευση (ἡ)/ cite, v.t. ἀναφέρω κείμενο συγγραφέα/ (leg.) κλητεύω

citizen, n. πολίτης (ὁ)/ ~ship, n. πολιτικά δικαιώματα (τά), ὑπηκοότητα (ἡ)

citric, a. κιτρικός/ ~ acid, κιτρικό ὀξύ (τό)/ citron, n. κίτρο (τό)

citrus (fruit), ἑσπεριδοειδῆ (τά)

city, n. πόλη (ἡ)/ the City, τό Σίτυ

civic, a. δημοτικος/ ~s, n. pl. ἀγωγή πολίτη

civil, a. πολιτικός/ (polite) εὐγενικός/ ~ defence, πολιτική ἄμυνα/ ~ engineer, πολιτικός μηχανικός/ ~ servant, δημόσιος ὑπάλληλος/ ~ service, δημόσια ὑπηρεσία/ ~ war, ἐμφύλιος πόλεμος/ ~ian, n. πολίτης (ὁ), ἰδιώτης (ὁ)/ ~ity, n. εὐγένεια (ἡ), ἀβρότητα (ἡ)

civilization, n. πολιτισμός (ὁ)/ civilize, v.t. ἐκπολιτίζω/ civilized, p.p.& a. πολιτισμένος

clack, n. ξερός κρότος/ v.i. κάνω ξερό κρότο/ (fig.) φλυαρῶ

clad, a. ντυμένος

claim, n. ἀπαίτηση (ἡ), ἀξίωση (ἡ), ἰσχυρισμός (ὁ)/ ~ for damages, ἀπαίτηση γιά ἀποζημίωση/ v.t. ἀπαιτῶ, ἀξιώνω, διεκδικῶ/ ~ant, n. ἀπαιτητής (ὁ)

clairvoyance, n. διορατικότητα (ἡ)/ clairvoyant, a. διορατικός/ n. μέντιουμ (τό), κλαιρβουαγιάν (ὁ)

clam, n. μήδι (τό), ἀχιβάδα (ἡ)

clamber, v.i. σκαρφαλώνω, ἀναρριχιέμαι

clammy, a. γλοιώδης, κολλώδης

clamorous, a. μεγαλόφωνος, θορυβώδης/ clamour, n. κραυγή (ἡ), θόρυβος (ὁ)/ v.i. κραυγάζω, θορυβῶ/ ~ for, ἀπαιτῶ, ζητῶ ἐπίμονα

clamp, n. συνδετήρας (ὁ)/ v.t. συνδέω, συνάπτω

clan, n. φυλή (ἡ), πατριά (ἡ), φάρα (ἡ)

clandestine, a. λαθραῖος, μυστικός, παράνομος

clang, clank, n. κλαγγή (ἡ), ἀντήχηση (ἡ)/ v.i. ἀντηχῶ, κάνω κρότο

clap, n. χειροκρότημα (τό)/ ~ of thunder, κεραυνοβόλημα/ v.i. χειροκροτῶ/ ~per, n. κρόταλο (τό), γλωσσίδι (τό)/ ~ping, n. χειροκρότημα (τό)

claptrap, n. κενά λόγια, ἀγυρτεία (ἡ)

claret, n. μαῦρο κρασί τοῦ Μπορντώ

clarification, n. ἀποσαφήνιση (ἡ), διασαφήνιση (ἡ)/ clarify, v.t. ἀποσαφηνίζω, διασαφηνίζω, ξεκαθαρίζω/ (liquids) διυλίζω

clarinet, n. κλαρινέτο (τό), εὐθύαυλος (ὁ)/ ~tist, n. κλαρινετίστας (ὁ)

clarion, n. σάλπιγκα (ἡ)

clarity, n. διαύγεια (ἡ), καθαρότητα (ἡ)

clash, n. σύγκρουση (ἡ)/ (of colours) ἀνομοιότητα (ἡ)/ v.i. συγκρούομαι, ἔρχομαι σέ ἀντίθεση

clasp, n. κόπιτσα (ἡ), πόρπη (ἡ)/ (embrace) ἀγκάλιασμα (τό), σφίξιμο (τό)/ ~ knife, σουγιάς (ὁ)/ v.t. θηλυκώνω, κουμπώνω/ (hands etc) σφίγγω

class, n. τάξη (ἡ), θέση (ἡ), κατηγορία (ἡ)/ social ~, κοινωνική τάξη/ first ~, πρώτη θέση/ ~mate, n. συμμαθητής (ὁ)/ ~room, n. αἴθουσα διδασκαλίας, τάξη (ἡ)/ ~war, πόλεμος τῶν τάξεων, ταξικός πόλεμος/ v.t. ταξινομῶ, βάζω σέ κατηγορίες

classic, a. κλασικός/ n. κλασικό ἔργο/ ~al, a. κλασικός/ ~ism, n. κλασικισμός (ὁ)/ ~ist, n. φιλόλογος κλασικῶν γλωσσῶν

clatter, n. κρότος (ὁ), πάταγος (ὁ)/ (voices) θορυβώδης συνομιλία/ v.i. κάνω θόρυβο, κροτῶ

clause, n. (gram.) πρόταση (ἡ)/ (leg.) ὅρος (ὁ), ρήτρα (ἡ)

claustrophobia, n. κλειστοφοβία (ἡ)

clavicle, n. κλειδοκόκαλο (τό)

claw, n. νύχι ζώου (τό), ὁπλή (ἡ)/ v.t. ἀρπάζομαι, κρατιέμαι ἀπό

clay, n. πηλός (ὁ), ἄργιλλος (ὁ)/ ~pipe, πήλινος σωλήνας/ ~ey, a. ἀργιλλώδης

clean, a. καθαρός/ ~ cut, περιποιημένος/ (definite) ξεκάθαρος, σαφής/ ~ shaven, φρεσκοξυρισμένος/ v.t. καθαρίζω/ ~

up, κάνω γενικό καθάρισμα/ ~er, n. καθαριστής (ὁ)/ ~ing, n. καθάρισμα (τό)/ ~liness, n. καθαριότητα (ἡ)/ ~se, v.t. καθαρίζω, ἐξαγνίζω

clear, a. καθαρός, σαφής, διαυγής/ keep ~ of, ἀποφεύγω, μένω σέ ἀπόσταση/ ~sighted, διορατικός/ ~ skies, γαλάζιος οὐρανός/ ~ v.t.& i. καθαρίζω, ξεκαθαρίζω, διευκρινίζω/ ~ an account, ἐξοφλῶ λογαριασμό/ ~ off, φεύγω, ἀπομακρύνομαι/ ~ up, διαλευκαίνω/ ~ance, n. ξεκαθάρισμα (τό), ἄδεια (ἡ)/ (tech.) διάκενο (τό)/ ~sale, ξεπούλημα (τό)/ ~ing, n. ἐκκαθάριση (ἡ)/ (forest) ξέφωτο (τό)/ ~ house, τραπεζικό γραφείο/ ~ness, n. σαφήνεια (ἡ), διαύγεια (ἡ)

cleavage, n. σκίσιμο (τό), διαίρεση (ἡ)/ cleave, v.t. σκίζω, διαιρῶ, διασχίζω/ ~ to, κολλῶ, προσκολλιέμαι/ ~r, n. κοπίδι (τό)

cleft, n. σχισμή (ἡ), χαραμάδα (ἡ), ρωγμή (ἡ)

clematis, n. κληματίδα (ἡ)

clemency, n. ἐπιείκεια (ἡ)/ clement, α. ἐπιεικής, ἤπιος

clench, v.t. σφίγγω

clergy, n. κλῆρος (ὁ)/ ~man, n. κληρικός (ὁ), ἱερωμένος (ὁ)

clerical, a. γραφικός/ (eccl.) κληρικός/ ~ error, γραφικό σφάλμα/ ~ duties, καθήκοντα γραφέα/ ~ staff, γραφικό προσωπικό/ clerk, n. γραφέας (ὁ), ὑπάλληλος (ὁ)/ ~ of works, ἐργοδηγός

clever, a. ἔξυπνος, εὐφυής, ἐπιδέξιος/ ~ness, n. ἐξυπνάδα (ἡ), εὐφυΐα (ἡ), ἐπιδεξιότητα (ἡ)

cliché, n. κλισέ (τό)

click, n. κροτάλισμα (τό), κλίκ (τό)/ v.t. κροταλίζω, κάνω κλίκ

client, n. πελάτης (ὁ)/ ~èle, n. πελατεία (ἡ)

cliff, n. γκρεμός (ὁ), ἀπότομος βράχος

climacteric, a. κλιμακτήριος

climate, n. κλίμα (τό)/ climatic, a. κλιματικός, κλιματολογικός

climax, n. κλίμακα (ἡ), διαβάθμιση (ἡ)/ reach the ~, φτάνω στό ἀνώτατο σημείο

climb, n. σκαρφάλωμα (τό), ἀναρρίχηση

(ή), ἀνάβαση (ή), ἀνέβασμα (τό)/ v.t.
σκαρφαλώνω, ἀναρριχιέμαι, ἀνεβαί-
νω/ ~ down, κατεβαίνω/ (fig.) ὑποχω-
ρῶ/ ~er, n. ἀναρριχητής (ὁ), ὀρειβάτης
(ὁ)/ ~ing, n. σκαρφάλωμα (τό), ὀρει-
βασία (ή)

clinch, v.t. σφίγγω, συγκρατῶ/ (a deal)
κλείνω συμφωνία

cling, v.i. πιάνομαι, προσκολλιέμαι/
(dress) ἐφαρμόζω

clinic, n. κλινική (ή)/ ~al, a. κλινικός

clink, n. κουδούνισμα (τό), κρούσιμο
(τό)/ v.t. κουδουνίζω, κρούω/ ~er, n.
ἀποκαΐδια (τά)

clip, n. κούρεμα (τό), ψαλίδισμα (τό)/
(paper) συνδετήρας (ὁ)/ v.t. κουρεύω,
ψαλιδίζω/ (ticket) ἐλέγχω/ ~ per, n.
κόφτης (ὁ)/ (naut.) ταχύπλοο ἱστιοφό-
ρο/ ~ping, n. κούρεμα (τό), ψαλίδισμα
(τό)

clique, n. κλίκα (ή)

cloak, n. μανδύας (ὁ), ἀμπέχονο (τό)/ v.t.
καλύπτω, σκεπάζω, κρύβω/ ~ and dag-
ger, περιπετειώδης, μυστηριώδης/
~room, n. ἱματιοφυλάκιο (τό), γκαρ-
νταρόμπα (ή)/ (lavat.) τουαλέτα (ή)

clock, n. ρολόι τοῦ τοίχου/ alarm ~, ξυ-
πνητήρι (τό)/ ~maker, n. ὡρολογο-
ποιός (ὁ), ρολογάς (ὁ)/ like ~ work,
τέλεια, σάν ρολόι

clod, n. βόλος (ὁ)/ (fig.) βλάκας (ὁ)/
~hopper, ἀγροῖκος

clog, n. τσόκαρο (τό), ξυλοπέδιλο (τό)/
(obstacle) ἐμπόδιο (τό)/ v.t. ἐμποδίζω,
παρεμποδίζω/ v.i. φράζω, στουπώνω

cloister, n. μοναστήρι (τό), μονή (ή)/ v.t.
κλείνω σέ μοναστήρι/ cloistral, a. μονα-
στικός, μοναστηριακός

close, a. κλειστός, στενός/ (weather) ἀπο-
πνικτικός/ ~ look, προσεκτική ματιά/
(translation) πιστή μετάφραση/ ~ fit-
ting, ἐφαρμοστός/ ~ up, ἀπό κοντά, σέ
μεγέθυνση/ v.t.& i. κλείνω, τελειώνω/
~ in, περικυκλώνω, πολιορκῶ/ ~ up,
φράζω, κλείνω τελείως/ ~ with, κλείνω
συμφωνία/ ad. κοντά/ n. στενό (τό),
στενή διάβαση/ ~ness, n. γειτονικότη-
τα (ή), ἐγγύτητα (ή)/ ~t, n. ἐντοιχισμέ-
νη ντουλάπα/ be ~ed, εἶμαι κλεισμένος
μέ/ closing, n. κλείσιμο/ ~ price, τιμή

κλεισίματος στό χρηματιστήριο/ ~
down, κλείσιμο ἐπιχείρησης/ closure, n.
φράξιμο (τό), διακοπή (ή)

clot, n. θρόμβος (ὁ)/ v.i. πήζω, σχηματί-
ζω θρόμβο/ ~ting, n. θρόμβωση (ή),
πήξιμο (τό)

cloth, n. ὕφασμα (τό), πανί (τό)/ table ~,
τραπεζομάντιλο/ ~e, v.t. ντύνω/ ~es,
n. pl. ρούχα (τά)/ ~hanger, κρεμαστάρι
(τό)/ ~horse, στεγνωτήρι (τό)/ ~line,
σκοινί ἀπλώματος/ ~moth, σκῶρος
(ὁ)/ ~peg, μανταλάκι (τό)/ ~ier, n.
ὑφασματοπώλης (ὁ)/ ~ing, n. ρουχι-
σμός (ὁ)

cloud, n. σύννεφο (τό), νέφος (τό)/ be in
the ~s, εἶμαι στά σύννεφα/ v.t. συννε-
φιάζω/ (fig.) θολώνω, συγχύζω/ ~less,
a. ἀσυννέφιαστος, ἀνέφελος/ ~y, a.
συννεφιασμένος, θολός

clout, n. χτύπημα (τό)/ (cloth) κουρέλι
(τό), πατσαβούρα (ή)

clove, n. μοσχοκάρι (τό), γαρίφαλλο (τό)

cloven, a. δίχηλος/ ~hoof, δίχηλη ὁπλή

clover, n. τριφύλλι (τό)/ live in ~, ζῶ μέ
ἄνεση (πολυτέλεια)

clown, n. κλόουν (ὁ), γελωτοποιός (ὁ),
παλιάτσος (ὁ)/ ~ery, n. γελωτοποιία
(ή)/ ~ish, a. γελοῖος, ἀδέξιος

cloy, v.t. χορταίνω/ ~ing, n. χόρτασμα
(τό)

club, n. λέσχη (ή), σύλλογος (ὁ)/ (stick)
ρόπαλο (τό)/ (cards) σπαθί/ ~ footed,
a. χοντροπόδαρος/ v.t. (together) συνε-
ταιρίζομαι/ (strike) χτυπῶ μέ ρόπαλο

cluck, v.i. κακαρίζω/ ~ing, n. κακάρισμα
(τό)

clue, n. νύξη (ή), ἔνδειξη (ή)

clump, n. ὄγκος (ὁ), σωρός (ὁ)/ v.i. περ-
πατῶ μέ βαρύ βῆμα

clumsiness, n. ἀδεξιότητα (ή), χοντροκο-
πιά (ή)/ clumsy, a. ἀδέξιος, ἄκομψος

cluster, n. δέσμη (ή), σύμπλεγμα (τό),
ἀρμαθιά (ή)/ (grapes) τσαμπί (τό)/ v.i.
σωρεύω, συναθροίζω

clutch, n. ἅρπαγμα (τό), λαβή (ή)/ (car)
συμπλέκτης (ὁ), ἀμπραγιάζ (τό)/ fall
into the ~s, πέφτω στά νύχια/ v.t. ἁρ-
πάζω, πιάνομαι

clutter, n. ἀταξία (ή), ταραχή (ή), θόρυ-
βος (ὁ)/ v.t. ~ up, γεμίζω τελείως

coach, n. ἅμαξα (ἡ), βαγόνι (τό), πούλμαν (τό)/ (sport) προπονητής (ὁ)/ ~ builder, ἁμαξοποιός (ὁ)/ ~ house, ἁμαξοστάσιο (τό)/ ~man, ἁμαξηλάτης (ὁ), ὁδηγός (ὁ)/ v.t. προπονῶ, γυμνάζω
coadjutor, n. βοηθός (ὁ)
coagulate, v.t.& i. πήζω/ coagulation, n. πήξιμο (τό)
coal, n. κάρβουνο (τό), ἄνθρακας (ὁ)/ carry ~s to Newcastle, κομίζω γλαῦκα εἰς Ἀθήνας/ ~ cellar, καρβουναποθήκη (ἡ)/ ~field, ἀνθρακοφόρο κοίτασμα/ ~ heaver, καρβουνάς (ὁ)/ ~ merchant, καρβουνέμπορος (ὁ)/ ~mine, ἀνθρακωρυχεῖο (τό)/ ~ miner, ἀνθρακωρύχος (ὁ)/ ~ scuttle, κάδος γιά κάρβουνα/ ~ tar, πίσσα (ἡ), ἀνθρακάσφαλτος (ἡ)/ ~yard, ἀποθήκη κάρβουνου/ v.i. ἀνθρακεύω
coalesce, v.i. ἑνώνομαι, συγχωνεύομαι, συνασπίζομαι/ coalition, n. συνασπισμός (ὁ)
coarse, a. τραχύς, χοντροειδής, ἄξεστος/ ~ness, n. τραχύτητα (ἡ), χοντροκοπιά (ἡ), χυδαιότητα (ἡ)
coast, n. ἀκτή (ἡ), παραλία (ἡ), ἀκρογιαλιά (ἡ)/ the ~ is clear, δέν ὑπάρχει κίνδυνος/ v.i. παραπλέω/ ~er, n. ἀκτοπλοϊκό σκάφος/ ~guard, n. ἀκτοφυλακή (ἡ), ἀκτοφύλακας (ὁ)/ ~ing, a. ἀκτοπλοϊκός
coat, n. παλτό (τό), πανωφόρι (τό)/ (animal) τρίχωμα (τό)/ (paint) χέρι/ ~ of arms, θυρεός (ὁ), οἰκόσημο (τό)/ turn one's ~, ἀλλάζω ἰδέες, προσχωρῶ στήν ἀντίπαλη παράταξη/ ~ing, n. ἐπένδυση (ἡ), ἐπίστρωση (ἡ)
coax, v.t. κολακεύω, καλοπιάνω/ ~ out of, πείθω κάποιον νά μήν κάνει κάτι/ ~ing, n. κολακεία (ἡ), γαλιφιά (ἡ), μαλαγανιά (ἡ)
cob, n. κομμάτι ἀπό μετάλλευμα/ (mud) σβῶλος (ὁ)/ (bird) γλάρος (ὁ)/ (build.) ἀχυρόπλινθος (ὁ)
cobalt, n. κοβάλτιο (τό)
cobble, n. βότσαλο (τό)/ v.t. λιθοστρώνω/ (shoes) μπαλώνω/ ~r, n. τσαγκάρης (ὁ), παπουτσῆς (ὁ)
cobra, n. κόμπρα (ἡ)
cobweb, n. ἀράχνη (ἡ)

cocaine, n. κοκαΐνη (ἡ)
cock, n. πετεινός (ὁ), κόκορας (ὁ)/ (gun) λύκος (ὁ), κόκορας (ὁ)/ (weather) ἀνεμοδείκτης (ὁ), ἀνεμοδούρα (ἡ)/ (tap) στρόφιγγα (ἡ), κάνουλα (ἡ)/ ~ and bull story, μπούρδα, πλαστή ἱστορία/ ~crow, λάλημα (τό) ~ of the walk, ὁ πρῶτος, ὁ ἀρχηγός/ v.t. ὀρθώνω, τεντώνω/ (gun) ὁπλίζω/ hay~, θημωνιά (ἡ)/ ~ed hat, τρίκοχο (τό)
cockade, n. κονκάρδα (ἡ)
cockchafer, n. μηλολάνθη (ἡ)
cockerel, n. πετεινάρι (τό)
cockeyed, a. ἀλήθωρος/ (mad) τρελός
cockle, n. γογγύλι (τό)/ ~shell, κοχύλι
cockpit, n. στίβος κοκορομαχίας/ (ship) χῶρος πηδαλιούχου/ (plane) θάλαμος χειριστῆ
cockroach, n. κατσαρίδα (ἡ)
cocktail, n. κοκτέιλ (τό)
cocky, a. ἀναιδής, θρασύς
cocoa, n. κακάο (τό)
coconut, n. καρύδα (ἡ)/ ~ tree, φοινικοκαρυά (ἡ)
cocoon, n. κουκούλι (τό), βομβύκιο (τό)
cocotte, n. κοκότα (ἡ), πόρνη (ἡ)
cod, n. μουρούνα (ἡ), μπακαλιάρος (ὁ)/ ~ liver oil, μουρουνόλαδο (τό)
coddle, v.t. χαϊδεύω, θωπεύω
code, n. κώδικας (ὁ), κωδικό σύστημα/ v.t. κωδικοποιῶ, κρυπτογραφῶ/ codicil, n. κωδίκελλος (ὁ)/ codification, n. κωδικοποίηση (ἡ)/ codify, v.t. κωδικοποιῶ
coeducation, n. μικτή ἐκπαίδευση (ἡ)/ ~al school, μικτό σχολεῖο
coefficient, n. συντελεστής (ὁ)
coerce, v.t. ἐξαναγκάζω, καταναγκάζω/ coercion, n. ἐξαναγκασμός (ὁ), καταναγκασμός (ὁ)/ coercive, a. ἐξαναγκαστικός, καταναγκαστικός, πιεστικός
coexist, v.i. συνυπάρχω/ ~ence, n. συνύπαρξη (ἡ)
coffee, n. καφές (ὁ)/ ~bean, σπόρος τοῦ καφέ/ ~ cup, φλυτζάνι (τό)/ ~ grounds, κατακάθια (τά)/ ~ house, καφενεῖο (τό)/ ~ mill, καφεκοπτεῖο (τό)/ ~ plantation, φυτεία τοῦ καφέ/ ~ pot, μπρίκι (τό)/ ~ tree, καφεόδεντρο (τό)
coffer, n. χρηματοκιβώτιο (τό)/ ~s, n.pl.

ἔσοδα τοῦ κράτους
coffin, n. φέρετρο (τό)
cog, n. δόντι τροχοῦ/ ~*wheel*, n. ὀδοντω-
τός τροχός
cogency, n. πειστικότητα (ἡ), πειθώ (ἡ)/
cogent, a. πειστικός, ἀκαταμάχητος
cogitate, v.i. σκέπτομαι, διαλογίζομαι/
cogitation, n. σκέψη (ἡ), διαλογισμός
(ὁ)
cognac, n. κονιάκ (τό)
cognate, a. συγγενικός, ἀνάλογος
cognition, n. γνώση (ἡ)
cognizance, n. ἐνημερότητα (ἡ), γνώση
(ἡ)/ *cognizant*, a. ἐνήμερος
cohabit, v.i. συγκατοικῶ, συζῶ, συμβιῶ/
~*ation*, n. συμβίωση (ἡ), συγκατοίκη-
ση (ἡ)
cohere, v.i. συνδέομαι, ἔχω συνέπεια/
~*nce*, n. συνέπεια (ἡ), ἀλληλουχία (ἡ)/
~*nt*, a. συνεπής, κατανοητός/ *cohesion*,
n. συνοχή (ἡ), συνάφεια (ἡ)/ *cohesive*,
a. συνεκτικός, συναφής
coil, n. ἕλικας (ὁ), σπείρα (ἡ)/ (naut.)
κόρκωμα/ (elec.) πηνίο (τό)/ v.t. συ-
σπειρώνω, περιτυλίγω/ v.i. ἑλίσσομαι
coin, n. νόμισμα (τό)/ *pay in his own* ~,
ἀνταποδίδω τά ἴσα/ v.t. κόβω νόμισμα/
(fig.) πλάθω, ἐπινοῶ/ ~*age*, n. νομι-
σματοκοπία (ἡ)
coincide, v.i. συμπίπτω/ ~*nce*, n. σύμ-
πτωση (ἡ)
coiner, n. νομισματοκόπος (ὁ)
coke, n. κόκα κόλα (ἡ)/ (coal) κώκ (τό)
colander, n. στραγγιστήρι (τό)
cold, n. κρύο (τό), ψύχος (τό)/ (med.)
κρυολόγημα (τό)/ a. κρύος, ψυχρός/ *be*
~, κρυώνω/ *catch* ~, κρυολογῶ/ *it is* ~,
κάνει κρύο/ *in* ~ *blood*, ἐν ψυχρῷ/ ~
blooded murder, προμελετημένος φό-
νος/ ~ *shoulder*, ψυχρότητα (ἡ)/ ~ *sto-
rage*, κατάψυξη (ἡ)/ ~*ness*, n. ψυχρό-
τητα (ἡ)
coleopter, n. κολεόπτερο (τό)
colic, n. κολικός (ὁ), κολικόπονος (ὁ)
collaborate, v.i. συνεργάζομαι/ *collabora-
tion*, n. συνεργασία (ἡ)/ *collaborator*, n.
συνεργάτης (ὁ)
collapse, n. κατάρρευση (ἡ), καταστροφή
(ἡ)/ (prices) πτώση (ἡ)/ v.i. καταρρέω,
συντρίβομαι/ *collapsible*, a. πτυσσόμε-

νος
collar, n. περιλαίμιο (τό), γιακάς (ὁ),
κολλάρο (τό)/ ~*bone*, κλείδωση τοῦ
ὤμου/ ~ *stud*, κουμπί τοῦ κολλάρου/
v.t. πιάνω ἀπό τό γιακά
collate, v.t. ἀντιπαραβάλλω
collateral, n. ἀσφάλεια δανείου/ a. πα-
ράλληλος, πλάγιος
collation, n. ἀντιπαραβολή (ἡ)/ (meal)
ἐλαφρό γεῦμα
colleague, n. συνάδελφος (ὁ)
collect, v.t. συλλέγω, μαζεύω, συναθροί-
ζω/ (pay) εἰσπράττω/ ~ *oneself*, συγ-
κεντρώνομαι/ ~*ed*, a. σκεπτικός, συγ-
κεντρωμένος, γαλήνιος/ ~*ion*, n. συλ-
λογή (ἡ), συνάθροιση (ἡ), συγκέντρω-
ση (ἡ)/ ~*ive*, συλλογικός/ ~ *farm*, κολ-
λεκτίβα (ἡ), γεωργικός συνεταιρισμός
(ὁ)/ ~*ivization*, n. κολλεκτιβοποίηση
(ἡ) ~*or*, n. συλλέκτης (ὁ)/ (taxes etc.)
εἰσπράκτορας (ὁ)
college, n. κολλέγιο (τό)/ *collegian*, n.
σπουδαστής κολλεγίου (ὁ)/ *collegiate*,
a. κολλεγιακός
collide, v.i. συγκρούομαι, τρακάρω
collie, n. τσοπανόσκυλο (τό)
collier, n. ἀνθρακωρύχος (ὁ)/ (naut.) ἀν-
θρακοφόρο πλοῖο/ ~ *y*, n. ἀνθρακωρυ-
χεῖο (τό)
collision, n. σύγκρουση (ἡ), τρακάρισμα
(τό)
colloquial, a. ὁμιλούμενος/ ~*ism*, n. ὅρος
τῆς ὁμιλούμενης γλώσσας/ *colloquy*, n.
συνομιλία (ἡ)
collusion, n. συμπαιγνία (ἡ), συνενοχή
(ἡ), ἀπάτη (ἡ)
colon, n. (gram.) διπλή στιγμή, ἄνω κάτω
τελεία/ (anat.) κῶλον (τό)
colonel, n. συνταγματάρχης (ὁ)
colonial, a. ἀποικιακός/ *colonist*, n. ἄποι-
κος (ὁ)/ *colonize*, v.t. ἀποικῶ, ἀποικί-
ζω
colonnade, n. κιονοστοιχία (ἡ), περιστή-
λιο (τό)
colony, n. ἀποικία (ἡ)
coloration, n. χρωματισμός (ὁ)
colossal, a. κολοσσιαῖος, τεράστιος/ *co-
lossus*, n. κολοσσός (ὁ)
colour, n. χρῶμα (τό), χρωματισμός (ὁ),
χροιά (ἡ)/ v.t.& i. χρωματίζω/ ~*blind*,

a. ἀχρωματοπικός/ ~blindness, n. ἀχρωματοψία (ἡ)/ ~ed, p.p.& a. χρωματιστός, ἔγχρωμος/ ~fast, a. ἀνεξίτηλα χρωματισμένος/ ~ful, a. πολύχρωμος/ ~ing, n. χρωμάτισμα (τό)/ ~less, a. ἄχρωμος

colt, n. πουλάρι (τό)/ ~ish, a. παιχνιδιάρης

column, n. κολόνα (ἡ), στύλος (ὁ), στήλη (ἡ)/ ~ist, n. δημοσιογράφος μέ τακτική στήλη

coma, n. κῶμα (τό)/ ~tose, a. κωματώδης

comb, n. χτένα (ἡ), χτένι (τό)/ v.t. χτενίζω/ ~ out, ξεμπερδεύω

combat, n. μάχη (ἡ), πάλη (ἡ), ἀγώνας (ὁ)/ v.t. μάχομαι, πολεμῶ, παλεύω, ἀγωνίζομαι/ ~ant, n. μαχητής (ὁ), πολεμιστής (ὁ), ἀγωνιστής (ὁ)/ a. μάχιμος/ ~ive, a. μαχητικός/ ~iveness, n. μαχητικότητα (ἡ)

combination, n. συνδυασμός (ὁ)/ combine, v.t.& i. συνδυάζω, συνδέω/ combined, p.p.& a. συνδυασμένος, ἑνωμένος

combustible, a. εὔφλεκτος/ n. εὔφλεκτη ὕλη (ἡ)/ combustion, n. καύση (ἡ)/ internal ~ engine, μηχανή ἐσωτερικῆς καύσης

come, v.i. ἔρχομαι, φτάνω/ ~ about, συμβαίνω/ ~ across, συναντῶ/ ~ apart, χωρίζομαι, διαλύομαι/ ~ back, ἐπιστρέφω/ ~ between, ἐπεμβαίνω, παρεμβαίνv ~ by, (money) ἀποκτῶ/ ~ down, κατεβαίνω/ ~ forward, προχωρῶ, προπορεύομαι/ ~ home, ἐπιστρέφω σπίτι, ἐπιστρέφω στήν πατρίδα μου/ ~ in, μπαίνω/ ~ in handy, ἀποδεικνύεται χρήσιμο/ ~ near, πλησιάζω/ ~ off, (button) πέφτω/ (stain) φεύγω/ ~ out, βγαίνω, ἐμφανίζομαι/ ~ round, συνέρχομαι/ (in ideas) προσχωρῶ/ ~ to an agreement, καταλήγω σέ συμφωνία/ ~to blows, παίζω ξύλο/ ~ to light, ἀποκαλύπτομαι, ἔρχομαι στό φῶς/ ~ to pass, συμβαίνω/ ~ up, ἀνεβαίνω/ ~ up for discussion, ἔρχομαι σέ συζήτηση, ἀπασχολῶ/ ~ up to, πλησιάζω/ ~ upon, πέφτω ἐπάνω/ ~ what may! ὅ,τι καί νά γίνει!

comedian, n. κωμικός (ὁ)/ comedy, n. κωμωδία (ἡ)

comeliness, n. κομψότητα (ἡ), χάρη (ἡ)/ comely, a. κομψός

comet, n. κομήτης (ὁ)

comfort, n. ἄνεση (ἡ)/ be of ~, παρηγορῶ/ v.t. ἀνακουφίζω, παρηγορῶ, δίνω θάρρος /~able, a. ἄνετος, ἀναπαυτικός/ ~er, n. παρηγορητής (ὁ)/ ~ing, a. παρηγορητικός, ἐνθαρρυντικός/ ~s, ἀνέσεις (οἱ)

comic, a. κωμικός/ ~ opera, ὀπερέττα/ ~ part, κωμικός ρόλος/ n. (person) κωμικός/ (book) κόμιξ/ ~al, a. κωμικός, γελοῖος

coming, n. ἐρχομός (ὁ)/ ~s and goings, τά πήγαινε ἔλα/ ~ out, παρουσίαση, πρώτη ἐμφάνιση/ a. ἐρχόμενος, ἐπόμενος

comma, n. κόμμα (τό)/ inverted ~s, εἰσαγωγικά (τά)

command, n. διαταγή (ἡ), προσταγή (ἡ)/ v.t. διοικῶ, κυβερνῶ, διατάζω/ ~ant, n. φρούραρχος (ὁ)/ ~eer, v.t. ἐπιτάσσω/ ~er, n. διοικητής (ὁ)/ ~er in chief, ἀρχιστράτηγος (ὁ)/ ~ment, n. ἐντολή (ἡ)/ the Ten Commandments, οἱ δέκα ἐντολές

commemorate, v.t. μνημονεύω, γιορτάζω/ commemoration, n. ἑορτασμός (ὁ), τελετή (ἡ)

commence, v.t. ἀρχίζω, κάνω ἔναρξη/ ~ment, n. ἔναρξη (ἡ)

commend, v.t. συνιστῶ, ἐπαινῶ/ ~able, a. ἀξιέπαινος/ ~ation, n. ἔπαινος (ὁ)

commensurate, a. σύμμετρος, ἀνάλογος

comment, n. σχόλιο (τό), σχολιασμός (ὁ)/ v.i. σχολιάζω/ ~ary, n. σχόλιο (τό)/ ~ator, n. σχολιαστής (ὁ)

commerce, n. ἐμπόριο (τό)/ commercial, a. ἐμπορικός/ ~ traveller, περιοδεύων ἐμπορικός ἀντιπρόσωπος/ ~ism, n. ἐμπορικότητα (ἡ)

commiserate, v.i. λυποῦμαι, σπλαχνίζομαι/ commiseration, n. λύπη (ἡ), ἔκφραση συμπάθειας (ἡ), οἶκτος (ὁ)

commissariat, n. ἐπιμελητεία (ἡ)/ commissary, n. ἐπιμελητής (ὁ), φροντιστής (ὁ), κομμισσάριος (ὁ)

commission, n. παραγγελία (ἡ), ἐντολή (ἡ)/ (people) ἐπιτροπή (ἡ)/ v.t. παραγγέλλω, δίνω ἐντολή/ ~ a ship, ἐξο-

πλίζω πλοῖο/ ~ed officer, ἀξιωματικός/ ~er, n. ἐπίτροπος (ὁ), ἁρμοστής (ὁ)/ High ~er, Ὕπατος Ἁρμοστής (ὁ)
commit, v.t. ἐμπιστεύομαι, ἀναθέτω/ (crime) διαπράττω/ ~ to memory, ἀποστηθίζω/ ~ to prison, φυλακίζω/ ~ oneself, δεσμεύομαι, ὑπόσχομαι/ ~ment, n. ὑπόσχεση (ἡ), δέσμευση (ἡ)
committee, n. ἐπιτροπή (ἡ), συμβούλιο (τό)
commodious, a. εὐρύχωρος, ἄνετος/ ~ness, n. εὐρυχωρία (ἡ), ἄνεση (ἡ)
commodity, n. ὠφέλεια (ἡ)/ (goods) ἐμπόρευμα (τό)
common, a. κοινός, συνηθισμένος, δημόσιος/ ~land, κοινόχρηστη γῆ/ ~ law, ἄγραφος νόμος, ἐθιμικό δίκαιο/ ~ people, ὄχλος (ὁ), λαουτζίκος (ὁ)/ ~sense, κοινή λογική (ἡ)/ in ~, κοινό, ἀπό κοινοῦ/ we have nothing in ~, δέν μοιάζουμε σέ τίποτε/ ~ness, n. συχνότητα (ἡ), χυδαιότητα (ἡ)/ ~ place, a. συνηθισμένος/ House of ~s, Βουλή τῶν Κοινοτήτων (ἡ)/ ~wealth, n. Κοινοπολιτεία (ἡ)
commotion, n. ταραχή (ἡ), σύγχυση (ἡ), ὀχλαγωγία (ἡ)
communal, a. κοινοτικός, δημοτικός/ commune, n. κοινότητα (ἡ), δῆμος (ὁ)/ v.i. ἐπικοινωνῶ, συναναστρέφομαι/ communicant, n. (eccl.) ἐκεῖνος πού κοινωνεῖ (μεταλαβαίνει)/ communicate, v.t.& i. μεταδίδω, ἐπικοινωνῶ, ἀνακοινώνω/ communication, n. μετάδοση (ἡ), ἐπικοινωνία (ἡ), ἀνακοίνωση (ἡ)/ communicative, a. ὁμιλητικός, κοινωνικός/ communion, n. σχέση (ἡ), συναναστροφή (ἡ)/ (eccl.) κοινωνία (ἡ), μετάληψη (ἡ)
communism, n. κομμουνισμός (ὁ)/ communist, n. κομμουνιστής (ὁ)
community, n. κοινότητα (ἡ)
commutable, a. εὐμετάβλητος, εὐμετάτρεπτος/ commutation, n. μετατροπή (ἡ)/ commute, v.t. (law) μετατρέπω/ (public transport) χρησιμοποιῶ τήν συγκοινωνία καθημερινά/ ~r, n. ἐκεῖνος πού χρησιμοποιεῖ τήν συγκοινωνία καθημερινά
compact, n. σύμβαση (ἡ), συμφωνία (ἡ)/

a. συμπαγής, συνοπτικός/ ~ness, n. συμπάγια (ἡ), συνοπτικότητα (ἡ)
companion, n. σύντροφος (ὁ), συνοδός (ὁ)/ (book) ὁδηγός (ὁ)/ ~able, a. εὐπροσήγορος, καταδεκτικός/ ~ship, n. συντροφιά (ἡ)
company, n. ἑταιρία (ἡ), συντροφιά (ἡ)/ (mil.) λόχος (ὁ)/ (theat.) θίασος (ὁ)/ ship's ~, πλήρωμα (τό)/ keep ~, βαστῶ συντροφιά/ joint-stock ~, μετοχική ἑταιρία/ limited ~, ἑταιρία περιορισμένης εὐθύνης
comparable, a. ἀνάλογος/ comparative, a. συγκριτικός/ compare, v.t. συγκρίνω, παραβάλλω/ comparison, n. σύγκριση (ἡ), παραβολή (ἡ)
compartment, n. διαμέρισμα (τό), διαχώρισμα (τό)
compass, n. πυξίδα (ἡ), μπούσουλας (ὁ)/ (limit) ὅριο (τό), περιοχή (ἡ)/ v.t. περικυκλώνω, πολιορκῶ/ pair of ~es, διαβήτης (ὁ)
compassion, n. οἶκτος (ὁ), συμπάθεια (ἡ), εὐσπλαχνία (ἡ)/ ~ate, a. σπλαχνικός, γεμάτος συμπάθεια
compatibility, n. συμφωνία (ἡ), ἁρμονία (ἡ)/ compatible, a. σύμφωνος, ἁρμονικός, προσαρμοστός
compatriot, n. συμπατριώτης (ὁ)
compel, v.t. ἐξαναγκάζω, ὑποχρεώνω
compendious, a. συνοπτικός, σύντομος/ compendium, n. σύνοψη (ἡ)
compensate, v.t. ἀποζημιώνω, ἀντισταθμίζω/ compensation, n. ἀποζημίωση (ἡ), ἀντιστάθμισμα (τό)
compete, v.i. διαγωνίζομαι, ἀνταγωνίζομαι
competence, n. ἱκανότητα (ἡ), ἁρμοδιότητα (ἡ), ἐπάρκεια (ἡ)/ competent, a. ἱκανός, ἁρμόδιος, ἐπαρκής
competition, n. διαγωνισμός (ὁ), συναγωνισμός (ὁ)/ unfair ~, ἀθέμιτος ἀνταγωνισμός/ competitive, a. συναγωνιστικός, ἀνταγωνιστικός/ competitor, n. ἀνταγωνιστής (ὁ)
compilation, n. συρραφή (ἡ), ἀπάνθισμα (τό)/ compile, v.t. συλλέγω, συγκεντρώνω, συρράβω
complacency, n. εὐαρέσκεια (ἡ), αὐτοϊκανοποίηση (ἡ)/ complacent, a. εὐχαρι-

στημένος, αὐτοϊκανοποιημένος

complain, v.i. παραπονοῦμαι/ ~*t*, n. παράπονο (τό)/ (med.) πάθηση (ἡ)/ *lodge a* ~, καταγγέλλω, ὑποβάλλω μήνυση

complaisance, n. εὐγένεια (ἡ), φιλοφροσύνη (ἡ)/ *complaisant*, a. εὐγενικός, ὑποχρεωτικός

complement, n. συμπλήρωμα (τό)/ (gram.) προσδιορισμός (ὁ)/ ~*ary*, a. συμπληρωματικός

complete, a. πλήρης, ὁλοκληρωμένος/ v.t. συμπληρώνω, ὁλοκληρώνω/ ~*ly*, ad. πλήρως, ἐντελῶς/ *completion*, n. συμπλήρωση (ἡ), ὁλοκλήρωση (ἡ), ἀποπεράτωση (ἡ), τελείωμα (τό)

complex, a. πολύπλοκος, πολυσύνθετος/ n. σύμπλεγμα (τό), κόμπλεξ (τό)

complexity, n. χροιά προσώπου (ἡ), χρῶμα (τό)

complexion, n. περιπλοκή (ἡ), πολυπλοκότητα (ἡ)

compliance, n. συμβιβαστικότητα (ἡ), ἐνδοτικότητα (ἡ)/ ~ *with the law*, συμμόρφωση μέ τούς νόμους/ *compliant*, a. συμβιβαστικός, ἐνδοτικός

complicate, v.t. περιπλέκω, μπερδεύω/ ~*d*, a. πολύπλοκος, μπερδεμένος/ *complication*, n. περιπλοκή (ἡ), ἐπιπλοκή (ἡ)

complicity, n. συνενοχή (ἡ).

compliment, n. κομπλιμέντο (τό), κολακεία (ἡ), φιλοφρόνηση (ἡ)/ *my* ~*s*, τά σέβη μου/ v.t. κομπλιμεντάρω, κάνω φιλοφρονήσεις, κολακεύω/ ~*ary*, a. φιλοφρονητικός, κολακευτικός/ ~ *ticket*, δωρεάν εἰσιτήριο

comply, v.i. συγκατανεύω, συμμορφώνομαι/ ~ *with*, ὑπακούω

component, n. συστατικό (τό)/ a. συστατικός/ ~ *force*, συνισταμένη δύναμη

comport oneself, συμπεριφέρομαι/ *comportment*, n. συμπεριφορά (ἡ)

compose, v.t. συνθέτω, συγγράφω/ (print.) στοιχειοθετῶ/ ~ *oneself*, ἡσυχάζω/ *be* ~*d of*, ἀποτελοῦμαι ἀπό/ ~*d*, a. ἤρεμος, ἀτάραχος/ ~*r*, n. συνθέτης (ὁ)/ *composite*, a. σύνθετος, μιχτός/ *composition*, n. σύνθεση (ἡ), διατριβή (ἡ), πραγματεία (ἡ)/ (tech.) κράμα (τό)/ (print.) στοιχειοθεσία (ἡ)/ *compo-*

sitor, n. στοιχειοθέτης (ὁ)

compost, n. λίπασμα (τό)

composure, n. ἠρεμία (ἡ), ἀταραξία (ἡ), γαλήνη (ἡ)

compound, n. μίγμα (τό)/ a. σύνθετος, ἀνάμιχτος/ ~ *interest*, σύνθετος τόκος/ (buildings) κτιριακό συγκρότημα/ v.t. συνθέτω, συγχωνεύω/ v.i. συμβιβάζομαι

comprehend, v.t. κατανοῶ, καταλαβαίνω/ *comprehensible*, a. κατανοητός/ *comprehension*, n. κατανόηση (ἡ)/ *comprehensive*, a. περιεκτικός/ ~ *school*, σχολεῖο γενικῆς μόρφωσης

compress, n. κομπρέσα (ἡ)/ v.t. συμπιέζω, συντομεύω/ ~*ion*, n. συμπίεση (ἡ)/ (tech.) σύνθλιψη (ἡ)/ ~*or*, n. συμπιεστής (ὁ), κομπρεσέρ (τό)

comprise, v.t. περιλαμβάνω, περιέχω

compromise, n. συμβιβασμός (ὁ)/ v.t. συμβιβάζω/ v.i. συμβιβάζομαι

compulsion, n. καταναγκασμός (ὁ), πίεση (ἡ)/ *under* ~, ὑπό πίεση/ *compulsorily*, ad. ἀναγκαστικά/ *compulsory*, a. ἀναγκαστικός

compunction, n. μετάνοια (ἡ), μεταμέλεια (ἡ)

computation, n. ὑπολογισμός (ὁ), ἐκτίμηση (ἡ)/ *compute*, v.t. ὑπολογίζω, ἐκτιμῶ/ ~*r*, n. ἠλεκτρονικός ὑπολογιστής (ὁ), κομπιοῦτερ (ὁ)

comrade, n. σύντροφος (ὁ)/ ~*ship*, n. συντροφικότητα (ἡ)/ ~ *in arms*, συνάδελφος ἐν ὅπλοις

con, v.t. μαθαίνω μελετῶ/ n. τό ἀντίθετο/ *the pros and* ~*s*, τά ὑπέρ καί τά κατά

concave, a. κοῖλος/ *concavity*, n. κοιλότητα (ἡ)

conceal, v.t. συγκαλύπτω, ἀποκρύβω/ ~*ment*, n. ἀπόκρυψη (ἡ)

concede, v.t. παραδέχομαι, παραχωρῶ

conceit, n. ἔπαρση (ἡ), οἴηση (ἡ), φαντασία (ἡ)/ ~*ed*, a. φαντασμένος, ξιπασμένος

conceivable, a. καταληπτός, δυνατός/ *conceive*, v.t. συλλαμβάνω, διανοοῦμαι, φαντάζομαι/ (biol.) συλλαμβάνω, κυοφορῶ

concentrate, v.t. συγκεντρώνω, πυκνώνω/ v.i. συγκεντρώνομαι/ *concentra-*

tion, n. συγκέντρωση (ἡ)/ ~ *camp*, στρατόπεδο συγκέντρωσης
concentric, a. ὁμόκεντρος
concept, n. ἀφηρημένη ἰδέα (ἡ), ἔννοια (ἡ)/ ~*ion*, n. σύλληψη (ἡ), ἀντίληψη (ἡ)
concern, n. φροντίδα (ἡ), μέριμνα (ἡ)/ (business) ἐπιχείρηση (ἡ)/ *it is no ~ of mine*, δέν εἶναι δουλειά μου/ *meddle in other people's ~s*, ἀνακατεύομαι σέ ξένες δουλειές/ v.t. ἐνδιαφέρομαι, ἀσχολοῦμαι/ ~*ed*, p.p.& a. ἐνδιαφερόμενος/ *as far as I am ~*, ὅσο μ' ἐνδιαφέρει, ἀπό τήν δική μου ἄποψη/ ~*ing*, pr. γιά, περί, σχετικά μέ
concert, n. κονσέρτο (τό), συναυλία (ἡ)/ v.t. συνεννοοῦμαι, διαβουλεύομαι/ ~*ina*, n. ἀκορντεόν (τό)
concession, n. παραχώρηση (ἡ), ἐκχώρηση (ἡ)
conch, n. κοχύλι (τό)
concierge, n. θυρωρός (ὁ)
conciliate, v.t. συμφιλιώνω, συμβιβάζω/ *conciliation*, n. συμφιλίωση (ἡ), συμβιβασμός (ὁ)/ *conciliatory*, a. συμφιλιωτικός, συμβιβαστικός
concise, a. περιεκτικός, συνοπτικός/ ~*ness*, n. περιεκτικότητα (ἡ), συνοπτικότητα (ἡ)
conclave, n. κονκλάβιο (τό), σύνοδος καρδιναλίων (ἡ)
conclude, v.t.& i. τελειώνω, καταλήγω/ (treaty) συνάπτω/ *conclusion*, n. τέλος (τό), κατάληξη (ἡ)/ (treaty) σύναψη (ἡ)/ *in ~*, συμπερασματικά/ *conclusive*, a. τελικός, πειστικός
concoct, v.t. ἑτοιμάζω (φαγητό κ.λπ.)/ (make up) ἐπινοῶ, σκαρφίζομαι/ ~*ion*, n. ἑτοιμασία (ἡ) (φαγητοῦ, ποτοῦ κ.λπ.)/ (making up) ἐπινόηση (ἡ)
concomitance, n. συνακολουθία (ἡ), παρεπόμενο (τό)/ *concomitant*, a. συνακόλουθος, παρεπόμενος
concord, n. συμφωνία (ἡ), ἁρμονία (ἡ), ὁμόνοια (ἡ)/ ~*ance*, n. σύνταξη (ἡ), ἁρμονία (ἡ)/ ~*at*, n. κονκορδάτο (τό), συμφωνία ἐκκλησίας καί κράτους
concourse, n. συρροή (ἡ), συγκέντρωση (ἡ)
concrete, a. συμπαγής, συγκεκριμένος/ n.

μπετόν (τό)
concubinage, n. παλλακεία (ἡ)/ *concubine*, n. παλλακίδα (ἡ)
concupiscence, n. φιληδονία (ἡ), λαγνεία (ἡ), ἀσέλγεια (ἡ)/ *concupiscent*, a. φιλήδονος, λάγνος, ἀσελγής
concur, v.i. συντείνω, συντρέχω, συντελῶ/ ~*rence*, n. συμφωνία (ἡ), συναίνεση (ἡ), συνδρομή (ἡ)/ ~*rent*, a. ταυτόχρονος, σύμφωνος/ ~*rently*, ad. μαζί, μέ σύμπραξη/ *two sentences running ~*, δύο ποινές κατά συγχώνευση
concussion, n. τράνταγμα (τό), τίναγμα (τό)/ (med.) διάσειση (ἡ)
condemn, v.t. καταδικάζω/ ~*ation*, n. καταδίκη (ἡ), κατάκριση (ἡ)/ ~*ed*, a. καταδικασμένος/ ~*ed cell*, κελλί μελοθανάτων
condensation, n. συμπύκνωση (ἡ)/ *condense*, v.t. συμπυκνώνω/ (text) συντομεύω/ ~*r*, n. συμπυκνωτής (ὁ)
condescend, v.i. καταδέχομαι, δείχνω συγκατάβαση/ *condescension*, n. καταδεκτικότητα (ἡ), συγκατάβαση (ἡ)
condign, a. προσήκων, παραδειγματικός
condiment, n. καρύκευμα (τό)
condition, n. κατάσταση (ἡ)/ ~*s*, pl. συνθήκες (οἱ)/ *on ~ that*, μέ τόν ὅρο ὅτι/ v.t. προτείνω ὅρους, ρυθμίζω/ *be ~ed by*, ἐξαρτῶμαι ἀπό/ ~*al*, a. ὑποθετικός, μέ ὅρους/ (gram.) ὑποθετική/ ~*ed*, p.p.& a. ρυθμισμένος, ἐξαρτώμενος
condole, v.i. συλλυποῦμαι/ ~ *nce*, n. συλλυπητήρια (τά)
condone, v.t. συγχωρῶ, παραβλέπω, ἀνέχομαι
conduce, v.i. συντελῶ, συντείνω, εὐνοῶ/ *conducive*, a. εὐνοϊκός, συντελεστικός
conduct, n. συμπεριφορά (ἡ), διαγωγή (ἡ)/ *safe ~*, ἄδεια διέλευσης/ v.t. διευθύνω, κατευθύνω, ὁδηγῶ/ ~*ance*, n. ἀγωγιμότητα (ἡ)/ ~*or*, n. (mus.) διευθυντής ὀρχήστρας/ (bus) εἰσπράκτορας (ὁ)/ (elec.) ἀγωγός (ὁ)
conduit, n. ὀχετός (ὁ), ἀγωγός (ὁ)
cone, n. κῶνος (ὁ)/ *truncated ~*, κόλουρος κῶνος/ (bot.) βαλανίδι (τό)
confection, n. ζαχαρωτό (τό)/ ~*er*, n. ζαχαροπλάστης (ὁ)/ ~*ery*, n. ζαχαροπλαστεῖο (τό)

confederacy, n. συνομοσπονδία (ή)/ confederate, a. συνομόσπονδος/ n. μέλος συνομοσπονδίας/ v.i. σχηματίζω συνομοσπονδία/ confederation, n. συνομοσπονδία (ή)
confer, v.t. ἀπονέμω/ v.i. συσκέπτομαι, συνεδριάζω/ ~ence, n. συνδιάσκεψη (ή)
confess, v.t. ὁμολογῶ, ἀναγνωρίζω, παραδέχομαι/ ~edly, ad. ὁμολογούμενα/ ~ion, n. ὁμολογία (ή)/ (eccl.) ἐξομολόγηση (ή)/ ~or, n. ἐξομολογητής (ὁ)
confidant, n. ἔμπιστος (ὁ)/ confide, v.t. ἐμπιστεύομαι/ confidence, n. ἐμπιστοσύνη (ή), πεποίθηση (ή), βεβαιότητα (ή)/ confident, a. βέβαιος, σίγουρος/ confidential, a. ἐμπιστευτικός/ ~ly, ad. ἐμπιστευτικά/ confiding, a. ἀξιόπιστος
configuration, n. διαμόρφωση (ή), σχηματισμός ἐδάφους
confine, n. ὅριο (τό), σύνορο (τό)/ v.t. περιορίζω, κλείνω μέσα/ be ~d, εἶμαι περιορισμένος (ἔγκλειστος)/ be ~d to bed, εἶμαι κλινήρης/ ~ment, n. περιορισμός (ὁ), φυλάκιση (ή), κάθειρξη (ή)/ (med.) λοχεία (ή)
confirm, v.t. ἐπιβεβαιώνω, ἐπικυρώνω/ (eccl.) χρίζω/ ~ation, n. ἐπιβεβαίωση (ή), ἐπικύρωση (ή)/ (eccl.) χρίσιμο (τό)/ ~ative, a. ἐπιβεβαιωτικός, ἐπικυρωτικός
confiscate, v.t. κατασχέτω, δημεύω/ confiscation, n. κατάσχεση (ή), δήμευση (ή)
conflagration, n. πυρκαγιά (ή), ἐμπρησμός (ὁ), ἀνάφλεξη (ή)
conflict, n. διαμάχη (ή), πάλη (ή), ἀνταγωνισμός/ v.i. συγκρούομαι, ἔρχομαι σέ ἀντίθεση/ ~ing, a. ἀντιφατικός, ἀντικρουόμενος
confluence, n. συμβολή ποταμῶν/ confluent, n. παραπόταμος (ὁ)
conform, v.t. συμμορφώνομαι, ἀκολουθῶ/ (leg.) ὑπακούω/ ~able, a. σύμφωνος, ὁμοιόμορφος/ ~ation, n. διάπλαση (ή), διαμόρφωση (ή)/ ~ist, n. ὀπαδός τοῦ καταστημένου/ ~ity, n. συμμόρφωση (ή)
confound, v.t. συγχέω, μπερδεύω, ἀνακατεύω/ ~ed, a. καταραμένος

confraternity, n. ἀδελφότητα (ή), συναδελφοσύνη (ή)
confront, v.t. ἀντιμετωπίζω, ἀντιπαρατάσσομαι/ ~ with witnesses, φέρνω σέ ἀντιπαράσταση μέ μάρτυρες/ ~ation, n. ἀντιμετώπιση (ή), ἀντιπαράταξη (ή), ἀντιπαράσταση (ή)
confuse, v.t. συγχέω, συγχύζω, περιπλέκω, μπερδεύω/ ~d, a. μπερδεμένος, συγκεχυμένος/ confusion, n. σύγχυση (ή), μπέρδεμα (τό), ἀναταραχή (ή)
confute, v.t. ἀνασκευάζω, ἀναιρῶ
congeal, v.t. & i. πήζω, παγώνω, κρυσταλλώνω
congenial, a. ὅμοιος, κατάλληλος/ ~ employment, εὐχάριστη ἀπασχόληση
congenital, a. ἔμφυτος, ἐγγενής, ἐκ γενετῆς
conger eel, n. θαλάσσιο χέλι (τό)
congest, v.t. φράζω, ἀποκλείω/ v.i. παθαίνω συμφόρηση/ ~ion, n. συμφόρηση (ή), ἔμφραξη (ή), ἀποκλεισμός (ὁ)
conglomerate, n. συσσώρευση (ή), συνένωση (ή)/ (group of businesses) συγκρότημα ἐπιχειρήσεων/ v.t. & i. συσσωρεύω, συνενώνω/ conglomeration, n. συσσώρευση (ή), συγκέντρωση (ή)
congratulate, v.t. συγχαίρω/ congratulations, συγχαρητήρια (τά)/ congratulatory, a. συγχαρητήριος
congregate, v.t. συναθροίζω/ v.i. προσέρχομαι, συνέρχομαι/ congregation, n. συνάθροιση (ή)/ (eccl.) ποίμνιο (τό)
congress, n. συνέδριο (τό), κογκρέσο (τό)/ (parl.) νομοθετικό σῶμα (τό)
congruity, n. συμφωνία (ή), ἀναλογία (ή)/ congruous, a. σύμφωνος, ἀνάλογος, κατάλληλος
conic(al), a. κωνικός, κωνοειδής
conifer, n. κωνοφόρο δέντρο/ ~ous, a. κωνοφόρος
conjectural, a. συμπερασματικός/ conjecture, v.t. συμπεραίνω, εἰκάζω/ n. εἰκασία (ή)
conjoin, v.t. συνδέω, συνάπτω/ ~t, a. συνδεδεμένος, συνενωμένος
conjugal, a. συζυγικός
conjugate, v.t. συζεύω/ (gram.) κλίνω/ conjugation, n. σύζευξη (ή)/ (gram.) συζυγία (ή)

conjunction, n. σύνδεσμος (ὁ)
conjunctivitis, n. ἐπιπεφυκίτιδα (ἡ)
conjuncture, n. σύμπτωση (ἡ), συγκυρία (ἡ)
conjuration, n. δέηση (ἡ), ἐξορκισμός (ὁ), μαγεία (ἡ)/ conjure, v.t. κάνω μαγικά/ ~ up, ἐπικαλοῦμαι/ conjurer, n. μάγος (ὁ), ταχυδακτυλουργός (ὁ)/ conjuring, n. μαγεία (ἡ), ταχυδακτυλουργία (ἡ)
connect, v.t.& i. συνδέω, ἐνώνω/ ~ed, p.p. & a. σχετικός, συναφής/ be well ~ed, ἔχω πολλούς γνωστούς μέ ἐπιρροή/ ~ing, a. συνδετικός/ ~ion, connexion, n. σχέση (ἡ), συνάφεια (ἡ)/ in ~ with, σχετικά μέ
conning tower, πυργίσκος ὑποβρυχίου (ὁ)
connivance, n. συνενοχή (ἡ)/ connive, v.i. συνενέχομαι/ ~ at, προσποιοῦμαι ὅτι δέν ξέρω, κλείνω τά μάτια
connoisseur, n. εἰδικός (ὁ), εἰδήμων (ὁ)
connote, v.t. ὑπονοῶ
connubial, a. γαμήλιος, συζυγικός
conquer, v.t. κατακτῶ, κυριεύω, νικῶ/ ~or, n. κατακτητής (ὁ)/ conquest, n. κατάκτηση (ἡ)
consanguineous, a. ὅμαιμος, ἀπό τό ἴδιο αἷμα/ consanguinity, n. συγγένεια ἐξ αἵματος
conscience, n. συνείδηση (ἡ), συναίσθηση (ἡ)/ conscientious, a. εὐσυνείδητος/ ~ness, n. εὐσυνειδησία (ἡ)
conscious, a. συνειδητός/ be ~ of, γνωρίζω, ἔχω συναίσθηση/ ~ly, ad. συνειδητά/ ~ness, n. συναίσθηση (ἡ), συνείδηση (ἡ)/ regain ~, συνέρχομαι, βρίσκω τίς αἰσθήσεις μου
conscript, n. στρατεύσιμος (ὁ), κληρωτός (ὁ)/ v.t. στρατολογῶ/ ~ion, n. στρατολογία (ἡ)
consecrate, v.t. εὐλογῶ, καθαγιάζω, καθιερώνω/ consecration, n. εὐλογία (ἡ), καθαγιασμός (ὁ), καθιέρωση (ἡ)
consecutive, a. συνεχόμενος, ἑπόμενος
consensus, n. ὁμοθυμία (ἡ), ὁμοφωνία (ἡ), γενική συναίνεση
consent, n. συναίνεση (ἡ), συγκατάθεση (ἡ)/ by common ~, μέ τήν συναίνεση ὅλων, μέ κοινή συναίνεση/ v.i. συναι-

νῶ, δίνω τήν συγκατάθεσή μου
consequence, n. συνέπεια (ἡ), ἐπακόλουθο (τό)/ in ~, κατά συνέπεια/ consequent, a. ἐπακόλουθος/ ~ ly, ad. συνεπῶς, ἑπομένως
conservation, n. συντήρηση (ἡ), διαφύλαξη (ἡ), προστασία (ἡ)/ ~ist, n. ὀπαδός τοῦ κινήματος γιά τήν προστασία τοῦ περιβάλλοντος
conservative, a. συντηρητικός/ ~ party, Συντηρητικό Κόμμα (τό)/ conservatism, n. συντηρητισμός (ὁ)/ conservatory, n. θερμοκήπιο (τό)/ (mus.) ὠδεῖο (τό)/ conserve, v.t. συντηρῶ, διατηρῶ
consider, v.t. θεωρῶ, ἐξετάζω, μελετῶ/ ~able, a. σημαντικός/ ~ate, a. συνετός, λεπτός/ ~ation, n. σκέψη (ἡ), μελέτη (ἡ), λεπτότητα (ἡ)/ it is under ~, ἐξετάζεται, εἶναι ὑπό μελέτη/ take into ~, ἐξαιτίας, λαμβάνοντας ὑπόψη
consign, v.t. ἀποστέλλω, παραδίδω/ (entrust) ἐμπιστεύομαι/ ~ee, n. παραλήπτης (ὁ)/ ~ment, n. ἀποστολή (ἡ), παράδοση (ἡ)
consist, v.i. ἀποτελοῦμαι, συνίσταμαι/ ~ence, ~ency, n. (pers.) συνέπεια (ἡ)/ (things) συνοχή (ἡ), στερεότητα (ἡ)/ ~ent, a. συνεπής, λογικός/ ~ with, σέ συνέπεια μέ/ ~ory, n. σύνοδος καρδιναλίων
consolation, n. παρηγοριά (ἡ)/ ~ prize, βραβεῖο παρηγοριᾶς/ console, v.t. παρηγορῶ/ n. κονσόλα (ἡ)
consolidate, v.t. παγιώνω, ἑδραιώνω, στερεώνω/ v.i. ἑδραιώνομαι, σταθεροποιοῦμαι, παγιώνομαι/ ~d, a. πάγιος/ consolidation, n. παγίωση (ἡ), ἑδραίωση (ἡ)
consoling, a. παρηγορητικός
consonance, n. συνήχηση (ἡ)/ (mus.) συμφωνία (ἡ), ἁρμονία (ἡ)/ consonant, a. ὁμόφωνος/ ~ with, σέ ἁρμονία μέ/ n. σύμφωνο (τό)
consort, n. σύντροφος (ὁ), σύζυγος (ὁ) (συνήθως βασιλέων)/ v.i. συναναστρέφομαι/ ~ium, n. κονσόρτιουμ (τό)
conspicuous, a. φανερός, κατάδηλος/ make oneself ~, διακρίνομαι, ξεχωρίζω/ be ~ by one's absence, λάμπω μέ τήν ἀπουσία μου

conspiracy, n. συνωμοσία (ή)/ (leg.) ἐγκληματική συμφωνία/ *conspirator*, n. συνωμότης (ὁ)/ *conspire*, v.i. συνωμοτῶ
constable, n. ἀστυφύλακας (ὁ), χωροφύλακας (ὁ)/ *chief ~*, ἀστυνόμος/ *constabulary*, n. ἀστυνομία (ή), χωροφυλακή (ή)
constancy, n. σταθερότητα (ή), πίστη (ή)/ *constant*, a. σταθερός, ἀμετάβλητος/ (husband & wife) πιστός/ n. (maths) σταθερά (ή)
constellation, n. ἀστερισμός (ὁ)
consternation, n. κατάπληξη (ή), φόβος (ὁ)
constipate, v.t. φράζω/ (med.) προκαλῶ δυσκοιλιότητα/ *~d*, a. δυσκοίλιος/ *constipation*, n. δυσκοιλιότητα (ή)
constituency, n. ἐκλογική περιφέρεια/ *constituent*, a. συστατικός, συντακτικός/ *~ Assembly*, Συντακτική Συνέλευση/ n. ἐκλογέας (ὁ), ψηφοφόρος ὁρισμένης περιφέρειας/ *constitute*, v.t. συνιστῶ, ἀπαρτίζω, ἀποτελῶ/ *constitution*, n. σύσταση (ή)/ (biol.) ἰδιοσυγρασία (ή), σωματική διάπλαση/ (polit.) σύνταγμα (τό)/ *~al*, a. συνταγματικός/ n. περίπατος γιά λόγους ὑγείας
constrain, v.t. βιάζω, ὑποχρεώνω, ἐξαναγκάζω/ *~t*, n. βία (ή), ἐξαναγκασμός (ὁ)/ *show ~*, δείχνω συγκράτηση
constrict, v.t. σφίγγω, συστέλλω, στραγγαλίζω/ *~or*, n. συσφιγκτήρας (ὁ)/ *constringent*, a. συσφιγκτικός, συσταλτικός
construct, v.t. κατασκευάζω, φτιάχνω, οἰκοδομῶ/ *~ion*, n. κατασκευή (ή), οἰκοδόμηση (ή)/ (gram.) σύνταξη (ή)/ *~ional*, a. κατασκευαστικός, οἰκοδομικός/ *~ive*, a. ἐποικοδομητικός, θετικός/ *~or*, n. κατασκευαστής (ὁ), μηχανικός οἰκοδομῶν (ὁ)
construe, v.t. ἐξηγῶ, ἑρμηνεύω
consul, n. πρόξενος (ὁ)/ *~ar*, a. προξενικός/ *~ate*, n. προξενεῖο (τό)
consult, v.t. συμβουλεύομαι, ζητῶ τήν γνώμη/ *~ation*, n. ζήτηση γνώμης/ (med.) συμβουλή γιατροῦ/ *hold a ~*, διασκέπτομαι, συνεδριάζω/ *~ing*, a. συμβουλευτικός/ *~ing room*, ἰατρεῖο
consume, v.t. καταναλώνω, ξοδεύω/ *~r*,

n. καταναλωτής (ὁ)/ *~r goods*, καταναλωτικά ἀγαθά
consummate, v.t. ὁλοκληρώνω, ἀποτελειώνω/ a. τελειωμένος, ὁλοκληρωμένος/ *consummation*, n. ὁλοκλήρωση (ή), ἀποτελείωμα (τό), τελειοποίηση (ή)
consumption, n. κατανάλωση (ή)/ (med.) φυματίωση (ή), φθίση (ή)/ *consumptive*, a. φυματικός, φθισικός
contact, n. ἐπαφή (ή), συνάφεια (ή)/ v.t. ἔρχομαι σέ ἐπαφή, ἐπικοινωνῶ/ *~ lens*, φακός ἐπαφῆς (ὁ)
contagion, n. μόλυνση (ή), μετάδοση νόσου/ *contagious*, a. μολυσματικός, μεταδοτικός/ *~ness*, n. μολυσματικότητα (ή), μεταδοτικότητα (ή)
contain, v.t. περιέχω, περικλείω/ *he could not ~ himself for joy*, δέν μποροῦσε νά συγκρατήσει τήν χαρά του/ *the bag will not ~ it all*, ἡ τσάντα δέν θά τά χωρέσει ὅλα/ *~er*, n. δοχεῖο (τό), κουτί (τό)
contaminate, v.t. μολύνω, μιαίνω, βρωμίζω/ *contamination*, n. μόλυνση (ή), μίανση (ή), βρώμισμα (τό)
contemn, v.t. περιφρονῶ
contemplate, v.t.& i. θεωρῶ, μελετῶ, σχεδιάζω, σκέπτομαι/ *contemplation*, n. σκέψη (ή), θεώρηση (ή), μελέτη (ή)/ *contemplative*, a. σκεπτικός, στοχαστικός
contemporaneous, **contemporary**, a. σύγχρονος/ *contemporaries*, n. pl. οἱ σύγχρονοί μας
contempt, n. περιφρόνηση (ή), καταφρόνηση (ή)/ *~ of court*, ἔλλειψη σεβασμοῦ πρός τό δικαστήριο/ *~ible*, a. ἀξιοκαταφρόνητος/ *~uous*, a. περιφρονητικός
contend, v.t.& i. ἀγωνίζομαι, διεκδικῶ/ *~ with*, ἀνταγωνίζομαι/ *~er*, n. ἀνταγωνιστής (ὁ)
content, a. ἱκανοποιημένος/ v.t. ἱκανοποιῶ, εὐχαριστῶ/ *be ~ with*, εἶμαι ἱκανοποιημένος/ n. περιεχόμενο (τό)/ *table of ~s*, πίνακας περιεχομένων/ *~ed*, p.p. & a. εὐχαριστημένος/ *~edly*, ad. μέ εὐχαρίστηση
contention, n. πάλη (ή), ἀγώνας (ὁ), διαμάχη (ή)/ (leg.) ἰσχυρισμός (ὁ)/ *conten-*

tious, a. ἐριστικός, καβγατζής/ ~*ness*, n. ἐριστικότητα (ἡ)

contentment, n. εὐχαρίστηση (ἡ)

contest, n. ἀγώνας (ὁ), πάλη (ἡ)/ (competition) διαγωνισμός (ὁ)/ (sport) ἀγώνισμα (τό)/ v.t. ἀγωνίζομαι, διαγωνίζομαι, διεκδικῶ

context, n. τά συμφραζόμενα

contiguity, n. γειτνίαση (ἡ), συνάφεια (ἡ)/ *contiguous*, a. γειτονικός, συνεχόμενος

continence, n. ἐγκράτεια (ἡ), ἁγνότητα (ἡ), σεμνότητα (ἡ), συγκράτηση (ἡ)

continent, a. ἐγκρατής, ἁγνός, σεμνός/ n. ἤπειρος (ἡ)/ ~*al*, a. ἠπειρωτικός/ ~ *shelf*, ἠπειρωτική ὑφαλοκρηπίδα

contingency, n. συγκυρία (ἡ), σύμπτωση (ἡ)/ *contingent*, a. τυχαῖος, συμπτωματικός, ἐνδεχόμενος/ n. (mil.) ἀπόσπασμα (τό)

continual, a. συνεχής, διαρκής/ *continuance*, n. συνέχιση (ἡ), διάρκεια (ἡ)/ *continuation*, n. συνέχεια (ἡ), ἐξακολούθηση (ἡ), προέκταση (ἡ)

continue, v.i. συνεχίζω, ἐξακολουθῶ, παρατείνω/ *continuity*, n. συνέχεια (ἡ), ἀδιάκοπη ροή/ (film etc.) σύνδεση (ἡ)/ *continuous*, a. ἀδιάκοπος, συνεχής/ (gram.) διαρκής

contort, v.t. στρίβω, συστρέφω/ ~*ion*, n. συστροφή (ἡ)/ ~*ionist*, n. ἀκροβάτης (ὁ)

contour, n. περίμετρος (ἡ), κατατομή (ἡ)/ ~ *line*, ὑψομετρική καμπύλη

contraband, n. λαθρεμπόριο (τό)/ ~*ist*, n. λαθρέμπορος (ὁ)

contraception, n. ἀντισυλληπτική μέθοδος/ *contraceptive*, a. ἀντισυλληπτικό

contract, n. συμβόλαιο (τό), συμφωνητικό (τό)/ v.t.& i. ὑπογράφω συμφωνητικό, συμβάλλομαι/ (phys.) συστέλλω/ (med.) προσβάλλομαι, ἁρπάζω ἀρρώστια/ (debt) συνάπτω δάνειο/ ~*ing*, a. συμβαλλόμενος/ ~*ion*, n. συστολή (ἡ)/ (gram.) συναίρεση (ἡ)/ ~*or*, n. ἐργολάβος (ὁ), προμηθευτής (ὁ)/ ~*ual*, a. συμβατικός

contradict, v.t. ἀντιλέγω, ἀντικρούω/ ~*ion*, n. ἀντίκρουση (ἡ), ἀντιλογία (ἡ)/ ~ *in terms*, ἀντίφαση/ ~*ory*, a. ἀν-

τιφατικός, ἀντίθετος

contralto, n. κοντράλτα (ἡ), μεσόφωνος (ἡ)

contraption, n. τέχνασμα (τό), περίεργο μηχάνημα

contrariety, n. ἐναντιότητα (ἡ), ἀντίθεση (ἡ)/ *contrarily*, ad. ἀντίθετα/ *contrariness*, n. ἀντιλογία (ἡ)/ *contrary*, a. ἀντίθετος, ἐνάντιος/ n. ἀντίθετο (τό)/ *on the* ~, τό ἀντίθετο, τουναντίον/ ~ *to*, ἀντίθετα μέ

contrast, n. ἀντίθεση (ἡ), διαφορά (ἡ)/ v.t. ἀντιπαραβάλλω/ v.i. εἶμαι ἀντίθετος, διαφέρω

contravene, v.t. παραβαίνω/ *contravention*, n. παράβαση (ἡ)

contribute, v.t. συμβάλλω, συντελῶ/ (money) συνεισφέρω/ *contribution*, n. συμβολή (ἡ), συνεισφορά (ἡ)/ (journalism) συνεργασία (ἡ)/ *contributor*, n. συνεργάτης (ὁ), βοηθός (ὁ)/ *contributory*, a. συντελεστικός/ ~ *pension*, σύνταξη πού βασίζεται σέ κρατήσεις

contrite, a. μεταμελημένος, συντριμμένος/ *contrition*, n. μεταμέλεια (ἡ), συντριβή (ἡ)

contrivance, n. ἐφεύρεση (ἡ), ἐπινόηση (ἡ), τέχνασμα (τό)/ *contrive*, v.t. ἐφευρίσκω, ἐπινοῶ, μηχανεύομαι/ ~*d*, a. βεβιασμένος, ἀφύσικος

control, n. ἔλεγχος (ὁ), ἐπιρροή (ἡ), ἐξουσία (ἡ)/ *put under* ~, χαλιναγωγῶ/ *get out of* ~, ξεφεύγω ἀπό τόν ἔλεγχο/ v.t. ἐλέγχω, ἐξουσιάζω, ἐπηρεάζω, χαλιναγωγῶ/ ~ *oneself*, συγκρατοῦμαι/ (tech.) ῥυθμίζω/ ~*ler*, n. ἐλεγκτής (ὁ) ἐπόπτης (ὁ)

controversial, a. ἀμφιλεγόμενος, ἀμφισβητούμενος/ *controversy*, n. ἀμφισβήτηση (ἡ), λογομαχία (ἡ), διαφωνία (ἡ)/ *controvert*, v.t. ἀμφισβητῶ, ἀντιλέγω

contumacious, a. δύστροπος, πεισματάρης/ (leg.) φυγόδικος/ *contumacy*, n. δυστροπία (ἡ), πεῖσμα (τό)/ (leg.) φυγοδικία (ἡ)

contumelious, a. χλευαστικός, προσβλητικός, ὑβριστικός, σκωπτικός/ *contumely*, n. ἐμπαιγμός (ὁ), χλευασμός (ὁ), προσβολή (ἡ)

contuse, v.t. μωλωπίζω/ *contusion*, n. μω-

λωπισμός (ὁ)
conundrum, n. αἴνιγμα (τό), γρίφος (ὁ)
convalesce, v.i. εἶμαι στήν ἀνάρρωση/ ~nce, n. ἀνάρρωση (ἡ)/ ~nt, a. ἐκεῖνος πού βρίσκεται σέ ἀνάρρωση
convene, v.t.& i. συγκαλῶ, συνεδριάζω
convenience, n. εὐκολία (ἡ), καταλληλότητα (ἡ)/ ~s, pl. ἀνέσεις (οἱ)/ public ~s, δημόσιο ἀποχωρητήριο/ modern ~s, σύγχρονες ἀνέσεις, κομφόρ/ at your earliest ~, μόλις εὐκαιρήσετε/ convenient, a. κατάλληλος, πρόσφορος, βολικός
convent, n. μοναστήρι καλογραιῶν (τό)
convention, n. συνθήκη (ἡ), συμφωνία (ἡ)/ (congress) συνέδριο (τό)/ ~s, pl. κοινωνικές συμβατικότητες/ ~al, a. συμβατικός, κατά συνθήκη/ ~ality, n. συμβατικότητα (ἡ)
conventual, a. μοναστηριακός
converge, v.i. συγκλίνω, συμπίπτω/ ~nce, n. σύγκλιση (ἡ), σύμπτωση (ἡ)/ ~nt, a. συγκλίνων
conversant, a. εἰδικός, γνώστης
conversation, n. συζήτηση (ἡ), συνομιλία (ἡ), συνδιάλεξη (ἡ)/ ~al, a. συνομιλητικός, συνδιαλεκτικός/ converse, a. ἀντίστροφος/ n. ἀντίστροφο (τό), ἀντιστροφή (ἡ)/ v.i. συνομιλῶ, κουβεντιάζω/ ~ly, ad. ἀντίστροφα
conversion, n. μετατροπή (ἡ), ἀλλαγή (ἡ)/ (eccl.) προσηλυτισμός (ὁ)/ convert, n. προσήλυτος (ὁ)/ v.t. μετατρέπω, μεταποιῶ/ (eccl.) προσηλυτίζω/ be ~ed to, προσηλυτίζομαι, προσχωρῶ/ ~ible, a. μεταβλητός, εὐμετάτρεπτος
convex, a. κυρτός, καμπύλος/ ~ity, n. κυρτότητα (ἡ), καμπυλότητα (ἡ)/ double ~ity, ἀμφικυρτότητα (ἡ)
convey, v.t. κομίζω, μεταδίδω, μεταβιβάζω/ (leg.) μεταβιβάζω κυριότητα/ ~ance, n. μετάδοση (ἡ), μεταφορά (ἡ), μεταβίβαση (ἡ)/ (leg.) μεταβίβαση κυριότητας/ ~ er, n. μετακομιστής (ὁ)
convict, n. κατάδικος (ὁ)/ v.t. καταδικάζω, βρίσκω ἔνοχο/ ~ion, n. καταδίκη (ἡ)/ (belief) πεποίθηση (ἡ)
convince, v.t. πείθω/ convincing, a. πειστικός
convivial, a. εὔθυμος, χαρωπός/ ~ity, n.

εὐθυμία (ἡ)
convocation, n. σύγκληση (ἡ), σύναξη (ἡ)/ (eccl.) σύνοδος (ἡ)/ convoke, v.t. συγκαλῶ
convoluted, a. περιτυλιγμένος, μπερδεμένος
convoy, n. συνοδεία (ἡ), ἐφοδιοπομπή (ἡ)/ (ships) νηοπομπή (ἡ)/ v.t. συνοδεύω
convulse, v.t. συσπῶ, συνταράζω/ convulsion, n. σύσπαση (ἡ)/ (med.) σπασμός (ὁ)/ convulsive, a. σπασμωδικός
coo, v.i. γουργουρίζω/ ~ing, n. γουργουρητό (τό)
cook, n. μάγειρας (ὁ)/ v.t. μαγειρεύω, ψήνω/ ~er, n. κουζίνα μαγειρέματος/ ~ery, n. μαγειρική (ἡ)/ ~ ery book, ὁδηγός μαγειρικῆς/ ~ing, n. μαγείρεμα (τό)
cool, a. δροσερός/ (person) ψύχραιμος/ n. δροσιά (ἡ)/ lose one's ~, χάνω τήν ψυχραιμία μου/ v.t. παγώνω, δροσίζω/ v.i. ἡσυχάζω, ἠρεμῶ/ ~er, n. ψυγεῖο (τό)/ ~ing, a. δροσιστικός/ ~ness, n. ψυχρότητα (ἡ)/ (calm) ψυχραιμία (ἡ), ἀταραξία (ἡ)
coop, n. κοτέτσι (τό)/ v.t. κλείνω κότες στό κοτέτσι
cooper, n. βαρελάς (ὁ), βαρελοποιός (ὁ)/ ~age, n. βαρελοποιία (ἡ)
co-operate, v.i. συνεργάζομαι, συμπράττω/ co-operation, n. συνεργασία (ἡ), σύμπραξη (ἡ)/ co-operative, a. συνεργατικός, συνεργάσιμος/ ~ society, συνεταιρισμός (ὁ), κοπερατίβα (ἡ)
co-ordinate, v.t. συντονίζω/ n. (tech.) συντεταγμένη (ἡ)/ co-ordination, n. συντονισμός (ὁ)
coot, n. νερόκοτα (ἡ)
cope, n. ἱερατικός μανδύας (ὁ), φελόνιο (τό)/ v.t. ἀντιμετωπίζω/ ~ with, τά καταφέρνω/ I can't ~ with him, δέν μπορῶ νά τά βγάλω πέρα μαζί του/ coping, n. κάλυμμα στέγης (τό)
copious, a. ἄφθονος/ ~ness, n. ἀφθονία (ἡ)
copper, n. χαλκός (ὁ)/ (coin) μικρό νόμισμα, κέρμα (τό)/ (washing) σκάφη (ἡ)/ v.t. ἐπιχαλκώνω/ ~plate, n. χαλκογραφία (ἡ)/ ~smith, n. χαλκωματάς/

~*ware*, n. χαλκώματα (τά)
coppice, copse, n. λόχμη (ή)
copulate, v.i. συνουσιάζομαι, ἔρχομαι σέ σεξουαλική ἐπαφή, γαμῶ/ *copulation*, n. συνουσία (ή), σεξουαλική ἐπαφή (ή)/ *copulative*, a. (gram.) συμπλεκτικός, συνδετικός
copy, n. ἀντίγραφο (τό)/ (book) ἀντίτυπο (τό)/ (newspaper) φύλλο (τό)/ (adv.) διαφημιστικό κείμενο/ v.t. ἀντιγράφω/ ~*book*, n. τετράδιο (τό)/ ~*ing*, n. ἀντιγραφή (ή), ἀπομίμηση (ή)/ ~*ist*, n. ἀντιγραφέας (ό)/ ~*right*, n. συγγραφικά δικαίωματα (τά), πνευματική ἰδιοκτησία (ή)
coquet, v.i. ἐρωτοτροπῶ, κοκεταρίζω/ ~*ry*, n. κοκεταρία (ή)/ ~*te*, n. κοκέτα (ή)/ ~*ish*, a. κοκέτικος, φιλάρεσκος
coral, n. κοράλλι (τό)/ ~ *island*, κοραλλιογενές νησί
cord, n. σχοινί (τό), σπάγγος (ό)/ *umbilical* ~, ὀμφάλιος λῶρος/ *vocal* ~*s*, φωνητικές χορδές/ v.t. δένω μέ σχοινί/ ~*age*, n. καραβόσχοινο (τό)
cordial, a. ἐγκάρδιος/ n. τονωτικό φάρμακο/ ~*ity*, n. ἐγκαρδιότητα (ή), θέρμη (ή)
cordon, n. κορδόνι (τό)/ (police) κλοιός (ό)/ (honorific) ταινία (ή)
corduroy, n. βελοῦδο (τό)
core, n. πυρήνας (ό), κουκούτσι (τό)/ (fig.) τό κύριο μέρος/ v.t. ξεκουκουτσιάζω
cork, n. φελλός (ό), πῶμα (τό)/ v.t. πωματίζω, κλείνω μέ φελλό/ ~ *screw*, n. ἀνοιχτήρι (τό), τυρμπουσόν (τό)/ ~ *tree*, n. φελλόδεντρο (τό)
corn, n. σιτηρά (τά), σιτάρι (τό)/ (Indian) καλαμπόκι (τό)/ (on the foot) κάλος (ό)/ ~ *chandler*, n. ἔμπορος σιτηρῶν (ό)/ ~ *cob*, n. στάχυ (τό)
corned beef, κονσερβοποιημένο βοδινό
cornea, n. κερατοειδής χιτώνας (ό)
corner, n. γωνία (ή), κόχη (ή)/ *drive into a* ~, στριμώχνω, φέρνω σέ δύσκολη θέση/ ~ *stone*, n. ἀγκωνάρι (τό), ἀκρογωνιαῖος λίθος (ό)/ v.t. στριμώχνω/ (market) προαγοράζω, καπαρώνω/ (car) στρίβω τήν γωνία
cornet, n. (mus.) κορνέτα (ή)

cornfield, n. σιταροχώραφο (τό)/ *cornflour*, n. καλαμποκάλευρο (τό)
cornice, n. κορνίζα (ή), στεφάνη (ή)
cornucopia, n. κέρας τῆς 'Αμάλθειας (τό)
corollary, n. πόρισμα (τό), συμπέρασμα (τό)
coronation, n. στέψη (ή)
coroner, n. ἰατροδικαστής (ό)
coronet, n. μικρό στέμμα (τό), διάδημα (τό)
corporal, a. σωματικός/ n. δεκανέας (ό)/ *corporate*, a. σωματειακός, αὐτοδιοίκητος/ *corporation*, n. σωματεῖο (τό), νομικό πρόσωπο/ *corporeal*, a. σωματικός, ὑλικός
corps, n. (mil.) σῶμα στρατοῦ/ *diplomatic* ~, διπλωματικό σῶμα
corpse, n. πτῶμα (τό), νεκρός (ό)
corpulence, n. παχυσαρκία (ή), εὐσαρκία (ή)/ *corpulent*, a. παχύσαρκος, εὔσαρκος
corpuscle, n. σωμάτιο (τό)/ *blood* ~, αἱμοσφαίριο
correct, a. σωστός, ὀρθός, ἀκριβής/ v.t. διορθώνω/ (punish) σωφρονίζω/ ~*ion*, n. διόρθωση (ή), ἐπανόρθωση (ή)/ ~*ive*, a. διορθωτικός, σωφρονιστικός/ ~*ness*, n. ἀκρίβεια (ή), ἄψογη συμπεριφορά (ή)
correlate, v.t. συσχετίζω/ *correlative*, a. συσχετικός
correspond, v.i. ἀντιστοιχῶ, ἀνταποκρίνομαι, ἀναλογῶ/ ~*ence*, n. ἀντιστοιχία (ή), ἀναλογία (ή), ἀνταπόκριση (ή)/ (mail) ἀλληλογραφία (ή)/ ~ *courses*, μαθήματα μέ ἀλληλογραφία/ ~*ent*, n. ἀνταποκριτής (ό)/ ~*ing*, a. ἀντίστοιχος, ἀνάλογος
corridor, n. διάδρομος (ό)
corroborate, v.t. ἐνισχύω, ἐπιβεβαιώνω/ *corroboration*, n. ἐνίσχυση (ή), ἐπιβεβαίωση (ή)/ *corroborative*, a. ἐνισχυτικός, ἐπιβεβαιωτικός
corrode, v.t. φθείρω, διαβρώνω, κατατρώγω/ v.i. τρώγομαι/ *corrosion*, n. φθορά (ή), διάβρωση (ή)/ *corrosive*, a. διαβρωτικός
corrugate, v.t. ρυτιδώνω, σχηματίζω ραβδώσεις/ ~*d*, a. (metal) ραβδωτό (πτυχωτό) μέταλλο

corrupt, a. διεφθαρμένος, δωροδοκημέ-
νος/ v.t.& i. διαφθείρω, δωροδοκῶ/
~ible, a. διαφθαρτός, δωροδοκήσιμος/
~ion, n. διαφθορά (ή), δωροδοκία (ή),
ἐξαγορά (ή)/ (language) παραφθορά
(ή)
corsair, n. πειρατής (ὁ), κουρσάρος (ὁ)
corset, n. στηθόδεσμος (ὁ), κορσές (ὁ)
cortège, n. νεκρική πομπή (ή), πομπή κη-
δείας (ή)
coruscate, v.i. λάμπω, ἀστράφτω/ corus-
cation, n. λάμψη (ή)
corvette, n. κορβέτα (ή)
cosily, ad. ἄνετα/ cosiness, n. ἄνεση (ή)
cosmetic, a. καλλυντικός, κοσμητικός/ n.
καλλυντικό (τό)
cosmic, a. κοσμικός, διαστημικός
cosmonaut, n. κοσμοναύτης (ὁ)
cosmopolitan, n. κοσμοπολίτης (ὁ)/ a. κο-
σμοπολιτικός
cost, n. τιμή (ή), δαπάνη (ή), ἔξοδο (τό),
ἀξία (ή)/ bear the ~, ἀναλαμβάνω τά
ἔξοδα/ pay the ~s (leg.) πληρώνω τά
ἔξοδα τῆς δίκης/ ~ of living, τιμάριθ-
μος/ ~ price, τιμή κόστους/ at all ~ s, μέ
κάθε τρόπο, ὁπωσδήποτε/ v.i. κοστο-
λογῶ, ὁρίζω τήν τιμή
coster, n. πλανόδιος μανάβης (ὁ)
costliness, n. δαπανηρότητα (ή)/ costly, a.
δαπανηρός, ἀκριβός
costume, n. φορεσιά (ή), ἐνδυμασία (ή)/
~ piece, ἱστορική ἐνδυμασία/ ~ play,
θεατρικό ἔργο ἐποχῆς
cosy, a. ἄνετος
cot, n. σπιτάκι (τό)/ (baby) κούνια (ή)
cotangent, n. (maths) συνεφαπτόμενη (ή)
coterie, n. παρέα (ή)/ (artists) καλλιτεχνι-
κή συντροφιά (ή)
cottage, n. ἐξοχικό σπιτάκι (τό)
cotton, n. βαμβάκι (τό)/ ~ cloth, βαμβα-
κερό ὕφασμα/ ~ gin, ἐκκοκκιστική μη-
χανή/ ~mill, βαμβακουργεῖο (τό) ~
plant, βαμβακιά (ή)/ ~ plantation, βαμ-
βακοφυτεία (ή)/ ~wool, βαμβάκι ἀκα-
τέργαστο, βάτα/ ~ yarn, βαμβακερή
κλωστή
couch, n. καναπές (ὁ), ἀνάκλιντρο (τό)/
v.t. (words) διατυπώνω/ v.i. ξαπλώνο-
μαι
couch-grass, n. ἀγριάδα (ή), ἀγριοπρασι-

νάδα (ή)
cough, n. βήχας (ὁ)/ v.i. βήχω/ ~ up, ὁμο-
λογῶ
council, n. συμβούλιο (τό)/ town ~, δημο-
τικό συμβούλιο (τό)/ privy ~, ἀνακτο-
βούλιο (τό)/ ~lor, n. σύμβουλος (ὁ)
counsel, n. συμβουλή (ή), γνώμη (ή)/ take
~, ζητῶ συμβουλή/ be represented by
~, παρίσταμαι μέ δικηγόρο/ v.t. συμ-
βουλεύω/ ~lor, n. σύμβουλος (ὁ)/ (leg.)
συνήγορος (ὁ)
count, n. ὑπολογισμός (ὁ), μέτρημα (τό),
λογαριασμός (ὁ)/ (lord) κόμης (ὁ)/ v.t.
ὑπολογίζω, μετρῶ, λογαριάζω/ v.i. ~
on, στηρίζομαι, βασίζομαι/ that does
not ~, αὐτό δέν μετράει
countenance, n. ὄψη (ή), ἔκφραση (ή),
φυσιογνωμία (ή)/ put out of ~, ἀπο-
θαρρύνω/ v.t. ὑποστηρίζω, ἐνθαρρύνω
counter, n. (furn.) πάγκος (ὁ), χώρισμα
γραφείου/ (tech.) μετρητής (ὁ)/ a. ἀντί-
θετος/ v.t. ἀντικρούω, εἶμαι ἀντίθετος/
ad. ἐνάντια, ἐναντίον/ run ~ to, εἶναι
ἀντίθετο σέ
counteract, v.t. ἀντενεργῶ/ ~ion, n. ἀν-
τενέργεια (ή)
counter-attack, n. ἀντεπίθεση (ή)/ v.t. ἀν-
τεπιτίθεμαι
counterbalance, n. ἀντιστάθμιση (ή), ἀν-
τιστάθμισμα (τό)/ v.t. ἀντισταθμίζω
counter-claim, n. ἀνταπαίτηση (ή)
counterfeit, a. κίβδηλος, πλαστός, κάλπι-
κος/ n. κιβδηλεία (ή), πλαστότητα (ή),
παραχάραξη (ή)/ v.t. παραποιῶ, πα-
ραχαράζω/ ~er, n. παραχαράκτης (ὁ),
πλαστογράφος (ὁ)
counterfoil, n. στέλεχος (τό)
countermand, v.t. ἀνακαλῶ, παίρνω πί-
σω, ἀποσύρω
counterpane, n. σκέπασμα κρεβατιοῦ
(τό)
counterpart, n. ἀντίστοιχο (τό)
counterpoint, n. ἀντίστιξη (ή)
counterpoise, n. ἀντίρροπο (τό), ἀντι-
στάθμισμα (τό)/ v.t. ἀντισταθμίζω, βά-
ζω ἀντίβαρο
counter-revolution, n. ἀντεπανάσταση (ή)
countersign, n. παρασύνθημα (τό)/ v.t.
προσυπογράφω/ ~ature, n. προσυπο-
γραφή (ή)

countess, n. κόμησσα (ή)
countless, a. ἀμέτρητος
country, n. χώρα (ή)/ *in the* ~, στήν ἐξο-
χή/ *my* ~, ή πατρίδα μου/ ~ *house*, n.
ἐξοχικό σπίτι (τό)/ ~ *life*, n. ἀγροτική
ζωή (ή)/ ~*man*, n. χωριάτης (ὁ), χωρι-
κός (ὁ)/ (from the same) συμπατριώτης
(ὁ)/ ~ *side*, n. ἐξοχή (ή), ἐξοχικό τοπίο
(τό)/ ~ *woman*, n. χωρική (ή), χωριά-
τισσα (ή)
county, n. κομητεία (ή), ἐπαρχία (ή)/ ~
town, πρωτεύουσα ἐπαρχίας
coup, n. πραξικόπημα (τό)
couple, n. ζευγάρι (τό), δυάδα (ή)/ *enga-
ged* ~, ἀρραβωνιασμένοι/ *married* ~,
ἀντρόγυνο (τό)/ v.t. συνδέω, ζευγαρώ-
νω/ (tech.) συναρμόζω/ ~*t*, n. δίστιχο
(τό)/ ~*ing*, n. σύνδεσμος (ὁ), σύνδεση
(ή), ζευγάρωμα (τό)/ (tech.) σύζευξη
(ή)
coupon, n. ἀπόκομμα (τό), κουπόνι (τό)
courage, n. θάρρος (τό), τόλμη (ή), κου-
ράγιο (τό)/ ~ *ous*, a. θαρραλέος, τολ-
μηρός, γενναῖος
courier, n. ταχυδρόμος (ὁ), ἀγγελιαφό-
ρος (ὁ)
course, n. πορεία (ή), δρόμος (ὁ)/ (river)
ρεύμα (τό)/ (food) πιάτο (τό)/ (lessons)
σειρά μαθημάτων/ (ship) πορεία (ή),
πλούς (ὁ)/ ~ *of events*, ροή τῶν γεγονό-
των/ *in due* ~, σέ εὔθετο χρόνο, ἐν και-
ρῷ/ *matter of* ~, φυσιολογικό, κανονι-
κό/ *of* ~, βέβαια, βεβαίως/ *take its* ~,
παίρνει τό δρόμο του/ v.t. ρέω, κυνη-
γῶ/ *coursing*, n. καταδίωξη (ή), κυνήγι
(τό)
court, n. αὐλή (ή)/ *royal* ~, βασιλική αὐ-
λή/ (politeness) φιλοφρόνηση (ή), κόρ-
τε (τό)/ ~ *martial*, στρατοδικεῖο (τό)/ ~
of justice, δικαστήρια (τά)/ *pay* ~ *to*,
κάνω κόρτε, κάνω φιλοφρονήσεις/ v.t.
περιποιοῦμαι, καλοπιάνω, κορτάρω/
~ *danger*, ριψοκινδυνεύω
courteous, a. εὐγενικός, ἁβρός
courtesan, n. ἑταίρα (ή), πόρνη (ή)
courtesy, n. εὐγένεια (ή), ἁβρότητα (ή),
ἁβροφροσύνη (ή)
courtier, n. αὐλικός (ὁ)/ *courtly*, a. καλό-
τροπος, ἀρχοντικός
courtship, n. κόρτε (τό), ἐρωτοτροπία (ή)

courtyard, n. αὐλή (ή), αὐλόγυρος (ὁ)
cousin, n. ἐξάδελφος (ὁ), ἐξαδέλφη (ή)/
first ~, πρῶτος ἐξάδελφος
cove, n. ὅρμος (ὁ), κολπίσκος (ὁ), μυχός
(ὁ)
covenant, n. σύμβαση (ή), συμφωνία (ή)/
v.i. συμφωνῶ, συμβάλλομαι
cover, n. κάλυμμα (τό), σκέπασμα (τό)/
(book) ἐξώφυλλο (τό)/ *under*~, μυστι-
κά/ *separate* ~, μέ χωριστό φάκελο/
take ~, προφυλάγομαι, βρίσκω κατα-
φύγιο/ v.t. καλύπτω, σκεπάζω, προφυ-
λάγω/ ~ *oneself*, καλύπτομαι/ ~*age*, n.
κάλυψη (ή)/ ~*ing*, n. σκέπασμα (τό),
κάλυμμα (τό)/ (box) καπάκι (τό)/ ~*let*,
n. σκέπασμα κρεβατιοῦ (τό)
covert, a. καλυμμένος, κρυφός/ ~*ly*, ad.
κρυφά
covet, v.t. ἐποφθαλμιῶ, ὀρέγομαι, ποθῶ/
~*ous*, a. ἄπληστος/ ~*ousness*, n. ἀπλη-
στία (ή)
cow, n. ἀγελάδα (ή)/ v.t. ἐκφοβίζω
coward, n. δειλός (ὁ), φοβιτσιάρης (ὁ)/
~*ice*, n. δειλία (ή)
cowboy, n. κάουμπόυ (ὁ)/ *cowherd*, n.
βουκόλος (ὁ)
cower, v.i. ζαρώνω, συμμαζεύομαι
cowl, n. κουκούλα καλόγερου (ή)/ (tech.)
κεφαλή καπνοδόχου (ή)/ ~*ing*, n. περί-
βλημα (τό), σκέπασμα (τό)
cowslip, n. μυρτολούλουδο (τό)
coxcomb, n. κομψευόμενος (ὁ), δανδής
(ὁ)
coxswain, n. κυβερνήτης λέμβου
coy, a. σεμνός, ντροπαλός, συνεσταλμέ-
νος/ ~*ness*, n. σεμνότητα (ή), ντροπα-
λοσύνη (ή), συστολή (ή)
cozen, v.t. ξεγελῶ, ἐξαπατῶ/ ~*age*, n. ξε-
γέλασμα (τό), ἐξαπάτηση (ή)
crab, n. κάβουρας (ὁ), καβούρι (τό)/
(Zodiac) καρκίνος (ὁ)/ *catch a* ~, χάνω
τήν ἰσορροπία σέ κωπηλασία/ ~*bed*, a.
στρυφνός, δύστροπος/ (handwriting)
δυσανάγνωστο (τό), ὀρνιθοσκαλίσμα-
τα (τά)
crack, n. (noise) τρίξιμο (τό)/ (opening)
χαραμάδα (ή), σχισμή (ή), ρωγμή (ή)/
a. ἄριστος, ἐπίλεκτος, ἐκλεκτός/ v.t.&
i. τρίζω, ραγίζω/ (whip) μαστιγώνω/
(nuts & voice) σπάω/ ~ *brained*, a. ξε-

μυαλισμένος/ ~ down, n. καταστολή (ἡ)/ ~ed, p.p.& a. ραγισμένος/ (insane) φρενοβλαβής, ἀνισόρροπος/ (voice), σπασμένη/ ~er, n. πυροτέχνημα (τό), τρακατρούκα (ἡ)

crackle, n. τρίξιμο (τό)/ v.i. τρίζω/ *crackling*, πέτσα χοιρινοῦ

cradle, n. κούνια (ἡ), λίκνο (τό)/ (tech.) βάθρο (τό)/ v.t. βάζω στήν κούνια, κουνῶ (μωρό)

craft, n. (trade) τέχνη (ἡ), ἐπιτήδευμα (τό)/ (cunning) πανουργία (ἡ)/ (ship) σκάφος (τό), πλοιάριο (τό)/ ~ily, ad. πονηρά, δόλια/ ~iness, n. πανουργία (ἡ), δολιότητα (ἡ)

craftsman, n. τεχνίτης (ὁ), ἐπαγγελματίας (ὁ)/ ~ship, n. ἐπαγγελματική εἰδικότητα (ἡ)

crafty, a. πανοῦργος, δόλιος

crag, n. ἀπόκρημνος βράχος/ ~gy, a. ἀπόκρημνος

cram, v.t. παραγεμίζω, στοιβάζω, συνωθῶ/ (student) προγυμνάζω/ ~full, a. παραγεμισμένος, ὑπερπλήρης/ ~ming, n. βιαστική προγύμναση (ἡ), παραγέμισμα (τό)

cramp, n. κράμπα (ἡ), νευροκαβαλίκεμα (τό)/ (tech.) ἀρπάγη (ἡ), τσιγκέλι (τό)/ v.t. περιορίζω, παρεμποδίζω

cranberry, n. βατόμουρο (τό)

crane, n. (bird & tech.) γερανός (ὁ)/ (tech. only) βαροῦλκο (τό)/ v.t. τεντώνω τόν λαιμό

cranium, n. κρανίο (τό)

crank, n. (tech.) στρόφαλος (ὁ), μανιβέλα (ἡ)/ (person) ἰδιότροπος, παράξενος/ ~shaft, n. στροφαλοφόρος ἄξονας/ v.t. βάζω μπροστά τήν μηχανή μέ μανιβέλα/ ~y, a. δύστροπος

cranny, n. χαραμάδα (ἡ), ρωγμή (ἡ)

crape, n. κρέπι (τό), πέπλο (τό)

crash, n. κρότος (ὁ), βρόντημα (τό)/ (accident) σύγκρουση (ἡ), πτώση (ἡ)/ a. ἔντονος, ἐντατικός/ ~ course, ἐντατικά μαθήματα/ v.i. συντρίβομαι, συγκρούομαι/ v.t. συντρίβω, συνθλίβω

crass, a. ἄξεστος, ἀγροῖκος/ ~ stupidity, βλακεία μέ περικεφαλαία

crate, n. καφάσι (τό), κοφίνι (τό)

crater, n. κρατήρας (ὁ)

cravat, n. φουλάρι (τό)

crave, v.t. ζητῶ ἐπίμονα/ ~ for, ἐπιθυμῶ σφοδρά

craven, a. ἄνανδρος

craving, n. σφοδρή ἐπιθυμία (ἡ)

crawl, v.i. σέρνομαι, ἔρπω/ (swimming) κρόουλ

crayfish, n. καραβίδα (ἡ)

crayon, n. κάρβουνο (τό), κραγιόνι (τό), παστέλ (τό)

craze, n. τρέλα (ἡ), πάθος (τό), μανία (ἡ), μόδα (ἡ)/ *crazy*, a. τρελός, παράφρονας, ἔξαλλος/ ~ pavement, πλακόστρωτο μέ ἀκανόνιστη διακόσμηση/ *drive* ~, τρελαίνω

creak, n. τρίξιμο (τό), τριγμός (ὁ)/ v.i. τρίζω

cream, n. κρέμα (ἡ), καϊμάκι (τό)/ (colour) κρέμ/ (fig.) ἀνθός (ὁ), ἀφρόκρεμα (ἡ)/ v.t.& i. ξαφρίζω, ἀποβουτυρώνω/ ~ cheese, ἀνθότυρος (ὁ)/ ~ery, n. γαλακτοκομεῖο (τό)/ ~y, a. κρεμώδης, παχύς

crease, n. πτυχή (ἡ), ζάρα (ἡ), ρυτίδα (ἡ)/ v.t.& i. ζαρώνω, ρυτιδώνω, τσαλακώνω, τσακίζω

create, v.t. δημιουργῶ, προξενῶ, προκαλῶ, ἐπιφέρω/ *creation*, n. δημιουργία (ἡ), κατασκεύασμα (τό)/ (fashion) κρεασιόν (ἡ), μοντέλο (τό)/ *creative*, a. δημιουργικός/ *creator*, n. δημιουργός (ὁ), πλάστης (ὁ)/ *creature*, n. δημιούργημα (τό), πλάσμα (τό)

crèche, n. βρεφοκομεῖο (τό), βρεφικός σταθμός (ὁ)

credence, n. ἐμπιστοσύνη (ἡ), πίστη (ἡ)/ *give* ~ *to*, πιστεύω, ἐμπιστεύομαι/ *letter of* ~, συστατική ἐπιστολή/ *credentials*, n. pl. διαπιστευτήρια (τά)/ *credibility*, n. ἀξιοπιστία (ἡ)/ *credible*, a. ἀξιόπιστος, πιστευτός

credit, n. πίστη (ἡ), τιμή (ἡ)/ (finan.) πίστωση (ἡ)/ ~ *card*, πιστωτική κάρτα/ ~ *note*, πιστωτικό σημείωμα/ *on* ~, ἐπί πιστώσει, βερεσέ/ *give* ~ *to*, ἀναγνωρίζω, ἐπιδοκιμάζω/ *give* ~ *for*, ἀπονέμω ἔπαινο/ v.t. ἐμπιστεύομαι, δίνω πίστη/ (finan.) πιστώνω/ ~able, a. ἀξιόπιστος/ ~or, n. πιστωτής (ὁ)

credo, n. πιστεύω (τό)

credulity, n. εὐπιστία (ἡ), μωροπιστία (ἡ)/ *credulous,* a. εὔπιστος, μωρόπιστος

creed, n. πίστη (ἡ), θρησκεία (ἡ)

creek, n. κολπίσκος (ὁ), ποταμάκι (τό)

creep, v.i. σέρνομαι, ἕρπω, γλιστρῶ/ (bot.) ἀναρριχῶμαι/ ~*in,* γλιστρῶ μέσα, μπαίνω κρυφά/ ~ *up,* σκαρφαλώνω/ *it made my flesh* ~, μ' ἔκανε νά ἀνατριχιάσω/ ~*er,* n. σερνάμενος (ὁ), ἀναρριχητής (ὁ)/ (bot.) ἀναρριχητικό φυτό/ (flatterer) κόλακας/ ~*ing,* a. σερνόμενος, ἀναρριχητικός/ ~*ing paralysis,* προοδευτική παράλυση

cremate, v.t. ἀποτεφρώνω/ *cremation,* n. ἀποτέφρωση (ἡ)/ *crematorium,* n. κρεματόριο (τό)

creole, n. κρεολός (ὁ)

creosote, n. κρεοζῶτο (τό)

crêpe, n. ὕφασμα κρέπ (τό)

crepitate, v.i. τριζοβολῶ, κροταλίζω

crescendo, n. κρεσέντο (τό), βαθμιαία ἔνταση τοῦ ἤχου

crescent, n. μισοφέγγαρο (τό), ἡμισέλινος (ἡ)/ a. ἡμικυκλικός, δρεπανοειδής

cress, n. κάρδαμο (τό)

crest, n. κορφοβούνι (τό), ράχη (ἡ)/ (bird) λειρί (τό), λοφίο (τό)/ (mane) χαίτη (ἡ)/ (helmet) θύσανος περικεφαλαίας/ (wave) κορφή κύματος/ ~ *fallen,* a. ταπεινωμένος, μέ πεσμένα φτερά

cretonne, n. ὕφασμα κρετόν (τό)

crevasse, n. ρωγμή σέ παγετώνα

crevice, n. ρωγμή (ἡ), χαραμάδα (ἡ), σκάσιμο (τό)

crew, n. πλήρωμα (τό)/ (workers) συνεργεῖο (τό), βάρδια (ἡ)

crib, n. φάτνη (ἡ), παχνί (τό)/ (for babies) κούνια (ἡ)/ v.t. ἀντιγράφω, διαπράττω λογοκλοπία

crick, n. στραβολαίμιασμα (τό), σύσπαση τῶν μυῶν τοῦ αὐχένα

cricket, n. γρύλλος (ὁ), τριζόνι (τό)/ (sports) κρίκετ (τό)/ ~ *bat,* ρακέτα τοῦ κρίκετ/ ~*er,* n. παίχτης τοῦ κρίκετ

crier, n. κήρυκας (ὁ), διαλαλητής (ὁ), τελάλης (ὁ)

crime, n. ἔγκλημα (τό), ἀδίκημα (τό)/ *criminal,* a. ἐγκληματικός/ n. ἐγκληματίας (ὁ)/ ~*ity,* n. ἐγκληματικότητα (ἡ)/ *cri-*

minate, v.t. κατηγορῶ, ἐνοχοποιῶ

crimp, v.t. πτυχώνω, κατσαρώνω/ a. κατσαρός, σγουρός

crimson, n.& a. κρεμεζί, βυσσινί, πορφυρό

cringe, v.i. μαζεύομαι, ζαρώνω/ *cringing,* a. μαζεμένος, ζαρωμένος

crinkle, n. ζαρωματιά (ἡ), τσαλάκωμα (τό)/ v.t.& i. ζαρώνω, τσαλακώνω

crinoline, n. κρινολίνο (τό)

cripple, n. ἀνάπηρος (ὁ)/ v.t. σακατεύω, μισερώνω/ (fig.) ἀκινητοποιῶ, ἐξαθρώνω/ ~ *d,* p.p.& a. ἀνάπηρος, σακατεμένος

crisis, n. κρίση (ἡ)

crisp, a. τραγανός/ (air) τσουχτερός/ (hair) σγουρός/ (speech) σαφής, λακωνικός/ ~*s,* n.pl. πατατάκια (τά)

criterion, n. κριτήριο (τό)

critic, n. κριτικός (ὁ)/ ~*al,* a. κρίσιμος, ἐπικίνδυνος, ἐπικριτικός/ ~*ism,* n. ἐπίκριση (ἡ)/ ~*ize,* v.t. ἐπικρίνω/ *critique,* n. κριτική (ἡ), κριτικό σχόλιο (τό)

croak, v.i. κρώζω, ρεκάζω/ n. κρώξιμο (τό), ρέκασμα (τό)

crochet, n. κροσέ (τό)/ ~ *hook,* βελονάκι (τό)/ v.i. πλέκω μέ βελονάκι

crockery, n. πιατικά (τά)

crocodile, n. κοροκόδειλος (ὁ)/ ~ *tears,* κροκοδείλια δάκρυα

crocus, n. κρόκος (ὁ), σαφράνι (τό)

crone, n. γριά σταφιδιασμένη (ἡ), χούφταλο (τό)

crony, n. παλιόφιλος (ὁ)

crook, n. γκλίτσα (ἡ)/ (dishonest) ἀπατεώνας (ὁ), ἀγύρτης (ὁ)/ λυγίζω/ ~*ed,* a. κυρτός, στραβός/ (dishonest) ἀπατεωνίστικος, ἀνέντιμος/ ~*edness,* n. κυρτότητα (ἡ)/ (dishonesty) ἀπατεωνιά (ἡ)

croon, v.i. σιγοτραγουδῶ

crop, n. συγκομιδή (ἡ), σοδειά (ἡ)/ (bird) σγάρα (ἡ), πρόλοβος (ὁ)/ (hair) κούρεμα (τό)/ v.t. κόβω, κουρεύω, κλαδεύω/ ~ *up,* ξεφυτρώνω, ἐμφανίζομαι, προκύπτω

croquet, n. κροκέ (τό)

crosier, n. πατερίτσα (ἡ), ποιμαντορική ράβδος (ἡ)

cross, n. σταυρός (ὁ)/ (biol.) διασταύρωση (ή)/ *carry one's* ~, ὑποφέρω καρτερικά/ v.t. σταυρώνω, διασταυρώνω/ v.i. διασταυρώνομαι/ ~ *one's path*, συναντῶ κάποιον, ἔρχομαι τυχαῖα σέ ἐπαφή/ ~ *out*, διαγράφω/ ~ *oneself*, κάνω τόν σταυρό μου/ *it ~ed my mind*, πέρασε ἀπό τό μυαλό μου/ a. διαγώνιος, ἐγκάρσιος/ (angry) θυμωμένος, τσατισμένος/ ~*bar*, n. τραβέρσα (ή), δοκάρι (τό)/ ~ *bones*, n.pl. σταυρωτά κόκαλα/ ~*bow*, n. τόξο (τό)/ ~ *bred*, n. ζῶο ἀπό διασταύρωση/ ~*examine*, v.t. ἀνακρίνω/ ~ *examination*, n. ἀνάκριση (ή)/ ~*eyed*, a. ἀλλοίθωρος/ ~*ing*, n. πέρασμα (τό), διάβαση (ή)/ (by ship) θαλάσσιο ταξίδι/ *level* ~, ἰσόπεδη διάβαση/ ~*ness*, n. θυμός (ὁ), ὀργή (ή)/ ~ *purpose*, n. ἀντίθετη ἐπιδίωξη/ *be at* ~ *purposes*, συγκρούομαι/ ~*road*, n. σταυροδρόμι (τό)/ ~ *section*, n. διατομή (ή), ἐγκάρσια τομή/ ~ *wise*, ad. σταυρωτά/ ~*word*, n. σταυρόλεξο (τό)

crotchet, n. παραξενιά (ή), βίδα (ή)/ ~*y*, a. παράξενος, ἰδιότροπος

crouch, v.i. μαζεύομαι, συσπειρώνομαι, κουλουριάζομαι

croup, n. (med.) διφθεριτική λαρυγγίτιδα (ή), κρούπ (τό)

croup, croupe, n. καπούλια (τά)

croupier, n. κρουπιέρης (ὁ)

crow, n. κόρακας (ὁ)/ ~*bar*, n. λοστός (ὁ)/ ~'*s foot*, ρυτίδα στήν ἄκρη τῶν ματιῶν/ '*snest* (naut.) σκοπιά (ή)/ *as the* ~ *flies*, σέ εὐθεία γραμμή/ (cock's) κράξιμο (τό), λάλημα (τό)/ v.i. κράζω, λαλῶ

crowd, n. πλῆθος (τό), κόσμος (ὁ)/ v.t. στριμώχνω, στοιβάζω, συνωθῶ/ v.i. στριμώχνομαι, συνωστίζομαι/ ~*ed*, a. γεμάτος, πλήρης, φίσκα

crown, n. στεφάνι (τό)/ (royal) στέμμα (τό), κορώνα (ή)/ (flowers) στεφάνι (τό), στέφανος (ὁ)/ ~ *prince*, διάδοχος (ὁ)/ v.t. στεφανώνω, στέφω/ ~*ing*, n. στεφάνωμα (τό), στέψη (ή)/ (fig.) ἀποκορύφωμα (τό), ἐπιστέγασμα (τό)/ a. τελειωτικός, κορυφαῖος

crucial, a. κρίσιμος, ἀποφασιστικός

crucible, n. χωνευτήρι (τό), χοάνη (ή)/ (fig.) δοκιμασία (ή)

crucifix, n. ἐσταυρωμένος (ὁ)/ ~*ion*, n.

σταύρωση (ή)/ *crucify*, v.t. σταυρώνω

crude, a. ἀκατέργαστος, ἀδούλευτος/ (manner) ὠμός, βάναυσος/ (colour) φανταχτερός/ ~ *oil*, ἀργό (ἀκάθαρτο) πετρέλαιο/ ~*ness, crudity*, n. βαναυσότητα (ή), χοντροκοπιά (ή)

cruel, a. σκληρός, ἀπάνθρωπος/ ~*ty*, n. σκληρότητα (ή), ἀπανθρωπία (ή)

cruet, n. φιάλη γιά λαδόξυδο

cruise, n. κρουαζιέρα (ή)/ v.i. κάνω κρουαζιέρα/ ~*r*, n. καταδρομικό (τό)

crumb, n. ψίχουλο (τό)

crumble, v.t. θρυμματίζω, τσακίζω/ v.i. γκρεμίζομαι, καταρρέω, διαλύομαι/ *crumbly*, a. ἑτοιμόρροπος

crumple, v.t. ζαρώνω, τσαλακώνω, στραπατσάρω/ v.i. σωριάζομαι, καταρρέω

crunch, v.t. συνθλίβω/ v.i. ροκανίζω, μασουλῶ/ n. τραγάνισμα (τό)/ *the* ~, κρίσιμη στιγμή

crusade, n. σταυροφορία (ή)/ ~*er*, n. σταυροφόρος (ὁ)

crush, n. συντριβή (ή), σύνθλιψη (ή)/ v.t. συντρίβω, τσακίζω/ ~ *a rebellion*, καταστέλλω/ ~*ing*, a. συντριπτικός

crust, n. ὀστρακόδερμο (τό)

crustily, ad. ξεροψημένα/ *crustiness*, n. ξεροψήσιμο (τό), σχηματισμός κρούστας/ (fig.) δυστροπία (ή)/ *crusty*, a. ξεροψημένος, μέ κρούστα/ (fig.) εὐερέθιστος, δύστροπος

crutch, n. δεκανίκι (τό), πατερίτσα (ή)

crux, n. ἐπίκεντρο (τό), οὐσία (ή)

cry, n. κραυγή (ή), φωνή (ή), ξεφωνητό (τό)/ v.i. φωνάζω, κραυγάζω, ξεφωνίζω/ ~ *down*, ὑποτιμῶ/ ~ *one's heart out*, κλαίω σπαρακτικά/ v.i. κραυγάζω, βάζω τίς φωνές/ ~*ing*, a. κραυγαλέος, γοερός/ n. κλάμα (τό)

crypt, n. κρύπτη (ή)/ ~*ic*, a. κρυφός, μυστηριώδης, ἀπόκρυφος

crystal, n. κρύσταλλο (τό)/ a. κρυστάλλινος, κρυσταλλικός/ ~ *clear*, καθαρός, διαυγής/ ~*line*, a. κρυσταλλοειδής/ ~ *lens*, κρυσταλλοειδής φακός/ ~*lization*, n. κρυσταλλοποίηση (ή), ἀποκρυστάλλωση (ή)/ ~*lize*, v.t.& i. κρυσταλλοποιῶ, ἀποκρυσταλλώνω

cub, n. νεογνό ζώου (τό), σκύμνος (ὁ)/

(scouts) λυκόπουλο (τό)/ (novice) ἀρχάριος (ὁ), μαθητευόμενος (ὁ)
cube, n. κύβος (ὁ)/ ~ root (maths) κυβική ρίζα (ἡ)/ v.t. ὑψώνω στήν τρίτη δύναμη
cubicle, n. θάλαμος (ὁ)
cubiform, a. κυβοειδής
cubism, n. κυβισμός (ὁ)/ cubist, a. κυβιστικός/ n. κυβιστής (ὁ)
cuckold, n. κερατάς (ὁ)
cuckoo, n. κοῦκος (ὁ)
cucumber, n. ἀγγούρι (τό)
cud, n. ἀναμασημένη τροφή (ἡ)
cuddle, n. ἀγκάλιασμα (τό), χάδι (τό)/ v.t. ἀγκαλιάζω, χαϊδεύω/ v.i. κουλουριάζομαι/ cuddly, a. χαδιάρικος
cudgel, n. ρόπαλο (τό), στειλιάρι (τό)/ take up the ~s for, ὑπερασπίζομαι μέ σθένος/ v.t. ξυλοκοπῶ/ ~ one's brains, σπάω τό κεφάλι μου/ ~ling, n. ξυλοκόπημα (τό)
cue, n. στέκα (ἡ)/ (theat.) ἀτάκα/ stand in the ~, στέκομαι στήν οὐρά
cuff, n. μανικέτι (τό)/ ~links, μανικετόκουμπα (τά)/ off the ~, πρόχειρα, αὐτοσχεδιάζοντας/ (slap) μπάτσος (ὁ)/ v.t. μπατσίζω
cuirass, n. θώρακας πανοπλίας (ὁ)/ ~ier, n. θωρακοφόρος ἱππέας (ὁ)
cuisine, n. κουζίνα (ἡ), μαγειρική (ἡ)
cul-de-sac, n. ἀδιέξοδο (τό)
culinary, a. μαγειρικός, τῆς κουζίνας
cull, v.t. διαλέγω, κορφολογῶ/ n. ζῶο γιά ἐξόντωση (τό)
culminate, v.i. μεσουρανῶ, ἀποκορυφώνομαι/ culminating, a. κορυφαῖος, ἀνώτατος/ culmination, n. μεσουράνημα (τό), ἀποκορύφωση (ἡ)
culpability, n. ἐνοχή (ἡ)/ culpable, a. ἀξιόποινος/ culprit, n. ἔνοχος (ὁ), ἐγκληματίας (ὁ)
cult, n. λατρεία (ἡ)
cultivate, v.t. καλλιεργῶ, ἀναπτύσσω/ cultivation, n. καλλιέργεια (ἡ), ἀνάπτυξη (ἡ)/ cultivator, n. καλλιεργητής (ὁ)/ culture, n. κουλτούρα (ἡ), πνευματική καλλιέργεια (ἡ), πνευματική ἀνάπτυξη (ἡ)/ ~d, a. καλλιεργημένος, μορφωμένος
culvert, n. ὀχετός (ὁ), ὑπόγειος ἀγωγός (ὁ)

cumber, v.t. ἐμποδίζω, παραφορτώνω/ ~some, a. βαρύς, φορτικός, μπελαλίδικος
cumulate, v.t.& i. συσσωρεύω/ cumulative, a. συσσωρευτικός, ἀθροιστικός
cuneiform, a. σφηνοειδής/ n. σφηνοειδής γραφή (ἡ)
cunning, n. πονηριά (ἡ), πανουργία (ἡ), ἐπιτηδειότητα (ἡ)/ a. πονηρός, πανοῦργος, ἐπιτήδειος
cunt, n. αἰδοῖο (τό), μουνί (τό)
cup, n. φλυτζάνι (τό), κύπελο (τό)/ (bot.) κάλυκας (ὁ)/ v.t. κοιλαίνω, σχηματίζω κοίλωμα/ (hands) κάνω χούφτα/ (med.) βάζω βεντοῦζες/ ~ping glass, βεντούζα (ἡ)
cup-bearer, n. ντουλάπι (τό), ἑρμάρι (τό)
Cupid, n. Ἔρως (ὁ), Ἔρωτας (ὁ)
cupidity, n. πλεονεξία (ἡ), ἀπληστία (ἡ), φιλοχρηματία (ἡ)
cupola, n. θόλος (ὁ), τροῦλλος (ὁ)
cur, n. κοπρόσκυλο (τό)
curable, a. ἰάσιμος
curacy, n. ἀξίωμα βοηθοῦ ἐφημέριου/ curate, n. βοηθός ἐφημέριος (ὁ)
curative, a. θεραπευτικός, ἰαματικός
curator, n. ἔφορος (ὁ)
curb, n. χαλιναγώγηση (ἡ), συγκράτηση (ἡ)/ v.t. χαλιναγωγῶ, συγκρατῶ
curd, n. τυρόπηγμα (τό)/ curdle, v.i. πήζω, παγώνω/ ~ the blood, τρομοκρατῶ, κόβω τό αἷμα
cure, n. θεραπεία (ἡ), νοσηλεία (ἡ)/ v.t. θεραπεύω, νοσηλεύω, γιατρεύω/ (fish etc.) παστώνω
curfew, n. ἀπαγόρευση κυκλοφορίας (ἡ)
curing, n. πάστωμα (τό), κάπνισμα (τό)
curio, n. ἀντίκα (ἡ), σπάνιο ἀντικείμενο (τό)
curiosity, n. περιέργεια (ἡ)/ ~ shop, παλαιοπωλεῖο (τό), κατάστημα μέ ἀντίκες/ curious, a. παράξενος, περίεργος, παράδοξος, ἀλλόκοτος/ the ~ thing is that, τό περίεργο εἶναι ὅτι
curl, n. μπούκλα (ἡ)/ (tech.) σπείρα (ἡ)/ (smoke) τολύπη (ἡ)/ (lips) σούφρωμα τῶν χειλιῶν/ v.t. περιτυλίγω, κατσαρώνω/ v.i. περιτυλίγομαι, κουλουριάζομαι/ (hair) κάνω μποῦκλες/ (lips) σουφρώνω τά χείλια/ ~ up, συμμα-

ζεύομαι, καταρρέω
curlew, n. μπεκάτσα (ή)
curliness, n. κατσάρωμα (τό), σγουράδα (ή)/ **curling,** a. σγουρός, ἑλικοειδής, κατσαρός/ ~ **tongs,** λαβίδες γιά κατσάρωμα/ **curly,** a. κατσαρός, σγουρός
curmudgeon, n. στραβόξυλο (τό)
currant, n. σταφίδα (ή)
currency, n. νόμισμα (τό), νομισματική κυκλοφορία (ή)
current, a. τρέχων, καθιερωμένος/ (time) παρών, τωρινός/ ~ **account,** τρεχούμενος λογαριασμός/ ~ **affairs,** σύγχρονα γεγονότα, ἡ ἐπικαιρότητα/ n. ροῦς (ὁ), ρεῦμα (τό), ροή (ή)/ **alternating** ~, ἐναλλασσόμενο ρεῦμα/ **direct** ~, συνεχές ρεῦμα
curriculum, n. διδακτέα ὕλη (ή)/ ~ **vitae,** βιογραφικό σημείωμα
curry, n. κάρρυ (τό)/ v.t. ξυστρίζω/ (leather) κατεργάζομαι δέρματα/ ~**comb,** ξύστρα (ή), ξυστρί (τό)/ ~ **favour with,** ἐπιδιώκω εὔνοια
curse, n. κατάρα (ή), βλαστήμια (ή)/ (eccl.) ἀφορισμός (ὁ), ἀναθεματισμός (ὁ)/ v.t.& i. καταριέμαι, βλαστημῶ/ (eccl.) ἀφορίζω, ἀναθεματίζω/ ~**d,** a. καταραμένος, ἀναθεματισμένος
cursive, a. ρέων/ n. ρέουσα γραφή (ή)
cursorily, ad. βιαστικά, ἐπιπόλαια, πεταχτά/ **cursory,** a. βιαστικός, ἐπιπόλαιος, πεταχτός
curt, a. κοφτός, ἀπότομος, ξεκομμένος
curtail, v.t. περικόπτω, περιορίζω, λιγοστεύω/ ~**ment,** n. περικοπή (ή), περιορισμός (ὁ)
curtain, n. παραπέτασμα (τό), κουρτίνα (ή)/ (theat.) αὐλαία (ή)/ φράγμα/ **iron** ~, σιδηροῦν παραπέτασμα/ ~ **rod,** σιδηρόδρομος/ **drop the** ~, κατεβάζω τήν αὐλαία, συγκαλύπτω/ **raise the** ~, ὑψώνω τήν αὐλαία, ἀποκαλύπτω/ v.t. σκεπάζω μέ κουρτίνα, ἀποκρύβω/ ~ **off,** χωρίζω μέ κουρτίνα
curtness, n. σκαιότητα (ή), ἀπότομο ὕφος (τό)
curtsy, n. ὑπόκλιση (ή)/ v.i. ὑποκλίνομαι, κάνω ὑπόκλιση
curvature, n. καμπυλότητα (ή), κυρτότητα (ή), κάμψη (ή)/ ~ **of the spine,** κύρ-

τωση τῆς σπονδυλικῆς στήλης/ **curve,** n. καμπύλη (ή), καμπή (ή)/ (road) στροφή (ή)/ v.t.& i. λυγίζω, κάμπτω, καμπυλώνω/ ~**d,** a. καμπύλος, κυρτός/ **curvilinear,** a. καμπυλόγραμμος
cushion, n. μαξιλάρι (τό)/ (tech.) ἀπορροφητήρας (ὁ)/ ~ **cover,** μαξιλαροθήκη/ v.t. βάζω μαξιλάρια, προστατεύω/ (tech.) μειώνω σύγκρουση/ **cushy,** a. ἄνετος, ξεκούραστος/ ~ **job,** ἄκοπη ἐργασία
custard, n. κάσταρντ (ή), εἶδος κρέμας
custodian, n. φύλακας (ὁ), ἐπιτηρητής (ὁ)/ **custody,** n. φύλαξη (ή), ἐπιτήρηση (ή)/ **be in** ~, εἶμαι σέ προσωρινή κράτηση
custom, n. ἔθιμο (τό), συνήθεια (ή)/ ~**arily,** ad. συνήθως/ ~**ary,** a. συνηθισμένος/ ~**er,** n. πελάτης (ὁ)/ **awkward** ~, δύστροπος πελάτης
customs, n.pl. τελωνεῖο (τό)/ ~ **house,** τελωνειακό κτίριο/ ~ **officer,** τελωνειακός/ ~ **tariff,** τελωνειακός δασμός
cut, n. κόψιμο (τό), τομή (ή)/ (prices) μείωση (ή)/ v.t. κόβω, τέμνω, τεμαχίζω/ (prices) μειώνω, κατεβάζω/ (teeth) βγάζω δόντια/ ~ **and dried,** προετοιμασμένος, πανέτοιμος/ ~ **away,** φεύγω τρέχοντας, δραπετεύω/ ~ **down** (trees) κλαδεύω/ (expenses) περικόπτω/ ~ **in,** πέφτω πάνω/ ~ **off,** ἀποκόβω, ἀποσπῶ/ (water, electricity) διακόπτω τήν παροχή/ ~ **oneself off from the world,** ἀπομονώνομαι/ ~ **out,** διακόπτω, σταματῶ/ **be** ~ **out for,** εἶμαι φτιαγμένος γιά/ ~ **short,** διακόπτω ἀπότομα, ἀφήνω μισοτελειωμένο/ ~ **up,** κομματιάζω, κάνω κομμάτια/ **be** ~ **up about,** ὑποφέρω
cutaneous, a. δερματικός
cute, a. ἔξυπνος, χαριτωμένος
cuticle, n. ἐπιδερμίδα (ή)
cutlass, n. σπαθάκι (τό), ξιφίδιο (τό)
cutler, n. μαχαιράς (ὁ), μαχαιροποιός (ὁ)/ ~**y,** n. μαχαιροπήρουνα (τά)
cutlet, n. κοτολέτα (ή)
cutter, n. κόπτης (ὁ)/ (worker) λιθοξόος (ὁ)/ (ship) κότερο (τό)
cutting, n. κόψη (ή), αἰχμή (ή)/ (paper) ἀπόκομμα (τό)/ (clothes) κόψιμο (τό)/

(railway) πέρασμα (τό)/ a. δηκτικός, κοφτερός, δριμύς
cutthroat, n. δολοφόνος (ὁ), μαχαιροβγάλτης (ὁ)
cuttle-fish, n. σουπιά (ἡ)
cybernetics, n. κυβερνητική (ἡ)
cyclamen, n. κυκλάμινο (τό)
cycle, n. κύκλος (ὁ), περίοδος (ἡ)/ v.i. ποδηλατῶ/ cyclic, cyclical, a. κυκλικός/ cycling, n. ποδηλασία (ἡ)/ cyclist, n. ποδηλάτης (ὁ)
cyclone, n. κυκλώνας (ὁ)
cygnet, n. μικρός κύκνος (ὁ)
cylinder, n. κύλινδρος (ὁ)/ cylindrical, a. κυλινδρικός
cymbals, n.pl. κύμβαλα (τά)
cynocephalous, n. κυνοκέφαλος (ὁ)
cynic, n. κυνικός (ὁ)/ ~al, a. κυνικός/ ~ism, n. κυνισμός (ὁ)
cypher, n. μηδενικό (τό)
cypress, n. κυπαρίσσι (τό)
Cypriot, n. Κύπριος (ὁ), Κυπραῖος (ὁ), Κυπριώτης (ὁ)/ a. κυπριακός
cyst, n. κύστη (ἡ)/ ~itis, n. κυστίτιδα (ἡ)
Czar, n. Τσάρος (ὁ)
Czech, n. Τσέχος (ὁ)/ a. τσεχικός/ Czechoslovak, n. Τσεχοσλοβάκος (ὁ)/ a. τσεχοσλοβακικός

D

dab, n. ἐλαφρό χτύπημα (τό)/ (paint, etc.) πιτσίλισμα (τό)/ (person) ἔμπειρος (ὁ), εἰδήμων (ὁ)/ v.t. κάνω ἐπάλειψη
dabble, v.i. τσαλαβουτῶ, πιτσιλίζω/ ~ in, ἀνακατεύομαι/ ~ in politics, πολιτεύομαι/ ~ r, n. κομπογιαννίτης (ὁ), τσαλαβούτας (ὁ)
dace, n. κυπρίνος (ὁ)
dad(dy), n. μπαμπάς (ὁ)
dado, n. διάζωμα τό)
daffodil, n. ἀσφόδελος (ὁ)
daft, a. ἀνόητος, τρελλός

dagger, n. ἐγχειρίδιο (τό)
dahlia, n. ντάλια (ἡ)
daily, a. καθημερινός, ἡμερήσιος/ ad. καθημερινά/ n. ἡμερήσια ἐφημερίδα (ἡ), καθημερινή/ ~ bread, ἐπιούσιος (ὁ)
dainties, n. pl. γλυκίσματα (τά), γλυκά (τά)/ daintily, ad. λεπτά, κομψά, ἁβρά/ daintiness, n. λεπτότητα (ἡ), κομψότητα (ἡ), ἁβρότητα (ἡ)
dainty, a. λεπτός, κομψός, ἁβρός/ (food) νόστιμος/ n. καλούδι (τό)
dairy, n. γαλακτοκομεῖο (τό), γαλακτοπωλεῖο (τό)/ ~ farm, γαλακτοκομεῖο (τό)/ ~ man, γαλακτοκόμος (ὁ)
dais, n. ἐξέδρα (ἡ)
daisy, n. μαργαρίτα (ἡ), λευκάνθεμο (τό)
dale, n. κοιλάδα (ἡ)
dalliance, n. χαριεντισμός (ὁ), τρυφερότητες (οἱ)/ dally, v.i. χαριεντίζομαι, κάνω τρυφερότητες, ἐρωτοτροπῶ/ ~ with the idea, παίζω μέ τήν ἰδέα
Dalmatian, n. Δαλματός (ὁ)/ (dog) σκύλος Δαλματίας (ὁ)
dam, n. φράγμα (τό), ἀνάχωμα (τά)/ v.t. φράζω, μολώνω/ n. (animal) μητέρα ζώου (ἡ)
damage, n. ζημία (ἡ), βλάβη (ἡ)/ v.t. βλάπτω, ζημιώνω/ damageable, a. φθαρτός/ damaging, a. βλαβερός, ἐπιζήμιος/ ~ s, n. pl. ἀποζημίωση (ἡ)
damask, n. δαμασκηνό ὕφασμα (τό)/ a. δαμασκηνός
dame, n. κυρία (ἡ), δέσποινα (ἡ), ἀρχόντισσα (ἡ)
damn, n. κατάρα (ἡ), βλαστήμια (ἡ)/I don't care a ~, δέν μοῦ καίγεται καρφί/ v.t. καταριέμαι, βλαστημῶ/ ~able, a. ἀπαίσιος, καταδικαστέος/ ~ation, n. καταδίκη (ἡ), κατάρα (ἡ)/ ~ed, a. καταραμένος, καταδικασμένος
damp, n. ὑγρασία (ἡ)/ a. ὑγρός/ ~ proof, στεγανός, προστατευμένος ἀπό τήν ὑγρασία/ ~ en, v.t. ὑγραίνω/ v.i. ὑγραίνομαι, μουσκεύομαι, διαβρέχομαι/ ~one's enthusiasm, μετριάζω τόν ζῆλο/ ~ er, n. ἀποσβεστήρας (ὁ), διάφραγμα (τό)/ ~ness, n. ὑγρασία (ἡ)
damsel, n. δεσποινίδα (ἡ), νεαρή (ἡ)
damson, n. δαμάσκηνο (τό)
dance, n. χορός (ὁ)/ ~ frock, φουστάνι

χοροῦ (τό)/ ~ hall, αἴθουσα χοροῦ (ἡ)/
v.i. χορεύω/ ~er, n. χορευτής (ὁ), χο-
ρεύτρια (ἡ)/ ~ing, n. χορός (ὁ)/ (caba-
ret) κέντρο (τό)/ ~ master, χοροδιδά-
σκαλος (ὁ)/ ~ partner (male) καβαλιέ-
ρος (ὁ)/ (female) ντάμα (ἡ)/ a. χορευτι-
κός
dandelion, n. ραδίκι (τό)
dandle, v.t. λικνίζω, χορεύω στά γόνατα
dandruff, n. πιτυρίδα (ἡ)
dandy, n. δανδής (ὁ), φιλάρεσκος (ὁ)
Dane, n. Δανός (ὁ)
danger, n. κίνδυνος (ὁ)/ ~ous, a. ἐπικίν-
δυνος
dangle, v.i. αἰωροῦμαι, ταλαντεύομαι/
v.t. ταλαντεύω
Danish, n. Δανός (ὁ)/ a. δανικός, δανέζι-
κος
dank, a. ὑγρός, νοτερός
dapper, a. σβέλτος, ζωηρός, γοργός
dapple, a. μέ βοῦλες, κατάστικτος/ ~ grey
horse, ἄλογο μέ γκρίζες βοῦλες, ψαρής/
v.t. στολίζω μέ βοῦλες
dare, v.i. τολμῶ/ v.t. προκαλῶ, ἀψηφῶ/
how ~ ? τί θράσος!/ I ~ say, δέν ἀμφι-
βάλλω ὅτι/ ~devil, a. παράτολμος
daring, a. τολμηρός, θρασύς/ n. τόλμη (ἡ)
dark, n. σκοτάδι (τό), σκότος (τό)/ be in
the ~ , ἀγνοῶ, δέν γνωρίζω/ a. σκοτει-
νός, ζοφερός/ (skin) μαῦρος/ it is getting
~ , σκοτεινιάζει, νυχτώνει/ D~ Ages,
Μεσαίωνας/ ~ lantern, κλεφτοφάναρο/
~ room (phot.) σκοτεινός θάλαμος/
~en, v.t.& i. σκουραίνω, ἀμαυρώνω/
~ ish, a. σκοτεινωπός, σκοῦρος/ ~ly,
ad. σκοτεινά/ ~ness, n. σκοτάδι (τό)
darling, n. ἀγαπημένος (ὁ), προσφιλής
(ὁ)/ my ~, ἀγάπη μου!
darn, n. συρραφή (ἡ), καρίκωμα (τό)/
v.t. συρράβω, καρικώνω/ ~er, n. μπα-
λωματής (ὁ), καρικωτής (ὁ)/ ~ing, n.
καρίκωμα (τό), μαντάρισμα (τό)
dart, n. ἀκόντιο (τό), βέλος (τό)/ v.t. ἐξα-
κοντίζω/ v.i. ὁρμῶ, ρίχνομαι/ ~er, n.
ἀκοντιστής (ὁ)
dash, n. χτύπημα (τό), σύγκρουση (ἡ)/ (a
little) μιά σταλιά/ (hyphen) παύλα/
~board (car) καντράν/ cut a ~ , ἀφήνω
ἀνεξίτηλη ἐντύπωση/ v.t. σπάζω, συν-
τρίβω, κομματιάζω/ v.i. ὁρμῶ/ ~ off,

σκιτσάρω βιαστικά/ ~ out, φεύγω ὁρ-
μητικά/ ~ing, a. ὁρμητικός, ἐπιδεικτι-
κός
dastard, a. ἄναντρος, δειλός/ ~ly, ad.
ἄναντρα
data, n. pl. δεδομένα (τά), στοιχεῖα (τά),
πληροφορίες (οἱ)
date, n. ἡμερομηνία (ἡ), χρονολογία (ἡ)/
(appointment) ραντεβού (τό)/ (bot.)
χουρμάς (ὁ)/ out of ~, παλιός, ἀπαρ-
χαιωμένος, ξεπερασμένος/ up to ~ ,
συγχρονισμένος, μοντέρνος/ v.t. χρο-
νολογῶ, βάζω ἡμερομηνία/ ~back,
χρονολογοῦμαι ἀπό/ ~ less, a. ἀχρονο-
λόγητος/ ~ tree, n. χουρμαδιά (ἡ)/ ~
palm, n. φοινικόδεντρο (τό)
dative, n. δοτική (ἡ)
daub, n. ἐπίχρισμα (τό), πασάλειμα (τό)/
v.t. ἐπιχρίω, πασαλείφω/ ~er, n. μέ-
τριος ζωγράφος (ὁ)
daughter, n. κόρη (ἡ), θυγατέρα (ἡ)/ ~
in-law, n. νύφη (ἡ)/ grand ~ , ἐγγονή
(ἡ)/ step ~ , προγονή (ἡ)/ ~ly, a. θυγα-
τρικός
daulphin, n. δελφίνος (ὁ)
daunt, v.t. φοβίζω, τρομάζω, πτοῶ/
~less, a. ἄφοβος, ἀτρόμητος, ἀπτόητος.
dawdle, v.i. τεμπελιάζω, ὀκνεύω, χρονο-
τριβῶ/ ~r, n. τεμπέλης (ὁ), ὀκνηρός (ὁ)
dawn, n. αὐγή (ἡ), χάραμα (τό)/ (fig.) ἀρ-
χή (ἡ), ξεκίνημα (τό)/ v.i. ξημερώνω/ ~
on (upon), γνωρίζομαι, γίνομαι γνω-
στός/ ~ing, n. ξημέρωμα (τό)
day, n. ἡμέρα (ἡ), μέρα (ἡ)/ all ~ long,
ὅλη μέρα/ by ~ , τήν ἡμέρα/ ~ by ~ ,
μέρα μέ τή μέρα/ every other ~ , μέρα
παρά μέρα/ have the ~ off, ἔχω ἀργία,
ἔχω ἄδεια/ good ~ , καλημέρα/ work
~, ἐργάσιμη μέρα/ the ~ after tomor-
row, μεθαύριο/ the ~ before, τήν προη-
γουμένη/ the ~ before yesterday, προ-
χθές/ in ~s to come, σέ μελλοντικούς
καιρούς/ the next ~ , τήν ἐπομένη/ some
~ , κάποια μέρα, κάποτε/ the other ~ ,
πρό ἡμερῶν/ ~ book, n. ἡμερολόγιο
(τό)/ ~ break, n. ξημέρωμα (τό), χάρα-
μα (τό)/ ~dream, n. ὀνειροφαντασία
(ἡ)/ ~ dreamer, ὀνειροπαρμένος/ ~ la-
bourer, n. ἡμερομίσθιος ἐργάτης (ὁ)/
~light, n. τήν ἡμέρα/ in broad ~ , μέρα

μεσημέρι

daze, n. θάμπωμα (τό), ζαλάδα (ή)/ v.t. θαμπώνω, ζαλίζω

dazzle, n. θάμπωμα (τό), τύφλωμα (τό)/ v.t. θαμπώνω, τυφλώνω

dazzling, a. θαμπωτικός, ἐκτυφλωτικός

deacon, n. διάκος (ὁ), διάκονος (ὁ)

dead, a. νεκρός, πεθαμένος, ἄψυχος/ (animal) ψόφιος/ (flower) μαραμένος/ ~ beat, ἐξαντλημένος, κατάκοπος/ ~ calm, ἀπόλυτη ἠρεμία/ ~ certainty, ἀπόλυτη βεβαιότητα/ ~ drunk, φέσι, τύφλα στό μεθύσι/ ~ end, ἀδιέξοδο (τό)/ ~ letter, νεκρό γράμμα/ ~ march, ἐπικήδειο μάρς/ ~ shot, εὔστοχος σκοπευτής/ ~ tired, κατάκοπος/ n. pl. οἱ νεκροί/ ~en, v.t. νεκρώνω, ἀμβλύνω/ ~ lock, n. ἀδιέξοδο (τό)/ ~ly, a. θανατηφόρος, θανάσιμος

deaf, a. κουφός/ ~-mute, κωφάλαλος (ὁ)/ turn a ~ ear, κάνω τόν κουφό/ ~en, v.t. κουφαίνω, ξεκουφαίνω/ ~ ening, a. ἐκκωφαντικός/ ~ness, n. κουφαμάρα (ή), κώφωση (ή)

deal, n. ποσότητα (ή)/ (bot.) ἔλατο (τό)/ (cards) μοίρασμα (τό) / a great ~ , πολύ/ make a ~ with, κλείνω συμφωνία/ v.t. ἀσχολοῦμαι/ ~ in, ἐμπορεύομαι/ (card) μοιράζω/ ~ a blow, καταφέρω χτύπημα/ ~ with, ἔρχομαι σέ ἐπαφή/ ~ with (something) ἀσχολοῦμαι μέ κάτι/ ~er, n. ἔμπορος (ὁ)/ (cards) μοιραστής (ὁ)/ ~ing, n. μοίρασμα (τό)/ ~ings, n. pl. δοσοληψίες (οἱ)

dean, n. (univer.) κοσμήτωρ (ὁ)/ (eccl.) ἀρχιμανδρίτης (ὁ)/ ~ery, n. κοσμητεία (ή)

dear, a. ἀγαπητός, προσφιλής/ (expensive) ἀκριβός/ ~ me! πώ πώ!/ my ~! ἀγαπητέ μου!/ ~ly, ad. μέ ἀγάπη, στοργικά/ ~ness, n. ἀγάπη (ή), στοργή (ή)

dearth, n. ἔλλειψη (ή)/ (food) λιμός (ὁ)

death, n. θάνατος (ὁ)/ on pain of ~ , μέ κίνδυνο θανάτωσης/ put to ~ , θανατώνω/ ~ certificate, πιστοποιητικό θανάτου/ ~ rate, θνησιμότητα (ή)/ ~ toll, ἀριθμός τῶν θυμάτων/ ~ warrant, διαταγή ἐκτέλεσης/ ~bed, n. ἐπιθανάτια κλίνη/ ~ blow, n. θανάσιμο πλῆγμα,

χαριστική βολή/ ~less, a. ἀθάνατος, ἀξέχαστος/ ~ly , a. νεκρικός/ ~ly silence, νεκρική σιγή

debar, v.t. ἀποκλείω, ἀποστερῶ

debase, v.t. ὑποβιβάζω, ἐξευτελίζω, ταπεινώνω/ (coin) ὑποτιμῶ/ ~ment, n. ὑποβιβασμός (ὁ), ἐξευτελισμός (ὁ), ταπείνωση (ή)/ (coin) ὑποτίμηση (ή)

debatable, a. συζητήσημος, ἀμφισβητήσιμος/ debate, n. συζήτηση (ή)/ v.t.& i. συζητῶ/ ~r, n. συζητητής (ὁ)

debauch, v.t. διαφθείρω, παρασύρω/ ~ee, n. ἀκόλαστος (ὁ), διεφθαρμένος (ὁ), ἄσωτος (ὁ)/ ~ery, n. ἀκολασία (ή), ἀσωτεία (ή)

debenture, n. ὁμόλογο χρέους (τό)/ ~ bonds, ὁμολογίες (οἱ)

debilitate, v.t. ἐξασθενῶ, ἀδυνατίζω/ debility, n. ἐξασθένηση (ή), ἀδυναμία (ή)

debit, n. παθητικό (τό), δοῦναι (τό)/ v.t. χρεώνω/ ~ balance, χρεωστικό ὑπόλοιπο/ ~and credit, δοῦναι καί λαβεῖν

debouch, v.i. ἐκβάλλω, χύνομαι

debris, n. ἐρείπια (τά), χαλάσματα (τά)

debt, n. χρέος (τό), ὀφειλή (ή)/ turn into ~, δημιουργῶ χρέη/ national ~ , δημόσιο χρέος/ ~or, n. χρεώστης (ὁ), ὀφειλέτης (ὁ)

début, n. ἔναρξη (ή), πρώτη ἐμφάνιση (ή), ντεμποῦτο (τό)/ make one's ~ , ἐμφανίζομαι γιά πρώτη φορά/ ~ante, n. ντεμπυτάντ (ή)

decade, n. δεκαετία (ή)

decadence, n. παρακμή (ή)/ decadent, a. παρακμασμένος/ n. ντεκαντάντ ο)

decalogue, n. δεκάλογος (ὁ), δέκα ἐντολές (οἱ)

decamp, v.i. ἀποστρατοπεδεύω/ (escape) τό σκάω

decant, v.t. μεταγγίζω ὑγρό/ ~er, n. φιάλη τραπεζιοῦ (ή)

decapitate, v.t. ἀποκεφαλίζω/ decapitation, n. ἀποκεφαλισμός (ὁ)

decay, n. παρακμή (ή), μαρασμός (ὁ)/ (building) ἐρείπωση (ή)/ (teeth) τερηδόνα (ή)/ v.i. παρακμάζω, φθείρομαι/ (food) χαλῶ

decease, n. θάνατος (ὁ)/ v.i. πεθαίνω/ ~d, a. πεθαμένος/ n. μακαρίτης (ὁ)/ (leg.) ὁ θανών

deceit, n. ἀπάτη (ἡ), δόλος (ὁ)/ ~ful, a.
ἀπατηλός, δόλιος
deceive, v.t. ἐξαπατῶ, ἀπατῶ/ ~r, n.
ἀπατεώνας (ὁ)
decelerate, v.t.& i. μειώνω τήν ταχύτητα
December, n. Δεκέμβριος (ὁ)
decency, n. εὐπρέπεια (ἡ), κοσμιότητα
(ἡ), καθωσπρεπισμός (ὁ)
decennial, a. δεκαετής
decent, a. εὐπρεπής, κόσμιος/ (wages,
etc.) ἀνεκτός, ὑποφερτός
decentralize, v.t. ἀποκεντρώνω
deception, n. ἀπάτη (ἡ)/ deceptive, a.
ἀπατηλός, ψεύτικος
decide, v.i. ἀποφασίζω, κρίνω, καταλή-
γω/ ~d, a. ἀποφασισμένος/ ~dly, ad.
ἀποφασιστικά, ὁριστικά
deciduous, a. (trees) φυλλοβόλος
decimal, a. δεκαδικός/ ~ point, ὑποδια-
στολή (ἡ)
decimate, v.t. ἀποδεκατίζω/ (fig.) ἐξον-
τώνω/ decimation, n. ἀποδεκάτιση (ἡ)/
(fig.) ἐξόντωση (ἡ)
decipher, v.t. ἀποκρυπτογραφῶ/ ~able,
a. ἀποκρυπτογραφήσιμος
decision, n. ἀπόφαση (ἡ)/ decisive, a.
ἀποφασιστικός/ ~ly, ad. ἀποφασιστι-
κά/ ~ness, n. ἀποφασιστικότητα (ἡ)
deck, n. κατάστρωμα (τό)/ (cards) τρά-
πουλα (ἡ)/ ~ chair, κάθισμα πλοίου
(τό)/ ~ hand, ναύτης καταστρώματος/
on ~ , στό κατάστρωμα/ quarter ~ ,
πρυμναῖο κατάστρωμα/ v.t. στολίζω
declaim, v.i. ῥητορεύω, δημηγορῶ/ ~er,
n. ῥήτορας (ὁ)/ declamation, n. ῥητο-
ρεία (ἡ)/ declamatory, a. ῥητορικός
declaration, n. διακήρυξη (ἡ), δήλωση
(ἡ)/ (war) κήρυξη (ἡ)/ declare, v.t. δια-
κηρύσσω, δηλώνω/ v.i. (for) κηρύσσο-
μαι ὑπέρ/ (against) κηρύσσομαι ἐναν-
τίον, ἐναντιώνομαι
declension, n. κλίση (ἡ)
decline, n. παρακμή (ἡ), μαρασμός (ὁ)/
(health) καχεξία (ἡ)/ v.t.& i. παρακμά-
ζω, μαραζώνω/ (gram.) κλίνω/ (refuse)
ἀρνοῦμαι, ἀποποιοῦμαι/ (ground) κα-
τηφορίζω, παρουσιάζω κλίση
declivity, n. κατήφορος (ὁ), κλίση ἐδά-
φους (ἡ)
declutch, v.t. ἀποσυμπλέκω

decoction, n. ἀφέψημα (τό)
decolleté, a. ἔξωμος, ντεκολτέ/ ~ dress,
ἔξωμο (ντεκολτέ) φόρεμα
decompose, v.t. ἀποσυνθέτω, ἀναλύω/
v.i. παθαίνω ἀποσύνθεση, σαπίζω/ de-
composition, n. ἀποσύνθεση (ἡ), σάπι-
σμα (τό), σήψη (ἡ), ἀνάλυση (ἡ)
decontamination, n. ἀπολύμανση (ἡ)/ de-
contaminate, v.t. ἀπολυμαίνω
decorate, v.t. διακοσμῶ, στολίζω/ (paint)
βάφω/ decoration, n. διακόσμηση (ἡ),
στόλισμα (τό)/ (painting) βάψιμο (τό)/
(official) παρασημοφορία (ἡ)
decorative, a. διακοσμητικός/ decorator,
n. διακοσμητής (ὁ), ντεκορατέρ (ὁ)
decorous, a. εὐπρεπής, καθωσπρέπει/ de-
corum, n. εὐπρέπεια (ἡ)
decoy, n. δέλεαρ (τό)/ v.t. δελεάζω, προ-
σελκύω
decrease, n. μείωση (ἡ), ἐλάττωση (ἡ)/
v.t.& i. ἐλαττώνω, μειώνω, λιγοστεύω
decree, n. διάταγμα (τό), ψήφισμα (τό),
ἀπόφαση (ἡ)/ v.t. ψηφίζω, θεσπίζω,
ἀποφασίζω
decrepit, a. ἐρειπωμένος/ (person) ὑπέρ-
γηρος/ ~ude, n. ἐρείπωση (ἡ)/ (person)
ἔσχατα γεράματα
decry, v.t. δυσφημῶ, κατακρίνω
dedicate, v.t. ἀφιερώνω/ ~ oneself to,
ἀφοσιώνομαι/ dedication, n. ἀφιέρωση
(ἡ)/ dedicatory, a. ἀφιερωτικός
deduce, v.t. συνάγω, συμπεραίνω
deduct, v.t. ἀφαιρῶ, ἐκπίπτω/ ~ion, n.
ἀφαίρεση (ἡ), ἔκπτωση (ἡ)/ (wages)
κράτηση (ἡ)/ (conclusion) συμπέρασμα
(τό)
deed, n. πράξη (ἡ), ἔργο (τό)/ (leg.) συμ-
βόλαιο (τό), τίτλος (ὁ)/ man of ~s,
δραστήριος ἄνθρωπος/ great ~s, μεγά-
λα ἔργα
deem, v.t. φρονῶ, νομίζω, θεωρῶ
deep, a. βαθύς/ ~ in thought, στοχαστι-
κός, βυθισμένος σέ σκέψεις/ still waters
run ~ , τό σιγανό ποτάμι νά φοβᾶσαι/
~ sea fishing, ψάρεμα στίς ἀνοιχτές θά-
λασσες/ n. βάθος (τό), βάραθρο (τό)/
(sea) βυθός (ὁ)/ ~en, v.t.& i. βαθαίνω/
(sound, feelings) δυναμώνω, ἐνισχύω/
(colour) σκουραίνω/ ~ening, n. ἐμβά-
θυνση (ἡ), ἐνίσχυση (ἡ)/ ~freezer, n.

κατάψυξη (ή)/ ~ly, ad. βαθειά/ ~ness, n. βαθύτητα (ή)/ ~seated, a. βαθειά ριζωμένος

deer, n. ἐλάφι (τό)

deface, v.t. παραμορφώνω, σβύνω/ ~ment, n. παραμόρφωση (ή), σβύσιμο (τό)

de facto, ad. ντέ φάκτο

defalcate, v.i. σφετερίζομαι, καταχρῶμαι/ defalcation, n. σφετερισμός (ὁ), κατάχρηση (ή)

defamate, v.t. δυσφημῶ

defamation, n. δυσφήμηση (ή)/ defamatory, a. δυσφημιστικός

default, n. πταῖσμα (τό), παράλειψη (ή)/ judgment by ~ , ἀπόφαση ἐρήμην/ ~ in paying, παράλειψη καταβολῆς/ v.i. παραβαίνω, παραλείπω ὑποχρέωση/ (not appearing in court) ἐρημοδικῶ/ in ~ of, ἐλλείψει/ ~er, n. φυγόδικος (ὁ), καταχραστής (ὁ)

defeat, n. ἧττα (ή)/ (plans) ματαίωση (ή), ἀνατροπή (ή)/ (hopes) διάψευση (ή)/ v.t. νικῶ, ματαιώνω, ἀνατρέπω/ (bill) καταψηφίζω/ ~ism, n. ἡττοπάθεια (ή)

defecate, v.t.& i. διυλίζω, καθαρίζω/ (med.) ἐνεργοῦμαι

defect, n. ἐλάττωμα (τό), ἀτέλεια (ή), ἀνεπάρκεια (ή)/ ~ion, n. ἀποστασία (ή), ἀποσκίρτηση (ή)/ ~ive, a. ἐλαττωματικός, ἀτελής, ἀνεπαρκής

defence, n. ἄμυνα (ή), ὑπεράσπιση (ή)/ counsel for the ~ , συνήγορος (ὁ)/ ~less, a. ἀνυπεράσπιστος/ defend, v.t. ὑπερασπίζω, συνηγορῶ/ ~ant, n. κατηγορούμενος (ὁ)/ ~er, n. ὑπερασπιστής (ὁ)/ defensible, a. ὑπερασπίσιμος/ defensive, a. ἀμυντικός/ n. ἄμυνα (ή)/ be on the ~ , ἀμύνομαι, τηρῶ ἀμυντική στάση

defer, v.t.& i. ἀναβάλλω, παραπέμπω, καθυστερῶ/ ~ to, ὑποχωρῶ, σέβομαι/ ν~ence, n. σεβασμός (ὁ), ὑποχώρηση (ή)/ ~ential, a. μέ σεβασμό, σεβαστικός/ ~ment, n. ἀναβολή (ή)

defiance, n. πρόκληση (ή), περιφρόνηση (ή), παραγνώριση (ή)/ defiant, a. προκλητικός, περιφρονητικός

deficiency, n. ἔλλειψη (ή), ἀτέλεια (ή)/ deficient, a. ἐλλιπής, ἀνεπαρκής/ be ~

in, ἔχω ἔλλειψη ἀπό/ deficit, n. ἔλλειμμα (τό)

defile, n. πέρασμα (τό), κλεισούρα (ή)/ v.t.& i. μολύνω, διαφθείρω, μιαίνω/ ~ment, n. μόλυνση (ή), μίανση (ή)

definable, a. προσδιορίσιμος/ define, v.t. ὁρίζω, καθορίζω

definite, a. ὁρισμένος, ὁριστικός, καθορισμένος/ ~ly, ad. θετικά, ὁπωσδήποτε, ὁριστικά/ ~ness, n. ἀκρίβεια (ή), θετικότητα (ή)/ definition, n. ὁρισμός (ὁ), προσδιορισμός (ὁ)/ definitive, a. ὁριστικός, θετικός

deflate, v.t.& i. ξεφουσκώνω/ (econ.) παίρνω ἀντιπληθωριστικά μέτρα/ deflation, n. ξεφούσκωμα (τό), ἄδειασμα (τό)/ (econ.) ἀντιπληθωρισμός

deflect, v.t.& i. παρεκκλίνω, ἐκτρέπω/ ~ion, n. παρέκκλιση (ή), ἐκτροπή (ή)

defloration, n. διακόρευση (ή)/ deflower, v.t. διακορεύω

deforestation, n. ἀποψίλωση (ή), ἀποδάσωση (ή)

deform, v.t. παραμορφώνω/ ~ation, n. παραμόρφωση (ή)/ ~ed, a. παραμορφωμένος, ἄσχημος/ ~ity, n. ἀσχήμια (ή), δυσμορφία (ή)

defraud, v.t. ἐξαπατῶ/ ~er, n. ἀπατεώνας (ὁ)/ ~ing, n. ἐξαπάτηση (ή)

defray, v.t. χορηγῶ, καταβάλλω

deft, a. ἐπιδέξιος/ ~ness, n. ἐπιδεξιότητα (ή)

defunct, a. πεθαμένος, νεκρός, μακαρίτης

defy, v.t. προκαλῶ, ἀψηφῶ, περιφρονῶ

degeneracy, n. ἐκφυλισμός (ὁ)/ degenerate, a. ἐκφυλισμένος/ n. ἔκφυλος (ὁ)/ v.i. ἐκφυλίζομαι/ degeneration, n. ἐκφυλισμός (ὁ)

degradation, n. ὑποβιβασμός (ὁ), ταπείνωση (ή), ἐξευτελισμός (ὁ)

degrade, v.t. ὑποβιβάζω, ταπεινώνω, ἐξευτελίζω/ degrading, a. ταπεινωτικός, ἐξευτελιστικός

degree, n. βαθμός (ὁ), τάξη (ή), σειρά (ή)/ (university) πτυχίο (τό), δίπλωμα (τό)/ (angle) μοίρα (ή)/ by ~s, βαθμιαία/ to some ~ , μέχρι ἕνα σημεῖο/ comparative ~ , συγκριτικός βαθμός

dehydrate, v.t. ἀφυδατώνω

deification, n. θεοποίηση (ή)/ *deify,* v.t. θεοποιῶ

deign, v.i. καταδέχομαι

deism, n. θεϊσμός (ὁ)/ *deity,* n. θεότητα (ή), τό θεῖο

deject, v.t. ἀποθαρρύνω, ἀπογοητεύω/ *~ion,* n. ἀποθάρρυνση (ή), ἀπογοήτευση (ή), ἀκεφιά (ή)

de jure, ad. ντέ γιοῦρε

delay, n. καθυστέρηση (ή), ἀργοπορία (ή), χρονοτριβή (ή)/ *without ~ ,* ἀμέσως/ v.t.& i. καθυστερῶ, ἀναβάλλω, χρονοτριβῶ

delectable, a. εὐχάριστος, τερπνός/ *delectation,* n. εὐχαρίστηση (ή), τέρψη (ή)

delegate, n. ἀντιπρόσωπος (ὁ), ἀπεσταλμένος (ὁ), ἐκπρόσωπος (ὁ)/ v.t. στέλνω (ὁρίζω) ἀντιπρόσωπο/ *delegation,* n. ἀντιπροσωπεία (ή), ἀποστολή (ή)

delete, v.t. διαγράφω, ἐξαλείφω, σβύνω

deleterious, a. βλαβερός, ὀλέθριος

deletion, n. διαγραφή (ή), ἐξάλειψη (ή), σβύσιμο (τό)

deliberate, a. θεληματικός, ἐσκεμμένος, προμελετημένος/ v.t.& i. συσκέπτομαι, συνεδριάζω, διασκέπτομαι/ *~ly,* ad. θεληματικά, ἐσκεμμένα, προμελετημένα/ *deliberation,* n. σύσκεψη (ή), διάσκεψη (ή)

deliberative, a. συζητητικός

delicacy, n. ἁβρότητα (ή), λεπτότητα (ή), κομψότητα (ή)/ (health) εὐαισθησία (ή)/ (food) λιχουδιά (ή)/ *delicate,* a. ἁβρός, λεπτός/ (health) εὐαίσθητος/ *~ situation,* λεπτή κατάσταση

delicious, a. νόστιμος, γευστικός, ἐξαίσιος

delight, n. εὐχαρίστηση (ή), τέρψη (ή), χαρά (ή)/ v.t. εὐχαριστῶ, τέρπω, εὐφραίνω/ *be ~ed,* εἶμαι ἐνθουσιασμένος/ *be ~ed to meet you,* χαίρομαι ἰδιαίτερα γιά τήν γνωριμία/ *~ful,* a. γοητευτικός, τερπνός, θελκτικός/ *~fully,* ad. τερπνά, χαριτωμένα

delimit, v.t. ὁροθετῶ, καθορίζω/ *~ation,* n. ὁροθέτηση (ή)

delineate, v.t. σχεδιάζω, σκιτσάρω/ *delineation,* n. σχεδίασμα (τό)

delinquency, n. παρανομία (ή), παράβαση (ή)/ *delinquent,* a. παράνομος/ n.

παραβάτης (ὁ), ἔνοχος (ὁ)

delirious, a. ἐκεῖνος πού παραληρεῖ/ *be ~ ,* παραληρῶ/ *~ with joy,* τρελός ἀπό χαρά/ *delirium,* n. παραλήρημα (τό)/ *~ tremens,* ντελίριουμ τρέμενς

deliver, v.t. ἐλευθερώνω, ἀπαλλάσσω, σώζω, λυτρώνω/ (mail) διανέμω/ (blow) καταφέρω χτύπημα/ (speech) ἐκφωνῶ λόγο/ (lecture) δίνω διάλεξη/ *~ over,* παραδίδω, μεταβιβάζω/ *~ up,* ἐπιστρέφω/ *~ oneself up,* παραδίδομαι/ *be ~ed of child,* γεννῶ/ *~ance,* n. ἀπαλλαγή (ή), ἀπελευθέρωση (ή), λύτρωση (ή)/ *~er,* n. ἐλευθερωτής (ὁ), λυτρωτής (ὁ)/ *~y,* n. παράδοση (ή), ἀπελευθέρωση (ή), λύτρωση (ή)/ (mail) διανομή / (leg.) κοινοποίηση (ή)/ *cash on ~ ,* πληρωτέο ἅμα τῇ παραδόσει/ (speech) ἐκφώνηση (ή)

dell, n. κατάφυτη κοιλάδα (ή), λαγκαδιά (ή)

delta, n. δέλτα (τό)

delude, v.t. ἀποπλανῶ, ἐμπαίζω, ἐξαπατῶ

deluge, n. κατακλυσμός (ὁ)/ v.t. κατακλύζω, πλημμυρίζω

delusion, n. πλάνη (ή), αὐταπάτη (ή)/ *delusive,* a. ἀπατηλός, ψεύτικος

delve, v.t. & i. σκάβω, ἐρευνῶ

demagogue, n. δημαγωγός (ὁ)

demand, n. ἀπαίτηση (ή), ἀξίωση (ή), διεκδίκηση (ή)/ *there is a steady ~ ,* ὑπάρχει συνεχής (σταθερή) ζήτηση/ *paid on ~ ,* πληρωτέος ἐπί τῇ αἰτήσει/ v.t. ἀπαιτῶ, ἀξιώνω, διεκδικῶ

demarcate, v.t. ὁροθετῶ/ *demarcation,* n. ὁροθέτηση (ή)/ *~ line,* ὁροθετική γραμμή

demean, v.i. φέρομαι/ *~oneself,* ταπεινώνομαι, ὑποβιβάζομαι/ *~ our,* n. συμπεριφορά (ή), τρόπος (ὁ), διαγωγή (ή)

demented, a. τρελός, παράφρων/ *dementia,* n. τρέλα (ή), παραφροσύνη (ή)

demerit, n. ἐλάττωμα (τό), μειονέκτημα (τό)

demesne, n. ἰδιοκτησία (ή)

demigod, n. ἡμίθεος (ὁ)

demijohn, n. νταμιζάνα (ή)

demilitarize, v.t. ἀποστρατικοποιῶ/ *demilitarization,* n. ἀποστρατικοποίηση

(ή)
demise, n. θάνατος (ὁ)/ (leg.) μεταβίβαση μέ διαθήκη/ v.t. μεταβιβάζω, παραχωρῶ
demobilize, v.t. ἀποστρατεύω
democracy, n. δημοκρατία (ἡ)/ *democrat,* n. δημοκράτης (ὁ)
democratic, a. δημοκρατικός
demolish, v.t. καταστρέφω, συντρίβω/ (buildings) κατεδαφίζω
demolition, n. καταστροφή (ἡ)/ (buildings) κατεδάφιση (ἡ)
demon, n. δαίμονας (ὁ)/ ~ical, a. δαιμονικός, διαβολικός, σατανικός/ ~olatry, n. δαιμονολατρεία (ἡ)
demonstrable, a. εὐαπόδεικτος/ *demonstrate,* v.t. ἀποδεικνύω, δείχνω, κάνω ἐπίδειξη/ (feelings) ἐκδηλώνω/ (in the streets) διαδηλώνω/ *demonstration,* n. ἀπόδειξη (ἡ), ἐπίδειξη (ἡ)/ (feelings) ἐκδήλωση (ἡ)/ (in the streets) διαδήλωση (ἡ)/ *demonstrative,* a. ἀποδεικτικός/ (person) ἐκδηλωτικός, διαχυτικός/ (gram.) δεικτικός/ *demonstrator,* n. ἐξηγητής (ὁ), ἐκεῖνος πού κάνει ἐπιδείξεις/ (in the streets) διαδηλωτής (ὁ)
demoralization, n. ἀποθάρρυνση (ἡ), σπάσιμο τοῦ ἠθικοῦ
demoralize, v.t. ἀποθαρρύνω, σπάω τό ἠθικό/ *demoralizing,* a. ἀποθαρρυντικός, ἡττοπαθής
demote, v.t. ὑποβιβάζω/ *demotion,* n. ὑποβιβασμός (ὁ)
demotic, a. λαϊκός, κοινός/ n. (language) Δημοτική (ἡ)
demur, v.i. διστάζω, ἔχω ἐνδοιασμούς/ (leg.) ὑποβάλλω ἔνσταση/ n. δισταγμός (ὁ), ἐνδοιασμός (ὁ)
demure, a. σοβαρός/ (girl) σεμνότυφη/ n. σοβαρότητα (ἡ), σεμνοτυφία (ἡ)
demurrage, n. ἐπισταλία (ἡ), ὑπερημερία (ἡ)
den, n. ἄντρο (τό), φωλιά (ἡ), κρύπτη (ἡ)/ (of criminals) λημέρι (τό), καταγώγιο (τό)
denial, n. ἄρνηση (ἡ), διάψευση (ἡ)
denizen, n. κάτοικος (ὁ), πολίτης (ὁ)/ (naturalized) πολιτογραφημένος ἀλλοδαπός
denominate, v.t. ἐπονομάζω, ἀποκαλῶ,

χαρακτηρίζω/ *denomination,* n. ὀνομασία (ἡ), χαρακτηρισμός (ὁ)/ (eccl.) θρήσκευμα (τό)/ (fin.) χρηματική ἀξία/ *denominator,* n. (maths) παρονομαστής (ὁ)
denote, v.t. ὑποδηλώνω, σημαίνω
dénouement, n. λύση (ἡ), τελική ἔκβαση (ἡ)
denounce, v.t. καταγγέλλω, κατηγορῶ
dense, a. πυκνός, πηχτός/ (ignorance) παχυλή ἀμάθεια
density, n. πυκνότητα (ἡ)
dent, n. ζούλισμα (τό), βούλιαγμα (τό), βαθούλωμα (τό)/ v.t. βαθουλώνω
dental, a. ὀδοντικός, ὀδοντιατρικός/ ~ surgeon, χειροῦργος ὀδοντίατρος/ *dentifrice,* n. ὀδοντόπαστα (ἡ)/ *dentist,* n. ὀδοντίατρος (ὁ), ὀδοντογιατρός (ὁ)/ ~ry, n. ὀδοντιατρική (ἡ)/ *dentition,* n. διάταξη τῶν δοντιῶν, ὀδοντοφυΐα (ἡ)/ *denture,* n. μασέλα (ἡ)
denudation, n. ἀπογύμνωση (ἡ)/ *denude,* v.t. ἀπογυμνώνω, γδύνω
denunciation, n. καταγγελία (ἡ)
deny, v.t. διαψεύδω, ἀποκηρύσσω, ἀρνοῦμαι
deodorant, a. ἀποσμητικός/ n. ἀποσμητικό (τό)/ *deodorize,* v.t. ξεμυρίζω, ἐξουδετερώνω τήν κακοσμία
depart, v.i. ἀναχωρῶ, φεύγω/ ~ed, p.p.a. ἀναχωρήσας/ (dead) πεθαμένος
department, n. τμῆμα (τό), ὑπηρεσία (ἡ)/ ~store, μεγάλο ἐμπορικό/ ~ al, a. ὑπηρεσιακός
departure, n. ἀναχώρηση (ἡ), ἀποχώρηση (ἡ)/ (beginning) ξεκίνημα (τό), ἀφετηρία (ἡ)
depend, v.i. ἐξαρτῶμαι, βασίζομαι, στηρίζομαι/ that ~s, ἐξαρτᾶται/ ~able, a. ἀξιόπιστος, ἔγκυρος/ ~ant, n. ἐξαρτώμενος, προστατευόμενος/ ~ence, n. ἐξάρτηση (ἡ)/ (of a country) ὑποτέλεια (ἡ)/ ~ency, n. κτήση (ἡ)/ ~ent, a. ἐξαρτημένος, ὑποτελής/ be ~ on, ἐξαρτῶμαι ἀπό, βασίζομαι σέ
depict, v.t. ἀπεικονίζω, ἀναπαριστάνω, ζωγραφίζω
deplete, v.t. ἀδειάζω, ἀφαιρῶ, μειώνω/ *depletion,* n. ἄδειασμα (τό), ἀφαίρεση (ἡ), μείωση (ἡ)

deplorable, a. ἀξιοθρήνητος, οἰκτρός, λυπηρός/ deplore, v.t. ἀποδοκιμάζω, ἐκφράζω λύπη

deploy, v.t. ἀναπτύσσω/ ~ment, n. ἀνάπτυξη (ή)

deponent, n. (leg.) ἔνορκος μάρτυρας (ὁ)/ (gram.) ἀποθετικό ῥῆμα (τό)

depopulate, v.t. ἐρημώνω, μειώνω τόν πληθυσμό/ depopulation, n. ἐρήμωση (ή), μείωση τοῦ πληθυσμοῦ

deport, v.t. ἀπελαύνω, ἐκτοπίζω/ ~ation, n. ἀπέλαση (ή), ἐκτόπιση (ή)/ ~ment, n. συμπεριφορά (ή), διαγωγή (ή)

depose, v.t. ἐκθρονίζω, καθαιρῶ/ v.i. καταθέτω

deposit, n. κατάθεση (ή)/ (on houses etc.) προκαταβολή (ή), καπάρο (τό)/ (elections) παράβολο (τό)/ (geol.) κοίτασμα (τό), ἵζημα (τό)/ ~ account, λογαριασμός ταμιευτηρίου/ v.t. καταθέτω/ (on houses, etc.) προκαταβάλλω, δίνω ἀραβώνα/ (geol.) κατακαθίζω, ἐναποθέτω/ ~ion, n. κατάθεση (ή), μαρτυρία (ή)/ (geol.) ἀπόθεση (ή)/ ~or, n. καταθέτης (ὁ)/ ~ory, n. ἀποθήκη (ή), ταμεῖο (τό)

depot, n. ἀποθήκη (ή), ντεπό (τό)

depravation, n. διαφθορά (ή), ἐξαχρίωση (ή)/ deprave, v.t. διαφθείρω, ἐξαχρειώνω/ ~d, a. διεφθαρμένος, ἐξαχρειωμένος/ depravity, n. διαφθορά (ή), ἐξαχρείωση (ή)

deprecate, v.t. ἀποδοκιμάζω, ἀπορρίπτω

depreciate, v.t.& i. ὑποτιμῶ, ὑποβιβάζω/ depreciation, n. ὑποτίμηση (ή), ὑποβιβασμός (ὁ)/ (fin.) ἀπόσβεση (ή)

depredation, n. διαρπαγή (ή), λεηλασία (ή)

depress, v.t. καταθλίβω, πιέζω/ ~ed, a. πιεσμένος, καταθλιμένος, μελαγχολικός/ ~ing, a. καταθλιπτικός, πιεστικός/ ~ion, n. κατάθλιψη (ή), πέσιμο τοῦ ἠθικοῦ (τό), μελαγχολία (ή)/ (geol.) κοιλότητα (ή), γούπατο (τό)

deprivation, n. στέρηση (ή)/ deprive, v.t. στερῶ, ἀποστερῶ

depth, n. βάθος (τό), βαθύτητα (ή)/ (sound) ἔνταση (ή)/ in the ~ of night, στά ἄγρια μεσάνυχτα/ in the ~ of winter, στήν καρδιά τοῦ χειμῶνα

deputation, n. ἀντιπροσωπεία (ή), ἐπιτροπή (ή)/ depute, v.t. ἐξουσιοδοτῶ, ἀναθέτω σέ ἀντιπρόσωπο/ deputize, v.i. ἀναπληρώνω/ deputy, n. ἀναπληρωτής (ὁ), ἀντικαταστάτης (ὁ)/ (parliam.) βουλευτής (ὁ), πληρεξούσιος (ὁ)

derail, v.t.& i. ἐκτροχιάζω/ ~ment, n. ἐκτροχιασμός (ὁ)

derange, v.t. ἀναστατώνω, ἀναταράζω, κλονίζω/ (med.) τρελαίνω/ ~d, a. τρελός, παράφρονας/ ~ment, n. παραφροσύνη (ή), τρέλα (ή)

derelict, a. ἐγκαταλειμένος, ἔρημος, ἑτοιμόρροπος/ n. (person) ἀπόκληρος (ὁ), ναυάγιο (τό)/~ ion, n. ἐγκατάλειψη (ή), ἀμέλεια (ή)

deride, v.t. εἰρωνεύομαι, περιγελῶ, χλευάζω/ ~r, n. εἴρων (ὁ), χλευαστής (ὁ)/ derision, n. κοροϊδία (ή), χλευασμός (ὁ), ἐμπαιγμός (ὁ)

derisive, a. κοροϊδευτικός, χλευαστικός/ derisory, a. γελοῖος

derivation, n. πηγή (ή), προέλευση (ή)/ (word) ἐτυμολογία (ή)/ derivative, a. παράγωγος/ n. παράγωγο (τό)/ derive, v.t. παράγω, ἀντλῶ, ἀπορρέω/ be ~d from, κατάγομαι, προέρχομαι

dermatitis, n. δερματίτιδα (ή)/ dermatology, n. δερματολογία (ή)

derogate, v.i. μειώνω, προσβάλλω, θίγω/ (rights) ἀφαιρῶ

derogatory, a. μειωτικός, ἐξευτελιστικός, ταπεινωτικός

derrick, n. φορτωτήρας (ὁ), περιστρεφόμενος γερανός (ὁ)

dervish, n. δερβίσης (ὁ)

descant, n. μελωδία (ή), ἁρμονία (ή)/ (comment) σχόλιο (τό)/ v.i. τραγουδῶ/ (comment) σχολιάζω, ἀναπτύσσω ἕνα θέμα

descend, v.t. κατεβαίνω/ v.i. καταδύομαι, πέφτω/ be ~ed from, κατάγομαι/ ~ upon, κάνω ἀπότομη ἐπίθεση/ ~to, ξεπέφτω/ ~ ant, n. ἀπόγονος (ὁ)/ descent, n. κάθοδος (ή), κατέβασμα (τό)/ (origin) καταγωγή (ή)

describe, v.t. περιγράφω/ description, n. περιγραφή (ή)/ descriptive, a. περιγραφικός

descry, v.t. διακρίνω, ἐπισημαίνω

desecrate, v.t. βεβηλώνω/ desecration, n. βεβήλωση (ή)

desert, n. ἔρημος (ή)/ v.t.& i. ἐγκαταλείπω, παρατῶ/ (mil.) λιποτακτῶ/ ~ed, a. ἐρημωμένος/ ~er, n. λιποτάκτης (ὁ)/ ~ion, n. λιποταξία (ή), ἐγκατάλειψη (ή)

deserve, v.t. ἀξίζω/ ~dly, ad. ἐπάξια, δίκαια/ deserving, a. ἄξιος

desiccate, v.t. ἀποξηραίνω, στεγνώνω, ἀφυδατώνω/ desiccation, n. ἀποξήρανση (ή), ἀφυδάτωση (ή), ἀποστράγγιση (ή)

desideratum, n. ποθούμενο (τό), ποθητό (τό)

design, n. σχέδιο (τό), σκοπός (ὁ), ἐπιδίωξη (ή)/ by ~ , σκόπιμα, ἐπίτηδες/ have ~s on, ἔχω κακούς σκοπούς σέ βάρος/ v.t. σχεδιάζω, ἔχω πρόθεση, σκοπεύω

designate, v.t. ὑποδεικνύω, προσδιορίζω, χαρακτηρίζω

designation, n. προσδιορισμός (ὁ), χαρακτηρισμός (ὁ)

designer, n. σχεδιαστής (ὁ)/ (theat.) σκηνογράφος (ὁ)/ (plotter) σκευωρός (ὁ)/ designing, n. σχεδιασμός (ὁ)/ a. ραδιοῦργος

desirable, a. ἐπιθυμητός, ἑλκυστικός/ desire, n. ἐπιθυμία (ή), πόθος (ὁ)/ v.t. ἐπιθυμῶ, ποθῶ, λαχταρῶ/ desirous, a. γεμάτος ἐπιθυμία, φιλόδοξος

desist, v.i. συγκρατιέμαι, ἀπέχω, παραιτοῦμαι

desk, n. γραφεῖο (τό), ἕδρα (ή)/ (school) θρανίο (τό)

desolate, a. ἔρημος, ἀκατοίκητος, παρατημένος/ (person) μελαγχολικός, ἀπελπισμένος/ v.t. ἐρημώνω/ ~ somebody, προκαλῶ ἀπόγνωση/ desolation, n. ἐρήμωση (ή)/ (feeling) μοναξιά (ή)

despair, n. ἀπελπισία (ή), ἀπόγνωση (ή)/ drive to ~ , φέρνω σέ ἀπόγνωση/ v.i. ἀπελπίζομαι, νοιώθω ἀπόγνωση/ ~ingly, ad. ἀπελπισμένα, ἀπεγνωσμένα

despatch, n. ἀποστολή (ή), διεκπεραίωση (ή)/ (journal.) τηλεγράφημα (τό), ἀνταπόκριση (ή)/ ~ box, διπλωματικός φάκελλος (σάκκος)/ ~ rider, ἀγγελιαφόρος (ὁ)/ v.t. ἀποστέλλω, διεκπεραιώνω

desperado, n. ἀποφασισμένος ἐγκληματίας (ὁ)/ desperate, a. ἀπελπισμένος, ἀπεγνωσμένος, χωρίς ἐλπίδα/ ~ly, ad. ἀπελπισμένα, ἀπεγνωσμένα/ desperation, n. ἀπελπισία (ή), ἀπόγνωση (ή)

despicable, a. ἀξιοκαταφρόνητος, ἐλεεινός, ποταπός

despise, v.t. περιφρονῶ, καταφρονῶ

despite, pr. παρ᾽ ὅλο, καίτοι/ n. μοχθηρία (ή), κακεντρέχεια (ή)

despoil, v.t. ληστεύω, λεηλατῶ/ ~er, n. λεηλάτης (ὁ)

despondency, n. ἀποθάρρυνση (ή), ἀπογοήτευση (ή), κατάθλιψη (ή)/ despondent, a. ἀποθαρρυμένος, ἀπογοητευμένος

despot, n. δεσπότης (ὁ), τύραννος (ὁ)/ ~ic, a. δεσποτικός, αὐταρχικός/ ~ism, n. δεσποτισμός (ὁ), αὐταρχικότητα (ή)

dessert, n. γλύκισμα (τό), ἐπιδόρπιο (τό)

destination, n. προορισμός (ὁ)/ destine, v.t. προορίζω, προκαθορίζω/ ~d, a. προορισμένος γιά, μέ κατεύθυνση πρός

destiny, n. μοῖρα (ή), πεπρωμένο (τό)

destitute, a. στερημένος, ἄπορος/ destitution, n. στέρηση (ή), ἀνέχεια (ή), ἔνδεια (ή)

destroy, v.t. καταστρέφω/ ~er, n. καταστροφέας (ὁ)/ (warship) ἀντιτορπιλλικό (τό)/ destruction, n. καταστροφή (ή), ὄλεθρος (ὁ)

destructive, a. καταστρεπτικός, ὀλέθριος

desultory, a. ξεκάρφωτος, ἀσύνδετος, ἀμέθοδος

detach, v.t. ἀποσπῶ, ἀποσυνδέω/ ~ed, a. ἀποσπασμένος, ἀπομονωμένος, χωριστός/ (aloof) ἀδιάφορος/ ~ment, n. ἀπόσπαση (ή), ἀποσύνδεση (ή)/ (mil.) ἀπόσπασμα (τό)/ (med.) ἀποκόλληση (ή)

detail, n. λεπτομέρεια (ή)/ (mil.) ἀπόσπασμα (τό)/ in ~ , μέ κάθε λεπτομέρεια, διεξοδικά/ ~ v.t. ἐκθέτω μέ λεπτομέρειες/ (mil.) ἀποσπῶ/ ~ed, a. λεπτομερής

detain, v.t. κρατῶ, κατακρατῶ, φυλακίζω/ ~ee, n. κρατούμενος (ὁ)

detect, v.t. ἀνακαλύπτω, ἐντοπίζω, διακρίνω/ ~ion, n. ἀνακάλυψη (ή), ἐντόπιση (ή), ἀνίχνευση (ή)/ ~ive, n. ντετέκτιβ (ὁ), ἀστυνομικός (ὁ)/ ~ive story, ἀστυνομική ἱστορία/ ~ or, n. ἀνιχνευτής (ὁ), φωρατής (ὁ)

detention, n. κράτηση (ή), φυλάκιση (ή)

deter, v.t. ἀποτρέπω, ἀποθαρρύνω, συγκρατῶ

detergent, n. καθαριστικό (τό), ἀπορρυπαντικό (τό)

deteriorate, v.t.& i. χειροτερεύω, ἐπιδεινώνω/ deterioration, n. χειροτέρεμα (τό), ἐπιδείνωση (ή)

determinate, a. καθορισμένος, συγκεκριμένος/ determination, n. ἀποφασιστικότητα (ή)/ (leg.) λήξη σύμβασης/ determine, v.t. καθορίζω, προσδιορίζω/ (leg.) λήγω/ ~d, a. ἀποφασισμένος

determinism, n. ντετερμινισμός (ὁ), αἰτιοκρατία (ή)

deterrent, n. ἀποτρεπτικό (τό)

detest, v.t. ἀπεχθάνομαι, ἀποστρέφομαι, σιχαίνομαι/ ~able, a. ἀπεχθής, ἀποκρουστικός, σιχαμένος/ ~ation, n. ἀπέχθεια (ή), ἀποστροφή (ή)

dethrone, v.t. ἐκθρονίζω/ ~ment, n. ἐκθρόνιση (ή)

detonate, v.i. ἐκπυρσοκροτῶ, ἐκτονώνομαι/ detonation, n. ἐκπυρσοκρότηση (ή), ἐκτόνωση (ή)/ detonator, n. καψύλιο (τό)

detour, n. παρακαμπτήριος δρόμος (ὁ), λοξοδρόμηση (ή)

detract, v.t. ἀφαιρῶ, μειώνω, ἀποσπῶ/ ~ion, n. μείωση (ή), ἀνάκληση (ή)/ (slander) δυσφήμιση (ή)

detriment, n. ζημία (ή), φθορά (ή)/ ~al, a. καταστρεπτικός, βλαβερός, φθοροποιός

deuce, n. δυάρι (τό)/ (tennis) ἰσοπαλία (ή)/ ~d, a. καταραμένος

devaluation, n. ὑποτίμηση (ή)/ devalue, v.t. ὑποτιμῶ

devastate, v.t. ἐρημώνω, καταστρέφω/ devastation, n. ἐρήμωση (ή), καταστροφή (ή)

develop, v.t. ἀναπτύσσω, ἐπεκτείνω/ (phot.) ἐμφανίζω/ v.i. (med.) προσβάλλομαι, παθαίνω/ ~er, n. ἐμφανιστικό ὑγρό (τό)/ ~ment, n. ἀνάπτυξη (ή),

ἐξέλιξη (ή), ἐπέκταση (ή)/ (phot.) ἐμφάνιση (ή)/ ~ area, ἀναπτυσσόμενη περιοχή

deviate, v.i. παρεκκλίνω, ἐκτρέπομαι/ deviation, n. παρέκκλιση (ή), ἐκτροπή (ή)/ (maths) ἀπόκλιση (ή)

device, n. τέχνασμα (τό), ἐπινόημα (τό), κόλπο (τό)/ (tech.) μηχάνημα (τό), συσκευή (ή)

devil, n. διάβολος (ὁ), δαίμονας (ὁ)/ lucky ~ , τυχεράκιας/ poor ~, φουκαράς, κακομοίρης/ between the ~ and the deep blue sea, μπρός βαθύ καί πίσω ρέμα/ ~ish, a. διαβολεμένος, διαβολικός/ ~ishly, ad. διαβολεμένα, διαβολικά/ ~ment, n. διαβολιά (ή)/ κέφι (τό)

devious, a. λοξός, πλάγιος/ (character) πονηρός, ὕπουλος

devise, v.t. ἐπινοῶ, μηχανεύομαι, ἐφευρίσκω, σκαρώνω/ (leg.) κληροδοτῶ/ ~r, n. ἐφευρέτης (ὁ)/ ~or, n. (leg.) διαθέτης (ὁ)

devoid, a. στερημένος, ἀπαλλαγμένος/ ~ of, χωρίς

devolution, n. μεταβίβαση (ή)/ (biol.) ἀνάστροφη ἐξέλιξη (ή)

devolve, v.t. μεταβιβάζω, ἀναθέτω/ v.i. περιέρχομαι

devote, v.t. ἀφιερώνω/ (time) διαθέτω/ ~d, a. ἀφιερωμένος, ἀφωσιωμένος, προσηλωμένος/ ~e, n. λάτρης (ὁ), θασώτης (ὁ), πιστός (ὁ)/ devotion, n. ἀφοσίωση (ή), προσήλωση (ή)/ (to a person) στοργή (ή), τρυφερότητα (ή)/ ~al, a. εὐλαβικός

devour, v.t. καταβροχθίζω/ (books) διαβάζω μέ μανία

devout, a. εὐσεβής, θρῆσκος, εὐλαβής/ ~ness, n. εὐσέβεια (ή), εὐλάβεια (ή)

dew, n. δροσιά (ή)/ v.t. δροσίζω, ὑγραίνω/ ~drop, n. δροσοσταλίδα (ή)

dewy, a. δροσοσκέπαστος

dexterity, n. ἐπιδεξιότητα (ή), ἱκανότητα (ή), ἐπιτηδειότητα (ή), εὐστροφία (ή)/ dexterous, a. ἐπιδέξιος, ἱκανός, ἐπιτήδειος, εὔστροφος

diabetes, n. διαβήτης (ὁ), ζάχαρο (τό)/ diabetic, a. διαβητικός

diabolical, a. διαβολικός, σατανικός

diadem, n. διαίρεση (ή)

diagnose, v.t. κάνω διάγνωση/ *diagnosis*, n. διάγνωση (ἡ)

diagnostic, a. διαγνωστικός/ n. κύριο σύμπτωμα (τό)/ ~*s*, n. διαγνωστική (ἡ)

diagonal, a. διαγώνιος/ n. διαγώνιος (ἡ)/ ~*ly*, ad. διαγώνια

diagram, n. διάγραμμα (τό)

dial, n. πίνακας ἐπιλογῆς (ὁ)/ (teleph.) δίσκος ἐπιλογῆς (ὁ)/ *sun* ~ , ἡλιακό ρολόϊ/ *watch* ~ , πλάκα ρολογιοῦ/ v.t. ἐπιλέγω, καλῶ ἀριθμό

dialect, n. διάλεκτος (ἡ)

dialectics, n. διαλεκτική (ἡ)

dialogue, n. διάλογος (ὁ)

diameter, n. διάμετρος (ἡ)/ *diametrical*, a. διαμετρικός/ ~*ly*, ad. διαμετρικά

diamond, n. διαμάντι (τό)/ (cards) καρώ (τό)/ ~ *wedding*, ἐξηκοστή ἐπέτειος

diapason, n. διαπασών (τό)

diaper, n. ὕφασμα μέ γεωμετρικά σχήματα (τό)/ v.t. διακοσμῶ μέ γεωμετρικά σχήματα

diaphanous, a. διαφανής

diaphragm, n. διάφραγμα (τό), μεμβράνη (ἡ)

diarrhoea, n. διάρροια (ἡ)

diarist, n. συγγραφέας ἡμερολογίου (ὁ)/ *diary*, n. ἰδιωτικό ἡμερολόγιο

diatonic, a. διατονικός

diatribe, n. σφοδρή κριτική (ἡ), ἔντονη λογομαχία (ἡ)

dibasic, a. διβασικός

dice, n. pl. ζάρια (τά), κύβοι (οἱ)/ ~*y*, a. ἐπικίνδυνος, ἀμφίβολος

dichotomy, n. διχοτόμηση (ἡ)

dickens, n. διάβολος (ὁ)

dictaphone, n. ντικταφόν (τό)/ *dictate*, v.t. ὑπαγορεύω/ n. ἐπιταγή (ἡ), ἐντολή (ἡ)/ (polit.) διάταγμα (τό)/ *dictation*, n. ὑπαγόρευση (ἡ), ἄσκηση ὀρθογραφίας/ *dictator*, n. δικτάτορας (ὁ)/ ~*ial*, a. δικτατορικός/ ~*ship*, n. δικτατορία (ἡ)

diction, n. λεκτικό (τό)

dictionary, n. λεξικό (τό)

dictum, n. ρητό (τό), ἀπόφθεγμα (τό), γνωμικό (τό)/ (leg.) δικαστική γνωμοδότηση (ἡ)

didactic, a. διδακτικός

die, v.i. πεθαίνω, ξεψυχῶ/ (plants) μαραίνομαι/ (animals) ψοφῶ/ ~ *of laughter*, σκάω στά γέλια/ ~ *away*, σβύνω/ ~ *down*, κοπάζω

die, n. σφραγίδα (ἡ)/ (game) ζάρι (τό), κύβος (ὁ)/ *the* ~ *is cast*, ὁ κύβος ἐρρίφθη

diehard, n. φανατικός συντηρητικός

diet, n. δίαιτα (ἡ), διατροφή (ἡ)/ (parl.) βουλή (ἡ)/ *be on a* ~ , κάνω δίαιτα/ v.t.& i. κάνω δίαιτα/ ~*ary*, a. διαιτητικός/ n. διαιτητική (ἡ)/ ~*etics*, n. διαιτητική (ἡ)

differ, v.i. διαφέρω, διαφωνῶ/ ~*ence*, n. διαφορά (ἡ), διαφωνία (ἡ)/ *split the* ~ , μοιράζω τήν διαφορά/ ~*ent*, a. διαφορετικός/ ~*tial*, a. διαφορικός/ ~*tial calculus*, διαφορικός λογισμός/ ~*entiate*, v.t. διαφοροποιῶ, κάνω διάκριση/ ~*ently*, ad. διαφορετικά, μέ ἄλλο τρόπο

difficult, a. δύσκολος/ (person) δύστροπος/ ~*y*, n. δυσκολία (ἡ), ἐμπόδιο (τό)

diffidence, n. δυσπιστία (ἡ), ἐνδοιασμός (ὁ)/ *diffident*, a. δύσπιστος, διστακτικός, ἄτολμος

diffuse, a. διάχυτος/ (speech, etc.) μακρόσυρτος, ἀπεραντολόγος/ v.t. διαχέω, διασκορπίζω/ *diffusion*, n. διάχυση (ἡ), διασκόρπιση (ἡ)

dig, v.t.& i. σκάβω/ ~*up*, ξεχώνω/ ~ *out*, ξεσκάβω/ n. χῶρος ἀνασκαφῆς (ὁ)/ *live in* ~*s*, μένω σέ νοικιασμένο δωμάτιο/ *give him a* ~, δόστου ἕνα σκούντημα

digest, n. περίληψη (ἡ), σύνοψη (ἡ)/ v.t. ἀφομοιώνω/ (food) χωνεύω/ ~*ible*, a. εὐκολοχώνευτος, εὔπεπτος/ ~*ion*, n. πέψη (ἡ), χώνευση (ἡ)/ ~*ive*, a. χωνευτικός

digger, n. σκαφέας (ὁ), σκαφιάς (ὁ)/ *digging*, n. σκάψιμο (τό)

digit, n. ψηφίο (τό)/ (finger) δάχτυλο (τό)/ ~*al*, a. ἀριθμητικός, δακτυλικός

dignified, a. ἀξιοπρεπής/ *dignify*, v.t. ἐξευγενίζω, τιμῶ

dignitary, n. ἀξιωματοῦχος (ὁ), ἐπίσημος (ὁ)/ *dignity*, n. ἀξιοπρέπεια (ἡ), τιμή (ἡ)

digress, v.i. ἐκτρέπομαι, παρεκβαίνω/ ~*ion*, n. ἐκτροπή (ἡ), παρέκβαση (ἡ)/ ~*ive*, a. παρεκβατικός

dike, n. τάφρος (ή), ἀνάχωμα (τό), πρό-
χωμα (τό)/ v.t. περιβάλλω μέ τάφρο
(πρόχωμα)

dilapidated, a. ἐρειπωμένος, κατεστραμέ-
νος/ **dilapidation,** n. ἐρείπωση (ή), κα-
ταστροφή (ή)

dilate, v.t. διαστέλλω, ἐκτείνω/ v.i. δια-
στέλλομαι, ἐκτείνομαι/ ~d, a. διεσταλ-
μένος/ **dilation,** n. διαστολή (ή)

dilatoriness, n. ἀργοπορία (ή), βραδύτη-
τα (ή)/ **dilatory,** a. ἀργοπορημένος,
βραδυκίνητος, ἀναβλητικός

dilemma, n. δίλημμα (τό)

dilettante, n. ντιλετάντε (ό)

diligence, n. ἐπιμέλεια (ή), φιλοπονία
(ή)/ **diligent,** a. ἐπιμελής, φιλόπονος

dill, n. ἄνηθος (ό)

dilly-dally, v.i. χρονοτριβῶ, ἀμφιταλαν-
τεύομαι

dilute, v.t. διαλύω, ἀραιώνω/ ~d, a. δια-
λυμένος, ἀραιωμένος, νερωμένος/ **dilu-
tion,** n. διάλυση (ή), ἀραίωση (ή)

diluvial, a. κατακλυσμιαῖος

dim, a. θολός, ἀμυδρός, σκοτεινιασμέ-
νος/ ~ sight, ἐξασθενημένη ὅραση/ v.t.
θολώνω, σκοτεινιάζω, θαμπώνω/ v.i.
ἐλαττώνομαι, γίνομαι θολός

dimension, n. διάσταση (ή)

diminish, v.t. λιγοστεύω, μειώνω, ἐλατ-
τώνω/ v.i. μειώνομαι, ἐλαττώνομαι/ **di-
minution,** n. μείωση (ή), ἐλάττωση (ή)/
diminutive, a. & n. ὑποκοριστικό(ς)

dimity, n. δίμιτο (τό)

dimly, ad. θαμπά, θολά/ **dimness,** n. θαμ-
πάδα (ή), θολότητα (ή), θολούρα (ή),
σκοτείνιασμα (τό)

dimple, n. βούλα στό μάγουλο (ή), λακ-
κάκι (τό)

din, n. κρότος (ό), χτύπος (ό), βρόντημα
(τό)

dine, v.t. & i. γευματίζω, δίνω (παραθέ-
τω) γεῦμα/ ~r, n. συνδαιτημόνας (ό),
ἐκεῖνος πού μετέχει σέ γεῦμα/ (railway)
βαγκόν ρεστωράν (τό)

dinghy, n. βάρκα (ή)/ rubber ~ , βάρκα
ἀπό καουτσούκ

dingy, a. σκοῦρος, ξεθωριασμένος

dining-car, n. βαγόνι ἐστιατορίου (τό)/
dining-room, n. τραπεζαρία (ή)

dinner, n. γεῦμα (τό), δεῖπνο (τό)/ ~ jac-
ket, ἐπίσημο ἔνδυμα/ ~ service, ἐπιτρα-
πέζια σκεύη/ ~ table, τραπέζι φαγητοῦ

dinosaur, n. δεινόσαυρος (ό)

dint, n. σημάδι ἀπό χτύπημα (τό)/ by ~
of, δυνάμει

diocesan, a. ἐπισκοπικός/ **diocese,** n. ἐπι-
σκοπή (ή)

dioxide, n. διοξείδιο (τό)

dip, n. βύθισμα (τό), χαμήλωμα (τό)/
(magnet) κλίση (ή)/ take a ~ , κάνω
βουτιά/ v.t. βυθίζω, χαμηλώνω/ ~ the
flag, χαιρετῶ μέ τήν σημαία/ v.i. βου-
τῶ, βυθίζομαι/ ~ into a book, φυλλομε-
τρῶ

diphtheria, n. διφθερίτιδα (ή)

diphthong, n. δίφθογγος (ή)

diploma, n. δίπλωμα (τό), πτυχίο (τό)

diplomacy, n. διπλωματία (ή)/ **diplomat,**
n. διπλωμάτης (ό)/ ~ic, a. διπλωματι-
κός/ ~ist, n. διπλωμάτης (ό)

dipsomania, n. διψομανία (ή), ποτομανία
(ή)

dire, a. φρικτός, ὀλέθριος

direct, a. ἄμεσος, εὐθύς/ ~ current, συνε-
χές ρεῦμα/ ~ taxation, ἄμεση φορολο-
γία/ v.t. κατευθύνω, ὁδηγῶ, καθοδη-
γῶ/ ~ion, n. διεύθυνση (ή)/ in all ~s, σέ
κάθε κατεύθυνση/ (in a play) σκηνοθε-
σία/ ~ive, a. κατευθυντήριος, καθοδη-
γητικός/ n. καθοδήγηση (ή), ντιρεκτί-
βα (ή)/ ~ly, ad. κατ’ εὐθεῖαν, ἄμεσα/
~or, n. διευθυντής (ό)/ (in a play) σκη-
νοθέτης/ ~orate, n. διοίκηση (ή), διοι-
κητικό συμβούλιο (τό)/ ~ory, n. βιβλίο
διευθύνσεων (τό), ὁδηγός (ό), κατάλο-
γος (ό)

dirge, n. μοιρολόι (τό)

dirt, n. ἀκαθαρσία (ή), βρωμιά (ή), λέρα
(ή)/ ~iness, n. ρυπαρότητα (ή), ἀκα-
θαρσία (ή)/ ~y, a. ἀκάθαρτος, βρώμι-
κος/ (fig.) αἰσχρός/ ~ weather, κακο-
καιρία/ v.t. λερώνω, βρωμίζω, λασπώ-
νω

disability, n. ἀναπηρία (ή), ἀνικανότητα
(ή)/ **disable,** v.t. προκαλῶ ἀναπηρία,
καθιστῶ ἀνίκανο/ ~d, a. ἀνάπηρος,
ἀνίκανος, ἀπόμαχος/ ~d soldier, ἀνά-
πηρος πολέμου/ ~ment, n. ἀναπηρία
(ή), ἀνικανότητα γιά ἐργασία

disabuse, v.t. βγάζω ἀπό τήν πλάνη

disadvantage, n. μειονέκτημα (τό), ἐλάττωμα (τό)/ ~ous, a. μειονεκτικός, ἐπιζήμιος, ἀσύμφορος

disaffected, a. δυσαρεστημένος/ disaffection, n. δυσαρέσκεια (ἡ)

disagree, v.i. διαφωνῶ, φιλονικῶ, ἔρχομαι σέ ἀντίθεση/ (food, climate) δέν μοῦ ταιριάζει, δέν μοῦ πάει/ ~able, a. δυσάρεστος, ἐνοχλητικός/ ~ment, n. διαφορά (ἡ), διαφωνία (ἡ), διχόνοια (ἡ), παρεξήγηση (ἡ)

disallow, v.t. ἀπορρίπτω, ἀποδοκιμάζω

disappear, v.i. ἐξαφανίζομαι/ ~ance, n. ἐξαφάνιση (ἡ)

disappoint, v.t. ἀπογοητεύω, διαψεύδω ἐλπίδα, λυπῶ/ ~ing, a. ἀπογοητευτικός/ ~ment, n. ἀπογοήτευση (ἡ), διάψευση ἐλπίδων

disapproval, n. ἀποδοκιμασία (ἡ)/ disapprove, v.t. ἀποδοκιμάζω

disarm, v.t. ἀφοπλίζω/ v.i. ἀφοπλίζομαι/ (fig.) τά χάνω/ ~ament, n. ἀφοπλισμός (ὁ)

disarrange, v.t. διαταράζω, προκαλῶ σύγχιση, ἀνακατεύω/ ~ment, n. διατάραξη (ἡ), σύγχιση (ἡ)

disarray, n. ἀταξία (ἡ), σύγχιση (ἡ)/ v.t. προκαλῶ ἀταξία

disaster, n. καταστροφή (ἡ), συμφορά (ἡ)/ disastrous, a. καταστρεπτικός, ὀλέθριος

disavow, v.t. ἀποκηρύσσω, ἀπαρνοῦμαι/ ~al, n. ἀποκήρυξη (ἡ), ἀπάρνηση (ἡ)

disband, v.t. ἀπολύω, ἀποστρατεύω/ ~ment, n. ἀπόλυση (ἡ), ἀποστράτευση (ἡ)

disbelief, n. δυσπιστία (ἡ)/ disbelieve, v.t. δυσπιστῶ, ἔχω ἀμφιβολίες/ ~r, n. δύσπιστος

disburden, v.t. ξεφορτώνω, ἀνακουφίζω/ ~ oneself, ἀνακουφίζομαι

disburse, v.t. δαπανῶ, καταβάλλω, πληρώνω/ ~ment, n. δαπάνη (ἡ), καταβολή (ἡ), πληρωμή (ἡ)

disc, n. δίσκος (ὁ)

discard, v.t. ἀπορρίπτω, παραμερίζω

discern, v.t. διακρίνω, ξεχωρίζω/ ~ible, a. εὐδιάκριτος/ ~ing, a. διακριτικός, ὀξυδερκής/ ~ment, n. κρίση (ἡ), καλό γοῦστο (τό)

discharge, n. ἐκφόρτωση (ἡ), ξεφόρτωμα (τό), ἄδειασμα (τό)/ (from prison) ἀποφυλάκιση (ἡ)/ (of duties) ἐπιτέλεση (ἡ)/ (debt) ἐξόφληση (ἡ), πληρωμή χρέους/ (mil.) πυροβολισμός (ὁ)/ (from hospital) ἔξοδος ἀπό νοσοκομεῖο/ v.t. βγάζω, ἐκπέμπω/ (elec.) ἀδειάζω ἡλεκτρική στήλη/ (debt) ἐξωφλῶ/ (duties) ἐκτελῶ, ἐπιτελῶ/ (from prison) ἀπολύω, ἀποφυλακίζω/ (bankrupt) ἀποκαθιστῶ ἄτομο πού εἶχε πτωχεύσει/ v.i. (river, etc.) βγάζω ἀκαθαρσίες/ (wound) βγάζω πύο

disciple, n. μαθητής (ὁ), ὀπαδός (ὁ)/ (eccl.) ἀπόστολος (ὁ)

disciplinarian, n. ὀπαδός τῆς πειθαρχίας (ὁ)/ disciplinary, a. πειθαρχικός/ discipline, n. πειθαρχία (ἡ), τάξη (ἡ)/ v.t. διαπαιδαγωγῶ, ἐπιβάλλω πειθαρχία

disclaim, v.t. ἀπαρνιέμαι, παραιτοῦμαι/ ~er, n. ἔγγραφη παραίτηση (ἄρνηση εὐθύνης)

disclose, v.t. ἀποκαλύπτω/ disclosure, n. ἀποκάλυψη (ἡ) (μυστικοῦ)

discoloration, n. ἀποχρωματισμός (ὁ)/ discolour, v.t. ἀποχρωματίζω/ ~ed, p.p. & a. ἀποχρωματισμένος, ξεθωριασμένος

discomfit, v.t. κατατροπώνω, κατανικῶ/ become ~ , συγχίζομαι, ταράζομαι/ ~ure, n. κατατρόπωση (ἡ), κατανίκηση (ἡ)/ (annoyance) σύγχιση (ἡ), ταραχή (ἡ)

discomfort, n. στενοχώρια (ἡ), ἀνησυχία (ἡ)

discompose, v.t. ταράζω, συγχίζω/ discomposure, n. ταραχή (ἡ), σύγχιση (ἡ), ἀνησυχία (ἡ)

disconcert, v.t. διαταράζω, προκαλῶ ἀνησυχία

disconnect, v.t. ἀποχωρίζω, ἀποσυνδέω/ ~ ed, p.p. & a. ἀποχωρισμένος, ἀποσυνδεμένος

disconsolate, a. ἀπαρηγόρητος

discontent, n. δυσαρέσκεια (ἡ)/ v.t. δυσαρεστῶ/ ~ed, a. δυσαρεστημένος

discontinuance, n. διακοπή (ἡ), παύση (ἡ), ἔλλειψη συνέχειας (ἡ)/ discontinue, v.t. διακόπτω, παύω/ discontinuous, a. διακοπτόμενος

discord, n. διχόνοια (ή), διαφωνία (ή), ἀσυμφωνία (ή)/ (mus.) παραφωνία (ή)/ ~ance, n. ἀσυμφωνία (ή), διαφωνία (ή)/ ~ant, a. ἀσύμφωνος/ (mus.) παράφωνος

discount, n. ἔκπτωση (ή)/ (bills) προεξόφληση (ή)/ v.t. κάνω ἔκπτωση/ (bills) προεξοφλῶ

discountenance, v.t. ἀποθαρρύνω, ἀποδοκιμάζω

discourage, v.t. ἀποθαρρύνω, ἀποτρέπω/ ~ment, n. ἀποθάρρυνση (ή), ἀποτροπή (ή)

discourse, n. ὁμιλία (ή), ἀγόρευση (ή), λόγος (ὁ)/ v.i. ἀγορεύω, βγάζω λόγο/ ~ with, συνομιλῶ

discourteous, a. ἀγενής, ἀγροῖκος/ ~ness, n. ἀγένεια (ή)

discover, v.t. ἀνακαλύπτω, ἀποκαλύπτω/ ~er, n. ἐξερευνητής (ὁ)/ ~y, n. ἀνακάλυψη (ή)

discredit, n. ἀνυποληψία (ή)/ v.t. φέρνω σέ ἀνυποληψία, κλονίζω τό κύρος/ ~able, a. ἀνυπόληπτος, κακόφημος

discreet, a. διακριτικός, προσεκτικός, συνετός, ἐχέμυθος

discrepancy, n. ἀσυμφωνία (ή), ἀντίφαση (ή)

discretion, n. σύνεση (ή), περίσκεψη (ή)/ use one's own ~ , κάνω ὅπως νομίζω/ at your ~ , κατά τήν κρίση σας/ ~ary, a. διακριτικός/ ~ary power, διακριτική ἐξουσία

discriminate, v.t. διακρίνω, χωρίζω, κάνω διάκριση/ ~ against, κάνω διάκριση σέ βάρος/ discriminating, a. διακριτικός, χαρακτηριστικός/ discrimination, n. διάκριση (ἡ), προτίμηση (ή), ξεχώρισμα (τό)

discursive, a. ἀσυνάρτητος, ἀσύνδετος

discus, n. δίσκος (ὁ)/ ~ thrower, δισκοβόλος (ὁ)

discuss, v.t. συζητῶ, μελετῶ/ ~ion, n. συζήτηση (ή)

aisdain, n. περιφρόνηση (ή)/ v.t. περιφρονῶ, ἀπαξιώνω/ ~ful, a. περιφρονητικός

disease, n. ἀρρώστεια (ή), νόσος (ή)/ ~d, a. ἀρρωστημένος, πάσχων

disembark, v.t. & i. ἀποβιβάζω/ (goods) ξεφορτώνω/ ~ation, n. ἀποβίβαση (ή), ξεφόρτωμα (τό)

disembodied, a. ἄϋλος/ disembody, v.t. κάνω ἀσώματο, ἐξαϋλώνω

disembowel, v.t. ξεκοιλιάζω

disenchant, v.t. ξεμαγεύω/ ~ed, a. ἀπογοητευμένος

disencumber, v.t. ἀνακουφίζω, ξαλαφρώνω

disengage, v.t. ἀποδεσμεύω, ἀποσυνδέω, ἀποχωρίζω/ ~d, a. εὔκαιρος, ἐλεύθερος

disentangle, v.t. ξετυλίγω, ξεμπερδεύω/ ~ oneself, ἀπαλλάσσομαι, ἐλευθερώνομαι/ ~ment, n. ξετύλιγμα (τό), ξεμπέρδεμα (τό)

disestablish, v.t. χωρίζω ἐκκλησία καί κράτος/ ~ment, n. χωρισμός ἐκκλησίας καί κράτους (ὁ)

disfavour, n. δυσμένεια (ή)/ fall into ~ , πέφτω σέ δυσμένεια

disfigure, v.t. παραμορφώνω, ἀσχημίζω/ ~ment, n. παραμόρφωση (ή), ἀσχήμισμα (τό)

disfranchise, v.t. ἀφαιρῶ τά πολιτικά δικαιώματα, στερῶ τό δικαίωμα ψήφου/ ~ment, n. στέρηση πολιτικῶν δικαιωμάτων (ή)

disgorge, v.t. (food) κάνω ἐμετό/ (lava) ξεχύνω/ (river) v.i. χύνομαι

disgrace, n. αἶσχος (τό), ντροπή (ή)/ v.t. ντροπιάζω, ἀτιμάζω/ ~ful, a. ἀτιμωτικός, ντροπιαστικός, ἀπαράδεκτος

disgruntled, a. σκυθρωπός, κατσουφιασμένος, ἀπογοητευμένος

disguise, n. μεταμφίεση (ή)/ (the truth) συγκάλυψη (ή)/ v.t. μεταμφιέζω, συγκαλύπτω/ ~d, p.p. & a. μεταμφιεσμένος

disgust, n. ἀηδία (ή), δυσαρέσκεια (ή), ἀπέχθεια (ή)/ v.t. προκαλῶ ἀηδία/ be ~ed with, ἀηδιάζω, σιχαίνομαι/ ~ing, a. ἀηδιαστικός, σιχαμένος, ἀπεχθής

dish, n. πιάτο (τό)/ wash the ~es, v.t. πλένω πιάτα/ ~cloth, n. πατσαβούρα (ή), πετσέτα πιάτων (ή)/ ~washer, πλυντήριο πιάτων (τό)/ ~water, ἀπονέρια (τά)/ v.t. καταστρέφω, κατατροπώνω

dishearten, v.t. ἀποθαρρύνω, ἀποκαρδιώνω

dishevelled, a. ξεμαλλιασμένος, ξέπλεχος

dishonest, a. ἄτιμος, ἀνέντιμος/ ~y, n. ἀτιμία (ἡ), ἀνεντιμότητα (ἡ)

dishonour, n. ἀτιμία (ἡ), αἶσχος (τό)/ v.t. ἀτιμάζω/ ~ one's word, ἀθετῶ τόν λόγο μου/ ~ed cheque, ἀπλήρωτη ἐπιταγή/ ~able, a. ἀτιμωτικός, ἐπονείδιστος

disillusion, v.t. ἀπογοητεύω, διαλύω τήν πλάνη/ ~ment, n. ἀπογοήτευση (ἡ) διάψευση ἐλπίδας (ἡ)

disinclination, n. ἀπροθυμία (ἡ), ἀποστροφή (ἡ)/ disinclined, a. ἀπρόθυμος

disinfect, v.t. ἀπολυμαίνω/ ~ant, a. ἀπολυμαντικός/ n. ἀπολυμαντικό (τό)/ ~ion, n. ἀπολύμανση (ἡ)

disingenuous, a. ἀνειλικρινής, δόλιος

disinherit, v.t. ἀποκληρώνω

disintegrate, v.t. ἀποσυνθέτω, διαμελίζω/ v.i. διαλύομαι, ἀποσυνθέτομαι/ disintegration, n. ἀποσύνθεση (ἡ), διάλυση (ἡ), διαμελισμός (ὁ)

disinter, v.t. κάνω ἐκταφή/ ~ment, n. ἐκταφή (ἡ)

disinterested, a. ἀφιλοκερδής/ (indifferent) ἀδιάφορος/ ~ness, n. ἀφιλοκέρδεια (ἡ), ἀδιαφορία (ἡ)

disjoin, v.t. χωρίζω, διαλύω

disjoint, v.t. διαχωρίζω, διαμελίζω, ἐξαρθρώνω/ ~ed, a. ἐξαρθρωμένος/ (speech) ἀσυνάρτητος

dislike, n. ἀπέχθεια (ἡ), ἀντιπάθεια (ἡ)/ v.t. ἀντιπαθῶ, ἀπεχθάνομαι, ἀποστρέφομαι

dislocate, v.t. ἐξαρθρώνω, διαλύω/ dislocation, n. ἐξάρθρωση (ἡ), διάλυση (ἡ)

dislodge, v.t. ἐκτοπίζω, διώχνω

disloyal, a. ἄπιστος, κακόπιστος/ ~ty, n. ἀπιστία (ἡ), κακοπιστία (ἡ)

dismal, a. σκοτεινός, ζοφερός, θλιβερός, λυπητερός

dismantle, v.t. ἀπογυμνώνω/ (machine) λύνων/ (ship) παροπλίζω

dismast, v.t. ἀφαιρῶ τούς ἱστούς

dismay, n. φόβος (ὁ), τρόμος (ὁ), κατάπληξη (ἡ)/ v.t. φοβίζω, τρομάζω

dismember, v.t. διαμελίζω/ ~ment, n. διαμελισμός (ὁ)

dismiss, v.t. ἀπολύω, παύω/ (a meeting) διαλύω/ (thought) διώχνω/ (leg.) ἀπορρίπτω/ ~al, n. ἀπόλυση (ἡ), παύση (ἡ)

dismount, v.t. ξεκαβαλλικεύω/ (machine) λύνω

disobedience, n. ἀνυπακοή (ἡ), ἀπείθια (ἡ)/ disobedient, a. ἀνυπάκουος

disobey, v.t. παρακούω

disobliging, a. σκαιός, δυσάρεστος

disorder, a. ἀταξία (ἡ), σύγχιση (ἡ)/ (med.) ἀσθένεια (ἡ)/ v.t. ἀναστατώνω, διαταράζω/ (med.) προκαλῶ διαταραχή/ ~ly, a. ἄτακτος, ταραχοποιός/ ~ly behaviour, διατάραξη τῆς κοινῆς ἡσυχίας

disorganization, n. ἀποδιοργάνωση (ἡ), ἀποσύνθεση (ἡ), παράλυση (ἡ)

disorganize, v.t. ἀποδιοργανώνω, ἀποσυνθέτω, παραλύω

disown, v.t. δέν ἀναγνωρίζω, ἀρνοῦμαι τήν πατρότητα

disparage, v.t. ἐξευτελίζω, ὑποτιμῶ, ταπεινώνω/ ~ment, n. ἐξευτελισμός (ὁ), ὑποτίμηση (ἡ), ταπείνωση (ἡ)/ disparagingly, ad. ἐξευτελιστικά, ταπεινωτικά

disparity, n. ἀνομοιότητα (ἡ), δυσαναλογία (ἡ), ἀνισότητα (ἡ)

dispassionate, a. ἀπαθής, ἀτάραχος, ἀμερόληπτος

dispatch, n. βλ. despatch

dispel, v.t. διασκορπίζω

dispensary, n. φαρμακεῖο (τό), χημικό ἐργαστήριο (τό)

dispensation, n. διανομή (ἡ)/ (of justice) ἀπονομή (ἡ)/ (eccl.) ἀπαλλαγή (ἡ)/ dispense, v.t. διανέμω, χορηγῶ/ (justice) ἀπονέμω/ (med.) χορηγῶ φάρμακο, δίνω συνταγή/ ~ with, δέν τό χρειάζομαι

dispersal, n. διασκορπισμός (ὁ), διασπορά (ἡ)/ disperse, v.t. διασκορπίζω, διαλύω/ (news) διαδίδω/ (phys.) διαθλῶ/ v.i. διασκορπίζομαι διαλύομαι/ dispersion, n. βλ. dispersal / (phys.) διάθλαση (ἡ)

dispirit, v.t. ἀποθαρρύνω, ἀπογοητεύω

displace, v.t. ἐκτοπίζω, μετατοπίζω/ ~d, a. ἐκτοπισμένος/ ~ment, n. ἐκτόπιση (ἡ), μετατόπιση (ἡ)/ (ship) ἐκτόπισμα (τό)

display, n. ἔκθεση (ἡ), ἐπίδειξη (ἡ)/ (feelings) ἐκδήλωση (ἡ)/ v.t. ἐκθέτω, ἐπιδεικνύω/ (feelings) ἐκδηλώνω/ ~ a

notice, τοιχοκολλῶ ἀγγελία
displease, v.t. δυσαρεστῶ, στενοχωρῶ/ *displeasing,* a. δυσάρεστος/ *displeasure,* n. δυσαρέσκεια (ἡ)/ *incur one's ~* , προκαλῶ (ἐπισύρω) τήν δυσαρέσκεια
disport oneself, διασκεδάζω, γλεντῶ
disposable, a. διαθέσιμος/ (cups, etc.) γιά μία χρήση/ *disposal,* n. διάθεση (ἡ)/ *for ~* , γιά πούλημα/ *dispose,* v.t. διαθέτω, τακτοποιῶ/ *~ of,* πουλῶ, ἀπαλλάσσομαι ἀπό κάτι/ *~d,* p.p. & a. διατεθειμένος, πρόθυμος/ *disposition,* n. διάθεση (ἡ), τάση (ἡ)/ (character) χαρακτήρας (ὁ)
dispossess, v.t. ἀποστερῶ, ἀφαιρῶ την κατοχή/ *~ion,* n. ἀποστέρηση (ἡ), ἀφαίρεση τῆς κατοχῆς
disproportion, n. δυσαναλογία (ἡ)/ *~ate,* a. δυσανάλογος
disprove, v.t. ἀνασκευάζω
disputable, a. ἀμφισβητήσιμος/ *dispute,* v.t. ἀμφισβητῶ, φιλονικῶ, καυγαδίζω/ n. ἀμφισβήτηση (ἡ), φιλονικία (ἡ), ἔντονη συζήτηση/ (leg.) διαφορά (ἡ)
disqualification, n. ἀποκλεισμός (ὁ), ἀκαταλληλότητα (ἡ)/ *disqualified,* a. ἀκατάλληλος, ἀναρμόδιος/ (leg.) ἀνίκανος/ (sport) ἀποκλεισμένος/ *disqualify,* v.t. ἀποκλείω, ἐξαιρῶ, κηρύσσω ἀναρμόδιο
disquiet, n. ἀνησυχία (ἡ), ταραχή (ἡ)/ v.t. ἀνησυχῶ, ταράζω/ *~ing,* a. ἀνησυχητικός
disquisition, n. πραγματεία (ἡ), ἔρευνα (ἡ), μελέτη (ἡ)
disregard, n. ἀδιαφορία (ἡ), παραμέληση (ἡ), περιφρόνηση (ἡ)/ v.t. ἀδιαφορῶ, παραμελῶ, ἀγνοῶ/ (leg.) παραβαίνω/ *~ful,* a. ἀδιάφορος, περιφρονητικός
disrepair, n. κακή κατάσταση (ἡ), ἐρείπωση (ἡ)
disreputable, a. κακόφημος, αἰσχρός, ἀνυπόληπτος/ (clothes, etc.) ἐλεεινός/ *disrepute,* n. κακή φήμη (ἡ), ἀνυποληψία (ἡ)
disrespect, n. ἔλλειψη σεβασμοῦ (ἡ), ἀνευλάβεια (ἡ)/ *~ful,* a. θρασύς, αὐθάδης, ἀνευλαβής
disrobe, v.t. & i. βγάζω ἐπίσημο ροῦχο
disrupt, v.t. ἐξαρθρώνω, προκαλῶ ἀνα-

στάτωση/ *~ion,* n. ἐξάρθρωση (ἡ), ἀνστάτωση (ἡ)/ *~ive,* a. ἐξαρθρωτικός, ἐνοχλητικός
dissatisfaction, n. δυσαρέσκεια (ἡ), ἔλλειψη ἱκανοποίησης/ *dissatisfy,* v.t. δυσαρεστῶ
dissect, v.t. ἀνατέμνω/ *~ion,* n. ἀνατομή (ἡ)
dissemble, v.t. ἀποσιωπῶ, ἀποκρύβω/ v.i. προσποιοῦμαι, ὑποκρίνομαι
disseminate, v.t. διαδίδω, διασπείρω/ (seeds) πολλαπλασιάζω
dissemination, n. διάδοση (ἡ), διασπορά (ἡ)
dissension, n. διαφωνία (ἡ), διχόνοια (ἡ)/ *dissent,* n. διχογνωμία (ἡ), διαφωνία (ἡ)/ (eccl.) ἐτεροδοξία/ v.i. διαφωνῶν (ὁ), αἱρετικός (ὁ), διασπαστής (ὁ)/ *~ing,* a. διαφωνῶν
dissertation, n. πραγματεία (ἡ), διατριβή (ἡ)
disservice, n. κακή ὑπηρεσία (ἡ)
dissever, v.t. διαχωρίζω/ *~ance,* n. διαχωρισμός (ὁ)
dissidence, n. διαφωνία (ἡ)/ *dissident,* n. διαφωνῶν (ὁ)
dissimilar, a. ἀνόμοιος, διαφορετικός/ *~ity,* n. ἀνομοιότητα (ἡ)
dissimulate, v.t. ἀποκρύπτω/ *dissimulation,* n. ἀπόκρυψη (ἡ)
dissipate, v.t. διασκορπίζω, διαλύω/ (money) σπαταλῶ
dissipation, n. διασκόρπιση (ἡ)/ (of money) σπατάλη (ἡ), ἀσωτεία (ἡ)
dissociate, v.t. διαχωρίζω, διαλύω συνεταιρισμό (συνεργασία)/ *~ oneself,* διαχωρίζω τίς εὐθύνες μου/ *dissociation,* n. διαχωρισμός (ὁ), διάλυση συνεταιρισμοῦ (συνεργασίας)
dissoluble, a. εὐκολοδιάλυτος, εὐδιάλυτος
dissolute, a. ἀκόλαστος, ἄσωτος/ *dissolution,* n. διάλυση (ἡ)/ (monasteries) κατάργηση (ἡ)/ (treaty) καταγγελία (ἡ)/ (chem.) τήξη (ἡ)/ *dissolve,* v.t. διαλύω/ (monasteries) καταργῶ/ (treaty) καταγγέλω/ v.i. διαλύομαι, λειώνω/ *~nt,* a. διαλυτικός/ n. διαλυτική οὐσία (ἡ)
dissonance, n. παραφωνία (ἡ)/ *dissonant,* a. παράφωνος

dissuade, v.t. μεταπείθω, ἀποτρέπω/ *dissuasion,* n. μετάπειση (ἡ), ἀποτροπή (ἡ)/ *dissuasive,* a. ἀποτρεπτικός

distaff, n. ρόκα (ἡ)

distance, n. ἀπόσταση (ἡ)/ (time) διάστημα (τό)/ *at a ~, σέ ἀπόσταση/ keep one's ~ , μένω σέ ἀπόσταση/ distant,* a. μακρυνός, ἀπομακρυσμένος/ (reserved) ἐπιφυλακτικός, ψυχρός/ *~ relative,* μακρυνός συγγενής

distaste, n. ἀποστροφή (ἡ), ἀπέχθεια (ἡ)/ *~ful,* a. ἀπεχθής, δυσάρεστος, ἀηδιαστικός, ἀντιπαθητικός

distemper, n. καχεξία (ἡ)/ (dogs) κατάρρους τῶν σκύλων (ὁ)/ (paint) νερομπογιά (ἡ)/ *~ed mind,* ταραγμένη διάνοια

distend, v.t. & i. διαστέλλω, διογκώνω, φουσκώνω/ *distension,* n. διαστολή (ἡ), διόγκωση (ἡ), φούσκωμα (τό)

distil, v.t. διυλίζω, ἀποστάζω/ *~lation,* n. διύλιση (ἡ), ἀπόσταξη (ἡ)/ *~lery,* n. διυλιστήριο (τό), ἐργοστάσιο ποτῶν

distinct, a. χωριστός, διαφορετικός/ (sound, etc.) καθαρός, σαφής, εὐκρινής/ *~ion,* n. διάκριση (ἡ), ὑπεροχή (ἡ)/ *~ive,* a. διακριτικός, χαρακτηριστικός/ *~ly,* ad. σαφῶς, ρητά/ (sound, etc.) μέ εὐκρίνεια/ *~ness,* n. σαφήνεια (ἡ), εὐκρίνεια (ἡ)

distinguish, v.t. διακρίνω, ξεχωρίζω/ *~ oneself,* διακρίνομαι, σημειώνω ἐπιτυχία/ *~able,* a. εὐδιάκριτος, ἀναγνωρίσιμος/ *~ed,* a. διακεχριμένος, διάσημος, διαπρεπής

distort, v.t. διαστρέφω, διατρεβλώνω/ *~ion,* n. διαστροφή (ἡ), διαστρέβλωση (ἡ)

distract, v.t. ἀποσπῶ, περισπῶ τήν προσοχή/ *~ed,* p.p. & a. ἀφηρημένος/ *~ion,* n. ἀπόσπαση τῆς σκέψης (ἡ), περισπασμός (ὁ)/ (having a good time) διασκέδαση (ἡ)/ (madness) ξετρέλλαμα (τό), παραφορά (ἡ)

distrain, v.t. κατασχέτω/ *~t,* n. κατάσχεση (ἡ)

distraught, a. μισότρελος, μισοπάλαβος

distress, n. στενοχώρια (ἡ), ταλαιπωρία (ἡ), δυστυχία (ἡ)/ (poverty) πενία (ἡ), ἀθλιότητα (ἡ)/ *~ signal,* σῆμα κινδύνου/ *~ warrant,* ἔνταλμα γιά κατάσχεση/ v.t. στενοχωρῶ, ταλαιπωρῶ, λυπῶ/ *~ed,* p.p. & a. ταλαιπωρημένος, δυστυχισμένος/ *~ing,* a. θλιβερός, λυπηρός, δυσάρεστος

distribute, v.t. διανέμω, μοιράζω/ *distribution,* n. διανομή (ἡ), μοιρασιά (ἡ)/ *distributive,* a. διανεμητικός/ *distributor,* n. διανομέας (ὁ)

district, n. περιοχή (ἡ), διαμέρισμα (τό), ἐπαρχία (ἡ)

distrust, n. δυσπιστία (ἡ), καχυποψία (ἡ)/ v.t. δυσπιστῶ, εἶμαι καχύποπτος/ *~ful,* a. φιλύποπτος, καχύποπτος

disturb, v.t. διαταράζω, συγχίζω, ἐνοχλῶ/ (plans) ἀνατρέπω/ *~ance,* n. ταραχή (ἡ), ἐνόχληση (ἡ)/ (atmospheric) διαταραχή (ἡ)/ (of peace) διατάραξη (ἡ)/ *~ances,* n. διαδηλώσεις (οἱ), ταραχές (οἱ)/ *~ing,* a. ἐνοχλητικός, ἀνησυχητικός

disunion, n. διάσταση (ἡ), διχόνοια (ἡ)/ *disunite,* v.t. διχάζω, διαιρῶ

disuse, n. ἀχρηστία (ἡ), ξεσυνήθισμα (τό)

disyllabic, a. δισύλλαβος

ditch, n. τάφρος (ἡ), λάκκος (ὁ), χαντάκι (τό)/ v.t. ἀνοίγω τάφρο (χαντάκι)/ (fig.) ἐγκαταλείπω, παρατῶ

ditto, n. ἴδιο μέ τό προηγούμενο

ditty, n. τραγουδάκι (τό)

diuretic, a. διουρητικός

diurnal, a. καθημερινός, ἡμερήσιος

divan, n. ντιβάνι (τό)

dive, n. βουτιά (ἡ), κατάδυση (ἡ)/ v.i. βουτῶ, κάνω βουτιά, καταδύομαι/ *~ bomber,* βομβαρδιστικό κάθετης ἐφόρμησης/ *~r,* n. δύτης (ὁ), βουτηχτής (ὁ)

diverge, v.t. ἀποκλίνω, ἀπομακρύνομαι/ *~nce,* n. ἀπόκλιση (ἡ), διάσταση (ἡ)/ *~nt,* a. ἐκεῖνος πού ἀποκλίνει

diverse, a. ποικίλος, διαφορετικός/ *diversify,* v.t. ποικίλλω, δημιουργῶ παραλλαγές/ *diversion,* n. ἀλλαγή (ἡ), μεταστροφή (ἡ)/ (traffic) διοχέτευση (ἡ)/ (canal, etc.) παροχέτευση (ἡ)/ (mil.) ἀντιπερισπασμός (ὁ)/ *diversity,* n. ποικιλία (ἡ)

divert, v.t. παροχετεύω, μεταστρέφω/ *~ attention,* ἀποσπῶ τήν προσοχή/ *~ing,* a. διασκεδαστικός/ *~issement,* n. δια-

σκέδαση (ή)
divest, v.t. ἀποστερῶ, ἀπογυμνώνω
divide, v.t. & i. διαιρῶ, διανέμω, χωρίζω/ ~ up, διαμελίζω, κομματιάζω
dividend, n. μέρισμα (τό)
divider, n. διαιρέτης (ὁ), διανομέας (ὁ)/ ~s, n. pl. διαβήτης (ὁ)/ *dividing*, a. διαχωριστικός
divination, n. μαντεία (ή)
divine, a. θεϊκός, θεῖος/ n. ἱερέας (ὁ)/ v.t. μαντεύω, προφητεύω/ ~r, n. μάντης (ὁ), προφήτης (ὁ)
diving, n. κατάδυση (ή)/ a. καταδυτικός/ ~ bell, καταδυτικός κώδων/ ~ suit, σκάφαντρο (τό)
divinity, n. θεολογία (ή)
divisibility, n. διαιρετότητα (ή)/ *divisible*, a. διαιρετός
division, n. διαίρεση (ή), διανομή (ή), διαμοιρασμός (ὁ)/ (mil.) μεραρχία (ή)/ (parliam.) ψηφοφορία στήν βουλή/ (department) τμῆμα (τό)/ *divisor*, n. διαιρέτης (ὁ)
divorce, n. διαζύγιο (τό)/ v.t. παίρνω διαζύγιο, χωρίζω/ ~d, a. διαζευγμένος
divulge, v.t. διαδίδω, κοινολογῶ
dizziness, n. ζάλη (ή), ζαλάδα (ή), σκοτοδίνη (ή)/ *dizzy*, a. ζαλισμένος/ feel ~ , ἔχω ζαλάδες
do, v.t. κάνω, ἐκτελῶ, πράττω/ (food) μαγειρεύω/ that will ~ , ἀρκεῖ, φτάνει/ ~ the room, φτιάχνω τό δωμάτιο/ ~ one's hair, κάνω τά μαλλιά μου, χτενίζομαι/ ~ harm, κάνω κακό, βλάπτω/ it will ~ for us, μᾶς κάνει/ ~ away with, καταργῶ, περικόπτω/ ~ up, τακτοποιῶ, ἀνανεώνω/ ~ without, κάνω χωρίς/ how ~ you ~ ? χαίρω πολύ/ ~ well, τά πηγαίνω καλά, πετυχαίνω/ well to ~ , πλούσιος, σέ καλή οἰκονομική κατάσταση/ make ~ with, τά βολεύω, τά καταφέρνω
docile, a. ὑπάκουος, μαλακός
dock, n. ἀποβάθρα (ή), δεξαμενή (ή)/ dry ~ , στεγανή δεξαμενή/ (in court) ἐδώλιο (τό)/ v.t. μπάζω πλοῖο σέ δεξαμενή/ ~er, n. ἐκφορτωτής (ὁ)/ ~s, n. pl. ἀποθῆκες τοῦ λιμανιοῦ (οἱ)
docket, n. σύντομη ἐπιγραφή, ἐτικέττα (ή)/ (leg.) πινάκιο (τό), v.t. περιλαμβάνω στό πινάκιο

dockyard, n. ναύσταθμος (ὁ)
doctor, n. γιατρός (ὁ)/ (Ph.D.) διδάκτορας (ὁ)/ v.t. νοσηλεύω, περιποιοῦμαι/ (food, etc.) νοθεύω, ἀλλοιώνω/ (accounts) μαγειρεύω/ ~ate, n. διδακτορία (ή)
doctrinaire, n.&a. δογματικός, δογματιστής/ *doctrinal*, a. δογματικός/ *doctrine*, n. δόγμα (τό)
document, n. ἔγγραφο (τό), ντοκουμέντο (τό), τεκμήριο (τό)/ v.t. τεκμηριώνω, ντοκουμεντάρω/ ~ary, a. τεκμηριωμένος/ n. ντοκυμαντέρ (τό)
dodge, n. ὑπεκφυγή (ή), τέχνασμα (τό), κόλπο (τό)/ v.t. & i. ἀποφεύγω, ξεφεύγω, τραβιέμαι, ξεγλιστρῶ/ ~r, n. ἀπατεώνας (ὁ), κατεργάρης
doe, n. ἐλαφίνα (ή)
doer, n. δραστήριος ἄνθρωπος (ὁ)
doff, v.t. βγάζω, ἀποβάλλω
dog, n. σκύλος (ὁ), σκυλί (τό)/ ~ -collar, περιλαίμιο (τό), κολλάρο (τό)/ ~ -ear, τσάκισμα στίς γωνιές/ ~ -fox, ἀρσενική ἀλεπού/ hot ~ , σάντουιτς μέ λουκάνικο/ under ~ , ἀπόκληρος (ὁ), παραπεταμένος (ὁ)/ v.t. καταδιώκω, παρακολουθῶ/ ~ged, a. ἐπίμονος, πεισματάρης
doggerel, n. πρόχειρο στιχούργημα (τό)
dogma, n. δόγμα (τό), δοξασία (ή)/ ~tic, a. δογματικός/ ~tize, v.i. δογματίζω
dog-rose, n. ἀγριοτριανταφυλλιά (ή)
dog-star, n. Σείριος (ὁ)
doings, n. pl. πράξεις (οἱ), ἔργα (τά), δράση (ή)
doldrums, n. pl. ζώνη τῆς νηνεμίας/ be in the ~ , μελαγχολῶ, νοιώθω ἀνία, πλήττω
dole, n. βοήθημα (τό), ἐπίδομα ἀνεργίας (τό)/ v.t. ~ out, μοιράζω μέ τό σταγονόμετρο
doleful, a. λυπητερός, πένθιμος
doll, n. κούκλα (ή)
dollar, n. δολλάριο (τό)
dolly, n. κουκλίτσα (ή)
dolphin, n. δελφίνι (τό)
dolt, n. ἠλίθιος (ὁ), βλάκας (ὁ)/ ~ish, a. βλάκικος
domain, n. κτηματική περιουσία (ή),

κτῆμα (τό)/ (fig.) σφαίρα ἐπιρροῆς (ἡ), δικαιοδοσία (ἡ)

dome, n. θόλος (ὁ), τροῦλος (ὁ)

domestic, a. οἰκιακός, σπιτίσιος/ (animal) κατοικίδιος/ ~ate, v.t. ἐξημερώνω/ ~ity, n. οἰκογενειακή ζωή, νοικοκυροσύνη (ἡ)

domicile, n. κατοικία (ἡ), διαμονή (ἡ), μόνιμη κατοικία (ἡ)/ domiciliary, a. οἰκιακός

dominant, a. κυριώτερος, σημαντικώτερος, ἐπικρατέστερος

dominate, v.t. & i. κυριαρχῶ, ἐπικρατῶ, ὑπερισχύω, δεσπόζω

domination, n. κυριαρχία (ἡ), ἐξουσία (ἡ)/ domineer, v.i. ἐξουσιάζω, καταπιέζω, καταδυναστεύω/ ~ing, a. δεσποτικός, αὐταρχικός

dominion, n. ἐξουσία (ἡ), κυριαρχία (ἡ)

domino, n. ντόμινο (τό)

don, n. (Span.) δόν/ (university) βοηθός καθηγητῆ πανεπιστημίου/ v.t. φορῶ, βάζω

donate, v.t. χαρίζω, προσφέρω, κάνω δωρεά/ donation, n. δωρεά (ἡ), προσφορά (ἡ)

done, p.p. & a. τελειωμένος, καμωμένος, φτιαγμένος/ ~ for, ξοφλημένος, χαμένος, ξεγραμμένος/ ~ up, μακιγιαρισμένος

donkey, n. γάιδαρος (ὁ), γαϊδούρι (τό)/ ~ engine, βοηθητική ἀτμομηχανή

donor, n. δωρητής (ὁ)/ (med.) δότης (ὁ)

doom, n. καταδίκη (ἡ), μοίρα (ἡ)/ (disaster) χαμός (ὁ)/ crack of ~ , τέλος τοῦ κόσμου/ ~sday, n. Δευτέρα Παρουσία (ἡ)

door, n. πόρτα (ἡ), θύρα (ἡ)/ answer the ~ , ἀνοίγω τήν πόρτα/ next ~ , δίπλα, στό πλαϊνό κτίριο/ out of ~s, στό ὕπαιθρο/ ~bell, n. κουδούνι τῆς πόρτας (τό)/ ~man, θυρωρός (ὁ)/ ~mat, n. χαλάκι (τό)/ ~plate, n. πλάκα μέ τό ὄνομα/ ~post, n. παραστάτης (ὁ)/ ~step, n. κατώφλι (τό)/ ~way, n. κούφωμα (τό), ἄνοιγμα πόρτας

dope, n. ναρκωτικό (τό)/ v.t. ναρκώνω/ (fig.) καθησυχάζω, ἀποκοιμίζω, ξεγελῶ

Doric, a. δωρικός

dormant, a. κοιμισμένος, ναρκωμένος/ (volcano) ἐσβεσμένο, ἐν ἀδρανεία

dormer, n. ὑποδωμάτιο (τό)/ ~ window, φεγγίτης (παράθυρο) σοφίτας

dormitory, n. κοιτώνας (ὁ), ὑπνωτήριο (τό)

dormouse, n. μυοξός (ὁ)

dorsal, a. ραχιαῖος, νωτιαῖος

dosage, n. δοσολογία (ἡ), ποσολογία (ἡ)/ dose, n. δόση (ἡ)/ v.t. μετρῶ φάρμακο σέ δόσεις

dot, n. κουκκίδα (ἡ), τελεία (ἡ), στιγμή (ἡ)/ on the ~ , ἀκριβῶς/ v.t. σημειώνω μέ κουκκίδα/ ~ ted line, διακεκομμένη

dotage, n. ξεμώραμα (τό)/ dote, v.i. ξεμωραίνομαι/ ~ on, ἀγαπῶ τρελλά, εἶμαι ξεμυαλισμένος

double, a. διπλός, διμερής/ ~ barrelled, δίκαννος/ ~ bass, κοντραμπάσσο (τό)/ ~ bed, διπλό κρεβάτι/ ~ bedded room, δίκλινο δωμάτιο/ ~breasted, σταυρωτός/ ~ chin, διπλοσάγωνο (τό), προγούλι (τό)/ ~ dealing, διπλοπροσωπία (ἡ)/ ~ decker, λεωφορεῖο μέ δύο ὀρόφους/ ~ edged, δίκοπος/ ~ faced, μέ διπλή ὄψη, ντούμπλ-φάς/ (insincere) διπλοπρόσωπος, ἀνειλικρινής/ ad. δύο φορές, διπλάσια, ζευγαρωτά/ n. διπλάσιο (τό), διπλή ποσότητα (ἡ)/ (theat.) ἀναπληρωτής ἠθοποιοῦ/ (sport) διπλά/ v.t. & i. διπλασιάζω, κάνω τόν σωσία, ἀναπληρώνω/ ~ back, μεταστρέφω, γυρνάω τά μπρός-πίσω/ ~ up, διπλώνομαι

doublet, n. γιλέκο (τό)

doubling, n. διπλασιασμός (ὁ)

doubloon, n. δουλβόνιο (τό)

doubly, ad. διπλά, διπλάσια

doubt, n. ἀμφιβολία (ἡ), ἀβεβαιότητα (ἡ), ἀναποφασιστικότητα (ἡ)/ without ~ , σίγουρα, ἀναμφίβολα/ v.t. ἀμφιβάλλω, ἀμφισβητῶ/ ~ful, a. ἀμφίβολος, ἀβέβαιος, ἀναποφάσιστος/ ~less, ad. σίγουρα, ἀναμφίβολα

douche, n. ντούς (τό)/ v.t. κάνω ντούς

dough, n. ζύμη (ἡ), ζυμάρι (τό)

doughty, a. σπουδαῖος, τρανός

dour, a. αὐστηρός, σκυθρωπός, στρυφνός

douse, v.t. καταβρέχω, μουσκεύω

dove, n. περιστέρι (τό)/ ~cot, n. περιστε-
ρώνας (ὁ)/ ~tail, n. (tech.) πελεκῖνος
(ὁ), χελιδόνι (τό)/ v.t. & i. συνδέω,
ἑνώνω

dowager, n. ἐπίκληρη χήρα (ἡ)

dowdy, a. κακοντυμένη, ἀτημέλητη

dower, n. μερίδιο χήρας (τό), δωρεά συ-
ζύγου (ἡ)

down, n. λοφώδης ἔκταση (ἡ)/ (birds)
πούπουλα (τά)/ (bad luck) κακοτυχία
(ἡ), χειροτέρεψη τῆς τύχης

down, pr. κάτω/ ad. κάτω, χάμω, πρός τά
κάτω, χαμηλά/ cash ~ , τοῖς μετρητοῖς/
~ with, κάτω!/ a. ἐκεῖνος πού κατεβαί-
νει (κατηφορίζει)/ (disappointed) ἀπο-
καρδιωμένος, ἀπελπισμένος/ ~ train,
τραῖνο πού φεύγει ἀπό τό κέντρο τῆς
πόλης/ v.t. κατεβάζω, ρίχνω, ξαπλώ-
νων χάμω/ ~ tools, σταματῶ νά ἐργά-
ζομαι, κάνω ἀπεργία/ (beat) συντρίβω,
νικῶ

downcast, a. ἀπογοητευμένος, ἄκεφος

downfall, n. πτώση (ἡ), ξεπεσμός (ὁ), τα-
πείνωση (ἡ), κατάρρευση (ἡ)

downhearted, a. ἀποκαρδιωμένος, ἀπο-
θαρρυμένος

downhill, ad. κατηφορικά, πρός τά κάτω/
go ~ , παρακμάζω, παίρνω τήν κάτω
βόλτα/ a. κατηφορικός/ n. κατήφορος
(ὁ), κατηφορική πλαγιά (ἡ)

downpour, n. νεροποντή (ἡ), ραγδαία
βροχή

downright, a. εἰλικρινής, ντόμπρος, εὐ-
θύς/ ad. εἰλικρινά, ντόμπρα, ξεκάθαρα

downstairs, n. τό κάτω πάτωμα/ a. & ad.
πρός τό κάτω πάτωμα, στό κάτω πάτω-
μα

downtrodden, a. καταπατημένος, τσαλα-
πατημένος, καταπιεσμένος

downward, a. κατηφορικός/ ~s, ad. πρός
τά κάτω

dowry, n. προίκα (ἡ)

doze, v.i. λαγοκοιμᾶμαι, κοιμᾶμαι ἐλα-
φρά/ n. ὑπνάκος (ὁ)

dozen, n. δωδεκάδα (ἡ), ντουζίνα (ἡ)/
baker's ~ , δεκατρία

drab, a. σκοῦρος, μουντός, ἄχρωμος/ n.
(cloth) τραχύ σκοῦρο ὕφασμα (τό)/
(woman) βρώμικη γυναίκα (ἡ)/ (fig.)
πόρνη (ἡ), πουτάνα (ἡ)

drachma, n. δραχμή (ἡ)

draconian, a. δρακόντειος, σκληρός, πο-
λύ αὐστηρός

draft, n. σχέδιο (τό), προσχέδιο (τό)/
(banking) τραβηκτική (ἡ), τραπεζιτική
ἐπιταγή/ (mil.) στρατολογία (ἡ)/ v.t.
ἑτοιμάζω σχέδιο, προσχεδιάζω/ (mil.)
στρατολογῶ/ ~sman, n. σχεδιαστής
(ὁ)/ (leg.) συντάκτης ἐγγράφων

drag, n. ὁτιδήποτε σέρνεται/ (fig.) ἐμπό-
διο (τό), βάρος (τό)/ ~net, ἀνεμότρατα
(ἡ)/ v.t. & i. σέρνω, τραβῶ/ (delay) κα-
θυστερῶ, χασομερῶ/ ~ one's feet, κα-
θυστερῶ ἐπίτηδες

dragon, n. δράκοντας (ὁ)/ ~fly, σαλταμ-
πίκος (ὁ)

dragoon, n. δραγόνος (ὁ)/ v.t. καταστέλ-
λω, καταδυναστεύω, ἐπιβάλλω μέ τή
βία

drain, n. ὀχετός (ὁ), ὑπόνομος(ὁ), ἀγω-
γός (ὁ), ἀποχετευτικός σωλήνας (ὁ)/
~s, n. pl. κατακάθια (τά), ὑπολείμμα-
τα (τά)/ down the ~ , ἀνώφελα, μάταια/
v.t. ἀποχετεύω, ἀποστραγγίζω, ἀπο-
ξηραίνω/ (strength) ἐξαντλῶ, ἀπομυ-
ζῶ/ v.i. στερεύω, στραγγίζω/ ~age, n.
ἀποχέτευση (ἡ), ἀποστράγγιση (ἡ), δί-
κτυο ὑπονόμων/ ~ing board, πιατοθή-
κη γιά στράγγισμα

drake n. ἀρσενική πάπια (ἡ)

dram, n. δράμι (τό)

drama, n. δράμα (τό), θεατρικό ἔργο
(τό)/ ~tic, a. δραματικός, θεατρικός/
(impressive) ἐντυπωσιακός, συγκινητι-
κός/ ~ tist, n. δραματουργός (ὁ), θεα-
τρικός συγγραφέας (ὁ)/ ~tize, v.t. δρα-
ματοποιῶ, γράφω γιά τό θέατρο

drape, v.t. τυλίγω, ἐπενδύω/ ~r, n. ὑφα-
σματέμπορος (ὁ)/ ~ry, n. ἐμπόριο ὑφα-
σμάτων (τό), κατάστημα ὑφασμάτων
(τό)

drastic, a. δραστικός, ριζικός/ ~ mea-
sures, ριζικά μέτρα

draught, n. ἕλξη (ἡ), τράβηγμα (τό)/
(drink) ρούφηγμα (τό)/ on ~ , ἀπό τό
βαρέλι, μέ τό ποτήρι/ (naut.) βύθισμα
(τό)/ ~ board, σκακιέρα (ἡ)/ ~sman, n.
βλ. draftsman / ~y, a. ἐκτεθειμένος στά
ρεύματα

draw, n. ἕλξη (ἡ), τράβηγμα (τό)/ (lotte-

γ) κλήρωση (ή)/ (game) ἰσοπαλία (ή)/ *quick ~* , γρήγορο πιστόλι/ v.t. & i. ἕλκω, τραβῶ, σέρνω/ (cheque) ἐκδίδω ἐπιταγή/ (money) εἰσπράττω, ἀποσύρω/ (conclusions) βγάζω συμπεράσματα/ (attention) προκαλῶ, ἐπισύρω/ (tears) φέρνω δάκρυα/ (the curtains) τραβῶ, ἀνοίγω/ (sword) βγάζω, ἀνασύρω/ (blood) κάνω ἀφαίμαξη/ (lots) τραβῶ κλῆρο/ (water) ἀντλῶ/ (tea) κάνω πιό δυνατό/ *~ aside,* παραμερίζω/ *~ away,* ἀποσπῶ, ἀποτραβῶ/ *~ back,* ὑποχωρῶ, ὀπισθοχωρῶ/ *~ near,* πλησιάζω, προσεγγίζω/ *~ on,* παρατείνω, μακραίνω/ *~ out,* συντάσσω/ (mil.) παρατάσσω, βάζω στή γραμμή
drawback, n. μειονέκτημα (τό)
drawbridge n. κινητή γέφυρα (ή), κρεμαστή γέφυρα πύργου
drawee, n. ἀποδέκτης (ὁ)/ *drawer,* n. ἐκδότης (ὁ)
drawing, n. σχέδιο (τό), ἰχνογραφία (ή)/ *~ -board,* σχεδιαστήριο (τό)/ *~ -paper,* χαρτί σχεδίου/ *~ -pen,* πεννάκι σχεδίου/ *~ -pin,* πινέζα (ή)/ *~ room,* σαλόνι (τό), αἴθουσα ὑποδοχῆς (ή)
drawl, n. ἐπιτηδευμένη ὁμιλία/ v.i. μιλῶ ἐπιτηδευμένα
drawn, p.p. & a. τραβηγμένος *~ face,* κατσουφιασμένος, μουτρωμένος/ *~ game,* ἰσοπαλία (ή)/ *~ sword,* ξεθηκαρωμένος, γυμνός
dray, n. κάρρο (τό)/ *~ man,* n. καραγωγέας (ὁ), καρροτσιέρης (ὁ)
dread, n. φόβος (ὁ), τρόμος (ὁ)/ a. φοβερός, τρομερός/ v.t. τρέμω, φοβοῦμαι/ *~ful,* a. φοβερός, τρομερός, ἀπαίσιος/ *~nought,* n. θωρηκτό (τό)
dream, n. ὄνειρο (τό), ὀνειροπόλημα (τό)/ v.t. ὀνειρεύομαι, ὀνειροπολῶ/ *~ up,* ἐπινοῶ, σκαρφίζομαι/ *~er,* n. ὀνειροπόλος (ὁ), ὀνειροπαρμένος (ὁ)/ *~ily,* ad. ὀνειροπαρμένα ἀφηρημένα, ἀόριστα/ *~y,* a. ὀνειροπαρμένος, ὀνειροπόλος, ἀφηρημένος
dreariness, n. μελαγχολία (ή), κατάθλιψη (ή), πληκτικότητα (ή)
dreary, a. μελαγχολικός, καταθλιπτικός, πληκτικός
dredge, n. βυθοκόρος (ή), φαγάνα (ή)/

v.t. ἐκβαθύνω/ *~r,* n. φαγάνα (ή), βυθοκόρος (ή)
dregs, n. pl. κατακάθια (τά), ὑπολείμματα (τά), μούργα (ή)/ *~ of society,* ἀποβράσματα
drench, v.t. διαβρέχω, μουσκεύω, ἐμποτίζω/ *~ed to the skin,* μουσκεμένος ὡς τό κόκκαλο
dress, n. ροῦχο (τό), ντύσιμο (τό), ἀμφίεση (ή)/ *~ circle,* πρῶτος ἐξώστης/ *~ coat,* φράκο (τό), βελάδα (ή)/ *~maker,* n. ράφτης (ὁ)/ *~making,* n. ραφτική (ή)/ *~ rehearsal,* τελευταία πρόβα/ v.t. ντύνω, στολίζω/ (mil.) παρατάσσω, εὐθυγραμμίζω/ (stone) πελεκῶ/ (food) καρυκεύω/ (hair) χτενίζω, στολίζω/ (wound) ἐπιδένω/ (wood) πλανίζω/ v.i. ντύνομαι, στολίζομαι/ (mil.) παρατάσσομαι/ *~ up,* βάζω τά καλά μου/ (carnival) μεταμφιέζομαι
dresser, n. ἐκεῖνος πού ντύνει/ (theat.) ἐνδυματολόγος (ὁ)/ (med.) βοηθός χειρούργου (ὁ)/ (furniture) μπουφές (ὁ)
dressing, n. ἐνδυμασία (ή), καλλωπισμός (ὁ)/ (med.) ἐπίδεσμος (ὁ)/ (salad) λαδόξυδο (τό)/ *~ table,* τουαλέττα (ή)
dribble, v.i. στάζω, σταλάζω/ (football) κάνω ντρίμπλα/ n. σταγόνα (ή), σταλαγματιά (ή)
dried, a. ἀποξεραμένος
drift, n. ὤθηση (ή), ροῦς (ὁ), πορεία (ή)/ (snow, etc.) σώρευση (ή)/ (naut.) παρέκκλιση πορείας/ *~ net,* γρίπος (ὁ), συρτή (ή)/ *~ wood,* ἐπιπλέοντα ξύλα/ v.t. ὠθῶ, παρασύρω, σωρεύω/ v.i. ἐπιπλέω, παρασύρομαι
drill, n. τρυπάνι (τό)/ (mil.) ἐκγύμναση (ή)/ v.t. & i. τρυπῶ, διαπερνῶ/ (agric.) ἀνοίγω αὐλάκια/ (mil.) γυμνάζω/ (cloth) *~ing.* n. ντίλι (τό)/ (mil.) γυμνάσια (τά)/ *~ing machine,* διατρητική μηχανή
drink, n. ποτό (τό)/ *hard ~s,* οἰνοπνευματώδη ποτά (τά)/ *soft ~s,* ἀναψυκτικά/ *have a ~* , παίρνω ἕνα ποτό/ v.t. πίνω/ *~ off,* πίνω μονορούφι/ *~ to one's health,* πίνω στήν ὑγεία/ *~able,* a. πόσιμος/ *~er,* n. πότης (ὁ)/ *~ing,* n. μεθύσι (τό)/ *~ing bout,* κραιπάλη (ή)/ *~ing song,* βακχικό τραγούδι/ *~ing wa-*

ter, πόσιμο νερό
drip, n. σταγόνα (ή), σταλαγματιά (ή)/ v.i. στάζω, σταλάζω/ ~*ping*, n. στάξιμο (τό)/ ~*ping pan*, σταγονοσυλλέκτης
drive, n. περίπατος (ὁ), διαδρομή (ή)/ (work) ἐπιβάρυνση (ή)/ (tech.) κίνηση μηχανῆς/ *go for a* ~ , πηγαίνω περίπατο/ ~*pipe*, σωλήνας εἰσαγωγῆς/ v.t. & v.i. σπρώχνω, ὠθῶ, ὁδηγῶ/ (nails) καρφώνω/ (person) παροτρύνω/ (vehicle) ὁδηγῶ/ (work) ἐπιβαρύνω ὑπερβολικά/ ~ *a bargain*, κλείνω συμφωνία/ ~ *at*, ἀποβλέπω, ἔχω τήν τάση/ ~ *away*, διώχνω/ ~ *in (to)*, μπήγω, χώνω/ ~ *about*, ὁδηγῶ ἄμαξα/ ~ *mad*, τρελλαίνω/ ~ *into a corner*, στριμώχνω, φέρνω σέ δύσκολη θέση
drivel, n. σάλιο (τό)/ (fig.) μωρολογία (ή)/ v.i. σαλιαρίζω, μωρολογῶ
driver, n. ὁδηγός (ὁ), σωφέρ (ὁ)/ *driving*, n. ὁδήγηση (ή), σωφάρισμα (τό)/ a. κινητήριος
drizzle, n. ψιχάλα (ή)/ v.i. ψιχαλίζω
droll, a. κωμικός, ἀστεῖος/ ~*ery*, n. κωμικότητα (ή)
dromedary, n. δρομάδα (ή) (καμήλα)
drone, n. κηφήνας (ὁ)/ (fig.) τεμπέλης (ὁ)/ (of an engine) ὑπόκοφος θόρυβος μηχανῆς/ v.i. βουίζω
droop, v.t. & i. σκύβω, κατεβάζω/ (eyes) χαμηλώνω/ (flower) μαραίνομαι/ ~*ing*, σκυφτός, μαραμένος
drop, n. (liquid) σταγόνα (ή)/ (fall) πτώση (ή)/ ~ *curtain*, αὐλαία (ή)/ ~ *scene*, ὀθόνη στό βάθος/ (of prices) πτώση τιμῶν/ v.t. & i. στάζω, ρίχνω/ (tears) χύνω/ (habit) ἐγκαταλείπω/ (friends) διακόπτω φιλία/ (work) ἀφήνω, παρατῶ/ (letters) ρίχνω γράμμα, ταχυδρομῶ/ ~ *a line*, στέλνω γράμμα (σημείωμα)/ ~*behind*, μένω πίσω, καθυστερῶ/ ~ *in*, μπαίνω ξαφνικά/ ~ *off*, πέφτω/ ~ *out*, παραλείπω
droppings, n. pl. κουτσουλιές (οἱ)
dropsy, n. ὑδρωπικία (ή)
dross, n. σκουριά (ή)
drought, n. ξηρασία (ή), ἀνομβρία (ή)
drove, n. κοπάδι (τό), ἀγέλη (ή)/ ~*r*, n. κτηνηλάτης (ὁ), ζωηλάτης (ὁ)
drown, v.t. πνίγω, πλημμυρίζω/ (sound) σκεπάζω/ v.i. πνίγομαι, βουλιάζω
drowse, v.i. ἀποκοιμιέμαι, τόν παίρνω/ *drowsiness*, n. ὑπνηλία (ή), νάρκη (ή), ἀπονάρκωση (ή)/ *drowsy*, a. νυσταλέος, ναρκωμένος
drub, v.t. ραβδίζω, ξυλοκοπῶ/ ~*bing*, n. ξυλοκόπημα (τό), ραβδισμός (ὁ)
drudge, v.i. ἐργάζομαι σκληρά, κοπιάζω/ ~*ry*, n. κοπιαστική δουλειά (ή), ἀγγαρεία (ή)
drug, n. φάρμακο (τό), ναρκωτικό (τό)/ ~ *addict*, ναρκομανής (ὁ), πρεζάκιας (ὁ)/ *take* ~*s*, παίρνω ναρκωτικά/ v.t. δίνω ναρκωτικά, ναρκώνω/ ~*gist*, n. φαρμακοποιός (ὁ)/ ~*store*, n. φαρμακεῖο (τό)/ (American style) ντραγκστόρ
Druid, n. Δρυίδης (ὁ)
drum, n. τύμπανο (τό), ταμποῦρλο (τό)/ ~*beat*, n. τυμπανοκρουσία (ή)/ ~*head*, n. δέρμα τυμπάνου (τό)/ ~ *court martial*, ἔκτακτο στρατοδικεῖο/ ~ *major*, n. ἀρχιτυμπανιστής (ὁ)/ ~*mer*, n. τυμπανιστής (ὁ)/ ~*stick*, n. τυμπανόξυλο (τό)/ v.i. τυμπανίζω, παίζω ταμποῦρλο/ ~ *up support*, ὀργανώνω κίνημα ὑποστήριξης
drunk, a. μεθυσμένος/ *get* ~ , μεθῶ, γίνομαι τύφλα/ ~*ard*, n. μεθύστακας (ὁ), μπεκρής (ὁ)/ ~*en*, a. μεθυσμένος/ ~*enness*, n. μεθύσι τό)
dry, a. ξερός, στεγνός/ ~ *cleaning*, στεγνοκαθάρισμα ρούχων/ ~ *dock*, μόνιμη δεξαμενή (ή)/ ~ *goods*, νεωτερισμοί (οἱ) ~ *land*, στεριά (ή)/ ~ *rot*, σαρακοφάγωμα (τό)/ v.t. στεγνώνω, ξεραίνω/ ~ *up dishes*, στεγνώνω τά πιάτα/ ~*ing*, n. στέγνωμα (τό), ἀποξήρανση (ή)/ a. στεγνωτικός/ ~ *room*, στεγνωτήριο (τό)/ ~*ness*, n. ξηρασία (ή)/ ἀνυδρία (ή)
dual, a. δυαδικός, διπλός
dub, v.t. ὀνομάζω, χαρακτηρίζω/ (knight) ἀναγορεύω
dubious, a. ἀμφίβολος, διφορούμενος, διστακτικός/ ~*ness*, n. ἀμφιβολία (ή), διφορούμενος χαρακτήρας (ὁ)
ducal, a. δουκικός
ducat, n. δουκάτο (τό)
duchess, n. δούκισσα (ή)/ *duchy*, n. δουκάτο (τό)

duck, n. πάπια (ή)/ (cloth) καννα6όπανο (τό)/ v.t. 6υθίζω, χαμηλώνω/ v.i. 6υθίζομαι/ ~ing, n. ἀκούσιο 6ύθισμα (τό)/ ~ ling, n. παπάκι (τό)

duct, n. ἀγωγός (ὁ), σωλήνας (ὁ)

ductile, a. ἐλατός, εὔκαμπτος/ (person) μαλακός/ ductility, n. ἐλατότητα (ή), εὐκαμψία (ή)

dud, a. ἄχρηστος

dudgeon, n. θυμός (ὁ), ὀργή (ή)/ in high ~ , ἔξαλλος, σέ ἔξαλλη κατάσταση

duds, n. pl. κουρέλια (τά), παληόρουχα (τά)

due, a. (fin.) ὀφειλόμενος, πληρωτέος/ (required) κατάλληλος, πρέπων/ ~ to, ἐξαιτίας, λόγω/ in ~ time, ἐν καιρῷ, ὅταν ἔρθει ἡ στιγμή/ the train is ~ , τό τραῖνο ἀναμένεται/ ~ north, πρός 6ορρᾶ/ n. χρέος (τό), ὀφειλόμενο (τό)/ ~s, n. pl. φόρος (ὁ), τέλη (τά), δασμός (ὁ)

duel, n. μονομαχία (ή)/ v.i. μονομαχῶ/ ~list, n. μονομάχος (ὁ)

duet, n. δυωδία (ή), ντουέτο (τό)

duffer, n. πλανόδιος ἔμπορος (ὁ)/ (fig.) 6λάκας (ὁ)

dug, n. μαστός ζώου (ὁ)

dug-out, n. μονόξυλο (τό)/ (mil.) καταφύγιο (τό)

duke, n. δούκας (ὁ)/ ~dom, n. δουκάτο (τό)

dulcet, a. γλυκόφωνος

dulcimer, n. σαντούρι (τό)

dull, a. ἀμβλύς, πληκτικός/ (stupid) ἠλίθιος/ (light) ἀμαυρός/ (weather) μουντός/ v.t. ἀμβλύνω, ἐξασθενίζω/ ~ard, n. χοντροκέφαλος (ὁ)/ ~ness, n. ἀμβλύτητα (ή), πληκτικότητα (ή)/ (stupidity) ἠλιθιότητα (ή), 6λακεία (ή)

duly, ad. ἀκριβῶς, κανονικά, μέ τόν σωστό τρόπο

dumb, a. 6ου6ός, μουγκός/ deaf and ~ , κωφάλαλος (ὁ)/ ~ show, παντομίμα (ή)/ ~found, v.t. συγχίζω, ἀποστομώνω, κατακεραυνώνω/ ~ness, n. 6ου6αμάρα (ή), μουγκαμάρα(ή)

dummy, n. ἀνδρείκελο (τό), νευρόσπαστο (τό), ὁμοίωμα (τό)/ tailor's ~ , κούκλα ραπτικῆς/ a. ψεύτικος, εἰκονικός

dump, n. σωρός (ὁ)/ (sound) ὑπόκοφος κρότος (ὁ)/ (mil.) ἀποθήκη πυρομαχικῶν/ be in the ~s, μελαγχολῶ, εἶμαι στίς μαῦρες μου/ v.t. ξεφορτώνω, σωρεύω/ (goods) πουλῶ μέ ζημία/ (store) ἀποθηκεύω/ ~ ing, n. ξεφόρτωμα (τό), ἀποθήκευση (ή)

dumpy, a. κοντόχοντρος

dun, a. γκριζοκάστανος, μελαψός/ n. εἰσπράκτορας φόρων (ὁ), χρέους/ v.t. ἐνοχλῶ (πιέζω) ὀφειλέτη

dunce, n. 6λάκας (ὁ), κούτσουρο (τό)

dunderhead, n. ἄμυαλος (ὁ), κουφιοκέφαλος (ὁ)

dune, n. ἀμμόλοφος (ὁ), ἀμμώδης παραλία (ή)

dung, n. κοπριά (ή), λίπασμα (τό)

dungarees, n. pl. 6αμβακερά παντελόνια (τά)

dungeon, n. σκοτεινή φυλακή (ή), μπουντρούμι (τό)

duodenum, n. δωδεκαδάκτυλο (τό)

dupe, n. κορόϊδο (τό), ἀφελής (ὁ)/ v.t. κοροϊδεύω, ἀπατῶ

duplicate, n. διπλότυπο (τό)/ in ~ , μέ ἀντίγραφο/ a. διπλάσιος, διπλός/ v.t. κάνω ἀντίγραφο, διπλασιάζω

duplicity, n. διπροσωπία (ή)

durability, n. στερεότητα (ή), διάρκεια (ή), ἀντοχή (ή)/ durable, a. στερεός, διαρκής, ἀνθεκτικός

durance, n. φυλάκιση (ή)

duration, n. διάρκεια (ή)

duress, n. 6ία (ή), ἐξαναγκασμός (ὁ)

during, pr. κατά τήν διάρκεια

dusk, n. λυκόφως (τό), σούρουπο (τό)/ ~y, a. σκοτεινός

dust, n. σκόνη (ή), χῶμα (τό)/ ~bin, n. τενεκές σκουπιδιῶν (ὁ)/ ~er, n. πατσα6ούρα (ή)/ ~cart, n. κάρρο καθαριότητας (τό)/ ~man, n. σκουπιδιάρης (ὁ)/ ~pan, n. φαράσι (τό)/ ~proof, a. ἀδιαπέραστος ἀπό σκόνη/ ~y, a. σκονισμένος

Dutch, a. ὁλλανδικός/ ~man, n. Ὁλλανδός (ὁ)/ ~woman, n. Ὁλλανδέζα (ή)

dutiable, a. δασμολογήσιμος

dutiful, a. εὐπειθής, τοῦ καθήκοντος/ duty, n. καθήκον (τό)/ be on ~ , ἔχω ὑπηρεσία/ do one's ~ , κάνω τό καθήκον μου/ ~ free, a. ἀδασμολόγητος

dwarf, n. νάνος (ὁ)/ v.t. μικραίνω, ἐμπο-

δίζω τήν ἀνάπτυξη
dwell, v.i. διαμένω, κατοικῶ/ ~ *upon,*
ἐπιμένω, μελετῶ/ ~er, n. κάτοικος (ὁ)/
~*ing,* n. ἐπιμονή (ἡ)/ ~*ing, place,* κα-
τοικία (ἡ), διαμονή (ἡ)
dwindle, v.i. ἐλαττώνομαι, ἐξασθενῶ, χά-
νομαι
dye, n. βαφή (ἡ), χρωματισμός ο), χρῶμα
(τό)/ ~ *works,* βαφεῖο (τό)/ v.t. βάφω,
χρωματίζω/ ~*ing,* n. βάψιμο (τό), χρω-
μάτισμα (τό)/ ~*r,* n. βαφέας (ὁ)
dying, a. ἑτοιμοθάνατος
dyke, n. πρόχωμα (τό), μῶλος (ὁ)
dynamic, a. δυναμικός/ ~*s,* n. δυναμική
(ἡ)
dynamite, n. δυναμίτιδα (ἡ)
dynamo, n. ἠλεκτροδυναμική μηχανή
(ἡ), ἠλεκτρογεννήτρια (ἡ)
dynastic, a. δυναστικός/ *dynasty,* n. δυ-
ναστεία (ἡ)
dysentery, n. δυσεντερία (ἡ)
dyspepsia, n. δυσπεψία (ἡ)/ *dyspeptic,* a.
δυσπεπτικός

E

each, a.& pn. καθένας/ ~ *of us,* ὁ καθέ-
νας μας/ ~ *other,* ὁ ἕνας τόν ἄλλο
eager, a. πρόθυμος, ἔνθερμος/ *be* ~ *to,*
ἔχω ἰδιαίτερη ἐπιθυμία νά/ ~*ly,* ad.
πρόθυμα, ἀνυπόμονα/ ~*ness,* n. προ-
θυμία (ἡ), ζῆλος (ὁ), ὄρεξη (ἡ), ἀνυπο-
μονησία (ἡ)
eagle, n. ἀετός (ὁ)/ ~ *-eyed,* ἀνοιχτομά-
της/ ~*t,* n. ἀετόπουλο (τό), ἀετιδέας
(ὁ)
ear, n. αὐτί (τό)/ (corn) στάχυ/ ~*ache,* n.
αὐτόπονος (ὁ), ὠταλγία (ἡ)/ ~*drum,* n.
τύμπανο αὐτιοῦ (τό)/ ~*flap,* n. λωβός
αὐτιοῦ (ὁ)
earl, n. κόμης (ὁ)/ ~*dom,* n. κομητεία (ἡ)
early, ad. νωρίς/ a. πρωινό/ ~ *bird,* ἐκεῖ-
νος πού ξυπνάει νωρίς/ ~ *morning,* πο-
λύ πρωί/ ~ *closing,* μέρα ἀπογευματι-

νῆς ἀργίας τῶν καταστημάτων
earmark, n. σημάδι στό αὐτί προβάτου/
(fig.) χαρακτηριστικό σημάδι/ v.t. ξε-
χωρίζω, προορίζω γιά εἰδικό σκοπό
earn, v.t. κερδίζω, βγάζω χρήματα
earnest, a. σοβαρός, ἔνθερμος/ *in* ~, στά
σοβαρά/ ~*ly,* ad. πρόθυμα, μέ ζῆλο, μέ
ὄρεξη/ ~*ness,* n. σοβαρότητα (ἡ), προ-
θυμία (ἡ), ζῆλος (ὁ)
earnings, n. pl. κέρδη (τά), ἀπολαβές
(οἱ), μισθός (ὁ)
earpiece, n. ἀκουστικό (τό)
earring, n. σκουλαρίκι (τό)
earth, n. γῆ (ἡ), χῶμα (τό)/ (elec.) γείωση
(ἡ)/ *what on* ~ *is wrong?* τί στά κομμά-
τια συμβαίνει;/ ~*born,* ντόπιος/ v.t.
(elec.) γειώνω/ ~*en,* a. γήινος, πήλι-
νος/ ~*enware,* n. πήλινα σκεύη (τά)/
~*ly,* a. γήινος/ ~*quake,* n. σεισμός (ὁ)/
~*work,* n. πρόχωμα (τό)/ ~*worm,* n.
σκουλήκι (τό)
earwax, n. κερί στ' αὐτιά (τό), κυψέλη
αὐτιῶν
ease, n. ἠρεμία (ἡ), ξεκούραση (ἡ), ἄνεση
(ἡ), εὐκολία (ἡ)/ *with* ~, μέ εὐκολία,
ἄνετα, ξεκούραστα/ *stand at* ~, ἀνά-
παυση!/ *ill at* ~, χωρίς ἄνεση/ v.t. ἀνα-
κουφίζω, ἐλευθερώνω/ (clothes, boots,
etc.) χαλαρώνω, ξεσφίγγω
easel, n. καβαλέτο (τό)
easily, ad. εὔκολα, ἄνετα/ *easiness,* n. εὐ-
κολία (ἡ), ἄνεση (ἡ)
east, n. ἀνατολή (ἡ)/ a. ἀνατολικός
Easter, n. Πάσχα (τό)/ a. πασχαλινός,
πασχαλιάτικος
eastern, a. ἀνατολικός, ἀνατολίτικος/
eastwards, ad. πρός τά ἀνατολικά
easy, a. εὔκολος, ἀναπαυτικός, ἄνετος/
~*chair,* κουνιστή πολυθρόνα/ ~ *going,*
εὐκολοσυνεννόητος, βολικός/ ~ *to get
on with,* συνεννοήσιμος, συνεργάσιμος
eat, v.t. τρώγω/ ~ *away,* κατατρώγω, ξο-
δεύω/ ~ *one's heart away,* εἶμαι δυστυ-
χισμένος/ ~ *up,* καταβροχθίζω/ ~*able,*
a. φαγώσιμος/ ~*ables,* n. pl. φαγώσι-
μα (τά), ἐδώδιμα (τά)/ ~*er,* n. φαγάς
(ὁ)/ ~*ing house,* n. ἐστιατόριο (τό)
eau de Cologne, n. κολόνια (ἡ)
eaves, n. pl. γεῖσο στέγης (τό)/ ~*drop,* v.i.
ἀκούω κρυφά, κρυφακούω, ὠτακου-

στῶ/ ~dropper, n. ὠτακουστής (ὁ)
ebb, n. ἄμπωτη (ἡ), ἀμπώτιδα (ἡ)/ ~ and flow, ἄμπωτη καί παλίρροια/ (fig.) παρακμή (ἡ), κατάπτωση (ἡ)/ v.i. (away) ἀποσύρω τά νερά/ (fig.) παρακμάζω, καταρρέω
ebonite, n. ἐβονίτης (ὁ)
ebony, n. ἔβενος (ὁ)
ebullient, a. ζωηρός, θυμώδης, μέ ξεχειλισμένα αἰσθήματα
eccentric, a. ἐκκεντρικός, παράξενος, ἰδιότροπος/ ~ity, n. ἐκκεντρικότητα (ἡ), παραξενιά (ἡ), ἰδιοτροπία (ἡ)
ecclesiastic, n. κληρικός (ὁ)/ a. ἐκκλησιαστικός
echo, n. ἠχώ (ἡ), ἀντήχηση (ἡ)/ v.i. ἀντηχῶ
eclectic, a. ἐκλεκτικός/ ~ism, n. ἐκλεκτικότητα (ἡ)
eclipse, n. ἔκλειψη (ἡ)/ (fig.) ἐπισκίαση (ἡ)/ v.t. ἐπισκιάζω
economic, a. οἰκονομικός/ ~al, a. οἰκονομικός, λιγοδάπανος, φειδωλός/ ~s, n. οἰκονομικά (τά), οἰκονομολογία (ἡ)/ economist, n. οἰκονομολόγος (ὁ)/ economize, v.i. οἰκονομῶ, κάνω οἰκονομίες/ economy, n. οἰκονομία (ἡ)
ecstasy, n. ἔκσταση (ἡ), θαυμασμός (ὁ)/ ecstatic, a. ἐκστατικός
ectoplasm, n. ἐκτόπλασμα (τό)
ecumenical, a. οἰκουμενικός
eczema, n. ἔκζεμα (τό)
eddy, n. στρόβιλος (ὁ), δίνη (ἡ)/ v.i. στροβιλίζομαι, στριφογυρίζω
edelweiss, n. ἐντελβάις (τό)
Eden, n. Ἐδέμ (ἡ), παράδεισος (ὁ)
edge, n. αἰχμή (ἡ), κόψη (ἡ)/ (forest) ἄκρο (τό)/ (cliff) χεῖλος (τό)/ on ~, ἐκνευρισμένος/ v.t. ἀκονίζω, ὀξύνω/ ~ways, ad. στό περιθώριο/ edging, n. γύρος (ὁ), παρυφή (ἡ)
edible, a. φαγώσιμος, ἐδώδιμος
edict, n. διάταγμα (τό)
edification, n. ἑδραίωση (ἡ), ἐποικοδόμηση (ἡ)/ (education) παιδεία (ἡ), ἐκπαίδευση (ἡ)/ edifice, n. οἰκοδόμημα (τό), κτίριο (τό)
edify, v.t. οἰκοδομῶ, ἑδραιώνω/ ~ing, a. ἐποικοδομητικός
edit, v.t. ἐκδίδω/ (newspaper) συντάσσω/

(film) κόβω/ ~ing, n. σχολιασμός (ὁ), χτένισμα (τό) (κειμένου)/ ~ion, n. ἔκδοση (ἡ)/ ~or, n. ἐκδότης (ὁ)/ (newspaper) ἀρχισυντάκτης (ὁ)/ ~orial, n. κύριο ἄρθρο (τό)/ a. συντακτικός/ ~ staff, συντακτικό προσωπικό
educate, v.t. ἐκπαιδεύω, διδάσκω, μορφώνω/ education, n. ἐκπαίδευση (ἡ), διδασκαλία (ἡ), μόρφωση (ἡ)/ ~al, a. ἐκπαιδευτικός, διδακτικός/ educator, n. παιδαγωγός (ὁ), ἐκπαιδευτικός (ὁ)
eel, n. χέλι (τό)
eerie, a. παράδοξος, ἀφύσικος, ἀνεξήγητος
efface, v.t. ἐξαλείφω, σβήνω/ ~ oneself, παραμερίζω, ὑποχωρῶ
effect, n. ἐπίδραση (ἡ), συνέπεια (ἡ), ἀποτέλεσμα (τό)/ in ~, οὐσιαστικά, στήν πραγματικότητα/ of no ~, ἀνώφελος, μάταιος/ take ~, ἐφαρμόζω, μπαίνω σέ ἰσχύ/ v.t. ἐνεργῶ, κατορθώνω, πραγματοποιῶ/ ~ive, a. ἀποτελεσματικός, θετικός, πραγματικός/ ~ual, a. ἐπιτυχημένος, τελεσφόρος/ (leg.) ἔγκυρος
effeminacy, n. θηλυπρέπεια (ἡ)/ effeminate, a. θηλυπρεπής, μαλθακός
effervesce, v.i. ἀναβράζω/ ~nce, n. ἀναβρασμός (ὁ)/ ~nt, a. ἐκεῖνος πού ἀναβράζει
effete, a. ἐξαντλημένος
efficacious, a. ἀποτελεσματικός, δραστικός
efficiency, n. ἀποτελεσματικότητα (ἡ), δραστικότητα (ἡ), ἱκανότητα (ἡ)/ (tech.) high ~, μεγάλη ἀπόδοση (ἡ)/ efficient, a. δραστήριος, ἱκανός, ἄξιος
effigy, n. ὁμοίωμα (τό), ἀνδρείκελο (τό)
efflorescence, n. πέσιμο τῶν λουλουδιῶν (τό)
effluvium, n. ἀναθυμίαση (ἡ), ἐξάτμιση (ἡ)
effort, n. προσπάθεια (ἡ), κόπος (ὁ)/ make an ~, καταβάλλω προσπάθεια
effrontery, n. αὐθάδεια (ἡ), ἀναίδεια (ἡ)
effulgence, n. λάμψη (ἡ), αἴγλη (ἡ), φεγγοβολιά (ἡ)/ effulgent, a. λαμπερός, φεγγοβόλος, ἀστραφτερός
effusion, n. διάχυση (ἡ)/ effusive, a. διαχυτικός

egg, n. αὐγό (τό)/ ~cup, αὐγοθήκη (ἡ)/
~shell, τσόφλι (τό)/ v.t. ~ on, παρο
τρύνω, παρακινῶ, ὑποδαυλίζω
ego, n. ἐγώ (τό)/ ~ism, n. ἐγωισμός (ὁ)/
~ist, n. ἐγωιστής (ὁ)/ ~tism, n. ἐγωι
σμός (ὁ), περιαυτολογία (ἡ)
egregious, a. διάσημος, ἐπιφανής, ἔξο
χος, διακεκριμένος
egress, n. ἔξοδος (ἡ), διαφυγή (ἡ)
Egyptian, n. Αἰγύπτιος (ὁ)/ a. αἰγυπτια
κός/ Egyptologist, n. Αἰγυπτιολόγος
(ὁ)/ Egyptology, n. Αἰγυπτιολογία (ἡ)
eiderdown, n. πούπουλο (τό)
eight, num. ὀκτώ/ ~een, num. δεκαοκτώ/
~eenth, δέκατος ὄγδοος/ ~h, ὄγδοος/
~ieth, ὀγδοηκοστός/ ~y, ὀγδόντα
either, pn. c. εἴτε/ a. ἑκάτερος/ ~ ...or
...εἴτε ... εἴτε/ ~ way, ad. σέ κάθε περί
πτωση
ejaculate, v.t. ἀναφωνῶ, βγάζω κραυγή/
ejaculation, n. ἀναφώνηση (ἡ)/ (biol.)
ἐκσπερμάτωση (ἡ)
eject, v.t. ἀπορρίπτω, ἐξακοντίζω/ (leg.)
κάνω ἔξωση/ ~ion, n. ἀπόρριψη (ἡ),
ἐξακοντισμός (ὁ)/ (leg.) ἔξωση (ἡ)
eke out, v.t. ἀναπληρώνω ἐλλείψεις, ἐπε
κτείνω/ ~ a living, κερδίζω ἐλάχιστα,
μόλις τά καταφέρνω
elaborate, a. ἐπεξεργασμένος, τελειο
ποιημένος, ἐπιμελημένος/ v.t. ἐπεξερ
γάζομαι, ἐπιμελοῦμαι/ elaboration, n.
ἐπεξεργασία (ἡ), ἐπιμέλεια (ἡ)
elapse, v.i. παρέρχομαι, διαρρέω
elastic, a. ἐλαστικός, εὐλύγιστος/ n. ἐλα
στικό (τό)/ ~ity, n. ἐλαστικότητα (ἡ),
εὐλυγισία (ἡ)
elate, v.t. ἐκθειάζω, ἐνθουσιάζω/ ~d, a.
ἐνθουσιασμένος
elation, n. ἐνθουσιασμός (ὁ), χαρά (ἡ),
περηφάνεια (ἡ)
elbow, n. ἀγκώνας (ὁ)/ (tech.) κύρτωμα
(τό), καμπή (ἡ)/ ~room, εὐρυχωρία
(ἡ)/ v.t. σπρώχνω μέ τόν ἀγκώνα/ ~
one's way, ἀνοίγω δρόμο μέ τόν ἀγκώ
να
elder, a. μεγαλύτερος, πρεσβύτερος/ n.
δημογέροντας (ὁ)/ ~ly, a. γηραλέος,
ἡλικιωμένος/ eldest, ὁ πιό μεγάλος,
πρωτότοκος
elect, a. ἐκλεκτός/ n. ἐκλεγμένος (ὁ), λαο

πρόβλητος (ὁ)/ v.t. ἐκλέγω, ἀποφασί
ζω/ ~ion, n. ἐκλογή (ἡ), ἐκλογές (οἱ)/
~ campaign, προεκλογική ἐκστρατεία/
~ive, a. αἱρετός/ ~or, n. ἐκλογέας (ὁ)
~oral, a. ἐκλογικός/ ~orate, n. ἐκλογι
κό σῶμα (τό)
electric, a. ἠλεκτρικός/ ~al, a. ἠλεκτρι
κός/ ~ engineer, ἠλεκτρομηχανικός (ὁ)/
~ian, n. ἠλεκτρολόγος (ὁ)/ ~ity, n.
ἠλεκτρισμός (ὁ)
electrify, v.t. ἠλεκτρίζω/ (lig.) ἐξάπτω,
ἐνθουσιάζω
electrocute, v.t. ἐκτελῶ μέ ἠλεκτρισμό/
electrode, n. ἠλεκτρόδιο (τό)/ electrolysis, n. ἠλεκτρόλυση (ἡ)/ electromagnet,
n. ἠλεκτρομαγνήτης (ὁ)/ electron, n.
ἠλεκτρόνιο (τό)/ electroplate, v.t. γαλ
βανίζω, ἐπιμεταλλώνω μέ ἠλεκτρισμό/
electrotype, n. ἠλεκτροτυπία (ἡ)
elegance, n. κομψότητα (ἡ), χάρη (ἡ)/ elegant, a. κομψός, χαριτωμένος
elegiac, a. ἐλεγειακός/ elegy, n. ἐλεγεῖο
(τό)
element, n. στοιχεῖο (τό)/ the ~s, τά στοι
χεῖα τῆς φύσης/ ~ary, a. στοιχειώδης
elephant, n. ἐλέφας (ὁ)/ ~ine, a. ἐλεφάν
τινος/ (big.) τεράστιος
elevate, v.t. ἀνυψώνω/ ~d, a. ἀνυψωμέ
νος/ elevating, a. ἀνυψωτικός/ elevation, n. ἀνύψωση (ἡ), ἀνέγερση (ἡ)/
(hill) ὕψωμα (τό)/ (fig.) μεγαλεῖο (τό)/
elevator, n. ἀνυψωτήρας (ὁ)
eleven, num. ἕντεκα/ ~th, num. ἐνδέκα
τος
elf, n. νεράιδα (ἡ), κακό πνεῦμα (τό)/
~in, a. νεραϊδένιος, ἐξωτικός/ ~ish, a.
ἐξωτικός
elicit, v.t. ἐξάγω, ἀποσπῶ/ ~ a reply,
προκαλῶ ἀπάντηση
elide, v.t. ἐκθλίβω
eligibility, n. ἐκλογιμότητα (ἡ), ἐκλεξιμό
τητα (ἡ)/ eligible, a. ἐκλέξιμος, ὑποψή
φιος
eliminate, v.t. ἀποκλείω, ἀποχωρίζω,
ἀπαλείφω/ elimination, n. ἀποκλεισμός
(ὁ), ἀποχωρισμός (ὁ), ἀπάλειψη (ἡ)
elision, n. ἔκθλιψη (ἡ)
elite, n. ἐκλεκτή τάξη (ἡ), ἐπίλεκτοι (οἱ),
ἀφρόκρεμα (ἡ)
elixir, n. ἐλιξήριο (τό)

elk, n. ἐλάφι (τό)
ellipse, n. ἔλλειψη (ἡ)/ (gram.) ἔλλειψη (ἡ)/ elliptical, a. ἐλλειπτικός
elm, n. φτελιά (ἡ)
elocution, n. ρητορικότητα (ἡ), εὐφράδεια (ἡ), ἀπαγγελία (ἡ)/ ~ist, n. καθηγητής τῆς ἀπαγγελίας (ὁ)
elongate, v.t. & i. μακραίνω, ἐπιμηκύνω/ elongation, n. ἐπιμήκυνση (ἡ)
elope, v.i. ἀπάγομαι ἑκούσια, κλέβομαι/ ~ment, n. ἑκούσια ἀπαγωγή (ἡ)
eloquence, n. εὐγλωττία (ἡ), εὐφράδεια (ἡ)/ eloquent, a. εὔγλωττος, εὐφραδής
else, ad. & pn. ἄλλος/ nobody ~, κανένας ἄλλος/ nothing ~, τίποτε ἄλλο/ somebody ~, κάποιος ἄλλος/ what ~? τί ἄλλο;/ who ~? ποιός ἄλλος;/ or ~, γιατί ἀλλιῶς/ ~where, ad. ἀλλοῦ
elucidate, v.t. ἀποσαφηνίζω, διευκρινίζω/ elucidation, n. ἀποσαφήνιση (ἡ), διευκρίνιση (ἡ)
elude, v.t. διαφεύγω, ὑπεκφεύγω/ elusive, a. ἄπιαστος, ἀπατηλός/ ~ reply, ἀπάντηση ὑπεκφυγῆς
Elysian fields, n. Ἠλύσια Πεδία (τά)
emaciate, v.t. ἀδυνατίζω/ ~d, a. ἀδύνατος, ἰσχνός, πετσί καί κόκαλο/ emaciation, n. ἀδυνάτισμα (τό)
emanate, v.i. προέρχομαι, ἐκπορεύομαι/ emanation, n. ἐκπόρευση (ἡ), ἐκπήγαση (ἡ)
emancipate, v.t. χειραφετῶ, ἀπελευθερώνω/ emancipation, n. χειραφέτηση (ἡ), ἀπελευθέρωση (ἡ)
emasculate, v.t. εὐνουχίζω, μουνουχίζω
embalm, v.t. βαλσαμώνω/ ~er, n. βαλσαμωτής (ὁ)
embankment, n. ἀνάχωμα (τό), μῶλος (ὁ)
embargo, n. ἀπαγόρευση (ἡ)
embark, v.t. ἐπιβιβάζω/ v.i. ἐπιβιβάζομαι/ ~ upon, ἀρχίζω κάτι/ ~ation, n. ἐπιβίβαση (ἡ)
embarrass, v.t. φέρνω σέ ἀμηχανία/ be ~ed, νιώθω ἀμηχανία/ ~ment, n. ἀμηχανία (ἡ), στενοχώρια (ἡ)
embassy, n. πρεσβεία (ἡ)
embattle, v.t. παρατάσσω γιά μάχη/ ~d, a. περιτριγυρισμένος ἀπό ἐχθρούς
embed, v.t. χώνω, μπήγω, σφηνώνω
embellish, v.t. ἐξωραΐζω, καλλωπίζω/

~ment, n. ἐξωραϊσμός (ὁ), καλλωπισμός (ὁ)
embers, n. pl. τέφρα (ἡ), στάχτη (ἡ)
embezzle, v.t. κάνω κατάχρηση, ὑπεξαιρῶ/ ~ment, n. κατάχρηση (ἡ), ὑπεξαίρεση (ἡ)
embitter, v.t. πικραίνω, ὀξύνω, δηλητηριάζω
emblazon, v.t. στολίζω, εἰκονίζω
emblem, n. ἔμβλημα (τό), σύμβολο (τό)/ ~atic, a. συμβολικός
embodiment, n. ἐνσάρκωση (ἡ), προσωποποίηση (ἡ)/ embody, v.t. ἐνσαρκώνω, προσωποποιῶ/ (include) ἐνσωματώνω
embolden, v.t. ἐνθαρρύνω, δίνω κουράγιο
emboss, v.t. ἀποτυπώνω ἀνάγλυφα/ ~ed, a. ἀνάγλυφος
embrace, n. ἀγκάλιασμα (τό), περίπτυξη (ἡ)/ v.t. ἀγκαλιάζω/ (ideas) υἱοθετῶ, ἀσπάζομαι/ v.i. περιλαμβάνω, περιέχω
embrasure, n. πολεμίστρα (ἡ)
embrocate, v.t. κάνω ἐντριβή/ embrocation, n. ἐντριβή (ἡ)
emproider, v.t. κεντῶ/ ~ess, n. κεντήστρα (ἡ)/ ~y, n. κέντημα (τό)/ ~ frame, τελάρο (τό)
embroil, v.t. περιπλέκω, ἀνακατώνω, παρασύρω/ ~ment, n. περιπλοκή (ἡ), ἀνακάτεμα (τό)
embryo, n. ἔμβρυο (τό)/ ~nic, a. ἐμβρυακός, ἐμβρυώδης
emend, v.t. διορθώνω κείμενο/ ~ment, n. διόρθωση (ἡ)
emerald, n. σμαράγδι (τό)
emerge, v.i. προβάλλω, ἀναδύομαι/ ~nce, n. ἀνάδυση (ἡ), ἐμφάνιση (ἡ)/ ~ncy, n. ἐπείγουσα ἀνάγκη (ἡ), κρίσιμη κατάσταση (ἡ)/ in case of ~, σέ περίπτωση ἀνάγκης/ ~ brake, ἐπικουρικό φρένο/ ~ exit, ἔξοδος κινδύνου/ ~ landing, ἀναγκαστική προσγείωση/ ~ powers, ἔκτακτες ἐξουσίες/ ~nt, a. ἀνερχόμενος, ἀναπτυσσόμενος, ἀπρόοπτος
emeritus, a. ἐπίτιμος συνταξιοῦχος
emery, n. σμύριδα (ἡ)/ ~ paper, σμυριδωμένος χάρτης (ὁ)
emetic, a. ἐμετικός/ n. ἐμετικό φάρμακο

(τό)
emigrant, n. μετανάστης (ὁ)/ *emigrate,*
v.i. μεταναστεύω
emigration, n. μετανάστευση (ἡ)
eminence, n. ὕψωμα (τό), δεσπόζουσα
θέση/ (title) ἐξοχότητα (ἡ)
eminent, a. ἐπιφανής, ἔξοχος, διακεκρι-
μένος
emir, n. ἐμίρης (ὁ)
emissary, n. ἀπεσταλμένος (ὁ)/ *emission,*
n. ἐκπομπή (ἡ)/ *emit,* v.t. ἐκπέμπω, ξε-
χύνω/ (rays) ἐκτοξεύω/ (currency) ὁά-
ζω σέ κυκλοφορία
emollient, a. μαλλακτικός/ n. μαλλακτικό
(τό)
emolument, n. ἀμοιβή (ἡ), ἀπολαβή (ἡ),
μισθός (ὁ)
emotion, n. συγκίνηση (ἡ), ταραχή (ἡ)/
~al, a. εὐσυγκίνητος, συναισθηματι-
κός
emperor, n. αὐτοκράτορας (ὁ)
emphasis, n. ἔμφαση (ἡ), τονισμός (ὁ)/
emphasize, v.t. τονίζω, μιλῶ μέ ἔμφα-
ση/ *emphatic,* a. ἐμφατικός, ἔντονος,
κατηγορηματικός
emphysema, n. ἐμφύσημα (τό)
empire, n. αὐτοκρατορία (ἡ)
empiric(al), a. ἐμπειρικός/ ~ism, n. ἐμ-
πειρισμός (ὁ)
employ, v.t. ἀπασχολῶ, δίνω ἐργασία/ *be
~ed by,* εἶμαι ὑπάλληλος τοῦ / n. ἀπα-
σχόληση (ἡ), ὑπηρεσία (ἡ)/ ~ee, n.
ὑπάλληλος (ὁ)/ ~er, n. ἐργοδότης (ὁ)/
~ment, n. ἀπασχόληση (ἡ), ἐργασία
(ἡ), ἐπάγγελμα (τό)
emporium, n. μεγάλη ἀγορά (ἡ)/ (port)
ἐμπορικό λιμάνι (τό)
empower, v.t. ἐξουσιοδοτῶ
empress, n. αὐτοκράτειρα (ἡ)
emptiness, n. κενότητα (ἡ)/ *empty,* a. κε-
νός, ἄδειος/ ~ -handed, μέ ἄδεια χέρια,
ἄπρακτος/ ~ -headed, κουφιοκέφαλος,
ἀνόητος/ n. κενό (τό)/ pl. κενά κιβώτια
(μπουκάλια κ.λπ.)/ v.t. ἀδειάζω, κενώ-
νω/ v.i. (river) ἐκβάλλω
empyrean, a. αἰθέριος, οὐράνιος
emu, n. στρουθοκάμηλος τῆς Αὐστρα-
λίας (ἡ)
emulate, v.t. μιμοῦμαι, ἁμιλλῶμαι/ *emu-
lation,* n. ἅμιλλα (ἡ), συναγωνισμός (ὁ)

emulsion, n. γαλάκτωμα (τό)/ (paint)
πλαστική μπογιά (ἡ)
enable, v.t. καθιστῶ ἱκανό, ἐπιτρέπω
enact, v.t. θεσπίζω, νομοθετῶ, ψηφίζω/
~ment, n. θέσπισμα (τό), νομοθέτημα
(τό), ψήφισμα (τό)
enamel, n. σμάλτο (τό)/ v.t. σμαλτώνω
enamour, v.t. ἐμπνέω ἔρωτα, καταγοη-
τεύω, θέλγω/ ~ed, p.p. & a. ἐρωτευμέ-
νος
encamp, v.i. στρατοπεδεύω/ ~ment, n.
στρατοπέδευση (ἡ), στρατόπεδο (τό)
encase, v.t. ὁάζω σέ θήκη, περικαλύπτω
encaustic, a. ἐγκαυστικός
enchain, v.t. ἁλυσοδένω, φυλακίζω
enchant, v.t. μαγεύω, θέλγω, γοητεύω/
~er, n. μάγος (ὁ), γόης (ὁ)/ ~ing, a.
μαγευτικός, γοητευτικός, θελκτικός/
~ment, n. γοητεία (ἡ), μαγεία (ἡ)/
~ress, n. μάγισσα (ἡ), γόησσα (ἡ)
encircle, v.t. περικυκλώνω
enclave, n. θύλακας (ὁ)
enclose, v.t. περικλείνω, περιφράζω/
(with letter) ἐσωκλείω
enclosure, n. περίφραγμα (τό), περίβολος
(ὁ)
encomium, n. ἐγκώμιο (τό), ἔπαινος (ὁ)
encompass, v.t. περικλείνω, περιζώνω
encore, int. μπίς!
encounter, n. συνάντηση (ἡ), μάχη (ἡ),
πάλη (ἡ)/ v.t. συναντῶ, ἀντιμετωπίζω
encourage, v.t. ἐνθαρρύνω, παροτρύνω,
δίνω κουράγιο/ ~ment, n. ἐνθάρρυνση
(ἡ), παρότρυνση (ἡ)
encroach, v.i. ἐπεμβαίνω, καταπατῶ/
~ment, n. ἐπέμβαση (ἡ), καταπάτηση
(ἡ)
encrust, v.t. καλύπτω
encumber, v.t. ἐπιβαρύνω, παραφορτώ-
νω/ ~ed, a. βεβαρυμένος/ *encumb-
rance,* n. ἐπιβάρυνση (ἡ), παραφόρτω-
μα (τό)/ (leg.) βάρος (τό), ἐμπράγματη
δουλεία (ἡ)
encyclical, n. ἐγκύκλιος (ἡ)
encyclopaedia, n. ἐγκυκλοπαίδεια (ἡ)
end, n. τέλος (τό), τέρμα (τό), ἄκρο (τό)/
~ on, μετωπικά, κατά μέτωπο/ *in the
~,* στό τέλος, ἐπί τέλους/ *on ~,* συνέ-
χεια/ *to no ~,* μάταια/ *make ~s meet,*
τά καταφέρνω, τά βολεύω/ v.t.& i. τε-

λειώνω, κλείνω, καταλήγω
endanger, v.t. διακινδυνεύω, βάζω σέ κίνδυνο, διακυβεύω
endear, v.t. κάνω ἀγαπητό/ ~ing, a. στοργικός, προσφιλής/ ~ment, n. ἀγάπη (ἡ), στοργή (ἡ)
endeavour, n. προσπάθεια (ἡ), ἀπόπειρα (ἡ)/ v.i. προσπαθῶ, πασχίζω, κάνω ἀπόπειρα
endemic, a. ἐνδημικός
ending, n. κατάληξη (ἡ)
endive, n. ἀντίδι (τό)
endless, a. ἀτέλειωτος, ἀπεριόριστος
endorse, v.t. προσυπογράφω, ἐγκρίνω, ὑποστηρίζω/ (cheque) ὀπισθογραφῶ/ (passport) θεωρῶ/ ~ment, n. προσυπογραφή (ἡ), ἔγκριση (ἡ), ὑποστήριξη (ἡ)/ (cheque) ὀπισθογράφηση (ἡ)/ (passport) θεώρηση (ἡ)
endow, v.t. προικίζω, κάνω δωρεά/ ~ed with, προικισμένος/ ~ment, n. προικοδότηση (ἡ), δωρεά (ἡ)
endue, v.t. προικίζω, κοσμῶ
endurable, a. ἀνεκτός, ὑποφερτός/ endurance, n. ἀνοχή (ἡ), ὑπομονή (ἡ), καρτερία (ἡ)/ endure, v.t.& i. ἀντέχω, ὑποφέρω, ὑπομένω
enema, n. κλύσμα (τό)
enemy, n. ἐχθρός (ὁ)/ a. ἐχθρικός
energetic, a. ἐνεργητικός, δραστήριος/ energy, n. ἐνέργεια (ἡ), δραστηριότητα (ἡ), ἐνεργητικότητα (ἡ)
enervate, v.t. ἐκνευρίζω, ἀποχαυνώνω
enfeeble, v.t. ἀδυνατίζω, ἐξασθενῶ
enfilade, v.t. πυροβολῶ καθ' ὅλη τήν γραμμή
enfold, v.t. τυλίγω, περιβάλλω
enforce, v.t. ἐπιβάλλω, ἐφαρμόζω/ ~ one's rights, διεκδικῶ τά δικαιώματά μου/ ~ment, n. ἐπιβολή (ἡ), ἐφαρμογή (ἡ)
enfranchise, v.t. δίνω δικαίωμα ψήφου, πολιτογραφῶ
engage, v.t. ὑπόσχομαι, δεσμεύω/ (an employee) προσλαμβάνω/ (mil.) συνάπτω μάχη/ (tech.) συμπλέκω/ ~ in, ἀσχολοῦμαι/ become ~, ἀρραβωνιάζομαι/ ~ d, a. ἀπασχολημένος, ἀρραβωνιασμένος/ ~ment, n. ὑποχρέωση (ἡ), δέσμευση (ἡ), ὑπόσχεση (ἡ)/ (to marry)

ἀρραβώνας (ὁ)/ (mil.) μάχη (ἡ), σύγκρουση (ἡ)/ ~ ring, δαχτυλίδι ἀρραβώνα (τό)/ engaging, a. ἑλκυστικός
engender, v.t. γεννῶ, προξενῶ, παράγω
engine, n. μηχανή (ἡ), κινητήρας (ὁ)/ fire ~, πυροσβεστική ἀντλία (ἡ)/ steam ~, ἀτμομηχανή (ἡ)/ ~ driver, μηχανοδηγός (ὁ)/ ~er, n. μηχανικός (ὁ)/ v.t. μηχανεύομαι, σκευωρῶ, συνωμοτῶ/ ~ering, n. μηχανική (ἡ)
English (man) n. Ἄγγλος (ὁ)/ the ~, οἱ Ἄγγλοι, οἱ Ἐγγλέζοι/ ~ woman, n. Ἀγγλίδα (ἡ)/ a. ἀγγλικός, ἐγγλέζικος
engrave, v.t. χαράζω, γλύφω/ ~d, a. χαραγμένος/ ~r, n. χαράκτης (ὁ)
engraving, n. χαρακτικό ἔργο (τό), χαλκογραφία (ἡ)
engross, v.t. ἀπορροφῶ τήν προσοχή, ἀπασχολῶ τελείως/ (leg.) καθαρογράφω ἔγγραφο/ be ~ed, εἶμαι ἀπορροφημένος
engulf, v.t. καταπίνω, καταποντίζω, καταβροχθίζω
enhance, v.t. ὑψώνω, ὑπερτιμῶ, ἀνεβάζω τήν ἀξία
enigma, n. αἴνιγμα (τό)/ ~tic, a. αἰνιγματικός
enjoin, v.t. ἐπιτάσσω, ἐπιβάλλω, παραγγέλλω
enjoy, v.t. ἀπολαμβάνω, εὐχαριστιέμαι/ ~ oneself, διασκεδάζω/ ~able, a. ἀπολαυστικός, εὐχάριστος/ ~ment, n. ἀπόλαυση (ἡ), διασκέδαση (ἡ), τέρψη (ἡ)/ (leg.) ἐπικαρπία (ἡ)
enlarge, v.t. & i. μεγαλώνω, μεγεθύνω, διευρύνω/ ~ment, n. μεγάλωμα (τό), μεγέθυνση (ἡ), διεύρυνση (ἡ)
enlighten, v.t. διαφωτίζω/ ~ed, a. φωτισμένος, σοφός/ ~ment, n. διαφώτιση (ἡ), ἐκπαίδευση (ἡ)
enlist, v.t. στρατολογῶ/ v.i. στρατολογοῦμαι, κατατάσσομαι/ ~ment, n. στρατολογία (ἡ), κατάταξη (ἡ)
enliven, v.t. ἐμψυχώνω, ζωογονῶ
enmesh, v.t. πιάνω στά δίχτυα
enmity, n. ἐχθρότητα (ἡ)
ennoble, v.t. ἐξευγενίζω/ (award a title) ἀπονέμω τίτλο εὐγενείας
enquire, v.i. ἐξετάζω, ἐρευνῶ/ ~ into, διερευνῶ/ ~ after, ζητῶ πληροφορίες/

enquiry, n. ἔρευνα (ἡ), ἀνάκριση (ἡ)/ *make ~ies*, ζητῶ πληροφορίες/ *~ office*, γραφεῖο πληροφοριῶν (τό)

enrage, v.t. ἐξαγριώνω, ἐξοργίζω

enrapture, v.t. καταμαγεύω, καταθέλγω, καταγοητεύω

enrich, v.t. ἐμπλουτίζω, πλουτίζω/ *~ment*, n. ἐμπλουτισμός (ὁ)

enrol, v.t. ἐγγράφω, καταγράφω/ (workers) μισθώνω/ (mil.) στρατολογῶ/ v.i. (school) γράφομαι, κάνω ἐγγραφή/ (mil.) κατατάσσομαι/ *~ment*, n. ἐγγραφή (ἡ), μίσθωση (ἡ), στρατολογία (ἡ)

ensconce, v.t. προφυλάγω, κρύβω, καλύπτω/ *~ oneself*, κρύβομαι, χώνομαι

enshrine, v.t. βάζω σέ θήκη, φυλάγω σάν ἱερό

enshroud, v.t. σαβανώνω

ensign, n. σημαία (ἡ), σύμβολο (τό)

enslave, v.t. σκλαβώνω, ὑποδουλώνω/ *~ment*, n. σκλάβωμα (τό), ὑποδούλωση (ἡ)

ensnare, v.t. παγιδεύω, ἐξαπατῶ/ (fig.) δελεάζω

ensue, v.i. ἐπακολουθῶ

ensure, v.t. ἐξασφαλίζω, ἐγγυῶμαι

entail, n. (leg.) ἀναπαλλοτρίωτο κληροδότημα (τό)/ v.t. καθιστῶ ἀναγκαῖο, συνεπάγομαι/ (leg.) κληροδοτῶ μέ τόν περιορισμό τοῦ ἀναπαλλοτρίωτου

entangle, v.t. μπλέκω, μπερδεύω/ *~ment*, n. μπλέξιμο (τό), μπέρδεμα (τό)

enter, v.t.& i. μπαίνω, εἰσχωρῶ/ (accoun.) *~ an item*, καταχωρῶ κονδύλι/ (leg.) *~ an action*, ἐγείρω ἀγωγή/ *~ into a contract*, κάνω συμφωνία, συνάπτω σύμβαση

enteric, a. ἐντερικός/ *enteritis*, n. ἐντερίτιδα (ἡ)

enterprise, n. ἐπιχείρηση (ἡ), ἐγχείρημα (τό)/ *enterprising*, a. ἐπιχειρηματικός, ἀποφασιστικός, τολμηρός

entertain, v.t. διασκεδάζω/ (guests) φιλοξενῶ, περιποιοῦμαι/ (hopes) τρέφω ἐλπίδες/ (dreams) πλάθω ὄνειρα/ *~ing*, a. διασκεδαστικός, εὐχάριστος/ *~ment*, n. διασκέδαση (ἡ), περιποίηση (ἡ), φιλοξενία (ἡ)/ (show) θέαμα (τό)

enthral, v.t. καταγοητεύω, μαγεύω/ *~ling*, a. καταγοητευτικός, μαγευτικός

enthrone, v.t. ἐνθρονίζω/ *~ment*, n. ἐνθρόνιση (ἡ)

enthusiasm, n. ἐνθουσιασμός (ὁ)/ *enthusiast*, a. ἐνθουσιασμένος, φανατικός ὀπαδός, λάτρης/ *~ic*, a. ἐνθουσιώδης, μανιώδης

entice, v.t. θέλγω, δελεάζω/ *~ment*, n. δελεασμός (ὁ), ἀποπλάνηση (ἡ)

entire, a. ὁλόκληρος, ὅλος, πλήρης/ *~ly*, ad. ὁλοκληρωτικά, ἀπόλυτα/ *~ty*, n. ὁλότητα (ἡ), ἀκεραιότητα (ἡ), σύνολο (τό)

entitle, v.t. τιτλοφορῶ, δίνω τόν τίτλο/ (the right) δίνω τό δικαίωμα, ἐξουσιοδοτῶ/ *be ~d*, ἔχω τό δικαίωμα

entity, n. ὀντότητα (ἡ), ὕπαρξη (ἡ)

entomb, v.t. θάβω, ἐνταφιάζω/ *~ment*, n. θάψιμο (τό), ἐνταφιασμός (ὁ)

entomologist, n. ἐντομολόγος (ὁ)/ *entomology*, n. ἐντομολογία (ἡ)

entrails, n. pl. ἐντόσθια (τά), σωθικά (τά), σπλάχνα (τά)

entrance, n. εἴσοδος (ἡ)/ *side ~*, πλάγια εἴσοδος (ἡ)/ *~ examinations*, εἰσαγωγικές ἐξετάσεις (οἱ)/ *~ hall*, προθάλαμος (ὁ), χώλ (τό)

entrance, v.t. προκαλῶ ἔκσταση, καταμαγεύω/ *entrancing*, a. μαγευτικός, γοητευτικός

entreat, v.t. ἱκετεύω, παρακαλῶ, ἐκλιπαρῶ/ *~y*, n. ἱκεσία (ἡ), παράκληση (ἡ)

entrench, v.t. περιχαρακώνω, ὀχυρώνω/ *~ment*, n. περιχαράκωση (ἡ), ὀχύρωση (ἡ)

entrust, v.t. ἀναθέτω, ἐμπιστεύομαι

entry, n. εἴσοδος (ἡ)/ (accoun.) ἐγγραφή (ἡ), καταχώρηση (ἡ)/ *no ~*, ἀπαγορεύεται ἡ εἴσοδος

entwine, v.t. περιτυλίγω, περισφίγγω

enumerate, v.t. ἀπαριθμῶ/ *enumeration*, n. ἀπαρίθμηση (ἡ)

enunciate, v.t. ἐξαγγέλλω, ἐκφράζω, διατυπώνω/ (words) προφέρω, ἀρθρώνω/ *enunciation*, n. ἐξαγγελία (ἡ), ἔκφραση (ἡ), διατύπωση (ἡ)

envelop, v.t. περιτυλίγω/ *~e*, n. φάκελος (ὁ), περιτύλιγμα (τό)

envenom, v.t. δηλητηριάζω

enviable, a. ἐπίζηλος/ *envious*, a. ζηλότυπος, φθονερός environment, n. περιβάλλον (τό), περίγυρος (ό)/ environs, n. περίχωρα (τά)

envisage, v.t. διακρίνω, προβλέπω/ (danger) ἀντιμετωπίζω

envoy, n. διπλωματικός ἀπεσταλμένος (ό)

envy, n. ζηλοτυπία (ή), φθόνος (ό)/ v.t. ζηλεύω, φθονῶ

epaulet(te), n. ἐπωμίδα (ή)

ephemeral, a. ἐφήμερος, παροδικός

epic, a. ἐπικός/ n. ἔπος (τό)

epicure, n. καλοφαγάς (ό), λιχούδης (ό)

epidemic, n. ἐπιδημία (ή)/ a. ἐπιδημικός

epigram, n. ἐπίγραμμα (τό)/ ~atic, a. ἐπιγραμματικός

epilepsy, n. ἐπιληψία (ή)/ epileptic, a. ἐπιληπτικός

epilogue, n. ἐπίλογος (ό)

Epiphany, n. ᾿Επιφάνεια (τά), Θεοφάνεια (τά)

episcopacy, n. ἐπισκοπή (ή)/ episcopal, a. ἐπισκοπικός/ ~ian, n. ὀπαδός τῆς ἐπισκοπικῆς ἐκκλησίας (ό), ἐπισκοπελιανός (ό)/ episcopate, n. ἐπισκοπή (ή)

episode, n. ἐπεισόδιο (τό)/ episodic, a. ἐπεισοδιακός

epistle, n. ἐπιστολή (ή)/ epistolary, a. ἐπιστολικός

epitaph, n. ἐπιτύμβια ἐπιγραφή (ή), ἐπιτάφιο ἐπίγραμμα (τό)

epithet, n. ἐπίθετο (τό)

epitome, n. ἐπιτομή (ή)/ epitomize, v.t. συντέμνω, συνοψίζω

epoch, n. ἐποχή (ή), περίοδος (ή)

equable, a. ὁμοιόμορφος, ἰσόμετρος

equal, a. ἴσος/ be ~ to a task, ἀνταποκρίνομαι στίς ἀπαιτήσεις ἔργου/ be on ~ terms, εἶμαι ἴσος πρός ἴσο/ a. ἴσος, ὅμοιος/ v.t. εἶμαι ἴσος, ἐξισώνω/ ~ity, n. ἰσότητα (ή)/ ~ization, n. ἐξίσωση (ή), ἐξισορρόπηση (ή)/ ~ize, v.t. ἰσοφαρίζω, ἐξισώνω/ ~ly, ad. ἴσα, ἐξίσου

equanimity, n. ἠρεμία (ή), ψυχραιμία (ή), ἀταραξία (ή)

equation, n. ἐξίσωση (ή)

equator, n. ἰσημερινός (ό)/ ~ial, a. τοῦ ἰσημερινοῦ

equerry, n. σταυλάρχης (ό)/ equestrian, a. ἔφιππος, ἱππέας, καβαλάρης

equidistant, a. σέ ἴση ἀπόσταση

equilibrate, v.t. ἰσοσταθμίζω, ἰσορροπῶ/ equilibrium, n. ἰσορροπία (ή), ἰσοστάθμιση (ή)

equine, a. ἀλογίσιος

equinox, n. ἰσημερία (ή)

equip, v.t. ἐφοδιάζω, ἐξοπλίζω/ ~ment, n. ἐφόδια (τά), ἐφοδιασμός (ό), ἐξοπλισμός (ό)

equipoise, n. ἰσορροπία (ή)

equitable, a. δίκαιος, ἔντιμος/ equity, n. δικαιοσύνη (ή), ἀκριβοδικία (ή)

equivalence, n. ἰσοδύναμο (τό), ἰσότιμο (τό)/ equivalent, a. ἰσοδύναμος, ἰσότιμος/ n. ἰσοδύναμο (τό), ἰσόποσο (τό)

equivocal, a. διφορούμενος, ἀσαφής/ equivocate, v.i. μιλῶ διφορούμενα, ἀμφιλέγω/ equivocation, n. ἀμφιλογία (ή), διφορούμενο (τό)

era, n. ἐποχή (ή), περίοδος (ή)

eradicate, v.t. ξεριζώνω, ἐξαλείφω, ἀφανίζω, ἐξολοθρεύω

eradication, n. ξερίζωμα (τό), ἐξάλειψη (ή), ἀφανισμός (ό)

erase, v.t. σβήνω, διαγράφω, ἐξαλείφω/ ~r, n. γομολάστιχα (ή), σβηστήρα (ή)/ erasure, n. ἐξάλειψη (ή), διαγραφή (ή)

ere, pr.& c. πρίν, προηγούμενα/ ~ long, σέ λίγο

erect, a. ὄρθιος, εὐθύς, ἴσιος/ v.t. ὑψώνω, ὀρθώνω, στήνω/ ~ion, n. ἀνύψωση (ή), ἀνόρθωση (ή), στήσιμο (τό)

ermine, n. ἑρμίνα (ή)

erode, v.t. διαβρώνω, κατατρώγω/ (fig.) ὑπονομεύω/ erosion, n. διάβρωση (ή)

erotic, a. ἐρωτικός/ eroticism, n. ἐρωτισμός (ό)

err, v.i. κάνω λάθος, σφάλλω, ἁμαρτάνω

errand, n. παραγγελία (ή), θέλημα (τό)/ ~ boy, παιδί γιά τά θελήματα (τό)

errant, a. περιφερόμενος, ἀλήτης

erratic, a. ἀκατάστατος, ἀκανόνιστος, ἀνώμαλος

erratum, n. παρόραμα (τό), λάθος (τό)/ erring, a. ἀπατημένος

erroneous, a. λανθασμένος, σφαλερός/ error, n. λάθος (τό), σφάλμα (τό)/ be in ~, σφάλλω, ἔχω ἄδικο

eructate, v.i. ρέβομαι/ eructation, n. ρέψιμο (τό)

erudite, a. μορφωμένος, πολυδιαβασμένος/ *erudition*, n. μόρφωση (ἡ), πολυμάθεια (ἡ)

erupt, v.i. κάνω ἔκρηξη, κάνω διάρρηξη/ (teeth) βγάζω δόντια/ ~*ion*, n. ἔκρηξη (ἡ), διάρρηξη (ἡ)/ (med.) ἐξάνθημα (τό)

escalate, v.i. κλιμακώνομαι, γίνομαι σοβαρότερος/ *escalator*, n. κινητή ἠλεκτρική σκάλα (ἡ)

escapade, n. σκάσιμο (τό), νεανική ἀταξία (ἡ)

escape, n. δραπέτευση (ἡ), ἀπόδραση (ἡ), διαφυγή (ἡ)/ (fig.) φυγή (ἡ)/ (tech.) ἐκφυγή (ἡ)/ *have a narrow* ~, τήν γλιτώνω φθηνά/ v.t. δραπετεύω, διαφεύγω, ξεφεύγω/ ~ *notice*, διαφεύγω τήν προσοχή

escarpment, n. ἀπότομη πλαγιά (ἡ), γκρεμός (ὁ)

eschatology, n. ἐσχατολογία (ἡ)

eschew, v.t. ἀποφεύγω

escort, n. συνοδός (ὁ), συνοδεία (ἡ)/ v.t. συνοδεύω

escutcheon, n. ἀσπίδα μέ θυρεό (ἡ)/ *a blot on one's* ~, μελανή κηλίδα, κακό ὄνομα

escutcheon, n. ἀσπίδα μέ θυρεό/ *a blot on one's* ~, μελανή κηλίδα, κακό ὄνομα

eskimo, n. ἐσκιμῶος (ὁ)

esoteric, a. μυστικός, ἀπόρρητος

especial, a. εἰδικός, ἰδιαίτερος, ξεχωριστός/ ~ *ly*, ad. εἰδικά, ἰδιαίτερα, ξεχωριστά

espionage, n. κατασκοπεία (ἡ)

esplanade, n. παραλιακός χῶρος περιπάτου (ὁ), σπιανάδα η)

espousal, n. γάμος (ὁ)/ (fig.) προσχώρηση (ἡ)/ *espouse*, v.t. παντρεύομαι/ (fig.) προσχωρῶ, ἀσπάζομαι

espy, v.t. διακρίνω, ἐπισημαίνω

esquire, n. κύριος (ὁ)

essay, n. δοκίμιο (τό), πραγματεία (ἡ), μελέτη (ἡ)/ v.t. & i. δοκιμάζω, κάνω ἀπόπειρα/ -*ist*, n. δοκιμιογράφος (ὁ)

essence, n. οὐσία (ἡ), φύση (ἡ), κύριο χαρακτηριστικό (τό)

essential, a. οὐσιαστικός, οὐσιώδης, βασικός, ἀπαραίτητος/ ~*s*, n. pl. ἀπαραίτητα (τά), στοιχεῖα (τά)/ ~*ly*, ad. βασικά, οὐσιαστικά

establish, v.t. ἐγκαθιστῶ, καθιερώνω, στερεώνω, ἱδρύω/ ~*ed*, p.p. & a. καθιερωμένος, ἀναγνωρισμένος/ ~*ment*, n. καθιέρωση (ἡ), ἵδρυση (ἡ)/ (polit.) τό κατεστημένο

estate, n. κτῆμα (τό)/ (leg.) περιουσία (ἡ)/ ~ *agent*, κτηματομεσίτης (ὁ)/ *personal* ~, κινητή περιουσία (ἡ)/ *real* ~, ἀκίνητη περιουσία (ἡ)

esteem, n. ὑπόληψη (ἡ), ἐκτίμηση (ἡ), σεβασμός (ὁ)/ v.t. ἐκτιμῶ, σέβομαι

estimable, a. ἀξιότιμος, ἀξιοσέβαστος

estimate, n. ἐκτίμηση (ἡ), λογαριασμός (ὁ), ὑπολογισμός (ὁ)/ v.t. ἐκτιμῶ, ὑπολογίζω, λογαριάζω/ *estimation*, n. ἐκτίμηση (ἡ), κρίση (ἡ)

estrange, v.t. ἀποξενώνω, ἀπομακρύνω/ ~*ment*, n. ἀποξένωση (ἡ), ῥήξη (ἡ), διακοπή σχέσεων (ἡ)

estuary, n. στόμιο (τό), ἐκβολή (ἡ)

etcetera, etc., κ.λπ., κτλ., καί τά λοιπά

etch, v.t. χαράζω, κάνω χαρακτική/ ~*er*, n. χαράκτης (ὁ)/ ~*ing*, n. χαλκογραφία (ἡ), χαρακτική (ἡ)

eternal, a. αἰώνιος, παντοτινός/ *eternity*, n. αἰωνιότητα (ἡ)

ether, n. αἰθέρας (ὁ)/ ~*eal*, a. αἰθέριος, ἄυλος

ethical, a. ἠθικός/ *ethics*, n. ἠθική (ἡ), ἠθικός κώδικας (ὁ)

Ethiopian, n. Αἰθίοπας (ὁ)/ a. αἰθιοπικός

ethnic, a. ἐθνικός, φυλετικός/ *ethnography*, n. ἐθνογραφία (ἡ)/ *ethnologist*, n. ἐθνολόγος (ὁ)/ *ethnology*, n. ἐθνολογία (ἡ)

etiquette, n. ἐτικέτα (ἡ), πρωτόκολλο (τό), ἐθιμοτυπία (ἡ)

Etruscan, n. Ἐτροῦσκος (ὁ)/ a. ἐτρουσκικός

etymological, a. ἐτυμολογικός/ *etymology*, n. ἐτυμολογία (ἡ), ἐτυμολογικό (τό)

eucalyptus, n. εὐκάλυπτος (ὁ)

Eucharist, n. Θεία Εὐχαριστία (ἡ), Θεία Μετάληψη (ἡ)

eugenics, n. εὐγονική (ἡ)

eulogist, n. ἐγκωμιαστής (ὁ), ὑμνητής (ὁ)/ ~-*ic*, a. ἐγκωμιαστικός, ὑμνητικός/ *eulogize*, v.t. ἐγκωμιάζω, ὑμνῶ/ *eulogy*, n. ἐγκώμιο (τό), ὕμνος (ὁ)

eunuch, n. εὐνοῦχος (ὁ)

euphemism, n. εὐφημισμός (ὁ)/ *euphemistic,* a. εὐφημιστικός
euphonious, a. εὐφωνικός/ *euphony,* n. εὐφωνία (ἡ)
European, n. Εὐρωπαῖος (ὁ)/ a. εὐρωπαϊκός
evacuate, v.t. ἐκκενώνω, ἀδειάζω/ *evacuation,* n. ἐκκένωση (ἡ), ἄδειασμα (τό)
evade, v.t. ἀποφεύγω, ξεφεύγω, ξεγλιστρῶ
evaluate, v.t. ἐκτιμῶ, ἀποτιμῶ/ *evaluation,* n. ἐκτίμηση (ἡ), ἀποτίμηση (ἡ)
evanescent, a. παροδικός, ἐφήμερος, φευγαλέος
evangelical, a. εὐαγγελικός/ *evangelist,* n. εὐαγγελιστής (ὁ), ἱεροκήρυκας (ὁ)
evaporate, v.t. ἐξατμίζω/ v.i. ἐξατμίζομαι, ἐξαερώνομαι
evaporation, n. ἐξάτμιση (ἡ), ἐξαέρωση (ἡ)
evasion, n. διαφυγή (ἡ), ὑπεκφυγή (ἡ), ἀποφυγή (ἡ), ξεγλίστρημα (τό)
evasive, a. ἀσαφής, ἀοριστολόγος
eve, n. παραμονή (ἡ)/ *on the ~,* τήν παραμονή, τήν προηγουμένη
even, a. ἐπίπεδος, ἴσιος, ὁμαλός, κανονικός/ (number) ζυγός/ *be ~ with,* εἶμαι πάτσι/ ad. ἀκόμη/ *~ if,* ἀκόμη καί ἄν/ *~ how,* ἀκόμη καί τώρα/ v.t. ἐξισώνω, ἐξομαλύνω/ *~handed,* a. ἀμερόληπτος, δίκαιος, ἀντικειμενικός
evening, n. βράδυ (τό), βραδιά (ἡ), δειλινό (τό)/ *good ~,* καλησπέρα/ a. βραδινός, ἑσπερινός/ *~ dress,* βραδινό φόρεμα (τό)/ *~ party,* ἑσπερίδα (ἡ), βραδινή δεξίωση (ἡ)
evenly, ad. ὁμοιόμορφα, ὁμαλά/ (temperament) ἤρεμα
event, n. γεγονός (τό), περιστατικό (τό)/ (sport) ἀγώνισμα (τό)/ *at all ~,* ὁπωσδήποτε, σέ κάθε περίπτωση/ *in the ~ of,* σέ περίπτωση πού/ *~ful,* a. πολυτάραχος, ταραχώδης/ *~ual,* a. πιθανός/ (final) τελικός/ *~uality,* n. ἐνδεχόμενο (τό), πιθανότητα (ἡ)/ *~ually,* ad. τελικά
ever, ad. ποτέ, πάντοτε/ *~ since,* ἔκτοτε, ἀπό τότε/ *for ~ and ~,* γιά πάντα, αἰώνια/ *hardly ~,* σπάνια

evergreen, a. ἀειθαλής/ (fig.) ζωηρός, θαλερός, φρέσκος/ n. ἀειθαλές φυτό (τό)
everlasting, a. παντοτινός, αἰώνιος, διαρκής, ἀνθεκτικός
evermore, ad. παντοτινά, ἐσαεί
every, a. κάθε, καθένας/ *~body,* pn. ὅλοι, ὁ καθένας/ *~day,* a. καθημερινός, συνηθισμένος/ *~now and then,* κάθε τόσο/ *~ other day,* μέρα παρ' ἡμέρα
evict, v.t. διώχνω, πετάω ἔξω/ (leg.) κάνω ἔξωση/ *~ion,* n. διώξιμο (τό)/ (leg.) ἔξωση (ἡ)
evidence, n. μαρτυρία (ἡ), ἔνδειξη (ἡ), ἀπόδειξη (ἡ)/ (leg.) give ~ κάνω ἔνορκη κατάθεση/ v.t. ἀποδείχνω, καταθέτω/ *evident,* a. φανερός, ἔκδηλος, προφανής/ *~ly,* ad. φανερά, ἔκδηλα
evil, a. κακός, μοχθηρός, κακοποιός/ *-doer,* n. κακοποιός (ὁ), ἐγκληματίας (ὁ)/ *~ eye,* κακό (βάσκανο) μάτι (τό)/ n. κακό (τό), κακία (ἡ), συμφορά (ἡ)/ *~ minded,* a. κακόβουλος, μοχθηρός, πρόστυχος
evince, v.t. ἐκδηλώνω, φανερώνω, δείχνω
eviscerate, v.t. ξεκοιλιάζω, βγάζω τά ἔντερα/ (fig.) πετσοκόβω, ἀκρωτηριάζω
evocation, n. (spirit) ἐπίκληση (ἡ)/ (recall) ζωντανή περιγραφή, παλιές ἀναμνήσεις
evoke, v.t. (spirit) ἐπικαλοῦμαι/ (recall) θυμίζω, ξαναφέρνω στό νοῦ
evolution, n. ἐξέλιξη (ἡ)/ *~ary,* n. ἐξελικτικός/ *evolve,* v.i. ἐξελίσσομαι, ἀναπτύσσομαι/ v.t. παράγω, ἀναπτύσσω
ewe, n. προβατίνα (ἡ)
ewer, n. κανάτι (τό), λαγήνι (τό)
exacerbate, v.t. ἐπιδεινώνω, ἐρεθίζω, ἐξαγριώνω
exact, a. ἀκριβής, σωστός, σαφής, ξεκάθαρος/ v.t. ἀπαιτῶ, ἐξαναγκάζω, ἀξιώνω/ *~ing,* a. ἀπαιτητικός/ (work) κοπιαστικός, κουραστικός/ *~ion,* n. ἀπαίτηση (ἡ), ἀξίωση (ἡ), ἐκβιασμός (ὁ)/ *~ly,* ad. ἀκριβῶς/ *~ness,* n. ἀκρίβεια (ἡ), σαφήνεια (ἡ)
exaggerate, v.t. ὑπερβάλλω, ἐξογκώνω, μεγαλοποιῶ
exaggeration, n. ὑπερβολή (ἡ), μεγαλοποίηση (ἡ)

exalt, v.t. ἐξυψώνω, ἐξυμνῶ/ ~ation, n. ἐξύψωση (ἡ), ἔξαρση (ἡ), ἀνάταση (ἡ)/ ~ed, a. ἀνυψωμένος, μεταρσιωμένος

examination, n. ἐξέταση (ἡ), διαγωνισμός (ὁ), ἐπιθεώρηση (ἡ)/ (leg.) ἐξέταση μαρτύρων/ examine, v.t. ἐξετάζω, ἐπιθεωρῶ/ (leg.) ὑποβάλλω ἐρωτήσεις σέ μάρτυρα/ examinee, a. ἐξεταζόμενος, ὑποψήφιος/ examiner, n. ἐξεταστής (ὁ)/ (leg.) ἀνακριτής (ὁ)

example, n. παράδειγμα (τό), ὑπόδειγμα (τό), πρότυπο (τό)/ for ~, γιά παράδειγμα

exasperate, v.t. ἐρεθίζω, ἐξάπτω, ἐξοργίζω/ exasperation, n. ἀπόγνωση (ἡ), ὀργή (ἡ)

excavate, v.t. ἀνασκάβω, σκάβω/ excavation, n. ἐκσκαφή (ἡ), σκάψιμο (τό)/ (arched) ἀνασκαφή (ἡ)/ excavator, n. ἐκσκαφέας (ὁ), φαγάνα (ἡ)

exceed, v.t. ὑπερβαίνω, ξεπερνῶ, ὑπερβάλλω/ ~ing, a. ὑπερβολικός/ ~ingly, ad. ὑπερβολικά

excel, v.t.& i. ὑπερέχω, διαπρέπω, ξεχωρίζω/ ~lence, n. ὑπεροχή (ἡ), ἀνωτερότητα (ἡ), τελειότητα (ἡ)/ ~lency, n. ἐξοχότητα (ἡ)/ ~lent, a. ἄριστος, ἔξοχος, διαπρεπής

except, pn. ἐκτός ἐάν/ v.t. ἐξαιρῶ, ἀποκλείω/ ~ion, n. ἐξαίρεση (ἡ)/ take ~ to, φέρνω ἀντιρρήσεις, θίγομαι, προσβάλλομαι/ ~ional, a. ἐξαιρετικός, ἔξοχος, μοναδικός

excerpt, n. ἀπόσπασμα (τό)

excess, n. ὑπερβολή (ἡ), ὑπέρταση (ἡ), κατάχρηση (ἡ)/ (surplus) περίσσευμα (τό), πλεόνασμα (τό)/ ~ luggage, ὑπέρβαρες ἀποσκευές/ ~ fare, διαφορά εἰσιτηρίου/ ~ profit, ὑπερβολικό κέρδος/ to ~, ὑπερβολικά, σέ ὑπερβολικό βαθμό

exchange, n. ἀνταλλαγή (ἡ), ἀντάλλαγμα (τό)/ (telephone) τηλεφωνικό κέντρο (τό)/ bill of ~, συναλλαγματική (ἡ), γραμμάτιο (τό)/ ~able, a. ἀνταλλάξιμος

exchequer, n. θησαυροφυλάκιο (τό)/ Chancellor of the ~, Ὑπουργός Οἰκονομικῶν (ὁ)

excise, n. καταναλωτικός φόρος (ὁ)/ v.t.

ἀποκόβω/ excision, n. ἀποκοπή (ἡ)

excitability, n. ἐρεθιστικότητα (ἡ), εὐέξαπτη ἰδιοσυγκρασία (ἡ)

excitable, a. εὐέξαπτος, εὐερέθιστος/ excite, v.t. ἐξάπτω, ἐρεθίζω, ξεσηκώνω, συγκινῶ/ (interest) διεγείρω/ (hate) προκαλῶ/ ~ment, n. ἔξαψη (ἡ), συγκίνηση (ἡ), ἐρεθισμός (ὁ), διέγερση (ἡ)/ exciting, a. συναρπαστικός, διεγερτικός

exclaim, v.i. ἀναφωνῶ, ξεφωνίζω/ exclamation, n. ἀναφώνηση (ἡ), κραυγή (ἡ)/ (gram.) ἐπιφώνημα (τό)/ ~ mark, θαυμαστικό (τό)

exclude, v.t. ἀποκλείω, ἐξαιρῶ/ exclusion, n. ἀποκλεισμός (ὁ), ἐξαίρεση (ἡ)/ exclusive, a. ἀποκλειστικός, ἐξαιρετικός

excommunicate, v.t. ἀφορίζω, ἀναθεματίζω/ excommunication, n. ἀφορισμός (ὁ), ἀναθεμάτισμα (τό)

excrement, n. περίττωμα (τό), σκατό (τό)

excrescence, n. ἀπόφυση (ἡ), ἐξόγκωμα (τό)/ (fig.) ἐξάμβλωμα (τό)

excruciating, a. μαρτυρικός, βασανιστικός

exculpate, v.t. ἀπαλλάσσω, ἀθωώνω/ exculpation, n. ἀπαλλαγή (ἡ), ἀθώωση (ἡ)

excursion, n. ἐκδρομή (ἡ)/ ~ ticket, ἐκδρομικό εἰσιτήριο (τό)/ ~ train, ἐκδρομικό τραῖνο/ ~ist, n. ἐκδρομέας (ὁ)

excusable, a. συγχωρητέος, συγγνωστός/ excuse, n. δικαιολογία (ἡ), πρόφαση (ἡ)/ v.t. δικαιολογῶ/ ~ oneself, ζητῶ συγγνώμη/ ~ me!, μέ συγχωρεῖτε!

execrable, a. ἀποτρόπαιος, ἀπαίσιος, φρικτός/ execrate, v.t. ἀπεχθάνομαι, σιχαίνομαι

execute, v.t. ἐκτελῶ/ (leg.) ἐπικυρώνω πράξη, ἐκτελῶ διαθήκη/ execution, n. ἐκτέλεση (ἡ), ἐπικύρωση (ἡ)/ ~er, n. δήμιος (ὁ)

executive, a. ἐκτελεστικός/ n. (pol.) ἐκτελεστική ἐξουσία (ἡ)/ (in a company) στέλεχος/ executor, n. ἐκτελεστής (ὁ)

exegesis, n. ἐξήγηση τῆς Γραφῆς (ἡ)

exemplary, a. ὑποδειγματικός, παραδειγματικός/ exemplify, v.t. δείχνω μέ παραδείγματα, γίνομαι παράδειγμα

exempt, a. ἐξαιρεμένος, ἀπαλλαγμένος/ v.t. ἐξαιρῶ, ἀπαλλάσσω/ ~ion, n. ἐξαίρεση (ἡ), ἀπαλλαγή (ἡ)

exercise, n. ἄσκηση (ἡ), ἐξάσκηση (ἡ)/ v.t. ἐξασκῶ, γυμνάζω/ (rights) ἀσκῶ δικαιώματα/ (patience) δείχνω ὑπομονή/ v.i. ἀσκοῦμαι, γυμνάζομαι

exert, v.t. ἐκτελῶ, βάζω σέ ἐνέργεια/ (influence) ἐξασκῶ ἐπιρροή/ ~ oneself, ἀγωνίζομαι/ ~ ion, n. προσπάθεια (ἡ), ἀγώνας (ὁ)

exfoliate, v.i. ἀποφλοιώνω, ξεφλουδίζω

exhalation, n. ἀναθυμίαση (ἡ), ἐξάτμιση (ἡ)/ **exhale**, v.t. ἀποπνέω, βγάζω ἀναθυμιάσεις

exhaust, n. ἔξοδος (ἡ), ἐκφυγή (ἡ)/ (car) ἐξάτμιση (ἡ)/ ~ pipe, ἐξαγωγικός σωλήνας/ v.t. ἐξαντλῶ/ (tech.) ἀναρροφῶ/ ~ed, p.p.& a. ἐξαντλημένος/ ~ion, n. ἐξάντληση (ἡ)/ (tech.) ἀναρρόφηση (ἡ)/ ~ive, a. ἐξαντλητικός, πλήρης

exhibit, n. ἔκθεμα (τό)/ (leg.) ἀποδεικτικό ἀντικείμενο (τό)/ v.t. ἐκθέτω, ἐπιδεικνύω/ ~ion, n. ἔκθεση (ἡ)/ ~ioner, n. ὑκότροφος σχολείου (ὁ)/ ~ionist, n. ἐπιδειξίας (ὁ)/ ~or, n. ἐκθέτης (ὁ)

exhilarate, v.t. χαροποιῶ, φαιδρύνω, εὐθυμῶ/ **exhilarating**, a. χαρωπός, εὔθυμος, φαιδρός/ **exhilaration**, n. χαροποίηση (ἡ), τέρψη (ἡ), εὐθυμία (ἡ)

exhort, v.t. προτρέπω, ἐνθαρρύνω, παρακινῶ/ ~ation, n. προτροπή (ἡ), ἐνθάρρυνση (ἡ), παρακίνηση (ἡ)

exhume, v.t. ξεθάβω

exigen(ce), -cy, n. ἐπείγουσα ἀνάγκη (ἡ), ἐπίμονη ἀπαίτηση (ἡ)/ **exigent**, a. πολύ ἐπείγων, ἀπαιτητικός

exiguous, a. ἰσχνός, πενιχρός

exile, n. ἐξορία (ἡ)/ (person) ἐξόριστος (ὁ)/ v.t. ἐξορίζω

exist, v.i. ὑπάρχω, ὑφίσταμαι/ ~ence, n. ὕπαρξη (ἡ)/ ~ent, ~ing, a. ὑπαρκτός, τωρινός

exit, n. ἔξοδος (ἡ)/ emergency ~, ἔξοδος κινδύνου (ἡ)/ ~ visa, θεώρηη ἐξόδου (ἡ)

exodus, n. Ἔξοδος (Παλαιᾶς Διαθήκης)

exonerate, v.t. ἀπαλλάσσω, δικαιώνω/ **exoneration**, n. ἀπαλλαγή (ἡ), δικαίωση (ἡ)

exorbitant, a. ὑπερβολικός, ὑπέρμετρος

exorcism, n. ἐξορκισμός (ὁ)/ exorcize, v.t. ἐξορκίζω

exordium, n. προοίμιο (τό), πρόλογος (ὁ)

exotic, a. ἐξωτικός

expand, v.t.& i. διαστέλλω, ἐπεκτείνω, διευρύνω/ expanse, n. ἔκταση (ἡ), διάστημα (τό)/ expansion, n. ἐπέκταση (ἡ), ἐξάπλωση (ἡ), ἀνάπτυξη (ἡ)/ (tech.) διαστολή (ἡ)/ expansive, a. διασταλτικός, ἐπεκτατικός

expatiate, v.i. ἐπεκτείνομαι, ξαπλώνομαι

expatriate, v.t. ἐκπατρίζω/ a. ἐκπατρισμένος, ξενιτεμένος

expect, v.t. περιμένω, προσδοκῶ, ἀναμένω/ ~ancy, n. προσδοκία (ἡ), ἀναμονή (ἡ)/ ~ant, n. προσδοκῶν, ἐκεῖνος πού περιμένει/ ~ mother, ἔγγυος (ἡ)

expectorate, v.t. φτύνω/ expectorant, n. ἀποχρεμπτικό (τό)

expectoration, n. φτύσιμο (τό), ἀπόπτυση (ἡ)

expediency, n. ἁρμοδιότητα (ἡ), σκοπιμότητα (ἡ), ὠφελιμότητα (ἡ)/ expedient, a. ἁρμόδιος, σκόπιμος, ὠφέλιμος/ n. μέσο (τό), τέχνασμα (τό)/ expedite, v.t. βάζω σέ ἐνέργεια, διευκολύνω, ἐπισπεύδω/ expedition, n. ἀποστολή (ἡ), ἐκστρατεία (ἡ)/ ~ary, a. ἐκστρατευτικός/ expeditious, a. γρήγορος, ταχύς, δραστήριος

expel, v.t. ἀπελαύνω, διώχνω/ (school) ἀποβάλλω

expend, v.t. δαπανῶ, ξοδεύω/ ~iture, n. δαπάνη (ἡ), ἔξοδο (τό)/ expense, n. ἔξοδο (τό), δαπάνη (ἡ)/ pl. ἔξοδα (τά)/ at his ~, μέ ἔξοδά του/ expensive, a. δαπανηρός, ἀκριβός

experience, n. πείρα (ἡ), ἐμπειρία (ἡ)/ v.t. δοκιμάζω, ἀποκτῶ πείρα/ ~d, a. πεπειραμένος, δοκιμασμένος

experiment, n. πείραμα (τό), δοκιμή (ἡ)/ v.i. πειραματίζομαι, κάνω πειράματα, δοκιμάζω

expert, a. ἔμπειρος, εἰδικευμένος/ n. εἰδικός (ὁ), ἐμπειρογνώμων (ὁ)

expiate, v.t. ἐξαγνίζω, ἐξιλεώνω/ expiation, n. ἐξαγνισμός (ὁ), ἐξιλέωση (ἡ)/ expiatory, a. ἐξιλεωτικός

expiration, n. ἐκπνοή (ἡ), λήξη (ἡ)/ expi-

re, v.i. ἐκπνέω, λήγω, παύω, σβήνω
explain, v.t. ἐξηγῶ, ἑρμηνεύω, σαφηνίζω/
~ *away*, δίνω ἱκανοποιητική ἐξήγηση/
~ *oneself*, δικαιολογοῦμαι, ἐξηγῶ τήν
στάση μου/ *explanation*, n. ἐξήγηση (ἡ),
ἑρμηνεία (ἡ)
explanatory, a. ἐξηγητικός, ἑρμηνευτικός
expletive, a. παραπληρωματικός
explicit, a. σαφής, ῥητός, κατηγορηματι-
κός
explode, v.t. κάνω ἔκρηξη, τινάζω στόν
ἀέρα/ (fig.) ἀποδοκιμάζω, ἀπορρίπτω/
v.i. σκάω, ἐκρήγνυμαι
exploit, n. κατόρθωμα (τό), ἐπίτευγμα
(τό)/ v.t. ἐκμεταλλεύομαι/ ~*ation*, n.
ἐκμετάλλευση (ἡ)
exploration, n. ἐξερεύνηση (ἡ)/ *explore*,
v.t. ἐξερευνῶ/ ~ *r*, n. ἐξερευνητής (ὁ)
explosion, n. ἔκρηξη (ἡ)/ *explosive*, a.
ἐκρηκτικός/ n. ἐκρηκτική ὕλη (ἡ)
exponent, n. ἐξηγητής (ὁ)/ (mus.) ἑρμη-
νευτής (ὁ), ἐκτελεστής (ὁ)/ (maths) δεί-
κτης (ὁ)
export, n. ἐξαγωγή (ἡ)/ ~ *duty*, ἐξαγωγι-
κός δασμός (ὁ)/ v.t. ἐξάγω, κάνω ἐξα-
γωγή/ ~*ation*, n. ἐξαγωγή (ἡ)/ ~*er*, n.
ἐξαγωγέας (ὁ)
expose, v.t. ἐκθέτω, ἀποκαλύπτω/ (phot.)
ἐμφανίζω/ *exposition*, n. ἔκθεση (ἡ),
ἑρμηνεία (ἡ)
expostulate, v.i. διαμαρτύρομαι, κάνω
παράπονα/ *expostulation*, n. διαμαρτυ-
ρία (ἡ), παράπονο (τό), αἰτίαση (ἡ)
exposure, n. ἔκθεση (ἡ), ἀποκάλυψη (ἡ)/
(phot.) ἐμφάνιση (ἡ)
expound, v.t. ἐξηγῶ, ἑρμηνεύω
express, n. ἐξπρές (τό)/ ~ *messenger*,
ἔκτακτος ταχυδρόμος/ ~ *train*, ταχεία
(ἡ)/ a. σαφής, ῥητός, κατηγορηματι-
κός/ v.t. ἐκφράζω, διατυπώνω/ ~ *one-
self*, ἐκφράζομαι/ ~*ion*, n. ἔκφραση
(ἡ)/ ~*ionism*, n. ἐξπρεσσιονισμός (ὁ)/
~*ive*, a. ἐκφραστικός/ ~*ly*, ad. ῥητά,
κατηγορηματικά/ *it was done* ~ *to an-
noy you*, ἔγινε ἐπίτηδες γιά νά σέ ἐνο-
χλήσει
expropriate, v.t. ἀπαλλοτριώνω/ *expro-
priation*, n. ἀπαλλοτρίωση (ἡ)
expulsion, n. ἀπέλαση (ἡ), ἔξωση (ἡ)
expunge, v.t. ἐξαλείφω, διαγράφω, σβή-

νω
expurgate, v.t. ξεκαθαρίζω, ἀπαλείφω τά
ἄσεμνα μέρη/ *expurgation*, n. ξεκαθά-
ρισμα (τό), ἀπάλειψη τῶν ἄσεμνων
exquisite, a. ἐξαιρετικός, θαυμάσιος, τέ-
λειος
ex-serviceman, n. παλαιός πολεμιστής (ὁ)
extant, a. ὑπάρχων, ἐκεῖνος πού ὑφίστα-
ται
extemporaneous, a. ἀπροσχεδίαστος,
ἀπροετοίμαστος/ *extempore*, ad. πρό-
χειρα, ἀπροετοίμαστα/ *extemporize*,
v.i. αὐτοσχεδιάζω
extend, v.t. ἐπεκτείνω, προεκτείνω/
(hand) ἁπλώνω τό χέρι/ ~ *a welcome*,
καλωσορίζω/ (sympathy) ἐκφράζω λύ-
πη (συμπάθεια)/ v.i. ἁπλώνομαι, τεν-
τώνομαι/ *extension*, n. ἐπέκταση (ἡ),
προέκταση (ἡ)/ (time) παράταση (ἡ)/
(teleph.) ἐσωτερικό/ *extensive*, a. ἐκτε-
ταμένος, λεπτομερής/ *extent*, n. ἔκταση
(ἡ), βαθμός (ὁ)/ *to what* ~, σέ ποιό
βαθμό/ *to a certain* ~, ὡς ἕνα σημεῖο
(βαθμό)/ *to a great* ~, σέ μεγάλο βαθμό/
to the full ~, πλήρως, ὁλοκληρωτικά
extenuate, v.t. ἐλαττώνω, μετριάζω, ἐξα-
σθενίζω/ *extenuating*, a. ἐλαφρυντικός/
extenuation, n. ἐλάττωση (ἡ), μετρια-
σμός (ὁ), ἐξασθένιση (ἡ)
exterior, a. ἐξωτερικός/ n. ἐξωτερικό
(τό), ἐξωτερική ὄψη (ἡ)/ *pleasant* ~,
εὐχάριστη ἐμφάνιση (ὄψη)
exterminate, v.t. ἐξολοθρεύω, ἐξοντώνω/
extermination, n. ἐξολοθρεμός (ὁ),
ἐξόντωση (ἡ)
external, a. ἐξωτερικός, ἐπιφανειακός/ ~
trade, ἐξωτερικό ἐμπόριο (τό)/ *ly*, ad.
ἐξωτερικά
exterritoriality, n. ἑτεροδικία (ἡ)
extinct, a. ἐξαφανισμένος, ἐξαλειμμένος/
(volcano) ἐσβεσμένος/ ~*ion*, n. ἐξάλει-
ψη (ἡ), ἐξαφάνιση (ἡ)
extinguish, v.t. σβήνω, καταργῶ/ ~*er*, n.
ἀποσβέστης (ὁ), πυροσβεστήρας (ὁ)
extirpate, v.t. ξεριζώνω, ἐξοντώνω/ *extir-
pation*, n. ξερίζωμα (τό), ἐξόντωση (ἡ)
extol, v.t. ἐξυμνῶ, ἐγκωμιάζω, ἐκθειάζω
extort, v.t. ἐκβιάζω, ἀποσπῶ μέ τήν βία/
~*ion*, n. ἐκβιασμός (ὁ), ἀπόσπαση μέ
τήν βία/ ~*ionate*, a. ἐκβιαστικός/

~ioner, n. ἐκβιαστής (ὁ)

extra, a. πρόσθετος, συμπληρωματικός/ ~ charge, πρόσθετη ἐπιβάρυνση/ ad. πέρα ἀπό, ἐπιπλέον/ n. πρόσθετη ἐξυπηρέτηση (ἡ), ἐξτρά/ (newspaper) παράρτημα (τό), ἔκτακτη ἔκδοση/ (film) κομπάρσος (ὁ)

extract, n. ἐκχύλισμα (τό), ἀπόσταγμα (τό)/ (book) ἀπόσπασμα (τό)/ v.t. (tooth) βγάζω/ (agreement) ἐξαναγκάζω σέ συμφωνία/ (maths) ἐξαγόμενο/ ~ion, n. ἐξαγωγή (ἡ)/ (ancestors) καταγωγή (ἡ)

extradite, v.t. ἐκδίδω/ extradition, n. ἔκδοση (ἡ)

extraneous, a. ἄσχετος, ξένος

extraordinary, a. ἐξαιρετικός, ἀσυνήθιστος, ἔκτακτος/ ~ meeting, ἔκτακτη συνέλευση (ἡ)

extraterritoriality, n. βλ. *exterritoriality*.

extravagance, n. ὑπερβολή (ἡ), παρατράβηγμα (τό)/ (money) σπατάλη (ἡ)

extravagant, a. ὑπερβολικός, παρατραβηγμένος/ (money) σπάταλος

extreme, a. ἄκρος, ἀκραῖος, τελευταῖος/ n. ἄκρο (τό)/ in the ~, ὑπερβολικά/ ~ly, ad. πάρα πολύ, ἄκρως, στό ἔπακρο/ extremist, n. ἐξτρεμιστής (ὁ)/ extremity, n. ἄκρη (ἡ), ἔσχατο σημεῖο (τό), τέρμα (τό)/ pl. τά ἄκρα τοῦ σώματος

extricate, v.t. ἀπαλλάσσω, ἐλευθερώνω, ξεμπλέκω, ἀποδεσμεύω/ ~ oneself, ξεμπλέκω, ἀποδεσμεύομαι

extrinsic, a. ἐξωτερικός, ξένος

extrovert, n. ἐξωστρεφής (ὁ, ἡ)

exuberance, n. ἀφθονία (ἡ), πληθώρα (ἡ)/ exuberant, a. ἄφθονος, σέ περίσσεια/ in ~ health, γεμάτος ὑγεία

exude, v.i. παθαίνω ἀφίδρωση/ v.t. διαχέω

exult, v.i. χαίρομαι, νιώθω ἀγαλλίαση/ ~ant, a. χαρούμενος, γεμάτος ἀγαλλίαση/ ~ation, n. ἀγαλλίαση (ἡ), ὑπερβολική χαρά

eye, n. μάτι (τό)/ one ~d, μονόφθαλμος/ keep an ~ on, προσέχω, παρακολουθῶ/ see ~ to ~ with, ἔχω τίς ἴδιες ἀπόψεις μέ/ shut one's ~s to, κάνω τά στραβά μάτια/ ~ball, n. βολβός τοῦ ματιοῦ/ ~brow, n. φρύδι (τό)/ ~glass, n. μο-
νύελο (τό), μονόκλ (τό)/ ~glasses, n. pl. γυαλιά (τά), ματογυάλια (τά)/ ~lash, n. βλεφαρίδα (ἡ)/ ~lid, n. βλέφαρο (τό)/ ~ opener, n. ἀποκαλυπτικό γεγονός (τό)/ ~shade, n. γεῖσο (τό)/ ~sight, n. ὅραση (ἡ)/ ~ sore, n. πονόματος (ὁ)/ ~tooth, n. σκυλόδοντο (τό)/ ~ witness, n. αὐτόπτης μάρτυρας (ὁ)

eyot, n. νησάκι σέ ποτάμι (τό)

eyrie, eyry, n. φωλιά ὀρνέων (ἡ)/ (fig.) σπίτι στήν κορφή βουνοῦ (τό)

F

fable, n. μύθος (ὁ), παραμύθι (τό)

fabric, n. οἰκοδόμημα (τό), κατασκεύασμα (τό)/ ~ of society, κοινωνικό οἰκοδόμημα/ ~ate, v.t. κατασκευάζω, ἐπινοῶ/ ~ation, n. κατασκεύασμα (τό), ἐπινόηση (ἡ)/ (lie) ψευδολογία (ἡ)

fabulist, n. μυθογράφος (ὁ), συγγραφέας μύθων/ fabulous, a. μυθώδης, μυθικός

face, n. πρόσωπο (τό), μορφή (ἡ)/ (cloth) ὄψη (ἡ)/ ~cream, κρέμα προσώπου (ἡ)/ make ~s, κάνω γκριμάτσες/ ~value, ἀξία (σημασία) ἐκ πρώτης ὄψεως/ v.t. ἀντιμετωπίζω, ἀντικρίζω, ἀτενίζω/ ~the facts, ἀντιμετωπίζω τήν πραγματικότητα

facet, n. ἄποψη (ἡ)

facetious, a. ἀστεῖος, εὐτράπελος/ ~ness, n. ἀστειότητα (ἡ)

facial, a. τοῦ προσώπου

facile, a. εὔκολος, εὐπρόσιτος/ facilitate, v.t. εὐκολύνω, διευκολύνω/ facility, n. εὐκολία (ἡ), διευκόλυνση (ἡ), ἐξυπηρέτηση (ἡ)/ pl. εὐκολίες (οἱ), ἀνέσεις (οἱ)

facing, pr. ἀντίκρυ, ἀπέναντι/ n. διακόσμηση (ἡ), στολίδι (τό)

facsimile, n. πανομοιότυπο (τό)

fact, n. γεγονός (τό)/ in ~, πράγματι, ἀληθινά/ as a matter of ~, στήν πραγματικότητα/ the ~ is that, ἡ οὐσία εἶναι

faction, n. φατρία (ἡ), κόμμα (τό)/ (dis-

agreement) διάσταση (ή), διχόνοια (ή)/
factious, a. φατριαστικός
factitious, a. τεχνητός, πλαστός
factor, n. παράγοντας (ό), συντελεστής
(ό)/ (maths) διαιρέτης (ό)
factory, n. ἐργοστάσιο (τό)
factotum, n. πολυτεχνίτης (ό)
factual, a. πραγματικός (ό)
faculty, n. ἱκανότητα (ή), ἰδιότητα (ή),
λειτουργία (ή)/ (university) σχολή πα-
νεπιστημίου
fad, n. φαντασιοπληξία (ή), μονομανία
(ή), 6ίδα (ή)
fade, v.t. φθείρω, μαραίνω/ v.i. μαραίνο-
μαι, ξεθωριάζω/ (sound) σβήνω/ ~d, a.
μαραμένος, ἐξασθενημένος/ *fading*, n.
ἐξασθένηση (ή), σβήσιμο (τό)
fag, n. κόπος (ό), ἀγγαρεία (ή)/ ~ *end*,
ἀποτσίγαρο (τό)/ v.i. *be ~ged out*, εἶ-
μαι ἐξαντλημένος/ ~ *ging*, n. σκληρή
δουλειά (ή)
faggot, n. δεμάτι ἀπό ξύλα (τό)
fail, v.t. & i. ἀποτυχαίνω, ὑστερῶ/ ~
somebody, ἀθετῶ τίς ὑποσχέσεις μου
πρός κάποιον/ *without* ~, ὁπωσδήποτε/
don't ~ *to*, μήν παραλείψεις νά/ ~*ing*,
n. ἔλλειψη (ή), ἐλάττωμα (τό), ἀδυνα-
μία (ή)/ pr. ἐάν δέν/ ~*ure*, n. ἀποτυχία
(ή), παράλειψη (ή)
fain, a. πρόθυμος/ ad. μέ προθυμία, εὐ-
χαρίστως
faint, a. ἀδύνατος, ἐξασθενημένος, ἀσθε-
νικός/ n. λιποθυμία (ή)/ v.i. λιποθυμῶ/
~ *hearted*, a. δειλός, λιπόψυχος/
~*ness*, n. ἀτονία (ή), ἀδυναμία (ή)
fair, n. πανηγύρι (τό), ἔκθεση (ή)/ (co-
lour) ξανθός/ (just) δίκαιος/ *by* ~
means, μέ δίκαια μέσα/ ~*wind*, οὔριος
ἄνεμος/ ~*play*, τίμιο παιχνίδι/ *it's not*
~, δέν εἶναι δίκαιο, δέν εἶναι σωστό/ ~
amount, ἀρκετή ποσότητα/ ~ *haired*, a.
ξανθομάλλης/ ~*minded*, a. δίκαιος,
ἀμερόληπτος/ ~*ly*, ad. δίκαια, τίμια/
~*well*, ἀρκετά καλά/ ~*ness*, n. τιμιότη-
τα (ή), ἀμεροληψία (ή)
fairy, n. νεράιδα (ή)/ a. νεραϊδένιος, μα-
γικός/ ~*tale*, n. παραμύθι (τό)
fait accompli, τετελεσμένο γεγονός (τό)
faith, n. πίστη (ή), πεποίθηση (ή)/ *have* ~
in, ἔχω ἐμπιστοσύνη σέ/ *in good* ~, μέ

καλή πίστη/ ~*ful*, a. πιστός, προσηλω-
μένος/ n. pl.*the* ~, οἱ πιστοί, οἱ ὁπαδοί/
~*fully*, ad. πιστά, εἰλικρινά/ *yours* ~,
μέ ἐκτίμηση/ ~*fulness*, n. πιστότητα
(ή), ἀκρίβεια (ή)/ ~*less*, a. ἄπιστος,
δόλιος/ ~*lessness*, n. ἀπιστία (ή), δο-
λιότητα (ή)
fake, n. ἀπομίμηση (ή), νοθεία (ή), ἐξα-
πάτηση (ή)/ v.t. ἀπομιμοῦμαι, νοθεύω,
ἐξαπατῶ
fakir, n. φακίρης (ό)
falcon, n. γεράκι (τό)/ ~*er*, n. γερακοτρό-
φος (ό)/ ~*ry*, n. γερακοτροφία (ή)
fall, n. πτώση (ή), πέσιμο (τό)/ *heavy* ~ *of*
rain, δυνατή (καταρρακτώδης) βροχή/
v.i. πέφτω/ (wind) κοπάζω/ *his birthday*
~*s on*, τά γενέθλιά του πέφτουν στίς/ ~
asleep, ἀποκοιμιέμαι/ ~ *away* (ground)
χαμηλώνω ἀπότομα/ ~ *back*, ὀπισθο-
χωρῶ/ ~ *behind*, μένω πίσω/ ~ *down*,
πέφτω κάτω, πέφτω κατά γῆς/ ~ *due*,
λήγω/ ~ *in*, καταρρέω, γκρεμίζομαι/
(mil.) παρατάσσομαι/ ~ *in love*, ἐρω-
τεύομαι/ ~ *off*, μειώνομαι, πέφτω σέ
ποιότητα/ ~ *sick*, ἀρρωσταίνω/ ~
through, ἀποτυχαίνω, δέν ὁλοκληρώ-
νομαι
fallacious, a. ἀπατηλός/ *fallacy*, n. ἀπάτη
(ή), πλάνη (ή)
fallen, p.p. & a. πεσμένος/ (mil.) νεκρός,
πεσών
fallibility, n. σφαλερότητα (ή)/ *fallible*, a.
σφαλερός
falling, n. πτώση (ή), πέσιμο (τό)/ a. ἐκεῖ-
νος πού πέφτει/ ~ *star*, διάττων ἀστήρ
(ό), πεφτάστερο (τό)
fall-out, n. ραδιενέργεια στήν ἀτμόσφαι-
ρα (ή)
fallow, a. χέρσος, ἄγονος ἀκαλλιέργητος/
~ *deer*, μικρό ξανθό ἐλάφι (τό)
false, a. πλαστός, ψεύτικος, ἀπατηλός/ ~
-bottomed, μέ ψεύτικο πάτο/ ~ *hood*,
n. ἀπάτη (ή), ψευτιά (ή)/ ~*ness*, n.
πλαστότητα (ή), ἀπιστία (ή)/ ~*tto*, n.
ψεύτικη φωνή (ή)/ *falsify*, v.t. νοθεύω,
παραποιῶ
falter, v.i. διστάζω, ἀμφιταλαντεύομαι,
κλονίζομαι/ (speech) τραυλίζω, ψελλί-
ζω/ ~*ing*, a. διστακτικός, κλονισμένος/
~ *voice*, τραυλιστική φωνή

fame, n. δόξα (ἡ), φήμη (ἡ)/ ~d, a. φημισμένος, περίφημος, διάσημος

familiar, a. γνώριμος, οἰκεῖος, στενός/ be ~ with, γνωρίζω/ ~ity, n. οἰκειότητα (ἡ), γνωριμία (ἡ)/ ~ize, v.t. ἐξοικειώνω

family, n. οἰκογένεια (ἡ)/ a. οἰκογενειακός/ ~ man, οἰκογενειάρχης (ὁ)/ ~ tree, οἰκογενειακό δέντρο (τό)

famine, n. λιμός (ὁ), πείνα (ἡ)

famish, v.t. λιμοκτονῶ, πεινῶ/ be ~ed, ψοφάω τῆς πείνας/ ~ed, a. πεινασμένος

famous, a. περίφημος, διάσημος, ξακουστός

fan, n. βεντάλια (ἡ), ἀνεμιστήρας (ὁ)/ (admirer) θαυμαστής (ὁ), θιασώτης (ὁ)/ ~light, n. παράθυρο πάνω ἀπό τήν πόρτα (τό)/ ~mail, γράμματα θαυμαστῶν/ ~ shaped, a. ριπιδοειδής, σέ σχῆμα βεντάλιας/ v.t. ἀνεμίζω, ριπίζω/ ~ the fire, ζωογονῶ τήν φωτιά/ ~ oneself, ἀερίζομαι, κάνω ἀέρα

fanatic, n. φανατικός (ὁ)/ ~al, a. φανατικός

fancied, p.p. & a. φαντασιόπληκτος/ fancier, n. ζωοτρόφος (ὁ), ἀνθοκόμος (ὁ)/ fanciful, a. παράξενος, φαντασιώδης/ fancy, n. φαντασία (ἡ), φαντασιοπληξία (ἡ), διάθεση (ἡ), ἰδιοτροπία (ἡ)/ ~ articles, νεωτερισμοί/ ~ dress, ἀποκριάτικα ρούχα/ ~ sick, κατά φαντασία ἀσθενής/ ~ work, κέντημα/ take a ~ to, μοῦ ἀρέσει/ v.t. συμπαθῶ, ἀγαπῶ/ (imagine) φαντάζομαι

fanfare, n. στρατιωτικό σάλπισμα (τό), φανφάρα (ἡ)

fang, n. κοφτερό δόντι (τό)

fantasia, n. φαντασία (ἡ)/ fantastic, a. φανταστικός

fantasy, n. φαντασία (ἡ), ἰδιοτροπία (ἡ), χίμαιρα (ἡ)

far, a. μακρινός, ἀπόμακρος/ ad. μακριά/ as ~ as I know, ἀπ' ὅσο ξέρω/ by ~, κατά πολύ/ ~ and wide, πρός ὅλες τίς κατευθύνσεις/ ~ away, πολύ μακριά/ ~ better, πολύ καλύτερα/ ~ fetched, τραβηγμένο ἀπό τά μαλλιά/ ~ from, κάθε ἄλλο/ ~ off, a. μακρινός/ ad. μακρινά, σέ ἀπόσταση/ so ~, μέχρι τώρα/ in so ~ as, καθ' ὅσον ἀφορᾶ σέ/ go too ~, τό παρακάνω

farce, n. φάρσα (ἡ), ἀστειότητα (ἡ)/ farcical, a. κωμικός, γελοῖος

fare, n. ναύλα (τά), ναῦλος (ὁ)/ bill of ~, κατάλογος φαγητῶν (ὁ), μενού (τό)/ v.i. τά πηγαίνω, προχωρῶ/ ~well, πάω καλά

Far East, n. Ἄπω Ἀνατολή (ἡ)

farewell, n. ἀποχαιρετισμός (ὁ)/ bid ~, ἀποχαιρετῶ/ int. γειά! ἀντίο!/ a. ἀποχαιρετιστήριος

farinaceous, a. ἀλευρώδης

farm, n. ἀγρόκτημα (τό), φάρμα (ἡ)/ ~hand, n. ἀγρεργάτης (ὁ)/ ~house, n. ἀγροικία (ἡ)/ v.i. καλλιεργῶ/ ~ out, ἐκμισθώνω σέ καλλιεργητές/ ~er, n. γεωργός (ὁ), ἀγρότης (ὁ)/ ~ing, n. καλλιέργεια (ἡ), γεωργία (ἡ)

farrago, n. κυκεώνας (ὁ)

farrier, n. πεταλωτής (ὁ)/ ~y, n. πετάλωμα (τό)

farrow, n. χοιρίδιο (τό), γουρουνάκι (τό)

farther, a. μακρύτερος/ ad. μακρύτερα, σε μεγαλύτερη ἀπόσταση/ farthest, a. πιό μακρινός, ἀπώτατος/ ad. πιό μακρύτερα, ἀπώτατα

farthing, n. φαρδίνι. (τό)

fascinate, v.t. γοητεύω, μαγεύω, θέλγω/ fascinating, a. γοητευτικός, μαγευτικός, θελκτικός/ fascination, n. γοητεία (ἡ), μαγεία (ἡ), θέλγητρο (τό)

fascism, n. φασισμός (ὁ)/ fascist, n. φασίστας (ὁ)/ a. φασιστικός

fashion, n. μόδα (ἡ), συρμός (ὁ)/ (way) τρόπος (ὁ), μέθοδος (ἡ)/ be in ~, εἶμαι τῆς μόδας/ out of ~, ἐκτός μόδας, ντεμοντέ/ v.t. σχηματίζω, διαμορφώνω/ (tech.) κατασκευάζω/ ~able, a. τῆς μόδας, κομψός

fast, a. γρήγορος, ταχύς/ (firm) στερεός, σταθερός, σφιχτός/ (colour) ἀνεξίτηλος/ ~ asleep, κοιμισμένος βαθιά/ play ~ and loose, κοροϊδεύω, ἐπωφελοῦμαι/ make ~, δένω σφιχτά/ ad. γρήγορα, στερεά, σφιχτά/ v.t. νηστεύω/ n. νηστεία (ἡ)/ break one's ~, διακόπτω τήν νηστεία

fasten, v.t. στερεώνω, δένω, σφίγγω/ ~ down, καθηλώνω/ ~er, n. συνδετήρας (ὁ), πόρπη (ἡ), θηλυκωτήρι (τό)

fastidious, a. δύστροπος, δύσκολος

fastness, n. στερεότητα (ἡ), σταθερότητα (ἡ)/ (mil.) ὀχυρό (τό)

fat, a. παχύς, χοντρός/ (earth) πλούσιος, γόνιμος/ n. πάχος (τό), λίπος (τό)/ *live on the ~ of the land,* ζῶ πλουσιοπάροχα

fatal, a. θανάσιμος, μοιραῖος/ *~ism,* n. μοιρολατρεία (ἡ)/ *~ist,* n. μοιρολάτρης (ὁ)/ *~ity,* n. μοίρα (ἡ), πεπρωμένο (τό)/ (accident) θάνατος σέ δυστύχημα/ *~ly,* ad. μοιραῖα, θανάσιμα

fate, n. μοίρα (ἡ), εἱμαρμένη (ἡ)/ *the Fates,* οἱ Μοῖρες/ *~d,* a. μοιραῖος, γραμμένος, ἀναπόφευκτος/ *~ful,* a. μοιραῖος, ἀποφασιστικός

father, n. πατέρας (ὁ)/ *~ in law,* πεθερός (ὁ)/ *grand~,* παππούς (ὁ)/ *god~,* νουνός (ὁ)/ *foster ~,* θετός πατέρας (ὁ)/ *step~,* πατρυιός (ὁ)/ v.t. συλλαμβάνω, γίνομαι πατέρας/ *~hood,* n. πατρότητα (ἡ)/ *~land,* n. πατρίδα (ἡ)/ *~less,* a. ὀρφανός ἀπό πατέρα/ *~ly,* a. πατρικός/ ad. πατρικά

fathom, n. ὀργυιά (ἡ)/ v.t. βυθομετρῶ, βολιδοσκοπῶ, ἐμβαθύνω/ *~less,* a. ἀπύθμενος

fatigue, n. κούραση (ἡ), κόπωση (ἡ)/ *~ duty* (mil.) ἀγγαρεία (ἡ)/ *~ party,* ἀπόσπασμα ἀγγαρείας/ v.t. κουράζω

fatness, n. πάχος (τό), εὐσαρκία (ἡ)/ *fatten,* v.t. παχαίνω, σιτεύω/ v.i. παχαίνω/ *~ing,* n. πάχυνση (ἡ)/ *fatty,* a. παχύς, λιπαρός/ n. παχουλός (ὁ)

fatuity, n. ἠλιθιότητα (ἡ), μωρία (ἡ)/ *fatuous,* a. ἠλίθιος, μωρός

fault, n. σφάλμα (τό), ἐλάττωμα (τό)/ (geol.) πτυχή (ἡ)/ (elec.) βλάβη (ἡ)/ *be at ~,* ἔχω ἄδικο/ *~ -finder,* n. κουτσομπόλης (ὁ)/ *~iness,* n. ἔλλειψη (ἡ), ἀτέλεια (ἡ), ἐλάττωμα (τό)/ *~less,* a. ἄμεμπτος, ἄψογος/ *~y,* a. ἐλαττωματικός

faun, n. σάτυρος (ὁ), φαῦνος (ὁ)

fauna, n. πανίδα (ἡ)

favour, n. εὔνοια (ἡ), εὐμένεια (ἡ), χάρη (ἡ)/ *be in ~ of,* εἶμαι ὑπέρ/ *be out of ~,* πέφτω σέ δυσμένεια/ v.t. εὐνοῶ, δείχνω εὔνοια/ *~able,* a. εὐνοϊκός, εὐμενής/ *~ite,* a. & n. εὐνοούμενος, ἀγαπη-

τός/ *~itism,* n. φαβοριτισμός (ὁ), μεροληψία (ἡ)

fawn, n. ἐλαφάκι (τό)/ v.t. (upon) κολακεύω, χαϊδεύω/ *~ing,* n. κολακεία (ἡ), δουλοπρέπεια (ἡ)/ a. δουλοπρεπής, χαμερπής

fealty, n. πίστη (ἡ), ἀφοσίωση (ἡ)

fear, n. φόβος (ὁ), τρόμος (ὁ)/ *for ~ of,* ἀπό φόβο/ v.t. φοβοῦμαι, ἀνησυχῶ/ *~ful,* a. φοβερός, τρομερός, δεινός/ *~less,* a. ἄφοβος, ἀτρόμητος/ *~some,* a. φοβερός, τρομερός, δεινός

feasibility, n. ἐφικτό (τό), κατορθωτό (τό), πραγματοποιήσιμο (τό)

feasible, a. ἐφικτός, κατορθωτός, πραγματοποιήσιμος

feast, n. γιορτή (ἡ), πανηγύρι (τό), γλέντι (τό)/ v.t. τέρπω, εὐχαριστῶ/ *~ one's eyes on,* θαυμάζω, εὐχαριστιέμαι νά βλέπω/ v.i. διασκεδάζω, τέρπομαι, γλεντῶ

feat, n. κατόρθωμα (τό), ἐπίτευγμα (τό), ἀνδραγάθημα (τό)

feather, n. φτερό (τό)/ (tech.) σφηνίσκος (ὁ), ἀκέφαλο καρφί (τό)/ *birds of a ~,* ἄνθρωποι τοῦ ἴδιου φυράματος/ *~ -bed,* n. πουπουλένιο κρεβάτι (τό)/ *~brained,* a. ἐλαφρόμυαλος, κοκορόμυαλος/ *~ weight,* n. κατηγορία πτερού (ἡ)/ v.t. στολίζω μέ φτερά/ *~ one's nest,* ἐπωφελοῦμαι, ἐκμεταλλεύομαι τήν θέση μου/ *white ~,* ἀνανδρία/ *~y,* a. φτερωτός

feature, n. χαρακτηριστικό (τό), γνώρισμα (τό)/ *~ film,* ταινία μεγάλου μήκους (ἡ)/ v.t. παρουσιάζω, ἐκθέτω/ v.i. χαρακτηρίζω/ *ill ~d,* ἄσχημος/ *well ~d,* ὄμορφος

febrile, a. πυρετώδης

February, n. Φεβρουάριος (ὁ), Φλεβάρης (ὁ)/ a. φλεβαριάτικος

feckless, a. πλαδαρός, ἀνίκανος

fecund, a. γόνιμος, εὔφορος/ *~ate,* v.t. γονιμοποιῶ/ *~ity,* n. γονιμότητα (ἡ)

federal, a. ὁμοσπονδιακός/ *~ism,* n. ὁμοσπονδιακό σύστημα (τό)/ *~ist,* n. ὀπαδός τοῦ ὁμοσπονδιακοῦ συστήματος (ὁ)/ *federate,* v.t. ὁμοσπονδοποιῶ, ἱδρύω ὁμοσπονδία/ *federation,* n. ὁμοσπονδία (ἡ)

fee, n. ἀμοιβή (ἡ), ἀντιμισθία (ἡ)/ *school* ~*s*, δίδακτρα (τά)
feeble, a. ἀδύνατος, ἀσθενικός/ ~ *minded-ed,* a. μέ ἀσθενική μνήμη/ ~ *minded-ness,* n. ἀδυναμία στό μυαλό (ἡ), ἠλι-θιότητα (ἡ)/ ~*ness,* n. ἀδυναμία (ἡ)
feed, n. τροφή (ἡ), φορβή (ἡ)/ (tech.) τροφοδότηση (ἡ)/ ~ *pump,* τροφοδοτι-κή ἀντλία (ἡ)/ v.t. τρέφω, ταΐζω/ (tech.) τροφοδοτῶ/ v.i. τρέφομαι/ (ani-mals) βόσκω/ *be fed up,* ἔχω βαρεθεῖ, ἐξαντλήθηκε ἡ ὑπομονή μου/ ~*er,* n. ἐκεῖνος πού τρώει/ (tech.) τροφοδοτι-κός σωλήνας/ (baby) σαλιάρα (ἡ)/ ~*ing,* n. τροφοδότηση (ἡ), τάισμα (τό)/ ~ *bottle,* μπιμπερό (τό), θήλαστρο (τό)
feel, n. αἴσθηση (ἡ)/ v.t. & i. αἰσθάνομαι, νιώθω/ (touch) ἀγγίζω/ ~ *cold,* κρυώ-νω/ ~ *hot,* ζεσταίνομαι/ ~ *for,* νιώθω λύπη/ ~*er,* n. κεραία (ἡ)/ *put out* ~*s,* βολιδοσκοπῶ/ ~*ing,* n. αἴσθημα (τό)/ a. εὐαίσθητος
feign, v.t. & i. ὑποκρίνομαι, προσποιοῦ-μαι
feint, n. ψεύτικη ἐπίθεση (ἡ)/ (mil.) ἀντι-περισπασμός (ὁ)/ v.i. κάνω ψεύτικη ἐπίθεση
felicitate, v.t. συγχαίρω/ *felicitations,* n. pl. συγχαρητήρια (τά)
felicitous, a. μακάριος, εὐτυχισμένος/ (word) εὔστοχος
felicity, n. εὐτυχία (ἡ), εὐστοχία (ἡ)
feline, a. αἰλουροειδής
fell, n. δέρμα ζώου (τό)/ (hill) φαλακρό ὕψωμα (τό)/ a. σκληρός, τρομερός, τραχύς/ v.t. κόβω δέντρα
fellow, n. συνάδελφος (ὁ), σύντροφος (ὁ)/ *nice* ~, καλός ἄνθρωπος/ ~ *-citi-zen,* n. συμπολίτης (ὁ)/ ~ *-countryman,* n. συμπατριώτης (ὁ)/ ~ *-feeling,* n. συμπάθεια (ἡ)/ ~ *-student,* n. συμφοι-τητής (ὁ)/ ~ *-traveller,* n. συνταξιδιώ-της (ὁ)/ (polit.) συνοδοιπόρος (ὁ)/ ~*ship,* n. συναδελφικότητα (ἡ), συν-τροφικότητα (ἡ)/ (university) ὑφηγεσία (ἡ)
felon, n. κακοῦργος (ὁ), ἐγκληματίας (ὁ)/ ~ *ious,* a. ἐγκληματικός/ ~*y,* n κα-κούργημα (τό)
felt, n. κετσές (ὁ), τσόχα (ἡ)

female, n. θηλυκό (τό)/ a. θηλυκός
feminine, a. θηλυκός, γυναικεῖος/ *femi-nism,* n. φεμινισμός (ὁ)
feminist, n. φεμινιστής (ὁ)
femur, n. μηρός (ὁ), μηριαῖο ὀστό (τό)
fen, n. βάλτος (ὁ), ἕλος (τό)
fence, n. φράχτης (ὁ), περίφραξη (ἡ)/ v.t. περιφράζω, βάζω φράχτη/ v.i. ξιφομα-χῶ/ ~*r,* n. ξιφομάχος (ὁ)/ *fencing,* n. περίφραξη (ἡ)/ (sport) ξιφασκία (ἡ)
fend (off), v.t.& i. ἀποκρούω, προφυλά-γω/ ~ *for oneself,* βγάζω τό ψωμί μου/ ~*er,* n. προφυλακτήρας (ὁ)
fennel, n. μάραθο (τό)
ferment, n. ζύμωση (ἡ), ζύμη (ἡ)/ (fig.) ἀναταραχή (ἡ)/ v.t. βράζω, προκαλῶ ζύμωση/ v.i. βράζω, ζυμώνομαι/~*ation,* n. ζύμωση (ἡ)
fern, n. φτέρη (ἡ)
ferocious, a. ἄγριος, θηριώδης/ *ferocity,* n. ἀγριότητα (ἡ), θηριωδία (ἡ)
ferret, n. κουνάβι (τό)/ v.t. ~ *out,* βγάζω ἀπό τήν φωλιά, ξετρυπώνω/ v.i. ~ *about,* ἀνιχνεύω, ἀναζητῶ
ferric, a. σιδηρικός/ *ferrous,* a. σιδηροῦ-χος/ *ferruginous,* a. σιδηροῦχος
ferrule, n. στεφάνη (ἡ), σιδερένιος κρί-κος (ὁ)
ferry, n. πορθμεῖο (τό), πέρασμα (τό)/ ~ *boat,* n. πορθμεῖο (τό), φέρρυ-μπώτ (τό)/ ~ *man,* n. πορθμέας (ὁ)/ v.t. περ-νῶ ἀπέναντι
fertile, a. γόνιμος, εὔφορος/ *fertility,* n. γονιμότητα (ἡ), εὐφορία (ἡ)/ *fertilize,* v.t. γονιμοποιῶ, ρίχνω λίπασμα/ *fertili-zer,* n. λίπασμα (τό)
fervency, n. ζῆλος, ὄρεξη/ *fervent,* a. ἔν-θερμος, σφοδρός, διακαής/ *fervour,* n. θέρμη (ἡ), προθυμία (ἡ), ζῆλος (ὁ)
festal, a. γιορταστικός, πανηγυρικός
fester, v.i. σαπίζω, βγάζω ἕλκος, γεμίζω πύο/ (fig.) καλλιεργῶ πάθος (μνησικα-κία)
festival, n. γιορτή (ἡ), πανηγύρι (τό), φε-στιβάλ (τό)/ *festive,* a. γιορταστικός, χαρμόσυνος/ *festivity,* n. γιορτή (ἡ), χα-ρά (ἡ), εὐθυμία (ἡ)
festoon, n. γιρλάντα (ἡ), ἄνθινο στεφάνι (τό)/ v.t. στεφανώνω μέ γιρλάντες (ἄν-θη)

fetch, v.t. φέρνω, κομίζω/ (price) ἀποφέρω

fête, n. γιορτή (ή), πανηγύρι (τό)/ v.t. πανηγυρίζω, γιορτάζω

fetid, a. βρωμερός

fetish, n. μαγικό φυλαχτό (τό), εἴδωλο (τό), ξόανο (τό)/ ~ism, n. φετιχισμός (ὁ)

fetter, n. δεσμός (ὁ), ἀλυσίδα (ή)/ (fig.) σκλαβιά (ή)/ ~s, n. pl. δεσμά (τά)/ in ~s, φυλακή (ή)

fettle, v.t. τακτοποιῶ, ρυθμίζω, βάζω σέ τάξη/ n. τάξη (ή), κατάσταση (ή)/ be in good ~, εἶμαι σέ καλή κατάσταση

feud, n. διαμάχη (ή), ἔχθρα (ή)

feudal, a. φεουδαρχικός/ ~ism, n. φεουδαρχία (ή)

fever, n. πυρετός (ὁ)/ ~ish, a. πυρετώδης

few, a.& pr. λίγοι, σπάνιοι, μερικοί/ a ~, πολύ λίγοι/ ~ and far between, ἀραιά καί λίγοι/ ~er, a. λιγότεροι, σπανιότεροι

fez, n. φέσι (τό)

fiancé, n. ἀρραβωνιαστικός (ὁ), μνηστήρας (ὁ)/ ~e, n. ἀρραβωνιαστικιά (ή), μνηστή (ή)

fiasco, n. φιάσκο (τό), ἀποτυχία (ή)

fiat, n. διαταγή (ή), προσταγή (ή)

fib, n. μικρό ψέμα (τό), ἀθῶο ψέμα (τό)/ v.i. λέω μικροψέματα/ ~ber, n. μικροψεύτης (ὁ)

fibre, n. νῆμα (τό)/ (fig.) νεῦρο (τό)/ fibrous, a. ἰνώδης

fibula, n. περόνη (ή)

fickle, a. ἄστατος, ἐπιπόλαιος, ἀσταθής/ ~ness, n. ἀστάθεια (ή), ἐπιπολαιότητα (ή)

fiction, n. φαντασία (ή), μύθος (ὁ), μυθιστόρημα (τό)/ fictitious, a. πλαστός, εἰκονικός

fiddle, n. βιολί (τό)/ v.i. παίζω βιολί/ ~ with, ἀνακατεύομαι (ἀσχολοῦμαι) μέ κάτι, κάνω ἄσκοπες κινήσεις/ ~ r, n. βιολιστής (ὁ)/ ~ stick, n. δοξάρι (τό)/ ~sticks! int. σαχλαμάρες, ἀρλοῦμπες/ fiddling, n. παίξιμο βιολιοῦ (τό)/ (fig.) ἀνακάτεμα (τό)/ a. ἀσήμαντος

fidelity, n. πίστη (ή), ἀφοσίωση (ή)

fidget, v.i. κάνω σπασμωδικές κινήσεις/ ~ing, n. ἀνησυχία (ή), ἐκνευρισμός (ὁ)/ ~y, a. ἀνήσυχος, νευρικός, ἐκνευριστικός

fief, n. φέουδο (τό), τιμάριο (τό)

field, n. χωράφι (τό), ἀγρός (ὁ),. πεδίο (τό)/ ~ of vision, ὀπτικό πεδίο (τό)/ ~ artillery, πεδινό πυροβολικό/ ~ day, ήμέρα ἀσκήσεων/ ~ glasses, κυάλια (τά)/ ~ hospital, στρατιωτικό νοσοκομεῖο ἐκστρατείας/ ~ marshal, στρατάρχης (ὁ)/ ~ mouse, ἀρουραῖος (ὁ)

fiend, n. δαίμονας (ὁ)/ ~ish, a. δαιμονικός, σατανικός

fierce, a. ἄγριος, θηριώδης, βίαιος

fiery, a. φλογερός, πύρινος

fife, n. φλογέρα (ή)

fifteen, num. δεκαπέντε/ ~th, ord. num. δέκατος πέμπτος/ fifth, ord. num. πέμπτος/ fiftieth, ord. num. πεντηκοστός/ fifty, num. πενήντα/ ~ fifty, μισά μισά

fig, n. σύκο (τό)/ ~leaf, «φύλλος συκῆς»/ I don't care a ~, δέν μέ νοιάζει καθόλου

fight, n. μάχη (ή), ἀγώνας (ὁ), πάλη (ή)/ close ~, μάχη ἐκ τοῦ συστάδην, μάχη σῶμα πρός σῶμα/ ~ to the death, μάχη μέχρι θανάτου/ ~ a duel, μονομαχῶ/ ~ a case, κάνω δικαστικό ἀγώνα/ ~ a way through, ἀνοίγω δρόμο, βρίσκω διέξοδο/ ~ shy, ἀποφεύγω νά ἀναμιχθῶ/ ~er, μαχητής (ὁ), ἀγωνιστής (ὁ)/ (aeroplane) καταδιωκτικό (τό)/ ~ing, a. μάχη (ή), ἐχθροπραξίες (οἱ)/ a. μάχιμος, ἀγωνιστικός

figment, n. φαντασία (ή), μύθος (ὁ)

figurative, a. μεταφορικός/ in a ~ sense, μέ μεταφορική ἔννοια

figure, n. μορφή (ή), σχῆμα (τό)/ (number) ἀριθμός (ὁ), ψηφίο (τό)/ ~ of speech, σχῆμα λόγου/ have a fine ~, ἔχω ὡραῖο παράστημα/ v.t.& i. ὑπολογίζω, ὑποθέτω, λογαριάζω/ that ~s! αὐτό φαίνεται λογικό/ ~ out, ἀνέρχομαι, φθάνω/ ~ head, n. στόλισμα πρώρας (τό)/ (fig.) εἰκονικός (συμβολικός) ἀρχηγός/ figurine, n. εἰδώλιο (τό)

filament, n. νῆμα (τό), κλωστή (ή)/ (elec.) νημάτιο ἠλεκτρικῆς λάμπας (τό)

filch, v.t. κλέβω κάτι ἀσήμαντο, κάνω μικροκλοπές

file, n. φάκελος (ὁ)/ (leg.) δικογραφία

(ή)/ (manicure) λίμα (ή)/ (mil.) σειρά (ή), στοῖχος (ὁ)/ v.t.& i. ταξινομῶ, βάζω σέ φακέλους/ ~ a petition, καταχωρῶ αἴτηση/ (manicure) λιμάρω/ in single ~, σέ ἁπλό στοῖχο, σέ μονή γραμμή

filial, a. υἱκός, στοργικός

filibuster, n. τυχοδιώκτης (ὁ)

filigree, n. κέντημα μέ σύρμα (τό)

filing, n. λιμάρισμα (τό)/ (documents) ταξινόμηση (ή)/ ~s, n.pl. ρινίσματα (τά)

fill, n. γέμισμα (τό)/ eat one's ~, χορταίνω, μπουχτίζω/ v.t. γεμίζω/ (gap) συμπληρώνω/ (tooth) σφραγίζω/ (apost) καταλαμβάνω/ v.i. συμπληρώνω/ ~ in a form, συμπληρώνω ἔντυπο (αἴτηση)

fillet, n. διάδημα (τό), ταινία κεφαλιοῦ (ή)/ (meat) φιλέτο (τό)/ v.t. κόβω τά φιλέτα, βγάζω τά κόκαλα

filing, n. λιμάρισμα (τό)/ (documents) ταξινόμηση (ή)/ ~s, n. pl. ρινίσματα (τά)

filly, n. φοραδίτσα (ή)

film, n. δέρμα (τό), μεμβράνη (ή)/ (cinema) φίλμα (τό), ταινία (ή)/ shoot a ~, γυρίζω ταινία/ ~ camera, μηχανή λήψης (ή)/ ~ star, κινηματογραφικός ἀστέρας (ὁ), στάρ (ὁ, ή)/ ~ test, κινηματογραφική δοκιμή/ v.t. γυρίζω ταινία, φιλμάρω/ ~ over, σκεπάζομαι ἀπό μεμβράνη/ ~y, a. μεμβρανώδης

filter, n. φίλτρο (τό), διυλιστήριο (τό)/ v.t. φιλτράρω, διυλίζω/ v.i. στρίβω ἀριστερά/ ~ing, n. φιλτράρισμα (τό), διύλιση (ή)

filth, n. ἀκαθαρσία (ή), βρωμιά (ή)/ (fig.) διαφθορά (ή), προστυχιά (ή)/ ~y, a. ἀκάθαρτος, βρωμερός

fin, n. πτερύγιο (τό)/ (avia.) σταθερό τμῆμα τοῦ πηδαλίου

final, a. τελικός, τελειωτικός, ὁριστικός/ n. τελικός (ἀγώνας) (ὁ)/ ~e, n. φινάλε (τό)/ ~ity, n. ἀποφασιστικότητα (ή), ὁριστικότητα (ή)/ ~ly, ad. τελικά, ὁριστικά

finance, n. οἰκονομία (ή), οἰκονομικά (τά)/ v.t. χρηματοδοτῶ

finch, n. σπίνος (ὁ)/ gold~, καρδερίνα (ή)

find, n. εὕρημα (τό)/ v.t. βρίσκω, ἀνακαλύπτω/ (leg.) κηρύσσω/ ~ out, ἀποκαλύπτω, ἀνακαλύπτω/ ~ out about, πληροφοροῦμαι/ ~er, n. ἐκεῖνος πού βρίσκει/ (tech.) ἐρευνητικό τηλεσκόπιο/ (phot.) μικρός σκοτεινός θάλαμος/ ~ing, n. εὕρεση (ή), ἀνακάλυψη (ή)/ (leg.) ἐτυμηγορία (ή)

fine, n. πρόστιμο (τό)/ v.t. ἐπιβάλλω πρόστιμο/ a. ὡραῖος, λεπτός, ἁδρός, κομψός/ ~ arts, Καλές Τέχνες (οἱ)/ ~ weather, καλοκαιρία/ that's ~ ! θαυμάσια! ὑπέροχα!/~ness, n. κομψότητα (ή), λεπτότητα (ή)/ ~ry, n. στολισμός (ὁ), στολίδι (τό)

finesse, n. δεξιοτεχνία (ή), ἐξυπνάδα (ή), εὐφυΐα (ή)

finger, n. δάχτυλο (τό)/ index ~, δείκτης (ὁ)/ little ~, μικρό δάχτυλο/ middle ~, μέσος/ have a ~ in the pie, εἶμαι ἀνακατεμένος/ have at one's ~tips, παίζω στά δάχτυλα, ξέρω πολύ καλά/ ~board, n. πίνακας ἔγχορδου ὀργάνου (ὁ)/ ~print, n. δακτυλικό ἀποτύπωμα (τό)/ ~stall, n. δερμάτινη δακτυλήθρα (ή)/ v.t. δείχνω μέ τό δάχτυλο/ ~ing, n. ψηλάφηση (ή)/ (mus.) κρούση μέ τά δάχτυλα

finical, finicky, a. φιλάρεσκος, λεπτολόγος, σχολαστικός

finish, n. τέλος (τό), τέρμα (τό)/ (spot) τερματισμός (ὁ)/ v.t. τελειώνω, τερματίζω, ἀποπερατώνω/ ~ off, σκοτώνω, ἀποτελειώνω/ v.i. παύω, τελειώνω/ (sport) τερματίζω/ ~ing touch, τελευταῖες λεπτομέρειες

finite, a. περιορισμένος, πεπερασμένος

Finn, n. Φινλανδός (ὁ)/ ~ish, a. φιλλανδικός, φινλανδικός/ (language) φιλλανδικά (τά)

fir, n. ἔλατο (τό)/ ~cone, κῶνος ἔλατου (ὁ)

fire, n. φωτιά (ή), πυρκαγιά (ή)/ be on ~, καίγομαι, πιάνω φωτιά/ ~ alarm, συναγερμός πυρκαγιᾶς/ ~ brigade, πυροσβεστική ὑπηρεσία (ή)/ ~ engine, πυροσβεστική ἀντλία (ή)/ ~ arms, n. pl. πυροβόλα ὅπλα (τά)/ ~brand, n. δαυλός (ὁ)/ ~damp, n. μεθάνιο (τό)/ ~ eater, n. πυροφάγος (ὁ)/ ~fly, n. πυγολαμπίδα (ή)/ ~guard, n. πυροστάτης (ὁ)/ ~man, n. πυροσβέστης (ὁ)/

~place, n. ἑστία (ἡ), τζάκι (τό)/
~proof, a. πυρίμαχος/ ~side, n. πλάι
στό τζάκι/ (fig.) οἰκογενειακή θαλπω-
ρή/ ~wood, n. καυσόξυλα (τά)/
~works, n. πυροτεχνήματα (τά)/ v.t.
ἀνάβω, πυρπολῶ/ (bricks) ψήνω/ (in-
spire) ἐξάπτω, ἐμπνέω/ (engine) θερ-
μαίνω/ v.i. παίρνω φωτιά, ἐξάπτομαι/
firing, n. πυροδότηση (ἡ)/ (mil.) πυρο-
βολισμός (ὁ)/ (bricks) ψήσιμο (τό)/ (en-
gine) θέρμανση (ἡ), καύση (ἡ)/ ~
squad, ἐκτελεστικό ἀπόσπασμα (τό)
firm, n. φίρμα (ἡ), ἑταιρία (ἡ), μεγάλη
ἐπιχείρηση/ a. σταθερός, στερεός/
stand ~, παραμένω ἀκλόνητος (ἀνέν-
δοτος)
firmament, n. στερέωμα (τό)
firmness, n. σταθερότητα (ἡ), στερεότητα
(ἡ)
first, a. πρῶτος/ at ~, στήν ἀρχή/ at ~
sight, ἐκ πρώτης ὄψεως/ ~ aid, πρῶτες
βοήθειες (οἱ)/ ~ night, πρεμιέρα (ἡ)/
~born, n.& a. πρωτότοκος (ὁ)/ ~ rate,
a. πρώτης τάξης, ἄριστης ποιότητας/
ad. πρώτα, πρωταρχικά/ ~ hand, ad.
ἀπό πρῶτο χέρι/ ~ of all, πρῶτα ἀπ’
ὅλα/ ~ and foremost, πάνω ἀπ’ ὅλα/
~ly, ad. πρώτα, κατά πρῶτο λόγο
firth, n. ἐκβολή ποταμοῦ (ἡ)
fiscal, a. ταμιευτικός, ἐφοριακός
fish, n. ψάρι (τό)/ ~hook, n. ἀγκίστρι
(τό)/ ~ monger, n. ψαροπώλης (ὁ),
ἰχθυέμπορος (ὁ)/ ~pond, n. ἰχθυοτρο-
φεῖο (τό)/ v.i. ψαρεύω/ ~erman, n. ψα-
ράς (ὁ)/ ~ing, n. ψάρεμα (τό)/ ~line,
πετονιά (ἡ)/ ~net, δίχτυ (τό)/ ~rod,
καλάμι ψαρέματος (τό)/ ~ tackle, σύ-
νεργα ψαρικῆς (τά)/ ~y, a. ὕποπτος/
there’s something ~, κάτι ὕποπτο συμ-
βαίνει
fission, n. διάσπαση (ἡ), σχάση (ἡ)
fissure, n. ραγισματιά (ἡ), χαραμάδα (ἡ)/
v.i. σχίζω, ραγίζω
fist, n. γροθιά (ἡ), πυγμή (ἡ)/ ~icuffs, n.
pl. γρονθοκοπήματα (τά), γροθιές (οἱ)
fistula, n. συρίγγιο (τό)
fit, n. κρίση (ἡ), παροξυσμός (ὁ), προσ-
βολή ἀρρώστιας (ἡ)/ by ~s and starts,
μέ διακοπές/ fainting ~, λιποθυμία (ἡ)/
be a good ~, μοῦ πηγαίνει, μοῦ ταιριά-

ζει/ a. κατάλληλος, ταιριαστός, ἱκανός/
(sport) σέ φόρμα/ ~ to drink, πόσιμος/
v.t. ἐφαρμόζω, ταιριάζω, προσαρμό-
ζω/ v.i. προσαρμόζομαι/ ~ in, βολεύο-
μαι, τακτοποιοῦμαι/ ~ out, ἐφοδιάζω/
~ful, a. ἄστατος, σπασμωδικός/ ~ness,
n. καταλληλότητα (ἡ), ἱκανότητα (ἡ)/
(sport) φόρμα (ἡ)/ ~ter, n. προσαρμο-
στής (ὁ)/ ~ting, a. κατάλληλος, ταιρια-
στός/ n. προσαρμογή (ἡ), ἐφαρμογή
(ἡ), τοποθέτηση (ἡ)/ ~s, n. pl. ἐντοιχι-
σμένη (σταθερή) ἐπίπλωση/ ~room,
δωμάτιο γιά προβάρισμα, δοκιμαστή-
ριο (τό)
five, num. πέντε/ ~hundred, πεντακόσια/
~r, n. πεντόλιρο (τό)
fix, n. κατάσταση (ἡ)/ be in a ~, εἶμαι σέ
δύσκολη θέση/ (drugs) δόση (ἡ)/ v.t.
ὁρίζω, καθορίζω, στερεώνω/ (eyes)
προσηλώνω/ ~ upon, ἀποφασίζω/
~ation, n. ἔμμονη ἰδέα (ἡ)/ ~ed, p.p.&
a. καθορισμένος, σταθερός, στερεωμέ-
νος/ ~ture, n. προσάρτημα (τό), ἐξάρ-
τημα (τό)/ ~tures and fittings, ἀκίνητα
ἔπιπλα (τά)
fizzle, n. σπινθήρισμα (τό)/ v.i. σπινθηρί-
ζω/ ~out, ξεφουσκώνω
flabbergast, v.t. καταπλήσσω, ταράζω/
~ed, a. κατάπληκτος, ἐμβρόντητος
flabbiness, n. χαλαρότητα (ἡ), πλαδαρό-
τητα (ἡ)/ flabby, a. χαλαρός, πλαδαρός
flaccid, a. ἀδύνατος, ἄτονος, χαλαρός
flag, n. σημαία (ἡ)/ ~ship, n. ναυαρχίδα
(ἡ)/ ~staff, n. κοντάρι (τό)/ ~stone, n.
πλάκα (ἡ)/ lower the ~, κατεβάζω
(ὑποστέλλω) τήν σημαία/ v.i. σημαιο-
στολίζω/ (become inactive) ἀποθαρρύ-
νομαι, ἀτονῶ
flagellate, v.t. μαστιγώνω/ flagellation, n.
μαστίγωση (ἡ)
flagon, n. φιαλίδιο (τό)
flagrant, a. κατάφωρος, φανερός
flail, n. κοπανιστήρι (τό)
flair, n. ταλέντο (τό), εἰδική ἱκανότητα
(ἡ)
flake, n. (snow) νιφάδα χιονιοῦ (ἡ), ξε-
φλούδισμα (τό)/ ~s, n. pl. δημητριακά
(τά) (γιά μπρέκφαστ)/ v.i. ξεφλουδίζο-
μαι/ flaky, a. ξεφλουδισμένος
flamboyant, a. λαμπερός, ἀστραφτερός

flame, n. φλόγα (ή)/ (fig.) ἐρωτικό πάθος (τό)/ (mil.) ~ thrower, φλογοβόλο (τό)/ v.i. φλέγομαι, βγάζω φλόγες/ flaming, a. φλογερός, διακαής/ ~row, ἔντονος καβγάς

flamingo, n. φοινικόπτερος (ὁ), φλαμίγκο (τό)

flan, n. πίτα μέ φρούτα (ή)

flange, n. τραχηλιά (ή)/ (tech.) φλάντζα (ή)

flank, n. πλευρά (ή), πλάι (τό)/ (mil.) πτέρυγα (ή)/ v.t.& i. πλευροκοπῶ

flannel, n. φανέλα (ή)

flap, n. πλατάγισμα (τό), φτερούγισμα (τό), ἐλαφρό τρίξιμο/ (cover) κάλυμμα πού ἀνοιγοκλείνει/ v.i. πλαταγίζω, φτερουγίζω

flare, n. λάμψη (ή), φλόγα πού τρεμοσβήνει/ (mil.) φωτοβολίδα (ή)/ v.i. σπινθηρίζω, τρεμοσβήνω

flash, n. λάμψη (ή), ἀστραπή (ή)/ (phot.) φλάς (τό)/ ~ of lightning, ἀστραπή (ή), ἀστραποβόλημα (τό)/ in a ~, σάν ἀστραπή, ἀμέσως/ ~ in the pan, προσωρινή ἐπιτυχία/ ~ of wit, λεκτικό πυροτέχνημα/ ~er, n. ἐπιδειξίας (ὁ)/ ~light, n. φακός (ὁ), ἠλεκτρικός σηματοδότης (ὁ)/ ~y, a. ἐπιδεικτικός/ v.t.& i. λάμπω, ἀστράφτω, σπινθηροβολῶ/ (mil.) δίνω φωτεινά σήματα

flask, n. φλασκί (τό)

flat, a. ἐπίπεδος, ὁριζόντιος, λεῖος/ ~ denial, κατηγορηματική ἄρνηση (διάψευση)/ turn down ~, ἀπορρίπτω τελείως/ ~ market, ἀδρανής ἀγορά/ ~ race, ἱπποδρομία χωρίς ἐμπόδια/ ~ bottomed, a. ἀβαθος/ ~footed, a. πλατύποδος, ἐκεῖνος πού πάσχει ἀπό πλατυποδία/ ~nosed, a. πλακουτσομύτης/ n. (apartment) διαμέρισμα (τό)/ (geog.) πεδιάδα (ή)/ (sea) ρηχά (τά)/ ~ of the hand, παλάμη (ή)/ (mus.) ὕφεση (ή)/ ~ly, ad. κατηγορηματικά, ρητά/ ~ ten, v.t. ἰσοπεδώνω, ἰσιώνω, κάνω ἐπίπεδο

flatter, v.t. κολακεύω/ ~ oneself, αὐτοκολακεύομαι/ ~er, n. κόλακας (ὁ)/ ~ing, a. κολακευτικός/ ~y, n. κολακεία (ή)

flatulence, n. καούρα στό στομάχι (ή)/ flatulent, a. ἐκεῖνος πού πάσχει ἀπό τό στομάχι/ (fig.) ματαιόδοξος

flaunt, v.i. καμαρώνω, κορδώνομαι

flautist, n. φλαουτίστας (ὁ)

flavour, n. νοστιμάδα (ή), νοστιμιά (ή), γεύση (ή), ἄρωμα (τό)/ v.t. ἀρωματίζω, νοστιμίζω/ ~less, a. ἄνοστος, ἀνούσιος

flaw, n. ἀτέλεια (ή), ἐλάττωμα (τό)/ ~less, a. τέλειος, ἄμεμπτος

flax, n. λινάρι (τό)/ ~en, a. ξανθός

flay, v.t. γδέρνω/ (fig.) ξυλοκοπῶ, δέρνω

flea, n. ψύλλος (ὁ)/ ~bite, δάγκωμα ψύλλου (τό)

fleck, n. στίγμα (τό), κηλίδα (ή)/ v.t. στιγματίζω, κηλιδώνω

fledged, a. φτερωτός/ (fig.) ἱκανός, πεπειραμένος/ fully ~, πανέτοιμος, μέ πλήρη κατάρτιση/ fledgling, n. νεοσσός (ὁ), πουλάκι (τό)/ (fig.) ἀρχάριος (ὁ)

flee, v.i. φεύγω, τό σκάω, δραπετεύω

fleece, n. μαλλί (τό)/ v.t. γδέρνω, κουρεύω/ (fig.) ἀπογυμνώνω, ληστεύω/ fleecy, a. δασύμαλλος, σγουρός

fleet, n. στόλος (ὁ)/ a. γρήγορος, γοργός/ ~ footed, γρήγορος στά πόδια/ ~ing, a. περαστικός, παροδικός, πρόσκαιρος

Fleming, n. Φλαμανδός (ὁ)/ Flemish, a. φλαμανδικός/ (language) φλαμανδικά (τά)

flesh, n. σάρκα (ή), κρέας (τό)/ ~wound, ἐπιπόλαιο (ἐπιφανειακό) τραῦμα/ ~ and blood, ἄνθρωποι/ my own ~ and blood, τό αἷμα μου, οἱ συγγενεῖς μου/ ~y, a. σάρκινος, σαρκώδης

flex, v.t. λυγίζω, κάμπτω/ ~ibility, n. εὐλυγισία (ή), εὐκαμψία (ή)/ (fig.) μετριοπάθεια (ή)/ flexible, a. εὐλύγιστος, εὔκαμπτος/ flexion, n. λύγισμα (τό), κάμψη (ή)/ (gram.) κλίση (ή)

flick, n. ἐλαφρό χτύπημα (μαστίγωμα)/ v.t. χτυπῶ ἐλαφρά

flicker, n. τρεμοσβήσιμο (τό)/ (eyes) ἀνοιγοκλείσιμο τῶν ματιῶν, βλεφάρισμα (τό)/ v.i. τρεμοσβήνω, ἀνοιγοκλείνω/ ~ing, n. τρεμόσβησμα (τό), παιχνίδισμα (τό)

flight, n. πτήση (ή)/ (running away) φυγή (ή)/ (stairs) μεσόσκαλο (τό)/ ~y, a. ἐλαφρόμυαλος, ἀπερίσκεπτος

flimsiness, n. χαλαρότητα (ή)/ flimsy, a. χαλαρός, ὄχι ἀνθεκτικός, ἀραιός/ (paper) ἀντίγραφο γραφομηχανῆς (τό) flinch, v.i. τραβιέμαι, ὀπισθοχωρῶ, ζαρώνω

fling, v.t. ἐκσφενδονίζω/ ~ off, ξεφεύγω, δραπετεύω/ n. βολή (ἡ), ἐκσφενδόνιση (ἡ)/ (horse) κλότσημα (τό)/ have one's ~, κάνω ἀνοησίες, κάνω τό κέφι μου

flint, n. τσακμακόπετρα (ἡ)/ ~ hearted, σκληρόκαρδος/ ~y, a. πυριτολιθικός/ (fig.) σκληρός, ἀναίσθητος

flippancy, n. ἐλαφρότητα (ἡ), ἀπερισκεψία (ἡ)/ flippant, a. ἐλαφρόμυαλος, ἀπερίσκεπτος

flirt, n. ἐρωτοτροπία (ἡ), φλέρτ (τό)/ v.i. ἐρωτοτροπῶ, φλερτάρω/ ~ation, n. ἐρωτοτροπία (ἡ), φλερτάρισμα (τό)

flit, v.i. περνῶ ἀνάλαφρα/ (fig.) ἀλλάζω σπίτι

float, n. κάτι πού ἐπιπλέει, σχεδία (ἡ)/ v.t. πλέω, ἐπιπλέω/ (rumour) διαδίδω/ (loan) ἐκδίδω δάνειο/ ~ off, ἀνελκύω ναυάγιο/ ~ing, a. πλωτός, κυμαινόμενος/ ~ bridge, πλωτή γέφυρα/ ~ price, κυμαινόμενη τιμή

flock, n. κοπάδι (τό)/ (wool, etc.) τολύπη (ἡ)/ v.i. συνωστίζομαι, συγκεντρώνομαι/ ~ together, συρρέω

floe, n. πάγοι πού ἐπιπλέουν (οἱ)

flog, v.t. μαστιγώνω/ ~ging, n. μαστίγωση (ἡ)

flood, n. πλημμύρα (ἡ), κατακλυσμός (ὁ)/ (fig.) συρροή (ἡ)/ ~gate, n. ὑδατοφράκτης (ὁ)/ ~light, n. προβολέας (ὁ)/ v.t. πλημμυρίζω, κατακλύζω/ v.i. ξεχειλίζω

floor, n. πάτωμα (τό), δάπεδο (τό)/ (storey) ὄροφος (ὁ)/ take the ~, ἀρχίζω τόν χορό, μπαίνω στήν πίστα/ ~board, σανίδα τοῦ πατώματος/ ~cloth, σφουγγαρόπανο (τό)/ v.t. σανιδώνω, βάζω δάπεδο/ (fig.) νικῶ, βάζω κάτω/ ~ing, n. σανίδωση (ἡ), στρώσιμο δαπέδου (τό)

flop, n. ὑπόκωφος κρότος/ (fig.) ἀποτυχία (ἡ)/ v.i. πέφτω ἀδέξια/ (fig.) ἀποτυχαίνω ἄσχημα

flora, n. χλωρίδα (ἡ)/ ~l, a. ἄνθινος/ florescence, n. ἀνθοφορία (ἡ)

florid, a. ἀνθηρός, θαλερός/ (fig.) παραστολισμένος/ floriferous, a. ἀνθοφόρος

florin, n. φλωρίνι (τό)

florist, n. ἀνθοπώλης (ὁ)

flotilla, n. στολίσκος (ὁ)

flotsam, n. ἐπιπλέον ναυάγιο, ἔκβρασμα (τό)

flounce, n. ποδόγυρος (ὁ)/ v.t. στολίζω μέ ποδόγυρο/ v.i. κάνω σπασμωδικές κινήσεις

flounder, v.i. τσαλαβουτῶ, κινοῦμαι μέ δυσκολία/ σπαρταρῶ

flour, n. ἀλεύρι (τό)/ ~mill, ἀλευρόμυλος (ὁ)/ v.t. ἀλευρώνω

flourish, n. ἀκμή (ἡ), ἄνθηση (ἡ)/ (sword, etc.) κραδασμός (ὁ)/ (ornament) στολίδι (τό)/ (mus.) προανάκρουσμα (τό)/ v.i. ἀκμάζω, ἀνθῶ/ v.t. κουνῶ, σείω, ἀνεμίζω/ ~ing, a. ἀκμαῖος, θαλερός

floury, a. ἀλευρωμένος

flout, v.t. χλευάζω, περιπαίζω, ἐμπαίζω

flow, n. ροή (ἡ), ρεῦμα (τό)/ ebb and ~, ἄμπωτη καί παλίρροια (ἡ)/ v.i. ρέω, κυλῶ/ ~ from, πηγάζω, ἀπορρέω/ ~ into, ἐκβάλλω, χύνομαι/ ~ with, ἀκολουθῶ τό ρεῦμα

flower, n. ἄνθος (τό), λουλούδι (τό)/ ~bed, παρτέρι λουλουδιῶν/ ~bud, μπουμπούκι (τό)/ ~ garden, ἀνθώνας (ὁ)/ ~ girl, ἀνθοπώλιδα (ἡ)/ ~ pot, γλάστρα (ἡ)/ ~ shop, ἀνθοπωλεῖο (τό)/ ~ show, ἔκθεση ἀνθέων/ v.i. ἀνθίζω/ (fig.) ἀκμάζω/ ~ed, a. ἀνθισμένος/ ~y, a. ἀνθοστόλιστος/ (fig.) παραστολισμένος

flowing, a. ρευστός, ρέων

fluctuate, v.i. κυμαίνομαι, διστάζω, ἀμφιταλαντεύομαι/ fluctuating, a. κυμαινόμενος, μεταβλητός/ fluctuation, n. διακύμανση (ἡ)

flu, n. γρίππη (ἡ)

flue, n. σωλήνας καπνοδόχου (ὁ)

fluency, n. εὐχέρεια (ἡ), εὐκολία (ἡ)/ fluent, a. ἐκεῖνος πού παρουσιάζει εὐχέρεια/ ~ly, ad. μέ εὐχέρεια

fluff, n. χνούδι (τό), μαλακή γούνα (ἡ)/ ~y, a. χνουδωτός, ἁπαλός

fluid, n. ρευστός (τό), ὑγρό (τό)/ a. ρευστός, ὑγρός/ ~ity, n. ρευστότητα (ἡ)/ (in character) ἀστάθεια (ἡ), ἀσάφεια (ἡ)

fluke, n. ὄνυχας ἄγκυρας (ὁ)/ (whale) πτερύγιο οὐρᾶς φάλαινας/ (accidental event) τυχαῖο γεγονός (τό)/ by a ~, τυχαία

fluk(e)y, n. λακές (ὁ), ὑπηρέτης (ὁ)

fluorescence, n. φθορισμός (ὁ)/ *fluorescent*, a. κάτι πού φωσφορίζει/ ~ *lamp*, λαμπτήρας φθορίου

flurry, n. αἰφνίδιο φύσημα (τό)/ (fig.) ταραχή (ἡ)/ v.t. ταράζω

flush, n. γρήγορο ρεῦμα νεροῦ/ (reddening) κοκκίνισμα (τό)/ (excitement) ἔξαψη (ἡ)/ a. ξέχειλος/ *be ~ with money*, σκορπῶ λεφτά/ v.t. ξεπλένω, πλημμυρίζω/ v.i. κοκκινίζω, ἐξάπτομαι

fluster, n. ἔξαψη (ἡ), ταραχή (ἡ)/ v.t. ἐξάπτω, ταράζω

flute, n. αὐλός (ὁ), φλογέρα (ἡ)/ (arch.) ράβδωση κολόνας (ἡ)/ v.t. παίζω φλογέρα/ ~*d*, a. γλυκός/ (arch.) ραβδωτός

flutter, n. φτερούγισμα (τό), κυματισμός (ὁ)/ *have a ~*, ἔχω καρδιοχτύπι/ v.i. φτερουγίζω, σείομαι, τρέμω, κυματίζω

fluvial, a. ποτάμιος, ποταμίσιος

flux, n. ροή (ἡ), ἀλλοίωση (ἡ), ἀδιάκοπη μεταβολή/ *in a state of ~*, σέ κατάσταση ρευστότητας

fly, n. μυΐγα (ἡ)/ v.t. & i. πετῶ/ ~ *at*, ἐπιτίθεμαι ἀπότομα/ ~ *a flag*, ὑψώνω σημαία/ ~ *a kite*, πετῶ ἀετό/ ~ *into a rage*, ἐξοργίζομαι, γίνομαι ἔξαλλος/ ~ *off*, πετῶ μακριά/ ~ *open*, ἀνοίγω ἀπότομα/ *let ~ at*, ἐκσφενδονίζω/ ~ *catcher*, n. μυγοχάφτης (ὁ)/ ~*ing*, n. πέταγμα (τό), πτήση (ἡ)/ a. ἱπτάμενος/ ~ *visit*, σύντομη ἐπίσκεψη/ ~ *wheel*, n. (tech.) σφόνδυλος (ὁ)

foal, n. πουλάρι (τό), γαϊδουράκι (τό)/ v.i. γεννῶ (γιά φοράδες καί γαϊδάρες)

foam, n. ἀφρός (ὁ)/ v.i. ἀφρίζω

fob, n. κρεμαστή ἁλυσίδα (ἡ)/ v.t. ἀπατῶ, περιπαίζω

focal, a. ἑστιακός, κεντρικός/ *focus*, n. ἑστία (ἡ), κεντρικό σημεῖο (τό)/ v.t. συγκεντρώνω, συμπίπτω

fodder, n. φορβή (ἡ), τροφή ζώων (ἡ)

foe, n. ἐχθρός (ὁ)

foetus, n. ἔμβρυο (τό)

fog, n. ὁμίχλη (ἡ), καταχνιά (ἡ)/ ~*bound*, a. κλεισμένος ἀπό τήν ὁμίχλη/ v.t. σκεπάζω μέ ὁμίχλη/ (fig.) συγχέω, μπερδεύω/ (phot.) ἐπισκιάζω/ ~*gy*, a. ὁμιχλώδης, ὁμιχλερός

foible, n. ἀδύνατο σημεῖο (τό), ἀδυναμία (ἡ)

foil, n. μεταλλικό φύλλο (τό)/ v.t. ματαιώνω, ἐμποδίζω

foist, v.t. τρυπώνω, χώνομαι/ ~ *oneself on*, ἐπιβάλλω τήν παρουσία μου

fold, n. μάντρα (ἡ)/ (geol.) πτυχή (ἡ)/ (door) θυρόφυλλο (τό)/ v.t. διπλώνω, πτυχώνω/ (arms) σταυρώνω τά χέρια/ ~*er*, n. φάκελος (ὁ), ντοσιέ (τό)/ (person) διπλωτής (ὁ)/ ~*ing*, a. διπλωτός, πτυσσόμενος/ ~ *bed*, κρεββάτι ἐκστρατείας (τό)/ ~ *screen*, παραβάν (τό)

foliage, n. φύλλωμα (τό)

folio, n. σχῆμα φύλλου (τό)

folk, n. λαός (ὁ), ἄνθρωποι (οἱ)/ *own ~(s)*, συγγενεῖς (οἱ)/ ~*lore*, n. λαογραφία (ἡ)/ ~*song*, n. δημοτικό τραγούδι (τό)

follow, v.t. & i. ἀκολουθῶ, συνοδεύω/ (an idea) εἶμαι ὀπαδός/ (the enemy) καταδιώκω/ *as ~s*, ὡς ἑξῆς/ ~ *suit*, ἀκολουθῶ ἀμέσως/ ~ *up*, παρακολουθῶ ἀπό κοντά/ ~*er*, n. ὀπαδός (ὁ)/ ~*ing*, a. ἑπόμενος, ἀκόλουθος/ n. ἀκολουθία (ἡ), συνοδεία (ἡ)/ *the ~*, τά ἑξῆς

folly, n. ἀνοησία (ἡ), τρέλα (ἡ), ἀφροσύνη (ἡ)

foment, v.t. ὑποθάλπω, ὑποκινῶ/ (warm) θερμαίνω/ ~*ation*, n. ὑπόθαλψη (ἡ), ὑποκίνηση (ἡ), θέρμανση (ἡ)

fond, a. στοργικός, τρυφερός, ὑπεραγαπητός/ *be ~ of*, ἀγαπῶ, μοῦ ἀρέσει πολύ

fondle, v.t. χαϊδεύω

fondly, ad. μέ ἀγάπη/ *fondness*, n. ἀγάπη (ἡ)

font, n. κολυμβήθρα (ἡ)

food, n. φαγητό (τό), τροφή (ἡ)/ ~*stuffs*, n. pl. τρόφιμα (τά)

fool, n. ἀνόητος (ὁ), βλάκας (ὁ), μωρός (ὁ)/ (jester) γελωτοποιός (ὁ)/ *make a ~ of*, κοροϊδεύω/ *make a ~ of oneself*, γελοιοποιοῦμαι/ *play the ~*, προσποιοῦμαι τόν ἠλίθιο, κάνω τόν βλάκα/ v.t. & i. κοροϊδεύω, ἐξαπατῶ/ ~ *about*, περιφέρομαι ἄσκοπα, χάνω τόν καιρό μου/ ~*ery*, n. μωρία (ἡ), ἀνοησία (ἡ), γελωτοποιία (ἡ)/ ~*hardy*, a. παράτολμος/

~*ish*, a. ἀνόητος, ἠλίθιος, γελοῖος/ ~*ishness*, n. ἀνοησία (ἡ), ἠλιθιότητα (ἡ), γελοιότητα (ἡ)/ ~*proof*, a. δοκιμασμένος, ἀλάθητος/ ~*scap*, n. φουλσκάπ (τό)

foot, n. πόδι (τό), βάση (ἡ)/ (hill) πρόποδες (οἱ)/ (mil.) πεζικό (τό)/ *from head to* ~, ἀπό τήν κορυφή ὡς τά νύχια/ *on* ~, μέ τά πόδια, πεζός/ *put one's* ~ *in it*, κάνω γκάφα, τά κάνω θάλασσα/ *put one's* ~ *down*, πατάω πόδι/ *trample under* ~, συντρίβω ποδοπατῶ/ ~*ball*, n. ποδόσφαιρο (τό)/ ~*baller*, n. ποδοσφαιριστής (ὁ)/ ~*board*, n. ὑποπόδιο (τό)/ ~*hold*, n. στήριγμα (τό), πρῶτο βῆμα/ (mil.) προγεφύρωμα (τό)/ ~*ing*, n. πάτημα (τό), βάση (ἡ), θεμέλιο (τό)/ *be on an equal* ~, εἴμαστε ἴσοι/ ~*man*, n. ὑπηρέτης (ὁ)/ ~*note*, n. ὑποσημείωση (ἡ)/ ~*pad*, n. ληστής (ὁ)/ ~*path*, n. μονοπάτι (τό)/ ~*print*, n. πατημασιά (ἡ)/ ~*step*, n. βῆμα (τό)/ ~*wear*, n. ὑποδήματα (τά), παπούτσια (τά)

fop, n. κομψευόμενος (ὁ), θηλυπρεπής (ὁ)/ ~*pery*, n. κομψομανία (ἡ)/ ~*pish*, a. ματαιόδοξος, κομψευόμενος

for, pr. γιά, ὑπέρ, λόγω, ἕνεκα/ ~ *example*, γιά παράδειγμα/ ~ *fear*, ἀπό φόβο/ ~ *a while*, γιά λίγο/ *as* ~ *me*, ὅσο γιά μένα/ ~ *all I know*, ἀπ' ὅσο ξέρω/ ~ *good*, γιά πάντα/ ~ *your sake*, γιά χατήρι σου/ *what* ~? γιά ποιό λόγο;/ c. ἐπειδή, διότι

forage, n. φορβή (ἡ), χόρτο (τό)/ ~ *cap*, δίκωχο (τό)/ v.i. βόσκω/ ~ *for*, ἀναζητῶ

forasmuch as, a. ἐπειδή, καθότι

foray, n. ἐπιδρομή (ἡ)

forbear, v.i. ἀπέχω, ἀποφεύγω, ὑπομένω/ ~*ance*, n. ὑπομονή (ἡ), ἀνεκτικότητα (ἡ)

forbid, v.t. ἀπαγορεύω, ἐμποδίζω/ *God* ~! Θεός φυλάξοι!/ ~*den*, a. ἀπαγορευμένος/ ~*ding*, a. ἀποκρουστικός, ἐπικίνδυνος

force, n. δύναμη (ἡ)/ pl. (mil.) δυνάμεις (οἱ), στρατεύματα (τά)/ *resort to* ~, καταφεύγω στήν βία/ *yield to* ~, ὑποκύπτω στήν βία/ *be in* ~, ἰσχύω/ *by* ~, μέ τήν βία/ *by* ~ *of circumstances*, ἀπό τίς περιστάσεις, λόγω τῶν περιστάσεων/ *put in* ~, βάζω σέ ἐνέργεια/ v.t. ἐξαναγκάζω, βιάζω/ (lock) παραβιάζω/ (pace) ἐπιταχύνω/ ~ *one's way*, μπαίνω μέ τήν βία/ ~*d*, p.p. & a. ἀναγκαστικός, βεβιασμένος/ ~*ful*, a. ἰσχυρός, δυνατός, πειστικός

forcemeat, n. κιμάς γιά παραγέμιση (ὁ)

forceps, n. pl. ἐμβρυουλκός (ὁ), λαβίδα (ἡ)

force-pump, n. καταθλιπτική ἀντλία (ἡ)

forcible, a. ἰσχυρός, βίαιος/ ~ *entry*, βίαια εἴσοδος/ *forcing*, n. ἐκβίαση (ἡ), παραβίαση (ἡ)/ (plants) καλλιέργεια σέ θερμοκήπιο

ford, n. πόρος (ὁ)/ v.t. περνῶ (ποταμό) πεζός

fore, a. προηγούμενος/ (naut.) πρός τήν πρώρα/ ~ *and aft*, ἀπό τήν πρώρα στήν πρύμνη/ ad. πρίν, προηγούμενα

forearm, n. βραχίονας (ὁ)/ v.t. προεξοπλίζομαι, ἐξοπλίζομαι ἔγκαιρα

forebear, n. πρόγονος (ὁ)

forebode, v.t. προοιωνίζομαι, προμηνύω/ *foreboding*, n. προμήνυμα (τό), οἰωνός κακός (ὁ)

forecast, n. πρόβλεψη (ἡ)/ v.t. προβλέπω

forecastle, n. πρωραῖος θάλαμος (ὁ)

foreclose, v.i. ἀποκλείω, ἐμποδίζω/ (leg.) κατασχέτω

foreclosure, n. κατάσχεση (ἡ)

forefather, n. πρόγονος (ὁ), προπάτορας (ὁ)

forefinger, n. δείκτης (ὁ)

forefront, n. προσκήνιο (τό)/ (mil.) πρώτη γραμμή (ἡ)

foregoing, a. προηγούμενος, ἐκεῖνος πού προαναφέρθηκε

foregone, a. προαποφασισμένος, σίγουρος/ ~ *conclusion*, βέβαιο (σίγουρο) ἀποτέλεσμα

foreground, n. προσκήνιο (τό), τό ἐμπρός μέρος

forehead, n. μέτωπο (τό), κούτελο (τό)

foreign, a. ξένος, ἀλλοδαπός/ ~ *policy*, ἐξωτερική πολιτική/ ~ *office*, ὑπουργεῖο Ἐξωτερικῶν/ ~ *trade*, ἐξωτερικό ἐμπόριο/ ~*er*, n. ξένος (ὁ), ἀλλοδαπός (ὁ)

forejudge, v.t. προδικάζω

foreknowledge, n. προηγούμενη γνώση (ἡ)
foreland, n. ἀκρωτήριο (τό)
forelock, n. μπούκλα (ἡ), ἀφέλεια (ἡ)
foreman, n. ἀρχιεργάτης (ὁ), ἐπόπτης ἐργασίας (ὁ)
foremast, n. πρωραῖος ἱστός (ὁ)
foremost, a. πρώτιστος, πρωταρχικός, κυριότερος
forenoon, n. πρωί (τό), πρίν τό μεσημέρι
forensic, a. δικανικός/ ~ medicine, ἰατροδικαστική (ἡ)
forerunner, n. πρόδρομος (ὁ), πρωτοπόρος (ὁ)
foresail, n. πρωραῖο πανί (τό), πανί τῆς πλώρης (τό)
foresee, v.t. προβλέπω
foreshadow, v.t. προμαντεύω, προεικάζω, προμηνύω
foreshore, n. ἀκρογιαλιά (ἡ)
foreshortening, n. σμίκρυνση (ἡ)
foresight, n. πρόβλεψη (ἡ), πρόγνωση (ἡ), προαίσθηση (ἡ)
foreskin, n. ἀκροβυστία (ἡ)
forest, n. δάσος (τό)/ ~ed, a. δασόφυτος, δασώδης/ ~er, n. δασοφύλακας (ὁ)
forestall, v.t. προλαβαίνω/ (comm.) προαγοράζω
foretaste, n. πρόγευση (ἡ)
foretell, v.t. προλέγω, προμαντεύω
forethought, n. πρόνοια (ἡ)
forever, ad. γιά πάντα/ ~ and ever, εἰς τούς αἰώνας τῶν αἰώνων
forewarn, v.t. προειδοποιῶ
foreword, n. πρόλογος (ὁ)
forfeit, n. στέρηση (ἡ), ἀποξένωση (ἡ)/ v.t. στερῶ, δημεύω/ στεροῦμαι, χάνω/ ~ure, n. στέρηση (ἡ), κατάσχεση (ἡ), δήμευση (ἡ)
forgather, v.i. συγκεντρώνομαι, συναθροίζομαι
forge, n. σιδηρουργεῖο (τό)/ v.t. σφυρηλατῶ, χαλκεύω/ (documents) πλαστογραφῶ/ ~ ahead, προχωρῶ ἀποφασιστικά/ ~r, n. πλαστογράφος (ὁ)/ ~ry, n. πλαστογραφία (ἡ)
forget, v.t. ξεχνῶ/ ~ful, a. ξεχασιάρης, ἀπρόσεκτος/ ~ me-not, n. μή μέ λησμόνει
forgive, v.t. συγχωρῶ/ ~ness, n. συγχώ-

ρηση (ἡ)/ (of sins) ἄφεση (ἡ)/ forgiving, a. ἐπιεικής
forgo, v.t. ἀποφεύγω, ἀπέχω
fork, n. πηρούνι (τό)/ (agr.) δίκρανο (τό), πηρούνα (ἡ)/ v.i. διακλαδίζομαι/ ~ed, a. διχαλωτός/ (med.) δισχιδής
forlorn, a. ἔρημος, ἀπελπισμένος/ ~ hope, ἀπεγνωσμένη προσπάθεια
form, n. σχῆμα (τό), μορφή (ἡ)/ (school) τάξη (ἡ)/ fill in a ~, συμπληρώνω ἔντυπο (αἴτηση)/ in good (bad) ~, σέ καλή (κακή) φόρμα/ for ~'s sake, γιά τούς τύπους/ v.t. σχηματίζω, πλάθω, διαμορφώνω/ (company) ἱδρύω/ ~ a government, σχηματίζω κυβέρνηση
formal, a. τυπικός, κανονικός, ἐπίσημος/ (letter, visit, etc.) ἐπίσημος/ ~ity, n. διατύπωση (ἡ)/ ~ly, ad. ἐπίσημα
formation, n. σχηματισμός (ὁ)/ (mil.) διάταξη (ἡ)
former, a. προηγούμενος, προγενέστερος/ (minister, etc.) πρώην/ ~ly, ad. προηγούμενα, ἄλλοτε
formidable, a. φοβερός, δεινός
formula, n. τύπος (ὁ), ὑπόδειγμα (τό)/ ~te, v.t. διατυπώνω
fornicate, v.i. ἔχω σεξουαλικές σχέσεις/ fornication, n. σεξουαλική σχέση (ἡ)
forsake, v.t. ἀφήνω, ἐγκαταλείπω
forsooth, ad. ἀλήθεια, πραγματικά, πράγματι
forswear, v.t. ἀπαρνοῦμαι
fort, n. φρούριο (τό), ὀχυρό (τό)
forth, ad. μπροστά, πρός τά ἐμπρός/ back and ~, μπρός πίσω/ and so ~, καί οὕτω καθ' ἑξῆς/ ~coming, a. προσεχής, ἀναμενόμενος/ ~right, a. εὐθύς, σαφής/ ~ with, ad. πάραυτα, ἀμέσως
fortieth, ord. num. τεσσαρακοστός
fortification, n. ὀχύρωση (ἡ), ὀχύρωμα (τό)/ fortified, a. ἐνισχυμένος/ ~ wine, δυνατό κρασί/ fortify, v.t. ὀχυρώνω/ (fig.) τονώνω, δυναμώνω
fortitude, n. καρτερία (ἡ), σθένος (τό), θάρρος (τό)
fortnight, n. δεκαπενθήμερο (τό)/ ~ly, a. δεκαπενθήμερος/ ad. κάθε δεκαπέντε
fortress, n. φρούριο (τό), ὀχυρό (τό)
fortuitous, a. τυχαῖος, ἀπρόοπτος, ἀπροσδόκητος

fortunate, a. τυχερός/ ~ly, ad. εὐτυχῶς, κατά καλή τύχη

fortune, n. τύχη (ἡ), εὐτυχία (ἡ)/ (money) περιουσία (ἡ)/ try one's ~, δοκιμάζω τήν τύχη μου/ make a ~, κάνω περιουσία/ ~ hunter, n. τυχοδιώκτης (ὁ), προικοθήρας (ὁ)/ ~ teller, n. μάντης (ὁ)/ (cards) χαρτορίχτρα (ἡ)/ (coffeecup) καφετζού (ἡ)

forty, num. σαράντα

forum, n. ἀγορά (ἡ), χῶρος δημόσιων συγκεντρώσεων

forward, a. μπροστινός, προοδευμένος/ ~ looking, προοδευτικός/ ad. μπροστά, πρός τά ἐμπρός/ look ~ to, περιμένω μέ ἀνυπομονησία, προσδοκῶ/ v.t. προάγω, προωθῶ/ (message, letter, etc.) διαβιβάζω, ἀποστέλλω/ ~ness, n. προώθηση (ἡ), πρόοδος (ἡ), ζῆλος (ὁ)

fossil, n. ἀπολίθωμα (τό)/ ~ize, v.t. & i. ἀπολιθώνω/ ~ized, a. ἀπολιθωμένος

foster, v.t. τρέφω, ἀνατρέφω/ ~ brother, n. θετός ἀδελφός (ὁ)/ ~ child, n. θετό παιδί (τό)/ ~ mother, n. θετή μητέρα (ἡ)/ ~ sister, n. θετή ἀδελφή (ἡ)

foul, a. βρώμικος, ρυπαρός, ἀκάθαρτος/ (fig.) αἰσχρός, ἄσεμνος/ ~ faced, a. ἄσχημος, ἀσχημομούρης/ ~ mouthed, a. αἰσχρολόγος, βρωμόστομος/ fall ~ of, πέφτω σέ δυσμένεια/ ~ play (leg.) ἐγκληματική πράξη (ἐνέργεια)/ (sport) φάουλ/ v.t. μολύνω, βρωμίζω/ ~ness, n. βρωμιά (ἡ), ρυπαρότητα (ἡ)/ (leg.) αἰσχρότητα (ἡ), ἀχρειότητα (ἡ)

found, v.t. ἱδρύω, θεμελιώνω/ (metal) χύνω/ be ~ed on, στηρίζομαι (βασίζομαι) σέ/ ~ation, n. θεμελίωση (ἡ), θεμέλιο (τό), στήριγμα (τό)/ (organization) ἵδρυμα (τό), νομικό πρόσωπο (τό)/ ~stone, θεμέλιος λίθος (ὁ)/ (fig.) στήριγμα (τό), βάση (ἡ)/ ~er, n. ἱδρυτής (ὁ)/ (metal) χύτης (ὁ)/ v.i. κουράζομαι, ἀποκάνω/ (ship) βυθίζομαι, βουλιάζω/ ~ing, a. ἱδρυτικός, θεμελιακός

foundling, n. ἔκθετο (τό)

foundry, n. χυτήριο (τό)

fountain, n. βρύση (ἡ), κρήνη (ἡ), συντριβάνι (τό)/ ~ head, n. πηγή (ἡ)/ ~ pen, n. στυλό διαρκείας (τό)

four, num. τέσσερα/ ~fold, a. τετραπλά-

σιος/ ~ footed, a. τετράποδος/ in ~s, σέ τετράδες/ on all ~s, μέ τά τέσσερα/ ~teen, num. δεκατέσσερα/ ~th, ord. num. τέταρτος/ ~thly, ad. κατά τέταρτο λόγο

fowl, n. πουλερικά (τά), ὄρνιθες (οἱ)/ ~ house, n. ὀρνιθώνας (ὁ)/ ~ing, n. ὀρνιθοθηρία (ἡ), κυνήγι πουλιῶν (τό)/ ~ piece, κυνηγετικό ὅπλο (τό)

fox, n. ἀλεπού (ἡ)/ ~hound, n. κυνηγετικός σκύλος (ὁ)/ ~hunt, n. κυνήγι ἀλεπούς (τό)/ ~ trot, n. φοξτρότ (τό)/ ~a. ἀλεπουδίσιος/ (fig.) πονηρός, πανοῦργος

foyer, n. ἐντευκτήριο (τό), φουαγιέ (τό)

fraction, n. κλάσμα (τό)/ ~al, a. κλασματικός

fractious, a. ἐριστικός, καβγατζής, φιλόνικος

fracture, n. κάταγμα (τό), θλάση (ἡ)/ v.t. σπάω, θραύω/ (med.) v.i. παθαίνω κάταγμα

fragile, a. εὔθραυστος, ἀδύνατος, εὐπαθής/ fragility, n. τό εὔθραυστο, εὐπάθεια (ἡ)

fragment, n. κομμάτι (τό), θραῦσμα (τό), συντρίμμι (τό)/ (text) ἀπόσπασμα (τό)/ ~ary, a. κομματιασμένος, τμηματικός, κομματιαστός/ (text) ἀποσπασματικός

fragrance, n. εὐωδία (ἡ)/ fragrant, a. εὐωδιαστός

frail, a. εὐπαθής, ἀδύνατος/ ~ty, n. εὐπάθεια (ἡ), ἀδυναμία (ἡ)

frame, n. πλαίσιο (τό), σκελετός (ὁ), περίγραμμα (τό)/ (painting) κορνίζα (ἡ)/ ~ of mind, διάθεση (ἡ)/ v.t. πλαισιώνω, κορνιζώνω, σχεδιάζω/ (phot.) καντράρω/ ~ up, n. σκηνοθετημένη, ψεύτικη κατηγορία/ v.t. ἐπινοῶ ψεύτικη κατηγορία/ ~work, n. σχέδιο (τό), γενικό πλαίσιο (τό)/ ~ of society, κοινωνική δομή (ἡ)

franc, n. φράγκο (τό)

franchise, n. ἐκλογικό δικαίωμα (τό), δικαίωμα ψήφου (τό)

Franciscan, n. Φραγκισκανός (ὁ)

francophile, n. & a. γαλλόφιλος

franc-tireur, n. ἐλεύθερος σκοπευτής (ὁ)

frank, a. εὐθύς, εἰλικρινής, ντόμπρος/ v.t. ἀπαλλάσσω ἀπό ταχυδρομικά τέλη

frankincense, n. λιβάνι (τό)
frankly, ad. εἰλικρινά, μέ εὐθύτητα
frantic, a. ἔξαλλος, ξέφρενος, λυσσαλέος
fraternal, a. ἀδελφικός/ fraternity, n. ἀδελφότητα (ἡ), ἀδελφοσύνη (ἡ)/ fraternize, v.i. ἀδελφώνομαι, ἔχω στενές φιλικές σχέσεις/ fratricidal, a. ἀδελφοκτόνος/ fratricide, n. ἀδελφοκτονία (ἡ)/ (person) ἀδελφοκτόνος (ὁ)
fraud, n. ἀπάτη (ἡ), δόλος (ὁ)/ ~ ulent, a. ἀπατηλός, δόλιος, ἀθέμιτος
fraught, a. γεμάτος, κατάφορτος, μεστός
fray, n. συμπλοκή (ἡ), φιλονικία (ἡ), καβγάς (ὁ)/ v.i. τρίβω, ξεφτίζω/ (fig.) ταράζω, ἐρεθίζω
freak, n. ἰδιορρυθμία (ἡ), παραξενιά (ἡ)/ (follower) φανατικός ὀπαδός/ ~ish, a. ἰδιόρρυθμος, ἐκκεντρικός, παράξενος
freckle, n. φακίδα (ἡ), πιτσιλάδα (ἡ)/ ~d, a. φακιδοπρόσωπος
free, a. ἐλεύθερος, ἀνεξάρτητος, ἀδέσμευτος/ (with money) γενναιόδωρος, ἀνοιχτοχέρης, χουβαρδάς/ (gratis) δωρεάν, τσάμπα/ ~ and easy, ἀνεπίσημος, φιλικός/ ~ on board, μέ πληρωμένα τά μεταφορικά/ of one's own ~ will, μέ τήν θέλησή μου, ἐθελοντικά/ v.t. ἐλευθερώνω, ἀπελευθερώνω, ἀποδεσμεύω/ ~dom, n. ἐλευθερία (ἡ), ἀνεξαρτησία (ἡ)/ ~ of the city, ἀνακήρυξη σέ ἐπίτιμο δημότη/ ~ of speech, ἐλευθερία λόγου/ ~ of worship, ἐλευθερία τῆς λατρείας/ ~hand, a. ἐλεύθερος, μέ τό χέρι/ ~hold, n. ἀπόλυτη κυριότητα ἀκινήτου/ ~lance, n. & a. ἀνεξάρτητος δημοσιογράφος/ ~mason, n. μασόνος (ὁ), ἐλεύθερος τέκτονας (ὁ)/ ~masonry, n. μασονία (ἡ), τεκτονισμός (ὁ)/ ~ thinker, n. ἐλευθερόφρονας (ὁ), χωρίς θρησκευτικές προκαταλήψεις
freeze, v.t. παγώνω, καταψύχω/ (fig.) τρομάζω, ἀκινητοποιῶ/ v.i. παγώνω/ (fig.) παραλύω, ἀκινητοποιοῦμαι/ it is ~ing, κάνει παγωνιά/ ~r, n. κατάψυξη (ἡ)/ ~ing, a. ψυκτικός, παγερός/ ~ point, σημεῖο πήξεως/ (of wages) παγοποίηση τῶν μισθῶν
freight, n. φορτίο (τό)/ ~ train, φορτηγό τραῖνο (τό)/ v.t. φορτώνω, ναυλώνω/ ~age, n. ναῦλος μεταφορᾶς (ὁ)/ ~er, n.

φορτηγό πλοῖο (τό)/ (person) ναυλωτής (ὁ)
French, n. Γάλλος (ὁ)/ a. γαλλικός/ (language) γαλλικά (τά)/ ~ beans, φασολάκια/ ~ leave, ἀπουσία χωρίς ἄδεια, ἄδεια ἀλά γαλλικά/ ~ window, μπαλκονόπορτα (ἡ)
frenzied, a. ἔξαλλος, ξέφρενος, ξετρελαμένος/ frenzy, n. ἐξαλλοσύνη (ἡ), παραφροσύνη (ἡ), τρέλα (ἡ), παροξυσμός (ὁ)
frequency, n. συχνότητα (ἡ)/ high ~, ὑψηλή συχνότητα
frequent, a. συχνός/ v.t. συχνάζω/ ~er, n. θαμώνας (ὁ), τακτικός ἐπισκέπτης (πελάτης)/ ~ly, ad. συχνά
fresco, n. νωπογραφία (ἡ), φρέσκο (τό)
fresh, a. φρέσκος, νωπός/ (fig.) ξεκούραστος, ζωηρός/ ~ air, καθαρός ἀέρας/ ~ water, γλυκό νερό/ ~en, v.t. & i. δροσίζω, ἀναζωογονῶ/ (wind) δυναμώνω/ ~ up, φρεσκαρίζομαι/ ~ly, ad. πρόσφατα, τελευταία/ ~man, n. πρωτοετής φοιτητής/ ~ness, n. δροσερότητα (ἡ), νωπότητα (ἡ), φρεσκάδα (ἡ)
fret, n. ταραχή (ἡ), ἀνησυχία (ἡ)/ (mus.) δακτυλοθέσιο κιθάρας/ (ornament) μαίανδρος (ὁ)/ (arch.) διακόσμηση ὀροφῆς/ v.t. διακοσμῶ, σκαλίζω/ v.i. ἀνησυχῶ/ ~ful, a. εὐέξαπτος, γρινιάρης/ ~fulness, n. ἐκνευρισμός (ὁ), γκρίνια (ἡ)/ ~saw, n. ξεγυριστάρι (τό)/ ~work, n. διακόσμηση (ἡ), σκάλισμα (τό)
Freudian, a. φροϋδικός
friable, a. εὐκολότριφτος
friar, n. μοναχός (ὁ), καλόγερος (ὁ)/ ~y, n. μονή (ἡ), μοναστήρι (τό)
fricassée, n. φρικασέ (τό)
friction, n. τριβή (ἡ), τρίψιμο (τό)/ (fig.) διαμάχη (ἡ), ἀντίθεση (ἡ)
Friday, n. Παρασκευή (ἡ)
fridge, n. ψυγεῖο (τό)
friend, n. φίλος (ὁ), σύντροφος (ὁ)/ boy ~, φίλος (ὁ)/ girl~, φιλενάδα (ἡ)/ ~ less, a. χωρίς φίλους/ ~liness, n. φιλικότητα (ἡ)/ ~ly, a. φιλικός/ ~ society, ἀλληλοβοηθητικό σωματεῖο/ ~ship, n. φιλία (ἡ)
frieze, n. διάζωμα (τό), φρίζα (ἡ), ζωφό-

ρος (ή)

frigate, n. φρεγάτα (ή)

fright, n. φόβος (ό), τρόμος (ό), τρομάρα (ή)/ ~en, v.t. φοβίζω, τρομάζω/ ~ away, τρέπω σέ φυγή/ ~ful, a. φοβερός, τρομερός, ἀπαίσιος/ ~ fully, ad. φοβερά, τρομερά, ἀπαίσια

frigid, a. ψυχρός, παγερός/ (woman) ψυχρή, σεξουαλικά ἀδιάφορη/ ~ity, n. ψυχρότητα (ή), παγερότητα (ή)/ (in women) ἀναφροδισία (ή)

frill, n. φραμπαλάς (ό), βολάν (τό)/ (fig.) στολίδι (τό), μπιχλιμπίδι (τό)/ ~s, n. pl. νάζια (τά), καμώματα (τά)/ v.t. σουρώνω, πλισάρω

fringe, n. παρυφή (ή), ἄκρη (ή)/ (hair) φράντζα (ή)/ ~ benefits, πρόσθετες παροχές (οἱ)

frippery, n. μπιχλιμπίδια (τά), φανταχτερά στολίδια (τά)

frisk, v.i. χοροπηδῶ/ v.t. ὑποβάλλω σέ σωματική ἔρευνα/ (fig.) κλέβω, σουφρώνω/ ~y, a. ζωηρός, παιχνιδιάρης

fritter, n. σβίγκος (ό), λουκουμάς (ό)/ v.t. κομματιάζω, τρίβω/ ~ away, σπαταλῶ

frivolity, n. ἐπιπολαιότητα (ή), ἐλαφρότητα (ή)/ frivolous, a. ἐπιπόλαιος, ἐλαφρόμυαλος, ἀσήμαντος

frizzle, n. κατσάρωμα (τό), ὀντουλάρισμα (τό)/ v.t. κατσαρώνω, ὀντουλάρω/ ~d, a. κατσαρωμένος, ὀντουλαρισμένος

fro, ad. πέρα, μακριά/ to and ~, πέρα δῶθε

frock, n. φόρεμα (τό), φουστάνι (τό)/ (eccl.) ράσο (τό), ἱερατικό σχῆμα (τό)/ ~coat, n. ρεντιγκότα (ή)

frog, n. βάτραχος (ό)/ ~man, n. βατραχάνθρωπος (ό)

frolic, n. εὐθυμία (ή), φαιδρότητα (ή), παιχνιδιάρικη διάθεση (ή)/ v.i. εὐθυμῶ, παίζω, κάνω τρέλες/ ~some, a. εὔθυμος, ζωηρός, παιχνιδιάρης

from, pr. ἀπό/ ~ above, ἀπό πάνω/ order ~ above, ἀνώτερη διαταγή/ ~ afar, ἀπό μακριά/ ~ amongst, ἀπό ἀνάμεσα/ ~ behind, ἀπό πίσω/ ~ earliest times, ἀπό τόν παλιό καιρό/ ~ memory, ἀπό μνήμης/ ~ now on, ἀπό τώρα καί στό

ἐξῆς/ ~ time to time, πότε πότε/ ~ under, ἀπό κάτω

front, n. ἐμπρόσθιο μέρος (τό), πρόσοψη (ή)/ (mil.) μέτωπο (τό)/ come to the ~, διακρίνομαι, γίνομαι γνωστός/ in ~ of, μπροστά/ a. μπροστινός/ ~ door, ἐξώπορτα (ή)/ ~ garden, αὐλή σπιτιοῦ/ ~ line, πρώτη γραμμή/ ~ page, πρώτη σελίδα/ ~age, n. πρόσοψη ἀκινήτου/ ~al, a. μπροστινός, μετωπικός/ (anat.) μετωπιαῖος

frontier, n. σύνορο (τό), ὅριο (τό), μεθόριος (ή)/ a. συνοριακός, μεθοριακός, παραμεθόριος

frontispiece, n. προμετωπίδα (ή)

frost, n. παγετός (ό), παγωνιά (ή)/ ~bite, n. κρυοπάγημα (τό)/ ~y, a. παγερός, παγωμένος/ (fig.) ψυχρός

froth, n. ἀφρός (ό)/ (fig.) κούφια λόγια, λόγια τοῦ ἀέρα/ v.i. ἀφρίζω/ ~y, a. ἀφρισμένος/ (fig.) ἀνόητος, ρηχός

frown, n. κατσούφιασμα (τό), στραβομουτσούνιασμα (τό), ἀγριοκοίταγμα (τό)/ v.i. κατσουφιάζω, στραβομουτσουνιάζω, ἀγριοκοιτάζω/ ~ on, ἀποδοκιμάζω

frowsy, a. πνιγερός, βρώμικος

frozen, p.p.& a. παγωμένος

fructiferous, a. καρποφόρος

frugal, a. οἰκονομικός/ (person) λιτός, ὀλιγαρκής/ ~ity, n. οἰκονομία (ή), λιτότητα (ή), ὀλιγάρκεια (ή)

fruit, n. καρπός (ό), φροῦτο (τό)/ ~ tree, καρποφόρο δέντρο (τό)/ candied ~, ζαχαρωμένα φροῦτα (τά)/dried ~,ξηροί καρποί/ ~erer, n. ὀπωροπώλης (ό)/ ~ful, a. καρποφόρος, καρπερός/ (fig.) ἀποδοτικός/ ~ion, n. ἀπόλαυση (ή), πραγματοποίηση (ή)/ ~less, a. ἄκαρπος/ (fig.) μάταιος, ἀνώφελος

frump, n. ἀπεριποίητη γυναίκα (ή)

frustrate, v.t. ματαιώνω, διαψεύδω/ frustration, n. ματαίωση (ή), ἀπογοήτευση (ή)

fry, n. ψαράκια (τά)/ small ~, ἀσήμαντα πρόσωπα/ v.t. τηγανίζω/ ~ing pan, τηγάνι (τό)

fuchsia, n. φούξια (ή)

fuck, v.t. γαμῶ

fuddle, v.t. ζαλίζω, ἀποβλακώνω, ἀπο-

χαυνώνω/ ~d, a. ζαλισμένος, ἀποβλακωμένος, ἀποχαυνωμένος
fudge, n. φοντάν (τό)
fuel, n. καύσιμα (τά), καύσιμη ὕλη (ἡ)/ v.t. τροφοδοτῶ μέ καύσιμα, προμηθεύω καύσιμα/ v.i. ἀνθρακεύω
fugitive, a. ἐφήμερος, πρόσκαιρος/ n. φυγάδας (ὁ), δραπέτης (ὁ), πρόσφυγας (ὁ)
fugue, n. φούγκα (ἡ)
fulcrum, n. ὑπομόχλιο (τό)
fulfil, v.t. ἐκπληρώνω, πραγματοποιῶ, ἐκτελῶ/ ~ment, n. ἐκπλήρωση (ἡ), πραγματοποίηση (ἡ), ὁλοκλήρωση (ἡ)
full, a. γεμάτος, πλήρης/ (dress) φαρδύς/ (stomach) χορτάτο/ ~back, n. (sport) ὀπισθοφύλακας (ὁ)/ ~ blooded, a. σωματώδης, γεμάτος/ (wine) ἀρωματικός/ ~ dress, n. ἐπίσημο ἔνδυμα (τό)/ ~er, n. γραφέας (ὁ)/ ~length, a. ὁλόσωμος/ ~ moon, n. πανσέληνος (ἡ)/ ~ness, n. πληρότητα (ἡ), ἀρτιότητα (ἡ)/ ~ of time, πλήρωμα τοῦ χρόνου/ ~time, n. πλήρης ἀπασχόληση (ἡ)/ ~y, ad. τελείως, ἐντελῶς, ἀπόλυτα
fulminant, a. κεραυνοβόλος, βροντερός/ **fulminate,** n. ~ of mercury, βροντώδης (κροτικός) ὑδράργυρος (ὁ)/ v.i. βροντῶ, προκαλῶ ἔκρηξη/ ~ against, ἐκτοξεύω κατηγορίες βρισιές)
fulsome, a. κακόγουστος, ἀηδιαστικός, χονδροειδής/ ~ praise, ὑπερβολικός ἔπαινος
fumble, v.t. ψηλαφῶ, ψαχουλεύω/ (be awkward) χειρίζομαι ἀδέξια/ ~r, n. ἀτζαμής (ὁ), ἀδέξιος (ὁ)
fume, n. ἀτμός (ὁ), ἀναθυμίαση (ἡ), καυσαέριο (τό)/ v.i. βγάζω καπνό/ (fig.) ἐξοργίζομαι, εἶμαι ἔξω φρενῶν
fumigate, v.t. ἀπολυμαίνω μέ κάπνισμα/ **fumigation,** n. ἀπολύμανση μέ κάπνισμα (ἡ)
fun, n. διασκέδαση (ἡ), κέφι (τό), εὐθυμία (ἡ)/ have ~, διασκεδάζω, γλεντῶ/ for ~, γιά ἀστεῖο/ make ~ of, χοροϊδεύω, περιγελῶ
function, n. λειτουργία (ἡ), ἁρμοδιότητα (ἡ)/ official ~, τελετή (ἡ), δεξίωση (ἡ)/ v.i. λειτουργῶ/ ~al, a. λειτουργικός/ ~ary, n. δημόσιος λειτουργός (ὁ), δη-

μόσιος ὑπάλληλος (ὁ)
fund, n. ταμεῖο (τό), κονδύλι (τό)/ pl. κονδύλια (τά), χρήματα (τά)
fundamental, a. βασικός, στοιχειώδης, θεμελιώδης, οὐσιαστικός
funeral, n. κηδεία (ἡ), νεκρική πομπή (ἡ)/ ~ service, νεκρώσιμη ἀκολουθία/ a. νεκρικός, πένθιμος
fungous, ·a. μυκητώδης/ **fungus,** n. μύκητας (ὁ), μανιτάρι (τό)
funicular, a. ἐναέριος/ ~ railway, ἐναέριος σιδηρόδρομος
funk, n. φόβος (ὁ), τρόμος (ὁ)/ v.t. & i. φοβοῦμαι, τρομάζω
funnel, n. χωνί (τό), καπνοδόχος (ἡ), φουγάρο (τό)
funny, a. κωμικός, ἀστεῖος
fur, n. τρίχωμα (τό), γούνα (ἡ)/ (tongue) ἐπίχρισμα (τό)/ (kettle) πουρί/ ~ coat, γούνινο παλτό (τό)/ v.t. & i. φοδράρω, σκεπάζω μέ γούνα/ (tongue) μαλλιάζω
furbelow, n. φραμπαλάς (ὁ)
furbish, v.t. γυαλίζω, καθαρίζω/ (metal) ξεσκουριάζω
furious, a. ἐξοργισμένος, ἐξαγριωμένος
furlong, n. διακόσιες εἴκοσι γυάρδες
furlough, n. ἄδεια ἀπουσίας
furnace, n. φοῦρνος (ὁ), κλίβανος (ὁ), καμίνι (τό)
furnish, v.t. παρέχω, προσφέρω, ἐφοδιάζω/ (a house) ἐπιπλώνω/ ~ed, a. ἐπιπλωμένος/ ~er, n. ἔμπορος ἐπίπλων/ **furniture,** n. ἔπιπλα (τά), ἐπίπλωση (ἡ)
furore, n. παραφορά (ἡ), ἐνθουσιασμός (ὁ)
furrier, n. γουναράς (ὁ)
furrow, n. αὐλάκι (τό), χαντάκι (τό)/ v.t. αὐλακώνω/ (field) ἀροτριῶ/ (face) κάνω ρυτίδες/ ~ed, a. ρυτιδωμένος
further, a. μακρινότερος, πρόσθετος/ until ~ notice, μέχρι νεωτέρας εἰδοποιήσεως/ ad. μακρύτερα, πιό πέρα/ v.t. προωθῶ, ὑποστηρίζω, ἐξυπηρετῶ/ ~ance, n. προώθηση (ἡ), προαγωγή (ἡ)/ ~more, ad. ἐπίσης, ἐπιπλέον/ **furthest,** a. ὁ πιό μακρινός, ἀπώτατος/ ad. πιό μακρύτερα
furtive, a. κρυφός, κλεφτός, λαθραῖος/ ~ glance, κλεφτή ματιά
fury, n. ὀργή (ἡ), μανία (ἡ), παραφορά

(ἡ)/ (myth.) Ἐρινύα (ἡ)
furze, n. ἀγκαθωτός θάμνος (ὁ)
fuse, n. φυτίλι (τό), ἄφτρα (ἡ)/ (mol.) πυροσωλήνας (ὁ)/ (elec.) ἀσφάλεια (ἡ)/ *time* ~, πυροδοτικός μηχανισμός ὡρολογιακῆς βόμβας/ v.t. & i. λυώνω, συγκολλῶ/ (merge) συγχωνεύω/ *fusible*, a. εὐκολολυώσιμος
fuselage, n. ἄτρακτος (ἡ)
fusillade, n. τουφεκίδι (τό)
fusion, n. τήξη (ἡ), συνένωση (ἡ), συγχώνευση (ἡ)
fuss, n. ταραχή (ἡ), φασαρία (ἡ), ἀναστάτωση (ἡ)/ *make a* ~, κάνω φασαρία/ v.i. ἀνησυχῶ, κάνω φασαρία/ ~*y*, a. ἰδιότροπος, μικρολόγος, σχολαστικός
fustian, n. ὕφασμα κοτλέ (τό)/ (fig.) στόμφος (ὁ), μεγαλοστομία (ἡ)/ a. στομφώδης, μεγαλόστομος
futile, a. μάταιος, ἄσκοπος/ *futility*, n. ματαιότητα (ἡ)
future, a. μελλοντικός/ n. μέλλον (τό)/ (tense) μέλλων (ὁ), μέλλοντας (ὁ)/ *in* ~, στό μέλλον/ *futuristic*, a. φουτουριστικός
fuzzy, a. θαμπός, φλού/ (hair, etc.) χνουδωτός

G

gab, n. φλυαρία (ἡ), πολυλογία (ἡ)/ *gift of the* ~ εὐφράδεια
gabardine, n. γκαμπαρντίνα (ἡ)
gabble, n. γρήγορη μπερδεμένη ὁμιλία/ v.i. μιλῶ γρήγορα καί μπερδεμένα, τσαμπουνῶ/ ~*r*, n. φλύαρος (ὁ)
gad (about) v.i. περιφέρομαι, περιπλανιέμαι/ *gadabout*, n. ἀλήτης (ὁ)
gadfly, n. ἀλογόμυγα (ἡ)
gadget, n. ἐξάρτημα (τό), σύνεργο (τό), μικρή συσκευή (ἡ)
gaff, n. γάντζος (ὁ)/ v.i. γαντζώνω, καμακώνω

gaffe, n. γκάφα (ἡ)
gaffer, n. γέρος (ὁ), μπάρμπας (ὁ)
gag, n. φίμωτρο (τό)/ (theat.) αὐτοσχεδιασμός (ὁ)/ (joke) ἀστεῖο (τό), καλαμπούρι (τό)/ v.t. φιμώνω/ v.i. (tell jokes) λέγω ἀστεῖα, κάνω καλαμπούρια
gage, n. ἐνέχυρο (τό), ἐγγύηση (ἡ)/ v.t. βάζω ἐνέχυρο
gaiety, n. εὐθυμία (ἡ), χαρά (ἡ), κέφι (τό)
gaily, ad. εὔθυμα, χαρούμενα
gain, n. κέρδος (τό), αὔξηση (ἡ), βελτίωση (ἡ)/ v.t. κερδίζω, πετυχαίνω/ ~ *on*, πλησιάζω, φθάνω/ ~ *ground*, κερδίζω ἔδαφος/ ~ *time*, κερδίζω χρόνο/ *my watch* ~*s*, τό ρολόι μου πάει μπροστά/ ~*ful*, a. ἐπικερδής/ ~*ings*, n. κέρδη (τά), ὀφέλη (τά)
gainsay, v.t. ἀντικρούω, ἀμφισβητῶ, εἶμαι ἀντίθετος
gait, n. βάδισμα (τό), βηματισμός (ὁ), περπατησιά (ἡ)
gaiter, n. γκέτα (ἡ)
gala, n. γιορτή (ἡ), γιορταστική ἐκδήλωση (ἡ)
galaxy, n. γαλαξίας (ὁ)
gale, n. θύελλα (ἡ)/ (bot.) ἁλμυρίκι (τό)
gall, n. χολή η), χοληδόχος κύστη η)/ (fig.) πικρία (ἡ), πίκρα (ἡ)/ ~*stone*, πέτρα στήν χολή/ v.t. ἐρεθίζω, τρίβω, γδέρνω
gallant, a γενναῖος, ἱπποτικός, λεβέντικος/ n. δανδής (ὁ), κοσμικός τύπος/ ~*ry*, n. γενναιότητα (ἡ), ἱπποτισμός (ὁ)/ (to women) φιλοφρόνηση (ἡ), ἐρωτοτροπία (ἡ)
gallery, n. ἐξώστης (ὁ), μακρύς διάδρομος/ (theat.) ὑπερῶο (τό), γαλαρία (ἡ)/ (mine) στοά (ἡ)/ (art) γκαλλερί (ἡ), πινακοθήκη (ἡ)/ *play to the* ~, ἐπιζητῶ ἐπευφημίες
galley, n. γαλέρα (ἡ)/ (kitchen) μαγειρεῖο πλοίου/ ~*s*, n. pl. κάτεργα (τά)/ ~ *proof*, n. τυπογραφικό δοκίμιο (τό)/ ~ *slave*, n. κατάδικος τῶν γαλερῶν (ὁ)
Gallic, a. γαλατικός/ ~*ism*, n. γαλλισμός (ὁ)/ ~*ize*, v.t. ἐκγαλλίζω
galling, a. ἐρεθιστικός
gallon, n. γαλλόνι (τό)
galloon, n. γαλόνι (τό), σειρήτι (τό)

gallop, n. καλπασμός (ό)/ *at full* ~, μέ πλήρη καλπασμό/v.t. καλπάζω

gallows, n. pl. ἀγχόνη (ἡ), κρεμάλα (ἡ)/ ~*bird*, παλιάνθρωπος (ό)

galore, ad. σέ ἀφθονία, μέ τό τσουβάλι

galosh, n. γαλότσα (ἡ)

galvanic, a. γαλβανικός/ *galvanism*, n. γαλβανισμός (ό)

galvanize, v.t. γαλβανίζω/ (fig.) ἐμψυχώνω, ἐνθουσιάζω

gambit, n. πρώτη κίνηση, τέχνασμα (τό)

gamble, n. τυχερό παιχνίδι (τό), τζόγος (ό)/ v.t. & i. παίζω, ποντάρω, στοιχηματίζω/ ~ *r*, n. τζογαδόρος (ό)/ *gambling*, n. τζόγος (ό), παίξιμο (τό)

gambol, n. χοροπήδημα (τό), σκίρτημα (τό)/ v.i. χοροπηδῶ, σκιρτῶ

game, n. παιχνίδι (τό), ἀγώνας (ό), παρτίδα (ἡ)/ (hunt) θήραμα (τό), κυνήγι (τό)/ ~ *of chance*, τυχερό παιχνίδι/ *play the* ~, ἀκολουθῶ τούς κανόνες/ *the* ~ *is up*, χάσαμε τό παιχνίδι/ (fig.) κόλπο (τό)/ a. γενναῖος, τολμηρός/ (limb) κουτσός, ἀνάπηρος/ ~*keeper*, n. ἐπόπτης (φύλακας) κυνηγιοῦ (ό)/ ~*ster*, n. χαρτοπαίκτης (ό), τζογαδόρος (ό)

gammon, n. παστό χοιρομέρι (τό)

gamut, n. μουσική κλίμακα (ἡ), γκάμμα (ἡ)

gander, n. χῆνος (ό)/ (fig.) χαζός

gang, n. παρέα (ἡ), συμμορία (ἡ), σπείρα (ἡ)/ ~*plank*, n. μαδέρι (τό), σανιδόσκαλα (ἡ)

ganglion, n. γάγγλιο (τό)

gangrene, n. γάγγραινα (ἡ)

gangster, n. συμμορίτης (ό), κακοποιός (ό), γκάγκστερ (ό)

gangway, n. διάδρομος (ό)/ (ship) σανιδόσκαλα (ἡ), διαβάθρα (ἡ)

gaol, n. φυλακή (ἡ)/ v.t. φυλακίζω/ ~ *bird*, n. τρόφιμος φυλακῶν (ό)/ ~*er*, n. δεσμοφύλακας (ό)

gap, n. κενό (τό), ἄνοιγμα (τό), χάσμα (τό), διάστημα (τό)/ *generation* ~, χάσμα τῶν γενεῶν/ *fill a* ~, συμπληρώνω κενό

gape, v.i. χάσκω, ἀνοίγω τό στόμα/ ~ *at*, χαζεύω

garage, n. γκαράζ (τό)

garb, n. ρούχο (τό), περιβολή (ἡ)

garbage, n. σκουπίδια (τά), ἀπορρίμματα (τά)

garble, v.t. διαστρέφω, ἀλλοιώνω, διαφτρεβλώνω

garden, n. κῆπος (ό), περιβόλι (τό) ~*er*, n. κηπουρός (ό)/ ~ *hose*, n. λάστιχο ποτίσματος τό)

gardenia, n. γαρδένια (ἡ)

gardening, n. κηπουρική (ἡ)

gargle, n. γαργάρα (ἡ)/ v.i. κάνω γαργάρα, γαργαρίζω

garish, a. ἐπιδεικτικός, ἀστραφτερός

garland, n. γιρλάντα (ἡ), στεφάνι (τό)

garlic, n. σκόρδο (τό)

garment, n. ρούχο (τό), ἱματισμός (ό), φόρεμα (τό)

garner, n. σιτοβολώνας (ό)/ v.t. ἀποθηκεύω σιτάρι

garnet, n. ἀνθράκιο (τό)

garnish, n. στόλισμα (τό)/ v.t. στολίζω, γαρνίρω

garret, n. σοφίτα (ἡ)

garrison, n. φρουρά (ἡ)/ v.t. φρουρῶ, τοποθετῶ φρουρά

garrulity, n. πολυλογία (ἡ), φλυαρία (ἡ)/ *garrulous*, a. πολυλογάς, φλύαρος

garter, n. περικνημίδα (ἡ), καλτσοδέτα (ἡ)/ *member of the Order of the* ~, μέλος τοῦ Τάγματος τῆς Περικνημίδας

gas, n. ἀέριο (τό), γκάζι (τό)/ ~*burner*, στόμιο γκαζιοῦ (τό)/ ~ *chamber*, θάλαμος ἀερίων (ό)/ ~ *cooker*, κουζίνα γκαζιοῦ (ἡ)/ ~ *fire*, θερμάστρα γκαζιοῦ (ἡ) ~ *mask*, ἀντιασφυξιογόνα μάσκα (ἡ)/ ~ *meter*, μετρητής γκαζιοῦ (ό)/ ~*works*, ἐργοστάσιο ἀερίόφωτος (τό)/ v.t. σκοτώνω μέ δηλητηριώδη ἀέρια.

gash, n. μαχαιριά (ἡ), τραύμα στό πρόσωπο/ v.t. μαχαιρώνω, τραυματίζω στό πρόσωπο

gasolene, n. γκαζολίνη (ἡ)/(USA) βενζίνη (ἡ)

gasp, n. λαχάνιασμα (τό), κόψιμο τῆς ἀναπνοῆς/ v.i. λαχανιάζω, μοῦ κόβεται ἡ ἀναπνοή/ ~ *for breath*, προσπαθῶ νά ἀναπνεύσω

gastric, a. γαστρικός/ *gastritis*, n. γαστρίτιδα (ἡ)/ *gastronome*, n. γαστρονόμος (ό), καλοφαγάς (ό)/ *gastronomic*, a. γαστρονομικός/ *gastronomy*, n. γαστρονομία (ἡ)

gate, n. πύλη (ἡ), ἐξώπορτα (ἡ), ἐξώθυρα (ἡ)/ *~keeper*, n. θυρωρός (ὁ)/ *~way*, n. εἴσοδος (ἡ)

gather, v.t. μαζεύω, συγκεντρώνω, συλλέγω/ (flowers) κόβω/ *~ taxes*, εἰσπράττω φόρους/ *~ speed*, αὐξάνω ταχύτητα/ *~ strength*, συγκεντρώνω τίς δυνάμεις μου/ *~ one's thoughts*, συγκεντρώνω τίς σκέψεις μου, συγκεντρώνομαι/ v.i. συγκεντρώνομαι, συσσωρεύομαι/ (med.) γεμίζω πύο/ *~ing*, n. συγκέντρωση (ἡ), συνάθροιση (ἡ)/ (med.) ἐμπύηση (ἡ)/ *~s*, n. pl. σοῦφρες (πιέτες) ὑφάσματος

gaudiness, n. ἐπιδεικτικότητα (ἡ)/ *gaudy*, a. ἐπιδεικτικός

gauge, n. μέτρο (τό), μέγεθος (τό), χωρητικότητα (ἡ)/ (railway) πλάτος γραμμῆς/ v.t. μετρῶ, καταμετρῶ

gaunt, a. ἰσχνός, ἀδύνατος/ (place) γυμνός, ἀφιλόξενος

gauntlet, n. γάντι (τό)/ *throw the ~*, ρίχνω τό γάντι, προκαλῶ σέ μονομαχία/ *run the ~*, δέχομαι ἐπιθέσεις

gauze, n. γάζα (ἡ)

gavel, n. σφυράκι προέδρου (τό)

gawky, a. ἄχαρος

gay, a. εὔθυμος, χαρούμενος/ (colours) ζωηρά χρώματα/ n. ὁμοφυλόφιλος (ὁ)

gaze, n. βλέμμα (τό), ἀτένισμα (τό)/ v.i. ρίχνω ματιά, ἀτενίζω

gazelle, n. γαζέλα (ἡ), ζαρκάδι (τό)

gazette, n. ἐφημερίδα (ἡ)/ v.t. δημοσιεύω στήν ἐπίσημη ἐφημερίδα/ *~er*, n. συντάκτης ἐφημερίδας (ὁ)/ (dictionary) γεωγραφικό λεξικό (τό)

gear, n. σύνεργα (τά)/ (tech.) συσκευή (ἡ), μηχανισμός (ὁ), μηχάνημα (τό)/ *in ~*, σέ καλή λειτουργία (κατάσταση)/ *out of ~*, χαλασμένος, ἐλαττωματικός/ *change ~*, ἀλλάζω ταχύτητα/ v.t.& i. συναρμολογῶ, συνδέω/ *~box*, n. κιβώτιο ταχυτήτων (τό)

geese, n. pl. χήνες (οἱ)

gelatine, n. ζελατίνα (ἡ)

geld, v.t. εὐνουχίζω (ζῶο)/ *~ing*, n. εὐνουχισμός (ὁ), μουνούχισμα (τό)

gem, n. πολύτιμη πέτρα (ἡ), κόσμημα

(τό)/(fig.) θαυμάσιος ἄνθρωπος

Gemini, n. pl. Δίδυμοι (οἱ)

gendarme, n. χωροφύλακας (ὁ)/ *~rie*, n. χωροφυλακή (ἡ)

gender, n. (gramm.) γένος (τό)/ (person) φύλο (τό)

genealogical, a. γενεαλογικός/ *genealogy*, n. γενεαλογία (ἡ)

general, a. γενικός/ *G ~ Assembly*, Γενική Συνέλευση (ἡ)/ *~ impression*, γενική ἐντύπωση/ *~ election*, Βουλευτικές ἐκλογές/ *~ Headquarters*, γενικό ἐπιτελεῖο/ *~ practitioner*, παθολόγος (ὁ) / *~ strike*, γενική ἀπεργία/ *~ ly*, ad. γενικά/ n. στρατηγός (ὁ)/ *~issimo*, n. στρατάρχης (ὁ)/ *~ity*, n. γενικότητα (ἡ)/ *~ ization*, n. γενίκευση (ἡ) *~ize*, v.t. γενικεύω/ *~ly*, ad. γενικά/ *~ship*, n. στρατηγία (ἡ)

generate, v.t. παράγω, γεννῶ, προξενῶ/ *generating*, a. παραγωγικός, γεννητικός/ *~ station*, σταθμός παραγωγῆς καί διανομῆς ἠλεκτρικοῦ ρεύματος/ *generation*, n. (people) γενεά (ἡ)/ (elec., etc.) παραγωγή (ἡ)/ *generator*, n. γεννήτρια (ἡ)

generic, a. τοῦ γένους, γενικός

generosity, n. γενναιοδωρία (ἡ), χουβαρδοσύνη (ἡ)/ *generous*, a. γεναιόδωρος, χουβαρδάς

genesis, n. γένεση (ἡ), δημιουργία (ἡ)/ *Book of ~*, Γένεση (ἡ)

genetics, a. ἐπιστήμη τῆς κληρονομικότητας, γεννετική (ἡ)

genial, a. (person) εὔθυμος, κοινωνικός/ (climate) εὔκρατος, γλυκός, ἤπιος/ *~ity*, n. εὐθυμία (ἡ), κοινωνικότητα (ἡ)/ (climate) γλυκύτητα (ἡ), ἠπιότητα (ἡ)

genital, a. γεννητικός/ *~s*, n. pl. γεννητικά ὄργανα (τά)

genitive, n. γενική (ἡ)

genius, n. μεγαλοφυΐα (ἡ), δαιμόνιο πνεῦμα (τό)/ *man of ~*, μεγαλοφυής

genteel, a. κομψός, εὐγενικός, ἁβρός

gentian, n. (bot.) γεντιανή (ἡ)

Gentile, n. ἐθνικός (ὁ)

gentility, n. εὐγένεια (ἡ), ἁβρότητα (ἡ), καλή συμπεριφορά (ἡ)

gentle, a. εὐγενικός, ἤπιος, ἁβρός,

πράος/ ~ folk, n. pl. εὐγενεῖς (οἱ), εὐπατρίδες (οἱ), ἀριστοκράτες (οἱ)/ ~man, n. κύριος (ὁ), ἀριστοκράτης (ὁ), εὐπατρίδης (ὁ)/ ~ in waiting, αὐλικός, ἀκόλουθος/ ~ manly, a. εὐγενικός, μέ καλούς τρόπους, ἁβρός/ ~ness, n. πραότητα (ἡ), ἁβρότητα (ἡ), εὐγένεια (ἡ)/ ~ woman, n. ἀριστοκράτισσα (ἡ)/ ~ in waiting, κυρία ἐπί τῶν τιμῶν/ gently, ad. εὐγενικά, ἁπαλά, ἁβρά, ἤρεμα

gentry, n. ἀριστοκράτες (οἱ), εὐπατρίδες (οἱ)

genuflect, v.i. γονατίζω, γονυπετῶ/ *genuflexion,* n. γονάτισμα (τό), γονυκλισία (ἡ)

genuine, a. γνήσιος, αὐθεντικός, πραγματικός/ ~ly, ad. γνήσια, αὐθεντικά, εἰλικρινά/ ~ness, n. γνησιότητα (ἡ), αὐθεντικότητα (ἡ), εἰλικρίνεια (ἡ)

genus, n. γένος (τό)

geographer, n. γεωγραφία (ἡ)

geological, a. γεωλογικός/ *geologist,* n. γεωλόγος (ὁ)/ *geology,* n. γεωλογία (ἡ)

geometrical, a. γεωμετρικός/ *geometrician,* n. γεωμέτρης (ὁ)/ *geometry,* n. γεωμετρία (ἡ)

Georgian, n. and a. γεωργιανός

geranium, n. γεράνιο (τό)

germ, n. μικρόβιο (τό), μικροοργανισμός (ὁ)/ (bot.) σπέρμα (τό)

German, n. Γερμανός (ὁ)/ a. γερμανικός/ (language) γερμανικά (τά)/ ~ measles, ἱλαρά (ἡ)

germane, a. συγγενικός, σχετικός

germicide, n. μικροβιοκτόνο (τό)/ *germinate,* v.t. βλασταίνω, φυτρώνω/ *germination,* n. βλάστηση (ἡ), φύτρωμα (τό)

gerrymandering, n. καλπονόθευση (ἡ), νοθεία ἐκλογῶν (ἡ)

gerund, n. (gram.) γερούνδιο (τό)

gestation, n. ἐγκυμοσύνη (ἡ), κυοφορία (ἡ)

gesticulate, v.i. χειρονομῶ/ *gesticulation,* n. χειρονομία (ἡ)

gesture, n. χειρονομία (ἡ)

get, v.t. & i. ἀποκτῶ, παίρνω, φθάνω, φέρνω/ ~ about, κυκλοφορῶ/ ~ across, διαβαίνω, περνῶ ἀπέναντι/ ~ along, προχωρῶ, προοδεύω/ ~ along well, τά

πηγαίνω καλά/ ~ at, φθάνω, πετυχαίνω/ ~ away, φεύγω, ξεφεύγω/ ~ back, ἐπιστρέφω, ἐπανέρχομαι/ ~ better, καλυτερεύω, βελτιώνομαι/ ~ down, κατεβαίνω/ ~ down to, ἀσχολοῦμαι/ ~ off (bus, etc.) κατεβαίνω/ ~ out of one's clothes, γδύνομαι/ ~ on, ἀνεβαίνω/ ~ on with, τά πηγαίνω/ ~ out, v.t. βγάζω/ v.i. βγαίνω/ ~ out of hand, ξεφεύγω ἀπό τόν λογαριασμό, γίνομαι ἀνεξέλεγκτος/ ~ out of the way, ἀφήνω τόν δρόμο ἀνοιχτό/ ~ over, ξεπερνῶ, ὑπερνικῶ/ ~ rid of, ἀπαλλάσσομαι, γλιτώνω/ ~ up, σηκώνομαι/ I have got to, πρέπει νά/ he got it right, τό πέτυχε

getaway, n. διαφυγή (ἡ)

gewgaw, n. μπιχλιμπίδι (τό), στολίδι (τό)

geyser, n. θερμή πηγή (ἡ)

ghastly, a. φοβερός, ἀπαίσιος/ (appearance) ὠχρός, νεκρικός

gherkin, n. ἀγγουράκι (τό)

ghost, n. φάντασμα (τό), πνεῦμα (τό)/ Holy ~ Ἅγιο Πνεῦμα (τό)/ give up the ~, ξεψυχῶ, παραδίδω τό πνεῦμα/ ~ story, ἱστορία μέ φαντάσματα

ghoul, n. κακό πνεῦμα (τό), καλλικάντζαρος (ὁ)

giant, n. γίγας (ὁ), γίγαντας (ὁ)

gibber, v.i. τραυλίζω, βγάζω ἄναρθρες κραυγές/ ~ish, n. ἀκαταλαβίστικη γλώσσα

gibbet, n. ἀγχόνη (ἡ)

gibbon, n. γίβωνας (ὁ)

gibe, n. χλευασμός (ὁ), σαρκασμός (ὁ)/ v.i. ~ at, χλευάζω, σαρκάζω

giblets, n. pl. ἐντόσθια πουλιῶν (τά)

giddily, ad. ἀπερίσκεπτα, ἐπιπόλαια/ *giddiness,* n. ζάλη (ἡ), ἴλιγγος (ὁ)/ (fig.) ἐπιπολαιότητα (ἡ), ἀπερισκεψία (ἡ)/ *giddy,* a. ζαλισμένος, ζαλιστικός/ feel ~, νιώθω ζαλισμένος (ζαλάδα)

gift, n. δῶρο (τό)/ have a ~ for, ἔχω κλίση σέ/ ~ed, a. προικισμένος, ταλαντούχος

gig, n. (naut.) μακρόστενη βάρκα/ (carriage) ξεσκέπαστο ἁμαξάκι

gigantic, a. γιγαντιαῖος, τεράστιος

giggle, n. γελάκι (τό), νευρικό γέλιο (τό), χαχάνισμα (τό)/ v.i. γελῶ νευρικά, χαχανίζω

gild, v.t. χρυσώνω/ ~ing, n. χρύσωμα

(τό), ἐπιχρύσωση (ἡ)

gill, n. βράγχιο (τό)/ (tach.) πτερύγιο (τό)/ *be green about the* ~ *s,* πρασινίζω ἀπό φόβο (ἀρρώστια)

gilt, a. ἐπιχρυσωμένος, ἐπίχρυσος/ n. ἐπιχρύσωμα (τό)/ ~ *edged,* μέ χρυσωμένες ἄκρες, περιχρυσωμένος/ ~ *securities,* ἐγγυημένες μετοχές

gimlet, n. τρυπάνι (τό)

gimmick, n. τέχνασμα (τό), τρίκ (τό)

gin, n. (cotton) ἐκκοκκιστική μηχανή (ἡ)/ (drink) τζίν (τό)/ v.t. ἐκκοκκίζω βαμβάκι

ginger, n. τζίντζερ (τό)/ ad. κοκκινωπός/ v.t. ~ *up,* τονώνω, δραστηριοποιῶ/ ~ *beer,* τζιτζιμπίρα (ἡ)/ ~*ly,* a. πολύ προσεκτικός

gipsy, a. τσιγγάνικος/ n. Τσιγγάνος (ὁ), Γύφτος (ὁ)

giraffe, n. καμηλοπάρδαλη (ἡ)

gird, v.t. περιζώνω, περιβάλλω, περισφίγγω/ ~*er,* n. μεσοδόκι (τό), ἀντηρίδα (ἡ)/ ~*le,* n. ζώνη (ἡ), κορσές (ὁ)/ v.t. ζώνω, περισφίγγω

girl, n. κορίτσι (τό), κοπέλα (ἡ)/ ~*ish,* a. κοριτσίστικος

girth, n. λουρί (τό), ἱμάντας (ὁ)/ (horse) ζώνη σέλας

gist, n. οὐσία (ἡ), βάση (ἡ), πυρήνας (ὁ)

give, v.t.i. δίνω, προσφέρω, παρέχω/ (pleasure, pain) προκαλῶ/ ~ *a decision,* ἐκδίδω ἀπόφαση/ ~ *away,* χαρίζω, παραχωρῶ/ ~ *back,* δίνω πίσω, ἐπιστρέφω/ ~ *birth,* γεννῶ/ ~ *in,* ὑποχωρῶ, ἐνδίδω/ ~ *out,* μοιράζω, διανέμω/ ~ *trouble,* ἐνοχλῶ, προκαλῶ φασαρία/ ~ *up,* ἐγκαταλείπω, παρατῶ, παραιτοῦμαι/ ~ *oneself up,* παραδίδομαι/ *be given to,* εἶμαι ἐπιρρεπής σέ, ἔχω ἀδυναμία σέ/ ~*r,* n. δωρητής (ὁ)

gizzard, n. πρόλοβος (ὁ), γούσα (ἡ)

glacial, a. παγετώδης/ **glacier,** n. παγετώνας (ὁ)

glad, a. εὔθυμος, χαρούμενος/ *be* ~, χαίρομαι/ ~ *tidings,* εὐχάριστες εἰδήσεις/ ~*den,* v.t. χαροποιῶ, εὐφραίνω

glade, n. ξέφωτο (τό)

gladiator, n. μονομάχος (ὁ)

gladiolus, n. γλαδίολος (ὁ)

gladly, ad. εὐχαρίστως, πρόθυμα, μέ χα-

ρά/ *gladness,* n. χαρά (ἡ), εὐχαρίστηση (ἡ)

glamorous, a. μαγευτικός, ἐντυπωσιακός/ *glamour,* n. μαγεία (ἡ), γοητεία (ἡ), αἴγλη (ἡ)

glance, n. ματιά (ἡ), βλέμμα (τό)/ *at first* ~, μέ τήν πρώτη ματιά/ v.i. ~ *off,* ἀγγίζω ἐλαφρά (φευγαλέα)/ ~ *through,* ρίχνω μιά ματιά (book) φυλλομετρῶ

gland, n. ἀδένας (ὁ)

glare, n. αἴγλη (ἡ), ἀκτινοβολία (ἡ), λάμψη (ἡ)/ (look) ἄγριο βλέμμα (τό), ἀγριοκοίταγμα (τό)/ v.t. λάμπω, ἀστράφτω, ἀκτινοβολῶ/ *glaring,* a. ἐκθαμβωτικός, θαμπωτικός, λαμπρός/ (obvious) φανερός, προφανής, ὁλοφάνερος

glass, a. γυάλινος/ n. γυαλί (τό)/ (drinking) ποτήρι (τό)/ n. pl. γυαλιά (τά), ματογυάλια (τά)/ *looking* ~, καθρέφτης (ὁ)/ ~*blower,* n. ὑαλουργός (ὁ)/ ~ *cutter,* n. ὑαλοτόμος (ὁ)/ ~ *house,* n. θερμοκήπιο (τό)/ ~*ware,* n. γυαλικά (τά)/ ~*y,* a. γυάλινος/ (look) ἀνέκφραστος, παγερός

glaucoma, n. γλαύκωμα (τό)

glaze, n. βερνίκωμα (τό), λοῦστρο (τό)/ v.t. γυαλίζω, βερνικώνω, λουστράρω, στιλβώνω/ ~*d,* p.p. & a. βερνικωμένος, γυαλισμένος, λουστραρισμένος/ *glazier,* n. τζαμάς (ὁ)/ *glazing,* n. τοποθέτηση τζαμιῶν/ *double* ~, διπλά τζάμια

gleam, n. λάμψη (ἡ), ἀκτίνα (ἡ), φεγγοβολιά (ἡ)/ v.i. λάμπω, φέγγω, ἀκτινοβολῶ/ ~*ing,* a. λαμπερός, ἀκτινοβόλος

glean, v.t. περισυλλέγω, σταχυολογῶ/ ~*ings,* n. pl. σταχυολογήματα (τά)/ (fig.) μικροπληροφορίες (οἱ)

glee, n. εὐθυμία (ἡ), κέφι (τό)/ ~*ful,* a. εὔθυμος, χαρούμενος, κεφάτος

glen, n. λαγκάδι (τό)

glib, a. εὐφραδής, εὔστροφος

glide, n. γλίστρημα (τό), διολίσθηση (ἡ)/ (avia.) ἐφόρμηση (ἡ)/ v.i. γλιστρῶ, διολισθαίνω/ ~*r,* n. ἀεροσκάφος χωρίς μηχανή, ἀνεμόπτερο (τό)

glimmer, n. ἀμυδρό φῶς (τό)/ (fig.) ἴχνος (τό), μικρό σημάδι/ v.i. φέγγω ἀμυδρά, ὑποφώσκω/ ~*ing,* n. ἀμυδρή λάμψη (ἡ)

glimpse, n. ματιά (ἡ)/ v.t. βλέπω γιά μιά

στιγμή
glint, n. ἀναλαμπή (ἡ)/ v.i. ὑποφώσκω
glisten, v.i. λάμπω, λαμπυρίζω
glitter, n. λάμψη (ἡ), ἀκτινοβολία (ἡ)/ v.i. λάμπω, ἀκτινοβολῶ
gloaming, n. σούρουπο (τό), λυκόφως (τό)
gloat, v.i. τρώγω μέ τά μάτια
globe, n. σφαίρα (ἡ), ὑδρόγειος (ἡ), γῆ (ἡ)/ ~trotter, κοσμογυρισμένος/ globular, a. σφαιρικός, σφαιροειδής/ globule, n. σφαιρίδιο (τό), αἱμοσφαίριο (τό)
gloom, n. ζόφος (ὁ), μελαγχολία (ἡ)/ ~y, a. σκοτεινός, μελαγχολικός, ζοφερός, πένθιμος
glorification, n. ἐξύμνηση (ἡ), δοξολόγηση (ἡ), δοξολογία (ἡ)/ glorify, v.t. δοξάζω, ἐξυμνῶ, ἐγκωμιάζω/ glorious, a. ἔνδοξος, δοξασμένος, ἔξοχος/ ~ weather, θαυμάσιος καιρός/ glory, n. δόξα (ἡ), λαμπρότητα (ἡ)/ v.i. καυχιέμαι, καμαρώνω
gloss, n. στιλπνότητα (ἡ), γυάλισμα (τό), λάμψη (ἡ)/ (comment) σχόλιο (τό), ἐπεξήγηση (ἡ)/ v.i. ~ over, συγκαλύπτω, μετριάζω τήν ἐντύπωση/ ~ary, n. γλωσσάριο (τό), λεξιλόγιο (τό)/ ~y, a. στιλπνός, γυαλιστερός, λεῖος
glove, n. γάντι (τό)/ be hand in ~ with, εἴμαστε στενοί φίλοι/ fit like a ~, μοῦ πηγαίνει γάντι, μοῦ ταιριάζει περίφημα/ ~r, n. γαντοποιός (ὁ)
glow, n. λάμψη (ἡ), ἀκτινοβολία (ἡ), φλόγα (ἡ)/ v.i. φλογίζομαι, λάμπω, ἀκτινοβολῶ/ ~er, v.i. κοιτάζω βλοσυρά/ ~ing, a. φλογερός, θερμός/ be in ~ health, λάμπω ἀπό ὑγεία/ ~ cheeks, ροδοκόκκινα μάγουλα/ ~ worm, n. πυγολαμπίδα (ἡ), κωλοφωτιά (ἡ)
glucose, n. γλυκόζη (ἡ)
glue, n. ψαρόκολλα (ἡ)/ v.t. κολλῶ, συγκολλῶ/ ~y, a. κολλώδης
glum, a. σκυθρωπός, κατσουφιασμένος
glut, n. κόρος (ὁ), ὑπεραφθονία (ἡ)/ (commer.) κορεσμός ἀγορᾶς/ v.t. κατακλύζω, ὑπεργεμίζω/ v.i. χορταίνω
glutinous, a. κολλώδης
glutton, n. λαίμαργος (ὁ), φαγάς (ὁ)/ ~ous, a. λαίμαργος, κοιλιόδουλος,

ἀδηφάγος/ ~y, n. λαιμαργία (ἡ), ἀδηφαγία (ἡ)
glycerine, n. γλυκερίνη (ἡ)
gnarl, n. ρόζος (ὁ)/ ~ed, a. ροζιασμένος
gnash, v.t. τρίζω τά δόντια
gnat, n. σκνίπα (ἡ)
gnaw, v.t. ροκανίζω/ (fig.) καταστρέφω/ ~ing, a. βασανιστικός, ὀδυνηρός
gnome, n. στοιχειό (τό)
gnostic, n. γνωστικός (ὁ)
gnu, n. εἶδος ἀντιλόπης
go, v.i. πηγαίνω, προχωρῶ, περνῶ/ ~ about, περιφέρομαι/ (work) ἀσχολοῦμαι/ ~ abroad, πηγαίνω στό ἐξωτερικό, ἀποδημῶ/ ~ after, ἐπιζητῶ, ἐπιδιώκω/ ~ ahead, πηγαίνω μπροστά, προχωρῶ/ ~ astray, λοξοδρομῶ/ ~ away, φεύγω, ἀπουσιάζω/ ~ back, ἐπανέρχομαι, ἐπιστρέφω/ ~ between, μεσολαβῶ, κάνω τόν μεσάζοντα/ ~ by, περνῶ, διαβαίνω, παρέρχομαι/ ~ down, κατεβαίνω/ (sun) δύω/ (wind) κοπάζω/ ~ down well (badly), ἀφήνω καλή (κακή) ἐντύπωση/ ~ for, ἀποσκοπῶ, ἐπιδιώκω/ ~ in for, μοῦ ἀρέσει/ ~ in for an exam, προσέρχομαι σέ ἐξετάσεις/ ~ off, φεύγω/ (gun) ἐκπυρσοκροτῶ/ ~ off (something) παύει νά μοῦ ἀρέσει/ ~ through, διασχίζω, διαπερνῶ/ ~ through with, ὁλοκληρώνω, τελειώνω/ ~ together, ταιριάζω/ ~ under, βουλιάζω, βυθίζομαι/ ~ up, ἀνεβαίνω/ ~ with, συμφωνῶ/ ~ without, κάνω χωρίς, δέν ἔχω ἀνάγκη/ it goes without saying, εἶναι αὐτονόητο/ let ~, ἀφήνω νά φύγει, ἀποδεσμεύομαι/ n. ζωντάνια (ἡ), δράση (ἡ)/ full of ~, γεμάτος δραστηριότητα/ have a ~, κάνω μιά ἀπόπειρα/ be on the ~, δουλεύω συνέχεια/ it's no ~, ἀποκλείεται, εἶναι μάταιο
goad, n. βουκέντρα (ἡ)/ (fig.) κίνητρο (τό)/ v.t. κεντρίζω, κεντῶ, παρακινῶ
go-ahead, a. προοδευτικός, δραστήριος/ n. σῆμα γιά ξεκίνημα (τό)
goal, n. σκοπός (ὁ), ἐπιδίωξη (ἡ)/ (spot) τέρμα (τό), γκόλ (τό)/ score a ~, σημειώνω τέρμα/ ~keeper, n. τερματοφύλακας (ὁ)
goat, n. κατσίκα (ἡ), γίδα (ἡ), αἶγα (ἡ)/ (male) τράγος (ὁ)/ ~ee, n. μικρό γένι

(τό)/ ~herd, n. αἰγοβοσκός (ὁ)/ ~skin, n. κατσικόδερμα (τό)/ ~bottle, ἀσκί (τό)

gobble, v.t. καταβροχθίζω, χάφτω/ ~r. n. λαίμαργος (ὁ)

go-between, n. μεσολαβητής (ὁ), μεσάζων (ὁ), μεσίτης (ὁ)

goblet, n. κύπελλο (τό), κύλικας (ὁ)

goblin, n. στοιχεῖο (τό), ξωτικό (τό), φάντασμα (τό)

God, n. Θεός (ὁ)/ my ~! Θεέ μου!/ thank ~! δόξα τῷ Θεῷ/ ~ forgive! Θεός φυλάξοι!/ ~ willing! Θεοῦ θέλοντος, ἄν θέλει ὁ Θεός/ for ~'s sake, γιά ὄνομα τοῦ Θεοῦ!/ ~child, n. βαφτιστικός (ὁ)/ ~father, n. νουνός (ὁ)/ ~fearing, a. θεοφοβούμενος/ ~less, a. ἄθεος, ἀφιλότιμος/ ~lessness, n. ἀθεΐα (ἡ), ἀσέβεια (ἡ)/ ~like, a. θεῖος, θεϊκός, θεόμορφος/ ~liness, n. θεοσέβεια (ἡ)/ ~ly, θεοσεβής, εὐσεβής/ ~mother, n. νουνά (ἡ)/ ~send, n. τυχερό εὕρημα (τό), θεόσταλτο (τό)

goffer, n. πτυχή (ἡ), σούφρα (ἡ)/ v.t. πτυχώνω, πλισσάρω

goggle, v.t. γουρλώνω/ ~eyed, a. ἀλλήθωρος, γουρλομάτης/ ~s, n. pl. ματογυάλια (τά)

going, n. πηγαιμός (ὁ)/ ~ concern, ἐπικερδής ἐπιχείρηση/ tough ~, δύσκολη διαδρομή/ ~s-on, n. pl. συμβάντα (τά), συμβαίνοντα (τά)

goitre, n. βρογχοκήλη (ἡ)

gold, n. χρυσάφι (τό), χρυσός (ὁ)/ (en) a. χρυσός, χρυσαφένιος/ ~digger, n. χρυσωρύχος (ὁ)/ ~dust, n. χρυσόσκονη (ἡ)/ ~field, n. χρυσωρυχεῖο (τό)/ ~finch, n. καρδερίνα (ἡ)/ ~fish, n. χρυσόψαρο (τό)/ ~ leaf, n. φύλλο χρυσοῦ (τό)/ ~ mine, n. χρυσωρυχεῖο (τό)/ ~plated, a. ἐπίχρυσος/ ~smith, n. χρυσοχόος (ὁ)

golf, n. γκόλφ (τό)/ ~ course, γήπεδο γκόλφ (τό)/ ~er, n. παίκτης γκόλφ (ὁ)

gondola, n. γόνδολα (ἡ)/ gondolier, n. γονδολιέρης (ὁ)

gone, p.p. & a. περασμένος, φευγάτος

gong, n. γκόνγκ (τό)

gonorrhea, n. βλενόρροια (ἡ)

good, a. καλός, ἀγαθός, ἐνάρετος/ as ~ as, τόσο καλός ὅσο/ ~ afternoon, καλό ἀπόγευμα/ ~ breeding, καλή ἀνατροφή, καλοί τρόποι/ ~bye, γειά σου (σας), ἀντίο/ say ~bye, ἀποχαιρετῶ/ a ~ deal, πολύ/ ~ for nothing, ἀνίκανος, ἀνεπρόκοπος/ ~ Friday, Μεγάλη Παρασκευή/ ~night! καληνύχτα!/ ~ sense, κοινή λογική/ in ~ time, ἔγκαιρα/ ~will, καλή θέληση/ be ~ at, εἶμαι καλός σέ/ for ~, γιά πάντα/ make ~, ἀποκαθιστῶ/ (promise) τηρῶ/ n. καλό (τό)/ for the ~, γιά τό καλό/ ~ looking, a. ὄμορφος, εὐπαρουσίαστος/ ~ natured, a. καλοκάγαθος/ ~ness, n. καλοσύνη (ἡ), ἀγαθότητα (ἡ)/ for ~ness sake! γιά τό Θεό!

goods, n. pl. ἀγαθά (τά), ἐμπορεύματα (τά)/ ~ train, φορτηγό τραῖνο (τό)

goose, n. χήνα (ἡ)/ ~berry, n. φραγκοστάφυλλο (τό)/ ~flesh, n. ἀνατρίχιασμα (τό)

gore, n. (cloth) πτυχή (ἡ), σούφρα (ἡ)/ (blood) πηχτό αἷμα/ v.t. τραυματίζω μέ τά κέρατα

gorge, n. λαιμός (ὁ), φάρυγγας (ὁ)/ (geol.) φαράγγι (τό), κλεισούρα (ἡ)/ v.i. παραχορταίνω

gorgeous, a. μεγαλοπρεπής, μεγαλόπρεπος, θαυμάσιος

gorgon, n. γοργόνα (ἡ)

gorilla, n. γορίλλας (ὁ)

gormandize, v.i. τρώγω λαίμαργα/ ~r, n. λαίμαργος (ὁ), ἀδηφάγος (ὁ)

gory, a. ματοβαμμένος, αἱμοσταγής

gosling, n. χηνάκι (τό)

gospel, n. εὐαγγέλιο (τό)/ ~truth, ἀπόλυτη ἀλήθεια

gossip, n. κουτσομπολιό (τό)/ (person) κουτσομπόλης (ὁ)/ v.i. κουτσομπολεύω

Goth, n. Γότθος (ὁ)/ ~ic, a. γοτθικός

gouge, n. σμίλη (ἡ), γλύφανο (τό)/ v.t. σμιλεύω, γλύφω

gourd, n. κολοκύθα (ἡ), νεροκολοκύθα (ἡ)

gourmet, n. καλοφαγάς (ὁ), λιχούδης (ὁ)

gout, n. ποδάγρα (ἡ)/ ~y, a. ἐκεῖνος πού ὑποφέρει ἀπό ποδάγρα

govern, v.t. κυβερνῶ, διοικῶ, διευθύνω/ ~ one's passions, συγκρατῶ τά πάθη μου/ ~able, a. εὐκολοκυβέρνητος, εὐκολοδιοίκητος/ ~ess, n. παιδαγωγός (ό)/ ~ment, n. κυβέρνηση (ή), διοίκηση (ή)/ ~mental, a. κυβερνητικός/ ~ or, n. κυβερνήτης (ό)/ (coll.) ἀφεντικό (τό), προϊστάμενος (ό)/ ~ general, γενικός διοικητής (ό)

gown, n. φόρεμα (τό), μανδύας ο)/ dressing ~, ρόμπα (ή)/ night ~, νυχτικό (τό)/ v.t.& i. ντύνω, φορῶ

grab, n. ἅρπαγμα (τό)/ (tech.) ἁρπάγη (ή)/ v.t. ἁρπάζω, ἁδράχνω

grace, n. χάρη (ή), εὐλογία (ή)/ act of ~, χαριστική πράξη, εὐμένεια/ the ~s, οἱ χάριτες/ Your~, Μακαριότατε!/ say ~, λέω τήν προσευχή μου/ v.t. κοσμῶ, τιμῶ/ ~ful, a. χαριτωμένος, κομψός

gracious, a. καλοκάγαθος, εὐμενής, ἐπιεικής, εὐάρεστος/ (God) φιλάνθρωπος, ἐλεήμων/ good ~! Θεέ μου! / ~ness, n. καλοκαγαθία (ή), ἀγαθότητα (ή), εὐσπλαχνία (ή)

gradation, n. διαβάθμιση (ή), βαθμιαία ἀλλαγή (ή)

grade, n. βαθμός (ό), σειρά (ή), τάξη (ή)/ (railway) κλίση (ή)/ (quality) κατηγορία (ή)/ v.t. βαθμολογῶ, ταξινομῶ/ down ~, ὑποβιβάζω/ up ~, προάγω/ gradient, n. κλίση (ή), ἐπικλινές (τό)/ grading, n. διαβάθμιση (ή), βαθμολογία (ή)/ gradual, a. βαθμιαῖος/ graduate, n. ἀπόφοιτος (ό), πτυχιοῦχος (ό)/ v.i. ἀποφοιτῶ, παίρνω πτυχίο/ v.t. βαθμολογῶ

graffiti, n. pl. γραψίματα στούς τοίχους (τά)

graft, n. ἐμβόλιο (τό), μπόλι (τό)/ (bot.) μόσχευμα (τό)/ v.t. μπολιάζω/ (med.) μεταμοσχεύω

grain, n. σπόρος (ό), κόκκος (ό), σπυρί (τό)/ (marble, wood) φλέβα (ή), νερά (τά)/ (crop) δημητριακά (τά), γεννήματα (τά)/ go against the ~, κάνω κάτι ἀκούσια/v.t. κατεργάζομαι

grammar, n. γραμματική (ή)/ ~ ian, n. δάσκαλος γραμματικής (ό)/ grammatical, a. γραμματικός

gramme, n. γραμμάριο (τό)

gramophone, n. γραμμόφωνο (τό)/ ~ record, δίσκος (ό)

granary, n. σιτοβολώνας (ό), σιταποθή-κη (ή)

grand, a. μεγαλοπρεπής, ἔξοχος, μεγαλειώδης/ (piano) πιάνο μέ οὐρά/ ~Cross, Μεγαλόσταυρος (ό)/ ~child, n. ἐγγονός (ό), ἐγγόνι (τό)/~daughter, n. ἐγγονή (ή)/ ~ eur, n. μεγαλοπρέπεια (ή)/ ~father, n. παππούς (ό)/~iloquent, a. καυχηματίας, μεγαλορρήμονας/ ~iose, a. μεγαλειώδης, μεγαλοπρεπής/ ~mother, n. γιαγιά (ή)

grange, n. ἀγρόκτημα (τό)

granite, n. γρανίτης (ό)

granny, n. γιαγιά (ή), γιαγιούλα (ή)

grant, n. παραχώρηση (ή), παροχή (ή), δωρεά (ή), ἐπιχορήγηση (ή)/ v.t. παραχωρῶ, παρέχω, δίνω ἐπιχορήγηση/ (request) ἱκανοποιῶ αἴτημα/ take for ~ed, παίρνω σά δεδομένο, θεωρῶ βέβαιο/ ~ed that, ἀκόμη καί ἄν/ ~ee, n. δωρεοδόχος (ό)

granulate, v.t. τρίβω, κάνω κόκκους, κρυσταλλοποιῶ/ ~d sugar, n. ζάχαρη σέ κόκκους (ή)

grape, n. ρόγα (ή), ~s, pl. σταφύλια (τά)/ ~fruit, n. φράπα (ή)

graph, n. γραφική παράσταση (ή)/~ic, a. γραφικός

graphite, n. γραφίτης (ό)

grapple, v.t. ἁρπάζω, ἁδράχνω, γραπώνω/ ~ with, παλεύω/ n. ἅρπαγμα (τό)/ (tech.) γάντζος (ό), ἁρπάγη (ή)

grasp, n. πιάσιμο (τό), ἅρπαγμα (τό)/ (fig.) κατανόηση (ή)/ beyond one's ~, ἀκατανόητο/ v.t. ἁρπάζω, ἁδράχνω, σφίγγω/ (fig.) κατανοῶ, καταλαβαίνω/ ~ at, πιάνομαι/ ~ing, a. ἁρπακτικός, πλεονέκτης

grass, n. χλόη (ή), χόρτο (τό), γρασίδι (τό)/ ~hopper, n. ἀκρίδα (ή)/ ~land, n. λιβάδι (τό)/ ~widow, n. ζωντοχήρα (ή)/ ~y, a. σκεπασμένος μέ χλόη

grate, n. κάγκελο (τό), δικτυωτό (τό), ἐσχάρα (ή)/ v.t. κιγκλιδώνω, φράζω μέ σίδερα/ v.i. τρίζω/~on, ταράζω, ἐνοχλῶ

grateful, a. εὐγνώμων

grater, n. τρίφτης (ό), ξύστρα (ή)

gratification, n. ἱκανοποίηση (ή), εὐχαρίστηση (ή)/ gratify, v.t. ἱκανοποιῶ, εὐχαριστῶ, ἀμείβω grating, n. κιγκλίδωμα (τό)/ a. σκληρός, δυσάρεστος

gratis, ad. δωρεάν, τσάμπα

gratitude, n. εὐγνωμοσύνη (ἡ)

gratuitous, a. ἀδικαιολόγητος, περιττός/ (no money) ἄμισθος, δωρεάν/ gratuity, n. φιλοδώρημα (τό), πουρμπουάρ (τό), δῶρο (τό)

grave, a. σοβαρός, βαρύς/n. τάφος (ὁ), μνῆμα (τό)/~digger, n. νεκροθάφτης (ὁ)

gravel, n. χαλίκι (τό), ἄμμος (ἡ)/ (med.) ψαμμίαση (ἡ)/ ~ walk, μονοπάτι μέ ἀμμοχάλικο/ v.t. στρώνω μέ ἄμμο/ (fig.) ἀποστομώνω

gravely, ad. σοβαρά

graven, a. χαραγμένος/graver, n. χαράκτης (ὁ) (tool) γλύφανο (τό)

gravestone, n. ταφόπετρα (ἡ), ἐπιτύμβια πέτρα (ἡ)/ graveyard, n. νεκροταφεῖο (τό), κοιμητήριο (τό)

gravitate, v.i. κλίνω, ἕλκομαι/ gravitation, n. ἕλξη τῆς βαρύτητας (ἡ)/ gravity, n. σοβαρότητα (ἡ), σεμνότητα (ἡ)/ (phys.) βαρύτητα (ἡ)/ law of ~, νόμος τῆς βαρύτητας/ specific ~, εἰδικό βάρος

gravy, n. ζωμός κρέατος (ὁ), σάλτσα (ἡ)/ ~boat, σαλτσιέρα (ἡ)

gray, a. βλ. grey

graze, n. μωλωπισμός (ὁ), ξέγδαρμα (τό) v.t.& i. βόσκω/ (skin) γδέρνω/ (touch) ἀγγίζω, ψαύω/~r, n. βοσκός (ὁ), κτηνοτρόφος (ὁ)

grease, n. λίπος (τό), πάχος (τό), ξύγγι (τό)/ v.t. ἀλείφω μέ λίπος/ ~r, n. λιπαντής (ὁ)/ greasiness, n. λιπαρότητα (ἡ)/ greasy, a. λιπαρός, λιγδιασμένος

great, a. μέγας, μεγάλος, ἔξοχος/take ~ care, προσέχω (φροντίζω) πολύ/a ~ deal, πάρα πολύ/a ~ many, πολλοί (πολλές)/~coat, n. χλαίνη (ἡ)/~est, a. μέγιστος/~grandchildren, διέγγονα (τά)/~ granddaughter, n. διέγγονή (ἡ)/~grandfather, n. πρόπαππος (ὁ) ~grandson, n. διέγγονος (ὁ)/~ly, ad. πολύ, σέ μεγάλο βαθμό/~ness, n. μεγαλοσύνη (ἡ), μεγαλεῖο (τό)

Grecian, a. ἑλληνικός

greed, greediness, n. πλεονεξία (ἡ), ἀπληστία (ἡ), λαιμαργία (ἡ), φιλαργυ-

ρία (ἡ)/ greedy, a. πλεονέκτης, ἄπληστος, φιλάργυρος

Greek, n. Ἕλληνας (ὁ)/ (woman) Ἑλληνίδα (ἡ)/ a. ἑλληνικός

green, a. πράσινος/ (fresh) θαλερός, χλωμός/ (unripe) ἄγουρος/ (beginner) ἄπειρος/ ~finch, n. σπίνος (ὁ)/ ~grocer, n. μανάβης (ὁ)/ ~horn, n. ἀφελής (ὁ), ἀρχάριος (ὁ)/ ~house, n. θερμοκήπιο (τό)/ n. πράσινο χρῶμα (τό)/ ~village ~, πλατεία τοῦ χωριοῦ/ ~ery, n. πρασινάδα (ἡ)/ ~ish, a. πρασινωπός/ ~ness, n. πρασινάδα (ἡ)/ (person) ἀπειρία (ἡ), ἀφέλεια (ἡ)/ (fruit) πρωιμότητα (ἡ)

greet, v.t. χαιρετίζω, ὑποδέχομαι/ ~ing, n. χαιρετισμός (ὁ)/ ~ings, pl. χαιρετίσματα (τά)

gregarious, a. ἀγελαῖος

Gregorian, a. γρηγοριανός

grenade, n. χειροβομβίδα (ἡ)/ grenadier, n. γρεναδιέρος (ὁ)

grey, a. γκρίζος, ψαρός/ go (turn) ~, γίνομαι ὠχρός/ (hair) γκριζάρω/ ~ matter, φαιά οὐσία/ ~hound, n. κυνηγετικός σκύλος (ὁ)/ ~ish, a. γκριζωπός

grid, n. ἐσχάρα (ἡ)/ ~ iron, n. (U.S.) γήπεδο ποδοσφαίρου (τό)

grief, n. λύπη (ἡ), θλίψη (ἡ)/ come to ~, ἔχω κακό τέλος

grievance, n. παράπονο (τό)/ grieve, v.t. προκαλῶ λύπη, στενοχωρῶ, πικραίνω/ v.i. λυποῦμαι, πικραίνομαι, θλίβομαι/ grievous, a. βαρύς, σοβαρός/ ~ bodily harm, βαρεία σωματική βλάβη

grill, n. σχάρα (ἡ)/ v.t. & i. βασανίζω, τυραννῶ/ (police) ὑποβάλλω σέ αὐστηρή ἀνάκριση

grille, n. κιγκλιδωτή θυρίδα (ἡ)

grim, a. σκυθρωπός, βλοσυρός/ (death) ἀδυσώπητος

grimace, n. μορφασμός (ὁ), γκριμάτσα (ἡ)/ v.i. μορφάζω, κάνω γκριμάτσες

grime, n. λέρα (ἡ), βρωμιά (ἡ)/ (coal) καπνιά (ἡ)

grimness, n. βλοσυρότητα (ἡ), σκυθρωπότητα (ἡ), αὐστηρότητα (ἡ)

grimy, a. λερός, βρώμικος

grin, n. βλοσυρό χαμόγελο (τό)/ v.i. χαμογελῶ βλοσυρά

grind, v.t. τρίβω, κοπανίζω, ἀλέθω/

(knife, etc.) ἀκονίζω/ v.i. (teeth) τρίζω/ (work) ἐργάζομαι ἐπίμονα/ n. μονότονη δουλειά (ἡ)/ ~er, n. (person) μυλωνάς (ὁ)/ (device) μύλος (ὁ), τρίφτης (ὁ)/ ~ ing, n. τρίψιμο (τό), ἄλεσμα (τό)/ ~ stone, n. μυλόπετρα (ἡ), ἀκόνι (τό)

grip, n. πιάσιμο (τό), σφίξιμο (τό), ἄρπαγμα (τό)/ (bag) ταξιδιωτική βαλίτσα (ἡ)/ come to ~s, ἔρχομαι στά χέρια, συμπλέκομαι/ v.t. ἁρπάζω, σφίγγω, κρατῶ σφιχτά

gripes, n. κωλικόπονος (ὁ)

grisly, a. φοβερός, φρικιαστικός

grist, n. στάρι γιά ἄλεσμα (τό)/ bring ~ to the mill, φέρνω κέρδη

gristle, n. τραγανό (τό), χόνδρος (ὁ)/ gristly, a. τραγανιστός

grit, n. χαλίκι (τό), χοντρή ἄμμος (ἡ)/ ~ty, a. ἀμμώδης

grizzled, a. ψαρός, γκρίζος/ grizzly, a. ψαρός/ ~ bear, γκρίζα ἀρκούδα

groan, n. στεναγμός (ὁ), βογγητό (τό)/ v.i. στενάζω, βογγῶ

groats, n. pl. ἀλεύρι ἀπό βρώμη

grocer, n. μπακάλης (ὁ), παντοπώλης (ὁ)/ ~'s shop, παντοπωλεῖο (τό), μπακάλικο (τό)/ ~ies, n. pl. εἴδη παντοπωλείου (τά)

grog, n. νερωμένο ποτό/ ~gy, a. ἀσταθής, κλονισμένος

groin, n. βουβωνική χώρα (ἡ)/ (arch.) κόψη θόλου

groom, n. ἱπποκόμος (ὁ), ὑπασπιστής τοῦ βασιλιᾶ/ (marriage) γαμπρός (ὁ)/ v.t. περιποιοῦμαι ἄλογο/ (person) προετοιμάζω κάποιον γιά λειτούργημα/ ~ed, a. προετοιμασμένος, στολισμένος/ ~sman, n. παράνυμφος (ὁ)

groone, n. αὐλάκι (τό), αὐλάκωση (ἡ), ἐγκοπή (ἡ)/ v.t. αὐλακώνω, χαράζω

grope, v.i. ψηλαφῶ, ψαύω, ψάχνω/ ~ for, ψάχνω στά τυφλά

gross, a. χοντρός, σωματώδης/ (rude) χυδαῖος, αἰσχρός, πρόστυχος/ (obvious) κατάφωρος, χονδροειδής/ ~ income, ἀκαθόριστο εἰσόδημα/ ~ national product, ἀκαθάριστο ἐθνικό εἰσόδημα (προϊόν)/ n. γκρόσα (ἡ), δώδεκα δωδεκάδες/ ~ ly, ad. ὑπερβολικά, μέ χονδροειδή τρόπο

grotesque, a. ἀφύσικος, τερατώδης, γελοῖος, γκροτέσκος

grotto, n. σπηλιά (ἡ)

ground, n. ἔδαφος (τό), γῆ (ἡ)/ (sport) γήπεδο (τό)/ break ~, πρωτοπορῶ, ἀνοίγω νέους ὁρίζοντες/ gain ~, κερδίζω ἔδαφος, προχωρῶ/ lose ~, ὑποχωρῶ, ἀναγκάζομαι νά ὑποχωρήσω/ on the ~s of, λόγω, ἐξαιτίας/ stand one's ~, ἐπιμένω, μένω ἀκλόνητος/ v.t. βασίζω, στηρίζω/ (elec.) γειώνω/ (avia.) καθηλώνω στό ἔδαφος/ ~less, a. ἀβάσιμος/ ~ floor, n. ἰσόγειο (τό)/ ~ nut, n. ἀράπικο φυστίκι (τό)/ ~ rent, n. ἐνοίκιο γῆς (τό)/ ~work, n. προκαταρκτική ἐργασία (ἡ), πρῶτο σχέδιο (τό)

group, n. ὁμάδα (ἡ), ὅμιλος (ὁ), συντροφιά (ἡ), παρέα (ἡ), γκρούπ (τό)/ v.t. & i. μαζεύω σέ ὁμάδες, συναθροίζω

grouse, n. ἀγριόγαλλος (ὁ)

grove, n. δενδρόκηπος (ὁ)

grovel, v.i. ἔρπω, σέρνομαι/ (fig.) ταπεινώνομαι, ἐξευτελίζομαι/ ~ler, n. σερνάμενος, ἐκεῖνος πού σέρνεται

grow, v.t. καλλιεργῶ, μεγαλώνω/ (beard) τρέφω γενειάδα/ v.i. φυτρώνω, ἀναπτύσσομαι, γίνομαι/ ~ cold, κρυώνω, παγώνω/ ~ dark, σκοτεινιάζω/ ~ old, γερνῶ/ ~ up, μεγαλώνω, ὡριμάζω/ ~er, n. καλλιεργητής (ὁ)/ ~ing, a. ἀναπτυσσόμενος

growl, n. βρυχηθμός (ὁ), μουγκρητό (τό)/ v.i. μουγκρίζω

grown-up, n. & a. ἐνήλικος (ὁ), ἐνήλικη (ἡ)

growth, n. ἀνάπτυξη (ἡ), μεγάλωμα (τό), ἐξέλιξη (ἡ), ἐπέκταση (ἡ)/ (med.) ὄγκος (ὁ), ἐξόγκωμα (τό)

grub, n. (worm) σκουλήκι (τό)/ (person) ἄνθρωπος χωρίς προσωπικότητα/ v.i. σκαλίζω, ξεχερσώνω/ ~ up, ξεριζώνω/ ~ber, n. σκαφτιάς (ὁ)/ (tool) ἐργαλεῖο ξεριζώματος/ ~by, a. βρώμικος, ἀκάθαρτος

grudge, n. μνησικακία (ἡ), ἔχθρα (ἡ)/ v.t. δίνω ἀπρόθυμα, δίνω μέ μισή καρδιά/ grudgingly, ad. ἀπρόθυμα, φειδωλά

gruel, n. χυλός (ὁ), κουρκούτι (τό)

gruesome, a. ἀπαίσιος, ἀνατριχιαστικός

gruff, a. ἀγριωπός, τραχύς, ἀπότομος/ ~

ness, n. ἀγριάδα (ἡ), τραχύτητα (ἡ)
grumble, v.i. γκρινιάζω, παραπονοῦμαι, μουρμουρίζω/ n. γκρίνια (ἡ), παράπονο (τό), μεμψιμοιρία (ἡ) ~*r*, n. γκρινιάρης (ὁ), παραπονιάρης (ὁ)
grumpy, a. σκυθρωπός, κατσούφης
grunt, n. γρυλλισμός (ὁ)/ v.i. γρυλλίζω
guarantee, n. ἐγγύηση (ἡ), ἀσφάλεια (ἡ)/ v.t. ἐγγυῶμαι, δίνω ἐγγύηση/ *guarantor*, n. ἐγγυητής (ὁ)
guard, n. φύλακας (ὁ), δεσμοφύλακας (ὁ), φρουρός (ὁ)/ (group) φρουρά (ἡ)/ (railway) ὑπεύθυνος σιδηροδρομικοῦ συρμοῦ/ (fireplace) προφυλακτήρας (ὁ), προστατευτικό πλέγμα/ *be on* ~, φρουρῶ, εἶμαι ἐν ἐπιφυλακῇ/ *be off one's* ~, δέν προσέχω, εἶμαι ἀπροετοίμαστος (ἀφηρημένος)/ *changing of the* ~, ἀλλαγή φρουρᾶς/ *mount* ~, ἔφιππη φρουρά/ v.t. φρουρῶ, φυλάγω, προσέχω/ ~ *against*, φυλάγομαι, παίρνω τά μέτρα μου/ ~*ed*, a. προστατευμένος, προφυλαγμένος/ (reluctant) ἐπιφυλακτικός, προσεχτικός/ ~*ian*, n. κηδεμόνας (ὁ), ἐπίτροπος (ὁ)/ ~*ianship*, n. κηδεμονία (ἡ), φύλαξη (ἡ), προστασία (ἡ)/ ~*sman*, n. μέλος φρουρᾶς (τό)
gudgeon, n. κοκκοβιός (ὁ)/ (tech.) πεῖρος (ὁ), ρεζές (ὁ)
guerilla, n. ἀντάρτης (ὁ)/ ~ *warfare*, ἀνταρτοπόλεμος (ὁ)
guess, v.t. & i. μαντεύω, εἰκάζω, φαντάζομαι/ n. εἰκασία (ἡ)
guest, n. φιλοξενούμενος (ὁ), ξένος (ὁ), προσκεκλημένος (ὁ)/ (hotel) πελάτης (ὁ)/ ~ *house*, n. πανσιόν (ἡ)/ ~*room*, n. δωμάτιο γιά ξένους (τό)
guffaw, n. καγχασμός (ὁ), χάχανο (τό)
guidance n. καθοδήγηση (ἡ), συμβουλή (ἡ)/ *guide*, n. ὁδηγός (ὁ), ξεναγός (ὁ), καθοδηγητής (ὁ)/ (book) ὁδηγός (ὁ)/ (scout) ὁδηγός (ὁ), προσκοπίνα (ἡ)/ v.t. ὁδηγῶ, καθοδηγῶ, κατευθύνω
guild, n. συντεχνία (ἡ), συνάφι (τό), σωματεῖο (τό), ἔνωση (ἡ)/ ~*hall*, n. ἐντευκτήριο σωματείου ἐργατῶν/ *the G*~, δημαρχεῖο τοῦ Λονδίνου
guile, n. πανουργία (ἡ), πονηρία (ἡ), τέχνασμα (τό)/ ~*ful*, a. πανοῦργος, πονηρός/ ~*less*, a. ἀπονήρευτος, ἄδολος,

ἀθῶος/ ~*lessness*, n. ἀθωότητα (ἡ), εἰλικρίνεια (ἡ)
guillotine, n. λαιμητόμος (ἡ), γκιλλοτίνα (ἡ), καρμανιόλα (ἡ)/ v.t. καρατομῶ, ἀποκεφαλίζω
guilt, n. ἐνοχή (ἡ), ὑπαιτιότητα (ἡ)/ ~*less*, a. ἀθῶος, ἀναίτιος/ ~*y*, a. ἔνοχος, μεμπτός, ἀξιόμεμπτος
guinea, n. γκινέα (ἡ)/ ~ *-fowl*, n. φραγκόκοτα (ἡ)/ ~ *-pig*, n. ἰνδικό χοιρίδιο (τό)/ (fig.) πειραματόζωο (τό)
guise, n. ἐνδυμασία (ἡ), ἀμφίεση (ἡ)/ *under the* ~ *of*, μεταμφιεσμένος, μέ τό πρόσχημα
guitar, n. κιθάρα (ἡ)/ ~ *ist*, n. κιθαριστής (ὁ)
gulch, n. ρεματιά (ἡ), βαθιά χαράδρα (ἡ)
gulf, n. κόλπος (ὁ)/ (fig.) χάσμα (τό), ἀγεφύρωτη διαφορά ἀπόψεων/ ~ *stream*, Ρεῦμα τοῦ κόλπου τοῦ Μεξικοῦ
gull, n. γλάρος (ὁ)/ (person) κορόιδο (τό)/ v.t. ἐξαπατῶ, πιάνω κορόιδο
gullet, n. οἰσοφάγος (ὁ)
gullibility, n. εὐπιστία (ἡ), ἀφέλεια (ἡ)/ *gullible*, a. εὔπιστος, ἀφελής, χαζός
gully, n. ξεροπόταμος (ὁ), ρεματιά (ἡ)
gulp, v.t. καταβροχθίζω, καταπίνω, χάφτω/ n. (solid food) μπουκιά (ἡ), χαψιά (ἡ)/ (liquid) ρουφηξιά (ἡ), γουλιά (ἡ)
gum, n. οὖλα (τά)/ (bot.) κόμμι (τό), γόμμα (ἡ), δενδρόκολλα (ἡ)/ ~ *boil*, n. ἀπόστημα στά οὖλα (τό)/ ~ *boots*, n. ψηλές λαστιχένιες μπότες (οἱ)/ ~*my*, a. κολλώδης, πασαλειμμένος μέ γόμμα/ (eyes) τσιμπλιασμένος
gumption, n. ἐξυπνάδα (ἡ), μυαλό (τό), κρίση (ἡ), ὀξυδέρκεια (ἡ)
gun, n. ὅπλο (τό), τουφέκι (τό), πυροβόλο (τό)/ *stick to one's* ~*s*, ἐπιμένω στίς ἀπόψεις μου/ *double-barrelled* ~, δίκαννο (τό)/ ~*boat*, n. κανονιοφόρος (ἡ)/ ~ *carriage*, n. κιλλίβαντας πυροβόλου/ ~ *cotton*, n. βαμβακοπυρίτιδα (ἡ)/ ~*fire*, n. πῦρ (τό)/ ~*running*, n. λαθρεμπόριο ὅπλων/ ~*shot*, n. πυροβολισμός (ὁ)/ *within* ~*shot*, ἐντός ἀκτίνας βολῆς/ ~*smith*, n. ὁπλοποιός (ὁ)
gunwale, n. κουπαστή (ἡ)
gurgle, n. γαργάρα (ἡ)/ v.i. γαργαρίζω, κάνω γαργάρα

gush, n. ἀνάβλυση (ἡ), ὁρμητική ροή (ἡ)/ v.i. ἀναβλύζω, ρέω ὁρμητικά/ ~ing, a. ἐκεῖνος πού ἀναβλύζει/ (person) διαχυτικός, ἐκδηλωτικός

gusset, n. τσόντα (ἡ)

gust, n. φύσημα (τό), ριπή (ἡ)

gusto, n. ἀπόλαυση (ἡ), γοῦστο (τό), εὐχαρίστηση (ἡ)

gusty, a. θυελλώδης, σφοδρός/ (person) εὐέξαπτος

gut, n. ἔντερο (τό)/ pl. ἔντερα (τά), ἐντόσθια (τά)/ v.t. ξεκοιλιάζω, βγάζω τά ἔντερα/ (house) λεηλατῶ/ ~ted, a. ξεκοιλιασμένος

gutta-percha, n. γουταπέρκα (ἡ)

gutter, n. λούκι (τό), ὑδρορροή (ἡ), ὀχετός (ὁ)/ ~press, κίτρινος τύπος/ ~ snipe, n. ἀλητόπαιδο (τό), χαμίνι (τό)

guttural, a. λαρρυγγικός, λαρυγγόφωνος

guy, n. ἄτομο (τό), τύπος (ὁ)/ (tech.) συγκράτημα (τό), γκάγια (ἡ)/ v.t. εἰρωνεύομαι, περιγελῶ, κοροϊδεύω

guzzle, v.t. καταβροχθίζω, κατεβάζω μέ λαιμαργία

gymnasium, n. γυμναστήριο (τό)/ gymnast, n. γυμναστής (ὁ)/ ~ic, a. γυμναστικός/ ~ ics, n. γυμναστική (ἡ), σωματική ἀγωγή (ἡ)

gynaecologist, n. γυναικολόγος (ὁ)/ gynaecology, n. γυναικολογία (ἡ)

gyrate, v.i. περιστρέφομαι/ gyration, n. περιστροφή (ἡ)

gyroscope, n. γυροσκόπιο (τό)

H

haberdasher, n. ψιλικατζής (ὁ)/ ~y, n. ψιλικά (τά)

habiliment, n. ἐνδυμασία (ἡ), ρουχισμός (ὁ)

habit, n. συνήθεια (ἡ), ἕξη (ἡ)/ be in the ~, συνηθίζω

habitable, a. κατοικήσιμος/ habitat, n. φυσικό περιβάλλον (τό)

habitual, a. συνηθισμένος, τακτικός/ habituate, v.t. συνηθίζω, ἐξοικοιώνω, ἐθίζω

hack, n. παλιάλογο (τό)/ (fig.) σκλάβος (ὁ), φτωχός μεροκαματιάρης/ v.t. χρησιμοποιῶ συνέχεια, ἐπαναλαμβάνω μέχρι ἀηδίας/ ~ ing cough, ξερόβηχας (ὁ)

hackney, n. νοικιασμένο ἄλογο/ ~ carriage, ἅμαξα (ἡ)

hackneyed, a. χιλιοειπωμένος, κοινότοπος

haddock, n. βακαλάος (ὁ)

Hades, n. Ἅδης (ὁ)

haemophilia, n. αἱμοφιλία (ἡ)

haemorrhage, n. αἱμορραγία (ἡ)

haemorrhoids, n. pl. αἱμορροΐδες (οἱ)

haft, n. λαβή (ἡ)

hag, n. γριά στρίγγλα (ἡ), μέγαιρα (ἡ), παλιόγρια (ἡ)

haggard, a. τσακισμένος, ἐξαντλημένος

haggle, v.i. διαπραγματεύομαι, παζαρεύω

hail, n. χαλάζι (τό)/ (mil.) καταιγισμός πυρός/ v.t. χαιρετῶ, ὑποδέχομαι/ ~ from, κατάγομαι, προέρχομαι/ ~stone, n. κόκκος χαλαζιοῦ/ ~storm, n. χαλαζοθύελλα (ἡ)

hair, n. τρίχες (οἱ), μαλλιά (τά)/ make one's ~ stand on end, ἀνατριχιάζω/ to a ~, μέχρι την τελευταία λεπτομέρεια/ ~cut, n. κούρεμα (τό), κόψιμο μαλλιῶν/ ~ dresser, n. κομμωτής (ὁ), κουρέας (ὁ)/ ~net, n. φιλές μαλλιῶν (ὁ)/ ~pin, n. φουρκέτα (ἡ)/ ~splitting, n. λεπτολογία (ἡ), σχολαστική ἀνάλυση/ ~y, τριχωτός, μαλιαρός, δασύτριχος

hake, n. μπακαλιάρος (ὁ)

halcyon, n. ἀλκυών (ἡ), θαλασσοπούλι (τό)

hale, n. ὑγιής, ἀκμαῖος

half, a. μισός/ ad. μισά, κατά τό ἥμισυ/ n. μισό (τό)/ better ~, ἕτερον ἥμισυ/ cut in ~, κόβω στά δύο, κόβω στή μέση/ do in halves, κάνω μισή δουλειά, ἀφήνω μισοτελειωμένο/ go halves, πληρώνω μισά - μισά/ ~ an hour, μισή ὥρα/ an hour and a ~, μιάμιση ὥρα/ ~-breed, n. μιγάδας (ὁ)/ ~ -brother, n. ἑτεροθαλής ἀδελφός (ὁ)/ ~ -caste, n. μιγάδας (ὁ)/ ~done, a. μισοκαμωμένος/ (steak) μισοψημένος/ ~ -mast, a. μεσίστια σημαία/ ~ -moon, n. ἡμισέληνος (ἡ), μισοφέγγαρο (τό), ~ -price, ad. σέ μισή τιμή, μισοτιμῆς/ ~ -seas - over, a. μισομεθυσμένος/ ~ -way, ad. στή μέση τοῦ δρόμου, μεσοδρομῆς/ meet ~ -way, συναντῶ μεσοδρομῆς/ (fig.) συμβιβάζομαι/ ~ -witted, a. ἠλίθιος/ ~ year, n. ἑξάμηνο (τό)

halibut, n. ἱππόγλωσσος (ὁ)

hall, n. αἴθουσα (ἡ), σάλα (ἡ)/ entrance ~, προθάλαμος (ὁ), χώλ (τό)/ ~, mark, n. σφραγίδα γνησιότητας (ἡ)

halleluj, int. ἀλληλούια

hallo, int. ἔ! ἄκουσε!

hallow, v.t. ἀγιάζω, καθαγιάζω, καθιερώνω

hallucination, n. παραίσθηση (ἡ)

halo, n. φωτοστέφανο (τό)

halt, n. στάση (ἡ), σταμάτημα (τό)/ come to a ~, σταματῶ/ a. κουτσός/ v.t. & i. σταματῶ/ int. ἄλτ!

halter, n. καπίστρι (τό)/ (hanging) σχοινί ἀγχόνης (τό), βρόχος (ὁ)

halve, v.t. μοιράζω στά δύο, κόβω στή μέση

halyard, n. σχοινί σημαίας (τό)

ham, n. χοιρομέρι (τό), ζαμπόν (τό)

hamlet, n. χωριουδάκι (τό)

hammer, n. σφυρί (τό)/ (gun) σκανδάλη (ἡ)/ v.t. σφυροκοπῶ/ ~ at, χτυπῶ συνέχεια/ (fig.) ἐπιμένω/ ~ing, n. σφυροκόπημα (τό)

hammock, n. κρεμαστή κούνια (ἡ)/ (naut.) κρεμαστό κρεβάτι ναυτικῶν

hamper, n. καλάθι (τό), κάνιστρο (τό)/ v.t. μπερδεύω, παρεμποδίζω

hand, n. χέρι (τό)/ (measure) παλάμη (ἡ)/ (clock, etc.) δείκτης (ὁ)/ (cards) μοίρασμα (τό)/ (sailor) ναύτης (ὁ)/ at ~, πρόχειρος/ by ~, μέ τό χέρι/ in ~, στό χέρι/ ~ in ~, πιασμένοι ἀπό τό χέρι, χέρι - χέρι/ on one ~, ἀπό τή μιά μεριά, ἀφενός/ from ~ to mouth, μεροδούλι μεροφάϊ/ ~ to ~, ἀπό χέρι σέ χέρι/ ~s off, κάτω τά χέρια!/ ~ s up! ψηλά τά χέρια!/ get the upper ~, πλεονεκτῶ/ hold one's ~, συγκρατοῦμαι/ get off one's ~, μοῦ ξεφεύγει, δέν εἶναι στό χέρι μου/ on ~s and knees, στά τέσσερα, μέ τά τέσσερα/

v.t. ἐγχειρίζω, δίνω μέ τό χέρι/ ~ down, παραδίδω στούς μεταγενέστερους/ ~ in, καταθέτω, ὑποβάλλω/ ~ over, παραδ΄ω/ ~bag, n. τσάντα (ἡ)/ ~bill, n. ἐπισκεπτήριο (τό)/ κάρτα (ἡ)/ ~book, n. ἐγχειρίδιο (τό)/ ~ ful, n. χούφτα (ἡ), χεριά (ἡ)

handicap, n. ἐμπόδιο (τό), δυσκολία (ἡ), δυσχέρεια (ἡ)/ v.t. ἐμποδίζω, δυσχεραίνω/ ~ped, a. ἀνάπηρος

handicraft, n. χειροτεχνία (ἡ)/ ~sman, n. χειροτέχνης (ὁ), handiwork, n. ἐργόχειρο (τό), χειροτέχνημα (τό)

handkerchief, n. μαντίλι (τό)

handle, n. λαβή (ἡ), χερούλι (τό), ~bar, n. τιμόνι ποδηλάτου (τό), v.t. χειρίζομαι/ (comm.) διαθέτω/ handling, n. χειρισμός (ὁ), μεταχείριση (ἡ)

handmade, a. χειροποίητος

handrail, n. κιγκλίδωμα (τό), πιάσιμο σκάλας (τό)

handshake, n. χειραψία (ἡ)

handsome, a. ὄμορφος, κομψός/ (money) γενναιόδωρος

handwriting, n. γραφή (ἡ), γράψιμο (τό), γραφικός χαρακτήρας (ὁ)

handy, a. πρόχειρος, εὐκολομεταχείριστος/ (person) ἐπιδέξιος, ἐπιτήδειος/ come in ~, εἶμαι χρήσιμος/ ~man, n. πολυτεχνίτης (ὁ)

hang, v.t. & i. κρεμῶ, ἀναρτῶ/ (someone) ἀπαγχονίζω/ ~ about, περιφέρομαι/ ~ back, καθυστερῶ, μένω πίσω/ ~ down, κρέμομαι/ ~ in the balance, μπορεῖ ναί μπορεῖ καί ὄχι/ ~ on, ἐπιμένω, περιμένω/ ~ out, συχνάζω, μένω.

hangar, n. ὑπόστεγο (τό)

hanger, n. κρεμάστρα (ἡ)/ ~-on, n. παράσιτο (τό), κολλιτσίδα(ἡ)

hanging, a. κρεμαστός/ n. κρέμασμα (τό), ἀνάρτηση (ἡ), ἀπαγχονισμός (ὁ)/ ~s, n. παραπετάσματα (τά)/ hangman, n. δήμιος (ὁ)

hank, n. μάτσο κλωστῆς (τό)

hanker after, v.t. λαχταρῶ, ἐπιθυμῶ σφοδρά/ hankering, n. λαχτάρα (ἡ), σφοδρή ἐπιθυμία (ἡ)

hanky-panky, n. δόλος (ὁ), ἀπάτη (ἡ)

hansom, n. δίτροχο ἀμάξι (τό)

haphazard, a. τυχαῖος/ ad. τυχαῖα

hapless, a. ἄτυχος, δυστυχισμένος

happen, v.t. συμβαίνω, τυχαίνω/ whatever ~s, ὅ,τι καί νά συμβεῖ/ ~ing, n. συμβάν (τό), γεγονός (τό)

happily, ad. εὐτυχῶς/ happiness, n. εὐτυχία (ἡ)/ happy, a. εὐτυχισμένος, εὐχαριστημένος/ ~ -go - lucky, ἀνέμελος

harangue, n. ἀγόρευση (ἡ), δημηγορία (ἡ)/ v.i. ἀγορεύω

harass, v.t. βασανίζω, ἐνοχλῶ/ (mil.) παρενοχλῶ

harbinger, n. πρόδρομος (ὁ)/ v.t. προαναγγέλλω, προλέγω

harbour, n. λιμάνι (τό)/ (fig.) καταφύγιο (τό), ἄσυλο (τό)/ ~ dues, λιμενικά τέλη (τά)

hard, a. σκληρός, τραχύς, αὐστηρός, δύσκολος/ ~ and fast, ἀμετάβλητος, σταθερός/ ~ cash, μετρητά/ ~ labour, καταναγκαστικά ἔργα/ ad. δύσκολα, αὐστηρά, σκληρά/ breathe ~, ἀναπνέω μέ δυσκολία/ drink ~, πίνω πολύ/ work ~, ἐργάζομαι σκληρά/ ~ of hearing, βαρήκοος/ be ~ up, ἔχω ἀνάγκη/ ~boiled, a. πολυβρασμένος/ ~en, v.t. σκληραίνω/ ~headed, a. χοντροκέφαλος/ ~hearted, a. σκληρόκαρδος/ ~ihood, n. τόλμη (ἡ) τολμηρότητα (ἡ)/ ~iness, n. σκληρότητα (ἡ), τραχύτητα (ἡ)/ ~ly, ad. μόλις μέ δυσκολία, μέ τό ζόρι/ ~ware, n. σιδερικά (τά)/ ~working, a. φιλόπονος, ἐργατικός/ ~y, a. σκληραγωγημένος, ἀνθεκτικός

hare, n. λαγός (ὁ)/ ~ -brained, a. μωρός, ἀνόητος/ ~lip, n. λαγοχειλία (ἡ)

harem, n. χαρέμι (τό)

haricot, n. φασόλι (τό)

hark, int. ἄκου!/ v.t. ἀκούω, τεντώνω τό αὐτί/ ~ back to, ἀναπολῶ

harlequin, n. ἀρλεκίνος (ὁ)/ ~ade, n. ἀρλεκινάδα (ἡ)

harlot, n. πόρνη (ἡ), πουτάνα (ἡ)

harm, n. κακό (τό), βλάβη (ἡ), ζημιά (ἡ)/ v.i. κάνω κακό, βλάπτω, ζημιώνω/ ~ful, a. βλαβερός/ ~less, a. ἀβλαβής, ἄκακος/ ~lessness, n. ἀθωότητα (ἡ), καλοκαγαθία (ἡ)

harmonic, a. ἁρμονικός/ ~a, n. φυσαρμόνικα (ἡ)/ harmonious, a. μελωδικός, σύμφωνος/ harmonium, n. ἁρμόνιο

(τό)/ harmonize, v.t. ἐναρμονίζω, συνδυάζω/ harmony, n. ἁρμονία (ἡ), ὁμόνοια (ἡ)

harness, n. γκέμια (τά), ἱπποσκευή (ἡ), σαμάρι (τό)/ v.t. ἐλέγχω, δαμάζω

harp, n. ἄρπα (ἡ)/ v.i. παίζω ἄρπα/ ~ist, n. ἁρπιστής (ὁ)

harpoon, n. καμάκι (τό)/ v.t. καμακεύω, καμακώνω

harpsichord, n. κλειδοκύμβαλο (τό)

harpy, n. ἅρπυια (ἡ)/ (fig.) γριά μέγαιρα (ἡ)

harridan, n. παλιογυναίκα (ἡ)

harrow, n. βωλοκόπος (ὁ)/ v.t. βωλοκοπῶ/ (fig.) συντρίβω, σπαράζω τήν καρδιά/ ~ing, n. βωλοκόπημα (τό)/ (fig.) σπαρακτικός

harry, v.t. ρημάζω/ (mil.) καταδιώκω τόν ἐχθρό

harsh, a. τραχύς, σκληρός, ἀπότομος/ ~ness, n. τραχύτητα (ἡ), σκληρότητα (ἡ)/ harsh sentence, βαριά ποινή (ἡ)

hart, n. ἐλάφι (τό)

harum-scarum, a. ἀπερίσκεπτος

harvest, n. θερισμός (ὁ), συγκομιδή (ἡ), ἐσοδεία (ἡ)/ v.t. θερίζω, μαζεύω τή σοδειά/ ~er, n. θεριστής (ὁ)/ (machine) θεριστική μηχανή (ἡ)

hash, n. κιμάς (ὁ)/ (fig.) μπερδεμένη ὑπόθεση/ make a ~ of, ἀνανεώνω/ v.t. λιανίζω, ψιλοκόβω (κρέας)

hashish, n. χασίς (τό)

hassock, n. μαξιλαράκι γιά γονυκλισία

haste, n. βιασύνη (ἡ), ταχύτητα (ἡ)/ make ~, σπεύδω/ v.t. βιάζομαι, ἐπισπεύδω/ hastily, ad. βιαστικά, γρήγορα, ἐσπευσμένα/ hasty, a. βιαστικός, ἐσπευσμένος/ (without thinking) ἀπερίσκεπτα

hat, n. καπέλο (τό)/ ~box, n. καπελιέρα (ἡ)/ ~less, a. ἀσκεπής/ ~shop, n. καπελάδικο (τό), πιλοπωλεῖο (τό)

hatch, n. μικρή πόρτα (ἡ), θυρίδα (ἡ)/ v.t. ἐκκολάπτω, ἐπωάζω, κλωσῶ/ (plot) μηχανορραφῶ, ραδιουργῶ

hatchet, n. τσεκούρι (τό)/ bury the ~, ξεχνῶ παλιές διαφορές

hatching, n. ἐκκόλαψη (ἡ)/ (plot) μηχανορραφία (ἡ)

hatchway, n. θυρίδα (ἡ)

hate (& hatred), n. μίσος (τό)/ v.t. μισῶ,

ἀποστρέφομαι

haughtily, ad. ἀλαζονικά, ὑπεροπτικά/ *haughtiness,* n. ἀλαζονεία (ἡ), ὑπεροψία (ἡ)/ *haughty,* a. ἀλαζόνας, ὑπεροπτικός

haul, n. ἕλξη (ἡ), τράβηγμα (τό), ρυμούλκηση (ἡ)/ v.t. ἕλκω, τραβῶ, ρυμουλκῶ, σύρω/ ~ *down,* ὑποκύπτω/ ~*age,* n. μεταφορά ἐμπορευμάτων/ ~*ier,* n. μεταφορέας (ὁ)

haunch, n. γοφός (ὁ), ἰσχίο (τό)

haunt, n. στέκι (τό)/ v.t. συχνάζω/ (ghost) στοιχειώνω/ ~*ed,* a. στοιχειωμένος/ ~*er,* n. θαμώνας (ὁ)

hautboy, n. βαρύαυλος (ὁ)

have, v.t. ἔχω, κατέχω/ ~ *better,* προτιμῶ/ ~ *a nice time,* διασκεδάζω, περνῶ εὐχάριστα/ ~ *a walk,* κάνω περίπατο/ ~ *to,* πρέπει νά/ ~ *on,* φορῶ/ *the* ~*s and* ~ *nots,* πλούσιοι καί φτωχοί.

haven, n. λιμάνι (τό), ὅρμος (ὁ)/ (fig.) καταφύγιο (τό)

haversack, n. γυλιός (ὁ), σακίδιο (τό)

havoc, n. πανωλεθρία (ἡ), καταστροφή (ἡ)

haw, n. βούισμα (τό), βοή (ἡ), ~*thorn,* n. λευκάγκαθο (τό)/ v.i. βουΐζω

hawk, n. γεράκι (τό)/ (fig.) ἅρπαγας (ὁ)/ v.t. & i. κυνηγῶ μέ γεράκια/ ~ *-eyed,* a. γερακομάτης/ ~*er,* n. πραματευτής (ὁ), γυρολόγος (ὁ)

hawser, n. χοντρό σχοινί (τό), κάλως (ὁ)

hay, n. ἄχυρο (τό), χόρτο (τό), σανός (ὁ)/ ~*fever,* ἀνοιξιάτικη ἀλλεργία/ ~*fork,* n. δικέλλα (ἡ)/ ~*loft,* n. ἀχυρώνας (ὁ)/ ~*maker,* n. χορτοκόπος (ὁ)/ ~*making,* n. χορτοκοπία (ἡ)/ ~*stack,* n. θημωνιά (ἡ)

hazard, n. κίνδυνος (ὁ), διακινδύνευση (ἡ)/ v.t. διακινδυνεύω, ριψοκινδυνεύω/ ~ *ous,* a. ἐπικίνδυνος, παρακινδυνευμένος

haze, n. ὁμίχλη (ἡ)

hazel, n. φουντουκιά (ἡ)/ ~ *-nut,* n. φουντούκι (τό)

hazy, a. ὁμιχλώδης/ (fig.) ἀσαφής, ἀκαθόριστος

he, pn. αὐτός, ἐκεῖνος/ ~ *-goat,* n. τράγος (ὁ)

head, n. κεφάλι (τό), κεφαλή (ἡ)/ (leader)

ἀρχηγός (ὁ), ἐπικεφαλής (ὁ), ἡγέτης (ὁ)/ (firm) διευθυντής (ὁ)/ (of cattle) κεφάλια (τά)/ *from* ~ *to foot,* ἀπό τήν κορφή ὥς τά νύχια/ ~ *over heels in love,* ξετρελαμένος, ἐρωτευμένος ὥς τά μπούνια/ ~ *over heels,* πολύ, τελείως/ *bring to a* ~, προκαλῶ κρίση/ *come to a* ~, φθάνω σέ κρίσιμο σημεῖο/ *hit the nail on the* ~, ἀντιμετωπίζω τήν κατάσταση κατακέφαλα/ ~*s or tails,* κορώνα γράμματα/ v.t. εἶμαι ἐπικεφαλής, κατευθύνομαι πρός/ (ball) βαράω κεφαλιά/ ~*ache,* n. πονοκέφαλος (ὁ)/ ~ *band,* n. κεφαλόδεσμος (ὁ)/ ~*dress,* n. κόμμωση (ἡ)/ ~*er,* n. ἀρχηγός (ὁ)/ ~ *land,* n. ἀκρωτήρι (τό)/ ~*ing,* n. ἐπικεφαλίδα (ἡ), τίτλος (ὁ)/ ~*light,* n. προβολέας αὐτοκινήτου (ὁ)/ ~*line,* n. ἐπικεφαλίδα (ἡ)/ ~*long,* ad. κατακέφαλα/ ~*master,* n. γυμνασιάρχης (ὁ), διευθυντής σχολῆς (ὁ)/ ~ *mistress,* n. διευθύντρια σχολῆς (ἡ)/ ~ *quarters,* n. ἐπιτελεῖο (τό), ἕδρα (ἡ), ἀρχηγεῖο (τό)/ ~*stone,* n. (building) ἀκρογωνιαῖος λίθος (ὁ), ἀγκωνάρι (τό)/ (tomb) ἐπιτύμβια πλάκα (ἡ)/ ~*waiter,* n. ἀρχισερβιτόρος (ὁ), μαῖτρ ντ'οτέλ (ὁ)/ ~*way,* n. πρόοδος (ἡ), κίνηση πρός τά ἐμπρός/ ~ *wind,* n. ἀντίθετος ἄνεμος (ὁ)/ ~*y,* a. μεθυστικός

heal, v.t. & i. θεραπεύω, γιατρεύω, ἐπουλώνω/ ~*er,* n. θεραπευτής (ὁ)/ ~*ing,* n. θεραπεία (ἡ)/ a. θεραπευτικός

health, n. ὑγεία (ἡ)/ ~ *officer,* ὑγειονομικός ἐπόπτης (ὁ)/ ~*y,* a. ὑγιής

heap, n. σωρός (ὁ)/ ~*s of time,* ἄφθονος χρόνος/ v.t. σωρεύω, κάνω σωρό/ ~ *up,* μαζεύω, συσσωρεύω

hear, v.t. ἀκούω/ (leg.) ~ *a case,* δικάζω ὑπόθεση/ ~ *of,* μαθαίνω, πληροφοροῦμαι/ ~ *from,* παίρνω νέα ἀπό/ ~*ing,* n. ἀκοή (ἡ)/ (leg.) δίκη (ἡ), ἐκδίκαση (ἡ)/ *get a* ~, πετυχαίνω ἀκρόαση/ *hard of* ~, βαρήκοος/ ~*aid,* ἀκουστικό (τό)

hearken, v.t. ἀκούω μέ προσοχή

hearsay, n. φήμη (ἡ), διάδοση (ἡ)

hease, n. νεκροφόρα (ἡ)

heart, n. καρδιά (ἡ)/ (courage) θάρρος (τό)/ (cards) κούπα (ἡ)/ *take to* ~, παίρνω κατάκαρδα/ *with all my* ~, μέ ὅλη μου τήν καρδιά/ by ~, ἀπέξω, ἀπό μνήμης/ ~ and soul of, ἡ ψυχή, τό κυριότερο πρόσωπο/ at ~, κατά βάθος, στήν πραγματικότητα/ ~beat, n. παλμός τῆς καρδιᾶς/ ~break, n. σπαραγμός (ὁ), μεγάλη θλίψη/ ~broken, a. περίλυπος/ ~-disease, n. πάθηση τῆς καρδιᾶς/ ~en, v.t. ἐνθαρρύνω, δίνω θάρρος/ ~felt, a. ἐγκάρδιος, εἰλικρινής/ ~free, a. ὄχι ἐρωτευμένος

hearth, n. τζάκι (τό), ἑστία (ἡ)/ (fig.) σπίτι (τό)

heartily, ad. ἐγκάρδια, εἰλικρινά/ *heartless,* a. ἄκαρδος, σκληρός/ *hearty,* a. ἐγκάρδιος, εἰλικρινής/ (healthy) εὔρωστος, ὑγιής

heat, n. θερμότητα (ἡ), ζέστη (ἡ)/ (phys.) πυράκτωση (ἡ)/ (animals) ἐποχή ζευγαρώματος/ v.t.&i. θερμαίνω, ζεσταίνω/ ~er, n. θερμάστρα (ἡ), θερμαντήρας (ὁ)

heath, n. λιβάδι (τό), ἀνοιχτή ἔκταση

heathen, n. εἰδωλολάτρης (ὁ)/ a. εἰδωλολατρικός/ ~ish, a. εἰδωλολατρικός/ (fig.) ἄξεστος/ ~ism, n. εἰδωλολατρεία (ἡ)

heather, n. ἐρείκη (ἡ)

heating, n. θέρμανση (ἡ)/ central ~, κεντρική θέρμανση/ a. θερμαντικός

heatstroke, n. ἡλίαση (ἡ)

heave, v.t. ἀνασηκώνω, σηκώνω μέ κόπο/ ~ a sigh, ἀναστενάζω/ v.i. ἀνασηκώνομαι/ (wave, etc) φουσκώνω/ ~ to, τραβῶ πρός/ ~ up (anchor) σηκώνω ἄγκυρα/ (vomit) κάνω ἐμετό

heaven, n. οὐρανός (ὁ)/ go to ~, πηγαίνω στόν παράδεισο/ ~ly, a. οὐράνιος, θεϊκός, ὑπέροχος, παραδεισένιος/ ~ body, οὐράνιο σῶμα

heaver, n. ἀχθοφόρος (ὁ), χαμάλης (ὁ)/ (tech.) ξύλινος λοστός (ὁ)

heavily, ad. βαριά, βαθιά/ *heaviness,* n. νάρκη (ἡ), βαρύ κεφάλι/ *heavy,* a. βαρύς/ ~ guns, βαρύ πυροβολικό (τό)/ ~ rain, δυνατή βροχή/ ~ sea, τρικυμισμένη θάλασσα/ ~ sky, συννεφιασμένος οὐρανός/ ~ traffic, μεγάλη κυκλοφορία/ ~ weight, a. πυγμάχος βαρέων βαρῶν

Hebraic, a. ἑβραϊκός, ἑβραίικος/ *Hebrew,*

n. Ἑβραῖος (ὁ)/ (language) ἑβραϊκή γλώσσα (ἡ), ἑβραϊκά (τά), ἑβραίικα (τά)

hecatomb, n. ἑκατόμβη (ἡ)

heckle, v.t. ξαίνω, λαναρίζω/ (a candidate) ἐνοχλῶ

hectare, n. ἑκτάριο (τό)

hectic, a. πυρετώδης, ἐντατικός

hector, v.t. φοβίζω, ἐπιπλήττω ἀπότομα

hedge, n. φράχτης (ὁ)/ (fig.) φραγμός (ὁ), ἐμπόδιο (τό)/ v.t. φράζω, περικλείνω, περιφράζω/ v.i. ὑψώνω φραγμούς/ ~ hog, n. σκαντζόχοιρος (ὁ)/ *hedging,* n. περίφραξη (ἡ)/ (bet) στοίχημα (τό)

heed, n. προσοχή (ἡ), προφύλαξη (ἡ)/ v.t. & i. προσέχω, προφυλάγομαι/ ~ful, a. προσεκτικός, ξάγρυπνος/ ~less, a. ἀπρόσεκτος

heel, n. φτέρνα (ἡ)/ (shoe) τακούνι (τό)/ dig one's ~s in, μένω ἀκλόνητος, ἐπιμένω/ down at ~, ἀπεριποίητος/ take to one's ~s, βάζω στά πόδια/ on the ~s of, στά ἴχνη κάποιου

hefty, a. ἰσχυρός, σταθερός

hegemony, n. ἡγεμονία (ἡ)

heifer, n. δαμάλι (τό)

height, n. ὕψος (τό), ἀνάστημα (τό)/ (fig.) κορυφή (ἡ), κολοφώνας (ὁ)/ ~ of folly, ἀπίθανη ἀνοησία/ at the ~ of summer, κατακαλόκαιρα/ ~en, v.t. ὑψώνω, ἀνεβάζω/ ~s, n. pl. ὑψώματα (τά)

heinous, a. μισητός, βδελυρός, ἀποτρόπαιος

heir, n. κληρονόμος (ὁ)/ ~ess, n. ἡ κληρονόμος/ rightful ~, νόμιμος κληρονόμος/ ~less, a. ἄκληρος/ ~loom, n. οἰκογενειακό κειμήλιο (τό)

helicopter, n. ἑλικόπτερο (τό)

heliograph, n. ἡλιογράφος (ὁ)/ *heliostat,* n. ἡλιοστάτης (ὁ)

heliotrope, n. ἡλιοτρόπιο (τό)

helium, n. ἥλιον (τό)

helix, n. ἕλικας (ὁ)

hell, n. κόλαση (ἡ)

Hellenes, n. pl. Ἕλληνες (οἱ)/ *hellenic,* a. ἑλληνικός/ *Hellenism,* n. Ἑλληνισμός (ὁ)/ *hellenist,* n. ἑλληνιστής (ὁ)

hellish, a. διαβολικός, καταχθόνιος

hello, int. γειά! προσοχή!/ (teleph.) ἐμπρός! λέγετε!

helm, n. τιμόνι (τό), πηδάλιο (τό)/ (fig.) διοίκηση (ἡ), διακυβέρνηση (ἡ)/ ~sman, n. τιμονιέρης (ὁ), πηδαλιοῦχος (ὁ)

helmet, n. περικεφαλαία (ἡ), κράνος (τό)

helot, n. εἵλωτας (ὁ), δοῦλος (ὁ)

help, n. βοήθεια (ἡ), ἀρωγή (ἡ)/ call for ~, ζητῶ βοήθεια/ v.t. βοηθῶ, συντρέχω/ ~ yourself! σερβιρισθεῖτε!/ I can't ~ it, δέν μπορῶ νά κάνω ἀλλιῶς/ int. βοήθεια!/ ~er, n. βοηθός (ὁ)/ ~ ful, a. βοηθητικός, χρήσιμος/ ~ing, a. βοηθητικός/ n. μερίδα (ἡ)/ ~less, a. ἀβοήθητος, ἀνίκανος/ ~lessness, n. ἀδυναμία (ἡ)

helter-skelter, ad. φύρδην μίγδην

helve, n. λαβή ἀξίνας (ἡ)

hem, n. ποδόγυρος (ὁ), στρίφωμα (τό)/ v.t. στριφώνω, κάνω τό στρίφωμα/ (mil.) περισφίγγω τόν ἐχθρό/ int. χμ!

hemisphere, n. ἡμισφαίριο (τό)

hemistich, n. ἡμιστίχιο (τό)

hemlock, n. κώνειο (τό)

hemp, n. κάνναβις (ἡ)

hen, n. ὄρνιθα (ἡ), κότα (ἡ)

hence, ad. ἀπό τώρα καί στό ἑξῆς/ (for this reason) ἑπομένως/ five years ~, σέ πέντε χρόνια/ ~forth, ad. στό ἑξῆς, ἀπό τώρα

henchman, n. πιστός ὀπαδός (ὁ), πιστό ἐκτελεστικό ὄργανο (τό)

henhouse, n. κοτέτσι (τό), ὀρνιθώνας (ὁ)

henna, n. χέννα (ἡ)

henpecked, a. γυναικοκρατούμενος

hepatitis, n. ἡπατίτιδα (ἡ)

heptagon, n. ἑπτάγωνο (τό)

her, pn. αὐτή, αὐτῆς, της

herald, n. κήρυκας (ὁ), ἀγγελιαφόρος (ὁ)/ v.t. ἀναγγέλλω, διαλαλῶ/ ~ic, a. οἰκοσημολογικός/ ~ry, n. οἰκοσημολογία (ἡ)

herb, n. βότανο (τό), χόρτο (τό)/ ~age, n. χόρτα (τά)/ ~al, a. βοτανικός/ n. ἀφέψημα χόρτων (τό)/ ~alist, n. βοτανοπώλης (ὁ)/ ~arium, n. συλλογή ἀπό βότανα (ἡ)/ ~ivorous, a. χορτοφάγος

herculean, a. ἡράκλειος

herd, n. κοπάδι (τό), ἀγέλη (ἡ), ποίμνιο (τό)/ v.t. κοπαδιάζω/ v.i. μπαίνω σέ κοπάδι/ ~sman, n. βοσκός (ὁ), βουκόλος (ὁ)

here, ad. ἐδῶ/ ~ and there, ἐδῶ καί κεῖ/ ~'s to you! στήν ὑγειά σου!/ ~ you are! ἰδού!/ look ~ ! κοίτα δῶ!/ ~ abouts, ad. ἐδῶ κοντά/ ~ after, ad. στό ἑξῆς/ ~ by, ad. μέ τό παρόν, διά τοῦ παρόντος

hereditary, a. κληρονομικός/ heredity, n. κληρονομικότητα (ἡ)

herein, ad. στό παρόν/ ~after, ad. παρακάτω, στή συνέχεια/ hereof, ad. περί τούτου, γιά αὐτό

heresy, n. αἵρεση (ἡ)/ heretic, n. αἱρετικός (ὁ)/ ~al, a. αἱρετικός

hereto, ad. στό παρόν/ ~fore, ad. μέχρι τώρα/ hereupon, ad. ἐπ' αὐτοῦ, γιά αὐτό τό ζήτημα/ herewith, ad. διά τοῦ παρόντος, μέ τό παρόν.

heritage, n. κληρονομία (ἡ)

hermaphrodite, n. ἑρμαφρόδιτος (ὁ)

hermetic, a. ἑρμητικός, στεγανός

hermit, n. ἐρημίτης (ὁ), ἀσκητής (ὁ)/ ~age, n. ἐρημητήριο (τό)

hernia, n. κήλη (ἡ)

hero, n. ἥρωας (ὁ)/ ~ic, a. ἡρωικός/ ~ine, n. ἡρωίδα (ἡ)/ ~ism, n. ἡρωισμός (ὁ)

heroin, n. ἡρωίνη (ἡ)

heron, n. ἐρωδιός (ὁ)

herring, n. ρέγγα (ἡ)

hers, pn. αὐτῆς, της/ ~elf, pn. ὁ ἑαυτός της/ by ~, μόνη της

hesitant, a. διστακτικός, ἀναποφάσιστος/ hesitate, v.i. διστάζω, ἔχω ἐνδοιασμούς/ hesitation, n. δισταγμός (ὁ), ἐνδοιασμός (ὁ)

heterodox, a. ἑτερόδοξος/ ~y, n. ἑτεροδοξία (ἡ)

heterogeneous, a. ἑτερογενής, ἀνόμοιος

hew, v.t. πελεκῶ, δενδροτομῶ/ ~ down, ρίχνω κάτω/ ~ out, λαξεύω/ ~er, n. ξυλοκόπος (ὁ), πελεκητής (ὁ)/ ~ing, n. πελέκημα (τό)

hexagon, n. ἑξάγωνο (τό)/ ~al, a. ἑξάγωνος/ hexameter, n. ἑξάμετρο (τό)

hey! int. αἴ! ἐ!

heyday, n. ἀκμή (ἡ), ζενίθ (τό)/ ~ of youth, ἄνθος τῆς νιότης

hi! int. ἔ, σύ! ἄκου!

hiatus, n. χασμωδία (ἡ)

hibernate, v.i. βρίσκομαι σέ χειμερία νάρκη/ *hibernation,* n. χειμερία νάρκη (ή)

hibiscus, n. ἰβίσκος (ὁ)

hiccup, n. λόξυγκας (ὁ)/ v.i. ἔχω λόξυγκα

hidden, a. κρυμμένος/ *hide,* v.t. & i. κρύβω, συγκαλύπτω/ ~ *and seek,* κρυφτό, κρυφτούλι

hide, n. δέρμα (τό), προβειά (ή)/ ~ *bound,* a. χοντροκέφαλος, ἐπίμονος

hideous, a. ἀποτρόπαιος, βδελυρός

hide-out, n. κρησφύγετο (τό), κρυψώνα (ή)

hiding, n. κρύψιμο (τό), ἀπόκρυψη (ή)/ *go into ~,* κρύβομαι/ (beating) ξυλοκόπημα

hierarchy, n. ἱεραρχία (ή)

hieroglyph, n. ἱερόγλυφο (τό)/ ~*ics,* n. pl. ἱερογλυφική γραφή (ή)

higgledy-piggledy, ad. ἄνω κάτω

high, a. ψηλός, ἔξοχος, σπουδαῖος/ (wind) σφοδρός ἄνεμος/ (speed) μεγάλη ταχύτητα/ ~ *court,* ἀνώτατο δικαστήριο/ ~ *fidelity,* ὑψηλή συχνότητα/ ~ *noon,* καταμεσήμερο (τό)/ ~ *tide,* πλημμυρίδα (ή)/ ~ *treason,* ἐσχάτη προδοσία/ ad. ψηλά, σφοδρά, πολύ/ ~ *and dry,* χωρίς βοήθεια/ ~ *and low,* παντοῦ/ *feelings ran ~,* τά πάθη ἐξάφθηκαν/ ~*born,* a. ἀριστοκρατικῆς καταγωγῆς/ ~*brow,* a. ψηλομύτης (ὁ)/ ~*flown,* a. στομφώδης, πομπώδης/ ~ *handed,* a. αὐθαίρετος/ ~*light,* n. ἀξιοθέατο (τό)/ ~ *pitched,* a. ὀξύς/ ~ *spirited,* a. μεγάθυμος/ ~*way,* n. ἐθνική ὁδός (ή)/ ~*wayman,* n. ληστής (ὁ)

Highness, n. Ὑψηλότητα (ή)

hijack, v.t. κάνω ἀεροπειρατία/ ~*er,* n. ἀεροπειρατής

hike, n. περίπατος μέ τά πόδια (ὁ)/ v.i. ἀλητεύω, τριγυρνῶ/ ~, n. πεζοπόρος (ὁ), πεζός ἐκδρομέας

hilarious, a. ἱλαρός, εὔθυμος/ *hilarity,* n. ἱλαρότητα (ή), εὐθυμία (ή)

hill, n. λόφος (ὁ), ὕψωμα (τό)/ ~*ock,* n. λοφίσκος (ὁ)/ ~*side,* n. πλαγιά λόφου (ή)/ ~*y,* a. λοφώδης

hilt, n. λαβή (ή)/ *up to the ~,* μέχρι τά μπούνια

him, pn. αὐτόν, ἐκεῖνον/ ~*self,* pn. ὁ ἑαυτός του, ὁ ἴδιος

hind, n. θηλυκό ἐλάφι (τό)/ a. ὀπίσθιος, πισινός

hinder, v.t. ἐμποδίζω, ἐπιβραδύνω

hindmost, a. τελευταῖος/ *hindquarters,* n. pl. ὀπίσθια (τά), καπούλια (τά)

hindrance, n. ἐμπόδιο (τό), κώλυμα (τό)

Hindu, n. Ἰνδουιστής (ὁ)/ a. ἰνδουιστικός/ ~*ism,* n. Ἰνδουισμός (ὁ)

hinge, n. ἄρθρωση (ή), μεντεσές (ὁ)/ v.t. τοποθετῶ μεντεσέδες, ἀρθρώνω/ v.i. περιστρέφομαι/ ~ *on,* βασίζομαι, ἐξαρτῶμαι

hint, n. ὑπαινιγμός (ὁ), νύξη (ή)/ v.i. ὑπαινίσσομαι, ὑπονοῶ, κάνω νύξη

hinterland, n. ἐνδοχώρα (ή)

hip, n. γοφός (ὁ), ἰσχίο (τό)/ (bot.) καρπός τριανταφυλλιᾶς (ὁ)/ ~ *-bath,* n. φορητή μπανιέρα (ή)/ ~ *-bone,* ἰσχιακό ὀστό (τό)/ ~ *-pocket,* n. πίσω τσέπη, κωλότσεπη (ή)

hippodrome, n. ἱπποδρόμιο (τό), ἱππόδρομος (ὁ)

hippopotamus, n. ἱπποπόταμος (ὁ)

hippy, n. χίππης (ὁ)

hire, v.t. προσλαμβάνω, μισθώνω, νοικιάζω/ ~ *out,* νοικιάζω/ n. πρόσληψη (ή), μίσθωση (ή), ἐνοικίαση (ή)/ ~ *purchase,* ἀγορά μέ δόσεις/ ~*d,* a. μισθωμένος, νοικιασμένος/ ~*ling,* n. μισθωτός (ὁ), μισθοφόρος (ὁ)/ ~*r,* n. ἐκμισθωτής (ὁ)

hirsute, a. μαλλιαρός, τριχωτός, δασύτριχος

his, pn. δικός του, του, αὐτουνοῦ

hiss, v.t. & i. σφυρίζω/ n. σφύριγμα (τό)

hist, int. σιωπή! σούτ!

historian, n. ἱστορικός (ὁ)/ *historic(al),* a. ἱστορικός

history, n. ἱστορία (ή)

histrionic, a. θεατρικός, μελοδραματικός/ (fig.) ψεύτικος, ὑποκριτικός/ ~*s,* n. θεατρινισμός (ὁ)

hit, v.t. χτυπῶ, πλήττω, βαρῶ/ ~ *it off with,* τά πάω καλά/ ~ *upon,* βρίσκω τυχαία/ n. χτύπημα (τό), πλήγμα (τό)/ (success) ἐπιτυχία (ή), σουξέ (τό)/ *make a ~,* ἐντυπωσιάζω, πετυχαίνω

hitch, n. ἐμπόδιο (τό), σκάλωμα (τό)/ (naut.) πρόσδεση (ή)/ *without a ~,* χωρίς ἐμπόδιο, ἀπρόσκοπτα/ v.t. σηκώνω, τραβῶ

hitch-hike, v.i. ταξιδεύω μέ ὠτο-στόπ

hither, ad. ἐδῶ, πρός τά ἐδῶ/ ~ *and thither*, ἐδῶ καί κεῖ/ ~*to*, ad. ὡς τώρα, μέχρι τώρα

hit - or - miss, a. τυχαῖος, ἀπρογραμμάτιστος

hive, n. κυψέλη (ἡ)/ v.i. μαζεύω μέλι στήν κυψέλη/ ~ *off*, ἀναθέτω παραγωγή σέ θυγατρική ἑταιρία

hoard, n. ἀποθησαύριση (ἡ), συσσώρευση (ἡ)/ v.t. ἀποθησαυρίζω, συσσωρεύω/ ~*ing*, n. ἀποθησαύριση (ἡ), συσσώρευση (ἡ)

hoarfrost, n. πάχνη (ἡ)

hoarse, a. βραχνός/ ~*ness*, n. βραχνάδα (ἡ)

hoary, a. γκρίζος, ψαρός

hoax, n. φάρσα (ἡ), τέχνασμα (τό), ἀστεῖο (τό)/ v.t. κάνω φάρσα, ἐξαπατῶ/ ~*er*, n. φαρσέρ (ὁ)

hob, n. ράφι τζακιοῦ (τό)/ (spirit) ξωτικό (τό)

hobble, v.t. ἐμποδίζω, δυσχεραίνω/ v.i. κουτσαίνω, χωλαίνω/ n. κουτσαμάρα (ἡ), χωλότητα (ἡ)

hobby, n. χόμπυ (τό), πάρεργο (τό)/ ~-*horse*, n. ξύλινο ἀλογάκι (τό)

hobgoblin, n. ξωτικό (τό), νεράιδα (ἡ), καλλικάντζαρος (ὁ)

hobnob, (with) v.i. συναναστρέφομαι, κάνω παρέα

hock, n. ἄντζα (ἡ)/ (horse) ταρσός (ὁ)

hockey, n. χόκεϋ (τό)

hocus-pocus, n. μαγγανεία (ἡ), μαγική φράση (ἡ), ταχυδακτυλουργία (ἡ)

hod, n. πηλοφόρι (τό)

hoe, n. τσάπα (ἡ), σκαλιστήρι (τό)

hog, n. χοῖρος (ὁ), γουρούνι (τό)/ ~*gish*, a. γουρουνήσιος/ (fig.) ἄπληστος, ἀχόρταγος/ ~*shead*, n. βαρέλα (ἡ)

hoist, v.t. ὑψώνω, ἀνεβάζω, σηκώνω/ n. ἀνυψωτήρας (ὁ), βίντσι (τό)/ ~*ing*, n. ἀνύψωση (ἡ), σήκωμα (τό)

hold, n. ἀμπάρι (τό), κύτος (τό)/ v.t. κρατῶ, βαστῶ, συγκρατῶ/ (the enemy) ἀναχαιτίζω/ (office) κατέχω ἀξίωμα/ (meeting) συγκαλῶ/ ~ *back*, συγκρατιέμαι, διστάζω/ ~ *down*, κρατῶ κάτω

ἀπό ἔλεγχο/ ~ *fast to*, μένω προσκολλημένος/ ~ *forth*, τείνω, προσφέρω/ ~ *in*, συγκρατῶ/ ~ *on to*, κρατιέμαι/ ~ *on!* στάσου! περίμενε!/ ~ *one's own*, ἐπιμένω στίς ἀπόψεις μου/ ~ *one's tongue*, σωπαίνω/ ~ *out*, ἀντιστέκομαι, ἀντέχω/ ~ *out on*, κρατῶ μυστικά ἀπό/ ~ *over*, ἐπισείω/ ~ *up*, καθυστερῶ/ ~*er*, n. θήκη (ἡ), λαβή (ἡ), δοχεῖο (τό)/ (tech.) ὑποδοχή (ἡ)/ ~*ing*, n. κράτημα (τό), πιάσιμο (τό), στερέωμα (τό)/ (comm.) ἐπένδυση (ἡ)

hold-up, n. ἐμπόδιο (τό), διακοπή (ἡ), σταμάτημα (τό)/ (robbery) ληστεία (ἡ), ἔνοπλη ληστεία

hole, n. τρύπα (ἡ), ὀπή (ἡ), κοίλωμα (τό), ἄνοιγμα (τό)/ (of an animal) φωλιά (ἡ)/ v.t. τρυπῶ, ἀνοίγω τρύπα/ ~ *and corner*, κρυφός, μυστικός, ὕποπτος

holiday, n. ἀργία (ἡ), γιορτή (ἡ)/ (leave) ἄδεια (ἡ), διακοπές (οἱ)/ ~ *camp*, κατασκήνωση παραθεριστῶν/ ~ *resort*, θέρετρο (τό)/ ~ *maker*, παραθεριστής (ὁ)

holiness, n. ἁγιότητα (ἡ)/ *your* ~ ! Παναγιότατε!

holland, n. χοντρό λινό (τό)

hollow, n. κοίλωμα (τό), κοιλότητα (ἡ), κουφάλα (ἡ)/ a. κοῖλος, κούφιος/ (cheeks) βαθουλωμένος/ (fig.) ψεύτικος, ἀπατηλός/ v.t. βαθουλώνω, κοιλαίνω

holly, n. ἀρκουδοπούρναρο (τό)/ ~*hock*, n. δεντρομολόχα (ἡ)

holocaust, n. ὁλοκαύτωμα (τό)/ (fig.) καταστροφή (ἡ), ἐξόντωση (ἡ)

holster, n. θήκη πιστολιοῦ (ἡ)

holy, a. ἅγιος, ἱερός/ ~ *Ghost*, Ἅγιο Πνεῦμα (τό)/ ~ *week*, Μεγάλη Ἑβδομάδα (ἡ)/ ~ *Writ*, Ἁγία Γραφή (ἡ)

homage, n. ὑποταγή (ἡ), πίστη (ἡ), σεβασμός (ὁ)/ *pay* ~, ὑποβάλλω τά σέβη μου, πλέκω τό ἐγκώμιο, ἀποτίω φόρο τιμῆς

home, n. σπίτι (τό), κατοικία (ἡ)/ (country) πατρίδα (ἡ)/ *at* ~, στό σπίτι/ a. σπιτίσιος, οἰκογενειακός/ ~ *office*, Ὑπουργεῖο Ἐσωτερικῶν (τό)/ ~ *Rule*, αὐτονομία (ἡ), αὐτοδιοίκηση (ἡ)/ ad. στό σπίτι/ *go* ~, γυρίζω σπίτι/ *fell at* ~, αἰσθάνομαι σά στό σπίτι μου, νιώθω ἄνετα/ ~less, a. ἄστεγος/ ~ ly, a. νοικοκυρίστικος, ἁπλός, ἀνεπιτήδευτος/ ~sickness, n. νοσταλγία (ἡ)/ ~ -spun, a. χειροποίητος/ ~stead, n. ἀγροτική κατοικία (ἡ)/ ~ward, ad. πρός τό σπίτι/ ~ work, n. κατ' οἶκον ἐργασία (ἡ)

homicidal, a. φονικός, ἀνθρωποκτόνος/ *homicide*, n. ἀνθρωποκτονία (ἡ)

homily, n. κήρυγμα (τό), θρησκευτική ὁμιλία (ἡ)

homing pigeon, n. γυμνασμένο περιστέρι (τό)

homoeopath, n. ὁμοιοπαθητικός (ὁ)/ *homoeopathy*, n. ὁμοιοπαθητική

homogeneous, a. ὁμοιογενής

homonym, n. ὁμώνυμη λέξη (ἡ)

homosexual, n. ὁμοφυλόφιλος (ὁ)/ ~ity, n. ὁμοφυλοφιλία (ἡ)

hone, n. ἀκόνι (τό)/ v.t. ἀκονίζω

honest, a. τίμιος, ἔντιμος/ ~ly, ad. εἰλικρινά, τίμια, ντόμπρα/ ~y, n. τιμιότητα (ἡ), ἐντιμότητα (ἡ)

honey, n. μέλι (τό)/ (person) ἀγάπη μου, γλύκα μου/ ~bee, n. μέλισσα (ἡ)/ ~comb, n. κηρήθρα (ἡ)/ ~ed, a. μελιστάλαχτος/ ~moon, n. μήνας τοῦ μέλιτος (ὁ)/ ~suckle, n. ἀγιόκλημα (τό)

honorarium, n. ἀμοιβή (ἡ)/ *honorary*, a. ἐπίτιμος, τιμητικός

honour, n. τιμή (ἡ), ὑπόληψη (ἡ)/ (degree) πανεπιστημιακό δίπλωμα εἰδίκευσης/ pl. τιμές (οἱ), τιμητικές διακρίσεις (οἱ)/ on one's ~, στήν τιμή μου, λόγω τιμῆς/ point of ~, ζήτημα τιμῆς/ Your H ~ ! ἐντιμότατε!/ maid of ~, κυρία ἐπί τῶν τιμῶν/ v.t. τιμῶ, ἐκτιμῶ, σέβομαι/ (cheque) ἐξοφλῶ/ (promise) τηρῶ, κρατῶ/ ~able, a. ἔντιμος/ Right ~, ἐντιμότατος (ὁ)

hood, n. κουκούλα (ἡ), κατσούλα (ἡ), κάλυμμα (τό)/ (car) καπώ (τό)/ ~ wink, v.t. δένω τά μάτια/ (fig.) ἐξαπατῶ

hoof, n. ὁπλή (ἡ)

hook, n. ἀγκίστρι (τό), γάντζος (ὁ), τσιγκέλι (τό)/ by ~ or by crook, μέ κάθε μέσο, ὁπωσδήποτε/ ~nose, καμπυλωτή μύτη/ v.t. ἀγκιστρώνω, γαντζώνω/ get ~ed on, ἐθίζομαι, μοῦ γίνεται συνήθεια

hookah, n. ναργιλές (ὁ)

hooked, a. ἐθισμένος/ ~ on drugs, ναρκομανής (ὁ)

hooker, n. ἀγκιστρωτής (ὁ)/ (fig.) (U.S.) πόρνη (ἡ)

hooligan, n. ἀλήτης (ὁ), μάγκας (ὁ)

hoop, n. στεφάνη (ἡ), τσέρκι (τό)/ v.t. περιζώνω

hooray, int. ζήτω!

hoot, n. κραυγή (ἡ), σφύριγμα (τό)/ not care a ~, δέν δίνω δεκάρα/ v.t. ἀποπαίρνω, ἀποδοκιμάζω/ v.i. κραυγάζω, σκούζω/ (car) κορνάρω/ ~ er, n. σειρήνα (ἡ), κόρνα αὐτοκινήτου (ἡ)

hop, v.t. & i. πηδῶ στό ἕνα πόδι, χοροπηδῶ/ n. χοροπήδημα (τό), πηδηματάκι (τό)/ (bot.) ζυθοβότανο (τό), λυκίσκος (ὁ)/ ~, step and jump, ἅλμα τριπλοῦν

hope, n. ἐλπίδα (ἡ)/ v.i. ἐλπίζω/ ~ful, a. αἰσιόδοξος, ἐλπιδοφόρος/ ~less, a. ἀπελπισμένος/ (in vain) μάταιος

horde, n. ὁρδή (ἡ), στίφος (τό), συρφετός (ὁ)

horizon, n. ὁρίζοντας (ὁ)/ ~tal, a. ὁριζόντιος

horn, n. κέρατο (τό) / (car) κόρνα (ἡ), κλάξον (τό)/ (mus.) κόρνο (τό)/ ~ of plenty, κέρας τῆς Ἀμαλθείας/ ~ed, a. μέ κέρατα, κερασφόρος

hornet, n. σφήκα (ἡ)

horny, a. κεράτινος, κερατοειδής/ (skin) ροζιασμένος

horoscope, n. ὡροσκόπιο (τό)

horrible, a. φριχτός, ἀπαίσιος, τρομακτικός/ *horribly*, ad. φριχτά, ἀπαίσια, τρομακτικά/ *horrid*, a. ἀποκρουστικός, φοβερός, φριχτός/ *horrific*, a. μακάβριος, ἀπεχθής/ *horrify*, v.t. τρομάζω, φοβίζω, προκαλῶ φρίκη/ *horror*, n. φόβος (ὁ), τρόμος (ὁ), φρίκη (ἡ), ἀηδία (ἡ)

horse, n. ἄλογο (τό)/ from the ~ 's mouth, ἀπό ἔγκυρη πηγή/ a. ἱππικός, ἀλογήσιος/ on ~ back, καβάλα/ ~ chestnut, n. ἀγριοκαστανιά (ἡ)/ ~ dealer, n. ἔμπορος ἀλόγων (ὁ)/ ~fly, n. ἀλογόμυιγα (ἡ)/ ~hair, n. ἀλογότριχα (ἡ)/ ~man, n. ἱππέας (ὁ), καβαλάρης (ὁ)/ ~manship, n. ἱππευτική (ἡ), ἱππική τέχνη (ή)/ ~power, n. ἱπποδύναμη (ή)/ ~race, n. ἱπποδρομία (ή)/ ~shoe, n. πέταλο (τό)/ ~whip, n. μαστίγιο (τό), καμουτσίκι (τό)/ ~woman, n. ἀμαζόνα (ή)/ horsy, a. φίλιππος/ (fig.) χοντροκομμένος

horticultural, a. κηπευτικός, κηπουρικός/ horticulture, n. κηπευτική (ή), κηπουρική (ή)/ horticulturist, n. κηπουρός (ὁ)

hose, n. μάνικα (ή), λάστιχο (τό)

hosier, n. ἔμπορος ἀνδρικῶν εἰδῶν (ὁ)/ ~y, n. κατάστημα ἀνδρικῶν εἰδῶν (τό)

hospice, n. ξενώνας (ὁ), ἄσυλο (τό)/ hospitable, a. φιλόξενος/ hospitably, ad. φιλόξενα/ hospital, n. νοσοκομεῖο (τό)/ ~ship, n. νοσοκομειακό πλοῖο (τό)/ hospitality, n. φιλοξενία (ή)

host, n. (person) οἰκοδεσπότης (ὁ)/ (army) στρατός (ὁ), στρατιά (ή), λεφούσι (τό)

hostage, n. ὅμηρος (ὁ)

hostel, n. οἰκοτροφεῖο (τό), πανσιόν (ή), ξενώνας (ὁ)/ ~ry, n. χάνι (τό), πανδοχεῖο (τό)

hostess, n. οἰκοδέσποινα (ή)/ air~, ἀεροσυνοδός (ή)

hostile, a. ἐχθρικός, ἀντίθετος/ hostility, n. ἐχθρότητα (ή), ἔχθρα (ή)/ pl. ἐχθροπραξίες (οἱ)

hot, a. ζεστός, θερμός, καυτός/ it is ~, κάνει ζέστη/ ~ news, τελευταῖες εἰδήσεις/ ~bed, n. θερμοστρωμνή (ή)/ (fig.) ἑστία διαφθορᾶς/ ~ -blooded, a. θερμόαιμος, φλογερός/ ~foot, ad. ἀνυπόμονα, βιαστικά/ ~ -headed, a. ὁρμητικός, παράφορος/ ~house, n. θερμοκήπιο (τό)

hotchpotch, n. χορτόσουπα (ή)/ (fig.) ἀνακάτεμα (τό)

hotel, n. ξενοδοχεῖο (τό)/ ~ier, n. ξενοδόχος (ὁ, ή)

hotly, ad. θερμά, θυμωμένα

hough, n. ἄντζα (ή)

hound, n. κυνηγετικό σκυλί (τό), λαγωνικό (τό)/ v.t. κυνηγῶ, καταδιώκω

hour, n. ὥρα (ή)/ ~glass, n. κλεψύδρα (ή)/ ~hand, n. ὡροδείκτης (ὁ)

houri, n. οὐρί τοῦ παραδείσου (τό)

hourly, ad. κάθε ὥρα

house, n. σπίτι (τό), κατοικία (ή)/ keep ~, κρατῶ τό νοικοκυριό/ full ~, πιένες, γεμάτο θέατρο/ ~ of ill repute, κακόφημο σπίτι, οἶκος ἀνοχῆς/ H ~ of Commons, Βουλή τῶν Κοινοτήτων (ή)/ H~ of Lords, Βουλή τῶν Λόρδων (ή)/ v.t. στεγάζω/ ~ agent, n. μεσίτης (ὁ), κτηματομεσίτης (ὁ)/ ~ breaker, n. διαρρήκτης (ὁ)/ ~hold, n. οἰκογένεια (ή), νοικοκυριό (τό), σπιτικό (τό)/ ~ holder, n. οἰκογενειάρχης (ὁ), νοικοκύρης (ὁ)/ ~keeper, n. οἰκονόμος (ὁ)/ ~maid, n. ὑπηρέτρια (ή), καμαριέρα (ή)/ ~ warming, n. δεξίωση γιά τήν ἐγκατάσταση σέ νέο σπίτι/ ~work, n. νοικοκυριό (τό)/ housing, n. στέγαση (ή)/ (tech.) θήκη (ή)/ ~ problem, στεγαστικό πρόβλημα

hovel, n. χαμόσπιτο (τό), τρώγλη (ή), καλύβα (ή)

hover, v.i. αἰωροῦμαι, μένω μετέωρος/ (fig.) ταλαντεύομαι, διστάζω/ ~craft, n. χόβερκράφτ (τό)/ ~ing, n. αἰώρηση (ή), ταλάντευση (ή)

how, ad. πῶς, μέ ποιό τρόπο/ ~ do you do?, χαίρω πολύ/ ~ far, μέχρι ποίου σημείου/ ~ long, γιά πόσο καιρό, ἐπί πόσο/ ~ much, πόσο/ ~ many, πόσοι, πόσες, πόσα/ ~ever, ad. ὁπωσδήποτε, ἐντούτοις, παρ' ὅλα αὐτά, ὅμως/ ~ much, ὅσο πολύ καί ἄν

howitzer, n. ὀβιδοβόλο (τό)

howl, v.i. οὐρλιάζω/ (wind) σφυρίζω/ (baby) στριγγλίζω, τσιρίζω/ n. οὐρλιασμα (τό), οὐρλιαχτό (τό)/ ~er, n. (woman) μοιρολογίστρα (ή)

hoyden, n. ἀγοροκόριτσο (τό)

hub, n. κέντρο τροχοῦ (τό)/ (fig.) ἐπίκεντρο (τό)

hubbub, n. ὀχλοβοή (ή), φασαρία (ή)

huckster, n. πραματευτής (ὁ), γυρολόγος (ὁ)/ v.i. παζαρεύω

huddle, v.t. σωριάζω, στριμώχνω/ v.i. κουβαριάζομαι, στριμώχνομαι, μαζεύομαι/ n. σωρός (ὁ), κουβάρι (τό)

hue, n. ἀπόχρωση (ή), χρῶμα (τό)/ ~ and cry, καταδίωξη, γενική ἀναστάτωση

huff, n. θυμός (ὁ), ὀργή (ή)/ v.t. ξεφυσῶ/ be ~ed, προσβάλλομαι/ ~y, a. πειραγμένος

hug, n. ἀγκάλιασμα (τό)/ v.t. ἀγκαλιάζω,

σφίγγω στήν ἀγκαλιά μου/ ~ the coast, παραπλέω

huge, a. τεράστιος/ ~ly, ad. πάρα πολύ, σέ μεγάλο βαθμό/ ~ness, n. ὄγκος (ὁ), τεράστιο μέγεθος

hulk, n. (ship) κουφάρι (τό), σαπιοκάραβο (τό)/ (person) ὀγκώδης ἄνθρωπος/ ~ing, a. ὀγκώδης καί ἀδέξιος

hull, n. τσόφλι (τό), φλούδα (ἡ)/ (ship) κύτος (τό)/ v.t. ξεφλουδίζω

hullabaloo, n. πανδαιμόνιο (τό), φασαρία (ἡ)

hullo, int, βλ. *hello*

hum, n. βοή (ἡ), βουητό (τό), μουρμουρητό (τό)/ v.i. βουίζω, μουρμουρίζω

human, a. ἀνθρώπινος/ n. ἄνθρωπος (ὁ), ἀνθρώπινο ὄν (τό)/ ~e, a. ἀνθρωπιστικός, σπλαχνικός/ ~ism, n. ἀνθρωπισμός (ὁ), οὑμανισμός (ὁ)/ ~ist, n. ἀνθρωπιστής (ὁ), οὑμανιστής (ὁ)/ (scholar) μελετητής κλασικῆς φιλολογίας/ ~itarian, a. ἀνθρωπιστικός, φιλανθρωπικός, ἀγαθοεργός/ ~ity, n. ἀνθρωπότητα (ἡ), ἀνθρωπιά (ἡ)/ ~ize, v.t. ἐξανθρωπίζω, ἐκπολιτίζω/ ~ kind, n. ἀνθρώπινο γένος (τό), ἀνθρώπινο εἶδος (τό)

humble, a. ταπεινός, σεμνός/ v.t. ταπεινώνω/ ~ness, n. ταπεινότητα (ἡ), ταπεινοφροσύνη (ἡ)/ humbly, ad. ταπεινά, σεμνά

humbug, n. (person) ψεύτης (ὁ), ἀγύρτης (ὁ)/ (trickery) ἀγυρτεία (ἡ)

humdrum, a. μονότονος, νανουριστικός, πληκτικός

humerus, n. κόκαλο τοῦ βραχίονα

humid, a. ὑγρός/ ~ity, n. ὑγρασία (ἡ)

humiliate, v.t. ταπεινώνω, ἐξευτελίζω/ humiliation, n. ταπείνωση (ἡ), ἐξευτελισμός (ὁ)/ humility, n. ταπεινότητα (ἡ), ταπεινοφροσύνη (ἡ)

hummock, n. λοφίσκος (ὁ), ὕψωμα (τό)

humorist, n. χιουμορίστας (ὁ), ἀστεῖος (ὁ)/ humorous, a. κωμικός, ἀστεῖος, εὐτράπελος/ humour, n. χιούμορ (τό), εὐθυμία (ἡ)/ v.t. ὑποχωρῶ στίς ἰδιοτροπίες κάποιου

hump, n. καμπούρα (ἡ)/ ~backed, a. καμπούρης

humus, n. κοπρόχωμα (τό)

hunch, n. καμπούρα (ἡ)/ have a ~, ἔχω προαίσθημα, κάτι μοῦ λέει ὅτι/ ~backed, a. καμπούρης

hundred, num. ἑκατό/ ~fold, a. ἑκατονταπλάσιος/ ~th, a. ἑκατοστός/ one ~, n. ἕνα ἑκατοστό/ ~ weight, n. στατήρας (ὁ)

Hungarian, n. Οὕγγρος (ὁ), Οὑγγαρέζος (ὁ)/ a. οὑγγρικός, οὑγγαρέζικος

hunger, n. πείνα (ἡ)/ (fig.) σφοδρή ἐπιθυμία/ ~ strike, ἀπεργία πείνας/ ~ after, ἐπιθυμῶ πάρα πολύ/ hungrily, ad. πεινασμένα/ hungry, a. πεινασμένος/ (fig.) γεμάτος ἐπιθυμία

hunk, n. μεγάλο κομμάτι (τό), κομματάρα (ἡ)

hunt, n. κυνήγι (τό)/ v.t. κυνηγῶ/ ~ for, ἐρευνῶ, ἀναζητῶ/ ~ out, βγάζω ἀπό τή φωλιά/ ~er, n. κυνηγός (ὁ)/ ing, n. κυνήγι (τό)/ a. κυνηγετικός/ ~lodge, κυνηγετικό περίπτερο (τό)/ ~sman, n. κυνηγός (ὁ)

hurdle, n. φράχτης (ὁ), ἐμπόδιο (τό)/ ~ race, δρόμος μετ' ἐμποδίων

hurdy - gurdy, n. ὀργανέτο (τό)

hurl, v.t. ἐκσφενδονίζω, ἐξακοντίζω

hurly - burly, n. θόρυβος (ὁ), φασαρία (ἡ)

hurrah, int. ζήτω!

hurricane, n. λαίλαπα (ἡ)

hurry, n. βία (ἡ), σπουδή (ἡ)/ in a ~, βιαστικά/ v.t. βιάζω/ v.i. βιάζομαι/ ~ away, φεύγω βιαστικά/ ~ up! γρήγορα!

hurt, n. βλάβη (ἡ), ζημία (ἡ), πλήγωμα (τό)/ v.t. βλάπτω, ζημιώνω, πληγώνω/ ~ful, a. βλαβερός, ἐπιζήμιος, προσβλητικός

husband, n. σύζυγος (ὁ)/ v.t. διαχειρίζομαι μέ οἰκονομία/ ~man, n. γεωργός (ὁ), καλλιεργητής (ὁ)/ ~ry, n. γεωργία (ἡ)

hush, n. σιωπή (ἡ), σιγή (ἡ), γαλήνη (ἡ)/ v.t. ἡσυχάζω, κάνω νά σωπάσει/ v.i. σωπαίνω/ ~ up, καταπνίγω, συγκαλύπτω/ ~ money, ἐξαγορά (ἡ), χρήματα γιά ἐξαγορά/ int. σιωπή!

husk, n. τσόφλι (τό), φλούδα (ἡ)/ v.t. ξεφουδίζω/ ~y, a. βραχνός/ n. (dog) πολικός σκύλος (ὁ)

hussy, n. τρελοκόριτσο (τό)

hustle, v.t. ἀνατρέπω, βιάζω, σκουντῶ/ v.i. βιάζομαι
hut, n. καλύβα (ἡ)
hutch, n. κλουβί (τό)
hyacinth, n. ὑάκινθος (ὁ)
hybrid, a. νόθος, μικτῆς καταγωγῆς/ n. μιγάδας (ὁ)
hydra, n. ὕδρα (ἡ)
hydrangea, n. ὀρτανσία (ἡ)
hydrant, n. σωλήνας νεροῦ (ὁ), ὑδραγωγός σωλήνας (ὁ)
hydrate, n. ὑδροξείδιο (τό)
hydraulic, a. ὑδραυλικός/ ~s, n. ὑδραυλική (ἡ)
hydrocarbon, n. ὑδατάνθρακας (ὁ)
hydrochloric, a. ὑδροχλωρικός/ ~ acid, ὑδροχλωρικό ὀξύ (τό)
hydrogen, n. ὑδρογόνο (τό)/ ~ bomb, ὑδρογονοβόμβα (ἡ)
hydropathic, a. ὑδροθεραπευτικός
hydrophobia, n. ὑδροφοβία (ἡ)
hydroplane, n. ὑδροπλάνο (τό)
hydrostatics, n. ὑδροστατική (ἡ)
hyena, n. ὕαινα (ἡ)
hygiene, n. ὑγιεινή (ἡ)/ hygienic, a. ὑγιεινός
hymen, n. γάμος (ὁ), ὑμέναιος (ὁ)
hymn, n. ὕμνος (ὁ)/ ~al, n. ὑμνολόγιο (τό), συλλογή ὕμνων (ἡ)
hyperbola, n. ὑπερβολή (ἡ)/ hyperbole, n. ὑπερβολή (ἡ), μεγαλοποίηση (ἡ)
hypercritical, a. ὑπερεπικριτικός
hyphen, n. ἑνωτικό σημεῖο (τό)
hypnotic, a. ὑπνωτικός/ hypnotism, n. ὑπνωτισμός (ὁ)/ hypnotize, v.t. ὑπνωτίζω
hypochondria, n. ὑποχονδρία (ἡ)/ ~c, a. ὑποχόνδριος (ὁ)/ a. ὑποχονδριακός
hypocrisy, n. ὑποκρισία (ἡ)/ hypocrite, n. ὑποκριτής (ὁ)/ hypocritical, a. ὑποκριτικός
hypodermic, a. ὑποδόριος
hypotenuse, n. ὑποτείνουσα (ἡ)
hypothesis, n. ὑπόθεση (ἡ)/ hypothetical, a. ὑποθετικός
hysteria, n. ὑστερία (ἡ)/ hysterical, a. ὑστερικός/ hysterics, n. ὑστερία (ἡ), ὑστερισμός (ὁ), ὑστερική κρίση (ἡ)

I

I, pn. ἐγώ
iambic, n. ἴαμβος (ὁ)/ a. ἰαμβικός
Iberian, a. ἰβηρικός/ ~ Peninsula, Ἰβηρική Χερσόνησος (ἡ)
ibex, n. ἀγριοκάτσικο (τό)
ibis, n. ἶβις (ἡ)
ice, n. πάγος (ὁ)/ I~ Age, Ἐποχή τῶν Παγετώνων (ἡ)/ v.t. παγώνω/ ~berg, n. παγόβουνο (τό)/ ~ bound, a. ἀποκλεισμένος ἀπό πάγους/ ~box, n. παγονιέρα (ἡ), ψυγεῖο (τό)/ ~ breaker, n. παγοθραύστης (ὁ), παγοθραυστικός (τό)/ ~cream, n. παγωτό (τό)/ ~ floe, n. ὄγκος πάγου (ὁ)
Icelander, n. Ἰσλανδός (ὁ)/ Icelandic, a. ἰσλανδικός/ (language) Ἰσλανδικά (τά)
icicle, n. παγάκι (τό) κρύσταλλος (ὁ)
icing, n. ζαχαρωτή κρούστα (ἡ)
icon, n. εἰκόνα (ἡ)/ ~oclast, n. εἰκονοκλάστης (ὁ)
icy, a. παγωμένος/ ~ look, παγερό βλέμμα
idea, n. ἰδέα (ἡ)/ bright ~, λαμπρή ἰδέα, θαυμάσια σκέψη/ ~l, a. ἰδεώδης/ n. ἰδεῶδες (τό)/ ~lism, n. ἰδεαλισμός (ὁ)/ ~list, n. ἰδεαλιστής (ὁ)/ ~listic, a. ἰδεαλιστικός/ ~lize, v.t. ἐξιδανικεύω
identical, a. ὅμοιος, ἴδιος, ἀπαράλλακτος/ indentification, n. πιστοποίηση ταυτότητας (ἡ)/ identify, v.t. πιστοποιῶ τήν ταυτότητα/ ~ oneself with, ταυτίζομαι μέ/ identity, n. ταυτότητα (ἡ)/ ~ card, δελτίο ταυτότητας (τό)
ideology, n. ἰδεολογία (ἡ)
idiocy, n. ἠλιθιότητα (ἡ), βλακεία (ἡ)
idiom, n. ἰδιωματισμός (ὁ)/ ~atic, a. ἰδιωματικός
idiosyncrasy, n. ἰδιοσυγκρασία (ἡ)
idiot, n. ἠλίθιος (ὁ), βλάκας (ὁ)/ ~ic, a. βλακώδης
idle, a. ἀργός, ὀκνηρός/ (useless) ἀνώφελος/ ~ talk, χαμένα λόγια/ v.i. μένω ἀργός, κάθομαι/ ~ away, χάνω χρόνο/ ~ness, n. ὀκνηρία (ἡ), τεμπελιά (ἡ)/ ~r, n. ὀκνηρός (ὁ), τεμπέλης (ὁ)/ idly, ad. ὀκνηρά, ράθυμα, τεμπέλικα

idol, n. εἴδωλο (τό)/ ~ater, n. εἰδωλολάτρης (ὁ)/ ~ atrous, a. εἰδωλολατρικός ~atry, n. εἰδωλολατρεία (ἡ)/ ~ize, v.t. λατρεύω σάν εἴδωλο/ (fig.) ἀγαπῶ ὑπερβολικά

idyll, n. εἰδύλλιο (τό)/ ~ic, a. εἰδυλλιακός

if, c. ἐάν, ἄν/ as ~, σάν νά/ even ~, ἀκόμη καί ἄν/ ~ not, ἐάν ὄχι/ ~ only, ἀρκεῖ νά

igloo, n. καλύβα ἐσκιμώων (ἡ)

igneous, a. πύρινος/ ignis fatuus, n. ἀτμίδα (ἡ)/ ignite, v.t. ἀνάβω, καίω/ v.i. φλέγομαι, πιάνω φωτιά/ ignition, n. ἀνάφλεξη (ἡ), καύση (ἡ), ἄναμμα (τό)

ignoble, a. ποταπός, ἀφιλότιμος

ignominious, a. αἰσχρός, ἄτιμος, ἐπονείδιστος/ ignominy, n. αἶσχος (τό), ἀτιμία (ἡ)

ignoramus, n. ἀμαθής (ὁ), ἀγράμματος (ὁ)/ ignorance, n. ἀμάθεια (ἡ), ἀγραμματωσύνη (ἡ), ἄγνοια (ἡ)/ ignorant, a. ἀμαθής, ἀγράμματος, ἀπαίδευτος/ be ~ of, ἀγνοῶ, δέν ἔχω γνώση/ ignore, v.t. ἀγνοῶ, δέν λαβαίνω ὑπ᾽ ὄψη

iguana, n. ἰγκουάνα (ἡ)

ill, n. κακό (τό)/ a. ἄρρωστος, ἀσθενής/ fall ~, ἀρρωσταίνω/ feel ~, νοιώθω ἀδιάθετος/ feel ~ at ease, δέν νοιώθω ἄνετα, νοιώθω δυσάρεστα/ ~ feeling, μνησικακία/ ~ advised, a. κακῶς πληροφορημένος/ ~ bred, a. κακοανατεθραμένος, ἀνάγωγος/ ~ disposed, a. δυσμενής, κακῶς διατεθειμένος

illegal, a. παράνομος/ ~ity, n. παρανομία (ἡ)

illegible, a. δυσανάγνωστος

illegitimacy, n. νοθεία (ἡ)/ illegitimate, a. νόθος

ill-famed, a. κακόφημος/ ill-fated, a. κακότυχος/ ~-favoured, a. ἄσχημος/ ~-founded, a. ἀβάσιμος/ ~ -humoured, a. κακόκεφος

illiberal, a. ἀνελεύθερος/ (ungenerous) φιλάργυρος, τσιγγούνης/ ~ity, n. ἀνελευθερία (ἡ), φιλαργυρία (ἡ), τσιγγουνιά (ἡ)

illicit, a. ἀθέμιτος

illiteracy, n. ἀγραμματωσύνη (ἡ)/ illiterate, a. ἀγράμματος

ill-natured, a. κακοήθης, δύστροπος

illness, n. ἀρρώστεια (ἡ), ἀσθένεια (ἡ)

illogical, a. παράλογος

ill-omened, ill-starred, a. δυσοίωνος/ ill-pleased, a. δυσαρεστημένος/ ill-tempered, a. κακότροπος/ ill-timed, a. ἄκαιρος/ ill-treat, v.t. κακομεταχειρίζομαι/ ~ment, n. κακομεταχείριση (ἡ)

illuminate, v.t. φωτίζω, φωταγωγῶ/ (manuscript) χρωματογραφῶ/ illumination, n. φωτισμός (ὁ), φωταγώγηση (ἡ)/ illumine, v.t. φωτίζω

illusion, n. αὐταπάτη (ἡ)/ illusory, a. ἀπατηλός

illustrate, v.t. διευκρινίζω, ἐπεξηγῶ/ (book) εἰκονογραφῶ/ ~d, a. εἰκονογραφημένος/ illustration, n. διευκρίνιση (ἡ), ἐπεξήγηση (ἡ)/ illustrative, a. διευκρινιστικός, ἐπεξηγηματικός

illustrious, a. ἔνδοξος, ἐπιφανής, διάσημος

ill-will, n. ἀντιπάθεια (ἡ), κακοβουλία (ἡ), μνησικακία (ἡ)

image, n. εἰκόνα (ἡ), ὁμοίωμα (τό)/ (mirror) εἴδωλο (τό)/ ~ry, n. παραστάσεις (οἱ), εἰκόνες (οἱ)

imaginable, a. νοητός/ imaginary, a. φανταστικός/ imagination, n. φαντασία (ἡ)/ imaginative, a. ἐπινοητικός, γεμάτος φαντασία/ imagine, v.t. φαντάζομαι

imbecile, a. ἠλίθιος, βλάκας/ imbecility, n. ἠλιθιότητα (ἡ), βλακεία (ἡ)

imbibe, v.t. ἀποροφῶ, ἀφομοιώνω

imbricated, a. ἐπάλληλος

imbroglio, n. σύγχιση (ἡ), χάος (τό)

imbrue, v.t. ποτίζω

imbue, v.t. ἐμποτίζω/ be ~d with, ἐμφοροῦμαι ἀπό

imitate, v.t. μιμοῦμαι, ἀντιγράφω/ imitation, n. ἀπομίμηση (ἡ)/ a. ψεύτικος/ imitative, a. μιμητικός/ imitator, n. μιμητής (ὁ)

immaculate, a. ἄψογος, ἄμεμπτος, τέλειος/ (pure) ἄσπιλος, ἀμόλυντος

immanent, a. ἔμφυτος, ἐγγενής

immaterial, a. ἄυλος, ἀσώματος/ it is ~, εἶναι ἄσχετο

immature, a. ἄγουρος, ἀνώριμος

immeasurable, a. ἄμετρος, ἀπέραντος

immediate, a. ἄμεσος/ ~ly, ad. ἀμέσως

immemorial, a. ἀμνημόνευτος

immense, a. τεράστιος/ *immensity*, n. ἄπειρο (τό)

immerse, v.t. δουτῶ, δυθίζω/ *immersion*, n. δούτηγμα (τό), δύθισμα (τό)/ ~ *heater*, θερμοσίφωνας (ὁ)

immigrant, n. μετανάστης (ὁ)/ *immigrate*, v.i. μεταναστεύω/ *immigration*, n. μετανάστευση (ἡ)

imminence, n. τό ἐπικείμενο/ *imminent*, a. ἐπικείμενος

immobile, a. ἀκίνητος/ *immobility*, n. ἀκινησία (ἡ)/ *immobilize*, v.t. ἀκινητοποιῶ

immoderate, a. ὑπερβολικός, ὑπέρμετρος/ ~*ly*, ad. ὑπέρμετρα

immodest, a. ἄσεμνος, καυχησιάρης/ ~*y*, n. ἔλλειψη σεμνότητας (ἡ), καύχηση (ἡ)

immolate, v.t. θυσιάζω/ *immolation*, n. θυσία (ἡ)

immoral, a. ἀνήθικος/ ~*ity*, n. ἀνηθικότητα (ἡ)

immortal, a. ἀθάνατος/ ~*ity*, n. ἀθανασία (ἡ)/ ~*ize*, v.t. ἀποθανατίζω

immortelle, n. (bot.) ἀθάνατος (ὁ)

immovable, a. ἀκίνητος, ἀμετακίνητος, ἀκλόνητος/ ~*s*, n. pl. ἀκίνητη περιουσία (ἡ)

immune, a. ἐλεύθερος, ἀσύδοτος/ (med.) ἄνοσος/ *immunity*, n. ἀνοσία (ἡ)/ (of MPs) ἀσυλία (ἡ)/ *immunize*, v.t. ἀνοσοποιῶ

immutability, n. ἀμετάβλητο (τό), ἀμετάτρεπτο (τό)/ *immutable*, a. ἀμετάβλητος, ἀμετάτρεπτος

imp, n. πονηρό στοιχειό (τό)

impact, n. σύγκρουση (ἡ)/ (fig.) ἐπίδραση (ἡ), ἐπίπτωση (ἡ)

impair, v.t. ἐλαττώνω, ἐξασθενίζω

impale, v.t. σουβλίζω, ἀνασκολοπίζω

impalpable, a. ἄυλος, ἀσώματος, ἀνεπαίσθητος

impart, v.t. μεταδίδω, ἀνακοινώνω

impartial, a. ἀμερόληπτος/ ~*ity*, n. ἀμεροληψία (ἡ)

impassable, a. ἀδιάβατος, ἀπέραστος

impasse, n. ἀδιέξοδο (τό)

impassioned, a. ἐμπαθής, παθιασμένος/ συγκινητικός

impassive, a. ἀπαθής, ἀναίσθητος, ἀσυγ-κίνητος

impatience, n. ἀνυπομονησία (ἡ)/ *impatient*, a. ἀνυπόμονος/ ~*ly*, ad. ἀνυπόμονα

impeach, v.t. ἐγκαλῶ, καταγγέλλω/ ~*ment*, n. ἔγκληση (ἡ), κατηγορία (ἡ)

impeccability, n. ἀψογότητα (ἡ)/ *impeccable*, a. ἄψογος, ἀναμάρτητος

impecunious, a. ἀπένταρος

impede, v.t. ἐμποδίζω, παρακωλύω/ *impediment*, n. ἐμπόδιο (τό), κώλυμμα (τό)/ ~ *in speech*, ἐλάττωμα στήν ὁμιλία

impel, v.t. ὠθῶ, ἐξωθῶ, παροτρύνω

impending, a. ἐπικείμενος

impenetrable, a. ἀδιαπέραστος, ἀνυπέρβλητος

impenitence, n. τό ἀμετανόητο/ *impenitent*, a. ἀμετανόητος, ἀμεταμέλητος

imperative, a. ἐπιτακτικός, προστακτικός/ n. (gram.) προστακτική (ἡ)

imperceptible, a. ἀνεπαίσθητος

imperfect, a. ἀτελής, λειψός/ (tense) παρατατικός (ὁ)/ ~*ion*, n. ἀτέλεια (ἡ), ἔλλειψη (ἡ)

imperial, a. αὐτοκρατορικός/ ~*ism*, n. ἰμπεριαλισμός (ὁ)/ ~*ist*, n. ἰμπεριαλιστής (ὁ)

imperil, v.t. διακινδυνεύω, βάζω σέ κίνδυνο

imperious, a. ἐπιτακτικός/ ~*ness*, n. ἐπιτακτικότητα (ἡ)

imperishable, a. ἄφθαρτος, αἰώνιος

impermeable, a. ἀδιάβροχος, στεγανός

impersonal, a. ἀπρόσωπος

impersonate, v.t. μιμοῦμαι/ (theat.) παριστάνω, παίζω τόν ρόλο/ *impersonation*, n. ἑρμηνεία ρόλου (ἡ)/ *impersonator*, n. μιμητής (ὁ), ἠθοποιός (ὁ)

impertinence, n. αὐθάδεια (ἡ), προπέτεια (ἡ)/ *impertinent*, a. αὐθάδης, προπέτης

imperturbable, a. ἀτάραχος, ἀπαθής

impervious, a. ἀδιαπέραστος, στεγανός

impetuosity, n. ὁρμή (ἡ), παραφορά (ἡ)/ *impetuous*, a. ὁρμητικός, παράφορος

impetus, n. ὤθηση (ἡ), ὁρμή (ἡ)

impiety, n. ἀνευλάβεια (ἡ), ἀσέβεια (ἡ)

impinge, v.i. προσκρούω/ ~ *(up)on*, ἐπιδρῶ

impious, a. ἀνευλαβής, ἀσεβής

impish, a. πανοῦργος, πονηρός
implacable, a. ἀδιάλλακτος, ἀδυσώπητος, ἄσπονδος
implant, v.t. ἐμφυτεύω
implement, v.t. ἐφαρμόζω, ἐκτελῶ, πραγματοποιῶ/ n. ἐργαλεῖο (τό), ὄργανο (τό)/ ν. πλ. ἐργαλεῖα (τά), σύνεργα (τά), ὑλικό (τό)
implicate, v.t. ἐμπλέκω, ἐνοχοποιῶ/ implication, n. ἐνοχοποίηση (ἡ)/ (hint) ὑπαινιγμός (ὁ)/ by ~, συμπερασματικά
implicit, a. ὑπονοούμενος/ (complete) ἀπόλυτος/ ~ly, ad. ὑπονοούμενα/ implied, p.p. & a. σιωπηρός
implore, v.t. ἐκλιπαρῶ, ἱκετεύω
imply, v.t. ὑπονοῶ, συνεπάγομαι
impolite, a. ἀγενής, ἀγροῖκος/ ~ness, n. ἀγένεια (ἡ)
impolitic, a. ἀσύνετος, ἄστοχος, ἀπερίσκεπτος
imponderable, a. ἀνυπολόγιστος/ n. ἀπροσδιόριστος παράγοντας (ὁ)
import, v.t. εἰσάγω, κάνω εἰσαγωγή/ n. εἰσαγωγή (ἡ)/ ~ duty, εἰσαγωγικός δασμός (ὁ)
importance, n. σημασία (ἡ), σπουδαιότητα (ἡ)/ important, a. σημαντικός, σπουδαῖος
importation, n. εἰσαγωγή (ἡ)/ importer, n. εἰσαγωγέας (ὁ)
importunate, a. φορτικός, ἐνοχλητικός/ importune, v.t. ἐνοχλῶ, ζητῶ ἐπίμονα/ importunity, n. φορτικότητα (ἡ), ἐνοχλητικότητα (ἡ)
impose, v.t. ἐπιβάλλω/ ~ upon, ἐπιβάλλομαι/ imposing, a. ἐπιβλητικός, μεγαλοπρεπής/ imposition, n. ἐπιβολή (ἡ), ὑπερβολική ἀπαίτηση (ἡ)
impossibility, n. ἀκατόρθωτο (τό), ἀδύνατο (τό)/ impossible, a. ἀδύνατος, ἀκατόρθωτος
impostor, n. ἀπατεώνας (ὁ)/ imposture, n. ἀπάτη (ἡ), ἀπατεωνιά (ἡ)
impotence, n. ἀδυναμία (ἡ), ἀνικανότητα (ἡ)/ impotent, a. ἀδύνατος, ἀδύναμος/ (med.) ἀνίκανος
impound, v.t. περιορίζω, κλείνω μέσα/ (cattle) μαντρίζω
impoverish, v.t. φτωχαίνω/ ~ed, p.p. & a. φτωχός/ ~ment, n. φτώχεια (ἡ)

impracticability, n. ἀκατόρθωτο (τό)/ impracticable, a. ἀκατόρθωτος, ἀπραγματοποίητος
imprecate, v.t. καταριέμαι/ imprecation, n. κατάρα (ἡ)
impregnable, a. ἀπόρθητος, ἀκυρίευτος
impregnate, v.t. διαβρέχω, διαποτίζω, ἐμποτίζω/ ~d, p.p. & a. ἐμποτισμένος, διαποτισμένος
impresario, n. ἰμπρεσάριος (ὁ)
impress, v.t. σφραγίζω, ἀποτυπώνω/ (someone) ἐντυπωσιάζω, κάνω ἐντύπωση/ n. σφραγίδα (ἡ), ἀποτύπωμα (τό)/ ~ion, n. ἐντύπωση (ἡ)/ ~ionable, a. εὐκολοεπηρέαστος, εὐαίσθητος/ ~ionism, n. ἰμπρεσιονισμός (ὁ)/ ~ive, a. ἐντυπωσιακός, ἐπιβλητικός
imprint, v.t. ἀποτυπώνω, χαράζω/ n. ἀποτύπωμα (τό), σφράγισμα (τό)/ printer's ~, ὄνομα τυπογράφου
imprison, v.t. φυλακίζω/ ~ment, n. φυλάκιση (ἡ)
improbability, n. ἀπιθανότητα (ἡ)/ improbable, a. ἀπίθανος
impromptu, a. αὐτοσχέδιος, πρόχειρος/ n. αὐτοσχεδιασμός (ὁ)
improper, a. ἀπρεπής, ἀνάρμοστος/ impropriety, n. ἀπρέπεια (ἡ)
improve, v.t. & i. βελτιώνω, τελειοποιῶ/ ~ment, n. βελτίωση (ἡ), τελειοποίηση (ἡ)
improvidence, n. ἀπερισκεψία (ἡ), ἀπρονοησία (ἡ)/ improvident, a. ἀπερίσκεπτος, ἀπρονόητος
improvise, v.t. αὐτοσχεδιάζω
imprudence, n. ἀπερισκεψία (ἡ), ἀφροσύνη (ἡ)/ imprudent, a. ἀπερίσκεπτος, ἀσύνετος, ἀσυλλόγιστος
impudence, n. ἀναίδεια (ἡ), ξεδιαντροπιά (ἡ)/ impudent, a. ἀναιδής, ξεδιάντροπος
impugn, v.t. ἀμφισβητῶ/ ~able, a. ἀμφισβητούμενος
impulse, impulsion, n. ὤθηση (ἡ)/ (strong wish) παρόρμηση (ἡ)/ impulsive, a. ὠθητικός, προωθητικός/ (person) παρορμητικός, εὐέξαπτος
impunity, n. ἀτιμωρησία (ἡ)/ with ~, ἀτιμωρητί
impure, a. ἀκάθαρτος, μιασμένος/ impu-

rity, n. ἀκαθαρσία (ἡ), μιασμός (ὁ), ρυπαρότητα (ἡ)
impute, v.t. ἀποδίδω, καταλογίζω
in, pr. σέ, μέσα, ἐντός/ ad. μέσα σέ/ ~ all, συνολικά/ ~ a few days, σέ λίγες μέρες/ ~ the day, τήν ἡμέρα/ ~ due course, ἐν καιρῷ/ ~ the morning, τό πρωί/ ~ my opinion, κατά τήν γνώμη μου/ ~ the name of, ἐν ὀνόματι/ ~ order to, γιά νά/ ~ print, τυπωμένο/ ~ so far as, στό σημεῖο πού/ ~ the sun, στόν ἥλιο, στήν λιακάδα/ ~ the rain, στήν βροχή/ ~ time, ἔγκαιρα/ ~ writing, γραπτά, ἔγγραφα/ be ~ on, εἶμαι παρών/ be well ~ with, ἔχω φιλικές σχέσεις μέ/ ~s and outs, λεπτομέρειες
inability, n. ἀδυναμία (ἡ), ἀνικανότητα (ἡ)
inaccessible, a. ἀπρόσιτος, ἀπροσπέλαστος
inaccuracy, n. ἀνακρίβεια (ἡ)/ *inaccurate*, a. ἀνακριβής, λαθεμένος/ ~ly, ad. λαθεμένα
inaction, n. ἀπραξία (ἡ), ἀδράνεια (ἡ)/ *inactive*, a. ἀδρανής, νωθρός/ *inactivity*, n. ἀδράνεια (ἡ), νωθρότητα (ἡ)
inadequacy, n. ἀνεπάρκεια (ἡ), ἀτέλεια (ἡ)/ *inadequate*, a. ἀνεπαρκής, ἀκατάλληλος
inadmissible, a. ἀπαράδεκτος
inadvertently, ad. ἀπρόσεχτα, ἀπερίσκεπτα
inalienable, a. ἀναφαίρετος, ἀναπαλλοτρίωτος
inane, a. κενός, κούφιος
inanimate, a. ἄψυχος
inanition, n. ἀσιτία (ἡ)
inanity, n. κενότητα (ἡ), κουφότητα (ἡ)
inapplicable, a. ἀνεφάρμοστος, ἄσχετος
inapposite, a. ἀκατάλληλος, ἀναρμόδιος
inappreciable, a. ἀπροσδιόριστος, δυσκολοδιάκριτος
inappropriate, a. ἀνάρμοστος, ἀκατάλληλος
inapt, a. ἀκατάλληλος/ ~itude, n. ἀκαταλληλότητα (ἡ)
inarticulate, a. ἄναρθρος/ (in speech) ἐκεῖνος πού ἐκφράζεται δύσκολα
inasmuch as, καθόσον, ἀφοῦ
inattention, n. ἀπροσεξία (ἡ)/ *inattentive*,

a. ἀπρόσεχτος
inaudible, a. μή ἀκουστός
inaugural, a. ἐναρκτήριος/ *inaugurate*, v.t. ἐγκαινιάζω, καθιερώνω/ *inauguration*, n. ἐγκαινίαση (ἡ), ἐγκαθίδρυση (ἡ), καθιέρωση (ἡ)/ (president, etc.) ἀνάληψη καθηκόντων (ἡ)
inauspicious, a. δυσοίωνος
inborn, a. ἔμφυτος
incalculable, a. ἀνυπολόγιστος, ἀναρίθμητος
incandescent, a. πυρακτωμένος/ ~ lamp, ἠλεκτρικός λαμπτήρας (ὁ)
incantation, n. μαγικά λόγια (τά)
incapability, n. ἀνικανότητα (ἡ)/ *incapable*, a. ἀνίκανος, ἀνάξιος
incapacitate, v.t. κάνω ἀνίκανο, ἀφαιρῶ ἀρμοδιότητα/ *incapacity*, n. ἀνικανότητα (ἡ), ἀναρμοδιότητα (ἡ)
incarcerate, v.t. φυλακίζω/ *incarceration*, n. φυλάκιση (ἡ), κάθειρξη (ἡ)
incarnate, a. ἐνσαρκωμένος (ὁ)/ *incarnation*, n. ἐνσάρκωση (ἡ)
incautious, a. ἀπρόσεχτος, ἀπερίσκεπτος
incendiarism, n. ἐμπρησμός (ὁ), πυρπόληση (ἡ)/ *incendiary*, a. ἐμπρηστικός/ ~ bomb, ἐμπρηστική βόμβα (ἡ)
incense, n. λιβάνι (τό)/ ~ burner, λιβανιστήρι (τό)/ v.t. ἐξοργίζω, ἐρεθίζω, ἐξαγριώνω/ ~d, a. ἐξοργισμένος, ἐξαγριωμένος
incentive, n. κίνητρο (τό), ἐλατήριο (τό)
inception, n. ξεκίνημα (τό), ἀπαρχή (ἡ), ἔναρξη (ἡ)
incessant, a. ἀδιάκοπος, ἀκατάπαυτος/ ~ly, ad. ἀδιάκοπα
incest, n. αἱμομιξία (ἡ)/ ~uous, a. αἱμομικτικός
inch, n. ἴντσα (ἡ)/ ~ by ~, λίγο λίγο/ within an ~, παρά τρίχα, παρ’ ὀλίγο/ not give /budge an ~, μένω ἀκλόνητος, ἐπιμένω, δέν ὑποχωρῶ οὔτε σπιθαμή
incidence, n. ρυθμός συχνότητας (ὁ)/ (avia.) πρόσπτωση (ἡ)
incident, n. ἐπεισόδιο (τό), συμβάν (τό)/ a. παρεπόμενος/ (phys.) παρεμπίπτων/ ~al, a. τυχαῖος, συμπτωματικός/ ~ expenses, ἔξοδα κίνησης (τά)/ ~ally, ad. ἐπί τῇ εὐκαιρίᾳ
incinerate, v.t. ἀποτεφρώνω, ἀπανθρα-

κώνω/ incineration, n. ἀποτέφρωση (ἡ), ἀπανθράκωση (ἡ)/ incinerator, n. κλίβανος (ὁ), ἀποτεφρωτήριο (τό)
incipient, a. ἀρχικός
incise, v.t. χαράζω, κόβω, τέμνω/ incision, n. χάραξη (ἡ), τομή (ἡ)
incisive, a. κοφτερός, μυτερός/ (fig.) δηκτικός/ incisor, n. κοπτήρας (ὁ)
incite, v.t. παρακινῶ, προτρέπω, ὑποδαυλίζω/ ~ment, n. παρακίνηση (ἡ), προτροπή (ἡ), ὑποδαύλιση (ἡ)
incivility, n. ἀγένεια (ἡ), σκαιότητα (ἡ)
inclemency, n. αὐστηρότητα (ἡ), σκληρότητα (ἡ)/ inclement, a. αὐστηρός, σκληρός
inclination, n. τάση (ἡ), κλίση (ἡ), ροπή (ἡ)/ incline, v.t. & i. τείνω, κλίνω, ρέπω/ ~d, p.p. & a. ἐπικλινής, κατηφορικός/ (person) διατεθειμένος, προδιατεθειμένος/ ~ plane, ἐπικλινές ἐπίπεδο
include, v.t. περιλαμβάνω, περιέχω/ including, p. συμπεριλαμβανομένου/ inclusive, p. περιεκτικός/ ~ly, ad. περιεκτικά
incognito, ad. ἰνκόγκνιτο, μέ ψευδώνυμο
incoherence, n. ἀσυναρτησία (ἡ), ἀσάφεια (ἡ)/ incoherent, a. ἀσυνάρτητος, ἀσαφής
incombustible, a. ἄφλεκτος, ἄκαυστος
income, n. εἰσόδημα (τό), ἔσοδο (τό)/ ~ tax, φόρος εἰσοδήματος (ὁ)
incoming, a. ἐπερχόμενος, ἑπόμενος
incommensurable, a. δυσανάλογος, ἀσύμετρος/ incommensurate, a. δασανάλογα μικρός
incommode, v.t. ἐνοχλῶ, ἐπιβαρύνω/ incommodious ἐνοχλητικός, ἐπιβαρυντικός
incommunicable, a. ἀμετάδοτος, μή ἀνακοινώσιμος
incommunicative, a. ἐπιφυλακτικός, ἀμίλητος
incomparable, a. ἀσύγκριτος, ἀπαράμιλλος, ἀσυναγώνιστος
incompatibility, n. ἀσυμβίβαστο (τό)/ incompatible, a. ἀσύμφωνος, ἀταίριαστος, ἀσυμβίβαστος
incompetence, n. ἀνικανότητα (ἡ), ἀναρμοδιότητα (ἡ)/ incompetent, a. ἀνίκανος, ἀκατάλληλος/ (leg.) ἀναρ-

μόδιος
incomplete, a. ἀσυμπλήρωτος, μισοτελειωμένος
incomprehensibility, n. ἀκατανοησία (ἡ)/ incomprehensible, a. ἀκατανόητος, ἀκαταλαβίστικος
inconceivable, a. ἀσύλληπτος, ἀδιανόητος
inconclusive, a. μή πειστικός, μή τελεσίδικος
incongruity, n. ἀσυμφωνία (ἡ), δυσαρμονία (ἡ)/ incongruous, a. ἀσύμφωνος, ἀταίριαστος
inconsequent(ial), a. ἀνακόλουθος, ἀσυνεπής/ (unimportant) ἀσήμαντος
inconsiderate, a. ἀστόχαστος, ἀδιάκριτος, ἀπερίσκεπτος
inconsistency, n. ἀσυνέπεια (ἡ), ἀντίφαση (ἡ), ἀνακολουθία/ inconsistent, a. ἀσυνεπής, ἀντιφατικός, ἀνακόλουθος
inconsolable, a. ἀπαρηγόρητος
inconspicuous, a. δυσκολοδιάκριτος
inconstancy, n. ἀστάθεια (ἡ)/ inconstant, a. ἀσταθής, εὐμετάβλητος
incontestable, a. ἀναμφισβήτητος, ἀδιαφιλονίκητος
incontinence, n. ἀσυγκρατησία (ἡ), ἀκολασία (ἡ)/ (med.) ἀκράτεια (ἡ)/ incontinent, a. ἀσυγκράτητος, ἀκόλαστος, ἄσωτος/ (med.) ἀκρατής
incontrovertible, a. ἀκαταμάχητος, ἀδιάσειστος
inconvenience, n. ἐνόχληση (ἡ), μπελάς (ὁ)/ inconvenient, a. ἐνοχλητικός, μπελαλίδικος
inconvertible, a. ἀμετάτρεπτος
incorporate, v.t. & i. ἐνσωματώνω, συγχωνεύω/ (company) σχηματίζω ἑταιρία/ incorporation, n. ἐνσωμάτωση (ἡ), συγχώνευση (ἡ)
incorporeal, a. ἀσώματος, ἄυλος
incorrect, a. ἀνακριβής, λαθεμένος, ἐσφαλμένος/ ~ness, n. ἀνακρίβεια (ἡ), λάθος (τό), σφάλμα (τό)
incorrigible, a. ἀδιόρθωτος
incorruptibility, n. ἀκεραιότητα (ἡ), τιμιότητα (ἡ)/ incorruptible, a. ἀκέραιος, τίμιος, ἀδιάφθορος
increase, n. αὔξηση (ἡ)/ v.t. αὐξάνω, μεγαλώνω/ v.i. αὐξάνομαι, ἀναπτύσσο-

μαι
incredibility, n. ἀπιθανότητα (ἡ)/ *incredible,* a. ἀπίθανος, ἀπίστευτος, ἀφάνταστος
incredulity, n. δυσπιστία (ἡ)/ *incredulous,* a. δύσπιστος, καχύποπτος
increment, n. αὔξηση (ἡ), προσαύξηση (ἡ)
incriminate, v.t. ἐνοχοποιῶ, ἐπιρρίπτω εὐθύνη/ *incrimination,* n. ἐνοχοποίηση (ἡ)/ *incriminatory,* a. ἐνοχοποιητικός
incrust, v.t. ἐπιστρώνω/ ~*ation,* n. ἐπίστρωση (ἡ), ἐπίστρωμα (τό)/ (med.) ἐσχαροποίηση (ἡ)
incubate, v.t. κλωσσῶ, ἐπωάζω/ *incubation,* n. κλώσσημα (τό)/ (med.) ἐπώαση (ἡ)
incubus, n. ἐφιάλτης (ὁ), βραχνάς (ὁ)
inculcate, v.t. ἐντυπώνω στό μυαλό
inculpate, v.t. ἐνοχοποιῶ, κατηγορῶ
incumbent, a. δεσμευτικός, ὑποχρεωτικός/ n. τιτουλάριος κληρικός/ *it is* ~ *on you,* εἶναι καθῆκον σου
incur, v.t. ἐπισύρω, εἶμαι ἐκτεθειμένος σέ/ ~ *debts,* δημιουργῶ χρέη/ ~ *losses,* ὑφίσταμαι ζημία/ (mil.) ὑφίσταμαι ἀπώλειες
incurable, a. ἀθεράπευτος, ἀνίατος, ἀγιάτρευτος
incurious, a. ἀδιάφορος
incursion, n. ἐπιδρομή (ἡ), εἰσβολή (ἡ)
indebted, a. χρεώστης, ὑπόχρεως, ὑποχρεωμένος/ ~ *ness,* n. ὑποχρέωση (ἡ), χρέος (τό)
indecency, n. ἀπρέπεια (ἡ), προσβολή τῶν ἠθῶν/ *indecent,* a. ἀπρεπής, ἄσεμνος, πρόστυχος
indecision, n. ἀναποφασιστικότητα (ἡ), διστακτικότητα (ἡ)/ *indecisive,* a. ἀναποφάσιστος, διστακτικός
indecorous, a. ἄκομψος, κακόγουστος
indeed, ad. πράγματι, ἀληθινά
indefatigable, a. ἀκούραστος, ἀκαταπόνητος
indefensible, a. εὐάλωτος, εὐπρόσβλητος/ (action) ἀδικαιολόγητος, ἀστήρικτος
indefinable, a. ἀκαθόριστος, ἀπροσδιόριστος/ *indefinite,* a. ἀόριστος, ἀπεριόριστος, ἀσαφής
indelible, a. ἀνεξίτηλος, ἄσβυστος, ἀλη-

σμόνητος
indelicacy, n. ἀπρέπεια (ἡ), ἀγένεια (ἡ), ἀδιακρισία (ἡ)/ *indelicate,* a. ἀπρεπής, ἀγενής, ἀδιάκριτος
indemnification, n. ἀποζημίωση (ἡ), ἐπανόρθωση (ἡ)/ *indemnify,* v.t. ἀποζημιώνω/ *indemnity,* n. ἀποζημίωση (ἡ)
indent, v.t. χαράζω, βαθουλώνω, δοντιάζω/ (print.) ἀρχίζω παράγραφο πιό μέσα/ ~ *for,* δίνω ἐντολή/ ~*ation,* n. ὀδόντωση (ἡ), χάραγμα (τό), ἐντομή (ἡ), ἐγκοπή (ἡ)
indenture, n. συμφωνία (ἡ), διμερής σύμβαση (ἡ)
independence, n. ἀνεξαρτησία (ἡ)/ *independent,* a. ἀνεξάρτητος, ἀδέσμευτος/ *person of* ~ *means,* οἰκονομικά ἀνεξάρτητος/ ~*ly,* ad. ἀνεξάρτητα
indescribable, a. ἀπερίγραπτος, ἀνεκδιήγητος
indestructible, a. ἀκατάλυτος, ἄφθαρτος, αἰώνιος
indeterminate, a. ἀκαθόριστος, ἀπροσδιόριστος
index, n. εὑρετήριο (τό), πίνακας (ὁ)/ (finger) δείκτης (ὁ)/ v.t. συντάσσω εὑρετήριο
Indian, a. ἰνδικός, ἰνδιάνικος/ n. Ἰνδός (ὁ)/ (American) Ἰνδιάνος (ὁ), Ἐρυθρόδερμος (ὁ)/ ~ *corn,* ἀραποσίτι (τό), καλαμπόκι (τό)/ ~ *ink,* σινική μελάνη (ἡ)/ ~ *summer,* γαϊδουροκαλόκαιρο (τό)/ ~ *woman,* Ἰνδή (ἡ), Ἰνδιάνα (ἡ)
indicate, v.t. δείχνω, ὑποδείχνω/ *indication,* n. ἔνδειξη (ἡ), ὑπόδειξη (ἡ)/ *indicative,* a. ἐνδεικτικός, δηλωτικός/ n. (gram.) ὁριστική (ἡ)/ *indicator,* n. δείκτης (ὁ), μετρητής (ὁ)
indict, v.t. κατηγορῶ, παραπέμπω σέ δίκη/ ~*ment,* n. κατηγορητήριο (τό), παραπομπή σέ δίκη
indifference, n. ἀδιαφορία (ἡ)/ *indifferent,* a. ἀδιάφορος, ἀσυγκίνητος
indigence, n. ἀνέχεια (ἡ), πενία (ἡ), φτώχεια (ἡ)
indigenous, a. ἰθαγενής, ντόπιος
indigent, a. φτωχός
indigestible, a. δυσκολοχώνευτος, δύσπεπτος/ *indigestion,* n. δυσπεψία (ἡ), βαρυστομαχιά (ἡ)

indignant, a. ἐξοργισμένος, ἔξαλλος, ἀγανακτισμένος/ indignation, n. ἀγανάκτηση (ἡ), ὀργή (ἡ)/ indignity, n. ταπείνωση (ἡ), ἐξευτελισμός (ὁ), προσβολή (ἡ)

indigo n. λουλάκι (τό)

indirect, a. ἔμμεσος, πλάγιος

indiscipline, n. ἀπειθαρχία (ἡ)

indiscreet, a. ἀδιάκριτος/ indiscretion, n. ἀδιακρισία (ἡ)

indiscriminate, a. χωρίς διάκριση/ ~ly, ad. ἀδιάκριτα, στήν τύχη, στά τυφλά

indispensable, a. ἀναπόφευκτος, ἀπαραίτητος

indispose, v.t. ἐξοργίζω, προδιαθέτω ἄσχημα/ ~d, p.p. & a. ἀδιάθετος/ indisposition, n. ἀδιαθεσία (ἡ)/ (unwillingness) ἀπροθυμία (ἡ), ἀντιπάθεια (ἡ)

indisputable, a. ἀναμφισβήτητος, ἀδιαφιλονίκητος

indissoluble, a. ἀδιάλυτος, ἀδιάρρηκτος

indistinct, a. ἀκαθόριστος, ἀσαφής, ἀόριστος

indistinguishable, a. δυσδιάκριτος, ἀξεχώριστος

individual, a. ἀτομικός, ξεχωριστός, ἰδιαίτερος/ n. ἄτομο (τό)/ ~ity, n. ἀτομικότητα (ἡ), ξεχωριστή προσωπικότητα (ἡ)/ ~ly, ad. ξεχωριστά, ἰδιαίτερα

indivisible, a. ἀδιαίρετος

indocile, a. ἀνυπότακτος, ἀτίθασσος

indoctrinate, v.t. ἐμποτίζω, κατηχῶ/ indoctrination, n. ἐμποτισμός (ὁ), κατήχηση (ἡ)

Indo-European, n. Ἰνδοευρωπαῖος (ὁ)/ a. ἰνδοευρωπαϊκός

indolence, n. νωθρότητα (ἡ)/ indolent, a. νωθρός, ἀργός

indomitable, a. ἀδάμαστος, ἀκατάβλητος

indoor, a. ἐσωτερικός/ ~s, ad. μέσα στό σπίτι, στό ἐσωτερικό, μέσα

indubitable, a. ἀναμφίβολος, βέβαιος, σίγουρος/ indubitably, ad. ἀναμφίβολα, σίγουρα

induce, v.t. παρακινῶ, προκαλῶ, ἐπιφέρω/ (elec.) ἐπάγω/ ~ment, n. προτροπή (ἡ), παρακίνηση (ἡ)/ induction, n. ἐγκατάσταση (ἡ), εἰσαγωγή (ἡ)/ (elec.) ἐπαγωγή (ἡ)/ inductive, a. ἐπαγωγικός

indulge, v.t. κάνω τό χατήρι, ἐνδίδω,

ἱκανοποιῶ/ ~ in, ἐντρυφῶ, ἐπιδίδομαι σέ/ ~nce, n. ἱκανοποίηση (ἡ), ἀπόλαυση (ἡ)/ (tolerance) ἀνοχή (ἡ), ἐπιείκια (ἡ)/ ~nt, a. ἐπιεικής, μαλακός

industrial, a. βιομηχανικός/ ~ist, n. βιομήχανος (ὁ)/ ~ ize, v.t. βιομηχανοποιῶ, ἐκβιομηχανίζω/ industrious, a. ἐργατικός, φιλόπονος/ industry, n. βιομηχανία (ἡ)/ (hard work) φιλοπονία (ἡ), ἐργατικότητα (ἡ)

inebriate, v.t. μεθῶ/ ~d, a. μεθυσμένος/ inebriation, n. μεθύσι (τό)

inedible, a. μή φαγώσιμος

inedited, a. ἀνέκδοτος, ἀδημοσίευτος

ineffable, a. ἀπερίγραπτος, ἀνέκφραστος, ἀνείπωτος

ineffaceable, a. ἀνεξίτηλος, ἄσβυστος, ἀνεξάλειπτος

ineffective, a. ἄκαρπος, ἄχρηστος

ineffectual, a. ἀνώφελος, μάταιος, ἄκαρπος

inefficiency, n. ἀνικανότητα (ἡ), ἀδεξιότητα (ἡ)/ inefficient, a. ἀνίκανος, ἀδέξιος, ἀνεπαρκής

inelegant, a. ἄκομψος, ἀκαλαίσθητος, ἄγαρμπος

ineligible, a. μή ἐκλόγιμος

inept, a. ἄτοπος, ἀνάρμοστος, ἀνόητος/ ~itude, n. ἀκαταλληλότητα (ἡ), ἀνοησία (ἡ)

inequality, n. ἀνισότητα (ἡ)

inequitable, a. ἄδικος

inert, a. ἀδρανής, ἀκίνητος/ ~ia, n. ἀδράνεια (ἡ), ἀκινησία (ἡ)

inestimable, a. ἀνεκτίμητος, ἀνυπολόγιστος

inevitable, a. ἀναπόφευτκος/ inevitably, ad. ἀναπόφευκτα

inexact, a. ἀνακριβής

inexcusable, a. ἀσυγχώρητος, ἀδικαιολόγητος

inexhaustible, a. ἀνεξάντλητος

inexorable, a. ἀνελέητος, ἀδυσώπητος, ἀμείλικτος

inexpedient, a. ἀσύμφορος

inexpensive, a. ἀνέξοδος, ἀδάπανος, φθηνός

inexperience, n. ἀπειρία (ἡ)/ ~d, a. ἄπειρος

inexpert, a. ἀδέξιος, ἀτζαμής

inexpiable, a. ἀσυγχώρητος
inexplicable, a. ἀνεξήγητος, ἀκατανόητος
inexpressible, a. ἀνέκφραστος, ἀπερίγραπτος/ inexpressive, a. ἀνέκφραστος, χωρίς ἔκφραση
inextinguishable, a. ἄσβυστος
inextricable, a. ἀξεδυάλυτος, περίπλοκος, ἀδιέξοδος
infallibility, n. τό ἀλάθητο/ infallible, a. ἀλάθητος
infamous, a. ἀνήθικος, αἰσχρός, κακόφημος/ infamy, n. ἀνηθικότητα (ἡ), αἰσχρότητα (ἡ), ἀτιμία (ἡ)
infancy, n. νηπιακή ἡλικία (ἡ)/ (leg.) ἀνηλικιότητα (ἡ)/ infant, n. νήπιο (τό), μωρό (τό)/ ~ school, νηπιαγωγεῖο (τό)/ ~icide, n. νηπιοκτονία (ἡ), παιδοκτονία (ἡ)/ (person) παιδοκτόνος (ὁ)/ infantile, a. νηπιακός, παιδικός/ ~ paralysis, πολιομυελίτιδα (ἡ)
infantry, n. πεζικό (τό)/ ~man, n. πεζός (ὁ) (στρατιώτης)
infatuate, v.t. ξετρελλαίνω, παρασέρνω, ξεμυαλίζω/ infatuation, n. ξετρέλαμα (τό), ξεμυάλισμα (τό)
infect, v.t. μολύνω/ ~ion, n. μόλυνση (ἡ), μετάδοση (ἡ)/ ~ious, a. μολυσματικός, μεταδοτικός, λοιμώδης
infer, v.t. συμπεραίνω, συνάγω, ὑπονοῶ/ ~ence, n. συμπέρασμα (τό)
inferior, a. κατώτερος, χαμηλότερος/ n. ὑφιστάμενος (ὁ), κατώτερος (ὁ)/ ~ity, n. κατωτερότητα (ἡ), μειονεκτικότητα (ἡ)/ ~ complex, σύμπλεγμα κατωτερότητας (τό)
infernal, a. σατανικός, διαβολικός, καταχθόνιος/ inferno, n. κόλαση (ἡ)
infertile, a. ἄγονος, ἄκαρπος, στεῖρος
infest, v.t. κατακλύζω, γεμίζω, πλημμυρίζω/ be ~ed with, προσβάλλομαι ἀπό
infidel, a. ἄπιστος, ἄθρησκος/ n. ἀλλόθρησκος (ὁ)/ ~ity, n. ἀπιστία (ἡ)
infiltrate, v.t. διεισδύω, χώνομαι/ infiltration, n. διείσδυση (ἡ)
infinite, a. ἄπειρος, ἀπέραντος/ (gram.) ἀπαρέμφατο (τό)/ ~ly, ad. ἄπειρα, ἀπεριόριστα/ ~simal, a. ἀπειροελάχιστος, μικροσκοπικός/ infinitive, n. ἀπαρέμφατο (τό)/ infinity, n. ἄπειρο (τό), ἀπεραντοσύνη (ἡ)

infirm, a. ἀδύνατος, ἀσθενικός, ἀσταθής/ (invalid) ἀνάπηρος, σακάτης/ ~ary, n. νοσοκομεῖο (τό), νοσηλευτήριο (τό)/ ~ity, n. ἀδυναμία (ἡ), ἀστάθεια (ἡ)
inflame, v.t. ἀναφλέγω, βάζω φωτιά/ ~d, p.p. & a. ἐρεθισμένος/ inflammable, a. εὔφλεκτος/ (person) εὐερέθιστος/ inflammation, n. ἐρεθισμός (ὁ), φλόγωση (ἡ)
inflate, v.t. φουσκώνω, διογκώνω/ (prices) προκαλῶ πληθωρισμό/ inflation, n. φούσκωμα (τό), διόγκωση (ἡ)/ (econ.) πληθωρισμός (ὁ)
inflect, v.t. λυγίζω, κάμπτω/ (gram.) κλίνω/ ~ion, n. λύγισμα (τό), κάμψη (ἡ)/ (gram.) κλίση (ἡ)/ (mus.) ἀλλοίωση φθόγγου (ἡ)
inflexibility, n. ἀκαμψία (ἡ)/ inflexible, a. ἄκαμπτος, ἀλύγιστος, ἀνένδοτος
inflict, v.t. προκαλῶ, ἐπιβάλλω/ ~ion, n. ἐπιβολή (ἡ)
inflow, n. εἰσροή (ἡ)
influence, n. ἐπίδραση (ἡ), ἐπιρροή (ἡ)/ v.t. ἐπιδρῶ, ἐπηρεάζω, πείθω/ influential, a. ἐκεῖνος πού ἀσκεῖ ἐπιρροή, σημαντικός
influenza, n. γρίππη (ἡ)
influx, n. εἰσροή (ἡ), συρροή (ἡ)
inform, v.t. πληροφορῶ, γνωστοποιῶ/ ~ against, καταδίδω, καταγγέλλω
informal, a. ἀνεπίσημος, φιλικός/ ~ity, n. ἀνεπισημότητα (ἡ)
informant, n. πληροφοριοδότης (ὁ)/ information, n. πληροφορία (ἡ), ἐνημέρωση (ἡ)/ informative, a. πληροφοριακός, ἐνημερωτικός, διαφωτιστικός/ informed, p.p. & a. πληροφορημένος, κατατοπισμένος/ informer, n. πληροφοριοδότης (ὁ), χαφιές (ὁ)
infraction, n. παραβίαση (ἡ), καταπάτηση (ἡ)
infrequent, a. σπάνιος, ἀραιός/ ~ly, ad. σπάνια, ἀραιά
infringe, v.t. παραβαίνω, παραβιάζω/ ~ment, n. παράβαση (ἡ), παραβίαση (ἡ)/ ~r, n. παραβάτης (ὁ)
infuriate, v.t. ἐξοργίζω, ἐξαγριώνω
infuse, v.t. ἐμποτίζω, ἐγχέω/ (tea) τραβάω/ (fig.) μεταδίδω, ἐνσταλάζω/ infu-

sion, n. ἔγχυση (ή)

ingenious, a. ἐφευρετικός, πολυμήχανος/ *ingenuity*, n. ἐφευρετικότητα (ή)

ingenuous, a. ἀπονήρευτος, ἄδολος, εἰλικρινής

ingle-nook, n. παραγώνι (τό)

inglorious, a. ἄδοξος, ἐξευτελιστικός

ingoing, a. εἰσερχόμενος/ n. εἴσοδος (ή)

ingot, n. ὄγκος (ό), πλίνθωμα (τό)

ingrained, a. ριζωμένος, καθιερωμένος

ingratiate oneself, ἀποκτῶ τήν εὔνοια/ *ingratiating*, a. κολακευτικός, φιλοφρονητικός

ingratitude, n. ἀχαριστία (ή), ἀγνωμοσύνη (ή)

ingredient, n. συστατικό (τό)

ingress, n. εἴσοδος (ή)

ingrowing, a. ἐκεῖνος πού μπαίνει στό δέρμα

inhabit, v.t. κατοικῶ/ ~*able*, a. κατοικήσιμος/ ~*ant*, n. κάτοικος (ό, ή)

inhalation, n. εἰσπνοή (ή)/ *inhale*, v.t. εἰσπνέω/ ~ *r*, n. ἀναπνευστική συσκευή (ή)

inharmonious, a. ἀταίριαστος, ἀσύμφωνος/ (mus.) κακόηχος

inherent, a. ἔμφυτος, ἐγγενής

inherit, v.t. κληρονομῶ/ ~*ance*, n. κληρονομία (ή)/ (throne) διαδοχή (ή)

inhibit, v.t. ἀναχαιτίζω, παρεμποδίζω, ἀναστέλλω/ ~*ed*, p.p. & a. ἀναχαιτισμένος, παρεμποδισμένος/ ~*ion*, n. ἀναχαίτιση (ή), παρεμπόδιση (ή)/ (psych.) ἀναστολή (ή)

inhospitable, a. ἀφιλόξενος

inhuman, a. ἀπάνθρωπος, σκληρός/ ~*ity*, n. ἀπανθρωπία (ή), σκληρότητα (ή), κτηνωδία (ή)

inhume, v.t. θάβω

inimical, a. ἐχθρικός, ἐπιζήμιος

inimitable, a. ἀμίμητος, μοναδικός

iniquitous, a. ἄδικος, κακοήθης/ *iniquity*, n. ἀδικία (ή), κακοήθεια (ή)

initial, a. ἀρχικός/ n. ἀρχικό γράμμα (τό), pl. μονογραφή (ή)/ v.t. μονογραφῶ

initiate, v.t. ἐγκαινιάζω, ἀρχίζω, εἰσάγω/ (in mysteries) μυῶ/ *initiation*, n. ἐγκαινίαση (ή), εἰσαγωγή (ή), μύηση (ή)/ *initiative*, n. πρωτοβουλία (ή)/ *initiator*, n.

ἐγκαινιαστής (ό), ἱδρυτής (ό), μυητής (ό)

inject, v.t. ἐγχέω, κάνω ἔνεση/ ~*ion*, n. ἔγχυση (ή), ἔνεση (ή)

injudicious, a. ἄκριτος, ἀσύνετος, ἀσυλλόγιστος

injunction, a. ἐντολή (ή), παραγγελία (ή)

injure, v.t. τραυματίζω, πληγώνω/ (leg.) ἀδικῶ, βλάπτω/ *injurious*, a. βλαβερός, ἐπιζήμιος/ *injury*, n. τραῦμα (τό), πληγή (ή)/ (leg.) βλάβη (ή), ζημία (ή)

injustice, n. ἀδικία (ή)

ink, n. μελάνι (τό)/ v.t. μελανώνω

inkling, n. ὑπόνοια (ή), ὑποψία (ή)

inkpot, n. μελανοδοχεῖο (τό)

inland, a. μεσόγειος/ ~ *revenue*, δημόσια ἔσοδα/ ad. πρός τό ἐσωτερικό, πρός τήν ἐνδοχώρα

inlay, v.t. ἐνθέτω, σφηνώνω/ n. ἔνθετο στολίδι (τό)

inlet, n. κολπίσκος (ό)/ (tech.) στόμιο εἰσαγωγῆς (τό)

inmate, n. τρόφιμος (ό, ή)

inmost, a. βαθύτερος, ἐνδότερος/ (fig.) ἀπόκρυφος, μύχιος

inn, n. χάνι (τό), πανδοχεῖο (τό)/ ~*s of court*, νομική σχολή τοῦ Λονδίνου

innate, a. ἔμφυτος, ἐγγενής

inner, a. ἐσωτερικός/ ~*most*, a. ἐνδότερος, βαθύτερος

innkeeper, n. πανδοχέας (ό)

innocence, n. ἀθωότητα (ή)/ *innocent*, a. ἄθωος, ἀφελής

innocuous, a. ἀβλαβής, ἀκίνδυνος

innovation, n. νεωτερισμός (ό), καινοτομία (ή)/ *innovator*, n. νεωτεριστής (ό), καινοτόμος (ό)

innuendo, n. ὑπονοούμενο (τό), ὑπαινιγμός (ό)

innumerable, a. ἀμέτρητος, ἀναρίθμητος

inobservance, n. ἀθέτηση (ή), καταπάτηση (ή)

inoculate, v.t. μπολιάζω/ *inoculation*, n. μπόλιασμα (τό)

inoffensive, a. ἄκακος, ἀβλαβής

inoperative, a. ἀνίσχυρος

inopportune, a. ἄκαιρος, ἄτοπος/ ~*ly*, ad. ἄκαιρα, ἄτοπα

inordinate, a. ὑπέρμετρος, ὑπερβολικός

inorganic, a. ἀνόργανος

in-patient, n. ἐσωτερικός ἀσθενής

inquest, n. δικαστική ἔρευνα (ἡ), ἰατροδικαστική ἐξέταση (ἡ)

inquietude, n. ἀνησυχία (ἡ), ταραχή (ἡ)

inquire, v.i. ρωτῶ, ἐρευνῶ, ζητῶ πληροφορίες

inquisition, n. ἀνάκριση (ἡ)/ Holy I ~, Ἱερή Ἐξέταση (ἡ)/ inquisitive, a. ἐρευνητικός, ἀδιάκριτος/ inquisitor, n. ἀνακριτής (ὁ)/ Holy ~, ἱεροεξεταστής (ὁ)

inroad, n. ἐπιδρομή (ἡ), εἰσβολή (ἡ)

insane, a. παράφρονας, τρελός, ἀνισόρροπος/ insanity, n. παραφροσύνη (ἡ), τρέλα (ἡ), ἀνισορροπία (ἡ)

insatiable, a. ἀκόρεστος, ἄπληστος

inscribe, v.t. χαράζω, βάζω ἐπιγραφή/ inscription, n. χάραγμα (τό), ἐπιγραφή (ἡ)

inscrutable, a. ἀνεξιχνίαστος, αἰνιγματικός

insect, n. ἔντομο (τό)/ ~icide, n. ἐντομοκτόνο (τό)

insecure, a. ἀνασφαλής, ἐπισφαλής, ἀβέβαιος/ insecurity, n. ἀνασφάλεια (ἡ), ἀβεβαιότητα (ἡ)

insemination, n. γονιμοποίηση (ἡ)/ artificial ~, τεχνητή γονιμοποίηση

insensate, a. ἄψυχος, ἀναίσθητος, ἀσυγκίνητος

insensibility, n. ἀναισθησία (ἡ), ἀδιαφορία (ἡ), ἀπάθεια (ἡ)/ insensible, a. ἀναίσθητος, ἀδιάφορος, ἀσυγκίνητος/ insensitive, a. ἀναίσθητος, ἀσυγκίνητος

inseparable, a. ἀχώριστος, ἀναπόσπαστος

insert, v.t. παρεμβάλλω, καταχωρίζω/ n. παρεμβολή (ἡ)/ (newspaper) καταχώρηση (ἡ)/ ~ion, n. εἰσαγωγή (ἡ), παρεμβολή (ἡ)

inset, n. ἔνθετο (τό), πρόσθετο (τό)/ (dress) τσόντα (ἡ)

inshore, a. παράκτιος/ ad. κοντά στήν ἀκτή

inside, a. ἐσωτερικός/ ~ track (sport) ἐσωτερική διαδρομή/ n. ἐσωτερικό (τό), ἐσωτερική πλευρά (ἡ)/ ad. μέσα/ ~ out, ἀπ' ἔξω κι ἀνακατωτά

insidious, a. ὕπουλος, δόλιος, πονηρός

insight, n. διορατικότητα (ἡ), ὀξυδέρκεια (ἡ)

insignia, n. pl. ἐμβλήματα (τά), διάσημα (τά)

insignificant, a. ἀσήμαντος, τιποτένιος

insincere, a. ἀνειλικρινής, ὑποκριτικός/ insincerity, n. ἀνειλικρίνεια (ἡ), ὑποκρισία (ἡ)

insinuate, v.t. ὑπαινίσσομαι/ ~ oneself, χώνομαι, τρυπώνω/ insinuation, n. ὑπαινιγμός (ὁ)/ (creeping in) χώσιμο (τό), διείσυση (ἡ)

insipid, a. ἄνοστος, ἀνούσιος, σαχλός

insist, v.i. ἐπιμένω, ἀξιώνω/ ~ence, n. ἐπιμονή (ἡ), ἀξίωση (ἡ)

insobriety, n. μεθύσι (τό), κατάχρηση ποτοῦ (ἡ)

insolation, n. λιάσιμο (τό)/ (med.) ἡλίαση (ἡ)

insolence, n. αὐθάδεια (ἡ), ἀναίδεια (ἡ), θρασύτητα (ἡ)/ insolent, a. αὐθάδης, ἀναιδής, θρασύς

insoluble, a. ἄλυτος, ἀνεξήγητος/ (chem.) ἀδιάλυτος

insolvency, n. ἀφερεγγυότητα (ἡ)/ insolvent, a. ἀφερέγγυος, ἀναξιόχρεος/ become ~, χρεοκοπῶ

insomnia, n. ἀϋπνία (ἡ)

insomuch as, ad. στόν βαθμό πού

inspect, v.t. ἐπιθεωρῶ, ἐλέγχω, ἐξετάζω/ ~ion, n. ἐπιθεώρηση (ἡ), ἔλεγχος (ὁ), ἐξέταση (ἡ)/ ~or, n. ἐπιθεωρητής (ὁ), ἐλεγκτής (ὁ)

inspiration, n. ἔμπνευση (ἡ)/ inspire, v.t. ἐμπνέω

inspirit, v.t. ἐμψυχώνω, ἐνθαρρύνω

instability, n. ἀστάθεια (ἡ)

install, v.t. ἐγκαθιστῶ/ (tech.) κάνω ἐγκατάσταση/ ~ation, n. ἐγκατάσταση (ἡ), τοποθέτηση (ἡ)/ (of authorities) ἐγκαθίδρυση (ἡ)

instalment, n. δόση (ἡ) / (of story) συνέχεια (ἡ)/ pay by ~s, πληρωμή μέ δόσεις

instance, n. περίπτωση (ἡ)/ for ~, γιά παράδειγμα/ v.t. ἀναφέρω, ἀποδείχνω/ court of first ~, πρωτοδικεῖο (τό)/ instant, a. στιγμιαῖος, ἄμεσος/ ~ly, ad. ἀμέσως

instead, ad. ἀντί/ ~ of, ἀντί γιά, σή θέση τοῦ

instep, n. ταρσός (ὁ)

instigate, v.t. ὑποκινῶ, ἐξωθῶ, παροτρύ-

νω/ *instigation*, n. ὑποκίνηση (ἡ), ἐξώθηση (ἡ), παρότρυνση (ἡ)/ *instigator*, n. ὑποκινητής (ὁ)
instil, v.t. ἐνσταλάζω
instinct, n. ἔνστικτο (τό)/ ~*ive*, a. ἐνστικτώδης
institute, n. ἵδρυμα (τό), ἰνστιτοῦτο (τό)/ v.t. ἱδρύω, συνιστῶ, θεσπίζω/ *institution*, n. ἵδρυμα (τό), θεσμός (ὁ)/ pl. θεσμοί (οἱ)
instruct, v.t. διδάσκω, ἐκπαιδεύω, δίνω ὁδηγίες/ ~*ion*, n. διδασκαλία (ἡ), ἐκπαίδευση (ἡ), ὁδηγία (ἡ)/ pl. ὁδηγίες (οἱ)/ ~*ive*, a. διδακτικός/ ~*or*, n. δάσκαλος (ὁ), καθοδηγητής (ὁ)
instrument, n. ὄργανο (τό), ἐργαλεῖο (τό)/ (leg.) ἐπίσημο ἔγγραφο (τό)/ v.t. ἐνορχηστρώνω/ ~*al*, a. ὀργανικός, ἀποφασιστικός/ *be* ~ *in*, παίζω σημαντικό ρόλο/ ~*alist*, n. παίκτης ὀργάνου (ὁ)/ ~*ation*, n. ἐνορχήστρωση (ἡ)
insubordinate, a. ἀπειθάρχητος, ἀτίθασος/ *insubordination*, n. ἀπειθαρχία (ἡ)
insufferable, a. ἀνυπόφορος, ἀφόρητος
insufficiency, n. ἀνεπάρκεια (ἡ)/ *insufficient*, a. ἀνεπαρκής
insular, a. νησιωτικός/ (fig.) στενοκέφαλος/ *insulate*, v.t. μονώνω, χωρίζω/ *insulator*, n. μονωτήρας (ὁ)/ *insulation*, n. μόνωση (ἡ)
insulin, n. ἰνσουλίνη (ἡ)
insult, n. βρισιά (ἡ), προσβολή (ἡ)/ v.t. βρίζω, προσβάλλω/ ~*ing*, a. προσβλητικός, ὑβριστικός
insuperable, a. ἀνυπέρβλητος
insupportable, a. ἀνυπόφορος, ἀφόρητος
insurance, n. ἀσφάλεια (ἡ)/ *fire* ~, ἀσφάλεια πυρός/ *life* ~, ἀσφάλεια ζωῆς/ ~ *company*, ἀσφαλιστική ἑταιρεία (ἡ)/ ~ *policy*, ἀσφαλιστικό συμβόλαιο (τό), ἀσφαλιστήριο (τό)/ *insure*, v.t. ἀσφαλίζω/ ~*d*, a. ἀσφαλισμένος/ ~*r*, n. ἀσφαλιστής (ὁ)
insurgent, n. ἐπαναστάτης (ὁ), ἀντάρτης (ὁ)/ a. ἐπαναστατικός
insurmountable, a. ἀνυπέρβλητος
insurrection, n. ἐπανάσταση (ἡ), ἐξέγερση (ἡ), ἀνταρσία (ἡ)
intact, a. ἀνέπαφος, ἄθικτος
intake, n. εἰσδοχή (ἡ), εἴσοδος (ἡ)

intangible, a. ἄυλος, ἄπιαστος
integer, n. ἀκέραιος ἀριθμός (ὁ)/ *integral*, a. ὁλόκληρος, ἀκέραιος/ ~ *calculus*, ὁλοκληρωτικός λογισμός (ὁ)
integrate, v.t. ὁλοκληρώνω, συμπληρώνω/ *integration*, n. ὁλοκλήρωση (ἡ)
integrity, n. ἀκεραιότητα (ἡ), τιμιότητα (ἡ)
intellect, n. διάνοια (ἡ), νόηση (ἡ)/ ~*ual*, a. διανοούμενος, διανοητικός/ n. διανοούμενος (ὁ)
intelligence, n. νοημοσύνη (ἡ), ἐξυπνάδα (ἡ)/ (information) εἴδηση (ἡ), πληροφορία (ἡ)/ ~ *service*, ὑπηρεσία πληροφοριῶν, μυστική ὑπηρεσία/ *intelligent*, a. ἔξυπνος, εὐφυής/ *intelligentsia*, n. διανόηση (ἡ), ἰντελλιγκέντσια (ἡ)/ *intelligible*, a. κατανοητός
intemperance, n. ἀσωτία (ἡ), κατάχρηση (ἡ)/ *intemperate*, a. ἄσωτος, ἀκράτητος, ἀσυγκράτητος
intend, v.t. σκοπεύω, ἔχω πρόθεση/ ~*ed*, p.p. & a. σκόπιμος, προμελετημένος/ n. μνηστήρας (ὁ), μνηστή (ἡ), ἀρραβωνιαστικός (ὁ), ἀρραβωνιαστικιά (ἡ)
intense, a. ἔντονος, ζωηρός, ὀξύς/ *intensify*, v.t. ἐντείνω, ἐπιτείνω, ἐνισχύω/ *intensity*, n. ἔνταση (ἡ), ὁρμή (ἡ)/ *intensive*, a. ἐντατικός, ἔντονος
intent, n. σκοπός (ὁ), πρόθεση (ἡ)/ a. ἀποφασισμένος/ ~ *on*, ἀφοσιωμένος/ ~*ion*, n. πρόθεση (ἡ)/ ~*ional*, a. σκόπιμος, ἐσκεμμένος/ ~*ionally*, ad. σκόπιμα, ἐσκεμμένα/ ~*ness*, n. ἀφοσίωση (ἡ), ἐπίδοση (ἡ)
inter, v.t. θάβω, ἐνταφιάζω
intercalate, v.t. παρεμβάλλω/ *intercalation*, n. παρεμβολή (ἡ)
intercede, v.i. μεσολαβῶ, μεσιτεύω
intercept, v.t. παρεμποδίζω, παρακωλύω
intercession, n. μεσολάβηση (ἡ), παρέμβαση (ἡ)/ *intercessor*, n. μεσολαβητής (ὁ)
interchange, n. ἀνταλλαγή (ἡ)/ v.t. & i. ἀνταλλάσσω/ ~*able*, a. ἀνταλλάξιμος, μεταβλητός
intercourse, n. συναναστροφή (ἡ), ἐπικοινωνία (ἡ)/ *sexual* ~, συνουσία (ἡ), σεξουαλική ἐπαφή (ἡ)
interdependence, n. ἀλληλεξάρτηση (ἡ)/

interdependent, a. ἀλληλοεξαρτώμενος
interdict, v.i. ἀπαγορεύω, ἐμποδίζω/
(eccl.) βάζω σέ ἀργία/ ~*ion,* n. ἀπαγό-
ρευση (ἡ), ἐμπόδιο (τό)/ (eccl.) ἀργία
(ἡ)
interest, n. ἐνδιαφέρον (τό), συμφέρον
(τό)/ (bank, etc.) τόκος (ὁ)/ *bear* ~,
φέρνω τόκο/ *compound* ~, ἀνατοκι-
σμός (ὁ)/ *controlling* ~, πλειοψηφία με-
τοχῶν/ *in one's* ~, πρός ὄφελος/ *rate of*
~, ἐπιτόκιο (τό)/ *simple* ~, ἁπλός τό-
κος/ v.t. ἐνδιαφέρω, προκαλῶ ἐνδια-
φέρον/ ~ *oneself in,* ἐνδιαφέρομαι/
~*ed,* p.p. & a. ἐνδιαφερόμενος/ ~ *par-
ties,* τά ἐνδιαφερόμενα μέρη/ ~*ing,* a.
ἐνδιαφέρων, ἑλκυστικός
interfere, v.i. ἐπεμβαίνω, ἀνακατεύομαι/
~ *with,* ἐμποδίζω/ ~*nce,* n. ἐπέμβαση
(ἡ)/ *radio* ~, παρεμβολή (ἡ), παράσιτα
(τά)
interim, a. ἐνδιάμεσος, μεταβατικός/ n.
ἐνδιάμεσο (τό)
interior, a. ἐσωτερικός/ n. ἐσωτερικό (τό)
interject, v.t. παρεμβάλλω/ ~*ion,* n. πα-
ρεμβολή (ἡ)/ (g am.) ἐπιφώνημα (τό)
interlace, v.t. & i. συμπλέκω, περιπλέκω
interleave, v.t. παρεμβάλλω ἄγραφα φύλ-
λα
interline, v.t. γράφω ἀνάμεσα στίς γραμ-
μές
interlink, v.t. συναρμολογῶ, συνάπτω
interlock, v.t. & i. συναρμόζω
interlocutor, n. συνομιλητής (ὁ)
interloper, n. παρείσακτος (ὁ)
interlude, n. διάμεσο (τό), μεσοδιάστημα
(τό)/ (mus.) ἰντερλούδιο (τό)
intermarriage, n. ἐπιγαμία (ἡ)/ *intermar-
ry,* v.i. συνάπτω ἐπιγαμία
intermediary, a. ἐνδιάμεσος/ n. μεσολα-
βητής (ὁ)/ *intermediate,* a. ἐνδιάμεσος
interment, n. ταφή (ἡ), ἐνταφιασμός (ὁ)
intermezzo, n. ἰντερμέτζο (τό)
interminable, a. ἀτέλειωτος, ἀπέραντος
intermingle, v.t. ἀνακατεύω/ v.i. ἀνακα-
τεύομαι
intermission, n. διάλειμμα (τό)/ *intermit-
tent,* a. διαλείπων, ὄχι συνεχής
intern, v.t. περιορίζω, φυλακίζω
internal, a. ἐσωτερικός/ ~ *combustion en-
gine,* μηχανή ἐσωτερικῆς καύσης/ ~*ly,*

ad. ἐσωτερικά
international, a. διεθνής/ ~ *law,* διεθνές
δίκαιο (τό)/ ~*ism,* n. διεθνισμός (ὁ)/
~*ist,* n. διεθνιστής (ὁ)/ ~*ize,* v.t. διε-
θνοποιῶ
internecine, a. ἀλληλοεξοντωτικός
internment, n. φυλάκιση (ἡ)/ ~ *camp,*
στρατόπεδο κρατουμένων (τό)
interplanetary, a. διαπλανητικός
interplay, n. ἀλληλενέργεια (ἡ)
interpolate, v.t. παρεμβάλλω κείμενο
interpose, v.t. παρεμβάλλω, παρενθέτω/
v.i. παρεμβάλλομαι, μεσολαβῶ
interpret, v.t. ἑρμηνεύω, ἐξηγῶ/ (trans-
late) μεταφράζω/ (theat.) ἑρμηνεύω/
~*ation,* n. ἑρμηνεία (ἡ), ἐξήγηση (ἡ)/
~*er,* n. μεταφραστής (ὁ), διερμηνέας
(ὁ)
interregnum, n. μεσοβασιλεία (ἡ)
interrogate, v.t. ἐρωτῶ, ἀνακρίνω/ *inter-
rogation,* n. ἐρώτηση (ἡ), ἀνάκριση (ἡ)/
interrogative, a. ἐρωτηματικός/ *interro-
gator,* n. ἐξεταστής (ὁ), ἀνακριτής (ὁ)
interrupt, v.t. διακόπτω/ ~*ion,* n. διακο-
πή (ἡ)
intersect, v.t. & i. διχοτομῶ, διασχίζω/
~*ion,* n. τομή (ἡ)/ (of roads) διασταύ-
ρωση (ἡ)
intersperse, v.t. διασπείρω, σκορπίζω
ἀνάμεσα
interstate, a. διακρατικός
interstice, n. διάστημα (τό), ἐνδιάμεσο
(τό)
intertwine, v.t. & i. συμπλέκω
interval, n. διάλειμμα (τό)
intervene, v.i. μεσολαβῶ, παρεμβαίνω/
intervention, n. μεσολάβηση (ἡ), πα-
ρέμβαση (ἡ)
interview, n. συνέντευξη (ἡ)/ v.t. παίρνω
συνέντευξη/ ~*ee,* n. ἐκεῖνος πού δίνει
συνέντευξη/ ~*er,* n. ἐκεῖνος πού παίρ-
νει συνέντευξη
interweave, v.t. συνυφαίνω
intestate, a. ἀδιάθετος
intestinal, a. ἐντερικός/ *intestine,* n. ἔντε-
ρο (τό)/ a. ἐσωτερικός, ἐνδόμυχος
intimacy, n. οἰκειότητα (ἡ), στενή φιλία
(ἡ)
intimate, a. οἰκεῖος, φιλικός / v.t. ὑποδη-
λώνω, κάνω ὑπαινιγμό/ ~*ly,* ad. φιλι-

κά, στενά/ *know one ~*, γνωρίζω ἀπό κοντά/ *intimation*, n. ὑπαινιγμός (ὁ)
intimidate, v.t. φοβίζω, τρομάζω/ *intimidation*, n. ἐκφοβισμός (ὁ)
into, pr. μέσα, πρός τά μέσα/ *enter ~ negotiations*, ἀρχίζω διαπραγματεύσεις
intolerable, a. ἀνυπόφορος, ἀφόρητος
intolerance, n. μισαλλοδοξία (ἡ)/ *intolerant*, a. μισαλλόδοξος
intonation, n. τόνος φωνῆς (ὁ)/ *intone*, v.t. ψάλλω
intoxicant, a. μεθυστικός/ *intoxicate*, v.t. μεθῶ/ *intoxication*, n. μεθύσι (τό)/ (fig.) ἐνθουσιασμός (ὁ)
intractable, a. ἀτίθασσος, ἀνυπότακτος
intransigent, a. ἀδιάλλακτος, ἀσυμβίβαστος
intransitive a. ἀμετάβατος
intrepid, a. ἀτρόμητος, ἄφοβος/ *~ity*, n. ἀφοβία (ἡ), τόλμη (ἡ)
intricacy, a. περιπλοκή (ἡ), δυσκολία (ἡ), μπέρδεμα (τό)/ *intricate*, a. περίπλοκος, δύσκολος, μπερδεμένος
intrigue, n. ῥαδιουργία (ἡ), μηχανορραφία (ἡ)/ v.i. ῥαδιουργῶ, μηχανορραφῶ/ *~r*, n. ῥαδιοῦργος (ὁ), μηχανορράφος (ὁ)/ *intriguing*, a. (person) πανοῦργος, ῥαδιοῦργος/ *~ situation*, ἐνδιαφέρουσα περίπτωση
intrinsic, a. οὐσιαστικός, ἔμφυτος/ *~ally*, ad. οὐσιαστικά
introduce, v.t. εἰσάγω/ (a question) εἰσηγοῦμαι/ (someone) συστήνω/ *~ oneself*, αὐτοσυστήνομαι/ *introduction*, n. εἰσαγωγή (ἡ), σύσταση (ἡ)/ *letter of ~*, συστατική ἐπιστολή/ *introductory*, a. εἰσαγωγικός
introspection, n. ἐνδοσκόπηση (ἡ), αὐτοεξέταση (ἡ)/ *introspective*, a. αὐτοεξεταστικός
introvert, n. ἐνδοστρεφής (ὁ, ἡ)
intrude, v.i. χώνομαι, μπαίνω ἀπρόσκλητος/ *~ upon*, ἐπιβάλλω / *~r*, n. παρείσακτος (ὁ), ἀπρόσκλητος (ὁ)/ *intrusion*, n. αὐτόκλητη εἰσχώρηση (ἡ), ἐνόχληση (ἡ)/ *intrusive*, a. ἐνοχλητικός, ἀδιάκριτος
intuition, n. προμάντεμα (τό)
inundate, v.t. πλημμυρίζω, κατακλύζω/ *inundation*, n. πλημμύρισμα (τό)

inure, v.t. ἐξοικειώνω, σκληραγωγῶ/ *~d*, p.p. & a. ἐξοικειωμένος, σκληραγωγημένος
invade, v.t. εἰσβάλλω, εἰσορμῶ/ *~r*, n. εἰσβολέας (ὁ)
invalid, n. ἀνάπηρος (ὁ)/ a. (leg.) ἄκυρος/ *~ate*, v.t. ἀκυρώνω/ *~ation*, n. ἀκύρωση (ἡ)
invaluable, a. ἀνεκτίμητος, πολύτιμος
invariable, a. ἀμετάβλητος, αὐστηρός
invasion, n. εἰσβολή (ἡ), ἐπιδρομή (ἡ)/ *~ of rights*, παραβίαση δικαιωμάτων (ἡ)
invective, n. βρίσιμο (τό), κατσάδα (ἡ)/ *inveigh*, v.i. βρίζω, ψέγω
inveigle, v.t. ἀποπλανῶ, δελεάζω
invent, v.t. ἐπινοῶ, ἐφευρίσκω/ *~ion*, n. ἐπινόηση (ἡ), ἐφεύρεση (ἡ)/ *~ive*, a. ἐπινοητικός, ἐφευρετικός/ *~or*, n. ἐφευρέτης (ὁ)
inventory, n. ἀπογραφή (ἡ)/ v.t. κάνω ἀπογραφή
inverse, a. ἀντίστροφος, ἀνάποδος/ *~ly*, ad. ἀντίστροφα, ἀνάποδα/ *inversion*, ἀντιστροφή (ἡ)/ *invert*, v.t. ἀντιστρέφω/ *~ed commas*, εἰσαγωγικά (τά)
invertebrate, a. ἀσπόνδυλος/ (fig.) ἄτολμος/ n. ἀσπόνδυλο ζῶο (τό)
invest, v.t. ἐπενδύω/ (with powers) ἀπονέμω, παρέχω/ (mil.) πολιορκῶ
investigate, v.t. ἐρευνῶ, ἐξετάζω/ *investigation*, n. ἔρευνα (ἡ), ἐξέταση (ἡ)/ (leg.) ἀνάκριση (ἡ)/ *investigator*, n. ἐρευνητής (ἡ) (leg.) ἀνακριτής (ὁ)
investiture, n. ἐπίσημη ἀπονομή (ἡ)
investment, n. ἐπένδυση (ἡ) / (mil.) πολιορκία (ἡ)/ *investor*, n. κεφαλαιοῦχος (ὁ), ἐπενδυτής (ὁ)
inveterate, a. ῥιζωμένος, μέ κακές συνήθειες/ *~ hate*, ἄσπονδο μίσος
invidious, a. φθονερός, μισητός
invigorate, v.t. δυναμώνω, ἐνισχύω, ζωογονῶ/ *invigorating*, a. δυναμωτικός, ζωογόνος
invincible, a. ἀνίκητος, ἀήττητος
inviolability, n. ἀπαραβίαστο (τό)/ *inviolable*, a. ἀπαραβίαστος/ *inviolate*, a. ἀπαράβατος, ἄθικτος
invisible, a. ἀόρατος/ *~ earnings*, ἀφανῆ ἔσοδα (τά)/ *~ ink*, ἀόρατο μελάνι (τό)
invitation, n. πρόσκληση (ἡ)/ *invite*, v.t.

προσκαλῶ, προκαλῶ/ *inviting*, a. ἑλκυστικός
invocation, n. ἐπίκληση (ἡ)
invoice, n. τιμολόγιο (τό)/ v.t. στέλνω τιμολόγιο
invoke, v.t. ἐπικαλοῦμαι
involuntarily, ad. ἀθέλητα, ἀκούσια/ *involuntary*, a. ἀθέλητος, ἀκούσιος
involve, v.t. περιπλέκω, μπερδεύω/ *get ~d in*, παρασύρομαι/ *get ~d with*, δημιουργῶ ἐρωτικό δεσμό
invulnerable, a. ἄτρωτος
inward, a. ἐσωτερικός, ἐσώτερος, μύχιος/ *~ly*, ad. ἐσωτερικά, πρός τά μέσα/ *~s*, ad. πρός τά μέσα
iodine, n. ἰώδιο (τό)
ion, n. ἰόν (τό)
Ionian, a. ἰωνικός/ *~ sea*, Ἰόνιο Πέλαγος (τό)/ *ionic*, a. ἰωνικός
iota, n. γιώτα (τό)/ *not an ~*, καθόλου
I.O.U. n. γραμμάτιο (τό)
irascibility, n. ὀξυθυμία (ἡ)/ *irascible*, a. ὀξύθυμος, εὐερέθιστος
irate, a. ὀργισμένος, ἐξαγριωμένος/ *ire*, n. ὀργή (ἡ), θυμός (ὁ)
iridescence, n. ἰριδισμός (ὁ)/ *iridescent*, a. ἰριδόχρωμος
iris, n. (bot. & eye) ἴριδα (ἡ)
Irish, a. ἰρλανδικός/ n. (man) Ἰρλανδός (ὁ)/ *~ woman*, Ἰρλανδέζα (ἡ)
irk, v.t. στενοχωρῶ, ἐνοχλῶ/ *~some*, a. δυσάρεστος, ἐνοχλητικός
iron, n. σίδερο (τό)/ *while the ~ is hot*, ὅσο εἶναι τό σίδερο καυτό/ a. σιδερένιος/ v.t. σιδερώνω/ *~ out*, ἐξομαλύνω/ *~clad*, a. σιδερόφρακτος/ n. θωρηκτό (τό)/ *~er*, n. σιδερωτής (ὁ)/ *~ foundry*, n. χυτήριο σιδέρου (τό)
ironic(al), a. εἰρωνικός
ironing, n. σιδέρωμα (τό)/ *~ board*, σανίδα σιδερώματος
ironmonger, n. σιδεράς (ὁ), σιδηρουργός (ὁ)/ *ironworks*, n. σιδηρουργεῖο (τό), σιδεράδικο (τό)
irony, n. εἰρωνεία (ἡ)
irradiate, v.t. ἀκτινοβολῶ, λάμπω/ *irradiation*, n. ἀκτινοβολία (ἡ), λάμψη (ἡ)
irrational, a. παράλογος
irreclaimable, a. ἀδιόρθωτος/ (land) ἀκαλλιέργητος

irreconcilable, a. ἀδιάλλακτος, ἀσυμβίβαστος
irrecoverable, a. ἀνείσπρακτος
irredeemable, a. ἀνεπανόρθωτος, ἀδιόρθωτος/ (comm.) μή ἐξαργυρώσιμος
irreducible, a. ἀμείωτος
irrefutable, a. ἀδιάψευστος
irregular, a. ἀνώμαλος, ἀκανόνιστος/ *~ity*, n. ἀνωμαλία (ἡ)
irrelevance, n. ἄσχετο (τό)/ *irrelevant*, a. ἄσχετος
irreligious, a, ἄθρησκος, ἀσεβής
irremediable, a. ἀθεράπευτος, ἀνίατος, ἀνεπανόρθωτος
irreparable, a. ἀνεπανόρθωτος, ἀθεράπευτος
irreproachable, a. ἄψογος, ἄμεμπτος
irresistible, a. ἀκαταμάχητος, ἀσυγκράτητος
irresolute, a. ἀναποφάσιστος, διστακτικός
irrespective, a. ἄσχετος/ *~ of*, ἄσχετα, ἀνεξάρτητα ἀπό
irresponsibility, n. τό ἀνεύθυνο/ *irresponsible*, a. ἀνεύθυνος
irretrievable, a. ἀνεπανόρθωτος, ἀθεράπευτος
irreverence, n. ἀσέβεια (ἡ), ἀνευλάβεια (ἡ)/ *irreverent*, a. ἀσεβής, ἀνευλαβής
irrevocable, a. ἀμετάκλητος, τελικός
irrigate, v.t. ποτίζω, ἀρδεύω/ *irrigation*, n. πότισμα (τό), ἄρδευση (ἡ)
irritability, n. εὐερέθιστο (τό)/ *irritable*, a. εὐερέθιστος/ *irritant*, a. ἐρεθιστικός/ n. ἐρεθιστικό (τό)/ *irritation*, n. ἐρεθισμός (ὁ)/ (nervous) ἐκνευρισμός (ὁ)
irruption, n. εἰσβολή (ἡ), ἐπιδρομή (ἡ)
isinglass, n. ζελατίνα (ἡ)
Islam, n. Ἰσλάμ (τό), Μωαμεθανισμός (ὁ)
island, n. νησί (τό)/ a. νησιωτικός/ *islet*, n. νησάκι (τό)
isolate, v.t. ἀπομονώνω/ *~d*, p.p. & a. ἀπομονωμένος/ *isolation*, n. ἀπομόνωση (ἡ)/ *~ hospital*, νοσοκομεῖο μολυσματικῶν νόσων/ *~ism*, n. ἀπομονωτισμός (ὁ)
Israeli, n. ἰσραηλινός (ὁ)/ *~te*, a. ἰσραηλιτικός/ n. Ἰσραηλίτης (ὁ)
issue, n. ἔκβαση (ἡ), ἀποτέλεσμα (τό)/

(river) ἐκβολή (ἡ)/ (med.) ἀπώλεια (ἡ), ἐκροή (ἡ)/ (publication) ἔκδοση (ἡ)/ (descendants) ἀπόγονοι (οἱ)/ be at ~, ἐξετάζω, διερευνῶ/ bring to a successful ~, φέρνω σέ αἴσιο πέρας/ v.i. ἀπορρέω, προέρχομαι/ v.t. ἐκδίδω, δημοσιεύω

isthmus, n. ἰσθμός (ὁ)

it, pn. αὐτό, τοῦτο, ἐκεῖνο/ who is ~? ποιός εἶναι;/ ~ is said, λέγεται ὅτι

Italian, a. ἰταλικός/ n. Ἰταλός (ὁ)/ (woman) Ἰταλίδα (ἡ)/ (language) Ἰταλικά, (τά), Ἰταλική γλώσσα (ἡ)

italic(s), n. κυρτά στοιχεῖα (τά)/ ~ ize, v.t. τυπώνω μέ κυρτά στοιχεῖα

itch, n. φαγούρα (ἡ)/ (fig.) γκρίνια (ἡ)/ v.i. ξύνομαι, νοιώθω φαγούρα/ ~y, a. ψωραλέος

item, n. πράγμα (τό), εἶδος (τό)/ (comm.) κονδύλι (τό), ἐγγραφή (ἡ), εἴδηση (ἡ)

iterate, v.t. ἐπαναλαμβάνω/ iteration, n. ἐπανάληψη (ἡ)

itinerant, a. περιοδεύων, πλανόδιος/ itinerary, n. δρομολόγιο (τό)

its, pn. δικό του, αὐτουνοῦ/ ~elf, pn. τό ἴδιο

ivory, n. ἐλεφαντόδοντο (τό), φίλντισι (τό)/ a. φιλντισένιος

ivy, n. κισσός (ὁ)

J

jab, v.t. μπήγω, χώνω/ n. μυτερό ὄργανο (τό)

jabber, v.i. φλυαρῶ, πολυλογῶ

jack, n. γρύλλος (ὁ), ἀνυψωτήρας (ὁ)/ ~ in the box, παιχνίδι μέ ἐλατήριο/ ~ in office, μικρογραφειοκράτης/ ~ of all trades, πολυτεχνίτης

jackal, n. τσακάλι (τό)

jackanapes, n. παλιόπαιδο (τό), πειραχτήρι (τό)

jackass, n. γάιδαρος (ὁ)/ (fig.) βλάκας (ὁ), χαζός (ὁ)

jackboot, n. ψηλή μπότα (ἡ)

jackdaw, n. καλιακούδα (ἡ)/ jacktar, n. ναύτης (ὁ)

jacket, n. σακάκι (τό), χιτώνιο (τό)/ (potato) φλούδα (ἡ)/ (book) κάλυμμα (τό)

jackknife, n. σουγιάς (ὁ)

jackstraw, n. σκιάχτρο (τό)

jade, n. νεφρίτης (ὁ)/ (woman) βρωμοθήλυκο (τό)/ ~d, a. ἐξαντλημένος, βαριεστημένος

jagged, a. ὀδοντωτός, δαντελωτός

jaguar, n. ἰαγουάρος (ὁ)

jail, n. φυλακή (ἡ)/ ~bird, n. τρόφιμος (ὁ)/ ~er, n. δεσμοφύλακας (ὁ)

jam, n. μαρμελάδα (ἡ)/ v.t. συμπιέζω, στριμώχνω, μπλοκάρω/ (radio) κάνω παρεμβολή, βάζω παράσιτα/ v.i. κάνω μαρμελάδα

jamb, n. παραστάδα (ἡ)

jangle, n. κακοφωνία (ἡ), σαματάς (ὁ)/ v.i. βγάζω δυσάρεστο ἦχο, κάνω σαματά

janitor, n. θυρωρός (ὁ), ἐπιστάτης (ὁ)

January, n. Ἰανουάριος (ὁ)

japan, n. μαῦρο βερνίκι (τό)/ v.t. βερνικώνω, λουστράρω

Japanese, a. ἰαπωνικός/ n. Ἰάπωνας (ὁ), Γιαπωνέζος (ὁ)/ (woman) Ἰαπωνίδα (ἡ), Γιαπωνέζα (ἡ)/ (language) Ἰαπωνικά (τά), Γιαπωνέζικα (τά)

jar, n. δοχεῖο (τό), πιθάρι (τό), βάζο (τό)/ v.t. τραντάζω, κλονίζω/ v.i. συγκρούομαι, τσακώνομαι

jardinière, n. ζαρντινιέρα (ἡ)

jargon, n. ἐπαγγελματική φρασεολογία (ἡ)

jarring, a. κακόηχος, κακόφωνος, ἐνοχλητικός

jasmine, n. γιασεμί (τό)

jasper, n. ἴασπις (ὁ)

jaundice, n. ἴκτερος (ὁ), χρυσή (ἡ)/ (fig.) φθόνος (ὁ), ζηλοτυπία (ἡ)/ ~d, a. ἰκτερικός/ (fig.) φθονερός, ζηλότυπος

jaunt, n. ἐκδρομή (ἡ), βόλτα (ἡ)/ ~y, a. ξένοιαστος, κεφάτος

javelin, n. ἀκόντιο (τό)

jaw, n. σαγόνι (τό)/ (pl.) στόμα (τό)/ ~bone, n. γναθικό ὀστό (τό)/ (tech.) ἄνοιγμα τανάλιας

jay, n. κίσσα (ἡ)/ (fig.) βλάκας (ὁ), χαζός (ὁ)

jazz, n. τζάζ (ή)/ ~band, n. ὀρχήστρα τζάζ (ή)

jealous, a. ζηλιάρης, ζηλόφθονος/ ~y, n. ζήλια (ή), ζηλοτυπία (ή)

jeans, n. pl. παντελόνι ἐργασίας (τό), μπλού-τζήν (τό)

jeep, n. τζίπ (τό)

jeer, v.i. σαρκάζω, περιγελῶ/ n. σαρκασμός (ὁ), χοροϊδία (ή)

jejune, a. βαρετός, πληκτικός, ἀνούσιος

jelly, n. ζελές (ὁ), πηχτή (ή)/ ~fish, n. τσούχτρα (ή)

jemmy, n. λοστός διαρρήκτη (ὁ)

jeopardize, v.t. διακινδυνεύω/ jeopardy, n. διακινδύνευση (ή)

jerk, n. κραδασμός (ὁ), τράνταγμα (τό), σπασμός (ὁ)/ v.t. τινάζω, τραντάζω/ v.i. τραντάζομαι, τινάζομαι

jerkin, n. γιλέκο (τό)

jerky, a. ἀπότομος, σπασμωδικός

jerry-built, a. ψευτοχτισμένος

jersey, n. φανέλα (ή)/ ~ dress, φουστάνι ἀπό τζέρσεϋ (τό)

jest, n. ἀστεῖο (τό), πείραγμα (τό)/ in ~, στ' ἀστεῖα/ v.i. ἀστειεύομαι/ ~er, n. ἀστεῖος (ὁ)/ (hist.) γελωτοποιός (ὁ)

Jesuit, n. Ἰησουίτης (ὁ)/ a. ἰησουητικός/ (fig.) στρεψόδικος

Jesus, n. Ἰησοῦς (ὁ)

jet, n. (water) πίδακας (ὁ)/ (min.) γαλάτης (ὁ)/ ~ black, a. κατάμαυρος/ plane, n. ἀεριωθούμενο ἀεροπλάνο (τό)/ ~ propulsion, n. ἀεριοπροώθηση (ή)

jetsam, n. ἔκβρασμα (τό)

jettison, v.t. ρίχνω φορτίο στήν θάλασσα, κάνω ἀβαρία/ (fig.) ἀπορρίπτω, ἀποβάλλω

jetty, n. προβλήτα (ή), ἀποβάθρα (ή), ἐξέδρα (ή)

Jew, n. Ἐβραῖος (ὁ), Ἰουδαῖος (ὁ)/ ~'s harp, μονόχορδο (τό)

jewel, n. πολύτιμη πέτρα (ή), πετράδι (τό)/ ~ case, θήκη κοσμημάτων/ ~ler, n. κοσμηματοπώλης (ὁ)/~ lery, n. κοσμήματα (τά), χρυσαφικά (τά)

Jewess, n. Ἐβραία (ή), Ἰουδαία (ή)/ Jewish, a. ἐβραϊκός, ἐβραίικος, ἰουδαϊκός/ Jewry, n. Ἐβραϊσμός (ὁ), Ἰουδαϊσμός (ὁ)

jib, n. φλόκος (ὁ)/ (tech.) βραχίονας γερανοῦ/ v.i. σταματῶ, καθηλώνομαι

jiffy, n. στιγμή (ή)

jig, n. (dance) ζωηρός χορός (ὁ)/ (print.) συσκευή μοντέλων (ή)/ ~saw puzzle, παιχνίδι συναρμολόγησης (τό)

jilt, v.t. ἀφήνω μπουκάλα

jingle, n. κουδούνισμα (τό)/ v.i. κουδουνίζω

jingo, n. σωβινιστής (ὁ)/ ~ism, n. σωβινισμός (ὁ)

job, n. δουλειά (ή), ἐργασία (ή)/ good ~, καλοκαμωμένη δουλειά/ ~ lot, διάφορα ἐμπορεύματα/ it's a good ~ that, εὐτυχῶς πού/ ~ber, μεσάζων (ὁ), κομπιναδόρος (ὁ)/ ~bery, n. μεσιτεία (ή), κομπίνα (ή)/ ~bing, n. κομπίνα (ή), ἐργολαβική δουλειά (ή)

jockey, n. τζόκεϋ (ὁ)/ v.i. ~ for position, ἀνταγωνίζομαι, κάνω ἐλιγμούς

jocose, a. ἀστεῖος, εὔθυμος

jocular, a. ἀστεῖος, κεφάτος

jog, v.t. σπρώχνω, σκουντῶ/ v.i. προχωρῶ/ ~ along, τά κουτσοκαταφέρνω/ n. σπρώξιμο (τό)/ ~ trot, n. μικρός καλπασμός (ὁ)

join, v.t. συνδέω, ἑνώνω/ v.i. συνεργάζομαι, προσχωρῶ/ ~ the army, κατατάσσομαι στό στρατό/ ~ battle, μπαίνω στή μάχη/ ~er, n. ξυλουργός (ὁ), μαραγκός (ὁ)/ ~ery, n. ξυλουργική (ή), μαραγκοσύνη (ή)/ ~t, κοινός, ἑνιαῖος/ ~ account, κοινός λογαριασμός/ ~ heir, κοινός κληρονόμος/ ~ stock, μετοχικό κεφάλαιο/ ~ stock company, μετοχική ἑταιρία (ή)/ n. ἕνωση (ή), κλείδωση (ή), ἄρθρωση (η), σύνδεσμος (ὁ)/ v.t. συνδέω, συναρμολογῶ/ ~ly, ad. μαζί, ἀπό κοινοῦ

joist, n. πατόξυλο (τό)

joke, n. ἀστεῖο (τό), χωρατό (τό), καλαμπούρι (τό)/ (person) κορόιδο (τό)/ practical ~, φάρσα/ v.i. ἀστειεύομαι/ ~r, n. χωρατατζής (ὁ), φαρσέρ (ὁ)/ (cards) μπαλαντέρ (ὁ)

jollification, n. γλέντι (τό), διασκέδαση (ή)/ jolly, a. εὔθυμος, κεφάτος, διασκεδαστικός

jolt, v.t. σκουντῶ, τραντάζω/ v.i. τραντάζομαι, ταρακουνιέμαι ~ing, n. τράν-

ταγμα (τό), τίναγμα (τό)
jonquil, n. νάρκισσος (ό)
jostle, v.t. & i. σπρώχνω, σκουντῶ/ n.
σπρώξιμο (τό), στρίμωγμα (τό)
jot, n. ἴχνος (τό), μικρή ποσότητα (ή)/ *not
a* ~, καθόλου/ v.t. ~ *down*, σημειώνω/
~*tings*, n. pl. σημειώσεις (οί)
journal, n. περιοδικό (τό), ἐφημερίδα
(ή)/ (naut.) ἡμερολόγιο πλοίου (τό)/
~*ism*, n. δημοσιογραφία (ή)/ ~*ist*, n.
δημοσιογράφος (ό)/ ~*istic*, a. δημοσιο-
γραφικός
journey, n. ταξίδι (τό)/ v.i. ταξιδεύω
joust, n. κονταροχτύπημα (τό)/ v.i. κον-
ταροχτυπιέμαι
jovial, a. εὔθυμος, διαχυτικός/ ~*ity*, n.
εὐθυμία (ή), διαχυτικότητα (ή)
jowl, n. σαγόνι (τό)
joy, n. εὐθυμία (ή), χαρά (ή)/ ~*ful*, a.
χαρούμενος/ ~*less*, a. σκυθρωπός, με-
λαγχολικός
jubilant, a. χαρούμενος, ἐνθουσιασμένος/
jubilation, n. χαρά (ή), ἐνθουσιασμός
(ό)
jubilee, n. ἰωβηλαῖο (τό)
Judaic, a. ἰουδαϊκός, ἑβραϊκός
judge, n. δικαστής (ό), κριτής (ό)/ v.t.
δικάζω, κρίνω/ ~*ment*, n. κρίση (ή)/
(leg.) ἀπόφαση (ή)/ ~*seat*, ἕδρα δικα-
στηρίου (ή)/ *day of* ~, Δευτέρα Πα-
ρουσία (ή)
judicature, n. δικαιοσύνη (ή), δικαστικό
σύστημα (τό)/ *judicial*, a. δικαστικός/
judiciary, n. δικαστικό σώμα (τό)
judicious, a. συνετός, φρόνιμος, μυαλω-
μένος, γνωστικός
jug, n. κανάτα (ή), στάμνα (ή)/ v.t. ψήνω
στήν στάμνα
juggle, v.i. κάνω ταχυδακτυλουργίες/ v.t.
διαστρεβλώνω, μαγειρεύω/ ~*r*, n. τα-
χυδακτυλουργός (ό)/ ~*ry*, n. ταχυδα-
κτυλουργία (ή)
juggling, n. ἀπάτη (ή), ἐξαπάτηση (ή)
jugular, a. σφαγιτιδικός, τραχηλικός/ ~
vein, σφαγίτιδα φλέβα (ή)
juice, n. χυμός (ό)/ (fig.) οὐσία (ή)/ *juici-
ness*, n. νοστιμάδα (ή)
juicy, a. ζουμερός, χυμώδης
ju-jitsu, n. ζίου-ζίτσου (τό)
jujube, n. (bot.) τζίτζιφο (τό)

July, n. Ἰούλιος (ό)
jumble, n. μπέρδεμα (τό), ἀνακάτωμα
(τό), ἀναστάτωση (ή)/ (heap) σωρός
(ό)/ ~ *sale*, πώληση γιά φιλανθρωπικό
σκοπό/ v.t. ἀνακατεύω, μπερδεύω,
ἀναστατώνω
jump, n. πήδημα (τό)/ v.i. πηδῶ/ (sport)
κάνω ἅλμα/ ~ *at*, ἀρπάζω, ὁρμῶ/ ~ *the
gun*, ἐνεργῶ πρόωρα/ ~ *over*, ὑπερπη-
δῶ/ ~*er*, n. ἅλτης (ό)/ (garment) που-
λόβερ (τό), μπλούζα (ή)/ ~*ing*, n. πή-
δημα (τό)/ a. πηδηχτός/ ~ *off point*,
ἀφετηρία (ή)/ (mil.) ὁρμητήριο (τό)/
jumpy, a. νευρικός, ταραγμένος
junction, n. ἕνωση (ή), συμβολή (ή)/ (rail-
way, etc.) διασταύρωση (ή), διακλά-
δωση (ή)
juncture, n. σύνδεση (ή), συμβολή (ή),
ἁρμός (ό)/ *at this* ~, σ' αὐτή τήν κρίσι-
μη φάση
June, n. Ἰούνιος (ό)
jungle, n. ζούγκλα (ή)
junior, a. νεώτερος/ (in rank) κατώτερος
juniper, n. ἀγριοκυπαρίσσι (τό)
junk, n. παλιοπράγματα (τά)/ ~ *shop*,
παλαιοπωλεῖο (τό), παλιατζίδικο (τό)
junket, n. γλέντι (τό)
junky, n. ναρκομανής (ό), τοξικομανής
(ό)
juridical, a. δικαστικός, δικανικός/ *juris-
diction*, n. δικαιοδοσία (ή), ἁρμοδιότη-
τα (ή)/ *jurisprudence*, n. νομολογία (ή),
νομική ἐπιστήμη (ή)/ *jurist*, n. νομικός
(ό), νομομαθής (ό)
juror, n. ἕνορκος (ό)/ *jury*, n. ἕνορκοι
(οί)/ (in a competition) ἑλλανόδικη ἐπι-
τροπή (ή), κριτές (οί)
just, a. δίκαιος/ ad. μόλις, ἀκριβῶς/ ~ *as*,
καθώς/ ~ *in case*, σέ περίπτωση πού/ ~
now, μόλις πρίν λίγο/ *justice*, n. δικαιο-
σύνη (ή)/ ~ *of the peace*, εἰρηνοδίκης
(ό)/ *do* ~ *to*, ἐκτιμῶ, ἀναγνωρίζω/ *poe-
tic* ~, ποιητική (ἰδεώδης) δικαιοσύνη
justifiable, a. δικαιολογημένος/ *justifica-
tion*, n. δικαιολογία (ή), δικαιολόγηση
(ή)/ *justify*, v.t. δικαιολογῶ, αἰτιολογῶ/
jualty, ad. δίκαια, τίμια
jut, v.i. ἐξέχω, προεξέχω
jute, n. γιούτα (ή)
juvenile, a. παιδικός, ἐφηβικός/ (leg.)

ἀνήλικος/ ~ delinquent, ἀνήλικος ἐγκληματίας/ n. νεαρός (ὁ)
juxtapose, v.t. ἀντιπαραθέτω/ juxtaposition, n. ἀντιπαράθεση (ἡ)

K

kale, n. λαχανίδα (ἡ)
kaleidoscope, n. καλειδοσκόπιο (τό)
kangaroo, n. καγκουρώ (τό)
keel, n. καρίνα (ἡ)/ v.i. ~ over, ἀναποδογυρίζω
keen, a. ὀξύς, σφοδρός, ἐνθουσιώδης/be ~ on (something) εἶμαι μανιώδης μέ, εἶμαι πρόθυμος γιά/ be ~ on (someone) εἶμαι ξετρελαμένος μέ/ ~ness, n. ὀξύτητα (ἡ), ἐνθουσιασμός (ὁ), προθυμία (ἡ)
keep, v.t. κρατῶ, διατηρῶ, φυλάγω, συντηρῶ/ (rules) τηρῶ/ v.i. διατηροῦμαι, ἀντέχω/ ~ at, ἐπιμένω/ ~ aloof, κρατῶ ἀπόσταση/ ~ away, ἀπομακρύνομαι, ἀπέχω/ ~ back, v.t. συγκρατῶ, ἀναχαιτίζω/ v.i. κρατιέμαι μακριά/ ~ down, καταπιέζω, καταστέλλω/ ~ house, διατηρῶ νοικοκυριό/ ~ in, περιορίζω, κρατῶ μέσα/ ~ off, ἀποτρέπω/ (abstain) ἀπέχω/ ~ on, συνεχίζω/ ~ out, μένω ἀπέξω, ἀπέχω, ἀποφεύγω/ ~ a secret, φυλάγω μυστικό/ ~ up, συνεχίζω/ ~ one waiting, κάνω κάποιον νά περιμένει/ ~ well, διατηροῦμαι καλά/ ~ one's word, κρατῶ τόν λόγο μου/ n. διατροφή (ἡ), συντήρηση (ἡ)/ ~er, n. φύλακας (ὁ), φρουρός (ὁ)/ ~ing, n. διατήρηση (ἡ), φύλαξη (ἡ), συντήρηση (ἡ)/ in one's ~, στή φύλαξή μου/ in safe ~, σέ ἀσφαλῆ φύλαξη/ be in ~ with, συμβαδίζω/ ~sake, n. ἐνθύμιο (τό), ἀναμνηστικό (τό)
keg, n. βαρελάκι (τό)
ken, n. γνώση (ἡ)
kennel, n. σπιτάκι σκύλου (τό)
kerb, n. κράσπεδο πεζοδρομίου (τό)

kerchief, n. τσεμπέρι (τό), μαντίλι κεφαλιοῦ (τό)
kernel, n. πυρήνας (ὁ)/ (fruit) κουκούτσι (τό)
kerosene, n. κεροζίνη (ἡ), φωτιστικό πετρέλαιο (τό)
kestrel, n. γεράκι (τό)
ketch, n. δικάταρτο καΐκι (τό)
kettle, n. κατσαρόλα (ἡ), χύτρα (ἡ)/ a pretty ~ of fish, μπέρδεμα, ἀνακάτεμα/ ~drum, n. τύμπανο (τό)
key, n. κλειδί (τό)/ (mus.) τόνος (ὁ)/ (colour) βασικό χρῶμα/ master ~, γενικό ἀντικλείδι/ ~ position, θέση-κλειδί/ ~ board, n. πληκτρολόγιο (τό)/ ~hole, n. κλειδαρότρυπα (ἡ)/ ~note, n. βασικό γνώρισμα (χαρακτηριστικό) (τό)/ ~ring, n. κρίκος γιά κλειδιά (ὁ)/ ~stone, n. κεντρικός λίθος (ὁ)
khaki, n. χακί (τό)
khan, n. χάνος (ὁ), χάν (ὁ)
kick, n. κλωτσιά (ἡ), κλώτσημα (τό)/ v.t. κλωτσῶ/ v.i. ἀντιστέκομαι, ἀντιδρῶ/ ~ against the pricks, λακτίζω εἰς κέντρα/ ~ up a fuss, κάνω φασαρία/ ~ someone out, διώχνω μέ τίς κλωτσιές/ ~ - off, n. ἐναρκτήριο λάκτισμα (τό)
kid, n. κατσικάκι (τό)/ (fig). παιδί (τό)/ v.t. κοροϊδεύω, ἐξαπατῶ/ ~dy, n. πιτσιρίκος (ὁ)/ ~glove, a. λεπτεπίλεπτος
kidnap, v.t. κάνω ἀπαγωγή/ ~per, n. ἀπαγωγέας (ὁ)/ ~ping, n. ἀπαγωγή (ἡ)
kidney, n. νεφρό (τό)/ ~ - bean, n. φασόλι (τό)
kill, v.t. σκοτώνω, θανατώνω/ (suppress) σβήνω, πνίγω/ ~ time, σκοτώνω χρόνο/ ~er, n. φονιάς (ὁ), δολοφόνος (ὁ)/ ~ing, n. φόνος (ὁ), δολοφονία (ἡ)/ a. θανατηφόρος, φονικός
kiln, n. καμίνι (τό), κλίβανος (ὁ), φοῦρνος (ὁ)
kilometre, n. χιλιόμετρο (τό)
kilowatt, n. κιλοβάτ (τό)
kilt, n. σκωτσέζικη φούστα (ἡ)
kimono, n. κιμονό (τό)
kin, n. συγγενεῖς (οἱ), σόι (τό)/ next of ~, πλησιέστερος συγγενής
kind, a. καλόκαρδος, καλός, εὐγενικός/ ~ regards, χαιρετίσματα (τά), χαιρετισμούς/ n. εἶδος (τό)/ ~ of, κατά κάποιο

τρόπο/ *pay in* ~, πληρώνω εἰς εἶδος
kindergarten, n. νηπιαγωγεῖο (τό)
kindhearted, a. καλόκαρδος/ ~*ness,* n. καλοσύνη (ἡ)
kindle, v.t. ἀνάβω, πυρπολῶ, καίω/ v.i. ἐξάπτομαι, λάμπω
kindliness, n. καλοσύνη (ἡ)/ *kindly,* a. εὐγενικός, καλοκάγαθος/ ad. εὐγενικά, καλοκάγαθα/ *kindness,* n. καλοσύνη (ἡ), εὐγένεια (ἡ)
kindred, a. συγγενικός/ n. συγγενεῖς (οἱ), συγγενολόι (τό)
king, n. βασιλιάς (ὁ), μονάρχης (ὁ)/ (cards) ρήγας (ὁ)/ ~ *bolt,* n. πείρος (ὁ)/ ~*fisher,* n. ἀλκυόνα (ἡ), ψαροφάγος (ὁ)/ ~*dom,* n. βασίλειο (τό), βασιλεία (ἡ)/ ~*ly,* a. βασιλικός, μεγαλοπρεπής
kink, n. στράβωμα (τό), στρίψιμο (τό)/ (fig.) λόξα (ἡ), μονομανία (ἡ)/ v.t. & i. στρίβω, στραβώνω/ ~*y,* a. στραβωμένος/ (fig.) λοξός, ἰδιόρρυθμος
kinship, n. συγγένεια (ἡ)/ *kinsman,* n. συγγενής (ὁ)
kiosk, n. περίπτερο (τό), κιόσκι (τό)
kipper, n. καπνιστή ρέγγα (ἡ)/ v.t. παστώνω, καπνίζω
kiss, n. φιλί (τό), φίλημα (τό)/ v.t. φιλῶ
kit, n. ἀποσκευή (ἡ), ἐξάρτυση (ἡ), σύνεργα (τά)/ ~*bag,* n. σακίδιο (τό)
kitchen, n. κουζίνα (ἡ), μαγειρεῖο (τό)/ ~ *- garden,* n. λαχανόκηπος (ὁ)/ ~ *- maid,* n. βοηθός μαγείρου (ὁ)/ ~ *- sink,* n. νεροχύτης (ὁ)
kite, n. χαρταετός (ὁ)/ *fly a* ~, v.i. βολιδοσκοπῶ, σφυγμομετρῶ/ (fig.) ἐκμεταλλευτής
kith and kin, n. οἰκογένεια (ἡ), ὅλο τό σόι
kitten, n. γατούλα (ἡ), γατάκι (τό)/ v.i. γεννῶ γατάκια
kleptomania, n. κλεπτομανία (ἡ)/ ~*c,* n. κλεπτομανής (ὁ, ἡ)
knack, n. ἐπιδεξιότητα (ἡ), ταλέντο (τό)
knapsack, n. σακίδιο (τό), γυλιός (ὁ)
knave, n. ἀπατεώνας (ὁ), παλιάνθρωπος (ὁ)/ (cards) βαλές (ὁ)/ ~*ry,* n. ἀπατεωνιά (ἡ), παλιανθρωπιά (ἡ)/ *knavish,* a. ἀπατεωνίστικος
knead, v.t. ζυμώνω/ ~*ing,* n. ζύμωμα (τό)/ ~ *trough,* σκάφη ζυμώματος (ἡ)

knee, n. γόνατο (τό)/ ~ *- breeches,* n. βράκα (ἡ)/ ~*- cap,* n. ἐπιγονατίδα (ἡ)/ ~ *- deep,* a. βαθύς ὡς τό γόνατο/ ~ *- high,* a. ψηλός ὡς τό γόνατο/ ~*l,* v.i. γονατίζω/ ~ *to,* γονατίζω μπροστά, παρακαλῶ, προσεύχομαι/ ~*ling,* n. γονάτισμα (τό)
knell, n. πένθιμη κωδωνοκρουσία (ἡ)
knickerbockers, n. pl. φουφούλα (ἡ), βράκα (ἡ)
knickers, n. pl. φουφούλα (ἡ)
knick-knack, n. μπιχλιμπίδι (τό)
knife, n. μαχαίρι (τό)/ ~ *- grinder,* n. ἀκονιστήρι (τό)/ v.t. μαχαιρώνω
knight, n. ἱππότης (ὁ)/ (chess) ἄλογο (τό)/ ~ *- errant,* n. περιπλανώμενος ἱππότης (ὁ)/ v.t. χρίζω σέ ἱππότη/ ~*hood,* n. ἱπποσύνη (ἡ), τίτλος ἱππότης/ ~*ly,* a. ἱπποτικός, γενναῖος
knit, v.t. πλέκω/ ~ *one's brows,* συνοφρυώνομαι, σμίγω τά φρύδια/ v.i. συγκολλῶ/ ~*ted,* a. πλεχτός/ ~*ter,* n. πλέκτης (ὁ), πλέχτρια (ἡ)/ ~*ting,* n. πλέξιμο (τό)/ ~ *needle,* βελόνα πλεξίματος (ἡ)/ ~*wear,* n. πλεχτά (τά)
knob, n. ὄγκος (ὁ), κόμπος (ὁ), ἐξόγκωμα (τό)/ (door) λαβή (ἡ), πόμολο (τό)
knock, n. χτύπημα (τό), κρούσιμο (τό)/ v.t. χτυπῶ/ ~ *at the door,* χτυπῶ τήν πόρτα/ ~ *about,* δέρνω, φέρομαι βάναυσα/ (travel) τριγυρνῶ/ ~ *down,* ἀνατρέπω, ρίχνω κάτω/ ~ *in,* μπήγω, χώνω/ ~ *off,* συντρίβω/ ~ *off work,* τελειώνω δουλειά/ ~ *out,* ἀποκρούω/ (sport) ρίχνω νόκ-άουτ/ ~ *to pieces,* κάνω κομμάτια/ ~*er,* n. χτυπητήρι πόρτας (τό)/ ~*-kneed,* a. στραβοπόδης
knoll, n. ὕψωμα (τό), λοφίσκος (ὁ)
knot, n. κόμπος (ὁ)/ (wood) ρόζος (ὁ)/ (fig.) δυσκολία (ἡ)/ (ship) κόμβος (ὁ)/ *Gordian* ~, Γόρδιος δεσμός (ὁ)/ v.t. δένω κόμπο, κάνω κόμπο/ ~*ty,* a. γεμάτος κόμπους/ ~ *hands,* ροζιασμένα χέρια
know, v.t. γνωρίζω, ξέρω/ ~ *how,* ξέρω πῶς/ ~ *by heart,* ξέρω ἀπέξω/ *be in the* ~, εἶμαι καλά πληροφορημένος/ ~*ing,* a. πονηρός/ ~ *smile,* χαμόγελο μέ νόημα/ ~*ingly,* ad. ἐν γνώσει, ἠθελημένα, ἐπίτηδες/ ~*ledge,* n. γνώση (ἡ)/ *it came*

to my ~, ἔμαθα ὅτι/ *without my* ~, χωρίς νά τό ξέρω, ἐν ἀγνοία μου/ ~*ledgeable*, a. γνώστης, κατατοπισμένος/ ~*n*, a. γνωστός

knuckle, n. ἄρθρωση (ἡ), ἀρμός (ὁ)/ ~ *duster*, σιδερένια γροθιά/ (bones) ἀστράγαλος (ὁ)/ ~ *under*, v.i. ὑποχωρῶ, ἐνδίδω

Koran, n. Κοράνιο (τό)

kosher, n. ἁγνό φαγητό (Ἑβραίων)

Kremlin, n. Κρεμλίνο (τό)

kudos, n. ἔπαινος (ὁ)

Kurd, n. Κοῦρδος (ὁ)/ ~*ish*, a. κουρδικός

L

label, n. ἐπιγραφή (ἡ), ἐτικέττα (ἡ)

labial, a. χειλεόφωνος

laboratory, n. ἐργαστήριο (τό)

laborious, a. ἐπίπονος, κουραστικός/ *labour*, n. ἐργασία (ἡ), μόχθος (ὁ)/ *pains of* ~, ὠδίνες τοκετοῦ (οἱ)/ *hard* ~, καταναγκαστικά ἔργα (τά)/ ~ *Party*, Ἐργατικό Κόμμα (τό)/ v.i. ἐργάζομαι, κοπιάζω, μοχθῶ/ ~*ed*, a. ἐπεξεργασμένος, δουλεμένος/ ~*er*, n. ἐργάτης (ὁ)

labyrinth, n. λαβύρινθος (ὁ)

lac, n. γόμμα (ἡ)

lace, n. δαντέλλα (ἡ)/ (shoes) κορδόνι (τό)/ v.t. βάζω δαντέλλα, δένω τά κορδόνια

lacerate, v.t. κομματιάζω, ξεσκίζω

lachrymal, a. δακρυϊκός/ *lachrymatory*, a. δακρυγόνος/ *lachrymose*, a. πολύδακρος, δακρύβρεκτος

lack, n. ἔλλειψη (ἡ), στέρηση (ἡ)/ v.t. στεροῦμαι/ *be lacking in*, ὑστερῶ σέ

lackadaisical, a. αἰσθηματικός

lackey, n. ἀκόλουθος (ὁ), λακές (ὁ)

lacklustre, a. θαμπός, ἀμυδρός

laconic, a. λακωνικός

lacquer, n. εἶδος βερνικιοῦ/ v.t. βερνικώνω, γυαλίζω

lactation, n. θήλασμα (τό), γαλούχηση (ἡ)

lacuna, n. κενό διάστημα (τό)

lad, n. παιδί (τό), ἔφηβος (ὁ), νεαρός (ὁ)

ladder, n. σκάλα (ἡ), ἀνεμόσκαλα (ἡ)

lade, v.t. φορτώνω/ *bill of lading*, φορτωτική (ἡ)

ladle, n. κουτάλα (ἡ)/ *soup* ~, κουτάλα τῆς σούπας/ v.t. σερβίρω.

lady, n. κυρία (ἡ)/ *young* ~, δεσποινίς, νέα/ ~ *in waiting*, κυρία τῶν τιμῶν/ *our* ~, Παναγία (ἡ)/ ~ *Day*, Εὐαγγελισμός (ὁ)/ ~*bird*, n. χολεόπτερο (τό)/ ~*killer*, n. γυναικοκατακτητής (ὁ)/ ~*love*, n. εὐγενική ἐρωμένη/ ~*like*, a. εὐγενική, ἁβρή/ ~*ship*, n. ἀρχοντιά (ἡ)/ *your* ~, Λαίδη μου

lag, n. φυλακισμένος (ὁ), κατάδικος (ὁ)/ (time) καθυστέρηση (ἡ)/ v.i. καθυστερῶ, μένω πίσω/ v.t. καλύπτω προστατευτικά/ ~*gard*, a. νωθρός, βραδυκίνητος

lagoon, n. λιμνοθάλασσα (ἡ)

lair, n. φωλιά ζώων (ἡ)/ (thieves) λημέρι (τό)

laity, n. λαϊκοί (οἱ), κοσμικοί (οἱ)

lake, n. λίμνη (ἡ)

lama, n. λάμα (ἡ)

lamb, n. ἀρνί (τό)/ (fig.) ἀγαθός ἄνθρωπος/ v.i. γεννῶ ἀρνιά

lambent, a. ἐλαφρός/ ~ *flame*, φλόγα πού γλύφει

lame, a. κουτσός, χωλός/ *be* ~, κουτσαίνω/ v.t. σακατεύω/ ~*ness*, n. κουτσαμάρα (ἡ), χωλότητα (ἡ)

lament, n. μοιρολόι (τό), θρῆνος (ὁ)/ v.t.& i. θρηνῶ, κλαίω/ ~*able*, a. ἀξιοθρήνητος/ ~*ation*, n. θρῆνος (ὁ)

lamina, n. λεπίδα (ἡ), ἔλασμα (τό)/ ~*te*, v.t. κόβω σέ φύλλα/~*ted*, a. λεπιδωτός, φυλλωτός

lamp, n. λάμπα (ἡ), ~*black*, n. καπνιά (ἡ)

lampoon, n. λίβελλος (ὁ), καυστική σάτιρα (ἡ)

lamp-post, n. φανοστάτης (ὁ)

lamprey, n. σμύραινα (ἡ)

lampshade, n. ἀμπαζούρ (τό)

lance, n. λόγχη (ἡ), δόρυ (τό)/ (med.) νυστέρι (τό)/ v.t. λογχίζω/ (med.) κόβω μέ νυστέρι/ ~r, n. λογχοφόρος (ὁ)/ ~t, n. νυστέρι (τό)

land, n. γῆ (ἡ), ξηρά (ἡ), χώρα (ἡ)/ by ~, διά ξηρᾶς/ ~agent, ἐπιστάτης κτήματος/ ~ forces, δυνάμεις ξηρᾶς (οἱ), πεζικό (τό)/ v.t. (from sea) ἀποβιβάζω/ (from air) προσγειώνω/ ~ a blow, δίνω χτύπημα/ v.i. ἀποβιβάζομαι, προσγειώνομαι/ ~ed, a. κτηματικός, ἔγγειος/ ~ing, n. (avia.) προσγείωση (ἡ) (sea) ἀπόβαση (ἡ)/ ~ ground, χῶρος γιά προσγείωση/ ~stage, ἀποβάθρα (ἡ)/ ~lady, n. σπιτονοικοκυρά (ἡ), ἰδιοκτήτρια (ἡ)/ ~lord, n. σπιτονοικοκύρης (ὁ), ἰδιοκτήτης (ὁ)/ ~locked, a. χωρίς διέξοδο στήν θάλασσα/ ~mark, n. ὁρόσημο (τό)/ ~owner, n. ἰδιοκτήτης γῆς (ὁ) / ~scape, n. τοπίο (τό) / ~ painter, τοπιογράφος (ὁ)/ ~slide, n. κατολίσθηση (ἡ)

lane, n. δρόμος (ὁ), μονοπάτι (τό)

language, n. γλῶσσα (ἡ)/ bad ~, χυδαία γλῶσσα

languid, a. ἄτονος, νωθρός/ languish, v.i. μαραίνομαι, φθίνω/ ~ing, a. ἄτονος, μαραμένος, ἐξασθενημένος

languor, n. νωθρότητα (ἡ), ἀποχαύνωση (ἡ)/ ~ous, a. νωθρός, ἀποχαυνωμένος

lank, a. λεπτός, ἰσχνός/ ~y, a. λιπόσαρκος

lantern, n. φανάρι (τό), φανός (ὁ)/ magic ~, μαγικός φανός/ ~ jaws, βαθουλωμένα μάγουλα

lap, n. ποδιά (ἡ)/ on one's ~, στά γόνατα/ (sport) γύρος τοῦ στίβου/ ~dog, σκυλάκι σαλονιοῦ/ v.t. περιτυλίγω, διπλώνω/ v.i. ρουφῶ, γλύφω/ (waves) παφλάζω/ ~ up, ἀκούω μέ προσήλωση

lapel, n. πέτο (τό)

lapidary, n. λιθοτόμος (ὁ)

lapis lazuli, n. λαζουρίτης (ὁ)

Laplander, n. Λάπωνας (ὁ)/ Lapp, n. Λαπωνική γλῶσσα (ἡ), Λαπωνικά (τά)

lapse, n. παραπάτημα (τό), σφάλμα (τό)/ (moral) παράπτωμα (τό)/ (time) παρέλευση (ἡ), πέρασμα (τό)/ v.i. παραπατῶ, παραλείπω, κάνω λάθος/ (leg.) παραγράφω

larceny, n. κλοπή (ἡ), λωποδυσία (ἡ)

larch, n. πεῦκο (τό)

lard, n. λαρδί (τό), λίπος (τό)/ v.t. ἀλείφω μέ λίπος/ ~er, n. ντουλάπι γιά τρόφιμα (τό)

large, a. εὐρύχωρος, εὐρύς, πλατύς/ be at ~, εἶμαι ἐλεύθερος/ ~ ly, ad. σέ μεγάλο βαθμό/ ~ness, n. εὐρυχωρία (ἡ), εὐρύτητα (ἡ)

largesse, n. γενναιοδωρία (ἡ)

lark, n. κορυδαλός (ὁ)

larva, n. νύμφη ἐντόμου (ἡ)

laryngitis, n. λαρυγγίτιδα (ἡ)/ larynx, n. λάρυγγας (ὁ)

lascivious, a. λάγνος, ἀσελγής/ ~ness, λαγνεία (ἡ), ἀσέλγεια (ἡ)

laser, n. ἀκτίνες λέϊζερ (οἱ)

lash, n. μαστίγιο (τό), λουρί (τό)/ v.t. μαστιγώνω/ ~ out, χτυπῶ, κλωτσῶ/ ~ together, προσδένω

lass, n. κοπέλα (ἡ), κορίτσι (τό)

lassitude, n. κούραση (ἡ)

lasso, n. λάσσο (τό)

last, a. τελευταῖος/ ~ but one, προτελευταῖος/ ~ night, χθές τό βράδυ/ ~ week, τήν περασμένη ἑβδομάδα/ ~ time, τήν τελευταία φορά/ ~ year, πέρσι/ ad. τελευταῖα, γιά τελευταία φορά, ἐπί τέλους/ n. καλαπόδι (τό)/ at ~, ἐπί τέλους/ v.i. διαρκῶ, βαστῶ, ἀντέχω/ ~ing, a. διαρκής, μόνιμος/ ~ ly, ad. τελευταῖα, στό τέλος

latch, n. μάνταλο (τό), σύρτης (ὁ)/ v.t. μανταλώνω, συρτώνω

late, a. ἀργοπορημένος/ (dead) μακαρίτης (ὁ)/ ad. ἀργά/ be ~, ἀργοπορῶ, ἀργῶ/ it is ~, εἶναι ἀργά/ be ~ for a train, χάνω τό τραῖνο/ ~ly, ad. τελευταῖα, πρόσφατα/ ~ness, n. καθυστέρηση (ἡ), βραδύτητα (ἡ)/ latent, a. λανθάνων, ἀφανέρωτος

later, a. ἀργότερος/ ad. ἀργότερα

lateral, a. πλευρικός, πλάγιος

latest, a. τελευταῖος, πιό πρόσφατος/ at the ~, τό ἀργότερο

lath, n. δοκάρι (τό), πατερό (τό)

lathe, n. τόρνος (ὁ)

lather, n. ἀφρός (ὁ)/ v.t. κάνω ἀφρό, σαπουνίζω

Latin, a. λατινικός/ n. (person) Λατίνος (ὁ) (language) Λατινικά (τά)

latitude, n. γεωγραφικό πλάτος (τό)/

(fig.) εὐρύτητα (ἡ), ἐλευθερία (ἡ)

latrine, n. ἀποχωρητήριο (τό)

latter, a. τελευταῖος, στερνός/ ~ly, ad. τελευταῖα, στερνά

lattice, n. καφασωτό (τό), κιγκλίδωμα (τό)

laud, v.t. ἐπαινῶ, ἐγκωμιάζω/ ~able, a. ἀξιέπαινος

laudanum, n. λάβδανο (τό)

laudatory, a. ἐπαινετικός, ἐγκωμιαστικός

laugh, n. γέλιο (τό)/ v.i. γελῶ/ ~ at, κοροϊδεύω/ ~ off, δέν δίνω σημασία, θεωρῶ ἀσήμαντο/ ~ out loud, ξεκαρδίζομαι/ burst out ~ing, ξεσπῶ σέ γέλια/ ~able, a. γελοῖος/ ~ing, a. γελαστός/ n. γέλιο (τό)/ ~stock, περίγελως (ὁ)/ ~ingly, ad. γελαστά/ ~ter, n. γέλιο (τό)

launch, n. βάρκα (ἡ), ἄκατος (ἡ)/ v.t. ἐκσφενδονίζω, ἐξαπολύω/ ἐκτοξεύω/ ~ out, ὁρμῶ, κάνω ἐπίθεση/ ~ing, n. ἐκτόξευση (ἡ)/ (of a business, etc.) ἐγκαίνια (τά)

launder, n. σκάφη (ἡ)/ v.t. πλένω ρούχα/ laundry, n. πλυντήριο (τό)

laureate, n. δαφνοστεφής (ποιητής)

laurel, n. δάφνη (ἡ)/ rest on one's ~s, ἐπαναπαύομαι στίς δάφνες

lava, n. λάβα (ἡ)

lavatory, n. ἀποχωρητήριο (τό)

lavender, n. λεβάντα (ἡ)

lavish, a. ἄσωτος, σπάταλος, πολυδάπανος/ v.t. σπαταλῶ, ἀσωτεύω/ ~ care on, φροντίζω πολύ/ ~ness, n. σπατάλη (ἡ), ἀσωτεία (ἡ)

law, n. νόμος (ὁ), δίκαιο (τό)/ by ~, μέ τόν νόμο, βάσει νόμου/ go to ~, προσφεύγω στήν δικαιοσύνη/ ~ and order, τάξη καί ἀσφάλεια/ martial ~, στρατιωτικός νόμος/ ~abiding, a. νομοταγής/ ~ -breaker, a. παραβάτης/ ~ ful, a. νόμιμος/ ~ -less, a. παράνομος, ἄνομος/ ~ lessness, n. παρανομία (ἡ), ἀνομία (ἡ)/ ~ giver, maker, n. νομοθέτης (ὁ)

lawn, n. χλόη (ἡ), πρασιά (ἡ)/ (cloth) λινό ὕφασμα/ ~-mower, n. χορτοκοπτική μηχανή (ἡ)

lawsuit, n. δίκη (ἡ)/ lawyer, n. δικηγόρος (ὁ), νομικός (ὁ)

lax, a. χαλαρός, πλαδαρός/ ~ative, n. καθαρτικό (τό), καθάρσιο (τό)/ ~ity, n. χαλαρότητα (ἡ), χαλάρωση (ἡ)

lay, n. (eccl.) λαϊκός (ὁ), κοσμικός (ὁ)/ (sexual) σεξουαλική ἐπαφή (ἡ)/ lay, v.t. & i. βάζω, τοποθετῶ/ (eggs) γεννῶ αὐγά/ (foundation) βάζω θεμέλια/ (fears) καθησυχάζω/ (bets) στοιχηματίζω/ ~ aside, ἀφήνω κατά μέρος/ ~ a claim to, προβάλλω ἀξίωση (ἀπαίτηση)/ ~ down, καταθέτω, καθιερώνω, καθορίζω/ ~ down one's arms, καταθέτω τά ὅπλα/ ~ hands on, παίρνω, βάζω στό χέρι/ ~ hold of, κρατιέμαι/ ~ in, συναθροίζω, συγκεντρώνω/ ~ off (workers), ἀπολύω/ ~ open, ἀποκαλύπτω/ ~ out, καταστρώνω/ ~ the table, στρώνω τό τραπέζι/ ~ taxes, ἐπιβάλλω φόρο/ be laid up, μένει δεμένο/ ~ waste, καταστρέφω

layer, n. στρῶμα (τό)/ (hen) κλῶσσα (ἡ)/ (bot.) καταβολάδα (ἡ)/ v.t. τοποθετῶ σέ στρώματα/ (bot.) μοσχεύω

layette, n. μωρουδιακά (τά)

laying, n. στρώσιμο (τό), τοποθέτηση (ἡ)/ (eggs) ὠοτοκία (ἡ)

layman, n. λαϊκός (ὁ)

layout, n. σχέδιο (τό)

lazaretto, n. λοιμοκαθαρτήριο (τό)

laze, v.i. τεμπελιάζω, ὀκνεύω/ lazily, ad. τεμπέλικα, ὀκνηρά/ laziness, n. τεμπελιά (ἡ), ὀκνηρία (ἡ)/ lazy, a. τεμπέλης, ὀκνηρός/ ~ bones, τεμπέλης

lea, n. λειβάδι (τό)

lead, n. μολύβι (τό)/ (naut.) βολίδα (ἡ)/ (print.) διάστιχο (τό)/ ~en, a. μολυβένιος

lead, n. πρωτοπορεία (ἡ), ἀρχηγία (ἡ), πρωτοβουλία (ἡ)/ take the ~ (sport) προπορεύομαι/ (elec.) κύριος ἀγωγός/ v.t. & i. ὁδηγῶ, διευθύνω/ ~ astray, παρασύρω/ ~ off, ἀρχίζω, ξεκινῶ/ ~ out, βγάζω/ ~ to trouble, προκαλῶ φασαρία/ ~ up to, καταλήγω/ ~ a good life, περνῶ καλά/ ~ the way, δείχνω τόν δρόμο

leader, n. ὁδηγός (ὁ), ἀρχηγός (ὁ), ἡγέτης (ὁ)/ ~ship, n. ἀρχηγία (ἡ), ἡγεσία (ἡ)/ leading, a. κύριος, βασικός/ ~ lady, πρωταγωνίστρια (ἡ)/ ~ question, βαλτή ἐρώτηση

leaf, n. φύλλο (τό)/ *turn over a new* ~, ἀρχίζω καινούρια ζωή/ v.t. ~ *through*, φυλλομετρῶ/ ~*age*, n. φύλλωμα (τό)/ ~*let*, n. φυλλάδιο (τό)/ ~*y*, a. πολύφυλλος

league, n. σύνδεσμος (ὁ), ἕνωση (ἡ)/ (distance) λεύγα (ἡ)

leak, n. ρωγμή (ἡ), διαρροή (ἡ)/ ~ *to the press*, διαρροή στόν τύπο/ v.i. διαρρέω, διαφεύγω/ ~ *out*, διαδίδομαι/ ~*age*, n. διαρροή (ἡ)/ ~*y*, a. τρύπιος

lean, a. ἀδύνατος, ἄπαχος/ n. (tech.) κλίση (ἡ)/ v.t.& i. κλίνω, γέρνω, ἀκουμπῶ/ ~*against*, ἀκουμπῶ σέ/ ~ *back*, γέρνω πρός τά πίσω/ ~ *one's elbows on*, ἀκουμπῶ τούς ἀγκῶνες/ ~ *out of*, σκύβω ἔξω/ ~ *upon*, ἀκουμπῶ ἐπάνω/ (fig.) πιέζω/ ~ *towards*, κλίνω πρός/ ~*ing*, n. κλίση (ἡ), ροπή (ἡ)/ ~*ness*, n. ἔλλειψη πάχους (ἡ)

leap, n. πήδημα (τό)/ ~*frog*, καβάλλα/ ~ *year*, δίσεκτος χρόνος/ v.t.&i. πηδῶ/ (heart) σκιρτῶ/ ~ *at*, δέχομαι πρόθυμα

learn, v.t. μαθαίνω/ v.t. διδάσκομαι/~*ed*, a. μορφωμένος, σοφός/ ~ *er*, n. μαθητής (ὁ), μαθητευόμενος (ὁ)/ ~*ing*, n. μάθηση (ἡ)

lease, n. ἐκμίσθωση (ἡ), ἐνοικίαση (ἡ)/ v.t. ἐκμισθώνω, νοικιάζω

leash, n. λουρί (τό)

least, a. ἐλάχιστος/ ad. ἐλάχιστα/ n. τό ἐλάχιστο/ *at* ~, τουλάχιστον/ *not in the* ~, καθόλου

leather, n. δέρμα (τό), πετσί (τό)/ ~*ette*, n. ψεύτικο δέρμα, ἀπομίμηση/ ~*y*, a. σκληρός σάν πετσί

leave, n. ἄδεια (ἡ)/ *by your* ~, μέ τήν ἄδεια σας/ *on* ~, μέ ἄδεια, σέ ἄδεια/ *take one's* ~, ἀποχαιρετῶ/ ~ *-taking*, ἀποχαιρετισμός (ὁ)/ v.t. ἀφήνω, ἐπιτρέπω/ v.i. φεύγω/ ~ *behind*, ἀφήνω πίσω, ξεχνῶ/ ~ *off*, ἐγκαταλείπω/ (clothes) βγάζω/ ~ *out*, παραλείπω

leaven, n. ζύμη (ἡ), μαγιά (ἡ)/ v.t. ζυμώνω/ (fig.) τροποποιῶ, ἐπηρεάζω

leavings, n. pl. λείψανα (τά), ἀπομεινάρια (τά)

lecherous, a. λάγνος, ἀσελγής, ἀκόλαστος/ *lechery*, n. λαγνεία (ἡ), ἀσέλγεια (ἡ), ἀκολασία (ἡ)

lectern, n. ἀναλόγιο (τό)

lecture, n. διάλεξη (ἡ), παράδοση (ἡ), διδασκαλία (ἡ)/ v.i. κάνω διάλεξη, διδάσκω/ v.t. νουθετῶ, συμβουλεύω/ ~*r*, n. ὁμιλητής (ὁ)/ (univ.) ὑφηγητής (ὁ)

ledge, n. ἄκρη (ἡ), χείλος (τό)

ledger, n. κατάστιχο (τό), καθολικό βιβλίο (τό)

lee, n. ἀπάνεμο μέρος (τό)

leech, n. βδέλλα (ἡ)/ (fig.) ἐνοχλητικός ἄνθρωπος

leek, n. πράσο (τό)

leer, n. στραβοκοίταγμα (τό), λοξή ματιά (ἡ)/ v.i. στραβοκοιτάζω

lees, n. pl. κατακάθια (τά)

leeward, n. ἀπάνεμη πλευρά (ἡ)/ *leeway*, n. παρέκκλιση ἀπό τόν ἄνεμο/ (fig.) περιθώριο (τό)

left, a. ἀριστερός/ n. ἀριστερή πλευρά (ἡ)/ (pol.) 'Αριστερά (ἡ)/ *to the* ~, πρός τά ἀριστερά/ p.p. ἀφηρημένος, παρατημένος/ ~*luggage office*, γραφεῖο ἀπωλεσθέντων ἀντικειμένων/ ~*-overs*, ἀπομεινάρια (τά)/ ~ *handed*, a. ἀριστεροχέρης, ζερβοχέρης/ (fig.) ἀδέξιος/ ~ *wing*, n. ἡ 'Αριστερά/ ~*-ist*, n. ἀριστερός (ὁ)

leg, n. κνήμη (ἡ), σκέλος (τό), πόδι (τό)/ (chair, etc.) πόδι (τό)/ ~ *of mutton*, μπούτι ἀρνήσιο (τό)/ *trouser* ~, μπατζάκι (τό)/ *pull someone's* ~, κοροϊδεύω

legacy, n. κληροδότημα (τό)

legal, a. νόμιμος, θεμιτός/ ~ *adviser*, νομικός σύμβουλος/ ~ *aid*, συνήγορος διορισμένος ἀπό τό κράτος/ ~ *claim*, νόμιμη ἀπαίτηση/ *by* ~ *means*, μέ νόμιμα μέσα/ *take* ~ *action*, προσφεύγω στά δικαστήρια/ ~ *tender*, ὑποχρεωτική προσφορά/ ~*ity*, n. νομιμότητα (ἡ)/ ~*ize*, v.t. νομιμοποιῶ

legate, n. ἔξαρχος (ὁ), λεγάτος (ὁ)/ ~*e*, n. κληροδόχος (ὁ)/ *legation*, n. πρεσβεία (ἡ)

legend, n. μύθος (ὁ), θρύλος (ὁ)/ ~*ary*, a. μυθικός, θρυλικός

legerdemain, n. ταχυδακτυλουργία (ἡ)

leggings, n. pl. ψηλές γκέττες (οἱ)

legible, a. εὐανάγνωστος

legion, n. λεγεώνα (ἡ)/ ~*ary*, n. λεγεωνά-

ριος (ὁ)
legislate, v.i. νομοθετῶ/ *legislation,* n. νομοθεσία (ἡ)/ *legislative,* a. νομοθετικός/ *legislator,* n. νομοθέτης (ὁ)/ *legislature,* n. νομοθετική ἐξουσία (ἡ)
legitimacy, n. νομιμότητα (ἡ)/ *legitimate,* a. νόμιμος, γνήσιος, ἀναγνωρισμένος/ *legitimize,* v.t. νομιμοποιῶ
legume, n. ὄσπριο (τό)
leisure, n. ἀνάπαυση (ἡ), ἀνάπαυλα (ἡ)/ *at ~,* μέ ἄνεση/ *~ly,* ad. ἄνετα, ἀδιάστα
lemon, n. λεμόνι (τό)/ *~ juice,* χυμός λεμονιοῦ (ὁ)/ *~ squeezer,* λεμονοστίφτης (ὁ)/ *~ade,* n. λεμονάδα (ἡ)
lend, v.t. δανείζω/ *~ oneself,* προσφέρομαι/ *~ a hand,* βοηθῶ/ *~er,* n. δανειστής (ὁ)/ *~ing,* n. δανεισμός (ὁ)/ *~ library,* δανειστική βιβλιοθήκη (ἡ)
length, n. μῆκος (τό), μάκρος (τό)/ (time) διάρκεια (ἡ)/ *at ~,* μέ λεπτομέρειες, ἐν ἐκτάσει/ *~en,* v.t. & i. μακραίνω, ἐπιμηκύνω, ἐπεκτείνω/ (time) παρατείνω/ *~ening,* n. μάκρυμα (τό), ἐπιμήκυνση (ἡ), ἐπέκταση (ἡ)/ *~wise,* ad. στό μάκρος, κατά μῆκος/ *~y,* a. μακρύς, μακροσκελής
leniency, n. ἐπιείκια (ἡ), ἀνεκτικότητα (ἡ)/ *lenient,* a. ἐπιεικής
lens, n. φακός (ὁ)
Lent, n. Σαρακοστή (ἡ)/ *~en,* a. σαρακοστιανός, νηστήσιμος
lentil, n. φακή (ἡ)
leonine, a. λιονταρήσιος
leopard, n. λεοπάρδαλη (ἡ)
leper, n. λεπρός (ὁ)/ *leprosy,* n. λέπρα (ἡ)/ *leprous,* a. λεπρωτικός
lesbian, a. λεσβιακός/ *~ ism,* n. λεσβιασμός (ὁ), λεσβιακός ἔρωτας (ὁ)
lesion, n. τραῦμα (τό), ἕλκος (τό)
less, a. μικρότερος, λιγώτερος/ ad. λιγώτερο/ *grow ~,* λιγοστεύω/ *more or ~,* πάνω-κάτω
lessee, n. μισθωτής (ὁ), ἐνοικιαστής (ὁ)
lessen, v.t. & i. λιγοστεύω, ἐλαττώνω/ *lesser,* a. λιγώτερος, λιγώτερο σημαντικός
lesson, n. μάθημα (τό), δίδαγμα (τό)
lessor, n. ἐκμισθωτής (ὁ)
lest, c. μήπως καί, μή τυχόν καί

let, v.t. ἀφήνω, ἐπιτρέπω/ *~'s go,* ἄς πᾶμε/ *house to ~,* σπίτι γιά νοίκιασμα/ *to ~ alone,* ἀφήνω ἥσυχο/ *~ alone,* χωρίς νά λογαριάσουμε/ *~ down* (hair) ἀφήνω τά μαλλιά ξέπλεκα/ (someone) ἀπογοητεύω, ἐγκαταλείπω/ *~ go,* ἀφήνω ἐλεύθερο, παρατῶ, ἀποδεσμεύω/ *~ in,* μπάζω/ *~ in for,* μπλέκω, βάζω σέ μπελά/ *~ know,* εἰδοποιῶ/ *~ loose,* ἀφήνω ἐλεύθερο, ἐξαπολύω/ *~ off,* ἀπαλλάσσω/ (gun) πυροβολῶ/ *~ out,* ἐλευθερώνω, ἀφήνω νά βγεῖ/ *~ up,* χαλαρώνω/ n. κώλυμα (τό)
lethal, a. θανατηφόρος, φονικός
lethargic, a. ληθαργικός, κοιμισμένος/ *lethargy,* n. λήθαργος (ὁ), νάρκη (ἡ)
letter, n. γράμμα (τό), στοιχεῖο (τό)/ (post) γράμμα (τό), ἐπιστολή (ἡ)/ pl. ἐπίσημα ἔγγραφα (τά)/ *~ of credit,* πιστωτική ἐπιστολή (ἡ)/ *to the ~,* κατά γράμμα/ v.t. χαράζω γράμματα/ *~ -box,* n. γραμματοκιβώτιο (τό)/ *~ -card,* n. ἐπιστολικό δελτάριο (τό)/ *~ing,* n. γραφή (ἡ), στοιχεῖα (τά)
lettuce, n. μαρούλι (τό)
Levantine, n. Λεβαντίνος (ὁ)/ a. λεβαντίνικος
levee, n. ἀνάχωμα (τό)
level, n. ἐπίπεδο (τό), βαθμίδα (ἡ), στάθμη (ἡ)/ a. ἐπίπεδος, ὁριζόντιος, ὁμαλός/ *be on the ~,* εἶμαι στό ἐπίπεδο/ *do one's ~ best,* βάζω τά δυνατά μου/ *~ crossing,* ἰσόπεδη διάβαση/ ad. ὁριζόντια/ v.t. ἰσοπεδώνω, ἐξισώνω/ *~ headed,* a. λογικός, γνωστικός/ *~ling,* n. ἰσοπέδωση (ἡ), ὁριζοντίωση (ἡ)
lever, n. μοχλός (ὁ)/ v.t. κινῶ μέ μοχλό/ *~age,* n. μόχλευση (ἡ)/ (fig.) ἐπιρροή (ἡ)
leveret, n. λαγουδάκι (τό)
levity, n. ἐπιπολαιότητα (ἡ), ἐλαφρότητα (ἡ)
levy, n. ἐπιβολή φόρου (ἡ)/ v.t. ἐπιβάλλω φόρο
lewd, a. ἄσεμνος, πρόστυχος, αἰσχρός/ *~ ness,* n. προστυχιά (ἡ) αἰσχρότητα (ἡ)
lexicographer, n. λεξικογράφος (ὁ)/ *lexicon,* n. λεξικό (τό)
liability, n. προδιάθεση (ἡ)/ (leg.) εὐθύνη (ἡ), ὑποχρέωση (ἡ)/ *limited ~ com-*

pany, ἑταιρία περιωρισμένης εὐθύνης/ *liable*, a. ὑποκείμενος/ (leg.) ὑπεύθυνος
liaison, n. σύνδεσμος (ὁ)/ (affair) παράνομος δεσμός (ὁ)/ ~ *officer*, ἀξιωματικός σύνδεσμος
liar, n. ψεύτης (ὁ)
libation, n. σπονδή (ἡ)
libel, n. λίβελλος (ὁ), δυσφήμιση (ἡ)/ v.t. λιβελλογραφῶ, δυσφημῶ/ ~*ler*, n. λιβελλογράφος (ὁ)/ ~*lous*, a. λιβελλογραφικός, δυσφημιστικός
Liberal, n. Φιλελεύθερος (ὁ)/ a. φιλελεύθερος, προοδευτικός/ (with money) γενναιόδωρος, ἀνοιχτοχέρης/ ~*ism*, n. φιλελευθερισμός (ὁ)
liberate, v.t. (ἀπ)ελευθερώνω, λυτρώνω/ *liberation*, n. (ἀπ)ελευθέρωση (ἡ), λυτρωμός (ὁ)
libertine, n. ἐλευθεριάζων (ὁ), ἀκόλαστος (ὁ)
liberty, n. ἐλευθερία (ἡ)/ *at* ~, ἐλεύθερος, ἀδέσμευτος/ *take liberties*, γίνομαι ἀναιδής, παίρνω θάρρος
libidinous, a. φιλήδονος, λάγνος
librarian, n. βιβλιοθηκάριος (ὁ, ἡ)/ *library*, n. βιβλιοθήκη (ἡ)
librettist, n. λιμπρεττίστας (ὁ)/ *libretto*, n. λιμπρέττο (τό)
Libyan, n. Λίβυος (ὁ)/ a. λυβικός
licence, n. ἄδεια (ἡ)/ (behaviour) κατάχρηση ἐλευθερίας, ἀχαλίνωτη συμπεριφορά/ *driving* ~, ἄδεια ὁδήγησης/ *license*, v.t. δίνω ἄδεια, ἐπιτρέπω/ *licentiate*, n. κάτοχος ἐπαγγελματικῆς ἄδειας/ *licentious*, a. ἀκόλαστος, ἀνήθικος/ ~*ness*, n. ἀκολασία (ἡ), ἀνηθικότητα (ἡ)
lichen, n. λειχήνας (ὁ)
licit, a. νόμιμος, θεμιτός
lick, n. γλείψιμο (τό)/ v.t. γλείφω/ (fig.) νικῶ, συντρίβω
lid, n. σκέπασμα (τό), καπάκι (τό)
lie, n. ψευτιά (ἡ)/ v.i. λέω ψέματα
lie, n. θέση (ἡ), τοποθέτηση (ἡ)/ ~ *of the land*, φυσική διαμόρφωση/ (fig.) κατάσταση πού ἐπικρατεῖ/ v.i. εἶμαι ξαπλωμένος, βρίσκομαι, ἐκτείνομαι/ ~ *down*, ξαπλώνω, πλαγιάζω/ ~ *in wait*, περιμένω, καιροφυλακτῶ
liege, n. ἄρχοντας (ὁ)

lien, n. ἐμπράγματη ἀσφάλεια (ἡ)
lieu, n. θέση (ἡ)/ *in* ~ *of*, στή θέση τοῦ, ἀντί
lieutenant, n. ἀναπληρωτής (ὁ), ἀντικαταστάτης (ὁ)/ *first* ~, ὑπολοχαγός (ὁ)/ *second* ~, ἀνθυπολοχαγός (ὁ)/ ~ *colonel*, ἀντισυνταγματάρχης (ὁ)/ ~ *commander*, πλωτάρχης (ὁ)/ ~ *general*, ἀντιστράτηγος (ὁ)
life, n. ζωή (ἡ), βίος (ὁ)/ *for* ~, ἰσόβια/ *from* ~, ἐκ τοῦ φυσικοῦ/ ~ *insurance*, ἀσφάλεια ζωῆς/ ~*belt*, n. σωσίβιο (τό)/ ~*boat*, n. ναυαγοσωστική λέμβος (ἡ)/ ~*-guard*, n. ναυαγοσώστης (ὁ) ~*less*, a. ἄψυχος, νεκρός/ ~*like*, a. ρεαλιστικός/ ~ *size*, a. σέ φυσικό μέγεθος/ ~*time*, n. ζωή (ἡ), διάρκεια ζωῆς (ἡ)
lift, n. ὕψωση (ἡ), ἀνύψωση (ἡ)/ (machine) ἀνελκυστήρας (ὁ), ἀσανσέρ (τό)/ ~ *boy*, χειριστής ἀσανσέρ (ὁ)/ *give someone* ~, μεταφέρω μέ τό αὐτοκίνητο/ v.t. & i. ὑψώνω, ἀνυψώνω, σηκώνω
light, n. φῶς (τό), λάμψη (ἡ)/ *traffic* ~*s*, φῶτα τῆς τροχαίας/ *at first* ~, μόλις ξημερώσει/ *against the* ~, κόντρα στό φῶς/ *bring to* ~, ἀποκαλύπτω/ *throw* ~ *on*, δίνω πληροφορίες, διαφωτίζω/ a. φωτεινός, ἀνοιχτόχρωμος/ (weight) ἐλαφρός/ v.t. φωτίζω, ἀστράφτω/ ~*en*, v.t. ἐλαφρώνω
lighter, n. ἀναπτήρας (ὁ)/ (boat) φορτηγίδα (ἡ), μαούνα (ἡ)/ ~ *man*, n. μαουνιέρης (ὁ)
light-footed, a. ἐλαφροπόδαρος/ *lightheaded*, a. ἐλαφρόμυαλος/ *lighthearted*, a. εὔθυμος, ζωηρός/ *lighthouse*, n. φάρος (ὁ)/ *lighting*, n. φωτισμός (ὁ)
lightly, ad. ἐλαφρά/ *lightness*, n. ἐλαφρότητα (ἡ), ἐλαφράδα (ἡ)
lightning, n. ἀστραπή (ἡ)/ ~ *conductor*, ἀλεξικέραυνο (τό)
lights, n. pl. γνώση (ἡ), κρίση (ἡ)
lightship, n. πλωτός φάρος (ὁ)
lightweight, a. ἐλαφρῶν βαρῶν/ (fig.) ἐπιπόλαιος
ligneous, a. ξυλώδης, σάν ξύλο/ *lignite*, n. λιγνίτης (ὁ)
like, a. ὅμοιος, παρόμοιος, ἴδιος/ ad.

σάν, ὅπως/ n. συμπάθεια (ἡ), προτίμη-
ση (ἡ)/ ~s and dislikes, προτιμήσεις καί
ἀντιπάθειες/ and the ~, καί τά παρό-
μοια/ as ~ as two peas, ἐντελῶς ὅμοιοι/
be ~, μοιάζω/ in ~ manner, μέ τόν ἴδιο
τρόπο/ it is not ~ him, δέν εἶναι ἡ συνη-
θισμένη του συμπεριφορά/ what is he
~? τί εἴδους ἄνθρωπος εἶναι;/ v.t. ἀγα-
πῶ, μοῦ ἀρέσει/ as you ~, ὅπως ἀγα-
πᾶτε (προτιμᾶτε)/ I should ~, θά ἤθε-
λα, θά προτιμοῦσα/ ~able, a. ἀξιαγά-
πητος, συμπαθητικός
likelihood, n. πιθανότητα (ἡ)/ likely, a.
πιθανός/ ad. πιθανό, ἴσως
liken, v.t. παρομοιάζω, παραβάλλω/
~ess, n. ὁμοιότητα (ἡ)
likewise, ad. παρόμοια, μέ τόν ἴδιο τρόπο
liking, n. συμπάθεια (ἡ), κλίση (ἡ), προ-
τίμηση (ἡ)
lilac, n. πασχαλιά (ἡ)
liliputian, a. λιλιπούτειος
lily, n. κρίνο (τό)
limb, n. μέλος (τό), σκέλος (τό)
limber, a. εὐλύγιστος, εὔκαμπτος, εὐκί-
νητος/ v.i. ~ up, μαλακώνω τούς μῦς/
~ ness, n. εὐλυγισία (ἡ), εὐκαμψία (ἡ)
limbo, n. προαύλιο τῆς κόλασης/ be in ~,
εἶμαι σέ κατάσταση ἀβεβαιότητας
lime, n. μικρό λεμόνι (τό)/ (chem.) ἀσβέ-
στης (ὁ)/ v.t ἀνακατεύω μέ ἀσβέστη/
~kilm, n. ἀσβεστοκάμινος (ἡ)/ ~light,
n. προσκήνιο (τό)/ be in the ~, εἶμαι
στήν ἐπικαιρότητα/ ~ stone, n. ἀσβε-
στόλιθος (ὁ)/ ~ water, n. ἀσβεστόνερο
(τό)
limit, n. ὅριο (τό), σύνορο (τό)/ it is the
~ ! φτάνει! ἀρκεῖ! v.t. περιορίζω/
~ation, n. περιορισμός (ὁ)/ ~ed,
p.p. & a. περιορισμένος/ ~ company,
ἀνώνυμη ἑταιρία (ἡ)/ ~less, a. ἀπεριό-
ριστος
limousine, n. λιμουζίνα (ἡ)
limp, a. μαλακός, χαλαρός/ n. κούτσαμα
(τό), χωλότητα (ἡ)/ v.i. κουτσαίνω, χω-
λαίνω
limpet, n. πεταλίδα (ἡ)
limpid, a. διαυγής, διάφανος/ ~ity, n.
διαύγεια (ἡ), διαφάνεια (ἡ)
linchpin, n. περόνη (ἡ), ἔμβολο (τό)
linden (tree), n. φλαμουριά (ἡ), φιλύρα

(ἡ)
line, n. γραμμή (ἡ), σειρά (ἡ)/ (tech.)
στάθμη (ἡ)/ (fishing) πετονιά (ἡ)/
(poetry) στίχος (ὁ)/ draw the ~, δέν δέ-
χομαι/ hard ~s, τί κρίμα/ be in ~ for,
ἔχω σειρά/ toe the ~, ὑπακούω/ drop
me a ~, γράψε μου δυό λόγια/ ~ of
business, εἶδος ἐμπορίου/ v.t. χαρακώ-
νω/ (clothes) φοδράρω/ ~ up, μπαίνω
στή σειρά/ ~age, n. γενεαλογία (ἡ)/
~al, a. γραμμικός/ ~ament, n. χαρα-
κτηριστικό τοῦ προσώπου/ ~ar, a.
γραμμικός/ ~ script, γραμμική γραφή
(ἡ) ·
linen, n. ἀσπρόρουχα (τά), λινά (τά)
liner, n. πλοῖο τῆς γραμμῆς (τό), ὑπερω-
κεάνειο (τό)
linesman, n. φύλακας σιδηροδρομικῆς
γραμμῆς (ὁ)/ (sport) λαϊνσμάν (ὁ), ἐπό-
πτης γραμμῶν (ὁ)
ling, n. (fish) γάδος (ὁ)/ (bot.) ρείκι (τό)
linger, v.i. ἀργοπορῶ/ ~ing, a. νωθρός,
ἀργός
linguist, n. γλωσσολόγος (ὁ)/ ~ic, a.
γλωσσολογικός/ ~ics, n. γλωσσολογία
(ἡ)
liniment, n. ἀλοιφή (ἡ)
lining, n. φόδρα (ἡ), φοδράρισμα (τό)
link, n. σύνδεσμος (ὁ), συνδετικό (τό)/
(tech.) κρίκος (ὁ)/ v.t. συνδέω, ἐνώνω
links, n. pl., ἀμμόλοφοι (οἱ)
linnet, n. σπίνος (ὁ)
linoleum, n. μουσαμάς πατώματος (ὁ)
linotype, n. λινοτυπία (ἡ)
linseed, n. λιναρόσπορος (ὁ)
lint, n. ξαντό (τό)
lintel, n. ἀνώφλι (τό), ὑπέρθυρο (τό)
lion, n. λιοντάρι (τό)/ ~ess, n. λέαινα (ἡ)/
~'s share, μερίδα τοῦ λέοντος
lip, n. χείλος (τό)/ ~ service, ἀνειλικρινή
λόγια/ ~stick, n. κραγιόν (τό), κοκκι-
νάδι (τό)
liquefaction, n. ρευστοποίηση (ἡ), τήξη
(ἡ)/ liquefy, v.t. & i. ρευστοποιῶ, δια-
λύω
liqueur, n. λικέρ (τό)
liquid, n. ὑγρό (τό)/ a. ὑγρός, ρευστός/
(money) ρευστό (τό)
liquidate, v.t. διαλύω, ἐκκαθαρίζω/
(debt) ἐξοφλῶ/ liquidation, n. διάλυση

(ή), ἐκκαθάριση (ἡ)
liquor, n. οἰνοπνευματῶδες ποτό (τό)
liquorice, n. γλυκόρριζα (ἡ)
lisp, v.i. τραυλίζω, ψελλίζω/ n. τραύλισμα (τό), ψέλλισμα (τό)/ ~ing, n. τραύλισμα (τό)
lissom, a. λυγερός, εὐκίνητος
list, n. κατάλογος (ὁ), κατάστιχο (τό), κατάσταση (ἡ)/ v.t. καταγράφω, βάζω σέ κατάλογο/ ~s, n. pl. παλαίστρα (ἡ)
listen, v.i. ἀκούω, προσέχω/ ~ to, ἀκούω μέ προσοχή/ ~ in, ἀκούω ραδιόφωνο/ (without permission) ἀκούω λαθραία
listless, a. ἀδιάφορος, ἀργοκίνητος/ ~ness, n. ἀδιαφορία (ἡ)
lit, p.p. ἀναμένος, φωτισμένος
litany, n. λιτανεία (ἡ)
literal, a. κυριολεκτικός, κατά γράμμα/ ~ly, ad. κυριολεκτικά
literary, a. φιλολογικός, λογοτεχνικός/ literate, a. ἐγγράμματος/ literature, n. φιλολογία (ἡ), λογοτεχνία (ἡ), γραμματολογία (ἡ)
lithe, a. εὐλύγιστος, εὔκαμπτος
lithograph, n. λιθογραφία (ἡ)/ v.t. λιθογραφῶ/ ~er, n. λιθογράφος (ὁ)/ ~y, n. λιθογραφία (ἡ)
litigant, n. διάδικος (ὁ, ἡ)/ litigate, v.i. εἶμαι διάδικος/ litigation, n. δίκη (ἡ)/ διαδικασία (ἡ)/ litigious, a. ἐπίδικος, ἀμφισβητήσιμος/ (person) φιλόδικος
litmus, n. ἡλιότροπο (τό)
litre, n. λίτρο (τό)
litter, n. φορεῖο (τό)/ (animals) νεογέννητα (τά)/ (rubbish) σκουπίδια (τά)/ v.t. πετῶ, ρίχνω ἄτακτα/ (animals) γεννῶ
little, a. μικρός, λίγος/ ~ finger, μικρό δάχτυλο/ ~ ones, παιδιά (τά)/ ~ Red Riding Hood, Κοκκινοσκουφίτσα (ἡ)/ ad. λίγο/ n. λίγο (τό)/ ~ by ~, σιγά-σιγά/ ~ness, n. μικρότητα (ἡ), μικρό μέγεθος (τό)
littoral, n. παραλία (ἡ), παράκτια περιοχή (ἡ)
liturgy, n. λειτουργία (ἡ)
live, a. ζωντανός/ ~ wire, ζωντανό καλώδιο/ v.i. ζῶ, ὑπάρχω/ where do you ~? ποῦ κατοικεῖτε;/ ~ from hand to mouth, μεροδούλι-μεροφάι/ ~ up to, ἀνταποκρίνομαι στίς ἀπαιτήσεις/

~lihood, n. πόρος ζωῆς (ὁ)
liveliness, n. ζωηρότητα (ἡ), ζωηράδα (ἡ)/ lively, a. ζωηρός
liver, n. ἐκεῖνος πού ζεῖ/ (anat.) σηκώτι (τό)
livery, n. λιβρέα (ἡ)/ ~ stable, σταῦλος ἀλόγων (ὁ)
livestock, n. κτηνοτροφία (ἡ)
livid, a. ὠχρός, πελιδνός/ (fig.) ἐξαγριωμένος
living, a. ζωντανός/ ~ room, καθιστικό (τό)/ ~ wage, βασικός μισθός, ἀρκετός μισθός/ within ~ memory, ὅσο μποροῦν νά θυμοῦνται οἱ σημερινοί ἄνθρωποι/ n. ζωή (ἡ), ζήση (ἡ)/ earn one's ~, κερδίζω τό ψωμί μου, κερδίζω τά πρός τό ζῆν
lizard, n. σαύρα (ἡ), γουστέρα (ἡ)
llama, n. λάμα (ἡ)
lo! int. νά! ἰδοῦ!
load, n. βάρος (τό), φορτίο (τό)/ (fig.) ἐνόχληση (ἡ)/ v.t. φορτώνω/ (gun) ὁπλίζω, γεμίζω/ ~er, n. φορτωτής (ὁ)/ ~ing, n. φόρτωση (ἡ)/ (mil.) γόμωση (ἡ)
loadstar, n. πολικός ἀστέρας (ὁ)
loadstone, n. μαγνήτης (ὁ)
loaf, n. καρβέλι (τό)/ v.i. περιφέρομαι, περιπλανιέμαι/ ~er, n. ἀλήτης (ὁ)
loam, n. παχύ χῶμα (τό)/ clay ~, πηλός (ὁ)
loan, n. δάνειο (τό)/ raise a ~, συνάπτω (πέρνω) δάνειο/ v.t. δανείζω
loath, a ἀπρόθυμος, ἀκούσιος/ be ~ to, σιχαίνομαι, ἀπεχθάνομαι
loathe, v.t. σιχαίνομαι, ἀηδιάζω/ loathing, n. ἀηδία (ἡ), σιχαμάρα (ἡ)/ loathsome, a. σιχαμένος, ἀηδιαστικός
lobby, n. προθάλαμος (ὁ), χώλ (τό)/ ~ing, n. παρασκηνιακές ἐνέργειες (οἱ)
lobe, n. λοβός (ὁ)
lobster, n. ἀστακός (ὁ)
local, a. τοπικός, ντόπιος/ ~ authority, δημοτική ἀρχή (ἡ)/ n. (person) ντόπιος (ὁ)/ (pub) μπάρ τῆς γειτονιᾶς (τό)/ ~ity, n. τόπος (ἡ), τοποθεσία (ἡ)/ ~ize, v.t. ἐντοπίζω/ ~ly, ad. τοπικά, ἐπιτόπια
locate, v.t. ἐντοπίζω, τοποθετῶ, ἐπισημαίνω/ location, n. τοποθέτηση (ἡ)/

suitable ~, κατάλληλη θέση/ *film on* ~, γυρίζω τά ἐξωτερικά

loch, n. λίμνη τῆς Σκωτίας (ἡ)

lock, n. κλειδαριά (ἡ)/ (hair) μπούκλα (ἡ)/ (rivers, etc.) ὑδατοφράχτης (ὁ)/ (gun) κοκκοράκι (τό)/ *under* ~ *and key,* κλειδωμένος, ἀσφαλισμένος/ v.t. κλειδώνω, ἀσφαλίζω/ ~ *in,* φυλακίζω/ ~ *out,* ἀποκλείω/ ~ *up,* ἀσφαλίζω κτίριο/ ~*er,* n. ντουλαπάκι (τό)/ ~*et,* n. ἐγκόλπιο (τό)/ ~ *gate,* n. θύρα ὑδροφράχτη (ἡ)/ ~-*jaw,* n. σφίξιμο τοῦ σαγωνιοῦ (τό)/ ~-*nut,* n. ἀντιπερικόχλιο (τό), κόντρα παξιμάδι/ ~ *smith,* n. κλειδαράς (ὁ)/ ~-*up,* n. φυλακή (ἡ)

locomotion, n. μετακίνηση (ἡ)/ *locomotive,* a. μετακινητικός/ n. ἀτμομηχανή (ἡ)

locum tenens, n. τοποτηρητής (ὁ)

locust, n. ἀκρίδα (ἡ)

locution, n. ἔκφραση (ἡ)

lode, n. μεταλλική φλέβα (ἡ)/ ~*star,* n. βλ. *loadstar*

lodge, n. σπιτάκι (τό), περίπτερο (τό)/ (masonic) στοά (ἡ)/ v.t. φιλοξενῶ, προσφέρω στέγη/ v.i. μένω, σταθμεύω/ ~*r,* n. οἰκότροφος (ὁ, ἡ)/ *lodging,* n. κατοικία (ἡ), κατάλυμα (τό)/ *board and* ~, φαγητό καί ὕπνος/ ~ *house,* πανσιόν (ἡ)

loft, n. σοφίτα (ἡ)/ ~*iness,* n. μεγαλεῖο (τό), λαμπρότητα (ἡ)/ ~*y,* a. μεγαλειώδης, ὑπέροχος

log, n. κορμός (ὁ), κούτσουρο (τό)/ (naut.) δρομόμετρο (τό)/ ~ *book,* ἡμερολόγιο (τό)/ ~ *cabin,* ξύλινη καλύβα

logarithm, n. λογάριθμος (ὁ)/ ~*ic,* a. λογαριθμικός

loggerheads, n. pl. *be at* ~, τσακώνομαι συνέχεια

logic, n. λογική (ἡ)/ ~*al,* a. λογικός/ ~*ian,* n. διαλεκτικός (ὁ)

loin, n. πλευρό (τό)/ pl. νεφρά (τά)

loiter, v.i. χασομερῶ/ (leg.) περιφέρομαι ὕποπτα

loll, v.i. ξαπλώνομαι, τήν ἀράζω/ ~ *out,* κρεμῶ

lollipop, n. γλυφιτσούρι (τό)

Londoner, n. Λονδρέζος (ὁ)

lone, a. μόνος, ἔρημος/ ~*liness,* n. μονα-

ξιά (ἡ)/ ~*ly,* ~*some,* a. μονήρης, ἔρημος

long, a. μακρύς, ἐκτεταμένος/ *for a* ~ *time,* γιά πολύ καιρό/ *how* ~ *is this?* πόσο μακρύ εἶναι αὐτό;/ *how* ~? πόση ὥρα; πόσο;/ *one hour* ~, διάρκειας μιᾶς ὥρας/ *one metre* ~, ἕνα μέτρο μακρύ, ἕνα μέτρο μῆκος/ *in the* ~ *term,* μακροπρόθεσμα/ *it is a* ~ *way,* εἶναι πολύ μακρυά/ ad. *as* ~ *as,* ἐνόσω/ ~ *ago,* πρίν πολύ καιρό/ ~ *before,* πολύ πρίν/ ~ *since,* πολύ καιρό ἀπό τότε/ *all day* ~, ὅλη μέρα/ v.i. ~ *for,* ἐπιθυμῶ πολύ/ ~*er,* a. μακρύτερος/ ad. μακρύτερα/ *no* ~, ὄχι πιά

longevity, n. μακροβιότητα (ἡ), μακροζωία (ἡ)

longing, n. ἐπιθυμία (ἡ)

longish, a. μακρουλός, μακρούτσικος

longitude, n. γεωγραφικό μῆκος (τό)

long-legged, a. μακροπόδαρος/ *long-lived,* a. μακρόβιος/ *long-sighted,* πρεσβύωπας/ *long-term,* a. μακροπρόθεσμος/ *long-winded,* a. διεξοδικός, πολύλογος

longshoreman, n. φορτοεκφορτωτής (ὁ)

look, n. βλέμμα (τό), ματιά (ἡ)/ *good* ~*s,* ὀμορφιά (ἡ)/ *take a* ~ *at,* ρίχνω μιά ματιά/ v.i. βλέπω, κοιτάζω, παρατηρῶ/ ~ *after,* φροντίζω/ ~ *alike,* μοιάζω/ ~ *bad,* ἔχω τά χάλια μου/ ~ *down on,* περιφρονῶ/ ~ *for,* γυρεύω, ἀναζητῶ/ ~ *forward to,* προσδοκῶ/ ~ *here!* κοίτα ἐδῶ!/ ~ *in,* κάνω σύντομη ἐπίσκεψη/ ~ *into,* ἐρευνῶ/ ~ *like,* μοιάζω/ ~ *on,* παρακολουθῶ/ ~ *on to,* ἔχω θέα πρός/ ~ *out,* προσέχω/ ~ *out!* πρόσεχε!/ ~ *over,* ἐπιτηρῶ, ἐξετάζω/ ~ *round,* παρατηρῶ τριγύρω/ ~ *through,* ἐξετάζω/ ~ *up,* v.t. ψάχνω νά βρῶ/ v.i. ὑψώνω τό βλέμμα/ ~ *upon,* θεωρῶ/ ~ *well,* φαίνομαι καλά/ ~*er-on,* n. θεατής (ὁ)/ ~*ing,* a. ἐκεῖνος πού παρατηρεῖ/ ~-*glass,* καθρέφτης/ ~-*out,* n. παρατήρηση (ἡ), προσοχή (ἡ)/ *be on the* ~, γυρεύω νά βρῶ

loom, n. ἀργαλειός (ὁ)/ v.i. διαγράφομαι, φαίνομαι ἀπό μακρυά

loop, n. θηλειά (ἡ)/ (avia.) ἑλιγμός (ὁ)/ (railway, river) μαίανδρος (ὁ)/ v.t. σχηματίζω θηλειά/ ~ hole, n. πολεμίστρα (ή)/ (fig.) τρόπος διαφυγής

loose, a. χαλαρός, λυτός, ἀσύνδετος/ ~ cover, χαλαρωμένο καπάκι/ be at a ~ end, δέν ἔχω τίποτε νά κάνω/ be ~, εἶμαι ἐλεύθερος/ break ~, ἀπελευθερώνομαι, δραπετεύω/ v.t. & i. ~n, χαλαρώνω, ἐλευθερώνω/ ~ness, n. χαλαρότητα (ή), χαλάρωση (ή)/ (morals) ἔκλυση (ή), ἀνηθικότητα (ή)

loot, n. πλιάτσικο (τό)/ v.t. λεηλατῶ, πλιατσικολογῶ/ ~er, n. πλιατσικολόγος (ὁ)

lop, v.t. κλαδεύω/ ~-eared, a. μέ μακρυά αὐτιά/ ~-sided, a. λοξός

loquacious, a. φλύαρος, πολύλογος/ loquacity, n. φλυαρία (ή), πολυλογία (ή)

lord, n. κύριος (ὁ), ἀφέντης (ὁ), ἄρχοντας (ὁ)/ (peer) λόρδος (ὁ)/ the ~, Κύριος (ὁ)/ the ~s, Βουλή τῶν Λόρδων (ή)/ ~ Mayor, Λόρδος Δήμαρχος τοῦ Λονδίνου/ the ~'s Prayer, Πάτερ Ἡμῶν/ v.t. κάνω τόν ἀφέντη/ ~ it over, φέρομαι δεσποτικά/ ~liness, n. ἀρχοντιά (ή), μεγαλοπρέπεια (ή)/ ~ly, a. ἀρχοντικός, μεγαλοπρεπής/ ~ship, n. ἐξουσία Λόρδου/ your ~, ἡ εὐγενεία σας

lore, n. γνώση (ή), εἰδική γνώση

lorgnette, n. φασαμαίν (τό)

lorry, n. φορτηγό (τό)

lose, v.t. & i. χάνω, ζημιώνω/ (clock) καθυστερῶ, μένω πίσω/ ~ heart, χάνω τό θάρρος/ ~ one's temper, χάνω τή ψυχραιμία/ ~r, n. χαμένος (ὁ), νικημένος (ὁ)/ loss, n. ἀπώλεια (ή), χάσιμο (τό)/ (comm.) ζημία (ή)/ be at a ~, τά ἔχω χαμένα/ sell at a ~, πουλῶ μέ ζημία

lost, p.p. & a. χαμένος, ἄφαντος/ (at sea) πνιγμένος/ ~ property office, γραφεῖο ἀπωλεσθέντων ἀντικειμένων

lot, n. ποσότητα (ή), φουρνιά (ή)/ (land) οἰκόπεδο (τό)/ (auction) εἶδος πλειστηριασμοῦ/ (luck) τύχη (ή), πεπρωμένο (τό)/ a ~, πολύ/ draw ~s, τραβῶ κλῆρο/ bad ~, συμμορία (ή)

loth βλ. **loath**

lotion, n. λοσιόν (ή)

lottery, n. λαχεῖο (τό)

lotus, n. λωτός (ὁ)

loud, a. δυνατός, ἠχηρός, φωναχτός, μεγαλόφωνος/ (colour) φανταχτερός/ ~ness, n. ἠχηρότητα (ή)/ ~ speaker, n. μεγάφωνο (τό)

lounge, n. καθιστικό (τό), σαλόνι (τό)/ ~ suit, πρωινό κοστούμι/ v.i. τεμπελιάζω, ραχατεύω/ ~ about, σεργιανίζω

louse, n. ψεῖρα (ή)/ lousy, a. ψειριασμένος/ (fig.) σιχαμερός, ἄθλιος, ἀπαίσιος

lout, n. χωριάτης (ὁ), χοντράνθρωπος (ὁ)/ ~ish, a. χωριάτικος, ἀγροῖκος

lovable, a. ἀξιαγάπητος, γοητευτικός/ love, n. ἀγάπη (ή), ἔρωτας (ὁ)/ (person) ἀγαπημένος (ὁ)/ (sport) μηδέν/ be in ~, εἶμαι ἐρωτευμένος/ fall in ~ with, ἐρωτεύομαι/ not for ~ or money, γιά τίποτε στόν κόσμο/ make ~, κάνω ἔρωτα/ v.t. ἀγαπῶ, μοῦ ἀρέσει/ ~-affair, n. ἐρωτικός δεσμός (ὁ)/ ~ birds, n. ἐρωτευμένο ζευγάρι (τό)/ ~-letter, n. ἐρωτική ἐπιστολή (ή)

loveliness, n. ὀμορφιά (ή), ὡραιότητα (ή)/ lovely, a. ὡραῖος, ὄμορφος, χαριτωμένος, εὐχάριστος

lovemaking, n. συνουσία (ή), σεξουαλική ἐπαφή (ή)/ lover, n. ἐραστής (ὁ), ἀγαπητικός (ὁ)/ ~lovesich, a. ἐρωτοχτυπημένος/ loving, a. τρυφερός, στοργικός

low, a. χαμηλός, κατώτερος/ ad. χαμηλά, ταπεινά/ ~ frequency, χαμηλή συχνότητα/ ~ gear, χαμηλή ταχύτητα/ ~ pressure, χαμηλή πίεση/ ~ spirits, μελαγχολία (ή), ἀκεφιά (ή)/ ~ voice, σιγανή φωνή/ ~ water, ἄμπωτη (ή)/ v.i. μουγκρίζω, μουγκανίζω

lower, a. χαμηλώτερος, κατώτερος/ ad. χαμηλώτερα/ v.t. χαμηλώνω, κατεβάζω/ (a person) ταπεινώνω/ (flag) ὑποστέλλω/ ~ing, a. ὑποτιμητικός, μειωτικός, ταπεινωτικός

lowest, a. κατώτατος

lowing, n. μούγκρισμα (τό), μουγκανητό (τό)

lowland, n. πεδιάδα (ή), πεδινή περιοχή (ή)

lowliness, n. ταπεινότητα (ή)/ lowly, a. ταπεινός

loyal, a. πιστός, ἀφοσιωμένος/ (patriot) n. νομιμόφρων (ὁ) / ~ty, n. πίστη (ή),

ἀφοσίωση (ἡ), νομιμοφροσύνη (ἡ)
lozenge, n. παστίλλια (ἡ)
lubricant, a. λιπαντικός/ n. λιπαντικό
(τό)/ *lubricate*, v.t. λιπαίνω/ *lubrication*,
n. λίπανση (ἡ), γρασσάρισμα (τό)/ *lu-
bricator*, n. λιπαντής (ὁ), γρασσαδόρος
(ὁ)
lucerne, n. τριφύλλι (τό)
lucid, a. σαφής, καθαρός, εὐκολονόητος/
~*ity*, n. διαύγεια (ἡ), σαφήνεια (ἡ)
luck, n. τύχη (ἡ)/ *bad* ~, γρουσουζιά/
good ~, γούρι (τό) / *be in* ~, εἶμαι τυ-
χερός/ *try one's* ~, δοκιμάζω τήν τύχη
μου/ ~*ily*, ad. εὐτυχῶς/ ~*less*, a. ἄτυ-
χος/ ~*y*, a. τυχερός
lucrative, a. προσοδοφόρος, ἐπικερδής
ludicrous, a. γελοῖος, παράλογος
lug, n. αὐτί (τό), θηλειά (ἡ)/ (worm)
σκουλικάκι (τό)/ (pulling) ἕλξη (ἡ),
τράβηγμα (τό)/ v.t. τραβῶ, σέρνω
luggage, n. ἀποσκευές (οἱ)/ *excess* ~, ἐπι-
πλέον ἀποσκευές/ ~*-rack*, n. ράφι ἀπο-
σκευῶν (τό)/ ~*-van*, n. φορτηγό μετα-
φορῶν (τό)
lugger, n. μπρατσέρα (ἡ)
lugubrious, a. πένθιμος, σκυθρωπός, κα-
τσουφιασμένος
lukewarm, a. χλιαρός/ (fig.) ἀδιάφορος,
ψυχρός
lull, n. γαλήνη (ἡ), κατευνασμός (ὁ),
ἀνάπαυλα (ἡ)/ v.t. γαληνεύω, κατευ-
νάζω/ ~*aby*, n. νανούρισμα (τό)
lumbago, n. ὀσφυαλγία (ἡ), λουμπάγκο
(τό)
lumber, n. ξυλεία (ἡ)/ ~*jack*, n. ξυλοκό-
πος (ὁ)/ ~ *yard*, n. ἀποθήκη ἄχρηστων
ἐπίπλων (ἡ)/ v.t. στοιβάζω, φορτώνω/
(trees) ὑλοτομῶ
luminary, n. φωτεινό σῆμα, πηγή φωτός/
(fig.) φωστήρας (ὁ)
luminous, a. φωτεινός, λαμπερός
lump, n. ὄγκος (ὁ), σβῶλος (ὁ), ἐξόγκω-
μα (τό)/ ~ *sum*, ἐφ' ἅπαξ, ποσό κατ'
ἀποκοπή/ v.t. στοιβάζω, σωρεύω/ ~ *to-
gether*, στοιβάζω μαζί/ ~*ish*, a. ἄμορ-
φος/ (person) ἀδέξιος/ ~*y*, a. ἄμορφος
lunacy, n. τρέλλα (ἡ), παραφροσύνη (ἡ)/
lunatic, n. & a. τρελλός (ὁ), παράφρο-
νας (ὁ), φρενοβλαβής (ὁ)/ ~ *asylum*,
φρενοκομεῖο (τό)

lunch & luncheon, n. μεσημεριανό γεῦμα
(τό)/ v.i. γευματίζω
lung, n. πνεύμονας (ὁ)
lupin, n. λούπινο (τό)
lupus, n. λύκος (ὁ)
lurch, n. κλονισμός (ὁ)/ *leave in the* ~,
ἐγκαταλείπω, ἀφήνω ἀβοήθητο/ v.i.
ταλαντεύομαι, παραπαίω/ (naut.)
σκαμπανεβάζω
lure, n. δόλωμα (τό), δελεασμός (ὁ)/ v.t.
δελεάζω, σαγηνεύω
lurid, a. ἀπαίσιος, φρικιαστικός, τρομα-
κτικός
lurk, v.i. κρύβομαι, καραδοκῶ, ἐνε-
δρεύω
luscious, a. ἀπολαυστικός, γευστικός
lush, a. πλούσιος, ἄφθονος
lust, n. λαγνεία (ἡ), πόθος (ὁ)/ v.i. ἐπιθυ-
μῶ σαρκικά, ποθῶ, λιμπίζομαι/ ~*ful*,
a. λάγνος
lustily, ad. ρωμαλέα, γενναία
lustre, n. λάμψη (ἡ), στιλπνότητα (ἡ)/
lustrous, a. λαμπερός, στιλπνός, ἀκτι-
νοβόλος
lusty, a. ρωμαλέος, σφριγηλός
lute, n. λαγοῦτο (τό)
Lutheran, n. Λουθηρανός (ὁ)/ a. λουθη-
ρανικός
luxuriance, n. πυκνή βλάστηση (ἡ), εὐφο-
ρία (ἡ)/ *luxuriant*, a. πυκνός, πλούσιος,
ἄφθονος
luxurious, a. πολυτελής/ *luxury*, n. πολυ-
τέλεια (ἡ)
lycanthropy, n. λυκανθρωπία (ἡ)
lyceum, n. λύκειο (τό)
lye, n. ἀλισίβα (ἡ)
lying, a. πλαγιασμένος/ (not true) ψευ-
δής/ ~*-in*, n. τοκετός (ὁ)
lymph, n. λύμφη (ἡ), λέμφος (ἡ)/ ~*atic*, a.
λεμφικός, λεμφατικός, λυμφατικός
lynch, v.t. λυντσάρω
lynx, n. λύγξ (ὁ)/ ~*-eyed*, a. ὀξύτατη
ὅραση
lyre, n. λύρα (ἡ)
lyric(al), a. λυρικός/ *lyric*, n. στίχοι τρα-
γουδιοῦ (οἱ)/ ~ *ism*, n. λυρισμός (ὁ)

M

macabre, a. μακάβριος
macadam, n. σκυρόστρωμα (τό)/ v.t. σκυροστρώνω
macaroni, n. μακαρόνια (τά)
macaroon, n. ἀμυγδαλωτό (τό)
mace, n. σκῆπτρο (τό)
machiavellian, a. μακιαβελλικός, πανοῦργος
machination, n. ραδιουργία (ἡ), μηχανορραφία (ἡ)
machine, n. μηχανή (ἡ), μηχάνημα (τό)/ v.t. ἐπεξεργάζομαι μηχανικά/ ~gun, n. μυδραλλιοβόλο (τό)/ ~ tool, n. μηχανικό ἐργαλεῖο (τό)/ ~ry, n. μηχανήματα (τά)/ machinist, n. μηχανικός (ὁ), μηχανουργός (ὁ), μηχανολόγος (ὁ)
mackerel, n. σκουμπρί (τό)
mackintosh, n. ἀδιάβροχο (τό)
mad, a. τρελλός, παράφρονας/ (dog) λυσσασμένος/ be ~ about, εἶμαι ξετρελλαμένος/ go ~, τρελλαίνομαι
madam, n. κυρία (ἡ)
madcap, a. ἄμυαλος, παλαβός
madden, v.t. τρελλαίνω/ (fig.) ἐξοργίζω, ἐξαγριώνω/ ~ing, a. ἐξοργιστικός
made, p.p. φτιαγμένος, κατασκευασμένος, καμωμένος/ ~ out to bearer, εἰς διαταγήν/ ~ to order, κατά παραγγελία/ ~ up, φτιαχτός, πλαστός
madeira, n. κρασί Μαδέρας (τό)
madhouse, n. φρενοκομεῖο (τό), τρελλοκομεῖο (τό)/ madly, ad. τρελλά/ madman, n. τρελλός (ὁ), φρενοβλαβής (ὁ), παράφρονας (ὁ)/ madness, n. τρέλλα (ἡ), παραφροσύνη (ἡ), παλαβομάρα (ἡ)
madrigal, n. ἐρωτικό τραγούδι (τό)
maelstrom, n. ρουφήχτρα (ἡ)
magazine, n. περιοδικό (τό)/ (mil.) γεμιστήρας (ὁ)
maggot, n. σκουληκόμυιγα (ἡ)/ ~y, a. σκουλικιασμένος
magic, a. μαγικός/ ~ wand, μαγικό ραβδί (τό)/ n. μαγεία (ἡ), μαγγανεία (ἡ)/ ~al,
a. μαγικός, μαγευτικός/ ~ian, n. μάγος (ὁ)
magisterial, a. ἐπιβλητικός, ἀρχοντικός/ (leg.) δικαστικός/ magistracy, n. δικαστικό ἀξίωμα (τό)/ magistrate, n. δικαστής (ὁ), δικαστικός (ὁ)
magnanimity, n. μεγαλοψυχία (ἡ), μεγαλοφροσύνη (ἡ)/ magnanimous, a. μεγαλόψυχος, μεγαλόκαρδος
magnate, n. μεγιστάνας (ὁ)
magnesia, n. μαγνησία (ἡ)/ magnesium, n. μαγνήσιο (τό)
magnet, n. μαγνήτης (ὁ)/ ~ic, a. μαγνητικός/ (fig.) ἑλκυστικός, γοητευτικός/ ~ism, n. μαγνητισμός (ὁ)/ (fig.) ἕλξη (ἡ), γοητεία (ἡ)/ ~ize, v.t. μαγνητίζω/ magneto, n. μαγνητοηλεκτρική συσκευή (ἡ)
magnificence, n. μεγαλοπρέπεια (ἡ), μεγαλεῖο (τό)/ magnificent, a. μεγαλοπρεπής, μεγαλειώδης
magnify, v.t. μεγεθύνω/ (fig.) ὑπερβάλλω/ ~ing glass, μεγεθυντικός φακός
magniloquence, n. μεγαλοστομία (ἡ), στόμφος (ὁ)/ magniloquent, a. μεγαλόστομος, στομφώδης
magnitude, n. μέγεθος (τό), σπουδαιότητα (ἡ)
magnolia, n. μανόλια (ἡ)
magpie, n. καρακάξα (ἡ)
magus, n. μάγος (ὁ)
maharajah, n. μαχαραγιάς (ὁ)
mahogany, n. μαόνι (τό)
maid, n. ὑπηρέτρια (ἡ)/ (girl) κορίτσι (τό), κοπέλλα (ἡ)/ ~ of honour, Δεσποινίς τῆς τιμῆς/ ~en, n. παρθένα (ἡ)/ a. παρθενικός/ ~ name, πατρικό ὄνομα/ ~ speech, παρθενικός λόγος/ ~enhair, n. πολυτρίχι (τό)/ ~enhead, n. παρθενία (ἡ), παρθενικότητα (ἡ)/ ~ly, a. κοριτσίστικος, παρθενικός, σεμνός
mail, n. ταχυδρομεῖο (τό)/ v.t. ταχυδρομῶ/ ~ coach (train), ταχυδρομική ἅμαξα/ ~bag, n. ταχυδρομικός σάκκος/ ~ed fist, σιδηρή (σιδερένια) πυγμή
maim, v.t. ἀκρωτηριάζω, σακατεύω, κολοβώνω
main, n. κεντρικός ἀγωγός (ὁ)/ in the ~, γενικά/ a. κύριος, κεντρικός, βασικός/

the ~ *thing,* τό κυριώτερο/ ~ *deck,* n. κύριο κατάστρωμα/ ~*ly,* ad. κυρίως/ ~*land,* n. ξηρά (ή), ήπειρωτική γῆ/ ~ *mast,* n. κύριο κατάρτι (τό)/ ~*spring,* n. ἐλατήριο ρολογιοῦ (τό)/ ~*stay,* n. στάντζος (ό)/ (fig.) βασικό στήριγμα

maintain, v.t. διατηρῶ, συντηρῶ, συνεχίζω/ *maintainance,* n. συντήρηση (ή), διατήρηση (ή)

maisonette, n. διαμέρισμα (τό)

maize, n. καλαμπόκι (τό), ἀραβόσιτος (ό)

majestic, a. μεγαλοπρεπής, μεγαλειώδης/ *majesty,* n. μεγαλοπρέπεια (ή), μεγαλεῖο (τό)/ *Your* ~, Ἡ Μεγαλειότητά σας

major, a. σπουδαιότερος, σημαντικώτερος/ (mus.) μεῖζον, ματζόρε/ (age) ἐνήλικος/ (mil.) ταγματάρχης (ό)/ ~ *general,* ὑποστράτηγος (ό)

majority, n. πλειοψηφία (ή)/ (age) ἐνηλικιότητα (ή)

make, n. κατασκευή (ή), φτιάξιμο (τό)/ v.t. κάνω, φτιάχνω, κατασκευάζω, προξενῶ/ ~ *as if,* προσποιοῦμαι ὅτι/ ~ *a bed,* στρώνω τό κρεβάτι/ ~ *away with,* ξεμπερδεύω, σκοτώνω/ ~ *do with,* βολεύω, τά καταφέρνω/ ~ *faces,* μορφάζω, κάνω γκριμάτσες/ ~ *for,* κατευθύνομαι/ ~ *fun,* κοροϊδεύω, περιγελῶ/ ~ *good,* ἀποκαθιστῶ/ ~ *haste,* βιάζομαι/ ~ *enquiries,* ἐρευνῶ, ἐξετάζω/ ~ *light of,* ἀψηφῶ/ ~ *money,* βγάζω λεφτά/ ~ *the most of,* ἐπωφελοῦμαι/ ~ *much of,* ἀποδίδω μεγάλη σημασία/ ~ *off,* φεύγω/ ~ *one's way,* ξεκινῶ/ ~ *out,* ξεχωρίζω, καταλαβαίνω/ (cheque) ἐκδίδω ἐπιταγή/ ~ *over,* παραδίδω/ ~ *sure of,* βεβαιώνομαι/ ~ *up,* σχηματίζω, συμπληρώνω/ ~ *up one's mind,* ἀποφασίζω/ ~ *up to,* ξεπληρώνω/ ~ *use of,* κάνω χρήση, χρησιμοποιῶ/ ~ *believe,* a. φτιαχτός (προσποιητός)/ n. προσποίηση (ή), αὐταπάτη (ή)/ ~*r,* n. κατασκευαστής (ό)/ ~*shift,* a. πρόχειρος/ ~-*up,* n. μακιγιάζ (τό), μαίηκ-ἀπ (τό)/ (print.) σελιδοποίηση (ή)/ *making,* n. κατασκευή (ή), παρασκευή (ή), φτιάξιμο (τό)

malachite, n. μαλαχίτης (ό)

maladjustment, n. κακή προσαρμογή (ή)

maladministration, n. κακοδιοίκηση (ή), κακή διαχείρηση (ή)

maladroit, a. ἀδέξιος

malady, n. ἀσθένεια (ή), νόσημα (τό)

malaise, n. ἔλλειψη ἄνεσης (ή), δυσφορία (ή)

malaria, n. ἑλονοσία (ή)/ ~*l,* a. ἑλώδης

Malay(an), n. Μαλαίσιος (ό)/ a. μαλαισιανός

malcontent, a. δυσαρεστημένος

male, a. ἀρσενικός/ ~ *screw,* ἀρσενική βίδα/ n. ἀρσενικό (τό)

malediction, n. κατάρα (ή)

malefactor, n. κακοῦργος (ό)

malevolence, n. κακοβουλία (ή)/ *malevolent,* a. κακόβουλος

malformation, n. δυσμορφία (ή)

malice, n. κακεντρέχεια (ή), κακοβουλία (ή)/ (leg.) ἐγκληματικός σκοπός/ *malicious,* a. κακόβουλος, κακεντρεχής/ (leg.) ἐκ προμελέτης

malign, a. δυσμενής, ὀλέθριος/ (med.) κακοήθης/ v.t. δυσφημῶ, συκοφαντῶ/ ~*ant,* a. κακόβουλος/ (med.) κακοήθης

malinger, v.i. προσποιοῦμαι ἀρρώστεια/ ~*er,* n. ψευτοάρρωστος (ό)

malleable, a. εὔπλαστος/ (metal) ἐλατός

mallet, n. ξύλινο σφυρί (τό)

mallow, n. μολόχα (ή)

malnutrition, n. ὑποσιτισμός (ό)

malt, n. μαγιά μπύρας (ή)

Maltese, n. Μαλτέζος (ό)/ a. μαλτέζικος

maltreat, v.t. κακομεταχειρίζομαι

mamma, n. μαμά (ή)

mammal, n. θηλαστικό (τό)/ ~*ia,* n. pl. μαστοφόρα (τά)

mammoth, n. μαμούθ (τό)

man, n. ἄνθρωπος (ό), ἄντρας (ό)/ ~ *and wife,* ἀντρόγυνο (τό)/ ~ ~ *in the street,* κοινός ἄνθρωπος/ ~ *of the world,* κοινωνικός ἄνθρωπος/ v.t. ἐπανδρώνω/ (ship) ἐξοπλίζω

manacle, v.t. βάζω χειροπέδες/ ~*s,* n. pl. χειροπέδες (οί)

manage, v.t. διευθύνω, διοικῶ, διαχειρίζομαι, κατορθώνω, καταφέρνω/ ~*able,* a. εὐκολομεταχείριστος, εὔκολος/ ~*ment,* n. διοίκηση (ή), διαχείριση (ή)/ ~*r,* n. διευθυντής (ό), διαχειριστής (ό)/ ~ress, n. διευθύντρια (ή)/ ~rial, a. διοικητικός, διαχειριστικός

mandarin, n. μανδαρίνος (ό)

mandarin(e), n. μανταρίνι (τό)

mandatory, n. ἐντολοδόχος (ό), ἐπίτροπος (ό)/ mandate, n. ἐντολή (ή), διαταγή (ή)/ mandatory, a. ὑποχρεωτικός, προστακτικός

mandible, n. κάτω σιαγώνα (ή)

mandolin(e), n. μαντολίνο (τό)

mandrake, n. μανδραγόρας (ό)

mandrill, n. τριβέλι (τό)

mane, n. χαίτη (ή)

man-eater, n. ἀνθρωποφάγος (ό)/ man-eating, a. ἀνθρωποφαγικός

manful, a. γενναῖος, τολμηρός, ἀνδροπρεπής/ ~ly, ad. γενναῖα, τολμηρά

manganese, n. μαγνήσιο (τό)

mange, n. ψώρα ζώων (ή)

manger, n. φάτνη (ή), παχνί (τό)

mangle, n. μάγγανο (τό)/ v.t. κατακόβω, καταξεσχίζω

mango, n. μάγγο (τό)

mangy, a. ψωραλέος, ἀξιολύπητος

manhandle, v.t. κινῶ μέ τό χέρι/ (maltreat) κακοποιῶ

manhole, n. ἀνθρωποθυρίδα (ή)

manhood, n. ἀνδρική ἡλικία (ή)

mania, n. μανία (ή)/ ~ c, n. μανιακός (ό)/ ~cal, a. μανιακός, παράφρονας

manicure, n. περιποίηση τῶν χεριῶν (ή), μανικιούρ (τό)/ v.t. περιποιοῦμαι τά χέρια/ manicurist, n. μανικιουρίστας (ό)

manifest, a. φανερός, ἔκδηλος/ n. δήλωση (ή)/ v.t. ἐκδηλώνω, φανερώνω/ ~ation, n. ἐκδήλωση (ή)/ ~o, n. μανιφέστο (τό), προκήρυξη (ή)

manifold, a. ποικίλος, πολύπλευρος

manikin, n. νάνος (ό)/ (of a tailor, etc.) κούκλα μοδίστρας (ή)

manipulate, v.t. χειρίζομαι/ manipulation, n. χειρισμός (ό)

mankind, n. ἀνθρώπινο γένος (τό), ἀνθρωπότητα (ή)

manliness, n. ἀνδροπρέπεια (ή), ἀνδρισμός (ό)/ manly, a. ἀνδροπρεπής, ἀρρενωπός

mannequin, n. μανεκέν (τό)

manner, n. τρόπος (ό), μέθοδος (ή)/ pl.

συμπεριφορά (ή)/ in this ~, μέ αὐτό τόν τρόπο/ have no ~s, δέν ἔχω τρόπους/ ~ed, a. προσποιητός, ἐπιτηδευμένος/ ~ism, n. ἐπιτήδευση (ή)/ ~ly, a. εὐγενικός

mannish, a. ἀνδροπρεπής, ἀρρενωπός

manoeuvre, n. μανούβρα (ή), ἐλιγμός (ό)/ v.i. ἐκτελῶ ἐλιγμούς

man-of-war, n. πολεμικό πλοῖο (τό)

manometer, n. μανόμετρο (τό)

manor (house), n. ἀρχοντικό (τό)/ ~ial, a. ἀρχοντικός

manse, n. πρεσβυτέριο (τό)

mansion, n. μέγαρο (τό), ἀνάκτορο (τό)

manslaughter, n. ἀνθρωποκτονία (ή)

mantelpiece, -shelf, n. ράφι τζακιοῦ (τό), γείσωμα (τό)

mantilla, n. μαντήλι κεφαλιοῦ (τό)

mantle, n. μανδύας (ό), πέπλο (τό)/ (tech.) ἐπένδυση (ή)

manual, a. χειροποίητος/ ~ labour, χειρωνακτική ἐργασία/ n. ἐγχειρίδιο (τό)

manufacture, n. βιομηχανία (ή), κατασκευή (ή)/ v.t. κατασκευάζω, παράγω/ (fig.) χαλκεύω/ ~r, n. βιομήχανος (ό), ἐργοστασιάρχης (ό)/ manufacturing, a. βιομηχανικός

manure, n. κοπριά (ή), λίπασμα (τό)/ v.t. κοπρίζω, λιπαίνω

manuscript, n. χειρόγραφο (τό)

many, a. πολλοί, πολλές, πολλά/ ~ a time, πολλές φορές/ a great ~, πολλοί, πλῆθος/ how ~? πόσοι;/ too ~, πάρα πολλοί/ so ~, τόσο πολλοί/ ~ coloured, a. πολύχρωμος/ ~ sided, a. πολύπλευρος

map, n. χάρτης (ό)/ v.t. χαρτογραφῶ/ ~ out, σχεδιάζω

maple, n. σφένδαμνος (ό)

mar, v.t. ἀφανίζω, χαλῶ, ἀσχημίζω

maraud, v.i. λεηλατῶ, λαφυραγωγῶ/ ~er, n. λεηλάτης (ό), λαφυραγωγός (ό)/ ~ing, n. λαφυραγωγία (ή), λεηλασία (ή)

marble, n. μάρμαρο (τό)/ pl. βῶλοι (οί)/ a. μαρμάρινος/ v.t. μαρμαρώνω

March, n. Μάρτιος (ό)/ a. μαρτιάτικος

march, n. πορεία (ή), βάδισμα (τό)/ quick ~, ταχύ βάδισμα/ (fig.) πρόοδος (ή), ἐξέλιξη (ή)/ v.i. πορεύομαι, βαδίζω/ ~ in, μπαίνω/ ~ off, ξεκινῶ, φεύγω/ ~ past, περνῶ ἀπό μπροστά/ ~ing, n. πορεία (ἡ), παρέλαση (ἡ)/ ~ orders, φύλλο πορείας (τό)/ ~ song, ἐμβατήριο (τό)

marchioness, n. μαρκησία (ἡ)

mare, n. φοράδα (ἡ)

margarine, n. μαργαρίνη (ἡ)

margin, n. περιθώριο (τό)/ (river) χεῖλος (τό)/ (comm.) πρόβλεψη (ἡ)/ ~al, a. περιθωριακός/ ~ note, σημείωση στό περιθώριο

marigold, n. χρυσάνθεμο (τό)

marine, a. ναυτικός, θαλασσινός/ n. πεζοναύτης (ὁ)/ ~r, n. ναύτης (ὁ)

marionette, n. μαριονέττα (ἡ), νευρόσπαστο (τό)

marital, a. συζυγικός

maritime, a. ναυτικός, θαλασσινός

marjoram, n. ματζουράνα (ἡ)

mark, n. σημάδι (τό), στόχος (ὁ), δεῖγμα (τό)/ (currency) μάρκο (τό)/ hit the ~, χτυπῶ τόν στόχο/ make one's ~, διαπρέπω/ up to the ~, ἱκανοποιητικός/ get good (bad) ~s, παίρνω καλούς (κακούς) βαθμούς/ v.t. σημειώνω, σημαδεύω, ὁρίζω, βαθμολογῶ/ ~ out, ὁροθετῶ/ ~ an era, σημειώνω ἐποχή/ ~ed, p.p. & a. σημαντικός, ἰδιαίτερος/ ~er, n. σημαδευτής (ὁ), σημειωτής (ὁ)

market, n. ἀγορά (ἡ), παζάρι (τό)/ v.t. ἀγοράζω, ψωνίζω/ (a product) λανσάρω/ ~able, a. εὐκολοπούλητος/ ~ing, n. μελέτη ἀγορᾶς (ἡ)/ ~ -place, n. πλατεία ἀγορᾶς (ἡ)/ ~-price, n. ἀγοραία τιμή (ἡ)

marking, n. σημάδεμα (τό), τοποθέτηση σήματος

marksman, n. ἐπιδέξιος σκοπευτής (ὁ)/ ~ship, n. σκοπευτική ἐπιδεξιότητα (ἡ)

marl, n. ἀργιλλάσβεστος (ὁ)

marmalade, n. μαρμελάδα (ἡ)

marmot, n. ἀγριοποντικός (ὁ)

maroon, a. σκοῦρος, καφετής, σκοῦρος καστανός/ n. μαῦρος φυγάδας, δοῦλος (ὁ)/ v.t. ἐγκαταλείπω σέ ἀκατοίκητο μέρος

marquee, n. τέντα (ἡ)

marquess, n. βλ. marquis

marquetry, n. μαρκετερί (ἡ), ξύλινο ψηφιδωτό (τό)

marquis, n. μαρκήσιος (ὁ)

marriage, n. γάμος (ὁ)/ ~ lines/licence, ἄδεια γάμου (ἡ)/ ~able, a. σέ ἡλικία γάμου/ married, p.p. & a. παντρεμένος, ἔγγαμος/ ~ couple, ἀντρόγυνο/ newly ~ couple, νιόπαντρο ζευγάρι/ get ~, παντρεύομαι/ be ~, εἶμαι παντρεμένος

marrow, n. μεδούλι (τό), μυελός (ὁ)/ (bot.) κολοκύθα (ἡ)

marry, v.t. παντρεύω, παντρεύομαι

Marseillaise, n. Μασσαλιώτιδα (ἡ)

marsh, n. ἕλος (τό), βάλτος (ὁ)/ ~ land, n. βαλτότοπος (ὁ)/ ~ mallow, n. δεντρομολόχα (ἡ)/ ~ marigold, n. νερολούλουδο (τό)

marshal, n. στρατάρχης (ὁ)/ (in court) αὐλάρχης (ὁ), τελετάρχης (ὁ)/ v.t. βάζω σέ τάξη, παρατάσσω

marshy, a. ἑλώδης, βαλτώδης

marsupial, a. μαρσιποφόρος

mart, n. ἐμπορική ἀγορά (ἡ)

marten, n. νυφίτσα (ἡ)

martial, a. στρατιωτικός, πολεμικός/ ~ law, στρατιωτικός νόμος (ὁ)

Martian, n. Ἀρειανός (ὁ)

martin, n. πετροχελίδονο (τό)

martinet, n. ἐπόπτης (ὁ)

martyr, n. μάρτυρας (ὁ)/ v.t. βασανίζω, τυραννῶ/ ~dom, n. μαρτύριο (τό), μαρτυρικός θάνατος

marvel, n. θαῦμα (τό)/ v.i. ~ at, θαυμάζω/ ~lous, a. θαυμάσιος

Marxist, n. Μαρξιστής (ὁ)

mascot, n. μασκότ (ἡ)

masculine, a. ἀρσενικός/ n. (gram.) ἀρσενικό (τό)/ masculinity, n. ἀρσενικότητα (ἡ)

mash, n. φύραμα (τό), πολτός (ὁ)/ v.t. ἀνακατεύω, ζυμώνω, πολτοποιῶ/ ~ed potatoes, πατάτες πουρέ

mask, n. μάσκα (ἡ), προσωπεῖο (τό)/ v.t. καλύπτω, μασκαρεύω, μεταμφιέζω/ ~ed ball, χορός μεταμφιεσμένων

mason, n. χτίστης (ὁ)/ ~ic, a. τεκτονικός, μασωνικός/ ~ lodge, μασωνική (τεκτονική) στοά (ἡ)/ ~ ry, n. τεκτονική (ἡ)/ free ~, ἐλευθεροτεκτονισμός (ὁ)

masquerade, n. μασκαράτα (ἡ), προσωπιδοφόροι (οἱ)/ v.i. μεταμφιέζομαι, μασκαρεύομαι

mass, n. μάζα (ή)/ (eccl.) λειτουργία (ή)/ ~ production, μαζική παραγωγή/ in the ~, γενικά, στό σύνολο/ v.t. & i. συναθροίζω, σωρεύω, μαζεύω

massacre, n. σφαγή (ή)/ v.t. σφάζω

massage, n. μασσάζ (τό), μάλαξη (ή)/ v.t. κάνω μασσάζ/ masseur, n. μασσέρ (ό), μαλάκτης (ό)

massive, a. όγκώδης

mast, n. κατάρτι (τό), ίστός (ό)

master, n. κύριος (ό), άφέντης (ό), άρχοντας (ό)/ head ~, γυμνασιάρχης (ό), διευθυντής σχολείου/ ~ of ceremonies, τελετάρχης (ό)/ v.t. κυριαρχώ, έλέγχω, κατέχω/ ~ful, a. δεσποτικός, αὐταρχικός/ ~ key, n. γενικό κλειδί (τό)/ ~ly, a. έπιτήδειος/ in a ~ manner, μέ άριστοτεχνικό τρόπο/ ~ mind, n. έγκέφαλος (ό)/ ~piece, n. άριστούργημα (τό)/ ~ stroke, n. άριστοτεχνική ένέργεια (ή)/ ~y, n. κυριαρχία (ή), έξουσία (ή)/ (knowledge) βαθειά γνώση

mastic, n. μαστίχα (ή)

masticate, v.t. μασώ/ mastication, n. μάσημα (τό)

mastiff, n. μολοσσός (ό)

mastodon, n. μαστόδοντο (τό)

masturbate, v.i. μαλακίζομαι, κάνω μαλακία

mat, n. ψάθα (ή), ψάθινο χαλάκι (τό)/ a. μάτ, θαμπός

match, n. σπίρτο (τό)/ (sport) άγώνας (ό), παιχνίδι (τό)/ a good ~, καλό ταίριασμα/ meet one's ~, βρίσκω τόν δάσκαλό μου/ v.t. ταιριάζω, ζευγαρώνω, συνδυάζω/ ~ box, n. σπιρτόκουτο (τό)/ ~less, a. άφθαστος/ ~maker, n. προξενητής (ό)

mate, n. σύντροφος (ό), συνάδελφος (ό)/ (animal) ταίρι (τό)/ (naut.) ύποπλοίαρχος (ό)/ v.t. ζευγαρώνω/ (chess) πετυχαίνω μάτ

material, n. ύλικό (τό)/ (cloth) ύφασμα (τό)/ building ~s, οίκοδομικά ύλικά/ a. ύλικός, σωματικός/ (fig.) σημαντικός/ ~ism, n. ύλισμός (ό), ματεριαλισμός (ό)/ ~ist, n. ύλιστής (ό)/ ~istic, a. ύλιστικός/ ~ize, v.t. & i. ύλοποιῶ, πραγματοποιῶ/ ~ly, ad. ύλικά/ (fig.) πραγ-

ματικά, ούσιαστικά

maternal, a. μητρικός/ maternity, n. μητρότητα (ή)/ ~ hospital, μαιευτήριο (τό)

mathematical, a. μαθηματικός/ mathematician, n. μαθηματικός (ό)/ mathematics, n. μαθηματικά (τά)

matinée, n. άπογευματινή παράσταση (ή)

matins, n. pl. ὄρθρος (ό)

matriarchy, n. μητριαρχία (ή)

matriculate, v.t. μπαίνω στό πανεπιστήμιο/ matriculation, n. είσαγωγή στό πανεπιστήμιο (ή)

matrimonial, a. συζυγικός, γαμήλιος/ matrimony, n. γάμος (ό), ἔγγαμη ζωή (ή)

matrix, n. μήτρα (ή), καλούπι (τό)

matron, n. προϊσταμένη (ή), έπιστάτρια (ή), διευθύντρια (ή)

matter, n. ὕλη (ή), ούσία (ή), ύπόθεση (ή), θέμα (τό)/ (med.) πύο (τό)/ what is the ~? τί συμβαίνει;/ what is the ~ with you? τί ἔπαθες;/ as a ~ of course, έννοεῖται, φυσικά/ as a ~ of fact, στήν πραγματικότητα/ no ~ what happens, ὅτι καί νά συμβεῖ, ὅπως κι' ἄν ἔχουν τά πράγματα/ ~ of taste, ζήτημα γούστου/ v.i. ένδιαφέρομαι, μέ άπασχολεῖ/ it doesn't ~, δέν πειράζει

matting, n. ψάθα (ή)

mattock, n. δικέλλα (ή)

mattress, n. στρώμα (τό)

mature, a. ὥριμος/ v.t. ὡριμάζω/ (comm.) λήγω/ maturity, n. ὡριμότητα (ή)/ (comm.) λήξη (ή)

maudlin, a. κλαψιάρης

maul, v.t. κοπανίζω/ (fig.) ξυλοκοπῶ

Maundy Thursday, Μεγάλη Πέμπτη (ή)

mausoleum, n. μαυσωλείο (τό)

mauve, a. μώβ, μαβί

maw, n. στομάχι πουλιῶν (τό), γούσα (ή)

mawkish, a. άνούσιος, άνοστος

maxim, n. άπόφθεγμα (τό), ρητό (τό), γνωμικό (τό)

maximum, n. άνώτατο ὄριο (τό), μάξιμουμ (τό)/ a. άνώτατος

May, n. Μάϊος (ό)/ ~ Day, Πρωτομαγιά (ή)

may, v. aux. μπορῶ, ἔχω τήν ἄδεια/ it ~ be that, ἴσως νά/ I ~ go, ἴσως (μπορεῖ) νά πάω/ ~ I come in? μπορῶ νά μπῶ;/

~be, ad. ἴσως, πιθανόν/ ~flower, n. λευκάγκαθο (τό)/ ~fly, n. φρυγανίδα (ἡ)

mayonnaise, n. μαγιονέζα (ἡ)

mayor, n. δήμαρχος (ὁ)/ ~ess, n. δημαρχίνα (ἡ)

maze, n. λαβύρινθος (ὁ)/ (fig.) σύγχιση (ἡ), κυκεώνας (ὁ)

mazurka, n. μαζούρκα (ἡ)

me, pn. ἐμένα

mead, n. ὑδρόμελι (τό)

meadow, n. λιβάδι (τό)/ ~-sweet, n. μελισσόχορτο (τό)

meagre, a. ἰσχνός, πενιχρός/ ~ness, n. ἰσχνότητα (ἡ), πενιχρότητα (ἡ)

meal, n. γεῦμα (τό), φαγητό (τό)/ ~time, n. ὥρα φαγητοῦ (ἡ)/ ~y, a. ἀλευρώδης/ ~ -mouthed, a. γλυκομίλητος

mean, a. ἄθλιος, ταπεινός/ (rude) ἀγενής, ἀνάγωγος/ (ungenerous) φιλάργυρος, φειδωλός/ in the ~ time, στό μεταξύ/ v.t. ἐννοῶ, σημαίνω/ ~ to, σκοπεύω, ἔχω πρόθεση/ a. μέσος, μέτριος/ (maths) μέσος ὅρος/ ~s, n. pl. μέσα (τά), τρόπος (ὁ)/ by all ~, βέβαια, ἀπόλυτα/ by ~ of, μέσω, μέ αὐτό τόν τρόπο/ by no ~, μέ κανένα τρόπο

meander, n. μαίανδρος (ὁ)/ v.i. ἐλίσσομαι, περιστρέφομαι/ ~ing, a. ἑλικοειδής, μαιανδρικός

meaning, n. ἔννοια (ἡ), σημασία (ἡ)/ double ~, διφορούμενη ἔννοια/ a. διατεθειμένος/ well ~, μέ καλές διαθέσεις, καλοπροαίρετος/ ~less, a. χωρίς ἔννοια

meanness, n. φιλαργυρία (ἡ), ἀγένεια (ἡ), μικροπρέπεια (ἡ)

meantime, -while, ad. στό μεταξύ

measles, n. ἱλαρά (ἡ)

measly, a. ἀσήμαντος

measurable, a. μετρήσιμος, καταμετρητός

measure, n. μέτρο (τό), χωρητικότητα (ἡ)/ beyond ~, ὑπέρμετρος/ in great ~, σέ μεγάλη ποσότητα/ made to ~, φτιαγμένο στά μέτρα/ take ~s, παίρνω (λαβαίνω) μέτρα/ v.t. μετρῶ, καταμετρῶ, παίρνω τά μέτρα/ ~ out, διανέμω/ one's length, πέφτω φαρδύς-πλατύς/ ~d, p.p. & a. μετρημένος/ ~ language,

μετριοπαθής γλῶσσα/ ~ment, n. μέτρηση (ἡ), καταμέτρηση (ἡ)/ take ~s, παίρνω τά μέτρα

meat, n. κρέας (τό)/ minced ~, κιμάς (ὁ)/ ~ball, n. κεφτές (ὁ)/ ~ pie, n. κρεατόπιττα (ἡ)/ ~y, a. κρεατώδης/ ~ ideas, πολύτιμες ἰδέες

mechanic, n. μηχανικός (ὁ), μηχανοτεχνίτης (ὁ)/ a. μηχανικός/ ~s, n. μηχανική (ἡ)/ mechanism, n. μηχανισμός (ὁ)/ mechanize, v.t. μηχανοποιῶ

medal, n. μετάλλιο (τό)/ ~lion, n. παράσημο (τό), ἀριστεῖο (τό)

meddle, v.i. ἀνακατεύομαι, ἐπεμβαίνω/ ~r, n. ἐνοχλητικός (ὁ), ἀνακατωσούρης (ὁ)

mediaeval, a. μεσαιωνικός

mediate, v.i. μεσολαβῶ, μεσιτεύω/ mediation, n. μεσολάβηση (ἡ)/ mediator, n. μεσολαβητής (ὁ)

medical, a. ἰατρικός/ ~ examination, ἰατρική ἐξέταση/ ~ school, ἰατρική σχολή/ medicament, n. φάρμακο (τό)/ medicate, v.t. θεραπεύω, γιατρεύω/ medicinal, a. φαρμακευτικός/ medicine, n. ἰατρική (ἡ)/ ~-chest, n. κουτί φαρμακείου (τό)/ ~-man, n. θεραπευτής (ὁ), μάγος (ὁ)

mediocre, a. μέτριος/ mediocrity, n. μετριότητα (ἡ)

meditate, v.i. μελετῶ, διαλογίζομαι/ meditation, n. διαλογισμός (ὁ), βαθειά σκέψη (ἡ)/ meditative, a. στοχαστικός, βαθυστόχαστος

Mediterranean, n. Μεσόγειος (ἡ), a. μεσογειακός

medium, n. μέσο (τό), ὄργανο (τό)/ (spiritualism) μέντιουμ (τό)/ a. μέσος, μέτριος/ ~-sized, a. μεσαίου μεγέθους

medley, n. μίγμα (τό), ἀνακάτεμα (τό)/ a. ἀνάμικτος

meek, a. πρᾶος, ἥμερος, ἤπιος/ ~ness, n. πραότητα (ἡ), ἠπιότητα (ἡ)

meet, v.t. & i. συναντῶ, ἀνταμώνω/ (wishes) ἱκανοποιῶ τίς ἐπιθυμίες/ pleased to ~ you, χαίρω πολύ/ ~ half way, συμβιβάζομαι/ until we ~ again, καλή ἀντάμωση/ ~ing, n. συνάντηση (ἡ), συνέλευση (ἡ), συγκέντρωση (ἡ)/ call a ~, συγκαλῶ συνέλευση/ take part in a ~,

μετέχω σέ συνέλευση/ ~-place, n. τόπος συγκέντρωσης (ὁ)
megalomania, n. μεγαλομανία (ἡ)
megaphone, n. μεγάφωνο (τό)
melancholia, n. μελαγχολία (ἡ)/ *melancholy*, a. μελαγχολικός/ n. μελαγχολικότητα (ἡ)
mellifluous, a. μελίρρυτος, μελιστάλαχτος
mellow, a. ὥριμος, ἀπαλός/ (voice) μελωδικός/ v.t. ὡριμάζω/ v.i. μαλακώνω, ἀπαλύνω/ ~*ness*, n. ὡριμότητα (ἡ), γλυκύτητα (ἡ)
melodious, a. μελωδικός
melodrama, n. μελόδραμα (τό)/ ~*tic*, a. μελοδραματικός
melody, n. μελωδία (ἡ)
melon, n. πεπόνι (τό)
melt, v.t. & i. λυώνω, διαλύω/ ~ *away*, διαλύομαι, σκορπίζομαι/ ~ *into tears*, ξεσπῶ σέ δάκρυα/ ~*ing*, n. λυώσιμο (τό), διάλυση (ἡ)/ ~*-pot*, καζάνι (τό), χοάνη (ἡ)
member, n. μέλος (τό)/ ~ *of Parliament*, βουλευτής (ὁ)/ ~*ship*, n. ἰδιότητα μέλους (ἡ)/ (total number) σύνολο μελῶν
membrane, n. μεμβράνη (ἡ)/ (med.) ὑμένας (ὁ)/ (tech.) περικάλυμμα (τό)
memento, n. ἐνθύμιο (τό)
memoir, n. ὑπόμνημα (τό)/ ~*s*, pl. ἀπομνημονεύματα (τά)
memorable, a. ἀξιομνημόνευτος/ *memorandum*, n. ὑπόμνημα (τό), μνημόνιο (τό)/ *memorial*, a. ἀναμνηστικός, μνημονευτικός/ n. μνημεῖο (τό)/
memorize, v.t. ἀπομνημονεύω, ἀποστηθίζω/ *memory*, n. μνήμη (ἡ)
menace, n. ἀπειλή (ἡ)/ v.t. ἀπειλῶ
menagerie, n. θηριοτροφεῖο (τό)
mend, v.t. ἐπιδιορθώνω, ἐπισκευάζω, μπαλώνω/ ~ *one's ways*, διορθώνω τήν συμπεριφορά μου/ *on the* ~, σέ ἀνάρρωση
mendacious, a. ψεύτης, ψευδολόγος/ *mendacity*, n. ψευδολογία (ἡ)
mender, n. ἐπιδιορθωτής (ὁ), ἐπισκευαστής (ὁ)
mendicancy, n. ζητιανιά (ἡ), ἐπαιτεία (ἡ)/ *mendicant*, n. ζητιάνος (ὁ)
mending, n. ἐπιδιόρθωση (ἡ), ἐπισκευή

(ἡ)
menial, a. ὑπηρετικός, δουλικός/ n. ὑπηρέτης (ὁ)
meningitis, n. μηνιγγίτιδα (ἡ)
menstruation, n. ἔμμηνη ῥοή (ἡ), περίοδος (ἡ)
mensuration, n. μέτρηση (ἡ), καταμέτρηση (ἡ)
mental, a. διανοητικός, πνευματικός/ ~ *home*, τρελλοκομεῖο (τό)/ ~ *specialist*, ψυχίατρος (ὁ)/ ~*ity*, n. νοοτροπία (ἡ)/ ~*ly*, ad. πνευματικά, διανοητικά/ ~ *deficient*, διανοητικά καθυστερημένος
mention, n. μνεία (ἡ)/ v.t. μνημονεύω, ἀναφέρω/ *don't* ~ *it!* παρακαλῶ
mentor, n. σοφός (ὁ), σύμβουλος (ὁ)
menu, n. κατάλογος φαγητῶν (ὁ)
mephitic, a. πνιγερός, δύσοσμος
mercantile, a. ἐμπορικός/ ~ *marine*, ἐμπορικό ναυτικό (τό)
mercenary, a. μισθοφορικός/ n. μισθοφόρος (ὁ)
mercer, n. ὑφασματέμπορος (ὁ)
merchandise, n. ἐμπόρευμα (τό)/ *merchant*, n. ἔμπορος (ὁ)/ a. ἐμπορικός/ ~*man*, ~ *ship*, n. ἐμπορικό πλοῖο (τό)
merciful, a. σπλαχνικός, ἐλεήμων/ *merciless*, a. ἄσπλαχνος, ἀνελέητος
mercurial, a. ὑδραργυρικός/ (fig.) ἄστατος, εὐμετάβλητος, ἀσταθής/ *mercury*, n. ὑδράργυρος (ὁ)
mercy, n. ἔλεος (τό), οἶκτος (ὁ)/ *at the* ~ *of*, στό ἔλεος τοῦ/ *beg for* ~, ἐκλιπαρῶ τό ἔλεος/ *have* ~ *on*, δείχνω οἶκτο
mere, n. λίμνη (ἡ), ἕλος (τό)/ a. ἀπλός, μόνος/ ~*ly*, ad. ἀπλά καί μόνο
meretricious, a. ἀπατηλός
merge, v.t. & i. συγχωνεύω, ἀπορροφῶ/ ~*r*, n. συγχώνευση (ἡ), ἕνωση (ἡ)
meridian, n. μεσημβρινός (ὁ)/ *meridional*, a. νότιος, μεσημβρινός
meringue, n. μαρέγκα (ἡ)
merit, n. ἀξία (ἡ), ἀρετή (ἡ), προσόν (τό)/ v.t. ἀξίζω/ ~*orious*, a. ἀξιόλογος, ἀξιέπαινος
mermaid, n. σειρήνα (ἡ), γοργόνα (ἡ)/ *merman*, n. τρίτωνας (ὁ)
merrily, ad. εὔθυμα, ζωηρά, φαιδρά/ *merriment*, n. εὐθυμία (ἡ), φαιδρότητα (ἡ)/ *merry*, a. εὔθυμος, φαιδρός/ *make*

~, διασκεδάζω/ ~-making, n. διασκέδαση (ἡ)
mesh, n. θηλειά (ἡ), βρόχος (ὁ)/ wire ~, δικτυωτό (τό)
mesmerism, n. μεσμερισμός (ὁ)/ mesmerize, v.t. μεσμερίζω
mess, n. φαγητό (τό), συσσίτιο (τό)/ ~ of pottage, πινάκιο φακῆς (τό)/ make a ~ of, τά κάνω θάλασσα/ v.t. ἀνακατεύω/ ~ up, χαλῶ/ ~ (someone) about, ταλαιπωρῶ
message, n. μήνυμα (τό), παραγγελία (ἡ)/ messenger, n. ἀγγελιοφόρος (ἡ)
Messiah, n. Μεσσίας (ὁ)
messy, a. ἀκατάστατος, βρώμικος, τσαπατσούλικος
metal, n. μέταλλο (τό)/ (railway) ράγιες (οἱ)/ ~ worker, ἐργάτης μεταλλείου/ a. & ~ic, μεταλλικός/ ~lurgy, n. μεταλλουργία (ἡ)
metamorphose, v.t. μεταμορφώνω/ metamorphosis, n. μεταμόρφωση (ἡ)
metaphor, n. μεταφορά (ἡ)/ ~ical, a. μεταφορικός
metaphysical, a. μεταφυσικός/ metaphysician, n. μεταφυσικός (ὁ)
metaphysics, n. μεταφυσική (ἡ)
mete (out), v.t. μετρῶ, κατανέμω
meteor, n. μετέωρο (τό), ἀερόλιθος (ὁ)/ ~ite, n. μετεωρίτης (ὁ), μετερεώλιθος (ὁ)/ ~ological, a. μετεωρολογικός/ ~ology, n. μετεωρολογία (ἡ)
meter, n. μετρητής (ὁ), ρολόϊ (τό)
method, n. μέθοδος (ἡ)/ ~ical, a. μεθοδικός
Methodism, n. Μεθοδισμός (ἡ)/ Methodist, n. Μεθοδιστής (ὁ)
methylated spirit, κοινό οἰνόπνευμα (τό)
meticulous, a. σχολαστικός, ἀκριβολόγος, λεπτολόγος
metre, n. μέτρο (τό)/ metric, a. μετρικός/ metrics, n. μετρική (ἡ), στιχουργική (ἡ)
metronome, n. μετρονόμος (ὁ)
metropolis, n. μητρόπολη (ἡ), πρωτεύουσα (ἡ)/ metropolitan, n. μητροπολίτης (ὁ)
mettle, n. θάρρος (τό), κουράγιο (τό)/ be on one's ~, τό παίρνω ζεστά, βάζω τά δυνατά μου/ ~some, a. ψυχωμένος, παλληκάρι

mew, n. νιαούρισμα (τό)/ v.i. νιαουρίζω
Mexican, n. Μεξικάνος (ὁ)/ a. μεξικάνικος
mezzanine, n. ἡμιόροφος (ὁ)
miaow, n. νιαούρισμα (τό)/ v.i. νιαουρίζω
miasma, n. μίασμα (τό), ἀναθυμίαση (ἡ)
mica, n. μαρμαρυγίας (ὁ)
Michaelmas, n. γιορτή τοῦ Ἀρχάγγελου Μιχαήλ
microbe, n. μικρόβιο (τό)
microphone, n. μικρόφωνο (τό)
microscope, n. μικροσκόπιο (τό)/ microscopic, a. μικροσκοπικός
mid, a. μέσος, ἐνδιάμεσος, μεσαῖος/ in ~ air, στούς αἰθέρες, ἐν πτήσει/ in ~winter, μεσοχείμωνα
midday, n. μεσημέρι (τό)
middle, n. μέσο (τό), κέντρο (τό)/ a. μέσος, μεσαῖος/ ~-aged, a. μεσόκοπος/ ~ Ages, n. Μεσαίωνας (ὁ)/ ~ class, a. ἀστός/ ~ East, Μέση Ἀνατολή (ἡ)/ ~man, n. μεσίτης (ὁ), μεσάζων (ὁ)/ ~-sized, a. μεσαίου μεγέθους
middling, a. μέτριος, ὑποφερτός
midget, n. νάνος (ὁ)
midnight, n. μεσάνυχτα (τά)
midriff, n. διάφραγμα (τό)
midshipman, n. δόκιμος σημαιοφόρος (ὁ)
midst, n. μέση (ἡ)/ in the ~, στή μέση, ἀνάμεσα
midsummer, n. θερινό ἡλιοστάσιο (τό)
midway, ad. στή μέση
midwife, n. μαμμή (ἡ)
midwinter, n. χειμερινό ἡλιοστάσιο (τό)
mien, n. ὕφος (τό), συμπεριφορά (ἡ)
might, n. δύναμη (ἡ)/ ~ily, ad. δυνατά, ὑπερβολικά/ ~y, a. δυνατός
mignonette, n. ρεζεντά (ἡ)
migraine, n. ἡμικρανία (ἡ)
migrant, n. μετανάστης (ὁ), μεταναστευτικός/ (bird) ἀποδημητικός/ migrate, v.i. μεταναστεύω, ἀποδημῶ/ migration, n. μετανάστευση (ἡ), ἀποδημία (ἡ)/ migratory, a. μεταναστευτικός, ἀποδημητικός
milch, a. γαλακτοφόρος
mild, a. ἤπιος, μαλακός, πράος/ (climate) εὔκρατο
mildew, n. ἀρρώστεια τῶν φυτῶν, περο-

νόσπορος (ό)

mildly, ad. ἤπια, μαλακά/ **mildness**, n. ἠπιότητα (ή), γλυκύτητα (ή)

mile, n. μίλι (τό)/ ~**stone**, n. δείκτης μιλίων (ό)/ (fig.) ὁρόσημο (τό), σταθμός (ό)

militant, a. μαχητικός, ἀγωνιστικός/ **militarism**, n. μιλιταρισμός (ό)/ **militarist**, n. μιλιταριστής (ό), στρατοκράτης (ό)/ **militarize**, v.t. στρατιωτικοποιῶ/ **military**, a. στρατιωτικός/ the ~, οἱ στρατιωτικοί/ **militate**, v.i. ~ **against**, ἀντιστρατεύομαι, ἀντιμάχομαι/ **militia**, n. ἐθνοφυλακή (ή), πολιτοφυλακή (ή)/ ~**man**, n. πολιτοφύλακας (ό)

milk, n. γάλα (τό)/ ~ **chocolate**, σοκολάτα γάλακτος (ή)/ v.t. ἀρμέγω/ (fig.) ἀπομυζῶ/ ~**er**, n. γαλάρα (ή)/ ~**ing**, n. ἄρμεγμα (τό)/ ~**maid**, n. ἀρμέχτρα (ή)/ ~**man**, n. γαλατάς (ό)/ ~**sop**, n. θηλυπρεπής ἄντρας (ό)/ ~**y**, a. γαλακτερός, γαλακτώδης/ M~**y** Way, n. Γαλαξίας (ό)

mill, n. μύλος (ό)/ go through the ~, βασανίζομαι, περνῶ ταλαιπωρίες/ v.t. ἀλέθω/ ~ **around**, στριφογυρνῶ/ ~ **ed edge**, ὀδοντωτό πλαίσιο

millenary, a. χιλιετής, χιλιαστικός/ **millennium**, n. χιλιετηρίδα (ή)

miller, n. μυλωνάς (ό)

millet, n. κεχρί (τό)

milliard, n. δισεκατομμύριο (τό)

millimetre, n. χιλιοστόμετρο (τό)

milliner, n. καπελλάς (ό)/ ~**y**, n. ἐμπόριο γυναικείων καπέλλων (τό)

milling, n. ἄλεσμα (τό)/ ~ **machine**, μηχανή φραιζαρίσματος

million, n. ἐκατομμύριο (τό)/ ~**aire**, n. ἐκατομμυριοῦχος (ό)/ ~**th**, a. ἐκατομμυριοστός/ n. ἐκατομμυριοστό (τό)

millpond, n. δεξαμενή ὑδρόμυλου (ή)/ **millrace**, n. μυλαύλακο (τό)/ **millstone**, n. μυλόπετρα (ή)/ **millwheel**, n. τροχός μύλου (ό)

milt, n. σπέρμα ψαριοῦ (τό)

mime, n. μίμος (ό)/ v.t. & i. μιμοῦμαι, παίζω παντομίμα/ **mimic**, n. μίμος (ό), μιμητής (ό)/ a. μιμητικός/ v.t. μιμοῦμαι, διακωμοδῶ/ ~**ry**, n. μίμηση (ή), μιμική (ή)

mimosa, n. μιμόζα (ή)

minaret, n. μιναρές (ό)

mince, v.t. λιανίζω, τεμαχίζω/ not to ~ **words**, μιλάω ἔξω ἀπό τά δόντια/ n. (meat) κιμάς (ό)

mind, n. μυαλό (τό), νοῦς (ό), διάνοια (ή)/ have a ~, ἔχω σκοπό, ἐπιθυμῶ/ bear in ~, ἔχω ὑπ' ὄψη/ be of one ~, εἶμαι σύμφωνος/ be of sound ~, ἔχω τά λογικά μου/ be in two ~s, ἀμφιταλαντεύομαι/ go out of one's ~, τρελλαίνομαι/ v.t. προσέχω, δίνω σημασία, φροντίζω/ I don't ~, δέν μέ πειράζει, δέν ἐνοχλοῦμαι/ ~ your own business! κοίτα τήν δουλειά σου!/ never ~, δέν πειράζει/ ~ **ed**, a. διατεθειμένος, ἐνδιαφερόμενος/ ~**er**, n. ἐπιτηρητής (ό)/ ~**ful**, a. προσεκτικός

mine, pn. δικός μου/ a friend of ~, ἕνας φίλος μου

mine, n. ὀρυχεῖο (τό), μεταλλεῖο (τό)/ (mil.) νάρκη (ή)/ (fig.) ὑπονόμευση (ή)/ v.t. ἀνοίγω λαγούμι/ (mil.) ναρκοθετῶ/ ~ **field**, n. ναρκοπέδιο (τό)/ ~**r**, n. ἀνθρακωρύχος (ό), μεταλλωρύχος (ό)

mineral, n. ὀρυκτό (τό), μετάλλευμα (τό)/ a. ὀρυκτός, μεταλλικός/ ~ **water**, μεταλλικό νερό (τό)/ ~**ogical**, a. ὀρυκτολογικός/ ~**ogist**, n. μεταλλειολόγος (ό), ὀρυκτολόγος (ό)/ ~**ogy**, n. μεταλλειολογία (ή), ὀρυκτολογία (ή)

minesweeper, n. ναρκαλιευτικό (τό)

mingle, v.t. & i. ἀνακατεύω/ ~ in society, εἶμαι κοινωνικός

miniature, n. μικρογραφία (ή), μινιατούρα (ή)/ a. μικροσκοπικός, σέ μικρογραφία

minimize, v.t. ἐλαχιστοποιῶ/ **minimum**, n. ἐλάχιστο (τό), μίνιμουμ (τό)

mining, n. μετάλλευση (ή), ἐξόρυξη (ή)/ (mil.) τοποθέτηση ναρκῶν (ή)

minister, n. ὑπουργός (ό)/ (eccl.) κληρικός (ό)/ v.i. διακονῶ, ὑπηρετῶ/ ~**ial**, a. ὑπουργικός

ministration, n. παροχή βοήθειας (ή)/ (eccl.) ἱερατικά καθήκοντα/ **ministry**, n. ὑπουργεῖο (τό), κυβέρνηση (ή)/ (eccl.) ἱερωσύνη (ή)

mink, n. βιζόν (τό)

minnow, n. τσίμα (ή), ψαράκι (τό)

minor, a. μικρός, μικρότερος/ (fig.) ἀσήμαντος/ (mus.) μινόρε, ἔλασσον/ n. ἀνήλικος (ὁ)/ ~ity, n. μειονότητα (ἡ), μειοψηφία (ἡ)/ (leg.) ἀνηλικότητα (ἡ)

minster, n. καθεδρικός ναός (ὁ)

minstrel, n. ραψωδός (ὁ)

mint, n. νομισματοκοπεῖο (τό)/ in ~ condition, ὁλοκαίνουργιος/ be worth a ~ of money, κολυμπῶ στό χρυσάφι/ v.t. ἐφευρίσκω, ἐπινοῶ/ ~er, n. νομισματοκόπος (ὁ)

minuet, n. μινουέτο (τό)

minus, pr. πλήν, μεῖον/ ~ quantity, ἀρνητική ποσότητα

minute, n. λεπτό (τό)/ pl. πρακτικά (τά)/ ~ hand, λεπτοδείκτης (ὁ)/ a. μικροσκοπικός, ἐλάχιστος/ v.t. βαστῶ τά πρακτικά/ ~ness, n. λεπτολογία (ἡ), ἀκριβολογία (ἡ)/ minutiae, n. pl. λεπτομέρειες (οἱ)

minx, n. τρελλοκόριτσο (τό)

miracle, n. θαῦμα (τό)/ ~ play, μεσαιωνικό θρησκευτικό δράμα (τό)/ miraculous, a. θαυμαστός, θαυματουργικός

mirage, n. ἀντικατοπτρισμός (ὁ)

mire, n. λάσπη (ἡ), βόρβορος (ὁ)

mirror, n. καθρέφτης (ὁ)/ v.t. καθρεφτίζω

mirth, n. χαρά (ἡ), εὐθυμία (ἡ)/ ~ful, a. εὔθυμος, χαρούμενος

miry, a. λασπώδης

misadventure, n. ἀτύχημα (τό), ἀναποδιά (ἡ)

misalliance, n. ἀνάρμοστος γάμος (ὁ), ἀταίριαστος γάμος (ὁ)

misanthrope, n. μισάνθρωπος (ὁ)/ misanthropic, a. μισάνθρωπος/ misanthropy, n. μισανθρωπία (ἡ)

misapplication, n. κακή ἐφαρμογή (ἡ) (χρήση)/ misapply, v.t. κάνω κακή ἐφαρμογή (χρήση)

misapprehend, v.t. παρανοῶ, παρεξηγῶ/ misapprehension, n. παρανόηση (ἡ), παρεξήγηση (ἡ)

misappropriate, v.t. κάνω κατάχρηση, ὑπεξαιρῶ/ misappropriation, n. κατάχρηση (ἡ), ὑπεξαίρεση (ἡ)

misbehave, v.i. φέρομαι ἄσχημα/ misbehaviour, n. ἄσχημη συμπεριφορά (ἡ)

miscalculate, v.i. κάνω κακό ὑπολογισμό/

miscalculation, n. κακός ὑπολογισμός (ὁ)

miscarriage, n. ἀποτυχία (ἡ)/ (med.) ἀποβολή (ἡ)/ ~ of justice, δικαστική πλάνη (ἡ)/ miscarry, v.i. ἀποτυχαίνω/ (med.) παθαίνω ἀποβολή, ἀποβάλλω

miscellaneous, a. ἀνάμικτος, ποικίλος/ miscellany, n. ποικιλία (ἡ)

mischance, n. ἀτυχία (ἡ), κακοτυχία (ἡ), ἀτύχημα (τό)

mischief, n. κακό (τό), ἄδικο (τό), ζημία (ἡ)/ ~ -maker, κακοποιός (ὁ)/ mischievous, a. κακοποιός, ἐπιζήμιος, βλαβερός

misconceive, v.t. παρανοῶ, καταλαβαίνω λάθος/ misconception, n. παρανόηση (ἡ), ἐσφαλμένη ἀντίληψη (ἡ)

misconduct, n. κακή συμπεριφορά (ἡ)

misconstruction, n. παρανόηση (ἡ), παρερμηνεία (ἡ), παρεξήγηση (ἡ)/ misconstrue, v.t. παρανοῶ, παρερμηνεύω, παρεξηγῶ

miscreant, n. ἄπιστος (ὁ), ἀχρεῖος (ὁ), φαῦλος (ὁ)

misdeed, n. κακή πράξη (ἡ), παρανομία (ἡ)

misdemeanour, n. παράπτωμα (τό)

misdirect, v.t. διευθύνω ἄσχημα, δίνω λανθασμένες ὁδηγίες/ (letters) γράφω λάθος διεύθυνση

miser, n. τσιγγούνης (ὁ), φιλάργυρος (ὁ)

miserable, a. ἄθλιος, δυστυχισμένος, ἐλεεινός

miserly, a. φιλάργυρος, παραδόπιστος

misery, n. ἀθλιότητα (ἡ), δυστυχία (ἡ)

misfire, v.i. ἀστοχῶ, ἀποτυχαίνω στό στόχο μου

misfit, n. (dress) ροῦχο μέ κακή ἐφαρμογή/ (person) ἀπροσάρμοστος

misfortune, n. ἀτυχία (ἡ), δυστυχία (ἡ)

misgiving, n. φόβος (ὁ), δυσπιστία (ἡ)

misgovern, v.t. κακοδιοικῶ/ ~ment, n. κακοδιοίκηση (ἡ)

misguide, v.t. παρασύρω, ἀποπλανῶ

mishap, n. ἀτύχημα (τό), ἀναποδιά (ἡ)

misinform, v.t. δίνω ἐσφαλμένες πληροφορίες/ ~ation, n. κακή (ἐσφαλμένη) πληροφόρηση (ἡ)

misinterpret, v.t. παρερμηνεύω, παρεξηγῶ/ ~ation, n. παρερμηνεία (ἡ), παρεξήγηση (ἡ)

misjudge, v.t. κρίνω λανθασμένα, παραγνωρίζω/ ~ment, n. ἐσφαλμένη κρίση (ἡ), κακή ἐκτίμηση (ἡ)

mislay, v.t. παραπετῶ, χάνω

mislead, v.t. ἀποπλανῶ, ἐξαπατῶ

mismanage, v.t. κακοδιαχειρίζομαι, κακοδιοικῶ/ ~ment, n. κακή διαχείριση (ἡ), κακοδιοίκηση (ἡ)

misname, v.t. δίνω ἐσφαλμένο ὄνομα/ *misnomer,* n. λανθασμένη ὀνομασία

misogynist, n. μισογύνης (ὁ)

misplace, v.t. βάζω σέ λάθος θέση, μετατοπίζω/ have ~d confidence, ἐμπιστεύομαι ἀνάξιο πρόσωπο

misprint, n. τυπογραφικό λάθος (τό)

mispronounce, v.t. προφέρω λάθος

misquotation, n. ἐσφαλμένη παράθεση κειμένου/ *misquote,* v.t. παραθέτω λάθος

misrepresent, v.t. παραμορφώνω, διαστρέφω/ ~ation, n. παραμόρφωση (ἡ), διαστροφή (ἡ)

misrule, n. κακοδιοίκηση (ἡ)

miss, n. δεσποινίς (ἡ), κοπέλλα (ἡ)

miss, n. ἀστοχία (ἡ), παράλειψη (ἡ)/ v.t. ἀστοχῶ, ἀποτυχαίνω, παραλείπω/ (train) χάνω/ (someone) μοῦ λείπει/ ~ out, παραλείπω

missal, n. λειτουργική (ἡ)

missel thrush, n. τσίχλα (ἡ)

misshapen, a. κακοσχηματισμένος, κακόμορφος

missile, n. βλήμα (τό)

missing, a. χαμένος, ἀπών/ be ~, λείπω

mission, n. ἀποστολή (ἡ)/ (diplomatic) πρεσβεία (ἡ)/ (eccl.) ἱεραποστολή (ἡ)/ ~ary, n. ἱεραπόστολος (ὁ)

missive, n. μήνυμα (τό), ἐπιστολή (ἡ)

misspell, v.t. ἀνορθογραφῶ, κάνω ἀνορθογραφίες/ ~ing, n. ἀνορθογραφία (ἡ)

misstatement, n. ἀλλοίωση γεγονότος (ἡ)

mist, n. ὁμίχλη (ἡ)/ v.t. σκεπάζω μέ ὁμίχλη

mistake, n. λάθος (τό), σφάλμα (τό)/ v.t. κάνω λάθος, σφάλλω/ ~ for, παίρνω γιά/ ~n, a. λανθασμένος, λαθεμένος, ἐσφαλμένος/ be ~n, κάνω λάθος

mister, n. κύριος (ὁ)

mistletoe, n. ἰξός (ὁ), γκύ (τό)

mistranslate, v.t. κακομεταφράζω/ *mistranslation,* n. λάθος μετάφραση (ἡ)

mistress, n. κυρία (ἡ)/ (teacher) δασκάλα (ἡ)/ (lover) ἐρωμένη (ἡ)/ she is her own ~, εἶναι ἀνεξάρτητη

mistrust, n. δυσπιστία (ἡ), ὑποψία (ἡ)/ v.t. δυσπιστῶ, ὑποψιάζομαι/ ~ful, a. δύσπιστος, καχύποπτος

misty, a. ὁμιχλώδης, σκοτεινός

misunderstand, v.t. παρανοῶ, παραγνωρίζω, παρεξηγῶ/ ~ ing, n. παρανόηση (ἡ), παρεξήγηση (ἡ)

misuse, n. κακομεταχείρηση (ἡ), κατάχρηση (ἡ)/ v.t. κακομεταχειρίζομαι, κάνω κατάχρηση

mite, n. μικρό ἔντομο (τό), μαμούνι (τό)/ (child) βρέφος (τό), παιδάκι (τό)/ widow's ~, ὁ ὀβολός τῆς χήρας

mitigate, v.t. μετριάζω, ἐλαφρύνω/ mitigating circumstances, ἐλαφρυντικά/ mitigation, n. μετριασμός (ὁ), ἐλάφρυνση (ἡ)

mitre, n. μίτρα (ἡ)

mitten, n. γάντι χωρίς δάχτυλα (τό)

mix, v.t. ἀνακατεύω/ v.i. ἀνακατεύομαι/ be ~ed in, μπλέκομαι/ ~ up, μπερδεύω/ ~ ed, p.p. & a. ἀνακατεμένος/ ~ school, μικτό σχολεῖο/ ~er, n. μίξερ (τό)/ good ~, κοινωνικός ἄνθρωπος/ ~ture, n. μίγμα (τό)

mizzen, n. ράντα (ἡ)

mizzle, n. ψιχάλα (ἡ)/ it ~s, ψιχαλίζει

moan, v.i. στενάζω, βογκῶ/ n. στεναγμός (ὁ), βογγητό (τό)

moat, n. τάφρος (ἡ)

mob, n. ὄχλος (ὁ), συρφετός (ὁ)/ ~ law, ὀχλοκρατία (ἡ)/ v.t. κάνω ὀχλαγωγία/ (attack) κακομεταχειρίζομαι

mobile, a. κινητός, εὐκίνητος/ ~ library, κινητή βιβλιοθήκη (ἡ)/ mobility, n. εὐκινησία (ἡ)/ mobilization, n. κινητοποίηση (ἡ), ἐπιστράτευση (ἡ)/ mobilize, v.t. κινητοποιῶ, ἐπιστρατεύω

mock, v.t. κοροϊδεύω, χλευάζω/ a. ψεύτικος, πλαστός/ ~er, n. εἴρωνας (ὁ), χλευαστής (ὁ)/ ~ery, n. χλευασμός (ὁ), κοροϊδία (ἡ), ἐμπαιγμός (ὁ)/ ~ing, a. εἰρωνικός, χλευαστικός

mode, n. μέθοδος (ἡ), τρόπος (ὁ), συνήθεια (ἡ)

model, n. πρότυπο (τό), ὑπόδειγμα (τό), μοντέλο (τό)/ a. πρότυπος, ὑποδειγματικός/ v.t. σχεδιάζω, φτιάχνω τό μοντέλο/ ~ for, κάνω τό μοντέλο, ποζάρω γιά/ ~ on, χρησιμοποιῶ σάν πρότυπο/ ~ler, n. σχεδιαστής (ὁ)
moderate, a. μετριοπαθής, μέτριος/ ~ price, μέτρια (λογική) τιμή/ v.t. & i. μετριάζω, κοπάζω/ ~ly, ad. μέ μετριοπάθεια, μέτρια/ moderation, n. μετριοπάθεια (ἡ), μετριασμός (ὁ)/ moderator, n. πρόεδρος συνεδρίασης (ὁ)/ (tech.) μετριαστής (ὁ)
modern, a. μοντέρνος, σύγχρονος/ ~ languages, ζωντανές γλῶσσες/ ~ Greek, νεοελληνικά (τά)/ ~ism, n. νεωτερισμός (ὁ), μοντερνισμός (ὁ)/ ~ist, n. νεωτεριστής (ὁ)/ ~ity, n. νεωτεριστικότητα (ἡ)/ ~ize, v.t. νεωτερίζω, ἐκμοντερνίζω
modest, a. σεμνός, μετριόφρων/ (quantity) μικρός, περιορισμένος/ ~y, n. σεμνότητα (ἡ), μετριοφροσύνη (ἡ)
modicum, n. μικρή ποσότητα (ἡ)
modification, n. τροποποίηση (ἡ), μεταρρύθμιση (ἡ)/ modify, v.t. τροποποιῶ, μεταρρυθμίζω
modish, a. τῆς μόδας
modulate, v.t. κανονίζω, ρυθμίζω/ modulation, n. ρύθμιση (ἡ)/ (mus.) μετατόνιση (ἡ)
mohair, n. αἱγόμαλλο ὕφασμα (τό)
Mohammedan, n. μωαμεθανός (ὁ), Μουσουλμάνος (ὁ)/ a. Μωαμεθανικός, μουσουλμανικός
moiety, n. μισό (τό)
moist, a. ὑγρός, νοτερός/ ~en, v.t. ὑγραίνω, διαβρέχω, νοτίζω/ ~ure, n. ὑγρασία (ἡ), νότισμα (τό)
molar, n. τραπεζίτης (ὁ)
molasses, n. πετιμέζι (τό)
mole, n. (jetty) μῶλος (ὁ)/ (zool.) τυφλοπόντικας (ὁ), ἀσπάλακας (ὁ)/ (skin) κρεατοελιά (ἡ)
molecular, a. μοριακός/ molecule, n. μόριο (τό)
moleskin, n. βαμβακερό βελοῦδο
molest, v.t. ἐνοχλῶ/ (sexually) κακοποιῶ/ ~ation, n. ἐνόχληση (ἡ), κακοποίηση (ἡ)

mollify, v.t. καταπραΰνω
mollusc, n. μαλάκιο (τό)
molten, a. λυωμένος, χυτός
moment, n. στιγμή (ἡ)/ ~arily, ad. στιγμιαία/ ~ary, a. στιγμιαῖος, παροδικός/ ~ous, a. σπουδαῖος, βαρυσήμαντος/ momentum, n. ὁρμή (ἡ), ροπή (ἡ)
monarch, n. μονάρχης (ὁ)/ ~ic, a. μοναρχικός/ ~ist, n. μοναρχικός (ὁ)/ ~y, n. μοναρχία (ἡ)
monastery, n. μοναστήρι (τό)/ monastic, a. μοναστικός, καλογερίστικος
Monday, n. Δευτέρα (ἡ)
monetary, a. νομισματικός/ money, n. χρήματα (τά)/ make ~, βγάζω χρήματα/ ~bag, n. πορτοφόλι (τό), βαλάντιο (τό)/ ~-box, n. κουμπαράς (ὁ)/ ~-changer, n. ἀργυραμοιβός (ὁ)/ ~-grubber, n. φιλάργυρος (ὁ)/ ~-lender, n. τοκιστής (ὁ)/ ~-order, n. ταχυδρομική ἐπιταγή (ἡ)
monger, n. ἔμπορος (ὁ), πωλητής (ὁ)
Mongol, n. Μογγόλος (ὁ)/ a. μογγολικός
mongrel, n. & a. μιγάδας, μιχτογενής
monitor, n. σύμβουλος (ὁ), ἐπιμελητής (ὁ)/ (naut.) βαρύ πολεμικό/ v.t. παρακολουθῶ, ἐποπτεύω/ ~ing, n. παρακολούθηση ἐκπομπῶν (ἡ)
monk, n. καλόγερος (ὁ), μοναχός (ὁ)/ ~hood, n. καλογεροσύνη (ἡ)
monkey, n. πίθηκος (ὁ)/ ~-wrench, n. ἀγγλικό κλειδί (τό)
monochrome, n. μονοχρωμία (ἡ)
monocle, n. μονύελο (τό), μονόκλ (τό)
monogamy, n. μονογαμία (ἡ)
monogram, n. μονόγραμμα (τό)
monolith, n. μονόλιθος (ὁ)/ ~ic, a. μονολιθικός
monologue, n. μονόλογος (ὁ)
monoplane, n. μονοπλάνο (τό)
monopolize, v.t. μονοπωλῶ/ monopoly, n. μονοπώλιο (τό)
monosyllabic, a. μονοσύλλαβος/ monosyllable, n. μονοσύλλαβο (τό)
monotonous, a. μονότονος/ monotony, n. μονοτονία (ἡ)
monoxide, n. μονοξείδιο (τό)
monsoon, n. μουσσώνας (ὁ)
monster, n. τέρας (τό)/ a. τεράστιος, κολοσσιαῖος

monstrance, n. ἀρτοφόριο (τό)
monstrosity, n. τερατούργημα (τό)/ monstrous, a. τερατώδικος
month, n. μήνας (ὁ)/ ~ly, a. μηνιαῖος/ ad. κάθε μήνα/ n. μηνιαία ἔκδοση (ἡ)
monument, n. μνημεῖο (τό)/ ~al, a. μνημειώδης
moo, n. μυκηθμός (ὁ)/ v.i. βγάζω μυκηθμούς
mood, n. διάθεση (ἡ)/ (gram.) ἔγκλιση (ἡ)/ ~y, a. δύσθυμος, κατσούφης
moon, n. φεγγάρι (τό), σελήνη (ἡ)/ ~beam, n. ἀκτίνα τοῦ φεγγαριοῦ/ ~light, n. σεληνόφωτο (τό), φεγγαρόφωτο (τό)/ ~lit, a. φεγγαροφωτισμένος/ ~shine, n. λάμψη τοῦ φεγγαριοῦ (ἡ)/ (fig.) τρελλές ἰδέες/ ~struck, a. ἐπιληπτικός
moor, n. βάλτος (ὁ), ἐρημιά (ἡ)/ v.t. ἀράζω/ ~ing, n. ἄραγμα (τό)
Moorish, a. μαυριτανικός
moose, n. μεγάλο ἐλάφι (τό)
moot, v.t. προτείνω γιά συζήτηση
mop, n. πατσαβούρα (ἡ), πανί γιά καθάρισμα/ v.t. σκουπίζω, καθαρίζω/ ~ up, ξεκαθαρίζω
mope, v.i. μελαγχολῶ, χάνω τό κέφι μου
moral, a. ἠθικός/ n. ἠθικό δίδαγμα (τό)/ pl. ἤθη (τά), ἠθική (ἡ)/ ~e, n. ἠθικό (τό), αὐτοπεποίθηση (ἡ)/ ~ist, n. ἠθικολόγος (ὁ)/ ~ity, n. ἠθική (ἡ)/ ~ize, v.i. ἠθικολογῶ/ ~ly, ad. ἠθικά
morass, n. ἕλος (τό), βάλτος (ὁ)
moratorium, n. χρεωστάσιο (τό)
morbid, a. νοσηρός, ἀρρωστιάρικος
mordant, a. δηκτικός, καυστικός/ n. στερεά βαφή (ἡ)
more, ad. περισσότερο/ never ~, ποτέ πιά/ once ~, μιά φορά ἀκόμη/ ~ and ~, ὅλο καί περισσότερο/ all the ~, ἕνας λόγος παραπάνω/ ~ than enough, μέ τό παραπάνω/ ~ or less, πάνω-κάτω/ ~ over, ad. ἐπιπλέον
morganatic, a. μοργανατικός
moribund, a. ἑτοιμοθάνατος
morning, n. πρωί (τό)/ good ~! καλημέρα!/ tomorrow ~, αὔριο τό πρωί/ a. πρωινός/ M~ star, Αὐγερινός (ὁ)
Moroccan, n. Μαροκινός (ὁ)/ a. μαροκινός

moron, n. μωρός (ὁ), ἀνόητος (ὁ)
morose, a. στρυφνός, δύστροπος
morphine, n. μορφίνη (ἡ)
morrow, n. ἐπόμενη (ἡ), ἐπαύριο (ἡ)/ in the ~, τήν ἐπαύριο
morsel, n. κομματάκι (τό), τεμάχιο (τό)
mortal, n. θνητός (ὁ)/ a. θανάσιμος, θανατηφόρος/ ~ity, n. θνησιμότητα (ἡ)/ ~ly, ad. θανάσιμα, θανατηφόρα
mortar, n. γουδί (τό)/ (mil.) ὅλμος (ὁ)
mortgage, n. ὑποθήκη (ἡ)/ raise a ~, συνάπτω ὑποθήκη/ pay off a ~, ἐξοφλῶ ὑποθήκη/ v.t. ὑποθηκεύω/ ~e, n. ὑπόθηκος δανειστής (ὁ)/ mortgagor, n. ὑποθηκευτής (ὁ), ὀφειλέτης ὑποθήκης (ὁ)
mortician, n. ἐργολάβος κηδειῶν (ὁ)
mortification, n. ἀπονέκρωση (ἡ)/ (med.) γάγγραινα (ἡ)/ (fig.) πίκρα (ἡ), θλίψη (ἡ)/ mortify, v.t. ἀπονεκρώνω/ (the flesh) σκληραγωγῶ/ v.i. (med.) γαγγραινιάζω
mortise, -ice, ἐγκοπή (ἡ), ὑποδοχή (ἡ), κοίλωμα (τό)/ v.t. σφηνώνω
mortuary, n. νεκροτομεῖο (τό)
mosaic, n. μωσαϊκό (τό)
Moslem, n. Μουσουλμάνος (ὁ), Μωαμεθανός (ὁ),/ a. μουσουλμανικός, μωαμεθανικός
mosque, n. τζαμί (τό), τέμενος (τό)
mosquito, n. κουνούπι (τό)/ ~ -net, κουνουπιέρα (ἡ)
moss, n. βρύο (τό)/ ~y, a. βρυώδης
most, a. περισσότεροι/ ~ people, οἱ περισσότεροι/ for the ~ part, ὡς ἐπί τό πλεῖστον/ ad. περισσότερο/ at the ~, τό πολύ-πολύ/ ~ly, ad. κυρίως, τίς περισσότερες φορές
mote, n. ἀπειροστημόριο (τό)
motel, n. μοτέλ (τό)
moth, n. σκῶρος (ὁ)/ ~ -eaten, a. σκωροφαγωμένος
mother, n. μητέρα (ἡ), μάνα (ἡ)/ ~ country, πατρίδα (ἡ)/ ~ tongue, μητρική γλῶσσα/ grand~, γιαγιά (ἡ)/ v.t. περιποιοῦμαι σάν μητέρα/ ~hood, n. μητρότητα (ἡ)/ ~ -in-law, n. πεθερά (ἡ)/ ~ly, a. μητρικός/ ~ -of-pearl, n. σεντέφι (τό)
motion, n. κίνηση (ἡ)/ set in ~, βάζω σέ

κίνηση/ ~ picture, κινηματογράφος (ὁ)/ put up a ~, ὑποβάλλω πρόταση/ v.i. κάνω νόημα/ ~less, a. ἀκίνητος

motive, n. ἐλατήριο (τό), ἀφορμή (ἡ)/ a. κινητήριος, κινητικός/ motivation, n. κίνητρο (τό)

motl, a. παρδαλός, ποικιλόχρωμος

motor, n. κινητήρας (ὁ)/ v.i. ταξιδεύω μέ τό αὐτοκίνητο/ ~ boat, n. βενζινάκατος (ἡ)/ ~bus, n. λεωφορεῖο (τό)/ ~ car, n. αὐτοκίνητο (τό)/ ~cycle, n. μοτοσυκλέττα (ἡ)/ ~cyclist, n. μοτοσυκλετιστής (ὁ)/ ~ist, n. αὐτοκινητιστής (ὁ)/ ~ lorry, n. φορτηγό αὐτοκίνητο (τό)/ ~way, n. ἐθνική ὁδός (ἡ)

mottle, n. κηλίδα (ἡ)/ ~d, a. ποικιλόχρωμος

motto, n. ἔμβλημα (τό), σύμβολο (τό)

mould, n. σαπρόχωμα (τό), μούχλα (ἡ)/ (print.) μήτρα (ἡ), καλούπι (τό)/ (cook.) φόρμα (ἡ)/ v.t. σχηματίζω, καλουπώνω/ (fig.) διαμορφώνω/ ~er, v.i. γίνομαι σκόνη, χαλῶ/ ~iness, n. μούχλιασμα (τό)/ ~ing, n. ῥάβδωση (ἡ)/ ~y, a. μουχλιασμένος

moult, v.i. μαδῶ/ ~ ing, n. μάδημα (τό)

mound, n. σωρός (ἡ), λοφίσκος (ὁ), τύμβος (ὁ)

mount, n. βουνό (τό)/ v.t. ἀνεβαίνω, σκαρφαλώνω/ (horse) καβαλικεύω/ (theatre) σκηνοθετῶ/ ~ guard, στέκομαι φρουρός

mountain, n. βουνό (τό), ὄρος (τό)/ ~ ash, σορβιά (ἡ)/ ~ range, ὀροσειρά (ἡ)/ ~ ridge, ῥάχη (ἡ)/ ~eer, n. ὀρειβάτης (ὁ)/ ~eering, n. ὀρειβασία (ἡ)/ ~ous, a. ὀρεινός/ ~side, n. βουνοπλαγιά (ἡ)

mountebank, n. κομπογιαννίτης (ὁ)

mourn, v.t. & i. πενθῶ, θρηνῶ/ ~er, n. πενθών (ὁ)/ hired ~, μοιρολογίστρα (ἡ)/ ~ful, a. πένθιμος, θρηνητικός, θλιβερός/ ~ing, n. πένθος (τό), ὀδύνη (ἡ)/ be in ~, πενθῶ

mouse, n. ποντικός (ὁ), ποντίκι (τό)/ ~trap. n. φάκα (ἡ), ποντικοπαγίδα (ἡ)

moustache, n. μουστάκι (τό)

mouth, n. στόμα (τό)/ (bottle etc.) στόμιο (τό)/ (river) ἐκβολή (ἡ)/ make one's ~ water, τρέχουν τά σάλια μου/ v.i. μιλῶ μέ στόμφο/ v.t. μασῶ, χαύω/ ~ful, n.

μπουκιά (ἡ)/ ~ -organ, n. φυσαρμόνικα (ἡ)/ ~piece, n. (mus.) ἐπιστόμιο (τό)/ (telephone) μικρόφωνο (τό)/ (fig.) φερέφωνο (τό)

movable, a. κινητός/ ~s, n. pl. κινητή περιουσία (ἡ)/ move, n. κίνηση (ἡ), μετακίνηση (ἡ)/ (house) μετακόμιση (ἡ)/ v.t. κινῶ, κουνάω, μετακινῶ, σαλεύω/ v.i. μετακινοῦμαι, μεταβάλλομαι/ (sentimentally) συγκινῶ/ (propose) προτείνω/ (house) μετακομίζω/ ~ away, φεύγω/ ~ back, ἐπανέρχομαι/ ~ in, ἐγκαθίσταμαι/ ~ on, προχωρῶ/ ~ out, ἀποχωρῶ, ἀποσύρομαι/ ~ment, n. κίνηση (ἡ), μετατόπιση (ἡ)/ (mus.) μέρος (τό)/ (tech.) κίνηση (ἡ), τάση (ἡ)/ ~r, n. εἰσηγητής (ὁ)/ (fig.) ὑποκινητής (ὁ)/ movies, n. pl. σινεμά (τό), κινηματογράφος (ὁ)/ moving, a. κινητήριος, κινητικός/ (sentiment) συγκινητικός

mow, v.t. θερίζω/ ~er, n. θεριστής (ὁ)/ motor ~er, θεριστική μηχανή (ἡ)/ lawn ~er, χορτοκοπτική μηχανή

Mr, βλ. Mister Mrs βλ. Mistress

much, a. πολύς/ ad. πολύ/ as ~ as, τόσο ὅσο/ how ~? πόσο;/ so ~ the better, τόσο τό καλύτερο/ very ~, παραπολύ/ too ~, ὑπερβολικά πολύ/ ~ the same, ἐντελῶς τό ἴδιο/ make ~ of, ἀποδίδω σημασία/ ~ ado about nothing, πολύ κακό γιά τό τίποτε/ it is too ~ for, πάει πολύ

mucilage, n. γλοιώδης (κολλητική) οὐσία (ἡ)

muck, n. κοπριά (ἡ)/ ~y, a. βρωμερός, ρυπαρός

mucous, a. βλενώδης, γλοιώδης/ ~ membrane, βλενογόνος ὑμένας (ὁ)/ mucus, n. βλέννα (ἡ), μύξα (ἡ)

mud, n. λάσπη (ἡ), βοῦρκος (ὁ), βόρβορος (ὁ)/ ~guard, n. ἀλεξιβόρβορος προφυλακτήρας (ὁ)/ ~lark, n. ἀλητόπαιδο (τό)

muddle, n. σύγχιση (ἡ), ἀταξία (ἡ)/ v.t. ἀνακατεύω, μπερδεύω/ ~ through, τά βολεύω

muddy, a. λασπωμένος, θολός/ v.t. λασπώνω

muezzin, n. μουεζίνης (ὁ)

muff, n. μανσόν (τό)

muffle, v.t. περικαλύπτω, μειώνω τόν θό-

ρυβο/ ~d, a. πνιγμένος, πνιχτός/ ~r, n. σιγαστήρας (ὁ), σιλανσιέ (τό)/ (scarf) κασκόλ (τό)
mufti, n. μουφτής (ὁ)
mug, n. κύπελλο (τό)
muggy, a. ζεστός καί ὑγρός
mulatto, n. μιγάδας (ὁ)
mulberry, n. συκάμινο (τό), μοῦρο (τό)
mulch, n. μισοσαπισμένα φύλλα (τά)
mulct, v.t. βάζω πρόστιμο
mule, n. μουλάρι (τό)/ (shoe) σάνδαλο (τό)/ (fig.) πεισματάρης (ἐπίμονος) ἄνθρωπος/ ~teer, n. μουλαράς (ὁ), ἀγωγιάτης (ὁ)/ mulish, a. πεισματάρης, ἰσχυρογνώμων
mull, v.t. ζεσταίνω καί ἀρωματίζω/ ~over, γυρνῶ στή σκέψη
mullet, n. μπαρμπούνι (τό)
mullion, n. ὑπέρθυρο (τό)
multicoloured, a. πολύχρωμος
multifarious, a. πολυποίκιλος
multi-millionaire, n. πολυεκατομμυριοῦχος (ὁ)
multiple, a. πολλαπλός, πολλαπλάσιος/ n. πολλαπλάσιο (τό)/ multiplicand, n. πολλαπλασιαστέος (ὁ)/ multiplication, n. πολλαπλασιασμός (ὁ)/ multiplicity, n. πολλαπλότητα (ἡ)/ multiplier, n. πολλαπλασιαστής (ὁ)/ multiply, v.t. πολλαπλασιάζω/ v.i. πολλαπλασιάζομαι, πληθαίνω
multitude, n. πλῆθος (τό), ἀφθονία (ἡ)/ multitudinous, a. ἀναρίθμητος, πολυπληθής
mum, a. βουβός, σιωπηλός/ keep ~, δέν λέω λέξη/ n. (mother) μαμά (ἡ)
mumble, v.i. μουρμουρίζω, μασῶ τά λόγια μου
mummify, v.t. ταριχεύω, βαλσαμώνω/ mummy, n. μούμια (ἡ)
mumps, n. παρωτίτιδα (ἡ), μαγουλάδες (οἱ)
munch, v.t. μασουλίζω, τρωγαλίζω
mundane, a. ἐγκόσμιος, κοσμικός
municipal, a. δημοτικός, δημαρχιακός/ ~ity, n. δῆμος (ὁ), δημαρχία (ἡ)
munificence, n. μεγαλοδωρία (ἡ)/ munificent, a. μεγαλόδωρος
munitions, n. pl. πολεμοφόδια (τά)
mural, n. τοιχογραφία (ἡ)/ a. τοῦ τοίχου

murder, n. φόνος (ὁ), δολοφονία (ἡ)/ v.t. δολοφονῶ, σκοτώνω/ ~er, n. φονιάς (ὁ), δολοφόνος (ὁ)/ ~ous, a. φονικός
murky, a. σκοτεινός, ζοφερός
murmur, n. μουρμούρισμα (τό), μουρμουρητό (τό), ψιθύρισμα (τό)/ v.i. μουρμουρίζω, ψιθυρίζω
murrain, n. ἐπιζωοτία (ἡ)
muscat, n. μοσχοστάφυλο (τό)
muscle, n. μῦς (ὁ)/ muscular, a. μυώδης
Muse, n. Μοῦσα (ἡ)
muse, v.i. διανοοῦμαι, σκέπτομαι, ὀνειροπολῶ
museum, n. μουσεῖο (τό)
mush, n. χυλός (ὁ), πολτός (ὁ)
mushroom, n. μανιτάρι (τό)
music, n. μουσική (ἡ)/ ~ -hall, καμπαρέ (τό)/ ~-stand, ἀναλόγιο (τό)/ ~ -stool, σκαμνάκι τοῦ πιάνου/ ~al, a. μουσικός, ἁρμονικός/ n. μιούζικαλ (τό)/ ~ian, n. μουσικός (ὁ)
musing, n. ὀνειροπόλημα (τό), ρεμβασμός (ὁ)
musk, n. μόσχος (ὁ)/ ~ -rat, μοσχοπόντικος (ὁ), κάστορας (ὁ)
musket, n. τουφέκι (τό), καραμπίνα (ἡ)/ ~eer, n. σωματοφύλακας (ὁ)
muslin, n. μουσελίνα (ἡ)
musquash, n. δέρμα κάστορα
mussel, n. μύδι (τό)
must, v.aux. πρέπει, εἶναι ἀνάγκη/ ~ have, πρέπει νά
must, n. μοῦστος (ὁ)
mustard, n. μουστάρδα (ἡ), σινάπι (τό)/ ~ plaster, κατάπλασμα μέ σινάπι
muster, v.t. συνάζω, συναθροίζω, ἐπιθεωρῶ/ ~ one's strength, συγκεντρώνω τίς δυνάμεις μου
mustiness, n. μούχλα (ἡ)/ musty, a. μουχλιασμένος
mutability, n. ἀστάθεια (ἡ), εὐμετάβλητο (τό)/ mutation, n. ἀλλαγή (ἡ), μεταβολή (ἡ)
mute, n. βουβός (ὁ), μουγκός (ὁ)/ a. ἄφωνος, βουβός/ ~d, p.p. & a. πνιχτός
mutilate, v.t. ἀκρωτηριάζω/ mutilation, n. ἀκρωτηριασμός (ὁ)
mutineer, n. στασιαστής (ὁ)/ mutinous, a. στασιαστικός
mutiny, n. στάση (ἡ), ἀνταρσία (ἡ)/ v.i.

στασιάζω, ἐπαναστατῶ
mutter, v.t. & i. μουρμουρίζω/ ~ *against*, γογγύζω/ ~*ing*, n. μουρμούρισμα (τό), γογγυτό (τό)
mutton, n. ἀρνήσιο κρέας (τό)/ *leg of* ~, μπούτι ἀρνήσιο (τό)/ ~ *chop*, μπριζόλα ἀρνήσια (ἡ)
mutual, a. ἀμοιβαῖος/ ~ *benefit society*, ἀλληλοβοηθητική ἑταιρεία/ ~ *friend*, κοινός φίλος/ ~ *relations*, ἀμοιβαῖες σχέσεις/ *to* ~ *advantage*, γιά κοινό ὄφελος/ ~*ly*, ad. ἀμοιβαία
muzzle, n. στόμιο (τό)/ (animal) ῥύγχος (τό)/ (for a dog) φίμωτρο (τό)/ ~ *-loading gun*, ἐμπροσθογεμές ὅπλο/ v.t. φιμώνω
my, a. δικό μου, μου
myopia, n. μυωπία (ἡ)
myriad, n. μυριάδα (ἡ)/ (fig.) ἀναρίθμητο πλῆθος
myrrh, n. σμύρνα (ἡ)
myrtle, n. μύρτο (τό), μυρσίνη (ἡ)
myself, pn. ἐγώ ὁ ἴδιος, ὁ ἑαυτός μου/ *by* ~, μόνος μου
mysterious, a. μυστηριώδης, μυστηριώδικος/ *mystery*, n. μυστήριο (τό)/ ~ *play*, μεσαιωνικό θρησκευτικό δράμα
mystic, n. μυστικιστής (ὁ)/ ~*al*, a. μυστικός, μυστικιστικός, ἀπόκρυφος/ ~*ism*, n. μυστικισμός (ὁ)
mystification, n. ἐξαπάτηση (ἡ), ἐμπαιγμός (ὁ)/ *mystify*, v.t. ἐξαπατῶ, ἐμπαίζω
myth, n. μῦθος (ὁ)/ ~*ical*, a. μυθικός/ ~ *ological*, a. μυθολογικός/ ~*ology*, n. μυθολογία (ἡ)

N

nab, v.t. ἁρπάζω, τσακώνω
nacre, n. σεντέφι (τό)
nadir, n. ναδίρ (τό), κατώτατο σημεῖο
nag, n. (horse) παλιάλογο (τό)/ v.t. ἐνοχλῶ, γκρινιάζω/ ~*ging*, n. γκρίνια (ἡ)
naiad, n. ναϊάδα (ἡ), νεράιδα (ἡ)
nail, n. καρφί (τό), πρόκα (ἡ)/ (finger)

νύχι (τό)/ ~*brush*, βούρτσα νυχιῶν (ἡ)/ ~ *file*, λίμα νυχιῶν (ἡ)/ ~ *scissors*, νυχοκόπτης (ὁ)/ *hit the* ~ *on the head*, ἀντιμετωπίζω κατευθείαν/ v.t. καρφώνω/ ~ *down*, καρφώνω μέ δύναμη/ (fig.) καθηλώνω/ ~ *up*, φράζω
naive, a. ἀφελής, ἁπλοϊκός/ ~*ty*, n. ἀφέλεια (ἡ), ἁπλοϊκότητα (ἡ)
naked, a. γυμνός/ *stark* ~, ὁλόγυμνος/ *with a* ~ *eye*, μέ γυμνό ὀφθαλμό/ ~ *truth*, ὁλόκληρη ἡ ἀλήθεια, γυμνή ἀλήθεια/ ~*ness*, n. γύμνια (ἡ), γυμνότητα (ἡ)
namby-pamby, a. προσποιητός
name, n. ὄνομα (τό)/ *by* ~, ἀπό τό ὄνομα, ἐξ’ ἀκοῆς/ *in God's* ~, γιά ὄνομα τοῦ Θεοῦ!/ *in the* ~ *of*, ἐν ὀνόματι/ *call* ~*s*, βρίζω, βλαστημῶ/ *make a* ~, γίνομαι γνωστός (διάσημος)/ *what is your* ~ ? πῶς ὀνομάζεσαι (λέγεσαι);/ v.t. ὀνομάζω/ ~ *day*, n. ὀνομαστική γιορτή (ἡ)/ ~*less*, a. ἀνώνυμος, ἄγνωστος/ ~*ly*, ad. δηλαδή/ ~ *- plate*, n. πλάκα μέ ὄνομα (ἡ)/ ~*sake*, n. συνώνυμος
nanny, n. νταντά (ἡ)/ ~ *goat*, κατσίκα (ἡ)
nap, n. ὑπνάκος (ὁ)/ (cloth) χνούδι (τό)/ *take a* ~, παίρνω ἕναν ὑπνάκο/ v.i. κοιμοῦμαι γιά λίγο/ *catch one* ~*ping*, αἰφνιδιάζω
nape, n. αὐχένας (ὁ)
naphtha, n. νάφθα (ἡ), νέφτι (τό)/ ~*lene*, n. ναφθαλίνη (ἡ)
napkin, n. πετσέτα (ἡ)/ ~ *ring*, κρίκος πετσέτας (ὁ)
narcissus, n. νάρκισσος (ὁ)/ *narcissism*, n. ναρκισσισμός (ὁ)
narcotic, a. ναρκωτικός, ὑπνωτικός/ n. ναρκωτικό (τό)
narrate, v.t. ἀφηγοῦμαι, διηγοῦμαι/ *narration*, n. ἀφήγηση (ἡ), διήγηση (ἡ)/ *narrative*, a. ἀφηγηματικός/ n. ἀφηγηματικό κείμενο (τό)
narrator, n. ἀφηγητής (ὁ)
narrow, a. στενός, στενόχωρος/ ~ *- gauge track*, στενή σιδηροδρομική γραμμή/ v.t. & i. στενεύω, περιορίζω/ ~*ly*, ad. στενά, σχεδόν, μόλις/ ~ *- minded*, a. στενόμυαλος, στενοκέφαλος/ ~*ness*, n. στενότητα (ἡ)/ ~*s*, n. pl. στενά (τά)
nasal, a. ρινικός/ (voice) ἔρρινος

nascent, a. νεογέννητος, δημιουργούμενος

nasty, a. (dirty) βρώμικος, ἀκάθαρτος/ (moral) ἀχρεῖος/ (weather) δυσάρεστος

natal, a. γενέθλιος

natation, n. κολύμβηση (ἡ)

nation, n. ἔθνος (τό)/ ~al, a. ἐθνικός/ ~ anthem, ἐθνικός ὕμνος (ὁ)/ n. ὑπήκοος (ὁ)/ ~alism, n. ἐθνικισμός (ὁ)/ ~alist, n. ἐθνικιστής (ὁ)/ a. ἐθνικιστικός/ ~ality, n. ἐθνικότητα (ἡ), ἰθαγένεια (ἡ), ὑπηκοότητα (ἡ)/ ~alization, n. ἐθνικοποίηση (ἡ)/ ~alize, v.t. ἐθνικοποιῶ

native, a. ἰθαγενής, ντόπιος/ ~land, γενέθλια χώρα/ ~ tongue, μητρική γλώσσα/ n. ἰθαγενής (ὁ)/ nativity, n. (eccl.) γέννηση (ἡ), γενέθλιο (τό)

natty, a. κομψός

natural, a. φυσικός, ἔμφυτος/ be ~, ἔχω φυσικότητα, εἶμαι φυσικός/ ~ child, φυσικό τέκνο/ ~ist, n. φυσιοδίφης (ὁ)/ ~ization, n. πολιτογράφηση (ἡ)/ ~ize, v.t. πολιτογραφῶ/ (bot.) ἐγκλιματίζω/ ~ly, ad. φυσικά/ ~ness, n. φυσικότητα (ἡ), ἁπλότητα (ἡ)/ nature, n. φύση (ἡ)/ (character) ἰδιοσυγκρασία (ἡ)/ from ~, ἐκ τοῦ φυσικοῦ

naught, n. τίποτε (τό), μηδενικό (τό)

naughtiness, n. ἀταξία (ἡ)/ naughty, a. ἄτακτος, κακός

nausea, n. ναυτία (ἡ)/ ~te, v.t. προξενῶ ἀηδία/ v.i. ἀηδιάζω ἀναγουλιάζω/ ~ting, a. ἀηδιαστικός

nautical, a. ναυτικός, ναυτιλιακός/ ~ mile, ναυτικό μίλι (ὁ), κόμβος (ὁ)

nautilus, n. ναυτίλος (ὁ)

naval, a. ναυτικός

nave, n. νάρθηκας (ὁ)

navel, n. ἀφαλός (ὁ), ὀμφαλός (ὁ)/ ~ cord, ὀμφάλιος λῶρος

navigable, a. πλωτός/ navigate, v.i. πλέω, θαλασσοπορῶ/ v.t. κυβερνῶ πλοῖο/ navigation, n. ναυτιλία (ἡ), ναυσιπλοΐα (ἡ), θαλασσοπλοΐα (ἡ)/ navigator, n. θαλασσοπόρος (ὁ)

navvy, n. ἐργάτης (ὁ), σκαφτιάς (ὁ)

navy, n. ναυτικό (τό), στόλος (ὁ)/ ~ blue, σκοῦρο μπλέ/ ~list, ἐπετηρίδα ναυτικοῦ/ ~yard, ναύσταθμος (ὁ)

nay, neg. particle, ὄχι

Nazi, n. ναζί (ὁ), ναζιστής (ὁ)

neap, a. χαμηλός/ ~tide, χαμηλή παλίρροια

Neapolitan, n. Ναπολιτάνος (ὁ)/ a. ναπολιτάνικος

near, ad. κοντά/ ~ at hand, πρόχειρος/ come ~, πλησιάζω/ a. κοντινός/ ~ relative, κοντινός (στενός) συγγενής/ N~ East, Ἐγγύς Ἀνατολή (ἡ)/ v.i. πλησιάζω, προσεγγίζω/ ~ly, ad. σχεδόν, περίπου/ ~ness, n. ἐγγύτητα (ἡ), πλησίασμα (τό)/ (of relations) στενότητα σχέσεων/ ~side, a. ἀριστερός/ ~sighted, a. μύωπας

neat, a. καθαρός, παστρικός, τακτικός, κομψός/ ~ly, ad. καθαρά, κομψά, τακτικά/ ~ness, n. καθαρότητα (ἡ), κομψότητα (ἡ), τάξη (ἡ)

nebulous, a. νεφελώδης/ (fig.) ἀσαφής, μπερδεμένος

necessaries, n. pl. τά ἀπαραίτητα/ necessarily, ad. ἀπαραίτητα, ἀναγκαστικά, ἀναγκαῖα/ necessary, a. ἀπαραίτητος, ἀναγκαῖος/ necessitate, v.t. καθιστῶ ἀναγκαῖο (ἀπαραίτητο)/ necessitous, a. ἄπορος/ necessity, n. ἀνάγκη (ἡ), ἀναγκαιότητα (ἡ)/ (poverty) ἔνδεια (ἡ)

neck, n. λαιμός (ὁ), αὐχένας (ὁ), τράχηλος (ὁ)/ break one's ~, σκοτώνομαι ἀπό πτώση/ get it in the ~, δέχομαι σοβαρή ἐπίπληξη/ up to one's ~, μέχρι τό λαιμό/ ~band, n. γιακάς (ὁ)/ ~erchief, n. φουλάρι (τό)/ ~lace, n. περιδέραιο (τό)

necrology, n. νεκρολογία (ἡ)

necromancer, n. νεκρομάντης (ὁ)/ necromancy, n. νεκρομαντεία (ἡ)

necropolis, n. νεκρούπολη (ἡ), νεκροταφεῖο (τό)

nectar, n. νέκταρ (τό)/ ~ine, n. μηλοροδάκινο (τό)

need, n. ἀνάγκη (ἡ), χρεία (ἡ)/ if ~ be, ἐάν χρειασθεῖ/ v.t. χρειάζομαι, ἔχω ἀνάγκη/ it ~s to be done, πρέπει νά γίνει/ ~ful, a. ἀναγκαῖος

needle, n. βελόνα (ἡ)/ (sewing) βελόνι (τό)/ (knitting) βελονάκι (τό)/ ~ - case, n. βελονοθήκη (ἡ)

needless, a. περιττός/ ~ to say, περιττό νά

πῶ, εἶναι αὐτονόητο ὅτι/ **needy**, a. ἄπορος

needlewoman, n. μοδίστρα (ἡ), ῥάφτρα (ἡ)/ **needlework**, n. ῥαπτική (ἡ), ἐργόχειρο (τό)

ne'er-do-well, n. ἀχαΐρευτος, ἀκαμάτης

nefarious, a. στυγερός, ἀπαίσιος

negation, n. ἄρνηση (ἡ)/ **negative**, a. ἀρνητικός/ n. ἀρνητικό (τό)/ (phot.) ἀρνητική εἰκόνα (ἡ)/ v.t. ἀρνοῦμαι, ἀπορρίπτω

neglect, n. παραμέληση (ἡ), ἀμέλεια (ἡ), ἀπροσεξία (ἡ)/ let fall into ~, ἀφήνω παραμελημένο/ v.t. παραμελῶ, ἀμελῶ/ ~ one's duty, παραμελῶ τά καθήκοντά μου/ ~ful, a. ἀμελής/ **negligée**, n. ἀτημέλητο (τό), νεγκλιζέ (τό)/ **negligence**, n. ἀμέλεια (ἡ)/ **negligent**, a. ἀμελής, ἀδιάφορος/ **negligible**, a. ἀμελητέος, ἀσήμαντος

negotiable, a. ἐμπορεύσιμος, διαπραγματεύσιμος/ **negotiate**, v.t. διαπραγματεύομαι/ v.i. ὑπερπηδῶ/ **negotiation**, n. διαπραγμάτευση (ἡ)/ enter into ~, ἀρχίζω διαπραγματεύσεις/ **negotiator**, n. διαπραγματευτής (ὁ)

negress, n. νέγρα (ἡ), μαύρη (ἡ)/ **negro**, n. νέγρος (ὁ), μαῦρος (ὁ)/ a. νέγρικος

neigh, n. χλιμίντρισμα (τό)/ v.i. χλιμιντρῶ

neighbour, n. γείτονας (ὁ)/ love one's ~, ἀγάπα τόν πλησίον σου/ ~hood, n. γειτονιά (ἡ), συνοικία (ἡ)/ ~ing, a. γειτονικός/ ~ly, a. φιλικός, περιποιητικός.

neither, a. & pn. κανείς/ c. & ad. οὔτε/ ~... nor... οὔτε... οὔτε...

Nemesis, n. Νέμεση (ἡ), ἐκδίκηση (ἡ)

neologism, n. νεολογισμός (ὁ)

neon, n. νέον (τό)

neophyte, n. ἀρχάριος (ὁ), νεοφώτιστος (ὁ)

nephew, n. ἀνεψιός (ὁ)

nepotism, n. νεποτισμός (ὁ)

nereid, n. νηρηίδα (ἡ), νεράιδα (ἡ)

nerve, n. νεῦρο (τό)/ (bot.) νεύρωμα (τό)/ lose one's ~, χάνω τήν ψυχραιμία μου/ v.i. ~ oneself, παίρνω θάρρος, ἐνθαρρύνομαι/ ~less, a. ἄτονος, ἀδρανής/ **nervous**, a. νευρικός, εὐερέθιστος/ ~ breakdown, νευρικός κλονισμός (ὁ)/

nervy, a. ἐκνευρισμένος, εὐερέθιστος

nest, n. φωλιά (ἡ)/ ~egg, κομπόδεμα (τό)/ v.i. φωλιάζω/ ~le, v.i. συσπειρώνομαι, φωλιάζω/ ~ up to, χώνομαι/ ~ling, n. νεοσσός (ὁ)

net, n. δίχτυ (τό)/ v.t. ρίχνω δίχτυα, ψαρεύω μέ δίχτυα/ a. καθαρός/ ~cost, καθαρό κόστος/ ~ profit, καθαρό κέρδος/ ~ weight, καθαρό βάρος

nether, a. κατώτερος, χαμηλότερος/ ~ regions, ἅδης (ὁ), ὁ κάτω κόσμος/ ~most, a. κατώτατος, βαθύτατος, χαμηλότατος

netting, n. δικτυωτό (τό)

nettle, n. τσουκνίδα (ἡ)/ v.t. κεντῶ, ἀγκυλώνω, ἐρεθίζω

network, n. δίκτυο (τό)

neuralgia, n. νευραλγία (ἡ)/ **neuralgic**, a. νευραλγικός

neurasthenia, n. νευρασθένεια (ἡ)/ **neurasthenic**, a. νευρασθενικός/ **neuritis**, n. νευρίτιδα (ἡ)/ **neurologist**, n. νευρολόγος (ὁ)/ **neurology**, n. νευρολογία (ἡ)/ **neurosis**, n. νεύρωση (ἡ)/

neurotic, a. νευρωτικός

neuter, a. οὐδέτερος/ n. (gender) οὐδέτερο (γένος) (τό)/ **neutral**, a. οὐδέτερος, ἀμερόληπτος/ ~ity, n. οὐδετερότητα (ἡ)/ ~ize, v.t. ἐξουδετερώνω

neutron, n. νετρόνιο (τό), οὐδετερόνιο (τό)

never, ad. ποτέ/ ~ mind! δέν πειράζει!/ ~more, ποτέ πιά/ ~ - ending, a. ἀτέλειωτος/ ~theless, ad. παρ' ὅλα αὐτά, ἐντούτοις

new, a. νέος, καινούριος/ N~ Year, Νέο ἔτος/ N~ Year's Day, Πρωτοχρονιά (ἡ)/ ~born, a. νεογέννητος/ ~ comer, n. νεοφερμένος (ὁ)

newel, n. στύλος σκάλας (ὁ)

newfangled, a. νεωτεριστικός

newly, ad. πρόσφατα, τελευταία/ ~ weds, n. pl. νιόπαντροι (οἱ)

news, n. νέα (τά), εἰδήσεις (οἱ)/ ~ agency, πρακτορεῖο εἰδήσεων (τό)/ ~ bulletin, δελτίο εἰδήσεων (τό)/ ~ item, εἴδηση (ἡ)/ stop-press ~, τελευταῖες εἰδήσεις, ἐπί τοῦ πιεστηρίου/ ~ agent, n. ἔμπορος ἐφημερίδων (ὁ)/ ~boy, n. ἐφημεριδοπώλης (ὁ)/ ~monger, n. διαδοσίας (ό)/ ~paper, n. ἐφημερίδα (ἡ)/ ~print, n. δημοσιογραφικό χαρτί (τό)/ ~reel, n. ἐπίκαιρα (τά)/ ~ - stand, n. περίπτερο ἐφημερίδων (τό)

newt, n. σαλαμάντρς (ἡ)

next, a. ἑπόμενος, προσεχής, διπλανός/ ~ door neighbour, πλαϊνός γείτονας/ ~ door to, πλάι, δίπλα/ the ~ day, τήν ἑπομένη/ the ~ life, ἡ ἄλλη ζωή/ ~ of kin, πλησιέστερος συγγενής/ ad. μετά, τήν ἑπόμενη φορά/ ~ to nothing, τίποτε/ what ~ ? καί ἔπειτα;

nexus, n. συνδετικός κρίκος (ό)

nib, n. μύτη τῆς πένας (ἡ)

nibble, n. δάγκωμα (τό), ροκάνισμα (τό)/ v.t. μασουλίζω, ροκανίζω

nice, a. καλός, εὐχάριστος, ὄμορφος, νόστιμος/ be ~ to, φέρομαι εὐγενικά/ it is ~ and warm, εἶναι ζεστά καί εὐχάριστα/ ~ly, ad. καλά, ὡραῖα, εὐγενικά/ ~ness, n. εὐγένεια (ἡ), λεπτότητα (ἡ)/ ~ty, n. λεπτότητα (ἡ), ἁβρότητα (ἡ)/ to a ~, τέλεια, θαυμάσια

niche, n. κοίλωμα τοίχου (τό), γωνίτσα (ἡ)

nick, n. ἐγκοπή (ἡ), ἐντομή (ἡ), χαρακιά (ἡ)/ in the ~ of time, πάνω στήν ὥρα, τήν κατάλληλη στιγμή/ v.t. χαράζω, χαρακώνω/ (steal) κλέβω, βουτάω

nickel, n. νίκελ (τό)/ (U.S. coin) πέντε σέντς/ ~plated, a. ἐπινικελωμένος

nick-nack, n. μπιχλιμπίδι (τό)

nickname, n. παρατσούκλι (τό), ὑποκοριστικό (τό)/ v.t. βγάζω παρατσούκλι, παρονομάζω

nicotine, n. νικοτίνη (ἡ)

niece, n. ἀνιψιά (ἡ), ἀνηψιά (ἡ)

niggardliness, n. φιλαργυρία (ἡ), τσιγγουνιά (ἡ)/ niggardly, a. φιλάργυρος, τσιγγούνης/ ad. τσιγγούνικα

nigh, ad. κοντά, σιμά/ a. κοντινός

night, n. νύχτα (ἡ), βραδιά (ἡ)/ at ~, τήν νύχτα/ good~ ! καληνύχτα!/ last ~, χθές τό βράδυ/ the ~ before last, προχθές τό βράδυ/ ~cap, n. νυχτερινός σκοῦφος (ό)/ (drink) τελευταῖο ποτήρι/ ~ club, n. νυχτερινό κέντρο (τό)/ ~ dress, n. νυχτικό (τό)/ ~fall, n. σούρουπο (τό)

nightingale, n. ἀηδόνι (τό)

nightly, a. νυχτερινός, βραδινός/ ad. κάθε νύχτα (βράδυ)

nightmare, n. ἐφιάλτης (ό), βραχνάς (ό)

night-school, n. νυχτερινή σχολή (ἡ)

nightshade, n. (bot.) στρύχνος (ό)

nightwatchman, n. νυχτοφύλακας (ό)

nihilism, n. μηδενισμός (ό)/ nihilist, n. μηδενιστής (ό)

nil, n. τίποτε (τό), μηδέν (τό)

nimble, a. εὐκίνητος, σβέλτος/ (mind) ἔξυπνος/ ~ - footed, a. γοργοπόδαρος/ ~ness, n. εὐκινησία (ἡ), σβελτάδα (ἡ)

nimbus, n. σύννεφο βροχῆς (τό)

nincompoop, n. βλάκας (ό), μποῦφος (ό)

nine, num. ἐννέα/ n. ἐννιάρι (τό)/ dressed to the ~s, ντυμένος στήν πέννα/ ~teen, num. δεκαεννέα/ ~teenth, num. δέκατος ἔνατος/ ~tieth, num. ἐνενηκοστός/ ~ty, num. ἐνενήντα

ninny, n. χαζός (ό)

ninth, num, ἔνατος/ n. ἔνατο (τό)

nip, n. τσίμπημα (τό)/ (drink) γουλιά (ἡ)/ v.t. τσιμπῶ, δαγκώνω/ (frost) μουδιάζω, πηρουνιάζω/ ~ in, παρεμβαίνω, τρυπώνω/ ~ in the bud, καταπνίγω ἐν τῇ γενέσει/ ~per, n. λαβίδα (ἡ), δαγκάνα (ἡ)/ pl. χειροπέδες (οἱ)

nipple, n. ρώγα (ἡ), θηλή (ἡ)

nit, n. βλάκας (ό)

nitrate, n. νιτρικό ἄλας (τό)/ nitre, n. νίτρο (τό), νιτρικό κάλιο (τό)/ nitric, a. νιτρικός/ nitroglycerine, n. νιτρογλυκερίνη (ἡ)/ nitrogen, n. ἄζωτο (τό)/ nitrous, a. ἀζωτοῦχος

no, ad. ὄχι/ n. ἄρνηση (ἡ), ὄχι (τό)/ ~ admittance, ἀπαγορεύεται ἡ εἴσοδος/ ~ doubt, χωρίς ἀμφιβολία, ἀναμφίβολα/ ~ entry, ἀπαγορεύεται ἡ εἴσοδος/ it is ~ good, εἶναι ἀνώφελο/ ~ longer, ὄχι πιά/ ~ matter, ὅτι καί ἄν/ by ~ means, μέ κανένα τρόπο/ ~more, ὄχι ἄλλο/ ~one, κανένας/ ~ smoking, ἀπαγορεύεται τό κάπνισμα/ ~ sooner, μόλις/ ~ thoroughfare, ἀδιέξοδο (τό)/ ~ wonder, δέν εἶναι περίεργο πού

Noah's Ark, n. κιβωτός τοῦ Νῶε (ἡ)

nobility, n. εὐγένεια (ἡ), ἀριστοκρατικότητα (ἡ), ἀρχοντιά (ἡ)

noble, a. εὐγενής, ἀριστοκρατικός, ἐκλεκτός/ ~man, n. ἀριστοκράτης (ό), εὐ-

πατρίδης (ὁ), εὐγενής (ὁ)/ ~ness, n. εὐ-
γένεια (ἡ), μεγαλοψυχία (ἡ), ἀρχοντιά
(ἡ)
nobody, pn. κανείς, κανένας
nocturnal, a. νυχτερινός, νυκτόβιος/ *noc-
turne,* n. νυχτερινό (τό), νοτοῦρνο (τό)
nod, n. νόημα (τό), νεῦμα (τό)/ v.i. κάνω
νόημα/ ~ding acquaintance, ἁπλή γνω-
ριμία
node, n. κόμπος (ὁ), ρόζος (ὁ)/ (med.)
ὄζος (ὁ)/ *nodule,* n. φυμάτιο (τό)/
(med.) ὀζίδιο (τό)
noise, n. θόρυβος (ὁ), φασαρία (ἡ)/ v.i.
διαδίδω/ ~less, a. ἀθόρυβος/ *noisily,*
ad. θορυβώδικα
noisome, a. βλαβερός, ἀνθυγιεινός
noisy, a. θορυβώδης, πολυθόρυβος
nomad, n. νομάδας (ὁ)/ ~ic, a. νομαδι-
κός
no-man's land, n. οὐδέτερη ζώνη (ἡ)
nomenclature, n. ὀνοματολογία (ἡ)
nominal, a. ὀνομαστικός, εἰκονικός, συμ-
βολικός
nominate, v.t. ὀνομάζω, διορίζω, προτεί-
νω ὑποψήφιο/ *nomination,* n. διορι-
σμός (ὁ), ἀνάδειξη ὑποψηφίου (ἡ)/ *no-
minative,* n. ὀνομαστική (ἡ)/
nominee, n. ὑποψήφιος γιά τό χρίσμα (ὁ)
non-, prefix, ἄ ~, ἀν~, ἀντι~
nonagenarian, n. ἐνενηντάρης (ὁ), ἐνε-
νηντάχρονος (ὁ)
nonce, n. *for the* ~, πρός τό παρόν
nonchalance, n. ἀδιαφορία (ἡ), ἀπάθεια
(ἡ), ἀταραξία (ἡ)/ *nonchalant,* a. ἀδιά-
φορος, ἀπαθής, ἀτάραχος
non-combatant, n. & a. ἄμαχος (ὁ)
non-commissioned (officer), n. ὑπαξιω-
ματικός (ὁ)
non-committal, a. ἐπιφυλακτικός
nonconformist, n & a. ἀντικονφορμι-
στής (ὁ)
nondescript, a. ἀκαθόριστος, ἀπερίγρα-
πτος
none, pn. κανένας, καμία, κανένα/ ~ *of
that!* ἄστα αὐτά! σταμάτα!/ ad. καθό-
λου/ ~ *the less,* παρ' ὅλα αὐτά
nonentity, n. ἀσημότητα (ἡ), μηδενικό
(τό)
non-existent, a. ἀνύπαρκτος
non-intervention, n. πολιτική μή ἐπέμβα-

σης (ἡ)
nonplus, v.t. φέρνω σέ ἀμηχανία, μπερ-
δεύω/ n. ἀμηχανία (ἡ)
nonsense, n. ἀνοησία (ἡ), ἀσυναρτησία
(ἡ)/ *nonsensical,* a. ἀσυνάρτητος
non-stop, n. ἐξπρές (τό)/ a. χωρίς διακο-
πή, συνεχής
noodle, n. χαζός (ὁ)/ pl. φιδές (ὁ)
nook, n. γωνίτσα (ἡ), κώχη (ἡ)
noon, n. μεσημέρι (τό)/ a. μεσημεριάτικος
noose, n. θηλιά (ἡ), βρόχος (ὁ)
nor, c. οὔτε/ *neither...* ~..., οὔτε... οὔ-
τε...
norm, n. κανόνας (ὁ), πρότυπο (τό)/ ~al,
a. κανονικός, ὁμαλός/ ~ality, n. ὁμα-
λότητα (ἡ), φυσιολογική κατάσταση
(ἡ)/ ~alize, v.t. ὁμαλοποιῶ, ἐξομαλύ-
νω
Norman, n. Νορμανδός (ὁ)/ a. νορμανδι-
κός
Norse, n. Σκανδιναβός (ὁ)/ a. σκανδινα-
βικός
north, n. βορράς (ὁ)/ ad. πρός τά βόρεια/
a. βόρειος, βορεινός/ ~ *east,* ad. βορει-
οανατολικά/ ~ *eastern,* a. βορειοανα-
τολικός/ ~erly, a. βορινός/ ~ern, a. βό-
ρειος/ ~ *lights,* βόρειο σέλας (τό)/
~erner, n. βόρειος (ὁ), κάτοικος τοῦ
βορρᾶ/ ~wards, ad. βόρεια, πρός τά
βόρεια/ ~west, ad. βορειοδυτικά/ ~
western, a. βορειοδυτικός
Norwegian, n. Νορβηγός (ὁ), Νορβηγίδα
(ἡ)/ a. νορβηγικός
nose, n. μύτη (ἡ)/ (animal) ρύγχος (τό)/
blow one's ~, φυσῶ τήν μύτη μου/
speak through the ~, μιλῶ μέ τήν μύτη/
~ *about,* μυρίζομαι, ὀσφραίνομαι/ ~
around, ἀνακατεύομαι/ ~ *out,* ἀνακα-
λύπτω, ξετρυπώνω/ ~bag, n. κρεμα-
στός σάκος (ὁ)/ ~dive, n. κατακόρυφη
πτώση (ἡ)/ ~gay, n. μπουκέτο (τό), μι-
κρή ἀνθοδέσμη (ἡ)
nostalgia, n. νοσταλγία (ἡ)/ *nostalgic,* a.
νοσταλγικός
nostril, n. ρουθούνι (τό)
nostrum, n. πανάκεια (ἡ)
not, ad. δέν, μή/ ~ *at all,* καθόλου/ ~ *yet,*
ὄχι ἀκόμη/ *why* ~ ? γιατί ὄχι;
notability, n. ἐπισημότητα (ἡ)/ *notable,* a.
ἀξιόλογος, σημαντικός/ *notably,* ad.

σημαντικά, κυρίως

notary, n. συμβολαιογράφος (ὁ)

note, n. σημείωση (ἡ), ἀναγραφή (ἡ)

notch, n. ἐντομή (ἡ), χάραγμα (τό)/ v.t. χαράζω

note, n. σημείωση (ἡ), σημείωμα (τό)/ (mus.) νότα (ἡ)/ (diplomatic) διακοίνωση (ἡ)/ v.t. σημειώνω/ ~book, n. σημειωματάριο (τό)/ ~case, n. χαρτοφύλακας (ὁ)/ ~d, a. διάσημος, διαπρεπής/ ~ worthy, a. ἀξιοσημείωτος

nothing, pn. τίποτε/ n. μηδέν (τό), μηδενικό (τό)/ for ~, γιά τό τίποτε/ come to ~, δέν φέρνω ἀποτέλεσμα/ sweet ~s, γλυκόλογα/ ~ much, τίποτε τό σπουδαῖο/ ~ness, n. μηδαμινότητα (ἡ), ἀσημαντότητα (ἡ)

notice, n. εἰδοποίηση (ἡ), εἴδηση (ἡ), ἀγγελία (ἡ)/ at a moment's ~, χωρίς προειδοποίηση/ at short ~, μέ μικρή προειδοποίηση/ escape ~, διαφεύγω τήν προσοχή/ give ~, προειδοποιῶ/ take ~ of, προσέχω, δίνω προσοχή/ v.t. προσέχω, παρατηρῶ, σημειώνω/ ~able, a. ἀξιοπρόσεκτος, ἀξιοσημείωτος/ ~ board, n. πίνακας ἀνακοινώσεως (ὁ)/ notification, n. ἀνακοίνωση (ἡ), γνωστοποίηση (ἡ), κοινοποίηση (ἡ)/ notify, v.t. ἀνακοινώνω, γνωστοποιῶ, κοινοποιῶ

notion, n. ἰδέα (ἡ), ἔννοια (ἡ)/ ~al, a. ὑποθετικός, θεωρητικός

notoriety, n. κακή φήμη (ἡ), κακοφημία (ἡ)/ notorious, a. διαβόητος

notwithstanding, pr. & ad. μολονότι, παρ' ὅλα αὐτά/ c. ὅμως

nougat, n. ἀμυγδαλωτό (τό)

nought, n. τίποτε (τό)

noun, n. ὄνομα (τό), οὐσιαστικό (τό)/ proper ~, κύριο ὄνομα

nourish, v.t. τρέφω, ἀνατρέφω/ ~ing, a. θρεπτικός/ ~ment, n. τροφή (ἡ), διατροφή (ἡ)

novel, n. μυθιστόρημα (τό)/ a. νέος, πρόσφατος, πρωτοφανής/ ~ist, n. μυθιστοριογράφος (ὁ)/ ~ty, n. νεωτερισμός (ὁ), καινοτομία (ἡ)

November, n. Νοέμβριος (ὁ)/ a. νοεμβριανός, νοεμβριάτικος

novice, n. ἀρχάριος (ὁ)

now, ad. τώρα/ ~ and again, κάθε λίγο καί λιγάκι/ just ~, αὐτή τήν στιγμή/ ~ then! λοιπόν!/ ~ and then, πότε-πότε/ ~ that, τώρα πού/ from ~ on, ἀπό τώρα καί στό ἑξῆς/ ~adays, ad. σήμερα, στήν ἐποχή μας

nowhere, ad. πουθενά

nowise, ad. μέ κανένα τρόπο

noxious, a. βλαβερός, ὀλέθριος

nozzle, n. στόμιο (τό)

nuance, n. ἀπόχρωση (ἡ)

nuclear, a. πυρηνικός/ nucleus, n. πυρήνας (ὁ), κέντρο (τό)

nude, a. γυμνός/ n. γυμνό (τό), γυμνότητα (ἡ)

nudge, n. σκούντημα (τό)/ v.t. σκουντῶ μέ τόν ἀγκώνα

nudity, n. γυμνότητα (ἡ)

nugatory, a. ἀσήμαντος, κενός

nugget, n. βῶλος (ὁ), ψῆγμα (τό)

nuisance, n. ἐνόχληση (ἡ), στενοχώρια (ἡ), ζημία (ἡ)/ what a ~! τί ἐνόχληση!

null, a. μηδαμινός, ἀσήμαντος/ ~ and void, ἄκυρος/ ~ify, v.t. ἀκυρώνω, καταργῶ/ ~ity, n. μηδαμινότητα (ἡ)/ (leg.) ἀκυρότητα (ἡ)

numb, a. μουδιασμένος, ναρκωμένος/ v.t. μουδιάζω, ναρκώνω, παραλύω

number, n. ἀριθμός (ὁ), πλῆθος (τό)/ a ~ of, πολλοί, ἀρκετοί/ quite a ~, κάμποσοι/ in large ~s, σέ μεγάλο ἀριθμό, πολυάριθμοι/ v.t. ἀριθμῶ/ his days are ~ed, οἱ μέρες του εἶναι μετρημένες/ ~ing, n. ἀρίθμηση (ἡ), ὑπολογισμός (ὁ)/ ~less, a. ἀναρίθμητος/ ~plate, n. ἀριθμός αὐτοκινήτου

numbness, n. μούδιασμα (τό), νάρκωση (ἡ)

numeral, n. ἀριθμητικό (τό)/ a. ἀριθμητικός/ numerator, n. ἀριθμητής (ὁ)/ numerical, a. ἀριθμητικός/ numerous, a. πολυάριθμος

numismatics, n. νομισματολογία (ἡ), νομισματική (ἡ)

numskull, n. βλάκας (ὁ)

nun, n. καλόγρια (ἡ), μοναχή (ἡ)

nuncio, n. νούντσιος (ὁ), παπικός ἔξαρχος (ὁ)

nunnery, n. μοναστήρι καλογραιῶν (τό)

nuptial, a. γαμήλιος/ ~s, n. pl. γάμος (ὁ)

nurse, n. νοσοκόμος (ὁ), νοσοκόμα (ἡ), παραμάνα (ἡ)/ v.t. φροντίζω, περιποιοῦμαι/ (hosp.) νοσηλεύω/ (sentiment) τρέφω, διατηρῶ/ ~ ry, n. δωμάτιο παιδιῶν (τό)/ ~rhyme, νανούρισμα (τό)/ ~ school, νηπιαγωγεῖο (τό)/ (plants) φυτοκομεῖο (τό)/ nursing, n. φροντίδα (ἡ), περιποίηση (ἡ)/ ~ home, κλινική (ἡ)

nurture, v.t. ἀνατρέφω, ἐκπαιδεύω

nut, n. καρύδι (τό)/ (tech.) κοχλίας (ὁ), βίδα (ἡ)/ ~ - brown, a. καστανός/ ~cracker, n. καρυοθραύστης (ὁ)/ ~s, a. τρελός/ ~shell, n. καρυδότσουφλο (τό)/ in a ~, σύντομα, μέ μιά λέξη/ ~tree, n. καρυδιά (ἡ)

nutriment, n. τροφή (ἡ)/ nutritious, a. θρεπτικός

nutty, a. γεμάτος καρύδια/ (taste) μέ γεύση καρυδιοῦ

nuzzle, v.t. ἀνακατεύω μέ τό ῥύγχος/ ~ against, χαϊδεύομαι, τρίβομαι πάνω

nylon, n. νάιλον (τό)

nymph, n. νύμφη (ἡ)

nymphomania, n. νυμφομανία (ἡ)/ ~c, a. νυμφομανής

O

O! int. Ὤ/ ~ my! Θεέ μου! Παναγιά μου!

oaf, n. βλάκας (ὁ)

oak, n. βαλανιδιά (ἡ), δρῦς (ἡ)/ ~en, a. δρύινος

oakum, n. στουπί (τό)

oar, n. κουπί (τό)/ ~sman, n. κωπηλάτης (ὁ)

oasis, n. ὄαση (ἡ)

oath, n. ὅρκος (ὁ)/ on ~, ἔνορκα, μέ ὅρκο/ take an ~, ὁρκίζομαι, παίρνω ὅρκο

oats, n. pl. βρώμη (ἡ)/ oat~meal, n. ἀλεύρι ἀπό βρώμη

obduracy, n. ἀναισθησία (ἡ), πόρωση (ἡ)/ obdurate, a. ἀναίσθητος, σκληρός

obedience, n. ὑπακοή (ἡ)/ obedient, a. ὑπάκουος

obeisance, n. ὑπόκλιση (ἡ), μετάνοια (ἡ)

obelisk, n. ὀβελίσκος (ὁ)

obese, a. παχύσαρκος/ obesity, n. παχυσαρκία (ἡ), πάχος (τό)

obey, v.t. ὑπακούω, πειθαρχῶ

obituary, n. νεκρολογία (ἡ)/ a. νεκρολογικός, ἐπιμνημόσυνος

object, n. ἀντικείμενο (τό), πράγμα (τό)/ (gram.) ἀντικείμενο (τό)/ ~ lesson, μάθημα πραγματογνωσίας/ v.i. φέρνω ἀντίρρηση, ἐναντιώνομαι/ ~ion, n. ἀντίρρηση (ἡ)/ ~ionable, a. ἀπαράδεκτος/ ~ive, a. ἀντικειμενικός/ n. σκοπός (ὁ), στόχος (ὁ)/ ~ivity, n. ἀντικειμενικότητα (ἡ)

objurgate, v.t. ἐπιτιμῶ/ objurgation, n. ἐπιτίμηση (ἡ)

oblation, n. ἀφιέρωμα (τό)

obligate, v.t. ὑποχρεώνω/ obligation, n. ὑποχρέωση (ἡ)/ be under an ~, εἶμαι ὑποχρεωμένος/ obligatory, a. ὑποχρεωτικός

oblige, v.t. ὑποχρεώνω/ ~d, p.p. & a. ὑποχρεωμένος/ obliging, a. ὑποχρεωτικός, πρόθυμος

oblique, a. λοξός, πλάγιος/ obliquity, n. λοξότητα (ἡ)

obliterate, v.t. ἐξαλείφω, ἐξαφανίζω/ obliteration, n. ἐξάλειψη (ἡ), ἐξαφάνιση (ἡ)

oblivion, n. λήθη (ἡ), λησμοσύνη (ἡ)/ oblivious, a. ἐπιλήσμων, ξεχασιάρης.

oblong, a. μακρουλός/ n. παραλληλόγραμμο (τό)

obloquy, n. δυσφήμηση (ἡ), κακολογία (ἡ), μορφή (ἡ)

oboe, n. ὀξύαυλος (ὁ)/ oboist, n. ὀξυαυλητής (ὁ)

obscene, a. αἰσχρός, ἄσεμνος/ obscenity, n. αἰσχρότητα (ἡ)

obscure, a. σκοτεινός, ἀσαφής/ (person) ἄγνωστος, ἀσήμαντος/ v.t. σκοτίζω, ἀμαυρώνω/ obscurity, n. σκοτεινιά (ἡ), ἀσάφεια (ἡ)/ (person) ἀσημαντότητα (ἡ), ἀφάνεια (ἡ)

obsequies, n. pl. κηδεία (ἡ), ἐκφορά (ἡ)

obsequious, a. περιποιητικός, φιλοφρονητικός/ ~ness, n. περιποιητικότητα (ἡ), φιλοφροσύνη (ἡ)

observable, a. αἰσθητός, ὁρατός/ obser-

vance, n. τήρηση (ή), ὑπακοή (ή)/ ob-
servant, a. πιστός τηρητής/ observation,
n. παρατήρηση (ή)/ ~ post, παρατηρη-
τήριο (τό)/ observatory, n. ἀστεροσκο-
πεῖο (τό)/ observe, v.t. παρατηρῶ/
(rules) τηρῶ/ ~r, n. παρατηρητής (ὁ) ̈
obsess, v.t. ἐνοχλῶ, βασανίζω/ be ~ed by,
κατέχομαι ἀπό ἔμμονη ἰδέα/ ~ion, n.
ἔμμονη ἰδέα (ή)
obsolescent, a. ἀπαρχαιωμένος, παληω-
μένος/ obsolete, a. ἀπαρχαιωμένος, ξε-
περασμένος
obstacle, n. ἐμπόδιο (τό), κώλυμα (τό)
obstetric(al), a. μαιευτικός/ obstetrics, n.
μαιευτική (ή)
obstinacy, n. ἐπιμονή (ή), ἰσχυρογνωμο-
σύνη (ή), πεῖσμα (τό)/ obstinate, a. ἐπί-
μονος, ἰσχυρογνώμων, πεισματάρης
obstreperous, a. θορυβώδικος, ξεκου-
φαντικός
obstruct, v.t. ἐμποδίζω, φράζω/ ~ the
view, κλείνω τήν θέα/ ~ion, n. ἐμπόδιο
(τό), φράξιμο (τό)
obtain, v.t. ἀποκτῶ, πετυχαίνω/ v.i. ἐπι-
κρατῶ/ ~able, a. ἐφικτός
obtrude, v.t. παρεμβάλλω/ v.i. παρεμ-
βάλλομαι, παρενοχλῶ/ ~ oneself, μπαί-
νω μέ τή βία/ obtrusive, a. ἐνοχλητικός,
φορτικός
obtuse, a. ἀμβλύς
obverse, n. ὄψη νομίσματος (ή)
obviate, v.t. ἀποτρέπω, ἀποφεύγω
obvious, a. προφανής, φανερός/ ~ly, ad.
προφανῶς
occasion, n. εὐκαιρία (ή), περίσταση (ή)/
have ~ for complaint, ἔχω λόγο νά πα-
ραπονεθῶ/ give ~ for, δίνω ἀφορμή
γιά/ on the ~ of, μέ τήν εὐκαιρία/ v.t.
προξενῶ, προκαλῶ/ ~al, a. σποραδι-
κός, τυχαῖος/ ~ally, ad. σποραδικά,
πότε-πότε
occident, n. δύση (ή)/ ~al, a. δυτικός
occult, a. ἀόρατος, μυστικός, ἀπόκρυ-
φος/ ~ism, n. μυστικισμός (ὁ), ἀπο-
κρυφολογία (ή)
occupancy, n. κατοχή (ή)/ (house) κατοί-
κηση (ή), διαμονή (ή)/ occupant, n. κά-
τοχος (ὁ), ἔνοικος (ὁ)/ occupation, n.
κατοχή (ή)/ (work) ἐπάγγελμα (τό),
ἐνασχόληση (ή)/ occupier, n. κάτοχος

(ὁ), ἔνοικος (ὁ)/ occupy, v.t. κατέχω,
καταλαμβάνω/ (house) κατοικῶ/ be oc-
cupied in, ἀσχολοῦμαι
occur, v.i. συμβαίνω, τυχαίνω/ it ~red to
me, μοῦ ἦρθε στό νοῦ ὅτι, σκέφτηκα
ὅτι/ ~rence, n. περιστατικό (τό), συμ-
βάν (τό)
ocean, n. ὠκεανός (ὁ)/ ~ liner, ὑπερω-
κεάνειο (τό)/ ~ic, a. ὠκεανικός
ochre, n. ὤχρα (ή)
o'clock, ad. ἡ ὥρα/ at five ~, στίς πέντε
octagon, n. ὀκτάγωνο (τό)
octave, n. ὀκτάβα (ή)
octet, n. ὀκταφωνία (ή)
October, n. Ὀκτώβριος (ὁ)/ a. ὀκτω-
βριανός, ὀκτωβριάτικος
octogenarian, n. ὀγδοντάρης (ὁ)
octopus, n. ὀχταπόδι (τό)
ocular, a. ὀφθαλμικός/ oculist, n. ὀφθαλ-
μολόγος (ὁ)
odd, a. περιττός, μονός/ (person) παρά-
ξενος/ ~ job, μικροδουλειά/ at ~ times,
σέ ἀκατάλληλες ὥρες/ ~ or even, μονά
ἤ ζυγά/ ~ity, n. παραξενιά (ή), παρα-
δοξότητα (ή)/ ~ly, ad. παράξενα, πα-
ράδοξα/ ~ments, n. pl. ἀπομεινάρια
(τά)/ ~ness, n. παραδοξότητα (ή), ἀνο-
μοιότητα (ή)/ ~s, n. pl. πιθανότητα
(ή), εὐκαιρία (ή)/ ~ and ends, διάφορα
μικροπράγματα/ fight against ~, ἀγωνί-
ζομαι ἐναντίον μεγαλυτέρων δυνάμεων
ode, n. ὠδή (ή)
odious, a. μισητός, ἀπεχθής/ odium, n.
μίσος (τό), ἀπέχθεια (ή)
odoriferous, a. ἀρωματισμένος, εὔοσμος/
odour, n. εὐωδία (ή), ὀσμή (ή)/ ~less,
a. ἄοσμος
Odyssey, n. Ὀδύσσεια (ή)
of, pr. ἀπό, τοῦ, περί, παρά/ ~ course,
βέβαια/ ~ late, τελευταία/ one ~ them,
ἕνας ἀπ' αὐτούς/ think ~, σκέπτομαι
γιά/ be afraid ~, φοβοῦμαι/ be proud
~, εἶμαι περήφανος γιά
off, pr. & ad. μακρυά/ be ~, φεύγω/
hands ~, κάτω τά χέρια/ a mile ~, ἕνα
μίλι στ' ἀνοιχτά/ be badly ~, εἶμαι σέ
ἄσχημη οἰκονομική κατάσταση/ be well
~, εἶμαι σέ καλή οἰκονομική κατάστα-
ση, εὐημερῶ/ it's all ~, ματαιώνονται
ὅλα/ take a day ~, παίρνω μιά μέρα

άδεια/ ~ hand, πρόχειρος/ ~ side, όφσάιντ/ ~ season, ἐκτός ἐποχῆς/ on and ~, μέ διακοπές

offal, n. ἐντόσθια (τά)

offence, n. προσβολή (ἡ), ὕρισιά (ἡ)/ (leg.) ἀδίκημα (τό)/ commit an ~, παραβαίνω τόν νόμο/ take ~ at, πειράζομαι, προσβάλλομαι

offend, v.t. προσβάλλω, πειράζω/ ~ against, διαπράττω ἀδίκημα σέ βάρος/ ~er, n. παραβάτης (ὁ), φταίχτης (ὁ)/ offensive, a. προσβλητικός, ὑβριστικός, δυσάρεστος/ (mil.) ἐπιθετικός/ n. ἐπίθεση (ἡ)/ take the ~, περνῶ στήν ἐπίθεση

offer, n. προσφορά (ἡ)/ on ~, προσφέρεται/ v.t. προσφέρω/ v.i. προσφέρομαι/ ~ help, προσφέρω τήν βοήθειά μου/ ~ing, n. προσφορά (ἡ)/ θυσία (ἡ)/ (eccl.) ἀφιέρωμα (τό)/ ~tory, n. προσκομιδή τῶν ἁγίων δώρων

office, n. γραφεῖο (τό)/ (position) θέση (ἡ), ὑπούργημα (τό)/ (ministry, etc.) ὑπουργεῖο (τό), ὑπηρεσία (ἡ)/ be in ~, ἔχω ἐξουσία, κατέχω θέση/ Foreign ~, Ὑπουργεῖο Ἐξωτερικῶν (τό)/ Home ~, Ὑπουργεῖο Ἐσωτερικῶν (τό)/ good ~s, καλές ὑπηρεσίες, μεσολάβηση

officer, n. ἀξιωματικός (ὁ), ἀξιωματοῦχος (ὁ)/ medical ~, ὑγειονομικός ἐπιθεωρητής/ non-commissioned ~, ὑπαξιωματικός (ὁ)/ staff ~, ἐπιτελικός ἀξιωματικός

official, a. ἐπίσημος/ ~ duties, ἐπίσημα καθήκοντα (τά)/ n. ἀξιωματοῦχος (ὁ), ἐπίσημος (ὁ)/ ~dom, n. γραφειοκρατία (ἡ)

officiate, v.i. λειτουργῶ, ἐκτελῶ ὑπηρεσία/ (eccl.) ἱερουργῶ, ἱερατεύω/ officious, a. ὑπερπρόθυμος

offing, n. ξεκίνημα (τό)/ in the ~, ἔρχεται σύντομα

offscourings, n. pl. σκύβαλα (τά)/ (people) καθάρματα (τά)

offset, n. ἀντιστάθμισμα (τό), ἀντάλλαγμα (τό)/ (print.) ὄφσετ (τό)/ v.t. ἀντισταθμίζω

offshoot, n. παραφυάδα (ἡ), παρακλάδι (τό)

offspring, n. γόνος (ὁ), γέννημα (τό)

often, ad. συχνά

ogle, v.t. γλυκοκοιτάζω

ogre, n. δράκος (ὁ)

oh, int. ὤ!

ohm, n. ὤμ (τό)

oil, n. λάδι (τό), πετρέλαιο (τό)/ ~ lamp, λάμπα πετρελαίου (ἡ)/ ~ painting, ἐλαιογραφία (ἡ)/ ~ tanker, πετρελαιοφόρο (τό)/ ~ can, n. λαδωτήρι (τό)/ ~ cloth, n. μουσαμάς (ὁ)/ ~ field, n. πετρελαιοφόρο κοίτασμα (τό)/ ~ skins, n. ἀδιάβροχη στολή (ἡ)/ ~ y, a. λαδωμένος, λιπαρός/ v.t. λαδώνω, λιπαίνω/ ~ the wheels, λαδώνω τούς τροχούς/ (fig.) λειτουργῶ κανονικά

ointment, n. ἀλοιφή (ἡ)

old, a. γέρος, παληός, ἀρχαῖος/ how ~ are you? πόσων χρονῶν εἶσαι;/ I know him of ~, τόν ξέρω ἀπό παλιά/ ~ age, γερατειά, γεράματα/ ~ age pension, σύνταξη γήρατος/ ~ boy, ἀπόφοιτος, παλιός μαθητής/ ~ maid, γεροντοκόρη (ἡ)/ ~ man, γέρος (ὁ)/ ~ master, καλλιτεχνικό ἀριστούργημα, παλιό ἔργο τέχνης/ the same ~ story, τά ἴδια καί τά ἴδια/ O ~ Testament, Παλαιά Διαθήκη (ἡ)/ ~ woman, γριά (ἡ)/ ~en, a. παλιός, ἀρχαῖος/ in ~ times, τόν παλιό καιρό/ ~er, a. παλιώτερος, ἀρχαιότερος, πιό μεγάλος/ ~ish, a. παλιούτσικος/ ~ - fashioned, a. παλιᾶς μόδας

oleaginous, a. λιπαρός, ἐλαιώδης

oleander, n. πικροδάφνη (ἡ), ροδοδάφνη (ἡ)

olfactory, a. ὀσφρητικός

oligarchy, n. ὀλιγαρχία (ἡ)

olive (tree & fruit), n. ἐλιά (ἡ)/ ~ -coloured, λαδής, σταχτοπράσινος/ ~ oil, ἐλαιόλαδο (τό)

Olympic Games, n. Ὀλυμπιακοί ἀγῶνες (οἱ)

Omega, n. ὠμέγα (τό)

omelette, n. ὀμελέττα (ἡ)

omen, n. οἰωνός (ὁ)/ ominous, a. δυσοίωνος

omission, n. παράλειψη (ἡ)/ omit, v.t. παραλείπω

omnibus, n. λεωφορεῖο (τό)/ ~ edition, ἅπαντα (τά), ἀνθολογία (ἡ)

omnipotence, n. παντοδυναμία (ἡ)/ *omnipotent*, a. παντοδύναμος

omniscience, n. παντογνωσία (ἡ)/ *omniscient*, a. παντογνώστης

on, pr. ἐπάνω, ἐπί, πάνω σέ/ ad. πάνω, στή θέση του/ ~ *and* ~, συνέχεια/ ~ *arrival*, μόλις φθάσει/ ~ *foot*, μέ τά πόδια/ ~ *Sunday*, τήν Κυριακή/ ~ *one's part*, ἀπό μέρους/ ~ *sale*, γιά πούλημα/ ~ *25 March*, στίς εἰκοσιπέντε Μαρτίου, εἰκοσιπέντε Μαρτίου/ ~ *the way to*, στό δρόμο πρός, καθ' ὁδόν/ ~ *condition*, ὑπό τόν ὅρο/ *put something* ~, φορῶ κάτι

once, ad. μία φορά/ ~ *for all*, μιά γιά πάντα/ *at* ~, ἀμέσως/ ~ *upon a time*, μιά φορά κι' ἕναν καιρό

one, num, ἕνας, μία, ἕνα/ ~ *after the other*, ὁ ἕνας μετά τόν ἄλλο/ ~-*way street*, μονόδρομος (ὁ)/ *it is all* ~ *to me*, εἶναι ὅλα τό ἴδιο γιά μένα/ *love* ~ *another*, ἀγαπᾶτε ἀλλήλους/ *he is* ~ *of us*, εἶναι ἕνας ἀπό μᾶς/ ~ *never knows*, δέν ξέρει κανείς/ ~-*eyed*, a. μονόφθαλμος/ ~*ness*, n. ἑνότητα (ἡ), μοναδικότητα (ἡ)/ ~-*sided*, a. μονόπλευρος

onerous, a. βαρύς, ἐπαχθής, ἐπίπονος

oneself, pn. ὁ ἴδιος, ὁ ἑαυτός μου

onion, n. κρεμμύδι (τό)

onlooker, n. θεατής (ὁ)

only, ad. μόνο/ a. μόνος, μοναδικός/ *if* ~, μακάρι, ἄμποτε

onomatopoeia, n. ὀνοματοποιία (ἡ)

onrush, onset, n. ἐφόρμηση (ἡ), ἐπίθεση (ἡ), εἰσβολή (ἡ)

onslaught, n. ἐπίθεση (ἡ), προσβολή (ἡ)

onus, n. βάρος (τό), εὐθύνη (ἡ)

onward, ad. πρός τά ἐμπρός/ ~*s*, ad. ἀπό δῶ καί πέρα, στό ἑξῆς

onyx, n. ὄνυξ (ὁ)

ooze, n. βόρβορος (ὁ), λάσπη (ἡ)/ v.i. στάζω, διαρρέω, διεισδύω/ ~ *away*, χάνομαι, ξεθυμαίνω/ *oozy*, a. λασπερός, βορβορώδης

opacity, n. ἀδιαφάνεια (ἡ)/ (fig.) χοντροκεφαλιά (ἡ)

opal, n. ὀπάλλιο (τό)/ ~*ine*, a. ὀπαλλιόχρωμος

opaque, a. ἀδιαφανής, σκοτεινός/ (big) χοντροκέφαλος/ ~*ness*, n. ἀδιαφάνεια

(ἡ), σκοτεινότητα (ἡ)

open, v.t. & i. ἀνοίγω, ἀρχίζω/ ~ *on*, ὁδηγῶ πρός, συγκοινωνῶ μέ/ ~ *out*, ξεδιπλώνω, ἁπλώνω/ ~ *up*, διανοίγω/ a. ἀνοιχτός/ *lay oneself* ~ *to*, μένω ἐκτεθειμένος/ *in the* ~ *air*, στό ὕπαιθρο/ ~ *question*, ἀνοιχτό (ἐκκρεμές) θέμα/ ~ *sea*, ἀνοιχτό πέλαγος/ ~ *secret*, κοινό μυστικό/ ~*er*, n. ἀνοιχτήρι (τό)/ ~-*eyed*, a. ἀνοιχτομάτης/ ~-*handed*, a. ἀνοιχτοχέρης/ ~-*hearted*, a. ἀνοιχτόκαρδος/ ~*ing*, n. ἄνοιγμα (τό)/ (beginning) ἔναρξη, εἰσαγωγή/ a. ἐναρκτήριος/ ~*ly*, ad. ἀνοιχτά, εἰλικρινά, φανερά/ ~ *minded*, a. ἀπροκάληπτος/ ~*ness*, n. εἰλικρίνεια (ἡ), εὐθύτητα (ἡ)

opera, n. μελόδραμα (τό), ὄπερα (ἡ)

operate, v.t. & i. ἐνεργῶ, δρῶ, λειτουργῶ/ (med.) ἐγχειρίζω

operatic, a. μελοδραματικός, ὀπερατικός

operating, a. λειτουργικός/ (med.) ἐγχειρητικός/ ~ *costs*, κόστος λειτουργίας/ ~ *theatre*, χειρουργεῖο/ *operation*, n. λειτουργία (ἡ), δράση (ἡ), χειρισμός (ὁ)/ (med.) ἐγχείρηση/ *put into* ~, βάζω σέ λειτουργία/ *operative*, a. ἐνεργός, ἐν λειτουργία/ n. ἐργάτης (ὁ)/ *operator*, n. χειριστής (ὁ)

operetta, n. ὀπερέττα (ἡ)

ophthalmia, n. ὀφθαλμία (ἡ)/ *ophthalmic*, a. ὀφθαλμικός

opiate, n. ὀπιοῦχο (τό)/ ~*d*, a. ναρκωμένος ἀπό ὄπιο

opine, v.i. ἀποφαίνομαι, φρονῶ/ *opinion*, n. γνώμη (ἡ)/ *in my* ~, κατά τή γνώμη μου/ ~*ated*, a. πεισματάρης

opium, n. ὄπιο (τό)

opossum, n. ὀπόσσουμ (τό)

opponent, n. ἀντίπαλος (ὁ), ἀνταγωνιστής (ὁ)/ a. ἀντίπαλος, ἀντίθετος

opportune, a. κατάλληλος/ ~*ness*, n. καταλληλότητα (ἡ)

opportunism, n. ὀπορτουνισμός (ὁ), καιροσκοπισμός (ὁ)/ *opportunist*, n. ὀπορτουνιστής (ὁ), καιροσκόπος (ὁ)/ *opportunity*, n. εὐκαιρία (ἡ)

oppose, v.t. ἀντιστέκομαι, εἶμαι ἀντίθετος, ἐναντιώνομαι/ ~*d*, p.p. & a. ἀντίθετος, ἐναντιωμένος/ *opposing*, a. ἀντίθετος/ *opposite*, a. ἀντίθετος, ἀντιμέτωπος/ pr. ἀπέναντι ἀπό/ ad. ἀπέναντι, ἀντίκρυ/ n. ἀντίθετο (τό)/ *quite the* ~, ἐντελῶς τό ἀντίθετο/ *opposition,* n. ἀντίδραση (ἡ), ἐναντίωση (ἡ)/ (polit.) ἀντιπολίτευση (ἡ)

oppress, v.t. καταπιέζω, καταδυναστεύω, ~*ion,* n. καταπίεση (ἡ), καταδυνάστευση (ἡ)/ ~*ive,* a. καταπιεστικός, τυραννικός/ ~*or,* n. καταπιεστής (ὁ), δυνάστης (ὁ)

opprobrious, a. προσβλητικός, ὑβριστικός/ *opprobrium,* n. βρισιά (ἡ)

opt, v.t. ἐκλέγω, διαλέγω

optic, a. ὀπτικός/ ~*al,* a. ὀπτικός/ ~ *illusion,* ὀφθαλμαπάτη/ ~*ian,* n. ὀπτικός (ὁ)/ ~*s,* n. ὀπτική (ἡ)

optimism, n. αἰσιοδοξία (ἡ)/ *optimist,* n. αἰσιόδοξος (ὁ)/ a. αἰσιόδοξος

option, n. δικαίωμα ἐκλογῆς (τό), ἐκλογή (ἡ)/ ~*al,* a. προαιρετικός

opulence, n. πλοῦτος (ὁ), ἀφθονία (ἡ)/ *opulent,* a. πλούσιος, ἄφθονος

opus, n. ἔργο (τό)

or, c. ἤ/ ~ *else,* γιατί ἀλλοιῶς, εἰδεμή

oracle, n. μαντεῖο (τό), χρησμός (ὁ)/ *oracular,* a. μαντικός, προφητικός

oral, a. προφορικός/ ~ *examination,* προφορική ἐξέταση (ἡ)

orange, n. πορτοκάλι (τό)/ a. πορτοκαλής/ ~ *blossom,* n. ἄνθος πορτοκαλιᾶς (τό)/ ~ *peel,* πορτοκαλόφλουδα (ἡ)/ ~*ade,* n. πορτοκαλάδα (ἡ)/ ~*ry,* n. πορτοκαλεώνας (ὁ)

orang-outang, n. ὀραγκουτάγκος (ὁ)

oration, n. ἀγόρευση (ἡ), λόγος (ὁ)/ *orator,* n. ρήτορας (ὁ), ὁμιλητής (ὁ), ἀγορητής (ὁ)/ ~*ical,* a. ρητορικός, στομφώδης/ *oratorio,* n. ὀρατόριο (τό)/ *oratory,* n. ρητορική (ἡ)/ (eccl.) εὐκτήριος οἶκος (ὁ)

orb, n. σφαίρα (ἡ)/ ~*it,* n. τροχιά (ἡ), περιφορά (ἡ)

orchard, n. δεντρόκηπος (ὁ)

orchestra, n. ὀρχήστρα (ἡ)/ ~ *stalls,* καθίσματα (τά) πλατείας/ ~*l,* a. ὀρχηστρικός, τῆς ὀρχήστρας/ ~*te,* v.t. ἐνορχηστρώνω/ ~*tion,* n. ἐνορχήστρωση (ἡ)

orchid, n. ὀρχιδέα (ἡ)

ordain, v.t. ὁρίζω, προορίζω/ (eccl.) χειροτονῶ

ordeal, n. δοκιμασία (ἡ), μαρτύριο (τό)

order, n. διάταξη (ἡ), τάξη (ἡ), ὁμαλότητα (ἡ)/ (mil.) διαταγή (ἡ)/ (comm.) παραγγελία (ἡ)/ (eccl.) τάγμα (τό)/ *call to* ~, καλῶ στήν τάξη/ *in* ~ *to*/ *that,* γιά νά/ *out of* ~, χαλασμένος, σπασμένος/ ~ *of the day,* ἡμερήσια διάταξη (ἡ)/ *in good* ~, σέ καλή λειτουργία/ v.t. διατάζω, παραγγέλλω/ ~ *around,* ἔχω τοῦ κλώτσου καί τοῦ μπάτσου/ ~*ly,* a. τακτικός, μεθοδικός, συστηματικός/ ~ *officer,* τῆς ὑπηρεσίας/ (hosp.) νοσοκόμος (ὁ)

ordinal, n. τακτικό ἀριθμητικό (τό)

ordinance, n. διαταγή (ἡ), διάταξη (ἡ), κανονισμός (ὁ)

ordinarily, ad. συνήθως, κανονικά/ *ordinary,* a. συνηθισμένος, κοινός

ordination, n. χειροτονία (ἡ)

ordnance, n. πυροβολικό (τό)

ore, n. μετάλλευμα (τό)

organ, n. ὄργανο (τό)/ ~- *grinder,* ὀργανοπαίχτης (ὁ), λατερνατζής (ὁ)

organdie, n. ὀργαντίνα (ἡ)

organic, a. ὀργανικός/ *organism,* n. ὀργανισμός (ὁ)

organist, n. ὀργανιστής (ὁ), παίχτης ἐκκλησιαστικοῦ ὀργάνου

organization, n. ὀργάνωση (ἡ), ὀργανισμός (ὁ)/ *organize,* v.t. ὀργανώνω, διοργανώνω/ ~*r,* n. ὀργανωτής (ὁ), διοργανωτής (ὁ)

orgasm, n. ὀργασμός (ὁ)

orgy, n. ὄργιο (τό)

oriel, n. προεξέχον παράθυρο (τό)

Orient, n. Ἀνατολή (ἡ)/ ~*al,* a. ἀνατολίτικος/ ~*ate,* v.t. προσανατολίζω/ v.i. προσανατολίζομαι, κατατοπίζομαι/ ~*ation,* n. προσανατολισμός (ὁ), κατατόπιση (ἡ)

orifice, n. τρύπα (ἡ), ἄνοιγμα (τό)

origin, n. προέλευση (ἡ), καταγωγή (ἡ), ἀφετηρία (ἡ)/ ~*al,* a. ἀρχικός, πρωτοφανής, πρωτότυπος/ n. πρωτότυπο (τό)/ ~*ality,* n. πρωτοτυπία (ἡ), δημιουργικότητα (ἡ)/ ~*ally,* ad. ἀρχικά/ ~*ate,* v.t. δημιουργῶ, ἐπινοῶ/ v.i. πηγάζω, κατάγομαι/ ~*ator,* n. δημιουργός (ὁ), ἐπινοητής (ὁ)

oriole, n. συκοφάγος (ὁ)

ornament, n. διακόσμηση (ή), στολίδι (τό)/ v.t. στολίζω, διακοσμῶ/ ~al, a. διακοσμητικός/ ~ation, n. διακόσμηση (ή), στόλισμα (τό)/ ornate, a. πλούσια στολισμένος (διακοσμημένος)

ornithologist, n. ὀρνιθολόγος (ὁ)/ ornithology, n. ὀρνιθολογία (ή)

orphan, n. & a. ὀρφανός (ὁ)/ ~age, n. ὀρφανοτροφεῖο (τό)

orthodox, n. & a. ὀρθόδοξος/ ~y, n. ὀρθοδοξία (ή)

orthopaedic, a. ὀρθοπεδικός/ orthopaedist, n. ὀρθοπεδικός (ὁ)/ orthopaedy, n. ὀρθοπεδική (ή)

oscillate, v.i. ταλαντεύομαι/ oscillation, n. ταλάντευση (ή)/ oscillator, n. ταλαντευτής (ὁ)/ ~y, a. ταλαντευτικός

osier, n. λυγαριά (ή)

osprey, n. ψαραετός (ὁ)

osseous, a. ὀστεώδης, ὀστέϊνος/ ossification, n. ὀστέωση (ή), ἀποστέωση (ή)/ ossify, v.t. ὀστεοποιῶ/ v.i. ἀπολιθώνομαι, κοκκαλώνω

ostensible, a. δῆθεν, φαινομενικός/ ostensibly, ad. φαινομενικά

ostentation, n. ἐπίδειξη (ή), προβολή (ή), φιγούρα (ή)/ ostentatious, a. ἐπιδεικτικός, φιγουράτος

ostler, n. σταυλίτης (ὁ)

ostracism, n. ἐξοστρακισμός (ὁ)/ ostracize, v.t. ἐξοστρακίζω

ostrich, n. στρουθοκάμηλος (ή)

other, a. ἄλλος/ every ~ day, μέρα παρ' ἡμέρα/ the ~ day, πρό ἡμερῶν/ on the ~ hand, ἐξ' ἄλλου/ pn. ἄλλος/ each ~ , ὁ ἕνας τόν ἄλλο/ ~wise, ad. ἀλλοιῶς, διαφορετικά

otitis, n. ὠτίτιδα (ή)

otter, n. ἐνυδρίδα (ή)

Ottoman, n. Ὀθωμανός (ὁ)/ a. ὀθωμανικός/ ottoman, n. ντιβανοκασέλλα (ή)

ought, v. aux. πρέπει, ὀφείλω/ one ~ to know, πρέπει νά ξέρει κανείς/ it ~ to be so, πρέπει νά εἶναι ἔτσι

ounce, n. οὐγγία (ή)

our, a. δικός μας/ ~s, pn. δικός μας/ ~selves, pn. μόνοι μας, ἐμεῖς οἱ ἴδιοι

oust, v.t. διώχνω, ἀπομακρύνω

out, ad. ἔξω/ take ~ , παίρνω ἔξω/ go ~ , πηγαίνω ἔξω, βγαίνω/ he is ~ , εἶναι

ἔξω/ the fire is ~ , ή πυρκαγιά ἔσβυσε/ ~ and ~ , πέρα γιά πέρα

outbid, v.t. πλειοδοτῶ

outbreak, n. ξέσπασμα (τό), ἔκρηξη (ή)

outbuilding. n. ἐξωτερικό κτίσμα

outburst, n. ξέσπασμα (τό)

outcast, n. ἀπόβλητος (ὁ), ἀπόκληρος (ὁ)

outcome, n. ἀποτέλεσμα (τό), ἔκβαση (ή)

outcrop, n. (geol.) τομή κοιτάσματος (ή)/ (fig.) ἀπρόοπτη ἐκδήλωση

outcry, n. κατακραυγή (ή)

outdated, a. ἀπαρχαιωμένος, ξεπερασμένος

outdistance, v.t. ξεπερνῶ

outdo, v.t. ὑπερέχω, ὑπερτερῶ

outdoor, a. ὑπαίθριος

outer, a. ἐξωτερικός/ ~most, a. ἀκρότατος, ἔσχατος

outfit, n. ἐξάρτιση (ή), σύνεργα (τά), ἐξοπλισμός (ὁ)/ ~ter, n. προμηθευτής (ὁ)

outflank, v.t. ὑπερφαλαγγίζω/ (fig.) ξεγελῶ

outgoing, a. ἐκροή (ή)

outgoing, a. ἐξερχόμενος, ἀπερχόμενος/ ~s, n. pl. ἔξοδα (τά), δαπάνες (οἱ)

outgrow, v.t. ἀναπτύσσομαι γρηγορότερα, ξεπερνῶ/ he has ~n his clothes, τά ροῦχα τοῦ μικρύνανε

outhouse, n. παράρτημα κτιρίου (τό), βοηθητικό κτίριο (τό)

outing, n. ἐκδρομή (ή)

outlandish, a. ἐξωτικός, μακρινός

outlast, v.t. ἐπιβιώνω, διαρκῶ περισσότερο

outlaw, n. ἐκτός νόμου, φυγόδικος (ὁ)/ v.t. ἐπικηρύσσω, βάζω ἐκτός νόμου

outlay, n. προϋπολογισμένη δαπάνη (ή)

outlet, n. διέξοδος (ή), ἐκροή (ή), στόμιο (τό)/ ~ pipe, σωλήνας ἐξαγωγῆς (ὁ)

outline, n. περίγραμμα (τό), σχεδιάγραμμα (τό)/ give an ~ of, δίνω τίς γενικές γραμμές/ v.t. σκιαγραφῶ, διαγράφω

outlive, v.t. ἐπιζῶ, ζῶ περισσότερο

outlook, n. θέα (ή), παρατήρηση (ή)/ (future) προοπτική (ή)

outlying, a. ἀπόμερος

outmanoeuvre, v.t. ὑπερνικῶ μέ ἐλιγμούς

outnumber, v.t. ὑπερτερῶ ἀριθμητικά

out of, pr. χωρίς, ἐκτός, πέρα ἀπό/ ~ action, ἐκτός λειτουργίας/ ~ date, ξεπερασμένος, παληωμένος/ ~ doors, στό ὕπαιθρο/ ~ envy, ἀπό φθόνο/ ~ favour, σέ δυσμένεια/ ~ hand, πρόχειρα/ get ~ hand, ξεφεύγω ἀπό τόν ἔλεγχο/ ~ order, χαλασμένος/ ~ place, ἐκτός τόπου/ be ~ pocket, εἶμαι ἀπένταρος/ ~ print, ἐξαντλημένο/ ~ shape, ἐκτός φόρμας/ ~ sight, ἀόρατος/ be ~ town, ἀπουσιάζω/ ~ tune, ἀσυντόνιστος/ ~ the way, ἀπόμερος, ἀπόκεντρος/ ~ work, ἄνεργος/ ~ use, ἀχρησιμοποίητος

out-patient, n. ἐξωτερικός ἀσθενής (ὁ)

outpost, n. προκεχωρημένο φυλάκιο (τό)

output, n. παραγωγή (ἡ)/ (tech.) ἔξοδος (ἡ)

outrage, n. προσβολή (ἡ), ὁρισιά (ἡ)/ v.t. προσβάλλω, ὁρίζω/ ~ous, a. ἐξοργιστικός, προσβλητικός, ἐξωφρενικός

outright, a. τέλειος, πλήρης/ (honest) ντόμπρος/ ad. ἐντελῶς, τέλεια, ὁλοκληρωτικά

outrival, v.t. ξεπερνῶ

outset, n. ἔναρξη (ἡ), ἀρχή (ἡ)

outshine, v.t. ἐπισκιάζω, λάμπω περισσότερο

outside, a. ἐξωτερικός, ἔξω/ n. ἐξωτερικό (τό), ἔξω (τό)/ at the ~ , ἀπ' ἔξω/ ad. ἔξω/ pr. ἐκτός, πλήν/ ~r, n. ξένος (ὁ)/ (in a competition) ἄνθρωπος μέ ἐλάχιστες πιθανότητες ἐπιτυχίας

outsize(d), a. μεγαλύτερος ἀπό τό κανονικό

outskirts, n. pl. περίχωρα (τά)

outspoken, a. εἰλικρινής, ντόμπρος/ ~ness, n. εἰλικρίνεια (ἡ), ντομπροσύνη (ἡ)

outspread, a. ἀναπτυγμένος, ἁπλωμένος

outstanding, a. διακεκριμένος, διαπρεπής, σημαντικός

outstretched, a. ἁπλωμένος, τεντωμένος

outstrip, v.t. ξεπερνῶ, ὑπερτερῶ, ὑπερβαίνω

outward, a. ἐξωτερικός/ ~ bound, μέ κατεύθυνση πρός τό ἐξωτερικό/ ~ly, ad. ἐξωτερικά, φαινομενικά/ ~s, ad. πρός τά ἔξω

outweigh, v.t. ξεπερνῶ σέ βάρος

outwit, v.t. ξεγελῶ μέ ἐξυπνάδα

outworks, n. pl. (mil.) προκεχωρημένα ὀχυρά (τά)

outworn, a. παληωμένος, ξεπερασμένος, ξεφτισμένος

ouzel, n. κότσυφας (ὁ)

oval, a. ὠοειδής, ὀβάλ

ovary, n. ὠοθήκη (ἡ)

ovation, n. ἐπευφημία (ἡ), χειροκρότημα (τό)

oven, n. φοῦρνος (ὁ), κλίβανος (ὁ)

over, pr. πάνω ἀπό, ἐπί/ ad. ἀπό πάνω, πέρα/ all ~ , παντοῦ/ all ~ the country, σέ ὁλόκληρη τήν χώρα/ be left ~ , ξεμένω, ἀπομένω/ ~ and above, ἐπιπλέον/ be ~ , τελειώνω/ ~ and ~ again, ξανά καί ξανά/ ~ thirty, πάνω ἀπό τριάντα/ twice ~ , δυό φορές, διπλάσιος/ ~ the street, ἀπό τήν ἄλλη πλευρά τοῦ δρόμου

overact, v.t. εἶμαι ὑπερβολικός/ (theat.) ἑρμηνεύω μέ ὑπερβολή

overall, a. γενικός, ὁλικός, συνολικός/ ~s, n. pl. ἐργατική φόρμα (ἡ)

overawe, v.t. καταπτοῶ, κατατρομάζω

overbalance, v.i. χάνω τήν ἰσορροπία μου/ v.t. ἀναποδογυρίζω, ἀνατρέπω

overbearing, a. δεσποτικός, αὐταρχικός, τυρρανικός/ (magnificent) ἐπιβλητικός

overboard, ad. στή θάλασσα/ man ~ ! ἄνθρωπος στή θάλασσα!

overburden, v.t. παραφορτώνω, ἐπιβαρύνω

overcast, a. συννεφιασμένος/ (person) κατσουφιασμένος

overcharge, v.t. χρεώνω ὑπερβολικά, πουλῶ σέ ὑπερβολική τιμή/ (elec.) ὑπερφορτίζω

overcoat, n. πανωφόρι (τό), παλτό (τό)

overcome, v.t. ὑπερνικῶ, ὑποτάσσω, νικῶ/ p.p. νικημένος

overcrowd, v.t. κατακλύζω, γεμίζω, στριμώχνω/ ~ed, p.p. & a. γεμάτος, στριμωγμένος

overdo, v.t. ὑπερβάλλω, τό παρακάνω/ ~ne, a. ὑπερβολικός/ (steak) παραψημένος

overdose, n. ὑπερβολική δόση (ἡ)

overdraft, n. ἀνάληψη (ἡ)/ overdraw, v.t. ἐκδίδω ἐπιταγή μεγαλύτερη ἀπό τίς καταθέσεις overdressed, a. παραστολισμένος

overdrive, v.t. παρακουράζω, καταπονῶ

overdue, a. καθυστερημένος/ *the train is 5 hours* ~ , τό τραῖνο ἔχει 5 ὧρες καθυστέρηση/ (debt, etc.) ληξιπρόθεσμος

overeat, v.i. παρατρώγω

overestimate, v.t. ὑπερεκτιμῶ, ὑπολογίζω πάνω ἀπό τήν ἀξία

overexcite, v.t. ὑπερερεθίζω

overexposure, n. (phot.) ὑπερβολική ἔκθεση στό φῶς

overfatigue, n. ὑπερβολική κούραση (ἡ)

overflow, n. ξεχείλισμα (τό), πλημμύρα (ἡ)/ v.i. ξεχειλίζω, πλημμυρίζω/ ~ *ing,* a. ξέχειλος/ *he is* ~ *with kindness,* ξεχειλίζει ἀπό καλωσύνη

overgrow, v.t. ὑπερκαλύπτω, σκεπάζω/ ~*n.* p.p.& a. κατάφυτος

overhang, v.t.& i. ἐξέχω, κρέμομαι ἀπό πάνω

overhaul, v.t. ἐξετάζω μέ προσοχή/ (machine, etc.) κάνω γενική ἐπισκευή

overhead, ad. ἀπό πάνω, στά ὕψη/ a. μετέωρος

overhear, v.t. κρυφακούω, παίρνει τ᾽ αὐτί μου

overheat, v.t. ὑπερθερμαίνω

overindulgence, n. ὑπερβολική ἐπιείκια (ἡ)

overjoyed, a. καταχαρούμενος

overladen, a. παραφορτωμένος

overland, a. χερσαῖος/ ad. διά ξηρᾶς

overlap, v.t. συμπίπτω

overlay, v.t. ἐπιστρώνω, σκεπάζω/ n. ἐπικάλυψη (ἡ)

overleaf, ad. στό πίσω μέρος τῆς σελίδας

overload, v.t. παραφορτώνω/ (elec.) ὑπερφορτίζω

overlook, v.t. παραβλέπω, παραμελῶ/ (from a high spot) παρατηρῶ, δεσπόζω

overmuch, ad. ὑπερβολικά, ὑπέρμετρα

overnight, ad. ὁλονυχτίς/ *stay* ~, μένω μιά βραδυά

overplay, v.t. ριψοκινδυνεύω

overpower, v.t. νικῶ, ἐξουδετερώνω/ ~*ing,* n. νίκη (ἡ), συντριβή (ἡ), ἐξουδετέρωση (ἡ)

overproduction, n. ὑπερπαραγωγή (ἡ)

overrate, v.t. ὑπερτιμῶ

overreach, v.t.&.i. ξεγελῶ, ἐξαπατῶ/ ~ *oneself,* ἀποτυχαίνω ἀπό ὑπερβολικό ζῆλο

override, v.t. παραβιάζω, ἀγνοῶ/ (horse) ἐξαντλῶ τό ἄλογο

overripe, a. ὑπερώριμος

overrule, v.t. παραμερίζω, ἀναιρῶ, ἀνατρέπω

overrun, v.t. καταλαμβάνω, εἰσβάλω ὁρμητικά

overseas, a. ὑπερπόντιος/ ad. στό ἐξωτερικό

overseer, n. ἐπιστάτης (ὁ), ἐπόπτης (ὁ)

overshadow, v.t. ἐπισκιάζω, δεσπόζω

overshoe, n. γαλότσα (ἡ)

overshoot, v.i. ὑπερακοντίζω/ v.t. κυνηγῶ ὑπερβολικά

oversight, n. παράλειψη (ἡ), ἀβλεψία (ἡ), παραδρομή (ἡ)

oversleep, v.i. παρακοιμᾶμαι

overspend, v.t. παραξοδεύω

overspread, v.i. ἁπλώνομαι, διαχέομαι

overstate, v.t. τονίζω, μεγαλοποιῶ

overstep, v.t. ὑπερβαίνω τά ὅρια

overstock, v.t. μαζεύω ὑπερβολικό ἀπόθεμα

overstrain, n. ὑπερβολική ἔνταση (ἡ)/ v.t. ἐντείνω ὑπερβολικά

overstrung, a. ἐρεθισμένος, ἐκνευρισμένος

overt, a. φανερός, ἀπροκάλυπτος

overtake, v.t. προσπερνῶ

overtax, v.t. φορολογῶ ὑπερβολικά, ἐπιβαρύνω/ ~ *oneself,* ἀναλαμβάνω πολλές ὑποχρεώσεις

overthrow, v.t. ἀνατρέπω/ (fig.) νικῶ, καθαιρῶ

overtime, n. ὑπερωρία (ἡ)/ ~ *work,* ὑπερωριακή ἐργασία

overtop, v.t. ὑπερέχω, ξεπερνῶ, ὑψώνομαι πάνω ἀπό

overture, n. οὐβερτούρα (ἡ), εἰσαγωγή (ἡ)/ ~*s,* n. pl. βολιδοσκοπήσεις (οἱ)

overturn, v.t. ἀνατρέπω, ἀναποδογυρίζω/ v.i. ἀνατρέπομαι, τουμπάρω

overweening, a. ὑπεροπτικός, φαντασμένος

overweight, a. βαρύτερος ἀπό τό κανονικό

overwhelm, v.t. συντρίβω, καταπνίγω/ ~*ing,* a. συντριπτικός, ἐξουθενωτικός

overwork, v.t. κατακουράζω, παραφορτώνω μέ δουλειά/ n. κούραση (ή), ὑπερβολική ἐργασία (ή)

overwrought, a. σέ ὑπερδιέγερση, σέ ἔξαψη

ovine, a. πρόβειος, προβατήσιος

oviparous, a. ὠοτόκος

owe, v.t. ὀφείλω, χρωστῶ/ *I ~ him everything*, τοῦ ὀφείλω τά πάντα/ *owing to*, λόγω, ἔνεκα, ἐξ᾽ αἰτίας

owl, n. κουκουβάγια (ή)

own, a. δικός, οἰκεῖος/ *of one's ~ free will*, μέ τήν θέλησή μου/ v.t. κατέχω, εἶμαι κύριος/ *~ up to*, ὁμολογῶ, ἀναγνωρίζω/ *~er*, n. ἰδιοκτήτης (ὁ), κάτοχος (ὁ)/ *~ership*, n. ἰδιοκτησία (ή), κατοχή (ή), κυριότητα (ή)

ox, n. βόδι (τό)/ *~ eyed*, a. στρογγυλομάτης, βοϊδομάτης

oxide, n. ὀξείδιο (τό)/ *oxidize*, v.t. ὀξειδώνω/ v.i. ὀξειδώνομαι, σκουριάζω

oxygen, n. ὀξυγόνο (τό)/ *~ate*, v.t. ὀξυγονῶ/ *~ation*, n. ὀξυγόνωση (ή)

oyster, n. στρείδι (τό)/ *~-bed*, n. ὀστρεοτροφεῖο (τό), στρειδότοπος (ὁ)

ozone, n. ὄζον (τό)

P

pace, n. ταχύτητα (ή), βηματισμός (ὁ)/ *keep ~ with*, συμβαδίζω/ v.t. & i. βαδίζω, βηματίζω

pachyderm, n. παχύδερμο (τό)

pacific, a. εἰρηνικός/ *the P~ Ocean*, Εἰρηνικός Ὠκεανός (ὁ)/ *~ation*, n. εἰρήνευση (ή)/ *pacifist*, n. εἰρηνιστής (ὁ)/ *pacify*, v.t. εἰρηνεύω, καθησυχάζω

pack, n. δέμα (τό), πακέτο (τό)/ (mil.) γυλιός (ὁ), σακκίδιο (τό)/ (animals) κοπάδι (τό)/ (card) τράπουλα (ή)/ v.t. συσκευάζω, πακετάρω, κάνω δέμα/ v.i. *~ up*, ἑτοιμάζω τίς ἀποσκευές μου/ *~ up*, τά μαζεύω, ἀποχωρῶ/ *~age*, n. δέμα (τό), πακέτο (τό), συσκευασία (ή)/ *~ed*, p.p. & a. συσκευασμένος, πακε-

ταρισμένος/ *~er*, n. συσκευαστής (ὁ)/ *~et*, n. πακέτο (τό), δέμα (τό)/ *~ etboat*, n. πλοῖο τῆς γραμμῆς (τό)/ *~ horse*, n. φορτηγό ἄλογο (τό)/ *~-ice*, n. ὀγκόπαγοι (οἱ)/ *~ing*, n. συσκευασία (ή), πακετάρισμα (τό), ἀμπαλλάρισμα (τό)/ *~ case*, κασόνι (τό)

pact, n. σύμφωνο (τό), συνθήκη (ή)

pad, n. παράβλημα (τό), βάτα (τά)/ (mil.) ἐξέδρα ἐκτόξευσης (ή)/ v.t. παραγεμίζω, βάζω βάτα/ *~ding*, n. παραγέμισμα (τό), βάτα (τά)

paddle, n. κουπί (τό)/ v.t. & i. κωπηλατῶ/ *~- wheel*, n. φτερωτή (ή)

paddock, n. μάντρα (ή), περιφραγμένο λειβάδι (τό)

padlock, n. κλειδαριά (ή), λουκέτο (τό)/ v.t. κλειδώνω

paean, n. παιάνας (ὁ)

pagan, n. εἰδωλολάτρης (ὁ), ἐθνικός (ὁ)/ a. εἰδωλολατρικός/ *~ism*, n. εἰδωλολατρεία (ή), πολυθεϊσμός (ὁ)

page, n. νεαρός ἀκόλουθος (ὁ)/ (hotel) γκρούμ (ὁ)/ (book, etc.) σελίδα (ή)/ v.t. φωνάζω κάποιον

pageant, n. ἐπίδειξη (ή), θέαμα (τό)/ *~ry*, n. πομπή (ή), παρέλαση (ή)

paginate, v.t. σελιδοποιῶ

pagoda, n. παγόδα (ή)

paid, p.p. & a. πληρωμένος, ἐξωφλημένος/ *~ -up member*, μέλος πού ἔχει πληρώσει τήν συνδρομή του/ *put ~ to*, τερματίζω, σταματῶ

pail, n. κουβάς (ὁ), κάδος (ὁ)/ *~ful*, n. κουβαδιά (ή)

pain, n. πόνος (ὁ), ὀδύνη (ή)/ *on ~ of death*, τιμωρεῖται μέ θάνατο/ *where do you feel ~ ?* πού πονᾶς;/ v.t. προκαλῶ πόνο, στενοχωρῶ/ v.i. πονῶ/ *~ed*, p.p. & a. λυπημένος, πονεμένος/ *~ful*, a. ὀδυνηρός, ἐπίπονος/ *~less*, a. ἀνώδυνος/ *~s*, n. pl. κόπος (ὁ), μόχθος (ὁ)/ *~ staking*, a. ἐργατικός, φιλόπονος

paint, n. χρῶμα (τό), βαφή (ή), μπογιά (ή)/ *coat of ~*, χέρι (στρῶμα) μπογιᾶς/ v.t. βάφω, χρωματίζω, μπογιατίζω/ (art) ζωγραφίζω/ v.i. βάφομαι/ *~er*, n. μπογιατζής (ὁ)/ (art) ζωγράφος (ὁ)/ *~ing*, n. ζωγραφική (ή)

pair, n. ζευγάρι (τό)/ *~ of scales*, ζυγαριά

(ή)/ ~ of scissors, ψαλίδι (τό)/ ~ of spectacles, γυαλιά (τά)/ ~ of trousers, παντελόνι (τό)/ v.t. & i. ζευγαρώνω, ἐνώνω/ ~ off, ζευγαρώνω

pal, n. σύντροφος (ὁ, ἡ)

palace, n. παλάτι (τό), ἀνάκτορο (τό)

palatable, a. νόστιμος, γευστικός/ *palatal*, a. οὐρανισκόφωνος/ ~ize, v.t. προφέρω μέ τόν οὐρανίσκο/ *palate*, n. οὐρανίσκος (ὁ)/ (fig.) γεύση (ἡ)

palatial, a. ἀνακτορικός, μεγαλοπρεπής

palaver, n. συζήτηση (ἡ), φλυαρία (ἡ)/ (flattery) κολακεία (ἡ)

pale, a. χλωμός, ὠχρός/ *grow* ~, χλωμιάζω/ n. παλούκι (τό), πάσσαλος (ὁ)/ *beyond the* ~, ἔξω ἀπό τά ὅρια/ ~*ness*, n. χλωμάδα (ἡ), ὠχρότητα (ἡ)

paleography, n. παλαιογραφία (ἡ)

paleontology, n. παλαιοντολογία (ἡ)

palette, n. παλέττα (ἡ)

palfrey, n. γυμνασμένο ἄλογο (τό)

palimpsest, n. παλίμψηστο (τό)

palisade, n. περίφραξη μέ πασσάλους (ἡ)

palish, a. λίγο ὠχρός

pall, n. κάλυμμα φερέτρου (τό)/ (fig.) σκοτεινό κάλυμμα (τό)/ v.i. ἀνοστεύω, μπαγιατεύω

palliasse, n. ἀχυρόστρωμα (τό)

palliate, v.t. συγκαλύπτω, μετριάζω/ *palliative*, a. μετριαστικός, ἐλαφρυντικός/ (med.) μαλακτικός, ἀνακουφιστικός

pallid, a. ὠχρός, χλωμός

pallium, n. πετραχήλι (τό)

pallor, n. χλωμάδα (ἡ), ὠχρότητα (ἡ)

palm, n. παλάμη (ἡ)/ *grease somebody's* ~, δωροδοκῶ, λαδώνω/ (bot.) φοίνικας (ὁ)/ *P~ Sunday*, Κυριακή τῶν Βαΐων/ v.t. ἀπατῶ/ ~ *off*, ἐξαπατῶ ταχυδακτυλουργικά/ ~*ist*, n. χειρομάντης (ὁ, ἡ) ~*istry*, n. χειρομαντεία (ἡ)

palpable, a. ἁπτός, ψηλαφητός

palpitate, v.i. πάλλομαι, χτυπῶ/ *palpitation*, n. παλμός (ὁ)

palsied, a. παράλυτος/ *palsy*, n. παράλυση (ἡ)

paltry, a. ἄθλιος, μηδαμινός

pampas, n. πάμπας (οἱ)

pamper, v.t. χορταίνω, καλοτρέφω

pamphlet, n. φυλλάδιο (τό)/ ~*eer*, n. συγγραφέας φυλλαδίων (ὁ)

pan, n. χύτρα (ἡ)/ *frying* ~, τηγάνι (τό)/ (tech.) τρυπητό (τό)

panacea, n. πανάκεια (ἡ)

panama, (hat) n. ψάθινο καπέλλο (τό)

Panamerican, a. παναμερικανικός

pancake, n. τηγανίτα (ἡ)

panda, n. (zool.) πάντα (ἡ)

pandemonium, n. πανδαιμόνιο (τό)

pander, v.i. μαστροπεύω

panegyric, n. πανηγυρικός (ὁ)

panel, n. φάτνωμα πόρτας (τό)/ (leg.) κατάλογος ἐνόρκων (ὁ)/ (tech.) πίνακας ἐλέγχου/ v.t. φατνώνω, διακοσμῶ/ ~*ling*, n. φάτνωση (ἡ), σανίδωμα (τό)

pang, n. ξαφνικός πόνος/ ~*s of conscience*, τύψεις συνείδησης

panic, n. πανικός (ὁ)/ ~ *-stricken*, a. πανικόβλητος

pannier, n. καλάθι (τό), κοφίνι (τό)

panoply, n. πανοπλία (ἡ)

panorama, n. πανόραμα (τό)/ *panoramic*, a. πανοραμικός

pansy, n. πανσές (ὁ)

pant, v.i. λαχανιάζω, ἀσθμαίνω/ ~ *after*, λαχταρῶ

pantheism, n. πανθεϊσμός (ὁ)/ *pantheon*, n. πάνθεο (τό)

panther, n. πάνθηρας (ὁ)

panting, n. παλμός καρδιᾶς (ὁ)

pantomime, n. παντομίμα (ἡ)

pantry, n. κελλάρι (τό), ἀποθήκη τροφίμων (ἡ)

pants, n. pl. παντελόνια (τά), βράκες (οἱ)

pap, n. χυλός (ὁ), πολτός (ὁ)/ (woman's) μαστός (ὁ)

papa, n. μπαμπάς (ὁ)

papacy, n. παπισμός (ὁ)/ *papal*, a. παπικός

paper, n. χαρτί (τό)/ *news~*, ἐφημερίδα (ἡ)/ ~ *clip*, συνδετήρας (ὁ)/ ~ *knife*, χαρτοκόπτης (ὁ)/ v.t. στρώνω μέ χαρτί/ ~ *over*, κρύβω τά τρωτά σημεῖα/ ~*back*, n. χαρτόδετη ἔκδοση (ἡ)/ ~ *boy*, n. ἐφημεριδοπώλης (ὁ)/ ~*-hanger*, n. ταπετσέρης (ὁ)/ ~*-mill*, n. χαρτοποιεῖο (τό)/ ~*-weight*, n. χαρτοστάτης (ὁ)

papier mâché, n. πεπιεσμένο χαρτί (τό)

papyrus, n. πάπυρος (ὁ)

par, n. ἰσότητα (ἡ), ἰσοτιμία (ἡ)/ *at* ~, στό ἄρτιο/ *feel below* ~, νοιώθω ἐκτός

φόρμας/ be on a ~ with, βρίσκομαι σέ
ἰσοτιμία μέ

parable, n. παραβολή (ἡ)

parabola, (maths) n. παραβολή (ἡ)

parachute, n. ἀλεξίπτωτο (τό)/ parachu-
tist, n. ἀλεξιπτωτιστής (ὁ)

parade, n. παρέλαση (ἡ), ἐπίδειξη (ἡ)/ ~
ground, πεδίο (τό), ἀσκήσεων/ v.i. πα-
ρελαύνω, κάνω παρέλαση/ v.t. ἐπιδει-
κνύω

paradise, n. παράδεισος (ὁ)

paradox, n. παράδοξο (τό)/ ~ical, a. πα-
ράδοξος

paraffin, n. παραφίνη (ἡ)

paragon, n. πρότυπο (τό), ὑπόδειγμα
(τό)

paragraph, n. παράγραφος(ἡ)/ v.t. χωρί-
ζω σέ παραγράφους

parakeet, n. παπαγάλος μέ μακρυά οὐρά

parallel, a. παράλληλος/ n. παραλληλι-
σμός (ὁ)/ (elec.) παράλληλη σύνδεση
(ἡ)/ without ~, ἀσύγκριτος/ ~ogram, n.
παραλληλόγραμμο (τό)

paralyse, v.t. παραλύω/ paralysis, n. πα-
ράλυση (ἡ)/

paralytic, a. παραλυτικός/ n. παράλυτος
(ὁ)

paramount, a. πρωταρχικός, κυριώτατος

paramour, n. ἐραστής (ὁ), ἐρωμένη (ἡ)

parapet, n. προμαχώνας (ὁ), ἔπαλξη (ἡ)

paraphernalia, n. pl. στολίδια (τά), μπι-
χλιμπίδια (τά)

paraphrase, n. παράφραση (ἡ)/ v.t. κάνω
παράφραση

parasite, n. παράσιτο (τό)/ parasitic, a.
παρασιτικός

parasol, n. ὀμπρέλλα τοῦ ἥλιου

paratrooper, n. ἀλεξιπτωτιστής (ὁ)

parcel, n. δέμα (τό), πακέτο (τό)/ ~ post,
ταχυδρομική διανομή δεμάτων/ v.t. ~
out, μοιράζω, διανέμω

parch, v.t. ξεραίνω, καψαλίζω/ I am ~ed
with thirst, καίγομαι ἀπό τήν δίψα

parchment, n. περγαμηνή (ἡ)

pardon, n. συγγνώμη (ἡ), συγχώρεση (ἡ)/
(leg.) χάρη (ἡ)/ I beg your ~, ζητῶ συγ-
γνώμη/ general ~, ἀμνηστεία/ v.t. συγ-
χωρῶ/ (leg.) ἀπονέμω χάρη/ ~able, a.
συγχωρητέος

pare, v.t. ξύνω, ξεφλουδίζω/ (nails) τρώ-

γω

parent, n. γονέας (ὁ)/ pl. γονεῖς (οἱ)/
~age, n. καταγωγή (ἡ), γένος (τό)/
~al, a. πατρικός, μητρικός

parenthesis, n. παρένθεση (ἡ)/ parentheti-
c(al), a. παρενθετικός

pariah, n. παρίας (ὁ)

paring, n. ξεφλούδισμα (τό), ξελέπισμα
(τό)

parish, n. ἐνορία (ἡ)/ a. ἐνοριακός/ ~ re-
gister, μητρῶο ἐνορίας (τό)/ ~ioner, n.
ἐνορίτης (ὁ)

Parisian, n. Παρισινός (ὁ), Παριζιάνος
(ὁ), Παριζιάνα (ἡ)/ a. παρισινός

parity, n. ἰσότητα (ἡ), ὁμοιότητα (ἡ)/
(comm.) ἰσοτιμία (ἡ)

park, n. πάρκο (τό)/ v.t. παρκάρω/ ~ing,
n. παρκάρισμα (τό), στάθμευση (ἡ)/

parlance, n. ὁμιλία (ἡ), γλῶσσα (ἡ)

parley, n. συνομιλία (ἡ), διαπραγμάτευ-
ση (ἡ)/ v.i. συνομιλῶ, διαπραγματεύο-
μαι

parliament, n. βουλή (ἡ), κοινοβούλιο
(τό)/ ~arian, n. κοινοβουλευτικός (ὁ)/
~ary, a. κοινοβουλευτικός

parlour, n. δωμάτιο ὑποδοχῆς (τό), σα-
λόνι (τό)/ ~maid, καμαριέρα (ἡ)

parochial, a. ἐνοριακός/ (fig.) στενοκέ-
φαλος

parody, n. παρωδία (ἡ)/ v.t. παρωδῶ, γε-
λοιοποιῶ

parole, n. λόγος τιμῆς/ release on ~, ἀπο-
φυλακίζω ὑπό ὅρους

paroxysm, n. παροξυσμός (ὁ)

parquet, n. παρκέ (τό)

parricidal, a. πατροκτόνος/ parricide, n.
(act) πατροκτονία (ἡ)/ (person) πατρο-
κτόνος (ὁ)

parrot, n. παπαγάλος (ὁ)

parry, v.t. ἀποκρούω, ἀποσοβῶ/ ~ a
question, ἀποφεύγω νά ἀπαντήσω/ n.
ἀπόκρουση (ἡ), ἀποσόβηση (ἡ)

parse, v.t. τεχνολογῶ

parsimonious, a. φειδωλός, οἰκονόμος,
φιλάργυρος/ parsimony, n. φειδωλότη-
τα (ἡ), φιλαργυρία (ἡ)

parsley, n. μαϊντανός (ὁ)

parsnip, n. δαυκί (τό)

parson, n. ἐφημέριος (ὁ)/ ~age, n. πρε-
σβυτέριο (τό), σπίτι ἐφημέριου

part, n. μέρος (τό), τμῆμα (τό)/ (theat.) ρόλος (ὁ)/ ~s of speech, μέρη τοῦ λόγου/ for my ~, ἀπό δικῆς μου πλευρᾶς/ v.t. & i. χωρίζω, διαιρῶ/ ~ from, φεύγω, ἀποχωρίζομαι/ ~ one's hair, κάνω χωρίστρα στά μαλλιά/ ~with (a person) διακόπτω σχέσεις/ (a thing) ἐγκαταλείπω/ ~ owner, συνιδιοκτήτης (ὁ)

partake, v.i. συμμετέχω, παίρνω μέρος/ ~r, n. μέτοχος (ὁ), κοινωνός (ὁ)

partial, a. μερικός/ (biased) μεροληπτικός/ ~ly, ad. μερικά, ἐν μέρει/ ~ity, n. μεροληψία (ἡ)

participate, v.i. συμμετέχω/ participation, n. συμμετοχή (ἡ)

participator, n. συμμέτοχος (ὁ), κοινωνός (ὁ)

participle, n. μετοχή (ἡ)

particle, n. μόριο (τό), μικρό κομμάτι (τό)

particular, a. ἰδιαίτερος, ξεχωριστός/ in ~, ἰδιαίτερα, κυρίως/ be ~ about, λεπτολογῶ/ n. λεπτομέρεια (ἡ)/ pl. εἰδικά χαρακτηριστικά/ ~ity, n. λεπτομέρεια (ἡ), ἀκρίβεια (ἡ)/ ~ize, v.t. περιγράφω μέ λεπτομέρειες/ ~ly, ad. ἰδιαίτερα

parting, n. ἀποχωρισμός (ὁ)/ (hair) χωρίστρα (ἡ)

partisan, n. ὀπαδός (ὁ), θιασώτης (ὁ)/ (armed) ἀντάρτης (ὁ)

partition, n. διαίρεση (ἡ), διαμοιρασμός (ὁ), διχοτόμηση (ἡ)/ v.t. διαμοιράζω, διαιρῶ/ ~ off, ἀποχωρίζω/ partitive, a. μεριστικός

partner, n. σύντροφος (ὁ), συνεταῖρος (ὁ)/ sleeping ~, ἑτερόρρυθμος συνεταῖρος/ ~ship, n. συνεταιρισμός (ὁ)

partridge, n. πέρδικα (ἡ)

party, n. συντροφιά (ἡ), ὁμάδα (ἡ)/ (leg.) ἀντίδικος (ὁ, ἡ)/ interested ~, δικαιοῦχος/ ~ member, μέλος τοῦ κόμματος/ ~ wall, μεσότοιχος

paschal, a. πασχαλινός

pasha, n. πασάς (ὁ)

pass, n. πέρασμα (τό), διάβαση (ἡ)/ (exam.) ἐπιτυχία (ἡ)/ (police) ἄδεια κυκλοφορίας/ make a ~ at, κάνω κόρτε/ come to a pretty ~, φθάνω σέ καλό σημεῖο/ v.t. & i. περνῶ, διαβαίνω/ ~ a

law, ψηφίζω νόμο/ (exam.) περνῶ, πετυχαίνω/ ~ the time, σκοτώνω τήν ὥρα/ (cards) μοιράζω/ ~ away, πεθαίνω/ ~ by, περνῶ ἀπό/ ~ for, περνῶ γιά/ ~ out, λιποθυμῶ/ ~ over, προσπερνῶ/ come to ~, συμβαίνει/ ~ water, οὐρῶ, κατουρῶ/ ~able, a. ἀνεκτός, ὑποφερτός/ ~age, n. πέρασμα (τό)/ (law) ψήφιση (ἡ)/ ~book, n. βιβλιάριο (τό)/ ~key, n. ἀντικλείδι (τό)

passenger, n. ἐπιβάτης (ὁ), ταξιδιώτης (ὁ)

passer-by, n. διαβάτης (ὁ), περαστικός (ὁ)/ passing, a. παροδικός, ἐφήμερος/ n. πέρασμα (τό)/ in ~, παρεμπιπτόντως/ ~ fancy, περαστικό καπρίτσιο

passion, n. πάθος (τό)/ ~ flower, ροϊάνθεμο/ ~ate, a. παράφορος, παθιασμένος/ ~ately, ad. παράφορα, παθιασμένα

passive, a. παθητικός/ ~ voice, παθητική φωνή (ἡ)/ passivity, n. παθητικότητα (ἡ), ἀδράνεια (ἡ)

Passover, n. Πάσχα τῶν Ἑβραίων (τό)

passport, n. διαβατήριο (τό)

password, n. παρασύνθημα (τό)

past, a. περασμένος/ (gram.) ἀόριστος/ ~ participle, παθητική μετοχή (ἡ)/ n. παρελθόν (τό)/ pr. μετά, περασμένα/ half ~ five, πέντε καί μισή, πεντέμισυ

pasta, n. ζυμαρικά (τά)

paste, n. κόλλα (ἡ), μάζα (ἡ), πάστα (ἡ)/ v.t. κολλῶ/ ~board, n. σανίδα γιά τό πλάσιμο ζυμαρικῶν (ἡ)

pastel, n. χρωστήρας (ὁ), παστέλ (τό)

pasteurization, n. ἀποστείρωση (ἡ)/ pasteurize, v.t. ἀποστειρώνω

pastille, n. παστίλλια (ἡ)

pastime, n. διασκέδαση (ἡ), ψυχαγωγία (ἡ)

pastor, n. ἱερέας (ὁ), πάστορας (ὁ)/ ~al, a. ποιμενικός, βουκολικός/ ~ale, n. βουκολικό ποίημα (τό)

pastry, n. ζύμη (ἡ)/ (sweet) γλύκισμα (τό)/ ~ cook, ζαχαροπλάστης (ὁ)/ ~ shop, ζαχαροπλαστεῖο (τό)

pasturage, n. βοσκή (ἡ)/ pasture, n. νομή (ἡ), βοσκή (ἡ)/ v.t. βόσκω

pasty, a. ζυμαρώδης, ζυμαρένιος/ n. κρεατόπιττα (ἡ)

pat, a. ἐπίκαιρος, προετοιμασμένος/ n. χάδι (τό)/ v.t. χαϊδεύω

patch, n. μπάλωμα (τό)/ (on face) κηλίδα (ἡ)/ v.t. μπαλώνω/ ~ up, μπαλώνω, ἐπιδιορθώνω/ ~ed, a. μπαλωμένος/ ~er, n. μπαλωματής (ὁ)/ ~work, n. πολύχρωμο σύρραμμα, κουρελοῦ (ἡ)/ ~y, a. ἄνισος

pate, n. κρανίο (τό)

patent, n. δίπλωμα εὑρεσιτεχνίας (τό)/ ~ leather, λουστρίνι (τό)/ ~ medicine, ἀποκλειστικό φάρμακο/ ~ office, ὑπηρεσία χορηγήσεως εὑρεσιτεχνίας/ sole ~ rights, ἀποκλειστικό δικαίωμα ἐκμεταλλεύσεως/ a. φανερός, ὁλοφάνερος/ ~ly, ad. φανερά

paternal, a. πατρικός/ paternity, n. πατρότητα (ἡ)

path, n. μονοπάτι (τό), δρόμος (ὁ), πορεία (ἡ)

pathetic, a. ἀξιολύπητος

pathological, a. παθολογικός/ pathologist, n. ἰατροδικαστής (ὁ)/ pathology, n. παθολογία (ἡ), ἰατροδικαστική (ἡ)

pathos, n. πάθος (τό)

pathway, n. μονοπάτι (τό), πέρασμα (τό)

patience, n. ὑπομονή (ἡ)/ patient, a. ὑπομονητικός/ n. ἀσθενής (ὁ), ἄρρωστος (ὁ)

patina, n. πατίνα (ἡ), ὀξείδιο ὀρείχαλκου (τό)

patriarch, n. πατριάρχης (ὁ)/ ~al, a. πατριαρχικός

patrician, n. & a. πατρίκιος (ὁ), εὐγενής (ὁ), εὐπατρίδης (ὁ)

patrimony, n. πατρική κληρονομία (ἡ)

patriot, n. πατριώτης (ὁ)/ ~ic, a. πατριωτικός/ ~ism, n. πατριωτισμός (ὁ)

patrol, n. περιπολία (ἡ), περίπολος (ἡ)/ on ~, σέ περιπολία/ v.t. περιπολῶ

patron, n. προστάτης (ὁ), πάτρωνας (ὁ)/ ~age, n. προστασία (ἡ), αἰγίδα (ἡ)/ ~ize, v.t. προστατεύω, κηδεμονεύω, πατρονάρω/ ~izing, a. προστατευτικός

patronymic, n. πατρωνυμικό (τό)

patter, n. (talk) φλυαρία (ἡ)/ (noise) συχνοχτύπημα (τό)/ v.i. φλυαρῶ, συχνοχτυπῶ

pattern, n. σχέδιο (τό), ἀχνάρι (τό), δεῖγμα (τό)

patty, n. μικρό γλύκισμα (τό)

paucity, n. ἔλλειψη (ἡ)

paunch, n. κοιλιά (ἡ), στομάχι (τό)

pauper, n. φτωχός (ὁ), ἄπορος (ὁ)/ ~ism, n. ἀπορία (ἡ), ἔνδεια (ἡ)

pause, n. παύση (ἡ), διακοπή (ἡ)/ v.i. παύω, σταματῶ γιά λίγο

pave, v.t. ἐπιστρώνω, λιθοστρώνω/ ~ the way, προλειαίνω τό ἔδαφος/ ~ment, n. δάπεδο (τό), λιθόστρωτο (τό)/ (street) πεζοδρόμι (τό)

pavilion, n. περίπτερο (τό)

paving, n. πλακόστρωτο (τό), λιθόστρωτο (τό)

paw, n. πόδι ζώου (τό), πέλμα (τό)/ v.t. νυχιάζω

pawn, n. πιόνι (τό)/ put in ~, βάζω ἐνέχυρο/ ~broker, n. ἐνεχειροδανειστής (ὁ)/ ~shop, n. ἐνεχειροδανειστήριο (τό)/ v.t. ἐνεχειριάζω

pay, n. πληρωμή (ἡ), καταβολή (ἡ)/ be in the ~ of, πληρώνομαι ἀπό, εἶμαι πράκτορας τοῦ/ v.t. & i. πληρώνω, καταβάλλω, μισθοδοτῶ/ ~ attention, προσέχω/ ~ back, ξεπληρώνω, ἐξοφλῶ/ ~ in cash, πληρώνω τοῖς μετρητοῖς/ ~ a compliment, κολακεύω, κομπλιμεντάρω/ ~ for, πληρώνω τά σπασμένα/ ~ off, ἐξοφλῶ/ ~ respects, ὑποβάλλω τά σέβη μου/ ~ a visit, ἐπισκέπτομαι/ ~ out, ξοδεύω/ ~able, a. πληρωτέος/ ~ to bearer, πληρωτέο στόν κομιστή/ ~ee, n. κομιστής (ὁ)/ ~er, n. πληρωτής (ὁ)/ ~ment, n. πληρωμή (ἡ), καταβολή (ἡ)/ ~ in advance, προκαταβολική πληρωμή/ ~ in full, ἀποπληρωμή, καταβολή στό ἄρτιο/ ~roll, n. μισθολόγιο (τό)

pea, n. μπιζέλι (τό)/ sweet ~, μοσχομπίζελο (τό)/ they are as like as two ~s, μοιάζουν σά δυό σταγόνες νερό

peace, n. εἰρήνη (ἡ), ἠρεμία (ἡ)/ ~ offering, ἐξιλαστήρια θυσία/ ~able & ~ful, a. φιλειρηνικός, φιλήσυχος/ ~fulness, n. ἡσυχία (ἡ), ἠρεμία (ἡ)/ ~maker, n. εἰρηνοποιός (ὁ)

peach, n. ῥοδάκινο (τό)/ ~ tree, ῥοδακινιά (ἡ)

peacock, n. παγώνι (τό)/ peahen, n. θηλυκό παγώνι (τό)

peak, n. κορφή (ἡ), ἄκρη (ἡ)/ (of cap)

γεῖσο (τό)

peal, n. κρότος (ὁ), βροντή (ἡ)/ ~ of bells, κωδωνοκρουσία (ἡ)/ ~ of laughter, ξεκάρδισμα (τό)/ ~ of thunder, βροντή (ἡ)/ v.i. βροντῶ, κάνω κρότο

peanut, n. φυστίκι (τό)

pear, n. ἀχλάδι (τό), ἀπίδι (τό)/ ~ tree, ἀχλαδιά (ἡ)

pearl, n. μαργαριτάρι (τό)/ ~ barley, ἐκλεκτό κριθάρι/ ~ oyster, μαργαριτοφόρο στρείδι/ ~y, a. γεμάτος μαργαριτάρια, μαργαριταρένιος

peasant, n. χωριάτης (ὁ), χωρικός (ὁ), ἀγρότης (ὁ)/ ~ry, n. χωριάτες (οἱ), ἀγροτιά (ἡ)

peat, n. τύρφη (ἡ), ποάνθρακας (ὁ)

pebble, n. χαλίκι (τό)/ pebbly, a. χαλικώδης

peck, n. ῥάμφισμα (τό)/ (measure) δύο γαλόνια/ v.t. ραμφίζω/ be ~ish, τσιμπολογῶ

pectoral, a. στηθικός

peculate, v.i. σφετερίζομαι, κάνω κατάχρηση/ peculation, n. σφετερισμός (ὁ), κατάχρηση (ἡ)

peculiar, a. ἰδιαίτερος, ἰδιόρρυθμος/ be ~ to, εἶναι ἰδιαίτερο χαρακτηριστικό τοῦ/ ~ity, n. ἰδιορρυθμία (ἡ), ἰδιαίτερο χαρακτηριστικό (τό)

pecuniary, a. χρηματικός

pedagogue, n. παιδαγωγός (ὁ)/ pedagogy, n. παιδαγωγική (ἡ)

pedal, n. πεντάλ (τό), πλῆκτρο ποδιῶν (τό)/ v.i. χρησιμοποιῶ πεντάλ

pedant, n. σχολαστικός (ὁ)/ ~ic, a. σχολαστικός/ ~ry, n. σχολαστικότητα (ἡ)

peddle, v.t. κάνω τόν πλανόδιο ἔμπορο/ ~r, n. πλανόδιος ἔμπορος (ὁ)

pedestal, n. στυλοβάτης (ὁ), βάθρο (τό)

pedestrian, n. πεζός (ὁ), πεζοπόρος (ὁ)/ ~ crossing, διάβαση πεζῶν/ a. πεζοπορικός

pedigree, n. γενεαλογία (ἡ), γενεαλογικό δέντρο (τό)/ a. καθαρόαιμος, ἀπό ράτσα

pediment, n. ἀέτωμα (τό)

pedlar, n. πλανόδιος ἔμπορος (ὁ), πραματευτής (ὁ)

peel, n. φλούδα (ἡ), φλοιός (ὁ)/ v.t. ξεφλουδίζω/ v.i. ξεφλουδίζομαι, ξελεπί-

ζομαι/ ~er, n. ξεφλουδιστήρι (τό)/ ~ing, n. ξεφλούδισμα (τό)/ potato ~s, πατατόφλουδες (οἱ)

peep, n. ματιά (ἡ), κρυφό βλέμμα (τό)/ v.i. κρυφοκοιτάζω, κατασκοπεύω/ ~hole, n. τρύπα γιά κρυφοκοίταγμα

peer, n. ὁμότιμος (ὁ), εὐπατρίδης (ὁ), λόρδος (ὁ)/ v.i. ἀτενίζω, διερευνῶ/ ~ into, κοιτάζω μέ προσοχή/ ~age, n. ὁμοτιμία (ἡ), τίτλος εὐγενείας/ ~less, a. ἀσύγκριτος

peevish, a. δύστροπος, ζόρικος/ ~ness, n. δυστροπία (ἡ)

peg, n. παλούκι (τό), κρεμάστρα (ἡ)/ buy clothes off the ~, ἀγοράζω ἔτοιμα ροῦχα/ take somebody down a ~, τόν κανονίζω/ v.t. παλουκώνω, σφηνώνω/ ~ away at, ἐργάζομαι σκληρά/ ~ prices, καθηλώνω τίς τιμές/ ~top, n. σβούρα (ἡ)

pelican, n. πελεκάνος (ὁ)

pellet, n. σφαιρίδιο (τό)/ (med.) χάπι (τό)

pellicle, n. μεμβράνη (ἡ), ὑμένας (ὁ)

pell-mell, ad. ἄνω-κάτω, φύρδην-μίγδην

pellucid, a. διάφανος, διαυγής, ξεκάθαρος

pelt, n. τομάρι (τό), προβιά (ἡ)/ v.t. ἐκτοξεύω, σφυροκοπῶ/ v.i. πέφτω μέ δύναμη/ (rain) πέφτω καταρρακτωδῶς

pelvis, n. λεκάνη (ἡ)

pen, n. μάντρα (ἡ)/ (for writing) πέννα (ἡ)/ a slip of the ~, λάθος στό γράψιμο/ v.t. μαντρώνω/ (write) καταγράφω

penal, a. ποινικός/ ~ servitude, καταναγκαστικά ἔργα/ ~ize, v.t. ἐπιβάλλω ποινή, τιμωρῶ/ ~ty, n. ποινή (ἡ), κύρωση (ἡ), τιμωρία (ἡ)/ (sport) πέναλτυ (τό)/ under ~ of, μέ κίνδυνο ποινῆς/ ~ clause, ποινική ρήτρα (ἡ)/ penance, n. ποινή μετάνοιας (ἡ)

pencil, n. μολύβι (τό), γραφίδα (ἡ)/ ~-sharpener, n. ξύστρα (ἡ)/ v.t. σημειώνω, σχεδιάζω

pendant, a. κρεμαστός, ἐκκρεμής/ n. κρεμαστό κόσμημα, παντατίφ (τό)

pendulum, n. ἐκκρεμές (τό)

penetrate, v.t. εἰσχωρῶ, διατρυπῶ, διαπερνῶ/ ~ into, εἰσδύω

penetrating, a. διαπεραστικός, διεισδυτικός/ penetration, n. εἰσχώρηση (ἡ),

διείσδυση (ή)
penguin, n. πιγκουίνος (ό)
penicillin, n. πενικιλλίνη (ή)
peninsula, n. χερσόνησος (ή)
penis, n. πέος (τό)
penitence, n. μετάνοια (ή)/ *penitent*, a. μετανοημένος, μεταμελημένος/ n. μετανοημένος ἁμαρτωλός (ό)/ ~*ial*, a. μετανοητικός/ ~*iary*, n. σωφρονιστήριο (τό), κρατική φυλακή (ή)
penknife, n. σουγιάς (ό)
penmanship, n. καλλιγραφία (ή)
pen-name, n. φιλολογικό ψευδώνυμο (τό)
penniless, a. ἀδέκαρος, ἀπένταρος/ *penny*, n. πέννα (ή)/ ~*worth*, n. ἀξία μιᾶς πέννας/ (fig.) μικρό ποσό/ a. φθηνός
pension, n. σύνταξη (ή)/ *old age* ~, σύνταξη γήρατος (ή)/ v.t. ~ *off*, συνταξιοδοτῶ, βάζω σέ σύνταξη/ ~*er*, n. συνταξιοῦχος (ό)
pensive, a. σκεπτικός, συλλογισμένος
pentagon, n. πεντάγωνο (τό)/ ~*al*, a. πεντάγωνος
Pentecost, n. Πεντηκοστή (ή)
penthouse, n. ρετιρέ (τό)
penultimate, a. προτελευταῖος/ n. (gram.) παραλήγουσα (ή)
penumbra, n. μισόφωτο (τό), ἡμίφως (τό)
penurious, a. ἐξαθλιωμένος, κακομοίρης/ *penury*, n. φτώχεια (ή), ἀνέχεια (ή), ἀθλιότητα (ή)
peony, n. παιωνία (ή)
people, n. λαός (ό), ἔθνος (τό), ἄνθρωποι (οἱ)/ *some* ~, μερικοί/ *young* ~, νεολαία (ή), νέοι (οἱ)/ v.t. οἰκίζω
pepper, n. πιπέρι (τό)/ (tree) πιπεριά (ή)/ v.t. πιπερίζω, βάζω πιπέρι/ ~*corn*, n. κόκκος πιπεριοῦ (ό)/ ~*mill*, n. μύλος πιπεριοῦ (ό)/ ~*mint*, n. μέντα (ή)/ ~*y*, a. πιπεράτος/ (fig.) εὐέξαπτος
per, pr. σέ, κατά, σέ καθένα/ ~ *annum*, τό χρόνο/ ~ *cent*, τοῖς ἑκατό
perambulate, v.i. περιοδεύω, περιφέρομαι/ *perambulator*, n. καροτσάκι (τό)
perceive, v.t. διαβλέπω, διακρίνω, παρατηρῶ
percentage, n. ποσοστό τοῖς ἑκατό

perceptibility, n. ἀντίληψη (ή), αἰσθητότητα (ή)/ *perceptible*, a. ἀντιληπτός, κατανοητός, αἰσθητός/ *perception*, n. ἀντίληψη (ή), αἴσθηση (ή)/ *perceptive*, a. διορατικός, παρατηρητικός
perch, n. πέρκα (ή)/ (tree) κλαδί (τό)/ v.i. κουρνιάζω
perchance, ad. ἴσως, κατά τύχη
percolate, v.t. φιλτράρω, διεισδύω/ v.i. φιλτράρομαι/ *percolator*, n. καφετιέρα μέ φίλτρο (ή)
percussion, n. πρόσκρουση (ή)/ (med.) ἐπίκρουση (ή)/ (mus.) κρουστό ὄργανο (τό)/ ~ *cap*, καψύλιο ἐπίκρουσης/ *percussive*, a. ἐπικρουστικός
perdition, n. καταδίκη στήν κόλαση (ή)/ (fig.) ὄλεθρος (ό)
peregrinate, v.i. περιπλανιέμαι/ *peregrination*, n. περιπλάνηση (ή)/ *peregrine (falcon)*, n. ταξιδιάρικο γεράκι (τό), πετρίτης (ό)
peremptory, a. ἐπιτακτικός, κατηγορηματικός
perennial, a. αἰώνιος, μόνιμος/ (bot.) πολυετής/ n. (bot.) πολυετές φυτό
perfect, a. τέλειος, πλήρης/ v.t. τελειοποιῶ, ὁλοκληρώνω/ ~*ion*, n. τελειότητα (ή), τελειοποίηση (ή)/ ~*ly*, ad. τέλεια, ἀπόλυτα, ἄψογα
perfidious, a. ὕπουλος, δόλιος, ἄπιστος/ *perfidy*, n. ὑπουλότητα (ή), δολιότητα (ή), ἀπιστία (ή)
perforate, v.t. διατρυπῶ, τρυπῶ, διαπερνῶ/ *perforation*, n. διάτρηση (ή), τρύπα (ή)
perforce, ad. ἀναγκαστικά
perform, v.t. ἐκτελῶ, πραγματοποιῶ, ἐκπληρώνω/ (theat.) παίζω, ἑρμηνεύω/ ~*ance*, n. ἐκτέλεση (ή), ἐκπλήρωση (ή)/ (theat.) ἐμφάνιση (ή), παράσταση (ή)/ ~*er*, n. ἐκτελεστής (ό)/ (theat.) ἠθοποιός (ό)
perfume, n. ἄρωμα (τό)/ v.t. ἀρωματίζω/ ~*ry*, n. ἀρωματοποιεῖο (τό), μυροπωλεῖο (τό)
perfunctory, a. πρόχειρος, βιαστικός
pergola, n. κρεββατίνα (ή), κληματαριά (ή), περγουλιά (ή)
perhaps, ad. ἴσως, μπορεῖ, πιθανό
peril, n. κίνδυνος (ό)/ ~*ous*, a. ἐπικίνδυ-

νος
perimeter, n. περίμετρος (ή)
period, n. περίοδος (ή), ἐποχή (ή), φάση (ή)/ (med.) ἔμμηνη ρύση (ροή) (ή)/ ~ic, a. περιοδικός/ ~ical, n. περιοδικό (τό)/ ~icity, n. περιοδικότητα (ή)
periphery, n. περιφέρεια (ή), περίμετρος (ή)
periphrasis, n. περίφραση (ή)
periscope, n. περισκόπιο (τό)
perish, v.i. πεθαίνω, ἀφανίζομαι, χάνομαι/ ~able. a. φθαρτός
peristyle, n. περιστύλιο (τό)
peritonitis, n. περιτονίτιδα (ή)
periwig, n. περούκα (ή)
perjure, v.i. ψευδορκῶ, παραβαίνω τόν ὅρκο μου/ ~r, n. ἐπίορκος (ὁ)/ *perjury,* n. ψευδορκία (ή), ψευδομαρτυρία (ή)
perk (up), v.i. σηκώνω τό κεφάλι, ζωηρεύω/ ~y, a. ζωηρός, κεφάτος
permanence, n. μονιμότητα (ή)/ *permanent,* a. μόνιμος, διαρκής, σταθερός
permanganate, n. ὑπερμαγγανικό ἁλάτι (τό)
permeable, a. διαπερατός/ *permeate,* v.t. διαπερνῶ, διεισδύω, διαβρέχω
permissible, a. ἐπιτρεπτός, θεμιτός/ *permission,* n. ἄδεια (ή), ἔγκριση (ή), συγκατάθεση (ή)/ *permissive,* a. ἀνεκτικός, ἐπιτρεπτικός/ ~ society, ἀνεκτική κοινωνία/ ~ness, n. ἀνεκτικότητα (ή)/ *permit,* v.t. ἐπιτρέπω, δίνω ἄδεια/ n. ἄδεια (ή)
permutation, n. μετάθεση (ή), παραλλαγή (ή)
pernicious, a. καταστρεπτικός, ὀλέθριος
peroration, n. κατακλείδα λόγου (ή)
peroxide, n. ὑπεροξείδιο (τό)/ ~ blonde, ξανθιά μέ ὀξυζεναρισμένα μαλλιά
perpendicular, a. κατακόρυφος, κάθετος/ n. κατακόρυφη (κάθετη) γραμμή (ή)
perpetrate, v.t. διαπράττω ἀδίκημα/ *perpetrator,* n. δράστης ἀδικήματος (ὁ)
perpetual, a. αἰώνιος, διαρκής, ἀδιάκοπος/ ~ motion, ἀέναη κίνηση/ *perpetuate,* v.t. διαιωνίζω/ *perpetuity,* n. αἰωνιότητα (ή), διηνεκές (τό)/ in ~, στό διηνεκές
perplex, v.t. μπλέκω, μπερδεύω/ ~ed, p.p. & a. μπερδεμένος, ζαλισμένος/

~ing, a. μπερδευτικός, ζαλιστικός/ ~ity, n. σύγχιση (ή), σάστισμα (τό)
perquisite, n. ἔκτακτη ἀμοιβή (ή), δῶρο (τό), τυχερά (τά)
perry, n. ἀπιδόκρασο (τό)
persecute, v.t. καταδιώκω, κατατρέχω, ταλαιπωρῶ/ *persecution,* n. καταδίωξη (ή), δίωξη (ή), κατατρεγμός (ὁ)/ *persecutor,* n. διώκτης (ὁ)
perseverance, n. ἐπιμονή (ή), καρτερία (ή)/ *persevere,* v.i. ἐπιμένω, δείχνω καρτερικότητα/ *persevering,* a. καρτερικός
Persian, n. Πέρσης (ὁ)/ a. περσικός
persist, v.i. ἐπιμένω, μένω σταθερός/ ~ence, n. ἐπιμονή (ή), συνέχιση (ή)/ ~ent, a. ἐπίμονος, πεισματικός
person, n. πρόσωπο (τό), ἄτομο (τό), ἄνθρωπος (ὁ)/ in ~, προσωπικά/ ~age, n. προσωπικότητα (ή)/ (theat.) πρόσωπο ἔργου/ ~al, a. προσωπικός/ ~ality, n. προσωπικότητα (ή)/ ~ally, ad. προσωπικά/ ~ate, v.t. ἐνσαρκώνω, παριστάνω/ ~ification, n. προσωποποίηση (ή)/ ~ify, v.t. προσωποποιῶ/ ~nel, n. προσωπικό (τό)
perspective, n. προοπτική (ή), ἄποψη (ή)/ a. προοπτικός
perspicacious, a. ὀξυδερκής, διορατικός/ *perspicacity,* n. ὀξυδέρκεια (ή), διορατικότητα (ή)
perspicuity, n. διαύγεια (ή), σαφήνεια (ή)
perspiration, n. ἵδρωμα (τό), ἐφίδρωση (ή)/ *perspire,* v.i. ἱδρώνω/ *perspiring,* a. ἱδρωμένος
persuade, v.t. πείθω/ *persuasion,* n. πειθώ (ή)/ (belief) πίστη (ή), βεβαιότητα (ή)/ *persuasive,* a. πειστικός
pert, a. ἀναιδής, αὐθάδης
pertain, v.i. ~ to, ἀνήκω σέ, ἀφορῶ σέ, ἀναφέρομαι σέ
pertinacious, a. ἐπίμονος, πεισματάρης, ξεροκέφαλος, ἰσχυρογνώμων/ *pertinacity,* n. ἐπιμονή (ή), πεῖσμα (τό), ἰσχυρογνωμοσύνη (ή)
pertinent, a. σχετικός, συναφής
pertness, n. θρασύτητα (ή), ἀναίδεια (ή)
perturb, v.t. ἀναστατώνω/ ~ation, n. ἀναστάτωση (ή), σύγχιση (ή)

peruke, n. περούκα (ή)
perusal, n. ἀνάγνωση (ή), μελέτη (ή)/ *peruse*, v.t. διαβάζω, μελετῶ
Peruvian, n. Περουβιανός (ό)/ a. περουβιακός
pervade, v.t. διαποτίζω, εἰσχωρῶ/ *pervasive*, a. διεισδυτικός, διαπεραστικός
perverse, a. διεστραμμένος, φαῦλος, ἀπότομος/ *perversion*, n. διαστροφή (ή), διαστρέβλωση (ή)/ *pervert*, n. διεστραμμένος (ό), ἀνώμαλος (ό)/ v.t. διαστρέφω, παραπλανῶ/ ~*ed*, p.p. & a. διεστραμμένος
pervious, a. διαπερατός
pessimism, n. ἀπαισιοδοξία (ή), πεσσιμισμός (ό)/ *pessimist*, n. ἀπαισιόδοξος (ό), πεσσιμιστής (ό)/ ~*ic*, a. ἀπαισιόδοξος, πεσσιμιστικός
pest, n. πληγή (ή), ἐνόχληση (ή), μπελάς (ό)
pester, v.t. ἐνοχλῶ
pestiferous, a. καταστρεπτικός, ὀλέθριος/ *pestilence*, n. λοιμός (ό), βουβωνική πανώλη (ή)/ *pestilential*, a. λοιμώδης, μολυσμένος, νοσογόνος
pestle, n. γουδοχέρι (τό), κόπανος (ό)/ v.t. κοπανίζω
pet, n. κατοικίδιο ζῶο (τό)/ (person) χαϊδεμένος (ό), εὐνοούμενος (ό)/ ~ *name*, χαϊδευτικό (τό), ὑποκοριστικό (τό)/ v.t. χαϊδεύω
petal, n. πέταλο (τό)
peter, v.i. ~ *out*, ἐξαντλοῦμαι, χάνομαι, σβήνω
petition, n. παράκληση (ή), αἴτηση (ή), ἀναφορά (ή)/ v.t. παρακαλῶ, ὑποβάλλω αἴτηση/ ~*er*, n. αἰτῶν (ό), αἰτοῦσα (ή)
petrel, n. θαλασσοβάτης (ό), θαλασσινό χελιδόνι (τό)
petrifaction, n. ἀπολίθωση (ή)/ *petrify*, v.t. ἀπολιθώνω/ v.i. ἀπολιθώνομαι, παραλύω/ *be petrified*, μένω ἀπολιθωμένος
petrol, n. βενζίνη (ή)/ ~ *pump*, ἀντλία βενζίνας (ή)/ ~ *tank*, δεξαμενή (ντεπόζιτο) βενζίνας (ή)/ ~*eum*, n. πετρέλαιο (τό)
petticoat, n. μεσοφόρι (τό), κομπιναιζόν (ή)

pettifoggery, n. δικολαβία (ή), στρεψοδικία (ή)/ *pettifogging*, a. δικολαβικός, στρεψόδικος
pettiness, n. μικρότητα (ή), μικροπρέπεια (ή)/ *pettish*, a. εὔθικτος/ *petty*, a. ἀσήμαντος, τιποτένιος/ ~ *officer*, ὑπαξιωματικός (ό)
petulance, n. νευρικότητα (ή)/ *petulant*, a. νευρικός
pew, n. στασίδι (τό)
pewter, n. κράμα κασσίτερου καί μολυβιοῦ, πιοῦτερ (τό)
phaeton, n. φαέθων (ό)
phalanx, n. φάλαγγα (ή)
phantasm, n. ὀπτική ἀπάτη (ή), ψευδαίσθηση (ή)/ *phantom*, n. φάντασμα (τό)
pharisaical, a. φαρισαϊκός/ *Pharisee*, n. Φαρισαῖος (ό)
pharmaceutial, a. φαρμακευτικός/ *pharmacist*, n. φαρμακοποιός (ό)/ *pharmacology*, n. φαρμακολογία (ή)/ *pharmacy*, n. φαρμακευτική (ή)
pharyngitis, n. φαρυγγίτιδα (ή)/ *pharynx*, n. φάρυγγας (ό)
phase, n. φάση (ή)
pheasant, n. φασιανός (ό)
phenomenal, a. φαινομενικός, ἐκπληκτικός, θαυμαστός, ἐξαιρετικός/ *phenomenon*, n. φαινόμενο (τό)
phial, n. φιαλίδιο (τό)
philander, v.i. ἐρωτοτροπῶ, φλερτάρω/ ~*er*, n. ἐρωτιάρης (ό), κορτάκιας (ό)
philanthropic, a. φιλανθρωπικός/ *philanthropist*, n. φιλάνθρωπος (ό)/ *philanthropy*, n. φιλανθρωπία (ή)
philatelist, n. φιλοτελιστής (ό), γραμματοσημοσυλλέκτης (ό)/ *philatelism*, n. φιλοτελισμός (ό), συλλογή γραμματοσήμων (ή)
philharmonic, a. φιλαρμονικός, μουσικόφιλος/ n. φιλαρμονική (ή)
philhellene, n. φιλέλληνας (ό)/ *philhellenic*, a. φιλελληνικός/ *philhellenism*, n. φιλελληνισμός (ό)
philippic, n. φιλιππικός (ό)
Philistine, n. Φιλισταῖος (ό)/ (fig.) ὑλιστής (ό)
philological, a. φιλολογικός (ό)/ *philologist*, n. φιλόλογος (ό)/ *philology*, n. φιλολογία (ή)

philosopher, n. φιλόσοφος (ὁ)/ *philosophic(al),* a. φιλοσοφικός/ *philosophy,* n. φιλοσοφία (ἡ)

philtre, n. φίλτρο (τό)

phlebitis, n. φλεβίτιδα (ἡ)

phlegm, n. ἠρεμία (ἡ), ἀπάθεια (ἡ), φλέγμα (τό)/ ~*atic,* a. ἤρεμος, ἀπαθής, φλεγματικός

Phoenician, n. Φοίνικας (ὁ)/ a. φοινικικός

phoenix, n. φοίνικας (ὁ)

phonetic, a. φωνητικός/ ~*s,* n. φωνητική (ἡ), φωνολογία (ἡ)

phosphate, n. φωσφορικό ἁλάτι (τό)/ *phosphorescence,* n. φωσφορισμός (ὁ)/ *phosphorescent,* a. φωσφορίζων / *phosphorus,* n. φωσφόρος (ὁ)

photograph, n. φωτογραφία (ἡ)/ v.t. φωτογραφίζω/ ~*er,* n. φωτογράφος (ὁ)/ ~*ic,* a. φωτογραφικός/ ~*y,* n. φωτογραφική (ἡ)/ *photogravure,* n. φωτογκραβούρα (ἡ), φωτογλυφία (ἡ)/ *photostat,* n. φωτοτυπία (ἡ)

phrase, n. φράση (ἡ), ἔκφραση (ἡ)/ (mus.) φράση (ἡ), περίοδος (ἡ)/ v.t. ἐκφράζω/ (mus.) μελωδῶ/ ~*ology,* n. φρασεολογία (ἡ)

phrenology, n. φρενολογία (ἡ)

physic, n. φάρμακο (τό)/ ~*al,* a. φυσικός, σωματικός/~ *ian,* n. γιατρός (ὁ)/ ~*ist,* n. φυσικός (ὁ)/ ~*s,* n. φυσική (ἡ)

physiognomy, n. φυσιογνωμία (ἡ), φυσιογνωμική (ἡ)

physiology, n. φυσιολογία (ἡ)

physique, n. σῶμα (τό), σωματική διάπλαση (ἡ)

pianist, n. πιανίστας (ὁ)/ *piano,* n. πιάνο (τό)/ *upright* ~, ὀρθό πιάνο/ ~ *stool,* σκαμνάκι τοῦ πιάνου/ ~*la,* n. πιανόλα

piccaninny, n. μικρός νέγρος (ὁ), νεγράκι (τό)

pick, n. δικέλλα (ἡ), ἀξίνα (ἡ)/ v.t. διαλέγω, μαζεύω/ (with an axe) σκαλίζω/ (foul) μαδῶ/ (tooth) καθαρίζω/ (lock) παραβιάζω/ ~ *a quarrel,* καυγαδίζω/ ~ *off,* ἀφαιρῶ/ ~ *up,* σηκώνω/ *have a bone to* ~ *with,* ἔχω κάποιο λογαριασμό νά ξεκαθαρίσω μέ/ ~-*a-back,* ad. στήν πλάτη/ ~*ed,* p.p. & a. ἐκλεκτός, διαλεχτός

picket, n. παλούκι (τό)/ (mil.) προφυλακή (ἡ)/ (strike) ἐπόπτης (ὁ) ἀπεργίας/ v.t. φράζω μέ παλούκια/ (strike) ἐποπτεύω ἀπεργία

picking, n. διάλεγμα (τό)/, ἐπιλογή (ἡ)/ (foul) μάδημα (τό)

pickle, n. σαλαμούρα (ἡ)/ pl. τουρσιά (τά)/ *a pretty* ~, μπέρδεμα, δυσάρεστη θέση/ v.t. κάνω τουρσί

pick-me-up, n. τονωτικό (τό)

pickpocket, n. πορτοφολάς (ὁ)

picnic, n. ἐκδρομή (ἡ)/ v.i. πηγαίνω ἐκδρομή

pictorial, a. εἰκονογραφημένος/ *picture,* n. εἰκόνα (ἡ)/ (film) ταινία (ἡ)/ v.t. εἰκονίζω/ ~ *frame,* κορνίζα (ἡ)/ ~ *galery,* πινακοθήκη (ἡ)/ *picturesque,* a. γραφικός

pie, n. πίττα (ἡ)/ (sweet) τούρτα (ἡ)

piebald, n. ἀσπρόμαυρο ἄλογο (τό)

piece, n. κομμάτι (τό), μέρος (τό)/ ~ *of furniture,* ἔπιπλο (τό)/ ~ *of ground,* οἰκόπεδο (τό)/ ~ *of news,* εἴδηση (ἡ)/ ~ *of work,* δουλειά/ ~*work,* ἐργασία μέ τό κομμάτι/ *go to* ~*s,* διαλύομαι, συντρίβομαι/ *take to* ~*s,* διαλύω/ v.t. ~ *together,* συνθέτω, συνδέω/ ~*meal,* ad. κομμάτι-κομμάτι

pied, a. ποικιλόχρωμος

pier, n. ἀποβάθρα (ἡ), προκυμαία (ἡ)

pierce, v.t. διατρυπῶ, διαπερνῶ, εἰσχωρῶ/ *piercing,* a. διαπεραστικός, ὀξύς/ (look) διεισδυτικός/ n. τρύπημα (τό), διάτρηση (ἡ)

piety, n. εὐσέβεια (ἡ), εὐλάβεια (ἡ)

pig, n. γουρούνι (τό), χοῖρος (ὁ)/ *buy a* ~ *in a poke,* γουρούνι στό σακκί/ ~ *iron,* ἀκαθάριστο σίδερο

pigeon, n. περιστέρι (τό)/ ~ *hole,* n. γραμματοθυρίδα (ἡ)/ ~ *loft,* n. περιστερώνα (ἡ)

pigheaded, a. πεισματάρης, ἰσχυρογνώμων

pigment, n. βαφή (ἡ), χρῶμα (τό)

pigskin, n. ἀσκός (ὁ)/ *pigsty,* n. χοιροστάσιο (τό)/ *pigtail,* n. ἀλογοουρά (ἡ), κοτσίδα (ἡ)

pike, n. δόρυ (τό)/ (fish) λύκος (ὁ)/ ~*staff,* n. λαβή τοῦ δόρατος (ἡ)

pilaster, n. παραστάτης (ὁ)

pilchard, n. εἶδος σαρδέλλας
pile, n. σωρός (ὁ)/ (post) πάσσαλος (ὁ)/ (of books) στοίβα (ἡ)/ (elec.) ἡλεκτρική στήλη (ἡ)/ atomic ~, ἀτομική στήλη (ἡ)/ (med.) pl. αἱμορροΐδες (οἱ)/ ~ driving, μπήξιμο πασσάλων/ v.t. σωριάζω, στοιβάζω/ ~ up, ἐπισωρεύω
pilfer, v.t. ὑποκλέβω/ ~ing, n. ὑποκλοπή (ἡ)
pilgrim, n. προσκυνητής (ὁ)/ ~age, n. προσκύνημα (τό)
pill, n. χάπι (τό)
pillage, n. λεηλασία (ἡ), διαρπαγή (ἡ), πλιάτσικο (τό)/ v.t. λεηλατῶ, πλιατσικολογῶ
pillar, n. κολόνα (ἡ), στύλος (ὁ)/ ~ -box, n. γραμματοκιβώτιο (τό)
pillory, n. κύφων (ὁ)/ v.t. στηλιτεύω
pillow, n. προσκέφαλο (τό), μαξιλάρι (τό)/ ~ case, n. μαξιλαροθήκη (ἡ)/ v.t. στηρίζομαι στό προσκέφαλο
pilot, n. πιλότος (ὁ), πλοηγός (ὁ)/ ~ boat, πιλοτιέρα (ἡ)/ ~ scheme, ὑπόδειγμα (τό)/ v.t. πιλοτάρω, πλοηγῶ
pimp, n. μαστρωπός (ὁ), προαγωγός (ὁ)/ v.i. μαστρωπεύω
pimpernel, n. καυκαλήθρα (ἡ)
pimple, n. σπυρί (τό), ἐξάνθημα (τό)
pin, n. καρφίτσα (ἡ)/ (tech.) πεῖρος (ὁ), περόνη (ἡ)/ ~ cushion, μαξιλαράκι γιά καρφίτσες/ v.t. καρφιτσώνω
pinafore, n. μπροστέλλα (ἡ)
pincers, n. pl. λαβίδα (ἡ), τανάλια (ἡ)
pinch, n. τσιμπιά (ἡ)/ (fig.) πρέζα, μικρή ποσότητα (ἡ)/ at a ~, σέ περίπτωση ἀνάγκης/ v.t. τσιμπῶ
pine, n. πεῦκο (τό)/ ~cone, n. κῶνος πεύκου (ὁ)/ ~needle, n. πευκοβελόνα (ἡ)/ v.i. ~ away, λυώνω/ ~ for, λαχταρῶ
pineapple, n. ἀνανάς (ὁ)
ping-pong, n. ἐπιτραπέζια ἀντισφαίριση (ἡ)
pinion, n. ἀκροφτέρουγο (τό)/ (tech.) ὀδοντωτός τροχός (ὁ)/ v.t. κόβω τά φτερά/ (fig.) περιορίζω, δεσμεύω
pink, a. ρόδινος, ρόζ/ n. ρόδινο χρῶμα (τό)/ in the ~, σέ ἄριστη ὑγεία
pinnace, n. μεγάλη βάρκα (ἡ)
pinnacle, n. πυργίσκος (ὁ)/ (rock) κορφή (ἡ), μύτη (ἡ)/ (fig.) ἀπόγειο (τό), κολο-

φώνας (ὁ)
pint, n. ἡμίλιτρο (τό)
pioneer, n. πρωτοπόρος (ὁ)/ (mil.) σκαπανέας (ὁ)
pious, a. εὐσεβής, εὐλαβής
pip, n. κουκούτσι (τό), κόκκος (ὁ)/ (cards) πόντος (ὁ)
pipe, n. σωλήνας (ὁ)/ (smoking) πίπα (ἡ)/ (mus.) αὐλός (ὁ), φλογέρα (ἡ)/ v.t. περνῶ ἀπό σωλήνα/ (mus.) παίζω αὐλό/ ~clay, n. ἄργιλλος (ὁ)/ ~line, n. σωληνώσεις (οἱ)/ in the ~, ἔρχεται, εἶναι στό δρόμο/ ~r, n. αὐλητής (ὁ)/ ~tte, n. ἀναρροφητικός σωλήνας (ὁ)/ piping, n. σωλήνωση (ἡ)/ ~ hot, a. καφτός, ζεματιστός
pipkin, n. μικρή χύτρα (ἡ)
piquancy, n. ἀψύτητα στήν γεύση/ piquant, a. πικάντικος, ἀψύς στήν γεύση
pique, n. μνησικακία (ἡ), ὀργή (ἡ), πίκα (ἡ)/ v.t. ὀργίζω, προσβάλλω
piracy, n. πειρατεία (ἡ)/ pirate, n. πειρατής (ὁ)/ v.t. κάνω πειρατεία/ piratical, a. πειρατικός
pistol, n. πιστόλι (τό)
piston, n. ἔμβολο (τό), πιστόνι (τό)/ ~ rod, στέλεχος ἐμβόλου (τό)/ ~ stroke, διαδρομή ἐμβόλου (ἡ)
pit, n. λάκκος (ὁ), κοίλωμα (τό), βαθούλωμα (τό)/ coal ~, ἀνθρακωρυχεῖο (τό)/ v.t. σκάβω, τρυπῶ/ ~ one's strength against, ἐπιστρατεύω τίς δυνάμεις μου ἐναντίον
pit-a-pat, n. παλμός τῆς καρδιᾶς (ὁ)
pitch, n. πίσσα (ἡ), ἄσφαλτος (ἡ)/ (sound) ὕψος ἤχου/ (naut.) σκαμπανέβασμα (τό)/ (roof) κλίση στέγης/ black as ~, μαῦρο σάν πίσσα/ v.t. & i. πισσώνω/ (tent) στήνω σκηνή/ (camp) κατασκηνώνω/ (sound) φθάνω στό διαπασών/ ~ed battle, μάχη ἐκ τοῦ συστάδην/ high ~ed voice, φωνή ὑψηλῶν τόνων
pitcher, n. στάμνα (ἡ), ὑδρία (ἡ)
pitchfork, n. (mus.) διαπασών (τό)/ (farming) δικράνα (ἡ)
pitching, n. βύθιση (ἡ)
piteous, a. ἄθλιος, ἀξιολύπητος
pitfall, n. λάκκος (ὁ), παγίδα (ἡ)
pith, n. χυμός (ὁ)/ (wood) ἐντεριώνη (ἡ)/

~y, a. νευρώδης
pitiable & pitiful, a. ἐλεεινός, ἀξιοθρήνητος/ *pitiless,* a. ἀνελέητος, ἄσπλαχνος
pittance, n. ἐπίδομα (τό), ἐλεημοσύνη (ἡ)
pitted, a. στιγματισμένος/ (with smallpox) βλογιοκομμένος
pituitary, a. μυξώδης
pity, n. ἔλεος (τό), σπλαχνικότητα (ἡ)/ *for ~'s sake!* γιά τό θεό!/ *what a ~ !* τί κρίμα!/ v.t. συμπονῶ, σπλαχνίζομαι
pivot, n. ἄξονας (ὁ), στροφέας (ὁ)/ v.i. περιστρέφομαι, γυρίζω
pixie, pixy, n. στοιχειό (τό)
placard, n. πινακίδα (ἡ), ἀγγελία (ἡ)/ v.t. τοιχοκολλῶ ἀγγελίες
placate, v.t. συμφιλιώνω, εἰρηνεύω
place, n. τόπος (ὁ), τοποθεσία (ἡ)/ *take ~,* λαμβάνω χώρα, γίνομαι/ *in ~ of,* ἀντί γιά/ *out of ~,* ἀκατάλληλος, ἐκτός τόπου/ v.t. τοποθετῶ
placid, a. γαλήνιος, ἀτάραχος/ *~ity,* n. γαλήνη (ἡ), ἀταραξία (ἡ)
plagiarism, n. λογοκλοπή (ἡ)/ *plagiarist,* n. λογοκλόπος (ὁ)/
plagiarize, v.t. λογοκλοπῶ
plague, n. λοιμός (ὁ), πανώλη (ἡ)/ v.t. βασανίζω, ἐνοχλῶ, μαστίζω
plaice, n. γλῶσσα (ἡ)
plaid, n. σκωτσέζικο ὕφασμα (τό)
plain, a. ἁπλός, σαφής/ *~ clothes,* πολιτικά ροῦχα/ *~ dealing,* εἰλικρίνεια (ἡ), εὐθύτητα (ἡ)/ *~ speaking,* ἐλευθεροστομία (ἡ)/ *in ~ English,* ξεκάθαρα/ n. πεδιάδα (ἡ), κάμπος (ὁ)
plaint, n. παράπονο (τό)/ (leg.) ἀγωγή (ἡ), μήνυση (ἡ)/ *~iff,* n. μηνυτής (ὁ), ἐνάγων (ὁ)/ *~ive,* a. παραπονετικός, θρηνητικός
plait, n. πτυχή (ἡ), δίπλα (ἡ)/ v.t. πτυχώνω, διπλώνω
plan, n. σχέδιο (τό)/ *rough ~,* πρόχειρο σχέδιο/ v.t. & i. σχεδιάζω, σκοπεύω
plane, n. ἐπίπεδο (τό)/ (tool) πλάνη (ἡ)/ (avia.) ἀεροπλάνο (τό)/ *~ tree,* πλάτανος (ὁ)/ v.t. πλανίζω, λειαίνω
planet, n. πλανήτης (ὁ)/ *~arium,* n. πλανετάριο (τό)/ *~ary,* a. πλανητικός
plank, n. σανίδα (ἡ)/ v.t. σανιδώνω/ *~ing,* n. σανίδωση (ἡ), σανίδωμα (τό)

plant, n. φυτό (τό), βότανο (τό)/ (indus.) βιομηχανία (ἡ), ἐργοστάσιο (τό)/ v.t. φυτεύω/ *~ out,* μεταφυτεύω
plantain, n. ἀρνόγλωσσο (τό)
plantation, n. φυτεία (ἡ)/ *planter,* n. ἱδρυτής (ὁ), ἄποικος (ὁ)/ (owner of a plantation) κτηματίας (ὁ)
plaque, n. πλάκα (ἡ)/ (tooth) πέτρα (ἡ)
plasma, n. πλάσμα (τό)
plaster, n. γύψος (ὁ), κονίαμα (τό)/ (med.) γύψος (ὁ)/ (for backaches) ἔμπλαστρο (τό)/ *~er,* n. σοβατζής (ὁ)/ *~ing,* n. σοβάτισμα (τό)
plastic, a. πλαστικός, εὔπλαστος/ *~ surgery,* πλαστική χειρουργική (ἡ)/ n. πλαστικό (τό)
plate, n. πιάτο (τό)/ (metal) πλάκα (ἡ)/ (dental) πλάκα μασέλας/ *~ glass,* φύλλο γυαλιοῦ/ *~ rack,* πιατοθήκη (ἡ)/ v.t. καλύπτω μέ μέταλλο
plateau, n. ὀροπέδιο (τό)
platform, n. ἐξέδρα (ἡ), ἀποβάθρα (ἡ), πλατφόρμα (ἡ)
plating, n. ἐπιμετάλλωση (ἡ)
platinum, n. πλατίνα (ἡ), λευκόχρυσος (ὁ)
platoon, n. ἡμιλοχία (ἡ)
platter, n. γαβάθα (ἡ), μικρή λεκάνη (ἡ)
plaudit, n. ἔπαινος (ὁ), ἐπευφημία (ἡ)
plausibility, n. εὐλογοφάνεια (ἡ), πιθανότητα (ἡ)/ *plausible,* a. εὔλογος, πιθανός
play, n. παιχνίδι (τό)/ (theat.) θεατρικό ἔργο (τό)/ v.i. παίζω/ *~ along,* προσποιοῦμαι ὅτι συμφωνῶ/ *~ a trick on,* ἐμπαίζω/ *~ up,* ὑπερβάλλω/ *~bill,* n. θεατρικό πρόγραμμα/ *~er,* n. παίχτης (ὁ)/ (mus.) ἐκτελεστής (ὁ)/ *~ful,* a. παιχνιδιάρης/ *~goer,* n. θεατρόφιλος (ὁ)/ *~ground,* n. γήπεδο (τό)/ *~house,* n. θέατρο (τό)/ *~mate,* n. συμπαίχτης (ὁ)/ *~time,* n. ὥρα ψυχαγωγίας/ *~thing,* n. παιχνίδι (τό)/ *~wright,* n. θεατρικός συγγραφέας (ὁ)
plea, n. παράκληση (ἡ), αἴτημα (τό)/ (leg.) δίκη (ἡ)/ *~d,* v.i. συνηγορῶ/ *~ guilty,* δέχομαι τήν ἐνοχή μου/ *~ding,* n. συνηγορία (ἡ), ὑπεράσπιση (ἡ)/ *~dings,* n. pl. προτάσεις δικηγόρου (οἱ)

pleasant, a. εὐχάριστος, τερπνός/ ~ly, ad. εὐχάριστα/ ~ry, n. ἀστειότητα (ἡ), ἀστεῖο (τό)/ **please,** v.t. εὐχαριστῶ, ἀρέσω/ do as you ~, κάνε ὅπως σοῦ ἀρέσει/ imper. παρακαλῶ/ ~d, a. εὐχαριστημένος, ἱκανοποιημένος/ ~ to meet you, χαίρω πολύ/ we are ~ to inform you, ἔχουμε τήν τιμή νά σᾶς πληροφορήσουμε/ **pleasing,** a. εὐχάριστος, τερπνός/ **pleasure,** n. χαρά (ἡ), διασκέδαση (ἡ)/ ~ trip, ταξίδι ἀναψυχῆς (τό)

pleat, n. πτυχή (ἡ), πιέττα (ἡ)/ v.t. πτυχώνω

plebeian, a. λαϊκός, χυδαῖος/ **plebiscite,** n. δημοψήφισμα (τό)

pledge, n. ὑπόσχεση (ἡ)/ (pawn) ἐνέχυρο (τό)/ v.t. ὑπόσχομαι/ ~ one's word, δίνω τόν λόγο μου/ (drink) προπίνω

plenary, a. πλήρης/ ~ session, ὁλομέλεια (ἡ)/ **plenipotentiary,** n. πληρεξούσιος (ὁ)/ **plenitude,** n. πληθώρα (ἡ), ἀφθονία (ἡ)

plentiful, a. ἄφθονος, πλουσιοπάροχος/ **plenty,** n. ἀφθονία (ἡ)/ ~ of, ἀφθονία ἀπό/ **plenum,** n. ἀπαρτία (ἡ)

pleonasm, n. πλεόνασμα (τό)

plethora, n. πληθώρα (ἡ), ὑπεραφθονία (ἡ)/ **plethoric,** a. πληθωρικός

pleurisy, n. πλευρίτιδα (ἡ)

plexus, n. πλέγμα νεύρων

pliable, a. εὔκαμπτος, εὐλύγιστος/ **pliancy,** n, εὐκαμψία (ἡ), εὐλυγισία (ἡ)/ **pliant,** a. εὔστροφος, ἐνδοτικός

pliers, n. pl. τσιμπίδα (ἡ), λαβίδα (ἡ)

plight, n. κατάσταση (ἡ), θέση (ἡ)/ v.t. ~ one's troth, δίνω ὑπόσχεση γάμου

plinth, n. πλίνθος (ὁ)

plod, v.i. βραδυπορῶ/ ~der, n. ἐπίμονος δουλευτής (ὁ)

plot, n. γήπεδο (τό), οἰκόπεδο (τό)/ (drama) ὑπόθεση ἔργου/ (conspiracy) συνομωσία (ἡ), πλεκτάνη (ἡ)/ v.t. & i. χαράζω, σχεδιάζω/ (conspire) συνομωτῶ/ ~ a course, χαράζω πορεία/ ~ter, n. συνομώτης (ὁ)

plough, n. ἄροτρο (τό)/ ~man, n. γεωργός (ὁ), ζευγάς (ὁ)/ ~share, n. ὑνί (τό)/ v.t. ἀροτριῶ, καλλιεργῶ/ ~ through, προχωρῶ μέ κόπο/ ~ing, n. ἀροτρίωση (ἡ), καλλιέργεια (ἡ)

plover, n. χαραδριός (ὁ)

pluck, n. μάδημα (τό)/ v.t. (fowl) μαδῶ/ (flowers) συλλέγω/ ~ up courage, βρίσκω τό θάρρος/ ~y, a. γενναῖος, τολμηρός

plug, n. πῶμα (τό), στούπωμα (τό)/ (elec.) πρίζα (ἡ), ρευματοδότης (ὁ)/ v.t. στουπώνω, ταπώνω/ ~ in, βάζω στήν πρίζα

plum, n. δαμάσκηνο (τό)/ ~ tree, δαμασκηνιά (ἡ)

plumage, n. φτερά (τά), φτέρωμα (τό)

plumb, n. μολύβι (τό), βολίδα (ἡ), στάθμη (ἡ)/ a. κάθετος, κατακόρυφος/ v.t. βολίζω, σταθμίζω/ ~er, n. ὑδραυλικός (ὁ)/ ~ing, n. ὑδραυλική (ἡ)

plume, n. φτερό (τό)/ (on the head) λοφίο (τό)/ v.t. στολίζω μέ φτερά/ ~ oneself, καμαρώνω

plummet, n. βολίδα (ἡ)/ v.i. πέφτω κατακόρυφα

plump, a. παχουλός/ v.i. ~ for, ὑποστηρίζω ἔντονα/ ~ness, n. πάχος (τό), παχυσαρκία (ἡ)

plunder, n. λάφυρο (τό), λεηλασία (ἡ)/ v.t. λεηλατῶ

plunge, n. βουτιά (ἡ), κατάδυση (ἡ)/ v.t. βουτῶ, βυθίζω/ v.i. βυθίζομαι, κάνω βουτιά/ ~r, n. δύτης (ὁ), βουτηχτής (ὁ)

pluperfect, n. ὑπερσυντέλικος (ὁ)

plural, a. πολλαπλός/ n. πληθυντικός (ὁ)/ ~ity, n. πολλαπλότητα (ἡ)

plus, pr. σύν, πλέον/ a. θετικός

plush, n. χνουδωτό ὕφασμα (τό)/ a. πολυτελής, ἐντυπωσιακός

plutocrat, n. πλουτοκράτης (ὁ)

ply, n. πτυχή (ἡ), δίπλα (ἡ)/ (wool) κλωστή μαλλιοῦ/ three ~ (wool), τρίκλωστο μαλλί/ v.i. δουλεύω, ἐξασκῶ ἐπάγγελμα, ἐκτελῶ συγκοινωνία/ v.t. πιέζω, στενοχωρῶ/ ~ with questions, τρελλαίνω στίς ἐρωτήσεις

pneumatic, a. πνευματικός, ἀέριος

pneumonia, n. πνευμονία (ἡ)

poach, v.t. κυνηγῶ (ψαρεύω) λαθραία/ (eggs) κάνω αὐγά μάτια/ ~er, n. λαθροθήρας (ὁ)

pock, n. στίγμα (τό), οὐλή (ἡ)/ ~ed, a. βλογιοκομμένος

pocket, n. τσέπη (ἡ)/ (avia.) θύλακας ἀέ-

ρα/ *be in* ~, κερδίζω/ *be out of* ~, χάνω/ v.t. τσεπώνω/ ~ *book*, σημειωματάριο (τό)/ ~ *money*, χαρτζηλίκι (τό)
pod, n. περικάρπιο (τό), ἐξωτερική φλούδα (ή)/ v.t. ξεφλουδίζω
podgy, a. κοντόχοντρος, παχουλός
poem, n. ποίημα (τό)/ *poet*, n. ποιητής (ό)/ ~*ess*, n. ποιήτρια (ή)/ ~*ic*, a. ποιητικός/ ~*ry*, n. ποίηση (ή)
poignancy, n. δριμύτητα (ή), δηκτικότητα (ή), σφοδρότητα (ή)/ *poignant*, a. δριμύς, δηκτικός, σφοδρός
point, n. σημεῖο (τό), βαθμός (ό)/ (railway) κλειδί διασταύρωσης/ (fig.) ζήτημα (τό), θέμα (τό)/ *on ~ duty*, σέ ὑπηρεσία τροχαίας/ ~ *of honour*, ζήτημα τιμῆς/ ~ *of view*, ἄποψη (ή), γνώμη (ή)/ *be beside the* ~, εἶμαι ἄσχετος/ *be on the* ~ *of*, εἶμαι ἕτοιμος νά/ *come to the* ~, ἀσχολοῦμαι μέ τήν οὐσία/ *speak to the* ~, δέν ξεφεύγω ἀπό τό θέμα/ v.t. δείχνω/ ~ *at*, σκοπεύω/ ~ *out*, τονίζω/ ~ -*blank*, ad. κατ' εὐθεῖαν, ὀρθάκοφτά/ ~*ed*, p.p. & a. μυτερός, αἰχμηρός/ (person) δηκτικός/ ~*er*, n. δείχτης (ό)/ (dog) ἰχνηλάτης σκύλος (ό)/ ~*less*, a. ἄσκοπος/ ~*sman*, n. φύλακας σιδηροδρομικῶν διασταυρώσεων (ό)
poise, n. ἰσορροπία (ή), ἀντίβαρο (τό)/ v.t. ἀντισταθμίζω, ἰσοφαρίζω/ ~ *oneself*, ἰσορροπῶ/ ~*d*, a. μετέωρος/ ~ *to*, ἕτοιμος νά
poison, n. δηλητήριο (τό)/ v.t. δηλητηριάζω/ ~*er*, n. δηλητηριαστής (ό)/ ~*ing*, n. δηλητηρίαση (ή)/ ~*ous*, a. δηλητηριώδης
poke, n. σάκκος (ό)/ (push) σπρώξιμο (τό)/ v.t. σπρώχνω (fire), συδαυλίζω/ ~ *about*, ἀνασκαλεύω/ ~ *fun at*, κοροϊδεύω/ ~ *one's nose in*, χώνω τήν μύτη/ ~ *r*, n. σκαλιστήρι (τό)/ (cards) πόκερ (τό)/ *poky*, a. ἐλάχιστος, ἀσήμαντος
polar, a. πολικός/ ~ *bear*, πολική ἀρκούδα (ή)/ ~*ize*, v.t. πολώνω
pole, n. πόλος (ό)/ (stick) κοντάρι (τό)/ ~ *star*, πολικό ἀστέρι (τό)/ ~ *vault*, ἅλμα ἐπί κοντῷ (τό)
Pole, n. Πολωνός (ό)/ (woman) Πολωνέζα (ή)
polemic, n. πολεμική (ή)/ ~*al*, a. πολεμικός, λογομαχικός

police, n. ἀστυνομία (ή)/ ~ *station*, ἀστυνομικό τμῆμα (τό)/ v.t. ἀστυνομεύω/ ~*man*, n. ἀστυνομικός (ό)
policy, n. πολιτική (ή), πορεία (γραμμή) συμπεριφορᾶς/ *foreign* ~, ἐξωτερική πολιτική (ή)/ (insurance) ἀσφαλιστικό συμβόλαιο (τό)/ ~ *holder*, ἀσφαλισμένος (ό), κάτοχος ἀσφαλιστικοῦ συμβολαίου (ό)
Polish, n. πολωνικά (τά), πολωνέζικα (τά)/ a. πολωνικός
polish, n. λάμψη (ή), λαμπρότητα (ή), στιλπνότητα (ή)/ (fig.) εὐγένεια (ή)/ v.t. γυαλίζω, στιλβώνω, βερνικώνω/ ~ *off*, τελειώνω, διεκπεραιώνω/ ~*ed*, a. γυαλισμένος, στιλβωμένος, βερνικωμένος/ (polite) ἐξευγενισμένος/ ~*er*, n. στιλβωτής (ό)
polite, a. εὐγενικός/ ~*ly*, ad. εὐγενικά/ ~*ness*, n. εὐγένεια (ή)
politic, a. πολιτικός, συνετός, ἐπιτήδειος/ ~*al*, a. πολιτικός/ ~*ian*, n. πολιτικός (ό), πολιτευόμενος (ό)/ ~*s*, n. πολιτική (ή)/ *polity*, n. πολίτευμα (τό), πολιτειακό σύστημα (τό)
polka, n. πόλκα (ή)
poll, n. ψηφοφορία (ή)/ (head) κεφάλι (τό)/ *head the* ~, ἔρχομαι πρῶτος σέ ἐκλογές/ *opinion* ~, σφυγμομέτρηση (ή)/ ~ *tax*, κεφαλικός φόρος (ό)/ v.t. & i. ψηφίζω/ (tree) κλαδεύω/ ~*ing station*, ἐκλογικό τμῆμα (τό)
pollard, n. (tree) κλαδεμένο δέντρο (τό)/ (animal) ἀποκερατωμένο ζῶο
pollen, n. γύρη (ή)/ *pollinate*, v.t. γονιμοποιῶ μέ γύρη
pollute, v.t. μολύνω, ρυπαίνω/ *pollution*, n. μόλυνση (ή), ρύπανση (ή), μίανση (ή)
polo, n. πόλο (τό)
poltroon, n. ἄνανδρος (ό)
polygamist, n. πολύγαμος (ό)/ *polygamy*, n. πολυγαμία (ή)
polyglot, n. & a. πολύγλωσσος (ό)
polygon, n. πολύγωνο (τό)
polypus, n. πολύποδο (τό)
polysyllabic, a. πολυσύλλαβος/ *polysyllable*, n. πολυσύλλαβο (τό)
polytechnic, n. πολυτεχνεῖο (τό)

polytheism, n. πολυθεϊσμός (ὁ), πολυθεία (ἡ)
pomade, n. πομάδα (ἡ), ἀλοιφή (ἡ)
pomegranate, n. ρόδι (τό)/ ~ *tree*, ροδιά (ἡ)
pommel, n. λαβή (ἡ)/ (horse) σέλλα (ἡ)/ v.t. δέρνω, ξυλοκοπῶ
pomp, n. μεγαλοπρέπεια (ἡ), πομπή (ἡ), ἐπίδειξη (ἡ)/ ~*osity*, n. στόμφος (ὁ), σπουδαιοφάνεια (ἡ)/ ~*ous*, a. πομπώδης, ἐπιδεικτικός
pond, n. λιμνούλα (ἡ), δεξαμενή (ἡ)
ponder, v.t. σταθμίζω, ζυγίζω/ v.i. σκέπτομαι, ἀναλογίζομαι/ ~*able*, a. σταθμητός/ ~*ous*, a. βαρύς, ἄχαρος
poniard, n. ἐγχειρίδιο (τό), στιλέττο (τό)
pontiff, n. ποντίφηκας (ὁ)/ *pontifical*, a. ποντιφικός, παπικός/ *pontificate*, n. παπωσύνη (ἡ), παπικό ἀξίωμα (τό)/ v.i. ἀποφαίνομαι, μιλῶ σάν αὐθεντία
pontoon, n. πλωτή γέφυρα (ἡ)/ (cards) εἴκοσι ἕνα
pony, n. ἀλογάκι (τό)
poodle, n. κατσαρό σκυλάκι (τό)
pooh, int. οὔφ!/ ~ *-pooh*, v.t. ὑποτιμῶ, περιφρονῶ
pool, n. πηγή (ἡ), λιμνούλα (ἡ)/ (swimming) πισίνα (ἡ)/ (cards) μάννα (ἡ)/ *football* ~*s*, προ-πό/ (money) κοινό ταμεῖο/ *typing* ~, ἀναπληρωματικές δακτυλογράφοι/ v.t. συνδυάζω, μοιράζομαι
poop, n. πρύμνη (ἡ)
poor, a. φτωχός, ἄπορος/ (quality) πενιχρός, μέτριος/ ~ *thing!* κακόμοιρε!/ n. *the* ~, οἱ φτωχοί, φτωχολογιά/ ~*ly*, a. σέ κακή κατάσταση, ἀδιάθετος/ *he is* ~, δέν εἶναι καλά/ ad. ἄσχημα, πενιχρά
pop, n. κρότος (ὁ), πάταγος (ὁ)/ ~ *art*, πόπ-αρτ/ ~ *music*, μουσική πόπ/ v.t. & i. κάνω κρότο/ ~ *the question*, πετάω τό ἐρώτημα/ ~ *in*, μπαίνω ὁρμητικά/ ~ *out*, φεύγω ὁρμητικά/ ~ *in and out*, μπαινοβγαίνω/ ~*corn*, n. κόκκοι καλαμποκιοῦ (οἱ)/ ~*gun*, n. παιδικό τουφέκι (τό)
pope, n. πάπας (ὁ)/ ~*ry*, n. παπισμός (ὁ)/ *popish*, a. παπικός
poplar, n. λεύκα (ἡ)

poplin, n. ποπλίνα (ἡ)
poppy, n. παπαρούνα (ἡ)
populace, n. πλῆθος (τό), ὄχλος (ὁ), συρφετός (ὁ)/ *popular*, a. λαϊκός, δημοφιλής/ ~*ity*, n. δημοτικότητα (ἡ)/ ~*ize*, v.t. ἐκλαϊκεύω/ *populate*, v.t. οἰκίζω/ *population*, n. πληθυσμός (ὁ)/ *populous*, a. πολυάνθρωπος, πυκνοκατοικημένος
porcelain, n. πορσελάνη (ἡ)/ a. πορσελάνινος
porch, n. προστέγασμα (τό), βεράντα (ἡ)
porcupine, n. σκαντζόχοιρος (ὁ)
pore, n. πόρος (ὁ)/ v.i. ~ *over*, προσηλώνομαι, βυθίζομαι στήν μελέτη
pork, n. χοιρινό κρέας (τό)/ ~*er*, n. γουρουνόπουλο (τό)
pornography, n. πορνογραφία (ἡ)
porosity, n. τό πορῶδες/ *porous*, a. πορώδης
porphyry, n. πορφυρίτης (ὁ)
porpoise, n. γουρουνόψαρο (τό)
porridge, n. χυλός ἀπό βρώμη (ὁ)/ *porringer*, n. γαβάθα (ἡ)
port, n. λιμάνι (τό)/ ~ *dues*, λιμενικά τέλη (τά)/ ~ *of call*, λιμάνι προσέγγισης/ ~ *arms!* (mil.) παρουσιᾶστε!
portable, a. φορητός, κινητός
portage, n. (fees) κόμιστρα (τά), ἀγώγι (τό)/ (transport) μεταφορά ἐμπορευμάτων
portal, n. πυλώνας (ὁ), εἴσοδος (ἡ)
portcullis, n. καταπακτή θύρας (ἡ)
portend, v.t. προαναγγέλλω, προοιωνίζω/ *portent*, n. κακό προμήνυμα (τό), κακός οἰωνός (ὁ)/ ~*ous*, a. δυσοίωνος
porter, n. θυρωρός (ὁ)/ ~'*s lodge*, θυρωρεῖο (τό)/ (at a station or port) ἀχθοφόρος (ὁ)/ ~*age*, n. ἀμοιβή ἀχθοφόρου (ἡ)
portfolio, n. χαρτοφυλάκιο (τό)
portico, n. στοά (ἡ)
portion, n. μερίδιο (τό), μερίδα (ἡ)/ v.t. μοιράζω, διανέμω
portliness, n. σεμνότητα (ἡ), εὐγένεια (ἡ)/ *portly*, a. ἀξιοπρεπής/ (fat) παχουλός (ὁ), κοιλαράς (ὁ)
portrait, n. πορτραῖτο (τό), προσωπογραφία (ἡ)/ *portray*, v.t. ἀπεικονίζω/ (fig.) περιγράφω/ ~*al*, n. ἀπεικόνιση

(ή), ἀναπαράσταση (ή)

Portuguese, n. Πορτογάλος (ὁ)/ a. πορτογαλικός

pose, n. πόζα (ή), στάση (ή)/ v.t. θέτω, βάζω/ v.i. ποζάρω/ ~ as, παριστάνω/ position, n. θέση (ή), στάση (ή)/ v.t. τοποθετῶ, βάζω στήν θέση

positive, a. θετικός, πραγματικός/ positivism, n. ποζιτιβισμός (ὁ)

posse, n. ἐπικουρική ἀστυνομική δύναμη (ή)

possess, v.t. κατέχω, εἶμαι κάτοχος/ ~ed, a. τρελός, κάτω ἀπό τήν ἐπίδραση κακοποιῶν δυνάμεων/ ~ on, n. κατοχή (ή)/ pl. ὑπάρχοντα (τά)/ ~ive, a. ἀπαιτητικός/ (gram.) ~ case, γενική πτώση/ ~ pronoum, κτητική ἀντωνυμία/ ~or, n. κάτοχος (ὁ), κτήτωρας (ὁ)

possibility, n. δυνατότητα (ή), ἐνδεχόμενο (τό)/ possible, a. δυνατός, ἐνδεχόμενος/ as soon as ~, ὅσο γίνεται γρηγορώτερα, τό ταχύτερο/ possibly, ad. ἴσως, πιθανόν/ he can't ~, τοῦ εἶναι ἀδύνατο

post, n. πάσσαλος (ὁ), στύλος (ὁ)/ (position) θέση (ή)/ (mil.) φυλάκιο τό)/ ~ office, ταχυδρομεῖο (τό)/ by ~, ταχυδρομικά/ v.t. τοποθετῶ, διορίζω/ ~age, n. ταχυδρομικά (τέλη) (τά)/ ~ stamp, γραμματόσημο (τό)/ ~al, a. ταχυδρομικός/ ~ order, ταχυδρομική ἐπιταγή (ή)/ ~card, n. ταχυδρομικό δελτάριο (τό)

postdate, v.t. μεταχρονολογῶ

poster, n. ἀφίσσα (ή), ἀγγελία (ή)

posterior, a. μεταγενέστερος, ὀπίσθιος/ n. ὀπίσθια (τά), πισινά (τά)

posterity, n. ἀπόγονοι (οἱ), μελλοντικές γενιές (οἱ)

postern, n. κρυφή πόρτα (ή)

post-free, a. χωρίς ἐπιβάρυνση ταχυδρομείου

postgraduate, n. φοιτητής μεταπτυχιακῶν σπουδῶν (ὁ)

posthaste, ad. μέ μεγάλη ταχύτητα

posthumous, a. μεταθανάτιος

postillion, n. ἔφιππος ταχυδρόμος

postman, n. ταχυδρόμος (ὁ)/ postmark, n. ταχυδρομική σφραγίδα (ή)/ postmaster, n. διευθυντής ταχυδρομείου (ὁ)/ ~ Ge-

neral, Γενικός Διευθυντής τῶν Ταχυδρομείων

post meridiem, p.m. μετά μεσημβρίαν, μ.μ.

postmortem, a. μεταθανάτιος/ n. νεκροψία (ή)

postpone, v.t. ἀναβάλλω/ ~ment, n. ἀναβολή (ή)

postscript, n. ὑστερόγραφο (τό)

postulant, n. δόκιμος καλόγερος (ὁ)/ postulate, n. ἀξίωμα (τό), δεδομένο (τό)/ v.t. παραδέχομαι χωρίς ἀπόδειξη

posture, n. θέση (ή), πόζα (ή)/ v.i. ποζάρω, παριστάνω

postwar, a. μεταπολεμικός

posy, n. μικρή ἀνθοδέσμη

pot, n. δοχεῖο (τό), χύτρα (ή)/ (flowers) γλάστρα (ή)/ v.t. κυνηγῶ/ (flowers) βάζω σέ γλάστρα

potable, a. πόσιμος

potash, n. ποτάσσα (ή)

potassium, n. κάλιο (τό)

potato, n. πατάτα (ή)

pot-bellied, a. κοιλαράς

potency, n. δύναμη (ή), σθένος (τό)/ potent, a. δυνατός, ἰσχυρός, σθεναρός/ ~ate, n. δυνάστης (ὁ), κυρίαρχος (ὁ)/ ~ial, a. δυνητικός, λανθάνων/ n. δυναμικό (τό)/ ~iality, n. δυνητικότητα (ή), δυναμικότητα (ή)

pother, n. σύγχιση (ή), ταραχή (ή)

potion, n. ποτό (τό), δόση ποτοῦ (ή)/ love ~, ἐρωτικό φίλτρο (τό)

potter, n. ἀγγειοπλάστης (ὁ)/ ~'s clay, πηλός (ὁ)/ ~'s wheel, τροχός ἀγγειοπλαστικῆς/ v.i. ἀσχολοῦμαι μέ μικροπράγματα/ ~y, n. ἀγγειοπλαστική (ή)

pouch, n. σακκούλα (ή), θύλακας (ὁ)

poulterer, n. ὀρνιθοπώλης (ὁ), ἔμπορος πουλερικῶν (ὁ)

poultice, n. κατάπλασμα (τό)

poultry, n. πουλερικά (τά)/ ~ yard, ὀρνιθοτροφεῖο (τό)

pounce, n. ἐφόρμηση (ή)/ v.i. ἐφορμῶ, χυμῶ καταπάνω

pound, n. (measure) λίμπρα (ή)/ (money) λίρα (ή)/ v.t. κοπανῶ, κοπανίζω/ v.i. χτυπῶ, πάλλομαι

pour, v.t. & i. χύνω, χύνομαι/ it's ~ing, βρέχει καταρρακτωδῶς, κάνει κατα-

κλυσμό
pout, v.i. κατσουφιάζω
poverty, n. φτώχεια (ή), ἔνδεια (ή)/ ~
-stricken, a. φτωχός, ἄπορος
powder, n. σκόνη (ή)/ (face) πούδρα (ή)/
gun ~, πυρίτιδα (ή), μπαρούτι (τό)/ ~
magazine, πυριτιδαποθήκη (ή)/ ~ puff,
πούφ, πονπόν/ ~ room, ἀποχωρητήριο
γυναικῶν/ v.t. πουδράρω/ ~ed, a. που-
δραρισμένος
power, n. δύναμη (ή), ἐξουσία (ή)/
(maths) δύναμη (ή)/ come to ~, ἔρχο-
μαι στήν ἐξουσία, καταλαμβάνω τήν
ἀρχή/ horse ~, ἱπποδύναμη (ή)/ pur-
chasing ~, ἀγοραστική δύναμη (ή)/
executive ~, ἐκτελεστική ἐξουσία (ή)/
Great P~s, Μεγάλες Δυνάμεις (οἱ)/
~boat, n. μηχανοκίνητη βάρκα/ ~ful,
a. δυνατός, ἰσχυρός/ ~house, n. ἐργο-
στάσιο ἡλεκτροπαραγωγῆς (τό)/ ~less,
a, ἀνίσχυρος, ἀδύναμος
practicable, a. κατορθωτός, ἐφικτός/
practical, a. πρακτικός, χρήσιμος/
~joke, κακόγουστο ἀστεῖο/ ~ly, ad.
πρακτικά, στήν πράξη
practice, n. πράξη (ή), ἄσκηση (ή), ἐξά-
σκηση (ή)/ (doctor's, lawyer's, etc.) πε-
λατεία (ή)/ standard ~, συνήθεια (ή)/ in
~, στήν οὐσία/ put into ~, ἐφαρμόζω/
practise, v.t. ἀσκῶ, ἐξασκῶ/ v.i. ἐξα-
σκοῦμαι, μελετῶ/ practitioner, n. ἐπαγ-
γελματίας (ό)
pragmatic, a. πραγματικός, ρεαλιστικός/
pragmatist, n. πραγματιστής (ό)
prairie, n. μεγάλο λιβάδι (τό)
praise, n. ἔπαινος (ό), ἐγκώμιο (τό)/ v.t.
ἐπαινῶ, ἐγκωμιάζω/ ~worthy, a. ἀξιέ-
παινος
pram, n. καροτσάκι (τό)
prance, v.i. ἀναπηδῶ, ἀνορθώνομαι/
(person) κορδώνομαι
prank, n. διαβολιά (ή)/ play ~s, κάνω
διαβολιές
prate, v.i. μωρολογῶ, φλυαρῶ
prattle, n. φλυαρία (ή), πολυλογία (ή)/
v.i. φλυαρῶ, πολυλογῶ
prawn, n. γαρίδα (ή), καραβίδα (ή)
pray, v.i. προσεύχομαι/ ~er, n. προσευχή
(ή), δέηση (ή)
preach, v.t. & i. κηρύττω, κάνω κήρυγ-

μα/ ~er, n. ἱεροκήρυκας (ό)/ ~ing, n.
κήρυγμα (τό)
preamble, n. προοίμιο (τό), εἰσαγωγή (ή)
prearrange, v.t. κανονίζω (συμφωνῶ)
ἀπό πρίν/ ~d, p.p. & a. κανονισμένος
(συμφωνημένος) ἀπό πρίν
precarious, a. προσωρινός, πρόσκαιρος
precaution, n. προφύλαξη (ή)/ ~ary, a.
προφυλακτικός
precede, v.t. προηγοῦμαι, προπορεύο-
μαι/ ~nce, n. προτεραιότητα (ή)/ ~nt,
n. προηγούμενο (τό)/ preceding, a.
προηγούμενος
precept, n. δίδαγμα (τό), ἐντολή (ή)/
(leg.) ἔνταλμα (τό)/ ~or, n. δάσκαλος
(ό), παιδαγωγός (ό)
precinct, n. περίβολος (ό)/ (USA) ἀστυ-
νομικό τμῆμα (τό)/ ~s, n. pl. περιοχή
(ή)
precious, a. πολύτιμος, ἀκριβός/ ~ness,
n. πολυτιμότητα (ή)
precipice, n. βάραθρο (τό), γκρεμός (ό)/
precipitate, a. βιαστικός, ἐσπευσμένος/
n. κατακάθι (τό)/ v.t. ἐπιταχύνω, ἐπι-
σπεύδω/ (chem.) κατακάθομαι/ precipi-
tation, n. βιασύνη (ή)/ precipitous, a.
ἀπόκρημνος/ (person) ὁρμητικός, βίαι-
ος
precise, a. ἀκριβής, ρητός/ ~ly, ad. ἀκρι-
βῶς/ precision, n. ἀκρίβεια (ή)/ ~ in-
strument, ὄργανο ἀκριβείας (τό)
preclude, v.t. ἀποκλείω, προλαβαίνω
precocious, a. πρόωρος, πρώιμος/ preco-
city, n. πρωιμότητα (ή)
preconceived, a. προκατηλειμμένος/ pre-
conception, n. προκατάληψη (ή)
precursor, n. πρόδρομος (ό), πρωτοπό-
ρος (ό)
predatory, a. ἁρπαχτικός, ληστρικός
predecessor, n. προκάτοχος (ό)
predestination, n. προορισμός (ό)/ pre-
destine, v.t. προορίζω
predetermine, v.t. προκαθορίζω, προα-
ποφασίζω
predicament, n. δυσάρεστη κατάσταση
(ή), δυσχέρεια (ή)
predicate, n. ἰδιότητα (ή), χαρακτηριστι-
κό (τό)/ (gram.) κατηγορούμενο (τό)/
v.t. ἐπιβεβαιώνω/ predicative, a. ἐπιβε-
βαιωτικός

predict, v.t. προβλέπω/ ~ion, n. πρόβλεψη (ή)
predilection, n. ἰδιαίτερη προτίμηση (ή)
predispose, v.t. προδιαθέτω/ predisposition, n. προδιάθεση (ή)
predominance, n. ἐπικράτηση (ή), ὑπεροχή (ή)/ predominant, a. ἐκεῖνος πού ἐπικρατεῖ (ὑπερισχύει)/ predominate, v.i. ἐπικρατῶ, ὑπερισχύω
preeminence, n. ὑπεροχή (ή)/ preeminent, a. ὑπέροχος, ἔξοχος
preen, v.t. καθαρίζω τά φτερά/ ~ oneself, παίρνω ὑπεροπτικό ὕφος
pre-existence, n. προΰπαρξη (ή)
prefabricate, v.t. προκατασκευάζω/ ~d house, προκατασκευασμένο σπίτι
preface, n. πρόλογος (ὁ)/ v.t. προλογίζω/ prefatory, a. προεισαγωγικός
prefect, n. νομάρχης (ὁ)/ (sch.) ἐπιμελητής (ὁ)/ ~ure, n. νομαρχία (ή)
prefer, v.t. προτιμῶ/ (appoint) διορίζω, προβιβάζω/ (leg.) ὑποβάλλω, προτείνω/ ~able, a. προτιμότερος/ ~ence, n. προτίμηση (ή)/ ~ shares, προνομιοῦχες μετοχές/ ~ential, a. προνομιακός/ ~ment, n. προβιβασμός (ὁ), προαγωγή (ή)
prefix, n. πρόθεμα (τό)/ v.t. προθέτω, βάζω μπροστά
pregnancy, n. ἐγκυμοσύνη (ή)/ pregnant, a. ἔγκυος/ (fig.) σημαντικός
prehensile, a. ἁρπαχτικός
prehistoric, a. προϊστορικός
prejudge, v.t. προδικάζω
prejudice, n. προκατάληψη (ή)/ without ~ to, μέ κάθε ἐπιφύλαξη/ v.t. ζημιώνω, βλάπτω/ prejudicial, a. ἐπιζήμιος, βλαβερός
prelacy, n. ἱεραρχία (ή), οἱ μητροπολίτες/ prelate, n. ἱεράρχης (ὁ), δεσπότης (ὁ), ἐπίσκοπος (ὁ)
preliminary, a. προκαταρκτικός/ ~ investigation, προανάκριση (ή)/ preliminaries, n. pl. προκαταρκτικά (τά)
prelude, n. προοίμιο (τό), προμήνυμα (τό)/ (mus.) πρελούδιο (τό)
premature, a. πρώιμος, πρόωρος
premeditate, v.t. προμελετῶ/ ~d, a. προμελετημένος/ premeditation, n. προμελέτη (ή)

premier, a. σημαντικός, ἐξαιρετικός/ n. πρωθυπουργός (ὁ)/ ~ship, n. πρωθυπουργία (ή)
première, n. πρεμιέρα (ή)
premise, n. πρόταση συλλογισμοῦ (ή), σκεπτικό (τό)/ v.t. προτείνω, προτάσσω/ ~s, n. ἀκίνητο (τό)
premium, n. ἀσφάλιστρο (τό)/ at a ~, σέ ὑπερτίμηση
premonition, n. προαίσθημα (τό)
preoccupation, n. ἀνησυχία (ή), φροντίδα (ή)/ preoccupy, v.t. ἀνησυχῶ, φροντίζω
preordain, v.t. κανονίζω ἀπό πρίν, προαποφασίζω
preparation, n. προπαρασκευή (ή), προετοιμασία (ή)/ preparatory, a. προπαρασκευαστικός/ prepare, v.t. & i. προπαρασκευάζω, προετοιμάζω, προδιαθέτω/ preparedness, n. ἑτοιμότητα (ή)
prepay, v.t. προπληρώνω, προκαταβάλλω
preponderance, n. ὑπερτέρηση (ή), ὑπεροχή (ή), ἐπικράτηση (ή)/ preponderant, a. ἐπικρατέστερος/ preponderate, v.i. ὑπερτερῶ, ἐπικρατῶ
preposition, n. πρόθεση (ή)/ ~al, a. προθετικός
prepossess, v.t. προδιαθέτω, προκαταλαμβάνω/ ~ing, a. ἑλκυστικός, συμπαθητικός
preposterous, a. παράλογος, τερατώδης
prerogative, n. προνόμιο (τό)
presage, n. οἰωνός (ὁ), προαίσθημα (τό), προμήνυμα (τό)/ v.t. προμηνύω, προοιωνίζω
Presbyterian, n. Πρεσβυτεριανός (ὁ)
prescience, n. πρόγνωση (ή)/ prescient, a. προγνωστικός
prescribe, v.t. ὁρίζω, παραγγέλω/ (med.) γράφω συνταγή/ prescription, n. ἐντολή (ή), παραγγελία (ή)/ (med.) συνταγή (ή)
presence, n. παρουσία (ή)/ ~ of mind, ἑτοιμότητα πνεύματος (ή)
present, a. παρών, τωρινός, σημερινός/ at ~, πρός τό παρόν, τώρα/ for the ~, γιά τήν ὥρα/ be ~ at, εἶμαι παρών, παρίσταμαι/ n. παρόν/ (gram.) ἐνεστώτας/ v.t. παρουσιάζω/ (someone) συστήνω/

(petition) ὑποβάλλω/ (theat.) ἀνεβάζω/ ~able, a. εὐπαρουσίαστος, ἐμφανίσιμος/ ~ation, n. παρουσίαση (ἡ), ἐμφάνιση (ἡ)/ (theat.) ἀνέβασμα (τό)/ ~ copy, τιμητικό ἀντίτυπο

presentiment, n. προαίσθημα (τό)

presently, ad. ἀμέσως, σέ λίγο

preservation, n. διατήρηση (ἡ), διάσωση (ἡ)/ *preservative,* a. προφυλακτικός, διατηρητικός/ n. συντηρητικό (τό)/ *preserve,* v.t. διατηρῶ, συντηρῶ, σώζω/ n. ζαχαρωτό (τό)/ (land) διατηρητέος χῶρος/ ~d, p.p. & a. διατηρημένος

preside, v.i. προεδρεύω/ ~ncy, n. προεδρεία (ἡ)/ ~nt, n. πρόεδρος (ὁ)/ ~ntial, a. προεδρικός

press, n. πίεση (ἡ), σύνθλιψη (ἡ)/ (newspapers) τύπος (ὁ)/ (tech.) πρέσσα (ἡ)/ ~ agency, πρακτορεῖο εἰδήσεων (τό)/ ~ cutting, ἀπόκομμα ἐφημερίδας/ ~ conference, πρές κόνφερενς (ἡ), συνέντευξη τύπου (ἡ)/ v.t. πιέζω, συνθλίβω/ (tech.) συμπιέζω, πρεσσάρω/ ~ for, ζητῶ βιαστικά/ ~ forward, προχωρῶ γρήγορα/ ~ing, a. πιεστικός/ (urgent) βιαστικός/ ~man, n. δημοσιογράφος (ὁ), ρεπόρτερ (ὁ)

pressure, n. πίεση (ἡ), ὤθηση (ἡ)/ ~ cooker, χύτρα ταχύτητας (ἡ)/ ~ gauge, μανόμετρο (τό)

prestige, n. γόητρο (τό)

presumable, a. ὑποθετικός, πιθανός/ *presumably,* ad. ὅπως φαίνεται/ *presume,* v.t. ὑποθέτω, συμπεραίνω/ *presumption,* n. ὑπόθεση (ἡ), εἰκασία (ἡ)/ *presumptive,* a. ὑποθετικός, συμπερασματικός/ *presumptuous,* a. ἀλαζόνας, φαντασμένος

presuppose, v.t. προϋποθέτω

pretence, n. πρόσχημα (τό), πρόφαση (ἡ)/ *pretend,* v.i. προφασίζομαι/ ~ to, προσποιοῦμαι ὅτι/ ~er, n. ὑποκριτής (ὁ)/ (throne) μνηστήρας θρόνου (ὁ), ἐπίδοξος διάδοχος (ὁ)/ *pretension,* n. ἀπαίτηση (ἡ), ἀξίωση (ἡ), ἰσχυρισμός (ὁ)/ *pretentious,* a. ἀπαιτητικός, ἐπιδεικτικός

preterite, n. (gram.) ἀόριστος (ὁ)

preternatural, a. ὑπερφυσικός, ἀσυνήθιστος

pretext, n. πρόφαση (ἡ)

prettiness, n. κομψότητα (ἡ), χάρη (ἡ)/ *pretty,* a. κομψός, χαριτωμένος/ ad. ἀρκετά

prevail, v.i. ὑπερέχω, ὑπερτερῶ, ὑπερισχύω/ ~ over, ἐπικρατῶ/ ~ upon, πείθω/ ~ing, a. ἐκεῖνος πού ἐπικρατεῖ/ *prevalence,* n. ἐπικράτηση (ἡ)/ *prevalent,* a. ἐκεῖνος πού ἐπικρατεῖ, διαδεδομένος

prevaricate, v.i. κάνω ὑπεκφυγές/ *prevarication,* n. ὑπεκφυγή (ἡ)

prevent, v.t. προλαβαίνω, ἐμποδίζω/ ~ion, n. πρόληψη (ἡ), παρεμπόδιση (ἡ)/ ~ive, a. προληπτικός, προφυλακτικός

previous, a. προηγούμενος/ ~ly, ad. προηγούμενα, πρίν

prevision, n. πρόβλεψη (ἡ)

prey, n. λεία (ἡ), βορά (ἡ)/ *beast of ~,* ἄγριο ζῶο/ v.i. ~ on, ἁρπάζω, καταβροχθίζω

price, n. τιμή (ἡ), ἀξία (ἡ)/ ~ cutting, περικοπή τῶν τιμῶν/ ~ list, τιμοκατάλογος (ὁ)/ v.t. ὁρίζω τήν τιμή/ ~less, a. ἀτίμητος

prick, n. κεντρί (τό)/ v.t. κεντρίζω, τσιμπῶ, σουβλίζω/ ~ing, n. κέντρισμα (τό)/ ~s of conscience, τύψεις συνείδησης/ ~le, n. ἀγκάθι (τό), κεντρί (τό)/ v.t. κεντρίζω/ ~ly, a. ἀγκαθωτός/ (fig.) εὐέξαπτος/ ~ pear, φραγκόσυκο (τό)

pride, n. ὑπερηφάνεια (ἡ), φιλοτιμία (ἡ)/ v.i. ~ oneself on, ὑπερηφανεύομαι, καμαρώνω

priest, n. ἱερέας (ὁ)/ ~ess, n. ἱέρεια (ἡ)/ ~hood, n. ἱερωσύνη (ἡ)/ ~ly, a. ἱερατικός

priggish, a. φαντασμένος, ξιππασμένος

prim, a. σεμνότυφος/ (neat) φιλάρεσκος

primacy, n. προβάδισμα (τό), πρωτοκαθεδρία (ἡ)

prima donna, n. πρωταγωνίστρια ὄπερας (ἡ), πριμαντόνα (ἡ)

primal, a. ἀρχικός, πρωτογενής

primarily, ad. πρωταρχικά, κύρια, βασικά/ *primary,* a. πρωταρχικός, κύριος, βασικός/ ~ colours, βασικά χρώματα/ ~ school, δημοτικό σχολεῖο, σχολεῖο στοιχειώδους ἐκπαίδευσης/ *primate,* n.

ἀρχιεπίσκοπος (ὁ), ἀρχιερέας (ὁ)/ (zool.) πρωτεῦον (θηλαστικό)/ *prime*, a. πρῶτος, κύριος/ ~ *minister*, πρωθυπουργός (ὁ)/ ~ *number*, πρῶτος ἀριθμός/ n. ἀκμή (ἡ), ἄνθηση (ἡ)/ *in the* ~ *of life*, στό ἄνθος τῆς ἡλικίας/ v.t. (mil.) ἐμπυρεύω/ (painting) σταρώνω/ *primer*, n. ἀλφαβητάριο (τό), ἀναγνωστικό (τό)/ *primeval*, a. ἀρχέγονος, προϊστορικός/ *priming*, n. πρῶτο στρῶμα (χέρι)/ *primitive*, a. πρωτόγονος/ *primogeniture*, n. πρωτοτόκια (τά)/ *primordial*, a. ἀρχέγονος, πανάρχαιος

primrose, n. πρίμουλα (ἡ), πασχαλούδα (ἡ)/ *the* ~ *path*, ζωή ἀπολαύσεων, ντόλτσε δίτα

prince, n. πρίγκηπας (ὁ)/ ~*ly*, a. πριγκηπικός, ἡγεμονικός/ ~*ss*, n. πριγκήπισσα (ἡ)

principal, a. κύριος, ἀνώτερος/ n. διευθυντής (ὁ), γυμνασιάρχης (ὁ)/ (fin.) κεφάλαιο (τό)/ ~*ity*, n. πριγκηπάτο (τό)/ ~*ly*, ad. κύρια, βασικά, προπάντων

principle, n. ἀρχή (ἡ), κανόνας (ὁ)

prink, v.i. στολίζω, καλωπίζω

print, n. τυπωμένη ὕλη (ἡ)/ (cloth) σταμπωτό (τό)/ (art) χαρακτικό ἔργο (τό), γκραβούρα (ἡ)/ *in* ~, τυπωμένος/ *out of* ~, ἐξαντλημένος/ v.t. τυπώνω, ἐκτυπώνω/ ~*ed*, a. τυπωμένος/ ~*er*, n. τυπογράφος (ὁ)/ ~*ing*, n. τυπογραφία (ἡ), τύπωμα (τό)/ ~ *press*, πιεστήριο (τό)/ ~ *office*, τυπογραφεῖο (τό)/ ~ *type*, τυπογραφικά στοιχεῖα (τά)

prior, a. προηγούμενος, προγενέστερος/ ~ *claim*, ἀπαίτηση κατά προτεραιότητα/ ~ *to this*, πρίν ἀπ' αὐτό/ n. ἡγούμενος (ὁ)/ ~*ess*, n. ἡγουμένη (ἡ)/ ~*ity*, n. προτεραιότητα (ἡ)/ ~*y*, n. μοναστήρι (τό), κοινόβιο (τό)

prism, n. πρίσμα (τό)/ ~*atic*, a. πρισματικός

prison, n. φυλακή (ἡ)/ ~ *camp*, στρατόπεδο συγκέντρωσης/ ~*er*, n. φυλακισμένος (ὁ), αἰχμάλωτος (ὁ)/ ~ *of war*, αἰχμάλωτος πολέμου

pristine, a. παλιός, παρθένος

privacy, n. ἰδιωτικό περιβάλλον (τό)/ *private*, a. ἰδιωτικός, ἰδιαίτερος, ἐμπιστευτικός/ (soldier) φαντάρος/ ~ *secre-*

tary, ἰδιαίτερη γραμματέας/ *in* ~, ἰδιωτικά, ἐμπιστευτικά/ *privateer*, n. κουρσάρος (ὁ)/ *privately*, ad. ἰδιωτικά, ἐμπιστευτικά

privation, n. στέρηση (ἡ), ἔνδεια (ἡ)

privilege, n. προνόμιο (τό)/ ~ *d*, a. προνομιοῦχος

privy, a. ἰδιωτικός, ἰδιαίτερος, μυημένος/ *P* ~ *Council*, Ἀνακτοβούλιο (τό)/ ~ *parts*, γεννητικά ὄργανα (τά)/ ~ *seal*, ἐπίσημη σφραγίδα τοῦ κράτους/ n. ἀποχωρητήριο (τό)

prize, n. βραβεῖο (τό), ἔπαθλο (τό)/ (naut.) αἰχμαλωτισμένο πλοῖο/ ~ *fight*, πυγμαχικός ἀγώνας/ ~ *giving*, ἀπονομή βραβείων (ἐπάθλων)/ *award a* ~, ἀπονέμω βραβεῖο/ *draw a* ~, παίρνω βραβεῖο/ v.t. ἐκτιμῶ πολύ

probability, n. πιθανότητα (ἡ)/ *in all* ~, κατά πᾶσα πιθανότητα/ *probable*, a. πιθανός/ *probably*, ad. πιθανά

probate, n. ἐπικυρωμένη διαθήκη (ἡ)/ *probation*, n. δοκιμαστική περίοδος (ἡ)/ (leg.) δικαστική ἐπιτήρηση/ (eccl.) δοκιμασία (ἡ)/ *on* ~, μέ (ὑπό) δοκιμή/ ~ *officer*, δικαστικός ἐπιμελητής/ ~*ary*, a. δοκιμαστικός/ *probationer*, n. δόκιμη νοσοκόμα (ἡ)/ (leg.) ἐκεῖνος πού εἶναι κάτω ἀπό δικαστική ἐπιτήρηση

probe, n. καθετήρας (ὁ)/ v.t. καθετηριάζω/ (fig.) ἐξετάζω

probity, n. ἀκεραιότητα (ἡ), ἐντιμότητα (ἡ)

problem, n. πρόβλημα (τό)/ ~*atic(al)*, a. προβληματικός

proboscis, n. προβοσκίδα (ἡ)

procedure, n. διαδικασία (ἡ), κανονισμός (ὁ)/ (leg.) δικονομία (ἡ)/ *proceed*, v.i. προχωρῶ, προβαίνω/ ~ *against*, ἐνάγω, μηνύω/ ~ *from*, ἀπορρέω, προκύπτω/ *proceeding*, n. ἐνέργεια (ἡ)/ pl. πρόγραμμα ἐκδήλωσης (τό), πρακτικά (τά)/ *proceeds*, n. pl. εἰσπράξεις (οἱ)

process, n. πορεία (ἡ), ἐξέλιξη (ἡ), λειτουργία (ἡ)/ ~*ion*, n. παρέλαση (ἡ), πομπή (ἡ)

proclaim, v.t. διακηρύσσω, ἀνακηρύσσω/ *proclamation*, n. διακήρυξη (ἡ), προκήρυξη (ἡ), ἀνακήρυξη (ἡ)

proclivity, n. ροπή (ή), τάση (ή), κλίση (ή)

procrastinate, v.i. ἀναβάλλω, χρονοτριβῶ/ *procrastination,* n. ἀναβολή (ή), χρονοτριβή (ή)

procreate, v.t. γεννῶ, κάνω παιδιά

proctor, n. κοσμήτωρας (ὁ)

procurable, a. εὐκολοαπόκτητος/ *procurator,* n. πληρεξούσιος (ὁ), ἐπίτροπος (ὁ)/ *procure,* v.t. & i. προμηθεύω

prod, v.t. σκουντῶ, σπρώχνω/ n. σκούντημα (τό), σπρώξιμο (τό)

prodigal, a. ἄσωτος, σπάταλος/ ~ *son,* ἄσωτος υἱός/ ~*ity,* n. ἀσωτία (ή), σπατάλη (ή)

prodigious, a. καταπληκτικός, τεράστιος/ *prodigy,* n. θαῦμα (τό), τέρας (τό)/ *child* ~, παιδί-θαῦμα (τό)

produce, n. προϊόν (τό)/ v.t. παράγω, δημιουργῶ/ (theat.) ἀνεβάζω, παρουσιάζω/ ~*r,* n. παραγωγός (ὁ)/ *product,* n. προϊόν (τό)/ (maths) γινόμενο (τό)/ ~*ion,* n. παραγωγή (ή)/ ~*ive,* a. παραγωγικός/ ~*ivity,* n. παραγωγικότητα (ή)

profanation, n. βεβήλωση (ή)/ *profane,* a. βέβηλος, ἀνόσιος, μιαρός/ *profanity,* n. ἀνοσιότητα (ή), αἰσχρολογία (ή)

profess, v.t. πρεσβεύω, δηλώνω/ v.i. προσποιοῦμαι, ὑποκρίνομαι/ ~*ed,* a. δηλωμένος/ ~*edly,* ad. δῆθεν/ ~*ion,* n. ἐπάγγελμα (τό), ἀπασχόληση (ή)/ ~*ional,* a. ἐπαγγελματικός/ n. ἐπαγγελματίας (ὁ)/ ~*or,* n. καθηγητής (ὁ)/ ~*orial,* a. καθηγητικός

proffer, v.t. προσφέρω, προτείνω

proficiency, n. ἱκανότητα (ή), ἐπάρκεια (ή)/ *proficient,* a. ἱκανός, ἐπαρκής

profile, n. κατατομή (ή), προφίλ (τό)

profit, n. κέρδος (τό), ὄφελος (τό)/ v.i. κερδίζω/ ~*able,* a. ἐπικερδής/ ~*eer,* n. κερδοσκόπος (ὁ)

profligacy, n. ἀκολασία (ή), ἀνηθικότητα (ή)/ *profligate,* a. & n. ἀνήθικος, ἀκόλαστος

profound, a. βαθύς, βαθυστόχαστος/ *profundity,* n. βάθος (τό), βαθύτητα (ή)

profuse, a. ἄφθονος, πλουσιοπάροχος/ *profusion,* n. ἀφθονία (ή)

progenitor, n. πρόγονος (ὁ)/ *progeny,* n.

ἀπόγονοι (οἱ)

prognathous, a. προγνάθους

prognosis, n. πρόγνωση (ή), πρόβλεψη (ή)/ *prognosticate,* v.t. προβλέπω, προμηνύω/ *prognostication,* n. πρόβλεψη (ή), προμήνυμα (τό)

programme, n. πρόγραμμα (τό)/ *programming,* n. προγραμματισμός (ὁ)

progress, n. πρόοδος (ή), ἐξέλιξη (ή)/ *make* ~, προοδεύω/ v.i. προοδεύω, προχωρῶ/ ~*ion,* n. πρόοδος (ή), ἐξέλιξη (ή)/ (maths) πρόοδος (ή)/ ~*ive,* a. προοδευτικός

prohibit, v.t. ἀπαγορεύω/ ~*ion,* n. ἀπαγόρευση (ή)/ ~*ive,* a. ἀπαγορευτικός

project, n. σχέδιο (τό), μελέτη (ή)/ v.t. προβάλλω, ἐκτοξεύω/ v.i. προεξέχω/ ~*ile,* n. βλῆμα (τό), βολίδα (ή)/ a. βλητικός/ ~*ion,* n. προβολή (ή), ἐκτόξευση (ή)/ ~*or,* n. ὀργανωτής (ὁ)/ (machine) μηχάνημα προβολῆς (τό)

proletarian, n. προλετάριος (ὁ)/ a. προλεταριακός/ *proletariat,* n. προλεταριάτο (τό)

prolific, a. παραγωγικός, γόνιμος

prolix, a. μακρόλογος, μακροσκελής

prologue, n. πρόλογος (ὁ), προοίμιο (τό)

prolong, v.t. παρατείνω, προεκτείνω/ ~*ation,* n. παράταση (ή), προέκταση (ή)

promenade, n. περίπατος (ὁ), βόλτα (ή)/ v.i. κάνω περίπατο, κάνω βόλτα

prominence, n. ὑπεροχή (ή), φήμη (ή), σπουδαιότητα (ή)/ *prominent,* a. ὑπέροχος, διακεκριμένος, περίφημος

promiscuous, a. ἀχαλίνωτος, ἔκλυτος

promise, n. ὑπόσχεση (ή)/ v.t. ὑπόσχομαι/ ~*d land,* Γῆ τῆς Ἐπαγγελίας (ή)/ *promising,* a. ἐλπιδοφόρος, ἐνθαρρυντικός

promontory, n. ἀκρωτήριο (τό)

promote, v.t. προβιβάζω, προάγω/ ~*r,* n. ὀργανωτής (ὁ), ὑποκινητής (ὁ)/ *promotion,* n. προαγωγή (ή), προβιβασμός (ὁ)

prompt, a. γρήγορος, ἄμεσος, στιγμιαῖος/ ~ *payment,* ἄμεση πληρωμή/ n. ὑποβολή (ή), ὑπαγόρευση (ή)/ v.t. παροτρύνω, παρακινῶ/ (theat.) κάνω τόν ὑποβολέα/ ~*er,* n. ὑποβολέας (ὁ)/ ~*itude,*

n. προθυμία (ή), ταχύτητα (ή)/ ~ly, ad. αμέσως, πρόθυμα

promulgate, v.t. διακηρύσσω, διαλαλώ/ (a law) δημοσιεύω νόμο/ *promulgation*, n. διακήρυξη (ή)/ (of a law) δημοσίευση (ή)

prone, a. πεσμένος μπρούμυτα/ *be ~ to*, έχω τήν τάση νά, είμαι επιρρεπής

prong, n. δίκρανο (τό), διχάλα (ή)

pronominal, a. αντωνυμικός/ *pronoun*, n. αντωνυμία (ή)

pronounce, v.t. προφέρω, αναγγέλλω/ ~d, a. έντονος, σαφής/ ~ment, n. διακήρυξη (ή), δήλωση (ή)/ *pronunciation*, n. προφορά (ή)

proof, n. απόδειξη (ή)/ a. *proyen*, δοκιμασμένος/ ~ *against*, ανθεκτικός, αδιαπέραστος/ ~-*reader*, n. διορθωτής τυπογραφικών δοκιμίων (ό)/ ~-*reading*, n. διόρθωση τυπογραφικών δοκιμίων (ή)/ v.t. καθιστώ αδιάβροχο

prop, n. στήριγμα (τό), υποστήριγμα (τό)/ (fig.) αποκούμπι (τό)/ v.t. υποστηρίζω, υποστηλώνω

propaganda, n. προπαγάνδα (ή)/ *propagandist*, n. προπαγανδιστής (ό)/ *propagate*, v.t. αναπαράγω, πολλαπλασιάζω/ *propagation*, n. αναπαραγωγή (ή), πολλαπλασιασμός (ό)

propel, v.t. προωθώ/ ~ler, n. έλικας (ό), προπέλλα (ή)

propensity, n. ροπή (ή), τάση (ή)

proper, a. κατάλληλος, σωστός, ταιριαστός/ (gram.) κύριος/ ~ ly, ad. σωστά, ταιριαστά

property, n. ιδιοκτησία (ή), περιουσία (ή)/ (chem.) ιδιότητα (ή)/ *real estate ~*, ακίνητη περιουσία (ή)

prophecy, n. προφητεία (ή)/ *prophesy*, v.t. προφητεύω/ *prophet*, προφήτης (ό)/ *prophetess*, n. προφήτισσα (ή)/ *prophetic*, a. προφητικός

prophylactic, a. προφυλακτικός/ *prophylaxis*, n. προφύλαξη (ή)

propinquity, n. (time & place) κοντινότητα (ή)/ (similarity) ομοιότητα (ή)

propitiate, v.t. εξευμενίζω, κατευνάζω/ *propitiatory*, a. εξευμενιστικός, κατευναστικός/ *propitious*, a. ευμενής, ευνοϊκός

proportion, n. αναλογία (ή)/ *in ~ to*, σέ αναλογία/ v.t. κατανέμω, ρυθμίζω σέ αναλογία/ ~al, a. αναλογικός/ ~ate, a. ανάλογος

proposal, n. πρόταση (ή)/ *propose*, v.t. προτείνω/ *proposition*, n. πρόταση (ή), εισήγηση (ή)

propound, v.t. εισηγούμαι, εκθέτω, παρουσιάζω

proprietary, a. τής ιδιοκτησίας/ *proprietor*, n. ιδιοκτήτης (ό)/ *proprietress*, n. ιδιοκτήτρια (ή)/ *propriety*, n. ορθότητα (ή), ευπρέπεια (ή)

propulsion, n. προώθηση (ή)/ *propulsive force*, προωθητική δύναμη (ή)

prorogation, n. διακοπή εργασιών βουλής (ή)/ *prorogue*, v.t. διακόπτω εργασίες τής βουλής

prosaic, a. πεζός, πεζολογικός

proscenium, n. προσκήνιο (τό)

proscribe, v.t. προγράφω, επικηρύττω/ *proscription*, n. προγραφή (ή), επικήρυξη (ή)

prose, n. πεζογραφία (ή), πρόζα (ή)/ ~ *writer*, πεζογράφος (ό)

prosecute, v.t. καταδιώκω, καταγγέλλω/ *prosecution*, n. καταδίωξη (ή), καταγγελία (ή)/ *prosecutor*, n. μηνυτής (ό)/ *public ~*, εισαγγελέας (ό)

proselyte, n. προσήλυτος (ό)

prosody, n. προσοδία (ή)

prospect, n. προοπτική (ή), προσδοκία (ή)/ pl. ελπίδες (οί)/ v.t. ερευνώ γιά μεταλλεύματα/ ~ing, n. έρευνα γιά μεταλλεύματα (ή)/ ~or, n. ερευνητής μεταλλευμάτων (ό)

prospectus, n. πρόγραμμα (τό)

prosper, v.i. ευημερώ/ ~ity, n. ευημερία (ή)/ ~ous, a. ευτυχισμένος, σέ ακμή

prostitute, n. πόρνη (ή), πουτάνα (ή)/ v.t. εκπορνεύω/ *prostitution*, n. πορνεία (ή), εκπόρνευση (ή)

prostrate, a. ξαπλωμένος μπρούμυτα, πρηνής/ v.i. ~ *oneself*, πέφτω μπρούμυτα/ v.t. ταπεινώνω/ *prostration*, n. γονάτισμα (τό)/ (fig.) ταπείνωση (ή)

prosy, a. πεζογραφικός/ (fig.) ανιαρός

protagonist, n. πρωταγωνιστής (ό)

protect, v.t. προστατεύω, υπερασπίζω/ ~ion, n. προστασία (ή), υπεράσπιση

(ή)/ ~ive, a. προστατευτικός/ ~or, n. προστάτης (ὁ)/ (tech.) προφυλακτήρας (ὁ)/ ~orate, n. προτεκτοράτο (τό)
protein, n. πρωτεΐνη (ή)
protest, n. διαμαρτυρία (ή)/ v.i. διαμαρτύρομαι/ v.t. ~ one's innocence, διακηρύττω τήν ἀθωότητά μου/ ~ a bill, διαμαρτυρῶ γραμμάτιο
Protestant, n. Προτεστάντης (ὁ), Διαμαρτυρόμενος (ὁ)/ ~ism, n. Προτεσταντισμός (ὁ)
protestation, n. διαμαρτυρία (ή), ἔνσταση (ή)
vrotocol, n. πρωτόκολλο (τό)
prototype, n. πρωτότυπο (τό), πρότυπο (τό)
protozoa, n. πρωτόζωα (τά)
protract, v.t. παρατείνω, ἐπεκτείνω/ ~ed, a. παρατεταμένος/ ~or, n. γωνιόμετρο (τό)
protrude, v.t. & i. προεξέχω, προεκβάλλω/ protrusion, n. προεξοχή (ή)/ (med.) ἐξόγκωμα (τό), οἴδημα (τό)
protuberance, n. ἐξόγκωμα (τό)/ protuberant, a. ἐξογκωμένος
proud, a. περήφανος/ be ~ of, εἶμαι περήφανος γιά
prove, v.t. ἀποδεικνύω, ἀποδείχνω, ἐλέγχω/ v.i. ἐλέγχομαι
provenance, n. ἀρχή (ή), προέλευση (ή)
provender, n. χορτονομή (ή)
proverb, n. παροιμία (ή)/ ~ial, a. παροιμιώδης
provide, v.t. προβλέπω, προνοῶ/ ~ against, προφυλάγομαι/ ~ for, φροντίζω γιά/ ~d that, μέ τήν προϋπόθεση ὅτι/ ~nce, n. πρόνοια (ή), φροντίδα (ή) Divine P ~, Θεία Πρόνοια (ή)/ ~nt, a. προνοητικός, προβλεπτικός/ ~r, n. προμηθευτής (ὁ), φροντιστής ο)
province, n. ἐπαρχία (ή)/ provincial, a. ἐπαρχιακός
provision, n. πρόνοια (ή), φροντίδα (ή), πρόβλεψη (ή)/ pl. ἐφόδια (τά), προμήθειες (οἱ)/ ~al, a. προσωρινός/ ~ally, ad. προσωρινά
proviso, n. ὅρος (ὁ), ρήτρα (ή)
provocation, n. πρόκληση (ή)/ provocative, a. προκλητικός, ἐρεθιστικός/ provoke, v.t. προκαλῶ

provost, n. διευθυντής σχολῆς (ὁ), κοσμήτωρας (ὁ)/ (Scot.) δήμαρχος (ὁ)/ ~ marshal, ἀρχηγός στρατιωτικῆς ἀστυνομίας
prow, n. πλώρη (ή)
prowess, n. ἀνδρεία (ή), παλληκαριά (ή)
prowl, v.i. περιφέρομαι, περιπλανιέμαι/ ~ er, n. πλανόδιος (ὁ), περιφερόμενος (ὁ)
proximate, a. παραπλήσιος/ proximity, n. γειτνίαση (ή), ἀμεσότητα (ή)
proxy, n. πληρεξουσιότητα (ή), ἐντολή (ή)/ by ~, μέ πληρεξούσιο
prude, n. σεμνότυφη γυναίκα (ή)
prudence, n. σύνεση (ή), φρόνηση (ή)/ prudent, a. συνετός, φρόνιμος
prudery, n. σεμνοτυφία (ή)/ prudish, a. σεμνότυφος
prune, n. ξερό δαμάσκηνο (τό)/ v.t. κλαδεύω/ (fig.) περιορίζω/ pruning, n. κλάδεμα (τό)/ ~ shears, κλαδευτήρι (τό)
pruriency, n. φαγούρα (ή)/ (sexual) λαγνεία (ή)/ prurient, a. λάγνος
Prussian, n. Πρῶσσος (ὁ)/ a. πρωσσικός/ prussic acid, πρωσσικό ὀξύ (τό)
pry, v.i. ψάχνω, ἀναδιφῶ, περιεργάζομαι/ ~ing, a. περίεργος, ἀδιάκριτος
psalm, n. ψαλμός (ὁ)/ ~ist, n. ψαλμογράφος (ὁ)/ psalter, n. ψαλτήριο (τό)
pseudonym, n. ψευδώνυμο (τό)
psychiatrist, n. ψυχίατρος (ὁ)/ psychiatry, n. ψυχιατρική (ή)/ psychic, a. πνευματιστικός/ psychoanalysis, n. ψυχανάλυση (ή), ψυχαναλυτική μέθοδος (ή)/ psychological, a. ψυχολογικός/ psychologist, n. ψυχολόγος (ὁ)/ psychology, n. ψυχολογία (ή)
ptarmigan, n. χιονοπέρδικα (ή)
ptomaine, n. πτωμαΐνη (ή)
pub, n. μπάρ (τό), καπηλειό (τό)
puberty, n. ἐφηβική ἡλικία (ή)
public, a. δημόσιος, κοινός/ ~ assistance, κρατικό ἐπίδομα/ ~ health, δημόσια ὑγεία/ ~ house, ταβέρνα (ή) καπηλειό (τό)/ ~ school, δημόσια σχολή/ ~ service, δημόσια ὑπηρεσία/ make ~, δημοσιεύω, κοινοποιῶ/ n. κοινό (τό)/ in ~, δημόσια/ ~an, n. ταβερνιάρης (ὁ)/ ~ation, n. δημοσίευση (ή)/ ~ity, n. δη-

μοσιότητα (ἡ), διαφήμιση (ἡ)/ ~ agent, διαφημιστής (ὁ)/ ~ize, v.t. διαφημίζω/ publish, v.t. δημοσιεύω, ἐκδίδω/ ~er, n. ἐκδότης (ὁ)/ ~ing, n. ἐκδοτική ἐργασία (ἡ)/ ~house, ἐκδοτικός οἶκος (ὁ)

puce, a. σκοῦρο κόκκινο χρῶμα

puck, n. σούφρα (ἡ), ρυτίδα (ἡ)

pudding, n. πουτίγκα (ἡ)

puddle, n. βοῦρκος (ὁ)

puerile, a. παιδαριώδης/ puerility, n. παιδιάστικη συμπεριφορά (ἡ)

puff, n. φύσημα (τό), πνοή (ἡ)/ (smoke) τολύπη (ἡ)/ (dress) φουσκωτή πτυχή/ ~ pastry, γλύκισμα μέ φύλλο/ v.i. φουσκώνω, ξεφουσκώνω/ ~ up with pride, φουσκώνω ἀπό περηφάνεια/ ~ed up, πομπώδης, καυχησιάρης

pug, n. (dog) σκυλάκι (τό)/ ~ nose, πλακουτσωτή μύτη

pugilism, n. πυγμαχία (ἡ)/ pugilist, n. πυγμάχος (ὁ), μποξέρ (ὁ)/ pugnacious, a. ἐριστικός, καυγατζής

puke, v.i. κάνω ἐμετό

pule, v.i. κλαψουρίζω

pull, v.i. τράβηγμα (τό), ἕλξη (ἡ)/ v.t. τραβῶ/ ~ back (v.t.), τραβῶ, συγκρατῶ/ v.i. τραβιέμαι, ἀποσύρομαι/ ~ down, γκρεμίζω/ ~ off, κερδίζω, νικῶ/ ~ out, τραβῶ/ ~ the strings, ἀσκῶ ἐπιρροή στά παρασκήνια/ ~ to pieces, κομματιάζω/ ~ through, τά καταφέρνω, γλυτώνω/ ~ together, συγκεντρώνω, συντονίζω/ ~ oneself together, συγκρατοῦμαι

pullet, n. ὀρνίθι (τό)

pulley, n. τροχαλία (ἡ)

pullman, n. πούλμαν (τό)

pullulate, v.i. ξαναβλασταίνω, πολλαπλασιάζομαι

pulmonary, a. πνευμονικός

pulp, n. πολτός (ὁ)

pulpit, n. ἄμβωνας (ὁ)

pulsate, v.i. πάλλομαι/ pulsation, n. παλμός (ὁ), σφυγμός (ὁ)/ pulse, n. σφυγμός (ὁ)/ (bot.) σπόρος (ὁ)

pulverize, v.t. κονιορτοποιῶ, κάνω σκόνη/ ~r, n. τριβεῖο (τό)

puma, n. πούμα (ἡ), εἶδος πάνθηρα

pumice stone, n. ἐλαφρόπετρα (ἡ)

pump, n. ἀντλία (ἡ)/ v.t. ἀντλῶ/ ~ out,

βγάζω μέ ἀντλία/ ~ up, ἀνεβάζω μέ ἀντλία

pumpkin, n. κολοκύθα (ἡ)

pun, n. λογοπαίγνιο (τό)

punch, n. γροθιά (ἡ), χτύπημα (τό)/ (tech.) σουβλί (τό)/ (drink) πόντσι (τό)/ v.t. δίνω γροθιά

Punch, n. γελωτοποιός (ὁ), φασουλής (ὁ)

punctilio, n. ἀκριβολογία (ἡ)/ ~us, a. ἀκριβολόγος

punctual, a. τακτικός, ἀκριβής/ ~ity, n. ἀκρίβεια (ἡ)

punctuate, v.t. βάζω τήν στίξη/ punctuation, n. στίξη (ἡ)/ ~ mark, σημεῖο στίξης

puncture, n. διάτρηση (ἡ), τρύπημα (τό)/ v.t. & i. τρυπῶ, κεντῶ

pungency, n. δριμύτητα (ἡ), ὀξύτητα (ἡ)/ pungent, a. δριμύς, καυστικός, τσουχτερός

punish, v.t. τιμωρῶ/ ~able, a. κολάσιμος/ ~ment, n. τιμωρία (ἡ), ποινή (ἡ)/ punitive, a. τιμωρητικός

punt, n. ἀκάτι (τό)/ v.i. ποντάρω/ v.t. κλωτσῶ τήν μπάλα

puny, a. μικρός, ἐλάχιστος

pup, n. κουτάβι (τό), σκυλάκι (τό)

pupa, n. χρυσαλίδα (ἡ)

pupil, n. μαθητής (ὁ)/ (eye) κόρη (ἡ)

puppet, n. νευρόσπαστο (τό), μαριονέττα (ἡ) ~ government, κυβέρνηση ἀνδρεικέλων/ ~ theatre, κουκλοθέατρο (τό)

puppy, n. κουτάβι (τό), σκυλάκι (τό)/ (fig.) νεαρός ἀνόητος

purchase, n. ἀγορά (ἡ), ψώνιο (τό)/ (tech.) λαβή (ἡ), στήριγμα (τό)/ v.t. ἀγοράζω, ψωνίζω/ ~r, n. ἀγοραστής (ὁ)

pure, a. ἁγνός, καθαρός/ ~ly, ad. καθαρά, ἁπλά/ ~ness, n. ἁγνότητα (ἡ), καθαρότητα (ἡ)

purgative, n. καθάρσιο (τό)/ purgatory, n. καθαρτήριο (τό)/ purge, n. κάθαρση (ἡ), ἐκκαθάριση (ἡ)/ (med.) καθάρσιο (τό)/ v.t. καθαρίζω, ἐξαγνίζω/ (polit.) ἐκκαθαρίζω

vurification, n. καθαρισμός (ὁ), ἐξαγνισμός (ὁ)/ purify, v.t. καθαρίζω, ἐξαγνίζω/ purist, n. καθαρολόγος (ὁ)/ puritan, n. πουριτανός (ὁ)/ ~ical, a. πουριτανικός/ purity, n. καθαρότητα (ἡ), ἀγνότητα (ἡ)

purl, n. χρυσόνημα (τό)/ v.i. βάζω κέντημα σέ δαντέλα

purloin, v.t. κλέβω, σφετερίζομαι

purple, a. πορφυρένιος, πορφυρός/ n. πορφύρα (ἡ)

purport, n. ἔννοια (ἡ), σημασία (ἡ)/ v.t. ἐννοῶ, σημαίνω

purpose, n. σκοπός (ὁ), πρόθεση (ἡ)/ on ~, σκόπιμα, ἐπίτηδες/ to no ~, μάταια/ v.i. σκοπεύω, ἔχω πρόθεση/ ~ful, a. προμελετημένος/ ~ly, ad. ἐπίτηδες, σκόπιμα

purr, n. μιαούρισμα (τό)/ v.i. μιαουρίζω

purse, n. πουγγί (τό), βαλάντιο (τό)/ public ~, δημόσια χρήματα (τά), δημόσιος κορβανάς (ὁ)/ v.t. (lips) ζαρώνω τά χείλια/ ~r, n. ταμίας πλοίου (ὁ)

pursuance, n. ἐπιδίωξη (ἡ), συνέπεια (ἡ)/ pursuant to, σύμφωνα μέ, βάσει/ pursue, v.t. ἐπιδιώκω, ἀκολουθῶ, κυνηγῶ/ ~r, n. διώκτης (ὁ)/ (leg.) ἐνάγων (ὁ)/ pursuit, n. ἐπιδίωξη (ἡ), ἀναζήτηση (ἡ)

purulent, a. πυώδης

purvey, v.t. προμηθεύω/ ~or, n. προμηθευτής (ὁ)

purview, n. κείμενο κανονισμοῦ/ within the ~, μέσα στά ὅρια

pus, n. πύο (τό), ἔμπυο (τό)

push, n. σπρώξιμο (τό), ὤθηση (ἡ)/ v.t. σπρώχνω, ὠθῶ/ ~ about, ταλαιπωρῶ/ ~ back, ἀπωθῶ/ ~ forward, αὐτοπροβάλλομαι/ ~ off, φεύγω/ ~ out, διώχνω/ ~ -button, n. κουμπί (τό), διακόπτης (ὁ)/ ~ -cart, n. χειράμαξα (ἡ)/ ~ing, n. σπρώξιμο (τό)

pusillanimous, a. μικρόψυχος, δειλός

puss(y), n. γατάκι (τό)

pustule, n. σπυρί (τό)

put, v.t. βάζω, τοποθετῶ/ ~ across, κάνω κατανοητό/ ~ at, ὑπολογίζω, μαντεύω/ ~ away, βάζω κατά μέρος/ ~ back, ξαναβάζω/ (clock) βάζω πίσω/ ~ down (write) σημειώνω/ (animal) σκοτώνω/ ~ forth, προβάλλω, εἰσηγοῦμαι/ ~ in (request) ὑποβάλλω αἴτημα/ ~ into operation, βάζω σέ λειτουργία/ ~ off, ἀναβάλλω/ ~ on, προσθέτω/ ~ on weight, παχαίνω/ ~ out, σβύνω/ ~ a

stop to, βάζω τέλος/ ~ to death, θανατώνω/ ~ to flight, τρέπω σέ φυγή/ ~ to a vote, βάζω σέ ψηφοφορία/ ~ to music, μελοποιῶ/ ~ together, συναρμολογῶ, συνθέτω/ ~ up, στήνω/ ~ up job, στημένη δουλειά/ ~ up with, ἀνέχομαι

putative, a. ὑποτιθέμενος

putrefaction, n. σάπισμα (τό), σήψη (ἡ)/ putrefy, v.i. σαπίζω, γαγγραινιάζω/ putrid, a. σάπιος

putty, n. κόλλα (ἡ), στόκος (ὁ)

puzzle, n. αἴνιγμα (τό), γρίφος (ὁ)/ v.t. μπλέκω, βάζω σέ ἀμηχανία/ ~ one's brains, ζαλίζω τό μυαλό μου/ ~ out, διευκρινίζω

pygmy, n. πυγμαῖος (ὁ)

pyjamas, n. πυτζάμα (ἡ)

pylon, n. ἠλεκτρικός στῦλος (ὁ)

pyramid, n. πυραμίδα (ἡ)/ ~al, a. πυραμιδοειδής

pyre, n. νεκρική πυρά (ἡ)

pyrites, n. πυρίτης λίθος (ὁ)

pyrotechnics, n. πυροτεχνία (ἡ)/ (demonstration) πυροτεχνήματα (τά)

python, n. πύθωνας (ὁ)

Q

quack, n. ἀγύρτης (ὁ), τσαρλατάνος (ὁ)/ v.i. κρώζω

quadrangle, n. τετράγωνος χῶρος (ὁ)/ quadrangular, a. τετράγωνος, τετραγωνικός

quadrant, n. τεταρτοκύκλιο (τό)

quadrilateral, τετράπλευρο (τό), a. τετράπλευρος

quadrille, n. καντρίλλια (ἡ)

quadruped, n. τετράποδο (τό)

quadruple, a τετραπλός, τετραπλάσιος/ ~ts, n. pl. τετράδυμα (τά)

quaff, v.t. πίνω ἀσυγκράτητα

quagmire, n. τέλμα (τό), ἕλος (τό)

quail, n. ὀρτύκι (τό)/ v.i. τρέμω, δειλιάζω

quaint, a. παράξενος, ἰδιότροπος

quake, v.i. τρέμω, κλονίζομαι, σείομαι

Quaker, n. Κουακέρος (ὁ)

qualification, n. ἐπιφύλαξη (ἡ), περιορισμός, (ὁ), προσόν (τό)/ qualified, p.p. & a. ἁρμόδιος, μέ τά κατάλληλα προσόντα/ qualify, v.t. χαρακτηρίζω/ (express reservations) ἐκφράζω ἐπιφυλάξεις, μετριάζω/ ~ing, a. τροποποιητικός

qualitative, a. ποιοτικός/ quality, n. ποιότητα (ἡ), ἰδιότητα (ἡ), προσόν (τό)

qualm, n. δυσάρεστο συναίσθημα (τό)/ ~s of conscience, τύψεις συνείδησης

quandary, n. ἀμηχανία (ἡ), ἀβεβαιότητα (ἡ)

quantitative, a. ποσοτικός/ quantity, n. ποσότητα (ἡ)

quantum, n. κβάντουμ (τό)

quarantine, n. καραντίνα (ἡ)

quarrel, n. καβγάς (ὁ), φιλονεικία (ἡ)/ v.i. καβγαδίζω, τσακώνομαι, φιλονικῶ/ ~some, a. καβγατζής, ἐριστικός

quarry, n. λατομεῖο (τό)/ v.t. λατομῶ, βγάζω πέτρες ἀπό λατομεῖο

quart, n. λίτρα (ἡ)

quarter, n. τέταρτο (τό)/ (3 months), τριμηνία (ἡ)/ (district) συνοικία (ἡ)/ pl. (mil.) στρατόπεδο (τό), κατάλυμα (τό)/ ~ past five, πέντε καί τέταρτο, ~ to five, πέντε παρά τέταρτο/ at close ~s, ἀπό κοντά/ from all ~s, ἀπό παντοῦ/ ~- deck, n. κατάστρωμα πρύμνης (τό)/ ~ly, τριμηνιαῖος/ ad. κάθε τριμηνία/ ~- master, n. ὑπαξιωματικός (ὁ)

quartet, n. κουαρτέτο (τό)

quarto, n. τέταρτο σχῆμα (τό)

quartz, n. χαλαζίας (ὁ), πυριτόλιθος (ὁ)

quash, v.t. ἀναιρῶ, ἀκυρώνω

quasi, prefix, οἱονεί

quatrain, n. τετράστιχο (τό)

quaver, n. τρεμούλιασμα φωνῆς (τό)/ v.i. τρεμουλιάζω τή φωνή

quay, n. προκυμαία (ἡ)

queasy, a. λιγουριάρικος/ ~ stomach, ἀδύνατο στομάχι

queen, n. βασίλισσα (ἡ)/ (cards) ντάμα (ἡ)/ ~ bee, βασίλισσα μέλισσα

queer, a. παράξενος, παράδοξος/ (homosexual) πούστης (ὁ) feel~, νιώθω περίεργα

quell, v.t. κατευνάζω, καταπραΰνω

quench, v.t. καταπαύω, ἱκανοποιῶ/ (thirst) σβήνω

querulous, a. παραπονιάρης, μεμψίμοιρος

query, n. ἐρώτημα (τό), ἀπορία/ v.t. ρωτῶ, ἐξετάζω

quest, n. ἔρευνα (ἡ), ἀναζήτηση (ἡ)/ question, n. ἐρώτηση (ἡ)/ ~ mark, ἐρωτηματικό (τό)/ v.t. ἀμφισβητῶ, ἀμφιβάλλω/ ~able, a. ἀμφισβητήσιμος, προβληματικός/ ~er, n. ἐξεταστής (ὁ), ἀνακριτής (ὁ)/ questionnaire, n. ἐρωτηματολόγιο (τό)

quibble, n. στρεψοδικία (ἡ), σοφιστεία (ἡ)/ v.i. χρησιμοποιῶ σοφιστεῖες

quick, a. γρήγορος, γοργός, ζωηρός/ be ~, εἶμαι γρήγορος/ n. ζωντανή ὕλη (ἡ)/ the ~ and the dead, ζωντανοί καί πεθαμένοι/ cut to the ~, προσβάλλω, θίγω/ ~- en, v.t. & i. ἐπιταχύνω, ἐπισπεύδω/ ~ lime, n. ἀσβέστης (ὁ)/ ~ly, ad. γρήγορα/ ~ness, n. ζωηρότητα (ἡ), ἑτοιμότητα (ἡ)/ ~sand, n. σύρτη (ἡ), κινούμενη ἄμμος/ ~silver, n. ὑδράργυρος (ὁ)/ ~ tempered, a. εὐέξαπτος/ ~ witted, a. ἔξυπνος

quid, n. μασητός καπνός (ὁ)/ (pound) λίρα στερλίνα (ἡ)/ ~ pro quo, ἕνα σου καί ἕνα μου

quiescence, n. ἠρεμία (ἡ), ἡσυχία (ἡ)/ quiescent, a. ἤρεμος, ἥσυχος

quiet, a. ἥσυχος, σιωπηλός/ int. ἡσυχία!/ keep something ~, κρατῶ μυστικό/ n. ἡσυχία (ἡ), ἠρεμία (ἡ)/ on the ~, ἀθόρυβα, χωρίς φασαρία/ ~ly, ad. ἥσυχα, ἀθόρυβα

quill, n. φτερό (τό)/ (porcupine) ἀγκάθι (τό), βελόνα (ἡ)

quilt, n. πάπλωμα (τό), σκέπασμα (τό)/ v.t. βελονιάζω, τρυπώνω

quince, n. κυδώνι (τό)

quinine, n. κινίνο (τό)

quinquennial, a. πενταετής

quinsy, n. ἐρεθισμός τῶν ἀμυγδαλῶν (ὁ)

quintessence, n. πεμπτουσία (ἡ)

quintet(te), n. κουιντέτο (τό), πενταφωνία (ἡ)

quip, n. σαρκασμός (ὁ)

quire, n. δεσμίδα χαρτιοῦ (ἡ)

quirk, n. ὑπεκφυγή (ἡ), πρόφαση (ἡ)

quit, n. ἐγκαταλείπω, ἀφήνω/ *give notice to* ~, κοινοποιῶ ἀπόλυση/ *be* ~ *s*, εἴμαστε πάτσι
quite, ad. ἐντελῶς, ἀπόλυτα/~ *a lot*, ἀρκετά
quittance, n. ἐξόφληση (ἡ), ἀπαλλαγή (ἡ)
quiver, n. τρεμούλιασμα (τό)/ (of arrows) φαρέτρα (ἡ)/ v.i. τρεμουλιάζω
quixotic, a. δονκιχωτικός, ὀνειροπόλος
quiz, n. παιχνίδι μέ ἐρωτήσεις (τό)/ v.t. ὑποβάλλω ἐρωτήσεις/ ~*zical*, a. κωμικός, ἀστεῖος
quoit, n. δίσκος (ὁ), ἀμάδα (ἡ)
quondam, a. πρώην
quorum, n. ἀπαρτία (ἡ)
quota, n. μερίδα (ἡ), μερίδιο (τό)
quotation, n. παραπομπή (ἡ), παράθεση ἀποσπάσματος/ (com.) τιμή (ἡ)/ ~ *marks*, εἰσαγωγικά (τά)/ *quote*, v.t. παραθέτω, ἀναφέρω/ (com.) δίνω τιμή
quotient, n. πηλίκον (τό)

R

rabbi, n. ῥαββίνος (ὁ)/ ~*nical*, a. ῥαββινικός
rabbit, n. κουνέλι (τό)/ ~*hutch*, κλουβί κουνελιῶν (τό)/ ~*warren*, φωλιά κουνελιῶν (ἡ)
rabble, n. συρφετός (ὁ), ὄχλος (ὁ)
rabid, a. λυσσασμένος, μανιώδης/ *rabies*, n. λύσσα (ἡ)
race, n. ἀγώνας δρόμου (ὁ), κούρσα (ἡ)/ (tech.) χαντάκι (τό), ἀγωγός (ὁ)/ pl. ἱπποδρομίες (οἱ)/ (people) φυλή (ἡ), ράτσα (ἡ)/ *arms* ~, ἀνταγωνισμός ἐξοπλισμῶν/ *human* ~, ἀνθρώπινη φυλή (ἡ), ἀνθρωπότητα (ἡ)/ v.i. τρέχω, παραβγαίνω/ v.t. φουλάρω, βάζω μεγάλη ταχύτητα/ ~*course*, n. ἱππόδρομος (ὁ), πίστα (ἡ)/ ~*horse*, n. ἄλογο ἱπποδρομιῶν/ ~*r*, n. δρομέας (ὁ)/ (horse) ἄλογο κούρσας/ *racial*, a. φυλετικός/ ~ *discrimination*, φυλετικές διακρίσεις (οἱ)/

~*ism*, n. φυλετισμός (ὁ), ρατσισμός (ὁ)
rack, n. σχάρα (ἡ), κρεμάστρα (ἡ)/ (hist.) στρεβλωτήριο (τό)/ (tech.) ὀδοντωτός κανόνας/ *go to* ~ *and ruin*, πηγαίνω κατά διαβόλου/ v.t. βασανίζω, ταλαιπωρῶ/ ~ *one's brains*, σπάζω τό κεφάλι μου
racket, n. φασαρία (ἡ)/ (sport) ρακέτα (ἡ)/ (illegal) παρανομία (ἡ), γκαγκστερισμός (ὁ)
racoon, n. προκύων (ὁ), ρακούν (τό)
racy, a. πικάντικος, σκαμπρόζικος
radar, n. ραντάρ (τό)
radiance, n. ἀκτινοβολία (ἡ), λάμψη (ἡ)/ *radiant*, a. ἀκτινοβόλος, λαμπερός/ *radiate*, v.i. ἀκτινοβολῶ/ v.t. ξαπλώνω, διασπείρω/ *radiation*, n. ἀκτινοβολία (ἡ)/ *radiator*, n. θερμαντικό σῶμα (τό)
radical, a. ριζικός, δραστικός, ριζοσπαστικός/ n. ριζοσπάστης (ὁ)/ ~*ly*, ad. ριζικά, δραστικά
radio, n. ραδιόφωνο (τό), ραδιοφωνία (ἡ)/ ~ *set*, ραδιοφωνική συσκευή (ἡ)
radioactive, a. ραδιενεργός
radiocarbon, n. ραδιοϊσότοπο τοῦ ἄνθρακα (τό)
radiography, n. ἀκτινογραφία (ἡ)
radiolocation, n. ραντάρ (τό), ραδιοεντοπισμός (ὁ)
radiology, n. ἀκτινολογία (ἡ)
radiotherapy, n. ἀκτινοθεραπεία (ἡ)
radish, n. ραπάνι (τό), ραπανάκι (τό)
radium, n. ράδιο (τό)
radius, n. ἀκτίνα (ἡ)
raffia, n. ραφίδα (ἡ)
raffle, n. λοταρία (ἡ), λαχεῖο (τό)/ v.t. βάζω στή λοταρία
raft, n. σχεδία (ἡ)
rafter, n. πάτερο (τό), δοκός (ἡ)
rag, n. κουρέλι (τό)/ *in* ~*s*, κουρελιασμένος/ ~*amuffin*, n. κουρελής (ὁ), ρακένδυτος (ὁ)
rage, n. ὀργή (ἡ), θυμός (ὁ), παραφορά (ἡ)/ v.i. ἐξοργίζομαι, γίνομαι πῦρ καί μανία/ (epidemic, etc.) μαίνομαι
ragged, a. κουρελιασμένος
raging, a. ἐξαγριωμένος, μανιασμένος
raid, n. ἐπιδρομή (ἡ), ἐπίθεση (ἡ), εἰσβολή (ἡ)/ v.t. κάνω ἐπιδρομή, εἰσβάλλω
rail, n. ράβδος (ἡ), κιγκλίδωμα (τό)/

(railway) σιδηροδρομική γραμμή/ *by* ~, μέ τραῖνο, σιδηροδρομικῶς/ v.t. ἐπιπλήττω, μαλώνω/ ~ *off*, ἐκτροχιάζομαι/ ~*ing*, n. κιγκλίδωμα (τό)
raillery, n. πείραγμα (τό), καλαμπούρι (τό)
railway, n. σιδηρόδρομος (ὁ)/ a. σιδηροδρομικός/ ~ *timetable*, ὡράριο σιδηροδρόμων/ *cable* ~, ἐναέριος σιδηρόδρομος/ *narrow gauge* ~, στενή σιδηροδρομική γραμμή
raiment, n. ἀμφίεση (ἡ), περιβολή (ἡ)
rain, n. βροχή (ἡ)/ v.t. & i. βρέχει/ *it's* ~*ing hard*, βρέχει δυνατά/ *it's* ~*ing cats and dogs*, κάνει κατακλυσμό/ ~*bow*, n. οὐράνιο τόξο (τό)/ ~*coat*, n. ἀδιάβροχο (τό)/ ~*fall*, n. βροχόπτωση (ἡ)/ ~*gauge*, n. βροχόμετρο (τό)/ ~*proof*, a. ἀδιάβροχος/ ~*water*, n. βροχόνερο (τό)/ ~*y*, a. βροχερός
raise, v.t. ἀνεβάζω, σηκώνω, ἀνορθώνω/ (building) κτίζω/ (children) μεγαλώνω/ (plants) καλλιεργῶ/ (animals) ἐκτρέφω/ (money) συλλέγω, συγκεντρώνω/ (a laugh) προκαλῶ γέλιο/ ~*d*, a. ὑψωμένος, ἀνυψωμένος
raisin, n. σταφίδα (ἡ)
rake, n. χτένι (τό), τσουγκράνα (ἡ)/ (person) ἄσωτος/ v.t. τσουγκρανίζω, ξύνω/ ~ *in*, μαζεύω λεφτά/ ~ *up*, ἀνασκαλεύω περασμένα/ *rakish*, a. ἀκόλαστος, διεφθαρμένος
rally, n. συναγερμός (ὁ), συγκέντρωση (ἡ)/ v.t. & i. συγκεντρώνω, συναγείρω
ram, n. κριάρι (τό)/ (mech.) κριός (ὁ), ἔμβολο (τό)/ v.t. μπήγω, σπρώχνω
ramble, v.i. κάνω περίπατο, περιφέρομαι/ (bot.) μεγαλώνω ἀκανόνιστα/ n. βόλτα (ἡ), περίπατος (ὁ)/ ~*r*, n. περιπατητής (ὁ)/ (bot.) ἀναρριχώμενη τριανταφυλλιά (ἡ)/ *rambling*, a. ἄσκοπος, ἀκανόνιστος, ἀσυνάρτητος
ramification, n. διακλάδωση (ἡ), ὑποδιαίρεση (ἡ)/ *ramify*, v.i. διακλαδώνομαι, ὑποδιαιροῦμαι
rammer, n. μηχανικός κριός (ὁ), κόπανος (ὁ)
ramp, n. κεκλιμένο ἐπίπεδο/ ~*ant*, a. ἄγριος, ἀσυγκράτητος, ἐπιθετικός/ (heraldry) ὄρθιος

rampart, n. προμαχώνας (ὁ), ντάπια (ἡ)
ramrod, n. ἐμβολέας (ὁ), βέργα (ἡ)
ramshackle, a. ξεχαρβαλωμένος, ἑτοιμόρροπος
ranch, n. ἀγρόκτημα (τό), ράντσο (τό)/ ~*er*, n. κτηματίας (ὁ)
rancid, a. ταγγός
rancorous, a. μνησίκακος
random, a. τυχαῖος, ἀπρογραμμάτιστος/ *at* ~, τυχαῖα, στά κουτουροῦ
range, n. σειρά (ἡ), στοῖχος (ὁ), ἔκταση (ἡ)/ (mountain) ὀροσειρά (ἡ)/ (mil.) βεληνεκές (τό), ἐμβέλεια (ἡ)/ ~ *of vision*, ἀκτίνα ὄρασης (ἡ), ὀπτική ἀκτίνα (ἡ)/ v.t. τακτοποιῶ, παρατάσσω/ v.i. ἁπλώνομαι, κυμαίνομαι/ ~*finder*, n. τηλέμετρο (τό)/ ~*r*, n. περιπλανώμενος (ὁ)/ (forests) δασονόμος (ὁ), δασοφύλακας (ὁ)
rank, n. βαθμός (ὁ), τάξη (ἡ)/ ~ *and file*, ἁπλά μέλη/ v.t. ταξινομῶ, κατατάσσω/ v.i. θεωροῦμαι, κατατάσσομαι/ (bot.) ἄγριος, πυκνός/ (scandalous) σκανδαλώδης
rankle, v.i. φλογίζομαι, κακοφορμίζω
ransack, v.t. κάνω ἄνω-κάτω
ransom, n. λύτρα (τά)/ v.t. πληρώνω λύτρα, ἐξαγοράζω
rant, v.i. κομπάζω
rap, v.t. κρούω, χτυπῶ ἐλαφρά/ n. ἐλαφρό χτύπημα (τό)/ *I don't give a* ~, δέν μέ μέλει καθόλου, δέν δίνω πεντάρα
rapacious, a. ἄπληστος, ἁρπαχτικός/ *rape*, n. βιασμός (ὁ)/ (bot.) ἀγριογογγύλι (τό)/ v.t. βιάζω
rapid, a. γρήγορος, ταχύς/ pl. γρήγορο ρεῦμα ποταμοῦ/ ~*ity*, n. ταχύτητα (ἡ)
rapier, n. μυτερό σπαθί (τό)
rapine, n. λεηλασία (ἡ), διαρπαγή (ἡ)
rapt, a. ἐκστατικός, ἀφοσιωμένος/ ~*ure*, n. ἔκσταση (ἡ), παραφορά (ἡ)/ ~*urous*, a. ἐκστατικός, ἐνθουσιαστικός
rare, a. σπάνιος, ἀραιός/ ~*fy*, v.t. ἀραιώνω/ *rarity*, n. σπανιότητα (ἡ), ἀραιότητα (ἡ)
rascal, n. πανοῦργος (ὁ), δόλιος (ὁ), ἀχρεῖος (ὁ)/ ~*ly*, a. φαῦλος, ἀχρεῖος
rash, n. ἐξάνθημα (τό)/ a. ἀπερίσκεπτος, ἀλόγιστος, ὁρμητικός
rasp, n. λίμα (ἡ)/ v.t. λιμάρω/ v.i. τρίζω

raspberry, n. βατόμουρο (τό)
rat, n. μεγάλος ποντικός, ἀρουραῖος (ὁ)/ ~ race, σκληρός συναγωνισμός
rate, n. τιμή (ἡ), ἀξία (ἡ)/ ~ of exchange, τιμή συναλλάγματος (ἡ)/ bank ~, τιμή τράπεζας/ at any ~, σέ κάθε περίπτωση/ v.t. ἐκτιμῶ, ταξινομῶ, κατατάσσω/ ~payer, n. ἐκεῖνος πού πληρώνει δημοτικούς φόρους/ ~s, n. δημοτικοί φόροι (οἱ)
rather, ad. μᾶλλον, καλλίτερα/ I ~ think, νομίζω
ratification, n. ἐπικύρωση (ἡ)/ ratify, v.t. ἐπικυρώνω
rating, n. ἐκτίμηση (ἡ), διατίμηση (ἡ)/ (ship) κατάταξη πλοίου σέ κατηγορία/ (sailor) ναύτης (ὁ)
ratio, n. ἀναλογία (ἡ), σχέση (ἡ)
ration, n. μερίδα (ἡ), συσσίτιο (τό)/ v.t. μοιράζω συσσίτιο
rational, a. λογικός, ὀρθολογικός/ ~ism, n. ὀρθολογισμός (ὁ)/ ~ization, n. ὀρθολογιστική ἀντιμετώπιση (ἡ)
rationing, n. διανομή συσσίτιου (ἡ)
rattle, n. κροτάλισμα (τό), κρόταλο (τό)/ v.i. κροταλίζω/ ~ off, ἀπαγγέλλω γρήγορα/ ~snake, n. κροταλίας (ὁ)
raucous, a. βραχνός
ravage, v.t. ἐρημώνω, καταστρέφω
rave, v.i. παραληρῶ, παραμιλῶ
ravel, v.t. μπερδεύω, περιπλέκω
raven, n. κοράκι (τό)
ravenous, a. ἀδηφάγος
ravine, n. χαράδρα (ἡ), φαράγγι (τό)
raving, n. παραλήρημα (τό), μανία (ἡ)/ a. μανιασμένος, σέ παραλήρημα
ravish, v.t. ἀρπάζω/ (a woman) βιάζω/ ~ing, a. συναρπαστικός, μαγευτικός, θελκτικός/ ~ment, n. ἔκσταση (ἡ), θαυμασμός (ὁ)
raw, a. ὠμός, ἄγουρος/ ~ material, ἀκατέργαστη ὕλη (ἡ)/ ~ deal, ἄδικη μεταχείριση/ ~hide, n. ἀκατέργαστο δέρμα
ray, n. ἀκτίνα (ἡ)/ (fig.) ἐλπίδα (ἡ)
raze, v.t. κατεδαφίζω, γκρεμίζω
razor, n. ξυράφι (τό)
reach, n. ἔκταση (ἡ), ἐξάπλωση (ἡ)/ out of ~, ἀνέφικτος, ἀπραγματοποίητος/ v.t. & i. φθάνω, ἁπλώνω, ἐκτείνω
react, v.i. ἀντιδρῶ/ ~ion, n. ἀντίδραση

(ἡ)/ ~ionary, a. & n. ἀντιδραστικός
read, v.t. διαβάζω/ (instrument) παίρνω τήν ἔνδειξη/ (proofs) διορθώνω δοκίμια/ ~able, a. ἀξιανάγνωστος
readdress, v.t. διαβιβάζω σέ ἄλλη διεύθυνση
reader, n. ἀναγνώστης (ὁ)/ (university) καθηγητής (ὁ)/ ~ship, n. κυκλοφορία (ἡ), ἀναγνωστικό κοινό (τό)/ (university) καθηγητική ἔδρα (ἡ)
readily, ad. πρόθυμα/ readiness, n. προθυμία (ἡ)
reading, n. ἀνάγνωση (ἡ), διάβασμα (τό)/ ~-desk, n. ἀναλόγιο (τό)/ ~-room, n. ἀναγνωστήριο (τό)
readjust, v.t. ἀναπροσαρμόζω
ready, a. ἕτοιμος, πρόθυμος/ ~ money, μετρητά (τά)/ ~ reckoner, προπαίδεια (ἡ)/ ~-made, a. ἕτοιμος
reaffirm, v.t. ξαναβεβαιώνω, ἐπικυρώνω
reagent, n. ἀντιδραστικό φάρμακο (τό)
real, a. πραγματικός, ἀληθινός/ (leg.) ~ estate, ἀκίνητο (τό)/ ~ism, n. ρεαλισμός (ὁ)/ ~istic, a. ρεαλιστικός/ ~ity, n. πραγματικότητα (ἡ)/ ~ization, n. πραγματοποίηση (ἡ), συνειδητοποίηση (ἡ)/ ~ize, v.t. πραγματοποιῶ, συνειδητοποιῶ/ ~ly, ad. πραγματικά, ἀληθινά
realm, n. βασίλειο (τό), ἐξουσία (ἡ)/ (fig.) δικαιοδοσία (ἡ)
ream, n. δεσμίδα χαρτιοῦ (ἡ)
reanimate, v.t. ἀναζωογονῶ, ἀναζωπυρώνω
reap, v.t. θερίζω, δρέπω/ (fig.) ἀποκομίζω/ ~er, n. θεριστής (ὁ)/ ~ing, n. θερισμός (ὁ)/ ~ing hook, δρεπάνι (τό)
reappear, v.i. ξαναεμφανίζομαι/ ἐπανεμφανίζομαι/ ~ance, n. ἐπανεμφάνιση (ἡ)
rear, n. ὀπίσθια (τά), νῶτα (τά)/ a. ὀπίσθιος, πισινός/ in the ~, πίσω/ bring up the ~, ἔρχομαι τελευταῖος/ v.t. τρέφω, ἀνατρέφω/ v.i. ἀφηνιάζω/ ~-admiral, n. ὑποναύαρχος (ὁ)/ ~guard, n. ὀπισθοφυλακή (ἡ)
reason, n. λόγος (ὁ), λογικό (τό)/ (cause) αἰτία (ἡ), ἀφορμή (ἡ)/ by ~ of, λόγω, ἕνεκα/ v.i. κρίνω, συλλογίζομαι/ ~ out, βγάζω συμπέρασμα/ ~able, a. λογικός, δικαιολογημένος, εὔλογος/ ~ ableness,

n. λογικότητα (ή)/ (in prices) συγκαταβατικότητα (ή)

reassure, v.t. καθησυχάζω, δίνω θάρρος/ *reassuring,* a. καθησυχαστικός, ἐνθαρρυντικός

rebate, n. ἐλάττωση (ή), ἔκπτωση (ή)

rebel, n. ἀντάρτης (ὁ), ἐπαναστάτης (ὁ), στασιαστής (ὁ)/ v.i. ἐπαναστατῶ, στασιάζω/ ~*lion,* n. ἐπανάσταση (ή), ἐξέγερση (ή)/ ~*lious,* a. ἐπαναστατικός, στασιαστικός

rebirth, n. ἀναγέννηση (ή)

rebound, n. ἀναπήδημα (τό)/ v.i. ἀναπηδῶ

rebuff, n. ἀπότομη ἄρνηση, ἀπόκρουση (ή)/ v.t. ἀποκρούω, ἀπορρίπτω

rebuild, v.t. ξαναχτίζω, ξαναφτιάχνω

rebuke, n. ἐπίπληξη (ή), ἐπιτίμηση (ή)/ v.t. ἐπιπλήττω, ἐπιτιμῶ

rebut, v.t. ἀντικρούω, ἀπορρίπτω/ ~*tal,* n. ἀντίκρουση (ή)

recalcitrance, n. ἀνυπακοή (ή), ἀπείθια (ή)/ *recalcitrant,* a. ἀνυπάκουος

recall, n. ἀνάκληση (ή)/ v.t. ἀνακαλῶ/ (remember) ἀναπολῶ, μοῦ ἔρχεται στό νοῦ

recant, v.i. ἀναιρῶ/ ~*ation,* n. ἀναίρεση (ή)

recapitulate, v.t. ἀνακεφαλαιώνω/ *recapitulation,* n. ἀνακεφαλαίωση (ή)

recapture, n. ἐπανάκτηση (ή)/ v.t. ἐπανακτῶ

recast, v.t. ἀναχωνεύω, ξαναχύνω/ (theatre) ξανακάνω διανομή τῶν ρόλων

recede, v.i. ἀποχωρῶ, ἀποσύρομαι

receipt, n. ἀπόδειξη (ή), παραλαβή (ή)/ pl. εἰσπράξεις (οἱ)/ v.t. δίνω ἐξόφληση/ *receive,* v.t. λαβαίνω/ (official) ὑποδέχομαι, δίνω δεξίωση/ ~*r,* n. παραλήπτης (ὁ), ἀποδέκτης (ὁ)/ (leg.) σύνδικος (ὁ)

recent, a. πρόσφατος, νέος/ ~*ly,* ad. πρόσφατα, τελευταῖα

receptacle, n. δοχεῖο (τό)/ *reception,* n. ὑποδοχή (ή), δεξίωση (ή)/ ~ *room,* αἴθουσα ὑποδοχῆς (ή)/ *receptive,* a. δεκτικός

recess, n. διακοπή (ή), ἀργία (ή), διάλειμμα (τό)/ *in the secret* ~*es,* στά μύχια/ ~*ion,* n. ὑποχώρηση (ή), ἀπομά-

κρυνση (ή)/ (econ.) ὕφεση (ή)

recipe, n. συνταγή (ή)

recipient, n. παραλήπτης (ὁ)

reciprocal, a. ἀμοιβαῖος/ *reciprocate,* v.t. ἀνταποδίδω, ἀνταλλάσσω/ *reciprocity,* n. ἀμοιβαιότητα (ή)

recital, n. ἐξιστόρηση (ή), ἀπαγγελία (ή)/ (mus.) ρεσιτάλ (τό), συναυλία (ή)/ *recitation,* n. ἀπαγγελία (ή)/ *recite,* v.t. ἀπαγγέλλω

reckless, a. ἀπερίσκεπτος, ριψοκίνδυνος/ ~ *driving,* ἀπρόσεκτη (ἐπικίνδυνη) ὁδήγηση

reckon, v.t. ὑπολογίζω, λογαριάζω/ v.i. ἐκτιμῶ, κρίνω/ ~ *on,* μετρῶ/ ~ *with,* ζητῶ λογαριασμό ἀπό/ ~*ing,* n. λογαριασμός (ὁ), ἐκτίμηση (ή)

reclaim, v.t. ἀναμορφώνω, ἀναθεωρῶ, διορθώνω/ (land) ἐκχερσώνω

recline, v.t. & i. στηρίζομαι, πλαγιάζω

recluse, n. ἐρημίτης (ὁ), ἀσκητής (ὁ)

recognition, n. ἀναγνώριση (ή)/ *recognize,* v.t. ἀναγνωρίζω

recoil, n. χαλάρωση (ή)/ (gun) κλώτσημα (τό)/ v.i. χαλαρώνω/ (gun) κλωτσῶ

recollect, v.t. θυμοῦμαι, ἀναπολῶ/ ~*ion,* n. ἀνάπόληση (ή), ἀνάμνηση (ή)

recommence, v.t. ξαναρχίζω

recommend, v.t. συνιστῶ/ ~*ation,* n. σύσταση (ή)

recompense, n. ἀποζημίωση (ή), ἀνταμοιβή (ή)/ v.t. ἀποζημιώνω, ἀνταμοίβω

reconcile, v.t. συμβιβάζω/ *reconciliation,* n. συμβιβασμός (ὁ)

recondite, a. βαθύς, σκοτεινός

recondition, v.t. ἀνακαινίζω, ἀνανεώνω

reconnaissance, n. ἀναγνώριση (ή)/ *reconnoitre,* v.t. κάνω ἀναγνώριση, κατοπτεύω

reconsider, v.t. ἀναθεωρῶ, ξανασκέπτομαι

reconstruct, v.t. ξαναχτίζω, ξανασχηματίζω/ ~*ion,* n. ξαναχτίσιμο (τό), ξανασχηματισμός (ὁ)/ (of a crime) ἀναπαράσταση (ή)

record, n. καταχώρηση (ή), ἀναγραφή (ή)/ *keep a* ~, κρατῶ πρακτικά (σημείωση)/ *off the* ~ , ἐμπιστευτικά/ (sport) ρεκόρ, ἐπίδοση/ *break a* ~ , κα-

ταρίπτω ἐπίδοση, σπάω ρεκόρ/ *police
~* , ἀστυνομικός φάκελλος/ *~ office,*
ἀρχεῖο (τό)/ *~er,* n. ἀρχειοφύλακας
(ὁ)/ *~ing,* n. καταγραφή (ή)/ (radio)
μαγνητοφώνηση (ή)/ *~player,* n. γραμ-
μόφωνο (τό), πίκ-ἀπ (τό)
recount, n. ξαναμέτρημα (τό)/ (of a story)
διήγηση (ή), ἀνιστόρηση (ή)/ v.t. ξανα-
μετρῶ/ (a story) ἀνιστορῶ, διηγοῦμαι
recoup, v.t. ξαναποκτῶ, ἀνακτῶ
recourse, n. καταφύγιο (τό)/ *have ~ to,*
προσφεύγω, κάνω προσφυγή
recover, v.t. ἀνακτῶ, ξαναβρίσκω/ (cover
again) ξανασκεπάζω/ v.i. γίνομαι κα-
λά, συνέρχομαι/ *~y,* n. ἀνάκτηση (ή),
ἐπανόρθωση (ή)/ (health) ἀνάρρωση
(ή), θεραπεία (ή)
recreant, n. ἄνανδρος (ὁ), ἄπιστος (ὁ)
recreate, v.t. ἀναδημιουργῶ
recreation, n. ἀναδημιουργία (ή)/ (plea-
sure) ψυχαγωγία (ή)/ *~ ground,* γήπε-
δο ψυχαγωγίας (τό)/ (biol.) ἀναπαρα-
γωγή (ή)
recriminate, v.t. ἀντεγκαλῶ, ἀντικατηγο-
ρῶ/ *recrimination,* n. ἀντέγκληση (ή)
recruit, n. νεοσύλλεκτος (ὁ), νεοδιορι-
σμένος (ὁ)/v.t. προσλαμβάνω/ (mil.)
στρατολογῶ/ *~ment,* n. πρόσληψη (ή)/
(mil.) στρατολογία (ή)
rectangle, n. ὀρθογώνιο (τό)/ *rectangular,*
a. ὀρθογώνιος
rectification, n. ἐπανόρθωση (ή)/ (elec.)
ἀνασύσταση ρεύματος/ *rectify,* v.t.
ἐπανορθώνω, διορθώνω
rectilinear, a. εὐθύγραμμος
rectitude, n. εὐθύτητα (ή), χρηστότητα
(ή)
rector, n. (university) πρύτανης (ὁ)/
(eccl.) ἐφημέριος (ὁ)/ *~y,* n. ἐφημερία
(ή), ἐνορία (ή)
rectum, n. ἀπευθυσμένο (τό)
recumbent, a. πλαγιασμένος, ξαπλωμέ-
νος
recuperate, v.t. & i. ἐπανορθώνω, ἀπο-
καθιστῶ/ (med.) ἀνακτῶ δυνάμεις/ *re-
cuperation,* n. ἐπανόρθωση (ή), ἀποκα-
τάσταση (ή), ἀνάκτηση δυνάμεων (ή)
recur, v.i. ἐπανέρχομαι, ξανασυμβαίνω/
~rence, n. ἐπανάληψη (ή)/ (med.) ὑπο-
τροπή (ή)/ *~ring,* a. ἐπαναληπτικός,

περιοδικός
recycle, v.t. ἀνακυκλώνω
red, a. κόκκινος/ *turn ~* , κοκκινίζω/ *R~
Cross,* Ἐρυθρός Σταυρός (ὁ)/ *~ her-
ring,* παραπλάνηση (ή)/ *~ lead,* μίνιο
(τό)/ *~ letter day,* ἰδιαίτερα εὐχάριστη
μέρα, ἀξέχαστη μέρα/ *R~ Sea,* Ἐρυ-
θρά Θάλασσα (ή)/ *~ tape,* γραφειο-
κρατεία (ή)/ *~breast,* n. κοκκινολαίμης
(ὁ)/ *~den,* v.t. & i. κοκκινίζω/ *~haired,*
a. κοκκινομάλλης/ *~handed,* a. *catch
~,* πιάνω ἐπ' αὐτοφώρω/ *~hot,* a. καυ-
τός
redeem, v.t. λυτρώνω, ἐλευθερώνω/
(debt) ἐξοφλῶ/ (mortgage) ἐξαλείφω/
~er, n. λυτρωτής (ὁ), σωτήρας (ὁ)/ *re-
demption,* n. λύτρωση (ή), ἀπελευθέ-
ρωση (ή)/ (mortgage) ἐξάλειψη (ή)
redness, n. κοκκινάδα (ή), κοκκινίλα (ή)
redolent, a. μυρωδάτος, εὔοσμος
redouble, v.t. πολλαπλασιάζω
redoubt, n. προπύργιο (τό), ὀχύρωμα
(τό)/ *~able,* a. φοβερός, ἐπίφοβος
redound, v.i. πηγάζω/ *~ to,* συντελῶ,
συντείνω, καταλήγω
redress, n. ἐπανόρθωση (ή), δικαίωση
(ή)/ v.t. ἐπανορθώνω, διορθώνω, ἀπο-
καθιστῶ/ *~ a wrong,* ἐπανορθώνω ἀδι-
κία/ *~ the balance,* ἀποκαθιστῶ τήν
ἰσορροπία
reduce, v.t. περιορίζω, ἐλαττώνω, μειώ-
νω/ v.i. ἀδυνατίζω/ *~ to,* καταλήγω,
καταντῶ/ *~ to the ranks,* ἀφαιρῶ τόν
βαθμό/ *~d circumstances,* φτώχεια, πε-
νία/ *reduction,* n. μείωση (ή), ἐλάττωση
(ή)/ (in price) ἔκπτωση (ή)
redundancy, n. πλεονασμός (ὁ), πε-
ρίσσευμα (τό)/ *redundant,* a. περισσευ-
ούμενος, πλεονάζων
re-echo, v.i. ἀπηχῶ, ἀντηχῶ
reed, n. καλάμι (τό)/ (mus.) αὐλός (ὁ)
reef, n. ὕφαλος (ὁ), ξέρα (ή)/ *~-knot,* n.
θηλειά (ή), σταυρόδεσμος (ὁ)
reek, n. ἀχνός (ὁ), ἀτμός (ὁ)/ v.i. καπνί-
ζω, ἀχνίζω
reel, n. τυλιγάδι (τό), κουβαρίστρα (ή),
ἀνέμη (ή)/ v.i. κλονίζομαι, τρικλίζω
re-elect, v.t. ἐπανεκλέγω, ξαναεκλέγω/
~ion, n. ἐπανεκλογή (ή)
re-embark, v.i. ξαναμπαρκάρω, ἐπανεπι-

διδάζομαι/ (fig.) ~ upon, ξαναρχίζω
re-enforce, v.t. ἐνισχύω, δυναμώνω
re-establish, v.t. ἐπανιδρύω
re-examine, v.t. ἐπανεξετάζω
refectory, n. ἀναψυκτήριο (τό), ἑστιατόριο (τό)
refer, v.t. παραπέμπω, ἀναφέρω/ ~ to, ἀπευθύνομαι/ ~ee, n. διαιτητής (ὁ)/ ~ence, n. ἀναφορά (ἡ), παραπομπή (ἡ)/ ~ence library, συμβουλευτική βιβλιοθήκη/ ~endum, n. δημοψήφισμα (τό)
refill, n. ἀνταλλακτικό (τό)/ v.t. ξαναγεμίζω
refine, v.t. διυλίζω/ ~d, p.p. & a. διυλισμένος/ (person) ἐκλεπτυσμένος, ραφιναρισμένος/ ~ment, n. διύλιση (ἡ)/ (manners) λεπτότητα (ἡ)/ ~ry, n. διυλιστήριο (τό)
refit, v.t. ἐπισκευάζω, ἐπιδιορθώνω
reflect, v.t. ἀντανακλῶ/ v.i. σκέπτομαι, συλλογίζομαι/ ~ion, n. ἀντανάκλαση (ἡ)/ ~or, n. ἀντανακλαστικός καθρέπτης (ὁ)/ reflex, n. ἀντανάκλαση (ἡ), ἀνταύγεια (ἡ)/ a. ἀντανακλαστικός, πλάγιος/ ~ action, ἀνακλαστική ἐνέργεια
reform, n. μεταρρύθμιση (ἡ)/ v.t. μεταρρυθμίζω, ἀναμορφώνω/ ~ation, n. μεταρρύθμιση (ἡ)/ ~atory, a. μεταρρυθμιστικός/ ~er, n. μεταρρυθμιστής (ὁ)
refract, v.t. διαθλῶ/ ~ion, n. διάθλαση (ἡ)/ ~oriness, n. ἀνυποταξία (ἡ)/ (tech.) δυστηξία (ἡ)/ ~ory, a. ἀνυπότακτος/ (tech.) δύστηκτος, πυρίμαχος
refrain, n. ἀναχαίτηση (ἡ), συγκράτηση (ἡ)/ v.i. συγκρατιέμαι
refresh, v.t. δροσίζω, ἀναζωογονῶ/ ~ing, a. δροσιστικός, ἀναζωογονητικός/ ~ment, n. ἀναψυχή (ἡ), δρόσισμα (τό)/ pl. ἀναψυκτικά (τά)/ ~ room, κυλικεῖο (τό), μπουφές (ὁ)
refrigerate, v.t. καταψύχω/ refrigeration, n. κατάψυξη (ἡ), ψύξη (ἡ)/ refrigerator, n. ψυγεῖο (τό)/ ~-car, n. αὐτοκίνητοψυγεῖο (τό)
refuge, n. καταφύγιο (τό), ἄσυλο (τό)/ ~e, n. πρόσφυγας (ὁ)
refulgent, a. λαμπρός, φωτοβόλος

refund, n. ἐπιστροφή χρημάτων (ἡ)/ v.t. ἐπιστρέφω χρήματα
refurnish, v.t. ξαναπρομηθεύω/ (furniture) ξαναεπιπλώνω
refusal, n. ἄρνηση (ἡ)/ refuse, v.t. ἀρνοῦμαι, ἀρνιέμαι/ n. σκουπίδια (τά), ἀπορρίματα (τά)/ ~ dump, σκουπιδαριό (τό)
refutation, n. ἀνασκευή (ἡ), ἀναίρεση (ἡ)/ refute, v.t. ἀνασκευάζω, ἀναιρῶ
regain, v.t. ξανακερδίζω, ξαναβρίσκω/ ~ consciousness, ἀνακτῶ τίς αἰσθήσεις
regal, a. βασιλικός/ ~e, v.t. φιλεύω, διασκεδάζω/ ~ia, n. pl. ἐμβλήματα (τά), παράσημα (τά)
regard, n. προσοχή (ἡ), σεβασμός (ὁ), ὑπόληψη (ἡ), ἐκτίμηση (ἡ)/ pl. χαιρετίσματα (τά)/ kindest ~s, θερμούς χαιρετισμούς/ with ~ to, σχετικά μέ/ v.t. θεωρῶ/ as ~s, ἀναφορικά μέ/ ~ing, pr. σχετικά μέ/ ~less, a. ἀπρόσεχτος, ἀδιάφορος/ ~ of, ἄσχετα μέ
regatta, n. λεμβοδρομία (ἡ)
regency, n. ἀντιβασιλεία (ἡ)
regenerate, v.t. ἀναγεννῶ, ἀναζωογονῶ/ (tech.) ἀναθερμαίνω/ regeneration, n. ἀναγέννηση (ἡ), ἀναζωογόνηση (ἡ)/ (tech.) ἀναθέρμανση (ἡ)
regent, n. ἀντιβασιλέας (ὁ)
regicide, n. βασιλοκτονία (ἡ)
regime, n. καθεστώς (τό)/ ~n, n. δίαιτα (ἡ)/ ~nt, n. σύνταγμα (τό)/ ~ntal, a. τοῦ συντάγματος
region, n. περιοχή (ἡ)/ in the ~ of, γύρω στά, περίπου/ ~al, a. τοπικός, περιφερειακός
register, n. κατάστιχο (τό), κατάλογος (ὁ), μητρῶο (τό)/ v.t. καταχωρῶ, ἐγγράφω/ (birth, etc.) δηλώνω/ ~ed letter, συστημένη ἐπιστολή (ἡ)/ regisirar, n. ληξίαρχος (ὁ)/ (court) γραμματέας δικαστηρίου/ (school) ὑπεύθυνος ἐγγραφῶν/ registration, n. ἐγγραφή (ἡ)/ (of documents) καταγραφή (ἡ), καταχώρηση (ἡ)/ registry, n. ἀρχεῖο (τό)
regret, n. λύπη (ἡ), μεταμέλεια (ἡ)/ to our ~, μέ λύπη μας, λυπούμαι, μετανοῶ/ ~table, a. θλιβερός
regular, a. κανονικός, ὁμαλός, σωστός, τακτικός/ (mil.) n. τακτικός στρατιώ-

της (ό)/ (customer) τακτικός πελάτης/
~ity, n. ὁμαλότητα (ἡ), κανονικότητα
(ἡ)/ ~ly, ad. κανονικά, ρυθμισμένα,
τακτικά/ regulate, v.t. κανονίζω, ρυθ-
μίζω/ regulating, a. κανονιστικός, ρυθ-
μιστικός/ regulator, n. ρυθμιστής (ὁ)
rehabilitate, v.t. ἐπανορθώνω, ἀποκαθι-
στῶ/ rehabilitation, n. ἐπανόρθωση (ἡ),
ἀποκατάσταση (ἡ)
rehearsal, n. δοκιμή (ἡ), πρόβα (ἡ)/ dress
~ , πρόβα μέ κοστούμια/ rehearse, v.t.
κάνω πρόβα, κάνω δοκιμή
rehouse, v.t. μεταστεγάζω
reign, n. βασιλεία (ἡ)/ v.i. βασιλεύω/
(fig.) κυριαρχῶ
reimburse, v.t. ἐπιστρέφω χρήματα, ἐξο-
φλῶ/ ~ment, n. ἐπιστροφή χρημάτων
(ἡ), ἐξόφληση (ἡ)
rein, n. χαλινάρι (τό)/ ~s of government,
τά ἡνία τῆς ἐξουσίας/ give ~ to, συγ-
κρατῶ
reincarnation, n. τάρανδος (ὁ)
reinforce, v.t. ἐνισχύω, δυναμώνω/ ~d,
p.p. & a. ἐνισχυμένος/ ~d concrete,
μπετόν ἀρμέ (τό)/ ~ment, n. ἐνίσχυση
(ἡ), δυνάμωμα (τό)/ pl. (mil.) ἐνισχύ-
σεις (οἱ)
reinstate, v.t. ἀποκαθιστῶ, ἐπαναφέρω
στή θέση του
reinsurance, n. ἀντασφάλεια (ἡ)/ rein-
sure, v.t. ἀντασφαλίζω
reissue, v.t. ἐπανεκδίδω
reiterate, v.t. ἐπαναλαμβάνω/ reiteration,
n. ἐπανάληψη (ἡ)
reject, v.t. ἀπορρίπτω, ἀρνοῦμαι/ ~ion,
n. ἀπόρριψη (ἡ), ἄρνηση (ἡ)
rejoice, v.t. χαροποιῶ/ v.i. χαίρομαι/ re-
joicing, n. εὐθυμία (ἡ), χαρά (ἡ), ἀγαλ-
λίαση (ἡ)
rejoin, v.i. ἀνασυνδέω, ξαναενώνομαι/
~der, n. ἀνταπάντηση (ἡ)
rejuvenate, v.t. ξανανιώνω
relapse, n. ὑποτροπή (ἡ), ξανακύλισμα
(τό)/ v.i. ξανακυλῶ, σημειώνω ὑποτρο-
πή
relate, v.t. ἀναφέρω, ἐξιστορῶ, διηγοῦ-
μαι/ v.i. σχετίζομαι, ἔχω σχέση/ be ~d
to, ἔχω συγγένεια μέ/ relation, n. συγγέ-
νεια (ἡ), σχέση (ἡ)/ (of a story) ἐξιστό-
ρηση (ἡ)/ ~ship, n. σχέση (ἡ)/ blood ~ ,

συγγένεια ἐξ αἵματος/ relative, a. σχετι-
κός/ (gram.) ἀναφορικός/ n. συγγενής
(ὁ,ἡ)/ relativity, n. σχετικότητα (ἡ)
relax, v.t. χαλαρώνω, ξετεντώνω, ἀνα-
κουφίζω/ v.i. ξετεντώνομαι, ξεκουρά-
ζομαι/ ~ation, n. χαλάρωση (ἡ), ἀνα-
κούφιση (ἡ)/ ~ing, a. ἀνακουφιστικός,
ξεκουραστικός
relay, n. ἀλλαγή βάρδιας (ἡ)/ (radio)
ἀναμετάδοση (ἡ)/ (sport) σκυτάλη (ἡ)/
v.t. ἀναμεταδίδω/ ~ race, σκυταλοδρο-
μία (ἡ)
release, n. ἀπαλλαγή (ἡ), ἀπόλυση (ἡ)/
(bomb) ρίψη (ἡ)/ (tech.) διαφυγή
ἀτμοῦ/ v.t. ἀπαλλάσσω, ἀπολύω/ (film)
προβάλλω γιά πρώτη φορά/ (tech.)
διαφεύγω
relegate, v.t. ὑποβιβάζω/ relegation, n.
ὑποβιβασμός (ὁ)
relent, v.i. μαλακώνω, κάμπτομαι/ ~less,
a. ἀμείλικτος, ἀδυσώπητος, σκληρός
relevance, n. σχετικότητα (ἡ), ἐπικαιρό-
τητα (ἡ)/ relevant, a. σχετικός, ἐπίκαι-
ρος
reliability, n. ἀξιοπιστία (ἡ)/ reliable, a.
ἀξιόπιστος
reliance, n. ἐμπιστοσύνη (ἡ)
relic, n. λείψανο (τό)/ (fig.) ἀπομεινάρι
(τό)
relief, n. ἀνακούφιση (ἡ), ξαλάφρωμα
(τό)/ (art) ἀνάγλυφο (τό)/ ~ fund, τα-
μεῖο περίθαλψης (τό)/ ~ troops, ἐπι-
κουρικές δυνάμεις/ ~ valve, βαλβίδα
ἀσφαλείας/ relieve, v.t. ἀνακουφίζω,
ξαλαφρώνω, βοηθῶ
religion, n. θρησκεία (ἡ)/ religious, a.
θρησκευτικός/ (person) θρῆσκος (ὁ)
relinquish, v.t. ἐγκαταλείπω, ἀφήνω
relish, n. ἀπόλαυση (ἡ), νοστιμάδα (ἡ)/
v.t. νοστιμίζω/ v.i. ἀπολαμβάνω, γεύο-
μαι μέ εὐχαρίστηση
reluctance, n. δισταγμός (ὁ), διστακτικό-
τητα (ἡ)/ reluctant, a. διστακτικός
rely, v.i. ~ on, βασίζομαι (στηρίζομαι)
σέ
remain, v.i. παραμένω/ ~der, n. ὑπόλοι-
πο (τό)/ ~ing, a. ὑπολειπόμενος/ ~s,
n.pl. ἀπομεινάρια (τά)/ (of a dead) σο-
ρός (ἡ)
remake, v.t. ξαναφτιάχνω, ἀνακαινίζω

remand, n. προφυλάκιση (ή)/ *person on* ~, προφυλακισμένος/ v.t. προφυλακίζω

remark, n. παρατήρηση (ή)/ v.t. παρατηρῶ/ ~able, a. ἀξιόσημείωτος, σημαντικός

remedy, n. φάρμακο (τό), θεραπεία (ή)/ v.t. θεραπεύω, γιατρεύω/ (fig.) ἐπανορθώνω

remember, v.t. θυμοῦμαι/ ~ me to him, πές του χαιρετίσματα/ *remembrance*, n. ἀνάμνηση (ή), ἐνθύμιο (τό)

remind, v.t. ὑπενθυμίζω/ ~er, n. ὑπενθύμιση (ή), ὑπόμνημα (τό)

reminiscence, n. ἀνάμνηση (ή), ἀναπόληση (ή)/ *reminiscent*, a. θυμητικός, ὑπενθυμιστικός

remiss, a. νωθρός, ῥάθυμος, ἀμελής/ ~ion, n. συγχώρεση (ή), ἄφεση (ή)/ *remit*, v.t. συγχωρῶ, χαρίζω ποινή/ (money) στέλνω χρήματα, ἐμβάζω/ ~tance, n. ἔμβασμα (τό)

remnant, n. ἀπομεινάρι (τό), ὑπόλοιπο (τό)

remodel, v.t. μετασχηματίζω, μεταποιῶ

remonstrance, n. διαμαρτυρία (ή), παράσταση (ή)/ *remonstrate*, v.t. διαμαρτύρομαι, κάνω παραστάσεις

remorse, n. τύψη (ή), μεταμέλεια (ή)/ ~less, a. ἀμετανόητος

remote, a. ἀπόκεντρος, μακρινός/ (chance, etc.) ἀμυδρός/ ~ness, n. μεγάλη ἀπόσταση (ή), ἀμυδρότητα (ή)

removable, a. μετακινήσιμος/ *removal*, n. μετάθεση (ή), μετατόπιση (ή)/ (of obstacles) ἄρση (ή)/ (house) μετακόμιση (ή)/ ~ van, φορτηγό γιά μετακομίσεις/ *remove*, v.t. μετακινῶ, μεταθέτω/ (obstacles) ἀφαιρῶ, αἴρω/ v.i. μετακομίζω

remunerate, v.t. ἀνταμείβω/ *remuneration*, n. ἀνταμοιβή (ή), ἀμοιβή (ή)/ *remunerative*, a. ἐπικερδής

renaissance, n. ἀναγέννηση (ή)

rend, v.t. & i. σκίζω, σπαράζω

render, v.t. ἀποδίδω, ἐπιστρέφω/ (fat) λυώνω/ (make) καθιστῶ/ (help) παρέχω/ ~ an account, στέλνω λογαριασμό/ ~ing, n. ἀπόδοση (ή), παροχή (ή)/ (fat) λυώσιμο (τό)

rendezvous, n. συνάντηση (ή), ραντεβού (τό)

renegade, n. ἀρνησίθρησκος (ό), ἀποστάτης (ό), ἐξωμότης (ό)

renew, v.t. ἀνανεώνω/ (renovate) ἀνακαινίζω/ ~al, n. ἀνανέωση (ή), ἀνακαίνιση (ή)

renounce, v.t. ἀποκηρύσσω, ἀπαρνιέμαι/ ~ment, n. ἀποκήρυξη (ή), ἀπάρνηση (ή)

renovate, v.t. ἀνακαινίζω

renown, n. φήμη (ή), διασημότητα (ή)/ ~ed, a. διάσημος, φημισμένος

rent, n. ἐνοίκιο (τό), μίσθωμα (τό)/ (tear) σκίσιμο (τό)/ v.t. νοικιάζω/ ~al, n. ἐνοίκιο (τό), μίσθωμα (τό)/ ~er, n. ἐνοικιαστής ταινιῶν (ό)

renunciation, n. ἀποποίηση (ή), παραίτηση (ή)

reopen, v.t. & i. ξανανοίγω

reorganization, n. ἀναδιοργάνωση (ή)/ *reorganize*, v.t. ἀναδιοργανώνω

rep, n. ραβδωτό ὕφασμα

repair, n. ἐπισκευή (ή), ἐπιδιόρθωση (ή)/ v.t. ἐπισκευάζω, ἐπιδιορθώνω/ v.i. φεύγω, πηγαίνω/ *reparable*, a. ἐπιδιορθώσιμος/ *reparation*, n. ἐπανόρθωση (ή), ἀποζημίωση (ή)

repartee, n. εὔστοχη ἀπάντηση

repast, n. φαγητό (τό), γεῦμα (τό)

repatriate, v.t. ἐπαναπατρίζω/ *repatriation*, n. ἐπαναπατρισμός (ό)

repay, v.t. ἀνταποδίδω, ξεπληρώνω/ ~able, a. πληρωτέος/ ~ment, n. ἀνταπόδοση (ή), πληρωμή (ή)

repeal, n. ἀνάκληση (ή), ἀκύρωση (ή)/ v.t. ἀνακαλῶ, ἀκυρώνω

repeat, v.t. & i. ἐπαναλαμβάνω/ n. ἐπανάληψη (ή)/ ~edly, ad. ἐπανειλημμένα/ ~er, n. ἐπαναληπτικό ρολόι (τό)

repel, v.t. ἀποκρούω, ἀπωθῶ/ ~lent, ~ling, a. ἀποκρουστικός, ἀπωθητικός

repent, v.t. μετανοῶ/ ~ance, n. μετάνοια (ή), μεταμέλεια (ή)/ ~ant, a. μετανοιωμένος

repercussion, n. ἐπίπτωση (ή)

repertoire, n. δραματολόγιο (τό), ρεπερτόριο (τό)

repertory, n. δραματολόγιο (τό)/ ~ company, θίασος πού παίζει ὁρισμένα ἔργα

repetition, n. ἐπανάληψη (ή)

repine, v.i. γογγύζω, παραπονιέμαι

replace, v.t. ἀναπληρώνω, ἀντικαθιστῶ/ ~ *ment,* n. ἀναπλήρωση (ἡ), ἀντικατάσταση (ἡ)

replay, n. ἐπαναληπτικός ἀγώνας

replenish, v.t. ξαναγεμίζω, συμπληρώνω

replete, a. γεμάτος/ *repletion,* n. γέμισμα (τό)

replica, n. ἀντίγραφο (τό)

reply, n. ἀπάντηση (ἡ)/ ~ *paid,* ἀπάντηση πληρωμένη/ v.t. ἀπαντῶ, ἀποκρίνομαι

report, n. ἔκθεση (ἡ), ἀναφορά (ἡ)/ (school) ἔλεγχος (ὁ)/ v.t. & i. ἐκθέτω, ἀναφέρω/ ~*age,* n. ρεπορτάζ (τό)/ ~*er,* n. ρεπόρτερ (ὁ, ἡ)

repose, n. ἀνάπαυση (ἡ), ἡσυχία (ἡ)/ v.i. ἀναπαύομαι, ἡσυχάζω

repository, n. ἀποθήκη (ἡ)

reprehend, v.t. ἐπιτιμῶ, ψέγω/ *reprehensible,* a. ἀξιόμεμπτος

represent, v.t. παριστάνω, παρουσιάζω, ἀπεικονίζω/ ~*ation,* n. παράσταση (ἡ), ἀπεικόνιση (ἡ)/ (acting for) ἀντιπροσώπευση (ἡ)/ ~*ative,* a. ἀντιπροσωπευτικός/ n. ἀντιπρόσωπος (ὁ)

repress, v.t. καταστέλλω, καταπνίγω, δαμάζω/ ~*ion,* n. κατάπνιξη (ἡ), καταστολή (ἡ)/ ~*ive,* a. καταπιεστικός, κατασταλτικός

reprieve, n. ἀναστολή (ἡ), ἀναβολή (ἡ)/ v.t. χορηγῶ ἀναστολή (ἀναβολή)

reprimand, n. ἐπίπληξη (ἡ), ἐπιτίμηση (ἡ), v.t. ἐπιπλήττω, ἐπιτιμῶ

reprisal, n. ἀντίποινα (τά)

reproach, n. ντροπή (ἡ), μομφή (ἡ), κατηγορία (ἡ)/ v.t. ψέγω, κατηγορῶ, μέμφομαι/ ~*ful,* a. ἀξιόμεμπτος

reprobate, n. χαμένος (ὁ), φαῦλος (ὁ)/ *reprobation,* n. ἀποδοκιμασία (ἡ), ψόγος (ὁ)

reproduce, v.t. ἀναπαράγω, ἀντιγράφω/ *reproduction,* n. ἀναπαραγωγή (ἡ), ἀντιγραφή (ἡ)/ (art) ἀντίγραφο (τό)

reproof, n. ἐπίπληξη (ἡ), ἐπιτίμηση (ἡ)/ *reprove,* v.t. ἐπιπλήττω, ἐπιτιμῶ

reptile, n. ἑρπετό (τό)/ (fig.) σιχαμερός ἄνθρωπος

republic, n. δημοκρατία (ἡ)/ ~*an,* n. δημοκράτης (ὁ)/ a. δημοκρατικός

republish, v.t. ἀναδημοσιεύω, ἐπανεκδίδω

repudiate, v.t. ἀποκρούω, ἀποκηρύττω, ἀρνοῦμαι/ *repudiation,* n. ἀπόκρουση (ἡ), ἀποκήρυξη (ἡ), ἄρνηση (ἡ)

repugnance, n. ἀπέχθεια (ἡ), ἀντιπάθεια (ἡ)/ *repugnant,* a. ἀπεχθής, ἀντιπαθητικός

repulse, n. ἀπόκρουση (ἡ)/ v.t. ἀποκρούω, ἀποπέμπω/ *repulsive,* a. ἀποκρουστικός

reputable, a. ἔντιμος, ἀξιοπρεπής/ *reputation,* n. ὑπόληψη (ἡ), φήμη (ἡ), καλό ὄνομα (τό)/ *repute,* n. φήμη (ἡ), ὑπόληψη (ἡ)/ ~*d,* a. ~ *to be,* φημισμένος γιά/ ~*dly,* ad. ὅπως λέγεται

request, n. αἴτηση (ἡ), αἴτημα (τό)/ *on* ~, ἅμα τῇ αἰτήσει, μόλις ζητηθεῖ

requiem, n. μνημόσυνο (τό)

require, v.t. ἀπαιτῶ, ζητῶ, ἀξιώνω/ ~*ment,* n. ἀπαίτηση (ἡ), ἀξίωση (ἡ)/ *requisite,* a. ἀπαιτούμενος, ἀναγκαῖος/ ~*s,* n. pl. τά ἀπαραίτητα/ *requisition,* n. ἐπίταξη (ἡ)/ v.t. ἐπιτάσσω

requital, n. ἀνταπόδοση (ἡ), ἀνταμοιβή (ἡ)/ *requite,* v.t. ἀνταποδίδω, ἀνταμείβω

resale, n. μεταπώληση (ἡ)

rescind, v.t. ἀκυρώνω, καταργῶ

rescript, n. διάταγμα (τό)

rescue, n. διάσωση (ἡ), ἀπελευθέρωση (ἡ)/ v.t. διασώζω, ἀπελευθερώνω/ ~*r,* n. σωτήρας (ὁ), λυτρωτής (ὁ)

research, n. ἔρευνα (ἡ)/ ~ *worker,* ἐρευνητής (ὁ)

resemblance, n. ὁμοιότητα (ἡ)/ *resemble,* v.t. μοιάζω

resent, v.t. δυσφορῶ, ἀγανακτῶ/ ~ *ful,* a. μνησίκακος, ἐρεθισμένος/ ~*ment,* n. δυσφορία (ἡ), ἀγανάκτηση (ἡ), μνησικακία (ἡ)

reservation, n. ἐπιφύλαξη (ἡ)/ (Indian, etc.) γῆ γιά ἀποκλειστική χρήση φυλῆς/ *reserve,* n. ἐπιφύλαξη (ἡ), περιορισμός (ὁ)/ (mil.) ἐφεδρεία (ἡ)/ (econ.) ἀπόθεμα (τό)/ (sport) ἀναπληρωματικός (ὁ)/ *keep in* ~, κρατῶ σάν ἀπόθεμα/ *with* ~, μέ ἐπιφύλαξη/ v.t. κρατῶ, φυλάγω/ ~ *one's strength,* φυλάω τίς δυνάμεις μου/ ~ *the right,* μέ ἐπιφύλαξη τῶν δικαιωμάτων μου/ ~d, p.p. & a. ἐπιφυλακτικός, συνεσταλμένος/ reservist, n. ἔφεδρος (ὁ)/ reservoir, n. δεξαμενή (ἡ), στέρνα (ἡ)

reside, v.i. διαμένω, κατοικῶ/~ nce, n. διαμονή (ἡ), κατοικία (ἡ)/ ~nt, n. μόνιμος κάτοικος (ὁ)/ ~ntial, a. κατοικίσιμος/ ~ quarter, κατοικημένη συνοικία

residual, a. ὑπόλοιπος/ residuary, a. (leg.) ~ legatee, καθολικός κληρονόμος/ residue, n. ὑπόλοιπο (τό)/ (leg.) ὑπόλοιπο κληρονομίας

resign, v.i. παραιτοῦμαι/ ~ oneself to, ὑποτάσσομαι, ἐνδίδω/ ~ation, n. παραίτηση (ἡ)/ become ~ed to, τό παίρνω ἀπόφαση

resilience, n. ἀναπήδηση (ἡ), ἐλαστικότητα (ἡ)/ resilient, a. ἐλαστικός, ἀνθεκτικός

resin, n. ρετσίνι (τό)/ ~ous, a. ρετσινάτος

resist, v.t. & i. ἀνθίσταμαι, ἀντικρούω/ ~ance, n. ἀντίσταση (ἡ)

resolute, a. ἀποφασιστικός, σταθερός/ resolution, n. ἀπόφαση (ἡ), ἀποφασιστικότητα (ἡ), σταθερότητα (ἡ)/ pass a ~, παίρνω ἀπόφαση/ resolve, n. ἀπόφαση (ἡ)/ v.t. λύνω/ be ~d to, εἶμαι ἀποφασισμένος νά

resonance, n. ἀντήχηση (ἡ), ἀπήχηση (ἡ)/ resonant, a. ἀντηχητικός, τρανταχτός

resort, n. προσφυγή (ἡ)/ holiday ~, κέντρο παραθερισμοῦ (τό)/ last ~, ἔσχατη λύση (ἡ)/ v.i. ~to, καταφεύγω σέ

resound, v.i. ἀντηχῶ, ἀντιλαλῶ

resource, n. πόρος (ὁ), μέσο (τό), πηγή (ἡ)/ ~ful, a. πολυμήχανος

respect, n. σεβασμός (ὁ), ἐκτίμηση (ἡ)/ pl. σέβη (τά)/ my ~s, τά σέβη μου/ in all ~s, ἀπό κάθε ἄποψη/ v.t. σέβομαι, ἐκτιμῶ/ ~ability, n. ἀξιοπρέπεια (ἡ), ὑπόληψη (ἡ)/ ~able, a. ἀξιοπρεπής, ἀξιοσέβαστος/ ~ful, a. εὐλαβής, εὐγενικός/ ~ing, pr. σχετικά (ἀναφορικά) μέ/ ~ive, a. ἀντίστοιχος/ ~ively, ad. ἀντίστοιχα

respiration, n. ἀναπνοή (ἡ)/ respirator, n. ἀναπνευστική συσκευή (ἡ)/ ~y, a. ἀναπνευστικός

respite, n. ἀνάπαυλα (ἡ)

resplendence, n. λάμψη (ἡ), αἴγλη (ἡ)/ resplendent, a. λαμπερός, φωτοβόλος

respond, v.i. ἀνταποκρίνομαι/ ~ent, n. ἀνταποκρινόμενος (ὁ)/ (leg.) ἐναγόμενος (ὁ)/ response, n. ἀνταπόκριση (ἡ)/ (leg.) ἀντίρρηση (ἡ)

responsibility, n. εὐθύνη (ἡ), ὑπευθυνότητα (ἡ)/ responsible, a. ὑπεύθυνος/ responsive, a. εὐαίσθητος, εὐσυγκίνητος

rest, n. ἀνάπαυση (ἡ), ἡσυχία (ἡ), ἠρεμία (ἡ)/ (left over) ὑπόλοιπο (τό)/ v.i. ἀναπαύομαι, ξεκουράζομαι, ἡσυχάζω/ v.t. ἀκουμπῶ, στηρίζω

restaurant, n. ἐστιατόριο (τό)/ restaurateur, n. ἐστιάτορας (ὁ)

restful, a. ἀναπαυτικός/ resting place, ἀναπαυτήριο (τό)

restitution, n. ἀποκατάσταση (ἡ), ἐπανόρθωση (ἡ)

restive, a. ἀνήσυχος, δύστροπος/ restless, a. ἀνήσυχος, ἀεικίνητος

restock, v.t. ξαναεφοδιάζω

restoration, n. παλινόρθωση (ἡ), ἀποκατάσταση (ἡ)/ (monument) ἀναστήλωση (ἡ)/ restorative, a. τονωτικός, δυναμωτικός/ n. τονωτικό (τό), δυναμωτικό (τό)/ restore, v.t. ἀποκαθιστῶ, παλινορθώνω/ ~r, n. ἀνακαινιστής (ὁ)

restrain, v.t. συγκρατῶ, ἀναχαιτίζω/ ~ t, n. περιορισμός (ὁ), ἐμπόδιο (τό), χαλιναγώγηση (ἡ)/ put under ~, βάζω σέ περιορισμό

restrict, v.t. περιορίζω/ ~ion, n. περιορισμός (ὁ)/ ~ive, a. περιοριστικός

result, n. ἀποτέλεσμα (τό)/ v.i. ~ in, καταλήγω σέ, ὁδηγῶ σέ/ ~ from, ἀπορρέω, προκύπτω/ ~ant, a. ἐξαγόμενος, προκύπτων

resume, v.t. ἀναλαμβάνω, ἀνακτῶ/ résumé, n. περίληψη (ἡ), σύνοψη (ἡ)/ resumption, n. ἐπανάληψη (ἡ), ἀνάληψη (ἡ)

resurgence, n. ἀναγέννηση (ἡ)

resurrect, v.t. ἀνασταίνω/ ~ion, n. ἀνάσταση (ἡ)

resuscitate, v.t. ἀνασταίνω, ξαναφέρνω στή ζωή

retail, n. λιανική πώληση (ἡ)/ ~ price, λιανική τιμή (ἡ)/ v.t. πουλῶ λιανικά/ (spread) διαδίδω/ ~er, n. λιανοπωλη-

τῆς (ὁ)
retain, v.t. κρατῶ, διατηρῶ/ (keep in place) συγκρατῶ, ὑπηρέτης/ (leg.) ἀμοιβή δικηγόρου (ἡ)
retake, v.t. ξαναπαίρνω, ἀνακτῶ
retaliate, v.i. ἀνταποδίδω, ἐκδικοῦμαι/ *retaliation*, n. ἀντεκδίκηση (ἡ), ἀντίποινα (τά)/ *retaliatory*, a. ἀντεκδικητικός/ ~ *measures*, ἀντεκδικήσεις (οἱ)
retard, v.t. καθυστερῶ, ἐπιβραδύνω
retch, v.i. ἀναγουλιάζω, παθαίνω ναυτία/ ~*ing*, n. ναυτία (ἡ), ἀναγούλιασμα (τό)
retention, n. συγκράτηση (ἡ), διατήρηση (ἡ)/ (med.) ἐπίσχεση (ἡ)
retentive, a. συνεκτικός, συγκρατητικός
reticence, n. ἐπιφυλακτικότητα (ἡ)/ *reticent*, a. ἐπιφυλακτικός
reticule, n. γυναικεῖο τσαντάκι (τό)
retina, n. ἀμφιβληστροειδής (ὁ)
retinue, n. ἀκολουθία (ἡ), συνοδία (ἡ)
retire, v.t. ἀποσύρω, βάζω σέ σύνταξη/ v.i. ἀποσύρομαι, παίρνω σύνταξη/ (mil.) ὑποχωρῶ/ ~*d*, a. συνταξιοῦχος/ ~*ment*, n. συνταξιοδότηση (ἡ), ἀποχώρηση (ἡ)/ *retiring*, a. ἀπερχόμενος
retort, n. ἀνταπάντηση (ἡ)/ (chem.) κερατοειδές ἀγγεῖο (τό)/ v.t. ἀνταπαντῶ, ἀντιλέγω
retouch, v.t. ἐπεξεργάζομαι, διορθώνω
retrace, v.t. πηγαίνω στήν ἀρχική αἰτία, ἀναπαριστάνω/ ~ *one's steps*, ἀνατρέχω
retract, v.t. ἀνακλῶ, ἀναιρῶ/ (tech.) μαζεύω, ἀνασύρω/ ~ *able*, a. ἀνασυρόμενος, εἰσελκόμενος
retreat, n. ἀποχώρηση (ἡ), ὑποχώρηση (ἡ)/ (mil.) ἀνακλητικό σάλπισμα/ v.i. ἀποχωρῶ, ὑποχωρῶ
retrench, v.t. περιστέλλω, περικόπτω/ ~*ment*, n. περιστολή (ἡ), περικοπή (ἡ)
retribution, n. ἀνταμοιβή (ἡ), ἀνταπόδοση (ἡ)/ (punishment) τιμωρία (ἡ)
retrievable, a. ἐπανορθώσιμος/ (money) εἰσπράξιμος/ *retrieve*, v.t. ἐπανορθώνω, ἀποκαθιστῶ/ ~*r*, n. ἀνιχνευτής σκύλος (ὁ)
retrograde, a. ὀπισθοδρομικός/ *retrogression*, n. ὀπισθοδρόμηση (ἡ)
retrospect, n. ἀνασκόπηση (ἡ), ἀναδρομή

(ἡ)/ *in* ~, ἐκ τῶν ὑστέρων/ ~*ive*, a. ἀναδρομικός
return, n. ἐπιστροφή (ἡ), ἐπάνοδος (ἡ)/ *by* ~ *of post*, μέ τό πρῶτο ταχυδρομεῖο/ *in* ~, σέ ἀντάλλαγμα/ *tax* ~, φορολογική δήλωση/ *many happy* ~*s!* χρόνια πολλά!/ ~ *ticket*, εἰσιτήριο μέ ἐπιστροφή/ v.t. ἐπιστρέφω/ (a verdict) ἐκδίδω ἀπόφαση/ ~ *a visit*, ἀνταποδίδω ἐπίσκεψη/ ~*able*, a. ἐπιστρεπτέος, ἀποδόσιμος
reunion, n. συνένωση (ἡ)/ (of people) συγκέντρωση (ἡ)/ *reunite*, v.t. & i. ξαναενώνω, συγκεντρώνω
reveal, v.t. φανερώνω, ἀποκαλύπτω
reveille, n. ἐγερτήριο σάλπισμα (τό)
revel, n. χαρά (ἡ), διασκέδαση (ἡ), εὐθυμία (ἡ)/ v.i. διασκεδάζω, εὐθυμῶ, ὀργιάζω
revelation, n. ἀποκάλυψη (ἡ)
reveller, n. γλεντοκόπος (ὁ)/ *revelry*, n. μεθύσι (τό), κραιπάλη (ἡ)
revenge, n. ἐκδίκηση (ἡ)/ v.t. ἐκδικοῦμαι, παίρνω ἐκδίκηση/ ~*ful*, a. ἐκδικητικός
revenue, n. εἰσόδημα (τό), ἔσοδα (τά)/ *public* ~, δημόσια ἔσοδα (τά)/ ~ *officer*, τελωνειακός (ὁ)
reverberate, v.i. ἀντανακλῶ/ *reverberation*, n. ἀντανάκλαση (ἡ)
revere, v.t. τιμῶ, σέβομαι/ ~*nce*, n. τιμή (ἡ), σεβασμός (ὁ)/ ~*nt*, a. ταπεινός, γεμάτος σεβασμό/ ~*nd*, n. αἰδεσιμώτατος (ὁ)
reverie, n. ὀνειροπόλημα (τό), ρεμβασμός (ὁ)
reversal, n. ἀκύρωση (ἡ), ἀνατροπή (ἡ), ἀντιστροφή (ἡ)/ *reverse*, a. ἀντίθετος, ἀντίστροφος/ *quite the* ~, ἐντελῶς τό ἀντίθετο/ ~ *gear*, ἀντίστροφη ταχύτητα/ v.t. ἀντιστρέφω, ἀνατρέπω/ (tech.) ὀπισθοδρομῶ/ *reversible*, a. ἀνατρέψιμος, ἀκυρώσιμος/ *reversing*, n. ἀνατροπή (ἡ), ἀναστροφή (ἡ)/ *reversion*, n. ἐπιστροφή (ἡ), περιέλευση (ἡ)/ *revert*, v.i. ἐπιστρέφω, ἐπανέρχομαι/ (leg.) περιέρχομαι
review, n. ἐπιθεώρηση (ἡ)/ (leg.) ἀναθεώρηση (ἡ)/ v.t. ἐπιθεωρῶ, ἀναθεωρῶ/ ~*er*, n. ἐπιθεωρητής (ὁ)/ (critic) κριτικός (ὁ)

revile, v.t. δρίζω, δλαστημῶ

revise, n. δεύτερο δοκίμιο (τό)/ v.t. ἀναθεωρῶ, διορθώνω, ξανακοιτάζω/ *revision*, n. ἀναθεώρηση (ἡ)/ (lessons) ἐπανάληψη (ἡ)/ *revisionism*, n. ρεβιζιονισμός (ὁ)/ *revisionist*, n. ρεβιζιονιστής (ὁ)

revival, n. ἀναγέννηση (ἡ), ἀναβίωση (ἡ)/ *revive*, v.t. ἀναγεννῶ, ἀναζωπυρώνω, ἀναβιώνω/ v.i. ξαναβρίσκω τίς αἰσθήσεις μου

revoke, v.t. ἀνακαλῶ, καταργῶ

revolt, n. ἐξέγερση (ἡ), ἐπανάσταση (ἡ), ξεσηκωμός (ὁ)/ v.i. ξεσηκώνομαι, ἐπαναστατῶ/ v.t. ξεσηκώνω, ἐξεγείρω/ ~*ing*, a. ἀποτρόπαιος, ἀπαράδεκτος, βδελυρός

revolution, n. ἐπανάσταση (ἡ)/ ~*ary*, a. ἐπαναστατικός/ n. ἐπαναστάτης (ὁ)

revolve, v.t. & i. περιστρέφομαι/ ~*r*, n. περίστροφο (τό)/ *revolving*, a. περιστρεφόμενος

revue, n. θεατρική ἐπιθεώρηση (ἡ)

revulsion, n. ἀντίδραση (ἡ), μεταστροφή γνώμης (ἡ)

reward, n. ἀνταμοιβή (ἡ)/ v.t. ἀνταμείβω/ ~*ing*, a. εὐχάριστος

rewrite, v.t. ξαναγράφω

rhapsody, n. ραψωδία (ἡ)

rhetoric, n. ρητορεία (ἡ)/ ~ *al*, a. ρητορικός/ ~*ian*, n. ρήτορας (ὁ)

rheumatic, a. ρευματικός/ *rheumatism*, n. ρευματισμός (ὁ)

rhinoceros, n. ρινόκερως (ὁ)

rhododendron, n. ροδόδεντρο (τό), ροδοδάφνη (ἡ)

rhombus, n. ρόμβος (ὁ)

rhyme, n. στίχος (ὁ), ὁμοιοκαταληξία (ἡ)/ *without ~ or reason*, χωρίς νοῦ καί γνώση/ v.t. ὁμοιοκαταληκτῶ

rhythm, n. ρυθμός (ὁ)/ ~ *ic(al)*, a. ρυθμικός

rib, n. πλευρό (τό)/ (naut.) νομέας σκάφους

ribald, a. ἄσεμνος, ἀχρεῖος/ ~*ry*, n. ἀχρειότητα (ἡ)

ribbed, a. ραβδωτός

ribbon, riband, n. ταινία (ἡ)

rice, n. ρύζι (τό)/ ~ *field*, ὀρυζώνας (ὁ)/ ~ *paper*, χαρτί ζωγραφικῆς (τό)

rich, a. πλούσιος/ ~ *es*, n. pl. πλούτη (τά)/ ~*ly*, ad. πλούσια/ ~*ness*, n. πλοῦτος (ὁ), πολυτέλεια (ἡ)/ (soil) εὐφορία (ἡ)

rick, n. θημωνιά (ἡ)

rickets, n. ραχιτισμός (ὁ)

ricochet, n. ἀναπήδηση (ἡ)/ v.i. ἀναπηδῶ

rid, v.t. ἀπαλλάσσω, ἐλευθερώνω/ *get ~ of*, ἀπαλλάσσομαι/ ~*dance*, n. ἀπαλλαγή (ἡ)

riddle, n. αἴνιγμα (τό), γρίφος (ὁ)/ v.t. κοσκινίζω/ ~ *with*, κάνω κόσκινο μέ σφαῖρες

ride, n. πορεία (ἡ), δρόμος (ὁ)/ *go for a ~*, πηγαίνω περίπατο/ v.t. (horse) καβαλικεύω/ (bicycle) κάνω ποδηλατάδα/ (car) ὁδηγῶ αὐτοκίνητο/ ~ *out the storm*, ἀντέχω στή θύελλα/ ~*r*, n. καβαλάρης (ὁ), ἱππέας (ὁ)

ridge, n. ράχη (ἡ), κορφή (ἡ)/ (agr.) αὐλάκι (τό), ἀνάχωμα (τό)

ridicule, n. ἐμπαιγμός (ὁ), περίγελος (ὁ)/ v.t. ἐμπαίζω, γελοιοποιῶ/ *ridiculous*, a. γελοῖος

riding, n. ἱππασία (ἡ)/ ~ *breeches*, παντελόνι ἱππασίας (τό)/ ~ *habit*, γυναικεία στολή ἱππασίας (ἡ)/ ~ *school*, σχολή ἱππασίας (ἡ)

rife, a. ἄφθονος/ ~ *with*, γεμάτος ἀπό

riff-raff, n. συρφετός (ὁ), καθάρματα (τά)

rifle, n. τουφέκι (τό)/ v.t. ραβδώνω, χαράζω/ ~ *man*, n. τουφεκιοφόρος (ὁ)/ *rifling*, n. διαρπαγή (ἡ)/ (grooving) ράβδωση (ἡ)

rift, n. ρῆγμα (τό), ρωγμή (ἡ)

rig, n. ξάρτια (τά), ἀρματωσιά (ἡ)/ v.t. ἀρματώνω, βάζω ξάρτια/ ~ *out*, καλλωπίζω/ ~*ging*, n. ξάρτια (τά), ἐξοπλισμός (ὁ)

right, a. εὐθύς, σωστός, ὀρθός/ (not left) δεξιός/ ~ *angle*, ὀρθή γωνία/ ~ *hand* (man), «δεξί χέρι»/ n. δικαίωμα (τό)/ ~ *of way*, δικαίωμα περάσματος (διάβασης)/ ad. σωστά, δεξιά/ ~ *and left*, δεξιά κι ἀριστερά/ ~ *away*, ἀμέσως

righteous, a. δίκαιος, ἐνάρετος/ ~*ness*, n. δικαιοσύνη (ἡ), ἀρετή, (ἡ) ἐντιμότητα (ἡ)

rightful, a. νόμιμος/ ~*ly*, ad. νόμιμα/

rightly, ad. δίκαια, σωστά
right-minded, a. συνετός
rigid, a. ἄκαμπτος, σκληρός, αὐστηρός/ ~*ity*, n. ἀκαμψία (ἡ), αὐστηρότητα (ἡ)
rigmarole, n. ἀσυναρτησίες (οἱ), ἀνοησίες (οἱ)
rigorous, a. αὐστηρός, τραχύς/ *rigour*, n. αὐστηρότητα (ἡ), τραχύτητα (ἡ)
rill, n. ρυάκι (τό)
rim, n. ἄκρη (ἡ), χεῖλος (τό)/ (wheel) κύκλος τροχοῦ/ (spectacles) σκελετός (ὁ)
rime, n. πάχνη (ἡ)
rind, n. φλούδα, (ἡ) κρούστα (ἡ)
ring, n. δαχτυλίδι (τό), κρίκος (ὁ) (wrestling) παλαίστρα (ἡ) (boxing) ρίγκ (τό)/ ~ *finger*, παράμεσος (ὁ)/ ~ *leader*, ταραξίας (ὁ)/ v.t. κουδουνίζω/ v.i. ἀντηχῶ/ ~ *up*, τηλεφωνῶ/ ~*let*, τούφα μαλλιῶν/ ~*worm*, n. ψώρα (ἡ), ψωρίαση (ἡ)
rink, n. χιονοδρόμιο (τό)
rinse, v.t. ξεπλένω/ *rinsing*, n. ξέπλυμα (τό)
riot, n. στάση (ἡ), ταραχή (ἡ), θορυβώδης συγκέντρωση (ἡ)/ v.i. στασιάζω, προκαλῶ θόρυβο/ ~*er*, n. στασιαστής (ὁ), ταραχοποιός (ὁ)/ ~*ous*, a. θορυβώδης
rip, n. σκίσιμο (τό)/ (person) κακοήθης (ὁ), παληοτόμαρο (τό)/ v.t. σκίζω/ ~ *off*, ξεσκίζω
riparian, a παρόχθιος
ripe, a, ὥριμος/ ~*n*, v.t. ὡριμάζω/ ~*ness*, n. ὡριμότητα (ἡ)/ ~*ning*, n. ὡρίμασμα (τό)
ripple, n. κυματισμός (ὁ), ρυτίδωση (ἡ)/ v.i. ρυτιδώνω, κυματίζω
rise, n. ἀνέβασμα (τό), ὕψωση (ἡ)/ (sun) ἀνατολή (ἡ)/ *give* ~ *to*, δίνω ἀφορμή σέ (γιά)/ v.i. σηκώνομαι, ὑψώνομαι, ἀνεβαίνω/ (sun) ἀνατέλλω/ *rising*, a, ἀνερχόμενος/ (sun) ἀνατέλλων/ (ground) ἀνηφορικός/ n. ἀνύψωση (ἡ), ἀνέβασμα (τό)/ (revolt) ἐξέγερση (ἡ), ἀνταρσία (ἡ)
risk, n. κίνδυνος (ὁ)/ v.t. διακινδυνεύω, ριψοκινδυνεύω/ ~*y*, a. ἐπικίνδυνος, παράτολμος
rite, n. τελετουργία (ἡ), τυπικό (τό)/ *ritual*, n. τελετουργικό (τό)/ a. τελετουργικός

rival, n. & a. ἀντίπαλος (ὁ, ἡ), ἀντίζηλος (ὁ, ἡ)/ v.t. ἀνταγωνίζομαι, συναγωνίζομαι/ ~*ry*, n. ἀνταγωνισμός (ὁ), ἀντιζηλία (ἡ)
river, n. ποταμός (ὁ)/ *down* ~, πρός τίς ἐκβολές/ *sell down the* ~, προδίδω/ ~*side*, n. ὄχθη ποταμοῦ (ἡ)/ a, παραποτάμιος
rivet, n. ἀμφικέφαλο καρφί (τό)/ v.t. καρφώνω/ (fig.) προσηλώνω, ἀκινητοποιῶ
rivulet, n. ποταμάκι (τό)
road, n. δρόμος (ὁ), ὁδός (ἡ)/ *high* ~, ἐθνική ὁδός (ἡ) *take to the* ~, παίρνω τούς δρόμους/ ~ *hog*, n. ἀπρόσεχτος ὁδηγός (ὁ)/ ~ *house*, n. ἐξοχικό χάνι (τό)/ ~ *map*, n. ὁδικός χάρτης (ὁ)/ ~*side*, n. κράσπεδο δρόμου (τό)/ ~ *sign*, n. πινακίδα δρόμου (ἡ) ~ *stead*, n. ἀραξοβόλι (τό), ὅρμος (ὁ)/ ~*way*, n. κατάστρωμα δρόμου (τό)
roam, v.i. περιφέρομαι
roar, n, βρυχηθμός (ὁ), μουγκρητό (τό)/ ~ *of laughter*, ξεκάρδισμα/ v.i. βρυχιέμαι, μουγκρίζω/ ~ *with laughter*, ξεκαρδίζομαι/ ~*ing*, a. βρυχώμενος, βροντερός
roast, n. ψητό (τό)/ v.t. ψήνω/ ~*er*, n. ψηστιέρα (ἡ)/ (coffee) καβουρδιστήρι (τό)
rob, v.t. ληστεύω, κλέβω/ ~*ber*, n. ληστής (ὁ), κλέφτης (ὁ)/ ~*bery*, n. ληστεία (ἡ), κλοπή (ἡ)
robe, n. ἐπίσημο ροῦχο (τό)/ v.t. ντύνω/ v.i. ντύνομαι
robin, n. κοκκινολαίμης (ὁ)
robot, n. ρομπότ (τό)
robust, a. γερός, στιβαρός, ἀκμαῖος
rock, n. βράχος (ὁ), πέτρωμα (τό)/ v.t. & i. κουνῶ, λικνίζω, ταλαντεύω/ ~ *drill*, τρυπάνι βράχων (τό)
rocket, n. πύραυλος (ὁ), ρουκέτα (ἡ)
rockgarden, n. βραχόκηπος (ὁ)
rocking, n. λίκνισμα (τό), κούνημα (τό)/ a. κουνιστός, λικνιζόμενος/ ~*chair*, κουνιστή πολυθρόνα
rocky, a. βραχώδης, πετρώδης/ (fig.) ἀκλόνητος
rococo, n. ροκοκό (τό)

rod, n. ϱάβδος (ή), μπαστούνι (τό), 6έϱγα (ή)
rodent, n. τϱωκτικό (τό)
roe, n. ζαϱκάδι (τό), ἐλαφίνα (ή)/ (fish) αὐγοτάϱαχο (τό)/ ~*buck,* n. ἀϱσενικό ἐλάφι (τό)
rogation, n. λιτανεία (ή)
rogue, n. ἀπατεώνας (ό), ἀγύϱτης (ό)/ ~*ry,* n. ἀπατεωνιά (ή), κατεϱγαϱιά (ή), ἀγυϱτεία (ή)/ *roguish,* a. πανοῦϱγος, κατεϱγάϱικος
role, n. ϱόλος (ό)
roll, n. κύλισμα (τό)/ (bread) ψωμάκι (τό), φϱαντζολάκι (τό)/ (thunder) 6ϱοντή (ή)/ (drum) τυμπανοκϱουσία (ή)/ ~ *call,* πϱοσκλητήϱιο (τό), ἐκφώνηση καταλόγου (ή)/ ~ *of honour,* τιμητικός κατάλογος/ v.t. κυλῶ, τσουλάω, πεϱιστϱέφω/ (cigarette) στϱίβω/ (metal) ἐλασματοποιῶ/ v.i. κυλιέμαι, κατϱακυλάω, πεϱιστϱέφομαι/ ~ *up,* κουβαϱιάζω, πεϱιτυλίγω/ ~*ed gold,* ντουμπλές/ ~*er,* n. κύλινδϱος (ό)/ (tech.) ὁδοστϱωτήϱας (ό)/ ~ *skates,* πατίνια (τά), τϱοχοπέδιλα (τά)
rollick, v.i. εὐθυμῶ μέ θόϱυβο/ ~*ing,* a. θοϱυβώδης καί εὔθυμος
rolling, n. κύλισμα (τό), πεϱιστϱοφή (ή)/ a. κυματιστός/ ~ *mill,* ἐϱγοστάσιο γιά τήν ἔλαση μετάλλων/ ~ *pin,* πλάστης (ό)
Roman, n. Ρωμαῖος (ό)/ a. ϱωμαϊκός/ *R~ Catholic,* Ρωμαιοκαθολικός/ (ό) *R~ Catholicism,* Ρωμαιοκαθολικισμός (ό)
romance, n. ϱομάντζο (τό), εἰδύλλιο (τό), ϱομαντική ἱστοϱία/ (mus.) ϱομάντζα/ v.i. μυθιστοϱηματοποιῶ, ὑπεϱβάλλω
Romance (language) a. νεολατινική γλῶσσα
romantic, a. ϱομαντικός/ ~*ism,* n. ϱομαντισμός (ό)
Romany, n. Τσιγγάνος (ό), Γύφτος (ό)
romp, n. τϱέλλα (ή)/ (child) τϱελλόπαιδο (τό)/ v.i. κάνω τϱέλλες
rood, n. Ἐσταυϱωμένος (ό)
roof, n. στέγη (ή), σκεπή (ή)/ ~ *of the mouth,* οὐϱανίσκος (ό)/ v.t. στεγάζω/ ~*ing,* n. ὑλικό στέγης (τό)
rook, n. σταυϱοκόϱακας (ό)/ (chess) πύϱγος (ό)/ v.t. ἐξαπατῶ, κλέβω στά χαϱτιά/ ~*ery,* n. κοϱακοφωλιά (ή)/ (fig.) βϱωμογειτονιά (ή)
room, n. δωμάτιο (τό), αἴθουσα (ή), χῶϱος (ό)/ *make* ~, κάνω χῶϱο/ ~*y,* a. εὐϱύχωϱος
roost, n. χῶϱος γιά κούϱνιασμα (ό)/ *rule the* ~, κάνω κουμάντο/ v.i. κουϱνιάζω/ ~*er,* n. κόκκοϱας (ό), πετεινός (ό)
root, n. ϱίζα (ή)/ *take* ~, ϱιζώνω/ v.i. φυτεύω, ϱιζοβολῶ/ ~ *out,* ξεϱιζώνω/ ~*ed,* p.p. & a. ϱιζωμένος, ἑδϱαιωμένος/ ~ *to the spot,* καθηλωμένος
rope, n. σχοινί (τό)/ *know the* ~*s,* ξέϱω τά κόλπα/ ~ *ladder,* n. ἀνεμόσκαλα (ή)/ ~ *walker,* n. ἀκϱοβάτης (ό), σαλτιμπάγκος (ό)/ v.t. δένω μέ σχοινί
rosary, n. ϱοζάϱιο (τό), κομποσχοίνι (τό)
rose, n. ϱόδο (τό), τϱιαντάφυλλο (τό)/ ~*bud,* n. μπουμπούκι τϱιαντάφυλλου (τό)/ (fig.) ὡϱαῖο κοϱίτσι (τό)/ ~*ate,* a. τϱιανταφυλλής, ϱόδινος/ ~*mary,* n. δεντϱολίβανο (τό)/ ~*tree,* n. τϱιανταφυλλιά (ή)/ ~*tte,* n. ϱοζέττα (ή)/ ~ *water,* n. ϱοδόσταμο (τό)/ ~*wood,* n. ϱοδόξυλο (τό)
rosin, n. κολοφώνιο (τό), ϱετσίνι (τό)
roster, n. κατάλογος (ό), λίστα (ή)
rostrum, n. 6ῆμα (τό)
rosy, a. ϱόδινος, ϱόζ, ϱοδόχϱωμος
rot, n. σαπίλα (ή), ἀποσύνθεση (ή), σήψη (ή)/ v.i. σαπίζω, (fig.) διαφθείϱομαι
rota, n. σχέδιο ἐϱγασίας (τό)/ ~*ry,* a. πεϱιστϱοφικός/ ~*te,* v.t. & i. πεϱιστϱέφω/ (work) ἐϱγάζομαι ἐκ πεϱιτϱοπῆς/ ~*tion,* n. πεϱιστϱοφή (ή), πεϱιτϱοπή (ή)/ *in* ~, ἐκ πεϱιτϱοπῆς
rotten, a. σάπιος, χαλασμένος/ *rotter,* n. ἀχαΐϱευτος (ό)
rotund, a. στϱογγυλός, σφαιϱικός/ ~*a,* n. θολωτό κτίϱιο (τό)/ ~*ity,* n. στϱογγυλότητα (ή), παχυσαϱκία (ή)
rouge, n. κοκκινάδι (τό)/ v.i. βάφομαι, βάζω κοκκινάδι
rough, a. τϱαχύς, σκληϱός/ (sea) τϱικυμισμένη θάλασσα/ ~ *copy,* πϱόχειϱο ἀντίγϱαφο/ ~ *diamond,* ἀκατέϱγαστο διαμάντι/ ~ *estimate,* ἐκτίμηση κατά πϱοσέγγιση/ *ride* ~*shod over,* ἀγνοῶ, δέν δίνω σημασία/ ~ *wine,* ξυνισμένο

κρασί/ ~en, v.t. τραχύνω, ἀγριεύω/ ~ly, ad. ἀπότομα, βάναυσα/ (approximately) περίπου κατά προσέγγιση/ ~ness, n. τραχύτητα (ἡ), σκληρότητα (ἡ)

roulette, n. ρουλέττα (ἡ)

Roumanian, n. Ρουμάνος (ὁ)/ a. ρουμανικός

round, n. γύρος (ὁ), κύκλος (ὁ)/ (sport) γύρος (ὁ)/ (gun) βολή (ἡ)/ a. στρογγυλός, κυκλικός, σφαιρικός/ ~ sum, στρογγυλό (σεβαστό) ποσό/ ad. γύρω, τριγύρω/ the year ~, ὅλο τό χρόνο/ ~ and ~, γύρω-γύρω/ v.t. στρογγυλεύω/ ~ off, ὁλοκληρώνω, τελειώνω/ ~ up, μαζεύω, συγκεντρώνω/ ~about, n. λούνα πάρκ (τό)/ a. ἔμμεσος, παρακαμπτήριος/ ~ly, ad. ξεκάθαρα, ἀπερίστροφα/ ~ness, n. στρογγυλότητα (ἡ)

rouse, v.t. διεγείρω, ἐξάπτω

rout, n. ἄτακτη φυγή, ἧττα (ἡ)/ v.t. κατατροπώνω

route, n. δρόμος (ὁ), πορεία (ἡ)/ v.t. διοχετεύω, κατευθύνω/ en ~, στό δρόμο, καθ' ὁδόν

routine, n. ρουτίνα (ἡ)/ a. ρουτινιέρικος

rove, v.t. περιφέρομαι, τριγυρίζω/ ~r, n. πλάνόδιος (ὁ), ἀλήτης (ὁ)/ roving, a. περιφερόμενος, περιπλανώμενος

row, n. σειρά (ἡ), γραμμή (ἡ)/ (with a boat) βαρκάδα (ἡ)/ v.t. κωπηλατῶ

row, n. θόρυβος (ὁ), φασαρία (ἡ)/ v.i. καυγαδίζω, κάνω σαματά/ ~dy, a. καυγατζής, θορυβώδης/ n. ταραξίας (ὁ)

rowel, n. ροδίτσα σπηρουνιοῦ (ἡ)

rower, n. κωπηλάτης (ὁ)/ rowing, n. κωπηλασία (ἡ)/ ~ boat, βάρκα κωπηλασίας/ rowlock, n. σκαλμός (ὁ)

royal, a. βασιλικός, ἡγεμονικός/ ~ist, n. βασιλόφρων (ὁ)/ ~ty, n. βασιλεία (ἡ), βασιλική οἰκογένεια (ἡ)/ ~ties, n. pl. συγγραφικά δικαιώματα (τά)

rub, n. τρίψιμο (τό), ἐντριβή (ἡ)/ v.t. τρίβω, κάνω ἐντριβή/ ~ against, τρίβομαι πάνω/ ~ shoulders with, ἔρχομαι σ' ἐπαφή/ ~ one's hands, τρίβω τά χέρια/ ~ off, σβήνω/ ~ up the wrong way, ἐνοχλῶ, ἐκνευρίζω/ ~ber, n. λάστιχο (τό), καουτσούκ (τό)/ (person) μασέρ (ὁ),

μαλάκτης (ὁ)/ a. λαστιχένιος, καουτσουκένιος/ ~ stamp, σφραγίδα (ἡ)/ ~ tree, καουτσουκόδεντρο (τό)/ ~bing, n. τρίψιμο (τό), ἐντριβή (ἡ)

rubbish, n. σκουπίδια (τά)/ (words) ἀνοησίες (οἱ)

rubble, n. χαλίκια (τά)

rubicund, a. κόκκινος

ruby, n. ρουμπίνι (τό)

rucksack, n. γυλιός (ὁ)

rudder, n. πηδάλιο (τό)

ruddy, a. κοκκινωπός

rude, a. τραχύς, σκληρός, ἀκατέργαστος/ ~ly, ad. βίαια, ἀπότομα/ ~ness, n. τραχύτητα (ἡ), σκληρότητα (ἡ), ἀγένεια (ἡ)

rudiments, n. pl. στοιχεῖα (τά)/ rudimentary, a. στοιχειώδης, ὑποτυπώδης

rue, v.t. λυποῦμαι, θρηνῶ/ ~ful, a. θλιβερός, ἀξιοθρήνητος

ruffian, n. παλιάνθρωπος (ὁ), κακοποιός (ὁ)

ruffle, v.t. ἀναστατώνω, ταράζω, ἐνοχλῶ

rug, n. βελέντζα (ἡ), χράμι (τό)

rugby, n. ράγκμπυ (τό)

rugged, a. τραχύς, ἀκανόνιστος, ἀνώμαλος/ ~ terrain, ἀνώμαλο ἔδαφος

ruin, n. ἐρείπιο (τό), χάλασμα (τό)/ (fig.) καταστροφή (ἡ)/ v.t. ἐρειπώνω, ρημάζω, καταστρέφω/ ~ous, a. καταστρεπτικός, ὀλέθριος

rule, n. κανόνας (ὁ), κανονισμός (ὁ)/ as a ~, κατά κανόνα/ work to ~, κωλυσιεργῶ τηρώντας σχολαστικά τούς κανονισμούς/ v.t. κυβερνῶ, διοικῶ/ v.i. ὁρίζω, ἀποφαίνομαι/ ~ out, ἀποκλείω/ ~r, n. κυβερνήτης (ὁ)/ (to draw lines) χάρακας/ ruling, n. δικαστική ἀπόφαση (ἡ)/ a. ἐκεῖνος πού κυβερνᾶ (κυριαρχεῖ)

rum, n. ρούμι (τό)

rumble, n. βουητό (τό), μουγκρητό (τό)/ v.i. βουίζω, μουγκρίζω

ruminant, n. μηρυκαστικό (τό)/ ruminate, v.i. μηρυκάζω, ἀναχαράζω/ (fig.) ξανασκέφτομαι

rummage, v.i. ἐρευνῶ, σκαλίζω

rumour, n. φήμη (ἡ), διάδοση (ἡ), ψίθυρος (ὁ)

rump, n. καπούλια (τά), γλουτός (ὁ)/ ~

steak, n. μπριζόλα ἀπό μπούτι (ἡ)
rumple, v.t. ζαρώνω, τσαλακώνω/ (hair) ἀναμαλλιάζω
rumpus, n. καυγάς (ὁ), φασαρία (ἡ), σαματάς (ὁ)
run, n. τρέξιμο (τό), διαδρομή (ἡ), κατεύθυνση (ἡ)/ (tech.) λειτουργία μηχανῆς/ *have a ~ for one's money,* κερδίζω μέ τόν κόπο μου/ *in the long ~,* μακροπρόθεσμα/ v.t. (affairs) χειρίζομαι/ v.i. τρέχω, δραπετεύω/ (water, etc.) ρέω, κυλῶ/ (machine) λειτουργῶ/ (play) παίζομαι συνέχεια/ *~ about,* περιφέρομαι, τρέχω πάνω-κάτω/ *~ across,* συναντῶ τυχαία/ *~ after,* κυνηγῶ/ *~ against,* συγκρούομαι/ *~ aground,* ἐξωκείλω/ *~ away,* φεύγω, διαφεύγω/ *~ down,* εἶμαι ἐξαντλημένος/ *~ into,* τρακάρω/ (someone) συναντῶ τυχαία/ *~ in the family,* ὑπάρχει (ἐπικρατεῖ) στήν οἰκογένεια/ *~ out,* λήγω/ *~ out of,* ἐξαντλοῦμαι, μένω ἀπό/ *~ over,* πατῶ/ *~ through,* διασχίζω, διατρέχω/ *~ to,* καταφεύγω/ *~ to seed,* καταρρέω/ *~ up against,* ἀντιμετωπίζω/ *~away,* n. & a. δραπέτης (ὁ)
rung, n. σκαλί (τό), βαθμίδα (ἡ)
runner, n. δρομέας (ὁ)/ (tech.) ὀλισθητήρας (ὁ)/ *running,* n. τρέξιμο (τό)/ (machine) λειτουργία μηχανῆς/ *be in the ~,* ἔχω πιθανότητα ἐπιτυχίας/ a. τρεχούμενος, συνεχής, ἀδιάκοπος/ *~ commentary,* ταυτόχρονη ἀφήγηση/ *~ eyes,* μάτια πού τρέχουν *~ water,* τρεχούμενο νερό/ *three days ~,* τρεῖς μέρες συνέχεια/ *runway,* n. διάδρομος ἀεροδρομίου (ὁ)
rupee, n. ρουπία (ἡ)
rupture, n. διακοπή (ἡ), ρήξη (ἡ), ρωγμή (ἡ)/ (med.) κήλη (ἡ)/ v.t. σπάζω, σκίζω, ἀποχωρίζω
rural, a. ἀγροτικός, γεωργικός
ruse, n. τέχνασμα (τό), κόλπο (τό)
rush, n. ὁρμή (ἡ), ἐξόρμηση (ἡ), βιασύνη (ἡ)/ *~ hour,* ὥρα αἰχμῆς/ v.t. ὁρμῶ, χυμῶ, σπεύδω/ (mil.) ἐφορμῶ
rusk, n. φρυγανιά (ἡ), παξιμάδι (τό)
russet, a. καστανοκόκκινος
Russian, n. Ρῶσσος (ὁ)/ (woman) Ρωσσίδα (ἡ)/ a. ρωσσικός

rust, n. σκουριά (ἡ)/ v.i. σκουριάζω
rustic, a. ἀγροτικός, χωριάτικος/ n. χωριάτης (ὁ)/ *~ate,* v.t. κατοικῶ στό ὕπαιθρο
rustle, n. θρόϊσμα (τό)/ v.i. θροΐζω
rusty, a. σκουριασμένος/ *my Greek is ~,* ἔχω ξεχάσει τά Ἑλληνικά μου
rut, n. αὐλακιά (ἡ)/ (animal) βαρβατίλα (ἡ)
ruthless, a. ἄσπλαχνος, ἀλύπητος, ἀδίστακτος
rye, n. σίκαλη (ἡ)/ *~-bread,* n. ψωμί ἀπό σίκαλη (τό)

S

sable, n. ζιμπελίνα (ἡ)
sabotage, n. δολιοφθορά (ἡ), σαμποτάζ (τό)
sabre, n. σπαθί ἱππικοῦ (τό)
sac, n. σάκκος (ὁ), θύλακας (ὁ)
saccharine, n. ζαχαρίνη (ἡ)/ a. ζαχαρινοῦχος, γλυκερός
sacerdotal, a. ἱερατικός
sachet, n. σακκουλάκι (τό)/ *sack,* n. σακκί (τό), τσουβάλι (τό)/ *get the ~,* ἀπολύομαι/ *~ cloth,* n. τρίχινο ράσο (τό)/ v.t. διώχνω, ἀπολύω/ *~ful,* n. γεμάτο σακκί (τό)/ *~ing,* n. τσουβάλι (τό), χοντρό ὕφασμα (τό)
sacrament, n. μυστήριο (τό)/ *receive the ~,* μεταλαβαίνω
sacred, a. ἱερός, ἁγιασμένος
sacrifice, n. θυσία (ἡ)/ v.t. θυσιάζω/ *sacrificial,* a. θυσιαστικός, θυσιαστήριος
sacrilege, n. ἱεροσυλία (ἡ), βεβήλωση (ἡ)/ *sacrilegious,* a. ἱερόσυλος, βέβηλος
sacristy, n. σκευοφυλάκιο (τό)
sacrosanct, a. ἱερός καί ἀπαραβίαστος
sad, a. λυπημένος, θλιμμένος/ *be ~,* εἶμαι λυπημένος/ *~den,* v.t. λυπῶ, στενοχωρῶ
saddle, n. σέλλα (ἡ), σαμάρι (τό)/ v.t. σελλώνω, σαμαρώνω/ (fig.) γίνομαι φόρτωμα/ *~-bag,* n. σακχίδιο σέλλας

(τό)/ ~r, n. σελλοποιός (ὁ), σαμαράς (ὁ)

sadism, n. σαδισμός (ὁ)/ *sadist*, n. σαδιστής (ὁ)/ ~*ic*, a. σαδιστικός

sadly, ad. λυπητερά, θλιβερά/ *sadness*, n. λύπη (ἡ), θλίψη (ἡ)

safe, n. χρηματοκιβώτιο (τό), θησαυροφυλάκιο (τό)/ a. σῶος, ἀσφαλής, ἀκίνδυνος, σίγουρος/ ~ *arrival*, ἀσφαλής ἄφιξη (ἡ)/ ~ *conduct*, ἄδεια ἐλεύθερης κυκλοφορίας/ ~ *keeping*, ἀσφαλής φύλαξη/ ~ *and sound*, σῶος καί ἀκέραιος/ ~*guard*, n. προστασία (ἡ), προφύλαξη (ἡ)/ v. προστατεύω, περιφρουρῶ/ ~*ly*, ad. μέ ἀσφάλεια, σίγουρα/ ~*ty*, n. ἀσφάλεια (ἡ)/ ~ *belt*, ζώνη ἀσφαλείας (ἡ)/ ~ *measures*, μέτρα ἀσφαλείας (τά)/ ~-*pin*, παραμάνα (ἡ)/ ~ *razor*, ξυριστική μηχανή (ἡ)/ ~ *valve*, ἀσφαλιστική δικλείδα

saffron, n. κρόκος (ὁ)/ a. βαθυκίτρινος

sag, n. βαθούλωμα (τό), κοίλωμα (τό), βούλιαγμα (τό)/ v.i. βαθουλώνω, βουλιάζω

saga, n. μεσαιωνικό ἔπος (τό)/ (fig.) περιπετειώδης ἀφήγηση

sagacious, a. συνετός, ὀξυδερκής/ *sagacity*, n. σύνεση (ἡ), ὀξυδέρκεια (ἡ), διορατικότητα (ἡ)

sage, n. & a. σοφός (ὁ)/ (bot.) φασκομηλιά (ἡ)

sail, n. ἱστίο (τό), πανί (τό)/ (windmill) φτερό (τό)/ ~ *cloth*, n. καραβόπανο (τό)/ *set* ~, ἀνοίγω πανιά, ἀποπλέω/ v.t. πλέω, ἀρμενίζω/ v.i. μπαρκάρω/ ~ *close to the wind*, πλέω τήν ἐγγύτατη/ (fig.) βρίσκομαι ἐπικίνδυνα στά ὅρια τοῦ νόμου/ ~*ing*, n. ἱστιοπλοΐα (ἡ), ναυσιπλοΐα (ἡ)/ ~ *ship*, ἱστιοφόρο (τό)/ *plain* ~, (naut.) λοξοδρομική πλεύση/ (fig.) εὔκολη δουλειά/ ~*or*, n. ναύτης (ὁ)

saint, n. ἅγιος (ὁ)/ ~*liness*, n. ἁγιότητα (ἡ)/ ~*ly*, a. ἅγιος, εὐσεβής

sake, n. χάρη (ἡ), χατήρι (τό)/ *for the* ~ *of*, γιά χατήρι/ *for God's* ~, γιά τό Θεό

salacious, a. ἀκόλαστος, λάγνος

salad, n. σαλάτα (ἡ)/ *fruit* ~, φρουτοσαλάτα (ἡ)/ ~ *dressing*, γαρνιτούρα σαλάτας (ἡ)

salamander, n. σαλαμάντρα (ἡ)

salami, n. σαλάμι (τό)

salaried, a. μισθωτός/ *salary*, n. μισθός (ὁ)

sale, n. πούλημα (τό), πώληση (ἡ)/ *for* ~, γιά πούλημα/ *bill of* ~, τιμολόγιο (τό)/ ~*sman*, n. πωλητής (ὁ)/ ~*swoman*, n. πωλήτρια (ἡ)

salient, a. ἐκεῖνος πού προεξέχει/ (fig.) ἐντυπωσιακός/ n. προεκβολή (ἡ)

saline, a. ἁλμυρός, ἁλατοῦχος

saliva, n. σάλιο (τό)/ ~*te*, v.i. σαλιάζω, τρέχουν τά σάλια μου

sallow, a. ὠχρός, χλωμός

sally, n. ἔκρηξη (ἡ), ξέσπασμα (τό)/ v.i. ξεσπῶ/ ~ *forth*, ἐξορμῶ

salmon, n. σολομός (ὁ)/ a. ροδοκίτρινος, σωμόν

saloon, n. αἴθουσα (ἡ)/ (pub) μπάρ (τό)/ ~ *car*, ἐπιβατικό αὐτοκίνητο (τό), κούρσα (ἡ)

salt, n. ἁλάτι (τό)/ ~ *cellar*, ἁλατιέρα (ἡ), ἁλατοδοχεῖο (τό)/ ~ *mine*, ἁλατωρυχεῖο (τό)/ ~ *water*, θαλασσινό νερό (τό)/ ~*ing*, n. ἁλάτισμα (τό)/ ~*petre*, n. νιτρικό κάλιο (τό)/ ~*y*, a. ἁλατισμένος, πικάντικος

salubrious, a. ὑγιεινός/ *salutary*, a. εὐεργετικός, ὠφέλιμος

salute, n. χαιρετισμός (ὁ)/ v.t. χαιρετῶ/ (mil.) ἀποδίδω τιμές

salvage, n. διάσωση (ἡ), θαλάσσια βοήθεια (ἡ)/ (fee) σῶστρα (ἡ)/ v.t. διασώζω/ *salvation*, n. σωτηρία (ἡ)/ *S~ Army*, Στρατός τῆς Σωτηρίας (ὁ)

salve, n. ἀλοιφή (ἡ), βάλσαμο (τό)/ v.t. κατευνάζω, ἀνακουφίζω

salver, n. δίσκος (ὁ)

salvo, n. χαιρετιστήριος κανονιοβολισμός (ὁ)

same, a. ἴδιος/ *the* ~ *things*, τό ἴδιο πράγμα/ *it's all the* ~ *to me*, μοῦ κάνει τό ἴδιο/ *all the* ~, παρ' ὅλα αὐτά/ ~*ness*, n. ὁμοιότητα (ἡ), ταυτότητα (ἡ)

sample, n. δεῖγμα (τό)/ v.t. δοκιμάζω

sanatorium, n. σανατόριο (τό), θεραπευτήριο (τό)

sanctification, n. καθαγίαση (ἡ)/ *sanctify*, v.t. καθαγιάζω/ *sanctimonious*, a. ψευτοευλαβής/ *sanctimony*, n. ψευτοευλά-

βεια (ἡ), ψευτοευσέβεια (ἡ)/ sanction,
n. ἐπικύρωση (ἡ)/ pl. κυρώσεις (οἱ)/
v.t. ἐπιβάλλω κυρώσεις/ sanctuary, n.
καταφύγιο (τό), ἄσυλο (τό)/ (rel.) ἄδυ-
το (τό)/ sanctum, n. ἱερό (τό), ἄδυτο
(τό)
sand, n. ἄμμος (ἡ)/ pl. ἀκρογιαλιά (ἡ),
ἀμμουδιά (ἡ)/ v.t. στρώνω μέ ἄμμο
sandal, n. πέδιλο (τό), σανδάλι (τό)
sandbank, n. σύρτη ἄμμου (ἡ)/ sandhill,
n. ἀμμόλοφος (ὁ)/ sandpaper, n. γυαλό-
χαρτο (τό)/ sandpipe, n. μπεκάτσα (ἡ)/
sandpit, n. ἀμμωρυχεῖο (τό)/ sandstone,
n. ψαμμόλιθος (ὁ)/ sandstorm, n. ἀμμο-
θύελλα (ἡ)
sandwich, n. σάντουιτς (τό)/ v.t. παρεμ-
βάλλω, βάζω ἀνάμεσα
sandy, a. ἀμμώδης
sane, a. λογικός, συνετός
sangfroid, n. ψυχραιμία (ἡ)/ sanguinary,
a. αἱμοδιψής, φονικός, ματοβαμένος/
sanguine, a. ἐλπιδοφόρος, αἰσιόδοξος/
(skin) ροδοκόκκινος
sanitary, a. ὑγιεινός, ὑγειονομικός/ ~ in-
spector, ὑγειονομικός ἐπιθεωρητής (ὁ)/
sanitation, n. δημόσια ὑγιεινή (ἡ)
sanity, n. λογική (ἡ), σύνεση (ἡ)
Santa Claus, n. Ἅγιος Βασίλης (ὁ)
sap, n. χυμός (ὁ)/ (fig.) σφρίγος (τό)/
(mil.) ὑπονόμευση (ἡ)/ v.t. ὑπονομεύω,
ὑποσκάπτω
sapience, n. σοφία (ἡ), ἐπιστήμη (ἡ)/ sa-
pient, a. σοφός, ἐπιστήμων
sapling, n. δεντρύλιο (τό)
sapper, n. σκαπανέας (ὁ)
sapphire, n. ζαφείρι (τό)/ a. ζαφείρινος,
ζαφειρένιος
Saracen, n. Σαρακηνός (ὁ)
sarcasm, n. σαρκασμός (ὁ)/ sarcastic, a.
σαρκαστικός
sarcophagus, n. σαρκοφάγος (ἡ)
sardine, n. σαρδέλλα (ἡ)
sardonic, a. σαρδώνιος
sash, n. ζωστήρα (ἡ)/ (window) πλαίσιο
παραθύρου (τό)
Satan, n. Σατανάς (ὁ)/ ~ ic, a. σατανικός
satchel, n. σακκίδιο (τό)
sate, v.t. χορταίνω
sateen, n. σατέν (τό)
satellite, n. δορυφόρος (ὁ)/ (fig.) ὀπαδός

(ὁ)
satiate, v.t. χορταίνω, μπουχτίζω/ satiety,
n. χορτασμός (ὁ), κορεσμός (ὁ)
satin, n. ἀτλάζι (τό)/~y, a. ἀτλαζένιος
satire, n. σάτιρα (ἡ)/ satirical, a. σατιρι-
κός/ satirist, n. σατιρογράφος (ὁ)/ sati-
rize, v.t. σατιρίζω
satisfaction, n. ἱκανοποίηση (ἡ)/ satisfac-
tory, a. ἱκανοποιητικός/ satisfy, v.t.
ἱκανοποιῶ/ ~ oneself that, πείθομαι
satrap, n. σατράπης (ὁ)
saturate, v.t. διαβρέχω, μουσκεύω/ ~d,
a. κορεσμένος/ saturation, n. μούσκεμα
(τό)/ (chem.) κορεσμός (ὁ)
Saturday, n. Σάββατο (τό)
Saturn, n. Κρόνος (ὁ)/ ~alian, a. ὀργια-
στικός/ ~ine, a. σιωπηλός, μελαγχολι-
κός
satyr, n. σάτυρος (ὁ)
sauce, n. σάλτσα (ἡ)/ ~ boat, n. σαλτσιέ-
ρα (ἡ)/ ~pan, n. κατσαρόλα (ἡ)/ ~r, n.
πιατάκι τοῦ καφέ (τό)/ saucy, a. αὐθά-
δης, ἀναιδής
saunter, v.i. περιφέρομαι
sausage, n. λουκάνικο (τό)
savage, a. ἄγριος, ἀπολίτιστος/ ~ry, n.
ἀγριότητα (ἡ), βαρβαρότητα (ἡ)
save, v.t. σώζω, λυτρώνω/ ~ trouble,
ἀποφεύγω μπελάδες/ pr. ἐκτός, πλήν/
saving, n. σωτηρία (ἡ), διάσωση (ἡ)/
(econ.) ἀποταμίευση (ἡ), οἰκονομία
(ἡ)/ pl. οἰκονομίες (οἱ)/ ~ s bank, τα-
μιευτήριο (τό)/ pr. ἐκτός, πλήν/ sa-
viour, n. σωτήρας (ὁ)
savour, n. οὐσία (ἡ), γεύση (ἡ)/ v.t. γεύο-
μαι, ἀπολαμβάνω/ ~y, a. γευστικός,
ὀρεκτικός
saw, n. πριόνι (τό)/ v.t. πριονίζω/ ~dust,
n. πριονίδια (τά)/ ~fish, n. ξιφίας (ὁ)/
~mill, n. πριονιστήριο (τό)/ ~yer, n.
πριονιστής (ὁ)
Saxon, n. Σάξονας (ὁ)/ a. σαξωνικός
saxophone, n. σαξόφωνο (τό)
say, v.t. λέγω/ it is said, λέγεται ὅτι/ that is
to ~, δηλαδή/ ~! γιά φαντάσου!/ to ~
nothing of, γιά νά μήν ἀναφέρουμε ὅτι/
n. λόγος (ὁ), ὁμιλία (ἡ)/ ~ing, n. ρητό
(τό)/ it goes without ~, δέν ὑπάρχει ἀμ-
φιβολία, εἶναι αὐτονόητο
scab, n. ψώρα (ἡ)

scabbard, n. θήκη (ἡ), θηκάρι (τό)
scabby, a. ψωραλέος
scaffold, n. ἱκρίωμα (τό), σκαλωσιά (ἡ), ἐξέδρα (ἡ)/ ~ ing, n. σκαλωσιά (ἡ)
scald, n. ἔγκαυμα (τό), ζεμάτισμα (τό)/ v.t. ζεματίζω
scale, n. κλίμακα (ἡ), βαθμολογία (ἡ)/ (fish) λέπι (τό)/ (on a metal surface) κατακάθι (τό)/ (mus.) κλίμακα (ἡ)/ pl. ζυγαριά (ἡ)/ on a large ~, σέ μεγάλη κλίμακα/ v.t. ξύνω
scallop, n. κοχύλι (τό)/ (pattern) κέντημα (τό), φεστόνι (τό)/ v.t. ψήνω
scalp, n. κορφή τοῦ κρανίου (ἡ)/ v.t. γδέρνω κρανίο
scalpel, n. σμίλη (ἡ), γλύφανο (τό)
scaly, a. λεπιδωτός, φολιδωτός
scamp, a. φαῦλος, κακοήθης
scamper, v.i. τρέχω, δραπετεύω
scan, v.t. ἐρευνῶ, ἐξετάζω, ἐξονυχίζω/ (verse) μετρῶ στίχο
scandal, n. σκάνδαλο (τό)/ ~ize, v.t. σκανδαλίζω/ ~monger, n. σκανδαλοθήρας (ὁ), φιλοκατήγορος (ὁ)/ ~ous, a. σκανδαλώδης
Scandinavian, n. Σκανδιναβός (ὁ)/ a. σκανδιναβικός
scansion, n. μέτρημα στίχων
scant(y) a. σπάνιος, λιγοστός, φειδωλός
scapegoat, n. ἀποδιοπομπαῖος τράγος (ὁ)/ scapegrace, n. ἀσυνείδητος (ὁ), ἀχρεῖος (ὁ)
scar, n. οὐλή (ἡ), σημάδι (τό)
scarab, n. σκαθάρι (τό)
scarce, a. σπάνιος/ ~ly, ad. μόλις/ ~ness, n. σπανιότητα (ἡ)
scare, n. φόβος (ὁ)/ v.t. φοβίζω, τρομοκρατῶ/ ~ away, διώχνω
scarcity, n. σπανιότητα (ἡ), ἔλλειψη (ἡ)
scarecrow, n. σκιάχτρο (τό)
scarf, n. κασκόλ (τό)
scarify, v.t. τσαγκρουνίζω, προκαλῶ ἀμυχές
scarlatina, n. ὀστρακιά (ἡ)
scarlet, a. βυσινόχρωμος/ ~ fever, ὀστρακιά (ἡ)
scarp, n. χεῖλος (τό), κατηφοριά (ἡ)
scatheless, a. ἀβλαβής, σῶος/ scathing, a. πικρόχολος, καυστικός, δηκτικός
scatter, v.t. σκορπίζω, διασκορπίζω/ v.i.

διασκορπίζομαι, διαλύομαι/ ~brained, ὁ ξεμυαλισμένος
scavenge, v.i. σκουπίζω, καθαρίζω/ ~r, n. ὁδοκαθαριστής (ὁ)
scenario, n. σενάριο (τό)
scene, n. σκηνή (ἡ)/ behind the ~s, στά παρασκήνια/ make a ~, κάνω σκηνή, δημιουργῶ ἐπεισόδιο/ ~ painter, n. σκηνογράφος (ὁ)/ ~ry, n. τοπίο (τό)/ (theat.) σκηνικό (τό)/ scenic, a. σκηνικός
scent, n. ὀσμή (ἡ), ὄσφρηση (ἡ)/ throw off the ~, καλύπτω τά ἴχνη μου/ v.t. μυρίζω, ὀσφραίνομαι/ ~ed, p.p.& a. ἀρωματισμένος, εὐωδιαστός
sceptre, n. σκῆπτρο (τό)
schedule, n. πίνακας (ὁ), πρόγραμμα (τό), σχέδιο (τό)/ v.t. προγραμματίζω, σχεδιάζω
scheme, n. σχέδιο (τό), ἐπινόημα (τό)/ v.i. μηχανορραφῶ, σκευωρῶ/ ~r, n. μηχανορράφος, σκευωρός (ὁ)
schism, n. σχίσμα (τό)/ ~atic, a. σχισματικός
schizophrenia, n. σχιζοφρένεια (ἡ)
scholar, n. μελετητής (ὁ), σπουδαστής (ὁ), λόγιος (ὁ)/ ~ly, a. σοφός, πολυμαθής/ ~ship, n. ὑποτροφία (ἡ)/ scholastic, a. φιλολογικός/ school, n. σχολεῖο (τό)/ a. σχολικός/ ~book, n. σχολικό βιβλίο (τό)/ ~ boy, n. μαθητής (ὁ)/ ~girl, n. μαθήτρια (ἡ)/ ~ing, n. φοίτηση (ἡ)/ ~master (teacher), n. δάσκαλος (ὁ)
schooner, n. σκούνα (ἡ)
sciatic, a. ἰσχιακός/ ~a, n. ἰσχιαλγία (ἡ)
science, n. ἐπιστήμη (ἡ)/ scientific, a. ἐπιστημονικός/ scientist, n. ἐπιστήμονας (ὁ)
scintillate, v.i. σπινθηρίζω, σπινθηροβολῶ
scion, n. ἀπόγονος (ὁ), βλαστός (ὁ)/ (bot.) βλαστάρι (τό)
scissors, n. ψαλίδι (τό)
sclerosis, n. σκλήρωση (ἡ)
scoff, v.i. χλευάζω, περιπαίζω/ ~er, n. χλευαστής (ὁ)/ ~ing, n. χλευασμός (ὁ), περίπαιγμα (τό)
scold, v.t μαλώνω/ ~ing, n. μάλωμα (τό)
sconce, n. κηροπήγιο (τό)/ (mil.) ὀχύρω-

μα (τό)
scoop, n. κουτάλα (ή), σέσουλα (ή)/ ~*shovel*, φτυάρι (τό)/ λαυράκι (τό)/ v.t. ἀδειάζω, ξεσκάβω
scope, n. σκοπός (ὁ), βλέψη (ή)
scorch, v.t. καψαλίζω/ (car) τρέχω πολύ/ ~*ing*, a. καυτερός
score, n. εἰκοσάδα (ή)/ (sport) σκόρ (τό)/ (mus.) συναρμογή (ή)/ *settle old* ~*s*, ἐξοφλῶ παλιούς λογαριασμούς/ v.t. σημειώνω βαθμούς/ (mus.) ἐνορχηστρώνω/ ~*r*, n. σημαδευτής (ή), σημειωτής (ή)
scorn, n. χλεύη (ή), περιφρόνηση (ή)/ v.t. χλευάζω, περιφρονῶ/ ~*ful*, a. χλευαστικός, περιφρονητικός
scorpion, n. σκορπιός (ὁ)
Scot, n. Σκωτσέζος (ὁ)/ *Scotch*, a. σκωτσέζικος
scotch, v.t. χαράζω/ (mil.) βάζω ἐκτός μάχης, ἐξουδετερώνω
scotfree, a. σῶος, ἀβλαβής
Scottish, a. σκωτσέζικος
scoundrel, n. ἀχρεῖος (ὁ), φαῦλος (ὁ)
scour, v.t. καθαρίζω, σφουγγίζω/ ~*about*, περιδιαβάζω/ ~ *er*, n. σύρμα καθαρίσματος (τό)
scourge, n. μάστιγα (ή), πληγή (ή), θεομηνία (ή)/ v.t. μαστιγώνω, μαστίζω
scout, n. ἀνιχνευτής (ὁ)/ *boy* ~, πρόσκοπος (ὁ)/ ~*master*, ἀρχηγός προσκόπων/ v.i. ἀνιχνεύω
scowl, n. συνοφρύωση (ή), σκυθρωπότητα (ή)/ v.i. συνοφρυώνομαι, σκυθρωπιάζω
scrabble, n. σύρσιμο (τό)/ v.i. σέρνομαι
scraggy, a. λιπόσαρκος, κοκκαλιάρης
scramble, n. ἀναρρίχηση (ή), σκαρφάλωμα (τό)/ v.i. σκαρφαλώνω/ ~ *for*, ψάχνω νά βρῶ/ ~*d eggs*, χτυπητά αὐγά
scrap, n. φιλονεικία (ή), ταραχή (ή)/ pl. ἄχρηστο ὑλικό (τό)/ ~*book*, λεύκωμα (τό)/ ~ *iron*, ψήγματα σίδερου / v.t. ἀπορρίπτω, ματαιώνω/ v.i. ἀφήνω κατά μέρος
scrape, n. ξύσιμο (τό), ἀπόξεση (ή)/ v.t. ξύνω/ ~ *off*, ἀποξέω/ ~ *through*, μόλις πετυχαίνω/ ~ *together*, μαζεύω μέ δυσκολία/ ~*r*, n. ξύστης (ὁ)· ξύστρα (ή)/ *scraping*, n. ξύσιμο (τό)

scratch, n. ἀμυχή (ή), γρατσούνισμα (τό)/ v.t. ξύνω, γρατσουνίζω/ v.i. ξύνομαι
scrawl, n. κακογραφία (ή)/ v.i. κακογράφω
scrawny, a. λιπόσαρκος
scream, n. κραυγή (ή)/ v.i. κραυγάζω
screech, n. τσίρισμα (τό), οὐρλιασμα (τό)/ v.i. τσιρίζω, οὐρλιάζω/ ~-*owl*, n. νυκτοκόρακας (ὁ)
screed, n. ἀπεραντολογία (ή)
screen, n. προπέτασμα (τό), προφυλακτήριο (τό)/ (cinema) ὀθόνη (ή)/ (mil.) φράγμα πυρός (τό)/ v.t. προστατεύω, προφυλάσσω/ (cinema) προβάλλω
screw, n. βίδα (ή), κοχλίας (ὁ)/ *put the* ~*s on*, πιέζω/ v.t. βιδώνω/ ~ *up one's face*, γίνομαι βλοσυρός/ (sex) γαμῶ/ ~*driver*, n. κατσαβίδι (τό)/ ~*nut*, n. περικόχλιο (τό)
scribble, n. κακογραφία (ή)/ v.i. κακογράφω, μουτζουρώνω τό χαρτί/ ~*r*, n. κακογράφος (ὁ)/ (writer) συγγραφέας τῆς πεντάρας/ *scribe*, n. γραφέας (ὁ)
scrimmage, n. ταραχή (ή), ὀχλαγωγία (ή)
scrip, n. δισσάκι (τό)/ (paper) πρόχειρη ἀπόδειξη
script, n. γραφή (ή), γραπτό κείμενο (τό)/ (radio) κείμενο ἐκπομπῆς (τό)/ *S*~*ure*, n. Ἁγία Γραφή (ή)
scrivener, n. δικαστικός γραφέας (ὁ)
scrofula, n. χελώνι (τό)
scroll, n. τύλιγμα (τό), κύλινδρος χαρτιοῦ (ὁ)/ (arch.) σπεῖρα (ή)
scrub, n. τρίψιμο (τό)/ v.t. τρίβω, καθαρίζω μέ τρίψιμο/ ~*bing*, n. τρίψιμο (τό)/ ~ *brush*, βούρτσα τριψίματος (ή)
scruff, n. σβέρκος (ὁ)/ *take by the* ~ *of the neck*, ἀρπάζω ἀπό τό λαιμό
scruple, n. ἐνδοιασμός (ὁ), τύψη (ή)/ v.i. διστάζω, ἔχω ἐνδοιασμούς/ *scrupulous*, a. ἐνδοιαστικός
scrutinize, v.t. διερευνῶ, ἐξονυχίζω/ *scrutiny*, n. ἐξονυχιστική ἔρευνα (ή)
scud, v.i. φεύγω γρήγορα/ (naut.) οὐριοδρομῶ
scuffle, n. συμπλοκή (ή), καυγάς (ὁ)/ v.i. καυγαδίζω
scull, n. κουπί (τό)/ v.i. κωπηλατῶ
scullery, n. πλυντήριο μαγειρείου (τό)/ *scullion*, n. παραμάγειρας (ὁ)

sculptor, n. γλύπτης (ὁ)/ *sculptural,* a. γλυπτικός/ *sculpture,* n. γλυπτική (ἡ)/ v.t. λαξεύω, σκαλίζω
scum, n. γλίτσα (ἡ)/ (fig.) κάθαρμα (τό)
scupper, n. μπούνι (τό)
scurf, n. πιτυρίδα (ἡ)
scurrilous, a. χυδαιολόγος, βρωμόστομος
scurvy, n. σκορβοῦτο (τό)/ a. ἀγενής, χυδαῖος
scutcheon, n. θυρεός (ὁ), οἰκόσημο (τό)
scuttle, n. φυγή (ἡ)/ (naut.) μπουκαπόρτα (ἡ)/ v.t. ἐμβολίζω πλοῖο/ v.i. τρέχω γρήγορα
scythe, n. δρεπάνι (τό)/ v.t. θερίζω
sea, n. θάλασσα (ἡ)/ *at* ~, στή θάλασσα/ *by* ~, μέ πλοῖο/ *heavy* ~*s,* τρικυμία (ἡ)/ a. θαλασσινός/ ~ *dog,* θαλασσόλυκος (ὁ)/ ~ *level,* ὑψόμετρο (τό)/ ~ *lion,* θαλάσσιος λέοντας (ὁ)/ *be* ~ *sick,* μέ πειράζει ἡ θάλασσα, παθαίνω ναυτία/ ~ *voyage,* θαλασσινό ταξίδι/ ~*board,* n. ἀκτή (ἡ), παράκτια περιοχή (ἡ)/ ~*gull,* n. γλάρος (ὁ)/ ~*horse,* n. ἱππόκαμπος (ὁ)
seal, n. φώκια (ἡ)/ ~*skin,* δέρμα φώκιας (τό)/ v.t. σφραγίζω/ ~*ed,* p.p. & a. σφραγισμένος/ ~*ing,* n. σφράγισμα (τό)
seam, n. ραφή (ἡ)/ (rock) σχισμή (ἡ)
seaman, n. ναυτικός (ὁ)/ ~*ship,* n. ναυτική ἱκανότητα
seamless, a. ἀσυγκόλλητος, ἄραφτος/ *seamstress,* n. μοδίστρα (ἡ)/ *seamy,* a. ~ *side,* ἀνάποδη ὑφάσματος/ (fig.) ἡ ἄσχημη πλευρά
seance, n. πνευματιστική συνεδρίαση (ἡ)
seaplane, n. ὑδροπλάνο (τό)/ *seaport,* n. θαλασσινό λιμάνι (τό)
sear, v.t. καίω, καυτηριάζω, ξεραίνω
search, n. ἔρευνα (ἡ), ἀναζήτηση (ἡ)/ v.t. ἐρευνῶ, ἀναζητῶ/ ~ *for,* ψάχνω νά βρῶ/ ~*er,* n. ἐρευνητής (ὁ), ἐξεταστής (ὁ)/ ~*ing,* a. ἐρευνητικός, ἀναζητητικός/ (look) ἐξεταστικό βλέμμα/ ~*light,* n. προβολέας (ὁ)
seascape, n. θαλασσογραφία (ἡ)/ *seashore,* n. ἀκτή (ἡ), παραλία (ἡ)
season, n. περίοδος (ἡ), ἐποχή (ἡ)/ ~ *ticket,* εἰσιτήριο διαρκείας/ v.t. (food) καρυκεύω/ (wine) ὡριμάζω/ ~*able,* a.

ἐπίκαιρος/ ~*al,* a. ἐποχικός/ ~*ing,* n. καρύκευση (ἡ), ὡρίμασμα (τό)
seat, n. κάθισμα (τό), θέση (ἡ), ἕδρα (ἡ)/ *country* ~, ἐξοχική κατοικία/ *take a* ~, κάθομαι, πηγαίνω στή θέση μου/ *four seater,* αὐτοκίνητο τεσσάρων θέσεων/ *seating capacity,* χωρητικότητα (ἡ)/ *seawall,* n. θαλάσσιο φράγμα (τό)/ *seaward,* ad. πρός τή θάλασσα
seaweed, n. φύκι (τό)/ *seaworthy,* a. πλόϊμος
secede, v.i. ἀποχωρῶ, ἀποσχίζομαι/ *secession,* a. ἀποχώρηση (ἡ), ἀπόσχιση (ἡ)
seclude, v.t. ἀπομονώνω, ἀποκλείω/ ~*d,* a. ἀπομονωμένος, ἀποκλεισμένος/ *seclusion,* n. ἀπομόνωση (ἡ), ἀποκλεισμός (ὁ)
second, a. δεύτερος/ ~ *sight,* προφητική ἱκανότητα/ *on* ~ *thoughts,* μετά ἀπό ὡριμώτερη σκέψη/ ~ *to none,* καλύτερος, ἀνώτερος/ n. δευτερόλεπτο (τό)/ pl. ἐμπορεύματα δεύτερης ποιότητας/ v.t. ὑποστηρίζω, συμπαρίσταμαι/ ~*ary,* a. δευτερεύων/ ~ *school,* σχολεῖο μέσης ἐκπαίδευσης/ ~*-class,* a. δεύτερης κατηγορίας/ ~*-hand,* a. ἀπό δεύτερο χέρι, μεταχειρισμένος/ ~*ly,* ad. κατά δεύτερο λόγο/ ~*-rate,* a. δεύτερης ποιότητας, κατώτερος
secrecy, n. μυστικότητα (ἡ), ἐχεμύθεια (ἡ)/ *secret,* n. μυστικό (τό)/ a. μυστικός, κρυφός, ἀπόρρητος
secretarial, a. τοῦ γραμματέα/ *secretariat,* n. γραμματεία (ἡ)/ *secretary,* n. γραμματέας (ὁ)/ (polit.) ὑπουργός (ὁ)/ *Foreign S~,* Ὑπουργός Ἐξωτερικῶν (ὁ)/ *Home S~,* Ὑπουργός Ἐσωτερικῶν (ὁ)
secrete, v.t. ἐκκρίνω/ *secretion,* n. ἔκκριση (ἡ)/ *secretive,* a. ἐπιφυλακτικός
sect, n. αἵρεση (ἡ)/ ~ *arian,* n. & a. αἱρετικός
section, n. τμῆμα (τό), τομή (ἡ)/ (mil.) οὔλαμός (ὁ)/ ~*al,* a. τμηματικός, μερικός/ *sector,* n. τομέας (ὁ)
secular, a. λαϊκός, κοσμικός/ ~*ization,* n. ἔλλειψη θρησκευτικῆς ἐπιρροῆς (ἡ)/ ~*ize,* v.t. καταργῶ τήν ἐπίσημη θέση τῆς θρησκείας
secure, a. ἀσφαλής, βέβαιος/ v.t. ἐξα-

σφαλίζω, στερεώνω, στηρίζω/ *security*, n. ἀσφάλεια (ἡ), ἐγγύηση (ή)/ pl. χρεώγραφα/ (τά) *social* ~, κοινωνική ἀσφάλιση
sedan-chair, n. φορεῖο (τό)
sedate, a. ἤρεμος, ἤσυχος, ἀτάραχος/ *sedative*, a. μαλακτικός, καταπραϋντικός (τό)/ n. καταπραϋντικό (τό)
sedentary, a. μόνιμος, καθιστικός
sedge, n. βρύο (τό), βοῦρλο (τό)
sediment, n. κατακάθι (τό), καταστάλαγμα (τό)/ *oil* ~, μούργα (ή)/ ~*ary*, a. προσχωματικός
sedition, n. ἀνταρσία (ἡ), στάση (ή)/ *seditious*, a. ἀντάρτικος, στασιαστικός
seduce, v.t. θέλγω, δελεάζω/ ~*r*, n. δελεαστής (ὁ), διαφθορέας (ὁ), πλάνος (ὁ)/ *seduction*, n. δελεασμός (ὁ), ἀποπλάνηση (ή)/ *seductive*, a. δελεαστικός, ἀποπλανητικός
sedulous, a. φιλόπονος, ἐπιμελής/ ~*ness*, n. φιλοπονία (ἡ), ἐπιμέλεια (ἡ)
see, n. ἐπισκοπική ἔδρα (ἡ)/ *Holy S*~, Ἁγία Ἔδρα (ἡ)
see, v.t. βλέπω, παρατηρῶ, κοιτάζω/ ~ *about*, φροντίζω/ ~ *into*, ἐρευνῶ, ἐξετάζω/ ~ *off*, ξεπροβοδῶ/ ~ *to*, ἐνδιαφέρομαι, φροντίζω/ ~ *through*, διαβλέπω/ *let me* ~ ! γιά νά δῶ!/ ~ *home*, συνοδεύω σπίτι/ ~ *you later!* θά τά ξαναποῦμε!
seed, n. σπόρος (ὁ), κόκκος (ὁ)/ ~*bed*, n. φυτώριο (τό)/ ~ *corn*, n. σπόρος γιά φύτεμα (ὁ)/ ~ *drill*, n. ἐργαλεῖο σπορᾶς (τό)/ ~*sman*, n. σπορέμπορος (ὁ)/ ~*time*, n. ἐποχή τῆς σπορᾶς (ή)/ *go to* ~, καταρρέω, μπατιρίζω/ v.t. σπέρνω/ (remove seeds) ξεσποριάζω/ v.i. σποριάζω/ ~*ling*, n. νεαρό φυτό (τό)/ ~*y*, a. σποριασμένος/ (clothes) φθαρμένος, τριμμένος
seeing, n. θέα (ἡ), ὅραση (ή)/ ~ *is believing*, νά τό δῶ καί νά τό πιστέψω/ ~ *that*, βλέποντας ὅτι
seek, v.t. ἐπιζητῶ, ἀναζητῶ/ ~*er*, n. ἀναζητητής (ὁ)
seem, v.i. φαίνομαι/ *it* ~*s to me*, μοῦ φαίνεται/ κατά τά φαινόμενα
seemly, a. εὐπρεπής, εὐπρόσωπος
seep, v.i. διαρρέω

seer, n. μάντης (ὁ), προφήτης (ὁ)
seesaw, n. τραμπάλα (ή)/ v.i. κάνω τραμπάλα, κουνιέμαι
seethe, v.i. κοχλάζω, ἀναβράζω
segment, n. τμῆμα (τό), κομμάτι (τό)/ (circle) τομέας (ὁ)
segregate, v.t. ἀποχωρίζω, ἀπομονώνω/ *segregation*, n. χωρισμός (ὁ), ἀπομόνωση (ή)
seismic, a. σεισμικός/ *seismograph*, n. σεισμογράφος (ὁ)
seize, v.t. πιάνω, συλλαμβάνω, ἁρπάζω/ ~ *the opportunity*, ἐπωφελοῦμαι ἀπό τήν εὐκαιρία/ *seizure*, n. σύλληψη (ή), κράτηση (ή)/ (confiscation) κατάσχεση (ή)/ (med.) προσβολή (ή), κρίση (ή)
seldom, ad. σπάνια
select, a. ἐκλεκτός, ἐπίλεκτος/ v.t. διαλέγω, ἐπιλέγω/ ~*ion*, n. ἐπιλογή (ή)/ *natural* ~, φυσική ἐπιλογή/ ~*ive*, a. ἐκλεκτικός
self, n. & pr. ἴδιος, ἑαυτός/ ~*-centred*, a. ἐγωιστικός, ἐγωκεντρικός/ ~*-confidence*, n. αὐτοπεποίθηση (ή)/ ~*-conscious*, a. μέ αὐτοσυνείδηση/ ~*-contained*, a. αὐτοτελής, ἀνεξάρτητος/ ~*-control*, n. αὐτοέλεγχος (ὁ)/ ~*-defence*, n. αὐτοάμυνα (ή)/ ~*-denial*, n. αὐταπάρνηση (ή)/ ~*-esteem*, n. αὐτοεκτίμηση (ή)/ ~*-eviden*, a. αὐτονόητος/ ~*-government*, n. αὐτοδιοίκηση (ή) αὐτονομία (ή)/ ~*-importance*, n. κενοδοξία (ή)/ ~ *ish*, a. ἐγωιστικός/ ~ *ishness*, n. ἐγωισμός (ὁ), ἐγωκεντρισμός (ὁ)/ ~*-made*, a. αὐτοδημιούργητος/ ~*-portrait*, n. αὐτοπροσωπογραφία (ή)/ ~*-possession*, n. ψυχραιμία (ή), ἀταραξία (ή)/ ~*-regulating*, a. αὐτορρυθμιζόμενος/ ~*-respect*, n. αὐτοεκτίμηση (ή)/ ~*-sacrifice*, n. αὐτοθυσία (ή)/ ~*-styled*, a. αὐτοονομαζόμενος/ ~*-sufficient*, a. αὐτάρκης/ ~*-willed*, a. ἐπίμονος, ἰσχυρογνώμων
sell, v.t. & i πουλῶ/ ~ *off*, ξεπουλῶ/ ~ *out*, πουλῶ τό μερίδιο μου/ ~*er*, n. πωλητής (ὁ), μικρέμπορος (ὁ)/ ~*ing*, n. πούλημα (τό), διάθεση (ή) ~ *price*, τιμή πώλησης (ή)
selvage, n. οὔγια (ή), παρυφή (ή)
semantic, a. σημασιολογικός/ ~*s*, n. ση-

μαντική (ή), σημασιολογία (ή)
semaphore, n. σηματογράφος (ό)
semblance, n. όμοιότητα (ή), φαινομενικότητα (ή)
semester, n. έξαμηνία (ή)
semi, prefix, ήμι, μισο/ ~circle, n. ήμικύκλιο (τό)/ ~colon, n. άνω τελεία/ ~conductor, n. ήμιαγωγός (ό)/ ~final, n. & a. ήμιτελικός (ό)
seminar, n. σεμινάριο (τό), φροντιστήριο (τό)/ ~y, n. ίερατική σχολή (ή)
semite, n. σημίτης (ό)/ semitic, a. σημιτικός
semolina, n. σιμιγδάλι (τό)
senate, n. γερουσία (ή)/ senator, n. γερουσιαστής (ό)/ ~ial, a. γερουσιαστικός/ ~ship, n. άξίωμα γερουσιαστή (τό)
send, v.t. στέλνω, άποστέλλω/ ~ away, διώχνω, άποπέμπω/ ~ down, κατεβάζω/ (student) άποβάλλω/ ~ for, στέλνω νά φωνάξουν/ ~ in, ύποβάλλω/ ~ off, ξεπροβοδίζω προπέμπω/ ~ up, άνυψώνω, άνεβάζω/ ~er, n. άποστολέας (ό)
seneschal, n. τελετάρχης (ό)
senile, a. γεροντικός/ senility, n. γερατειά (τά)
senior, a. πρεσβύτερος, άνώτερος/ ~ity, n. άρχαιότητα (ή), προτεραιότητα (ή)
senna, n. σηναμική (ή)
sensation, n. αίσθηση (ή), αίσθημα (τό)/ ~al, έντυπωσιακός
sense, n. αίσθηση (ή), φρόνηση (ή), νόημα (τό)/ be out of one's ~s, χάνω τά λογικά μου/ in a ~, άπό μία άποψη/ talk ~, μιλῶ λογικά/ v.t. αίσθάνομαι, νοιώθω/ ~less, a. άναίσθητος/ (meaningless) χωρίς νόημα/ sensibility, n. εύαισθησία (ή)/ sensible, a. γνωστικός, φρόνιμος/ sensibly, ad. γνωστικά, φρόνιμα/ sensitive, a. εύαίσθητος, εύπαθής/ ~ paper, έμπιστευτικό έγγραφο
sensual, a. φιλήδονος, σαρκικός, αίσθησιακός/ ~ist, n. φιλήδονος (ό)/ ~ity, n. ήδυπάθεια (ή), αίσθησιασμός (ό)/ sensuous, a. ήδυπαθής
sentence, n. πρόταση (ή)/ (leg.) δικαστική άπόφαση (ή), καταδίκη (ή)/ v.t. δικάζω, καταδικάζω, βγάζω άπόφαση/ sententious, a. άποφθεγματικός

sentiment, n. αίσθημα (τό)/ ~al, a. αίσθηματικός/ ~ality, n. αίσθηματικότητα (ή)
sentinel, **sentry**, n. σκοπός (ό), φρουρός (ό)/ ~ box, σκοπιά (ή)/ stand on ~, φυλάγω σκοπός, στέκομαι φρουρός
separate, a. χωριστός/ v.t. χωρίζω, διαχωρίζω/ v.i. άποχωρίζομαι, άποσπῶμαι/ ~ from, χωρίζω άπό/ ~ly, ad. χωριστά, ξεχωριστά/ separation, n. χωρισμός (ό), άποχωρισμός (ό)/ separatism, v. άποσχιστικό κίνημα (τό)/ separator, n. διαχωριστής (ό)
sepia, n. σέπια (ή)
September, n. Σεπτέμβριος (ό)/ a. σεπτεμβριάτικος
septet, n. έπταφωνία (ή)
septic, a. σηπτικός/ ~aemia, n. σηψαιμία (ή)
septuagenarian, n. έβδομηντάχρονος (ό)
sepulchral, a. έπιτάφιος/ sepulchre, n. τάφος (ό), μνῆμα (τό)
sequel, n. συνέχεια (ή), συνέπεια (ή), άποτέλεσμα (τό)/ sequence, n. συνέχεια (ή), σειρά (ή), άκολουθία (ή)
sequestered, a. άπομονωμένος/ (leg.) κατασχεμένος/ sequestration, n. άπομόνωση (ή)/ (leg.) κατάσχεση (ή)
sequin, n. φλωρί (τό)
seraglio, n. σεράϊ (τό)
seraph, n. σεραφείμ (τό), άγγελος (ό)/ ~ic, a. άγγελικός
Serb, n. Σέρβος (ό)/ ~ian, a. σέρβικος
serenade, n. σερενάδα (ή), σερενάτα (ή)/ v.t. κάνω σερενάτα
serene, a. γαλήνιος, ήσυχος/ serenity, n. γαλήνη (ή), ήσυχία (ή)
serf, n. δοῦλος (ό), δουλοπάροικος (ό)/ ~dom, n. δουλοπαροικία (ή)
sergeant, n. λοχίας (ό)/ ~ at arms, κλητήρας (ό)
serial, a. διαδοχικός, περιοδικός/ n. (in a paper) έπιφυλλίδα (ή)/ (T.V.) σήριαλ (τό)/ series, n. σειρά (ή)
serious, a. σοβαρός, σπουδαῖος/ ~ly, ad. σοβαρά/ take ~, παίρνω στά σοβαρά
sermon, n. κήρυγμα (τό)/ ~ize, v.t. κηρύττω
serpent, n. φίδι (τό)/ ~ine, a. φιδίσιος/ n. πονηρός (ό), πανοῦργος (ό)

serrated, a. ὀδοντωτός
serried, a. συμπυκνωμένος
serum, n. ὀρός (ὁ)
servant, n. ὑπηρέτης (ὁ)/ serve, v.t. ὑπηρετῶ, περιποιοῦμαι/ (meal) σερβίρω/ v.i. (sport) κάνω σερβίς/ ~ as, χρησιμεύω σάν/ it ~s him right, τοῦ ἀξίζει, καλά νά πάθει/ ~ time, ἐκτίω ποινή φυλάκισης/ service, n. ὑπηρεσία (ἡ), λειτουργία (ἡ)/ active ~, ἐνεργός ὑπηρεσία/ at your ~, στήν διάθεσή σας/ national ~, θητεία/ ~able, a. περιποιητικός, χρήσιμος, πρακτικός
serviette, n. πετσέτα (ἡ)
servile, a. δουλικός, δουλοπρεπής/ servility, n. δουλικότητα (ἡ), δουλοπρέπεια (ἡ)/ servitude, n. δουλεία (ἡ)
set, n. σύνολο (τό), συλλογή (ἡ), σειρά (ἡ)/ (radio etc) συσκευή (ἡ)/ (theat.) σκηνή (ἡ)/ (tennis) σέτ (τό)/ ~ of teeth, ὀδοντοστοιχία (ἡ)/ ~ of lectures, σειρά ὁμιλιῶν (μαθημάτων)/ v.t. βάζω στή θέση του/ (print) στοιχειοθετῶ/ (task) ἀναθέτω/ (example) δίνω τό παράδειγμα/ v.i. (sun) δύω, βασιλεύω/ ~ against, συμψηφίζω/ one's face against, ἀκουμπῶ τά μούτρα μου ἐπάνω/ ~ aside, ἀφήνω κατά μέρος/ ~ in, ἐνσκήπτω/ ~ off, συμψηφίζω/ ~ out, ξεκινῶ, βάζω μπροστά/ ~ right, διορθώνω, ἀποκαθιστῶ/ ~ up, στήνω, ἱδρύω/ p.p. & a. τοποθετημένος, βαλμένος, σταθερός/ ~back, n. ἀπόκρουση (ἡ), ἐμπόδιο (τό)
settee, n. καναπές (ὁ)
setter, n. ἐφαρμοστής (ὁ)/ (of precious stones) λιθοδέτης (ὁ)/ setting, n. τοποθέτηση (ἡ), συναρμολόγηση (ἡ)/ (sun) δύση (ἡ)/ (print.) στοιχειοθέτηση (ἡ)/ ~ up, στήσιμο (τό), ἵδρυση (ἡ)
settle, v.t. ἐγκαθιστῶ, ἱδρύω/ (colony) ἀποικίζω/ (debt) ἐξοφλῶ/ (dispute) λύνω διαφορά/ v.i. ἐγκαθίσταμαι/ ~ down, ἡσυχάζω, ἡρεμῶ/ ~d, a. κανονισμένος, ρυθμισμένος/ ~ment, n. ἐγκατάσταση (ἡ)/ (colony) ἀποικισμός (ὁ)/ (dispute) ἐξομάλυνση (ἡ), ρύθμιση (ἡ)/ ~r, n. ἄποικος (ὁ)/ settling, n. καθησύχαση (ἡ), καταπράϋνση (ἡ)
seven, num. ἑπτά/ ~ o'clock, ἑπτά ἡ ὥρα/ ~teen, num. δεκαεπτά/ ~teenth, ord.

num. δέκατος-ἕβδομος/ ~th, ord. num. ἕβδομος/ n. ἕβδομο (τό)/ ~ tieth, ord. num. ἑβδομηκοστός/ ~ty, num. ἑβδομῆντα
sever, v.t. διαλύω, διακόπτω/ v.i. ἀποχωρίζομαι/ ~al, ἀρκετοί/ ~ance, n. χωρισμός (ὁ), ἀποχωρισμός (ὁ)
severe, a. σοβαρός, αὐστηρός/ catch a ~ cold, πιάνω (ἁρπάζω) σοβαρό κρυολόγημα/ severity, n. αὐστηρότητα (ἡ), δριμύτητα (ἡ)
sew, v.t. ράβω
sewage, n. ὀχετός (ὁ), ὑπόνομος (ὁ)/ sewer, n. ὀχετός (ὁ)/ ~age, n. σύστημα ὑπονόμων (τό)
sewing, n. ράψιμο (τό)/ ~ machine, ραπτική μηχανή (ἡ)
sex, n. φύλο (τό), γένος (τό)/ ~ appeal, θέλγητρο (τό), ἕλξη (ἡ)/ the fair ~, τό ὡραῖο φύλο
sexagenarian, n. ἑξηντάρης (ὁ)
sextant, n. ἑκτόκυκλο (τό), ἑξάντας (ὁ)
sexton, n. νεωκόρος (ὁ)
sexual, a. σεξουαλικός/ ~ intercourse, σεξουαλική ἐπαφή (ἡ)
shabby, a. τριμμένος, φθαρμένος/ (attitude) εὐτελής, μικρός
shack, n. ξύλινη καλύβα (ἡ)
shacke, n. κρίκος (ὁ)/ pl. χειροπέδες (οἱ)/ (fig.) δεσμά (τά)/ v.t. δεσμεύω, ἐμποδίζω
shade, n. σκιά (ἡ)/ v.t. σκιάζω, ἐπισκιάζω/ shadow, n. σκιά (ἡ)/ v.t. παρακολουθῶ, κατασκοπεύω/ ~y, a. σκιώδης, ἀβέβαιος, ἀσαφής, ἀόριστος/ shady, a. ἀσαφής, σκοτεινός
shaft, n. (spear) βέλος (τό), κοντάκι (τό)/ (tech.) ἄξονας (ὁ)/ (light) φωταγωγός (ὁ)/ (air) ἀεραγωγός (ὁ)
shag, n. τρίχωμα (τό)/ (tobacco) κομμένος καπνός/ ~gy, a. δασύς
shake, n. τίναγμα (τό), κλονισμός (ὁ)/ (mus.) τρίλλια (ἡ)/ v.t. κλονίζω, κουνῶ/ v.i. τινάζομαι/ ~ hands, ἀνταλλάσσω χειραψία/ ~ one's head, τινάζω τό κεφάλι/ shaking, n. κλονισμός (ὁ), τίναγμα (τό), ταρακούνημα (τό)/ shaky, a. ἀσταθής, τρεμάμενος
shale, n. σχιστάργιλλος (ὁ)
shall, v. aux. θά

shallow, a. ϱηχός, ἄβαθος/ (fig.) ἐπιπόλαιος/ ~s, n. ϱηχά τῆς θάλασσας (τά)

shum, n. ἀπάτη (ἡ), προσποίηση (ἡ)/ a. ἀπατηλός, προσποιητός, πλαστός/ v.i. προσποιοῦμαι, ὑποκρίνομαι

shamble, v.i. τϱικλίζω, σέϱνομαι/ ~s, n. τόπος καταστϱοφῆς (ὁ), θαλάσσωμα (τό)

shame, n. ντϱοπή (ἡ)/ ~ on you! ντϱοπή σου!/ what a ~ ! τί κϱίμα!/ v.t. ντϱοπιάζω/ ~faced, a. ντϱοπαλός, σεμνός/ ~less, a. ξεδιάντϱοπος, ξετσίπωτος/ ~lessness, n. ξεδιαντϱοπιά (ἡ), ξετσιπωσιά (ἡ)

shampoo, n. σαμπουάν (τό)/ v.t. λούζω τό κεφάλι

shamrock, n. τϱιφύλλι (τό)

shank, n. κνήμη (ἡ), σκέλος (τό)

shape, n. σχῆμα (τό), μοϱφή (ἡ)/ v.t. σχηματίζω, μοϱφοποιῶ/ ~less, a. ἀσχημάτιστος, ἄμοϱφος/ ~ly, a. συμμετϱικός, κομψός

share, n. μεϱίδιο (τό)/ (com.) μετοχή/ (ἡ)/ (plough) ὑνί (τό)/ v.t. μοιϱάζω, διανέμω/ ~ a room, μοιϱάζομαι δωμάτιο, συγκατοικῶ/ ~ out, διανέμω, διαμοιϱάζω/ ~ and ~ alike, μοιϱάζω σέ ἴσα μεϱίδια/ ~holder, n. μέτοχος (ὁ)/ sharing, n. μοίϱασμα (τό), συμμετοχή (ἡ)

shark, n. καϱχαϱίας (ὁ), σκυλόψαϱο (τό)

sharp, a. ὀξύς, μυτεϱός/ (turn) ἀπότομος/ (pain) δυνατός/ (hearing) ὀξεία ἀκοή/ (mind) ἔξυπνος/ (sound) διαπεϱαστικός/ look ~! πϱόσεχε!/ ad. ἀκϱιβῶς/ five o'clock ~, πέντε ἀκϱιβῶς/ ~en, v.t. ὀξύνω, ἀκονίζω/ ~ener, n. ξύστϱα (ἡ), ἀκονιστήϱι τό)/ ~er, n. ἀγύϱτης (ὁ)/ ~ly, ad. ἀπότομα, ξεκάθαϱα/ ~ness, n. ὀξύτητα (ἡ), σφοδϱότητα (ἡ)/ ~ shooter, n. ἐπίλεκτος σκοπευτής (ὁ)

shatter, v.i. συντϱίβω, καταστϱέφω

shave, v.t. ξυϱίζω/ v.i. ξυϱίζομαι/ ~r, n. κουϱέας (ὁ)/ (fig.) ληστής (ὁ)/ shaving, n. ξύϱισμα (τό)/ pl. ϱινίσματα (τά)/ ~ brush, βούϱτσα ξυϱίσματος

shawl, n. σάλι (τό)

she, pn. αὐτή, ἐκείνη/ n. (animal) θηλυκό/ ~goat, αἶγα (ἡ)

sheaf, n. (corn) δεμάτι (τό)/ (papers) δέσμη (ἡ)

shear, v.t. κουϱεύω/ ~er, n. κουϱευτής (ὁ)/ ~ing, n. κούϱεμα (τό), ψαλίδισμα (τό) ~s, n. ψαλίδα (ἡ)

sheath, n. θήκη (ἡ), θηκάϱι (τό)/ (med.) πεϱικάλυμμα (τό)/ ~e, v.t. βάζω στή θήκη

sheave, n. τϱοχίσκος (ὁ)

shed, n. ὑπόστεγο (τό)/ v.t. χάνω, ἀποβάλλω, ϱίχνω/ (tears) χύνω/ (clothes) βγάζω/ ~ light, ϱίχνω φῶς, ἀποκαλύπτω

sheen, n. λαμπϱότητα (ἡ), στιλπνότητα (ἡ)

sheep, n. πϱόβατο (τό)/ ~dog, n. τσοπανόσκυλο (τό)/ ~ fold, n. μάντϱα (ἡ)/ ~ish, a. δειλός, συμμαζεμένος / ~skin, n. πϱοβειά (ἡ)

sheer, a. καθαϱός, σαφής/ ad. τελείως, ὅλοσε ᾽λου/ by ~ force, μέ ὠμή δύναμη/ v.i. παϱεκκλίνω/ ~ off, ἀπομακϱύνομαι ἀπό τήν ἀκτή

sheet, n. σεντόνι (τό)/ (paper etc.) φύλλο (τό)/ ~ iron, λαμαϱίνα (ἡ)/ ~ lightning, διάχυτες ἀστϱαπές/ ~ing, n. ὕφασμα γιά σεντόνια (τό)

sheikh, n. σεΐχης (ὁ)

shelf, n. ϱάφι (τό)/ (geol.) ἐπίπεδη πϱοεξοχή βϱάχου

shell, n. ὄστϱακο (τό), κοχύλι (τό)/ (nut) καϱυδότσουφλο (τό)/ (tortoise) καβούκι (τό)/ (mil.) ὀβίδα (ἡ)/ v.t. ξεφλουδίζω/ (mil.) βομβαϱδίζω/ ~fish, n. ὀστϱακόδεϱμα (τά)/ ~ing, n. ξεφλούδισμα (τό)/ (mil.) βομβαϱδισμός (ὁ)/ ~proof, a. ἀλεξίβομβος

shelter, n. καταφύγιο (τό), ἄσυλο (τό)/ v.t. πϱοσφέϱω καταφύγιο, στεγάζω/ v.i. πϱοφυλάγομαι, βϱίσκω καταφύγιο/ ~ed, a. πϱοφυλαγμένος/ ~ life, ξένοιαστη ζωή/ ~less, a. ἀπϱοφύλακτος, ἀστέγαστος

shelve, v.t. βάζω ϱάφια/ (fig.) ἀναβάλλω, παϱαμεϱίζω/ v.i. κλίνω, ϱέπω/ shelving, n. ϱάφια (τά)/ a. κατηφοϱικός, ἐπικλινής

shepherd, n. βοσκός (ὁ)/ ~ boy, βοσκόπουλο (τό)/ v.t. βόσκω/ ~ess, n. βοσκοπούλα (ἡ)

sherbet, n. σεϱμπέτι (τό)

sheriff, n. σεϱίφης (ὁ)

sherry, n. σέρρυ (τό)

shield, n. ἀσπίδα (ἡ)/ (fig.) προστασία (ἡ)/ v.t. προστατεύω

shift, n. μετακίνηση (ἡ), μεταβολή (ἡ)/ (work) βάρδια (ἡ)/ v.t. & i. μετακινῶ, ἀλλάζω θέση, μετατοπίζω/ ~ for oneself, ἀπαλλάσσομαι ἀπό στενοχώρια/ ~ the blame on to, ρίχνω τήν εὐθύνη στόν/ ~ing, a. ἄστατος, κινητός/ ~y, a. πανοῦργος, πονηρός

shilling, n. σελίνι (τό)

shilly-shally, v.i. διστάζω, ἀμφιταλαντεύομαι

shimmer, n. ἀναλαμπή (ἡ), λάμψη (ἡ)/ v.i. λάμπω, λαμπυρίζω

shin, n. ἀντικνήμι (τό)/ v.i. ~ up, σκαρφαλώνω μέ τά τέσσερα

shindy, n. πάταγος (ὁ), ἀναστάτωση (ἡ)

shine, n. λάμψη (ἡ), φέγγος (τό)/ v.t. γυαλίζω, στιλβώνω/ v.i. λάμπω

shingle, n. χαλίκι (τό)/ v.t. χαλικοστρώνω/ ~s, n. pl. ἔρπης ζωστήρ (ὁ)

shining, a. λαμπερός, ἀστραφτερός/ n. λάμψη (ἡ)/ shiny, a. λαμπερός, ἀστραφτερός

ship, n. πλοῖο (τό)/ v.t. φορτώνω, στέλνω μέ πλοῖο/ ~'s boy, μοῦτσος (ὁ)/ ~builder, n. ναυπηγός (ὁ)/ ~ment, n. φορτίο πλοίου (τό)/ ~owner, n. πλοιοκτήτης (ὁ)/ ~per, n. φορτωτής (ὁ), ναυλωτής (ὁ)/ ~ping, n. ἐμπορικό ναυτικό (τό)/ (loading) φόρτωση (ἡ)/ dangerous to ~, ἐπικίνδυνο στή ναυσιπλοΐα/ ~shape, a. τακτοποιημένος/ ~wreck, n. ναυάγιο (τό)/ be ~wrecked, ναυαγῶ/ ~wright, n. ναυπηγός (ὁ)/ ~yard, n. ναυπηγεῖο (τό)

shire, n. κομητεία (ἡ), ἐπαρχία (ἡ)

shirk, v.t. ἀποφεύγω, παραμελῶ/ ~er, n. φυγόπονος (ὁ), ὀκνηρός (ὁ)

shirt, n. πουκάμισο (τό)/ in ~ sleeves, μέ πουκάμισο

shiver, n. ρίγος (τό)/ v.t. συντρίβω, σπάζω, τσακίζω/ v.i. τρέμω, ριγῶ, τουρτουρίζω

shoal, n. σύρτη (ἡ)/ (fish) κοπάδι ψαριῶν (τό)

shock, n. κλονισμός (ὁ), δόνηση (ἡ), τράνταγμα (τό)/ (electric) ἠλεκτροπληξία (ἡ)/ v.t. ταράζω, ἐκπλήσσω, σοκάρω, σκανδαλίζω/ ~headed, a. πυκνομάλλης/ ~ing, a. προσβλητικός, σκανδαλώδης

shoddy, a. κακοκαμωμένος, πρόστυχος/ n. μάλλινο ὕφασμα (τό)

shoe, n. παπούτσι (τό)/ (horse) πέταλο (τό)/ (tech.) τροχοπέδη (ἡ), φρένο (τό)/ v.t. παπουτσώνω/ (horse) πεταλώνω/ ~black, n. λοῦστρος (ὁ)/ ~horn, n. κόκκαλο (τό)/ ~lace, n. κορδόνι παπουτσιῶν (τό)/ ~maker, n. ὑποδηματοποιός (ὁ), τσαγκάρης (ὁ)/ ~shop, n. ὑποδηματοπωλεῖο (τό)/ ~string, n. κορδόνι (τό)/ on a ~ , μέ τό τίποτε

shoot, n. βλαστός (ὁ), κλαδί (τό)/ (guns) διαγωνισμός σκοποβολῆς (ὁ)/ v.t. & i. ἐξακοντίζω, πυροβολῶ/ (film) γυρίζω, φιλμάρω/ (rapids) ρέω ὁρμητικά/ ~ down, καταρρίπτω/ ~er, n. σκοπευτής (ὁ), κυνηγός (ὁ)/ ~ing, n. πυροβολισμός (ὁ), βολή (ἡ)/ (film) γύρισμα (τό)/ ~ box, κυνηγετικό περίπτερο (τό)/ ~ star, πεφτάστερο (τό), διάττων ἀστέρας (ὁ)

shop, n. κατάστημα (τό), μαγαζί (τό)/ ~ assistant, ὑπάλληλος καταστήματος/ ~ steward, τοπικό συνδικαλιστικό στέλεχος/ ~ window, βιτρίνα (ἡ)/ v.i. ψωνίζω, κάνω ψώνια/ ~keeper, n. καταστηματάρχης (ὁ)/ ~lifting, n. κλοπή καταστήματος (ἡ)/ ~ping, n. ψώνια (τά)/ go ~ , πηγαίνω γιά ψώνια/ ~walker, n. ἐπόπτης καταστήματος (ὁ)

shore, n. ἀκτή (ἡ), παραλία (ἡ)/ go on ~ , βγαίνω στήν ξηρά/ v.t. ὑποστηρίζω, στηλώνω

short, a. (height) κοντός/ (time) σύντομος/ cut ~ , διακόπτω/ fall ~ , ὑστερῶ/ be ~ of breath, μοῦ κόβεται ἡ ἀνάσα/ be ~ of money, δέν ἔχω λεφτά/ ~ circuit, βραχυκύκλωμα (τό)/ ~ story, διήγημα (τό)/ ~age, n. ἔλλειψη (ἡ), ἀνεπάρκεια (ἡ)/ ~bread, n. γλύκισμα (τό)/ ~coming, n. ἔλλειψη (ἡ)/ ~ cut, n. συντόμευση δρόμου (ἡ)/ ~en, v.t. συντομεύω/ ~hand, n. στενογραφία (ἡ)/ ~ typist, στενοδακτυλογράφος (ὁ, ἡ)/ ~ly, ad. σύντομα, προσεχῶς/ ~s, n. pl. κοντά παντελόνια (τά)/ ~-sighted, a. μύωπας, μυωπικός/ ~-tempered, a.

εὐερέθιστος/ ~-winded, a. ἀσθματικός
shot, n. βολή (ἡ), πυροβολισμός (ὁ)/ (person) σκοπευτής (ὁ)/ (fig.) big ~ , σημαντικό πρόσωπο/ not by a long ~ , κάθε ἄλλο/ ~gun, n. κυνηγετικό ὅπλο (τό)/ ~proof, a. ἀλεξίσφαιρος
should, v. aux. πρέπει, ὀφείλω νά
shoulder, n. ὦμος (ὁ)/ v.t. σπρώχνω (σηκώνω) μέ τόν ὦμο/ ~ blade, n. ὠμοπλάτη (ἡ)/ v.t. σπρώχνω/ ~ strap, n. τιράντα (ἡ)
shout, n. κραυγή (ἡ)/ v.i. κραυγάζω/ ~ing, n. κραυγές (οἱ)
shove, n. ὤθηση (ἡ)/ σπρώξιμο (τό)/ v.t. ὠθῶ, σπρώχνω/ ~ off, ἀπωθῶ
shovel, n. φτυάρι (τό)/ v.t. φτυαρίζω/ ~ful, n. φτυαριά (ἡ)
show, n. ἐπίδειξη (ἡ), παράσταση (ἡ), θέαμα (τό)/ v.t. & i. δείχνω, ἐπιδεικνείω, ἐκθέτω, παρουσιάζω/ ~ in, ὑποδέχομαι/ ~ off, κάνω ἐπίδειξη, κάνω τή φιγούρα μου/ ~ up, ἐμφανίζομαι, παρουσιάζομαι/ (phot.) προβάλλω/ ~case, n. βιτρίνα (ἡ), προθήκη (ἡ)
shower, n. ραγδαία βροχή (ἡ)/ heavy ~ , μπόρα (ἡ)/ (in the bath) ντούς (τό)/ v.t. κατακλύζω, καταβρέχω/ v.i. κάνω ντούς/ ~y, a. βροχερός
showy, a. ἐπιδεικτικός, χτυπητός
shrapnel, n. πολύσφαιρο (τό)
shred, n. κουρέλι (τό), ἀπόκομμα (τό)/ v.t. κουρελιάζω/ ~ded, a. κουρελιασμένος, κομματιασμένος
shrew, n. στρίγγλα (ἡ)/ (woman) μέγαιρα (ἡ), στρίγγλα (ἡ)
shrewd, a. διορατικός, πονηρός/ ~ness, n. διορατικότητα (ἡ), πονηριά (ἡ)/ shrewish, a. κακότροπος, δύστροπος
shriek, n. διαπεραστική κραυγή (ἡ), στριγγλιά (ἡ)/ v.i. στριγγλίζω, βγάζω διαπεραστικές κραυγές
shrill, a. διαπεραστικός
shrimp, n. γαρίδα (ἡ)
shrine, n. ἱερός τάφος (ὁ), μνημεῖο (τό)
shrink, v.i. συστέλλομαι, ζαρώνω, ρυτιδώνομαι/ (cloth) μαζεύω/ ~ from, ἀποτραβιέμαι, δειλιάζω/ v.t. ἐλαττώνω, στενεύω/ ~age, n. συστολή (ἡ), ζάρωμα (τό)
shrivel, v.i. ρυτιδώνω, ζαρώνω/ (sun)

καίω
shroud, n. σάβανο (τό)/ (fig.) κάλυμμα (τό)/ v.t. σαβανώνω/ (fig.) κρύβω, καλύπτω
shrub, n. θάμνος (ὁ), δενδρύλλιο (τό)/ ~bery, n. θαμνώνας (ὁ)
shrug, n. ὕψωση τῶν ὤμων (ἡ)/ ~ one's shoulders, σηκώνω τούς ὤμους, ἀδιαφορῶ
shudder, n. φρίκη (ἡ), ρίγος (τό)/ v.i. ριγῶ, φρικιάζω
shuffle, v.t. ἀνακατεύω/ (one's feet) σέρνω τά πόδια/ ~ along, σέρνομαι/ shuffling, n. ἀνακάτεμα (τό), συρτό βάδισμα (τό)
shun, v.t. ἀποφεύγω
shunt, v.t. ἀλλαξοδρομῶ, παροχετεύω/ n. (railway) ἀλλαγή γραμμῆς/ (elec.) παροχέτευση ρεύματος
shut, v.t. & i. κλείνω, φράζω/ ~ off, διακόπτω, ἀποκόβω/ ~ out, κλείνω ἔξω/ ~ up, φιμώνω, ἀποστομώνω/ ~ up! σκασμός!/ ~ter, n. παραθυρόφυλλο (τό)/ (phot.) διάφραγμα (τό)
shuttle, n. σαΐτα (ἡ)/ v.i. πηγαινοέρχομαι
shy, a. δειλός, ἄτολμος, συνεσταλμένος/ v.t. ρίχνω, πετῶ/ v.i. δειλιάζω, κάνω πίσω/ (horse) παραπατάω
Siamese, n. Σιαμέζος (ὁ)/ (twins) σιαμαῖοι ἀδελφοί (οἱ)
Siberian, n. Σιβηριανός (ὁ)/ a. σιβηρικός
sibilant, a. συριστικός
Sibyl, n. Σύβιλλα (ἡ), μάντισσα (ἡ)
Sicilian, n. Σικελός (ὁ)/ a. σικελικός
sick, a. ἄρρωστος, ἀσθενής/ feel ~ , νοιώθω ἄρρωστος, δέν αἰσθάνομαι καλά/ be ~ and tired of, ἔχω βαρεθεῖ/ ~ headache, ἡμικρανία/ ~ leave, ἄδεια ἀσθενείας/ ~en, v.t. προκαλῶ ἀσθένεια, προκαλῶ ἀηδία/ ~ening, a. ἀηδιαστικός
sickle, n. δρεπάνι (τό)
sickly, a. ἀσθενικός, φιλάσθενος, ἀρρωστιάρης/ sickness, n. ἀρρώστεια (ἡ), ἀσθένεια (ἡ)
side, n. πλευρά (ἡ), πλευρό (τό), πλάϊ (τό)/ ~ by ~, παράπλευρα, πλάϊ-πλάϊ/ on the ~ , ἐπιπλέον/ on the left hand ~, στά ἀριστερά/ on all ~s, ἀπ' ὅλες τίς πλευρές/ ~ effect, παρενέργεια/ ~ glan-

ce, λοξό βλέμμα/ ~ issue, δευτερεῦον θέμα/ ~ street, πάροδος (ἡ)/ v.i. ~ with, παίρνω τό μέρος/ ~board, n. μπουφές (ὁ)/ ~ door, n. πλαϊνή πόρτα (ἡ)/ ~saddle, n. γυναικεία σέλλα (ἡ)/ ~ track, n. παράλληλη σκέψη (ἡ)/ ~walk, n. πεζοδρόμι (τό)/ ~ways, ad. πλάγια, λοξά/ siding, n. διακλάδωση (ἡ), πλάγια γραμμή (ἡ)

sidle, v.i. λοξοδρομῶ

siege, n. πολιορκία (ἡ)/ lay ~, πολιορκῶ

sieve, n. κόσκινο (τό)/ v.t. κοσκινίζω

sift, v.t. περνῶ ἀπό τό κόσκινο/ (fig.) ἐξετάζω λεπτομερῶς/ ~ings, n. pl. ἀποκοσκινίδια (τά)

sigh, n. ἀναστεναγμός (ὁ)/ v.i. ἀναστενάζω

sight, n. ὅραση (ἡ), θέα (ἡ), θέαμα (τό)/ (gun) σκόπευση (ἡ)/ at first ~, ἐκ πρώτης ὄψεως, μέ τό πρῶτο/ catch ~ of, διακρίνω/ in ~, ὁρατός/ know by ~, γνωρίζω ἐξ' ὄψεως/ lose ~ of, παύω νά βλέπω, χάνω/ see the ~s, βλέπω τά ἀξιοθέατα/ v.t. βλέπω, ἀντικρύζω

sign, n. σημάδι (τό), ἔνδειξη (ἡ)/ (maths & mus.) σύμβολο (τό)/ make a ~, νεύω/ ~board, ἐπιγραφή/ v.i. ὑπογράφω

signal, n. σῆμα (τό), σινιάλο (τό), σύνθημα (τό)/ v.i. κάνω σινιάλο, κάνω σῆμα/ ~ize, v.t. σηματογραφῶ/ ~ly, ad. ἔξοχα, ἄψογα/ ~man, n. σηματοδείκτης (ὁ)

signatory, n. ὑπογεγραμμένος (ὁ), ὑπογράφων (ὁ)/ signature, n. ὑπογραφή (ἡ)/ signet, n. μικρή σφραγίδα (ἡ)

significance, n. σημασία (ἡ)/ significant, a. σημαντικός, ἐξαιρετικός/ signify, v.t. σημαίνω, δηλώνω

signpost, n. ὁρόσημο (τό)

silence, n. ἡσυχία (ἡ), σιωπή (ἡ)/ v.t. καταπνίγω, κάνω νά σωπάσει/ ~r, n. σιγαστήρας (ὁ)/ silent, a. σιωπηλός, ἀμίλητος, ἀθόρυβος/ ~ film, βουβή ταινία (ἡ)/ remain ~, παραμένω σιωπηλός

silhouette, n. σκιαγραφία (ἡ), σιλουέττα (ἡ)/ in ~, σά σκιά

silica, n. χαλικίτιδα (ἡ)/ ~te, n. πυριτικό ἅλάτι (τό)

silk, n. μετάξι (τό)/ a. μεταξωτός/ raw ~, ἀκατέργαστο μετάξι/ spun ~, κατεργα-

σμένο μετάξι/ ~en, ~y, a. μεταξένιος, μεταξωτός/ (voice) γλυκόλαλος/ ~worm, n. μεταξοσκώληκας (ὁ)

sill, n. κατώφλι (τό), περβάζι (τό)

silliness, n. ἀνοησία (ἡ), μωρία (ἡ)/ silly, a. ἀνόητος, μωρός

silo, n. σιλό (τό), ἀποθήκη σιτηρῶν (ἡ)

silt, n. λάσπη (ἡ), βόρβορος (ὁ)/ v.t. & i. ~ up, προκαλῶ πρόσχωση

silver, n. ἀσήμι (τό)/ a. ἀσημένιος, ἀργυρός/ v.t. ἀσημώνω/ ~ plate, v.t. ἐπαργυρώνω/ ~ plated, a. ἐπαργυρωμένος/ ~y, a. ἀστραφτερός/ (sound) ἀργυρόηχος

similar, a. παρόμοιος, ὅμοιος, ἀνάλογος/ ~ity, n. ὁμοιότητα (ἡ)/ ~ly, ad. παρόμοια

simile, n. παρομοίωση (ἡ)

simmer, v.i. σιγοβράζω

simper, n. προσποιητό (ἡλίθιο) γέλιο (τό)/ v.i. γελῶ προσποιητά (ἡλίθια)

simple, a. ἁπλός, ἀφελής, ἄκακος/ ~ton, n. ἡλίθιος (ὁ), μωρός (ὁ)/ simplicity, n. ἁπλότητα (ἡ)/ simplification, n. ἁπλοποίηση (ἡ), ἀπλούστευση (ἡ)/ simplify, v.t. ἁπλοποιῶ, ἀπλουστεύω/ simply, ad. ἁπλά, μόνο

simulacrum, n. εἴδωλο (τό), ὁμοίωμα (τό)/ simulate, v.t. ὑποκρίνομαι, μιμοῦμαι/ simulation, n. προσποίηση (ἡ), μίμηση (ἡ)

simultaneous, a. ταυτόχρονος

sin, n. ἁμαρτία (ἡ)/ v.i. ἁμαρτάνω

since, ad. ἔκτοτε, ἀπό, ἀφότου/ ever ~, ἀπό τότε/ some time ~, λίγος καιρός ἀφότου/ long ~, ἀπό πολύ καιρό/ c. ἀφοῦ, πρίν, πρίν ἀπό/ it's an hour ~ he left, ἔφυγε πρίν ἀπό μιά ὥρα/ ~ you can't, ἀφοῦ δέν μπορεῖς/ pr. ἀπό, πρό

sincere, a. εἰλικρινής/ sincerity, n. εἰλικρίνεια (ἡ)

sine, n. (maths) ἡμίτονο (τό)

sinecure, n. ἀργομισθία (ἡ)/ sinecurist, n. ἀργόμισθος (ὁ)

sinew, n. τένοντας (ὁ), νεῦρο (τό)

sinful, a. ἁμαρτωλός

sing, v.t. & i. τραγουδῶ/ ~ of, ὑμνῶ, ψάλλω/ ~ out of tune, εἶμαι παράφωνος/ ~ to sleep, νανουρίζω

singe, v.t. καψαλίζω, περνῶ ἀπό φλόγα

singer, n. τραγουδιστής (ὁ), ψάλτης (ὁ)/ *singing*, n. τραγούδι (τό), τραγούδισμα (τό)/ ~ *bird*, ᾠδικό πουλί (τό)

single, a. μονός, μοναδικός/ ~ *bed*, μονό κρεββάτι/ ~ *room*, μονό δωμάτιο/ ~ *ticket*, ἁπλό εἰσιτήριο/ v.t. ~ *out*, ξεχωρίζω/ ~*breasted*, a. μονόπετο/ ~*handed*, a. καμωμένο ἀπό ἕναν ἄνθρωπο/ ~*minded*, a. μέ ἕνα μόνο σκοπό/ ~*ness*, n. μοναδικότητα (ἡ)/ ~ *of purpose*, ἀποκλειστικότητα σκοποῦ/ ~*t*, n. γιλέκο (τό)/ *singly*, ad. χωριστά, ἕνας-ἕνας, ἀτομικά

singsong, n. μονότονη φωνή (ἡ)

singular, a. μοναδικός/ (gram.) ἑνικός/ ~*ity*, n. μοναδικότητα (ἡ)

sinister, a. κακόβουλος, ἀποτρόπαιος

sink, n. νεροχύτης (ὁ)/ v.t. βυθίζω, βουλιάζω/ v.i. βυθίζομαι, καταποντίζομαι, βουλιάζω/ (sun) δύω/ ~*er*, n. βαρίδι πετονιᾶς (τό)/ ~*ing*, n. καταβύθιση (ἡ), καθίζηση (ἡ), καταποντισμός (ὁ)/ ~ *fund*, χρεωλύσιο (τό)

sinner, n. ἁμαρτωλός (ὁ)

sinuous, a. ἑλικοειδής/ (person) εὔκαμπτος

sinus, n. κοίλωμα (τό), κόλπος (ὁ)

sip, n. ρουφιξιά (ἡ)/ v.t. πίνω μιά ρουφιξιά, δοκιμάζω

siphon, n. σίφων (ὁ), σωλήνας (ὁ)

sir, n. κύριος (ὁ)/ (title) σέρ (ὁ)/ *Dear* ~, ἀγαπητέ κύριε/ *Dear* ~s, κύριοι

sire, n. πατέρας (ὁ), ἀφέντης (ὁ)/ (animal) ἀρσενικό ζῶο (τό)/ v.t. (animals) εἶμαι πατέρας

siren, n. σειρήνα (ἡ)/ (woman) γόησσα (ἡ)

sirloin, n. φιλέτο (τό)

sister, n. ἀδελφή (ἡ)/ (nun) ἀδελφή μοναχή/ ~*hood*, n. ἀδελφότητα γυναικῶν (ἡ)/ ~*-in-law*, n. κουνιάδα (ἡ), νύφη (ἡ)/ ~*ly*, a. ἀδελφικός

sit, v.i. κάθομαι/ v.t. καθίζω/ ~ *down strike*, καθιστική ἀπεργία/ ~ *for*, προσέρχομαι/ ~ *up*, ἀνακάθομαι

site, n. τοποθεσία (ἡ), τόπος (ὁ)/ *building* ~, οἰκόπεδο (τό)

sitting, n. κάθισμα (τό)/ (committee, etc.) συνεδρίαση (ἡ)/ *at one* ~, σέ μιά καθησιά/ ~ *room*, καθιστικό (τό), σαλόνι

(τό)

situated, a. κείμενος, εὑρισκόμενος/ *situation*, n. θέση (ἡ), τοποθεσία (ἡ), κατάσταση (ἡ)

six, num. ἕξι/ ~*teen*, num. δεκάξι/ ~*teenth*, num. δέκατος-ἕκτος/ ~*th*, num. ἕκτος/ n. ἕκτο (τό)/ ~ *of March*, ἕξι Μαρτίου/ ~*tieth*, num. ἑξηκοστός/ ~*ty*, num. ἑξήντα

sizeble, a. ἀρκετά μεγάλος/ *size*, n. μέγεθος (τό), ὄγκος (ὁ)/ v.t. βάζω μέ σειρά μεγέθους/ ~ *up*, καταμετρῶ, παίρνω τίς διαστάσεις

sizzle, v.i. τσιτσιρίζω

skate, n. παγοπέδιλο (τό)/ v.i. παγοδρομῶ/ ~*r*, n. παγοδρόμος (ὁ)/ *skating rink*, παγοδρόμιο (τό)

skein, n. κουβαρίστρα (ἡ)

skeleton, n. σκελετός (ὁ)/ ~ *in the cupboard*, οἰκογενειακό μυστικό/ ~ *key*, ἀντικλείδι (τό)

sketch, n. σχεδίασμα (τό), σκίτσο (τό)/ (theat.) σκέτς (τό)/ v.t. & i. σχεδιάζω, σκιτσάρω/ ~*y*, a. πρόχειρος, μισοτελειωμένος

skewer, n. σούβλα (ἡ)/ v.t. σουβλίζω, περνῶ στή σούβλα

ski, n. σκί (τό)/ v.i. κάνω σκί/ ~*er*, n. σκιέρ (ὁ)

skid, n. τροχοπέδη (ἡ)/ v.i. γλιστρῶ, ξεφεύγω/ ~*ding*, n. γλίστρημα (τό)/ (car) ντελαπάρισμα (τό)

skiff, n. πλοιάριο (τό)

skilful, a. ἐπιδέξιος, ἔμπειρος/ *skill*, n. ἐπιδεξιότητα (ἡ), πείρα (ἡ)/ ~*ed*, a. εἰδικευμένος

skim, v.t. ξαφρίζω, βγάζω τήν κρέμα/ ~ *over (through)*, κοιτάζω γρήγορα, φυλλομετρῶ

skimp, v.t. τσιγκουνεύομαι/ v.i. ἐκτελῶ ἐπιπόλαια

skin, n. δέρμα (τό), πετσί (τό), πέτσα (ἡ)/ (fruit) φλούδα (ἡ)/ *outer* ~, ἐπιδερμίδα (ἡ)/ v.t. & i. γδέρνω, ξεφλουδίζω/ ~ *deep*, a. ἐπιπόλαιος, ἐπιφανειακός/ ~*flint*, n. φιλάργυρος (ὁ)/ ~*ny*, a. λιπόσαρκος, πετσί καί κόκκαλο

skip, n. πήδημα (τό), σκίρτημα (τό)/ v.i. πηδῶ, σκιρτῶ/ v.t. ξεπερνῶ, ὑπερπηδῶ

skipper, n. καπετάνιος (ὁ), πλοίαρχος

(ό)
skipping rope, σχοινάκι (τό)
skirmish, n. άψιμαχία (ή)/ v.i. άψιμαχῶ
skirt, n. φούστα (ή), κράσπεδο (τό)/ v.t. περιζώνω, κρασπεδώνω/ ~ing board, γείσωμα (τό), σοβατεπί (τό)
skit, n. χλεύη (ή), παρωδία (ή)/ ~tish, a. έπιπόλαιος, έλαφρός, άστεῖος
skulk, v.i. παραφυλάγω
skull, n. κρανίο (τό)/ ~-cap, n. σκοῦφος (ό)
skunk, n. εἶδος νυφίτσας (τό)/ (fig.) άγενής
sky, n. οὐρανός (ό), στερέωμα (τό)/ ~ blue, γαλάζιο χρῶμα/ ~lark, n. κορυδαλός (ό)/~light, n. φωταγωγός (ό)/ ~line, n. γραμμή τοῦ όρίζοντα (ή)/ ~scraper, n. οὐρανοξύστης (ό)
slab, n. πλάκα (ή)
slack, a. χαλαρός, άτονος/ (lazy) νωθρός, άμελής/ n. καρβουνόσκονη (ή)/ v.i. σβύνω/ v.t. λασκάρω, μαραίνομαι/ ~en, v.t. μετριάζω, έλαττώνω, χαλαρώνω/ v.i. άτονῶ/ ~er, n. νωθρός (ό), όκνηρός (ό)/ ~s, n. πανταλονάκι (τό)
slag, n. σκουριά (ή)
slake, v.t. σβύνω (δίψα)
slam, n. βρόντηγμα (τό), δυνατό χτύπημα (τό)/ v.t. βροντῶ, χτυπῶ δυνατά
slander, n. συκοφαντία (ή)/ v.t. συκοφαντῶ/ ~er, n. συκοφάντης (ό)/ ~ous, a. συκοφαντικός
slang, n. χυδαία γλῶσσα (ή), μάγκικα (τά)
slant, n. κλίση (ή), λοξότητα (ή)/ v.t. προκαλῶ κλίση/ v.i. κλίνω, λοξεύω/ ~ing, a. πλάγιος, λοξός
slap, n. χαστούκι (τό), μπάτσος (ό)/ ~ on the face, προσβολή (ή)/ v.t. χαστουκίζω/ ~dash, a. πρόχειρος
slash, n. έγκοπή (ή), τομή (ή), σχίσιμο (τό)/ v.t. σχίζω, κόβω
slat, n. στενόμακρο ξύλο (τό)
slate, n. σχιστόλιθος (ό)/ (to write on) πλάκα (ή), ἄβακας (ό)/ v.t. πλακοστρώνω/ (fig.) έπιπλήττω/ ~r, n. πλακοστρώτης (ό)/ slating, n. πλακόστρωση στέγης (ή)/ (fig.) έπίπληξη (ή)
slattern, n. βρώμικη (άτημέλητη) γυναίκα (ή)/ ~ly, a. βρώμικος, άτημέλητος

slaughter, n. σφαγή (ή), φόνος (ό)/ v.t. σφάζω/ ~ house, n. σφαγεῖο (τό)
Slav, n. Σλάβος (ό)/ a. σλαβικός
slave, n. σκλάβος (ό), δοῦλος (ό)/ ~ driver, δουλέμπορος (ό)/ ~ trade, δουλεμπόριο (τό)/ v.i. δουλεύω βαρειά, έργάζομαι σάν δοῦλος
slaver, n. σάλιο (τό)/ v.i. σαλιαρίζω
slavery, n. δουλεία (ή)/ slavish, a. δουλικός/ ~ness, n. δουλικότητα (ή)
slay, v.t. σκοτώνω, σφάζω/ ~er, n. φονέας (ό), σφαγέας (ό)
sledge, n. ἔλκηθρο (τό)/ ~ hammer, n. βαρειά (ή)/ sledging, n. μεταφορά μέ ἔλκηθρο (ή)
sleek, a. λεῖος, όμαλός, στιλπνός/ ~ down, v.t. λειαίνω
sleep, n. ὕπνος (ό)/ go to ~, άποκοιμιέμαι/ put to ~, κοιμίζω/ v.i. κοιμοῦμαι/ ~ like a log, πέφτω σά κούτσουρο/ on it, ξανασκέφτομαι/ ~er, n. ύπναράς (ό)/ (railway) βαγκόν-λί (τό)/ ~ily, ad. κοιμισμένα/ ~iness, n. ύπνηλία (ή)/ ~ing, a. κοιμισμένος/ ~-car, κλινάμαξα (ή), βαγκόν-λί (τό)/ ~less, a. ἄϋπνος, ξάγρυπνος/ ~y, a. νυσταγμένος/ be ~, νυστάζω
sleet, n. χιονόνερο (τό)
sleeve, n. μανίκι (τό)/ (tech.) θήκη (ή)/ ~ link, συνδετικός κρίκος (ό)/ laugh up one's ~, γελῶ μόνος μου/ wear one's heart on one's ~, δείχνω τά αἰσθήματά μου
sleigh, n. ἔλκηθρο (τό)/ ~ bell, κουδουνάκι ἔλκηθρου (τό)
sleight, n. πονηριά (ή), τέχνασμα (τό)/ ~ of hand, ταχυδακτυλουργία (ή), έξαπάτηση (ή)
slender, a. λεπτός, λυγερός/ person of ~ means, φτωχός
sleuth, n. ντέτεκτιβ (ό)/ ~ hound, άστυνομικός σκύλος (ό)
slice, n. φέτα (ή)/ v.t. κόβω σέ φέτες
slide, n. γλίστρημα (τό), όλίσθημα (τό)/ (land) κατολίσθηση (ή)/ pl. διαφάνειες (οί), σλάϊντς (τά)/ ~ projector, μηχανή προβολῆς σλάϊντς/ ~ rule, λογαριθμικός κανόνας/ (microscope) πλάκα (ή)/ v.t. & i. γλιστρῶ/ ~ by, παρέρχομαι, διαβαίνω/ let things ~, άφήνω τά πράγ-

ματα νά χειροτερεύουν/ *sliding*, a. κινητός, ὀλισθαίνων/ ~ *door*, συρτή πόρτα/ ~ *scale*, κινητή κλίμακα/ n. γλίστρημα (τό)

slight, a. λεπτός, ἐλαφρός, ἀσήμαντος/ *not in the ~est*, καθόλου/ n. περιφρόνηση (ή), ἔλλειψη σεβασμοῦ (ή)/ v.t. περιφρονῶ, ἀψηφῶ/ ~*ingly*, ad. περιφρονητικά/ ~*ly*, ad. ἐλαφρά

slim, a. λεπτός, ἀδύνατος, κομψός/ v.i. ἀδυνατίζω

slime, n. βόρβορος (ὁ), λάσπη (ή), πηλός (ὁ)/ *slimy*, a. λασπερός, βορβορώδης, γλοιώδης

sling, n. σφενδόνη (ή)/ (surg.) μασχαλιστήρας (ὁ)/ v.t. σφενδονίζω

slink, v.i. δραπετεύω

slip, n. γλίστρημα (τό)/ (fig.) παράπτωμα (τό), σφάλμα (τό)/ (bot.) βλαστάρι (τό), παραφυάδα (ή)/ (naut.) σκαρί (τό)/ ~ *of the pen*, γραφικό λάθος/ ~ *of the tongue*, παραδρομή τῆς γλώσσας/ *give the ~*, ξεφεύγω/ v.i. γλιστρῶ, ξεγλιστρῶ/ ~ *away (off)*, ξεφεύγω/ ~ *one's memory*, μοῦ διαφεύγει/ ~ *knot*, n. κόμπος (ὁ)/ ~*per*, n. παντούφλα (ή)/ ~*pery*, a. γλιστερός/ (fig.) πονηρός, πανοῦργος/ ~*shod*, a. ἀκατάστατος, παραμελημένος

slit, n. σχισμή (ή), χαραμάδα (ή)/ v.t. σχίζω, κόβω

slither, v.i. γλιστρῶ, σέρνομαι

sliver, n. σκλήθρα (ή)

slobber, n. ὑπερβολική αἰσθηματικότητα (ή)/ v.i. δείχνω αἰσθηματικότητα/ ~*ing*, n. σαλιάρισμα (τό)

sloe, n. κορόμηλο (τό)

slog, v.t. χτυπῶ δυνατά, ξυλοφορτώνω

slogan, n. σύνθημα (τό), ἔμβλημα (τό)

sloop, n. καΐκι (τό)

slop, n. ἀποπλύματα (τά), ἀπομεινάρια ποτῶν/ v.t. & i. χύνω, λερώνω/ ~ *pail*, λεκάνη νιψίματος (ή)

slope, n. πλαγιά (ή), κατηφοριά (ή)/ v.t. & i. κατηφορίζω, κατεβαίνω πλαγιά/ *sloping*, a. πλάγιος, λοξός, ἐπικλινής

sloppy, a. λασπερός, βορβορώδης/ (person) μαλθακός, ἄτονος

slot, n. σχισμή (ή)/ ~ *machine*, αὐτόματη μηχανή πωλήσεως

sloth, n. ἀδράνεια (ή), ὀκνηρία (ή)/ ~*ful*, a. ὀκνηρός, νωθρός

slouch, n. βαρύ περπάτημα (τό), συρτό βῆμα (τό)/ ~ *hat*, καπέλλο μέ κατεβασμένο γύρο/ v.i. σέρνομαι, περπατῶ βαρειά

slough, n. τέλμα (τό), βάλτος (ὁ)/ v.i. καλύπτομαι ἀπό πληγές/ v.t. ~ *off*, ἀλλάζω δέρμα

slovak, n. Σλοβάκος (ὁ)/ a. σλοβακικός

sloven, n. βρώμικος (ὁ), ἀτημέλητος (ὁ)/ ~*liness*, n. βρωμιά (ή), ἀτημελησία (ή)/ ~*ly*, a. ἀτημέλητος, ἄκομψος

slow, a. ἀργός, σιγανός, βραδυκίνητος/ *the clock is ~*, τό ρολόϊ πάει πίσω/ v.t. & i. καθυστερῶ, βραδύνω/ ~*ly*, ad. ἀργά, σιγά/ ~*ness*, n. βραδύτητα (ή), ἀργοπορία (ή)

sludge, n. λάσπη (ή), βόρβορος (ὁ)

slug, n. γυμνοσάλιαγκας (ὁ)/ (bullet) βολίδα (ή)/ (print.) διάστιχο (τό)

sluggard, n. τεμπέλης (ὁ), ἀκαμάτης (ὁ)/ *sluggish*, a. νωθρός, ὀκνός

sluice, n. ὑδροφράχτης (ὁ), ἀγωγός παροχέτευσης (ὁ)/ ~ *gate*, θύρα ὑδροφράχτη/ v.t. φράζω τό ρεῦμα

slum, n. φτωχογειτονιά (ή)

slumber, n. ἐλαφρός ὕπνος (ὁ)/ v.i. κοιμοῦμαι ἐλαφρά

slump, n. ἀπότομη πτώση τιμῶν (ή)/ v.i. πέφτω ἀπότομα, βυθίζομαι

slur, n. προσβολή (ή), περιφρόνηση (ή)/ (mus.) ἐνωτικό (τό)/ v.i. προσβάλλω, μολύνω, κιλιδώνω/ ~ *over*, παρασιωπῶ

slush, n. μαλακή λάσπη (ή)/ ~*y*, a. λασπερός

slut, n. βρωμογύναικο (τό), πουτάνα (ή)/ ~*tish*, a. βρωμερή, ἀνήθικη (γυναίκα)

sly, a. πονηρός, ὕπουλος, πανοῦργος/ *on the ~*, κρυφά, δόλια/ ~*ness*, π. πονηριά (ή), ὑπουλότητα (ή)

smack, n. γεύση (ή), νοστιμάδα (ή)/ (noise) κρότος (ὁ), τρίξιμο (τό)/ (of lips) πλατάγισμα (τό)/ (slap) χαστούκι (τό)/ v.t. κάνω κρότο, τρίζω, χτυπῶ, πλαταγίζω/ ~ *of*, θυμίζω, δίνω τήν ἐντύπωση

small, a. μικρός, λίγος/ *feel ~*, νιώθω ἀσήμαντος/ *look ~*, φαίνομαι μικρός (λίγος)/ ~ beer, ἐλαφριά μπύρα/ ~ change, ψιλά/ ~ fry, ἀσήμαντος ἄνθρωπος/ ~ hours, πρωινές ὦρες/ ~ talk, κουβεντολόϊ/ ~holder, n. μικροκτηματίας (ὁ)/ ~ness, n. μικρότητα (ἡ), μικρό μέγεθος (τό)/ ~pox, n. εὐλογιά (ἡ)

smart, a. κομψός, ἔξυπνος, δραστήριος/ n. πόνος (ὁ)/ v.i. πονῶ, ὑποφέρω/ ~en, v.t. ζωηρεύω, ἐπισπεύδω/ ~ly, ad. ζωηρά, γρήγορα, κομψά, ἔξυπνα/ ~ness, n. κομψότητα (ἡ), ζωηρότητα (ἡ), ζωντάνια (ἡ)

smash, n. πάταγος (ὁ), δυνατό χτύπημα (τό), συντριβή (ἡ)/ v.t. & i. συντρίβω, σπάζω, καταστρέφω/ ~ into, σπάζω καί μπαίνω/ ~er, n. θραύστης (ὁ)/ ~ing, n. σπάσιμο (τό), συντριβή (ἡ)/ a. σπουδαῖος, περίφημος, ἔξοχος, ἐξαιρετικός

smattering, n. ἐπιφανειακή γνώση (ἡ), πασάλειμα (τό)

smear, n. κηλίδα (ἡ), λεκές (ὁ)/ v.t. κηλιδώνω, λεκιάζω

smell, n. μυρωδιά (ἡ), ὀσμή (ἡ)/ v.t. μυρίζω, ὀσφραίνομαι/ v.i. μυρίζω, δρωμάω/ ~ out, ἀνακαλύπτω, δρίσκω/ ~ a rat, ὑποπτεύομαι, ὑποψιάζομαι/ ~ing salts, ὀσφρητικά ἅλατα

smelt, n. εἶδος ψαριοῦ/ v.t. ἐξάγω μέταλλο μέ τήξη/ ~ing, n. ἐξαγωγή μετάλλου μέ τήξη (ἡ)

smile, n. χαμόγελο (τό)/ v.i. χαμογελῶ/ smiling, a. χαμογελαστός

smirch, v.t. λερώνω, κηλιδώνω, λεκιάζω

smirk, n. προσποιητό χαμόγελο (τό)/ v.i. χαμογελῶ προσποιητά

smite, v.t. χτυπῶ

smith, n. σιδηρουργός (ὁ), σιδεράς (ὁ)/ ~y, n. σιδηρουργεῖο (τό), σιδεράδικο (τό)

smitten, p.p. ~ with, τρομοκρατημένος/ ~ with love, ἐρωτευμένος, ἐρωτοχτυπημένος

smock, n. μπλούζα (ἡ), πουκαμίσα (ἡ)

smoke, n. καπνός (ὁ)/ v.t. καπνίζω/ v.i. ἀχνίζω/ ~ out, βγάζω χρησιμοποιώντας καπνό/ ~less, a. ἄκαπνος/ ~r, n. καπνιστής (ὁ)/ (carriage) βαγόνι καπνιστῶν/ smoking, n. κάπνισμα (τό)/

no ~, ἀπαγορεύεται τό κάπνισμα

smooth, a. ἀπαλός, μαλακός, λεῖος/ v.t. λειαίνω, μαλακώνω, ἰσιώνω/ ~ly, ad. ἀπαλά, μαλακά, ὁμαλά/ ~ness, n. ὁμαλότητα (ἡ), ἠπιότητα (ἡ)/ ~-tongued, a. γλυκομίλητος

smother, v.t. πνίγω, περιτυλίγω

smoulder, v.i. κρυφοκαίω

smudge, n. μαύρη κηλίδα (ἡ), μουτζούρα (ἡ)/ v.t. μουτζουρώνω, μελανώνω

smug, a. αὐτάρεσκος, κομψευόμενος

smuggle, v.t. κάνω λαθρεμπόριο/ ~r, n. λαθρέμπορος (ὁ)/ smuggling, n. λαθρεμπόριο (τό)

smut, n. κηλίδα (ἡ), μουτζούρα (ἡ), μαῦρος λεκές (ὁ)/ ~ty, a. μουτζουρωμένος, λεκιασμένος, κηλιδωμένος

snack, n. μεζές (ὁ)/ ~ bar, μικρό πρόχειρο ἐστιατόριο (τό)

snag, n. κόμπος (ὁ), ἐμπόδιο (τό)

snail, n. σαλιγκάρι (τό)/ like a ~, σάν χελώνα

snake, n. φίδι (τό)/ snaky, a. φιδίσιος, ἑλικοειδής

snap, n. τρίξιμο (τό), σπάσιμο (τό), δαγκωματιά (ἡ)/ (phot.) στιγμιαία φωτογράφηση/ (tech.) αὐτόματο κλειδί/ v.t. τρίζω, δαγκώνω/ (phot.) παίρνω στιγμιαία φωτογραφία/ v.i. χαύω/ ~ at, ἁρπάζω/ ~dragon, n. ἀντίρρινο (τό)/ ~pish, a. δύστροπος, ὀργισμένος/ ~shot, n. στιγμιαία φωτογράφηση

snare, n. παγίδα (ἡ), ἐνέδρα (ἡ), βρόχος (ὁ)/ v.t. παγιδεύω

snarl, n. μπέρδεμα (τό)/ (sound) γογγυσμός (ὁ), μουρμούρισμα (τό)/ v.i. γογγύζω, ἀγριεύω

snatch, n. ἄρπαγμα (τό)/ a ~ of, λίγο ἀπό, ἕνα κομμάτι ἀπό/ v.t. ἀρπάζω

sneak, n. ὑποκριτής (ὁ), ἀσήμαντος ἄνθρωπος/ v.i. ἕρπω, χώνομαι/ ~ away, ξεφεύγω, φεύγω κρυφά

sneer, n. χλευασμός (ὁ), σαρκασμός (ὁ)/ v.i. χλευάζω, σαρκάζω

sneeze, n. φτάρνισμα (τό)/ v.i. φταρνίζομαι

sniff, n. ρουθούνισμα (τό)/ v.t. ρουθουνίζω, ὀσφραίνομαι/ v.i. ρουφῶ πρέζα

snigger, n. κρυφό γέλιο (τό)/ v.i. κρυφογελῶ, μυκτηρίζω

snip, n. μικρό κομμάτι (τό), ψαλίδισμα (τό)/ v.t. κόβω, ψαλιδίζω

snipe, n. μπεκάτσα (ἡ)

sniper, n. ἐλεύθερος σκοπευτής (ὁ)

snippet, n. κομματάκι (τό)/ (information) λεπτομέρεια σέ πληροφορία

snivel, v.i. κλαψουρίζω/ ~ler, n. κλαψιάρης (ὁ)

snob, n. σνόμπ (ὁ, ἡ)/ ~bish, a. κενόδοξος/ ~bery, n. σνομπισμός (ὁ)

snooze, n. ἐλαφρός ὕπνος (ὁ)/ v.i. κοιμοῦμαι ἐλαφρά

snore, n. ροχάλισμα (τό)/ v.i. ροχαλίζω

snort, n. ρουθούνισμα (τό)/ v.i. ρουθουνίζω

snout, n. ρύγχος (τό)

snow, n. χιόνι (τό)/ v.i. it's ~ ing, χιονίζει/ ~ball, n. χιονόσφαιρα (ἡ)/ ~ bound, a. ἀποκλεισμένος ἀπό χιόνια/ ~capped, a. χιονοσκέπαστος/ ~drift, n. χιονοστιβάδα (ἡ)/ ~drop, n. λευκή βιολέττα (ἡ)/ ~ fall, n. χιονόπτωση (ἡ)/ ~ flake, n. νιφάδα (ἡ)/ ~man, n. χιονάνθρωπος (ὁ)/~πλοθη, n. ἐκχιονισήρας (ὁ/ ~storm, çn.ê?xinou?ella (*h) ~white, a. χιονάτος/θ ~y, a. χιονόλευκος

snub, n. περιφρόνηση (ἡ), καταφρόνηση (ἡ), ὑποτίμηση (ἡ)/ a. κολοβός/ v.t. καταφρονῶ/ (flatten) κολοβώνω

snuff, n. καπνός (ὁ), ταμπάκος (ὁ)/ pinch of ~, πρέζα καπνοῦ (ταμπάκου)/ (candle) καύτρα (ἡ)/ ~ box, ταμπακοθήκη (ἡ)/ v.t. κόβω τήν καύτρα/ v.i. τραβῶ ταμπάκο

snuffle, n. ρινοφωνία (ἡ)/ v.i. μιλῶ μέ τή μύτη

snug, a. ἄνετος, ἀναπαυτικός/ ~gle, v.i. συστέλλομαι, συμμαζεύομαι, κουβαριάζομαι

so, ad. & c. ἔτσι, μ' αὐτό τόν τρόπο, τόσο/ ~ as to, ἔτσι ὥστε/ ~ far, μέχρι τώρα/ ~ long! γειά σου!/ ~ that, ἔτσι ὥστε/ ~ that's it, ὥστε ἔτσι εἶναι/ and ~ on, καί οὕτω καθεξῆς/ ~ be it, ἄς γίνει ἔτσι/ if ~, ἐάν εἶναι ἔτσι/ ~ much, τόσος/ ~ much ~, τόσο τό καλύτερο/ ~ and ~, ἔτσι κι' ἔτσι/ ~ ~ ἔτσι κι' ἔτσι/ I don't think ~, δέν νομίζω, δέν πιστεύω/ a month or ~, περίπου ἕνα μήνα

soak, n. μούσκεμα (τό), μούλιασμα (τό)/ v.t. μουσκεύω, μουλιάζω/ v.i. μουσκεύομαι/ ~ up, ρουφῶ/ be ~ing wet, εἶμαι μούσκεμα (μούλια)

soap, n. σαπούνι (τό)/ ~ bubble, n. σαπουνόφουσκα (ἡ)/ ~ dish, n. σαπουνοθήκη (ἡ)/ ~- suds, n. σαπουνάδα (ἡ)/ ~y, a. σαπουνώδης/ (fig.) μελοδραματικός

soar, v.i. ἀνεβαίνω/ (prices) ἀκριβαίνω

sob, n. λυγμός (ὁ)/ v.i. κλαίω μέ λυγμούς

sober, a. νηφάλιος, ἥρεμος/ v.t. & i. ξεμεθῶ/ (fig.) ἡσυχάζω, σκέπτομαι ἥρεμα/ sobriety, n. νηφαλιότητα (ἡ), ἠρεμία (ἡ)

sobriquet, n. παρατσούκλι (τό)

soccer, n. ποδόσφαιρο (τό)

sociable, a. κοινωνικός, ὁμιλητικός

social, a. κοινωνικός/ n. κοινωνική συνάθροιση (ἡ)/ ~ism, n. σοσιαλισμός (ὁ)/ ~ist, n. σοσιαλιστής (ὁ)/ a. σοσιαλιστικός/ ~ization, n. κοινωνικοποίηση (ἡ)/ ~ize, v.t. κοινωνικοποιῶ/ ~ with, κάνω παρέα μέ/ society, n. κοινωνία (ἡ), ἑταιρεία (ἡ)/ sociology, n. κοινωνιολογία (ἡ)

sock, n. κάλτσα (ἡ)

socket, n. ὑποδοχή (ἡ), θήκη (ἡ)/ (eye) κόγχη (ἡ)/ (tooth) φατνίο (τό)

sod, n. πυκνή χλόη (ἡ)/ (person) ἀνόητος

soda, n. σόδα (ἡ)/ ~ fountain, χῶρος γιά τήν πώληση ἀεριούχων/ ~ water, ἀεριούχα σόδα

sodden, a. μουσκεμένος, βρεμένος

sodium, n. σόδιο (τό)

sofa, n. καναπές (ὁ)

soft, a. μαλακός, ἀπαλός/ (person) ἥπιος, πρᾶος/ ~ boiled egg, μελάτο αὐγό/ ~ goods, ὑλικά γιά ὕφανση/ ~ drinks, ἀναψυκτικά (τά)/ ~en, v.t. & i. μαλακώνω, ἀπαλύνω/ ~ening, n. μαλάκωμα (τό), ἀπάλυνση (ἡ)/ ~-hearted, a. καλόκαρδος, εὐσυγκίνητος/ ~ness, n. μαλακότητα (ἡ)/ (in a person) μετριοπάθεια (ἡ)

soggy, a. ὑγρός, μουσκεμένος

soil, n. ἔδαφος (τό)/ native ~, πατρική γῆ (ἡ)/ v.t. λερώνω/ ~ed, a. λερωμένος, μολυσμένος

soirée, n. ἑσπερίδα (ἡ)

sojourn, n. παραμονή (ή), διαμονή (ή)/ v.i. διαμένω, μένω προσωρινά, παρεπιδημῶ

solace, n. παρηγοριά (ή), ἀνακούφιση (ή)/ v.t. παρηγορῶ, ἀνακουφίζω

solar, a. ἡλιακός

solder, n. συγκόλληση μετάλλων, μεταλλόκολλα/ v.t. συγκολλῶ/ ~ing, n. συγκόλληση (ή)/ ~ iron, συγκολλητικό ἐργαλεῖο (τό)

soldier, n. στρατιώτης (ὁ)/ ~ing, n. ἐπάγγελμα στρατιώτη/ ~ly, a. στρατιωτικός/ ~y, n. στρατιῶτες (οἱ), φανταρία (ή)

sole, a. μόνος, μοναδικός/ ~ agent, ἀποκλειστικός ἀντιπρόσωπος/ ~ right, ἀποκλειστικό δικαίωμα/ n. (shoe) σόλα (ή)/ (foot) πέλμα (τό)/ (fish) γλῶσσα (ή)

solecism, n. σολοικισμός (ὁ)

solely, ad. ἀποκλειστικά, μόνο

solemn, a. πανηγυρικός, ἑορταστικός, σοβαρός/ ~ity, n. σοβαρότητα (ή), ἐπισημότητα (ή)/ ~ize, v.t. πανηγυρίζω, γιορτάζω

solfeggio, n. σολφέζ (τό)

solicit, v.t. ἱκετεύω, ἐπιζητῶ/ ~ation, n. παράκληση (ή), ἱκεσία (ή)/ ~or, n. δικηγόρος (ὁ)/ S~ General, εἰσαγγελέας (ὁ)/ ~ous, a. ἀνυπόμονος, ἀνήσυχος/ ~ude, n. ἀνησυχία (ή), μέριμνα (ή)

solid, a. στερεός, συμπαγής/ n. στερεό (τό)/ ~arity, n. ἀλληλεγγύη (ή)/ ~ify, v.t. στερεοποιῶ/ v.i. στερεοποιοῦμαι, σκληραίνω/ ~ity, n. στερεότητα (ή), σταθερότητα (ή)/ ~ly, ad. στερεά, σταθερά

soliloquize, v.i. μονολογῶ/ soliloquy, n. μονόλογος (ὁ)

solitaire, n. πολύτιμο πετράδι (τό), μονόπετρο (τό)/ solitary, a. ἀπομονωμένος, ὁλομόναχος, μοναχικός/ ~ confinement, ἀπομόνωση (ή)

solitude, n. μοναξιά (ή)

solo, n. σόλο (τό), μονωδία (ή)/ ~ist, n. σολίστας (ὁ)

solstice, n. ἡλιοστάσιο (τό)

soluble, a. διαλυτός/ solution, n. διάλυση (ή)/ (of a problem) λύση (ή)/ solve, v.t. λύνω

solvency, n. φερεγγυότητα (ή), ἀξιόχρεο

(τό)/ solvent, a. φερέγγυος, ἀξιόχρεος/ n. διαλυτικό (τό)

sombre, a. σκοτεινός, ζοφερός

some, a. κάποιοι, μερικοί, κάποιος/ ~ way or other, μέ κάποιο τρόπο/ ~ people, μερικοί ἄνθρωποι/ ~ time ago, πρίν κάμποσο καιρό/ ~ three thousand, κάπου τρεῖς χιλιάδες/ pn. λίγοι, μερικοί/ ~ ... others ..., μερικοί ... ἄλλοι .../ ~body one, pn. κάποιος/ be ~, εἶμαι κάποιος, ἔχω κάποια θέση/ ~how, ad. κάπως, μέ κάποιο τρόπο

somersault, n. τοῦμπα (ή), πήδημα (τό)/ v.i. κάνω τοῦμπα

something, n. κάτι (τό)/ ~ else, κάτι ἄλλο

sometime, ad. κάποτε/ ~s, ad. μερικές φορές

somewhat, ad. κάπως, ὡς ἕνα σημεῖο

somewhere, ad. κάπου/ ~ else, κάπου ἀλλοῦ

somnambulism, n. ὑπνοβασία (ή)/ somnambulist, n. ὑπνοβάτης (ὁ)/ somnolent, a. νυσταλέος

son, n. γυιός (ὁ)/ grand~, ἐγγονός (ὁ)/ ~-in-law, γαμπρός (ὁ)

sonata, n. σονάτα (ή)

song, n. τραγούδι (τό)/ for a ~, γιά τό τίποτε/ ~ster, n. ψάλτης (ὁ), ἀοιδός (ὁ)

sonnet, n. σοννέτο (τό)

sonorous, a. ἠχηρός

soon, ad. σύντομα, γρήγορα/ as ~ as, μόλις/ as ~ as possible, τό συντομώτερο δυνατό/ ~er or later, ἀργά ἤ γρήγορα

soot, n. αἰθάλη (ή), καπνιά (ή)

soothe, v.t. μαλακώνω, καταπραΰνω/ soothing, a. καταπραϋντικός

soothsayer, n. μάντης (ὁ)

sooty, a. καπνισμένος, γεμάτος καπνιά

sop, n. μουσκεμένο φαγητό (τό)/ (fig.) καλόπιασμα (τό)

sophism, n. σόφισμα (τό)/ sophist, n. σοφιστής (ὁ)/ ~icated, a. περίπλοκος, καλά προετοιμασμένος

soporific, a. ναρκωτικός, ὑπνωτικός

soprano, n. σοπράνο (ή), ὑψίφωνος (ή)

sorcerer, n. μάγος (ὁ), μαγγανευτής (ὁ)/ sorceress, n. μάγισσα (ή)/ sorcery, n. μαγεία (ή), μαγγανεία (ή)

sordid, a. χυδαῖος, ἀγενής/ ~ness, n. χυδαιότητα (ή), ἀγένεια (ή)

sore, a. πληγωμένος, ἐρεθισμένος/ *have a* ~ *throat,* ὁ λαιμός μου εἶναι ἐρεθισμένος/ n. πληγή (ἡ), ἐρεθισμός (ὁ)

sorrel, a. ξανθός, κοκκινωπός/ n. ξινήθρα (ἡ)

sorrow, n. λύπη (ἡ), θλίψη (ἡ), μελαγχολία (ἡ)/ *to my* ~, μέ λύπη μου/ v.i. λυποῦμαι, θλίβομαι/ ~*ful,* a. περίλυπος, θλιμμένος, μελαγχολικός/ ~*fully,* ad. θλιμμένα, μελαγχολικά/ *sorry,* a. λυπημένος, στενοχωρημένος/ ~ *sight,* θλιβερό θέαμα/ *be* ~, λυποῦμαι/ *I am so* ~ *for them,* λυποῦμαι γιά λογαριασμό τους/ *I am* ~ *!* μέ συγχωρεῖτε!

sort, n. εἶδος (τό), τρόπος (ὁ)/ *good* ~, καλός τύπος/ v.t. διαλέγω, ταξινομῶ, κατατάσσω/ ~*er,* n. διαλογέας (ὁ), ταξινόμος (ὁ)

sortie, n. ἐξόρμηση (ἡ)

sot, n. μεθύστακας (ὁ)/ ~ *tish,* a. βλάκας, ἠλίθιος, ἀποβλακωμένος, ἀποκτηνωμένος

sought-after, a. περιζήτητος

soul, n. ψυχή (ἡ)/ ~ *of,* ἡ ψυχή, τό βασικό πρόσωπο/ *poor* ~*!* ὁ φουκαράς, ὁ κακομοίρης/ ~*ful,* a. εὐγενικός/ ~*less,* a. ἄψυχος, χωρίς ἀνθρωπιά

sound, n. ἦχος (ὁ), θόρυβος (ὁ), κρότος (ὁ)/ (naut.) βυθομέτρηση (ἡ)/ (med.) καθετηριασμός (ὁ)/ v.t. ἠχῶ, ἀντηχῶ/ (alarm) σημαίνω συναγερμό/ (med.) καθετηριάζω/ (bell, etc.) χτυπῶ, κουδουνίζω/ a. σῶος, γερός, ἀβλαβής/ *safe and* ~, σῶος καί ἀβλαβής/ ~ *barrier,* φράγμα τοῦ ἤχου/ ~*ing,* a. ἠχηρός, εὔηχος/ n. ἠχώ (ἡ), ἀντήχηση (ἡ)/ (med.) στηθοσκόπηση (ἡ)/ *use as a* ~ *board,* χρησιμοποιῶ δοκιμαστικά γιά νά δῶ τίς ἀντιδράσεις/ ~ *lead,* μολύβι βολίδας/ ~*s,* n.pl. βυθομετρήσεις (οἱ), βυθοσκοπήσεις (οἱ)/ ~*ly,* ad. δυνατά, λογικά/ *sleep* ~, κοιμοῦμαι βαθειά/ ~*ness,* n. σταθερότητα (ἡ), ἀσφάλεια (ἡ), ὑγεία (ἡ)

soup, n. σούπα (ἡ)/ *in a* ~, σέ μπελάδες/ ~ *plate,* βαθύ πιάτο/ ~ *tureen,* n. σουπιέρα (ἡ)

sour, a. ξινός, ἄγουρος/ *turn* ~, μοῦ βγαίνει ξινό/ ~ *grapes!* ὄμφακες, κάτι ἀπραγματοποίητο/ v.t. ξυνίζω

source, n. πηγή (ἡ)/ (fig.) ἑστία (ἡ), ἀφορμή (ἡ)/ *have it from a good* ~, τό ἔμαθα ἀπό καλή πηγή

sourness, n. ξινίλα (ἡ)

souse, v.t. ἁλμυρίζω, βάζω στήν ἅλμη

south, n. νότος (ὁ)/ a. νότιος/ ~*-east,* νοτιονατολικός/ ~*-west,* νοτιοδυτικός/ ~*erly,* ~*ern,* a. νότιος/ ~*erner,* n. νότιος (ὁ)/ ~*wards,* ad. πρός τά νότια

souvenir, n. ἐνθύμιο (τό), σουβενίρ (τό)

sovereign, n. μονάρχης (ὁ)/ (coin) χρυσή λίρα (ἡ)/ a. κυρίαρχος/ ~ *rights,* κυριαρχικά δικαιώματα/ ~*ty,* n. κυριαρχία (ἡ)

Soviet, n. Σοβιέτ (τό)/ a. σοβιετικός

sow, n. γουρούνα (ἡ), σκρόφα (ἡ)

sow, v.t. σπέρνω/ ~*er,* n. σπορέας (ὁ)/ ~*ing,* n. σπορά (ἡ)/ ~*ing time,* ἐποχή τῆς σπορᾶς

soya (bean), n. κουκκί σόγιας (τό)

spa, n. λουτρόπολη (ἡ)

space, n. χῶρος (ὁ), διάστημα (τό)/ (print.) κενό (τό), διάστημα (τό)/ v.t. διαχωρίζω, ἀραιώνω/ *spacious,* a. εὐρύχωρος, πλατύς/ ~*ness,* n. εὐρυχωρία (ἡ), πλάτος (τό)

spade, n. τσάπα (ἡ), σκαπάνη (ἡ)/ (cards) μπαστούνι (τό)/ *call a* ~ *a* ~, τά σῦκα σῦκα καί τήν σκάφη σκάφη

spaghetti, n. σπαγγέτο (τό)

span, n. ἄνοιγμα (τό)/ (time) διάστημα (τό)/ (measurement) σπιθαμή (ἡ)/ v.t. περικλείνω, διασκελίζω/ ~ *a river,* γεφυρώνω

spangle, n. πούλια (ἡ)/ ~*d,* a. στολισμένος μέ πούλιες

Spaniard, n. Ἰσπανός (ὁ)

spaniel, n. κυνηγετικό σκυλί (τό)

Spanish, a. ἰσπανικός/ n. (language) Ἰσπανικά (τά)

spank, v.t. ξυλίζω/ ~*ing,* n. ξύλισμα (τό)

spanner, n. κατσαβίδι (τό), βιδωτήρι (τό)/ *adjustable* ~, γαλλικό κλειδί

spar, n. (naut.) ἀντενοκάταρτο (τό)/ (avia.) βραχίονας φτεροῦ/ v.i. τσακώνομαι, μαλλώνω/ (box) πυγμαχῶ, δίνω γροθιές

spare, a. βοηθητικός, περισσευούμενος/ (meagre) πενιχρός/ ~ *room,* περισσευούμενο δωμάτιο/ ~ *time,* ἐλεύθερος χρόνος/ ~ wheel, ρεζέρβα (ἡ)/ v.t. ἔχω διαθέσιμο/ ~ a life, χαρίζω τή ζωή/ ~ me the trouble, μή μέ βάζεις σέ κόπο/ sparing, ἀ. οἰκονόμος, φειδωλός

spark, n. σπινθήρας (ὁ), σπίθα (ἡ)/ ~ of life, ζωντάνια (ἡ), ζωηρότητα (ἡ)/ v.i. σπινθηρίζω, σπιθοβολῶ/ ~ing plug, σπινθηριστής, μπουζί/ ~le, n. σπινθήρισμα (τό), σπινθηροβολία (ἡ)/ v.i. ἀστράφτω, λαμποκοπῶ, σπινθηροβολῶ/ ~ling, n. σπινθηροβόλισμα (τό)

sparrow, n. σπουργίτης (ὁ)/ ~-hawk, n. κίρκος (ὁ), ξεφτέρι (τό)

sparse, a. ἀραιός, σποραδικός

spartan, a. σκληραγωγημένος, σπαρτιατικός

spasm, n. σπασμός (ὁ), σύσπαση (ἡ)/ ~odic, a. σπασμωδικός

spate, n. πλημμύρα (ἡ)

spatial, a. διαστημικός

spatter, n. πιτσίλισμα (τό), ράντισμα (τό)/ v.t. πιτσιλίζω, ραντίζω

spatula, n. σπάτουλα (ἡ)

spawn, n. γόνος (ὁ), αὐγά (τά)/ v.i. κάνω αὐγά/ ~ing, n. ὠοτοκία (ἡ), ἀπόθεση αὐγῶν (ἡ)

speak, v.t. & i. μιλῶ, ἀγορεύω/ ~ for itself, μιλάει μόνο του/ ~one's mind, διατυπώνω τίς ἀπόψεις μου/ so to ~, πού λέει ὁ λόγος/ ~er, n. ὁμιλητής (ὁ), ρήτορας (ὁ)/ (radio) ὁμιλητής (ὁ), σπήκερ (ὁ)/ (parl.) πρόεδρος (ὁ)/ ~ing trumpet, τηλεβόας (ὁ)/ ~ing tube, φωναγωγός (ὁ)

spear, n. λόγχη (ἡ), δόρυ (τό)/ v.t. λογχίζω καμακώνω/ ~ mint, n. δυόσμος (ὁ)

special, a. εἰδικός, ἰδιαίτερος, χαρακτηριστικός/ ~ edition, ἔκτακτη ἔκδοση/ ~ist, n. εἰδικός (ὁ)/ ~ity, n. εἰδικότητα (ἡ)/ ~ize, v.i. εἰδικεύομαι/ ~ly, ad. εἰδικά

specie, n. κέρματα (τά)

species, n. εἶδος (τό), τύπος (ὁ)/ specific, a. ἰδιαίτερος, συγκεκριμένος, ὁρισμένος/ ~ gravity, εἰδικό βάρος (τό)/ n. εἰδικό φάρμακο/ ~ally, ad. ἰδιαίτερα, εἰδικά/ ~ation, n. καθορισμός (ὁ), προσδιορισμός (ὁ), προδιαγραφή (ἡ)/ specify, v.t. καθορίζω, προσδιορίζω, προδιαγράφω

specimen, n. δεῖγμα (τό), ὑπόδειγμα (τό), τύπος (ὁ)

specious, a. ἀληθοφανής, εὐλογοφανής

speck, n. σημάδι (τό), στίγμα (τό), λεκές (ὁ)/ v.t. σημαδεύω, στιγματίζω, λεκιάζω/ ~led, a. σημαδεμένος, στιγματισμένος, λεκιασμένος

spectacle, n. θέαμα (τό)/ pl. γυαλιά (τά)/ spectacular, a. θεαματικός/ spectator, n. θεατής (ὁ)

spectral, a. φασματικός/ spectre, n. φάσμα (τό), φάντασμα (τό)

spectrum, n. φάσμα (τό)

speculate, v.i. εἰκάζω, ὑποθέτω/ speculation, n. εἰκασία (ἡ), ὑπόθεση (ἡ)/ speculative, a. κερδοσκοπικός/ speculator, n. κερδοσκόπος (ὁ)

speech, n. λόγος (ὁ), ὁμιλία (ἡ)/ make a ~, ἐκφωνῶ λόγο/ ~ day, μέρα ἀπονομῆς βραβείων/ ~less, a. ἄφωνος, ἄναυδος, ἀποσβολωμένος, βουβός

speed, n. ταχύτητα (ἡ), γρηγοράδα (ἡ)/ at full ~, ὁλοταχῶς/ v.t. & i. τρέχω, σπεύδω/ ~ily, ad. γρήγορα, ἀμέσως/ ~iness, n. ταχύτητα (ἡ), γρηγοράδα (ἡ)/ ~ometer, n. ταχύμετρο (τό), κοντέρ (τό)

spell, n. μαγική ἐπίκληση (ἡ), ξόρκι (τό)/ under a ~, μαγεμένος/ short ~, μικρό διάστημα/ v.t. συλλαβίζω, ὀρθογραφῶ/ ~bound, a. μαγεμένος, γοητευμένος/ ~ing, n. συλλαβισμός (ὁ), ὀρθογραφία (ἡ)/ ~ book, ἀλφαβητάριο (τό)

spend, v.t. ξοδεύω, δαπανῶ/ (time) διαθέτω, ἀφιερώνω/ ~thrift, n. & a. σπάταλος, τρυπιοχέρης/ spent, p.p. & a. ἐξαντλημένος, ξοδεμένος

sperm, n. σπέρμα (τό)/ ~aceti, n. σπαρματσέτο (τό)/ ~atozoon, n. σπερματοζωάριο (τό)/ ~ -whale, n. φάλαινα φυσητήρας

spew, v.t. ξερνῶ, κάνω ἐμετό

sphere, n. σφαῖρα (ἡ), περιοχή (ἡ), χῶρος (ὁ)/ spherical, a. σφαιρικός

sphinx, n. σφίγγα (ἡ)

spice, n. μπαχαρικό (τό), καρύκευμα (τό)/ v.t. καρυκεύω

spick and span, a. ἄψογος, κομψός

spicy, a. καρυκευμένος, πικάντικος, ἀρωματισμένος/ (fig.) σκαμπρόζικος, τολμηρός

spider, n. ἀράχνη (ἡ)/ ~'s web, ἱστός ἀράχνης (ὁ)

spike, n. μυτερό ραβδί (τό), καρφί (τό)/ v.t. τρυπῶ, καρφώνω/ (mil.) φράζω πυροβόλο/ ~ one's guns, ἀφοπλίζω/ ~d, a. μυτερός/ spiky, a. μυτερός, ἀγκαθωτός

spill, n. χύσιμο (τό), λεκές ἀπό χύσιμο/ v.t. & i. χύνω

spin, n. περιστροφή (ἡ), περιδίνηση (ἡ)/ ~-dryer, n. στεγνωτήριο (τό)/ v.t. περιστρέφω, γυρίζω/ v.i. περιστρέφομαι/ ~ out, διευκρινίζω, ἐξηγῶ

spinach, n. σπανάκι (τό)

spinal, a. νωτιαῖος/ ~ column, σπονδυλική στήλη (ἡ)

spindle, n. ἀδράχτι (τό)/ (tech.) βελόνα (ἡ), ἄξονας (ὁ)/ ~-legged, a. λεπτοπόδης

spine, n. κεντρί (τό), ἀγκάθι (τό) (book) ράχη (ἡ)/ (med.) σπονδυλική στήλη (ἡ)/ ~less, a. ἀσπόνδυλος/ (fig.) νωθρός, μαλακός

spinner, n. νηματουργός (ὁ), κλώστης (ὁ)

spinney, n. ἄλσος (τό), δασάκι (τό)

spinning, n. νηματουργία (ἡ)/ ~ mill, νηματουργεῖο (τό), ὑφαντήριο (τό)/ ~ top, σβούρα (ἡ)/ ~ wheel, κλωστική μηχανή (ἡ), ἀνέμη (ἡ)

spinster, n. γεροντοκόρη (ἡ)

spiral, a. ἑλικοειδής/ n. ἑλικοειδής γραμμή (ἡ)/ ~ staircase, ἑλικοειδής σκάλα

spire, n. σπεῖρα (ἡ)/ (church) καμπαναριό (τό)

spirit, n. πνεῦμα (τό), ψυχή (ἡ)/ (alcohol) οἰνόπνευμα (τό)/ ~ lamp, λάμπα οἰνοπνεύματος/ in high ~s, σέ κέφι/ ~ away, χάνομαι, ἐξαφανίζομαι/ ~ed, a. ζωηρός, θαρραλέος/ ~ual, a. πνευματικός/ ~ualism, n. πνευματισμός (ὁ)/ ~ualist, n. πνευματιστής (ὁ)/ ~uality, n. πνευματικότητα (ἡ)/ ~ually, ad. πνευματικά

spit, n. σούβλα (ἡ)/ (geog.) γλώσσα (ἡ)/ v.i. σουβλίζω/ (saliva) φτύνω/ (fire) ξερνῶ

spite, n. πεῖσμα (τό), φθόνος (ὁ), μνησικακία (ἡ)/ in ~ of, παρ' ὅλον ὅτι/ v.t. πεισματώνω/ ~ful, a. πεισματάρης

spitfire, n. ὁρμητικός ἄνθρωπος (ὁ)

spittle, n. σάλιο (τό)/ spittoon, n. πτυελοδοχεῖο (τό)

splash, n. πιτσίλισμα (τό), κηλίδα (ἡ)/ v.t. πιτσιλίζω/ v.i. πιτσιλιέμαι/ ~ down, προσθαλασσώνομαι/ ~board, n. φτερό αὐτοκινήτου (τό)

spleen, n. σπλήνα (ἡ)/ (anger) ὀργή (ἡ)

splendid, a. ὑπέροχος, λαμπρός, θαυμάσιος/ splendour, n. λαμπρότητα (ἡ), μεγαλοπρέπεια (ἡ)

splice, v.t. ἑνώνω, συνδέω/ (naut.) ἑνώνω σχοινιά/ (film) συγκολλῶ ταινία/ n. (naut.) σύνδεση σχοινιῶν/ (film) συγκόλληση ταινίας

splint, n. νάρθηκας (ὁ)

splinter, n. ἀγκίδα (ἡ), σκλήθρα (ἡ), σχίζα (ἡ)/ v.t. & i. σχίζω

split, n. σχισμή (ἡ), ρωγμή (ἡ)/ (party etc.) διάσπαση (ἡ)/ v.t. σχίζω, χωρίζω στή μέση, διαχωρίζω/ v.i. σχίζομαι, σκάω/ ~ one's sides laughing, ξεκαρδίζομαι στά γέλια/ my head is ~ting, ἔχω τρομερό πονοκέφαλο

splutter, n. τραύλισμα (τό), ψέλλισμα (τό)/ v.i. τραυλίζω, ψελλίζω

spoil, n. λάφυρο (τό), λεία (ἡ)/ v.t. καταστρέφω/ (child) χαλῶ, κακομαθαίνω/ v.i. καταστρέφομαι, ἀλλοιώνομαι/ ~t, a. χαλασμένος, κατεστραμένος/ (child) κακομαθημένος

spoke, n. (wheel) ἀκτίνα (ἡ)/ put a ~ in his wheel, βάζω ἐμπόδια

spokesman, n. ἐκπρόσωπος (ὁ)

spoliation, n. διαρπαγή (ἡ), λεηλασία (ἡ)/ (leg.) ἀλλοίωση (ἡ)

sponge, n. σφουγγάρι (τό)/ ~ cake, σφουγγάτο (τό)/ throw in the ~, παραδέχομαι τήν ἥττα μου/ v.t. σφουγγίζω, τρίβω μέ σφουγγάρι/ v.i. σφουγγίζομαι/ ~r, n. παράσιτο (τό)/ spongy, a. σπογγώδης

sponsor, n. προστάτης (ὁ), ἐγγυητής (ὁ)/ v.t. ἐγγυῶμαι/ (media) πληρώνω διαφημιστικό πρόγραμμα

spontaneity, n. αὐθορμητισμός (ὁ)/ spontaneous, a. αὐθόρμητος, αὐτόβουλος

spook, n. φάντασμα (τό), ὀπτασία (ἡ)

spool, n. πηνίο (τό), μασούρι (τό)

spoon, n. κουτάλι (τό)/ v.t. ταΐζω μέ τό

κουτάλι/ ~ful, n. κουταλιά (ή)
spoor, n. ἴχνη κυνηγιοῦ (τό)
sporadic, a. σποραδικός
sport, n. σπόρ (τό), ψυχαγωγία (ή)/ pl. ἀθλητισμός (ὁ), ἀθλητική συνάντηση/ *good* ~, καλή παρέα/ *make ~of*, κοροϊδεύω, εἰρωνεύομαι/ v.t. ἐπιδεικνύω/ v.i. παίζω, ἀστειεύομαι/ ~*ing*, a. ἀθλητικός, κυνηγετικός/ ~*ive*, a. εὔθυμος, διασκεδαστικός/ ~*sman*, n. ἀθλητής (ὁ), φίλαθλος (ὁ)/ ~*swoman*, n. ἀθλήτρια (ή)
spot, n. μέρος (τό), σημεῖο (τό), τόπος (ὁ)/ *on the* ~, ἀμέσως, ἐπί τόπου/ v.t. ἐπισημαίνω, ἐντοπίζω/ ~*less*, a. ἀκηλίδωτος/ ~*light*, n. προβολέας (ὁ)/ v.t. ρίχνω τήν προσοχή/ ~*ted*, p.p. & a. πιτσιλάτος/ ~*ter*, n. παρατηρητής (ὁ)/ (plane) ἀναγνωριστικό ἀεροπλάνο (τό)/ ~*ty*, a. μέ στίγματα
spouse, n. σύζυγος (ὁ, ή)
spout, n. σωλήνας (ὁ), στόμιο (τό)/ v.i. ἀπαγγέλλω, ρητορεύω/ v.t. χύνω
sprain, n. στραμπούληγμα (τό), ἐξάρθρωση (ή)/ v.t. στραμπουλίζω, ἐξαρθρώνω
sprat, n. μικρή ρέγγα (ή)
sprawl, v.i. ξαπλώνομαι, τεντώνομαι
spray, n. ψεκασμός (ὁ), ράντισμα (τό)/ (sea) ἀφρός (ὁ)/ v.t. ραντίζω, ψεκάζω/ ~*er*, n. ψεκαστήρας (ὁ)
spread, n. πλάτος (τό), ἔκταση (ή), ἄνοιγμα (τό)/ v.t. ἁπλώνω, στρώνω/ v.i. ἁπλώνομαι, ἐκτείνομαι
spree, n. γλέντι (τό), ξεφάντωμα (τό)/ *go on a* ~, ξεφαντώνω, τό ρίχνω ἔξω
sprig, n. βλαστός (ὁ), κλωνάρι (τό)/ (fig.) ἀπόγονος (ὁ)
sprightly, a. ζωηρός, εὔθυμος, πηδηχτός
spring, n. πηγή (ή)/ (season) ἄνοιξη (ή)/ (tech.) ἐλατήριο (τό), σούστα (ή)/ a. ἐλαστικός/ ~ *mattress*, ἐλαστικό στρῶμα, σωμιέ (τό)/ ~ *tide*, ἀνοιξιάτικη πλημμυρίδα/ v.i. τινάζομαι, ἀναπηδῶ/ ~ *from*, προέρχομαι, προκύπτω/ ~ *a leak*, παρουσιάζω διαρροή/ ~ *a surprise*, κάνω ἔκπληξη/ ~ *up*, φυτρώνω, ξεπηδῶ/ ~*board*, n. σανίδα ἐκτίναξης (ή)/ ~*y*, a. ἐλαστικός
sprinkle, v.t. ραντίζω/ ~*r*, n. ραντιστήρι

(τό)/ *sprinkling*, n. ράντισμα (τό), ψεκασμός (ὁ)
sprint, n. δρόμος ταχύτητας (ὁ)/ v.i. τρέχω σέ δρόμο ταχύτητας/ ~*er*, n. δρομέας ταχύτητας (ὁ)
sprite, n. φάντασμα (τό), στοιχειό (τό)
sprout, n. βλαστός (ὁ), βλαστάρι (τό)/ pl. λαχανάκια (τά)/ v.i. βλασταίνω, φυτρώνω
spruce, a. ἐπιμελημένος, κομψός/ n. ἔλατο (τό)
spry, a. ζωηρός, δραστήριος
spud, n. δικέλλα (ή), φτυαράκι (τό)
spume, n. θαλασσινός ἀφρός/ v.i. ἀφρίζω
spunk, n. θάρρος (τό), τόλμη (ή)
spur, n. σπηρούνι (τό)/ (geol.) ἀντέρεισμα (τό)/ (arch.) ἀντιστήριγμα (τό)/ (fig.) παρόρμηση (ή)/ *on the* ~ *of the moment*, μέ τήν παρόρμηση τῆς στιγμῆς/ v.t. παρορμῶ, παρακινῶ/ ~ *on*, παροτρύνω, ὠθῶ
spurious, a. νόθος, πλαστός
spurn, v.t. ἀπορρίπτω, ἀπολακτίζω
spurt, n. ἀνάβλυση (ή), ξέσπασμα (τό)/ v.i. ἀναβλύζω, ξεσπῶ
sputum, n. σάλιο (τό), πτύελα (τά)
spy, n. κατάσκοπος (ὁ)/ v.t. κατασκοπεύω, ἐρευνῶ/ v.i. παρακολουθῶ, κατασκοπεύω/ ~ *on*, παρατηρῶ/ ~ *out*, ἐξιχνιάζω, ξεκαθαρίζω/ ~*-glass*, n. μικρό τηλεσκόπιο (τό)/ ~*-hole*, n. μικρή τρύπα γιά παρακολούθηση
squabble, n. φιλονεικία (ή), διαπληκτισμός (ὁ)/ v.i. φιλονικῶ, διαπληκτίζομαι
squad, n. ἀπόσπασμα (τό)/ *firing* ~, ἐκτελεστικό ἀπόσπασμα/ *flying* ~, ἀστυνομική περίπολος
squadron, n. (avia.) μοῖρα (ή)/ (naut.) ναυτική μοῖρα (ή)/ (mil.) ἴλη ἱππικοῦ (ή)
squalid, a. ἀκάθαρτος, ἄθλιος
squall, n. κραυγή (ή)/ (naut.) καταιγίδα (ή)/ v.i. κραυγάζω, φωνάζω/ ~*y*, a. θυελλώδης
squalor, n. ἀκαθαρσία (ή), ἀθλιότητα (ή)
squander, v.t. σπαταλῶ, διασπαθίζω, ἀσωτεύω/ n. σπατάλη (ή), ἀσωτεία (ή)
square, n. τετράγωνο (τό)/ (in a town) πλατεία (ή)/ a. τετράγωνος, τετραγωνι-

κός/ ~ meal, καλό γεῦμα/ (character) σωστός, τίμιος/ ~ metre, τετραγωνικό μέτρο/ ~ root, τετραγωνική ρίζα/ five ~ metres, τετράγωνο μέ πλευρά πέντε μέτρων/ v.t. τετραγωνίζω/ (bill) ρυθμίζω, διευθετῶ/ (maths) ὑψώνω στό τετράγωνο/ v.i. συμφωνῶ, συμβιβάζομαι/ ~ built, a. κοντόχοντρος/ ~ly, ad. τίμια, στά ἴσια

squash, n. συμπίεση (ή), σύνθλιψη (ή)/ (fruit) χυμός (ό)/ v.t. συμπιέζω, συνθλίβω/ (fig.) κάνω νά σωπάσει

squat, a. κοντόχοντρος/ v.i. κάθομαι ἀνακούρκουδα/ ~ting, n. παράνομη ἐγκατάσταση σέ ἀκίνητο

squaw, n. ἐρυθρόδερμη γυναίκα (ή)

squawk, n. διαπεραστική κραυγή (ή)/ v.i. βγάζω διαπεραστική κραυγή

squeak, n. σκούξιμο (τό)/ (shoes, etc.) τρίξιμο (τό)/ v.i. σκούζω, τρίζω

squeal, n. διαπεραστική κραυγή/ v.i. κραυγάζω/ μαρτυρῶ τούς συνενόχους μου

squeamish, a. ἀηδιαστικός

squeeze, n. συμπίεση (ή), σύσφιξη (ή)/ v.t. συμπιέζω, συσφίγγω, ζουλῶ/ ~ in, βάζω μέσα μέ τό ζόρι/ ~ out, βγάζω μέ τό ζόρι/ ~ through, μόλις τά καταφέρνω

squib, n. πυροτέχνημα (τό)/ (writing) σάτιρα (ή), λίβελλος (ό)

squid, n. καλαμάρι (τό)

squint, n. στραβισμός (ό), ἀλλοιθώρισμα (τό)/ v.i. ἀλλοιθωρίζω/ ~eyed, a. ἀλλοίθωρος

squire, n. εὐπατρίδης (ο), γαιοκτήμονας (ό)

squirm, v.i. συσπειρώνομαι, κουλουριάζομαι

squirt, n. πιτσίλισμα (τό)/ v.t. & i. πιτσιλῶ, ραίνω

stab, n. μαχαιριά (ή)/ v.t. μαχαιρώνω

stability, n. σταθερότητα (ή), στερεότητα (ή)/ **stabilize**, v.t. σταθεροποιῶ/ **stable**, a. σταθερός, στερεός/ n. σταῦλος (ό)/ ~man, n. σταυλίτης (ό), ἱπποκόμος (ό)/ v.t. σταυλίζω

stack, n. θημωνιά (ή)/ (paper) σωρός (ό)/ (suns) πυραμίδα (ή)/ v.t. συσσωρεύω, θημωνιάζω

stadium, n. στάδιο (τό)

staff, n. ραβδί (τό), μπαστούνι (τό)/ (mil.) ἐπιτελεῖο (τό)/ (mus.) διάγραμμα (τό)/ on the ~, στό προσωπικό

stag, n. ἀρσενικό ἐλάφι (τό)/ ~ party, κοινωνική συγκέντρωση μόνο ἀνδρῶν

stage, n. σκηνή (ή), ἐξέδρα (ή), πλατφόρμα (ή)/ go on the ~, βγαίνω στή σκηνή/ successive ~s, διαδοχικά στάδια/ in ~s, κατά στάδια/ v.t. σκηνοθετῶ, προετοιμάζω/ old ~r, πεπειραμένος, παλιά καραβάνα

stagger, v.i. κλονίζομαι, διστάζω/ v.t. κλονίζω, προκαλῶ κατάπληξη, μπερδεύω/ be ~ed, μένω κατάπληκτος/ n. κλονισμός (ό), κλονισμένο βῆμα (τό)/ ~ing, a. κλονισμένος, ἀσταθής/ (impressive) καταπληκτικός/ ~ blow, θανάσιμο πλῆγμα

stagnant, a. στάσιμος, λιμνασμένος/ **stagnate**, v.i. λιμνάζω, μένω στάσιμος/ (fig.) ἀδρανῶ/ **stagnation**, n. στασιμότητα (ή), ἀπραξία (ή)

staid, a. σοβαρός, θετικός

stain, n. κηλίδα (ή), λεκές (ό), στίγμα (τό)/ v.t. κηλιδώνω, στιγματίζω, λεκιάζω/ ~ed glass, χρωματιστό γυαλί/ ~less, a. ἀνοξείδωτος/ ~ steel, ἀνοξείδωτος χάλυβας

stair, n. βαθμίδα (ή), σκαλοπάτι (τό)/ ~case, n. σκάλα (ή)/ ~rail, n. κιγκλίδωμα σκάλας (τό)

stake, n. παλούκι (τό), πάσσαλος (ό)/ (bet) στοίχημα (τό)/ be at ~, κινδυνεύω/ burn at the ~, καίω στήν πυρά

stalactite, n. σταλακτίτης (ό)/ **stalagmite**, n. σταλαγμίτης (ό)

stale, a. μπαγιάτικος/ (fig.) παλιός, ξεπερασμένος

stalemate, n. ἀδιέξοδο (τό)

stalk, n. καλάμι (τό), στέλεχος (τό)/ v.t. κυνηγῶ μέ ἐνέδρα/ ~ing horse, ἄλογο κυνηγιοῦ/ (fig.) πρόσχημα (τό), πρόφαση (ή)

stall, n. σταῦλος (ό), μάντρα (ή)/ (at a fair etc.) περίπτερο (τό)/ (theat.) κάθισμα πλατείας (τό)/ v.t. σταματῶ/ v.i. καθυστερῶ

stallion, n. ἐπιβήτορας (ό)

stalwart, a. ρωμαλέος, ἀνδρεῖος/ n. παλ-

ληκάρι (τό)
stamen, n. στήμονας (ὁ)
stamina, n. σθένος (τό), σφρίγος (τό), ἀντοχή (ἡ)
stammer, n. τραύλισμα (τό), ψέλλισμα (τό)/ v.t. & i. τραυλίζω, ψελλίζω/ ~er, n. τραυλός (ὁ)
stamp, n. σφραγίδα (ἡ), ἀποτύπωμα (τό)/ (kind) τύπος (ὁ)/ (postage) γραμματόσημο (τό)/ (of the foot) ποδοκρότημα (τό)/ bear the ~ of, ἔχω τήν σφραγίδα τοῦ/ ~ duty, τέλη γραμματοσήμου/ v.t. & i. σφραγίζω, ἀποτυπώνω, χαράζω/ ~ out, ἐξαλείφω, ἐξουδετερώνω
stampede, n. αἰφνίδιος πανικός (ὁ)/ v.t. προκαλῶ πανικό σέ ζῶα/ v.i. τρέπομαι σέ ἄτακτη φυγή, ὁρμῶ
stamping, n. σφράγισμα (τό)/ (of the foot) χτύπημα τοῦ ποδιοῦ
stand, n. στάση (ἡ), θέση (ἡ)/ (at a fair) περίπτερο (τό)/ (pedestal) βάθρο (τό), βάση (ἡ)/ v.t. & i. στέκω, βρίσκομαι/ (tolerate) ἀνέχομαι/ ~ back, ἀποτραβιέμαι, στέκομαι σέ ἀπόσταση/ ~ by, στέκομαι πλάϊ/ ~ down, κατεβαίνω, ἀποσύρομαι/ ~ in the way of, μπαίνω στή μέση, ἐνοχλῶ/ ~ off, μένω μακρυά/ ~ out, προεξέχω, διακρίνομαι/ ~ up, σηκώνομαι/ ~ up against, ἀνθίσταμαι/ as things ~, ὅπως ἔχουν τά πράγματα
standard, n. μέτρο (τό), κανόνας (ὁ), γνώμονας (ὁ)/ (flag) σημαία (ἡ)/ ~ of living, βιοτικό ἐπίπεδο (τό)/ (model) πρότυπο (τό), ὑπόδειγμα (τό)/ a. κανονικός, συνηθισμένος, τυποποιημένος/ ~ gauge, κανονική γραμμή/ ~ size, κανονικό μέγεθος/ ~ization, n. τυποποίηση (ἡ), ἑνοποίηση (ἡ)/ ~ize, v.t. τυποποιῶ, ἑνοποιῶ
standing, n. θέση (ἡ), διάρκεια (ἡ)/ of long ~, μακροχρόνιος/ a. στάσιμος, στεκάμενος/ ~ army, τακτικός στρατός/ ~ order, μόνιμη ἐντολή (σέ τράπεζα)/ ~ room, χῶρος γιά ὀρθίους
stand-offish, a. δυσκολοπλησίαστος, ἐπιφυλακτικός
standpoint, n. ἄποψη (ἡ), θέα (ἡ)
standstill, n. παύση (ἡ), σταμάτημα (τό)/ at a ~, σέ παύση
stanza, n. στροφή ποιήματος (ἡ)

staple, n. (product) βασικό προϊόν (τό), ἀγορά (ἡ)/ (papers) συνδετήρας (ὁ)
star, n. ἄστρο (τό), ἀστέρι (τό)/ (film) ἀστέρας (ὁ), πρωταγωνιστής (ὁ)/ v.t. στολίζω μέ ἄστρα/ v.i. πρωταγωνιστῶ
starboard, n. δεξιά πλευρά πλοίου (ἡ)
starch, n. ἄμυλο (τό), κόλλα (ἡ)/ v.t. κολλαρίζω, ἀλείφω μέ κόλλα/ ~y, a. ἀμυλώδης
stare, n. βλέμμα (τό), ἀτένισμα (τό)/ v.i. ἀτενίζω, παρατηρῶ/ stark staring mad, τρελλός γιά δέσιμο
stark, a. τραχύς, ἀλύγιστος/ ~ mad, θεότρελλος (ὁ)/ ~ naked, θεόγυμνος, ὁλόγυμνος
starling, n. ψαρόνι (τό)
starry, a. ἔναστρος, γεμάτος ἀστέρια
start, n. ξεκίνημα (τό), ἔναρξη (ἡ), ἀρχή (ἡ)/ (sudden) ξάφνιασμα (τό), ἀναπήδημα (τό)/ at the ~, στήν ἀρχή/ by ~s, μέ πηδήματα/ v.t. βάζω μπροστά/ v.i. ξεκινῶ, ἀρχίζω/ ~er, n. ἐκκινητής (ὁ)/ pl. (meal) πρῶτο πιάτο/ ~ing, n. ξεκίνημα (τό), ἔναρξη (ἡ)/ a. ~ handle, μοχλός ἐκίνησης/ ~ point, σημεῖο ἐκκίνησης
startle, v.t. φοβίζω, ταράζω/ startling, a. ἐκπληκτικός, τρομακτικός
starvation, n. λιμός (ὁ), λιμοκτονία (ἡ)/ starve, v.i. λιμοκτονῶ, πεθαίνω ἀπό τήν πείνα/ v.t. προκαλῶ θάνατο μέ τήν πείνα/ ~d, p.p. & a. πεινασμένος
state, n. κατάσταση (ἡ), διάθεση (ἡ), θέση (ἡ)/ (polit.) κράτος (τό)/ (USA) πολιτεία (ἡ)/ lie in ~, ἐκθέτω σέ δημόσιο προσκύνημα/ ~ room, αἴθουσα ὑποδοχῆς (ἡ)/ v.t. δηλώνω, ἀναφέρω, ἐκθέτω/ ~d, p.p. & a. βεβαιωμένος, δηλωμένος/ ~ly, a. μεγαλοπρεπής, ἐπιβλητικός/ ~ment, n. δήλωση (ἡ), βεβαίωση (ἡ)/ ~sman, n. πολιτικός (ὁ)
static, a. στατικός/ ~s, n. στατική (ἡ)
station, n. στάση (ἡ), θέση (ἡ), τάξη (ἡ)/ v.t. σταθμεύω, τοποθετῶ/ ~master, n. σταθμάρχης (ὁ)/ ~ary, a. στάσιμος, ἀκίνητος
stationer, n. χαρτοπώλης (ὁ)/ ~y, n. χαρτοπωλεῖο (τό)
statistical, a. στατιστικός/ statistician, n. στατισικολόγος (ὁ)/ statistics, n. στατι-

στική (ή)

statuary, n. γλύπτης (ὁ), ἀγαλματοποιός (ὁ)/ *statue*, n. ἄγαλμα (τό) *~tte*, n. ἀγαλματίδιο (τό)

stature, n. ἀνάστημα (τό)/ (fig.) κοινωνική θέση (ή)

status, n. κατάσταση (ή), θέση (ή)/ *social ~*, κοινωνική θέση

statute, n. νομοθέτημα (τό), θέσπισμα (τό)/ *~law*, νομοθεσία (ή)/ *statutory*, a. νομοθετημένος

staunch, a. σταθερός, πιστός, ἀφοσιωμένος/ v.t. σταματῶ τήν ροή

stave, n. βαρελοσάνιδο (τό)/ (poet.) στροφή (ή)/ (mus.) διάγραμμα (τό)/ v.t. *~ off*, ἀποκρούω, ἀπωθῶ

stay, n. (support) στήριγμα (τό)/ (at a place) διαμονή (ή), παραμονή (ή)/ (leg.) ἀναστολή (ή), ἀνακοπή (ή)/ (naut.) πρότονος (ὁ)/ pl. κορσές (ὁ)/ v.i. μένω, μένω ἀκίνητος/ *~ up*, ξενυχτῶ

stead, n. θέση (ή), τόπος (ὁ)/ *in my ~*, στή θέση μου, ἀντί γιά μένα

steadfast, a. σταθερός, ἀκλόνητος, μόνιμος

steady, a. σταθερός, ἀκούνητος, στερεός/ v.t. σταθεροποιῶ, στηρίζω/ v.i. στέκομαι στή θέση μου, στηρίζομαι

steak, n. μπριζόλα (ή)

steal, v.t. κλέβω, ἀφαιρῶ, ὑπεξαιρῶ/ v.i. κινοῦμαι κρυφά/ *~ a glance*, κρυφοκοιτάζω/ *~ a march on*, τοῦ τήν φέρνω/ *~ away*, φεύγω κρυφά, δραπετεύω/ *~ing*, n. κλοπή (ή), κλέψιμο (τό)

stealth, n. κρυφή (λαθραία) πράξη (ή)/ *~y*, a. κρυφός, λαθραῖος

steam, n. ἀτμός (ὁ), ἀχνός (ὁ)/ v.t. χρησιμοποιῶ ἀτμό/ v.i. ἐξατμίζομαι, ἀχνίζω/ *~boat*, n. ἀτμόπλοιο (τό)/ *~ boiler*, n. ἀτμολέβητας (ὁ), καζάνι (τό)/ *~ engine*, n. ἀτμομηχανή (ή)/ *~er*, n. ἀτμόπλοιο (τό)/ *~ roller*, n. ὁδοστρωτήρας (ὁ)/ *~y*, a. ἀτμώδης, γεμάτος ἀτμό

steed, n. ἄλογο ἱππασίας (τό)

steel, n. ἀτσάλι (τό), χάλυβας (ὁ)/ a. ἀτσάλινος, χαλύβδινος/ v.t. χαλυβδώνω/ *~works*, n. pl. χαλυβουργεῖο (τό)/ *~y*, a. ἀτσάλινος, χαλύβδινος, σκληρός

steep, a. ἀπόκρημνος, ἀπότομος/ n. γκρεμός (ὁ), ἀπότομη πλαγιά (ή)/ v.t. μουσκεύω, διαποτίζω/ v.i. βουτῶ, διαποτίζομαι/ *be ~ed in*, εἶμαι βουτηγμένος σέ

steeple, n. καμπαναριό (τό)

steeplechase, n. δρόμος μέ φυσικά ἐμπόδια (ὁ)

steepness, n. ἀπότομος γκρεμός (ὁ)

steer, v.t. πηδαλιουχῶ, κρατάω τό τιμόνι, κατευθύνω/ *~ clear of*, ἀποφεύγω/ n. (zool.) μουνουχισμένο βόδι/ *~age*, n. πηδαλιουχία (ή), τιμονιέρισμα (τό)/ *~ ticket*, φθηνό εἰσιτήριο/ *~ing*, n. πηδαλιουχία (ή)/ *~ wheel*, τιμόνι (τό)/ *~sman*, n. τιμονιέρης (ὁ)

stellar, a. ἀστρικός

stem, n. στέλεχος (τό), μίσχος (ὁ)/ (gram.) ρίζα (ή)/ (naut.) κοράκι τῆς πλώρης/ v.t. ἐμποδίζω, σταματῶ, ἀναχαιτίζω/ *~ from*, προέρχομαι

stench, n. δυσωδία (ή)

stencil, n. στένσιλ (τό), διάτρητο σχέδιο/ v.t. σχεδιάζω πάνω σέ στένσιλ

stenographer, n. στενογράφος (ὁ, ή)/ *stenography*, n. στενογραφία (ή)

stentorian, a. στεντόρειος, μεγαλόφωνος

step, n. βῆμα (τό), βάδισμα (τό)/ (dancing) βηματισμός (ὁ)/ *march in ~*, συγχρονίζω τό βῆμα μου/ *take ~s*, παίρνω μέτρα/ v.i. βηματίζω/ *~ aside*, κάνω πέρα/ *~ back*, ὀπισθοχωρῶ/ *~ in*, ἐπεμβαίνω/ *~ on*, πατῶ πάνω/ *~brother*, n. ἑτεροθαλής ἀδελφός (ὁ)/ *~daughter*, n. προγονή (ή)/ *~father*, n. πατρυιός (ὁ)/ *~mother*, n. μητρυιά (ή)/ *~sister*, n. ἑτεροθαλής ἀδελφή (ή)/ *~son*, n. προγονός (ὁ)/ *~ping stone*, σκαλοπάτι (τό)/ (fig.) μεταβατικό στάδιο

steppe, n. στέππα (ή)

stereoscope, n. στερεοσκόπιο (τό)

stereotype, n. στερεότυπο (τό)/ v.t. στερεοτυπῶ/ *~d*, a. στερεοτυποποιημένος

sterile, a. ἄγονος, στεῖρος/ *sterility*, n. στειρότητα (ή)/ *sterilize*, v.t. ἀποστειρώνω

sterling, a. καθαρός, ἀμιγής/ *pound ~*, n. λίρα στερλίνα (ή)

stern, a. αὐστηρός, βλοσυρός/ n. πρύμνη (ή)

stethoscope, n. στηθοσκόπιο (τό)
stevedore, n. φορτοεκφορτωτής (ὁ)
stew, n. γιαχνί (τό), στιφάδο (τό)/ v.t. γιαχνίζω/ v.i. σιγοβράζω/ ~ed, a. πολυβρασμένος/ ~ fruit, κομπόστα (ἡ)
steward, n. ἐπιστάτης (ὁ), οἰκονόμος (ὁ)/ (naut.) καμαρῶτος (ὁ)/ (avia.) συνοδός (ὁ)/ ~ess, n. (avia.) ἀεροσυνοδός (ἡ)/ (naut.) καμαριέρα (ἡ)
stick, n. ραβδί (τό), μπαστούνι (τό)/ v.t. κολλῶ, καρφώνω/ v.i. προσκολλῶμαι/ ~ to, κολλάω σέ/ ~ at nothing, δέν μέ σταματάει τίποτε/ ~ in the mud, χοντροκέφαλος/ ~ out, προεξέχω/ ~iness, n. γλοιῶδες (τό)/ ~ing plaster, ἔμπλαστρο (τό)/ ~y, a. κολλώδης, γλοιώδης
stiff, a. σκληρός, δύσκαμπτος, ἀλύγιστος/ (fig.) πεισματάρης/ have a ~ neck, στραβολαιμιάζω/ ~en, v.t. σκληραίνω, ἐνισχύω/ ~ -necked, a. σκληροτράχηλος/ ~ness, n. σκληρότητα (ἡ), ἀλυγισία (ἡ)
stifle, v.t. πνίγω, καταπνίγω/ v.i. πνίγομαι/ stifling, a. πνιγερός, ἀποπνικτικός
stigma, n. στίγμα (τό), σημάδι (τό)/ ~tize, v.t. στιγματίζω
stile, n. στύλος (ὁ)
stiletto, n. ἐγχειρίδιο (τό), στιλέττο (τό)/ ~ heel, μυτερό τακούνι
still, a. ἤρεμος, ἤσυχος/ ad. ἀκόμη/ ~ better, ἀκόμη καλύτερα/ n. ἠρεμία (ἡ), ἡσυχία (ἡ)/ v.t. καθησυχάζω, καταπραΰνω/ ~born, a. πεθαμένος στή γέννα, θνησιγενής/ ~ -life, n. νεκρή φύση (ἡ)/ ~ -ness, n. ἠρεμία (ἡ), ἡσυχία (ἡ)
stilt, n. ξυλοπόδαρο (τό)/ ~ed, a. ὑπερυψωμένος/ (fig.) πομπώδης, φουσκωμένος
stimulant, n. διεγερτικό (τό), τονωτικό (τό)/ stimulate, v.t. τονώνω, διεγείρω, ὀξύνω/ stimulation, n. διέγερση (ἡ)/ stimulus, n. κίνητρο (τό), παρόρμηση (ἡ)
sting, n. κεντρί (τό), ἀγκάθι (τό)/ (fig.) ἐνόχληση (ἡ)/ v.t. κεντρίζω, τσιμπῶ
stinginess, n. φιλαργυρία (ἡ), τσιγγουνιά (ἡ)/ stingy, a. φιλάργυρος, τσιγγούνης
stink, n. δυσωδία (ἡ), ἄσχημη μυρωδιά/ v.i. βρωμῶ/ ~ing, a. βρωμερός, δύσοσμος
stint, n. ὅριο (τό), περιορισμός (ὁ)/ v.t.

περιορίζω
stipend, n. μισθοδοσία (ἡ)
stipple, v.t. χαράζω μέ τελίτσες
stipulate, v.t. συμφωνῶ/ stipulation, n. συμφωνία (ἡ)
stir, n. ἀνακίνηση (ἡ), ἀναμόχλευση (ἡ)/ v.t. & i. ἀνακινῶ, ἀναμοχλεύω/ ~ up, ἀναταράζω, προκαλῶ ἀνησυχία/ ~ring, a. συνταρακτικός, ἐντυπωσιακός
stirrup, n. ἀναβολέας (ὁ)/ ~ leather, λουρί ἀναβολέα (τό)
stitch, n. ραφή (ἡ), βελονιά (ἡ)/ v.t. ράβω, συρράβω, μπαλώνω, μαντάρω/ ~ing, n. συρραφή (ἡ)
stoat, n. λευκοϊκτίς (ἡ), λευκή νυφίτσα (ἡ)
stock, n. ἀπόθεμα (τό), παρακαταθήκη (ἡ)/ (descent) γένος (τό), καταγωγή (ἡ), φυλή (ἡ)/ (tree) κορμός (ὁ)/ (cattle) κτήνη (τά)/ (gun) κοντάκι (τό)/ (handle) λαβή (ἡ)/ pl. (comm.) χρεώγραφα (τά), μετοχές (οἱ)/ v.t. ἀποθηκεύω, ἀποταμιεύω/ ~ exchange, n. φράχτης (ὁ)/ ~ade, n. φράχτης (ὁ)/ ~ breeder, n. κτηνοτρόφος (ὁ)/ ~ breeding, n. κτηνοτροφία (ἡ)/ ~broker, n. χρηματομεσίτης (ὁ)/ ~fish, n. παστό ψάρι (τό)/ ~holder, n. μέτοχος (ὁ)/ ~ ing, n. γυναικεία κάλτσα (ἡ)/ ~jobber, n. χρηματιστής (ὁ)/ ~ still, a. ἐντελῶς ἀκίνητος/ ~ taking, n. ἀπογραφή ἐμπορευμάτων/ ~y, a. κοντόχοντρος/ ~yard, n. αὐλή γιά κτήνη
stodgy, a. πηχτός, στερεός
stoic, n. Στωικός (ὁ)/ ~al, a. στωικός/ ~ism, n. στωικισμός (ὁ)
stoke, v.t. τροφοδοτῶ φωτιά (φοῦρνο)/ ~-hole, n. καμινευτήριο πλοίου (τό)/ ~r, n. θερμαστής (ὁ)
stole, n. σάλι (τό), ἐσάρπα (ἡ)/ (eccl.) περιτραχήλι (τό)
stolid, a. βλάκας, ἠλίθιος
stomach, n. στομάχι (τό)/ v.t. χωνεύω/ (fig.) ὑποφέρω, ἀνέχομαι/ ~ic, a. στομαχικός
stone, n. πέτρα (ἡ)/ (fruit) κουκούτσι (τό)/ (med.) πέτρα (ἡ), λιθίαση (ἡ)/ ~ deaf, θεόκουφος/ ~'s throw, πολύ κοντά/ ~ fruit, καρπός μέ κουκούτσι/ ~

quarry, λατομεῖο (τό)/ v.t. πετροβολῶ/ ~*cutter*, n. λιθοτόμος (ὁ)/ ~*mason*, n. λιθοκτίστης (ὁ)/ ~*ware*, n. πέτρινα δοχεῖα/ ~*work*, n. πέτρινο κτίσμα/ ~*y*, a. πέτρινος/ (fig.) σκληρός, ἀνελέητος

stool, n. σκαμνί (τό)/ (med.) ἀφοδευτήριο (τό)

stoop, n. σκύψιμο (τό)/ (fig.) ταπείνωση (ἡ)/ v.i. σκύβω, ταπεινώνομαι/ ~ *to*, καταντῶ

stop, n. στάση (ἡ), σταμάτημα (τό), διακοπή (ἡ)/ *put a* ~ *to*, βάζω τέρμα, κάνω νά σταματήσει/ v.t. σταματῶ, ἐμποδίζω/ (tooth) βουλώνω/ v.i. παύω/ int. στόπ!/ ~*cock*, n. στρόφιγγα (ἡ)/ ~*gap*, a. προσωρινός, μεταβατικός/ ~*page*, n. παύση (ἡ), διακοπή (ἡ)/ ~*per*, n. τάπα (ἡ), πῶμα (τό)/ ~*ping*, n. σταμάτημα (τό), ἀναστολή (ἡ)/ ~-*press*, n. ἐπί τοῦ πιεστηρίου/ ~*watch*, n. χρονόμετρο (τό)

storage, n. ἀποθήκευση (ἡ)/ (elec.) συσσώρευση (ἡ)/ *store*, n. προμήθεια (ἡ)/ (shop) μαγαζί (τό), κατάστημα (τό)/ ~*house*, n. ἀποθήκη (ἡ)/ ~*keeper*, n. καταστηματάρχης (ὁ)/ ~*room*, n. ἀποθήκη (ἡ)/ v.t. ἀποθηκεύω

storey, n. πάτωμα (τό), ὄροφος (ὁ)

stork, n. πελαργός (ὁ)/ λελέκι (τό)

storm, n. θύελλα (ἡ), καταιγίδα (ἡ)/ (naut.), τρικυμία (ἡ)/ (mil.) ἔφοδος (ἡ)/ v.t. ἐξαπολύω ἔφοδο/ v.i. μαίνομαι/ ~*y*, a. θυελλώδης, τρικυμιώδης/ ~ *discussion*, θυελλώδης συζήτηση

story, n. ἱστορία (ἡ), διήγηση (ἡ)/ *short* ~, διήγημα (τό)/ *the same old* ~, τά ἴδια καί τά ἴδια/ ~-*teller*, n. παραμυθάς (ὁ)

stoup, n. στάμνα (ἡ), ὑδρία (ἡ)

stout, a. στιβαρός, ρωμαλέος, σωματώδης/ (beer) μαύρη μπύρα

stove, n. θερμάστρα (ἡ), σόμπα (ἡ)

stow, v.t. τοποθετῶ, τακτοποιῶ/ ~*age*, n. ἀποθήκευση (ἡ), στοίβασμα (τό)/ ~*away*, n. λαθρεπιβάτης (ὁ)

straddle, v.t. διασκελίζω/ v.i. βρίσκομαι ἐκατέρωθεν

straggle, v.i. περιπλανιέμαι, ἀπομακρύνομαι/ ~*r*, a. περιπλανώμενος/ *straggling*, a. διασπαρμένος

straight, a. ἴσιος, ὀρθός, εὐθύς/ ad. ἴσια/ ~*away*, ad. ἀμέσως/ ~*en*, v.t. & i. ἰσιώνω/ ~*forward*, a. εὐθύς, εἰλικρινής/ ~*forwardness*, n. εὐθύτητα (ἡ), εἰλικρίνεια (ἡ)/ ~*ness*, n. ἰσιάδα (ἡ)

strain, n. τέντωμα (τό), ἔνταση (ἡ), ἔντονη προσπάθεια/ (mus.) τόνος (ὁ)/ (family) γένος (τό), καταγωγή (ἡ), ποικιλία (ἡ)/ v.t. τεντώνω, κουράζω, ζορίζω/ v.i. τεντώνομαι, κουράζομαι/ ~*ed*, p.p. & a. τεντωμένος, τεταμένος, βεβιασμένος/ ~*er*, n. φίλτρο (τό), σουρωτήρι (τό), στραγγιστήρι (τό)

strait, n. στενό (τό)/ ~*s*, n. pl. στενά (τά), πορθμός (ὁ)/ (fig.) δυσχέρεια (ἡ)/ *in dire* ~*s*, σέ πολύ δύσκολη θέση/ ~*jacket*, n. ζουρλομανδύας (ὁ)/ ~*laced*, a. πουριτανός

strand, n. παραλία (ἡ), γιαλός (ὁ)/ v.t. (ship) προσαράζω/ n. (hair) πλεξούδα (ἡ)/ v.t. πλέκω σχοινί

strange, a. παράξενος, περίεργος, ἀλλόκοτος/ ~*ness*, n. παραξενιά (ἡ)/ ~*r*, n. ξένος (ὁ), ἄγνωστος (ὁ)

strangle, v.t. στραγγαλίζω, πνίγω/ (fig.) καταπνίγω/ *strangulation*, n. στραγγαλισμός (ὁ)/ (med.) περίσφιξη (ἡ)

strap, n. λουρί (τό), ἱμάντας (ὁ)/ v.t. δένω μέ λουρί/ ~*ping*, n. δέσιμο μέ λουρί

stratagem, n. στρατήγημα (τό)/ *strategic*, a. στρατηγικός/ *strategist*, n. εἰδικός στήν στρατηγική/ *strategy*, n. στρατηγική (ἡ)

stratosphere, n. στρατόσφαιρα (ἡ)

stratum, n. στρῶμα (τό)

straw, n. ἄχυρο (τό), ψάθα (ἡ)/ *that's the last* ~, εἶναι ἡ τελευταία σταγόνα/ ~*coloured*, a. ἀχυροκίτρινος

strawberry, n. φράουλα (ἡ)

stray, a. ἀδέσποτος, ξεστρατισμένος/ ~ *bullet*, ἀδέσποτη σφαίρα/ v.i. ξεστρατίζω, χάνω τόν δρόμο μου

streak, n. γραμμή (ἡ), ράβδωση (ἡ)/ (fig.) τάση (ἡ)/ v.t. χαράζω/ v.i. γυμνώνομαι/ ~*y*, a. ριγωτός, ραβδωτός

stream, n. ποταμός (ὁ), ρέμμα (τό), χείμαρρος (ὁ)/ v.i. ρέω, ἀναβλύζω, κυλῶ/ v.t. διοχετεύω/ ~*er*, n. σερπαντίνα (ἡ), ταινία (ἡ)

street, n. δρόμος (ὁ), ὁδός (ὁ)/ ~*car*, n.

λεωφορείο (τό)/ ~ urchin, n. ἀλητόπαι-
δο (τό)/ ~ walker, n. πόρνη (ἡ), τροτέ-
ζα (ἡ)
strength, n. δύναμη (ἡ), σθένος (τό)/
~en, v.t. & i. δυναμώνω, ἐνισχύω
strenuous, a. ἐνεργητικός, δραστήριος,
ἐπίμονος
stress, n. ἔνταση (ἡ), πίεση (ἡ)/ (gram.)
τονισμός (ὁ)/ v.t. ὑπογραμμίζω, τονί-
ζω, ἀποδίδω σημασία/ (gram.) τονίζω
stretch, n. ἔκταση (ἡ), προέκταση (ἡ),
ἅπλωμα (τό)/ at a ~, συνέχεια, μονοκο-
πανιά/ v.t. ἁπλώνω, ἐκτείνω, ἀνοίγω/
~ one's legs, ξεμουδιάζω/ v.i. τεντώνο-
μαι, διαρκῶ/ ~er, n. φορείο (τό)
strew, v.t. σκορπίζω, στρώνω
striated, a. αὐλακωτός
stricken, a. χτυπημένος, ταλαιπωρημένος
strict, a. αὐστηρός, ἀπόλυτος/ ~ness, n.
αὐστηρότητα (ἡ)/ ~ure, n. ἐπίκριση
(ἡ)/ (med.) στένωση (ἡ)
stride, n. δρασκελιά (ἡ)/ make great ~s,
προοδεύω ἁλματωδῶς/ v.i. δρασκελί-
ζω
strident, a. διαπεραστικός, ὀξύς, στριγ-
γός
strife, n. ἀγώνας (ὁ), πάλη (ἡ)
strike, n. χτύπημα (τό)/ (avia.) ἐπιδρομή
(ἡ)/ (industrial) ἀπεργία (ἡ)/ a. ἀπερ-
γιακός/ v.t. χτυπῶ/ (match) σπίρτο
(τό)/ (flags) κατεβάζω, ὑποστέλλω/
(coins) κόβω/ (sails) κατεβάζω/ (oil)
βρίσκω πετρέλαιο/ (bargain) συνάπτω,
κλείνω (συμφωνία)/ (balance) βρίσκω
ἰσορροπία/ v.i. ἠχῶ/ (clock) χτυπῶ,
ἀκούγομαι/ ~ at, δίνω χτύπημα/ ~
down, ρίχνω κάτω/ ~ off, διαγράφω,
σβήνω/ ~ up, ἀρχίζω/ (friendship) συ-
νάπτω φιλία/ ~ upon, πέφτω πάνω/ ~-
breaker, n. ἀπεργοσπάστης (ὁ)/ ~r, n.
ἀπεργός (ὁ)/ striking, a. ἐντυπωσιακός,
ἐκπληκτικός, φανταχτερός
string, n. σπάγγος (ὁ), κορδόνι (τό)/
(bow & mus.) χορδή (ἡ)/ ~ of pearls,
διαμαντένιο περιδέραιο/ ~ instrument,
ἔγχορδο (τό)/ v.t. βάζω χορδή/ ~ toge-
ther, ἀρμαθιάζω/ ~ed, a. ἔγχορδος
stringent, a. αὐστηρός, σκληρός
stringy, a. νευρώδης, ἀδύνατος
strip, n. ταινία (ἡ), λωρίδα (ἡ)/ v.t. γυ-

μνώνω, γδύνω/ (fig.) λεηλατῶ/ v.i. γδύ-
νομαι
stripe, n. ρίγα (ἡ), λωρίδα (ἡ)/ (mil.) γα-
λόνι (τό)/ ~d, a. ριγωτός, ραβδωτός
strive, v.i. ἀγωνίζομαι, πασχίζω
stroke, n. χτύπημα (τό), πλῆγμα (τό)/ (of
pen) πενιά (ἡ)/ (of oar) κουπιά (τά)/
(tech.) διαδρομή ἐμβόλου/ (med.) συμ-
φόρηση (ἡ), ἀποπληξία (ἡ)/ ~ of luck,
τύχη (ἡ)/ at a ~, μέ μιᾶς/ v.t. χαϊδεύω
stroll, n. περίπατος (ὁ), βόλτα (ἡ)/ take a
~, πηγαίνω βόλτα/ v.i. κάνω περίπατο
(βόλτα)/ ~ing, a. πλανόδιος
strong, a. δυνατός, γερός, στερεός/ ~
point, φόρτε (τό) ~ box, n. χρηματοκι-
βώτιο (τό) ~hold, n. ὀχυρό (τό), φρού-
ριο (τό)/ (fig.) προπύργιο (τό)
strop, n. λουρί ἀκονίσματος (τό)/ v.t.
ἀκονίζω
structural, a. δομικός, διαρθρωτικός/
structure, n. δομή (ἡ), διάρθρωση (ἡ),
κατασκευή (ἡ)
struggle, n. ἀγώνας (ὁ), πάλη (ἡ)/ v.i.
ἀγωνίζομαι, παλεύω
strum, v.i. παίζω ἄσχημα
strumpet, n. πόρνη (ἡ), παλλακίδα (ἡ)
strut, n. καμαρωτό περπάτημα (τό), κόρ-
δωμα (τό)/ v.i. περπατῶ καμαρωτά,
κορδώνομαι
strychnine, n. στρυχνίνη (ἡ)
stub, n. ἀποτσίγαρο (τό), γόπα (ἡ)/ (che-
que) στέλεχος (τό)/ (pencil) ὑπόλειμμα
μολυβιοῦ/ v.t. ξεριζώνω/ ~ out, σβήνω/
~ one's foot on, χτυπῶ τό πόδι μου
stubble, n. καλαμιές (οἱ)
stubborn, a. πεισματάρης, ἐπίμονος/
~ness, n. πεῖσμα (τό), ἐπιμονή (ἡ;
stucco, n. γυψομάρμαρο (τό)
stuck-up, a. ψηλομύτης, φαντασμένος
stud, n. καρφί (τό), διακοσμητικό καρφί/
(horses) σταῦλος (ὁ)/ v.t. διακοσμῶ μέ
καρφιά
student, n. φοιτητής (ὁ), σπουδαστής (ὁ)/
studied, a. μελετημένος, ὑπολογισμέ-
νος/ studio, n. στούντιο (τό)/ studious,
a. μελετηρός, ἐπιμελής, φιλομαθής/ stu-
dy, n. μελέτη (ἡ), σπουδή (ἡ)/ (room)
σπουδαστήριο (τό), μελετητήριο (τό)/
v.t. μελετῶ, σπουδάζω/ v.i. ἐπιμελοῦ-
μαι

stuff, n. ὑλικό (τό), οὐσία (ἡ), πρᾶγμα (τό)/ v.t. παραγεμίζω, μπουκώνω/ (embalm) βαλσαμώνω/ ~ing, n. παραγέμιση (ἡ)/ ~y, a. πνιγερός, ἀποπνικτικός

stultify, v.t. ἀποβλακώνω, ἀποχαυνώνω/ (ridicule) γελοιοποιῶ

stumble, v.i. παραπατῶ, σκοντάφτω/ *stumbling block*, ἐμπόδιο (τό), πρόσκομμα (τό)

stump, n. κούτσουρο (τό), κολοβωμένος κορμός (ὁ) v.t. ἀποστομώνω/ v.i. περπατῶ βαρειά/ ~y, a. κοντόχοντρος

stun, v.t. αἰφνιδιάζω, καταπλήσσω

stunt, n. ἐπίδειξη (ἡ), ἀκροβασία (ἡ)/ (avia.) ἀεροβατική ἐπίδειξη/ v.t. κάνω ἀκροβασίες/ ~ed, a. καθυστερημένος, ὑπανάπτυκτος

stupefy, v.t. ἀποβλακώνω, ζαλίζω

stupendous, a. τεράστιος, καταπληκτικός

stupid, n. βλάκας (ὁ)/ a. κουτός, ἠλίθιος/ ~ity, n. βλακεία (ἡ), ἠλιθιότητα (ἡ)/ *stupor*, n. νάρκη (ἡ), λήθαργος (ὁ), χαύνωση (ἡ)

sturdy, a. δυνατός, γερός

sturgeon, n. μουρούνα (ἡ)

stutter, n. τραύλισμα (τό)/ v.t. & i. τραυλίζω ~er, n. τραυλός (ὁ)

stye, n. χοιροστάσιο (τό)

style, n. ὕφος (τό), στύλ (τό)/ (behaviour) συμπεριφορά (ἡ), τρόπος (ὁ)/ (fashion) μόδα (ἡ)/ v.t. ἀποκαλῶ, τιτλοφορῶ/ *stylish*, a. μοντέρνος, στυλάτος, τῆς μόδας

stylograph, n. στυλογράφος (ὁ), στυλό (τό)

suave, a. ἁβρός, μειλίχιος, γλυκός/ *suavity*, n. ἁβρότητα (ἡ), γλυκύτητα (ἡ)

subaltern, n. κατώτερος ἀξιωματικός (ὁ)

subcommittee, n. ὑποεπιτροπή (ἡ)

subconscious, a. ὑποσυνείδητος/ n. ὑποσυνείδητο (τό)

subcutaneous, a. ὑποδόριος

subdivide, v.t. ὑποδιαιρῶ

subdue, v.t. ὑποτάσσω, κατακτῶ, ὑπερνικῶ/ ~d, p.p. & a. ἥσυχος, μαλακός, ἤπιος, ὑποταγμένος

subeditor, n. συντάκτης (ὁ)

subject, a. ὑποτελής, ἐξαρτώμενος/ ~ to, μέ τήν προϋπόθεση ὅτι, ὑπό τόν ὅρο/ n. ὑπήκοος (ὁ, ἡ)/ (gram.) ὑποκείμενο (τό)/ v.t. ὑποτάσσω, ἐκθέτω σέ δυσκολίες/ ~ion, n. ὑποτέλεια (ἡ), ὑποταγή (ἡ), ἐξάρτηση (ἡ)/ ~ive, a. ὑποκειμενικός

subjoin, v.t. συμπληρώνω

subjugate, v.t. ὑποτάσσω, ὑποδουλώνω

subjunctive, n. ὑποτακτική (ἡ)

sublet, v.t. ὑπενοικιάζω

sublime, a. εὐγενής, μεγαλοπρεπής/ n. μεγαλεῖο/ *sublimity*, n. εὐγένεια (ἡ), μεγαλοπρέπεια (ἡ)

sublunar, a. ἐπίγειος

submarine, a. ὑποβρύχιος/ n. ὑποβρύχιο (τό)

submerge, v.i. βυθίζω, καταδύω/ v.i. καταδύομαι, βυθίζομαι

submission, n. ὑποταγή (ἡ), ὑποτέλεια (ἡ)/ *submissive*, a. ὑποχωρητικός, πειθαρχικός, ἐνδοτικός/ *submit*, v.i. ὑποκύπτω, ἐνδίδω/ v.t. ὑποβάλλω

subordinate, a. κατώτερος, βοηθητικός, δευτερεύων/ ~ clause, ἐξαρτημένη πρόταση/ v.t. ὑπάγω

suborn, v.t. δωροδοκῶ, ἐξαγοράζω/ ~ation, n. δωροδοκία (ἡ), ἐξαγορά (ἡ)/ ~er, n. ἐκεῖνος πού δωροδοκεῖ

subpoena, n. κλήση (ἡ)/ v.t. κλητεύω

subscribe, v.i. ~ to, προσυπογράφω, συμφωνῶ/ (financially) συνεισφέρω/ ~r, n. συνδρομητής (ὁ)/ *subscription*, n. συνεισφορά (ἡ), συνδρομή (ἡ)

subsequent, a. μεταγενέστερος, ἑπόμενος/ ~ly, ad. σέ συνέχεια, μετά

subservience, n. δουλικότητα (ἡ), ὑποτακτικότητα (ἡ)/ *subservient*, a. δουλικός, ὑποτακτικός

subside, v.i. βουλιάζω, παθαίνω καθίζηση/ (calm down) καταλαγιάζω/ ~nce, n. καθίζηση (ἡ)

subsidiary, a. δευτερεύων, ἐπικουρικός/ n. ὑποκατάστημα (τό), θυγατρική ἑταιρία (ἡ)

subsidize, v.t. ἐπιχορηγῶ, ἐπιδοτῶ/ *subsidy*, n. ἐπιχορήγηση (ἡ)

subsist, v.i. ὑφίσταμαι, συντηροῦμαι/ ~ence, n. συντήρηση (ἡ), ἐπιβίωση (ἡ)

subsoil, n. ὑπέδαφος (τό)

subsonic, a. ὑποηχητικός

substance, n. ὕλη (ἡ), ὑλικό (τό), οὐσία (ἡ)/ *substantial*, a. σημαντικός, ἀξιόλο-

γος, οὐσιώδης/ ~ly, ad. σημαντικά, οὐσιαστικά/ substantiate, v.t. τεκμηριώνω, στηρίζω
substantive, a. οὐσιαστικός, πραγματικός/ n. οὐσιαστικό (τό),
substitute, n. ὑποκατάστατο (τό)/ (person) ἀναπληρωτής (ὁ)/ v.t. ἀναπληρώνω/ substitution, n. ἀντικατάσταση (ἡ), ἀναπλήρωση (ἡ)
substructure, n. ὑποδομή (ἡ)
subtenant, n. ὑπενοικιαστής (ὁ)
subterfuge, n. ὑπεκφυγή (ἡ), πρόσχημα (τό)
subterranean, a. ὑπόγειος
subtitle, n. ὑπότιτλος (ὁ)
subtle, a. λεπτός, διακριτικός, ἐπιδέξιος/ ~ty, n. λεπτότητα (ἡ), διακριτικότητα (ἡ), ἐπιδεξιότητα (ἡ)
subtract, v.t. ἀφαιρῶ/ ~ion, n. ἀφαίρεση (ἡ)
suburb, n. προάστιο (τό)/ ~an, a. προαστιακός, ὑπεραστικός
subversion, n. ὑπονόμευση (ἡ), ἀνατροπή (ἡ)/ subversive, a. ὑπονομευτικός/ ~ activity, παράνομη δράση/ subvert, v.t. ὑπονομεύω, ἀνατρέπω
subway, n. ὑπόγεια διάβαση (ἡ)/ (USA) ὑπόγειος σιδηρόδρομος (ὁ)
succeed, v.t. & i. πετυχαίνω/ ~ to, διαδέχομαι/ ~ to the throne, ἀνεβαίνω στό θρόνο
success, n. ἐπιτυχία (ἡ)/ ~ful, a. ἐπιτυχημένος/ ~ion, n. διαδοχή (ἡ)/ in ~, διαδοχικά/ ~ive, a. διαδοχικός, ἀλλεπάλληλος/ ~or, n. διάδοχος (ὁ)
succinct, a. περιεκτικός, περιληπτικός
succour, n. συμπαράσταση (ἡ), βοήθεια (ἡ)/ v.t. συντρέχω, παραστέκομαι
succulent, a. ζουμερός, χυμώδης
succumb, v.i. ὑποκύπτω, ὑποτάσσομαι
such, a. τέτοιος/ ~ as, ὅπως, γιά παράδειγμα/ ~ and ~, κάποιος, τάδε
suck, v.t. ρουφῶ, πιπιλίζω, γλείφω/ ~ up, κολακεύω/ ~er, n. βεντούζα (ἡ)/ (bot.) παραφυάδα (ἡ), παραβλάστημα (τό)/ (zool.) βεντούζα ζώου/ ~ing pig, γουρουνόπουλο τοῦ γάλακτος/ ~ling, n. βυζανιάρικο (τό)/ suction, n. ἀναρόφηση (ἡ), ἄντληση (ἡ)/ ~ pump, ἀναρροφητική ἀντλία (ἡ)

sudden, a. ξαφνικός, αἰφνίδιος, ἀπρόσμενος/ all of a ~, ξαφνικά/ ~ly, ad. ξαφνικά, ἀπρόσμενα
suds, n. pl. σαπουνάδα (ἡ)
sue, v.t. ἐνάγω, διώκω
suède, n. καστόρι (τό)
suet, n. λίπος (τό), ξύγκι (τό)
suffer, v.t. & i. ὑποφέρω, ὑφίσταμαι/ (loss) ὑφίσταμαι ζημία/ ~ from, πάσχω/ ~able, a. ὑποφερτός, ἀνεκτός/ ~ance, n. ἀνοχή (ἡ), ἀνεκτικότητα (ἡ)/ on ~, μέ δυσκολία/ ~er, n. πάσχων (ὁ)/ ~ing, n. δυστυχία (ἡ), ταλαιπωρία (ἡ), βάσανα (τά)/ a. δυστυχισμένος, ταλαιπωρημένος
suffice, v.i. ἀρκῶ, ἐπαρκῶ/ ~ it to say, ἀρκεῖ νά πῶ/ sufficiency, n. ἐπάρκεια (ἡ)/ sufficient, a. ἐπαρκής
suffix, n. κατάληξη (ἡ)
suffocate, v.t. πνίγω, σκοτώνω μέ ἀσφυξία/ v.i. πεθαίνω ἀπό ἀσφυξία/ suffocating, a. ἀσφυκτικός/ suffocation, n. ἀσφυξία (ἡ)
suffragan, n. βοηθός ἐπίσκοπος (ὁ)
suffrage, n. δικαίωμα ψήφου (τό)/ ~tte, n. σουφραζέττα (ἡ)
suffuse, v.t. λούζω, πλημμυρίζω/ (light) περιλούζω/ suffusion, n. λούσιμο (τό), πλημμύρα (ἡ)
sugar, n. ζάχαρη (ἡ)/ v.t. γλυκαίνω, ζαχαρώνω/ ~ bowl, n. ζαχαριέρα (ἡ)/ ~ beet, n. ζαχαροκάλαμο (τό)/ ~ plum, n. ζαχαρωτό (τό)/ ~y, a. ζαχαρένιος, ζαχαρωμένος/ (fig.) μελιστάλαχτος, γλυκερός
suggest, v.t. προτείνω, εἰσηγοῦμαι/ ~ion, n. πρόταση (ἡ), εἰσήγηση (ἡ)/ ~ive, a. ὑποδηλωτικός
suicide, n. αὐτοκτονία (ἡ)/ commit ~, αὐτοκτονῶ
suit, n. κοστούμι (τό), φορεσιά (ἡ)/ (leg.) ἀγωγή (ἡ)/ (cards) χρῶμα (τό)/ follow ~, κάνω τό ἴδιο, μιμοῦμαι/ v.t. ἱκανοποιῶ, βολεύω/ v.i. ταιριάζω, ἀνταποκρίνομαι/ ~ability, n. καταλληλότητα (ἡ), ταίριασμα (τό)/ ~able, a. κατάλληλος, ταιριαστός
suite, n. σύνολο (τό)/ (mus.) σουίτα (ἡ)/ ~ of furniture, σύνολο ἐπίπλων (τό)/ ~ of rooms, σουίτα ξενοδοχείου (ἡ)

suiting, n. ὕφασμα γιά κοστούμι (τό)
suitor, n. μνηστήρας (ὁ), θαυμαστής (ὁ)/ (leg.) ἐνάγων (ὁ)
sulk, v.i. κατσουφιάζω/ ~y, a. κατσουφιασμένος
sullen, a. κακόκεφος, μελαγχολικός/ ~ness, n. κακοκεφιά (ἡ), μελαγχολία (ἡ)
sully, v.t. κηλιδώνω, λερώνω/ (fig.) ντροπιάζω
sulphate, n. θειικό ἁλάτι (τό)/ sulphide, n. θειούχα ἕνωση (ἡ), σουλφίδιο (τό)/ sulphite, n. θειῶδες ἁλάτι (τό)/ sulphur, n. θεῖο (τό), θειάφι (τό)/ ~ous, a. θειοῦχος
sultan, n. σουλτάνος (ὁ)/ ~a, n. σουλτάνα (ἡ)/ (fruit) σουλτανίνα (ἡ)
sultry, a. ἀποπνικτικός, πνιγερός
sum, n. ποσό (τό), σύνολο (τό)/ (maths) ἄθροισμα (τό)/ do ~s, κάνω λογαρισμούς/ (arith.) λύνω μαθήματα ἀριθμητικῆς/ v.t. ~ up, ἀθροίζω/ ~marize, v.t. κάνω περίληψη/ ~mary, a. συνοπτικός/ n. περίληψη (ἡ), ἀνακεφαλαίωση (ἡ)
summer, n. καλοκαίρι (τό)/ a. καλοκαιρινός, θερινός/ ~ holidays, θερινές διακοπές (οἱ)/ ~ house, θερινό περίπτερο (τό)
summing-up, n. ἀνακεφαλαίωση (ἡ), συγκεφαλαίωση (ἡ)
summit, n. κορυφή (ἡ)/ (fig.) κορύφωμα (τό)
summon, v.t. καλῶ, φωνάζω/ (leg.) κλητεύω/ ~ up courage, συγκεντρώνω τό θάρρος/ ~s, n. pl. κλήση (ἡ), κλήτευση (ἡ)/ v.t. κλητεύω
sumptuous, a. δαπανηρός, πολύτιμος/ ~ness, n. δαπανηρότητα (ἡ)
sun, n. ἥλιος (ὁ)/ v.i. λιάζομαι/ ~blind, n. παντζούρι (τό)/ ~burn, n. ἡλιακό ἔγκαυμα (τό)/ ~burnt, a. ἡλιοκαμμένος/ ~dial, n. ἡλιακό ρολόϊ (τό)/ ~flower, n. ἥλιος (ὁ), ἡλιανθός (ὁ)/ ~light, n. ἡλιακό φῶς (τό)/ ~rise, n. ἀνατολή (ἡ)/ ~set, n. δύση (ἡ), βασίλεμμα (τό)/ ~shade, n. ὀμπρέλλα τοῦ ἡλίου/ ~shine, n. λιακάδα (ἡ)/ in the ~, στή λιακάδα/ ~stroke, n. ἡλίαση (ἡ)
Sunday, n. Κυριακή (ἡ)/ a. κυριακάτικος

sunder, v.t. χωρίζω, σχίζω
sundries, n. pl. διάφορα, ποικίλα/ sundry, a. διάφοροι, ποικίλοι/ all and ~, ὅλοι ἀνεξαίρετα
sunken, a. βυθισμένος, βουλιαγμένος/ (cheeks) βαθουλωμένος, ρουφηγμένος
sup, v.i. δειπνῶ/ v.t. πίνω γουλιά-γουλιά
superabundant, a. ὑπεράφθονος, πληθωρικός
superannuated, a. παλιός, ὑπερήλικας/ superannuation, n. συνταξιοδότηση (ἡ), ὅριο ἡλικίας (τό)
superb, a. ὑπέροχος
supercargo, n. ἐπόπτης φορτίου (ὁ)
supercilious, a. περιφρονητικός, ἀκατάδεχτος
superficial, a. ἐπιφανειακός, ρηχός/ superficies, n. ἐξωτερική ἐπιφάνεια (ἡ)
superfine, a. ἔξοχος, ἐξαίρετος/ (quality) πρώτης ποιότητας
superfluity, n. ὑπερβολή (ἡ), πλεονασμός (ὁ)/ superfluous, a. ὑπερβολικός, περιττός
superheat, v.t. ὑπερθερμαίνω
superhuman, a. ὑπεράνθρωπος
superimpose, v.t. ἐπιθέτω, ὑπερτυπώνω
superintend, v.t. διευθύνω, ἐπιτηρῶ/ ~ence, n. διεύθυνση (ἡ), ἐπιτήρηση (ἡ)/ ~ent, n. ἐπόπτης (ὁ)
superior, a. ἀνώτερος, καλύτερος/ n. ἀνώτερος (ὁ)/ (religious) ἡγούμενος (ὁ)
superlative, a. ὑπερθετικός/ n. (gram.) ὑπερθετικός βαθμός (ὁ)
superman, n. ὑπεράνθρωπος (ὁ)
supernatural, a. ὑπερφυσικός
supernumerary, a. ὑπεράριθμος/ n. (theat.) κομπάρσος (ὁ)
superscription, n. ἐπιγραφή (ἡ)
supersede, v.t. ἀντικαθιστῶ, ἐκτοπίζω
supersonic, a. ὑπερηχητικός
superstition, n. δεισιδαιμονία (ἡ), πρόληψη (ἡ)/ superstitious, a. δεισιδαίμονας, προληπτικός
superstructure, n. ὑπερκατασκευή (ἡ)
supertax, n. πρόσθετος φόρος (ὁ)
supervene, v.t. ἐπακολουθῶ, ἐπέρχομαι
supervise, v.t. ἐπιθεωρῶ, ἐποπτεύω/ supervision, n. ἐπιθεώρηση (ἡ), ἐποπτεία (ἡ)/ supervisor, n. ἐπιθεωρητής (ὁ), ἐπόπτης (ὁ)

supine, a. ἀνάσκελος/ (fig.) νωχελικός, ῥάθυμος

supper, n. δεῖπνο (τό)/ have ~, δειπνῶ

supplant, v.t. ὑποσκελίζω, ἐκτοπίζω

supple, a. εὔκαμπτος, εὐλύγιστος

supplement, n. συμπλήρωμα (τό), παράρτημα (τό)/ v.t. συμπληρώνω/ ~ary, a. συμπληρωματικός/ (maths) παραπληρωματικός

suppleness, n. εὐλυγισία (ἡ), λυγεράδα (ἡ)

suppliant, a. ἱκετευτικός/ n. ἱκέτης (ὁ)/ supplicate, v.t. ἱκετεύω, παρακαλῶ/ supplication, n. ἱκεσία (ἡ), παράκληση (ἡ)

supplier, n. προμηθευτής (ὁ)/ supply, n. προμήθεια (ἡ)/ pl. ἐφόδια (τά), προμήθειες (οἱ)/ ~ and demand, προσφορά καί ζήτηση/ v.t. προμηθεύω, ἐφοδιάζω

support, n. ὑποστήριξη (ἡ), στήριγμα (τό)/ v.t. ὑποστηρίζω, στηρίζω/ ~ oneself, συντηροῦμαι/ ~er, n. ὑποστηρικτής (ὁ), ὀπαδός (ὁ)

suppose, v.t. ὑποθέτω, φαντάζομαι, πιστεύω/ let's ~, ἄς ὑποθέσουμε/ ~d, a. θεωρούμενος, ὑποτιθέμενος/ supposition, n. ὑπόθεση (ἡ), εἰκασία (ἡ)/ suppositious, a. πλαστός, δῆθεν

suppress, v.t. καταπιέζω/ (truth) ἀποκρύπτω/ ~ion, n. καταπίεση (ἡ), καταστολή (ἡ), ἀπόκρυψη (ἡ)

suppurate, v.i. πυορροῶ, βγάζω πύο/ suppuration, n. πυόρροια (ἡ)

supremacy, n. κυριαρχία (ἡ), ἐπικράτηση (ἡ)/ supreme, a. κυρίαρχος, ὑπέρτατος

surcharge, n. προσαύξηση (ἡ), ἐπιβάρυνση (ἡ)/ v.t. προσαυξάνω, ἐπιβαρύνω

sure, a. βέβαιος, σίγουρος, ἀσφαλής/ make ~ of, βεβαιώνομαι/ he is ~ to come, θά ἔλθει ὁπωσδήποτε/ ~ly, ad. βέβαια, ἀσφαλῶς/ ~ness, n. βεβαιότητα (ἡ)/ ~ty, n. βεβαιότητα (ἡ), ἀσφάλεια (ἡ), ἐγγύηση (ἡ)/ stand ~ for, μπαίνω ἐγγυητής

surf, n. σπάσιμο κυμάτων (τό)

surface, n. ἐπιφάνεια (ἡ)/ v.t. ἐπενδύω, ἐπιστρώνω/ v.i. βγαίνω στήν ἐπιφάνεια

surfeit, n. κατάχρηση (ἡ)/ v.t. μπουκώνω/ v.i. φουσκώνω

surge, n. φουσκοθαλασσιά (ἡ)/ v.i. φου-

σκώνω, ὑψώνομαι

surgeon, n. χειροῦργος (ὁ)/ surgery, n. ἰατρεῖο (τό)/ ~ hours, ὧρες ἐπισκέψεων/ surgical, a. χειρουργικός

surly, a. δύστροπος, ἀπότομος

surmise, n. εἰκασία (ἡ), ὑπόθεση (ἡ)/ v.t. εἰκάζω, ὑποθέτω

surmount, v.t. ὑπερνικῶ, ξεπερνῶ

surname, n. ἐπώνυμο (τό)

surpass, v.t. ὑπερβαίνω, ξεπερνῶ

surplice, n. στιχάρι (τό)

surplus, n. περίσσευμα (τό), πλεόνασμα (τό)/ ~ value, ὑπεραξία (ἡ)/ a. περίσσιος

surprise, n. ἔκπληξη (ἡ), αἰφνιδιασμός (ὁ)/ ~ attack, αἰφνιδιαστική ἐπίθεση/ v.t. κάνω ἔκπληξη, αἰφνιδιάζω/ surprising, a. ἐκπληκτικός, αἰφνιδιαστικός, ἀπρόσμενος

surrender, n. παράδοση (ἡ), παραίτηση (ἡ), ὑποταγή (ἡ)/ v.t. παραδίδω, παραχωρῶ/ v.i. παραδίδομαι, παραιτοῦμαι

surreptitious, a. λαθραῖος, κρυφός

surrogate, n. ὑποκατάστατο (τό)/ (person) ἀναπληρωτής (ὁ), ἀντικαταστάτης (ὁ)

surround, v.t. περικυκλώνω, περιβάλλω/ ~ing, a. γύρω/ ~ings, n. pl. περίχωρα (τά), περιβάλλον (τό)

surtax, n. πρόσθετος φόρος (ὁ)

surveillance, n. ἐπιτήρηση (ἡ), παρακολούθηση (ἡ)

survey, n. ἐπισκόπηση (ἡ), ἔρευνα (ἡ), ἐκτίμηση (ἡ)/ v.t. ἐπισκοπῶ, ἐρευνῶ, ἐκτιμῶ/ ~or, n. τοπογράφος (ὁ), χωρομέτρης (ὁ)

survival, n. ἐπιβίωση (ἡ)/ ~ of the fittest, ἐπιβίωση τῶν ἰσχυρότερων

survive, v.t. ἐπιζῶ, ἐπιβιώνω/ v.i. διασώζομαι/ survivor, n. ἐπιζῶν (ὁ)

susceptible, a. εὐαίσθητος, ὑποκείμενος, τρωτός

suspect, a. ὕποπτος/ v.t. & i. ὑποπτεύομαι, ὑποψιάζομαι

suspend, v.t. ἀναστέλλω/ (hang up) κρεμῶ/ ~ers, n. pl. τιράντες (οἱ)/ suspense, n. ἀγωνία (ἡ), ἀβεβαιότητα (ἡ)/ in ~, σέ ἀβεβαιότητα/ suspension, n. ἀνάρτηση (ἡ), αἰώρηση (ἡ)/ (leg.) ἀναστολή (ἡ)/ ~ bridge, κρεμαστή γέφυρα/

suspensory (bandage), a. κρεμαστήριος (ἐπίδεσμος)

suspicion, n. ὑποψία (ἡ), δυσπιστία (ἡ)/ *not even a ~ of*, οὔτε ἴχνος/ *suspicious*, a. καχύποπτος, δύσπιστος

sustain, v.t. ὑποστηρίζω, συγκρατῶ/ *~ injury*, τραυματίζομαι/ *sustenance*, n. διατροφή (ἡ), μέσα συντήρησης (τά)

suture, n. ραφή (ἡ), ράμμα (τό)

suzerain, n. ἡγεμόνας (ὁ), ἄρχοντας (ὁ)/ *~ty*, n. ἐπικυριαρχία (ἡ)

swab, n. πατσαβούρα (ἡ)/ (med.) πῶμα (τό), βύσμα (τό)

swaddling clothes, φασκιές (οἱ)

swag, n. κλοπιμαῖα (τά), μπάζα (τά)

swagger, v.i. περπατῶ καμαρωτός, κορδώνομαι/ *~er*, n. καμαρωτός (ὁ)

swain, n. τσοπανόπουλο (τό)

swallow, n. (bird) χελιδόνι (τό)/ v.t. καταπίνω/ *~ up*, καταβροχθίζω/ (fig.) ἀνέχομαι

swamp, n. βάλτος (ὁ), ἕλος (τό), τέλμα (τό)/ v.t. κατακλύζω, πλημμυρίζω, πνίγω/ *~y*, a. ἑλώδης, βαλτώδης

swan, n. κύκνος (ὁ)/ *~ song*, κύκνειο ἄσμα (τό)

swap, n. ἀνταλλαγή (ἡ)/ v.t. ἀνταλλάσσω

sward, n. λιβάδι (τό)

swarm, n. σμῆνος (τό), σμάρι (τό)/ v.i. κινοῦμαι ὁμαδικά

swarthy, a. μελαψός, μελαχροινός

swastika, n. σβάστικα (ἡ), ἀγκυλωτός σταυρός (ὁ)

swathe, v.t. μπαντάρω, ἐπιδένω, περιτυλίγω

sway, n. λίκνισμα (τό), ταλάντευση (ἡ), κούνημα (τό)/ v.t. λικνίζω, ταλαντεύω, κουνῶ/ v.i. κουνιέμαι, λικνίζομαι, ταλαντεύομαι

swear, v.i. ὁρκίζομαι/ v.t. ὁρκίζω

sweat, n. ἱδρώτας (ὁ)/ v.i. ἱδρώνω/ *~er*, n. πουλόβερ (τό), μπλούζα (ἡ)/ *~ing*, n. ἵδρωμα (τό)/ *~y*, a. ἱδρωμένος

swede, n. γουλί (τό)

Swede, n. Σουηδός (ὁ)/ *Swedish*, a. σουηδικός/ n. Σουηδικά (τά)

sweep, n. σκούπισμα (τό)/ *chimney ~*, καπνοδοχοκαθαριστής (ὁ)/ v.t. & i. σκουπίζω, καθαρίζω, σαρώνω/ *~ away*, ξεκαθαρίζω, πέρνω σαρώνον-

τας/ *~er*, n. ὁδοκαθαριστής (ὁ)/ *~ing*, a. σαρωτικός, εὐρύτατος/ *~ statement*, ἔντονη δήλωση/ n. σκούπισμα (τό), σάρωμα (τό)/ *~stake*, n. λαχεῖο ἱπποδρόμου (τό)

sweet, a. γλυκός, εὐχάριστος/ n. γλύκισμα (τό), καραμέλλα (ἡ)/ *have a ~ tooth*, μοῦ ἀρέσουν τά γλυκά/ *~ breads*, n. pl. γλυκάδια (τά)/ *~briar*, n. ἀγριοτριανταφυλλιά (ἡ)/ *~en*, v.t. γλυκαίνω/ *~ener*, n. γλυκαντικό (τό)/ (fig.) φιλοδώρημα (τό)/ *~heart*, n. ἀγαπημένος (ὁ), ἀγαπημένη (ἡ)/ *~meat*, n. γλύκισμα (τό), ζαχαρωτό (τό)/ *~ness*, n. γλυκύτητα (ἡ)/ *~ potato*, n. γλυκοπατάτα (ἡ)/ *~-scented*, a. ἀρωματικός, γλυκομύριστος

swell, v.t. φουσκώνω/ v.i. πρήζομαι/ n. πρήξιμο (τό)/ (naut.) φουσκοθαλασσιά (ἡ)/ *~ing*, n. διόγκωση (ἡ), διεύρυνση (ἡ), ἐξόγκωμα (τό)

swelter, v.i. λυώνω, λιποθυμῶ ἀπό τή ζέστη

swerve, n. παρέκκλιση (ἡ)/ v.i. παρεκκλίνω, λοξοδρομῶ

swift, a. γρήγορος, γοργός/ n. (bird) πετροχελίδονο (τό)/ *~ness*, n. γρηγοράδα (ἡ), σβελτάδα (ἡ)

swig, n. μεγάλη γουλιά (ἡ)/ v.t. πίνω μονορούφι

swill, n. ξέπλυμα (τό)/ v.t. ξεπλένω

swim, n. κολύμπι (τό)/ *go for a ~*, πάω γιά κολύμπι/ *be in the ~*, ἀγωνίζομαι/ v.t. & i. κολυμπῶ/ *~ming*, n. κολύμπι (τό), κολύμβηση (ἡ)/ *~-pool*, n. πισίνα (ἡ)/ *~-suit*, n. μαγιώ (τό)

swindle, n. ἀπάτη (ἡ), ἐξαπάτηση (ἡ)/ v.t. ἀπατῶ, ἐξαπατῶ/ *~r*, n. ἀπατεώνας (ὁ)

swine, n. χοῖρος (ὁ), γουρούνι (τό)/ *~herd*, n. χοιροβοσκός (ὁ)

swing, n. αἰώρηση (ἡ), ταλάντευση (ἡ), περιστροφή (ἡ), στριφογύρισμα (τό)/ *in full ~*, σέ πλήρη δράση, στό φόρτε/ *~ door*, περιστρεφόμενη πόρτα/ v.t. & i. ταλαντεύομαι, αἰωροῦμαι, στριφογυρίζω

swirl, n. στροβίλισμα (τό)/ v.i. στροβιλίζομαι

swish, n. θρόϊσμα (τό)/ v.i. θροΐζω

Swiss, n. Ἑλβετός (ὁ)/ a. ἑλβετικός
switch, n. κλειδί (τό), διακόπτης (ὁ)/ ~board, n. τηλεφωνικό κέντρο (τό), πίνακας διανομῆς (ὁ)/ v.t. ἀλλάζω, μεταβάλλω/ ~ off, κλείνω τόν διακόπτη/ ~ on, ἀνοίγω τόν διακόπτη
swivel, n. στροφεῖο (τό)/ ~ chair, περιστρεφόμενη καρέκλα/ v.t. & i. στριφογυρίζω, περιστρέφομαι
swollen, a. πρησμένος
swoon, n. λιποθυμία (ἡ)/ v.i. λιποθυμῶ
swoop, n. ἐφόρμηση (ἡ), ἔφοδος (ἡ)/ v.i. ἐφορμῶ, κάνω ἔφοδο
sword, n. ξίφος (τό), σπαθί (τό)/ put to the ~, σφάζω/ ~ belt, n. ζωστήρας (ὁ)/ ~fish, n. ξιφίας (ὁ)/ ~ stick, n. μπαστούνι μέ κρυφό ξίφος/ ~sman, n. ξιφομάχος (ὁ)/ ~smanship, n. ἱκανότητα στήν ξιφομαχία
sybarite, n. συβαρίτης (ὁ), ἁβροδίαιτος (ὁ)
sycamore, n. συκομουριά (ἡ)
sycophant, n. συκοφάντης (ὁ)
syllabify, v.t. συλλαβίζω/ syllable, n. συλλαβή (ἡ)
syllabus, n. πρόγραμμα μαθημάτων (τό), διδακτέα ὕλη (ἡ)
syllogism, n. συλλογισμός (ὁ)
sylph, n. συλφίδα (ἡ)
sylvan, a. δασικός, δασόβιος
symbol, n. σύμβολο (τό)/ ~ic, a. συμβολικός/ ~ize, v.t. συμβολίζω
symmetrical, a. συμμετρικός/ symmetry, n. συμμετρία (ἡ)
sympathetic, a. συμπονετικός/ sympathize, v.i. συμπονῶ, νοιώθω συμπόνοια/ sympathy, n. συμπόνοια (ἡ)
symphony, n. συμφωνία (ἡ)
symptom, n. σύμπτωμα (τό)/ ~atic, a. συμπτωματικός
synagogue, n. συναγωγή (ἡ)
synchronize, v.i. συγχρονίζω/ v.i. συγχρονίζομαι/ synchronous, a. συγχρονισμένος
syncopate, v.t. συγκόπτω/ (mus.) ἀλλάζω ρυθμό
syndicate, n. συνδικάτο (τό), κοινοπραξία (ἡ)
synod, n. σύνοδος (ἡ)
synonym, n. συνώνυμο (τό)/ ~ous, a. συνώνυμος
synopsis, n. σύνοψη (ἡ)/ synoptic, a. συνοπτικός
syntax, n. συντακτικό (τό)
synthesis, n. σύνθεση (ἡ)/ synthetic, a. συνθετικός
syphilis, n. σύφιλη (ἡ)/ syphilitic, a. συφιλιδικός
syphon, n. σιφόνι (τό)
Syrian, n. Σύριος (ὁ)/ a. συριακός
syringe, n. σύριγγα (ἡ)/ hypodermic ~, ὑποδερμική σύριγγα/ v.t. καθαρίζω μέ σύριγγα
syrup, n. σιρόπι (τό)/ golden ~, μελάσσα (ἡ)/ ~y, a. σιροπιασμένος, γλυκανάλατος
system, n. σύστημα (τό), δίκτυυ (τό)/ ~atic, a. συστηματικός/ ~atize, v.t. συστηματοποιῶ

T

T, n. to a ~, θαυμάσια, ἀπόλυτα/ ~-square, n. ταῦ (τό)
tab, n. λουρί (τό), ἱμάντας (ὁ)
tabby cat, n. θηλυκή γάτα (ἡ)/ (fig.) κουτσομπόλα (ἡ)
tabernacle, n. ἱερό σκήνωμα (τό)
table, n. τραπέζι (τό)/ clear the ~, σηκώνω τό τραπέζι/ (maths) πίνακας (ὁ)/ ~ talk, κουβεντολόι (τό), κουβεντούλα (ἡ)/ ~ tennis, πίγκ-πόγκ (τό)/ ~ water, ἐπιτραπέζιο νερό/ ~ wine, ἐπιτραπέζιο κρασί/ turn the ~s, ἀλλάζω τήν κατάσταση/ v.t. (suggest) ὑποβάλλω, προτείνω/ (make a table) ταξινομῶ, βάζω σέ πίνακα
tableau, n. ζωγραφιά (ἡ), ταμπλώ (τό)
tablecloth, n. τραπεζομάντηλο (τό)
tableland, n. ὀροπέδιο (τό)
tablespoon, n. κουτάλι τῆς σούπας
tablet, n. πλάκα (ἡ), πινακίδα (ἡ)/ votive ~, ἀφιέρωμα (τό)
tableware, n. ἐπιτραπέζια σκεύη (τά)

taboo, n. ταμπού (τό)

tabular, a. συνοπτικός/ *tabulate*, v.t. συνοψίζω, ταξινομῶ/ *tabulator*, n. μηχάνημα ταξινόμησης (τό)/ (person) ταξινόμος (ὁ)

tacit, a. σιωπηρός/ *~urn*, a. λιγόλογος/ *~urnity*, n. λακωνικότητα (ἡ), σιωπηλότητα (ἡ)

tack, n. καρφάκι (τό), προκάκι (τό)/ (naut.) πρότονος (ὁ)/ (sewing) μύτη βελόνας (ἡ)/ v.t. καρφώνω, καθηλώνω/ (sew) τρυπώνω/ (naut.) κάνω στροφή

tackle, n. σύνεργα (τά), ἐργαλεῖα (τά)/ (tech.) ἁρπάγη (ἡ)/ (naut.) ἄρμενα (τά), ἐξαρτήματα (τά)/ v.t. ἁρπάζω, κρατῶ/ (naut.) ἐξοπλίζω πλοῖο/ (task, etc.) ἀσχολοῦμαι, καταπιάνομαι

tacky, a. γλοιώδης, κολλώδης

tact, n. εὐπρέπεια (ἡ), τάκτ (τό)/ *~ful*, a. εὐπρεπής/ *~less*, a. ἀγενής, ἀπρεπής, χωρίς τάκτ

tactical, a. τακτικός/ *tactician*, n. εἰδικός στήν τακτική, τακτικολόγος (ὁ)/ *tactics*, n. τακτική (ἡ)

tactile, a. ἁπτός, ψηλαφητός

tadpole, n. νεογέννητος βάτραχος (ὁ)

taffeta, n. ταφτάς (ὁ)

tag, n. ἐτικέττα (ἡ), ταινία (ἡ)/ v.t. κολλῶ στήν ἄκρη

tail, n. οὐρά (ἡ), ἄκρη (ἡ)/ *turn ~*, φεύγω, τό σκάω/ (of hair) ἀλογοουρά (ἡ)/ v.t. ἀκολουθῶ, παίρνω ἀπό πίσω/ *~ after*, παρακολουθῶ/ *heads or ~s*, κορώνα ἤ γράμματα/ *~coat*, n. φράκο (τό)/ *~less*, a. κολοβός/ *~light*, n. πίσω φῶς αὐτοκινήτου

tailor, n. ράφτης (ὁ)/ *~ing*, n. ραφτική (ἡ)

taint, n. μόλυσμα (τό), μίασμα (τό), κηλίδα (ἡ)/ v.t. μολύνω, κηλιδώνω/ *~ed*, p.p. & a. κηλιδωμένος, μιασμένος

take, v.t. & i. παίρνω, λαβαίνω, πιάνω/ (a house) νοικιάζω, μισθώνω/ (suppose) θεωρῶ, ὑποθέτω/ (the initiative) παίρνω τήν πρωτοβουλία/ (a prisoner) πιάνω αἰχμάλωτο/ *~ aback*, προκαλῶ ἔκπληξη/ *~ advantage of*, ἐπωφελοῦμαι/ *~ away*, ἀφαιρῶ/ *~ charge of*, ἀναλαβαίνω τήν εὐθύνη/ *~ cover*, προστατεύομαι/ *~ down*, καταγράφω/

~ into consideration, λαβαίνω ὑπ᾽ ὄψη/ *~ off*, ἀφαιρῶ, βγάζω/ (start) ξεκινῶ/ *~ on*, ἀναλαβαίνω/ *~ out*, βγάζω, βγάζω ἔξω/ *~ over*, ἀναλαβαίνω, παραλαβαίνω/ *~ part in*, μετέχω, παίρνω μέρος/ *~ place*, συμβαίνω, λαβαίνω χώρα/ *~ the chair*, ἀναλαβαίνω τήν προεδρία/ *~ the trouble*, κάνω τόν κόπο, μπαίνω στόν κόπο/ *~ to heart*, παίρνω κατάκαρδα/ *~ to pieces*, κάνω κομμάτι ἀποσυναρμολογῶ/ *~ to task*, μαλώνω, ἐπιπλήττω/ *~ up*, ἀναλαβαίνω/ (time) σπαταλῶ, ξοδεύω/ *~ up the thread*, ἀκολουθῶ τά ἴχνη/ *he ~s after his father*, μοιάζει τοῦ πατέρα του/ n. (film) λήψη (ἡ)/ *~ off*, n. ξεκίνημα (τό)/ *~r*, n. λήπτης (ὁ), ἀποδέκτης (ὁ)/ *taking*, n. λήψη (ἡ), κατάληψη (ἡ), πάρσιμο (τό)/ pl. εἰσπράξεις (οἱ)/ a. ἐλκυστικός, ἐπαγωγός

talc(um), n. τάλκ (τό)

tale, n. ἀφήγηση (ἡ), ἱστορία (ἡ), μύθος (ὁ)/ *tell ~s*, λέω παραμύθια/ *~-bearer*, n. διαδοσίας (ὁ), σπερμολόγος (ὁ)

talent, n. ταλέντο (τό)/ *~ed*, a. ταλαντοῦχος

talisman, n. φυλαχτό (τό)

talk, n. ὁμιλία (ἡ), λόγος (ὁ)/ *small ~*, περί ἀνέμων καί ὑδάτων/ v.i. μιλῶ, λέγω/ *~ into*, πείθω/ *~ to*, παρακινῶ/ *~ative*, a. ὁμιλητικός, φλύαρος/ *~er*, n. ὁμιλητής (ὁ), φλύαρος (ὁ)/ *great ~*, πολυλογάς/ *~ing*, n. συνομιλία (ἡ)/ a. ὁμιλῶν/ *~ film*, ὁμιλοῦσα ταινία/ *give a ~ to*, μαλώνω, κατσαδιάζω

tall, a. ψηλός/ *~ness*, n. ὕψος (τό), ψηλό ἀνάστημα (τό)

tallow, n. λίπος (τό)/ *~y*, a. λιπαρός

tally, n. ἐγκοπή (ἡ), ἐντομή (ἡ)/ v.i. ταιριάζω, ἀντιστοιχῶ

talon, n. νύχι ζώου (τό)

tambour, n. τύμπανο (τό)/ (sewing) τελλάρο (τό)/ *~ine*, n. ντέφι (τό)

tame, a. ἥμερος, δαμασμένος/ v.t. ἡμερώνω, δαμάζω/ *~ ness*, n. ἡμερότητα (ἡ), δάμασμα (τό)/ *~ r*, n. δαμαστής (ὁ)

tam-o᾽-shanter, n. μάλλινος σκοῦφος (ὁ)

tamp, v.t. κοπανίζω, στουπώνω

tamper, v.i. *~ with*, ἀλλοιώνω, νοθεύω, παραποιῶ

tan, a. καφέ-κίτρινος, μαυρισμένος/ n. μαύρισμα (τό)/ v.t. βυρσοδεψῶ, μαυρίζω/ v.i. μαυρίζω ἀπό τόν ἥλιο/ ~ *yard*, βυρσοδεψεῖο (τό)

tandem, n. διπλό ποδήλατο (τό)

tang, n. ταγγάδα (ἡ)

tangent, a. ἐφαπτόμενος/ n. ἐφαπτομένη (ἡ)

tangerine, n. μανταρίνι (τό)

tangible, a. ἁπτός, πραγματικός

tangle, n. κόμπος (ὁ), μπέρδεμα (τό), σύγχιση (ἡ), κυκεώνας (ὁ)/ v.t. & i. μπλέκω, μπερδεύω

tango, n. ταγκό (τό)

tank, n. δεξαμενή (ἡ)/ (mil.) τάνκ (τό), ἅρμα μάχης (τό)

tankard, n. μαστραπάς (ὁ)

tanker, n. δεξαμενόπλοιο (τό), πετρελαιοφόρο (τό)

tanner, n. βυρσοδέψης (ὁ)/ ~ *y*, n. βυρσοδεψεῖο (τό)/ *tannic*, a. ταννικός/ *tannin*, n. ταννίνη (ἡ)/ *tanning*, n. βυρσοδεψία (ἡ)

tantalize, v.t. βασανίζω/ *tantalizing*, n. βασάνισμα (τό)

tantamount, a. ἰσοδύναμος

tantrum, n. παραφορά (ἡ), ὀργή (ἡ)

tap, n. ἐλαφρό χτύπημα (τό)/ (barrel) πῶμα (τό)/ (water, etc.) στρόφιγγα (ἡ), κάνουλα (ἡ)/ (elec.) παροχέτευση (ἡ)/ v.t. χτυπῶ, τρυπῶ/ ~ *on the door*, χτυπῶ τήν πόρτα/ ~ *wine*, ἀντλῶ κρασί/ ~ *the line*, ὑποκλέβω τηλεφωνήματα

tape, n. ταινία (ἡ), κορδέλλα (ἡ)/ ~ *measure*, μεζούρα (ἡ)/ ~ *recorder*, μαγνητόφωνο (τό)

taper, n. κερί (τό)/ v.t. & i. ξεφτίζω, λιγοστεύω

tapestry, n. ταπετσαρία (ἡ)

tapeworm, n. σκουλίκι (τό), ταινία (ἡ)

tapioca, n. ταπιόκα (ἡ)

tapir, n. τάπιρος (ὁ)

tar, n. πίσσα (ἡ), κατράμι (τό)/ v.t. πισσώνω, κατραμώνω/ ~ *and feather*, διαπομπεύω

tarantella, n. ταραντέλλα (ἡ)

tarantula, n. φαλάγγι (τό)

tardiness, n. νωχέλεια (ἡ)· βραδύτητα (ἡ)/ *tardy*, a. νωχελής, βραδυκίνητος

tare, n. τάρα (ἡ), ἀπόβαρο (τό)

target, n. στόχος (ὁ), σημάδι (τό)/ ~ *practice*, σκοποβολή (ἡ)

tariff, n. δασμολόγιο (τό), δασμός (ὁ)/ v.t. ἐπιβάλλω δασμό

tarmac(adam), n. ἀσφαλτοστρωμένη ἐπιφάνεια (ἡ)/ (avia.) χῶρος ἐπιβίβασης/ v.t ἀσφαλτοστρώνω

tarnish, v.t. θαμπώνω, ξεθωριάζω/ (fig.) καταστρέφω τήν ὑπόληψη/ n. θάμπωμα (τό), ξεθώριασμα (τό)

tarpaulin, n. μουσαμάς (ὁ)

tarragon, n. δρακόντιο (τό)

tarred, tarry, a. πισσαλειμένος

tarry, v.i. μένω σ' ἕνα μέρος, χρονοτριβῶ

tart, a. στυφός, μισόξυνος/ n. τούρτα (ἡ)/ (woman) κοκόττα (ἡ)

tartan, n. σκωτσέζικο ὕφασμα (τό)

Tartar, n. Τάταρος (ὁ)

tartar, n. (teeth) πλάκα (ἡ)/ ~ *ic*, a. τρυγικός/ ~ *acid*, τρυγικό ὀξύ (τό)

tartness, n. ὀξύτητα (ἡ), δριμύτητα (ἡ)

task, n. ἔργο (τό), καθῆκον (τό)/ *take to* ~, μαλλώνω, ἐπιπλήττω/ *urgent* ~, ἐπείγουσα ἐργασία (ἡ)

tassel, n. φούντα (ἡ)

taste, n. γεύση (ἡ), οὐσία (ἡ)/ *have a* ~ *for*, ἔχω κλίση σέ/ *to one's* ~, σύμφωνα μέ τά γοῦστα μου/ v.t. & i. γεύομαι, δοκιμάζω/ ~ *ful*, a. γευστικός/ (person) καλαίσθητος/ ~ *less*, a. ἀνούσιος, ἄγευστος/ (person) ἀκαλαίσθητος/ ~ *r*, n. δοκιμαστής (ὁ)/ *tasting*, n. δοκίμασμα (τό)/ *tasty*, a. γευστικός, νόστιμος

tatter, n. κουρέλι (τό)/ ~ *ed*, a. κουρελιασμένος, κουρελής

tattle, n. μωρολογία (ἡ), φλυαρία (ἡ)/ v.i. μωρολογῶ, φλυαρῶ/ ~ *r*, n. φλύαρος (ὁ)

tattoo, n. ἀνακλητικό (τό)/ (on the body) διάστιξη (ἡ), τατουάζ (τό)/ v.t. & i. κάνω τατουάζ

taunt, n. λοιδορία (ἡ), χλευασμός (ὁ), περίπαιγμα (τό)/ v.t. λοιδορῶ, χλευάζω, περιπαίζω/ ~ *ing*, a. χλευαστικός, περιπαιχτικός

taut, a. δύσκαμπτος, τεντωμένος/ ~ *en*, v.t. τεντώνω/ ~ *ness*, n. τέντωμα (τό)

tautological, a. ταυτολογικός/ *tautology*, n. ταυτολογία (ἡ)

tavern, n. ταβέρνα (ἡ)

tawdriness, n. ἐπιδεικτικότητα (ἡ)/ tawdry, a ἐπιδεικτικός
tawny, a. ξανθωπός
tax, n. φόρος (ὁ)/ ~ collector, ἐφοριακός (ὁ), φορατζής (ὁ)/ ~ payer, φορολογούμενος (ὁ)/ v.t. φορολογῶ/ ~ one's patience, χάνω τήν ὑπομονή μου/ ~able, a. φορολογίσιμος/ ~ation, n. φορολογία (ἡ)/ ~-free, a. ἀφορολόγητος
taxi, n. ταξί (τό)/ ~ rank, πιάτσα ταξί (ἡ)
taxidermist, n. ταριχευτής ζώων (ὁ)/ taxidermy, n. ταρίχευση ζώων (ἡ)
tea, n. τσάϊ (τό)/ ~ caddy, κουτί τσαγιοῦ (τό)
teach, v.t. διδάσκω, ἐκπαιδεύω/ ~ someone a lesson, δίνω ἕνα γερό μάθημα/ ~er, n. δάσκαλος (ὁ), καθηγητής (ὁ)/ ~ing, n. διδασκαλία (ἡ), ἐκπαίδευση (ἡ)
teacup, n. φλυτζάνι τοῦ τσαγιοῦ (τό)
teak, n. τεκτονία (ἡ)
team, n. ὁμάδα (ἡ)/ (horses, etc.) ζευγάρι (τό)/ ~ work, ὁμαδική ἐργασία/ v.t. & i. ~ up, συνδυάζω, ἐργάζομαι μαζί
tear, n. σχίσιμο (τό), φθορά (ἡ)/ v.t. σχίζω, σπαράζω/ ~ along, φεύγω γρήγορα/ ~ apart, ξεσχίζω/ ~ down, ἀποσπῶ/ ~ one's hair out, ξεσχίζω τά μαλλιά μου
tear, n. δάκρυ (τό)/ ~drop, n. σταγόνα δακρύου/ ~gas, n. δακρυγόνο (τό)/ ~ful, a. δακρυσμένος, κλαμμένος
tease, v.t. πειράζω/ (wool) ξαίνω/ ~ out, ξεφτῶ/ ~r, n. γρίφος (ὁ)/ (person) κοροϊδευτής (ὁ)
teaspoon, n. κουταλάκι τοῦ τσαγιοῦ (τό)
teat, n. ρώγα (ἡ), θηλή (ἡ)
technical, a. τεχνικός/ ~ offence, οἱονεί ἀδίκημα/ ~ term, τεχνικός ὅρος/ ~ity, n. τεχνική λεπτομέρεια/ technician, n. τεχνικός (ὁ), εἰδικός (ὁ)/ technique, n. τεχνική (ἡ)/ technological, a. τεχνολογικός/ technology, n. τεχνολογία (ἡ)
teddy bear, n. ἀρκουδίτσα (ἡ)
tedious, a. ἀνιαρός, φορτικός/ (work) κοπιαστικός/ ~ness, n. ἀνιαρότητα (ἡ)
teem, v.i. ἀφθονῶ, βρίθω/ it is ~ing with rain, βρέχει μέ τό τουλούμι/ ~ing, a. γεμάτος

teenager, n. ἔφηβος (ὁ)/ teens, n. pl. ἡλικία ἀπό 13 ἕως 19
teethe, v.i. βγάζω δόντια/ teething, n. ὀδοντοφυΐα (ἡ)/ ~ difficulties, ἀρχικές δυσκολίες
teetotal, a. ἀντιαλκοολικός/ ~ism, n. ἀντιαλκοολισμός (ὁ)/ ~ler, n. ἐκεῖνος πού δέν πίνει καθόλου
teetotum, n. σβούρα (ἡ)
tegument, n. περικάλυμμα (τό), ὑμένας (ὁ)
telegram, n. τηλεγράφημα (τό)
telegraph, n. τηλέγραφος (ὁ)/ v.t. & i. τηλεγραφῶ/ ~ic, a. τηλεγραφικός/ ~ist, n. τηλεγραφητής (ὁ)/ ~y, n. τηλεγραφία (ἡ)
telepathic, a. τηλεπαθητικός/ telepathy, n. τηλεπάθεια (ἡ)
telephone, n. τηλέφωνο (τό)/ ~ box, τηλεφωνικός θάλαμος (ὁ)/ ~ directory, τηλεφωνικός κατάλογος (ὁ)/ ~ exchange, τηλεφωνικό κέντρο (τό)/ v.t. & i. τηλεφωνῶ/ telephony, n. τηλεφωνία (ἡ)
teleprinter, n. τηλετυπική μηχανή (ἡ), τελέξ (τό)
telescope, n. τηλεσκόπιο (τό)/ v.t. & i. κλείνω σάν τηλεσκόπιο/ telescopic, a. τηλεσκοπικός
televise, v.t. μεταδίδω τηλεοπτικά/ television, n. τηλεόραση (ἡ)
tell, v.t. λέγω, ἀποκαλύπτω/ ~ one from another, ξεχωρίζω/ ~ off, μαλλώνω/ ~ on, ἔχω κακή ἐπίδραση/ (inform) μαρτυρῶ, προδίνω/ ~ in one's favour, μιλῶ ὑπέρ/ ~er, n. διαλογέας ψήφων (ὁ)/ ~ing, a. ἀποτελεσματικός/ ~tale, a. ἀποκαλυπτικός/ n. σπερμολόγος (ὁ), διαβολέας (ὁ)
temerity, n. τόλμη (ἡ), παράτολμη ἐνέργεια
temper, n. διάθεση (ἡ), χαρακτήρας (ὁ), ἰδιοσυγκρασία (ἡ)/ (metal) σκλήρυνση (ἡ), στόμωση (ἡ)/ fit of ~, ἔκρηξη ὀργῆς/ lose one's ~, χάνω τήν ψυχραιμία μου/ be in a ~, εἶμαι θυμωμένος/ v.t. μετριάζω, ἐλαττώνω/ (metal) ἀνακατεύω, στομώνω, βάφω/ ~ament, n. ἰδιοσυγκρασία (ἡ)/ ~amental, a. ἰδιότροπος, εὐέξαπτος/ ~ance, n. μετριοπάθεια (ἡ), ἐγκράτεια (ἡ)/ ~ate, a. ἐγ-

κρατής, συγκρατημένος/ (climate) εὔκρατος/ ~ature, n. θερμοκρασία (ἡ)
tempest, n. τρικυμία (ἡ)/ ~uous, a. τρικυμιώδης, θυελλώδης
temple, n. ναός (ὁ)/ (anat.) κρόταφος (ὁ)
temporal, a. χρονικός/ (eccl.) ἐγκόσμιος/ (anat.) κροταφικός/ temporary, a. προσωρινός/ temporize, v.i. χρονοτριβῶ, καιροσκοπῶ, ἀναβάλλω
tempt, v.t. δελεάζω, εἶμαι πειρασμός/ ~ation, n. πειρασμός (ὁ)/ ~er, n. γητευτής (ὁ), δελεαστής (ὁ), πλάνος (ὁ)/ ~ing, a. δελεαστικός/ ~ress, n. γητεύτρα (ἡ)
ten, num. δέκα/ n. (cards) δεκάρι (τό)
tenable, a. βάσιμος/ (mil.) ὀχυρός, ὑπερασπίσιμος
tenacious, a. ἀνένδοτος, ἀνθεκτικός, ἐπίμονος
tenancy, n. ἐνοικίαση (ἡ), μίσθωση (ἡ)/ tenant, n. μισθωτής (ὁ), ἐνοικιαστής (ὁ)
tend, v.t. περιποιοῦμαι, φροντίζω/ v.i. τείνω, κλίνω/ ~ency, n. τάση (ἡ), κλίση (ἡ)/ ~entious, a. σκόπιμος, προπαγανδιστικός
tender, n. πρόταση (ἡ), προσφορά (ἡ)/ v.t. κάνω πρόταση (προσφορά)/ ~ one's resignation, ὑποβάλλω παραίτηση
tender, a. τρυφερός, μαλακός, ἀπαλός/ ~hearted, a. εὐαίσθητος/ ~foot, a. νεοφερμένος/ ~ness, n. τρυφερότητα (ἡ), ἀπαλότητα (ἡ), εὐαισθησία (ἡ)
tendon, n. τένων (ὁ)
tendril, n. ἕλικας ἀναρριχητικοῦ
tenement, n. μισθωτό ἀκίνητο (τό)/ ~ house, φτωχική πολυκατοικία (ἡ)
tenet, n. ἀρχή (ἡ), δόγμα (τό)
tennis, n. τέννις (τό), ἀντισφαίρηση (ἡ)/ ~ court, γήπεδο τέννις (τό)
tenor, n. τενόρος (ὁ)/ (of life) τάση (ἡ), πορεία (ἡ)
tense, a. τεντωμένος, τεταμένος/ n. (gram.) χρόνος (ὁ)/ ~ness, n. ἔνταση (ἡ)/ tension, n. ἔνταση (ἡ), πίεση (ἡ)
tent, n. σκηνή (ἡ), τέντα (ἡ)/ ~-pole, n. σφήνα σκηνῆς (ἡ)
tentacle, n. κεράτιο (τό)/ (octopus) πλοκάμι (τό)
tentative, a. δοκιμαστικός, πειραματικός

tenterhooks, n. be on ~, εἶμαι σέ ἀγωνία, ἀνησυχῶ
tenth, ord. num. δέκατος/ n. δέκατο (τό)/ ~ of April, δέκα 'Απριλίου
tenuity, n. ἀραιότητα (ἡ), λεπτότητα (ἡ)/ tenuous, a. ἀραιός, λεπτός
tenure, n. κατοχή (ἡ), ἐπικαρπία (ἡ)/ (of office) θητεία (ἡ)
tepid, a. χλιαρός
term, n. περίοδος (ἡ), προθεσμία (ἡ), διορία (ἡ)/ (school) τριμηνία (ἡ)/ pl. ὅροι (οἱ)/ in the short ~, βραχυπρόθεσμα/ in the long ~, μακροπρόθεσμα/ be on good ~s, ἔχω καλές σχέσεις μέ/ come to ~s, συμβιβάζομαι/ ~s of reference, βασικές ὁδηγίες/ v.t. ὀνομάζω, χαρακτηρίζω
termagant, n. μέγαιρα (ἡ), στρίγγλα (ἡ)
terminal, a. τελικός, ἀκραῖος/ (disease) θανατηφόρος/ n. ἄκρο (τό), τέρμα (τό)/ (elec.) ἀκροδέκτης (ὁ)/ terminate, v.t. διαλύω, ἀκυρώνω/ v.i. τελειώνω, ὁλοκληρώνω/ termination, n. λήξη (ἡ), παύση (ἡ), τέλος (τό), ἀκύρωση (ἡ)/ terminus, n. τέρμα (τό)
termite, n. τερμίτης (ὁ)
tern, n. θαλασσινό χελιδόνι (τό)
terrace, n. ταράτσα (ἡ)/ v.t. ταρατσώνω
terracotta, n. τερρακότα (ἡ)
terrain, n. ἔδαφος (τό)/ terrestrial, a. γήινος
terrible, a. τρομερός
terrier, n. κυνηγετικός σκύλος (ὁ)
terrific, a. καταπληκτικός, ἐξαιρετικός, τεράστιος/ terrify, v.t. τρομοκρατῶ, φοβίζω
territorial, a. ἐδαφικός/ territory, n. γῆ (ἡ), περιοχή (ἡ)
terror, n. τρόμος (ὁ), φόβος (ὁ)/ ~ism, n. τρομοκρατία (ἡ)/ ~ist, n. τρομοκράτης (ὁ)/ ~ize, v.t. τρομοκρατῶ
terse, a. γλαφυρός, λακωνικός, κομψός/ ~ness, n. γλαφυρότητα (ἡ), λακωνικότητα (ἡ)
tertiary, a. τριτογενής
tessellated, a. ψηφιδωτός
test, n. δοκιμή (ἡ), τέστ (τό)/ blood ~, ἐξέταση αἵματος (ἡ)/ ~ tube, δοκιμαστικός σωλήνας (ὁ)/ v.t. δοκιμάζω, ἐξετάζω

testament, n. διαθήκη (ή)/ *Old (New) T~*, Παλαιά (Καινή) Διαθήκη (ή)/ *~ary*, a. κληροδοτικός
testicle, n. ὄρχις (ὁ), ἀρχίδι (τό)
testify, v.i. ἐπιβεβαιώνω, κάνω μαρτυρική κατάθεση
testimonial, n. πιστοποιητικό καλοῦ χαρακτῆρα, συστατική ἐπιστολή/ *testimony*, n. μαρτυρία (ή), μαρτυρική κατάθεση (ή)
testy, a. δύστροπος, ὑπερευαίσθητος
tetanus, n. τέτανος (ὁ)
tether, n. σχοινί (τό), καπίστρι (τό)/ *be at the end of one's ~*, δέν ἀντέχω ἄλλο/ v.t. δένω, περιορίζω
Teutonic, a. τευτονικός
text, n. κείμενο (τό)/ *~book*, n. ἀναγνωστικό (τό), ἐγχειρίδιο (τό)
textile, n. ὕφασμα (τό)/ *~ industry*, ὑφαντουργία (ή)
texture, n. ὑφή (ή)/ (cloth) ὕφανση (ή)
than, c. παρά, ἀπό/ *more ~*, περισσότεροι ἀπό/ *none other ~*, αὐτός (αὐτή) καί μόνο
thank, v.t. εὐχαριστῶ/ *~ God! Δόξα τῶ θεῶ!/ ~ you!* εὐχαριστῶ!/ *~ful*, a. εὐγνώμων/ *~fulness*, n. εὐγνωμοσύνη (ή)/ *~less*, a. ἀχάριστος, ἀγνώμων/ *~s*, n. pl. *~ to*, χάρη σέ/ *~s giving*, n. εὐχαριστίες (στό Θεό)
that, pn. ἐκεῖνος/ (relative) πού, ὁποῖος/ c. *in order ~*, γιά νά, οὕτως ὥστε/ ad. τόσο, ὅσο/ *~ much*, τόσο πολύ
thatch, n. στέγη ἀπό χόρτο (ή)/ v.t. φτιάχνω στέγη ἀπό χόρτο
thaw, n. λυώσιμο πάγου (τό)/ v.t. λυώνω, διαλύω/ v.i. διαλύομαι, λυώνω
the, def. art. ὁ, ή, τό, οἱ, τά/ ad. *all ~ better*, τόσο τό καλύτερο/ *~ more ~ better*, ὅσο περισσότερο τόσο καλύτερα
theatre, n. θέατρο (τό)/ *theatrical*, a. θεατρικός
theft, n. κλοπή (ή), κλεψιά (ή)
their, a. & *theirs*, pn. δικοί (δικές, δικά) τους
theism, n. θεϊσμός (ὁ)
them, pn. αὐτούς, αὐτές, αὐτά
theme, n. θέμα (τό), ὑπόθεση (ή)
themselves, pn. οἱ ἴδιοι (ἴδιες)/ *by ~*, μόνοι (μόνες) τους

then, ad. τότε, ἔπειτα/ *now and ~*, πότε-πότε/ *~ce*, ad. γι' αὐτό τό λόγο/ *~ceforth*, ad. ἀπό τότε, ἔκτοτε
theodolite, n. θεοδόλιχος (ὁ), γωνιόμετρο (τό)
theologian, n. θεολόγος (ὁ)/ *theological*, a. θεολογικός
theology, n. θεολογία (ή)
theorem, n. θεώρημα (τό)/ *theoretical*, a. θεωρητικός/ *theorist*, n. θεωρητικός (ὁ)/ *theorize*, v.i. διατυπώνω θεωρίες/ *theory*, n. θεωρία (ή)
theosophy, n. θεοσοφία (ή)
therapeutic, a. θεραπευτικός/ *~s*, n. θεραπευτική (ή)/ *therapy*, n. θεραπεία (ή)
there, ad. ἐκεῖ/ *~ is*, ὑπάρχει/ *here and ~*, ἐδῶ κι' ἐκεῖ/ *~abouts*, ad. περίπου, ἐκεῖ γύρω/ *~after*, ad. ἔπειτα/ *~by*, ad. μέ αὐτό τόν τρόπο/ *~fore*, ad. ἐπομένως, ἄρα/ *~in*, ad. μέσα σ' αὐτό/ *~upon*, ad. ὁπότε
thermal, a. θερμικός/ *~ spring*, θερμή πηγή (ή)/ *thermometer*, n. θερμόμετρο (τό)/ *thermos*, n. θερμός (ὁ)
these, a. & pn. αὐτοί, αὐτές, αὐτά
thesis, n. διατριβή (ή)
they, pn. αὐτοί, ἐκεῖνοι/ *if I were ~*, ἐάν ἤμουν στή θέση τους/ *~ say*, λέγεται
thick, a. πυκνός, παχύς, πηκτός/ *a bit ~*, κάπως ὑπερβολικό/ *lay it on ~*, ἐπαινῶ πολύ/ *through ~ and thin*, πιστά, σέ καλές καί σέ δύσκολες στιγμές/ *~en*, v.t. & i. πυκνώνω, συμπυκνώνω/ (soup, etc.) δένω/ *~ening*, n. πύκνωμα (τό), δέσιμο (τό)/ *~et*, n. λόχμη (ή)/ *~headed*, a. χοντροκέφαλος/ *~-lipped*, a. χειλαράς/ *~-skinned*, a. χοντρόπετσος, παχύδερμος/ (fig.) ἀναίσθητος
thief, n. κλέφτης (ὁ)/ *thieve*, v.i. κλέβω/ *thievish*, a. ἐκεῖνος πού ρέπει στήν κλοπή
thigh, n. μερί (τό), μηρός (ὁ)/ *~-bone*, n. μηρικό ὀστό (τό)
thimble, n. δαχτυλήθρα (ή)/ (tech.) δακτύλιος (ὁ)
thin, a. λεπτός, ἀδύνατος, ἰσχνός/ *~ hair*, ἀραιά μαλλιά/ v.t. & i. ἀραιώνω/ (paint) διαλύω/ *~ out*, ἀραιώνω
thing, n. πράγμα (τό), ἀντικείμενο (τό)/ pl. ὑπάρχοντα (τά), πράγματα (τά)/

pack one's ~ *s,* ἑτοιμάζω τίς ἀποσκευές μου/ *the only* ~, τό μόνο πρᾶγμα/ *it is a good* ~ *that,* εἶναι καλό πού, εὐτυχῶς πού/ *it is just the* ~, εἶναι ὅτι πρέπει

think, v.t. & i. σκέπτομαι, νομίζω, συλλογίζομαι/ ~ *highly of,* ἐκτιμῶ/ ~ *out,* σχεδιάζω, καταστρώνω/ ~ *over,* ξανασκέφτομαι/ ~*er,* n. στοχαστής (ὁ), διανοούμενος (ὁ)/ ~*ing,* a. σκεπτόμενος/ n. σκέψη (ἡ), γνώμη (ἡ)/ *to my* ~, σύμφωνα μέ τήν γνώμη μου

thinly, ad. ἀραιά, ἐλαφρά/ *thinness,* n. ἀραιότητα (ἡ), ἐλαφρότητα (ἡ), λεπτότητα (ἡ)

third, num. τρίτος/ ~ *person,* τρίτο πρόσωπο/ n. τρίτο (τό)

thirst, n. δίψα (ἡ)/ v.i. διψῶ/ ~*y,* a. διψασμένος/ *be* ~, διψῶ

thirteen, num. δεκατρία/ ~*th,* ord. num. δέκατος τρίτος

thirtieth, ord. num. τριακοστός/ n. τριακοστό (τό)/ *thirty,* num. τριάντα

this, a. & pn. αὐτός, αὐτή, αὐτό/ ~ *way,* ἀπ' ἐδῶ

thistle, n. γαϊδουράγκαθο (τό)

thither, ad. ἐκεῖ, πρός τά ἐκεῖ/ *hither and* ~, ἐδῶ κι' ἐκεῖ

thong, n. λουρί (τό), ἱμάντας (ὁ)

thorax, n. θώρακας (ὁ)

thorn, n. ἀγκάθι (τό)/ ~*y,* a. ἀγκαθωτός, ἀγκαθερός/ (fig.) δύσκολος

thorough, a. πλήρης, λεπτομερής/ ~ *work,* εὐσυνείδητη δουλειά/ ~*bred,* a. καθαρόαιμος/ ~*fare,* n. δημόσιος δρόμος (ὁ)/ ~*ly,* ad. πλήρως, μέ κάθε λεπτομέρεια, ἐξαντλητικός

those, a. & pn. ἐκεῖνοι, ἐκεῖνες, ἐκεῖνα

though, c. μολονότι, ἄν καί/ *as* ~, σάν νά/ ad. παρ' ὅλα αὐτά

thought, n. σκέψη (ἡ), ἰδέα (ἡ)/ ~*ful,* a. σκεπτικός/ ~*less,* a. ἀπερίσκεπτος, ἀστόχαστος

thousand, num. χίλιοι, χίλιες, χίλια/ ~*th,* ord. num. χιλιοστός/ n. χιλιοστό (τό)

thraldom, n. σκλαβιά (ἡ), δουλειά (ἡ)

thrash, v.t. χτυπῶ, ραβδίζω, κοπανίζω/ (agr.) ἀλωνίζω/ ~*ing,* n. χτύπημα (τό), κοπάνισμα (τό)/ (agr.) ἀλώνισμα (τό)

thread, n. κλωστή (ἡ), νῆμα (τό)/ (tech.) σπείραμα (τό)/ v.t. βελονιάζω/ ~ *one's*

way, ἀνοίγω δρόμο/ ~*bare,* a. φθαρμένος, τριμένος

threat, n. ἀπειλή (ἡ), φοβέρα (ἡ)/ ~*en,* v.t. ἀπειλῶ, φοβερίζω/ ~*ening,* a. ἀπειλητικός

three, num. τρία/ n. τριάρι (τό)/ ~*-cornered,* a. τρίκωχος/ ~*-fold,* a. τριπλάσιος/ ~*-ply,* a. τρίπτυχος/ ~*score,* num. τρεῖς εἰκοσάδες

thresh, v.t. & i. ἀλωνίζω/ ~*ing,* n. ἀλώνισμα (τό)/ ~ *floor,* ἀλώνι (τό)/ ~ *machine,* ἀλωνιστική μηχανή (ἡ)

threshold, n. κατώφλι (τό)

thrice, ad. τρεῖς φορές

thrift, n. οἰκονομία (ἡ)/ φειδώ (ἡ)/ ~*less,* a. σπάταλος, ἄσωτος, ἀπερίσκεπτος/ ~*y,* a. φειδωλός

thrill, n. ἀνατριχίλα (ἡ), ρίγος (τό)/ v.t. προκαλῶ ρίγος/ v.i. ἀνατριχιάζω, ριγῶ/ ~*er,* n. συναρπαστικό μυθιστόρημα (τό), θρίλλερ (τό)/ ~*ing,* a. ἐντυπωσιακός

thrive, v.i. εὐημερῶ, ἀκμάζω, προκόβω/ *thriving,* a. ἀκμαῖος, σθεναρός

throat, n. λαιμός (ὁ), λάρυγγας (ὁ), λαρύγγι (τό)

throb, n. χτύπος (ὁ), παλμός (ὁ)/ (machine) βόμβος (ὁ)/ v.i. χτυπῶ, πάλλομαι/ ~*bing,* n. παλμός (ὁ), καρδιοχτύπι (τό)

throe, n. πόνος (ὁ), ὀδύνη (ἡ)/ *death* ~*s,* ἐπιθανάτια ἀγωνία

throne, n. θρόνος (ὁ)

throng, n. πλῆθος (τό), λαός (ὁ)/ v.t. γεμίζω/ v.i. συνωστίζομαι

throttle, n. (anat.) λαρύγγι (τό)/ (tech.) πεταλούδα (ἡ)/ v.t. στραγγαλίζω, πνίγω/ (tech.) κλείνω/ ~ *valve,* στραγγαλιστική βαλβίδα

through, pr. & ad. μέσα ἀπό, διαμέσου/ *all* ~ *his life,* σέ ὅλη του τήν ζωή/ *I am wet* ~, εἶμαι μούσκεμα/ a. πλήρης, τελειωμένος, ἀδιάκοπος/ (train) ταχεία/ *be* ~ *with,* διακόπτω σχέσεις μέ/ *all* ~, σέ ὅλη τήν διάρκεια

throw, n. βολή (ἡ), ριξιά (ἡ)/ v.t. ρίχνω, ἐκτοξεύω, πετῶ/ ~ *about,* ρίχνω ἐδῶ κι' ἐκεῖ/ ~ *aside,* παραμερίζω, ἀγνοῶ/ ~ *down,* ρίχνω κάτω, καταρρίπτω/ ~ *off,* ἀπορρίπτω/ ~ *open,* ἀνοίγω διά-

πλατα/ ~ out, πετῶ ἔξω/ ~ up, κάνω ἐμετό/ ~ing, n. ῥίξιμο (τό)
thrush, n. τσίχλα (ἡ)/ (med.) ἄφθα (ἡ)
thrust, n. ὤθηση (ἡ), σπρώξιμο (τό), χώσιμο (τό)/ v.t. ὠθῶ, σπρώχνω, χώνω/ ~ aside, παραμερίζω/ ~ out, προβάλλω, βγάζω
thud, n. ὑπόκωφος (μαλακός) κρότος (ὁ)/ v.i. πέφτω μαλακά
thug, n. κακοποιός (ὁ), κακοῦργος (ὁ)
thumb, n. ἀντίχειρας (ὁ)/ ~ tack, n. πινέζα (ἡ)/ v.t. ~ through, φυλλομετρῶ
thump, n. ὑπόκωφος κρότος (ὁ)/ v.t. δίνω χτυπήματα (γροθιές)/ v.i. χτυπῶ, πάλλομαι
thunder, n. κεραυνός (ὁ), βροντή (ἡ)/ v.i. βροντῶ, κεραυνοβολῶ/ it ~s, βροντάει/ ~bolt, n. κεραυνός (ὁ), ἀστροπελέκι (τό)/ ~cloud, n. σύννεφο κεραυνῶν (τό)/ ~ous, a. βροντερός, θυελλώδικος/ ~storm, n. θύελλα μέ κεραυνούς (ἡ)/ ~struck, a. κεραυνοβολη''μένος/ ~y, a. θυελλώδικος, βροντερός
Thursday, n. Πέμπτη (ἡ)
thus, ad. ἔτσι/ ~ far, μέχρι τώρα
thwack, n. δυνατό χτύπημα (τό)/ v.t. χτυπῶ, ξυλοκοπῶ
thwart, v.t. ματαιώνω, παρεμποδίζω
thyme, n. θυμάρι (τό)
thyroid, a. θυροειδής/ ~ gland, θυροειδής ἀδένας
thyself, pn. ἐσύ ὁ ἴδιος
tiara, n. τιάρα (ἡ)
tibia, n. ὀστό τῆς κνήμης (τό)
tic, n. σπασμός (ὁ)
tick, n. (clock) ρυθμικός χτύπος (ὁ)/ (cloth) δίμιτο (τό)/ (zool.) τσιμπούρι (τό)/ v.i. χτυπῶ ρυθμικά/ ~ off, κατσαδιάζω
ticket, n. εἰσιτήριο (τό)/ (election) ψηφοδέλτιο (τό)/ v.t. βάζω ἐτικέττες/ ~-collector, n. ἐλεγκτής εἰσιτηρίων (ὁ)/ ~ -window, n. θυρίδα εἰσιτηρίων (ἡ)
tickle, v.t. γαργαλῶ/ my nose ~s, μέ τρώει ἡ μύτη μου/ ticklish, a. γαργαλιάρης/ ~ subject, λεπτό θέμα
tidal, a. παλιρροιακός/ ~ wave, παλιρροιακό κύμα/ tide, n. παλίρροια (ἡ)/ high ~, πλημμυρίδα (ἡ)/ v.t. ~ over, ὑπερνικῶ, ξεπερνῶ δυσκολίες/ ~way,

n. πορεία παλίρροιας (ἡ)
tidily, ad. κομψά, καθαρά/ tidiness, n. κομψότητα (ἡ), τάξη (ἡ), καθαριότητα (ἡ)
tidings, n. pl. νέα (τά), εἰδήσεις (οἱ)
tidy, a. κομψός, τακτικός, καθαρός/ v.t. τακτοποιῶ, συγυρίζω
tie, n. δεσμός (ὁ)/ (neck) γραβάτα (ἡ)/ (sport) ἰσοπαλία (ἡ)/ (mus.) σύνδεση (ἡ)/ v.t. & i. δένω, συνδέω/ (in votes) ἰσοψηφῶ/ ~ a knot, δένω κόμπο/ ~ down, περιορίζω/ ~ up, συνδυάζω/ ~-beam, n. μεσοδόκη (ἡ)/ ~ pin, n. καρφίτσα γραβάτας (ἡ)
tier, n. σειρά (ἡ)
tiff, n. θυμός (ὁ), ὀργή (ἡ)
tiger, n. τίγρη (ἡ)
tight, a. σφιχτός, ἑρμητικός, σκληρός/ (rope, etc.) τεντωμένος/ (money) σφιχτοχέρης/ a ~ spot, δύσκολη θέση/ ~en, v.t. & i. σφίγγω, τεντώνω/ ~ ness, n. στενότητα (ἡ), στεγανότητα (ἡ)/ ~s, n. pl. καλτσόν (τό)
tigress, n. θηλυκή τίγρη (ἡ)
tile, n. πλακάκι (τό)/ ~d floor, πάτωμα μέ πλακάκια/ ~d roof, στέγη μέ πλακάκια/ v.t. τοποθετῶ πλακάκια
till, pr. & c. μέχρι, ἕως, ὥσπου/ ~ then, ἕως τότε/ n. ταμεῖο (τό)/ v.t. ὀργώνω, ἀροτριῶ/ ~age, n. ὄργωμα (τό)/ ~er, n. γεωργός (ὁ), καλλιεργητής (ὁ)
tilt, n. κλίση (ἡ), κατηφοριά (ἡ)/ at full ~, μέ ταχύτητα φούλ/ v.t. & i. κλίνω, ρέπω, γυρίζω
timber, n. ξυλεία (ἡ)/ ~ merchant, ξυλέμπορος (ὁ)/ ~ yard, ξυλουργεῖο (τό)/ v.t. σανιδώνω, ξυλουργῶ/ ~ed, a. ξύλινος/ ~ing, n. σανίδωση (ἡ)
timbre, n. χροιά τόνου (ἡ), τέμπρο (τό)
time, n. χρόνος (ὁ), ἐποχή (ἡ), ὥρα (ἡ)/ first ~, πρώτη φορά/ (mus.) χρόνος (ὁ), τέμπο (τό)/ (sport) χρόνος/ ~ and again, ξανά καί ξανά/ one at a ~, ἕνας-ἕνας/ at no ~, ποτέ/ at the same ~, ταυτόχρονα/ at ~s, πότε-πότε/ for the ~ being, πρός τό παρόν/ from ~ to ~, πότε-πότε/ in ~, ἔγκαιρα/ in one's good ~, μέ τήν ἡσυχία μου/ have a good ~, διασκεδάζω/ beat ~, κρατῶ τόν χρόνο/ what ~ is it? τί ὥρα εἶναι;/ v.t. ὁρίζω

τήν ὥρα/ (sport, etc.) χρονομετρῶ/ ~-honoured, a. σεβαστός, καθιερωμένος/ ~keeper, n. χρονομέτρης (ὁ)/ ~less, a. ἄχρονος/ ~ly, a. ἔγκαιρος/ ~-server, n. ὀππορτουνιστής (ὁ)/ ~table, n. χρονοδιάγραμμα (τό)

timid, a. δειλός, συνεσταλμένος/ ~ity, n. δειλία (ἡ), συστολή (ἡ)

timing, n. ὑπολογισμός τοῦ χρόνου (ὁ)

timorous, a. δειλός, μικρόψυχος

tin, n. κασσίτερος (ὁ), τενεκές (ὁ)/ ~ soldier, τενεκεδένιος (μολυβένιος)/ a. στρατιώτης/ ~ opener, ἀνοιχτήρι κονσέρβας/ v.t. κονσερβοποιῶ

tincture, n. βαφή (ἡ), χρῶμα (τό)/ v.t. βάφω, χρωματίζω

tinder, n. ἴσκα (ἡ), προσάναμμα (τό)/ ~box, n. τσακμάκι (τό)

tinfoil, n. ἀσημόχαρτο (τό)

tinge, n. ἀπόχρωση (ἡ)/ v.t. χρωματίζω ἐλαφρά

tingle, n. βούισμα (τό), βόμβος (ὁ)/ (skin) φαγούρα (ἡ)/ v.i. βουίζω/ (skin) νοιώθω φαγούρα/ ~ with, ἀνυπομονῶ

tinker, n. γανωτής (ὁ), γανωματής (ὁ)/ v.i. γανώνω

tinkle, n. τσούγκρισμα (τό), κουδούνισμα (τό)/ v.i. τσουγκρίζω, κουδουνίζω

tinned, a. συντηρημένος, κονσερβοποιημένος/ ~ food, κονσέρβα/ tinning, n. γάνωμα (τό)/ tinny, a. τενεκεδένιος

tinsel, n. μπιχλιμπίδι (τό)/ a. φανταχτερός

tinsmith, n. τενεκετζής (ὁ)

tint, n. βαφή (ἡ)/ v.t. βάφω

tiny, a. μικροσκοπικός

tip, n. ἄκρη (ἡ), αἰχμή (ἡ), μύτη (ἡ)/ (cigarette) φίλτρο (τό)/ (leaning) κλίση (ἡ), τάση (ἡ)/ (to a waiter, etc.) πουρμπουάρ (τό), φιλοδώρημα (τό)/ v.t. & i. κλίνω, γέρνω/ (cigarette) βάζω φίλτρο/ (to a waiter, etc.) δίνω πουρμπουάρ/ ~ over, ἀνατρέπω/ ~ up, ἀνασηκώνω/ ~-up lorry, ἀνατρεπόμενο (τό)

tipple, n. ποτό (τό)/ v.i. πίνω/ ~r, n. μεθύστακας (ὁ), πότης (ὁ)

tipsiness, n. μεθύσι (τό)/ tipsy, a. μεθυσμένος

tiptoe, n. ἀκροδάχτυλο (τό)/ on ~, στίς μύτες τῶν ποδιῶν

tiptop, a. ἄριστος, πρώτης ποιότητας

tirade, n. ἐξάψαλμος (ὁ), ὑβρεολόγιο (τό)

tire, n. (wheel) περίζωμα (τό)/ (woman) στόλισμα (τό)/ v.t. κουράζω, καταπονῶ, ταλαιπωρῶ/ v.i. κουράζομαι/ ~d, p.p. & a. κουρασμένος/ ~dness, n. κούραση (ἡ)/ ~less, a. ἀκούραστος/ ~some, a. κουραστικός, ἐνοχλητικός/ tiring, a. κουραστικός

tiro, n. ἀρχάριος (ὁ), ἄπειρος (ὁ)

tissue, n. ἐλαφρό ὕφασμα (τό)/ (med.) ἱστός (ὁ)/ ~ paper, μαλακό χαρτί (τό), χαρτομάντηλο (τό)

tit, n. (bird) μελισσοφάγος (ὁ)/ (breast) στῆθος (τό)/ ~ for tat, μιά σου καί μιά μου

titbit, n. λιχουδιά (ἡ)/ (news) εἴδηση (ἡ)

tithe, n. δεκάτη (ἡ)

titillate, v.t. γαργαλῶ

titivate, v.t. & i. καλλωπίζω, στολίζω

title, n. τίτλος (ὁ)/ ~ deed, τίτλος κυριότητας/ ~ page, σελίδα μέ τόν τίτλο, προμετωπίδα (ἡ)/ v.t. τιτλοφορῶ, ἐπιγράφω/ ~d, a. τιτλοῦχος

titter, n. βεβιασμένο γέλιο (τό)/ v.i. κρυφογελῶ, γελῶ μέ τό ζόρι

tittle, n. λιγάκι (τό)/ ~-tattle, n. φλυαρία (ἡ)

titular, a. ἐπίτιμος, ὀνομαστικός

to, pr. πρός, νά, γιά, μέχρι/ ~ and fro, μπρός πίσω/ a quarter ~, παρά τέταρτο/ ~ my mind, κατά τήν γνώμη μου/ the road ~, ὁ δρόμος πρός/ ~ order, κατά παραγγελία/ come ~, συνέρχομαι

toad, n. βάτραχος (ὁ)/ v.i. κολακεύω/ ~stool, n. δηλητηριῶδες μανιτάρι (τό)/ ~y, a. σιχαμερός κόλακας

toast, n. φρυγανιά (ἡ)/ (at the table) πρόποση (ἡ)/ buttered ~, φρυγανιά μέ βούτυρο/ v.t. κάνω (ψήνω) φρυγανιές/ (at the table) κάνω πρόποση/ ~er, n. φρυγανιέρα (ἡ)/ ~ ing, n. φρυγάνισμα (τό)

tobacco, n. καπνός (ὁ)/ ~ pouch, καπνοσακκούλα (ἡ)/ ~nist, n. καπνοπώλης (ὁ)/ ~'s shop, καπνοπωλεῖο (τό)

toboggan, n. ἕλκυθρο (τό)/ ~ run, πίστα ἑλκυθροδρομίας (ἡ)

tocsin, n. κουδούνι κινδύνου (τό)

today, ad. σήμερα

toddle, v.i. περπατῶ μέ ἀστάθεια, παραπατῶ/ ~r, n. μωρό πού παραπατάει

to-do, n. φασαρία (ἡ)

toe, n. δάχτυλο τοῦ ποδιοῦ/ from top to ~, ἀπό τήν κορφή ὥς τά νύχια/ v.t. (sock) μαντάρω/ ~ the line, ὑπακούω διαταγές

toffee, n. καραμέλα τόφφυ (ἡ)

together, ad. μαζί

toil, n. κόπος (ὁ), μόχθος (ὁ)/ v.i. κοπιάζω, μοχθῶ

toilet, n. τουαλέττα (ἡ) ~ paper, χαρτί τουαλέττας (τό)

toilsome, a. ἐπίπονος, ἐπίμοχθος

token, n. τεκμήριο (τό), ἔνδειξη (ἡ)/ as a ~ of, σάν τεκμήριο

tolerable, a. ἀνεκτός, ὑποφερτός/ tolerably, ad. ἀνεκτά, ὑποφερτά/ tolerate, v.t. ἀνέχομαι/ toleration, tolerance, n. ἀνοχή (ἡ)

toll, n. διόδια (τά)/ (death) ἀριθμός θυμάτων/ v.t. & i. κουδουνίζω, χτυπῶ τήν καμπάνα

tomato, n. (ν)τομάτα (ἡ)/ ~ juice, τοματοχυμός (ὁ)/ ~ sauce, σάλτσα ντομάτα (ἡ)

tomb, n. τάφος (ὁ)/ ~stone, n. ταφόπετρα (ἡ)

tomboy, n. ἀγοροκόριτσο (τό)

tomcat, n. γάτος (ὁ)

tome, n. τόμος (ὁ)

tomfoolery, n. ἀνοησίες (οἱ), βλακεῖες (οἱ)

tommy-gun, n. ἐλαφρό αὐτόματο

tommy-rot, n. ἀνοησία (ἡ), ἀρλούμπα (ἡ)

tomorrow, ad. αὔριο/ the day after ~, μεθαύριο

ton, n. τόννος (ὁ)/ metric ~, μετρικός τόννος

tonal, a. τονικός/ ~ity, n. τονικότητα (ἡ)/ tone, n. τόνος (ὁ)/ (colour) ἀπόχρωση (ἡ)/ v.t. τονίζω, κουρδίζω/ v.i. ~ down, μετριάζω/ ~ up, τονώνω, δυναμώνω

tongs, n. pl. λαβίδα (ἡ), τσιμπίδα (ἡ)

tongue, n. γλῶσσα (ἡ)/ put out one's ~, βγάζω τήν γλῶσσα/ hold one's ~, μένω σιωπηλός, συγκρατιέμαι/ ~-tied, a. ἄφωνος, ἄλαλος/ ~-twister, n. γλωσσοδέτης (ὁ)

tonic, a. (med.) τονωτικός, δυναμωτικός/ (mus.) τονικός/ n. (med.) τονωτικό (τό), δυναμωτικό (τό)

tonight, ad. ἀπόψε

tonnage, n. χωρητικότητα (ἡ), τοννάζ (τό)

tonsil, n. ἀμυγδαλή (ἡ)/ ~ itis, n. ἀμυγδαλίτιδα (ἡ)

tonsure, n. κούρεμα (τό), ξύρισμα τοῦ κεφαλιοῦ/ v.t. ξυρίζω τό κεφάλι

too, ad. ἐπίσης/ (quantity) πάρα πολύ

tool, n. ἐργαλεῖο (τό), ὄργανο (τό)/ ~box, n. κιβώτιο ἐργαλείων (τό)

tooth, n. δόντι (τό)/ ~ache, n. πονόδοντος (ὁ)/ ~ brush, n. ὀδοντόβουρτσα (ἡ)/ ~less, a. ξεδοντιασμένος/ ~paste, n. ὀδοντόκρεμα (ἡ)/ ~pick, n. ὀδοντογλυφίδα (ἡ)/ false teeth, μασέλα (ἡ)

top, n. κορυφή (ἡ)/ (cover) σκέπασμα (τό), κάλυμμα (τό), καπάκι (τό)/ a. κορυφαῖος, πρώτης κατηγορίας/ at the ~ of one's voice, μέ ὅλη τήν δύναμη τῆς φωνῆς/ ~ secret, ἄκρως ἀπόρρητο/ v.t. φθάνω στήν κορυφή, εἶμαι στήν κορυφή/ (trees, etc.) κορφολογῶ

topaz, n. τοπάζι (τό)

topcoat, n. παλτό (τό), ἐπανωφόρι (τό)

topheavy, a. ἀσταθής, παραφορτωμένος/ topless, a. ξεστήθωτος

topic, n. θέμα (τό)/ ~al, a. ἐπίκαιρος/ ~ event, ἐπίκαιρο γεγονός

topmost, a. κορυφαῖος, ἀνώτατος

topographical, a. τοπογραφικός/ topography, n. τοπογραφία (ἡ)

topple, v.i. γκρεμίζομαι, καταρρέω/ v.t. ἀνατρέπω

topsail, n. γάμπια (ἡ)

topsy-turvy, ad. ἄνω-κάτω

torch, n. δάδα (ἡ), δαυλός (ὁ), πυρσός (ὁ)/ electric ~, φακός (ὁ)

toreador, n. ταυρομάχος (ὁ)

torment, n. βάσανο (τό), μαρτύριο (τό)/ v.t. βασανίζω, τυραννῶ/ ~or, n. βασανιστής (ὁ)

tornado, n. σίφουνας (ὁ), ἀνεμοστρόβιλος (ὁ)

torpedo, n. τορπίλλη (ἡ)/ v.t. τορπιλλίζω/ ~-boat, n. τορπιλλάκατος (ἡ)/ ~-tube, n. τορπιλλοσωλήνας (ὁ)

torpid, a. ναρκωμένος, μουδιασμένος/ *torpor,* n. νάρκη (ἡ), μούδιασμα (τό)
torrent, n. χείμαρρος (ὁ)/ ~*ial,* a. χειμαρρώδης, καταρρακτώδης
torrid, a. ἄνυδρος, ξερός/ ~ *zone,* διακεκαυμένη ζώνη (ἡ)
torsion, n. στρέψη (ἡ)
torso, n. κορμός (ὁ)
tort, n. ἀδικοπραξία (ἡ)
tortoise, n. χελώνα (ἡ)/ ~ *shell,* καύκαλο χελώνας (τό)
tortuous, a. ἑλικοειδής, στρεβλός/ (fig.) πανοῦργος
torture, n. μαρτύριο (τό), βάσανο (τό)/ v.t. βασανίζω, τυρρανῶ/ ~*r,* n. βασανιστής (ὁ)
toss, n. ρίξιμο (τό), τίναγμα (τό)/ (coin) στρίψιμο (τό)/ v.t. & i. ρίχνω, τινάζω, ἐκσφενδονίζω/ (coin) στρίβω
tot, n. πιτσιρίκος (ὁ)/ (drink) δαχτυλάκι (τό)/ v.t. ~ *up,* ἀθροίζω
total, a. ὁλικός, συνολικός, ὁλοκληρωτικός/ n. σύνολο (τό), ἄθροισμα (τό)/ v.t. ἀθροίζω/ v.i. ἀνέρχομαι/ ~*itarian,* a. ὁλοκληρωτικός
totter, v.i. παραπατῶ, τρικλίζω
touch, n. ἐπαφή (ἡ), ἄγγιγμα (τό)/ (mus.) δακτυλοθεσία (ἡ)/ *keep in* ~, διατηρῶ ἐπαφή/ *a* ~ *of,* λίγο ἀπό/ v.t. ἀγγίζω/ ~ *down,* προσγειώνομαι/ (move somebody) συγκινῶ/ v.i. ~ *up,* ἐπισκευάζω/ ~ *upon,* θίγω ἐλαφρά/ ~*ed,* a. συγκινημένος/ ~*ing,* a. συγκινητικός/ pr. σχετικά μέ/ ~*stone,* n. λυδία λίθος (ἡ)/ ~*y,* a. εὔθικτος, εὐερέθιστος
tough, a. σκληρός, ἀνθεκτικός, δύσκολος, ρωμαλέος/ n. μπράβος (ὁ), τραμπούκος (ὁ)/ ~*en,* v.t. σκληραίνω, σκληραγωγῶ/ ~*ness,* n. σκληρότητα (ἡ), ἀνθεκτικότητα (ἡ)
tour, n. γύρος (ὁ), περιοδεία (ἡ), περιήγηση (ἡ)/ v.t. περιοδεύω, περιηγοῦμαι/ ~*ism,* n. τουρισμός (ὁ)/ ~*ist,* n. τουρίστας (ὁ), περιηγητής (ὁ)/ ~ *agency,* τουριστικό (ταξιδιωτικό) γραφείο (τό)/ ~ *ticket,* τουριστικό εἰσιτήριο
tournament, n. πρωτάθλημα (τό), τουρνουά (τό)
tourniquet, n. αἱμοστάτης (ὁ)
tousle, v.t. ἀναστατώνω, ἀναμαλλιάζω

tout, n. κράχτης (ὁ)/ v.t. & i. ψαρεύω πελάτες
tow, n. ρυμούλκηση (ἡ)/ v.t. ρυμουλκῶ/ *on* ~, σέ ρυμούλκηση
towards, pr. πρός, ἀπέναντι
towel, n. πετσέτα (ἡ)
tower, n. πύργος (ὁ), φρούριο (τό)/ v.i. ὑψώνομαι, ὀρθώνομαι/ ~ *above,* δεσπόζω, ὑπερέχω/ ~*ing,* a. πανήψυλος/ (rage) ἔξαλλος
towline, n. σχοινί ρυμούλκησης (τό)
town, n. πόλη (ἡ), κωμόπολη (ἡ)/ ~ *clerk,* γραμματέας δήμου (ὁ)/ ~ *council,* δημοτικό συμβούλιο (τό)/ ~ *crier,* n. τελάλης (ὁ)/ ~ *hall,* n. δημαρχεῖο (τό)/ ~ *planning,* n. πολεοδομία (ἡ)/ ~*sman,* n. ἀστός (ὁ)
toxic, a. τοξικός/ *toxin,* n. τοξίνη (ἡ)
toy, n. παιχνίδι (τό)/ v.i. παίζω μέ/ ~ *with the idea,* ἐρωτοτροπῶ μέ τήν ἰδέα
trace, n. ἴχνος (τό), ἀπομεινάρι (τό)/ (foot) ἀποτύπωμα (τό)/ v.t. ἀκολουθῶ τά ἴχνη, ἐξιχνιάζω/ ~ *back,* ἀνάγω/ ~*ry,* n. διακοσμητικό δίκτυο/ *tracing,* n. χάραξη (ἡ), σχεδίαση (ἡ), ξεσήκωμα (τό)/ ~ *paper,* χαρτί ξεσηκώματος
track, n. ἴχνη (τά)/ (pass) μονοπάτι (τό)/ (sport) στίβος (ὁ)/ (railway) σιδηροδρομική γραμμή/ (tractor) ἑρπύστρια (ἡ)/ *off the* ~, σέ λάθος δρόμο/ *off the beaten* ~, ἀσυνήθιστος, ἀπόμερος/ v.t. ἀνιχνεύω, ἀκολουθῶ τά ἴχνη/ ~ *down,* ἐντοπίζω
tract, n. μεγάλη ἔκταση (ἡ)/ (road, etc.) ὁδός (ἡ), σύστημα (τό)
tractable, a. εὐπειθής, πειθήνιος, πράος
traction, n. τράβηγμα (τό), ἕλξη (ἡ)/ *tractor,* n. τρακτέρ (τό), ἑλκυστήρας (ὁ)
trade, n. ἐμπόριο (τό), τέχνη (ἡ)/ ~ *mark,* ἐμπορικό σήμα (τό)/ ~ *union,* ἐργατική ἕνωση (ἡ), συνδικάτο (τό)/ ~ *wind,* ἀληγής ἄνεμος/ v.i. ἐμπορεύομαι, κάνω συναλλαγές/ ~ *on,* ἐκμεταλλεύομαι, ἐπωφελοῦμαι/ ~*r,* n. ἔμπορος (ὁ), ἐμπορευόμενος (ὁ)/ *trading,* a. ἐμπορευόμενος, συναλλασσόμενος/ n. ἐμπόριο (τό), συναλλαγή (ἡ)
tradition, n. παράδοση (ἡ)/ ~*al,* a. παραδοσιακός
traduce, v.t. διαστρέφω, διαβάλλω, συ-

κοφαντῶ/ ~r, n. συκοφάντης (ὁ), δυσφημιστής (ὁ)
traffic, n. διακίνηση (ἡ), ὁδική κυκλοφορία (ἡ)/ ~ jam, πυκνή κυκλοφορία (ἡ), μποτιλιάρισμα (τό)/ ~ lights, φῶτα τροχαίας (τά)/ v.i. ~ in, ἐμπορεύομαι παράνομα, κάνω λαθρεμπόριο
tragedian, n. τραγωδός (ὁ, ἡ)/ tragedy, n. τραγωδία (ἡ)/ tragic, a. τραγικός/ tragicomedy, n. ἱλαροτραγωδία (ἡ)
trail, n. μονοπάτι (τό), πέρασμα (τό)/ v.t. σέρνω, ρυμουλκῶ/ v.i. σέρνομαι, ἔρπω/ ~er, n. ἀνιχνευτής (ὁ), ρυμούλκα (ἡ)/ (film) σκηνή μελλοντικοῦ ἔργου
train, n. τραῖνο (τό), ἁμαξοστοιχία (ἡ)/ (dress) οὐρά (ἡ)/ (mil.) γραμμή πυρίτιδας/ stopping ~, κωλοσούρτης (ὁ)/ v.t. ἐκπαιδεύω, διδάσκω/ (sport) προπονῶ/ v.i. προπονοῦμαι, ἑτοιμάζομαι/ ~er, n. ἐκπαιδευτής (ὁ)/ (sport) προπονητής (ὁ)/ ~ing, n. ἐκπαίδευση (ἡ), ἐκγύμναση (ἡ)/ (sport) προπόνηση (ἡ)/ ~ college, παιδαγωγική ἀκαδημία (ἡ)
trait, n. διακριτικό (τό), χαρακτηριστικό γνώρισμα (τό)
traitor, n. προδότης (ὁ)/ ~ous, a. προδοτικός
trajectory, n. τροχιά (ἡ)
tram, n. τράμ (τό), τροχιόδρομος (ὁ)
trammel, n. ἄγγιστρο (τό), χαλινάρι (τό)/ (fig.) περιορισμός (ὁ)/ v.t. περιορίζω, ἐμποδίζω
tramp, n. πεζοπορία (ἡ)/ (person) ἀλήτης (ὁ), ἀγύρτης (ὁ)/ (woman) πόρνη (ἡ)/ v.i. περπατῶ βαρειά, ποδοπατῶ
trample, v.t. ποδοπατῶ, τσαλαπατῶ/ (fig.) καταπιέζω
tramway, n. γραμμή τοῦ τράμ (ἡ)
trance, n. ἔκσταση (ἡ)
tranquil, a. ἤρεμος, γαλήνιος/ ~ lity, n. ἠρεμία (ἡ), γαλήνη (ἡ)/ ~ ize, v.t. ἠρεμῶ, γαληνεύω
transact, v.t. διεκπεραιώνω/ (business) συναλλάσσομαι/ (deal) κλείνω συμφωνία/ ~ ion, n. συναλλαγή (ἡ), δοσοληψία (ἡ)
transatlantic, a. ὑπερατλαντικός
transcend, v.t. ὑπερβαίνω, ξεπερνῶ/ ~ency, n. ὑπέρβαση (ἡ), ξεπέρασμα (τό)/ ~ent; a. ὑπέρτατος, ὑπερβατικός

transcribe, v.t. μεταγράφω, ἀντιγράφω/ transcript, n. ἀντίγραφο (τό)/ ~ion, n. μεταγραφή (ἡ), ἀντιγραφή (ἡ)
transept, n. πτέρυγα (ἡ)
transfer, n. μεταφορά (ἡ), μετάθεση (ἡ), μεταβίβαση (ἡ)/ v.t. μεταφέρω, μεταθέτω, μεταβιβάζω/ ~able, a. μεταβιβάσιμος μεταθέσιμος/ ~ence, n. μεταφορά (ἡ), μετάθεση (ἡ)
transfiguration, n. μεταμόρφωση (ἡ)/ transfigure, v.t. μεταμορφώνω
transfix, v.t. διαπερνῶ, διατρυπῶ/ (fig.) ἀποσβολώνω
transform, v.t. μετασχηματίζω, μεταπλάθω, μεταμορφώνω/ ~ation, n. μετασχηματισμός (ὁ), μετάπλαση (ἡ), μεταμόρφωση (ἡ)/ ~er, n. μεταμορφωτής (ὁ)/ (elec.) μετασχηματιστής (ὁ)
transfuse, v.t. μεταγγίζω/ transfusion, n. μετάγγιση (ἡ)
transgress, v.t. παραβαίνω, παρανομῶ, ἀθετῶ/ ~ion, n. παράβαση (ἡ), ἀθέτηση (ἡ)
transient, a. παροδικός, ἐφήμερος, περαστικός
transistor, n. τρανζίστορ (τό)
transit, n. διάβαση (ἡ), πέρασμα (τό)/ in ~, στήν μεταφορά/ ~ion, n. μετάβαση (ἡ)/ ~ional period, μεταβατική περίοδος (ἡ)/ ~ive, a. μεταβατικός/ ~ verb, μεταβατικό ρῆμα/ ~ory, a. μεταβατικός, παροδικός
translate, v.t. μεταφράζω/ translation, n. μετάφραση (ἡ)/ (bishop) μετάθεση (ἡ)/ translator, n. μεταφραστής (ὁ)
translucent, a. διαυγής, διαφανής
transmigration, n. μετεμψύχωση (ἡ)
transmission, n. μεταβίβαση (ἡ), μετάδοση (ἡ)/ transmit, v.t. μεταβιβάζω, μεταδίδω/ ~ter, n. πομπός (ὁ)
transmutation, n. μεταποίηση (ἡ), μετατροπή (ἡ)/ transmute, v.t. μεταποιῶ, μετατρέπω
transparency, n. διαφάνεια (ἡ), διαύγεια (ἡ)/ transparent, a. διαφανής, διαυγής
transpire, v.i. ἀποπνέω/ (sweat) ἱδρώνω
transplant, v.t. μεταφυτεύω/ (surg.) μεταμοσχεύω/ heart ~, μεταμόσχευση καρδιᾶς
transport, n. μεταφορά (ἡ), διαμετακόμι-

ση (ή)/ v.t. μεταφέρω, διαμετακομίζω/
~ation, n. μεταφορά (ή), διαμετακόμι-
ση (ή)
transpose, v.t. μετατοπίζω, μετακινῶ/
(mus.) μετατονίζω/ transposition, n. με-
τατόπιση (ή), μετακίνηση (ή)/ (mus.)
μετατονισμός (ὁ)
transubstantiation, n. μετουσίωση (ή)
transverse, a. ἐγκάρσιος, πλάγιος
trap, n. παγίδα (ή), παγίδευση (ή)/ v.t.
παγιδεύω, πιάνω/ ~door, n. καταπα-
χτή (ή)
trapeze, n. ἀκροβατική κούνια (ή)
trapezium, n. τραπέζιο (τό)
trapper, n. κυνηγός (ὁ)
trappings, n. pl. φάλαρα (τά), χάμουρα
(τά)/ (fig.) στολίδια (τά)
trash, n. ἀσήμαντο πράγμα (τό)/ ~y, a.
ἀσήμαντος, τιποτένιος
travail, n. σκληρή ἐργασία (ή)
travel, n. ταξίδι (τό), περιήγηση (ή)/ v.i.
ταξιδεύω/ ~ler, n. ταξιδιώτης (ὁ)/
~ler's cheque, ταξιδιωτική ἐπιταγή (ή)/
~ling, n. ταξίδι (τό)/ a. ταξιδιωτικός/
~ salesman, πλασιέ (ὁ), γυρολόγος (ὁ)
traverse, v.t. διασχίζω, διαπερνῶ
travesty, n. παρωδία (ή), διακωμώδιση
(ή)/ v.t. παρωδῶ, διακωμωδῶ
trawl, n. δίχτυ (τό), γρίπος (ὁ)/ v.t. ψα-
ρεύω μέ γρίπο/ ~er, n. ψαράς (ὁ)/
(boat) ἁλιευτικό (τό)/ ~ing, n. ψάρεμα
μέ γρίπο
tray, n. δίσκος (ὁ)
treacherous, a. προδοτικός, ἄπιστος, δό-
λιος/ treachery, n. προδοσία (ή), ἀπι-
στία (ή), δολιότητα (ή)
treacle, n. σιρόπι (τό)
tread, n. βηματισμός (ὁ), βάδισμα (τό)/
v.t. & i. βηματίζω, βαδίζω/ ~le, n.
ἀναβολέας (ὁ)
treason, n. προδοσία (ή)/ high ~, ἐσχάτη
προδοσία (ή)/ ~able, a. προδοτικός
treasure, n. θησαυρός (ὁ)/ v.t. φυλάγω μέ
προσοχή, θεωρῶ πολύτιμο/ ~r, n. θη-
σαυροφύλακας (ὁ), ταμίας (ὁ)/ Treasu-
ry, n. θησαυροφυλάκιο (τό), ταμεῖο
τοῦ κράτους (τό)
treat, n. χέρασμα (τό), τρατάρισμα (τό)/
v.t. κερνῶ, τρατάρω/ (med.) θερα-
πεύω/ ~ise, n. πραγματεία (ή), διατρι-

βή (ή)/ ~ment, n. μεταχείρηση (ή),
συμπεριφορά (ή)/ ~y, n. συνθήκη (ή),
σύμβαση (ή)
treble, a. τριπλάσιος/ (mus.) ὑψίφωνος/
n. τριπλάσιο (τό)/ v.t. & i. τριπλασιά-
ζω
tree, n. δέντρο (τό)/ family ~, οἰκογε-
νειακό δέντρο (τό)/ ~less, a. ἄδεντρος,
γυμνός
trefoil, n. τριφύλλι (τό)
trellis, n. κιγκλίδωμα (τό)
tremble, v.i. τρέμω/ trembling, a. τρεμου-
λιαστός, τρεμάμενος/ n. τρεμούλιασμα
(τό)
tremendous, a. τρομερός, φοβερός
tremor, n. τρεμούλα (ή), τράνταγμα (τό)/
earth ~, σεισμική δόνηση (ή)/ tremu-
lous, a. τρεμουλιαστός
trench, n. χαντάκι (τό), τάφρος (ή)/
(mil.) χαράκωμα (τό)/ v.i. σκάβω,
ἀνοίγω τάφρο/ (mil.) χαρακώνω
trenchant, a. ὀξύς, κοφτερός
trencherman, n. φαγάς (ὁ)
trend, n. τάση (ή), κλίση (ή), ροπή (ή)
trepan, n. τρύπανο (τό)/ v.t. τρυπανίζω
trepidation, n. σπασμός (ὁ), ταραχή (ή),
φόβος (ὁ)
trespass, n. παράβαση (ή), ἀδίκημα (τό)/
(theol.) παράπτωμα (τό)/ v.i. παραβαί-
νω, διαπράττω ἀδίκημα/ ~er, n. παρα-
βάτης (ὁ), ἁμαρτωλός (ὁ)
tress, n. πλοκάμι (τό), κοτσίδα (ή)
trestle, n. ὑπόβαθρο (τό), ὑποστήριγμα
(τό)
trial, n. δίκη (ή), διαδικασία (ή)/ (experi-
ment) δοκιμή (ή)/ on ~, ὑπό δοκιμή, μέ
δοκιμή/ (leg.) ὑπόδικος (ὁ)/ ~ flight,
δοκιμαστική πτήση (ή)
triangle, n. τρίγωνο (τό)/ triangular, a.
τριγωνικός
tribal, a. φυλετικός, τῆς φυλῆς/ tribe, n.
φυλή (ή)
tribulation, n. στενοχώρια (ή), θλίψη (ή)
tribunal, n. δικαστήριο (τό)/ tribune, n.
βῆμα (τό)
tributary, n. παραπόταμος (ὁ)/ a. ὑποτε-
λής/ tribute, n. φόρος ὑποτέλειας (ὁ)/
pay ~, ἀποτίω φόρο τιμῆς
trice, n. in a ~, στή στιγμή, ἀμέσως
trick, n. κόλπο (τό), τέχνασμα (τό), πο-

νηρία (ἡ)/ v.t. ἐξαπατῶ, κάνω κόλπα/
~ out, στολίζω, καλλωπίζω/ ~ery, n.
ἀπάτη (ἡ), τέχνασμα (τό)
trickle, n. σταγόνα (ἡ), στάξιμο (τό)/ v.i.
στάζω, σταλάζω
trickster, n. κατεργάρης (ὁ), ἀπατεώνας
(ὁ)/ tricky, a. ἀπατηλός, πανοῦργος/ ~
situation, δύσκολη περίπτωση
tricycle, n. τρίκυκλο (τό)
trident, n. τρίαινα (ἡ)
triennial, a. τριετής
trifle, n. ἀσήμαντο πράγμα/ it's no ~, δέν
εἶναι παίξε γέλασε/ v.i. παίζω, ἀστει-
εύομαι/ trifling, a. ἀσήμαντος, τιποτέ-
νιος
trigger, n. σκανδάλη (ἡ)
trigonometry, n. τριγωνομετρία (ἡ)
trilby (hat), n. μαλακό καπέλλο (τό)
trill, n. τρίλλισμα (τό), τερέτισμα (τό)/
v.i. τριλλίζω, τερετίζω
trilogy, n. τριλογία (ἡ)
trim, n. τάξη (ἡ). εὐπρεπισμός (ὁ)/ a.
κομψός, εὐπρεπής, καλλωπισμένος/
v.t. στολίζω, εὐπρεπίζω, καλλωπίζω,
συγυρίζω/ (hair) κόβω/ (bot.) κλαδεύω/
~ one's sails to the wind, βάζω ἀέρα
στά πανιά/ ~ming, n. τακτοποίηση (ἡ),
διευθέτηση (ἡ)/ (food) γαρνιτούρα (ἡ)/
pl. στολίδια (τά)
Trinity, n. Ἁγία Τριάδα (ἡ)
trinket, n. μικρό κόσμημα (τό)
trio, n. τρίο (τό), τριάδα (ἡ)/ (mus.)
τριωδία (ἡ)
trip, n. παραπάτημα (τό)/ (travel) ταξίδι
(τό), ἐκδρομή (ἡ)/ v.t. περπατῶ ἀνάλα-
φρα/ v.i. σκοντάφτω, παραπατῶ
tripe, n. πατσάς (ὁ), ἐντόσθια (τά)
triple, n. τριπλάσιο (τό)/ v.t. τριπλασιά-
ζω/ ~ts, n. pl. τρίδυμα (τά)
triplicate, a. τριπλός/ in ~, εἰς τριπλοῦν
tripod, n. τρίποδο (τό)
tripper, n. ταξιδιώτης (ὁ)/ tripping, a. εὐ-
κίνητος
triptych, n. τρίπτυχο (τό)
trite, a. κοινός, συνηθισμένος
triumph, n. θρίαμβος (ὁ)/ v.i. θριαμβεύω/
~ al, a. θριαμβευτικός/ ~ant, a. θριαμ-
βευτής, τροπαιοῦχος
trivial, a. ἀσήμαντος
troglodyte, n. τρωγλοδύτης (ὁ)

Trojan, a. τρωικός/ ~ War, Τρωικός Πό-
λεμος (ὁ)
trolley, n. τροχοφόρο (τό)/ (bus) τρόλλεϋ
(τό)
trollop, n. πόρνη (ἡ)
trombone, n. τρομπόνι (τό)
troop, n. ὁμάδα (ἡ), ὅμιλος (ὁ)/ (theat.)
θίασος (ὁ)/ pl. δυνάμεις (οἱ), στρατεύ-
ματα (τά)/ ~er, n. ἱππέας (ὁ)/ ~ship, n.
ὁπλιταγωγό (τό)
trophy, n. τρόπαιο (τό)
tropic, n. τροπικός (ὁ)/ T~ of Cancer,
Τροπικός τοῦ Καρκίνου (ὁ)/ T~ of Ca-
pricorn, Τροπικός τοῦ Αἰγόκερω (ὁ)/
~al, a. τροπικός
trot, n. τριποδισμός (ὁ)/ v.i. τριποδίζω/
v.t. μεγαλώνω τό βῆμα/ ~ out, ἐπιδεί-
χνω ἄλογο σέ πελάτη
troth, n. πίστη (ἡ)
trotter, n. ἄλογο πού τριποδίζει/ pl.
(food) ποδαράκια (τά)
troubadour, n. τρουβαδοῦρος (ὁ), ραψω-
δός (ὁ)
trouble, n. κόπος (ὁ), μπελάς (ὁ), ἐνό-
χληση (ἡ)/ (tech.) βλάβη (ἡ)/ take the ~,
μπαίνω στόν κόπο/ get into ~, μπλέχο-
μαι ἄσχημα/ v.t. ἐνοχλῶ, προκαλῶ φα-
σαρίες, γίνομαι μπελάς/ ~ oneself,
σκοτίζομαι, μπαίνω στόν κόπο/ ~d, a.
ταραγμένος, ἀνήσυχος/ (waters) θολός/
~maker, n. ταραχοποιός (ὁ)/ ~some,
a. ἐνοχλητικός, δυσάρεστος
trough, n. σκάφη (ἡ)
trounce, v.t. μαστιγώνω, δέρνω ἄγρια
troupe, n. θίασος (ὁ)
trousers, n. pl. πανταλόνι (τό)
trousseau, n. προίκα (ἡ)
trout, n. πέστροφα (ἡ)
trowel, n. μυστρί (τό)
truant, a. ὀκνηρός, τεμπέλης/ play ~, κά-
νω σκασιαρχείο
truce, n. ἐκεχειρία (ἡ), ἀνακωχή (ἡ)
truck, n. ἀνταλλάξιμο ἀγαθό (τό)/ (rail-
way) φορτηγό βαγόνι (τό)/ have no ~
with, δέν ἔχω δοσοληψίες μαζί του/ v.t.
μεταφέρω μέ φορτηγό
truckle, v.i. φέρνομαι μέ δουλοπρέπεια
truculence, n. σκληρότητα (ἡ), βαρβαρό-
τητα (ἡ)/ truculent, a. σκληρός, βάρβα-
ρος

trudge, v.i. σέρνομαι, βαδίζω μέ δυσκολία

true, a. ἀληθινός, πραγματικός/ ~ born, γνήσιος, νόμιμος/ ~ copy, γνήσιο ἀντίγραφο/ ~ to life, πιστή μίμηση/ it's ~ that, εἶναι ἀλήθεια ὅτι

truffle, n. τρούφα (ἡ)

truism, n. προφανής ἀλήθεια (ἡ), ἀξίωμα (τό)/ truly, ad. ἀληθινά, πραγματικά/ yours ~, μέ ἐκτίμηση

trump, n. σάλπιγγα (ἡ)/ (cards) ἀτοῦ (τό)/ v.t. σαλπίζω/ (cards) παίζω ἀτοῦ/ ~ up, ἐπινοῶ, μηχανεύομαι

trumpery, n. ἀσήμαντο ἐμπόρευμα (τό)/ (fig.) χουροφέξαλα (τά)

trumpet, n. σάλπιγγα (ἡ)/ v.t. σαλπίζω, διατυμπανίζω/ ~er, n. σαλπιγκτής (ὁ)

truncate, v.t. κολοβώνω

truncheon, n. ρόπαλο (τό), κλόμπ (τό)

trundle, n. καρούλι (τό), τροχίσκος (ὁ)/ v.t. σπρώχνω ἁμάξι

trunk, n. κορμός (ὁ)/ (case) μπαοῦλο (τό)/ (elephant) προβοσκίδα (ἡ)/ bathing ~s, μπανιερό (τό), κοστούμι μπάνιου (τό)/ ~ call, ὑπεραστικό τηλεφώνημα (τό)/ ~line, ὑπεραστική τηλεφωνική γραμμή (ἡ)/ ~ road, κεντρικός δρόμος (ὁ)

truss, n. δεμάτι (τό), χειρόβολο (τό)/ (med.) κηλεπίδεσμος (ὁ)/ (arch.) ξύλινο ὑποστήριγμα/ v.t. δεματιάζω, ἐνισχύω

trust, n. ἐμπιστοσύνη (ἡ)/ (comm.) πίστωση (ἡ)/ (comm. group) τράστ (τό)/ on ~, ἐπί πιστώσει/ breach of ~, κατάχρηση τῆς ἐμπιστοσύνης/ v.t. & i. ἐμπιστεύομαι/ ~ee, n. κηδεμόνας (ὁ), ἐπίτροπος (ὁ)/ ~worthy, a. ἀξιόπιστος/ ~y, a. πιστός, ἀναμφισβήτητος

truth, n. ἀλήθεια (ἡ)/ ~ful, a. φιλαλήθης

try, n. δοκιμή (ἡ), πρόβα (ἡ), ἀπόπειρα (ἡ)/ v.t. προσπαθῶ, ἐπιχειρῶ, δοκιμάζω/ ~ for, δικάζω γιά/ ~ on, δοκιμάζω ρούχα/ ~ing, a. δύσκολος, κοπιαστικός

tub, n. κάδος (ὁ), κουβάς (ὁ)

tuba, n. μεγάλο κόρνο (τό)

tubby, a. κοντόχοντρος

tube, n. σωλήνας (ὁ), κύλινδρος (ὁ)/ cathode-ray ~, καθοδική λυχνία (ἡ)/ inner ~, ἀεροθάλαμος (ὁ)

tuber, n. βολβός (ὁ), ρίζα (ἡ)/ ~cle, n. (bot. & med.) φυμάτιο (τό)/ ~cular, a. βολβώδης/ (med.) φυματικός/ ~ culosis, n. φυμάτίωση (ἡ)/ ~culous, a. φυματικός/ ~ose, n. κρίνος (ὁ)

tubing, n. ἐπισωλήνωση (ἡ)/ tubular, a. σωληνοειδής

tuck, n. πτυχή (ἡ), δίπλα (ἡ)/ v.t. πτυχώνω, διπλώνω/ (sleeves) ~ up, ἀνασκουμπώνω/ (hem) στριφώνω/ ~ up in bed, χώνομαι, ζωρώνω

Tuesday, n. Τρίτη (ἡ)

tuft, n. τούφα (ἡ), φούντα (ἡ)/ ~ed, a. φουντωτός

tug, n. ἕλξη (ἡ), τίναγμα (τό)/ v.t. σέρνω, τραβῶ, ρυμουλκῶ/ ~boat, n. ρυμουλκό (τό)

tuition, n. διδασκαλία (ἡ)/ ~ fee, δίδακτρα (τά)

tulip, n. τουλίπα (ἡ)

tulle, n. τούλλι (τό)

tumble, n. τούμπα (ἡ), κουτρουβάλα (ἡ), κατρακύλισμα (τό)/ v.i. κατρακυλῶ, τουμπάρω, παίρνω κουτρουβάλα/ v.t. ἀναποδογυρίζω/ ~down, a. ἑτοιμόρροπος/ ~r, n. θαυματοποιός (ὁ), ἀκροβάτης (ὁ)/ (glass) μεγάλο ποτήρι (τό)/ (tech.) τύμπανο καθαρισμοῦ (τό)

tumbrel, tumbril, n. σκευοφόρα ἅμαξα (ἡ)

tumour, n. ἐξόγκωμα (τό), ὄγκος (ὁ)

tumult, n. ὀχλαγωγία (ἡ), ταραχή (ἡ), θόρυβος (ὁ)/ ~uous, a. θορυβώδης, ταραχώδης

tumulus, n. τύμβος (ὁ)

tun, n. βαρέλι (τό), κάδος (ὁ)

tune, n. ἦχος (ὁ), μελωδία (ἡ)/ in ~, μελωδικός/ be out of ~, εἶμαι παράφωνος/ v.t. κουρδίζω/ ~ful, a. ἁρμονικός/ ~less, a. ξεκούρδιστος/ ~r, n. κουρδιστής (ὁ)

tungsten, n. βολφράμιο (τό)

tunic, n. χιτώνας (ὁ)/ (mil.) χιτώνιο (τό)

tuning, n. κούρδισμα (τό)/ ~ -fork, διαπασῶν (τό)

tunnel, n. σήραγγα (ἡ), ὑπόγειο πέρασμα (τό)/ v.i. ἀνοίγω σήραγγα

tunny, n. τόνος (ὁ)

turban, n. σαρίκι (τό), τουρμπάνι (τό)

turbid, a. θολός, θαμπός
turbine, n. στρόβιλος (ὁ), τουρμπίνα (ἡ)/ *turbodynamo*, n. στροβιλογεννήτρια (ἡ)/ *turbojet*, n. στροβιλοπροώθηση (ἡ)
turbulence, n. ταραχή (ἡ), σύγχιση (ἡ)/ *turbulent*, a. ταραγμένος, θορυβώδης
tureen, n. σουπιέρα (ἡ)
turf, n. χλόη (ἡ)/ (horses) ἱπποδρομία (ἡ)/ v.t. σκεπάζω μέ χλόη
turgid, a. φουσκωμένος, πρησμένος/ (in style) πομπώδης
Turk, n. Τοῦρκος (ὁ)
turkey, n. γάλος (ὁ)/ γαλοπούλα (ἡ), κοῦρκος (ὁ)
Turkish, n. Τοῦρκος (ὁ), Τουρκάλα (ἡ)/ a. τουρκικός/ ~ *bath*, χαμάμ (τό)/ ~ *delight*, λουκούμι (τό)
turmoil, n. ταραχή (ἡ), ὀχλαγωγία (ἡ)
turn, n. στροφή (ἡ), γύρος (ὁ)/ (wheel) περιστροφή (ἡ)/ (wire) περιέλιξη (ἡ)/ *it's my* ~, εἶναι ἡ σειρά μου/ ~ *of phrase*, ἔκφραση, διατύπωση/ *at every* ~, σέ κάθε καμπή/ *take a* ~ *for the worse*, πηγαίνω στό χειρότερο/ *by* ~*s*, μέ τή σειρά, ἐκ περιτροπῆς/ v.t. & i. στρίβω, γυρίζω, περιστρέφομαι/ ~ *one's attention*, προσηλώνω τήν προσοχή μου/ ~ *away*, ἀποτραβιέμαι, ἀποστρέφω τό βλέμμα/ ~ *back*, ἐπιστρέφω, ξαναγυρίζω/ ~ *down*, ἀπορρίπτω/ ~ *in*, παραδίδω/ ~ *inside out*, γυρίζω τά μέσα ἔξω/ ~ *off*, σβύνω/ ~ *on*, ἀνάβω, βάζω μπροστά/ ~ *out*, κλείνω, σβύνω/ ~ *to*, στρέφομαι πρός/ ~ *up*, ἐμφανίζομαι/ ~ *up one's nose*, σηκώνω τή μύτη
turncoat, n. λιποτάκτης (ὁ)
turncock, n. ὑδρονόμος (ὁ), στρόφιγγα (ἡ)
turner, n. τορναδόρος (ὁ)
turning, n. καμπή (ἡ), στροφή (ἡ)/ (tech.) τορνάρισμα (τό)/ ~ *point*, ἀποφασιστική καμπή
turnip, n. γογγύλι (τό)
turnkey, n. κλειδοκράτορας (ὁ)
turnout, n. συγκέντρωση (ἡ)
turnover, n. τζίρος (ὁ)/ (cook.) φρουτόπιττα (ἡ)
turnpike, n. στροφεῖο (τό)
turnstile, n. σταυρόξυλο (τό)
turntable, n. περιστροφικό δάπεδο (τό)

turpentine, n. τερεβινθίνη (ἡ)
turpitude, n. αἰσχρότητα (ἡ), κακοήθεια (ἡ)
turquoise, n. περουζές (ὁ)
turret, n. πυργίσκος (ὁ)/ *gun* ~, πυργίσκος πυροβόλου
turtle, n. χελώνα (ἡ)/ ~ *-dove*, τρυγόνι (τό)/ *turn* ~, ἀναποδογυρίζω
tusk, n. χαυλιόδοντο (τό)
tussle, n. πάλη (ἡ), ἀγώνας (ὁ)/ v.i. παλεύω, ἀγωνίζομαι
tutelage, n. ἐπιτροπεία η), κηδεμονία (ἡ)/ *tutelar*, a. κηδεμονικός/ *tutor*, n. παιδαγωγός (ὁ), ἰδιαίτερος καθηγητής (ὁ)/ (leg.) ἐπίτροπος ο), κηδεμόνας (ὁ)/ v.t. παιδαγωγῶ, ἐκπαιδεύω/ *tutorial*, n. ἰδιαίτερο μάθημα (τό), ἀτομική διδασκαλία (ἡ)
twaddle, n. φλυαρία (ἡ), μωρολογία (ἡ)
twang, n. ἦχος χορδῆς (ὁ)/ v.i. κρούω, κραδαίνομαι
tweak, n. φαγούρα (ἡ), δυνατό τσίμπημα (τό)/ v.t. ξύνω, τσιμπῶ
tweed, n. σκωτσέζικο ὕφασμα (τό)
tweezers, n. pl. τσιμπίδι (τό)
twelfth, ord. num. δωδέκατος/ n. δωδέκατο (τό)/ *T~ Night*, Παραμονή τῶν Φώτων (ἡ)/ *twelve*, num. δώδεκα
twentieth, ord. num. εἰκοστός/ *twenty*, num. εἴκοσι
twice, ad. δύο φορές
twiddle, v.t. παίζω τά δάχτυλα/ (fig.) δέν κάνω τίποτε
twig, n. κλαδάκι (τό)/ v.t. καταλαβαίνω
twilight, n. λυκόφως (τό), σούρουπο (τό)
twill, n. δίμιτο ὕφασμα (τό)
twin, n. & a. δίδυμος/ ~ *-bedded room*, δίκλινο δωμάτιο (τό)
twine, n. στριμμένο νῆμα (τό)/ v.t. περιστρέφω, περιτυλίγω
twinge, n. σουβλιά (ἡ)/ (conscience) τύψη (ἡ)
twinkle, n. σπινθήρισμα (τό), (eye) λάμψη (ἡ)/ *twinkling*, a. σπινθηροβόλος/ n. σπινθηρισμός (ὁ)/ *in the* ~ *of an eye*, ἀμέσως, στό ἄψε σβῦσε
twirl, n. στροβίλισμα (τό)/ v.t. περιστρέφω/ v.i. στροβιλίζομαι
twist, n. νῆμα (τό), στριμμένη κλωστή (ἡ)/ (wood, metal, etc.) στρέβλωση (ἡ)/

(character) διαστροφή (ἡ)/ v.t. περιστρέφω, πλέκω, κλώθω, διαστρέφω/ v.i. συστρέφομαι, περιστρέφομαι/ ~ed, p.p. & a. στριμμένος, περίπλοκος

twit, v.t. χλευάζω/ n. χαζός (ὁ)

twitch, n. τίναγμα (τό), σπασμός (ὁ)/ v.t. συσπῶ/ v.i. παθαίνω σπασμό, συστέλλομαι/ ~ing, n. σύσπαση (ἡ)

twitter, n. κελάδημα (τό), τερέτισμα (τό)/ v.i. κελαδῶ, τερετίζω

two, num. δύο/ n. δύο (τό), δυάδα (ἡ)/ ~ by ~, δύο-δύο/ in ~, σέ δύο μέρη, στή μέση/ put ~ and ~ together, δύο καί δύο κάνουν τέσσερα/ ~fold, a. διπλός, διπλάσιος/ ad. διπλάσια

tympanum, n. (arch. & anat.) τύμπανο (τό)

type, n. τύπος (ὁ), εἶδος (τό)/ (print.) στοιχεῖο (τό)/ v.t. δακτυλογραφῶ/ ~writer, n. γραφομηχανή (ἡ)/ ~writing, n. δακτυλογράφηση (ἡ)/ ~written, a. δακτυλογραφημένος

typhoid fever, τυφοειδής πυρετός (ὁ)

typhoon, n. τυφώνας (ὁ)

typhus, n. τύφος (ὁ)

typical, a. τυπικός, χαρακτηριστικός/ typify, v.t. ἀντιπροσωπεύω, συμβολίζω

typist, n. δακτυλογράφος (ὁ, ἡ)

typographical, a. τυπογραφικός/ typography, n. τυπογραφία (ἡ)

tyrannical, a. τυραννικός/ tyrannize, v.t. τυραννῶ, καταπιέζω/ tyranny, n. τυραννία (ἡ)/ tyrant, n. τύραννος (ὁ)

tyre, n. στεφάνη τροχοῦ (ἡ)

tzar, n. τσάρος (ὁ)

U

ubiquitous, a. πανταχοῦ παρών

udder, n. μαστάρι (τό)

ugh, int. πούφ!

ugliness, n. ἀσχήμια (ἡ)/ ugly, a. ἄσχημος/ ~ duckling, ἀσχημόπαπο (τό)

ulcer, n. ἕλκος (τό)/ ~ate, v.i. παρουσιά-

ζω ἕλκος/ ~ated, p.p. & a. ἑλκωμένος

ulterior, a. ἀπώτερος, ὑστερώτατος/ ~ motive, ὑστεροβουλία (ἡ)

ultimate, a. ὕστατος, ἔσχατος/ ~ly, ad. τελικά/ ultimatum, n. τελεσίγραφο (τό)

ultramarine, n. ζωηρό μπλέ χρῶμα (τό)

ultra-violet, a. ὑπεριώδης

umber, n. σκιόχρωμα (τό)

umbrage, n. σκιά (ἡ), ἴσκιος (ὁ)/ take ~, πειράζομαι

umbrella, n. ὀμπρέλλα (ἡ)/ ~ stand, ὀμπρελλοστάτης (ὁ)

umpire, n. διαιτητής (ὁ)/ v.i. διαιτητεύω, κάνω τόν διαιτητή

unabashed, a. ἀτάραχος, ἀκλόνητος

unabated, a. ἀμείωτος

unable, a. ἀνίκανος/ be ~, ἀδυνατῶ, δέν μπορῶ

unabridged, a. ἀσυντόμευτος, πλήρης

unaccompanied, a. ἀσυνόδευτος, μόνος

unaccountable, a. ἀνεξήγητος, ἀκατανόητος

unaccustomed, a. ἀσυνήθιστος

unadorned, a. ἀστόλιστος

unadulterated, a. ἀνόθευτος

unaffected, a. ἀπροσποίητος, ἀνεπιτήδευτος

unaided, a. ἀβοήθητος

unalloyed, a. ἀμιγής, καθαρός

unalterable, a. ἀμετάβλητος, ἀναλλοίωτος

unanimity, n. ὁμοθυμία (ἡ), ὁμοφωνία (ἡ)/ unanimous, a. ὁμόθυμος, ὁμόφωνος

unanswerable, a. ἀκαταμάχητος, ἀναντίρρητος

unapproachable, a. ἀπρόσιτος, ψυχρός

unarmed, a. ἄοπλος

unashamed, a. ἀναίσχυντος, ἀδιάντροπος

unasked, a. ἀζήτητος, αὐθόρμητος

unassailable, a. ἀπρόσβλητος

unassuming, a. ταπεινός, σεμνός

unattainable, a. ἀκατόρθωτος, ἀνέφικτος

unattended, a. ἀσυνόδευτος, παραμελημένος

unauthorized, a. μή ἐξουσιοδοτημένος

unavailable, a. μή διαθέσιμος/ unavailing, a. μάταιος

unavoidable, a. ἀναπόφευκτος

unawares, ad. ἀκούσια, ξαφνικά
unbalanced, a. ἀσταθής/ (med.) ἀνισόρ-ροπος
unbearable, a. ἀφόρητος, ἀνυπόφορος
unbeaten, a. ἀπάτητος/ (undefeated) ἀνί-κητος
knbecoming, a. ἀταίριαστος, ἀνάρμοστος
unbelief, n. ἀπιστία (ἡ), δυσπιστία (ἡ)/ *unbeliever,* n. ἄπιστος (ὁ)
unbend, v.t.& i. χαλαρώνω, ξετεντώνω/ ~*ing,* a. ἀλύγιστος, ἄκαμπτος
unbiassed, a. ἀμερόληπτος
unbind, v.t. χαλαρώνω, ξεμπλέκω
unblemished, a. ἄψογος, ἀκηλίδωτος
unblushing, a. ξεδιάντροπος, ξετσίπωτος
unbolt, v.t. ξεμανταλώνω
unborn, a. ἀγέννητος
unbosom (oneself), ἐκμυστηρεύομαι
unbound, a. ἄδετος, ἀδέσμευτος/ ~*ed,* a. ἀπεριόριστος
unbreakable, a. ἄθραυστος
unbridled, a. ἀχαλίνωτος, ἀκράτητος
unbuckle, v.t. ξεθηλυκώνω
unburden (oneself), ἐκμυστηρεύομαι
unbutton, v.t. ξεκουμπώνω
uncalled-for, a. ἀπρόκλητος, ἄσκοπος
uncanny, a. μυστηριώδης
uncared-for, a. ἀφρόντιστος, παραμελη-μένος
unceasing, a. ἀκατάπαυστος, ἀδιάκοπος/ ~*ly,* ad. ἀκατάπαυστα, ἀδιάκοπα
unceremoniously, ad. ἀνεπίσημα
uncertain, a. ἀβέβαιος, ἀμφίβολος/ ~*ty,* n. ἀβεβαιότητα (ἡ), ἀμφιβολία (ἡ)
unchain, v.t. ἀπολύω, ἀποδεσμεύω
unchangeable, a. ἀμετάβλητος, ἀναλ-λοίωτος/ *unchanged,* a. ἀμετάβλητος/ *unchanging,* a. σταθερός, ἀμετάβλητος
uncharitable, a. ἄσπλαχνος, ἀνελέητος
unchecked, a. ἀσυγκράτητος, ἀκάθεκτος
uncivil, a. ἀγενής/ ~*ized,* a. ἀπολίτιστος, βάρβαρος
unclaimed, a. ἀζήτητος
uncle, n. θεῖος (ὁ)
unclouded, a. ἀνέφελος, καθαρός
uncoil, v.t. ξετυλίγω
uncomfortable, a. δυσάρεστος, στενόχω-ρος
uncommon, a. ἀσυνήθιστος, ἐξαιρετικός
uncommunicative, a. ἀκοινώνητος, σιω-πηλός

uncomplaining, a. ἀγόγγυστος, καρτερι-κός
uncompleted, a. ἀσυμπλήρωτος
uncomplimentary, a. μή κολακευτικός
uncompromising, a. ἀνένδοτος, ἀδιάλλα-κτος
unconcern, n. ἀδιαφορία (ἡ)/ ~*ed,* a. ἀδιάφορος
unconditional, a. ἀπόλυτος, χωρίς ὅρους
unconfined, a. ἀπεριόριστος
unconfirmed, a. ἀνεπιβεβαίωτος
unconnected, a. ἀσύνδετος, ἄσχετος
unconquerable, a. ἀκατανίκητος, ἀπόρ-θητος
unconscionable, a. παράλογος, ἀδικαιο-λόγητος
unconscious, a. ἀναίσθητος, λιπόθυμος/ *be* ~ *of,* δέν ἔχω συνείδηση/ ~*ness,* n. ἀναισθησία (ἡ), λιποθυμία (ἡ)
unconstrained, a. αὐθόρμητος, ἀδέσμευ-τος, ἐλεύθερος
uncontrollable, a. ἀχαλίνωτος, ἀσυγκρά-τητος
unconventional, a. ἀντισυμβατικός
unconvinced, a. ἀμετάπειστος
uncooked, a. ἀμαγείρευτος
uncork, v.t. βγάζω τόν φελλό, ἐκπωματί-ζω
uncorrected, a. ἀδιόρθωτος
uncorrupted, a. ἀδιάφθορος
uncouple, v.t. ἀποχωρίζω, ξεζεύω
uncouth, a. παράδοξος, ἀγροῖκος
uncover, v.t. ἀποκαλύπτω, ξεσκεπάζω
uncreated, a. ἀδημιούργητος
uncritical, a. ἄκριτος
uncrossed, a. ἀδιάβατος/ ~ *cheque,* μή διαγεγραμμένη ἐπιταγή
unction, n. χρίσμα (τό), μύρο (τό)/ *unctuous,* a. λιπαρός/ (in speech) γλυ-κομίλητος
uncultivated, a. ἀκαλλιέργητος/ (person) ἀμόρφωτος
uncurl, v.t. ξεσγουραίνω
uncut, a. ἄκοπος/ (diamond) ἀκατέργα-στος
undamaged, a. ἄθικτος, ἀπείραχτος
undated, a. ἀχρονολόγητος
undaunted, a. ἀτρόμητος, ἀπτόητος
undeceive, v.t. μεταπείθω

undecided, a. ἀναποφάσιστος
undecipherable, a. ἀναποκρυπτογράφητος
undefended, a. ἀνυπεράσπιστος
undefiled, a. ἀμόλυντος
undefinable, a. ἀπροσδιόριστος
undelivered, a. ἀνεπίδοτος
undemonstrative, a. ἐπιφυλακτικός
undeniable, a. ἀναμφισβήτητος
under, pr. ἀποκάτω, ὑπό/ ~ age, ἀνήλικος/ ~ the circumstances, κάτω ἀπό τίς συνθῆκες αὐτές/ ~ cover, μυστικά, κρυφά/ ~ the penalty, μέ τήν ἀπειλή τιμωρίας/ ~ way, σέ ἐξέλιξη/ ad. χαμηλώτερα/ a. κατώτερος, χαμηλώτερος
undercarriage, n. σύστημα προσγείωσης (τό)
underclothing, n. ἐσώρρουχα (τά)
undercurrent, n. ὑποβρύχιο ρεῦμα (τό)/ (fig.) κρυμμένο γενικό συναίσθημα
undercut, n. φιλέτο (τό)/ v.t. πουλῶ σέ χαμηλή τιμή
underdone, a. μισοψημένος
underestimate, v.t. ὑποτιμῶ
underfed, a. ὑποσιτισμένος
undergarment, n. ἐσώρρουχο (τό)
undergo, v.t. ὑφίσταμαι, ὑπομένω
undergraduate, n. φοιτητής (ὁ)
underground, a. ὑπόγειος/ (fig.) παράνομος/ ad. ὑπόγεια/ (fig.) παράνομα/ n. ὑπόγειος σιδηρόδρομος (ὁ)
undergrowth, n. θάμνοι (οἱ), χαμόκλαδα (τά)
underhand, a. λαθραῖος, ὕπουλος/ ad. λαθραῖα, ὕπουλα
underline, v.t. ὑπογραμμίζω
underling, n. ὑποτακτικός (ὁ)
underlying, a. ὑποκείμενος, βασικός
undermentioned, a. ἐκεῖνος πού ἀναφέρεται πιό κάτω
undermine, v.t. ὑπονομεύω, ὑποσκάβω
undermost, a. κατώτατος
underneath, ad. & pr. ἀποκάτω
undernourished, a. ὑποσιτισμένος/ undernourishment, n. ὑποσιτισμός (ὁ)
underpaid, a. κακοπληρωμένος
underpin, v.t. ὑποστηλώνω
underrate, v.t. ὑποτιμῶ
undersecretary, n. ὑφυπουργός (ὁ)
undersell, v.t. πουλῶ φθηνότερα

undersigned, a. & n. ὑπογεγραμμένος
understand, v.t. καταλαβαίνω/ ~ing, n. κατανόηση (ἡ), ἀντίληψη (ἡ)/ a. συνεννοήσιμος, μέ κατανόηση
understudy, n. ἀναπληρωματικός ἠθοποιός (ὁ)
undertake, v.t. ἐπιχειρῶ, ἀναλαβαίνω/ (promise) ὑπόσχομαι/ ~r, n. ἐργολάβος κηδειῶν (ὁ)/ undertaking, n. ἐπιχείρηση (ἡ), ὑποχρέωση (ἡ)
undertone, n. χαμηλός τόνος (ὁ)
undertow, n. ὑπόρρευμα (τό)
underwear, n. ἐσώρρουχα (τά)
underwood, n. θάμνοι (οἱ), χαμόκλαδα (τά)
underworld, n. ὑπόκοσμος (ὁ)/ (myth.) Ἅδης (ὁ)
underwrite, v.t. ὑπογράφω/ ~r, n. ἀσφαλιστής (ὁ)
undeserving, a. ἀνάξιος
undesirable, a. ἀνεπιθύμητος
undetermined, a. ἀκαθόριστος
undeveloped, a. μή ἀναπτυγμένος
undigested, a. ἀχώνευτος
undiscernible, a. ἀδιόρατος, ἀνεπαίσθητος/ undiscerning, a. μή διορατικός
undisciplined, a. ἀπειθάρχητος
undiscovered, a. ἀνεξερεύνητος, ἄγνωστος
undiscriminating, a. χωρίς διακρίσεις
undisguised, a. ἀπροκάλυπτος, ἀνυπόκριτος
undisputed, a. ἀναμφίβολος
undistinguishable, a. δυσδιάκριτος/ undistinguished, a. μέτριος, συνηθισμένος
undisturbed, a. ἀδιατάραχτος, ἥσυχος
undivided, a. ἀδιαίρετος
undo, v.t. καταστρέφω, ἀνατρέπω/ ~ing, n. καταστροφή (ἡ), ἀνατροπή (ἡ)/ ~ne, p.p. ἀκάμωτος, ἀτέλειωτος/ we are ~, καταστραφήκαμε, χαθήκαμε
undoubted, a. ἀναμφισβήτητος
undress, v.t. γδύνω, γυμνώνω/ v.i. γδύνομαι, γυμνώνομαι/ n. γύμνια (ἡ)/ (mil.) ἀνεπίσημη στολή (ἡ)
undrinkable, a. ἄπιστος, μή πόσιμος
undue, a. ἄτοπος, ὑπερβολικός
undulate, v.i. κυμαίνομαι, ταλαντεύομαι/ undulating, a. κυματιστός/ undulation, n. κυματισμός (ὁ)

unduly, ad. ἄτοπα
undutiful, a. ἀπειθής, παράκουος
undying, a. ἀθάνατος
unearned, a. ~ income, εἰσόδημα ἀπό ἀκίνητα ἤ ἐπενδύσεις
unearth, v.t. ξεθάβω/ (fig.) ἀποκαλύπτω/ ~ly, a. ὑπερφυσικός, ἀπόκοσμος
uneasiness, n. ἀνησυχία (ἡ), ταραχή (ἡ)/ uneasy, a. ἀνήσυχος, ταραγμένος
uneatable, a. ἀφάγωτος
uneducated, a. ἀμόρφωτος, ἀγράμματος
unemployed, a. ἄνεργος/ unemployment, n. ἀνεργία (ἡ)/ ~ benefit, ἐπίδομα ἀνεργίας (τό)
unending, a. ἀτέλειωτος
unenterprising, a. νωθρός, νωχελικός
unenviable, a. ἀζήλευτος
unequal, a. ἄνισος/ be ~ to, εἶμαι ἀνίκανος νά / ~led, a. ἀπαράμιλλος
unequivocal, a. σαφής, ἀναμφίβολος
unerring, a. ἀλάνθαστος
uneven, a. ἄνισος, ἀνώμαλος
unexampled, a. ἄφθαστος
unexceptionable, a. ἀνεπίληπτος
unexpected, a. ἀπροσδόκητος, ἀνέλπιστος/ ~ly, ad. ἀπροσδόκητα, ἀνέλπιστα
unexplored, a. ἀνεξερεύνητος
unfailing, a. ἀστείρευτος, ἀνεξάντλητος
unfair, a. ἄδικος
unfaithful, a. ἄπιστος, δόλιος
unfamiliar, a. ἀσυνήθιστος, ξένος
unfasten, v.t. λύνω, χαλαρώνω
unfathomable, a. ἀνεξιχνίαστος, ἀχανής
unfavourable, a. δυσμενής
unfeeling, a. ἀναίσθητος
unfeigned, a. ἀπροσποίητος, εἰλικρινής
unfettered, a. ἀδέσμευτος, ἐλεύθερος
unfinished, a. ἀτελείωτος, ἀσυμπλήρωτος
unfit, a. ἀκατάλληλος, ἀνίκανος
unfix, v.t. ξεκολλῶ, ἀποσπῶ
unflagging, a. ἀμείωτος, ἀδιάπτωτος
unfledged, a. ἀπουπούλιαστος
unflinching, a. ἀτρόμητος, ἀποφασιστικός
unfold, v.t. ξεδιπλώνω, ξετυλίγω
unforeseen, a. ἀπρόβλεπτος, ἀπροσδόκητος
unforgettable, a. ἀξέχαστος
unforgivable, a. ἀσυγχώρητος/ unforgiv-

ing, a. μνησίκακος, σκληρόκαρδος
unfortified, a. ἀνοχύρωτος
unfortunate, a. ἄτυχος, κακότυχος/ ~ly, ad. δυστυχῶς
unfounded, a. ἀβάσιμος
unfrequented, a. ἀσύχναστος, ἐρημικός
unfriendly, a. ἐχθρικός, δυσμενής
unfruitful, a. ἄκαρπος
unfurl, v.t. ξετυλίγω, ἀνοίγω
unfurnished, a. ἀνεπίπλωτος
ungainly, a. ἀδέξιος, ἄχαρος
ungentlemanly, a. ἀναξιοπρεπής
ungodliness, n. ἀσέβεια (ἡ)/ ungodly, a. ἀθεόφοβος, ἀσεβής, ἄθρησκος
ungovernable, a. ἀκυβέρνητος
ungracious, a. ἀγενής, ἄχαρος
ungrateful, a. ἀχάριστος, ἀγνώμων
ungrounded, a. ἀβάσιμος, ἀστήρικτος
ungrudgingly, ad. γεναιόδωρα, ὁλόψυχα
unguarded, a. ἀφύλαχτος, ἀφρούρητος
unhappiness, n. δυστυχία (ἡ)/ unhappy, a. δυστυχισμένος
unharmed, a. σῶος, ἀνέπαφος, ἄθικτος
unharness, v.t. ξεσελλώνω, ξεζεύω
unhealthy, a. ἀνθυγιεινός, νοσογόνος
unheard of, a. πρωτάκουστος
unheeded, a. ἀπαρατήρητος/ unheeding, a. ἀδιάφορος, ἀπρόσεκτος
unhelpful, a. μή ἐξυπηρετικός
unhesitatingly, ad. ἀδίστακτα
unhindered, a. ἀνεμπόδιστος
unholy, a. ἀνόσιος, ἀνίερος
unhook, v.t. ξεκρεμῶ, ξεγαντζώνω
unhoped for, a. ἀνέλπιστος
unhurt, a. σῶος, ἀβλαβής
unicorn, n. μονόκερως (ὁ)
uniform, a. ὁμοιόμορφος, σταθερός/ n. στολή (ἡ)/ ~ity, n. ὁμοιομορφία (ἡ)
unify, v.t. ἑνοποιῶ, ἑνώνω
unilateral, a. μονομερής, μονόπλευρος
unimaginable, a. ἀφάνταστος
unimpaired, a. ἀκμαῖος, ἀκέραιος
unimpeachable, a. ἄμεμπτος, ἀνεπίληπτος
unimportant, a. ἀσήμαντος
uninformed, a. ἀπληροφόρητος
uninhabitable, a. ἀκατάλληλος γιά κατοίκηση/ uninhabited, a. ἀκατοίκητος
uninitiated, a. ἀμύητος
uninsured, a. ἀνασφάλιστος

unintelligible, a. ἀκατανόητος, ἀκαταλαβίστικος
unintentional, a. ἀκούσιος, ἀθέλητος/ ~ly, ad. ἀκούσια, ἀθέλητα
uninterested, a. ἀδιάφορος/ uninteresting, a. ἀνιαρός, βαρετός
uninterrupted, a. ἀδιάκοπος, ἀκατάπαυστος
uninvited, a. ἀπρόσκλητος/ uninviting, a. ἀποκρουστικός, ἀπωθητικός
union, n. ἕνωση (ἡ), σύλλογος (ὁ)/ ~ist, n. ἑνωτικός (ὁ)
unique, a. μοναδικός, ἀπαράμιλλος
unison, n. ὁμοφωνία (ἡ)/ (mus.) ὁμοηχία (ἡ)
unit, n. μονάδα (ἡ)
unite, v.t. & i. ἑνώνω, συνενώνω/ ~d, p.p. & a. ἑνωμένος/ U~ States, Ἡνωμένες Πολιτεῖες (οἱ)/ U~ Nations, Ἡνωμένα Ἔθνη (τά)/ unity, n. ἑνότητα (ἡ)/ (maths) μονάδα (ἡ)
universal, a. γενικός, παγκόσμιος, οἰκουμενικός, καθολικός/ universe, n. οἰκουμένη (ἡ), σύμπαν (τό)/ university, n. πανεπιστήμιο (τό)
unjust, a. ἄδικος/ ~ifiable, a. ἀδικαιολόγητος/ ~ified, a. ἀδικαιολόγητος
unkempt, a. ἀναμαλλιασμένος, ἀπεριποίητος
unkind, a. ἀγενής, βάναυσος
unknowingly, ad. ἀσυνείδητα/ unknown, a. ἄγνωστος
unlace, v.t. λύνω τά κορδόνια
unlawful, a. παράνομος, ἀθέμιτος
unleash, v.t. ἀμολλάω, ἐξαπολύω
unleavened, a. ἄζυμος
unless, c. ἐκτός ἐάν, ἐάν δέν
unlettered, a. ἀγράμματος, ἀναλφάβητος
unlike, a. διαφορετικός, ἀνόμοιος/ ad. ἀντίθετα/ ~ly, ad. ἀπίθανα/ a. ἀπίθανος
unlimited, a. ἀπεριόριστος
unlined, a. ἀφοδράριστος
unload, v.t. ξεφορτώνω/ (gun) ἀδειάζω/ (fig.) ἐκμυστηρεύομαι, ξαλαφρώνω
unlock, v.t. ξεκλειδώνω
unlooked for, a. ἀπροσδόκητος, ἀναπάντεχος
unloose, v.t. χαλαρώνω, λασκάρω
unlucky, a. ἄτυχος

unmake, v.t. χαλῶ
unmanageable, a. ἀνοικονόμητος, δύσχρηστος, δυσκολομεταχείριστος/ (child) ἀνυπάκουος
unmanly, a. ἄνανδρος
unmannerly, a. ἀνάγωγος, ἀγενής
unmarketable, a. δυσκολοπούλητος
unmarried, a. ἀνύπαντρος
unmask, v.t. βγάζω τήν μάσκα, ξεσκεπάζω
unmentionable, a. ἀνομολόγητος
unmerciful, a. ἄσπλαχνος
unmerited, a. ἀνάξιος, ἄδικος
unmindful, a. ἀπερίσκεπτος, ἀμελής
unmistakable, a. ἀλάθητος, ἀλάνθαστος
unmitigated, a. ἀμετρίαστος, ἀπόλυτος
unmoved, a. ἀσυγκίνητος
unnamable, a. ἀνομολόγητος, ἀκατονόμαστος
unnatural, a. ἀφύσικος, ἀνώμαλος
unnecessary, a. περιττός, ἀνώφελος
unneighbourly, a. μή φιλικός
unnerve, v.t. τρομάζω, ἀποθαρρύνω
unnoticed, a. ἀπαρατήρητος
unobservant, a. ἀπρόσεκτος/ unobserving, a. ἀπαρατήρητος
unobstructed, a. ἀνεμπόδιστος
unobtainable, a. ἀνεπίτευκτος
unobtrusive, a. ἥσυχος, διακριτικός
unoccupied, a. ἐλεύθερος
unoffending, a. ἄκακος, μή προσβλητικός
unofficial, a. ἀνεπίσημος
unopposed, a. χωρίς ἀντίπαλο, χωρίς ἀντίδραση
unorthodox, a. ἀνορθόδοξος
unostentatious, a. σεμνός, ἀπλός
unpack, v.t. ξεπακετάρω
unpaid, a. ἀπλήρωτος
unpalatable, a. ἀχώνευτος
unparalleled, a. ἀσύγκριτος, ἀπαράμιλλος
unpardonable, a. ἀσυγχώρητος
unpeopled, a. ἀκατοίκητος
unpleasant, a. δυσάρεστος/ ~ness, n. δυσάρεστο ἐπεισόδιο (τό)
unpopular, a. ἀντιδημοτικός
unprecedented, a. πρωτοφανής, πρωτάκουστος
unprejudiced, a. ἀπροκατάληπτος, ἀνεπηρέαστος

unpremeditated, a. ἀπρομελέτητος
unprepared, a. ἀπαράσκευος, ἀνέτοιμος
unpretentious, a. ἀπροσποίητος, ἁπλός
unprincipled, a. ἀνήθικος, ἀσυνείδητος
unprintable, a. ἀκατάλληλος γιά δημο-
σίευση
unproductive, a. ἄγονος, μή παραγωγι-
κός
unprofessional, a. ἀντιεπαγγελματικός
unprofitable, a. ἀσύμφορος
unpromising, a. μή εὐνοϊκός
unpronounceable, a. ἀπρόφερτος, δυ-
σπρόφερτος
unprotected, a. ἀπροστάτευτος
unproved, a. ἀναπόδεικτος
unprovoked, a. ἀπρόκλητος
unpublished, a. ἀδημοσίευτος
unpunished, a. ἀτιμώρητος
unqualified, a. ἀναρμόδιος, χωρίς προ-
σόντα/ (without reservations) πλήρης,
ἀπόλυτος
unquenchable, a. ἄσβυστος, ἀκόρεστος
unquestionable, a. ἀναμφισβήτητος/ un-
questionably, ad. ἀναμφισβήτητα/ un-
questioned, a. ἀναμφίβολος
unquotable, a. πού δέν μπορεῖ νά ἐπανα-
ληφθεῖ
unravel, v.t. ξετυλίγω, ξεμπλέκω
unread, a. δυσανάγνωστος/ (pers.) ἀπαί-
δευτος/ ~able, a. δυσκολοδιάβατος,
δυσανάγνωστος
unready, a. ἀνέτοιμος
unreal, a. ἀνύπαρκτος, μή πραγματικός/
~ity, n. ἀνυπαρξία (ἡ)
unreasonable, a. παράλογος/ unreason-
ing, a. ἀλόγιστος
unrecognizable, a. ἀγνώριστος
unredeemed, a. ἀλύτρωτος
unrefined, a. ἀκαθάριστος/ (pers.) ἀγροῖ-
κος
unregistered, a. ἀδήλωτος, ἀκαταχώρι-
στος
unrelenting, a. ἀνένδοτος, ἀδυσώπητος
unreliable, a. ἀναξιόπιστος
unremitting, a. ἀδιάκοπος, ἀδιάλειπτος
unremunerative, a. μή ἐπικερδής
unrepeatable, a. ἀνεπανάληπτος
unrepentant, a. ἀμετανόητος
unreserved, a. ἀνεπιφύλακτος/ ~ ly, ad.
ἀνεπιφύλακτα

unrest, n. ἀνησυχία (ἡ), ἀναταραχή (ἡ)
unrestrained, a. ἀπεριόριστος, ἀσυγκρά-
τητος
unrestricted, a. ἀπεριόριστος, ἀπόλυτος
unrewarding, a. χωρίς ἀνταμοιβή
unrighteous, a. ἄδικος, ἄνομος, ἀσεβής
unripe, a. ἄγουρος
unrivalled, a. ἀπαράμιλλος, ἀσύγκριτος,
ἀσυναγώνιστος
unroll, v.t. ξετυλίγω
unruffled, a. ἤρεμος, ἀτάραχος
unruly, a. ἄτακτος, ἀτίθασος
unsaddle, v.t. ξεσελλώνω
unsafe, a. ἐπικίνδυνος, ἐπισφαλής
unsaid, a. ἀνείπωτος/ leave ~, ἀντιπα-
ρέρχομαι
knsalaried, a. ἄμισθος
unsaleable, a. δυσκολοπούλητος
unsalted, a. ἀνάλατος
unsatisfactory, a. μή ἱκανοποιητικός,
ἀνεπαρκής
unsatisfied, a. μή ἱκανοποιημένος
unsavoury, a. ἄνοστος, ἀνούσιος
unscathed, a. ἀκέραιος, ἀπείραχτος,
σῶος
unscientific, a. ἀντιεπιστημονικός
unscrew, v.t. ξεβιδώνω
unscrupulous, a. ἀσυνείδητος
unseal, v.t. ἀποσφραγίζω, ξεσφραγίζω
unseasonable, a. ἄκαιρος, ἀκατάλληλος/
unseasoned, a. ἀκαρύκευτος
unseat, v.t. ἐκθρονίζω, ἀνατρέπω
unseemly, a. ἀπρεπής, ἄτοπος
unseen, a. ἀόρατος/ ~ translation, μετά-
φραση ἀπό ἄγνωστο κείμενο
unselfish, a. γενναιόδωρος, ἀφιλοκερδής
unserviceable, a. ἄχρηστος
unsettle, v.t. ταράζω, διαταράζω/ ~d,
p.p. ἀκατάστατος,   ἀκανόνιστος/
(weather) ἀσταθής
unshakeable, a. ἀκλόνητος
unshapely, a. δύσμορφος
unshaven, a. ἀξούριστος
unsheathe, v.t. ξιφουλκῶ/ ~ the sword,
γυμνώνω τό σπαθί
unship, v.t. ξεφορτώνω
unshod, a. γυμνοπόδαρος
unshrinkable, a. ἀζάρωτος/ unshrinking,
a. τολμηρός
unsightly, a. δύσμορφος

unsigned, a. ἀνυπόγραφος
unskilled, a. ἄπειρος, ἀνειδίκευτος
unsmiling, a. ϐλοσυρός
unsociable, a. ἀκοινώνητος
unsold, a. ἀπούλητος
unsolicited, a. αὐθόρμητος, ἑκούσιος
unsolved, a. ἄλυτος
unsophisticated, a. ἄδολος, ἁπλός, ἀφελής
unsorted, a. ἀταίριαστος
unsought, a. ἀζήτητος
unsound, a. νοσηρός/ of ~ mind, ἀνισόρροπος
unsparing, a. γενναιόδωρος/ (no mercy) ἀμείλικτος, ἀνελέητος
unspeakable, a. ἀνέκφραστος, ἀκατονόμαστος
unspecified, a. ἀκαθόριστος
unspent, a. ἀξόδευτος
unspoilt, a. ἀχάλαστος
unspoken, a. ἀνείπωτος, ἀλάλητος
unstable, a. ἀσταθής
unstamped, a. ἀσφράγιστος
unsteady, a. ἀσταθής, ἄστατος
unstinted, a. ἄφθονος
unsuccessful, a. ἀποτυχημένος
unsuitable, a. ἀκατάλληλος
unsullied, a. ἀμόλυντος, ἀμίαντος
unsupported, a. ἀστήρικτος, ἀνυποστήρικτος
unsurpassed, a. ἀξεπέραστος, ἀνυπέρϐλητος
unsuspected, a. ἀνύποπτος/ unsuspecting, a. ἀπονήρευτος
unsweetened, a. ἄγλυκος
unswerving, a. ἀκλόνητος, σταθερός
untainted, a. ἀδιάφθορος
untamable, a. ἀτίθασος, ἀδάμαστος
untarnished, a. ἀθόλωτος, ἀκηλίδωτος
untaught, a. ἀδίδακτος
untenable, a. ἀϐάσιμος, ἀστήρικτος
unthinkable, a. ἀφάνταστος, ἀπίθανος/ unthinking, a. ἀπερίσκεπτος, ἀλόγιστος
untidy, a. ἀκατάστατος, ἀπεριποίητος
untie, v.t. λύνω, ἐλευθερώνω
until, pr. & c. μέχρι, ἕως/ not ~, ὄχι πρίν
untimely, a. παράκαιρος, πρώιμος
untiring, a. ἀκούραστος, ἀκαταπόνητος
untold, a. ἀνείπωτος/ (number) ἀναρίθμητος

untouched, a. ἄθικτος, ἀνέγγιχτος
untoward, a. κακότροπος, δυσάρεστος
untrained, a. ἀγύμναστος
untranslatable, a. ἀμετάφραστος
untravelled, a. ἀταξίδευτος
untried, a. ἀδοκίμαστος
untrodden, a. ἀπάτητος, ἄϐατος
untroubled, a. ἀνενόχλητος, εἰρηνικός
untrue, a. ψεύτικος, ἀνακριϐής/ it's ~, εἶναι ψέμμα
untrustworthy, a. ἀναξιόπιστος
untruth, n. ψεῦδος (τό)/ ~ful, a. ψευδής
untutored, a. ἀπαίδευτος, ἀγράμματος
unused, a. ἀχρησιμοποίητος, ἀμεταχείριστος/ unusual, a. ἀσυνήθιστος/ ~ly, ad. ἀσυνήθιστα
unutterable, a. ἀνέκφραστος, ἀνείπωτος
unvarnished, a. ἀϐερνίκωτος, ἀστίλϐωτος
unvarying, a. ἀμετάϐλητος, σταθερός
unveil, v.t. ἀποκαλύπτω, ξεσκεπάζω
unversed, a. ἄπειρος
unwarranted, a. ἀδικαιολόγητος
unwary, a. ἀσύνετος, ἀπερίσκεπτος
unwashed, a. ἄπλυτος, ϐρώμικος
unwavering, a. ἀσάλευτος, σταθερός
unwearied, a. ἀκούραστος
unwelcome, a. ἀνεπιθύμητος, ἐνοχλητικός
unwell, a. ἀδιάθετος
unwholesome, a. ἀνθυγιεινός, νοσηρός
unwieldy, a. ϐαρύς, δυσκίνητος
unwilling, a. ἀπρόθυμος/ ~ly, ad. ἀπρόθυμα/ ~ness, n. ἀπροθυμία (ἡ)
unwind, v.t. ξετυλίγω, χαλαρώνω
unwise, a. ἀσύνετος
unwittingly, ad. ἀθέλητα
unwonted, a. ἀσυνήθιστος
unworkable, a. ἀνεφάρμοστος, ἀπραγματοποίητος
unworn, a. ἀφόρετος
unworthy, a. ἀνάξιος
unwrap, v.t. ξεδιπλώνω, ξετυλίγω
unwritten, a. ἄγραφος/ ~ law, ἄγραφος νόμος (ὁ), ἐθιμικό δίκαιο (τό)
unwrought, a. ἀκατέργαστος
unyielding, a. ἀνένδοτος, ἄκαμπτος
unyoke, v.t. ξεζεύω/ (fig.) ἀπελευθερώνω
up, a. ὄρθιος, σηκωμένος, ἐπάνω/ ~-to-

date, σύγχρονος/ ~ *and about,* ὄρθιος, σέ καλή ὑγεία/ ad. πάνω, ψηλά/ ~ *and down,* πάνω-κάτω/ ~ *to,* μέχρι/ ~ *to now,* μέχρι τώρα/ *not* ~ *to much,* δέν εἶναι σπουδαῖα πράγματα/ *be well* ~ *in,* εἶμαι κατατοπισμένος, ξέρω πολλά/ *what's?* ~ τί συμβαίνει;/ n. τό πάνω μέρος/ ~*s and downs,* σκαμπανεβάσματα, ἀνεβοκατεβάσματα/ pr. ἄνω, ὑπέρ/ ~ *the street,* πιό πάνω στό δρόμο

upbraid, v.t. ἐπιτιμῶ
upbringing, n. ἐκπαίδευση (ἡ), ἀνατροφή (ἡ)
up-country, ad. στήν ἐνδοχώρα
upgrade, v.t. ἀνεβάζω, προάγω
upheaval, n. ἀναταραχή (ἡ), ἀναστάτωση (ἡ)
uphill, ad. στόν ἀνήφορο, πρός τά πάνω/ a. ἀνηφορικός/ (fig.) δύσκολος
uphold, v.t. ὑποστηρίζω/ (decision) ἐπικυρώνω/ ~*er,* n. ὀπαδός (ὁ), ὑποστηρικτής (ὁ)
upholster, v.t. ταπετσάρω/ ~*er,* n. ταπετσιέρης (ὁ)
upkeep, n. ἔξοδα συντήρησης (τά)
upland, n. ὀρεινή περιοχή (ἡ)
uplift, v.t. ἀνασηκώνω, ἀνυψώνω/ n. ἀνύψωση (ἡ)
upon, pr. πάνω/ ~ *my soul!* μά τό θεό!
upper, a. ἀνώτερος, ψηλότερος/ ~ *deck,* πάνω κατάστρωμα (τό)/ *get the* ~ *hand,* ὑπερτερῶ, ὑπερέχω/ n. ψίδι παπουτσιοῦ (τό)/ ~*most,* a. ἀνώτατος, ὑπέρτατος
upright, a. ὄρθιος, κάθετος/ ad. ὄρθια, κάθετα
uprising, n. ἐξέγερση (ἡ), ἐπανάσταση (ἡ)
uproar, n. ὀχλαγωγία (ἡ), βοή (ἡ)/ ~*ious,* a. θορυβώδης
uproot, v.t. ξεριζώνω
upset, n. ἀνατροπή (ἡ), ἀναποδογύρισμα (τό)/ v.t. ἀνατρέπω, ἀναποδογυρίζω/ v.i. ἀναστατώνομαι, στενοχωριέμαι
upshot, n. ἔκβαση (ἡ), ἀποτέλεσμα (τό)
upside down, ad. ἄνω-κάτω
upstairs, ad. πάνω, στό πάνω πάτωμα
upstart, n. νεόπλουτος (ὁ)
upstream, ad. κόντρα στό ρεῦμα, πρός τίς πηγές

upward, a. ἀνηφορικός, πρός τά πάνω/ ~*s,* ad. ἀνηφορικά, πρός τά πάνω
uranium, n. οὐράνιο (τό)
urban, a. ἀστικός
urbane, a. εὐγενικός, ἁβρός
urchin, n. χαμίνι (τό)
urethra, n. οὐρήθρα (ἡ)
urge, n. παρόρμηση (ἡ), παρακίνηση (ἡ)/ v.t. παροτρύνω, παρακινῶ/ ~*ncy,* n. ἐπείγουσα ἀνάγκη (ἡ)/ ~*nt,* a. ἐπείγων/ ~*ntly,* ad. ἐπειγόντως
uric, a. οὐρικός/ *urinal,* n. οὐροδοχεῖο (τό)/ *urinate,* v.i. οὐρῶ, κατουρῶ/ *urine,* n. οὖρο (τό)
urn, n. ὑδρία (ἡ)/ *tea* ~, τσαγερό (τό)
us, pr. ἐμᾶς
usage, n. χρήση (ἡ), μεταχείρηση (ἡ)
use, n. χρήση (ἡ), χρησιμοποίηση (ἡ)/ *it's no* ~, εἶναι ἀνώφελο, εἶναι μάταιο/ *make* ~ *of,* κάνω χρήση, ἐπωφελοῦμαι/ v.t. χρησιμοποιῶ/ *be* ~*d to,* εἶμαι συνηθισμένος νά/ ~ *up,* καταναλώνω, ἐξαντλῶ/ ~*d,* p.p. & a. χρησιμοποιημένος/ ~*ful,* a. χρήσιμος/ ~*less,* a. ἄχρηστος/ ~*r,* n. χρήστης (ὁ)
usher, n. κλητήρας (ὁ), θυρωρός (ὁ)/ v.t. ~ *in,* ἀναγγέλλω, εἰσάγω/ ~*ette,* n. ταξιθέτρια (ἡ)
usual, a. συνηθισμένος/ *as* ~, ὅπως συνήθως/ ~*ly,* ad. συνήθως
usufruct, n. ἐπικαρπία (ἡ)
usurer, n. τοκογλύφος (ὁ)/ *usurious,* a. τοκογλυφικός
usurp, v.t. σφετερίζομαι/ ~*er,* n. σφετεριστής (ὁ)
usury, n. τοκογλυφία (ἡ)
utensil, n. σκεῦος (τό), ἐργαλεῖο (τό)
uterine, a. μητρικός/ *uterus,* n. μήτρα (ἡ)
utilitarian, a. ὠφελιμιστής/ *utility,* n. ὠφέλεια (ἡ), χρησιμότητα (ἡ)/ *public utilities,* ὑπηρεσίες κοινῆς ὠφελείας (οἱ)/ a. ὠφέλιμος/ *utilize,* v.t. χρησιμοποιῶ, ἀξιοποιῶ
utmost, a. ἄκρος, ἔσχατος/ *do one's* ~, κάνω τό πᾶν/ *of the* ~ *importance,* ἐξαιρετικῆς σημασίας
utopia, n. οὐτοπία (ἡ)/ ~*n,* a. οὐτοπιστικός
utter, a. ἀπόλυτος, πλήρης/ v.t. ἀρθρώνω, προφέρω/ ~*ance,* n. ἔκφραση (ἡ),

ἀπαγγελία (ἡ)/ ~ly, ad. πλήρως, ὁλοκληρωτικά/ ~most, a. ἔσχατος, ἄκρος
uvula, n. ἐπιγλωττίδα (ἡ)

V

vacancy, n. κενή θέση (ἡ)/ (hotel) ἐλεύθερο δωμάτιο, διαθέσιμο δωμάτιο/ vacant, a. κενός, ἄδειος/ (look) ἀπλανές βλέμμα/ vacate, v.t. ἀδειάζω, ἐλευθερώνω/ vacation, n. διακοπή (ἡ), ἄδεια (ἡ)
vaccinate, v.t. ἐμβολιάζω, μπολιάζω/ vaccination, n. ἐμβολιασμός (ὁ)/ vaccine, n. ἐμβόλιο (τό)
vacillate, v.i. ταλαντεύομαι, διστάζω/ vacillation, n. ταλάντευση (ἡ), δισταγμός (ὁ)
vacuity, n. κενό (τό), κενός χῶρος (ὁ)/ vacuous, a. κενός/ vacuum, n. κενό (τό)/ ~ cleaner, ἡλεκτρική σκούπα (ἡ)/ ~ flask, θερμογόνα φιάλη (ἡ)
vade-mecum, n. ἐγκόλπιο (τό)
vagabond, n. ἀλήτης (ὁ), τυχοδιώκτης (ὁ)
vagary, n. φαντασιοπληξία (ἡ), βίδα (ἡ)
vagina, n. αἰδοῖο (τό), μουνί (τό)
vagrancy, ἡ ἀλητεία (ἡ), ἀγυρτεία (ἡ)/ vagrant, n. ἀλήτης (ὁ), ἀγύρτης (ὁ)
vague, a. ἀσαφής, ἀόριστος/ ~ness, n. ἀσάφεια (ἡ), ἀοριστία (ἡ)
vain, a. μάταιος/ (person) κενόδοξος/ ~glorious, a. ματαιόδοξος/ ~ly, ad. ματαιόδοξα
valance, n. κοντό παραπέτασμα (τό)
vale, n. κοιλάδα (ἡ), λαγγάδι (τό)
valediction, n. ἀποχαιρετισμός (ὁ)/ valedictory, a. ἀποχαιρετιστήριος
valerian, n. βαλεριάνα (ἡ)
valet, n. ὑπηρέτης (ὁ), θαλαμηπόλος (ὁ)
valetudinarian, a. φιλάσθενος, καχεκτικός
valiant, a. γενναῖος, ἀνδρεῖος
valid, a. ἔγγυρος, νόμιμος/ ~ate, v.t. ἐπικυρώνω/ ~ity, n. κύρος (τό), ἰσχύς (ἡ)

valise, n. βαλίτσα (ἡ)
valley, n. κοιλάδα (ἡ)
valorous, a. γενναῖος, ἀνδρεῖος/ valour, n. γενναιότητα (ἡ), ἀνδρεία (ἡ), παλληκαριά (ἡ)
valuable, a. πολύτιμος/ ~s, n. pl. τιμαλφῆ (τά), πολύτιμα πράγματα/ valuation, n. ἐκτίμηση (ἡ)/ value, n. ἀξία (ἡ), τιμή (ἡ)/ v.t. ἀποτιμῶ, ἀξιολογῶ/ (a person) τιμῶ/ ~less, a. χωρίς ἀξία, εὐτελής/ ~r, n. ἐκτιμητής (ὁ), ἐμπειρογνώμων (ὁ)
valve, n. βαλβίδα (ἡ), δικλείδα (ἡ)/ (radio) λυχνία (ἡ)
vamp, n. ψίδι (τό)/ (woman) μοιραία γυναίκα/ v.t. ἐπισκευάζω παπούτσια/ (mus.) παίζω ἄτεχνα
vampire, n. βρυκόλακας (ὁ)
van, n. φορτηγό αὐτοκίνητο (τό)
vandal, n. βάνδαλος (ὁ), βάρβαρος (ὁ)/ a. βαρβαρικός/ ~ism, n. βανδαλισμός (ὁ), βαρβαρότητα (ἡ)
vane, n. πτερύγιο (τό), βραχίονας (ὁ)/ (weather) ἀνεμοδείκτης (ὁ)
vanguard, n. ἐμπροσθοφυλακή (ἡ)
vanilla, n. βανίλλια (ἡ)
vanish, v.i. ἐξαφανίζομαι
vanity, n. ματαιότητα (ἡ)/ ~ bag, τσαντάκι καλλυντικῶν (τό)
vanquish, v. t. νικῶ, καταβάλλω/ ~ er, n. νικητής (ὁ)
vantage, n. πλεονέκτημα (τό), ὑπεροχή (ἡ)/ ~ point, πλεονεκτική θέση (ἡ)
vapid, a. ἀνούσιος, σαχλός
vaporize, v. t. ἐξαερώνω, ἀεριοποιῶ/ v.i. ἐξατμίζομαι/ ~r, n. ἐξατμιστήριο (τό), ψεκαστήρας (ὁ)/ vaporous, a. ἀτμώδης/ vapour, n. ἀτμός (ὁ)
variable, a. μεταβλητός, ἀσταθής/ variance, n. ἀσυμφωνία (ἡ), διάσταση (ἡ)/ be at ~ with the facts, δέν ἀνταποκρίνομαι στήν πραγματικότητα/ variant, n. παραλλαγή (ἡ)/ variation, n. παραλλαγή (ἡ), διαφορά (ἡ)
varicose, a. κιρσώδης/ ~ vein, n. κιρσός (ὁ)
variegate, v.t. ποικίλλω, χρωματίζω/ ~d, a. ποικίλος, ποικιλόχρωμος/ variety, n. ποικιλία (ἡ)/ ~ show, βαριετέ (τό)/ various, a. διάφορος, ποικίλος
varnish, n. βερνίκι (τό)/ (fig.) ἐξωτερικό

στόλισμα/ v.t. βερνικώνω, στιλβώνω/
~ing, n. βερνίκωμα (τό)
vary, v.t. μεταβάλλω, ἀλλοιώνω/ v.i. με-
ταβάλλομαι, διαφέρω, ποικίλλω
vase, n. ἀγγεῖο (τό), βάζο (τό)
vaseline, n. βαζελίνη (ή)
vassal, n. δουλοπάροικος (ὁ)
vast, a. ἀπέραντος, ἀχανής/ ~ly, ad.
ἀπέραντα, ὑπερβολικά/ ~ness, n. ἀπέ-
ραντη ἔκταση (ή)
vat, n. πιθάρι (τό)
vaudeville, n. ἐλαφρό θέατρο (τό)
vault, n. θόλος (ὁ), καμάρα (ή)/ v.t. & i.
ἀψιδώνω, φτιάχνω θόλο/ ~ ing horse,
ἄλογο γυμναστικῆς (τό)
vaunt, n. καύχηση (ή), κομπασμός (ὁ)/
v. t. & i. καυχιέμαι, κομπάζω
veal, n. κρέας μοσχαρίσιο (τό), βιδέλο
(τό)
vector, n. διάνυσμα (τό)
veer, v.i. μεταστρέφομαι, μεταβάλλω κα-
τεύθυνση
vegetable, n. λαχανικό (τό)/ a. φυτικός/
vegetarian, n. φυτοφάγος (ὁ)/ ~ism, n.
φυτοφαγία (ή)/ vegetate, v.i. βλασταί-
νω, φυτρώνω/ vegetative, a. φυτικός,
βλαστικός
vehemence, n. σφοδρότητα (ή), ὁρμή (ή)/
vehement, a. σφοδρός, ὁρμητικός, βί-
αιος
vehicle, n. ὄχημα (τό), τροχοφόρο (τό)/
(med.) φορέας (ὁ)/ vehicular traffic, n.
κυκλοφορία ὀχημάτων (ή)
veil, n. πέπλο (τό), βέλο (τό)/ (fig.) πρόσ-
χημα (τό)/ v.t. σκεπάζω, καλύπτω/
(fig.) κρύβω
vein, n. φλέβα (ή)/ (leaf) νεύρωμα (τό)/
~ed, a. φλεβώδης
vellum, n. περγαμηνή (ή), μεμβράνη (ή)
velocipede, n. ποδήλατο παλιοῦ συστή-
ματος (τό)/ velocity, n. ταχύτητα (ή)
velvet, n. βελοῦδο (τό)/ a. βελούδινος,
βελουδένιος/ ~y, a. βελουδένιος
venal, a. δωροδοκήσιμος/ ~ity, n. δωρο-
δοκία (ή)
vend, v.t. πουλῶ/ ~or, n. πωλητής (ὁ)
veneer, n. καπλαμάς (ὁ), ἐπίχρισμα (τό)/
v.t. καπλαντίζω
venerable, a. σεβαστός, σεβάσμιος/ vene-
rate, v.t. σέβομαι, νοιώθω εὐλάβεια/

veneration, n. σεβασμός (ὁ), εὐλάβεια
(ή), λατρεία (ή)
venereal, a. ἀφροδίσιος
Venetian, a. ἐνετικός/ ~ blinds, παντζού-
ρι (τό)
vengeance, n. ἐκδίκηση (ή)/ vengeful, a.
ἐκδικητικός
venial, a. ἐλαφρός/ (leg.) συγγνωστός
venison, n. κρέας ἐλαφιοῦ (τό)
venom, n. δηλητήριο (τό)/ ~ous, a. δηλη-
τηριώδης
vent, n. διέξοδος (ή), φεγγίτης (ὁ)/ ~
hole, ὀπή βαρελιοῦ/ v.t. ἀερίζω, ἐξα-
τμίζω/ ~ilate, v.t. ἀερίζω, ἀνεμίζω/
~ilation, n. ἀερισμός (ὁ)/ ~ilator, n.
ἀεριστήρας (ὁ), ἐξαεριστήρας (ὁ)
ventral, a. κοιλιακός, γαστρικός (ὁ)
ventricle, n. κόλπος τῆς καρδιᾶς
ventriloquism, n. ἐγγαστριμυθία (ή)/ ven-
triloquist, n. ἐγγαστρίμυθος (ὁ)
venture, n. τόλμημα (τό), ἐπικίνδυνο ἐγ-
χείρημα/ at a ~, στήν τύχη/ v.t. βάζω σέ
κίνδυνο/ v.i. ριψοκινδυνεύω, διακιν-
δυνεύω/ ~some, παράτολμος, ριψοκίν-
δυνος
veracious, a. φιλαλήθης, εἰλικρινής/ vera-
city, n. φιλαλήθεια (ή), εἰλικρίνεια (ή)
veranda, n. βεράντα (ή), ἐξώστης (ὁ)
verb, n. ῥῆμα (τό)/ ~al, a. ῥηματικός,
προφορικός/ ~atim, ad. κατά λέξη/
~iage, n. πολυλογία (ή)/ ~ose, a. πο-
λύλογος, φλύαρος
verdant, a. χλοερός
verdict, n. ἐτυμηγορία (ή), ἀπόφαση (ή)
verdigris, n. ἄνθος χαλκοῦ (τό)
verdure, n. χλόη (ή), πρασινάδα (ή)
verge, n. ἄκρη (ή), παρυφή (ή)/ (eccl.)
ῥάβδος ἐπισκόπου/ on the ~ of, στά
πρόθυρα/ v.i. ~ on, κλίνω, τείνω/ ~r,
n. κλητήρας (ὁ)/ (eccl.) ἐπίτροπος (ὁ)
verification, n. ἐπαλήθευση (ή)/ verify,
v.t. ἐπαληθεύω, ἐπιβεβαιώνω/
verisimilitude, n. εὐλογοφάνεια (ή)/ ve-
ritable, a. ἀληθινός, γνήσιος/ verity, n.
ἀλήθεια (ή)
vermicelli, n. φειδές (ὁ)
vermilion, n. κιννάβαρι (τό)
vermin, n. παράσιτα (τά), ζωύφια (τά)/
~ous, a. γεμάτος ζωύφια
vermouth, n. βερμούτ (τό)

vernacular, a. ντόπιος, ἐγχώριος/ n. τοπική γλῶσσα (ἡ)
vernal, a. ἐαρινός, ἀνοιξιάτικος
versatile, a. εὐμετάβλητος, εὔστροφος/ versatility, n. εὐστροφία (ἡ)
verse, n. στίχος (ὁ), ποίημα (τό)/ ~d, a. ἔμπειρος, κατατοπισμένος/ versicle, n. μικρός στίχος (ὁ)/ versifier, n. στιχουργός (ὁ), στιχοπλόκος (ὁ)/ versify, v.t. στιχουργῶ
version, n. ἔκδοση (ἡ), ἐκδοχή (ἡ)
versus, pr. ἐναντίον, κατά
vertebra, n. σπόνδυλος (ὁ)/ ~l, a. σπονδυλικός/ ~te, n. σπονδυλωτό ζῶο (τό)
vertex, n. κορυφή (ἡ)/ vertical, a. κατακόρυφος, κάθετος/ ~ly, ad. κάθετα, κατακόρυφα
vertiginous, a. ἰλιγγιώδης, ζαλιστικός/ vertigo, n. ἴλιγγος (ὁ), ζαλάδα (ἡ)
verve, n. οἶστρος (ὁ), ἔμπνευση (ἡ)
very, ad. πολύ/ ~ much, πάρα πολύ/ the ~ same, ἀκριβῶς ὁ ἴδιος/ a. πολλής, γνήσιος
vesicle, n. κύστη (ἡ), φούσκα (ἡ)
vespers, n. ἑσπερινός (ὁ)
vessel, n. δοχεῖο (τό), σκεῦος (τό), ἀγγεῖο (τό)
vest, n. χιτώνιο (τό), γιλέκο (τό)/ v.t. ντύνω, περιβάλλω/ ~ed, p.p. & a. σταθερός, κατοχυρωμένος/ ~ interests, κεκτημένα δικαιώματα (τά)
vestal, a. ἑστιακός/ ~ virgin, Ἑστιάδα (ἡ)
vestibule, n. προθάλαμος (ὁ)
vestige, n. ἴχνος (τό)
vestment, n. ἐπίσημο ἔνδυμα (τό)/ vestry, n. ἱεροφυλάκιο (τό)/ vesture, n. ἱματισμός (ὁ)
vet, n. κτηνίατρος (ὁ)/ v.t. ἐξετάζω ἰατρικά
vetch, n. βίκος (ὁ)
veteran, n. παλαίμαχος (ὁ), ἀπόμαχος (ὁ), βετεράνος (ὁ)
veterinary, a. κτηνιατρικός/ n. κτηνίατρος (ὁ)
veto, n. βέτο (τό), ἀρνησικυρία (ἡ)/ v.t. προβάλλω βέτο
vex, v.t. ἐρεθίζω, πειράζω/ ~ation, n. ἐρεθισμός (ὁ), ἐνόχληση (ἡ)/ ~ing, a. ἐνοχλητικός/ ~ed, a. ἐνοχλημένος

via, pr. μέσω
viable, a. βιώσιμος
viaduct, n. ἀψιδωτή γέφυρα
vial, n. φιαλίδιο (τό)
vibrate, v.i. σείομαι, δονοῦμαι/ vibration, n. δόνηση (ἡ), κραδασμός (ὁ)
vicar, n. ἐφημέριος (ὁ)/ ~age, n. ἐφημερία (ἡ), πρεσβυτέριο (τό)/ ~ious, a. ὑποκατάστατος
vice, n. ἐλάττωμα (τό), κακία (ἡ)/ (tech.) μέγγενη (ἡ)
vice, prefix, ἀντί, ὑπό/ ~-admiral, n. ὑποναύαρχος (ὁ)/ ~chairman, n. ~president, n. ἀντιπρόεδρος (ὁ)/ ~roy, n. ἀντιβασιλέας (ὁ)
vice-versa, ad. ἀντίστροφα, τό ἀντίθετο
vicinity, n. γειτνίαση (ἡ)/ in the ~ , στά περίχωρα
vicious, a. ἐλαττωματικός, κακός, διεφθαρμένος/ ~ness, n. κακία (ἡ), φαυλότητα (ἡ), διαφθορά (ἡ)
vicissitude, n. μεταβολή (ἡ), ἀντιξοότητα (ἡ)
victim, n. θύμα (τό)/ ~ize, v.t. θυσιάζω, καταδυναστεύω
victor, n. νικητής (ὁ)/ ~ious, a. νικηφόρος/ ~y, n. νίκη (ἡ)
victual, v. t. τροφοδοτῶ, ἐπισιτίζω/ ~ler, n. προμηθευτής (ὁ), τροφοδότης (ὁ)/ ~s, n. pl. τρόφιμα (τά), προμήθειες(οἱ)
vie, v.i. συναγωνίζομαι
view, n. θέα (ἡ), ἄποψη (ἡ)/ point of ~, γνώμη (ἡ), ἄποψη (ἡ)/ in ~ of, ἐν ὄψει, ἐφ' ὅσον/ with a ~ to, μέ σκοπό νά/ v.t. ἐξετάζω, ἐπιθεωρῶ/ ~ finder, n. σκόπευτρο (τό)
vigil, n. ἀγρυπνία (ἡ)/ keep ~, ἀγρυπνῶ/ ~ance, n. ἐπαγρύπνηση (ἡ)/ ~ant, a. ἄγρυπνος
vignette, n. κορωνίδα (ἡ), κόσμημα βιβλίου (τό)
vigorous, a. ρωμαλέος, σθεναρός/ vigour, n. ρωμαλεότητα (ἡ), σθεναρότητα (ἡ)
vile, a. εὐτελής, ἀχρεῖος/ vilify, v.t. κακολογῶ, ἐξευτελίζω
villa, n. ἔπαυλη (ἡ), ἐξοχικό σπίτι (τό)/ ~ge, n. χωριό (τό)/ a. χωριάτικος/ ~ger, n. χωριάτης (ὁ)
villain, n. παλιάνθρωπος (ὁ), φαῦλος (ὁ)/ ~ous, a. ἀχρεῖος, ποταπός/ ~y, n. κα-

κοήθεια (ή), ἀτιμία (ή)

villein, n. δουλοπάροικος (ὁ)

vindicate, v.t. δικαιολογῶ, ὑπερασπίζω/ ~ *oneself,* δικαιολογοῦμαι, ἀποδεικνύω τήν ἄποψη μου/ *vindication,* n. δικαιολόγηση (ή), ὑπεράσπιση (ή)/ *vindicative,* a. δικαιολογητικός

vindictive, a. ἐκδικητικός

vine, n. ἀμπέλι (τό)/ ~*gar,* n. ξύδι (τό)/ ~ *grower,* n. ἀμπελουργός (ὁ)/ ~ *growing,* n. ἀμπελουργία (ή)/ ~*yard,* n. ἀμπελώνας (ὁ), ἀμπέλι (τό)/ *vinous,* a. κρασόχρωμος

vintage, n. τρύγος (ὁ), τρυγητός (ὁ)/ ~ *wine,* κρασί ὁρισμένης χρονιᾶς

viola, n. βιόλα (ή)/ (bot.) εἶδος πανσέ

violate, v.t. παραβαίνω, παραβιάζω, ἀθετῶ/ *violation,* n. παράβαση (ή), παραβίαση (ή), ἀθέτηση (ή)/ *violator,* n. παραβάτης (ὁ), βεβηλωτής (ὁ)/ *violence,* n. βία (ή)/ *violent,* a. βίαιος

violet, n. βιολέττα (ή), μενεξές (ὁ)/ a. μενεξεδένιος

violin, n. βιολί (τό)/ ~*ist,* n. βιολιστής (ὁ)/ *violoncellist,* n. βιολοντσελλίστας (ὁ)/ *violoncello,* n. βιολοντσέλλο (τό)

viper, n. ὀχιά (ή)/ ~*ous,* a. δηλητηριώδης, φαρμακερός

virago, n. μέγαιρα (ή)

virgin, n. παρθένα (ή)/ a. παρθένος/ (metal) καθαρό/ (fig.) ἁγνός/ ~ *soil,* παρθένο ἔδαφος/ ~*al,* a. παρθενικός/ ~*ity,* n. παρθενία (ή)

virile, a. ἀρρενωπός/ *virility,* n. ἀρρενωπότητα (ή)

virtual, a. πραγματικός, οὐσιαστικός/ ~*ly,* ad. πραγματικά, οὐσιαστικά/ *virtue,* n. ἀρετή (ή)/ *by* ~ *of,* δυνάμει/ *virtuosity,* n. δεξιοτεχνία (ή)/ *virtuoso,* n. δεξιοτέχνης (ὁ), βιρτουόζος (ὁ)/ *virtuous,* a. ἀγαθός, ἐνάρετος

virulence, n. κακεντρέχεια (ή), μοχθηρία (ή)/ *virulent,* a. κακεντρεχής, μοχθηρός/ *virus,* n. ἰός (ὁ)

visa, n. θεώρηση (ή)/ v.t. θεωρῶ

visage, n. πρόσωπο (τό), ὄψη (ή)

viscera, n. pl. ἐντόσθια (τά)

viscount, n. ὑποκόμης (ὁ)

viscous, a. γλοιώδης, κολλώδης

visibility, n. ὁρατότητα (ή)/ *visible,* a.

ὁρατός/ *visibly,* ad. φανερά

vision, n. ὅραση (ή), ὀπτασία (ή)/ ~*ary,* n. ὀραματιστής (ὁ), ὀνειροπόλος (ὁ)/ a. χιμαιρικός, φανταστικός

visit, n. ἐπίσκεψη (ή)/ *pay a* ~, ἐπισκέπτομαι/ *return a* ~, ἀνταποδίδω ἐπίσκεψη/ v.t. ἐπισκέπτομαι/ ~*ation,* n. ἐπιθεώρηση (ή)/ (eccl.) ὑπερφυσική ὀπτασία (ή)/ ~*ing,* n. ἐπίσκεψη (ή)/ ~*ing card,* ἐπισκεπτήριο (τό)/ ~*or,* n. ἐπισκέπτης (ὁ)

visor, n. προσωπίδα (ή), μάσκα (ή)

vista, n. θέα (ή), ἄποψη (ή)

visual, a. ὀπτικός/ ~*ize,* v.t. βλέπω νοερά, φαντάζομαι

vital, a. ζωτικός, οὐσιαστικός/ ~*ity,* n. ζωτικότητα (ή), ζωντάνια (ή)/ ~*ize,* v.t. ζωογονῶ/ ~*s,* n. pl. ζωτικά ὄργανα (τά)

vitamin, n. βιταμίνη (ή)

vitiate, v.t. χαλῶ, φθείρω/ *vitiation,* n. χάλασμα (τό), φθορά (ή)

viticultural, a. ἀμπελουργικός/ *viticulturalist,* n. ἀμπελουργός (ὁ)/ *viticulture,* n. ἀμπελουργία (ή)

vitreous, a. γυάλινος/ *vitrify,* v.t. ὑαλοποιῶ

vitriol, n. βιτριόλι (τό)/ ~*ic,* a. θειικός, βιτριολικός/ (fig.) βίαιος

vituperate, v.t. βρίζω, ἐξευτελίζω/ *vituperation,* n. βρίσιμο (τό), ἐξευτελισμός (ὁ)

vivacious, a. ζωηρός, εὔθυμος/ *vivacity,* n. ζωηρότητα (ή), εὐθυμία (ή)

viva voce, a. προφορικός

vivid, a. ζωντανός, ζωηρός/ ~*ness,* n. ζωντάνια (ή), ζωηρότητα (ή)

vivify, v.t. ζωογονῶ/ *viviparous,* a. ζωοτόκος/ *vivisection,* n. ζωοτομία (ή)

vixen, n. θηλυκή ἀλεπού (ή)/ (fig.) στρίγγλα (ή), μέγαιρα (ή)

viz, ad. δηλαδή

vizier, n. βεζύρης (ὁ)

vocabulary, n. λεξιλόγιο (τό)/ *vocal,* a. φωνητικός/ ~ *cords,* φωνητικές χορδές/ ~*ist,* n. τραγουδιστής (ὁ)/ ~*ize,* v.t. τραγουδῶ

vocation, n. κλίση (ή)/ ~*al,* a. ἐπαγγελματικός/ *vocative,* n. κλητική (ή)

vociferate, v.t. & i. κραυγάζω φωνάζω/

vociferous, a. κραυγαλέος
vogue, n. μόδα (ἡ), συρμός (ὁ)
voice, n. φωνή (ἡ)/ v.t. ἐκφράζω, ἐκφωνῶ
void, a. κενός, ἄδειος/ n. κενό (τό)/ v.t. ἀκυρώνω, ἀδειάζω
volatile, a. πτητικός, ἐξατμιστός/ (fig.) ἄστατος, ζωηρός/ *volatilize*, v.t. & i. ἐξατμίζω
volcanic, a. ἡφαιστειογενής/ *volcano*, n. ἡφαίστειο (τό)
vole, n. μικρός ἀρουραῖος (ὁ)
volition, n. βούληση (ἡ)
volley, n. (mil.) ὁμοβροντία (ἡ)/ ~ *ball*, πετόσφαιρα (ἡ)/ v.t. ἐκσφενδονίζω
volt, n. βόλτ (τό)/ ~ *age*, n. βολτάζ (τό)/ ~*aic*, a. βολταϊκός/ ~*meter*, n. βολτόμετρο (τό)
volubility, n. εὐστροφία (ἡ)/ *voluble*, a. εὔστροφος
volume, n. ὄγκος (ὁ)/ (book) τόμος (ὁ)/ ~*s of smoke*, τολύπες καπνοῦ/ *voluminous*, a. ὀγκώδης, πολύτιμος
voluntary, a. ἐθελοντικός, ἑκούσιος/ *volunteer*, n. ἐθελοντής (ὁ)/ v.t. προσέρχομαι σάν ἐθελοντής
voluptuary, n. φιλήδονος (ὁ)/ *voluptuous*, a. ἡδυπαθής
volute, n. κοχλίας (ὁ), ἕλικας (ὁ)
vomit, v.i. ξερνῶ, κάνω ἐμετό/ n. ἐμετός (ὁ)
voracious, a. ἀδηφάγος, ἄπληστος
vortex, n. στρόβιλος (ὁ), δίνη (ἡ)
votary, n. θιασώτης (ὁ), λάτρης (ὁ)
vote, n. ψῆφος (ἡ), ψηφοφορία (ἡ)/ v.i. ψηφίζω/ ~*r*, n. ψηφοφόρος (ὁ)/ *voting*, n. ψηφοφορία (ἡ)/ ~ *paper*, ψηφοδέλτιο (τό)
votive, a. ἀναθηματικός, ἀφιερωτικός/ ~ *offering*, ἀφιέρωμα (τό)
vouch, v.t. ἐγγυῶμαι/ ~*er*, n. κουπόνι (τό), ἀπόδειξη (ἡ)/ ~*safe*, v.t. κάνω χάρη, εὐδοκῶ
vow, n. ὑπόσχεση (ἡ), τάξιμο (τό)/ v.i. ὑπόσχομαι, τάζω
vowel, n. φωνῆεν (τό)
voyage, n. ταξίδι (τό)/ v.i. ταξιδεύω/ ~*r*, n. ταξιδιώτης (ὁ)
vulcanite, n. βουλκανίτης (ὁ)/ *vulcanize*, v.t. βουλκανιζάρω
vulgar, a. χυδαῖος, ἀγροῖκος, πρόστυχος/ ~ *herd*, ὄχλος, χυδαῖος λαός/ ~*ism*, n. χυδαιότητα (ἡ)/ ~*ity*, n. χυδαιότητα (ἡ), προστυχιά (ἡ)/ ~*ize*, v.t. ἐκχυδαΐζω, προστυχεύω
vulnerable, a. τρωτός
vulture, n. γύπας (ὁ)/ (fig.) ἅρπαγας (ὁ)

W

wad, n. στούπωμα (τό), παραγέμισμα (τό)/ v.t. στουπώνω, παραγεμίζω/ ~*ding*, n. βάτα (τά)
waddle, v.i. περπατῶ σάν πάπια
wade, v.i. περπατῶ μέσα σέ νερό/ ~ *into*, καταπιάνομαι/ ~ *through*, ξεμπλέκω, τελειώνω
waffle, n. τηγανίτα (ἡ)
waft, n. πνοή (ἡ), φύσημα (τό)/ (smell) σκόρπισμα μυρωδιᾶς/ v.t. φυσῶ, σκορπίζω
wag, n. γελωτοποιός (ὁ)/ (tail) κούνημα (τό), σείσιμο (τό)/ v.i. κουνῶ, σείω
wage, n. μισθός (ὁ)/ ~ *earner*, μισθωτός (ὁ)/ v.t. ~ *war*, διεξάγω πόλεμο
wager, n. στοίχημα (τό)/ v.i. στοιχηματίζω
waggish, a. ἀστεῖος, εὐτράπελος
waggon, n. ἁμάξι (τό), ὄχημα (τό), βαγόνι (τό)/ ~*er*, n. ἀμαξηλάτης (ὁ)
wagtail, n. σουσουράδα (ἡ)
waif, n. ἔρμαιο (τό)
wail, n. θρῆνος (ὁ), κλάμμα (τό)/ v.i. θρηνῶ, κλαίω
wainscot, n. φάτνωμα (τό), σανίδωμα (τό)/ v.t. φατνώνω, ἐπισανιδώνω
waist, n. μέση (ἡ)/ ~ *band*, n. ζώνη μέσης (ἡ)/ ~*coat*, n. γιλέκο (τό)
wait, n. ἀναμονή (ἡ)/ *lie in* ~, ἐνεδρεύω/ v.t. & i. περιμένω/ ~ *on*, περιποιοῦμαι/ ~*er*, n. γκαρσόνι (τό), σερβιτόρος (ὁ)/ ~*ing*, n. ἀναμονή (ἡ)/ ~ *room*, αἴθουσα ἀναμονῆς (ἡ)/ ~*ress*, n. γκαρσόνα (ἡ), σερβιτόρα (ἡ)
waive, v.t. ἐγκαταλείπω, παραιτοῦμαι ἀπό

wake, n. ξενύχτισμα νεκρού (τό)/ (naut.) ὁλκός (ἡ)/ in the ~ of, ἀμέσως μετά/ v.t. & i. ξυπνῶ/ ~fulness, n. ἀγρύπνια (ἡ)/ ~n, v.t. & i. ξυπνῶ

walk, n. περπάτημα (τό), βάδισμα (τό)/ go for a ~, πηγαίνω περίπατο/ ~ of life, τρόπος ζωῆς/ ~ over, εὔκολη νίκη/ v.t. & i. περπατῶ, βαδίζω/ ~ about, περιφέρομαι/ ~ in, μπαίνω μέσα/ ~ off, φεύγω/ ~ out, βγαίνω/ ~ing, n. περπάτημα (τό)/ a. πεζός, περπατητός/ ~ stick, μπαστούνι (τό), ραβδί (τό)/ ~ tour, πεζοπορία (ἡ)

wall, n. τοῖχος (ὁ)/ ~ cupboard, ἐντοιχισμένη ντουλάπα (ἡ)/ v.t. ~ up, χτίζω τοῖχο

wallet, n. σακκίδιο (τό), χαρτοφύλακας (ὁ), πορτοφόλι (τό)

wallflower, n. κίτρινη γαρουφαλιά (ἡ)/ (fig.) εἶμαι σέ χορό χωρίς νά χορεύω

wallop, n. ἰσχυρό χτύπημα (τό), κοπάνισμα (τό)/ v.t. χτυπῶ δυνατά, κοπανῶ

wallpaper, n. ταπετσαρία (ἡ), χαρτί τοῦ τοίχου (τό)

walnut, n. καρύδι (τό)

walrus, n. θαλάσσιος ἐλέφαντας (ὁ)

waltz, n. βάλς (τό)/ v.i. βαλσάρω

wan, a. χλωμός, ὠχρός

wand, n. βέργα (ἡ), ραβδί (τό)

wander, v.i. περιπλανιέμαι, περιφέρομαι/ ~er, n. περιπλανώμενος (ὁ)/ ~ing, n. περιπλάνηση (ἡ)/ a. περιπλανώμενος

wane, n. μείωση (ἡ), ἐλάττωση (ἡ)/ v.i. μειώνομαι, λιγοστεύω

want, n. ἔλλειψη (ἡ), ἀνάγκη (ἡ)/ v.t. θέλω, ζητῶ/ ~ed, a. (adver.) ζητεῖται/ (police) καταζητούμενος/ ~ing, a. ἐλλειπής

wanton, a. ἀχαλίνωτος, ἀπειθάρχητος, ἐλαφρόμυαλος/ (woman) ἀκόλαστος, πρόστυχος

war, n. πόλεμος (ὁ)/ ~ memorial, μνημεῖο πεσόντων (τό)/ ~ of attrition, κλεφτοπόλεμος (ὁ), τακτική φθορᾶς/ W~ Office, Ὑπουργεῖο Ἀμύνης (τό)/ v.i. κάνω πόλεμο

warble, v.t. & i. κελαηδῶ, τραγουδῶ/ ~r, n. τιρτιλί (τό)/ warbling, n. τρέμολο (τό), γλυκό τραγούδι

ward, n. (hospital) θάλαμος (ὁ)/ (district) συνοικία (ἡ), περιφέρεια (ἡ)/ v.t. προστατεύω/ ~ off, ἀποκρούω/ ~en, n. φύλακας (ὁ), ἐπόπτης (ὁ)/ ~er, n. δεσμοφύλακας (ὁ)/ ~robe, n. ντουλάπα ρούχων (ἡ)

warehouse, n. ἀποθήκη (ἡ)

wares, n. pl. ἐμπορεύματα (τά)

warfare, n. ἐχθροπραξίες (οἱ), πόλεμος (ὁ)

war-horse, n. παλαίμαχος (ὁ)

warily, ad. προσεκτικά, ἐπιφυλακτικά/ wariness, n. προσοχή (ἡ), ἐπιφυλακτικότητα (ἡ)

warlike, a. φιλοπόλεμος, πολεμοχαρής

warm, a. ζεστός, θερμός/ v.t. ζεσταίνω, θερμαίνω/ ~ly, ad. θερμά, ἐγκάρδια/ ~th, n. ζεστασιά (ἡ), θαλπωρή (ἡ)

warmonger, n. πολεμοκάπηλος (ὁ)

warn, v.t. προειδοποιῶ/ ~ing, n. προειδοποίηση (ἡ)

warp, n. σκέβρωμα (τό), στρέβλωση (ἡ)/ v.t. & i, σκεβρώνω, στρεβλώνω

warrant, n. ἔνταλμα (τό), ἐντολή (ἡ)/ ~ officer, ἀνθυπασπιστής (ὁ)/ v.t. δικαιολογῶ, ἐξουσιοδοτῶ/ ~y, n. ἐγγύηση (ἡ)

warren, n. κουνελότοπος (ὁ)/ (fig.) πυκνοκατοικημένη περιοχή (ἡ)

warrior, n. πολεμιστής (ὁ)

warship, n. πολεμικό (πλοῖο) (τό)

wart, n. κρεατοελιά (ἡ)/ ~y, a. γεμάτος κρεατοελιές

wary, a. προσεκτικός, ἐπιφυλακτικός

wash, v.t. πλένω/ (shore) βρέχω/ (clothes) πλένω, κάνω μπουγάδα/ ~ away, ξεπλένω, ἀποπλένω/ ~ off, περιχύνω/ ~ down, τρώγω μέ κρασί/ ~ one's hands of, νίπτω τάς χείρας μου/ ~ up, πλένω τά πιάτα/ n. πλύσιμο (τό)/ ~basin, νιπτήρας (ὁ)/ ~ house, πλυσταριό (τό)/ ~ leather, ἀπομίμηση δέρματος/ ~er, n. πλύστρα (ἡ)/ (tech.) δακτύλιος (ὁ), ροδέλλα (ἡ)/ washing, n. πλύσιμο (τό), πλύση (ἡ)/ ~ machine, πλυντήριο (τό)/ ~ up, πλύσιμο τῶν πιάτων (τό)

wasp, n. σφήκα (ἡ)/ ~'s nest, σφηκοφωλιά (ἡ)/ ~ish, a. κακόκεφος, στριμμένος

wastage, n. ἀπώλεια (ἡ), διαρροή (ἡ)/ waste, n. ἀπώλεια (ἡ), χάσιμο (τό)/ v.t.

χάνω, σπαταλῶ/ a. ἔρημος/ v.t. ἐρημώνω, καταστρέφω/ ~ land, ἐρημότοπος (ὁ)/ ~ paper, παλιόχαρτο (τό)/ ~ paper basket, καλάθι σκουπιδιῶν (τό)/ ~ pipe, σωλήνας ἀποχέτευσης (ὁ)/ ~ful, a. σπάταλος, πολυέξοδος

watch, n. ἐπιτήρηση (ἡ), παρακολούθηση (ἡ)/ (person) φρουρός (ὁ), φύλακας (ὁ), σκοπός (ὁ)/ (naut.) βάρδια (ἡ)/ (hand) ρολόι χεριοῦ (τό)/ be on ~, εἶμαι σκοπός/ v.t. παρατηρῶ, παρακολουθῶ, φρουρῶ/ ~ out, προσέχω, προφυλάγομαι/ ~ over, προστατεύω, φρουρῶ/ ~dog, n. μαντρόσκυλο (τό)/ (fig.) φύλακας (ὁ)/ ~ful, a. ἄγρυπνος/ ~maker, n. ρολογάς (ὁ)/ ~man, n. νυχτοφύλακας (ὁ)/ ~tower, n. σκοπιά (ἡ), βίγλα (ἡ), παρατηρητήριο (τό)

water, n. νερό (τό)/ in deep ~, σέ δύσκολη θέση/ v.t. ποτίζω, ἀρδεύω/ my mouth ~s, τρέχουν τά σάλια μου/ ~ down, νερώνω, μετριάζω/ ~borne, a. πλωτός/ ~-butt, n. συλλέκτης βρόχινου νεροῦ (ὁ)/ ~-closet, n. καζανάκι (τό)/ ~colour, n. ὑδρόχρωμα (τό), νερομπογιά (ἡ)/ ~course, n. αὐλάκι (τό)/ ~cress, n. νεροκάρδαμο (τό)/ ~fall, n. καταρράχτης (ὁ)/ ~ing, n. ἄρδευση (ἡ), πότισμα (τό)/ ~line, n. ἴσαλος γραμμή (ἡ)/ ~logged, a. πλημμυρισμένος, κατακλυσμένος/ ~mark, n. ὑδατόσημο (τό)/ ~melon, n. καρπούζι (τό)/ ~mill, n. νερόμυλος (ὁ)/ ~proof, a. ἀδιάβροχος, στεγανός/ n. ἀδιάβροχο (τό)/ ~shed, n. ὑδροκρίτης (ὁ)/ ~spout, n. θαλάσσιος σίφωνας (ὁ)/ ~ supply, n. ὑδρευτικό σύστημα (τό)/ ~tight, a. ὑδατοστεγής, στεγανός/ ~y, a. ὑδατώδης, νερουλός

watt, n. βάττ (τό)

wattle, n. καλαμωτή (ἡ)/ (anat.) προγούλι (τό)

wave, v.t. & i. κουνῶ, ἀνεμίζω, κυματίζω/ n. κύμα (τό)/ (of the hand) κούνημα (τό)

waver, v.i. ταλαντεύομαι, αἰωροῦμαι, κλονίζομαι/ ~ing, a. αἰωρούμενος, κλονισμένος/ n. κλονισμός (ὁ), ἀμφιταλάντευση (ἡ)

wavy, a. κυματιστός, κυματώδης

wax, n. κερί (τό)/ (ear) κυψελίδα (ἡ)/ v.t. κερώνω, ἀλείφω μέ κερί/ v.i. μεγαλώνω, αὐξάνομαι/ ~en, a. κέρινος, μαλακός/ ~works, n. κηροπλαστική (ἡ)

way, n. δρόμος (ὁ), διάβαση (ἡ), κατεύθυνση (ἡ)/ (method) μέθοδος (ὁ), τρόπος (ὁ)/ ~s and means, τρόποι καί μέσα/ by the ~, μέ τήν εὐκαιρία/ be in the ~, παρεμβάλλομαι, ἐνοχλῶ/ on the ~, στό δρόμο, καθ' ὁδόν/ give ~, ὑποχωρῶ/ make ~, κάνω τόπο/ make ~ for, παραχωρῶ τήν θέση μου/ ~farer, n. πεζοπόρος (ὁ), ὁδοιπόρος (ὁ)/ ~lay, v.t. ληστεύω/ ~-out, a. ἐξωφρενικός/ ~side, n. κράσπεδο (τό)

wayward, a. δύστροπος, πεισματάρης/ ~ness, n. πείσμα (τό), δυστροπία (ἡ)

we, pn. ἐμεῖς

weak, a. ἀσθενικός, ἀδύνατος/ ~ point, ἀδύνατο σημεῖο/ ~en, v.t. & i. ἐξασθενῶ, ἀδυνατίζω/ ~ling, n. ἀσθενικό πλάσμα (τό), ἀνθρωπάκι (τό)/ ~ly, ad. ἀδύνατα, ἀσθενικά/ ~ness, n. ἀδυναμία (ἡ)/ have a ~ for, ἔχω ἀδυναμία

weal, n. ἴχνος (τό), σημάδι (τό)

wealth, n. πλοῦτος (ὁ), ἀφθονία (ἡ)/ ~y, a. πλούσιος

wean, v.t. ἀποκόβω, ἀπογαλακτίζω

weapon, n. ὅπλο (τό)/ ~less, a. ἄοπλος

wear, n. ροῦχο (τό)/ (damage) χρήση (ἡ), φθορά (ἡ)/ ~ and tear, συνηθισμένη φθορά/ v.t. τρίβω, φθείρω, χαλῶ/ v.i. φορῶ/ ~ scent, βάζω ἄρωμα

weariness, n. κούραση (ἡ), κόπωση (ἡ)

wearing, n. τριμένη ἐπιφάνεια (ἡ)/ a. τριβόμενος

wearisome, a. κουραστικός, ἀνιαρός/ weary, a. κουρασμένος, ἐξαντλημένος/ v.t. & i. κουράζω, ἐξαντλῶ

weasel, n. κουνάβι (τό)

weather, n. καιρός (ὁ)/ ~ forecast, μετεωρολογικό δελτίο (τό)/ ~ station, μετεωρολογικός σταθμός (ὁ)/ v.t. ἀντιμετωπίζω/ v.i. ἀλλοιώνομαι, ξεβάφω/ ~ beaten, a. ἀνεμοδαρμένος/ ~ side, n. προσήνεμη πλευρά (ἡ)

weave, v.t. ὑφαίνω, πλέκω/ n. ὕφανση (ἡ)/ ~r, n. ὑφαντής (ὁ)/ weaving, n. ὕφανση (ἡ)

web, n. δίχτυ (τό), πλέγμα (τό)/ (zool.)

μεμβράνη (ή)/ ~bing, n. ἐνισχυτική ταινία (ή)

wed, v.t. παντρεύω, ἑνώνω/ v.i. παντρεύομαι/ ~ded, a. παντρεμένος/ (fig.) προσηλωμένος/ ~ husband (wife), νόμιμος σύζυγος/ ~ding, n. γάμος (ὁ)/ ~ cake, γαμήλια τούρτα (ή)/ ~ day, μέρα τοῦ γάμου/ ~ dress, νυφικό (τό)/ ~ ring, βέρα (ή)

wedge, n. σφήνα (ή)/ v.t. σφηνώνω/ ~ in, μπήγω

wedlock, n. παντρειά (ή), γάμος (ὁ)

Wednesday, n. Τετάρτη (ή)

wee, a. μικροσκοπικός, μικρούτσικος

weed, n. ζιζάνιο (τό), ἀγριόχορτο (τό)/ v.t. βοτανίζω, ξεριζώνω τά ζιζάνια/ ~ out, ξεριζώνω, ξεκαθαρίζω/ ~y, a. χορταριασμένος/ (character) ἀσθενικός

week, n. ἑβδομάδα (ή), ~'s wages, ἑβδομαδιάτικο (τό)/ ~day, n. καθημερινή (ή)/ ~end, n. Σαββατοκύριακο (τό)/ ~ly, a. ἑβδομαδιαῖος/ ad. ἑβδομαδιαία/ n. ἑβδομαδιαῖο περιοδικό (τό)

weep, v.i. κλαίω/ ~er, n. μοιρολογίστρα (ή)/ ~ing, a. κλαμένος/ ~ willow, ἰτιά ἡ κλαίουσα (ή)/ n. κλάψιμο (τό)

weevil, n. σκαθάρι (τό)

weft, n. ὑφάδι (τό)

weigh, v.t. ζυγίζω/ (anchor) σηκώνω/ v.i. ἔχω σημασία/ ~ down, παραφορτώνω, καταπιέζω/ ~bridge, n. ζυγογέφυρα (ή) ~ing, n. ζύγισμα (τό)/ ~t, n. βάρος (τό)/ ~ lifting, ἄρση βαρῶν (ή)/ v.t. βαραίνω, βάζω βαρίδια/ ~tless, a. ἄβαρος/ ~tlessness, n. ἔλλειψη βάρους (βαρύτητας)/ ~ty, a. ὀγκώδης

weir, n. φράγμα ποταμοῦ (τό)

weird, a. ἀφύσικος, ἀλλόκοτος, παράδοξος

welcome, n. καλωσόρισμα (τό), ὑποδοχή (ή)/ a. καλοδεχούμενος, εὐπρόσδεκτος/ v.t. καλωσορίζω, ὑποδέχομαι/ int. καλῶς ὁρίσατε/ you're ~, παρακαλῶ

weld, v.t. συγκολλῶ/ (fig.) συνδέω/ n. συγκόλληση (ή)/ ~er, n. συγκολλητής (ὁ)

welfare, n. εὐτυχία (ή), εὐημερία (ή), καλοπέραση (ή)/ ~ state, κράτος κοινωνικῆς πρόνοιας/ ~ work, κοινωνική πρόνοια (ή)

well, n. πηγάδι (τό)/ (fig.) πηγή (ή)/ oil ~, πετρελαιοπηγή (ή)/ v.i. ἀναβλύζω, ξεπηδῶ

well, a. σωστός, καλός/ (health) ὑγιής/ all is ~, ὅλα ἐντάξει/ ad. καλά, σωστά/ as ~, ἐπίσης/ as ~ as, ἐπιπλέον, ἐπιπρόσθετα/ int. γιά φαντάσου!/ ~-advised, a. καλά κατατοπισμένος/ you would be ~-advised, καλά θά κάνεις νά/ ~-appointed, a. πλήρης, καλά ἐξοπλισμένος/ ~-balanced, a. ἰσορροπημένος/ ~-behaved, a. εὐγενικός, εὐπρεπής/ ~-being, n. εὐημερία (ή), καλοπέραση (ή)/ ~-bred, a. καλοαναθρεμμένος/ ~-disposed, a. φιλικός, καλοδιατεθειμένος εὐνοϊκά/ ~done, a. καλοψημένος/ ~ done! μπράβο!/ ~-informed, a. καλοπληροφορημένος/ ~-meaning, a. καλοπροαίρετος/ ~-nigh, ad. παρά τρίχα, σχεδόν/ ~-off, a. πλούσιος, εὔπορος/ ~-read, a. μορφωμένος, διαβασμένος

Welsh, n. Οὐαλλός (ὁ)/ a. οὐαλλικός

welt, n. (shoes) βάρδουλο (τό)/ (clothes) μπορντούρα (ή)

welter, n. ἀνακάτεμα (τό), σύγχιση (ή)/ v.i. κυλιέμαι

well-timed, a. ἐπίκαιρος

well-wisher, n. καλοθελητής (ὁ)

wench, n. κορίτσι (τό), κοπέλλα (ή)/ (sl.) πόρνη (ή)

wend (one's way) v.i. προχωρῶ, ταξιδεύω ἀργά

west, n. δύση (ή)/ a. δυτικός/ ad. δυτικά/ ~ern, a. δυτικός/ ~ward, ad. πρός τά δυτικά

wet, a. ὑγρός, βρεγμένος/ ~ blanket, σαχλός/ ~ paint! προσοχή βάφει!/ ~ through, μούσκεμα/ n. ὑγρασία (ή)/ v.t. βρέχω, ὑγραίνω, μουσκεύω

wether, n. εὐνουχισμένο κριάρι (τό)

wetness, n. ὑγρασία (ή)

wet-nurse, n. παραμάνα (ή)

whack, n. μπάτσος (ὁ), φοῦσκος (ὁ)/ v.t. χτυπῶ δυνατά

whale, n. φάλαινα (ή)/ have a ~ of a time, διασκεδάζω, περνῶ θαυμάσια/ ~bone, n. μπαλένα (ή)/ ~r, n. φαλαινοθηρικό (τό)

wharf, n. ἀποβάθρα (ή)/ ~age, n. τέλη ἀποβάθρας (τά)

what, pn. τί; ποιός;/ ~ for? γιατί; γιά ποιό λόγο;/ ~'s up? τί συμβαίνει;/ c. αὐτό πού, ἐκεῖνο πού/ he knows ~'s ~, ξέρει τί τοῦ γίνεται/ ~ ever, ~ soever, a. & pn. ὁτιδήποτε, ὁποιοσδήποτε, ὅτι καί ἄν/ ~ he says, ὅτι κι' ἄν λέει/ nothing ~, ἀπολύτως τίποτε

wheat, n. σιτάρι (τό)

wheedle, v.i. κολακεύω, καλοπιάνω/ ~ out, ἀποσπῶ

wheel, n. ῥόδα (ἡ), τροχός (ὁ)/ v.t. κυλῶ, σπρώχνω/ v.i. περιστρέφομαι/ ~barrow, n. καροτσάκι (τό)/ ~chair, n. ἀναπηρικό καροτσάκι (τό)/ ~wright, n. ἁμαξουργός (ὁ)

wheeze, v.i. ξεφυσῶ, ἀσθμαίνω/ n. σφύριγμα (τό), ἀγκομαχητό (τό)

whelk, n. δούκινο (τό)

when, ad. πότε;/ pn. ὅταν, ὁπότε/ ~ce, ad. ἀπό πού; ποῦθε;/ ~ever, ad. ὅποτε, κάθε φορά πού/ ~ you like, ὅποτε θέλεις

wherry, n. φορτηγίδα (ἡ), μαούνα (ἡ)/ ~man, n. μαουνιέρης (ὁ)

whet, v.t. ἀκονίζω, τροχίζω/ n. ἀκόνισμα (τό)/ ~ the appetite, ἀνοίγω τήν ὄρεξη

whether, c. ἐάν, κατά πόσο/ ~ or not, εἴτε ἔτσι εἴτε ἀλλιῶς, σέ κάθε περίπτωση

whetstone, n. ἀκόνι (τό), ἀκονιστήρι (τό)

whey, n. τυρόγαλα (τό)

which, a. ὁποῖος, ὁποία, ὁποῖο/ pn. ποιός; ποιά; ποιό;/ ~ever, a. ὁποιοσδήποτε

whiff, n. πνοή (ἡ), φύσημα (τό)

while, n. χρονικό διάστημα (τό)/ for a ~, γιά λίγο/ it is worth ~, ἀξίζει τόν κόπο/ v.t. ~ away, περνῶ τόν καιρό μου, σκοτώνω τήν ὥρα μου/ & whilst, c. ἐνῶ, ἐνόσω

whim, n. καπρίτσιο (τό), παραξενιά (ἡ), ἰδιοτροπία (ἡ)

whimper, n. κλαψούρισμα (τό)/ v.i. κλαψουρίζω

whimsical, a. ἰδιότροπος, καπριτσιόζικος, ἐκκεντρικός, παράξενος/ whimsy, n. καπρίτσιο (τό), ἰδιοτροπία (ἡ)

whine, n. κλαψούρισμα (τό), μεμψιμοιρία (ἡ)/ v.i. κλαψουρίζω, μεμψιμοιρῶ

whinny, n. χλιμίντρισμα (τό), χρεμέτισμα (τό)/ v.i. χλιμιντρίζω, χρεμετίζω

whip, n. μαστίγιο (τό), καμουτσίκι (τό)/ v.t. μαστιγώνω, δίνω καμουτσικιές/ (cream) χτυπῶ/ ~ out, βγάζω, τραβῶ/ ~ up, ξεσηκώνω, διεγείρω/ ~ hand, n. ὑπεροχή (ἡ)/ ~per-snapper, n. παλιόπαιδο (τό), μάγκας (ὁ)/ ~ping, n. μαστίγωμα (τό)/ ~ boy, ἀποδιοπομπαῖος τράγος (ὁ)

whirl, n. περιστροφή (ἡ), στροβίλισμα (τό)/ v.t. & i. στριφογυρίζω/ ~igig, n. σβούρα (ἡ)/ ~pool, n. δίνη (ἡ), ρουφήχτρα (ἡ)/ ~wind, n. ἀνεμοστρόβιλος (ὁ), σίφουνας (ὁ)

whirr, n. βουητό (τό), σφύριγμα (τό)/ v.i. βουΐζω, σφυρίζω

whisk, n. κούνημα (τό), τίναγμα (τό)/ v.t. ἁρπάζω, κουνῶ/ (eggs) χτυπῶ

whisker, n. μουστάκι (τό)/ pl. φαβορίτες (οἱ)

whisky, n. οὐίσκυ (τό)

whisper, n. ψιθύρισμα (τό), μουρμούρισμα (τό)/ v.t. ψιθυρίζω, μουρμουρίζω

whistle, n. σφυρίχτρα (ἡ)/ v.t. & i. σφυρίζω/ ~r, n. σφυριχτής (ὁ)

whit, n. μόριο (τό), ἴχνος (τό)/ not a ~, οὔτε ἴχνος

white, a. ἄσπρος, λευκός/ n. ἄσπρο (τό), λευκό (τό)/ (egg) ἀσπράδι (τό)/ turn ~, ἀσπρίζω/ ~ ant, τερμίτης (ὁ)/ ~bait, μαρίδα (ἡ)/ ~ elephant, ἄχρηστο πρᾶγμα/ ~ horses, ἀφρισμένα κύματα/ ~ lead, λευκός μολύβδου/ ~ lie, ψεμματάκι (τό)/ ~n, v.t. ἀσπρίζω, λευκαίνω/ ~ness, n. λευκότητα (ἡ), ἀσπράδα (ἡ)/ ~ning, n. ἄσπρισμα (τό), ξάσπρισμα (τό)/ ~wash, n. ἀσβέστωμα (τό)

whither, ad. & c. πρός τά ποῦ; κατά ποῦ;

whiting, n. μέρλαγγος (ὁ)

whitish, a. ἀσπρουδερός

whitlow, n. παρονυχίδα (ἡ)

Whitsun, n. Πεντηκοστή (ἡ)

whittle, v.t. ξύνω, γλύφω, λαξεύω

whizz, n. σφύριγμα (τό)/ v.i. σφυρίζω, περνῶ μέ μεγάλη ταχύτητα

who, pn. ποιός; ποιά; ὁποῖος, ὁποῖα/ ~'s ~, βιογραφικό λεξικό

whoever, pn. ὅποιος, ὁποιοσδήποτε

whole, a. ὁλόκληρος, ὅλος, πλήρης/ n. ὁλότητα (ἡ), σύνολο (τό)/ on the ~, γενικά, σέ γενικές γραμμές/ ~hearted, a.

ὁλόψυχος, εἰλικρινής/ ~*meal*, n. ἀκοσκίνιστο ἀλεύρι (τό)/ ~*sale*, a. χονδρικός/ n. χονδρική πώληση (ἡ)/ ad. χονδρικῶς, χονδρικά/ ~*saler*, n. χονδρέμπορος (ὁ)/ ~*some*, a. θρεπτικός/ *wholly*, ad. ὁλότελα, τελείως
whom, pn. ποιόν, ποιά, ὁποῖον, ὁποία
whoop, n. κραυγή (ἡ)/ v.i. κραυγάζω, ἔχω παροξυσμό/ ~*ing cough*, κοκκύτης
whore, n. πόρνη (ἡ), πουτάνα (ἡ)
whorl, n. ἕλικας (ὁ), σπείρα (ἡ)
whortleberry, n. μύρτιλλο (τό)
whose, pn. ποιοῦ, τίνος, τοῦ ὁποίου
why, ad. γιατί/ n. αἰτία, λόγος/ int. ἀλήθεια!
wick, n. φυτίλι (τό)
wicked, a. κακός, ἄνομος/ ~*ness*, n. κακία (ἡ), ἀνομία (ἡ)
wicker, n. λυγαριά (ἡ)
wicket, n. θυρίδα (ἡ), πορτούλα (ἡ)/ (cricket) φράχτης (ὁ)
wide, a. φαρδύς, εὐρύς/ *far and* ~, παντοῦ/ ~ *awake*, ξύπνιος/ ~ *open*, ὀρθάνοιχτος/ ~*ly*, ad. εὐρύτατα, πλατειά/ ~*n*, v.t. φαρδαίνω, εὐρύνω, διευρύνω/ ~*spread*, a. διαδομένος, ἁπλωμένος
widow, n. χήρα (ἡ)/ ~*ed*, p.p. & a. χηρευάμενος, χηρευάμενη/ ~*er*, n. χῆρος (ὁ)/ ~*hood*, n. χηρεία (ἡ)
width, n. φάρδος (τό), εὐρύτητα (ἡ)
wield, v.t. χειρίζομαι, ἀσκῶ
wife, n. σύζυγος (ἡ), γυναίκα (ἡ)
wig, n. περούκα (ἡ)/ (fig.) κατσάδα (ἡ)
wigwam, n. σκηνή ἐρυθροδέρμων (ἡ)
wild, a. ἄγριος, ἀπειθάρχητος, θυελλώδης/ (idea) παράλογος/ *be* ~ *about*, εἶμαι ἔξαλλος/ *spread like* ~ *fire*, ξαπλώνομαι (διαδίδομαι) πολύ γρήγορα/ ~*goose chase*, μάταια προσπάθεια/ ~ *strike*, ἀπεργία χωρίς τήν ὑποστήριξη τῶν συνδικάτων/ ~*boar*, n. ἀγριογούρουνο (τό)/ ~*cat*, n. ἀγριόγατος (ὁ)/ a. ριψοκίνδυνος, παράτολμος/ ~*erness*, n. ἐρημιά (ἡ)/ ~*ly*, ad. ἄγρια, ἀσυγκράτητα, ὁρμητικά/ ~*ness*, n. ἀγριότητα (ἡ)
wile, n. πονηριά (ἡ), κόλπο (τό), τέχνασμα (τό)
wilful, a. ξεροκέφαλος, πεισματάρης/ (premeditated) σκόπιμος, προμελετη-

μένος/ ~*ly*, ad. σκόπιμα, προμελετημένα/ ~*ness*, n. σκοπιμότητα (ἡ), προμελέτη (ἡ)
will, n. θέληση (ἡ), βούληση (ἡ)/ *at* ~, κατά βούληση/ v.t. κληροδοτῶ, ἀφήνω μέ διαθήκη/ v. aux. θά/ ~*ing*, a. πρόθυμος/ ~*ingly*, ad. πρόθυμα/ ~*ingness*, n. προθυμία (ἡ)
will-o'-the-wisp, n. φωσφορισμός (ὁ)/ (fig.) ἀβέβαιο πράγμα
willow, n. ἰτιά (ἡ)
willy-nilly, ad. θέλοντας καί μή, ὑποχρεωτικά
wilt, v.i. μαραίνομαι
wily, a. πανοῦργος, πονηρός
wimple, n. πέπλο (τό), καλύπτρα (ἡ)
win, n. νίκη (ἡ), ἐπιτυχία (ἡ)/ v.t. & i. κερδίζω, νικῶ/ ~ *over*, μεταπείθω, παίρνω μέ τό μέρος μου
wince, v.i. μορφάζω, τραβιέμαι/ n. μορφασμός (ὁ), σύσπαση (ἡ)
winch, n. βαρούλκο (τό), βίντσι (τό)
wind, n. ἄνεμος (ὁ), ἀέρας (ὁ)/ *get* ~ *of*, μαθαίνω/ *break* ~, πορδίζω/ ~ *instrument*, πνευστό ὄργανο/ v.t. λαχανιάζω/ (p.t. *wound*) v.t. & i. στρίβω, κουρδίζω/ ~ *off*, ξετυλίγω/ ~ *up*, ἀνακεφαλαιώνω/ ~*bag*, n. φαφλατάς/ ~*fall*, n. καρπός πεσμένος ἀπό τόν ἀέρα/ (fig.) ἀπροσδόκητη τύχη/ ~*gauge*, n. ἀνεμόμετρο (τό)/ ~*ing*, a. στριφογυριστός/ n. κούρδισμα (τό)/ ~*lass*, n. βαρούλκο (τό)/ ~*mill*, n. ἀνεμόμυλος (ὁ)/ ~*ow*, n. παράθυρο (τό)/ (shop) βιτρίνα (ἡ)/ ~*sill*, πρεβάζι (τό)/ ~*pipe*, n. τραχεία (ἡ)/ ~*screen*, n. μπροστινό τζάμι (τό), ἀνεμοπροφυλακτήρας (ὁ)/ ~ *wiper*, καθαριστήρας βροχῆς (ὁ)
windward, n. προσήνεμο μέρος (τό)/ a. προσήνεμος/ *windy*, a. ἀνεμόδαρτος
wine, n. κρασί (τό)/ ~ *cellar*, n. κελλάρι (τό)/ ~*glass*, n. κρασοπότηρο (τό)/ ~ *grower*, n. οἰνοπαραγωγός (ὁ)/ ~ *growing*, n. οἰνοπαραγωγή (ἡ)/ ~*press*, n. σταφυλοπιεστήριο (τό)/ ~*skin*, n. ἀσκί κρασιοῦ (τό)
wing, n. φτερό (τό), φτερούγα (ἡ)/ (arch. & avia.) πτέρυγα (ἡ)/ pl. (theatre) παρασκήνια (τά)/ v.t. & i. πετῶ, ἐκτοξεύω/ ~*less*, a. ἄφτερος/ ~*spread*, n.

ἄνοιγμα φτερῶν (τό)

wink, n. βλεφάρισμα (τό), κλείσιμο τοῦ ματιοῦ (τό)/ *in a* ~, ἀμέσως, στό πί καί φί/ v.i. βλεφαρίζω, κλείνω τό μάτι/ ~ *at,* κάνω νόημα μέ τό μάτι

winner, n. νικητής (ὁ)/ *winning,* n. νίκη (ἡ), κέρδος (τό)/ ~ *post,* τέρμα (τό)/ pl. κέρδη (τά)

winnow, v.t. λιχνίζω/ (fig.) ~ *away,* ξεχωρίζω/ ~*ing,* n. λίχνισμα (τό)/ ~ *machine,* λιχνιστική μηχανή (ἡ)

winsome, a. χαριτωμένος, γοητευτικός

winter, n. χειμώνας (ὁ)/ a. χειμωνιάτικος/ v.i. διαχειμάζω, παραχειμάζω/ *wintry,* a. χειμωνιάτικος, χειμερινός

wipe, n. σκούπισμα (τό), σφούγγισμα (τό)/ v.t. σκουπίζω, σφουγγίζω/ ~ *away,* ~ *off,* καθαρίζω, ἐξαλείφω/ ~ *up,* καθαρίζω

wire, n. σύρμα (τό), τέλι (τό)/ ~ *dancer,* ἀκροβάτης (ὁ) ~ *entanglement,* συρματόπλεγμα (τό)/ ~ *netting,* δικτυωτό (τό)/ ~ *pulling,* ῥαδιουργία (ἡ)/ v.t. συνδέω σύρματα/ (telegram) τηλεγραφῶ, στέλνω τηλεγράφημα/ ~*cutters,* n. συρματοκόπτης (ὁ)/ ~*haired,* a. τραχύμαλλος/ ~*less,* n. ἀσύρματος (ὁ)/ ~ *receiver,* δέκτης (ὁ)/ ~ *transmitter,* πομπός (ὁ)/ ~ *telegram,* ῥαδιοτηλεγράφημα (τό)/ ~ *telegraphy,* ἀσύρματη τηλεγραφία/ *wiring,* n. σύστημα καλωδίων (τό), ἠλεκτρική σύνδεση (ἡ)/ *wiry,* a. τραχύς/ (person) νευρώδης

wisdom, n. σοφία (ἡ), σύνεση (ἡ)/ ~ *tooth,* φρονιμήτης (ὁ)/ *wise,* a. σοφός, συνετός/ ~*acre,* σχολαστικός

wish, n. ἐπιθυμία (ἡ)/ v.t. & i. ἐπιθυμῶ, εὔχομαι/ *I* ~ *I were,* μακάρι νά ἤμουν/ ~ *a Happy New Year,* καλή χρονιά/ ~ *many happy returns,* χρόνια πολλά/ ~*bone,* n. κλειδοκόκκαλο (τό)/ ~*ful,* a. ποθητός, ἐπιθυμητός

wishy-washy, a. ἐλαφρός, νερωμένος/ (fig.) ἀνούσιος, πλαδαρός

wisp, n. δεμάτι (τό)

wistaria, n. γλυκίνη (ἡ), οὐιστέρια (ἡ)

wistful, a. γεμάτος νοσταλγία

wit, n. πνεύμα (τό), νοῦς (ὁ), ἐξυπνάδα (ἡ)/ *be at one's* ~*s' end,* κοντεύω νά τρελλαθῶ

witch, n. μάγισσα (ἡ)/ ~*craft,* n. μαγεία (ἡ), μαγική τέχνη (ἡ)/ ~*doctor,* n. μάγος (ὁ)

with, pr. μέ, μαζί μέ

withal, ad. ἐπίσης, ἐπιπλέον

withdraw, v.t. ἀποσύρω, ἀνακαλῶ/ v.i. ἀποσύρομαι, τραβιέμαι, ὑποχωρῶ/ ~*al,* n. ἀποχώρηση (ἡ), ἀνάκληση (ἡ)

wither, v.t. μαραίνω, ξεραίνω/ v.i. μαραίνομαι, ξεραίνομαι

withers, n. pl. ἀκρώμιο ἀλόγου (τό)

withhold, v.t. & i. ἀναστέλλω, κατακρατῶ/ (consent) ἀρνοῦμαι τήν συγκατάθεση μου

within, pr. μέσα, ἐντός/ ~ *an inch of,* πολύ κοντά/ ~ *a year,* μέσα σ' ἕνα χρόνο/ ~ *bounds,* μέσα σέ ὅρια/ ~ *reason,* μέσα σέ λογικά ὅρια/ ad. στό ἐσωτερικό

without, pr. ἔξω, ἐκτός, χωρίς/ *do* ~, κάνω χωρίς/ ~ *fail,* ὁπωσδήποτε/ *it goes* ~ *saying,* δέν θέλει συζήτηση

withstand, v.t. ἀντιστέκομαι, ἀντικρούω, ἀντέχω

witless, a. βλάκας, χοντροκέφαλος

witness, n. μαρτυρία (ἡ)/ (person) μάρτυρας (ὁ)/ *bear* ~ *to,* εἶμαι μάρτυρας/ ~ *box,* διαμέρισμα μαρτύρων/ v.t. μαρτυρῶ, βεβαιώνω

witticism, n. εὐφυολόγημα (τό)/ *wittiness,* n. εὐφυία (ἡ)

wittingly, ad. σκόπιμα, ἐπίτηδες

witty, a. ἔξυπνος, πνευματώδης

wizard, n. μάγος (ὁ), γόης (ὁ)/ ~*ry,* n. μαγική δύναμη (ἡ)

wizened, a. ῥυτιδωμένος, ζαρωμένος

woad, n. λουλακιά (ἡ)

wobble, n. ταλάντευση (ἡ), κλονισμός (ὁ)/ v.i. ταλαντεύομαι, κλονίζομαι/ *wobbly,* a. κλονισμένος, ἀσταθής

woe, n. λύπη (ἡ), θλίψη (ἡ)/ ~ *is me!* ἀλοίμονο! δυστυχία μου!/ ~ *begone,* ~*ful,* a. θλιβερός, δυστυχισμένος, ταλαίπωρος

wolf, n. λύκος (ὁ)/ ~ *cub,* λυκόπουλο (τό)/ v.t. καταβροχθίζω/ ~*ish,* a. ἀρπαχτικός, ἄπληστος

wolfram, n. βολφράμιο (τό), τουγκστένιο (τό)

woman, n. γυναίκα (ἡ)/ ~*hood,* n. γυναικεία φύση (ἡ)/ ~*ish,* a. γυναικεῖος/

~kind, n. γυναικείο φύλο (τό)/ ~ly, a.
γυναικείος, θηλυκός
womb, n. μήτρα (ή), κοιλιά (ή)
wonder, n. θαύμα (τό), ἔκπληξη (ή)/ it's
no ~ that, δέν εἶναι ἐκπληκτικό ὅτι/ v.i.
θαυμάζω, ἀπορῶ, παραξενεύομαι/
~ful, a. θαυμάσιος, θαυμαστός/ won-
drous, a. ἐξαίσιος, ὑπέροχος
wont, n. συνήθεια (ή)/ ~ed, a. συνηθι-
σμένος
woo, v.t. ἐρωτοτροπῶ
wood, n. ξύλο (τό), δάσος (τό)/ ~ carver,
n. ξυλογλύπτης (ὁ)/ ~cock, n. μπεκά-
τσα (ή)/ ~cut, n. ξυλογραφία (ή)/
~cutter, n. ξυλοκόπος (ὁ)/ ~ed, a. δα-
σωμένος/ ~en, a. ξύλινος/ (fig.) χον-
τροκέφαλος, ξεροκέφαλος/ ~land, n.
δάσος (τό)/ a. δασώδης/ ~louse, n. ξυ-
λοφάγος (ὁ)/ ~man, n. ξυλοκόπος (ὁ)/
~pecker, n. ξυλοφάγος (ὁ)/ ~pigeon,
n. φάσσα (ή)/ ~shed, n. ἀποθήκη ξυ-
λείας (ή)/ ~wind, n. πνευστό ὄργανο
(τό)/ ~work, n. ξυλουργική (ή)/
~worm, n. σκουλίκι τοῦ ξύλου (τό)/
~y, a. δασόφυτος
wooer, n. μνηστήρας (ὁ), ἐραστής (ὁ)
woof, n. ὑφάδι (τό)
wool, n. μαλλί (τό)/ ~ gathering, ὀνειρο-
πόληση (ή), ἀφηρημάδα (ή)/ ~len, a.
μάλλινος/ ~ly, a. μαλλιαρός, σγουρός
word, n. λέξη (ή), λόγος (ὁ)/ by ~ of
mouth, προφορικά/ the W~, Λόγος (ὁ)/
~iness, n. πολυλογία (ή)/ ~ing, n. δια-
τύπωση (ή), φρασεολογία (ή)/ ~y, a.
πολύλογος, μακροσκελής
work, n. ἐργασία (ή), δουλειά (ή)/ pl. ἔρ-
γα (τά), δημόσια ἔργα (τά)/ ~ force,
ἐργατική δύναμη, ἀριθμός ἐργατῶν/
v.t. λειτουργῶ, βάζω σέ κίνηση/ v.i. ἐρ-
γάζομαι, δουλεύω/ ~ hard, ἐργάζομαι
σκληρά/ ~ loose, χαλαρώνω/ ~ out,
ὑπολογίζω, ἐπεξεργάζομαι/ ~ out at,
φθάνει στό (στά)/ it will ~ out all right,
θά πάει καλά/ ~ over, ἐπιτίθεμαι βί-
αια/ ~ up, ἐξοργίζω/ ~able, a. πραγ-
ματοποιήσιμος/ ~er, n. ἐργάτης (ὁ)/ ~
bee, μέλισσα ἐργάτιδα (ή)/ ~house, n.
πτωχοκομείο (τό)/ ~ing, n. ἐργασία
(ή), δουλειά (ή), λειτουργία (ή)/ a. ἐρ-
γάσιμος, ἐργατικός, ἐργαζόμενος/ ~

capital, ἐκμεταλλεύσιμο κεφάλαιο/ ~
class, ἐργατική τάξη/ ~ day, ἐργάσιμη
μέρα/ ~ expenses, γενικά ἔξοδα/ ~man,
n. ἐργάτης (ὁ)/ ~manship, n. χειροτε-
χνία (ή)/ ~room, ~shop, n. ἐργαστήριο
(τό)
world, n. κόσμος (ὁ)/ W~ War, Παγκό-
σμιος Πόλεμος (ὁ)/ ~ly, a. ἐγκόσμιος,
γήινος/ ~wide, a. παγκόσμιος/ ad. σέ
παγκόσμια κλίμακα
worm, n. σκουλήκι (τό), κάμπια (ή)/
(tech.) σπείρα (ή), ἀτέρμων κοχλίας
(ὁ)/ (fig.) ἄθλιος, σιχαμερός/ v.i. ~
oneself into, χώνομαι, τρυπώνω/ ~ out,
ξεφεύγω/ ~eaten, a. σκουληκοφαγωμέ-
νος/ ~wood, n. ἀψίνθι (τό)/ ~y, a. γε-
μάτος σκουλήκια
worry, n. ἐνόχληση (ή), στενοχώρια (ή)/
v.t. ἐνοχλῶ, βασανίζω/ v.i. στενοχω-
ριέμαι, ἀνησυχῶ
worse, a. χειρότερος/ ad. χειρότερα/ ~n,
v.t. & i. χειροτερεύω
worship, n. λατρεία (ή), προσκύνημα
(τό)/ your W~! ἐντιμότατε!/ v.t. λα-
τρεύω, προσκυνῶ, σέβομαι/ ~per, n.
λάτρης (ὁ), προσκυνητής (ὁ), φανατι-
κός ὀπαδός
worst, a. κάκιστος, χείριστος/ ad. κάκι-
στα, χείριστα/ v.t. νικῶ, καταβάλλω
worsted, n. κλωστό μαλλί
worth, n. ἀξία (ή), τιμή (ή)/ a. ἄξιος/ be
~, ἀξίζω/ ~less, a. ἀνάξιος, ἀσήμαν-
τος/ ~while, a. ἀξιόλογος/ it is ~, ἀξί-
ζει τόν κόπο/ ~y, a. ἄξιος, ἀντάξιος
would, v. aux. θά/ it ~ be, θά ἦταν/ ~
better, rather, προτιμῶ/ ~ be, a. ἐκεῖνος
πού θά ἤθελε νά εἶναι
wound, n. τραῦμα (τό), πληγή (ή)/ v.t.
τραυματίζω, πληγώνω/ ~ed, a. & n.
τραυματισμένος, πληγωμένος
wraith, n. σκιά νεκροῦ (ή)
wrangle, n. λογομαχία (ή), καυγάς (ὁ)/
v.i. λογομαχῶ, καυγαδίζω
wrap, n. σκέπασμα (τό), περιτύλιγμα
(τό)/ (woman's) σάλι (τό), ἐσάρπα (ή),
v.t. περιτυλίγω, σκεπάζω/ ~ up, δι-
πλώνω, τυλίγω/ ~per, n. κάλυμμα (τό),
περιτύλιγμα (τό)
wrath, n. ὀργή (ή), θυμός (ὁ)/ ~ful, a.
ὀργισμένος, θυμωμένος

wreak, v.t. ἐκφράζω, βίαια αἰσθήματα/ ~ vengeance, ἐκδικοῦμαι

wreath, n. στεφάνι (τό)/ (smoke) τολύπη (ἡ)/ ~e, v.t. στεφανώνω/ v.i. συστρέφομαι, παθαίνω σπασμό

wreck, n. ναυάγιο (τό), ἐρείπιο (τό), συντρίμμι (τό)/ v.t. (ship) ναυαγῶ/ (destroy) καταστρέφω, συντρίβω/ be ~ed, ναυαγῶ/ ~age, n. ναυάγιο (τό)/ ~er, n. καταστροφέας (ὁ)

wren, n. τροχίλος (ὁ)

wrench, n. τράβηγμα (τό), ἀπόσπαση (ἡ)/ (med.) στραμπούληγμα (τό)/ (tech.) στροφέας (ὁ)/ v.t. συστρέφω, στρεβλώνω/ ~ open, ἀνοίγω βίαια

wrest, v.t. ἀποσπῶ/ (agreement) διαστρέφω, διαστρεβλώνω

wrestle, v.i. παλεύω/ ~r, n. παλαιστής (ὁ)/ wrestling, n. πάλη (ἡ)

wretch, n. ταλαίπωρος (ὁ), δυστυχισμένος (ὁ)/ ~ed, a. ἐλεεινός, ἀξιολύπητος

wriggle, v.i. κουλουριάζομαι, σπαρταρῶ, σαλεύω

wring, v.t. συστρέφω, σφίγγω/ ~ one's hand, σφίγγω τό χέρι/ ~er, n. μάγγανο (τό), πιεστήριο (τό)

wrinkle, n. ρυτίδα (ἡ), ζαρωματιά (ἡ)/ v.t. & i. ρυτιδώνω, ζαρώνω

wrist, n. καρπός (ὁ)/ ~band, n. μανικέτι (τό)/ ~watch, n. ρολόι τοῦ χεριοῦ (τό)

writ, n. ἔνταλμα (τό)/ serve a ~, κοινοποιῶ κλήτευση/ Holy W~, Ἁγία Γραφή (ἡ)

write, v.t. & i. γράφω/ ~ down, καταγράφω/ ~ for, γράφω γιά λογαριασμό/ ~ off, ξεγράφω/ ~ out, ἀντιγράφω/ ~r, n. γραφέας (ὁ)/ (of books) συγγραφέας (ὁ)

writhe, v.i. σφαδάζω, σπαρταρῶ

writing, n. γράψιμο (τό)/ in ~, γραπτά/ ~ desk, γραφεῖο (τό)/ ~ material, γραφική ὕλη (ἡ)/ ~ pad, σημειωματάριο (τό)/ ~ paper, χαρτί γραφῆς (τό)

wrong, a. λανθασμένος, λαθεμένος, ἐσφαλμένος/ be ~, κάνω (ἔχω) λάθος/ something is ~, κάτι δέν πάει καλά/ go ~, κάνω λάθος, διαπράττω σφάλμα/ be on the ~ side of 40, εἶμαι πάνω ἀπό σαράντα/ ~ side up, ἀνάποδα/ the ~ way, λάθος μέθοδος/ n. κακό, ἄδικο/

v.t. ἀδικῶ, κάνω κακό/ ~ doer, n. κακοποιός (ὁ)/ ~ful, a. ἄδικος/ (leg.) παράνομος/ ~ly, ad. ἄδικα

wrought, a. κατεργασμένος, δουλεμένος/ ~ iron, σφυρήλατος σίδηρος (ὁ)/ ~ up, ἐξοργισμένος

wry, a. στραβός, στρεβλωμένος/ ~ faced, a. στραβομουτσουνιασμένος/ ~ necked, a. στραβολαιμιασμένος

X

xenon, n. ξένο(ν) (τό)

xenophobia, n. ξενοφοβία (ἡ)

Xmas, n. Χριστούγεννα (τά)

X-ray, n. ἀκτίνες Χ (οἱ)/ v.t. ἀκτινογραφῶ

xylography, n. ξυλογραφία (ἡ)

xylophone, n. ξυλόφωνο (τό)

Y

yacht, n. θαλαμηγός (ἡ), γιώτ (τό)/ ~ing, n. κρουαζιέρα (ἡ)

yam, n. διοσκουρία (ἡ)

Yankee, n. Ἀμερικάνος (ὁ)/ a. ἀμερικάνικος

yap, n. γαύγισμα (τό)/ v.i. γαυγίζω

yard, n. γυάρδα (ἡ)/ (ship) κεραία (ἡ), ἀντέννα (ἡ)/ ~arm, n. ἀκροκέραιο (τό)

yarn, n. κλωστή (ἡ), νήμα (τό)

yarrow, n. μυριόφυλλο (τό)

yaw, n. παρατιμονιά (ἡ), παρέκκλιση (ἡ)/ v.i. παρατιμονιάζω, παρεκκλίνω

yawl, n. τρεχαντήρι (τό)

yawn, n. χασμουρητό (τό)/ v.i. χασμουριέμαι

year, n. χρόνος (ὁ), ἔτος (τό)/ ~ly, a. ἐτήσιος/ ad. κάθε χρόνο

yearn, v.i. λαχταρῶ, ποθῶ/ ~ing, n. λαχτάρα (ἡ), πόθος (ὁ)
yeast, n. μαγιά (ἡ)
yell, n. κραυγή (ἡ)/ v.i. κραυγάζω, οὐρλιάζω
yellow, a. κίτρινος/ ~ fever, κίτρινος πυρετός (ὁ)/ ~ hammer, χλωρίδα (ἡ)/ n. κιτρινάδα (ἡ)/ ~ish, a. κιτρινωπός
yelp, n. γαύγισμα (τό)/ v.i. γαυγίζω
yeoman, n. μικροκτηματίας (ὁ)/ ~ of the guard, ἔφιππος φρουρός (ὁ)
yes, particle, ναί, μάλιστα
yesterday, ad. χθές/ ~ morning, χθές τό πρωί/ the day before ~, προχθές
yet, ad. ἀκόμη/ as ~, μέχρι τώρα/ not ~, ὄχι ἀκόμη/ c. ὅμως, ἐντούτοις
yew, n. τάξος (ὁ)
yield, n. παραγωγή (ἡ), συγκομιδή (ἡ)/ v.t. παράγω, βγάζω/ v.i. ὑποχωρῶ, λυγίζω, ἐνδίδω/ ~ing, a. ὑποχωρητικός, μαλακός, εὔκολος
yoghurt, n. γιαούρτι (τό)
yoke, n. ζυγός (ὁ)/ (dress) γιακάς (ὁ)/ (fig.) σκλαβιά (ἡ)/ v.t. ζευγαρώνω, συνδέω, ὑποδουλώνω
yokel, n. ἀγρότης (ὁ), χωρικός (ὁ)
yolk, n. κροκός (ὁ)
yonder, ad. ἐκεῖ πέρα, πιό πέρα
yore, ad. παλιά/ of ~, ἄλλοτε
you, pn. ἐσύ, ἐσεῖς
young, a. νέος, νεαρός/ n. pl. νεολαία (ἡ)/ ~er, a. νεώτερος/ ~est, a. νεώτατος/ ~ster, n. νεαρός (ὁ)
your, a. δικός σου, δικός σας/ ~s, pn. δικός σου (σας)/ ~ faithfully, μέ ἐκτίμηση/ ~ sincerely, εἰλικρινά δικός σας/ ~self, pn. ἐσύ ὁ ἴδιος, ὁ ἑαυτός σου/ you are not ~, εἶσαι ἀγνώριστος
youth, n. νεότητα (ἡ), νεολαία (ἡ)/ (one person) νέος (ὁ), νεαρός (ὁ)/ ~ hostel,

ξενώνας νεότητας (ὁ)/ ~ful, a. νεανικός, ζωηρός
yowl, n. οὐρλιασμα (τό), οὐρλιαχτό (τό)/ v.i. οὐρλιάζω
Yugoslav, n. Γιουγκοσλάβος (ὁ)/ a. γιουγκοσλαβικός
yuletide, n. ἐποχή τῶν Χριστουγέννων (ἡ)

Z

zany, a. ἀστεῖος/ n. γελωτοποιός (ὁ)
zeal, n. ζῆλος (ὁ), ὄρεξη (ἡ)/ ~ot, n. ζηλωτής (ὁ)/ ~ous, a. ἔνθερμος, γεμάτος ζῆλο/ ~ously, ad. ἔνθερμα, πρόθυμα, μέ ζῆλο
zebra, n. ζέβρα (ἡ)
zenith, n. ζενίθ (τό)
zephyr, n. ζέφυρος (ὁ)
zero, n. μηδέν (τό), μηδενικό (τό)
zest, n. προθυμία (ἡ), ὄρεξη (ἡ), ζῆλος (ὁ)
zigzag, n. ἑλικοειδής γραμμή (ἡ)/ v.i. κάνω ἑλιγμούς
zinc, n. ψευδάργυρος (ὁ), τσίγκος (ὁ)/ a. τσίγκινος
zip (fastener), n. φερμουάρ (τό)
zirconium, n. ζιρκόνιο (τό)
zither, n. σαντούρι (τό)
zodiac, n. ζώδιο (τό)
zone, n. ζώνη (ἡ)
zoo, n. ζωολογικός κῆπος (ὁ)/ ~logical, a. ζωολογικός/ ~logist, n. ζωολόγος (ὁ)/ ~logy, n. ζωολογία (ἡ)
Zulu, n. Ζουλού (ὁ)
zymosis, n. ζύμωση (ἡ)

GEOGRAPHICAL NAMES

Achaia, Ἀχαΐα (ἡ)
Adriatic Sea, Ἀδριατική (ἡ)
Aegean, Αἰγαῖο (τό)
Africa, Ἀφρική (ἡ)
Aigina, Αἴγινα (ἡ)
Alaska, Ἀλάσκα (ἡ)
Alexandria, Ἀλεξάνδρεια (ἡ)
Algeria, Ἀλγερία (ἡ)
Algiers, Ἀλγέριο (τό)
Alps, Ἄλπεις (οἱ)
Alsace, Ἀλσατία (ἡ)
Amazon, Ἀμαζόνιος (ὁ)
America, Ἀμερική (ἡ)
Andes, Ἄνδεις (οἱ)
Antilles, Ἀντίλλες (οἱ)
Antioch, Ἀντιόχεια (ἡ)
Antwerp, Ἀμβέρσα (ἡ)
Arabia, Ἀραβία (ἡ)
Arcadia, Ἀρκαδία (ἡ)
Arctic, Ἀρκτικός Ὠκεανός (ὁ)
Argentine, Ἀργεντινή (ἡ)
Asia, Ἀσία (ἡ)/ ~ Minor, Μικρασία (ἡ)
Athens, Ἀθήνα (ἡ)
Athos, Ἄθως, Ἅγιον Ὄρος (τό)
Australia, Αὐστραλία (ἡ)
Austria, Αὐστρία (ἡ)
Azores, Ἀζόρες (οἱ)

Bag(h)dad, Βαγδάτη (ἡ)
Balkans, Βαλκάνια (τά)
Baltic, Βαλτική (ἡ)
Bavaria, Βαυαρία (ἡ)
Beirut, Βηρυττός (ἡ)
Belgium, Βέλγιο (τό)
Belgrade, Βελιγράδι (τό)
Bengal, Βεγγάλη (ἡ)
Berlin, Βερολίνο (τό)
Black Sea, Μαύρη Θάλασσα (ἡ)
Bohemia, Βοημία (ἡ)
Boeotia, Βοιωτία (ἡ)
Bosnia, Βοσνία (ἡ)
Bosphorus, Βόσπορος (ὁ)
Brazil, Βραζιλία (ἡ)
Britain, Βρεταννία (ἡ)
Brittany, Βρετάννη (ἡ)
Brussels, Βρυξέλλες (οἱ)
Bucharest, Βουκουρέστι (τό)

Budapest, Βουδαπέστη (ἡ)
Bulgaria, Βουλγαρία (ἡ)
Byzantium, Βυζάντιο (τό)

Cairo, Κάϊρο (τό)
Calcutta, Καλκούτα (ἡ)
Canada, Καναδάς (ὁ)
Carpathians, Καρπάθια (τά)
Caspian Sea, Κασπία (ἡ)
Caucasus, Καύκασος (ὁ)
Cephalonia, Κεφαλληνία (ἡ)
Ceylon, Κεϋλάνη (ἡ)
Chile, Χιλή (ἡ)
China, Κίνα (ἡ)
Chios, Χίος (ἡ)
Cologne, Κολωνία (ἡ)
Colombia, Κολομβία (ἡ)
Constantinople, Κωνσταντινούπολη (ἡ)
Copenhagen, Κοπεγχάγη (ἡ)
Corfu, Κέρκυρα (ἡ)
Corinth, Κόρινθος (ἡ)
Crete, Κρήτη (ἡ)
Cuba, Κούβα (ἡ)
Cyclades, Κυκλάδες (οἱ)
Cyprus, Κύπρος (ἡ)
Czechoslovakia, Τσεχοσλοβακία (ἡ)

Danube, Δούναβης (ὁ)
Dardanelles, Δαρδανέλλια (τά)
Delphi, Δελφοί (οἱ)
Denmark, Δανία (ἡ)
Dublin, Δουβλίνο (τό)

Edinburgh, Ἐδιμβοῦργο (τό)
Egypt, Αἴγυπτος (ἡ)
Eleusis, Ἐλευσίνα (ἡ)
England, Ἀγγλία (ἡ)
Ephesus, Ἔφεσος (ἡ)
Epirus, Ἤπειρος (ἡ)
Esthonia, Ἐσθονία (ἡ)
Ethiopia, Αἰθιοπία (ἡ)
Euphrates, Εὐφράτης (ὁ)
Europe, Εὐρώπη (ἡ)
Everest, Ἔβερεστ (τό)

Famagusta, Ἀμμόχωστος (ἡ)
Finland, Φινλανδία (ἡ)

Florence, Φλωρεντία (ή)
France, Γαλλία (ή)

Geneva, Γενεύη (ή)
Genoa, Γένοβα (ή)
Georgia, Γεωργία (ή)
Germany, Γερμανία (ή)
Gibraltar, Γιβραλτάρ (τό)
Glasgow, Γλασκώβη (ή)
Great Britain, Μεγάλη Βρεταννία (ή)
Greece, Ἑλλάδα (ή)
Greenland, Γροιλανδία (ή)

Hague, Χάγη (ή)
Havana, Ἀβάνα (ή)
Helsinki, Ἑλσίνκι (τό)
Himalayas, Ἱμαλάϊα (τά)
Holland, Ὁλλανδία (ή)
Hungary, Οὑγγαρία (ή)

Iceland, Ἰσλανδία (ή)
India, Ἰνδία (ή)
Indonesia, Ἰνδονησία (ή)
Ionia, Ἰόνιο (τό)
Iran, Ἰράν (τό)
Iraq, Ἰράκ (τό)
Ireland, Ἰρλανδία (ή)
Israel, Ἰσραήλ (τό)
Istanbul, Κωνσταντινούπολη (ή)
Italy, Ἰταλία (ή)
Ithaca, Ἰθάκη (ή)

Japan, Ἰαπωνία (ή)
Jerusalem, Ἰερουσαλήμ (ή)
Jordan, Ἰορδάνης (ὁ)

Kiev, Κίεβο (τό)
Korea, Κορέα (ή)

Larissa, Λάρισσα (ή)
Larnaca, Λάρνακα (ή)
Latvia, Λεττονία (ή)
Leipzig, Λειψία (ή)
Limasol, Λεμεσός (ή)
Lisbon, Λισσαβώνα (ή)
Lithuania, Λιθουανία (ή)
London, Λονδίνο (τό)
Luxembourg, Λουξεμβοῦργο (τό)

Macedonia, Μακεδονία (ή)

Madrid, Μαδρίτη (ή)
Malta, Μάλτα (ή)
Marseilles, Μασσαλία (ή)
Mecca, Μέκκα (ή)
Mediterranean, Μεσόγειος (ή)
Melbourne, Μελβούρνη (ή)
Mexico, Μεξικό (τό)
Milan, Μιλάνο (τό)
Mississippi, Μισσισσιπής (ὁ)
Moldavia, Μολδαβία (ή)
Mongolia, Μογγολία (ή)
Montenegro, Μαυροβούνιο (τό)
Morocco, Μαρόκο (τό)
Moscow, Μόσχα (ή)
Munich, Μόναχο (τό)

Naples, Νεάπολη (ή)
Nauplia, Ναύπλιο (τό)
Netherlands, Κάτω Χῶρες (οἱ)
New York, Νέα Ὑόρκη (ή)
Nice, Νίκαια (ή)
Nigeria, Νιγηρία (ή)
Nile, Νεῖλος (ὁ)
Norway, Νορβηγία (ή)

Oceania, Ὠκεανία (ή)
Odessa, Ὀδησσός (ή)
Olympia, Ὀλυμπία (ή)
Olympus, Ὄλυμπος (ὁ)
Oslo, Ὄσλο (τό)

Pacific, Εἰρηνικός (ὁ)
Palestine, Παλαιστίνη (ή)
Paris, Παρίσι (τό)
Parnassus, Παρνασσός (ὁ)
Patras, Πάτρα (ή)
Peking, Πεχίνο (τό)
Peloponnese, Πελοπόννησος (ή)
Persia, Περσία (ή)
Peru, Περουβία (ή)
Philippines, Φιλιππίνες (οἱ)
Piraeus, Πειραιάς (ὁ)
Poland, Πολωνία (ή)
Portugal, Πορτογαλία (ή)
Prague, Πράγα (ή)
Prussia, Πρωσσία (ή)
Pyrenees, Πυρηναῖα (τά)

Red Sea, Ἐρυθρά Θάλασσα (ή)
Rhine, Ῥῆνος (ὁ)

Rhodes, Ρόδος (ἡ)
Rio de Janeiro, Ρίο 'Ιανέϊρο (τό)
Romania, Ρουμανία (ἡ)
Rome, Ρώμη (ἡ)
Russia, Ρωσσία (ἡ)

Sahara, Σαχάρα (ἡ)
Salamis, Σαλαμίνα (ἡ)
Salonica, Θεσσαλονίκη (ἡ)
Saxony, Σαξωνία (ἡ)
Scotland, Σκωτία (ἡ)
Serbia, Σερβία (ἡ)
Siberia, Σιβηρία (ἡ)
Sicily, Σικελία (ἡ)
Smyrna, Σμύρνη (ἡ)
Soviet Union, Σοβιετική Ένωση (ἡ)
Spain, 'Ισπανία (ἡ)
Sparta, Σπάρτη (ἡ)
Stockholm, Στοχόλμη (ἡ)
Sudan, Σουδάν (τό)
Sweden, Σουηδία (ἡ)
Syria, Συρία (ἡ)
Switzerland, 'Ελβετία (ἡ)

Tangiers, Ταγγέρη (ἡ)
Teheran, Τεχεράνη (ἡ)
Thames, Τάμεσης (ὁ)
Thebes, Θήβα (ἡ)
Thessaly, Θεσσαλία (ἡ)
Thrace, Θράκη (ἡ)
Tokyo Τόκιο (τό)
Trebizond, Τραπεζούντα (ἡ)

Trieste, Τεργέστη (ἡ)
Tripolis, Τρίπολη (ἡ)
Troy, Τροία (ἡ)
Tunis, Τύνιδα (ἡ)
Tunisia, Τυνησία (ἡ)
Turin, Τουρίνο (τό)
Turkey, Τουρκία (ἡ)
Tyrol, Τυρόλο (τό)

Ukraine, Οὐκρανία (ἡ)
Ulster, Βόρεια 'Ιρλανδία (ἡ)
United Arab Republic, 'Ηνωμένη 'Αραβι-
κή Δημοκρατία (ἡ)
United States, 'Ηνωμένες Πολιτεῖες (οἱ)
Urals, Οὐράλια (τά)
Uruguay, Οὐρουγουάη (ἡ)

Venezuela, Βενεζουέλα (ἡ)
Venice, Βενετία (ἡ)
Vienna, Βιέννη (ἡ)
Vietnam, Βιετνάμ (τό)
Volga, Βόλγας (ὁ)

Wales, Οὐαλλία (ἡ)
Wallachia, Βλαχία (ἡ)
Warsaw, Βαρσοβία (ἡ)
Washington, Οὐάσιγκτων (ἡ)

Yugoslavia, Γιουγκοσλαβία (ἡ)

Zante, Ζάκυνθος (ἡ)
Zurich, Ζυρίχη (ἡ)